国家出版基金项目

"十二五"国家重点图书出版规划项目

THE

CHINESE ENCYCLOPEDIA

OF

EDUCATION

中国教育

大百科全书

·第四卷·

主编

顾明远

副主编

鲁 洁　王炳照　谈松华　袁振国　张跃进

Z 附录 索引

上海教育出版社
SHANGHAI EDUCATIONAL
PUBLISHING HOUSE

《中国教育大百科全书》

荣获

第三届中国出版政府奖提名奖

第七届高等学校科学研究优秀成果奖（人文社会科学）一等奖

第十三届上海图书奖一等奖

北京市第十三届哲学社会科学优秀成果奖特等奖

入选

第四届"三个一百"原创图书出版工程（人文社科类）

Z

藏族教育 藏族主要分布在西藏自治区和青海、甘肃、四川、云南等省的藏族自治州、自治县,其他地区也有少量分布。据 2010 年第六次全国人口普查,藏族有 628.2 万余人。藏语属汉藏语系藏缅语族藏语支,分卫藏、康、安多三大方言。藏文是有 4 个元音符号和 30 个辅音字母的拼音文字,自左向右书写,字体主要分"有字头"(楷书)和"无字头"(草书)两类,通行于整个藏族地区。

古代藏族教育

藏族先民教育 藏族先民最早聚居于西藏雅鲁藏布江中游两岸,在聂拉木、那曲、林芝、昌都等地的考古发掘中,曾发现新、旧石器时代的文化遗存。根据古藏文历史文献记载,西藏山南地区最早由氏族组成称为"博"的六牦牛部诸部落,在《后汉书·西羌传》中称为"发"羌。公元 6 世纪时,山南地区的雅隆部落首领成为当地部落联盟的领袖,号称"赞普"(王),已进入奴隶制社会,并与汉族和西北地区诸族部有直接往来。在原始社会和奴隶社会早期,藏族先民教育是原始形态的社会教育。他们学习采集、狩猎、畜牧业、农业、建房技术以及器皿、服饰、食品等制作工艺,并通过歌舞、故事、谜语等形式进行道德教育。原始宗教教育主要是"苯教"教育,在苯教活动中,儿童、少年跟随长者转神山,朝庙宇,过宗教节日,潜移默化地接受宗教知识教育和生活习俗教育。此外,藏族先民通过歌舞、文身、涂面、服饰、绘画等形式进行美育,其他教育中也都渗透美育因素。

吐蕃王朝教育 公元 7 世纪初期,雅隆部落以武力兼并苏毗、羊同诸部,赞普松赞干布统辖整个西藏地区,他定都逻娑(今拉萨),建成自称为"博"的奴隶制王朝,汉文史籍中称为"吐蕃"。吐蕃建政之后,藏族和以汉族为主体的各民族在政治、经济、文化等方面的交往有了很大发展,吐蕃与唐朝的接触日益频繁,藏汉关系友好。王室和贵族不断派遣子弟到周边地区学习,尤以到长安留学为盛。据《旧唐书·吐蕃传上》记载,松赞干布"仍遣酋豪子弟,请入国学,以习诗书;又请中国识文之人典其表疏"。吐蕃子弟到唐朝留学主要学习儒学,先学汉话、汉文,再入国子学作附学生

学经学。吐蕃王室也迎请学者到吐蕃讲学,并将医药学、天文、历算学纳入官学范围。为培养赞普子孙,吐蕃王宫聘请教师讲授吐蕃王朝的施政方略、法律法规以及吐蕃的历史、文化、民情等专门知识。此后,地方贵族、大商人及领主也举办家庭私塾教育。寺院教育是吐蕃社会最重要的教育形式,始于赤松德赞时期(742—797)。赤松德赞在印度大师莲花生的协助下,在山南选址修建桑耶寺。寺建成后吐蕃有了僧伽组织,为培养佛教僧人,遂兴起寺院教育。教学场所设在寺院内的经堂中,教学内容主要是与佛学有关的大小五明学说。桑耶寺设译经、密宗、戒律、禅定、声明等部,建立学经、诵经、传经制度。其间成立妙法学校,有教师 13 人,学生 25 人。寺院印僧传授戒法,汉僧专修禅定,喇嘛学习声明。赤松德赞在桑耶寺天竺林殿内设翻译室,由天竺僧人在译经过程中教授学生。至赤热巴巾王时,寺院教育有所发展,开办律仪学院(慧、净、贤律仪部门)、讲学学院(讲、辩、著的学术部门)和修行学院(闻、思、修的修行部门)。在藏文创制及传播方面,公元 7 世纪初期,松赞干布派吞米·桑布札等人到印度、西域等地学习文字学和佛教文化,吞米·桑布札学成归来以梵文 50 声韵字母为蓝本,结合吐蕃语言创制藏文。松赞干布亲自倡导并将新创制的文字颁行全吐蕃,这是吐蕃统一使用文字的开端。松赞干布督促王室贵族、各部门、各地方官员学习和使用藏文,使其逐步采用藏文行文发令纪年;重视藏文译经,设三个译经场,培养大批翻译人才,促进了藏文的使用与传播。在藏医药学教育方面,公元 6 世纪内地医学传入吐蕃,文成公主、金城公主入藏时也从内地带来许多历算、医药书籍,促进了藏医学的形成。藏医学以苯医为基础,不断学习中原及其他地区医学,其间形成《月王药诊》、《紫色王朝保健经函》等藏医学名著,并以此为教材培养以"藏族九名医"为代表的一批藏医。藏族的天文历算及其教育也历史悠久。朗日颂赞时期内地天文知识开始传入吐蕃,吐蕃王朝建立后,天文历算教育迅速发展起来。赤松德赞之后,从汉地取得的许多算学译著广为传播,推动了吐蕃时期天文历算学的进步与繁荣。

吐蕃分割时期藏族教育 唐会昌二年(842 年),吐蕃赞普达磨被杀,吐蕃王室分裂混战,吐蕃奴隶制社会政权瓦

解，进入封建割据时期。吐蕃封建割据时期经历晚唐（843—907）、五代十国（907—960）、北宋（960—1127）、南宋（1127—1279），共约436年。当时吐蕃地区出现王室后人割据的四个王系，即拉萨王系、阿里王系、亚泽王系、雅隆觉阿王系。这一时期藏传佛教教育流派众多，儒学教育呈繁荣趋势，民间医学和文学教育也有所发展。(1)**藏传佛教讲经院教育**。10世纪中叶开始，佛教形成众多特色鲜明的教派，如宁玛派、甘丹派、萨迦派、噶举派、觉朗派等。各教派纷建寺院，各寺院普设讲经院，招生讲学，培养讲经、研究和教育人才。其中以噶当派的桑普寺讲经院最为典型。桑普寺建于宋熙宁七年（1074年），寺内建有《释量论》、《现观庄严论》、《中观论》、《俱舍论》等经典的讲经院，是因明学的教学中心。桑普寺将因明学内容分成20大类，把所有课目编排讲授次序；根据学生学业水平，从易到难分成五个班级，进行班级教学；采用讲解、背诵、辩经等教学法。班级教学、辩经教学法由桑普寺首创。(2)**宋代蕃学教育**。吐蕃封建割据时期临近内地的藏族主要分布区域多归属中央王朝，或与其有密切联系。宋代采用中央和地方共同拨款的方式在藏区设立蕃学，传播儒家知识和文化。藏区蕃学始建于王安石变法时期，主要有通远军蕃学、环州蕃学、熙州西落城蕃学、河州蕃学、熙州兰湟路蕃学等。藏区蕃学已纳入科举制度。据《续资治通鉴长编》记载，熙宁六年（1073年），诏"熙河路举人不以户贯年限听取，应熙州以五人，河、洮、岷州各以三人为解额"；熙宁八年（1075年），河州蕃学"增解进士为五人额"。教学内容主要有《三字经》、《百家姓》、《千字文》及"四书"、"五经"等。

元、明、清时期藏族教育 元、明、清三代，中央政府积极为藏族举办各种形式的以儒学为主体的学校教育，同时尊重藏族传统教育形式，藏族寺院教育、医学教育等有长足发展。(1)**元、明、清时期中央官学中的藏族教育**。元代中央官学包括国子学、蒙古国子学和回回国子学，国子学创建于元世祖至元六年（1269年），蒙古国子学创建于元世祖至元八年（1271年），都招收藏族官吏及其子弟入学。元代共封13位藏族帝师，27位掌管乌思藏世俗事务的本钦，这些人的子弟也符合上国子学和蒙古国子学的条件。有的帝师、白兰王曾到中央官学就学。中央官学所学首重《孝经》、《小学》、《论语》、《孟子》、《大学》、《中庸》，次及《诗》、《书》、《礼记》、《周礼》、《春秋》、《易》等。明代中央官学有南京国子学、北京国子学、宗学和武学等，不少藏族土司、头人遣送子弟到此就读。永乐二年（1404年），天全六番招讨司高敬让遣子入国子学读书。藏史中称为"岷州三杰"的班丹嘉措、班丹扎西、释迦巴藏卜等在永乐年间均到京师深造，并把诸多岷州藏族子弟举荐到京师求学。景泰三年（1452年），明统治者应求赐给董卜韩胡宣尉司《大诰》、《周易》、《尚书》、《毛诗》、《小学》、《方舆胜览》、《成都记》等典籍，发展藏区文

教事业。明代中央政府设四夷馆，是译书之所，兼有培养翻译人才之责，其中的"西番"馆就有汉藏翻译专业，培养汉藏翻译人才；国子学也举办汉藏翻译专业。武学招过藏族学生学习医学、阴阳学。清于崇德元年（1636年）设蒙古衙门，该衙门于崇德三年（1638年）改称理藩院，理藩院初掌蒙古事务，后为总管蒙古、西藏、新疆等各少数民族地区事务的中央机构。顺治十四年（1657年），理藩院设唐古特学，培养管理西藏和熟悉喇嘛教事务的人才，有藏族教习官和学生。(2)**元、明、清时期的藏区地方学校教育**。元代在甘肃、青海藏区设官办儒学，据《甘肃通志·学校》载，河州儒学学官在州治西南，本为元儒张德载家塾，延佑六年（1319年）改为儒学；临洮儒学学官在府治东，泰定二年（1325年）由同知都总帅府事祁安兴建；甘州儒学学官在府治东北隅。这些官办儒学已与科举制度接轨，据《元史·科举制》记载，在科考中色目人（含藏族）和蒙古人分为一组，考试录取同蒙古人发在一榜。在藏区兴学方面，洪武二十八年（1395年），朱元璋诏令土司设立儒学。宣德三年（1428年），西宁卫首设儒学1处，此后西宁、大通、碾伯、丹噶尔、贵德等地设儒学23处，义学10处，并创办湟中、五峰、凤山、河阴、泰山、龙支、海峰等书院。弘治十四年（1501年），明孝宗下旨要求凡承袭土职之土司，土官子弟必须入学；设卫建制的藏区，如西宁卫、河州卫、岷州卫、肃州卫、洮州卫、松州卫等，皆办卫学。清代也重视藏区兴学。据史料不完全统计，在雍正、乾隆、道光、同治和光绪年间，甘肃、青海、四川、云南藏区设有义学和社学103所，其中义学98所，社学5所。清代西藏地方政府也办有官学。乾隆十六年（1751年），清成立西藏地方噶厦政府。噶厦政府为训练地方政府的官吏和管理人员，先后在拉萨、日喀则举办地方官学孜康拉布扎、孜拉布扎。孜康拉布扎为俗官学校，招收具有一定藏文和筹算基础的俗官子弟，学习藏语文、礼仪、语法、计算和书法等；孜拉布扎是专门为西藏地方政府培养僧官的学校。此外，拉萨僧官学校创建于乾隆十九年（1754年），日喀则僧官学校创建于七世班禅丹白尼玛时期（1781—1853），学习课程主要有经文、礼仪、公文格式、语法、诗词等。主要招收各寺院的喇嘛和贵族、领代、大商人的子女，也有少量平民子女，学习年限10～20年不等。(3)**元、明、清时期的藏传佛教寺院教育**。藏传佛教寺院教育在元代以萨迦派为代表，在明、清两代以格鲁派为代表。元代中央政府对藏区实行政教合一的治理政策，重用萨迦班智达·贡噶坚赞、八思巴等萨迦派佛学大师，以萨迦派为重点发展藏区佛教文化教育。萨迦班智达·贡噶坚赞在西凉讲经多年，门徒众多；八思巴潜心佛学教育，培养众多超群人才，其随从弟子曾传播西藏建筑技巧和雕塑艺术，并把内地雕版印刷术和戏剧艺术等传入西藏。明代总的治藏政策是"多封众建、善用僧人"，起初比较重视萨迦派，格鲁派兴起后同样受到重视。宗喀巴是藏传佛

教格鲁派的创始人,他将寺院的学经组织和经济组织分开,建立比较完备的学经制度。此外还按学僧实际水平划分班级,分别教授;采用辩经制度,利用立宗答辩教学;采用因人施教、循序渐进的教学方法;把整个教授过程具体划分成六大步骤进行教学,在上新课之前提问复习;提倡先显后密次第修习,让高班生和优异生带领低班或差生辩经学习。清代继续扶持格鲁派,其寺院教育以甘丹寺、哲蚌寺、色拉寺、扎什伦布寺、塔尔寺、拉卜楞寺为代表,进一步体系化、制度化。拉萨三大寺院(甘丹寺、哲蚌寺、色拉寺)设有拉吉、扎仓、康村三级管理机构。扎仓(学院)是教学管理组织,设扎仓堪布(主持)执掌全扎仓事务。其下设扎仓强佐(总管)、扎仓格贵(司法官)、扎仓翁则(引经师)等,分掌全扎仓的财务、纪律、诵经、习经考核等事宜。格鲁派寺院教育基本原则有:僧人须每日在寺院经堂诵经,由堪布或讲法僧集中讲解;无论显密,都须严守戒律;僧人修行遵循先显后密的程序。主要教学方法有诵经、讲解、辩论。每个寺院都制定了较完备的考试和格西学位制度。(4) 元、明、清时期的藏族医学教育。元代藏族医学教育主要在寺院里面进行,寺院教育含有医学教育内容。如萨班就是一位藏医学家,他在西藏等地广泛传播医方明原理。明代中央和地方均出现专门的藏医学校。中央王朝内设的武学中的医学科就有藏族学者来学习;甘肃、青海、四川藏区也出现不少藏医学校,如四川天全六番招讨司医学、西宁卫医学、陕西岷州卫医学、茂州医学、松潘医学等。除官办医学外,藏医学还通过家传、个人拜师、私办学馆等民间形式进行教育。清代藏医学学校教育渐呈体系。在藏医学高等教育方面,五世达赖罗桑嘉措时期(1617—1682),安多、康巴地区各大寺院普设曼巴扎仓(藏医学院);乾隆九年(1744 年),乾隆在北京雍和宫建立曼巴扎仓,内蒙古的合哈和西呼尔等地也先后建立曼巴扎仓,培养高级藏医学人才。在藏医学初等、中等教育方面,五世达赖时期设立哲蚌寺医学利众院和萨姆医学校;嘎玛王朝时期(1618—1645)设立日喀则医药仙人聚集寺(日喀则藏医学校);康熙十五年(1676 年),摄政王第司·桑杰嘉措建立药王山琉璃光奇妙利众寺(药王山藏医学校),并令拉萨附近每个寺庙、县(宗)都必须选送一人前来学习,以培养医生。

近代藏族教育

晚清时期藏族教育　晚清政府实行"新政",藏族新式教育开始发展(参见"中国近代少数民族教育政策")。(1) 设立藏文科。1907 年,清政府中总管蒙古、西藏、新疆等各少数民族地区事务的理藩院改为理藩部。1909 年,理藩部在满蒙文高等学堂附设藏文科,招收藏族子弟入学。藏文科学制为预科 2 年、正科 3 年、别科 3 年。预科毕业的学生升入正科学习,设道德、藏文、汉文、历史、地理、数理化等课程。办学经费由清政府统一划拨,学生免费入学,毕业考试合格者授予文凭。毕业者可任职于各衙门或西藏地方政府,或可任教于学堂。(2) 西藏的藏族教育。1906 年,清政府派张荫棠到西藏实行"新政"。次年张荫棠提出治藏建议十九条,得到清政府批准,其中关于教育的建议主要有:兴办教育,设汉文学堂,推广汉语;创办汉藏文白话报,以激发爱国心,增加新知识。此外还提出并倡导近代西医西药教育,主张引进西医诸法,开近代藏区西医药教育之先河。同年西藏历史上第一个统管全藏学务的常设机构——学务局成立,学务局依照清政府颁行的《奏定学堂章程》,参酌西藏地方实际以及"使藏民人人能读书识字,开发民智"为宗旨的兴学目标,分别制订蒙养院、初等小学堂、藏文传习所、汉文传习所等新式学堂章程。张荫棠离藏后,联豫继任驻藏大臣,继续倡导兴办学校。① 创办陆军小学堂。联豫提出"练兵尤为急务",在西藏创办陆军小学堂,并在原扎什城演武厅基础上扩建成陆军小学堂速成科,择营中兵弁及汉藏青年各 20 名,入堂学习军事和文化,以达"使边民识字,兼明战术"之目的。② 推行实业教育。联豫在西藏筹设陈列所,从四川采购近代机器设备予以展览,并派人讲解演示,让藏民参观学习。他还选派资质聪颖的 20 余名藏族子弟赴四川劝工局学习农业、林业、畜牧业等行业的加工技术。③ 培养藏汉翻译人才。联豫曾上书清政府,设立藏文传习所、汉文传习所各 1 所,选派汉人子弟十余名专学藏文,选派藏族子弟 20 名专学汉文,将来逐渐推广。得到清政府批准后,联豫着手创办汉藏文传习所,对汉藏翻译人员进行短期语言培训,收效很大。④ 设立翻译局,翻译实业书籍。译书局在翻译清政府政令的同时还选择有关实学、实业之书译成藏文,以便藏族群众阅读,推广实用科技,移风易俗,启迪民智。⑤ 在西藏设立初等小学堂。联豫在西藏筹设两所初级小学堂,招学生两班。待学生自初等小学堂毕业后,再设高等小学堂深造。据 1908 年不完全统计,西藏已成立初级小学堂、藏文传习所、汉文传习所、陆军小学堂等共 16 所。据西藏学务局于 1911 年向清政府学部的报告,西藏各地陆续开办蒙养院共 9 所,分布在拉萨、山南、达木、江达等地,学生总数为 274 人。(3) 其他藏区的藏族教育。1904 年,打箭炉(今四川省康定县)直隶厅同知伍文元在诸葛街禹王宫开办大同学校,巴塘粮员吴锡珍也相继创办官话(汉语)学堂、编辑官话课本,由粮府供给学生伙食,开四川藏族学校教育之先河。此后,川滇边务大臣赵尔丰于 1906 年成立四川藏文学堂,在打箭炉开办关学师范学堂(后改为藏文专修学堂),招收学生包括四川省藏文毕业生及通藏语且兼识国文者。1907 年,赵尔丰在巴塘设关外学务局,创办学堂。后又办初小、高小、实业、师范、通译等学堂 180 余所,就读学生达 4 000 多名。为了让更多藏民儿童入学,赵尔丰规定各寺院须将年幼的喇嘛开具名单,一律送他们入学堂学习汉文、汉语。此后川边藏区纷纷兴学,1907—1911 年,川边藏区学校达 200 余所,在校生达数千人,初等小学堂有普及化趋势。一些条件较好的地方还因地制宜创办实业教育。此外,在新政和教育革新思想的推动下,甘肃、青海藏区的书院多改成高等小学堂,并先后创建一批初等小学堂。

中华民国时期藏族教育 (1)中央政府关于藏族的教育政策(参见"中国近代少数民族教育政策")。1912 年,北洋政府设立蒙藏事务局,筹设蒙藏专门学校。1913 年,颁布《蒙藏学校章程》,开设北京蒙藏学校。1914 年,蒙藏事务局改为蒙藏院,北京蒙藏学校归蒙藏院管理。该校初为为蒙古族青年开设的知识补习班,1914 年,设预备班,招蒙藏学生 50 名;1918 年,预备班改为附设中学班,增设法律预科。1928 年,南京政府将蒙藏院改组为蒙藏委员会,北京蒙藏学校改名为北平蒙藏学校。1929 年,国民党三届二中全会通过《关于蒙藏之决议案》,规定在教育部特设专管蒙藏教育的司科;设立蒙藏学校,由蒙藏各地选送优秀青年应试入学,该校附设蒙藏研究班;大力兴学,发展蒙藏教育,其办法是通令各蒙旗及西藏、西康等地主管官厅,迅速创办各级学校,确定蒙藏教育经费;在首都及其他适宜地点,设立招收蒙藏青年的预备学校;特定国立及省立之学校优遇"蒙、藏、新疆、西康等地学生"的办法。同年,教育部和蒙藏委员会联合发布《待遇蒙藏学生章程》,规定全国各学校收录蒙藏学生免交学费,蒙藏委员会负责保送蒙藏学生到内地求学,分配毕业生回蒙藏地方服务。1930 年,教育部成立蒙藏教育司,该司有六项任务:关于蒙藏地方教育之调查事项;关于蒙藏地方各种教育事业之兴办事项;关于蒙藏教育师资之培养事项;关于蒙藏子弟入学之奖励事项;关于其他蒙藏教育事项;关于其他边疆教育事项。同年,国民政府召开第二次全国教育会议,通过了《蒙藏教育实施计划》。该计划就教育行政管理和普通教育(小学、中学、职业学校、师范学校等)、高等教育、社会教育、教育经费等作了具体规定,其中就普通教育规定:西藏各宗(相当于县)及等于宗的地方,按其学龄儿童多少酌设小学若干所;西藏重点地区,照社会需要各设一职业学校;西藏重要各地各设一中学;在拉卜楞和昌都地区各设一中学;西藏重要各地以及西宁、湟源、结古(玉树)、巴安、理化等地各设一乡村师范学校,分别面向西藏各地、青海东部藏区、西康等地招生,培养小学教师。1934 年,甘肃教育厅制订《推进藏族教育计划》。国民政府时期,教育部改视学为督学,并公布《督学规程》。从 1935 年起,教育部每年派员视察藏族教育工作。1939 年,教育部成立边疆教育委员会,该委员会属民族教育咨议机构。1940 年,教育部公布《边远区域劝学暂行办法》,规定民族地区各级教育管理机构聘请当地负责政教人员或热心民族教育的人士任劝学员。1941 年,教育部公布《边地教育视导应特别注意事项》,规定督导员特别注意一般边地教育行政事项、国立各边地学校一般事项、边地环境调查事项、边地文物收集事项等。为督促各民族省份分别成立边地教育委员会,1941 年,教育部制定《各边远省份边地教育委员会组织纲要》,甘肃、青海、四川、西康、云南等有关藏区先后成立边地教育委员会。

(2)各藏区藏族学校教育。① 西藏藏族教育。从 1912 年中华民国成立到 1951 年西藏和平解放前夕,西藏出现近代学校,但数量很少。1934 年,国民政府在拉萨设立蒙藏委员会驻藏办事处,1937 年,开办国立拉萨小学,由国民政府和驻藏办事处双重领导,每期招生 50～100 人。1949 年,驻藏办事处撤离,国立拉萨小学随之停办。此外,尼泊尔、英国、法国等国的人也曾在西藏的亚东、拉萨、江孜、昌都等地办过学校,但不久都停办。寺院教育依旧是西藏旧教育的主要形式,此外还有一批官办学校和私塾。官办学校主要有西藏地方政府办的孜康拉布扎、孜拉布扎、拉萨药王山藏医学校、拉萨藏医历算学校等。部分宗(即县)也曾办过少量学校,但往往规模小、规格低、时间短。据不完全统计,和平解放前西藏有约 2 700 座喇嘛寺院,12 万多僧尼,地方政府办的学校约 20 所,私塾约 95 所,在校生约 3 000 人。② 甘肃藏区藏族教育。1922 年,世袭土司杨积庆将卓尼县城关镇卓尼私塾改建为卓尼私立高等小学堂(即柳林小学),该校于 1928 年改为卓尼第一区公立第一小学。岷县、临潭县在 1928 年前皆建成一批初级小学。1927 年,藏民文化促进会创办拉卜楞藏民小学。1928 年,夏河县设立中山小学、县立第一初级小学、县立藏民汉语小学,到 1933 年夏河县小学增至 7 所。1939—1946 年,顾嘉堪布·罗桑青利嘉措等人以寺庙为校址创办祁连山私立红湾寺藏民学校等 7 所小学。1939 年,拉卜楞藏民文化促进会受教育部委托经办拉卜楞巡回教育施教队,以语文、公民、生计、康乐教育为核心开展施教活动。同年,宋堪布创办卓尼禅定寺喇嘛半日学校,该校于 1942 年改名为卓尼喇嘛教义国文讲习所。1945 年,嘉木样大师等受国民政府教育部聘请创办拉卜楞青年喇嘛学校。此外,1934 年,甘肃省教育厅制订《推进藏族教育计划》,指出夏河、临潭、和政、康乐、岷县、西固、文县、武都、永登、古浪等县,皆藏汉杂居,藏族人民经济、文化落后,必须切实推进教育。计划分三期进行:第一期,1935—1937 年,在各县藏汉杂居或适中地区各创办一所藏族中心初级小学;第二期,1938—1940 年,中心初级小学扩充为完全小学,并推广初级小学;第三期,自 1941 年,指定适中省立师范学校,招藏族毕业生,造就藏族教育师资,并推广完全小学。该计划目标虽未完全实现,但其实施后甘南藏区学校及藏族子弟入学人数都有所增加。据统计,到 1940 年,卓尼、夏河、西固、临潭小学校数分别是 12 所、8 所、49 所和 73 所。甘肃藏族自治区的师范学校主要有 1941 年设立的国立肃州师范学校、1940 年设立的西北师范学校、1941 年设立的夏河简易师范学校等。③ 青海藏区藏族教育。青海建省前属甘肃省西宁道管辖。1910 年,西宁办事大臣在西宁创办"蒙古半日制学堂",该校于 1913 年改建为宁海蒙番学校,招收蒙古族和藏族学生,开青海藏区近代学校教育之先河。宁海蒙番学校于 1920 年增设师范甲种讲习科,培养蒙藏师资;1924 年改为宁海蒙番师范学校,1927 年改名为宁海筹边学校,分设中学班和示范本科两部。1929 年,青海建省,宁海筹边学校一部分改为青海省立第一中学,附设蒙藏班;一部分改为青海省第一职业学校,蒙藏班于 1931 年改为青海省立蒙藏师范学校。1940 年,蒙藏师范学校迁到大通县改为青海省立大通简易师范学校,1946 年迁回西宁,并入国立西宁师范学校,该校及其数所附属小学均招收蒙古族、藏族学生。1933 年,青海成立蒙藏文化促进会,该会于 1935—1937 年先后设立蒙藏小学 15 所。1934 年,国民政府在西宁创办中国国民党中央政治学校西宁分校,并附设蒙藏小学一处,1940 年改为国立西宁师范学校。其他民族及宗教界人士也捐资办学。门源民族上层人士郭毛南、贾东周于 1925 年创办门源区蒙藏初级小学;大通广惠寺活佛敏珠尔于 1932 年创办广惠寺藏民小学;土族知名人士朱福南于 1933—1936 年在民和县藏土杂居乡创办官亭女子小学、7 所蒙藏初级小学,并选送 40 余名包括藏族在内的少数民族学生到南京求学;1942 年,喜饶嘉措大师以"改进边疆教育,增进藏民文化,阐明抗战建国"为办学宗旨,创办青海喇嘛教义国文讲习所。1945 年,玉树蒙藏中心国民学校改扩建为玉树蒙藏简易师范学校。据不完全统计,国民政府在青海省的西宁、湟源、大通、贵德、乐都、循化、民和、共和、玉树和果洛等地设立初级、高级小学 588 所,有学生约 2.4 万人,教职员 954 人。④ 四川藏区藏族教育。民国初年,康区由于军阀混战,学校毁坏严重。据《西藏省通志稿·教育卷》记载,1929 年全区仅有小学 9 所,初小 18 所,官话学堂 11 所;在校学生 730 人,另有幼稚园儿童 59 人;年教育经费 7 000 元。该期开办的几所中等学校,除 1928 年设立的西康师范传习所、1934 年设立的中央政治学校康定分校外,1920 年设立的川边师范传习所、1926 年设立的康定县立师范传习所、1933 年设立的泸定县立师范学校皆开办不到一年时间便停办。1935 年,西康建省委员会成立,1939 年正式建省,因政局相对稳定,学校教育有所恢复和发展。以康定、泸定、马尔康、汶川为重点,先后在藏区恢复和兴办中等学校 13 所,小学校 157 所,其中包括 1943 年设立的西康省立巴安小学、1937 年设立的德格县立小学、1938 年设立的国立松潘初级职业学校及国立木里小学等。师范教育也有所发展。西康师范传习所 1931 年改为西康师范学校,1935 年改为西康省立师范学校,1939 年成立国立康定师范学校,1947 年改建为国立康定师范专科学校。1940 年,成立省立威州乡村师范学校。

1943 年,成立西康省立边疆师范学校,1946 年更名为西康省立第一边疆师范学校。1943 年,创办国立康定师范学校巴安分校,1945 年改为国立巴安师范学校。1945 年,成立省立第二师范学校。1946 年,成立省立云定师范学校。⑤ 云南藏区民族教育。从 1935 年起,云南省推行民族教育。1936 年,云南省中甸、维西、德钦等县各设 1 所国立小学,贡山地区设立省立小学 1 所。1944 年,中甸县金沙江沿线 4 个乡设立中心学校 2 所,分校 3 所,国民学校 17 所;维西县设立中心学校 4 所,保国民学校 43 所。1941 年,教育部设立国立丽江师范学校。中华民国时期,藏族中等教育学校很少。中央直属的学校主要有北平蒙藏学校和南京蒙藏学校、国立北平喇嘛职业学校等。藏区一些国立师范学校和职业学校为满足当地藏族学生的升学需要,也附设有中学性质的补习班。藏区地方办的中学主要有:临潭初级中学(1928 年)、临夏区联合初级中学(1934 年)、青海乐都中学(1930 年)、西宁蒙藏初级中学(1937 年)、西宁湟川中学(1938 年)、酒泉河西中学(1938 年)、西康省立康定中学(1939 年)、茂松理汶县立初级中学(1941 年)、滇西北藏区维西县县立初级中学(1944 年)等。藏族高等教育也起步较晚,数量较少。1941 年,成立国立边疆学校;1947 年,成立国立康定师范专科学校;1944 年,中央大学和西北大学成立边政学系;1947 年,兰州大学成立边疆语文学系。此外,1932 年,重庆汉藏教理院创办,是具有高等教育性质的佛学苑;1941 年,中国共产党创办延安民族学院,也招收并培养了一批藏族先进知识分子。

中华人民共和国成立后的藏族教育

1949 年,中华人民共和国成立,随后云南、西康、甘南藏区相继和平解放;1951 年,西藏和平解放。

奠定基础阶段(1951—1966) (1)基础教育与教师教育。① 西藏。西藏和平解放后贯彻执行《中央人民政府和西藏地方政府关于和平解放西藏办法的协议》精神,依据西藏的实际情况,逐步发展西藏文化教育事业。1951 年,成立昌都小学;1952 年,成立拉萨小学。此外,盐井、波密、丁青、察隅、日喀则、江孜、林芝、山南、黑河、塔工、亚东等地陆续兴办一些小学。1956 年,创办西藏第一所中学——拉萨中学,设初中班、初中预备班、小学师资训练班、经师喇嘛班(不久即停办)。日喀则小学、昌都小学各附设一个初中班。1959 年,中国共产党西藏工作委员会和自治区筹备委员会制定"民办为主、公办为辅、民办公助"的办学方针,随后西藏各地因地制宜兴办各种形式的民办学校,如全日制学校、半日制学校、隔日制学校、农闲学校、帐篷小学以及巡回教学、冬学、晚学点等。到 1965 年,全区有公办小学 80 所,民办小学 1 742 所,全区适龄儿童入学率达 30% 左右;初级中学 3 所,完全中学 1 所(拉萨中学)。在此期间还创办保育院 9 所。为解决师资匮乏问题,西藏各地先后兴办师资训练班。1956 年,教育部在北京、天津、四川、陕西等省、市选派教师支援西藏。1961 年,创办拉萨师范学校。1966 年,建立 1 所半农(牧)半读的师范学校。此外,50 年代初期西藏工委还采取吸收识字的贫苦喇嘛任教等特殊措施解决师资短缺问题。② 四川藏区。1952 年,阿坝藏族自治州有民族小学 9 所,普通小学 253 所,中学 1 所,学生总数比 1950 年增加近 4 倍。1958 年,甘孜藏族自治州有小学 275 所,学生总数比 1950 年增长 8.4 倍,其中民族学生占 44%;民族中学 1 所、普通中学 2 所,学生总数比 1950 年增长 7.8 倍。木里藏族自治县于 1953 年在县城建立小学 1 所,于 1957 年在博凹创办小学 2 所。1959 年,全县有小学 42 所,中学 1 所,其中 1 所小学内设师范班。1959—1965 年,四川藏区的学校教育有调整和起伏。教师教育方面,1949 年后甘孜州康定师范学校和阿坝州的威州师范学校通过改建有所提高,并在马尔康创办示范学校。1959 年,建立甘孜藏族自治州师范学校,木里藏族县小学设立师范班。③ 青海藏区。1952 年,海北藏族自治州有初级小学 46 所、完全小学 5 所。到 1957 年,青海藏区有小学 295 所,黄南藏族自治州有小学 60 所,玉树藏族自治州有学校 118 所,海西蒙古族藏族哈萨克族自治州有学校 15 所。1958 年,果洛藏族自治州有小学 39 所。1961 年,藏族教育经过调整走上健康发展道路。到 1965 年,学校均有所增加,布局趋于合理,出现一批质量较高学校。教师教育方面,每个藏族自治州和相关自治州都创建 1 所师范学校。④ 甘肃藏区。1952 年,甘肃省为藏区专设小学 106 所,占全省民族小学的 27.9%;在专设和兼设的学校学习的藏族学生有 3 517 人。1959 年,甘南藏族自治州有小学 436 所,中学 7 所,中小学生达 4 万多人,藏族儿童入学率达 80%,小学教育基本普及。后经起伏和调整,到 1966 年春,公办小学和民办小学恢复到 1 467 所,在校生达 8.85 万余人;州内共有 92 所中学,在校生 1 463 人。教师教育方面,50 年代初,天祝师范学校首先得到改造和提高,1953 年附设藏文师资培训班,学生主要来自寺院有藏文基础的年轻喇嘛。1953 年,甘南藏族自治州又创建两所初级师范学校。⑤ 云南藏区。到 50 年代末,中甸、德钦、维西三县,村有村小,区有完小,县有中学,中小学教育体系基本形成。后经过反复和调整,到 1966 年初,均有所增长。1956 年,成立云南省民族师范学校,培养了一批少数民族教师。(2)高等教育、成人教育、职业教育。1950 年,创办西北民族学院,1952 年,西北大学民族学系、兰州大学少数民族语言文学系并入该学院。1951 年,创建中央民族学院、西南民族学院、云南民族学院。1956 年,创办青海民族学院。1958 年,西藏团校和西藏公学先后成立。上述高校均招收藏族地区学生(参见"中国少数民族高等教育")。1952 年,开办西藏军区藏语培训班,同年年底扩建为西藏军区干部学校。1953 年,该校内设社会教育班,为社会青年提供教育服务。1956 年,该校改为西藏地方干部学校,培养了大批民族干部。1952—1956 年,在拉萨先后举办共青团西藏工委青年训练班、社会教育班、财会训练班、电影技术训练班、农业技术培训班、农业机务技术人员训练班、拖拉机驾驶员训练班、职工业余学习班、公路养护培训班、道班工人冬训班等。1965 年,创办西藏第一所半工半读学校——拉萨电厂半工半读技工学校。1965 年,在西藏公学基础上建立西藏第一所高等学校——西藏民族学院。在云南,迪庆藏族自治州从 50 年代后期开始先后设立财贸、卫生、农业等 3 所中等专业学校。在甘肃,在 50 年代到 60 年代初先后建成甘南藏族自治州畜牧、卫生、财贸等 4 所中等专业学校。在青海,位于湟源县城关区的国立青海初级实用职业学校改名为湟源县职业学校,1950 年改为青海省湟源农牧技术学校。

曲折前进阶段(1967—1976) "文革"时期,在极"左"路线干扰下,藏区民族教育事业遭受重创。70 年代初,藏区各级教育行政机构逐渐恢复,学校也开始复课。

恢复、调整阶段(1977—1992) "文革"后,藏区民族教育工作拨乱反正,开始进行恢复、调整工作。(1)西藏。1977 年,西藏第一次实行全国统一的大中专学校招生考试制度。1980 年,中共中央召开西藏工作座谈会,提出要逐步发展小学教育,扫除藏文文盲,藏汉各族学生都要学习藏文;尽快把民办小学改转公办学校;有计划地发展初中、高中学校;编印藏文课本,提高教学质量。1981 年,西藏自治区人民政府批转西藏自治区教育厅《关于我区中小学教育调整的报告》,确定中小学新的办学方针为"公办为主,民办为辅,两条腿走路,多种形式办学"。该方针的要点是:实行以公办学校为主、藏族学生为主、基础教育为主、寄宿制学校为主、助学金为主的"五为主"办学,重点抓好高小、高中"两极"教育。公办小学实行"三三"分段的六年学制:区要办初小,招收 7～9 岁儿童入学;县主要办高小,面向全县招收初小毕业生;乡、村主要办民办小学。民办小学根据当地群众意愿可办全日制小学,也可办农闲小学、儿童识字班、扫盲教育班等。全日制民办小学主要办好初小,保证每年有 9 个月以上的教学时间,民办农闲小学每年上课 5～6 个月,主要学习藏文和数学,用 4～5 年学完初小课程。在新的办学方针指导下,全区对中小学进行大规模调整,将一批民办小学转为公办小学;重点加强和发展高中;对原自治区的 13 所重点中小学进行调整,保留拉萨中学为自治区重点学校,其余下放为地、市或县的重点学校。在中等专业学校方面,主要保留和办好自治区一级的部分中等专业学校和各地、市的中等师范学校,其余或撤销或改办为干部职工和农牧民业余技术培训学校;筹建一所自治区藏医科学校。到 1983 年,全区小学由 1979 年的 6 266 所调整为 2 542 所;

普通中学由 1981 年的 79 所调整为 55 所;中等专业学校由 1981 年的 24 所调整为 14 所;技工学校由 1980 年的 8 所调整为 1 所;高等学校由 1980 年的 4 所调整为 3 所。全区教育调整初见成效,教育内部比例趋于合理。同时,中央和内地加大教育援藏力度,自 1984 年起,在内地 19 个兄弟省、市举办内地西藏班(校);自 1985 年起,在西藏部分重点中小学和边境沿线地区中小学实行包吃、包穿、包住的改革试验。1987 年,国务院召开第二次援藏工作会议,同年中共西藏自治区党委和自治区人民政府联合召开全区第三次教育工作会议,这两次会议明确了西藏教育工作的方针:重点加强基础教育,优先发展师范教育,积极发展职业技术教育和成人教育,巩固提高高等教育。到 1992 年,全区小学达 2 831 所,其中国家办(公办)566 所,乡村办(民办)2 265 所,在校生 191 768 人,入学率为 50 %;中学 62 所,在校生 23 251 人;中等专业学校 15 所;在校生 4 713 人;高等学校 4 所,在校生 2 239 人。(2) 四川藏区。到 1979 年,甘孜藏族自治州有小学 1 942 所,在校生近 8 万人;普通中学 38 所,在校生近 2 万人;幼儿园 18 所。有工业、农业、财贸、卫生等 4 所中等专业学校。到 1980 年,阿坝藏族自治州金川县有小学 187 所,中学 7 所。设有四川省藏文学校和自治州工业、畜牧兽医、农业、卫生、财贸等 5 所中等专业学校。此外,1978 年,在阿坝藏族羌族自治州创办四川阿坝师范学校,学生主要招收阿坝州学生,还招收凉山、甘孜、乐山等民族地区的学生。1985 年,在甘孜藏族自治州创办康定民族师范专科学校,面向甘孜、阿坝、凉山等民族地区招生,还招收有志于民族教育事业的其他地区的学生。(3) 青海藏区。至 1983 年,玉树、果洛、海南、海北、黄南、海西等自治州有小学 1 298 所,在校生近 11 万人;中学 122 所,在校生 3.59 万余人,其中海西州的全州适龄儿童入学率达 87%。1976 年,筹建海北藏族自治州卫生学校,1982 年建成,主要培养不同专业的中级医务人员。1984 年,湟源民族畜牧学校附设青海省畜牧厅职工中等专业学校,开办畜牧、兽医短训班。从 1981 年开始,青海师范大学等 5 所普通高校招收民族班,采取"一年预科,四年本科,预科单独编班"的教学体制,实行"低分进,合格出"的培养政策,其他藏区的高校和民族学院也有类似的班。1985 年,创办青海民族师范学校,面向全省招生,培养藏、汉语言文字兼通的中学教师。1987 年,创办海南民族师范专科学校,以招收藏族学生为主,培养和培训初中教师。(4) 甘肃藏区。甘南藏族自治州在 1978 年有小学 1 322 所,在校生 6.7 万余人,其中少数民族学生 21 万余人,占总数的 32%;中学 119 所,在校生 1.4 万余人,其中少数民族学生 4 150 人,占总数的 28%。1980—1981 年,过调整减少了一些学校,但学生总数增加。1983 年,创办合作民族师范学校,培养初中教师,并承担在职初中教师培训任务。招收以藏族为主的少数民族高中毕业生,范围包括甘南藏族自

治州、临夏回族自治州和省内其他地区的少数民族学生。此外,自 1980 年起,藏区幼儿教育逐渐走上正规化发展道路,发展速度渐呈加快趋势。大部分州、县所在城镇陆续办起较正规的幼儿园,配备一批幼儿师范专业的教师,并针对性地在一些教育院校和师范学校开设幼儿师范专科班,并举办学前教育短期培训班,对幼儿教师进行培训。藏区农村和牧区的幼儿教育主要形式是小学附设的学前班,有的也办了幼儿园,但总体质量有待提高。另外,1984 年,西南师范大学西南民族教育与心理研究中心成立;1985 年,国家教育部依托西北师范大学建立"西北少数民族师资培训中心",均招收、培养藏族学生。在藏族文化教育与研究方面,1986 年,成立中国藏学研究中心,为以西藏和其他藏区的历史、现状和未来发展为研究对象的国家级科研机构。1987 年,成立中国藏语系高级佛学院,以维护祖国统一、坚强民族团结、继承和发扬藏传佛教及民族文化为办学方针,培养藏传佛教教学研究人才、国际佛学交流人才和寺庙管理高级管理人才。

深化改革与协调发展阶段(1993—) 1993 年、1994 年、1999 年,西藏自治区先后召开第四、第五、第六次全区教育工作会议,先后颁布《关于改革和发展西藏教育的决定》、《西藏自治区党委、西藏自治区人民政府关于〈中国教育改革和发展纲要〉的实施意见》、《中共西藏自治区党委、西藏自治区人民政府关于贯彻〈中共中央、国务院深化教育改革全面实施素质教育的决定〉的意见》等重要文件,规划了 20 世纪 90 年代至 21 世纪初西藏教育的改革与发展。这一时期,西藏民族教育成果丰硕。(1) 各级各类学校教育事业取得较大成绩。① 已基本普及九年义务教育,基本扫除青壮年文盲。2007 年,西藏自治区人民政府审核同意 2007 年自治区"两基"(基本普及九年义务教育、基本扫除青壮年文盲)评估验收组的验收结果,新核准墨脱县等 14 个县为"普及九年义务教育县",萨嘎县等 7 个县为"扫除青壮年文盲县"。至此,西藏自治区"两基"攻坚目标已经实现。2008 年,全区有小学 885 所,在校生 31.1 万余人;初级中学 96 所,初中在校生 13.9 万余人。小学适龄儿童入学率为 98.5%;初中入学率为 92.2%;脱盲县达 74 个,扫盲人口覆盖率为 100%,青壮年文盲率下降至 2.4%;全区人均受教育年限达 6.3 年。2011 年,西藏自治区"两基"工作正式接受国家督导检查并顺利通过,标志着西藏教育事业进入新的发展阶段。② 高中教育加快发展。2008 年,全区高级中学为 23 所(含完全中学),在校生为 4.4 万余人,高中入学率提高到 51.2%。③ 高等教育稳步发展。至 2008 年,西藏全区有本专科院校 6 所,在校学生为 2.9 万余人,高等教育毛入学率达 19.7%;高校有本科专业 108 个,专科 126 个,硕士授予单位 3 个,硕士授予点 18 个。研究生教育实现零的突破,在校生达 520 人。西藏大学于 2001 年被确定为自治区

重点建设大学,于2004年成为西藏自治区人民政府与教育部共建高校,于2008年成为"211工程"重点建设大学。2006年,西藏高等职业技术学院和拉萨师范高等专科学校成立,西藏高等教育形成综合大学、专业院校和高职高专层次分明、优势互补、文理交融、整体提升的办学格局。④ 特殊教育受到特殊关怀。1999年,成立拉萨特殊教育学校,学生享受"三包"政策。对能够在普通学校随班就读的残疾儿童少年给予特殊关怀,残疾儿童少年受教育权利得到保障。⑤ 职业技术教育得到重视。至2008年,西藏有中等职业学校7所,学生21 003人,中等职业学校布局进一步优化。从1988年起进行基础教育、成人教育和职业技术教育统筹"三教统筹"和农科教结合的农村教育综合试点工作,大力开展农村劳动力实用技术培训和职业技能培训,年培训人数达2.5万多人(次)。⑥ 民办教育有所发展。至2008年,全区有各类民办学校81所,其中学前教育类32所,小学11所,中学13所,非学历培训及职业教育类23所,在校生1.2万余人。(2) 开展双语教育,重视民族语言与文化的教育与研究(参见"中国少数民族双语教育")。1987年以来,西藏自治区小学少数民族班基本实现用藏语文授课,全区各级各类学校均把藏语文作为少数民族的基础课和必修课。自治区教委根据西藏双语授课师资力量及其他条件,在不同地区开展多种形式的双语授课试点。1989年,自治区开办初中用藏语文授课试点班,后又开办高中藏语文授课试点班。拉萨市第一小学试点班从小学一年级起,藏、汉语文教学同步进行。到2008年,从小学到高中,藏语文与汉语文皆作为藏族学生的必修科目开设;小考(内地班选拔考试)、中考、高考三级考试,藏语文与汉语文皆作为藏族学生的考试科目,成绩计入总分;自治区所属中等专科学校和高校都把藏语文作为公共选修课,部分院校还开设藏语言文学及相关专业。高中阶段和高校除藏语文课程外,以汉语作为教学用语。在藏族文化研究与教育方面,2000年,中央民族大学成立藏学研究院,该院以藏语言文学专业为主,培养精通藏汉两种语言的藏学应用型人才,同时对藏族历史、政治、文化、艺术、哲学、宗教、经济、教育等领域进行全方位的挖掘、整理和研究。藏学研究院以本科教育为主,也培养博士研究生、硕士研究生,开设研究生课程班等。藏语文、藏族历史、藏族艺术、藏医、藏药等一批具有民族特色的专业和学科也得到较大发展。以西藏藏医学院为例,到2006年,该院有藏医学、藏药学2个本科专业,藏医学、天文星算学2个专科专业和1个藏医专业硕士点及与北京中医药大学联合开办的藏医专业博士生的办学点,成为国内外第一所培养高层次藏医药人才的教学、科研基地。(3) 师资队伍建设卓有成效。到2008年,全区教育系统正式教职工达到4万余人,专任教师3.2万余人。其中,高等学校在职教职工2 990人,中等职业学校在职教职工745人,中学在职教职

工1.1万余人、小学在职教职工1.94万余人。到2008年,小学、初中、高中专任教师学历合格率分别为97.5%、97.7%、92%,其中小学专任教师中大专以上学历达76.5%,初中专任教师中本科以上学历达65.9%。高等学校具有硕士以上学历的教师比例上升到25%,副教授以上职称的教师达529人。(4) 教育投入持续加大,教育经费管理制度不断健全。① 教育投入不断增加。1993年的全国第三次教育援藏工作会议决定,中央划拨5 100万元支持西藏教育事业。进入21世纪后,教育经费持续大幅度的增长。1978—2008年,国家为西藏教育累计投入220多亿元。② 完善"三包"政策,不断提高其标准。2001年,自治区人民政府制订《关于我区中小学校实施"三包"政策和助学金制度的规定》,2002年、2005年,自治区教育厅、财政厅先后制订并下发《关于"三包"政策和助学金制度的实施办法》《西藏自治区中小学"三包"经费、助学金、奖学金管理办法》,对"三包"经费的适用对象、标准和开支范围、日常管理办法、监督检查与奖惩提出具体要求,从制度上确保"三包"经费真正落实到每一个学生。2003年,将"包吃、包穿、包住"改为"包吃、包住、包学习费用"。2005年以来,连续提高中小学"三包"经费标准。2007年,全区用于"三包"的经费达3.3亿元。③ 建立健全教育经费保障机制。2006年,自治区制订《关于深化农村义务教育经费保障机制改革的实施意见》,健全和完善了教育事业经费保障机制和教育财务管理制度。④ 全面实现城乡统筹的义务教育普惠制度。至2007年,西藏全区在对农牧民子女实行免费义务教育的基础上,对所有义务教育阶段学生实行免费义务教育。(5) 教育援藏工作不断深入。① 师资援藏。自2001年中央第四次西藏工作座谈会以来,教育援藏项目达551项,投入资金总额近5.72亿元;各援藏省市、企业和单位先后派出援藏教师、干部470余人,培养、培训西藏教师和管理干部4 000多人。此外,内地许多高校积极为西藏培养、培训大批教师;各对口支援省、市和院校开设民族班、预科班等,为西藏培养少数民族专业技术人才。2007年,教育部启动实施"教育部援助西藏中小学教师培训计划",采取"送培进藏"形式,每年为西藏培训中小学骨干教师1 000名以上,并将培训资源编辑制成光盘,免费发放到全区1 000多所中小学校。至2008年,先后有18个省及直辖市、17家中央企业、37所高等学校和教育部12个直属单位对口支援西藏教育工作。高校对口支援已由过去的选派教师发展到加强学科建设、开发科研项目、培养培训师资、援建实验室、选派院系行政管理人员等全方位对口支援。② 内地办学。自1985年起,根据自愿报名、择优录取等原则,每年招收西藏少数民族小学毕业生到内地西藏班和西藏中学读书,为西藏培养少数民族中等专业人才。此外,内地许多高等院校、中专学校招收西藏高中

毕业生、初中毕业生,根据实际情况采用单独编班和混合编班等多种形式进行教学。至2008年,全国先后有20个省、直辖市的28所学校开办内地西藏班(校),53所内地重点高中、90多所高等学校招收西藏插班生。

青海、甘肃、云南、四川等省坚持教育优先发展,包括藏区在内的各民族教育事业也得到较快发展。据青海省教育厅2011年的统计,全省有民族中小学900所,占全省中小学学校数的46.18%。青南三州(果洛、玉树、黄南等藏族自治州)适龄儿童入学率达99.14%,适龄人口毛入学率达95.12%;民族自治州、县适龄人口毛入学率达104.28%;甘南藏族自治州高标准通过“两基”国检,中小学校布局更趋合理;适度调整部分高耗低效的学校,全州义务教育阶段学校由2008年底的715所调整到2011年的460所,使学校的年级分段、地域分布、规模效益更趋合理;教师短缺问题得到有效缓解,岗位培训得到加强;各类教育基础建设得到加强,乡镇中心幼儿园格局已具雏形,基本构建起了州、县、乡三级办园体系。云南迪庆藏族自治州在完成“两基”任务的同时,积极走特色发展之路,推行藏汉双语教育。2011年,全州有藏语文学校(教学点)22个,接受统一、正规的藏语文学习的在校学生近3 000人。2010年,四川省出台《四川省民族地区教育发展十年行动计划(2011—2020年)》,有力地指导并促进着该省藏区教育事业的发展。阿坝藏族羌族自治州小学入学率为98.3%、初中阶段入学率为101%、高中阶段毛入学率为45.5%,农村青壮年文盲率控制在3%以下。

参考文献

顾明远.教育大辞典(第4卷)[M].上海:上海教育出版社,1992.

韩达.中国少数民族教育史(第2卷)[M].广州:广东教育出版社;昆明:云南教育出版社;桂林:广西教育出版社,1998.

吴德刚.西藏教育50年回顾与新世纪展望(一、二)[J].中国民族教育,2001(2,3).

中共西藏自治区教育工作委员会,西藏自治区教育厅.奋进的历程,辉煌的成就——改革开放30年西藏教育成就回顾[N].西藏日报,2008-11-28(6).

周润年.略论西藏教育的发展历程及其经验[J].民族教育研究,2009(2).

(吴明海)

早期伊斯兰国家教育（education in early Islamic states）　　从公元7世纪伊斯兰教产生至12世纪的500年间伊斯兰国家的教育。

《古兰经》中的教育思想

伊斯兰教产生前,阿拉伯人的文化远落后于拜占廷人、波斯人和犹太人。早期伊斯兰国家的文化繁荣与其创建者重视教育以及教育的迅速发展有密切关系。《古兰经》中包含丰富的教育思想。穆罕默德在传播伊斯兰教时就深知教育的巨大作用。伊斯兰教认为,《古兰经》是由真主安拉通过使者穆罕默德降示的启示。《古兰经》是伊斯兰教的基础和基本经典,其中的教育思想是伊斯兰教育思想的渊源,它确立了伊斯兰传统教育的内容、形式和方法。

《古兰经》这部宗教经典首先解决的是伊斯兰社会的人生目的问题,其最终任务是指导世人为进入乐园而信真主安拉走正道。在这一人生目的中,信奉真主安拉是最高原则,进入乐园是最终目的,走正道则是穆斯林今世的奋斗目标。根据《古兰经》所反映的内容和倡导的趋向分析,它提倡的正道包含四个方面的内容:一是信真主,二是信来世,三是信善恶,四是为主道而战。按《古兰经》,最高的创始者是真主安拉,真主创造了大地上的一切事物,人当然也是真主安拉的创造物,真主是宇宙和人类的最高主宰。但《古兰经》又说,真主在创造人的时候,“他精制他所创造的万物,他最初用泥土创造人,然后用贱水的精华创造他的子孙。然后使他健全,并将他的精神吹在他的身体中,又为他们创造耳目心灵”。还说:“我确已把人造成具有最美的形态。”这清楚地表明人是天地间的精华,是真主精神的体现,是真主创造的万物中最美的形态。所以,虽然真主与人的关系是创造者与被创造者的关系,人是真主的奴仆,但是人在被创造时得到了真主的精神,人可以遵循真主的旨意治理人世,因为人是真主在大地上的“代治者”。在伊斯兰教中没有修道院,没有终身禁欲不婚的修士、修女或僧尼一类的出家人,人性、人欲被认定是自然的,是受肯定的。《古兰经》中并不否定人的现世生活享受,也不提倡禁欲主义。它把人的生活分为两部分——今世和来世。告诫人们,真主将在末日审判时告诉人们在世间生活时的行为表现,然后根据审判结果决定每个人来世的生活,“在那日,人人都要发现自己所作善恶的记录陈列在自己面前”。《古兰经》认为今世和来世是密切联系的,并不是毫无关联的两段,来世的归宿取决于今世的表现。若人们按照真主的旨意认真过好今世生活,就在很大程度上掌握了自己来世的归宿。对于今世生活,真主除了允许人们享受今世生活外,还鼓励人们在现世人生道路上要有积极奋斗的精神。《古兰经》对奋斗于人生的人赋予很高地位,说明伊斯兰教最终重视的还是人们在今世的一种积极奋斗精神。大多数宗教对两世的态度都是抑今世扬来世,而伊斯兰教并不否定自然的人性,不否定今世的生活。伊斯兰教主张人们要耕种两世的幸福,而不是以牺牲现世为代价来换取来世的幸福。注重今世求来世是伊斯兰教的两世幸福说。这使人们在企望来世永恒幸福的同时,也重视现世生活,注重现实的物质利益和个人的主观努力,要求人们通过自己的奋斗去求得两世吉庆。

这种积极的人生态度是促使中世纪阿拉伯文化、经济、教育辉煌的原因之一。《古兰经》对人生的态度还反映在将信仰与务实精神结合在一起。伊斯兰教宣传要信奉真主安拉，应为真主牺牲一切，但这种牺牲是有回报的，真主对这种有报答的牺牲不会熟视无睹，而会给人类最好的报酬。人类为真主所作出的牺牲，也就是为自己的幸福所作的努力。这使穆斯林的宗教生活表现出一种顺乎自然、合乎人性的特点。伊斯兰教的清真寺绝大多数都选建在熙攘、拥挤的市场中央，可接纳各种人群，充满对世俗事物的亲和力。

《古兰经》论及教育问题也具有其特点。首先，它鼓励人们探寻现实世界中的奥秘和规律。《古兰经》称，真主创造万物时并非随意而漫无目的的，它是依据一定规则和秩序的，因而宇宙间也是包含一定奥秘和规律的："真主本真理而创造天地"；"真主创造天地万物，只依真理和定期"。《古兰经》中出现"真理"一词有上百次之多。穆罕默德为自己确立的使命之一就是传播真理。《古兰经》中阐述的真理一定程度上是指人们对客观规律、秩序、事理的认识。在论述这一问题时，《古兰经》最大的价值在于肯定人有能力认识真理，其次是指出对真理的认识不是凭主观猜测，而是凭借理智和知识。据伊斯兰学者统计，《古兰经》中鼓励、教导人们去观察、探索宇宙奥秘的共有700余处之多。《古兰经》还指出，有理智的人就是有知识的人。它说："有知识与无知识的相等吗？唯有理智的人能觉悟。"即是说，人有了知识后，便具有理智，而理智的人才能真正理解和掌握事物的奥秘和规律。人是依靠知识和理智去认识真主创造万物的真谛，这就将知识和智力摆到了一个极高的地位上。

《古兰经》以真主安拉的名义要求穆斯林尊重知识，尊重教师，鼓励求知，并指出无知的危害。《古兰经》中说："他们中有些文盲，不知经典，只知妄言，他们专事猜测。"《古兰经》还记述，穆罕默德第一次得到的真主启示是："你应该宣读，你的主是最尊严的，他曾教人用笔写字，他曾教人知道自己所不知道的东西。"这就是说，至高至尊的真主也曾履行过教师的职责，曾教人写字，教人掌握知识。因此，穆罕默德为自己确定的职责也是宣传正道和提倡学问。伊斯兰教最崇高的真主和先知都以身示范传授知识和教人学习，可见教师在伊斯兰社会中的地位是崇高的。《古兰经》中说："每个有知识的人上面，都有一个全知者。"

伊斯兰教十分重视道德教育。《古兰经》中的道德教育内容有两部分：一部分是关于宗教信仰和宗教义务，表现为真主为信徒们所作的种种规定，其目的是为穆斯林确立一种绝对价值观；另一部分是关于社会公德，它结合人们的日常社会生活，将抽象的道德原则具体化，以便信徒付诸实践。同时，它还为信徒树立了一个道德完美者的具体形象——先知穆罕默德，让穆斯林以先知为楷模，不断完善自己的人格，从而走近真主，进入乐园。信奉真主安拉是《古兰经》最高也是最基本的道德原则。《古兰经》为穆斯林规定的基本宗教义务是"五功"，即念功、拜功、斋功、课功、朝功，《古兰经》对此有具体而详备的阐述，以指导信徒如何规范实施。在有关社会公德方面，《古兰经》中制定了很多信徒必须遵守的道德规范，内容大多是人类世代崇奉的社会公德的沉淀，如公正、自洁、诚实、守信、宽恕等。

早期伊斯兰教育的发展

伊斯兰教育起初的主要形式是家庭教育，教学内容大都局限于宗教。家长在宗教、语言、文化及社会习俗等方面对孩子进行言传身教。当时出现过一种在私人家中设学馆教学的形式，被称为"穆斯林学习之家"。

穆罕默德在传播伊斯兰教时深知教育的重大作用，他曾命令犹太战俘中有文化的人教授穆斯林学习阅读和书写，并以此作为赎身的代价。当时少数有学识的信徒（圣门弟子）以及波斯、叙利亚等国有一定知识并皈依伊斯兰教的人（释奴）组成阿拉伯早期的知识分子群体。自阿拉伯人的远征开始后，一批批学者被分遣到各占领地的城市去从事传教和教育活动。他们所到之处多建立清真寺，在传教的同时也进行教育活动。

倭马亚王朝（661—750年，中国史籍称为白衣大食）时期规定阿拉伯语为官方语言，语言的统一为伊斯兰教育的推广提供了基础，各级各类学校逐步发展起来，以后成为各大食国的办学类型。

清真寺是早期伊斯兰国家特有的教育机构。伊斯兰教为信徒每日五次的礼拜而建立清真寺，使之成为穆斯林民众宗教生活、社会生活与文化教育生活的中心。穆罕默德最早提倡清真寺教育，在麦地那建立最早的清真寺。他说，进入清真寺教学或接受教育的人，犹如为真理而战的勇士。在每一所清真寺，无论是精美的还是低矮简陋的，都有虔诚的教学活动，清真寺讲解《古兰经》、圣训和教法，形成早期清真寺的教育制度。在伊斯兰国家，每修一座清真寺就意味着一所学校的诞生。伊斯兰的学者和文人都以在清真寺设座讲学、传授知识作为自己的崇高职责。规模较大的清真寺经常举行学术讨论会，各派学者自由发表学术观点，相互辩论，教育的大门向所有人开放。当时只允许穆斯林上《古兰经》和圣训课，其他人可上别种课程。到清真寺学习没有条件限制，穷人、富人一样都可以在那里享受免费教育。在清真寺进行的教育活动一般是通过宗教活动使成人受到宗教和文化教育，同时也担负对儿童进行教育的任务。儿童按约定时间集聚到清真寺，在院子里或大树下，围坐在先生周围接受宗教教育和读写算的教育。许多清真寺附设被称为"马克塔布"（Maktab）或"昆它布"（Kuttab）的初级学校。在清真寺传授高深知识极为多见，许多清真寺邀集著名学者,组成教学单位,学生环坐在主讲者四周,叫做教学环,倾听学者讲授神学、哲学、史学、文学、法学、数学、天文学等知识。公元 8 世纪 60 年代,阿拔斯王朝(750—1258年,中国史籍称为黑衣大食)哈里发曼苏尔建都巴格达时创立的曼苏尔清真寺是当时最大的清真寺之一。知名学者讲学其中,学生云集于此。这里的学者编著的有关语言的名著《雅古特》风靡一时。法蒂玛王朝(909—1171 年,中国史籍称为绿衣大食)于 972 年在开罗建立爱资哈尔清真寺,主要是为宣传什叶派思想,由执掌政教大权的哈里发亲自任命教法家主持宗教事务,并从宫廷拨专款支付费用。法蒂玛王朝大法官常在该寺亲自召集知名学者讨论什叶派教法问题。980 年,法蒂玛王朝宰相雅库布·伊本·基利斯亲自确定 37 名教法学家为爱资哈尔清真寺的专职教师,并领导他们研究教法学问题,采用讲座形式进行教学,传播伊斯兰思想和文化。朝廷还出资为教师建造住宅,按月由国库拨款发给工资,并为来自埃及农村、叙利亚和伊拉克地区的求学青年修建住室,遂逐渐演变为绿衣大食的最高学府。开罗的图伦清真寺,研究《古兰经》注释学、圣训、医学、法学和天文学。在西班牙建立的后倭马亚王朝(白衣大食),最初并无独立设置的学校,教育由清真寺掌握。

马克塔布是伊斯兰国家最早的初级学校,有的办在清真寺内,有的办在清真寺之外。这类学校设施简陋,水平较低,以《古兰经》为主要学习内容,主要教学方法是背诵和记忆,不重理解。学生 7 岁左右入马克塔布,用三年的时间熟读《古兰经》,只要能背诵一些指定的经文即完成学习任务,之后,贫穷儿童从事各种职业,家境富裕的孩子则继续学习以《古兰经》为中心的课程,如文法、诗歌、算术等。马克塔布的增多始于倭马亚王朝。在伊斯兰教产生后最初的 400年间,马克塔布是穆斯林社会主要的儿童教育机构。送孩子上马克塔布,是父母的义务,而不是国家的责任。

在清真寺普遍设立以后,学馆的教育形式在早期伊斯兰国家依然盛行。学馆是学者利用自己家宅传授知识的教育形式。伊斯兰医学家和哲学家伊本·西那就曾在自己住所设馆向众多的学生讲授课业。学馆以学者为中心传授高深的学识,是介于昆它布和宫廷学校之间的教育机构。

作为先知穆罕默德继承人的哈里发,既是阿拉伯世俗社会的政治领袖,又是人们精神生活的导师。他们必须具有对伊斯兰信仰的虔诚并掌握一定知识。根据《古兰经》,尊重知识、尊重学者和教师、鼓励求知都是安拉的训示,执行这些训示是信奉真主安拉的体现。故早期伊斯兰国家的哈里发大多十分重视自身的学习、修养以及后继者的教育,宫廷学校是其教育的基本形式。哈里发在宫廷举行学术讨论,邀集学者讲学论道,是宫廷学校教育的特殊方式。《古兰经》也是在这一时期整理、核对、修订、汇编成书的。倭马亚王朝建立后,首任哈里发穆阿叶在宫廷中邀请诗人、学者替他诵读,讲述阿拉伯的历史和战争以及外国的历史和政治。当时学者只是在圣训学、历史和阿拉伯语文法研究方面取得了一些成果,出现一些诗人。在宫廷从事教学活动的也只是这些方面的学者和诗人。这时的妇女,尤其是贵族家庭的女子享有许多自由,她们赞助艺术,喜爱吟诗舞文,可说是当时宫廷学校教育的结果。在阿拔斯王朝时代,宫廷学校教育进一步发展。但阿拔斯朝的宫廷学校并不只是教师个人的作用,其宫廷学校教育的一大特点是文化沙龙的流行。宫廷定期召集文人学者聚会,讨论时有严格要求,采取东西各邦的先进方式方法。过去参加讨论甚为随便,沙龙则有规定:举行前须有充分准备,参加者须有等级限制,出席退席应遵守时刻,领导讨论者必须为哈里发,他人不得代替。在哈伦·赖世德任哈里发时期,宫廷学校邀请诗人、神学家、史学家及其他学者参加沙龙,辩论诗学、宗教、文法和文学问题。马蒙任哈里发时期更是从西方邀请学者、教师、翻译家于宫廷中,经常举办沙龙,讨论哲学、神学、医学和天文学等广泛的学术问题。法蒂玛王朝也经常举办宫廷沙龙,法学家、哲学家、数学家、物理学家们穿着特定的礼服参加议论。雅库布·伊本·基利斯执政时把每星期二规定为举行沙龙的会期。11 世纪初哈里发哈基姆在位时,曾举行沙龙,知名数学家、逻辑学家、法学家、医学家集于宫廷,讨论各种各类的学术课题。辩论毕,哈里发赠给学者以荣誉礼服和贵重奖品。

在各大食国,大学的兴办早于西欧各国,而在各大食国内部,又以西班牙白衣大食国兴办的大学最多,对西欧的影响最大。后倭马亚王朝的阿卜杜·拉赫曼三世创建的科尔多瓦大学是穆斯林西班牙的第一所大学。哈康二世通过个人赞助和扩大赐金等方式使它得到进一步发展,成为当时世界最有名的高等学府。除开设语言、神学、哲学系以外,还设有科学系。各民族的学生,无论穆斯林、基督徒或犹太人,都来科尔多瓦大学求学,因为整个伊斯兰世界和基督教世界公认,在这所大学不仅可以学到更多的学识,而且可以培育胸怀广阔、宽大为怀和富有骑士风度的启蒙理想,而这种理想极少为那时的研究中心所注意。除科尔多瓦大学外,托莱多、塞维利亚、马拉加和格拉纳达等城市均设有大学,伊斯兰文化得以繁荣。格拉纳达大学是穆斯林在西班牙所建的最后一所大学。设有法律、医学、化学、哲学和天文学等系。在黑衣大食国,哈里发马蒙约于 830 年创建"智慧宫"(Bayt Al-Hikmah,音译"拜伊特·勒·赫克迈",亦称"智慧大学")。它是为组织领导全国的翻译运动及学术研究活动而在原宫廷翻译机构和皇家图书馆的基础上建成的。首任负责人是数学家萨赖姆。包括翻译局、科学馆和图书馆三个组成部分。翻译局的重要人员既不全是阿拉伯人,也不全是穆斯林,其中有基督徒、犹太人等。翻译局除译书外,还兼做古籍的搜寻和诠释工作。学者在校勘希腊抄本时,往往用三种不同的抄本进行对照比较,以便使阿拉伯文译本十分可靠。在翻译的基础上,学者还对古希腊哲学家的著作进行研究。当时,景教徒的翻译家和学者侯奈因·伊本·易司哈格被任命为翻译局局长,他被誉为"翻译家的长老"。智慧宫的图书馆由数学家和天文学家花拉子密担任馆长。收藏的书籍有希腊文、叙利亚文、波斯文、希伯来文、奈伯特文、梵文和阿拉伯文著作,包括哲学、自然科学、人文科学、文学及语言学的原著和手抄本,为学者进行翻译、研究和教学提供了大量珍贵文献。智慧宫经常举行各种学术报告会和辩论会,内容涉及哲学、神学、天文学、医学和文学等多种领域。辩论会上,各派畅所欲言,各抒己见,自由讨论的学习气氛浓厚。智慧宫奖励学者著书立说,并对其成果酬以重金。智慧宫还附设有天文台、医学校及天文学校。可见,智慧宫同时也是培养人才的中心。各地学生慕名到智慧宫拜著名学者为师,学习各科知识。一些著名学者游学到巴格达时,也多到此讲学授徒。智慧宫培养的学生成绩优良,博学多才,学者和翻译家辈出。同时,伊斯兰教的宗教学科也借助翻译运动吸收大量外来思想。1065—1067 年,塞尔柱帝国宰相尼扎姆·穆尔克在巴格达创建尼扎米亚大学后,智慧宫被并入该校(一说被封闭)。尼扎姆·穆尔克设置尼扎米亚大学的目的是为了传播逊尼派宗教思想,肃清什叶派宗教思想的影响。尼扎米亚大学将学生分为两科:一科传授逊尼派宗教理论和神学、法学,造就与什叶派相对抗的神职人员;另一科传授法律和世俗知识,培养军政人员。这一时期,大马士革还兴办了古伯拉大学。该校的组织和课程基本上与尼扎米亚大学相同。在绿衣大食国,爱资哈尔清真寺附设大学,学习的基础科目为伊斯兰法律、神学、阿拉伯语,它成为埃及最古老的大学。绿衣大食国的赖·勒·仪勒姆大学(Dar Al I'lm)系埃及法蒂玛国王哈基姆于 11 世纪初在首都开罗创办,是研究高深学术的学会和专科大学。它重视自然科学教育,设算学、天文学、医学、语言学、伦理学、法学等课程,教授常被国王召进宫中开辩论会,散会时可获得荣誉礼服的奖赏。它拥有完善的设备和藏书丰富的图书馆,民众可自由来此研究,学校提供纸、墨、笔等用具。

阿拔斯王朝在塞尔柱突厥人控制军政大权后,一种被称为"麦德赖赛"(Madrasah,一译"马德拉萨")的新型学校流行起来。麦德赖赛的意思是"给予功课的场所"。它是介于初级学校和大学之间的中等教育机构。其教学以宗教学科为主,有《古兰经》注释、圣训学、教法学、教义学等。此外,也设有阿拉伯语、逻辑学、天文学、数学、自然科学和哲学等学科。迈德赖赛以培养政府的官吏和军事人才为任务,为学生提供食宿。许多家境贫寒、出身社会下层的青年由此获得了较高水平的教育。在 12 世纪和 13 世纪,除西班牙和西西里以外,东伊斯兰国家的所有大城市普遍设立了

这种学校,不少学校校产丰厚,校舍堂皇,教师待遇优厚。

此外,公元 8 世纪中叶,阿拉伯人从中国唐朝的战俘那里学到造纸术,即在撒马尔罕建立一座造纸厂,接着把造纸术传授到伊斯兰国家的各大城市。用中国造纸术制造的纸张经济实惠、便于书写,很快取代了原有的纸草纸、兽皮纸。795 年以后,阿拉伯世界不仅有大量纸坊,而且还有以抄书为业的书坊,即遍布各地的书店,主要从事图书的抄写、校对、装订和销售工作。这使阿拉伯世界的图书总量迅速增长,促进了图书事业的发展,各地图书馆在此基础上也得到发展。在早期伊斯兰国家,书店也从事教学和研究。书店常设在学者的寓所,为各地来求学的游子提供吃、住等。学者可以花很长时间在那些书店自由考察、浏览、攻读所有的书籍,乃至购置。伊斯兰教中最有学问的人经常出入这些有名的书店,游学者还可以在书店讲学。中国学者马骥雄称这类书店为"书店学校"。

至 12 世纪下半期,随着西班牙后倭马亚王朝、塞尔柱帝国和法蒂玛王朝的相继灭之,各地出现大大小小的独立王朝,中世纪伊斯兰文化教育也逐渐由盛而衰。

早期伊斯兰国家文化教育成就的影响

公元 3 世纪,罗马帝国逐渐走向没落。为了挽救帝国的衰败,罗马皇帝君士坦丁大帝在其统治时期(306—337),已把帝国的政治重心由历经战乱、困苦不堪的西部移向政治相对稳定、经济较为繁荣、文化比较发达的东部地区。330年,他在古希腊殖民城邦拜占廷的旧址建立新都,取名君士坦丁堡。罗马帝国由此逐渐形成以君士坦丁堡为中心和以罗马为中心的东、西两个部分,狄奥多西一世大帝于 379 年即位后,在 380—387 年亦驻跸君士坦丁堡。其长子阿卡狄乌斯从383 年开始与他同朝执政;次子霍诺留于 394 年被正式册封为西方的奥古斯都。395 年,狄奥多西一世病逝,罗马帝国分裂为两个独立的国家,即以罗马为都城的西罗马帝国和以君士坦丁堡为都城的东罗马帝国。东罗马帝国亦称拜占廷帝国。80 年后,日耳曼人与西罗马帝国内揭竿而起的奴隶、隶农联合,于 476 年推翻了西罗马帝国。西罗马帝国的灭亡,在欧洲历史上标志着以古希腊、古罗马文明为顶点的奴隶制社会的终结,此后,西欧进入封建时代。西欧封建社会是在西罗马帝国的废墟上由文明程度远低于罗马人的外来"蛮族"建立的。和这些日耳曼人各分支即所谓的蛮族建立的大大小小的王国并存的是在罗马帝国时期成长起来的基督教会,它成为彼时西欧社会占主导地位的精神和社会力量。在西欧封建制度形成时期(中世纪早期),战争频仍,社会动荡,城市衰败,罗马时期的公立学校制度消亡,古典文化遭到极大破坏,许多古代著作失散。教会通过传教士的活动和修道院制度对新兴民族进行教化,《圣经》和被赋予神学依据的"七艺"成为教育的

主要内容,文学、哲学和科学等世俗知识则遭到敌视和排斥。上述因素导致西欧中世纪早期文化水平的低落。美国历史学家斯塔夫里阿诺斯认为,从罗马陷落到约公元1000年,在完全缺乏文化创造力的意义上,是西方历史上的"黑暗时代",极度贫穷、危机四伏、与世隔绝,无法产生文学、艺术和学术杰作。修道院设法保存了部分古典文化,但他们致力于保存与其宗教信仰一致的部分,而忽视了更为世俗的东西,结果形成"基督教的"文化,成为教会的一个补充,并依附于教会。

东罗马帝国在公元5世纪后半期也因受到"蛮族"入侵而发生动荡,但其农奴制的危机不如西罗马帝国严重,帝国政权依然保存近千年,成为古希腊罗马文化的直接继承者。东罗马帝国因其首都君士坦丁堡旧名拜占廷,故更多以拜占廷帝国载入历史。其版图最初包括欧洲的巴尔干半岛、爱琴海诸岛,亚洲的小亚细亚、亚美尼亚、叙利亚、巴勒斯坦、美索不达米亚上游地区,以及非洲的埃及、利比亚等地区。拜占廷奴隶占有制的崩溃和封建制的形成经历了一个缓慢的发展过程。在长期演变过程中,拜占廷的政治经济在大部分时间里呈现以下特点:存在比较强大而统一的中央世俗政权;具有从古代继承下来的比较繁荣的城市和比较发达的城市手工业,国内外贸易十分活跃。由于这些原因,拜占廷的教会与西欧的罗马教会有所不同。它始终处于从属于世俗政权的地位,主要执行神甫职能。教会的经济利益一般来说是受到拜占廷皇室保护的,但有时也受到世俗政权的抑制。拜占廷的政治经济,特别是其教会与世俗政权之间关系的这些特点影响其文化教育的发展:拜占廷始终保存古希腊和罗马时代积累的文化科学知识;存在因世俗生活需要而得到发展的世俗教育体系;教会的文化教育体系与世俗的文化教育体系长期并存,它们之间互相渗透并对立斗争。拜占廷的世俗教育直接继承希腊罗马的古典教育。希腊语是官方语言,学校用希腊语进行教学。拜占廷世俗教育的基础是希腊化时期的文化科学成就和罗马帝国时期的教育设施。帝国初期,雅典的哲学学校、亚历山大城的医学校和哲学学校、贝鲁特的法律学校和其他一些城市的修辞学校都继续存在。这些学校多拥有图书馆。从公元4世纪起,基督教会开始排挤希腊古典文化。公元4世纪末,教士们焚毁了亚历山大城著名的图书馆。529年,拜占廷皇帝查士丁尼一世(527—565年在位)顺应教会的需要,同时也可能是出于加强拜占廷于425年创办的君士坦丁堡高级学校(亦称君士坦丁堡大学)地位的考虑,下令关闭雅典的哲学学校。在正统基督教的统治下,基督教的聂斯托利派(唐代传入中国,称为景教)教徒被逐出拜占廷的一些城市。此前,在亚历山大城还发生驱逐犹太人事件。在这种情况下,叙利亚、亚历山大城、雅典的一些景教徒和犹太人学者纷纷到萨珊王朝统治下的波斯避难,使琼迪-沙普尔学园对希腊古典学术的教学和研究活动得到了发展。

阿拉伯人在战胜了拜占廷和波斯,夺取了原来属于拜占廷的叙利亚、巴勒斯坦、埃及和消灭波斯萨珊王朝、占有波斯广大领土和古印度的部分地区以后,并没有毁灭这些地方的文化教育设施,而是迅速制定了对古希腊罗马、波斯、印度等异族文化的包容政策。在历史上相对短的时间里(公元8—11世纪),早期伊斯兰国家组织翻译了大量古希腊、波斯、印度在数学、哲学、自然科学方面的著作,在吸取东西方文化丰富营养的基础上创造出富有特色的伊斯兰文化,建立起早期伊斯兰国家的教育体系。公元9—12世纪,早期伊斯兰国家在数学、天文学、医学、哲学、史地和文学方面都产生了对以后欧洲乃至世界文化发展具有重要影响的成果。恩格斯在《自然辩证法》的导言部分特别指出"从阿拉伯人那里吸收过来并从新发现的希腊哲学那里得到营养的开朗的自由思想"和阿拉伯人流传下来的"十进位制、代数学的发端、现代的数字和炼金术"对西方哲学思想和自然科学发展产生了重要影响。穆斯林在西班牙建立的后倭马亚王朝以及后来的一些小国的文教活动,对西欧文化的发展和西欧中世纪大学的发展具有更直接的影响。巴基斯坦历史学家马茂德在《伊斯兰教简史》中指出:"欧洲史学家们今天在著述穆斯林西班牙国家史时说,穆斯林不仅以他们留在西班牙的许多优美建筑而闻名,尤因点燃了一支火炬而令人怀念,这支火炬以其火焰和光亮,照耀着整个西欧达数世纪之久。西班牙的穆斯林大学培育欧洲基督徒达二百余年。当欧洲正经历着所谓黑暗时代时,穆斯林大学的知识火炬却一直在炽热地燃烧着。哲学家们的名字已经成为人们的家常话,如伊本·鲁世德称为阿威罗伊,马蒙称为麦蒙尼德,神秘主义者伊本·阿拉比和旅行家伊本·珠伯尔、伊本·巴图塔数百年来一直闻名于世。所有这些著名人物都产生于西班牙。科尔多瓦、塞维利亚等城市当时是欧洲的文化中心。"他还指出,应提一下穆斯林文化的另一个奇异方面。当伊斯兰文化的伟大中心托莱多于1085年落入基督徒手里时,雷蒙大主教在那里成立了一个翻译局。翻译工作从1135年继续到1284年,在这一个半世纪里,全欧洲的学者都被邀集到这里。许多人是自愿来的,以数年功夫汇集阿拉伯人的思想财富。英国学者,如M.斯科特和罗伯特,曾在这座知识宝库里工作多年。罗伯特于1145年翻译了花拉子密的《算术》。另一英国学者阿德拉德约于1126年来到托莱多,将西班牙穆斯林天文学家麦吉里提的《天文表》译为拉丁文。M.斯科特翻译过伊本·西那和伊本·鲁世德的著作。到13世纪末,欧洲得到了能够从阿拉伯人手里获取的一切。中国学者马骧雄在谈到伊斯兰学术与教育对西欧教育的影响时,特别强调翻译工作对西欧中世纪中期(11—13世纪)教育内容更新和中世纪大学兴起与发展的影响,认为穆斯林著作的翻译对西欧的课程产生了革命性影响,引起了"七艺"的更动和重构。传统的"七艺"为新的科学知识和哲学的广博系统所更动和取代。欧洲知识界所谈的、所写的和所想的,无不涉及印度-波斯的、希腊的、叙利亚—希腊化的、穆斯林—希伯来的以及一些中国的科学和哲学,包括数学、天文学、医学、地理学、自然科学、化学、物理学,还有各种相冲突的哲学学说。同时,穆斯林学问还给拉丁世界传入了观察和探究的实验精神;欧洲大学始于12世纪下半叶,虽然它们更接近于希腊的"吕克昂"和柏拉图学园,但也遵照了琼迪-沙普尔学园、巴格达和开罗的智慧之家、尼扎米亚大学等的传统。引进的科学、哲学、技术学、神学等方面的著作与欧洲学者新的创造性著作一起,直到15世纪末,一直支配欧洲大学的课程。正是通过这种新的学问中心大学,希腊—穆斯林的知识、研究的方法论、技术学以及实利技艺与传统的人文主义学科结合起来,开创了科学的复兴,它扩大并纵深到以后世纪中的每个学问领域。

参考文献

马骥雄.外国教育史略[M].北京:人民教育出版社,1991.

秦惠彬.伊斯兰文明[M].北京:中国社会科学出版社,1999.

赛义德·菲亚兹·马茂德.伊斯兰教简史[M].吴云贵,等,译.北京:中国社会科学出版社,1981.

滕大春.外国教育通史(第二卷)[M].济南:山东教育出版社,1989.

(吴式颖 李淑华)

增值评价(value-added assessment)

亦称"附加值评价"。以学生的发展水平为依据,通过相关的统计分析技术,把学校、教师等对学生发展的影响从诸多相关因素中分解出来,从而实现对学校和教师教育效果的评价。

"增值"一词起源于经济学,是指投入(如原材料、能源等)在经过加工后得到最终产品时产生的附加价值。在教育领域内,"增值"是指学生各方面素质在某一时间段前后对比时变化的部分。增值评价起源于1966年美国社会学家科尔曼针对美国教育公平问题发表的《教育机会均等》(亦称《科尔曼报告》),报告的一个重要结论在于学校的物质条件并不是决定学生学业成就的核心因素,学校的作用在于帮助学生克服出身不平等带来的学业进步障碍,即要求以学校帮助学生成长的努力程度作为评价学校工作绩效的依据,它直接启动了以学生进步程度为核心的增值评价研究。以《教育机会均等》为起点,增值评价研究自20世纪70年代以来在世界范围内逐渐发展起来。英国统计学家戈德斯坦、美国教育统计学家劳顿布希等人对增值评价做了许多开拓性研究,20世纪90年代以来,学校增值评价在英、美、

法、中国香港等许多国家和地区逐步推广和实施。

在具体应用中,常采用学生学业成就作为增值评价的核心指标,在技术方法上常用的有两种方法。

一是描述性统计分析,是基于统一的学业成就测评成果,针对一段时期内同样起始水平的学生比较分析其结果水平的差异。其基本步骤如下:(1)将入口成绩原始分数转换为标准分数。(2)将出口成绩原始分数转换为标准分数。(3)将转换后的入口成绩分组。将标准化处理后的入口成绩划分为若干个区间,一般说来,可以划分为5~10个区间,划分区间越多,得到的值更为精确。计算每个区间内的对应平均出口成绩。(4)计算每个学生的增值分数。将每个学生的入口成绩对应其分组,查找其相应的出口成绩,将其与总体范围内出口成绩的平均值进行比较,计算出相应的差值,此即为每个学生的增值分数。高于全区平均值的即为正增值,相反则为负增值。(5)计算每所学校或教师的增值分数。将学校内每名学生的增值分相加的平均值即为学校或教师的增值分数。

二是多水平模型分析。在描述性统计分析中最为明显的不足之处在于它仅仅考虑学生的入学成绩因素,没有将学生的家庭背景、学校的办学条件、教育经费、师资水平等基本情况考虑在内。同时,20世纪80年代以来,人们越来越认识到教育活动中存在的多层次嵌套结构问题,即在研究教育问题时必须考虑到不同层级之间的包含和从属关系,例如学生从属于班级,班级从属于年级,年级从属于学校的分层结构,同一个班级的学生之间差异明显小于不同班级学生之间的差异,同样,同一年级的班级之间差异小于不同年级的班级间差异。在分析学生间、班级间等差异时,必须考虑到它们是否是在同一个层次内,否则会导致较大的统计误差。针对多层次嵌套结构问题,多水平回归分析模型也常称为多层线性回归模型(hierarchical linear model,简称HLM),逐步发展成熟起来。与一般的多重回归相比,多水平模型有许多优点,其中最重要的是它考虑到学校与学生之间的嵌套问题,它可以将学生和学校这两个分析单位同时纳入模型中去,从而更加准确地分离出学校对学生的影响作用。多水平模型应用于增值评价分析后极大地推动了增值评价研究的发展。以二水平回归分析模型为例,其理论结构如下:

$$y_{ij} = \beta_{0ij}x_0 + \beta_{1ij}x_{1ij}\beta_{0ij} = \beta_0 + u_{0j} + e_{0ij}\beta_{1ij}$$
$$= \beta_1 + u_{1j} + e_{1ij}$$

式中,y为因变量,在学业成就分析中即为标准化后的学生出口考试成绩;x为自变量,包括学生的入口成绩、性别等,也包括学校经费、师资水平、办学条件等因素;i指水平1单位,j为水平2单位,在学业成就的分析中分别指代学生个体和不同的学校。β_0、β_1为固定参数项;u_{0j}、e_{0ij}、u_{1j}、e_{1ij}为

随机项,且均为正态分布。通过统计分析后可以将学校经费、师资水平、办学条件等外部因素排除在外,并将同一学校内部的学生之间的差异也排除在外,得出的增值结果就是学校的管理、文化、校风、教师的教学水平、学生工作等潜在因素对学生发展所起的作用,从而实现对学校、教师真实工作绩效的评价。

与已有的学校和教师评价方法相比,增值评价具有以下两方面重要特点:一是可以将学校和教师的作用从众多非教育性的因素中分离出来,例如家庭背景、学校可得到的经费和资源等,最终了解学校和教师对学生发展的真实作用和影响大小。二是增值评价面向所有学生,通过考察所有学生在学校期间的进步幅度,以学生的变化大小来评价学校和教师的工作绩效,有利于促进教育公平。

但增值评价也存在诸多需要注意的问题。例如采用不同的技术方法,增值评价结果可能存在较大差异;在不同年度之间增值评价结果也可能变化较大。此外,在使用增值评价结果时还需注意区分,不能将增值评价的结果绝对化。增值评价结果所反映的是影响学校绩效的相关因素,而不是决定学校工作成效的原因分析,不能将增值评价得出的结论简单地等同于对学校工作成效的判断。正确的做法应该是将增值评价与其他评价方法得出的结论进行综合分析,进一步收集相关资料和证据,以做出更为全面和科学的决策。

(马晓强)

赠地学院(land-grant college)　亦称"农工学院"、"拨地学院"。19 世纪中期美国新型的高等院校。因各州依据两次《莫里尔法》(Morrill Act, 1862, 1890)获联邦政府赠地而建立,旨在促进农业和工艺教育的开展。

当时美国农业人口占总人口的 80%,生产技术落后,各种信息和科技成果得不到交流,农业发展较为缓慢。要提高生产效率,就必须使农民掌握科学文化知识,提高文化素质,但此时的美国高等院校规模都很小,学科狭窄且偏重于古典课程,普遍轻视实用农业技术教育。为了适应美国经济发展的需求,许多社会人士呼吁美国联邦政府改革传统高等教育,采取有效措施,资助各州创建注重农业和工艺的新型大学,满足民众子弟接受高等教育的愿望,为产业界培养实用技术人才。

19 世纪 40 年代,佛蒙特州议员帕特里奇要求联邦政府拨地,设立农业和工艺院校。1850 年,农民出身的耶鲁大学毕业生、伊利诺伊州的 J. B. 特纳提出"建立为工业界服务的州立大学的设想",要求联邦政府给各州拨地以建立工业大学。由于时机未成熟,该议案未能成功。1857 年,佛蒙特州众议员莫里尔起草了一个法案,建议联邦政府提供土地,以鼓励每个州都建立一所农业和工艺大学。该法案虽然得到

众参两院的批准,但遭到布坎南总统的否决。1861 年,《莫里尔法》在国会中再次被提出,最终得到林肯总统的签署,于 1862 年 7 月通过。该法案的全称是《对开办农业和机械工艺学院的各州和准州授予公有土地的法案》(简称《土地捐助学院法》),共有 8 个条款。该法案规定,各州按每一位议员 3 万英亩土地的标准,从联邦政府获取相应数量的公共土地,用租售土地所获得的收入和基金资助建立农工学院,在不排斥其他学科的同时,集中讲授同农业和机械工艺相关的知识。学院还可享受联邦政府的拨款和项目资助,主要任务是提供农业、军事、机械和人文学科方面的教育。莫里尔被誉为"赠地学院之父"。为了给南方各州的黑人提供与白人同样的教育机会,促进南方黑人高等教育的发展,尝到了《莫里尔法》带来的好处后,莫里尔又提出了《第二次莫里尔法》(The Second Morrill Act),并于 1890 年获得通过。这个法案规定,联邦政府每年为各州的赠地学院提供直接的现金资助,开始每年 1.5 万美元,以后每年增加 1 000 美元,直到每年资助 2.5 万美元,但禁止将资金拨给那些在招生中有种族歧视的学院。该法案通过后,美国南部 10 个州建立了 17 所黑人赠地学院。之后,哥伦比亚特区大学、关岛大学、萨摩亚社区学院和密克罗尼西亚社区学院、北马里亚纳群岛学院和维尔京群岛学院等于 1967、1972 年相继成为赠地学院。1994 年,美国还为分布在 12 个州的 29 所土著印第安人院校拨款,使其享受赠地学院的地位,使赠地学院数量增加。根据美国州立大学与赠地学院协会 1999 年的年度报告,美国赠地学院总数为 105 所,遍布各州。在赠地学院发展史上,1887 年的《海奇法》(The Hatch Act)、1907 年的《〈莫里尔法〉尼尔森修正法》(Nelson Amendment to the Morrill Acts)、1914 年的《史密斯—列弗法》(The Smith-Lever Act)、1935 年的《班克黑德—琼斯法》(The Bankhead-Jones Act)和 1945 年的《班克黑德—弗拉纳根法》(The Bankhead-Flannagan Act)等法案,不断增加对赠地学院的经济资助。

赠地学院的建立和发展为美国经济的发展和振兴培养了大量人才,在美国高等教育发展史上具有极其重要的作用。一是加速了美国高等教育民主化的进程,扩大了人们接受高等教育的机会。南北战争前,美国高等院校数量少、规模小,民众接受高等教育的机会很小,赠地学院为更多的美国人提供了接受高等教育的机会,也使妇女接受高等教育的机会大大增加。1890 年《第二次莫里尔法》颁布,黑人赠地学院陆续建立,黑人接受高等教育的人数也在不断增加。二是促使美国高等教育的目标、内容和方法发生重大改变。赠地学院在课程内容方面与传统高等院校截然不同,特别注重实用知识,在教学中重视理论和实践相结合,把所学知识应用于实际。有的赠地学院后来发展成为一流大学。三是确立并强化了大学的服务职能,使教学、科研和

服务成为现代美国大学的三大职能。一般认为,大学的服务职能肇始于美国依据《莫里尔法》而建立的赠地学院。

(杨光富)

张伯苓与近代私立学校　　张伯苓一生致力于办学活动,创立了包括小学、中学、女子中学、大学在内的南开私立学校体系,形成其独特的办学思想。

张伯苓(1876—1951)是近代中国教育家,南开大学的创始人。原名寿春,字伯苓,天津人。出生于塾师家庭,幼年曾在家塾附读,后入义学就读。1889 年考入北洋水师学堂驾驶班。1895 年,加入海军当士官生,此时正值甲午战败,张伯苓的思想开始发生重大转变,他认识到"自强之道,端在教育",由此确立"终身从事教育之救国志愿"(《四十年南开学校之回顾》)。1898 年,张伯苓先后在清学部侍郎严修、富商王奎章的家馆执教。1903 年夏,他趁参观大阪博览会之便考察日本的学校教育,有了自办学校的决心。次年又随严修赴日考察教育,重点考察日本的中等教育及其学校管理。同年 10 月,张伯苓在严、王两家家馆的基础上创办了"私立敬业中学堂"。1907 年,中学堂移至天津城西南"南开洼"新校舍,遂改称"南开中学堂"。1911 年春,张伯苓应清华学校代理总办颜惠庆之聘,任清华学校教务长半年,对学校课程进行了改革。辛亥革命后,张伯苓主持的南开中学堂逐年扩大规模,并以其严格的管理、优良的校风和求实精进的教学而享誉全国。在此基础上,张伯苓决定创办高等学校。为提高自身的教育理论水平,1917 年 8 月,张伯苓赴美国哥伦比亚大学师范学院研究部研究教育,次年 12 月回国即着手筹办大学。1919 年 9 月南开大学正式成立,录取新生 90 余人。此后,他又分别于 1923 年、1928 年建立南开女子中学和南开小学,于是形成了从小学、中学到大学的完整的教育体系。"七七"事变后,南开被日军飞机炸成废墟,大学部先迁长沙,继迁昆明,与北京大学、清华大学组成西南联合大学,张伯苓任校委会常委。抗战胜利后,南开大学复员,张伯苓任校长。1947 年,联合国教科文组织中国委员会成立,张伯苓任委员。次年,他出任国民政府考试院院长,不久即辞职。1950 年 5 月,他由重庆回到北京,受到周恩来总理的欢迎,后回天津居住。其著作结集出版的有《张伯苓教育言论选集》、《张伯苓教育论著选》等。

张伯苓毕生致力于教育事业,执掌南开 40 余年之久,开创南开教育模式。它以"认识中国"、"服务中国"为办学宗旨;以造就爱国为公、服务社会的人才为教育目标;以注重学生德智体全面发展为办学特色;以精简、高效、自治为管理原则。南开学校不仅有完整的层次结构和相当的规模,而且在教学管理、经费筹措、学校设施和毕业生就业等方面都形成了规范的体系和制度,为现代学校尤其是私立学校的创办与管理、为中国近代教育改革和发展提供了一个成功范例。

张伯苓通过长期的努力和实践,积累了丰富的办学经验,形成独特的办学思想。"土货化"是其在长期的实践中形成的办学方针。他曾多次访问日本、美国和欧洲,考察其教育的成功办学经验,也曾照搬与模仿日本、美国的办学方法,但从失败的教训中,逐渐认识到学校制度、教学内容不能简单地照搬外国,"教育宗旨不可仿造,当本其国情而定"。他在多次改革的基础上,制定了南开大学要"以中国历史、中国社会为学术背景,以解决中国问题为教育目标",即要"土货化"的办学方针(《南开大学发展方案》)。据此方针,南开大学形成了理论与应用并重、教学与科研并重的学科建设指导思想,努力发展应用科学系科,使学校的教学和科研与中国社会实际、与国计民生紧密结合起来。"土货化"办学方针不仅决定了南开教育的发展方向,还影响了国内其他高校的改革,为西方教育与中国国情的创造性结合作出了卓有成效的探索和贡献。

张伯苓培养学生要求德智体全面发展,尤其重视体育。他把体育提高到关系民族素质和国家强弱的高度来认识,强调"强国必先强种,强种必先强身",而要强身则体育为先(《四十年南开学校之回顾》)。他认为学校教育决不能忽视体育,不懂体育的人不应该当校长,学校校长要亲自抓体育,采用各种形式,把体育活动普及到每个师生;并强调学校要重视体育竞赛,主张以此促进全社会体育运动的开展。在开展体育的过程中,张伯苓主张要"体"与"育"并重,重视体育道德的培养,把体育道德纳入学校道德教育的范畴,使其成为民主精神与个性发展的一种训练。他认为体育与卫生对增强体质来说是相辅相成的两个方面,应大力提倡环境卫生和个人卫生。他曾专门聘请名医向学生讲授生理卫生知识,促进学生身心的健康发展。他在执掌南开的几十年间,始终身体力行倡导体育,使南开形成重视体育的传统。他还积极倡导和组织全国体育活动,希望通过体育竞赛推进全民健身。张伯苓创办南开学校及其在办学实践中提出和总结的教育、教学思想,为中国近代各级私立学校的创办和发展提供了宝贵经验。

(陈桃兰)

张之洞的中体西用教育思想　　张之洞是近代中国政治家、教育家。晚清洋务派的主要代表人物。"中学为体,西学为用"是张之洞提出的教育思想。

张之洞(1837—1909)字孝达,号香涛,晚年自号抱冰老人,死后追谥文襄,直隶南皮(今河北南皮)人。出生于官宦世家,15 岁时,回直隶南皮应顺天府乡试,名列榜首。1863 年中进士,授翰林院编修。从 1867 年到 1876 年,张之洞经历了十年的考官和学官生涯,历任浙江乡试副考官、湖北学政、翰林院庶吉士、四川乡试副考官、四川学政等职。1877

年初,重返翰林院任庶吉士,又任内阁侍郎兼礼部侍郎。1881年,张之洞补授山西巡抚,任内推行了禁革陋习、整顿吏治、禁烟戒毒、设桑棉局及铁路局等一系列改革,并通过接触英国传教士李提摩太而对"西技"、"西艺"有了初步的认识。1889—1907年,张之洞调任湖广总督,在推动工商业发展的同时大兴学务,除兴办改制书院外,还先后创办了各级各类新式学堂,使湖北成为全国新式教育的中心之一。1895年他上《吁请修备储才折》,提出拒和、迁都、练陆海军、造铁路、开学堂、讲商务、求工政等主张。但随着维新运动的深入开展及戊戌变法的正式启动,张之洞与维新派之间的分歧和矛盾日趋明朗。义和团运动失败后,清廷迫于内外形势宣布实行"新政",并委任刘坤一、张之洞为"参预政务大臣"。张之洞与刘坤一联衔会奏"江楚变法三折",其中《变通政治人才为先遵旨筹议折》提出"兴学育才"办法四条。1904年,清廷命张之洞会同张百熙、荣庆仿日本学制拟定"癸卯学制",成为在中国第一个实施的近代学制。1905年,张之洞与袁世凯等会奏立停科举、推广学校,经清廷批准,所有乡会试、岁考一律停止。1907年,张之洞补授军机大臣,兼管学部。其著作结集出版的有《张文襄公全集》、《张之洞全集》等。

张之洞就任学政、抚督期间,积累了丰富的办学经验,在此基础上对萌发于19世纪60年代的"中体西用"教育思想作了全面、系统的阐述和总结,集中反映在《劝学篇》一书中。《劝学篇》共24篇,分"内篇"和"外篇"两部分,其中把以中国传统学术教育为主体的"中学"统称为"旧学",把以西方近代学术教育为主体的"西学"统称为"新学",并明确提出了"旧学为体,新学为用"的论断。在内容安排上,"内篇"以论述"中学"为主,"外篇"以论述"西学"为主。

《劝学篇》首先主张"新旧兼学"。张之洞将时人习惯称谓的"中西之分"转化为"新旧之别","四书五经、中国史事、政书、地图为旧学,西政、西艺、西史为新学。"这意味着他反对固守中学的陈旧之见,要求人们顺时应变,接受西学,从而在一定程度上肯定了吸取西方学术教育的合理性。《劝学篇》还援引了"西学中源"和"中学西被"两种说法。其次主张"政艺兼学"。"学校、地理、度支、赋税、武备、律例、劝工、通商,西政也;算、绘、矿、医、声、光、化、电,西艺也"。包括西政和西艺在内的西学都应该吸收进来为我所用,拓展了中国人学习西学的视野和领域,达到了一个新的认识水平。关于具体的学习顺序,主张"才识远大而年长者宜西政,心思精敏而年少者宜西艺;小学堂先艺而后政,大中学堂先政而后艺"。"讲西政者亦宜略考西艺之功用,始知西政之用意"。为了达到"新旧兼学"和"政艺兼学"两大目标,张之洞在《劝学篇》中对创立近代学制,改革科举考试,发展普通教育、实业教育和师范教育,派遣留学生,广泛翻译西学著作等晚清教育改革的许多重大问题都作了比较全面的

论述,成为清政府推行教育改革的纲领性文件,并为清末"新政"时期的教育改革奠定了理论基础。

张之洞写《劝学篇》的根本目的在于维护清王朝封建专制统治及其以"三纲五常"为核心的儒家意识形态,用以抵制西方近代"自由"、"平等"的民主思想和学说,从这一根本目的的出发,他赋予了"中体西用"教育思想明确而特定的内涵:"今日学者,必先通经以明我中国先圣先师立教之旨,考史以识我中国历代之治乱、九州之风土,涉猎子集以通我中国之学术文章,然后择西学之可以补吾阙者用之。"张之洞认为教育所培养的应是"体用兼备"的人才,即深受儒家思想熏陶、对清王朝忠心耿耿而又为西方科技知识所武装、具有实际才干的人。这是其"中体西用"教育思想的本质含义,在清末学制中也有深刻体现。

(王有春)

浙东事功学派的教育思想　指南宋以陈亮、叶适为代表的浙东事功学派的教育思想。陈亮、叶适的教育思想在具有明显的事功精神的前提下仍有不同的个性特点,但他们对程朱理学和陆九渊心学的批判是一致的。南宋乾道、淳熙年间,在举世风靡程朱理学、陆九渊心学的同时,在浙江又崛起了以薛季宣、陈傅良、陈亮、叶适等为代表的事功学派。其中以陈亮、叶适最为突出,他们对教育问题的认识展示了南宋教育思想的另一面。陈亮(1143—1194),字同甫,浙江婺州永康人,人称龙川先生。他出身于普通庶人家庭,年轻时即崇尚汉、唐"伯王大略",喜欢谈论兵事,倡言改革,力主抗金,怀有中兴复仇的抱负。陈亮51岁时因其对策深得光宗赏识,被亲擢为进士第一名,授官后未及上任即于次年病逝。陈亮长期生活在家乡永康,曾设立"五峰书院",以经营田园和授徒为生。他的学术思想和教育思想形成了重实事、讲实学,致力于经世致用的事功之学。他与朱熹的性命道德之学展开了长期论争,前后经历了近十年,开创了事功学派的基本理论体系。

叶适(1150—1223),字正则,浙江温州永嘉人。他出身于"贫匮三世"之家,在极端困苦的条件下勤奋攻读,晚年罢官后,退居永嘉水心村著书讲学,后人又称他为水心先生。叶适自幼受永嘉学者陈傅良、薛季宣的授学,对其学术思想的形成有着重要作用,并由此走向"言事功"、"谋功利"、"求实用"的治学教人道路。成年后,他迫于生计先后在家乡永嘉以及乐清、吴县(今江苏苏州)一带辗转教授,在教学内容中不仅贯穿了"博达论类,尽究古今之变"的教育思想,有时也教授学生一些"齐民治生"之法,事功与求实的精神已表现在他早年的教育活动中。29岁中进士后,他又度过了长达近30年的仕途生涯,在此期间,他从未脱离教育活动,曾先后担任太学博士和国子司业,并常常有弟子相随。开禧三年(1207年),叶适告老返乡从事学术研究与

授学,自此直至逝世的 16 年中,叶适精心研究诸子经史典籍,并结合自己的经验体会,对历史事件和历代各家学派进行了考察比较,形成独特的教育思想,提出不同于程朱的教育主张。

事功学派与程朱理学之间的学术思想论争,涉及政治、经济、哲学、历史、教育等各个领域。其中,事功学派的教育思想有以下特点。

教育目标 认为教育是培养道德和事功能力兼备的人,尤其应该突出强调人才的事功能力。这与朱熹要求培养"粹然醇儒"和"充备盛德"的"圣人"大相径庭。朱熹认为三代行的是理义和王道,汉唐盛行的是利欲和霸道,故三代"曰义曰王",汉、唐"曰利曰霸",他认为应该追求像三代那样的王道社会,教育人们成为"穷理修身,学取圣贤事业,使穷而有以独善其身,达而有以兼善天下"的人。陈亮认为事实不可能尽如朱熹所言,"三代以前都无利欲,都无要富贵底人",而是"才有人心便有许多不净洁"(《乙巳秋答朱元晦书》)。其次,汉、唐比之三代"虽礼文多缺",但也未尝没干一番轰轰烈烈的事业。事实上汉唐已经转化成一种"义利双行,王霸并用"的社会,陈亮对此给予了充分肯定。陈亮提出教育的目标是培养具有"推倒一世之智勇,开拓万古之心胸"(《甲辰答朱元晦书》)的人,这种人必须有建功立业的能力和胆识,有救时之志、除乱之功,或至少有某一方面的特长。陈、叶反对朱、陆把"天理"、"人欲"和"道心"、"人心"加以分割对立的主张,指出这是一种宿命论的观点,认为人才是后天练就的。并且批判程朱理学所谓承"道统"、继"绝学"的说法,认为这是用来吓人、垄断学术的一种骗术。基于"义利双行,王霸并用"的社会政治观点,他们认为推动历史前进的未必是那些纯粹的道德之士,"考论人物,要当循其世变而观之,不可以一律例也",不可"一绳以帝王之盛德"。陈亮批评当时在理学、心学的影响下,"一艺一能皆以为不足自通于圣人之道也。……为士者耻言文章、行义,而曰'尽心知性';居官者耻言政事、书判,而曰'学道爱人'。相蒙相欺以尽废天下之实,则亦终于百事不理而已"。(《送吴允成运干序》)朱熹认为教育的目的是培养"醇儒",而陈亮则认为应教人"做人"。叶适也主张要培养德才兼务、文武兼资、博学多能的人,他说:"读书不知接统绪,虽多无益也;为文不能关教事,虽工无益也;笃行而不合于大义,虽高无益也;立志不存于忧世,虽仁无益也。"(《赠薛子长》)

教育内容 事功学派强调学习内容要经世致用,把儒经视为古代文献,具有"史"的性质,要求总结历史上成败的经验和教训,以作为兴功立业的借鉴。他们认为经书不是千古不变的教条,只能做参考借鉴,应随时世损益变通。他们非常重视艺能教育,提倡学艺能以理百事,后来颜李学派在授徒时讲习传授兵、农、工诸艺,正是事功学派思想的进一步发展。

陈亮自称:"亮口诵墨翟之言,身从杨朱之道,外有子贡之形,内居原宪之实。"(《甲辰答元晦书》)他不以儒者自居,他的教育内容也远远超出了儒学的范围,除了重视对历史文献的考订以获得对现实政治的借鉴外,尤其注意诸如兵法、山川形势、水利、度量权衡、官民商农等事功知识的讲论。他认为学校应该成为讨论学术、参议时政的场所,主张"天子设学校于行都,使之群居切磨、朝暮讲究,斥百家之异说而不以为诞,言当今之利害而不以为狂,所以养成其才而充其气也"(《与徐彦才大谏》)。面对被儒家学者称之为"异端"的学说,陈亮认为,其中既有违背常理的一面,也有独到的见地,如果能够"得其颖脱而不惑于背戾,一旦出而见于设施",便可"成天下之骏功而莫能御之者"。

叶适提出的教育内容范围更广,包括儒家的传统教材"六经"、各代历史以及诸子百家书籍,基本上是一个以经学为"统纪",以史学、诸子百家之学为依托并注意参证实事的体系,即他所说的"据经陈史,质证今事"。其中,叶适对儒家经典的重视,主要是强调以儒家的政治伦理观对历史科学和现实政治的指导以及诸子百家学说的"统纪"作用,目的是为了既能吸收古今不同学派中有利于封建事功的成分,又不让它来动摇封建国家的基本政治伦理原则。

道德教育 事功学派首先在人性论上排除了道德的先验性,认为人性是没有道德属性的,古人"不以善恶论性也,而所以至于圣人者,则必有道矣"(《习学记言·荀子》),指出教育者应着眼于后天的修养,而不要执迷于先天的善恶。叶适认为,对于孟子的性善论和荀子的性恶论都不应予以厚非,而应对其在特定时代背景下的教育实践意义加以肯定。其次是强调人性的平等性。叶适说,"性合而中,物至于和,独圣贤哉? 乃千万人同有也。"(《水心集·郭氏种德庵记》)他认为学习是成为圣贤的必要条件,人人都可以成为圣贤,所谓"学者圣之所出,未学者圣之所存",叶适从天赋平等的观点出发肯定了教育权利的平等。与此同时,事功学派又在人性平等的基础上强调人之质的差异性。他们认为"性"是对各种不同"质"的抽象,"质"是"性"的具体表现,在一个具体的人身上,"性"、"质"是统一的。教育的作用一方面是克服个体因"质"的不同而出现的阻碍人们对维护封建社会生存和发展的"道"的一致认识,另一方面要因"质"施教,以培养封建国家所需要的不同类型人才。这种"性质合一"的人性论思想为培养道德和事功能力合一的封建统治人才提供了理论基础。所谓"尽性"可以在人类共性的基础上统一对封建社会道德和王道理想的共同认识,而"因质"可以在人的个性基础上培养丰富多彩的不同类型的封建事功人才。

学习态度 在学风上,陈亮突出表现出实学、实用的特点,他斥责那些静坐体认、涵养心性、低头拱手以谈性命的心学和理学门徒都是一群"风痹不知痛痒之人",强调从历史发展的实迹中寻求解决现实问题的手段，提倡"考古今沿革之变，以推极皇帝王伯之道，而得汉、魏、晋、唐长短之由"。陈亮认为，对书卷应抱适当的怀疑态度，由于"书卷不足凭"，"书生之论不足凭"，所以应该参之以实测和亲身体验。与性命之学疏阔的学风相对立，陈亮十分重视知识的实际功效和应用价值，认为"人才以用而见其能否"，指出人的聪明才智只有在实际社会事务中才能得到识别和提高。此外，陈亮在学习方法上的一些体会也很有见地，如他认为有些书的内容未必可取，但具有启发心智的作用，我们可以从中学到一种思考问题的方法。

叶适认为，要有效地获得知识，必须有端正的学习态度和良好的学习方法，因而强调"立志"、"尽力"和"积知"。他认为立志具有两层含义：一是指人生追求的总目标，"志者，人之主也，如射之的也"(《习学记言·论语》)，认为正确的志向是"志于道"；二是指在实现人生理想过程中虽"备荼苦而蓼辛"，但却百折不挠的刚毅品质。尽力则是指"学以知意为始，以尽力为终"。所谓"意"，是指一种具体学习目标的设计，是心中的愿望；"力"是指为实现目标所付出的实际劳动。当确立了学习目标之后，就要为实现目标作出努力，不可以空想代替实干。积知就是"智者知之积"，即认为人的才能和智慧是长期学习积累知识的结果，"非一日之勤所能为也"，因此应肯于做细致踏实的工夫，着眼于"一粒之萌芽，一缕之滋长"。

叶适强调在学习中既要有主见，不盲从别人，又要谦虚地向别人学习。认为学习是一个"其智交相明，其材交相成"(《水心集·实序》)的取长补短、共同受益的过程，既不可"专于己"、绝于人，也不可"虚受于人则失己，自立于己则失人"(《习学记言·易》)，而应在既不强人就己，也不屈己从人的基础上做到人己的统一。

他认为人的学习过程是一个学思结合、"内外交相成"的过程，他在批判学而不思、思而不学两种不良倾向时，把矛头直指心学、理学，指出"专以心性为宗主。致虚意多，实力少，测知广，凝聚狭，而帝舜以来内外交相成之道废矣"(《习学记言·孟子》)。他认为学习有两种途径，即"自外而入"的途径和"自内而出"的途径。通过"自外而入"的学习途径，可以获得两种类型的知识：一是由主观和客观的直接结合("格物")产生的知识，一是历代积累的文化遗产。而"由内而出"的学习途径则是一种从主体中已具有的知识经验推衍出新知识的学习过程，但主体必须具备知识和经验基础。无论哪种学习途径，叶适都十分赞同，他说："二义不同，而皆足以至道，学者各行其所安可也。"(《习学记言·管子》)无论是陈亮，还是叶适，在哲学观上都表现为唯物主义，认为观念性的"道"不可能离开事物而独立存在。这种"道不离物"的唯物主义观点，反映在教育思想上，就是表现为对历史经验和现实经验的重视，这就是陈亮所说的"考古

今沿革之变"和叶适所说的"考详天下之事物"，而这显然与陆九渊"发明本心"、体认心中"理"的教育方法针锋相对。

参考文献

陈亮.陈亮集[M].北京：中华书局，1974.

叶适.叶适集[M].北京：中华书局，1961.

章柳泉.南宋事功学派及其教育思想[M].北京：教育科学出版社，1984.

(楼世洲)

政府的教育职权（government's legal liability of education） 中央和地方各级政府及其所属的教育行政部门在指导、管理教育行政事务的过程中享有的职权和承担的职责。1995年颁布的《中华人民共和国教育法》第十四条对政府掌握国家教育权作出明确规定："国务院和地方各级人民政府根据分级管理、分工负责的原则，领导和管理教育工作。中等及中等以下教育在国务院领导下，由地方人民政府管理。高等教育由国务院和省、自治区、直辖市人民政府管理。"国家教育权的权力主体是国家机构，包括政府及政府授权的机构，即中央和地方各级政府及其所属的教育行政部门。第十五条进一步明确了政府的教育职权主要由各级教育行政部门负责具体行使："国务院教育行政部门主管全国教育工作，统筹规划、协调管理全国的教育事业。县级以上地方各级人民政府教育行政部门主管本行政区域内的教育工作。县级以上各级人民政府其他有关部门在各自的职责范围内，负责有关的教育工作。"

政府的教育职权具体体现为纵向的中央及地方各级人民政府的教育职权的划分，以及横向的不同法律部门对政府教育职权的规定。

中央及地方各级人民政府的教育职权在《中华人民共和国宪法》、《中华人民共和国教育法》、《中华人民共和国教师法》、《中华人民共和国义务教育法》、《中华人民共和国职业教育法》、《中华人民共和国高等教育法》、《中华人民共和国民办教育促进法》等法律，以及《中华人民共和国学位条例》等行政法规、地方性法规和部门规章中均有规定。国务院和各级地方人民政府，有依据宪法和法律制定教育行政法规、预算，领导和管理全国教育工作的权力与职能。具体来讲，国务院和各级地方政府的教育职权及职责体现为：(1)教育立法。教育立法是政府通过有关部门制定各种教育法律、法规、条例和教育政策，对教育事业进行管理。目的是使教育工作在方针、制度、经费、人员、设施以及行政管理等方面有法可依，以促进教育事业的正常发展。其具体措施就是通过不断改变法律的约束范围和程度来调节各种管理对象。(2)保障经费。教育，尤其是义务教育是公共事业，举办公共教育事业必须有经费保障。政府通过对教育

教育经费的投入保证教育事业健康发展。(3)督导评估。督导评估是中国政府管理教育的一种方式。中国实行国家教育督导制度,县以上各级人民政府设立教育督导机构,对中等以下教育进行督导。国家教育委员会颁发的《教育督导暂行规定》中明确规定了督导的任务:"对下级人民政府的教育工作、下级教育行政部门和学校的工作进行监督、检查、评估、指导,保证国家有关教育方针、政策、法规的贯彻执行和教育目标的实施。"(4)咨询服务。根据信息系统提供的数据资料和情报,运用专业知识与智慧对其进行充分分析,在收集、加工、传递、储存、评价等基础上进行预测,制订出各种用作决策的方案,或对各种政策性报告进行会审。各级人民政府及其教育行政部门可建立有教育界和其他社会各界人士参加的咨询机构,对教育的方针、政策、发展规划及教育改革提出咨询建议,形成民主、科学的教育决策程序。(5)制定规划。教育计划是政府及教育行政部门为选择理想工作目标和改善资源分配所采用的一种决策措施,是对教育实现其社会功能和自身发展所作出的规划和决策。政府通过引导社会舆论导向影响教育事业的发展。

国务院教育行政部门教育部的主要职权和职责:(1)贯彻执行党和国家有关教育的法律、法规,总结实践经验,制定教育工作的具体政策、行政法规等重要制度;(2)制订全国教育事业的长远发展规划和年度计划,统筹协调各级各类教育事业的发展;(3)提出财政预算内教育经费预算方案的建议,拟定教育基建投资、事业经费、人员编制和统配物资设备的管理制度及定额标准的原则,管理国外对中国的教育贷款和援款;(4)制定国家基本学制和各级各类教育基本的国家教育标准;(5)依照国务院规定的权限,审批高等学校的设置、撤销、调整等工作;(6)统一领导和组织全国高等学校的招生工作,对毕业生进行就业指导;(7)主管教师工作,统筹规划各级各类教师队伍的建设和培养,做好各级各类学校教师的职务评聘工作,参与拟定教师工资待遇政策;(8)主管教育的对外交流与合作,拟定教育外事工作的方针、政策与规定,负责实施对外智力开发援助计划;(9)指导、监督地方和国务院有关部门、行业的教育工作,检查地方政府及教育行政部门贯彻执行中央和国务院关于教育工作的方针、政策,以及有关法规的情况;(10)行使法律、法规以及国务院授予的其他职权。

县级以上地方各级人民政府的教育行政部门的职权:(1)执行国家有关教育的政策、法规,以及上级教育行政部门的教育工作指示;(2)负责核拨本行政区域内的财政预算内教育经费,统筹管理教育费附加;(3)按照管理权限,负责本行政区域的教育事业发展计划,主管学校及其他教育机构的设置、变更、解散的审批、注册、核准等工作;(4)按照管理权限,负责对校长的任命、核准等工作;(5)主管教师、教职员的资格认定、录用、聘任、培训、考核、奖惩、职称、待遇等

人事行政工作;(6)主管各级各类学校及其他教育机构的招生和毕业生的就业等工作;(7)职权范围内,制定和实施各项教育、教学工作的指导性文件。

从横向的不同法律部门对政府教育职权的规定来说,政府的教育职权在不同的部门法律中都有规定,主要涉及刑事法、诉讼法和行政法等领域。

(韦保宁)

政府与学校的法律关系(legal relationship between government and school)　　法律规范在调整政府与学校行为的过程中所形成的具体的法律上的权利和义务关系。

政府与学校法律关系的法律性质

政府与学校法律关系的法律性质涉及两个问题:一是政府与学校的关系中,哪些属于教育行政关系,哪些属于教育民事关系。这是政府与学校之间是否分权及如何分权的问题。教育行政关系在其中所占的比例和内容,决定了政府在多大比重和哪些事务上对学校实行纵向的控制和管理,而教育民事关系在其中所占的比例和内容决定了政府在多大比重和哪些事务上应与学校进行协商和平等对话,也在一定程度上决定政府对学校进行纵向直接管理的限度。二是在行政关系中,两者是行政隶属关系还是行政管理关系。这反映了学校是否具有独立的地位,是否是政府的附属机构,是否有独立自主权,这些对于正确处理政府与学校的关系非常有意义。

教育行政关系与教育民事关系　　计划经济体制下,政府与学校的法律关系是单一的行政隶属关系。学校必须服从主管机关以命令、计划等为手段的直接管理。政府作为行政首脑,拥有所有行政事务的决定权,可以随时根据行政管理的需要发布命令,控制学校的人事、财政,以及教学和研究,而不需要有法律的规定或受法律的限制。政府对学校所采取的命令或其他处分措施,是行政机关内部的处分,属于内部行政行为,学校只能服从,不能提出复议或诉讼。作为政府的隶属单位,学校处理的事务本质上是政府的事务,政府为便于管理或提高效率,把某些行政事务的决定权授权给学校,但这是一种行政机关内部的授权,并无法律进行规范。改革开放后,政府、学校与市场的权利得到重新配置,政府与学校的法律关系转变为既有教育行政关系,又有教育民事关系。

教育行政关系以权力服从为基本原则,以领导与被领导的行政管理为重要内容,发生在政府实施教育行政管理的过程中。体现政府与学校的纵向关系,其实质是政府如何领导、组织和管理教育活动。在这一关系中,政府与学校

的关系具有不对等性,政府作为关系的一方,占据重要地位。政府在职权范围内,以法律的强制力为后盾,在学校不履行规定的义务时,政府可以强制其履行。而政府不履行规定的义务时,学校只能通过协商或向有关国家机关提出申请或诉讼等方式获得解决。公办和民办两类学校与政府之间的关系都是行政法律关系,但是由于举办者的差别,两种行政法律关系的性质不同。政府与公办学校之间的关系掺杂了所有者关系、行政隶属关系及管理关系,性质和内容较为复杂;政府与民办学校之间的行政关系是政府与外部社会组织之间的关系,是一种外部行政管理关系,性质较为单纯。

教育民事关系是学校与包括政府在内的社会组织与个人之间发生的另一类法律关系。其涉及面广,财产、土地、学校环境、人身及知识等方面涉及的权益都可能发生民事所有和流转上的联系,因而都是教育民事关系的客体,政府与学校之间在平等基础上围绕上述权益而发生的关系属教育民事关系。教育民事关系伴随社会主义市场经济体制的确立,在学校面向社会自主办学过程中逐渐发展起来,是学校面向社会自主办学过程中遇到最多的社会关系。在教育民事关系中,政府与学校具有平等的法律地位,都享有民法所确认的人身权、财产权、知识产权等相关权利,双方的合法权益受到法律的平等保护,政府不比学校享有更多的特权或受到法律更多的保护。在教育民事法律关系中,政府不是以教育行政管理者的身份出现,而是作为市场交换中的一个与学校平等的市场主体参与进来。双方本着平等、自由、自愿的原则从事民事法律行为,处分自己的合法权益,不受对方或任何第三人的强迫,也不受行政权力的干预。签订的协议对双方均有法律约束力,任何一方都无权单方面变更合同内容或不履行合同,否则就要承担违约责任。这与行政合同有很大不同。

法律监督关系、行政指导关系、行政命令关系和行政合同关系　在中国的政府与学校的行政关系中,长期居主导地位的是行政隶属关系,政府对学校的招生、分配、教师管理、经费管理、学生管理等事务都是以行政命令、行政处分等方式进行直接管理。1995 年《中华人民共和国教育法》和1998 年《中华人民共和国高等教育法》颁布后,符合法人条件的学校据此获得法人地位。许多学者认为,教育法所规定的法人地位不仅是一种民事主体地位,还包括它在行政法上的特殊主体地位。即公办学校不仅是一个具有独立民事主体资格的法人,享有独立的民事权利与义务,而且在民事活动之外的教学、科研、教师及学生管理等领域也具有独立的主体资格,是行政法(公法)上的特别法人。学校法人地位确立后,学校与政府在法理上构成外部行政法律关系,法治化和民主化成为构建政府与学校关系的基础。以法律监督、行政指导关系为主要内容的新型法律关系逐渐增强,传统的计划和命令的行政关系逐步减少并受到更多的法律调控。

政府与学校之间的法律监督关系包含以下内容。政府对哪些事务进行监督必须由法律规定,超越权限范围行使监督权力属于越权行为;政府监督的方式需要由法律规定。如果法律规定学校的某些事务需经政府审批,那么有关政府批准的条件、形式,或不批准的先决条件等规定也应当在法律中明示。政府要对学校有效地行使法律监督权力,就要求教育法不仅规定学校的自主权,而且要明确规定政府的权限范围和权力行使方式。否则很容易模糊政府与学校之间的权利边界,导致法律所赋予学校的自主权受到侵犯。

政府与学校之间的行政指导关系是指在法律规定的政府对学校可以行使管理或监督权的领域,政府为达成教育目标,在法律或法律原则范围内,运用非强制的指导、鼓励、建议、劝告、说服、教育及指引等方式进行管理,使学校同意或自愿接受政府的意图并付诸实践。这是行政民主在教育管理实践中的具体表现。行政指导是一种主要的非强制的行政管理方式。在计划经济时代,政府一般通过命令等强制性方式进行教育行政管理,行政指导难有存身之地。行政指导作为一种行政管理方式在中国出现,与传统计划经济体制向市场经济体制迈进的方向以及行政民主化的方向一致。高等教育领域是国内行政实务界最早出现行政指导的领域之一。1986 年国务院发布《高等教育管理职责暂行规定》提出,要进一步扩大高校办学自主权,国家教育委员会为全国高等教育的宏观指导者。并在规定政府职责部分大量使用了"指导"、"鼓励"、"促进"等用语。1993 年在《关于加快改革和积极发展普通高等教育的意见》中规定,政府要转变职能,简政放权,由对学校的直接行政管理,转变为运用法律、经济、评估和信息服务以及必要的行政手段进行宏观管理和指导。1995 年,国家教委在《关于深化高等教育体制改革的若干意见》中指出,各省、自治区、直辖市人民政府及其教育行政管理部门,要对本地区高等学校的合作办法提出统筹、协调和指导,促进其进行实质性的合作。1998 年的《中华人民共和国高等教育法》进一步明确了政府在高等教育中的宏观指导者的身份,标志中国教育行政部门作为高等学校指导者的地位得到法律确认,政府与高等学校之间形成行政指导关系。政府对中小学校的行政指导也受到更多关注。

行政命令是政府在计划经济体制下传统的行政管理手段,经济体制及教育体制改革的深入要求政府转变职能,增强对教育的引导和宏观调控功能,更多地使用权力色彩较淡的行政手段,行政命令这种强制性的管理手段逐渐缩小了适用的范围,但仍然在一些特定的领域继续发挥作用。与行政指导相比而言,行政命令必须有法律依据,受法律严格制约;而行政指导是行政自由裁量权的表现,不需有严格的法律依据,但要符合一般的法律原则。

行政合同也是政府达成行政目标的一种非强制手段,是政府由命令行政向指导行政转变所运用的新的管理方式。行政合同是指国家行政机关为达成行政管理目标,在其职权范围内,与行政相对方相互协商,意思表示一致而签订的确立、变更或消灭双方权利义务关系的协议。行政合同与行政指导都属于非强制性的管理方式,是行政民主化的产物,都需要政府与相对方进行协商才能实现。行政指导是单方面的行为,学校可以接受,也可以不接受;而行政合同必须由政府与学校协商一致、签订协议后才能成立。行政指导对学校不具有法律上的强制力;而行政合同一经签订,对合同双方当事人均具有约束力,任何一方不履行,都要负违约责任。

政府与学校之间还存在宏观调控关系、行政赔偿关系及行政监督关系等。总体上可分为两种类型:一类是以行政指导等为主的更民主化的关系,另一类是以行政命令为主的更具强制性的关系。两类关系及其中的每一种具体的关系具有不同的特征,对学校的约束力各不相同。从世界及中国越来越提倡行政法治、行政民主的趋势看,法律监督和行政指导等更具民主化的关系应当受到更多关注并逐步健全和规范化。

现行法中政府与学校的权利义务分配

政府与学校的法律关系最终会落实到双方权利义务的分配。在不同的法律关系中,政府与学校的权利义务并不相同。

学校的权利与义务　在与政府构成的教育行政关系中,学校的义务主要是遵守法律,接受政府的行政管理。作为行政相对人,学校也享有必要的权利:(1)参加行政管理权。(2)受益权。学校可依据法律从行政机关处获得奖励。《中华人民共和国教育法》第十三条规定:"国家对发展教育事业做出突出贡献的组织和个人,给予奖励。"当学校对发展教育事业做出突出贡献时,可以获得奖励。(3)了解权。学校对行政机关的管理活动有了解的权利,如了解行政机关管理活动的标准、程序等。学校的了解权同时构成行政主体行政公开的义务,如《中华人民共和国行政处罚法》第四条规定:"行政处罚遵循公正、公开原则。……对违法行为给予行政处罚的规定必须公布;未经公布的,不得作为行政处罚的依据。"(4)协助行政权。学校在法定条件下,可以协助行政机关做一些管理工作。如根据《中华人民共和国学位条例》第七至十七条的规定,高等学校可以在法定条件下协助国务院学位委员会进行论文审查、学位授予、提名、异议处理等管理工作。(5)批评、建议、控告、检举权。学校根据《中华人民共和国宪法》第四十一条规定,有向国家机关及国家工作人员提出批评和建议,并对其违法失职行为提出控告和检举的权利。(6)复议和诉讼权。根据《中华人民共和国行政复议法》及《中华人民共和国行政诉讼法》,学校如果不服行政机关的行政处理决定,有权依法向有关机

关申请复议和提起诉讼。(7)获得补偿和赔偿权。当学校合法权益受到行政机关职务行为影响时,学校有获得行政补偿的权利;当合法权益受到行政机关及其工作人员的违法侵害时,学校有获得行政赔偿的权利。这已为1995年实施的《中华人民共和国国家赔偿法》所确认。

作为独立的办学主体,学校有自主进行教育教学活动的办学自主权。根据1995年《中华人民共和国教育法》的规定,包括九个方面:按照章程自主管理;组织实施教育教学活动;招收学生或者其他受教育者;对受教育者进行学籍管理,实施奖励或者处分;对受教育者颁发相应的学业证书;聘任教师及其他职工,实施奖励或者处分;管理、使用本单位的设施和经费;拒绝任何组织和个人对教育教学活动的非法干涉;法律、法规规定的其他权利。

根据《中华人民共和国高等教育法》,高等学校比中小学校额外享有一些自主权,包括七个方面:根据社会需求、办学条件和国家核定的办学规模,制定招生方案,自主调节系科招生比例;依法自主设置和调整学科、专业;根据教学需要,自主制定教学计划、选编教材、组织实施教学活动;根据自身条件,自主开展科学研究、技术开发和社会服务;按照国家有关规定,自主开展与境外高等学校之间的科学技术文化交流与合作;根据实际需要和精简、效能的原则,自主确定教学、科学研究、行政职能部门等内部组织机构的设置和人员配备;按照国家有关规定,评聘教师和其他专业技术人员的职务,调整津贴及工资分配;对举办者提供的财产、国家财政性资助、受捐赠财产依法自主管理和使用。

根据《中华人民共和国民办教育促进法》及其实施条例,民办学校与公办学校具有同等的法律地位,较之公办学校,民办学校在教育教学、教师聘任及收费等方面享有更多的自主权。在教育教学方面,实施高等教育和中等职业技术学历教育的民办学校,可以按照办学宗旨和培养目标,自行设置专业、开设课程,自主选用教材。实施其他阶段教育的民办学校可以自主开展教育教学活动,自主选用依法审定的教材。在教师聘任方面,民办学校有权自主聘任教师、职员及其他工作人员。在收费方面,民办学校对接受学历教育的受教育者收取费用的项目和标准,应当报价格主管部门批准并公示,但对其他受教育者收取费用的项目和标准,只需报价格主管部门备案并公示。除教育法规定的学校权利之外,学校根据其他法律法规的规定还拥有其他权利。

学校需履行的法律义务在《中华人民共和国教育法》中也有规定,包括六个方面:遵守法律、法规;贯彻国家的教育方针,执行国家教育教学标准,保证教育教学质量;维护受教育者、教师及其他职工的合法权益;以适当方式为受教育者及其监护人了解受教育者的学业成绩及其他有关情况提供便利;遵照国家有关规定收取费用并公开收费项目;依法接受监督。

政府的权利与义务　在政府与学校的关系中,确定政府的权限范围既是法治行政对教育行政权力行使的基本要求,也关系到学校权力的边界。可在厘清政府不同角色的基础上,确立政府的行政管理者和公办学校举办者的身份,相应地将政府职责确定为两个方面:其一是政府作为行政管理者的职权;其二是政府作为公办学校举办者的职权。

关于政府作为行政管理者的职权范围,国内的研究大都认为,中国政府对学校的管理职能不应在学校内部的运作过程和环节上以及学校内部的日常事务上,而应在学校系统内外部的宏观关系以及教育事业的方向和质量标准上。在高等教育阶段,政府的职能可归纳为调控和服务,具体体现在:制定教育标准;保证教育质量;促进教育发展;规范教育活动的行为;提供教育服务工作。政府作为行政管理者,其与中小学校的关系和与大学的关系应有所区别。中小学有接受、服从上级机关领导和管理的义务,受教育法律、法规和教育行政机关内部管理规章的约束,如不服从,要受到相应的行政处分或者行政处罚;而大学与教育行政机关之间只是管理关系,如大学办学行为违反法律或者行政法规只能受到行政处罚。政府作为学校的行政管理者,应依法行政,强化教育服务的职能,为学校的健康发展创造良好的社会环境,如规则有序的市场,完整全面的法律体系,畅通灵敏的物资、信息交流网络等。

关于政府作为公办学校举办者的职权范围,有研究认为政府的首要职权是制订学校章程,确立学校的基本办学方向、任务等重大事项。政府作为举办者,也可任命学校决策机构成员,核准或任命学校校长;最大的职责是为学校提供必要和稳定的办学经费。虽然随着教育规模的扩展和学校数量的增多,仅仅依靠政府财力来维持各级各类学校的生存和发展已有相当难度,很多国家高等学校自筹的经费已接近或达到政府拨款的数目,但政府财政拨款依然是学校收入的主要来源。政府可以鼓励学校利用其他渠道和方式来增加收入,却不能以此为理由推托自己为学校提供办学经费的义务。也有研究认为,在承认公立学校具有独立法人资格的前提下,政府作为举办者与被举办者学校是两个独立的法人主体,政府投入办学的资产所有权已经由学校享有,若单纯从财产所有权的角度,学校与政府之间无直接牵连,唯有学校终止,经清算程序在清偿所有债务之后,剩余财产才能由其出资者(政府)收回。

政府与学校的分权模式及原则　各国的立法体制中,对学校自主权与政府权力的规定方式有三种。第一种是分别规定两者的权力;第二种是在法律中明确规定政府的权力,学校的权力就是除此之外的与办学相关的其他权力;第三种是主要规定学校的自主权力,而对于政府的这部分权力并不明确。中国采取第三种方式。

在立法上应当以何种原则区分政府与学校的权限,各国的原则各不相同。法国运用公务分权理论处理政府与学校的权力划分问题。公务分权是以公务为基础的分权形式。当国家认为某种公务由国家直接进行管理不适当,而由特殊的团体进行管理较妥帖时,就会将此团体设立成为一个公务法人,使其具有独立的人格和公务,享有相应的行政法上的自治权力,从而使其脱离国家行政组织,成为一个自治团体。公务法人自治的领域即其公务,公务法人处理公务不用像一般国家行政组织一样听从国家的命令,而是享有自治权力,从而达到公务法人与国家的分权。德国行政法将行政划分为直接行政、间接行政与委托行政。直接行政的权力来源于行政组织法;间接行政中有一些是自治行政,其权力来源于法律或章程;而委托行政的权力可来源于法律或委托合同。学校行政被视为间接行政,具体事务范围由法律做出明确列举。美国以学术自由理论作为政府与学校的分权基础。学术自由可以被教师个体主张,也可以被学校所主张。对学校来说,学术自由的内容就是学校权力涵盖的内容,是政府权力不该涉足的领域,以此区分政府与学校的权力边界。伯达尔认为,学校自治的内容包括实质性自治与程序性自治两个方面。实质性自治是指学校以团体的形式自主决定自身目标和计划的权力。阿什比把学校自治的实质内容概括为三项:选择职员和学生并决定他们在学校中地位的自由;决定课程内容和学位水准的自由;在给定的数额内以不同消费渠道分配经费的自由。程序性自治是学校以团体的形式自主决定实现这些目标和计划的手段和权力,主要涉及事前听证、程序、规则等方面。对学校而言,实质性自治与程序性自治都非常重要。但两者相比较,学校的实质性自治更为重要。

中国也有研究从学校组织的特性或学术自由角度分析政府与学校的分权问题,提出了一些富有启发性的建议。但中国由于在理论及制度上的不同,故学术自由理论和公务分权理论并不适宜作为中国立法上的分权理论。

参考文献

劳凯声.重建公共教育体制——别国的经验和我国的实践[J].北京师范大学学报(社会科学版),2003(4).

喻岳青.政府对高等教育宏观管理的职能:调控与服务[J].辽宁高等教育研究,1995(6).

张驰,韩强.学校法律治理研究[M].上海:上海交通大学出版社,2005.

周川.高校与政府关系的几点思考[J].高等教育研究,1995(1).

（申素平　马晓燕）

政治与教育发展(politics and educational development)政治与教育发展之间具有密切关系。教育发展受政治等社会因素的影响,又反作用于政治并引起其变革;政治对教育有直接制约作用,这种制约作用波及教育的一切方面。教育发展对政治也产生全方位影响,这种影响主要通过培养人来实现。

政治对教育发展的影响　教育属于社会上层建筑,它的主要方面由经济基础决定,而政治是经济的集中表现,因此,经济基础对教育的决定作用是通过政治制度对教育发展的种种影响表现出来的。(1) 政权性质与教育发展的政策及战略的可能性。政治对教育发展的影响首先表现为国家政权性质为教育系统的发展所提供的政策和战略的可能性,它基本上决定了一个国家教育发展的方向及程度。国家政权性质主要指政府的强弱,强政府能有效实施国力资源的开发、社会财富的分配和权力象征的表达等主要功能,为教育发展在政策和战略上提供保障。国家政权对教育政策的作用主要通过三种方式体现出来:一是采用强制性法律手段。如无论哪个国家在推行义务教育时,都要伴随强制性法律条文。这些强制性教育法令一般以满足社会的基本需要为特征,其特点是作用时间较长,有的法令甚至整整作用于一个历史阶段。二是通过限制性规定制约教育。各国在实行强制性教育手段的同时会加强对教育的督导,对教育的数量和质量给予限制性规定,有的甚至有明确的指标系数。这些限制性规定常随着与教育相关的各种因素的变化、发展而不断修正、调节,以保证教育与经济、政治、社会发展的动态平衡。三是通过鼓励性政策发展教育。为适应现代科技发展的要求,各国都非常重视以政策鼓励人们发展教育、更新知识和观念。这些政策一般是对当前教育所能达到的规模和水平的发展和补充,能够表现出教育的某种发展趋向,含有更大的未来意义。国家政权在实现国家统一、恢复民族主权方面起关键作用,这正是教育实现发展的一个基本前提。只有强大的政府才能保持发展中的高度政治稳定,克服社会急剧变革过程中的社会失序和危机,增强社会内聚力,加强对经济的宏观控制,推行强制性的工业化战略,加强社会动员与促进社会整合,加速社会经济增长,这既是新政府获得合法性的基本要求,也是教育发展所需要的基本政治环境。只有当一个国家的政府能够行使有效统治时,才能够为教育发展提出相应的目标并创造条件使之实现。(2) 政治制度和理念对教育制度,教育思想,培养目标、对象及教育内容,教育管理等的规定性。在阶级社会里,统治阶级的利益与要求集中反映在政治制度中,然后通过政治制度对其他制度产生决定性的制约作用。有什么样的政治制度的国家就必然有与之相适应的各种教育制度。政治理念(即政治意识形态)对教育发展的影响更深刻、更复杂,它通过对教育思想的控制来实现其影响。这种控制作用主要有两种方式:一是直接控制,在阶级社会里,统治阶级总是通过确定教育宗旨、制定教育政策、颁布教育法令、确定教育内容、委派教育官员或校长、订立校规和校训等途径对教育思想(包括一所学校的办学思想)进行直接控制;二是间接控制,表现为统治阶级通过各种途径,使政治意识形态对教育者

的哲学、宗教、伦理等意识形态产生影响,进而影响其教育思想。教育活动是由教育者组织的,因此教育者的政治价值、政治观念、政治信仰对形成和改变学生的政治价值与政治观念具有极其广泛、深刻的影响。社会政治还通过政治组织或团体决定着教育的领导权和支配权,从而决定教育的阶级性质、教育目的、教育内容等。这主要体现在两个方面:一是掌握政权的阶级必然掌管教育的领导权和支配权,使教育为本阶级服务,具有本阶级的性质,教育目的、教育内容等反映本阶级的要求。如各国都通过思想政治教育或社会教育、公民教育等对受教育者进行一定的道德、伦理和政治思想等方面的教育,直接对受教育者的政治立场、世界观、人生观及道德行为习惯施加影响,从而实现国家或阶级要求实施的教育内容和培养人的规格素质。二是从政治、组织上直接领导、控制教育。国家政治管理形式不同,教育管理形式也随之不同,政治管理形式制约教育管理形式。目前世界上基本有三种类型的国家政治管理体制,相应地也有三类教育管理体制,即中央集权、地方分权、中央集权与地方分权相结合的体制。学校教育从某种程度上说是一定时期统治阶级意志的反映。

教育对政治的作用　教育发展在受政治影响的同时,也通过种种方式作用于政治。教育承担为政治服务的职能,如历代政府文官系统的培养与选拔,官方政治理念和价值、道德伦理等的传播与灌输等,均通过教育来执行,教育具有促进政治发展的功能。

(1) 教育与政治发展关系的理论。关于教育对政治发展的影响,自古以来都受到一些思想家的关注并有过精辟论述。《孟子·尽心上》中曾说:"仁言不如仁声之入人深也;善政不如善教之得民也。善政,民畏之;善教,民爱之。善政得民财,善教得民心。"即通过教育在民众中宣传符合政治统治的思想意识比对民众的直接统治更有效。《学记》中也说"是故古之王者,建国君民,教学为先"。董仲舒在《举贤良对策》中曾指出,"圣人之道,不能独以威势成政,必有教化"。这里强调的都是教育对政治社会化的作用。在西方,柏拉图在其著作《理想国》、亚里士多德在其著作《政治学》中也分别论述了教育对政治的作用。柏拉图阐述了"适当的教育"和"适当的国家"的一般关系,认为一旦现实国家和理想国家接近时,教育的使命就是要防止背离这种理想的变化。柏拉图还就教育对培养理想国中三个等级的公民的作用作了说明。亚里士多德强调了教育对培养统一精神的作用。进入现代社会后,人们明确认识到政治社会化仍是一切教育制度的主要职能。1916 年,杜威出版了《民主主义与教育》一书,他首次对民主的教育含义做了充分、系统的表述。认为民主社会的教育一方面促进社会的整合,动员社会资源并保证社会发展(不同地区、不同阶层等)的公平性;另一方面促进个性的发展,增加课程的多样

性,保证各级学校课程的进一步民主化。杜威把学校和教师看作社会变革的前沿,是民主的机构和力量,通过学校教育能够促进和实现社会的民主。美国社会学家科尔曼也指出,要持续适应社会的更专门化和结构的不断分化,获得政治能力,推进社会平等,教育是具有决定性的影响因素。人们也普遍认为教育行为是决定政治系统变化的重要因素。新马克思主义者阿尔杜塞认为,生产关系决定学校教育是国家形态的一部分,学校是现存关系的工具。卡诺依和 B. 莱文认为教育是国家功能的一部分,也是社会冲突的竞技场。法格林达和 L. J. 萨哈认为教育作为政治系统的保卫者和政治发展的贡献者,其作用具体表现在三个方面:教育是促使青年一代融入国家政治文化的主要政治社会化因素;教育是选拔和培养政治精英的基本手段;教育是一个国家实现政治整合和建立国家政治意识的主要贡献者。

(2) 教育与政治社会化及国家整合。政治社会化指一个人对现行政治系统的规范与价值观的内化过程,主要是主流政治系统的价值观、行为规范被个体接受、认同并自觉遵守、维护的过程。一个国家若没有基本的政治价值观的认同和行为准则的一致,就不可能实行政治整合,也不可能有政治发展。虽然一个国家的政治意识形态和政治行为方式在不同代之间保持连续性是由多种因素决定的,如家庭、公众舆论、媒体、先锋团体等都是不可忽略的中介,但学校被认为是政治社会化最重要的基地。各国都重视培养学生对国家的忠诚、民族的热爱并灌输自己的民族意识,促进本民族的团结。政治社会化对于国家统一、民族团结具有十分重要的意义。对于个体来讲,青少年时期的政治社会化最具影响力,它是一个人的政治观、世界观、价值观定型的关键时期,这一时期的政治社会化主要在学校进行。学校教育在个体政治社会化的作用是形成个体系统的价值观、政治概念、道德概念体系,并使个体的价值观与主流价值观一致。

(3) 教育与民主发展及政治稳定。民主意味着要求其公民必须具备一定的教育水准。在工业化国家,公民的受教育水准较高,国家也较稳定。教育和社会稳定具有正相关关系。民主价值观除受教育的影响外,还受到其他因素的制约。

(4) 教育与政治精英的选拔和培养。培养和选拔政治精英历来是教育最重要的功能之一。中国自隋代开始就发展从读书人中选拔政治精英的科举考试制度,该制度为在最广泛的群众基础上补充官员、保证统治者和官僚们的才能提供了保证。现代社会通向政治和权利的渠道很多,但教育依旧起最重要的作用。通过学校来培养政治人才越来越成为世界各国共同的特征,教育已成为政治权威合法化的基本途径。现代政治精英均与较高的教育水准联系在一起。如在日本,东京大学的毕业生在日本政法界有极强的影响力;在美国,哈佛大学、耶鲁大学、普林斯顿大学等院校是培养领袖人物的基地。

(5) 教育与公民权利及自由。教育程度高的公民对自己的权利较在意,更倾向于维护自己的权利及自由。蒂拉克认为教育将导致更大的自由度,同时更大的自由度也会刺激人们更多的教育要求。

参考文献

董泽芳.教育社会学[M].武汉:华中师范大学出版社,1990.
瞿葆奎.教育与社会发展[M].北京:人民教育出版社,1989.

(袁本涛)

支架式教学(scaffolding instruction) 基于维果茨基社会文化理论及最近发展区概念而发展起来的一种教学策略。

苏联心理学家维果茨基的社会文化理论指出,社会交往在认知发展中起着根本作用。学习者不是孤立进行学习,而是深受发生在有意义背景中的社会交往的影响。学习者与比他们知识渊博或有能力的人的社会交往会深深地影响他们的思维方式和解释情境的方式,这种影响可以帮助他们建构概念的意义。学习者通过内化概念来发展他们的智力,而这种内化则以他们对发生在社会环境中的活动的解释为基础。学习者与比他们知识渊博或更有能力的人的这种社会交往还可以帮助他们形成内部的或自己的言语,这里的内部言语是指个人的一种简略的言语,最终会指导个体的认知活动。随着知识渊博的成年人建立认知过程的模型和通过大声说出思考过程中的步骤以及他们不断与学习者进行交流,学习者内部的言语就得到发展。渐渐地,通过不断重复这些经验,学习者开始进行内化,并逐渐在交流或对话活动中承担责任。在后续同样的活动中,学识渊博的人提供的模范作用或指导的量和类型就逐渐减少,直到学习者能够在没有他们的支持的情况下通过自己的内部言语指导完成活动。这里,比学习者学识更渊博或更有能力的人提供的有结构的指导或支持就是脚手架或支架,这是借用建筑行业中使用的"脚手架"(scaffolding)作为对教学中提供的结构化支持的一种形象化比喻。

支架式教学的另外一个理论基础是维果茨基的最近发展区概念。维果茨基认为,在儿童智力活动中,对于要解决的问题所需的能力与他们的原有能力之间可能存在差异,通过教学,儿童在教师或其他人的帮助下可以消除这一差异,这一差异就是最近发展区。最近发展区就是,儿童独立解决问题时的实际发展水平(第一个发展水平或掌握的水平)与在知识更渊博或更有能力的人(教师、同伴或其他人)指导下解决问题时的潜在发展水平(第二个发展水平或教学水平)之间的距离。因此,教学不应消极地适应儿童智力发展的已有水平,而应当走在发展的前面,不停地把儿童的智力从一个水平引导到另一个新的更高的水平。在学习者不断由一个水平发展到另外一个新的更高水平的过程中,需要知识更渊博的人或更有能力的人为学习者提供脚手架或支持。这种脚手架的支撑作用把学生的智力从一个水平不断提升到另一个新的更高水平。支架式教学策略就是根据学生的最近发展区为学生提供的个性化支持。

基于社会文化理论和最近发展区概念,维果茨基认为支架式教学就是"教师或其他人支持学习者的发展并提供支持框架从而使他们达到下一个阶段或水平"。他相信任何一个孩子都可以在最近发展区的范围内通过使用脚手架的支架式教学技巧有效地学会任何学科知识。当教师教学生概念时,这个概念应当是刚刚超出学生现有的知识和技能的水平,教师要激活这个区域,这样可以激励学生超越他们当前的水平。这种支持和指导作用就是他们达到下一个水平的交互作用的桥梁。

在教育情境中,脚手架可以包括模型、线索、提示、暗示、部分的解决方案、大声说出思考的过程模型以及直接的教学。支架式教学的一个重要特征就是支架是暂时的。随着学习者的能力不断提高,知识更渊博的那个人提供的脚手架就可以逐渐撤除,最后学习者就能够自己完成任务或掌握概念。支架式教学的目的就是让学生成为独立自主的学习者和问题解决者。当学习者的内部言语能够自动、无意识发生时,这个能力就形成了,这时脚手架就可以撤除。维果茨基认为,由教育者提供的外部的脚手架可以因为学生的发展而逐渐拿掉,而对于更复杂(比如与学习数学或语言相关的领域)的认知系统,系统的知识本身就成为新学习的部分脚手架或社会支持。

支架式教学需要教师精心设计支架,经过精心设计的支架式教学可以使学生有信心在自己原有知识的基础上形成新知识,这样他们的学习动机比较高,比较投入学习,降低学生的沮丧水平。由于支架式教学是个别化的,这就意味着它能够使每一个学生受益。这一点既是它的优点,同时由此带来的教师的工作量也构成它的一个挑战。另外,教师如果不得到适当的培训,也不能很好地实施支架式教学。

(刘美凤　黄少颖)

知识(knowledge)　　学习的成果之一。主体通过与环境相互作用获得的信息及其在人脑中的表征。储存在个体头脑内的知识是个人的知识,储存在个体外的知识是人类的知识。

知识概念演变

哲学认识论的知识概念　　"知识"是教育理论中的一个核心概念,但直到20世纪60年代前,心理学未对这个概念作过认真研究,知识主要是哲学认识论研究的对象。例如,朱智

贤主编的《心理学大词典》(1989)及潘菽、荆其诚主编的《中国大百科全书·心理学》(1991)都没有"知识"这个词条。教育学对知识的解释仅停留在哲学水平。例如顾明远主编的《教育大辞典》(第1卷,1990)对知识的定义是:"对事物的属性与联系的认识。表现为对事物的知觉表象、概念、法则等心理形式。"董纯才主编的《中国大百科全书·教育》(1985)的定义是:"所谓知识,就它反映的内容而言,是客观事物的属性和联系的反映,是客观世界在人脑中的主观映象。就它的反映形式而言,有时表现为主体对事物的感性知觉或表象,属于感性知识,有时表现为关于事物的概念或规律,属于理性知识。"教育家频繁使用"知识"这个词,但对它的心理实质未作深入研究。从20世纪60年代起,由于认知心理学兴起,知识成了心理学家研究的中心课题,知识观随之发生演变。

奥苏伯尔有意义言语学习论的知识观　　奥苏伯尔的知识观体现在他对知识的心理实质、知识的类型以及知识的习得过程和条件的论述中。

奥苏伯尔认为,知识可以是人类的,也可以是个体的。不论是人类的知识还是个体的知识,都是用言语符号或其他符号表征的。他研究的知识是学生个体获得的知识。在他看来,个体获得的知识,实质上就是言语符号或其他符号在个体头脑中引出(或唤起)的心理意义。心理意义可以是事物的表象,可以是一类事物的共同本质属性(即概念),也可以是几个概念之间的关系。例如,如果"狗"这个语音符号能唤起幼儿关于某一只具体的狗的表象,可以说该幼儿头脑中已具有"狗"这个符号的心理意义(一种感性知识);如果"狗"这个汉字符号能唤起生物学家关于狗的概念和狗这个动物类别与其他动物之间的关系的联想,则可以说"狗"这个符号引起的是更复杂的心理意义(关于狗这个动物类别的生物学知识)。奥苏伯尔认为,相同符号对于不同个体引起的心理意义既有共同点,也有因人而异的特殊性,前者使同一文化中的人们的交流成为可能。奥苏伯尔指出:"个人使用的概念术语是多种多样的,但某一个概念术语相应的公认的认知内容实质上是一般的而不是特殊的。""导致个人形成概念的经验的顺序是独特的(因人而异的),但所习得的概念是一般的,并且个人常常不能回忆起那些导致概念形成的具体情形。"

根据符号及其表征的心理意义的不同,奥苏伯尔区分了三种基本的知识类型:(1)单一符号(主要是语词)表征单一事物,如"天安门"表征一个具体的地点,"狗"代表某一只具体的狗。(2)单一符号表征一类事物,即符号表征概念,如"书"这个符号表征所有的书,"学习"这个符号表征一切导致有机体行为发生改变的主体与环境的相互作用。(3)一组符号(主要是句子)表征几个事物或概念之间的关系。一组符号在人脑中引起的是一个"命题"的意义。命题又分概括性命题和非概括性命题两类。概括性命题一般表现为公式、原理、定律

等,如"两个三角形两边夹一角对应相等,则这两个三角形全等"是一概括性命题。非概括性命题表明一个具体事实,如"北京是中国的首都"。人脑中的原有命题可以同化新的信息。通过自上而下的渐进分化和相同概括水平上的综合贯通,个体习得的知识被组织成个人的认知结构。

信息加工心理学的知识观　认知心理学主要分两派:一派强调知识的组织与建构,如皮亚杰、奥苏伯尔、布鲁纳等是这一派的主要代表人物;另一派主张用电脑模拟人脑,侧重研究信息在人脑中的表征、加工和提取过程,被称为信息加工心理学。信息加工心理学的知识观可以从人脑中的知识的实质、个人的知识的类型来探讨。

在信息加工心理学中,知识是广义的,包括我们平时所说的技能在内。在信息加工心理学家看来,人脑中知识的实质涉及的是信息在人脑中如何表现和记载的问题,也就是知识的表征问题。同一事物在人脑中可以用不同形式表征。例如,一本书可以用书的表象表征,也可以用书的概念表征。同一事物在人脑中的不同表征形式被称为编码。信息加工心理学家认为,人脑中的信息主要以命题网络和产生式系统表征。

依据信息的不同作用,它们在人脑中表征和提取的方式不同,信息加工心理学家把广义的知识分为两大类(见表1)。第一类是陈述性知识,相当于加涅的言语信息,即人们可以用言语表达的知识。这类知识的作用在于回答世界"是什么"和"为什么"的问题。例如,回答第一次世界大战的起因、经过和主要参战国的情况问题,需要陈述性知识。陈述性知识以命题网络表征。第二类是程序性知识。人能做许多事,却不一定能说出是怎么做的。例如幼儿自1岁多以后会用本族语言交谈,但他们不知道语言中的句法规则。又如给予"$1/3+1/4=?$"这样一个问题,受过教育的人很快得出正确答案为$7/12$。但是人们很难说出自己在解这个分数加法题时用了哪几步和哪些规则。传统上,我们称人们做事的这些本事为技能。但是信息加工心理学家并不满足于这种表面的解释,进一步假定,这里有另一类知识在支配人的这些合理的行为。这类知识便是程序性知识,是人们不能用清晰的言语表达,只能从人们的行为中推测的知识,是用来回答"怎么办"的问题的知识。

表1　两类知识的比较

	陈述性知识	程序性知识
作用	回答"是什么"和"为什么"问题	回答"怎么办"问题
心理表征	以命题网络表征	以产生式系统表征
提取方式	有意识地搜索和回忆	在一定的外部条件满足后能自动激活
人脑中的储存部位	主要发生在包括海马的大脑系统	主要发生在涉及新条纹区的大脑系统

布卢姆教育目标分类学的知识观　1956年,以美国教育心理学家布卢姆为首的一个委员会提出认知领域教育目标分类学。该分类学把知识定义为学生对已学习过的材料的记忆,包括回忆和再认两种形式。2001年以L. W. 安德森为首的一个委员会对1956年的认知目标分类进行修订。新修订的分类学吸收和总结了认知科学关于专长发展、专家思维和解决问题的研究成果。它既不赞成行为主义和联想主义的知识累积观,也不赞成皮亚杰的知识发展观,而认为知识是由学习者按理性与建构主义传统组织和结构化的,且是与特殊领域的情景相关的。知识被分为事实性知识、概念性知识、程序性知识和反省认知知识四大类和十一个小类(见表2)。

表2　修订的布卢姆认知目标分类中知识的主要类别与亚类

知识的主要类别与亚类	例子
A. 事实性知识,学生通晓一门学科或解决其中问题必须知道的基本成分	
A_A. 术语知识	机械的词汇、音乐符号
A_B. 具体细节和要素知识	主要自然资源,可靠的信息来源
B. 概念性知识,能使各成分共同作用的较大结构中的基本成分之间的关系	
B_A. 分类或类目知识	地质学年代周期,商业所有权形式
B_B. 原理和概念知识	毕达哥拉斯定理,供应与需求定律
B_C. 理论、模型和结构知识	进化论、国会结构
C. 程序性知识,如何做,研究方法和运用技能、算法、技术和方法的标准	
C_A. 特殊学科的技能和算法的知识	用于水彩作画的技能,整数除法
C_B. 特殊学科的技术和方法的知识	面谈技术,科学方法
C_C. 决定何时运用适当程序的标准的知识	用于确定何时运用涉及牛顿第一定律的程序的标准,用于判断采用特殊方法评估商业代价的可行性的标准
D. 反省认知知识,一般认知知识、有关自己的认知的意识和知识	
D_A. 策略性知识	把写提纲作为掌握教科书中的教材单元结构的手段的知识,运用启发式方法的知识
D_B. 关于认知任务的知识,包括适当背景和条件的知识	特殊教师实施的测验类型的知识,不同任务有不同认知需要的知识
D_C. 自我的知识	知道评判文章是自己的长处,而写文章是自己的短处;对自己知识水平的意识

知识表征理论

外部输入的信息以什么形式在人脑中记载与储存的问题是认知心理学研究的核心课题之一。人类的知识一般以文字符号或图画的形式记载与储存。文字符号和图画是人类知识的外部表征形式。认知心理学研究知识在人脑中的表征,即知识的心理表征或内部表征。由于人脑储存的知识多种多样,认知心理学家提出多种理论来解释知识的心理表征。

信息加工心理学的知识表征理论　以 J. R. 安德森为代表的信息加工心理学家主张将人脑储存的知识分为两大类:一类是可以用言语表达的陈述性知识;另一类是难以用言语表达但可以用于办事的程序性知识。信息加工心理学家对这两类知识的心理表征提出不同解释。

陈述性知识以命题网络表征。心理学研究表明,当人阅读一个句子,如"我爱冬天的梅花",在其长时记忆中储存下来的不是句子本身,而是句子表达的意义。信息加工心理学家认为,人脑储存的这种意义是以命题的形式表征的。"命题"这个术语来自逻辑学,指表达判断的语言形式,由系词将主词和宾词联系而成。例如:"北京是中国的首都。"这个句子就是一个命题。在认知心理学中,命题指语词表达的意义的最小单位。一个命题是由一种关系和一组论题(arguments)构成的。论题一般指概念,由名词或代词表示。关系一般由动词、副词和形容词表示,有时也用其他关联词,如介词表示;例如,"小明给张英一本有趣的书。"这个句子可以分解成下面两个更简单的句子:(1)小明给张英一本书。(2)这本书是有趣的。句子1和句子2各代表一个命题。句子1中的论题是"小明、张英和书",关系词是"给"。句子2中的论题是"书"、"有趣的",关系词为"是"。命题用句子表达,但命题不等于句子。命题只涉及句子表达的意义。实验表明,人的长时记忆中保持的是句子的意义,而不是原先学过的词句本身。

认知心理学家用了许多不同方法来表示命题。常用的方法是,用一个圆(或椭圆)表示一个命题,用箭头将命题的论题和关系联系起来。如"蚂蚁吃了甜果酱"这个句子中包含两个命题,用上述方法表示为:

命题1(简作 P₁):

命题2(简作 P₂):

S 代表主体,O 代表客体,它们都是论题;R 表示关系

如果两个命题中具有共同成分,该共同成分可以把两个命题联系起来。多个命题彼此联系组成命题网络。如上面两个命题中有共同成分"果酱",通过它可以把两个命题联系起来:

美国心理学家 A. M. 科林斯和奎利恩 1969 年的一个经典实验支持了知识以命题网络层次结构储存的观点,并据此提出语义记忆层次网络模型。该模型的基本思想是,语义记忆是由概念之间的相互联系形成的一个巨大网络,而且这个网络是有一定层次结构的,知识的提取就是这个层次网络作用的结果。图1是语义记忆层次网络示意图,图中对动物、鸟、鱼等分类的知识以层次结构储存和提取。

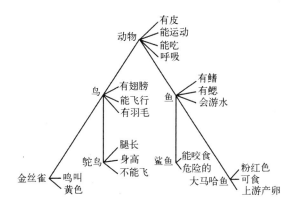

图1　语义记忆层次网络示意图

A. M. 科林斯和奎利恩认为,不同的动物知识的概括水平不同。在每一概括水平上储存了可以用来区分其他水平的物体的属性。例如,"有皮"是所有动物的属性,储存在最高水平。用这一属性可以把动物和矿石(没有皮)等区分开。又如,"有羽毛"是所有鸟的属性,储存在比"动物"低一级水平上,可以被用来区别鸟与非鸟的动物(如鱼、狗等没有羽毛)。他们进一步假定,由于储存在知识网络中的事实的距离不同,提取他们的反应时也将不同。如"金丝雀是金丝雀吗?""金丝雀是鸟吗?"和"金丝雀是动物吗?"这三个问题,其中的第一个问题概括水平最低(被定为 0 级),第二个问题较高(被定为 1 级),第三个问题最高(被定为 2 级)。研究表明,随着问题的级别提高,被试判断问题真伪的反应时越长(见图2)。

程序性知识以产生式系统表征。信息加工心理学认为,表征程序性知识的最小单位是产生式(production)。"产生式"这个术语来自计算机科学。美国心理学家 H. A. 西蒙和纽厄尔认为,人脑和计算机一样,都是物理符号系统,其功能都是操作符号。计算机之所以具有智能,能完成各种运算和解决问题,乃是由于它储存了一系列以"如果/那么"

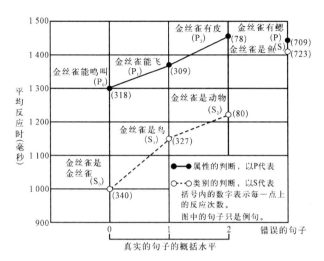

图 2　判断句子真伪的反应时是概念在记忆层次中的距离的函数

(if/then)形式编码的规则的缘故。这种规则被称为产生式。产生式是条件—行动(condition-action)的规则(简称 C—A 规则)。C—A 规则与行为主义的 S—R 公式有相似之处，但也有原则上的区别。相似之处是：每当 S 出现或条件满足时，便产生反应或活动。不同的是：C—A 中的 C 不是外部刺激，而是信息，即保持在短时记忆中的信息；A 也不仅是外显的反应，还包括内在的心理活动或运算。

正如命题网络有不同的表示方法一样，不同作者用于表示产生式的符号也不完全统一。这里以加涅女儿的描述方法为例，说明最简单的产生式(简作 P)的表示法(见表 3 和表 4)。产生式中的"如果"部分规定行为必须满足的条件，在第一个产生式中有两个条件，在第二个产生式中有三个条件；"那么"部分规定应进行的活动，第一个产生式中的活动是"表扬"儿童，第二个产生式中的活动是"识别"与"说"三角形。

表 3　实施强化和鉴别三角形的产生式

P₁ 实施强化的产生式	
如果	要增加儿童的注意行为， 且要求儿童注意时间比以前稍微延长，
那么	对儿童进行表扬。

P₂ 鉴别三角形的产生式	
如果	已知一个图形是二维的， 且该图形有三条边， 且三条边是封闭的，
那么	此图形为"三角形"，并说"三角形"。

简单的产生式只能完成单一的活动。有些任务需要完成一连串的活动，因此，需要许多简单的产生式。经过练习，简单产生式可以组合成复杂的产生式系统。这种产生

式系统被认为是复杂的技能的心理机制。如果说，若干命题通过控制流而相互形成联系，当一个产生式的活动为另一个产生式的运行创造了所需要的条件时，则控制流从一个产生式流入另一个产生式(见表 4)。

表 4　分数加法前三步的产生式表征

P₁	如果	要将分数相加， 且现在有两个分数，
	那么	建立一个子目标，即求出它们的最小公分母。
P₂	如果	要将分数相加， 且现在有两个分数， 且两个分数的最小公分母已知，
	那么	用最小公分母除第一个分数的分母，并得到结果 1。
P₃	如果	要将分数相加， 且现在有两个分数， 且两个分数的最小公分母已知， 且已得到结果 1，
	那么	以结果 1 乘第一个分数的分子和分母。

由于信息加工心理学用程序性知识来解释技能，这就为我们研究技能的心理实质(即技能的心理表征问题)提供了方便。

图式理论　持图式理论的心理学家认为，对于表征小的意义单元，命题是适合的，但是对于表征我们已知的有关一些特殊概念的较大的有组织的信息组合，命题是不适合的。例如，人们有关房子的知识，如果用"房子是人们的居住的地方"这一命题表征，则不足以表征与"房子"有关的全部知识。认知心理学认为，人们较复杂的整块的知识是用图式来表征的。

康德认为，人的心灵中生来就有某些认知图式，只有把这些图式施于混乱的经验"材料"上，人才可以理解知觉经验。在皮亚杰认知发展理论中，图式是一个中心概念。皮亚杰认为，儿童生来就有某些认知图式，如"吸吮图式"，"抓握图式"。认知心理学家在康德和皮亚杰的图式概念基础上，进一步发展了图式概念。

图式被定义为人们头脑中关于普通事件、客体与情景的一般知识结构。其含义是：(1)图式具有概括性。例如，人们关于房子的图式不只表示个别房子，而是表示个体看到的一般的房子。(2)图式中含有同类事物的本质特征，也含有非本质特征。人们关于鸟的图式中既有"长羽毛"这一本质特征，也有"能飞"这样的非本质特征。所以一类事物的图式不同于它的概念，后者只反映一类事物的本质特征。(3)图式中的知识是以某种方式或结构组织起来的。如房子的图式包括：上位集合(建筑物)、组成部分(房间)、材料(木头、石头、砖头)、功能(供人居住)、形状(方形、三角形、圆形等)和大小(100～1 000 平方米)。房子图式的这些维度被

称为图式的槽(slots)。每一个槽中的值不是一成不变的。如"功能"这个槽可以填充"供人居住"、"供人开会"、"展览场所"等不同的值。(4)个体的图式是发展的。如农村儿童最初的房子图式只表征他见到的茅草房,随着经验的增长,图式变化,能表征砖瓦房、水泥房等。

心理学家把图式分为表征客体的图式和表征事件的图式两大类。美国心理学家 R. C. 申克和埃布尔森 1977 年把这种表征反复出现的事件的图式称作脚本(script)。脚本不同于客体图式,它表征的事件有一定的时间顺序。如"去电影院看电影"这个经常出现的事件,一般可以分解成如下阶段:上影院、购票、进场、观看影片、退场。由于这样的步骤多次重复出现,人们头脑中形成有关上影院看电影的定型图式。新近某些认知心理学家又提出课文结构图式(text structure schema)、数学问题图式,认为这些图式是学生理解课文和数学问题的关键。

双编码理论　双编码理论认为,陈述知识以言语和意象两种方式表征。这一理论由美国心理学家佩维沃提出。他认为,知识是由言语和意象(或表象)表征的联想网络构成的。言语系统中的词是客体、事件和抽象观念的代码,它们与其所表征的对象的联系是任意的(如"书"这个词与实际书并没有物理上的相似性)。意象系统(imagery system)的非言语表征与引起它们的知觉具有某些共同特征(如一本书的表象与实际书的知觉有某些共同特征)。形象表征包括视觉表象(如铃的表象)、听觉表象(如铃声)、动觉(如摇铃的运动)、与情绪有关的骨骼肌感(如心跳加速)以及其他非言语表征。例如,一本书的意象表征涉及与书相关的视觉和触觉的性质。言语表征一般是系列化的,而意象表征能同时对许多特征进行编码。一个复合意象(如教室的意象)能同时对与教室有关的特征进行编码,而教室的言语表征,一次只能涉及某一信息(如房子内有课桌,中间有通道,墙壁上有窗子,如此等,直至穷尽了教室的所有特征为止)。

意象表征系统和言语表征系统的成分是彼此联系的。如大多数人的书的意象表征和言语表征之间存在联系。当客体与图片呈现时,由于有这样的联系,人们见到图片,能生成心理表征和名称。又如,"外科"一词可以引起丰富的非言语联想,包括生动的疼痛的意象,缝针处一带撕裂和紧绷感的记忆。所以,双编码是有效和高效思维的重要方面。

佩维沃曾经列举 60 种可以用双编码理论解释的现象。如具体材料比抽象材料易记,因为前者易于双编码,后者不易用意象表征。又如,图片与词语相比,图片比词易学,词读起来快,而图片的命名较慢。这表明,对于词语而言,可以直接进行言语代码,在对图片的反应中,只能通过第一种表征即意象才能接近言语代码。许多证据表明,视觉表象的激活能干扰视知觉,反之亦然。从神经生理学来看,大脑左半球损伤更易干扰言语加工,相反,大脑右半球损伤有相反后果,易于干扰非言语加工。这些都是有利于双编码理论的证据。

班杜拉的社会学习理论也支持双编码理论。班杜拉认为,观察事物主要依赖言语和意象两种表征系统。有些行为以意象形式保持。感官刺激激活外部事件的知觉。由于重复接触外部世界的结果,起榜样作用的刺激(观察)最终产生持久的、可提取的、被示范的行为。以后,意象(内部唤起的知觉)能激活客观物质上不存在的事件。事实上,当事情高度关联,如当一个人的名字总是与该人相联系时,最终只听到名字,而未想象那个人是不可能的。同样,只要提及重复观察的活动(如开车),通常能唤起其表象。在发展早期,由于言语技能缺乏,以及有些学习行为模式不易用言语编码,视觉意象在观察学习中起特别重要的作用。第二个表征系统涉及被示范的行为的言语编码,它能说明人类观察学习和保持的显著快速性。这种编码系统由于携带容易储存的大量信息,它能促进观察学习和保持。

样例理论　在图式形成之前,人们曾接触过若干样例。在图式形成之后,个别样例的表征仍然存在。例如,某人可能具有西餐馆的一般图式,但他也可能记住他家附近的西餐馆的具体特征。样例知识对于作出决定通常是重要的。人们常根据单个样例,如法律案例和商业案例,作出决定。

心理学家研究了幼儿关于样例与图式知识的差异。研究对象是幼儿园儿童关于参观博物馆的记忆。他们区分了某一特殊考古博物参观的记忆与一般参观博物馆的记忆。前一种记忆在参观后立即、一周后和一年后被录音记录下来。结果表明,特殊博物馆参观记忆未包含一般的博物馆参观记忆图式。这一研究与塔尔文关于情节记忆与语义记忆的区分相一致。也就是说,特殊例子与一般图式是两种不同的编码。特殊情形的记忆保持良好,在 6 年之后,儿童还能记住其某次参观的情境。这对思维有重要影响。

J. A. 赫德森 1990 年的研究对象是托儿所和幼儿园儿童。他们参观游乐场所,分两种情况:一组只参观一次,另一组多次重复参观。结果表明,只参观 1 个车间,而不是 4 个车间后,儿童倾向于回忆车间的时间顺序较好。这也就是说,重复参观这些车间活动间的一般知识形成了,这些是图式表征的关键信息。其代价是损失了细节知识。图式一旦形成,具体细节知识下降。而推理的可能性增加,其用途更多。

通过一次接触例子与多次接触例子,两者之间的记忆有差异。但另一研究方向是:经过一个例子能否发展概括化的解题方法?答案也许是肯定的。但要伴随例子提供解释,加深学生理解步骤及其应用条件。虽然一个例子可以获得概括化知识,但人们常不能运用仅通过一个例子获得的步骤知识。

例如先呈现一个攻打堡垒的故事,然后呈现一个邓克尔治疗癌症的难题,两个问题情境是类似的。许多被试在习得解决第一个问题的知识之后,不能解决第二个问题。但是当呈现某个问题的同时提供一点暗示,应用先前的知识解决后一问题的成功率提高。这说明被试从第一个问题已有实质性学习,但是未认识新问题与原先的问题的关系。所以,此处的问题不在知识,而在于反省认知——在什么时候和什么条件下运用习得的知识。

研究表明,成人根据一个例子可以归纳出一般原理。例如,一种情况下只提供一个例子;另一种情况下提供原理的概括。成人在第一种情况下与在第二种情形下具有相同的解题成绩。

参考文献

艾森克,基恩.认知心理学[M].高定国,等,译.上海:华东师范大学出版社,2003.

潘菽.教育心理学[M].北京:人民教育出版社,1980.

皮连生.智育心理学[M].北京:人民教育出版社,1996.

（吴红耘　皮连生）

知识管理（knowledge management）

对信息和数据进行鉴别分类并以文档形式保存和传播。是帮助个人和组织获取、存储、处理、传播、应用、共享和创造知识的过程,它使得知识被最大限度利用,并且在过程中得到增值。知识管理的目的是在合适的时间将合适的内容传递到合适的人手中,并有助于他们作出正确决策。20世纪90年代,随着知识经济的兴起,知识管理作为获取、存储、传播、应用和共享知识的一种管理方式,已逐渐被人们接受。

"知识管理"一词最早由美国管理学家德鲁克提出,随即作为一种全新的管理思想受到企业界有识之士的重视。美国德尔菲公司创始人之一弗拉保罗认为,知识管理就是运用集体的智慧提高应变和创新能力,是企业实现显性知识和隐形知识共享的新途径。美国《知识的进化》一书的作者阿利认为,知识管理是"帮助人们对拥有的知识进行反思,并帮助人们获得知识来源,促进他们之间进行知识的交流"。国际知识管理联盟(KMCI)的麦克尔罗伊指出,知识管理分为两个时期:第一代的知识管理是把知识传递、知识共享等行为简单组合起来生产知识;而第二代的知识管理不仅重视知识的分享,更重视知识的运作过程。

其实,知识管理目标中最重要的一个问题,是促成内部显性知识和隐性知识之间的转化。而正是这种相互转化中,形成一个不断增长的知识螺旋,从而促进知识的发展。日本学者野中郁次郎和竹内光隆在1995年出版的《知识创造公司》一书中提出这种知识转化包括四种模式:(1)社会化——从隐性知识到隐性知识。社会化是一个共同分享个人的经历、经验等隐性知识,转而创造新的隐性知识的过程。由于新知识往往起源于个人,社会化是知识创造和传播的起点。如师传徒受或借助信息技术建立的虚拟知识社区。(2)外化——从隐性知识到显性知识。外化是通过比喻、比较、概念、假设或模型等多种方法和工具或智能技术,将隐性知识表达成显性知识转化成别人容易理解的形式的过程。(3)综合——从显性知识到显性知识。综合是将各种显性知识转变为一个知识系统、实现知识扩散的过程。文档管理、内容管理、数据仓库均为综合显性知识的有效工具。(4)内化——从显性知识到隐性知识。内化实质上是一个学习过程,它把通过社会化、外化、综合各过程获得的知识转化为个人的隐性知识。这四种知识转化模式相互联系、螺旋上升,形成组织的知识增长模型(见图1),共同推动组织的知识创新,知识的储存量在此过程中不断增加。而个人知识管理主要涉及外化和内化两个方面,知识增长模型也可简化成显性知识与隐性知识之间的螺旋。

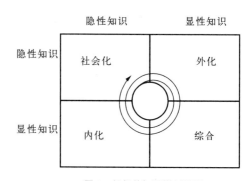

图1　组织的知识增长模型

知识管理与信息管理　许多组织建立的信息技术中心都需要通过信息管理进行支撑,信息管理与知识管理之间存在区别。信息管理关注的范围一直局限于可编码知识的外在信息的管理,而知识管理则关注知识本质内容的表达、交流,尤其是有目的的应用,它不但涉及可编码知识的内在内容的管理,更重视人脑知识的挖掘、引导、共享并服务于组织的目标。

知识管理拓展了信息管理的管理对象。知识管理的对象包括知识以及传统上知识的创造者——人,也就是说知识管理除了对实体知识进行有效组织和利用,还要对知识活动主体——人的参与性(即知识共享、交流、问题解决)的管理。而信息管理仅仅局限于管理用语言、文字、图形、图像、影视等各种载体明显呈现的信息,并不涉及对存在于人脑中的、具有创新活力的隐性知识的开发与管理,也不提供在大量显性信息中蕴涵着的隐性知识。

知识管理关注的是智力管理,其中既包括信息资源显性智力的管理,也包括隐性智力的管理。它重在知识的重组,核心知识的归纳,知识间以及知识与人之间关系的揭示,以解决更好沟通和更好决策的问题。知识管理是一种激励创新并实现市场价值的战略思想,是一种通过集体智慧与知识共享来提高竞争力的过程,同时也是一种可以操作的技术手段。而信息管理主要是一种构建智力库的过程。

信息管理主要是一种技术问题,它以管理理论、信息技术为支撑,是信息的组织、控制与利用过程。而知识管理要复杂得多,涉及价值观问题、权益平衡问题、契约问题等,因而不仅需要管理理论、信息技术为支撑,还需要价值理论、伦理理论、产权理论、交流理论、学习理论等来共同构建。它涉及发现知识、交流知识、应用知识,其中包括信息管理过程、激励过程、契约构造过程、权利维护过程等。知识管理的具体实施方式、知识管理系统的构建等,将成为知识管理研究的重点,而隐性知识的发现与发掘技术、知识资本权益的分配与平衡机制、知识管理的各种法制建设等,将成为知识管理研究的难点。

知识管理的模式　知识管理涉及人和技术两个重要方面,也能说人和技术是知识管理的两个维度,据此可以将知识管理分为信息化模式、人性化模式和综合化模式三种模式。

信息化模式仅从技术维度考虑管理知识的策略。一般来讲,采取这类模式的单位注重依靠显性知识,通过利用原有的知识挖掘出潜在的知识。比如教育部门为了分析学生的学习情况,利用各种技术将学生各方面的成绩收集起来进行处理,通过数据分析挖掘学生的具体情况。

人性化模式仅从人的维度考虑管理知识的策略。采取这类模式的单位比较注重人的头脑中的隐性知识。在教育部门,学校为了挖掘师生中的隐性知识,需要营造良好的学习文化氛围,需要各种激励机制和奖惩机制。

如果同时从人和技术两个维度上来管理知识,那么就可以形成知识管理的综合化模式。根据在两个维度上侧重点的不同,又可分为以人为主的综合化模式和以技术为主的综合化模式。前者以“从人到人”的分享隐性知识模式为主,但同时又利用各种技术来开发系统及平台,以方便和促进人与人之间的交流。而后者则强调技术在知识管理过程中的作用,以“从人到知识库”的隐性知识显性化以及“知识库到知识库”的显性知识集中化为主,技术是该模式的主要因素,人的作用就是将头脑中的隐性知识用专业语言表达出来,从而能够输入计算机系统供其他人分享。

知识管理技术　知识管理技术就是指能够协助人们生产、分享、应用和创新知识的基于计算机的现代信息技术。

数据管理技术是指能够协助人们生成、检索和分析数据的技术。该技术以数据为管理对象,通常处理事实、图形等原始资料。典型的数据管理技术包括数据仓库、数据搜索引擎、数据建模工具等。信息管理技术是指能协助人们

更好处理信息的技术,以信息为处理对象,如自动化信息检索与查询系统、初级的决策支持系统(DSS)、经理信息系统(EIS)、文档管理技术等。无论是数据管理技术还是信息管理技术,其处理对象大都是显性信息,对隐性知识基本无能为力,无法把握知识的丰富性和知识背景的复杂性,也难以有效支撑知识管理强调的知识分享和协作功能。知识管理技术并不排斥数据管理技术和信息管理技术,而是建立在两者的基础上,针对知识特性而开发的、能够协助知识工作者进行知识生产、分享、应用和创新的技术,是现代信息技术在知识经济时代的新发展。

知识管理技术不是一项单一的技术,而是一个技术体系,其所包括的技术内容覆盖知识生产、分享、应用和创新的各个环节。它同时又是多种信息技术的集成,这些技术结合起来形成整体的知识管理系统,提供知识管理服务。

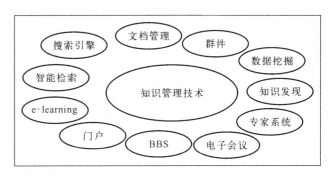

图2　知识管理的关键技术

知识管理在教育中的应用　国内外在教育中运用知识管理的实例还不是很多,但可以借鉴企业的经验,并根据教育本身的特点来推衍知识管理将如何应用到教育领域中去。在教育领域中运用知识管理理论较多的是教育资源库的建设,它针对人们的需要从各种显性和隐性信息资源中将知识提炼出来。通常包含:直接提供显性知识信息,利用智能化手段挖掘蕴藏于大量显性信息中的隐性知识,开发网络化知识元数据库,开发专业知识库和知识仓库,开发人们头脑中的隐性知识,针对人们的需求提供解决具体问题的方案等。

另外,利用知识管理理论设计网络社区、设计课堂教学知识管理软件、建立个人知识管理系统以及进行课程开发等也都有所进展。譬如,终身教育是教育的发展趋势之一。它必然使受教育人数骤然增加,教师将对更为广泛的人群进行教学。在这种情况下,学生具有不同的年龄层次、学习基础和学习风格。而教师为了提高教学效果,必须对不同特性的人群采取不同的教学策略。如果这种教学策略在教师之间和学校之间不能进行共享,需要让每个教师都自己开发不同的教学策略,这对教师来说,将是一件很重的负担。通过知识管理的途径,建立内部信息网以便于教师进行教学策略共享;利用各种知识数据库、专家数据库存放和

积累信息;在学校内部营造有利于教师生成和验证知识的宽松环境;鼓励师生在实践中进行改革和创新来促进知识的生成等,将有助于课堂教学问题的解决。又如,为了应对素质教育的要求,学校需对学生的信息进行全面跟踪,而单个教师不可能了解所有学生的信息,也不可能了解一个学生的所有信息。学生的信息存在于学校的各个部门,乃至家庭及社会的各个方面,要对学生进行全面评价,各个部门、各个方面的信息必须进行交流和统整。如果充分利用知识管理技术,开放式地进行学校与学校之间,学校与家长之间的交流,我们将会得到学生的更多信息。再如,在教育改革和发展的历程中,课程开发是一项重要任务,知识管理在这方面也大有可为(见下表)。

知识管理在课程开发中的应用

知识管理应用	优　势
建立知识库,包括: ● 课程修订知识库,包括研究导向、有效性测量、最佳范例、学习课程等 ● 模块化内容知识库,有利于交叉学科课程的设计与开发 ● 教育技术知识库,包括最佳范例、结果跟踪、学生发展研究 ● 课程评价知识库,每个学期根据学生的评价进行更新,并为所有教师提供最佳范例 ● 组织关系知识库,包括课程开发指导委员会、客座教授、助教的详细资料等 ● 案例知识库,包括网上的案例资源站点 建立门户,包括: ● 关于教和学的相关信息,包括学生发展研究、结果跟踪、课程学习、最佳范例、技术展望等 ● 为新职员提供指导,包括课程开发、与专家进行交流、建立最佳的教学形式、如何指导学生等 为每门学科建立一个信息中心,包括最新素材、最近出版物及其研究应用等	1. 提高课程开发质量 2. 提高课程更新速度 3. 为教师尤其是新教师提供更好的发展机会 4. 提高教学管理服务水平 5. 有利于交叉学科课程设计和开发

参考文献

德鲁克.知识管理[M].杨开峰,译.北京:中国人民大学出版社,1999.

史忠植.知识工程和知识管理[M].北京:机械工业出版社,2003.

王德禄.知识管理的 IT 实现[M].北京:电子工业出版社,2003.

王方华.知识管理论[M].太原:山西经济出版社,1999.

夏敬华.知识管理[M].北京:机械工业出版社,2003.

（章伟民）

知识媒体(knowledge media)　　指用来获取、存储、呈现、加工、传播和创建知识的载体。是电子信息通信技术(information and telecommunications technologies,简称

ICTs)同学习与认知科学(learning and cognitive sciences)交汇融合的产物。英国开放大学知识媒体研究所的学者艾森施塔特在 1995 年首先引用知识媒体这一概念术语,并指出,它改变了人类与知识相互关系的性质。

教学媒体是人类教育和培训活动的工具。卜钦翰-楚曾评述过在教育中应用的媒体的发展及其对人类与知识相互关系的影响历程。(1)在口语作为主要媒体时,知识仅仅是人们能回忆起来并用语言表达出来的事物,因而是情境化的、直接的、具体的、亲身参与的、人性化的、在历史上较难保存流传。其文化特征倾向于尊崇权威、因循守旧和注重礼仪。(2)在文字发明和书写媒体流行的影响下,知识不再受人类记忆和口语的限制,从而成为抽象的、间接的、与情境无关的、可保存和复制的。其文化特征是理智超过情感占据首位,形成早期多元的人类文明遗产和古代逻辑与思辨系统。(3)在印刷技术发达并成为人类传播的主导媒体时,知识拥有无限的可复制和共享的可能性,因而变成客观的、精确的、可索引的和可相互参照的并开始成为大众的。其文化特征是突破精神垄断、进入近代启蒙时代并进而导致科学理性主义盛行,各种高度精致、风格各异的语言文学创作得以发展起来。(4)在视听媒体和广播电视大众媒介的发展影响下,知识成了可以随地即时获得的声音和视觉形象信息,因而它是与日俱增的、被打包和被滤过的、人们是被动接受的。其文化特征是对源源不断地发送知识和意见的期待和依赖,开始丧失独立思考和识别信息真正含义的能力。(5)在全球超媒体影响下,知识变成是"短暂的、数字的和可变的",因而是透明的、相互关联的、开放的、动态的、公众的而非私人的;以深度为代价实现了广度。其文化特征是信息泛滥和迷航,丧失了推理论证的线性模式,也丧失了历史演进的线性模式,流行网状结构和超链接。卜钦翰-楚论及口语、书写和印刷媒体对人类知识体系及相应文化特征影响的评述比较正面,而对广播电视媒体和全球超媒体的评述则更注重负面影响。

知识媒体并不仅仅是一种技术形式,它还涉及表现风格、用户接口、可介入性和相互作用等。英国开放大学正在应用新信息技术和知识媒体探索全新的受支助的开放学习模式,革新课程发送方式,使课程材料的设计开发更多样、更快捷、更有效,极大地丰富和促进对学生的学习支助服务和双向通信交流,革新和完善研究和管理。知识媒体对教育的影响并不仅仅限于远程教育。丹尼尔曾经指出在 21 世纪传统大学与远程大学面临共同的挑战是:教学效益(teaching effectiveness)和学习效率(learning productivity);随着学术社团成员地理位置分布的愈加分散,越来越需要合作进取精神;开发和发送课程和知识财产;分布式学校机构之间的规模扩展和后勤保障。丹尼尔在《巨型大学与知识媒体:高等教育的技术战略》一书中探讨了知识媒体在第

三个千纪将如何帮助所有大学迎接学术界面临的这些挑战。

参考文献

　　丹尼尔.巨型大学、虚拟大学和知识媒体——我们能否同时拥有数量和质量[J].丁兴富,译.开放教育研究,1998(5).

　　丹尼尔.巨型大学与知识媒体:高等教育的技术战略[M].丁兴富,译.上海:上海高教电子音像出版社,2003.

　　Eisenstadt, M. Overt Strategy for Global Learning [J]. Times Higher Educational Supplement, 1995(7).

　　Laurillard, D. Rethinking University Teaching: A Framework for the Effective Use of Educational Technology [M]. 2nd ed. London: Routeledge, 2001.

（丁兴富）

肢体残疾儿童教育（education for the physically handicapped children）　简称"肢残儿童教育"。对肢体残疾儿童实施的专门教育和训练。特殊教育的组成部分。肢体残疾儿童指因人体运动系统的结构、功能损伤造成四肢残缺或四肢、躯干麻痹（瘫痪）、畸形等,导致人体运动功能不同程度的丧失及活动、参与受限的儿童。肢体残疾包括:上肢或下肢因伤、病或发育异常所致的缺失、畸形或功能障碍;脊柱因伤、病或发育异常所致的畸形或功能障碍;中枢、周围神经因伤、病或发育异常造成躯干或四肢的功能障碍等。

肢体残疾成因及分类、分级　肢体残疾严重影响残障者各项活动能力及其生活质量。在世界范围内,由于各国社会经济发展水平和卫生条件的巨大差异,肢体残疾的分布及其造成的影响各不相同。根据美国联邦审计署（General Accounting Office）1980年的估计,需要接受特殊教育的肢体残疾儿童约在0.1%~0.7%之间。美国教育部公布,2005年美国公立学校约有0.14%的学生为肢体残疾学生。中国台湾地区,根据20世纪70年代中期进行的一项全岛范围的大规模普查,6~12岁学龄儿童中,肢体残疾所占比例约为0.44%;1992年第二次全岛特殊儿童普查,6~14岁学龄儿童中,肢体残疾儿童占群体的0.097%。中国大陆1987年进行了第一次全国范围的残疾人抽样调查,0~14岁肢体残疾儿童有62万,占0.2%;2001年0~6岁残疾儿童抽样调查的出现率为0.424%;2006年,第二次全国范围的残疾人抽样调查,6~14岁肢体残疾儿童有48万人,肢体残疾的现患率为2.342%。

造成肢体残疾的原因多种多样,绝大多数是由脑神经和脊神经的损伤和肌肉的萎缩造成的,小部分是由意外的肢骨折断、肢体切除或关节病损所致。引起肢体残疾的疾病主要有:脑性瘫痪,简称脑瘫,由脑的运动中枢部位的故障引起的肢体运动障碍,是由母胎内带来的疾病或出生时脑伤所致,无传染性,由此造成的肢体运动的障碍各不相同;脊髓灰质炎亦称小儿麻痹,是一种病毒侵入脊髓灰质体引起的传染性骨膜炎或骨髓炎而造成的对脊髓神经的伤害,可累及躯干和肢体,尤以下肢常见;骨骼和关节病,其中包括脊椎结核症（potts disease）、骨关节结核症（tuberculosis of the bone and joint）或非结核性关节炎（arthritis）、肌炎（myositis）、骨髓炎（osteomyelitis）等引起的疾病;新陈代谢失调（metabolic disturbance）导致的肌萎缩,如肌营养不良性退化（muscular dystrophy）、先天性肌无力症（congenital myatonia）等;诸种先天性畸形,如先天性畸足（congenital club foot）、斜颈（wry neck）等。上述五类中,以脑瘫引起的肢体残疾的比例最高。

肢体障碍一般可根据病源性质分为两类:与神经系统缺损有关者,包括脑性瘫痪、癫痫（epilepsy）、脊髓神经损伤（spinal cord injuries）、脊柱裂（spina bifida）、小儿麻痹等;与骨骼肌肉的异常有关者,包括肌萎症（muscular dystrophy）、关节炎（arthritis）、肢体截断（amputations）等。1987年,中国第一次全国残疾人抽样调查制定了肢体残疾的分级标准,该标准根据人体运动系统有几处残疾、残疾部位的高低和功能障碍的程度进行综合考虑,并主要以功能障碍的程度为依据将肢体残疾划分为四级。一级肢体残疾:四肢瘫,下肢截瘫,双髋关节无自主活动能力;偏瘫,单侧肢体功能全部丧失;四肢在不同部位截肢或先天性缺肢;单全臂（或全腿）和双小腿（或前臂）截肢或缺肢;双上臂和单大腿（或小腿）截肢或缺肢;双全臂（或全腿）截肢或缺肢;双上肢功能极重度障碍;三肢功能重度障碍。二级肢体残疾:偏瘫或双下肢截瘫,残肢仅保留少许功能;双上肢（上臂或前臂）或双大腿截肢或缺肢;单全腿（或全臂）和单上臂（或大腿）截肢或缺肢;两肢功能重度障碍;三肢功能中度障碍。三级肢体残疾:双小腿截肢或缺肢;单肢在前臂、大腿及其上部截肢或缺肢;一肢功能重度障碍,两肢功能中度障碍;双拇指伴有示指（或中指）缺损。四级肢体残疾:单小腿截肢或缺损;一肢功能中度障碍;两肢功能轻度障碍;脊椎（包括颈椎）强直;驼背畸形大于70度;脊椎侧凸大于45度;双下肢不等长,差距大于5厘米;单侧拇指伴有示指或中指缺损;单侧保留拇指,其余四指截除或缺损。2006年,第二次全国残疾人抽样调查仍将肢体残疾划分为四级,但对各级标准作了微调。一级肢体残疾——不能独立实现日常生活活动:四肢瘫,四肢运动功能重度丧失;截瘫,双下肢运动功能完全丧失;偏瘫,一侧肢体运动功能完全丧失;单全上肢和双小腿缺失;单全下肢和双前臂缺失;双上臂和单大腿（或单小腿）缺失;双全上肢或双全下肢缺失;四肢在不同部位缺失;双上肢功能极重度障碍或三肢功能重度障碍。二级肢体残疾——基本上不能独立实现日常生活活动:偏瘫或截瘫,残肢保留少许功能（不能独立行走）;双上臂或双前臂缺失;双大腿缺失;单全上肢和单大腿缺失;单全下肢和单上臂缺失;三肢在不同部位缺失(一级中的情况除外);二肢功能重度障碍或三肢功能中度障碍。三级肢体残疾——能部分独立实现日常生活活动:双小腿缺失;单前臂及其以上缺失;单大腿及其以上缺失;双手拇指或双手拇指以外其他手指全缺失;二肢在不同部位缺失(二级中的情况除外);一肢功能重度障碍或二肢功能中度障碍。四级肢体残疾——基本上能独立实现日常生活活动:单小腿缺失;双下肢不等长,差距在5厘米以上(含5厘米);脊柱强(僵)直;脊柱畸形,驼背畸形大于70度或侧凸大于45度;单手拇指以外其他四指全缺失;单侧拇指全缺失;单足跗跖关节以上缺失;双足趾完全缺失或失去功能;侏儒症(身高不超过130厘米的成年人);一肢功能中度障碍,两肢功能轻度障碍;类似上述的其他肢体功能障碍。

肢体残疾儿童评估　评估目的是通过诊断、评估对肢体残疾儿童进行训练与教育。评估的作用:为儿童的训练与教育计划提供基本依据;鉴定每一位儿童具备的能力和已掌握的技巧;确定儿童在短期或长期内的训练目标;向家长和有关人士提供肢残儿童能力发展的报告;了解训练与教育干预的效果,为计划的调整与改进提供依据。

肢体残疾儿童评估主要步骤:收集资料,通过各种途径获取必要材料,如查阅儿童的医疗与教育档案等;分析和总结,对所获资料进行整理、归纳和分析,由此确定儿童现有功能状况和存在问题;确定目标,在上述材料的基础上,确定对儿童进行训练的长、短期目标,并初步选定达到这些目标所拟采用的方法与措施;再评估,在儿童接受教育与训练的过程中,定期评估儿童的进展情况,确定所选方案是否合适及需作哪些方面的调整与修订等。

肢体残疾儿童的评估方法主要有:(1)查阅医疗及教育档案。整个评估过程中一个非常重要的部分。从医疗档案中了解儿童的病情和残障的诊断、预后、现行治疗情况等;从教育档案中了解儿童的学业表现、学习动机、与其他儿童的相处情况、学习上的困难。此途径获取的资料可作为选择具体评估方法和评估重点的重要依据。(2)与家长、本人及其周围人交谈。在对儿童进行评估的当时或过后,可约见其父母或照料者或其周围的人,以帮助确定儿童的能力,了解家长对儿童的期望,为制订训练、教育计划提供参考。(3)对儿童进行观察。在与儿童的接触及在对其进行评估的过程中,了解儿童的行为表现;在训练和教育的过程中了解儿童的进展情况。观察内容包括:儿童对自身感觉的使用情况;运动反应;社交反应与交流情况;认知水平;家庭情况;在学校中的情况,如儿童对于周围环境的反应,他与其他人或物体的相互作用,可以调动其积极性或分散其注意力的事物等。(4)直接评估的方法。直接使用多种评估方法,包括儿童发育评估、人体形态评估、儿童感觉

评估、反射检查、肌力测试、关节活动度测量、平衡和协调功能评估、步态测量、运动功能评估、言语-语言功能评估、心理测量、认知功能评估、日常生活活动能力评估等。

肢体残疾儿童的评估,应从总体上了解其身心各个方面的情况。内容包括:一般性检查,包括身高、体重、心肺功能、营养状况及眼科、耳鼻喉科的常规检查;骨外科检查,重点针对肢体残疾儿童的骨骼与肌肉的结构和外形进行检查;神经病学检查,通过检查了解神经系统的功能与结构,包括CT检查、脑电图检查等;康复医学科检查,包括肌力、关节活动度、感觉功能、日常生活活动能力等;心理—教育方面的检查,包括动作发展、知觉功能、智力、情绪及社会适应能力等。上述许多检查需要请有关专家进行,作为儿童的训练与教育者,需了解各项检查结果与报告的含义,并能将其应用到实际工作中。

肢体残疾儿童身心特征　由于生理上的明显残缺及其导致的行动不方便,肢体残疾儿童可能产生不同程度的身心障碍。(1)自卑心理和依赖感。有较严重的肢体残疾的儿童多缺乏生活自理能力,饮食、排泄与起居都需家长帮助,因此易产生自卑心理和依赖感,并因自卑而引起自贬;有一般性肢体残疾的儿童或多或少均有自卑感,均需得到适当的辅导。(2)孤立状态。表现为:行动空间的孤立,指因行动不自由及无障碍交通环境不够完善,到许多地方都不方便;心理空间的孤立,指对自我封闭,因自卑而不愿与他人交往,觉得别人会歧视他;别人对他的孤立,指当和同龄人一起游玩时,肢体残疾儿童因动作较慢或不方便,可能遭到排斥。(3)挫折感。大多数肢体残疾儿童从小就屡遭挫折,形成挫折感。遭受挫折者常采用下列几种方法来维护自尊:退缩行为,畏避公开场合,习惯于孤僻独居,在幻想中寻找精神上的满足;反抗行为,通过攻击他人泄愤,有的性情暴戾残忍;防卫森严,唯恐自我贬值,靠扭曲现实来自欺欺人,严防别人察知自己生理和心理上的虚弱之处;补偿行为,竭尽全力,克服障碍,为达到某种成功不惜付出最大代价。(4)对前途的忧虑。表现为:对身体的忧虑,肢体残疾儿童由于身体机能的损伤、行动不便而缺乏运动,影响身体健康,或因自身的缺陷、疼痛而对自己的健康感到忧虑;对前途忧虑,因在学校中的学习比一般儿童不顺利、功课较差而对未来忧虑。(5)敏感。对外界刺激很敏感,如有人看他一眼,就怀疑别人在嘲笑他的肢体残疾。(6)社会适应差。因自卑、自怜或他人的态度而影响其社会适应。(7)部分肢体残疾儿童智力低。主要指部分脑性瘫痪儿童附带有智能、认知功能障碍,其余肢体障碍儿童的智力正常。(8)部分肢体残疾儿童沟通能力差。主要指部分脑性瘫痪儿童附带有语言障碍,其余肢体障碍儿童没有言语沟通能力的问题。

肢体残疾儿童教育与训练　肢体残疾儿童的安置形态

应因需而定。国外常见的安置方式主要有六种：（1）特殊学校。整个学校专门为某一类肢体残疾儿童而设计，在硬件教学设施、师资条件和课程安排等方面都要作周详和完整的规划。安置在这种学校的多为重度肢体残疾儿童。（2）特殊班。即将肢体残疾儿童安置于一般学校的隔离班（segregated）或自足式班级中。学生大部分的课程教学在这种特殊班中进行，但有些活动与普通班学生混合进行，这些混合学习活动的实施有赖于学校在学习环境、教材与教法方面作适当的设计与配合。（3）资源班或巡回辅导制。儿童平时在普通班上课，但由资源教室或巡回辅导人员提供他们需要的特殊教学或其他相关服务，如康复训练等。（4）医院附设特殊班。有些医院在为肢体残疾儿童进行诊断与治疗期间，为免其中断或荒废学业，附设特殊班以提供必要的教育机会。需采用此种安置方式的多为重度肢残儿童。（5）家中教学。重度或极重度肢体残疾儿童因行动不便或学校无法提供相关设施而无法到校上课，故申请在家教育，由学校派老师到其家中施教，或采用函授、广播电视教学的方式，为其提供学习机会。（6）普通班。亦称融合教育，即轻度肢体残疾儿童与健全儿童一起上课，学校依据无障碍环境的理念设置教学设施及校园环境，并提供各种设备。

中国的肢体残疾儿童安置方式有三种。（1）普通学校。凡是能坚持正常学习的肢体残疾儿童、少年都在普通学校的普通班学习，教师根据各个肢体残疾儿童的具体情况，采取适当的教学方法，调整体育等课程的内容，采取必要的支持措施，以满足他们的特殊需要。（2）特殊学校。近年中国部分培智学校开始招收由脑性瘫痪造成的肢体运动障碍的儿童，他们中大多数伴有智力障碍；肢体残疾且伴有视力障碍的儿童可进入盲人学校学习；肢体残疾且伴有听力障碍的儿童可进入聋人学校学习；中国江苏邳州有专门为小儿麻痹造成肢体残疾的儿童、少年建立的与康复结合的特殊教育机构。（3）在家自学。尚无条件进入学校学习的肢体残疾儿童由家长、所在学区的学校或康复、福利机构的教师进行自学辅导，这类儿童主要是重度或极重度的肢体残疾儿童。

研究者对肢体残疾儿童课程设置的观点不尽相同。有学者认为，肢体残疾学生除学习一般课程外，还需加强下列课程的教育：机能训练，包括物理治疗、作业治疗和语言治疗，主要进行粗细动作训练、促进身体血液循环改善及对附带有语言障碍的儿童进行治疗；学业辅导，指对因自身障碍而影响学习的肢体残疾儿童进行辅导，使其学业成就不至于落后；生活辅导，包括健康教育、心理辅导、休闲辅导以确保肢体残疾儿童的身心健康；职业教育，在学龄阶段进行职业介绍，使肢体残疾儿童产生职业认知。也有学者认为，肢体残疾儿童的教育可开设下列课程：安全教育课程，使其

懂得日常生活环境中有哪些不安全因素，并能安全使用一些设施；生活课程，旨在增强肢体残疾儿童的生活自理能力，减少别人的帮助，使其养成良好的生活习惯，增强其适应能力；文化课，包括基本的听、说、读、写能力的训练，有些严重的肢体残疾儿童学习科学文化知识应量力而行，不能要求过高；功能训练课，着重训练肢体残疾儿童的各种活动功能，尤其是知觉功能和运动功能，增强他们的协调能力；艺术课，主要包括音乐与美术，发展他们对音乐、图画的欣赏、理解能力，使其掌握一定的演唱、弹奏、画画、制作的基本知识和技能技巧；职业教育课，使其了解职业教育的概念与意义，掌握从事某种职业所需知识与技能，并根据自身条件选择某种职业，力求做一个自食其力的劳动者。此外，肢体残疾儿童的教育也可根据各人的身体情况不同程度地结合普通教育的有关课程进行。各地、各校对单纯肢体残疾的学生基本用同龄普通学校的课程和教材；对有多项残疾的学生，其课程及教材应作必要的调整。

除采用与一般儿童相同的教育方法外，肢体残疾儿童教育还需增加一些特殊的训练方法，以最大限度地恢复他们的生理功能。主要包括：（1）物理治疗。对躯体残疾者进行医疗体操和其他各种运动性治疗，以及应用各种技术进行治疗，包括电疗、光疗、热疗、冷疗、磁疗、超声治疗和按摩等。教育训练中以运动疗法为主。（2）作业治疗。针对肢体残疾儿童的功能障碍，以活动为手段应用有目的的、经过选择的作业活动，对他们进行治疗和训练，恢复、维持或重新开发其丧失的功能；当功能恢复无望时，则制作并提供相应的辅助器具来帮助代偿。（3）教育康复。即通过特殊教育，补救肢体残疾儿童的缺陷。包括采用弹性课程、教材和编班，特殊教法如引导式教育法、任务分析法、链锁、塑造、渐隐及其他行为改变方法，以及特别设计与安排教学环境与设施等。（4）心理辅导。应用心理学的理论与方法，对在精神和情感等方面有障碍的肢体残疾儿童进行安慰、疏导、支持和矫治，以改善他们的不良心态与适应方式，增进其身心健康。

参考文献

哈拉汉，考夫曼，普伦.特殊教育导论[M].肖非，等，译.北京：中国人民大学出版社，2010.

务学正.脑瘫儿的疗育[M].郑州：郑州大学出版社，2004.

（王　辉）

直线式课程与螺旋式课程（linear curriculum and spiral curriculum）　课程内容的两种组织形式。两者对不同性质的学科具有不同的适应性，既彼此相对独立，又具有内在联系。在课程的组织中，两种形式常交替存在。

直线式课程　指将一门学科的内容按照逻辑体系加以

组织,前后内容基本不重复。有学者把直线式课程分为单科直线式和多科并进直线式。单科直线式是指在整个学习阶段,各门课程单科独进,直线排列,其特点是科目编排明晰,易于组织。中国古代"四书"、"五经"的教学,夸美纽斯泛智主义的课程设置即属此类。多科并进直线式是指在同一时期同时安排多门学科,多科并进,其特点是内容丰富,且交互进行,能以多样化引起学生兴趣,激发学习积极性。虽则多科并进,但每门学科依然可直线进行,不失系统连贯,若干学科交互进行还可相互迁移,彼此促进。这是当代课程设置最基本的形式。直线式课程的具体体现是苏联心理学家、教育学家赞科夫提出的"高难度、高速度"教学原则以及美国心理学家普莱西及斯金纳的程序教学。

赞科夫分析研究了苏联小学各年级的教学大纲、教科书和教学法,提出过于容易的教材编写、缓慢的教学进度以及反复单调的复习,不利于学生的迅速发展;通过参观和观察直接认识周围世界,其范围极其狭窄;儿童缺乏学习的内部动机,好奇心得不到满足;教学活动过程的单一化使学生的个性得不到表现和发展;教学中理论知识贫乏、肤浅,训练服从于技巧。他主张教学应着眼于学生的"一般发展",教学应当走在发展的前面,并提出有效促进学生发展的教学原则,即以高难度、高速度进行教学,教学要充分调动学生的精神力量,不断以新的知识丰富学生的智慧,使学生产生学习的内部动机,最终促进学生的一般发展。

美国心理学家普莱西1925年首创程序教学,他设计了一台可以进行测验、记分和教学的装置,向学生提供多重选择题形式的练习材料,并跟踪学生的应答。学生严格按照机器呈现的教材连续向前学习,在机器提供的若干答案中进行选择,只有在选出正确答案后,才被允许进入下一个项目的学习。这种最早的程序教学被称为"辅助直线式程序"教学模式。但受科学条件的限制,加之无合适的理论指导,这台教学机器未能在教学中应用。美国心理学家斯金纳提出直线式程序教学模式,被称为"经典直线式程序"。直线式程序教学设计的主要原则有五。(1)小步子原则。为便于理解,程序教材通常要求一步一步呈现,且每一步之间难度的增加极小。学生在正确完成上一步并得到反馈后,即进入下一步内容。(2)积极反应原则。程序教学要求学生在学习过程中利用程序教材和教学机器,自己进行解题活动,以积极地对每个刺激做出反应,确保真正掌握知识。(3)即时确认原则。每当学生做出一个反应,程序即刻对学生的反应给予强化或否定,使学生确认自己反应的正误。(4)自定步调原则。程序教学以学生为中心,鼓励每个学生以适合自己的速度进行学习,以便学生通过不停的强化稳步前进。(5)错误率原则。程序教材的编写是尽量减少学生出现错误反应的可能性,因此需要不断修订程序教材,以使学生产生的错误减少到最低限度,从而提高学习效率,保

持学生学习的积极性和动机。斯金纳和普莱西的直线式程序教学模式让学生独立学习,能适应个别差异,采用小步子的方法可使复杂课题化难为易。其缺陷在于,仅关注学生学习的结果,无法判断学生理解的程度,无法发挥学生的创造性思维,不适用于技能训练和艺术学科,且师生间、同学间的人际交往缺少。

直线式课程在中国学科课程的组织中占据主要地位,其优点:教学内容直线前进,强调课程知识的逻辑系统,突出教学内容的重要性,能较好地反映学科的逻辑体系;课程内容一般不重复,能避免学科结构的臃肿和不必要的重复;有利于节省教学时间,推进教学进度;不断呈现新知识,有利于激发学生学习的兴趣和积极性。缺陷在于:不能恰当体现学生认知发展的特点;课程内容直线前进,不能使学生由浅入深地加深对学科的理解,教学质量无法保证;课程内容相对固定,不利于将学科发展的前沿成果尽可能早地反映在教学中。

螺旋式课程　指在不同学习阶段重复呈现特定的学科内容,并利用学生日益增长的心理成熟性,使学科内容不断拓展与加深。是编制复杂学科内容的一种方式,学科内容在整个学习过程中循序渐进,学生可以逐步深入地接触学科内容或学习其不同方面。一门学科在一年中的学习内容可分散到几年中学习,旨在使学生的学习逐步深入。

螺旋式课程是对圆周式教材排列的发展。圆周式教材排列亦称"螺旋式课程排列",是教材排列的方式之一,根据学习者的接受能力,按照繁简、深浅、难易程度,使一科教材内容的某些基本概念和原理重复出现,逐步扩展,螺旋上升。夸美纽斯在提出适应自然原则时,即考虑到教学内容可以随儿童身心的发展而逐步扩大和加深,以适应不同年龄阶段儿童的学习,同一个课题的教学可以随学生年龄的增长和理解程度的加深,逐步扩大教材的广度,增加教材的深度。螺旋式课程的倡导者是美国心理学家和教育学家布鲁纳,其思想受 A. N. 怀特海"周期性"或"重复基本理论"的教育观念的影响。在孟祥主编的《教育百科全书》中,螺旋式课程是指以"同心圆"的组织方式安排学校中的教材和教学的方式。主要是一种"心理逻辑"课程组织方式,而非"学科逻辑"课程组织方式。盛行于 20 世纪初。

(1)布鲁纳的螺旋式课程。布鲁纳提出,应使学科结构或学科结构的某一方面适合儿童的能力和智力发展特征。他深入研究儿童智力发展的规律、阶段性及其特征,将智力发展归纳为三个阶段或三个系统:行为表征(the enactive representation),通过操作和行动的信息处理系统,相当于皮亚杰的前运算阶段;图象表征(the iconic representation),通过知觉组织和想象的信息处理系统,相当于皮亚杰的具体运算阶段;符号表征(the symbolic representation),通过符号的信息处理系统,相当于皮亚杰的形式运算阶段。从

横向角度,三种表征平行存在于人的智力发展中;从纵向角度,三种表征在人的智力发展中有所侧重,存在一定的顺序,这种顺序受环境(特别是学校环境)的影响。根据认知发展的特点,人们可以"用智育上是诚实的方式",有效地教给学生任何知识。他同时提出,现代课程应重视学科结构的价值。要尽可能早地将学科结构置于课程的核心地位。唯有重视学科结构的价值,才能适应科技迅猛发展的需要,才能培养智力的卓越性。螺旋式课程是以与儿童的思维方式相符合的形式,尽可能早地将学科的基本结构置于课程的中心地位,随着年级的提升,学科基本结构不断拓广和加深,在课程中呈螺旋式上升特点。布鲁纳认为,学科结构由学科的基本原理及相应的学习与探究的态度组成,故螺旋式课程的内容包括两方面:一是学科的基本原理及概念的螺旋式组织,将学科的基本原理和概念以智育上正确的方式尽可能早地进行教授,并在以后各年级中不断加以拓展;二是学习与探究态度的螺旋式组织。布鲁纳在《教育过程》中指出,在将学科的基本原理进行螺旋式组织的同时,还要对相应的态度进行同样的组织,使儿童以一个科学工作者的态度从事学习与探究。布鲁纳建议不断革新学校中的课程,并成立课程研究机构,聚集各学科的专家、学者、教师和艺术家等,由他们共同参与课程设计,只有这样才能设计出符合需要的基础知识结构。他主张由物理学家训练物理教师,由数学家培训数学教师,学科结构中的知识应由专家设计,尔后才能以简明有效的方式教给发展中的儿童。他还指出,螺旋式课程的有效实施需要教师教学方式的充分配合,教师必须具备专业的知识和能力才能胜任这种教学工作。

(2)C.凯勒的逐步深入课程。20世纪60年代,美国学者C.凯勒修改螺旋式课程,创立"逐步深入课程",即一门学科在十二年学校教育的过程中学习两三遍,学生在每一遍中深入学习课程的不同部分。美国历史课程率先采取这种编排方式,目的是使学生在了解整个美国历史并深入学习某些内容时,能获得历史学家的某些经验。这种课程要求学生参考各种基本文献,形成自己的见解,并将自己的学习与历史学家的研究结果进行比较。

螺旋式课程和逐步深入课程都是为了使学生获得深刻的经验,其基本方法都是运用与学习科目相适应的探究方式,只是螺旋式课程中的螺旋连续性是事先规定要包括以前的学习内容,而逐步深入课程的内容编排不一定具有内在的关联性。

螺旋式课程是一种相对较高级的课程组织形式,在教育过程中具有重要作用。其优点在于:这种"心理的"课程组织方式能较好地结合学科逻辑与学生的心理逻辑,既体现学生的认知发展特点,亦重视学生的心理发展;课程内容螺旋上升,逐渐扩大范围和加深程度,学生对学科的理解较

深入透彻,既有利于学生牢固掌握课程内容,又有利于提高教育质量;教学过程中可以融入相关的学科知识和内容,反映学科发展的前沿成果。其缺陷在于:课程内容重复出现,易造成学科内容的臃肿和不必要的重复;需要大量教学时间组织课程,在一定时间内,教学内容相对较少,教师教学和学生学习的进度都较慢;过多地重复学习同一内容,会使学生感到厌倦和懈怠,挫伤学生学习的兴趣和积极性。

直线式课程与螺旋式课程的关系　直线式课程与螺旋式课程是两种不同的课程组织形式,彼此相对独立,但又有内在联系和互补性,螺旋式课程由直线式课程发展而来。在课程组织过程中,两种方式很难截然分开。直线式课程主要根据学科知识的逻辑体系展开,避免了课程内容不必要的重复;螺旋式课程则不仅反映学科的逻辑体系,而且将学科逻辑与学习者的心理逻辑有机地结合,照顾到学生认知发展的特点,加深学生对学科的理解。直线式课程和螺旋式课程对学生的思维方式也有不同要求,前者要求逻辑思维,注重构成整体的部分和细节,接受确切的和清楚的内容;后者要求直觉思维,要求在理解细节之前先掌握实质,考虑到整个形式,以隐喻方式运演,能作出创造性的跳跃。组织螺旋式课程较组织直线式课程难度大。在中国的课程实践中,直线式课程组织占主导地位。

参考文献

布鲁纳.教育过程[M]//布鲁纳教育论著选.邵瑞珍,译.北京:人民教育出版社,1989.

施良方.课程理论——课程的基础、原理与问题[M].北京:教育科学出版社,1996.

张华.课程与教学论[M].上海:上海教育出版社,2000.

(姜美玲)

职业技术教育(vocational and technical education)　亦称"职业教育"。不同国家、地区和组织对职业技术教育的称谓不一。详"职业教育"。

(石伟平)

职业教育(vocational education)　广义包括普通教育中的职业技术入门教育;准备从事各项职业的职业技术准备教育和职后进一步提高的职业技术继续教育。狭义专指广义中的后两种教育,通常用狭义。一般从教育目的和教育内容两个角度对之进行界定。《中国百科大辞典》将其定义为"传授某种职业或生产劳动所需的知识、技能和职业意识的教育";《教育大辞典》定义为"培养各层次的技术人员、管理人员、技术工人和其他城乡劳动者"的教育。有学者认为可从四个角度对之界定。(1)认识论。将其看作

一种具有特殊知识领域,需要特殊认知与学习方式的教育,即以实践方式获得实践知识及相关理论知识。(2)目的论。将其看作为工作做准备的教育。(3)等级论。将其看作在职业等级、教育程度和认知水平上处于较低等级的教育。(4)实用主义。将其看作以工作所需的实用知识与技能为内容的教育。随着科学与技术、理论与实践的融合,以及技术理论化、智能化水平的提高,等级论受到广泛质疑,人们普遍期望赋予职业教育与学术教育同等地位。不同国家、地区和组织对职业教育的称谓并不一致。联合国教科文组织自20世纪70年代后一直使用"技术与职业教育"(technical and vocational education,简称TVE),国际劳工组织使用"职业教育与培训"(vocational education and training,简称VET),世界银行和亚洲开发银行自20世纪80年代中期始使用"技术和职业教育与培训"(technical and vocational education and training,简称TVET),美国自20世纪末后逐渐倾向于使用"生涯与技术教育"(career and technical education,简称CTE)。中国大多使用"职业技术教育"和"职业教育"。中国台湾地区称"技职教育"。使用名称不同,概念内涵也存在一些差异。较之普通教育,职业教育具有以下特征:(1)定向性。定向于特定的职业或职业群,即使是其中的普通文化教育,也要求体现一定的职业性,如汽车英语、商业英语等。其最终目的不是教育过程本身,而是学生能在今后工作中获得成功。(2)适应性。为适应特定区域、特定职业需要而开发和实施,培养应用型、操作型人才,以适应社会需要,并根据社会变化而调整。(3)昂贵性。购置、维修及更新设备、能源供应等的成本高。(4)实践性。以培养各类应用型、操作型人才为目标,课程强调实践性。(5)社会性。扎根于社会各职业领域,与企业紧密合作。(6)大众性。具有服务于或面向大多数群体的固有特性。

职业教育的功能

作为教育体系的组成部分,职业教育具有教育的一般功能,如文化传递功能、政治功能、经济功能、发展科学技术的功能、培养人才的功能等;作为特定教育类型,还有其特有功能。这些功能互为因果,互相促进。

(1)维持人类社会的生存。① 职业教育是劳动力再生产的必要条件,是人类社会生存与繁衍的必要条件。人类依靠生产知识技术的积累和传递,而不是依靠遗传本能来延续社会的生存和发展。劳动力再生产是社会再生产的必要条件,与生产劳动直接相关的职业教育和训练又是劳动力再生产的重要途径。② 职业教育是保持现代文明的复杂结构以及经济、社会发展的先决条件。复杂的社会分工构成现代人类文明社会的复杂结构,职业成为现代社会组织的基本构架。随着生产力的发展,社会的分工越来越细,越来越复杂,职业也千差万别。职业活动及各行各业间的相互关系与合作形式反映了社会运转的方式。③ 职业教育是解决个人生计的保障。职业是个人谋生的手段,个人通过职业获得生存于社会的各种需求。1999年,联合国教科文组织第二届国际技术与职业教育大会主要工作文件提出,直接为大多数制造业和服务业职工提供所需的知识和技能的是教育体系中的技术与职业教育。

(2)开发人力资源。① 职业教育是人力资本开发的重要途径。人力资本是对人进行投资而形成的资本存量,体现为知识和技能,正是这种知识和技术的进步推动了经济的增长和发展。职业教育是使劳动者成为发达的和专门的劳动力的教育,是人力资本开发的重要途径。② 职业教育是使人力资本开发系统化、规范化的手段。职业教育体系通过层次的划分、专业设置、课程开发,形成合理的人才结构层次和人才培养的科学系统,形成可以通过教育与培训达到的职业资格标准,为人力资源开发提供准绳,为企事业单位提供用人依据,使人力资本开发做到系统化和规范化。③ 职业教育是形成社会合理人才结构的基础。通过调控各级各类职业教育的发展规划和发展规模,使国家研究型、工程型、技术型、技能型人才和高级、中级、初级专业人才保持合理比例,形成一个知识技术结构合理、高效率的智力群体。

(3)发展人的个性。① 职业教育是人的全面发展教育的组成部分。教育是培养人的社会活动,人的发展是教育的永恒主题。在现实条件下,人们是通过全面发展教育,即通过具体的德、智、体、美、劳等方面的教育,达到现实社会所能给予的全面发展。这是各级各类教育的共同任务,在这点上职业教育与其他教育类型的功能是一致的。② 职业教育在人的个性发展上有特殊功能。职业教育是专业的定向教育,不同个性对于不同职业有不同意义。职业教育可通过定向教育与培训开发个人潜能,发展学生的特殊兴趣与才能,促进和发展学生与所选专业(职业)有关的才能,充分发挥人的个性特长,使之顺势成才;职业教育能通过有目的、有计划的系统训练弥补学生某种职业才能的不足,有助于人的多方面发展,实现职业的流动与转换。③ 职业教育对人的生涯发展有促进功能。职业教育特别是职业指导可以促进人们职业生涯的发展。个人通过接受职业教育获得择业的成功和职业上的成就,满足人们实现自己社会价值的需要;人们通过职业选择,发挥特长,发展兴趣,实现理想,满足人们展示个性的需要。

(4)促进物质文明和精神文明。① 职业教育具有直接促进物质文明建设的功能。职业教育为经济建设提供技术人才。任何科学研究成果或工程方案,如果没有技术层面的开发和转化就不可能成为现实生产力,没有一线操作的技术人员和熟练工人也生产不出产品;职业教育是国民经济发展的重要基础。职业教育是提高生产率的有效手段。通过职业教育获得的能力，在生产活动中具有增值效应，教育水平的提高能够提升人们在经济活动中的生产力水平。职业教育是应对知识经济和经济全球化的重要措施。全球经济一体化及信息技术的迅速发展是人类社会进入知识经济时代的两大重要标志。联合国教科文组织第二届国际技术与职业教育大会主要工作文件指出，全球化经济提出的基本挑战是，需要有在迅速变化的环境里调整、适应和竞争的能力，培养一支生产效率高和灵活的劳动力队伍是在21世纪参与竞争的核心要素。职业教育使受教育者能面对技术变革和全球商业融和的挑战，为劳动者提供技能。职业教育是国民经济的支柱产业之一。职业教育的设施、教师的劳动和某些对教学过程或系统起支持作用的相关服务，它们提供的有形和无形的有价服务所构成的教育产品可以进入市场。教育服务包括职业教育与培训，在有些国家已成为国民经济的支柱产业之一。② 职业教育具有促进精神文明建设的作用。在文化的传承与发展方面，职业教育具有选择、整合、传递、积累与保存文化的功能，以及吸收、融合、传播本国和世界先进文化的功能。职业技术院校的科研成果、教育实践具有创新文化的功能。在促进社会文明方面，职业教育可对学生进行政治思想教育、公民道德和职业道德教育、心理素质和心理健康教育、环境和生态教育等，是社会精神文明建设的有机组成部分。联合国教科文组织在《技术与职业教育和培训：21 世纪的展望》中认为，职业教育是实现和平文化、有益于环境的可持续发展、实现社会和谐和国际公民意识的有效手段。

（5）调节劳动力市场。① 调节供求关系。职业教育的生命力在于主动适应劳动力市场的需求，其从学校布局、发展速度、专业设置、招生规模等方面对劳动力市场起到平衡供需的调节作用。职业教育也是社会劳动力的"蓄水池"：劳动力总体上供大于求时，职业技术学校可通过扩大招生、提高层次等方式推迟新增劳动力和求职者的就业时间，减轻就业压力，蓄积人才；当某方面人才缺乏时，职业技术学校能开设短线专业，提供急需培训，迅速补充所需人才。② 提高就业能力，减少失业率。职业教育不仅使受教育者获得从事某种职业的能力和资格，还通过"核心能力"（关键能力）的培养，获得开发寻求就业、保持就业和变更就业的能力；通过对失业人员的转业、转岗培训，帮助其重新就业；通过专业设置与各种培训，调节与解决社会结构性失业问题。③ 培养自营职业（创业）能力。自营职业、自主经营，不仅是社会就业的主要形式，而且在调节社会劳动力的供求关系、缓解失业方面有重要作用。获得自营职业的能力是人们一种较为可靠的就业保障。

（6）完善教育结构。① 可以改变精英式教育，使教育向大众化转化。随着社会与经济的发展，职业教育在教育体系中的地位不断提高。从注重狭窄的职业技能训练转向宽基础的、使学生具有继续学习和发展能力的教育；从早期终结型教育发展为就业与升学并重的教育；从中低层次教育向形成高、中、低完整的教育系统发展；从与普通教育隔绝，发展到与普通教育相沟通、相渗透。职业教育与普通教育均衡发展改变了选拔式教育结构，实现教育大众化，为提高全民素质服务。② 有助于完善教育体系，构建开放、灵活的教育体制。职业教育具有两种主要形式，即学校式、学历式的职业教育和非学校式、非学历式的职业教育与培训；具有两种证书，即学历证书和职业资格证书。职业教育是一种灵活、开放的教育类型，可使任何人在任何地点、任何时候，通过不同方式学习所需要的内容。普通教育与职业教育共同发展，会使受教育者有多种选择。③ 有利于实现终身教育，构建学习型社会。职业教育本质上是一种终身性教育，个体一生要接受多次职业培训和再培训。知识经济时代，人们需要掌握多种不同层次的职业能力，为提高就业能力而终身学习，职业教育是构建学习型社会不可或缺的推动力。

外国职业教育模式

学徒制 工业革命前职业教育的主要形式。在西方源于古希腊。学徒制由行会和其他合作团体共同管理，学徒培训遵守相关行会条例，进入行会名册是个人接受学徒培训并获得相应职业的先决条件。13 世纪后，欧洲学徒制随行会和类似组织以及城市的发展而发展，但规模有限。至16 世纪，在半封建的农业社会，工匠数仅占欧洲总人口的一小部分。19 世纪国家教育体系建立之前，欧洲的学徒制更多的是对青年的社会控制，而非出于经济发展的考虑。随着工业革命的发展，传统学徒制式微。为了培训合格劳动力，许多国家设立专门实施职业技术教育的实体，以取代传统的学徒制，开始了职业技术教育的实体化阶段。1795 年，综合理工学校在巴黎建立，标志着自然科学和数学在更广范围内被用于技术创新和商业革命，它促进了学徒制"模仿学习"的崩溃。实体化的职业教育不久后成为标准和模式，为欧洲其他国家仿效，并形成不同实体，如职业学校、讲习所等。这些实体分化和发展，形成不同的职业技术教育模式。

双元制 以德国和瑞士为代表。青少年既在企业接受职业技能和相应知识的培训，又在职业学校接受专业理论和普通文化知识教育，以培养专业技术人员为目标的职业技术教育培训制度。19 世纪，德国的工业化发展迅速。工厂超越行会的权限得以建立，可雇佣未在行会登记的人员，这对行会的核心角色提出挑战。个体只要通过私人协议就可成为学徒，教学人员无须正式资格，这导致学徒制瓦解。

同时,国家未给工人提供独立培训,企业所需熟练工人要从工匠中或国外招聘。随着工业化的发展,这一矛盾日益突出。普通主义的教育理想和以实践为目的的训练格格不入,造成普通学校教育与职业教育之间的割裂。1870—1920年,双元制在德国逐步形成,并于 20 世纪 60 年代趋于成熟。这种模式的基本特征是普通教育与职业教育之间严格分离。全日制职业学校教育扮演相对次要的角色,学生一边在企业当学徒,一边到职业学校接受部分时间制的教育,双元制是他们进入中等或低级技能职业领域的常规路径。大学则专门为进入更高级的专业领域做准备。在这种教育体系中,学术教育与非学术教育间流动的空间很小,职业教育也要为已完成职业训练并获得一些工作经验者提供继续学习的机会。

高中阶段全日制学校职业教育模式　以西欧国家和1918 年前作为奥匈帝国一部分的一些东欧国家为代表。教育内容包括与职业任务相关的理论知识和实践知识,以及一些普通教育。接受这种教育后,学生可获得继续教育的机会。在法国,多科技术学校为欧洲多科技术教育机构的发展以及第三级职业教育的发展提供了模式,但低水平的职业教育一直没有统一的制度。1792 年,法国职业协会立法规定,企业有不受约束的自由,从而废除了所有非国家层面的合作团体,包括职业协会,这意味着工艺行业自治地位的丧失。于是许多工人在未接受任何培训的情况下开始其工作生涯。企业内培训完全是雇主与雇员之间的私人协定,并不是在国家或专业团体决定的方针下进行。1851 年,通过采用学徒合同的方式,这种职业教育有了一些最低保证,但仍无法控制教材或保证培训质量,也没有任何关于培训师资格的规定。除少量大企业外,多数企业对职业教育缺乏兴趣。由于缺少民间组织和专业团体,由政府签署的职业学校教育提供了与当时的政治、经济状况最为契合的职业教育,一种以法国为代表的学校职业教育模式最终于1880 年建立。

社区学院模式　以美国为代表。美国综合高中主要提供普通教育,也有一些提供为学生未来职业生活作准备的职业教育,但无相应的资格证书。提供职业教育的主要机构是社区学院。美国大学建于 17 世纪至 18 世纪初,继承了欧洲大学的古典思想,重视人文科学,即使是一些以职业为目标的专业,如医学、法学和神学,进入这些专业前也要求先学习人文学科。美国独立战争时期,清教徒组织成为重要的民间机构,保障私人活动不受政府干涉。1816 年,达特茅斯学院案进一步巩固了这一状况,它阻止联邦政府接管私立学院,使美国大学出现多样化局面。19 世纪后半叶,美国经济与社会的迅速发展对大学教育提出新的要求,要求大学提供与职业相关的教育。1862 年,《莫里尔法》为这类教育的发展铺平道路。社区学院成为美国实施职业教育的

主要机构。

中学后培训模式　以英国为代表。主要为义务教育后离校的学生提供在岗培训,同时也可能伴随一些由学院提供的教育。主要针对失业青年,其目标不是使学生取得多种资格证书,而是帮助学生由学校顺利过渡到工作岗位,实现就业。中学后培训在许多国家得到发展,如比利时、法国、爱尔兰、意大利和新西兰,但只在英国获得核心地位。1983 年,"青少年培训计划"实施,其任务是为 16 岁学生提供两年培训,目标:训练以获得职业资格证书为目标的技能;提高继续学习的能力;提高就业能力。中学后培训模式的特点是管理机构复杂,其主管部门或是私人企业、非营利机构,或是地方政府等。它是一个学徒计划,而非政府管理的教育。

企业内培训模式　以日本为代表。日本职业培训的特征是,企业对员工进行全程培训,同时员工以自学方式进行大量培训,培训与企业化交织在一起。学校职业教育的规模较小,且职业学校开设的课程大多是普通课程,职业的针对性不强。专门化的熟练技能培训主要由企业承担。日本企业内熟练工的培训在第二次世界大战前已积累了一定经验。作为劳动行政内容之一的技能者培训,基于战时的《工厂企业的技能者培训令》建立制度,战后又根据《劳动准则法》制定《技能者培训规程》,使之粗具雏形。第二次世界大战后日本经济高速发展,大量新技术引进,为了更好地操作不断改进的机械和装置,劳动者必须具备更扎实的基础知识和灵活的适应能力。为此日本政府于 1958 年颁布《职业训练法》,旨在培训迫切需要的劳动者,提高其技能水平。按照该法令,企业内训练机构主要有两种:一是独立设置的机构,主要属于大型企业;二是几个企业联合设立的机构,主要属于中小企业。日本企业内培训制度的形成有多方面原因。一是从管理的角度,支持日本企业内培训的管理制度主要有年功序列制和终身雇佣制。这两个制度促使员工终身忠诚于某一企业,使企业愿意为员工提供终身发展规划和企业内培训。二是日本以大型企业居多,保证了实施企业内培训所需的人力和财力。三是与企业主的技能训练观有关,许多企业主认为,工作技能只有在工作中才能得到训练,学校无法承担这一任务。

现代学徒制　从 20 世纪 80 年代末开始,各国纷纷开始研究和效仿德国的双元制,开展新的学徒制改革,希望在本国也能改造或者创生出类似的学徒制,以适应现代经济与社会发展的需要。其中最有影响力的是英国 1993 年开始推行的现代学徒制(modern apprenticeship)与澳大利亚 1996 年推行的新学徒制(new apprenticeship)。美国及加拿大从90 年代开始也一直进行学徒制改革。现代社会重新掀起新一轮学徒制研究与实践的高潮。第二次世界大战后出现的这种适应经济与社会的现代性要求、以校企合作为基础的、

以德国双元制为典型的、纳入国家人力资源开发战略的学徒制形态,被统称为"现代学徒制"。

中国职业教育

中国职业教育伴随近代工业和资本主义生产方式而产生。福建船政局附设的船政学堂、江南机器局附设的机器学堂等是中国早期的一批职业技术学校。近代职业教育体系初步确立于 1902 年颁布的《钦定学堂章程》。两年后的《奏定学堂章程》首次将实业学堂列入学制,在学校系统中单成体系。嗣后颁布的《奏定实业学堂通则》规定,实业学堂的种类为实业教员讲习所、农业学堂、工业学堂、商业学堂、商船学堂等,各项实业学堂均分初等、中等、高等三级,并对各级各类实业学堂的入学条件、培养目标、修业年限等做了明文规定。1913 年,《实业学校令》公布,改实业学堂为实业学校,规定实业学校以教授农、工、商必需之知识技能为目的。民族工商业也得到发展,迫切需要各类技术人才,从而刺激了中国职业教育体系的发展。黄炎培 1917 年联合教育界、实业界著名人士蔡元培、宋汉章等 48 人,在上海创建中华职业教育社,宣传、实验与推广职业教育。到 1946 年,全国有职业学校 724 所,在校学生 13.7 万余人。

中华人民共和国成立后,1951 年,中央人民政府政务院颁布《关于改革学制的决定》,明确规定各级各类职业学校在学制中的地位。1953 年后建立了一批中等专业学校和技工学校,成为实施职业教育的主要学校类型。1954 年,政务院发布《关于改进中等专业教育的决定》,同年批准《中等专业学校章程》,改革、完善与发展中等专业教育,并建立技工教育制度。这一时期中国职业教育体系得到健康发展。"文革"期间,职业教育体系遭到破坏。改革开放后,职业教育体系开始恢复与发展。1985 年,《中共中央关于教育体制改革的决定》明确指出,中国要逐步建立从初级到高级、行业配套、结构合理,并与普通教育相互沟通的职业教育体系。1991 年,《国务院关于大力发展职业技术教育的决定》颁布,确立了职业教育在中国社会主义现代化建设中的战略地位和作用,提出了 90 年代职业教育的主要任务。中国职业教育体系主要是学校模式,包括职业教育和技术教育两大类型,职业入门教育、职业准备教育、职业继续教育三个阶段,初级、中级、高级三个层次,形成了包括初级职业学校、中等专业学校、技工学校、职业中学、农业中学、专科学校、职业技术学院在内的职业学校系统和职业技术培训中心等职业培训系统。20 世纪 80 年代中期后曾学习和推行德国的双元制,但实际效果有限。1999—2001 年,中国中等职业学校数和在校生数曾出现滑坡,原因有外界因素,如高校扩招带来的"高中热",产业结构调整导致的劳动力就业困难等。也有内部因素,如职业教育体系本身未能适应中国经济市场化的要求;职业教育体系形式过于单一,片面重视学历教育,忽视培训体系的发展;一些职业学校教育质量不高,专业设置不符合企业要求;职业学校过于关注内部办学过程,忽视与企业的合作等。与此同时,高等职业教育则获得较大发展,并成为职业教育体系的重要组成部分(参见"高等职业教育")。中等职业学校规模的滑坡促使政府对职业技术教育体系进行改革:强调职业学校的市场化运作,大力加强职业技术培训体系的发展,努力提高职业教育自身的质量,努力开展校企合作等(参见"中等职业教育")。在世纪之交,中国职业教育经历了一段调整后进入新的发展阶段。2002 年、2004 年、2005 年,由国务院或经国务院批准连续召开三次全国职业教育工作会议,出台两个职业教育专门决定。中央重申大力发展职业教育的方针,加大经费投入,出台政策扶持,职业教育形成又一个发展高峰。主要体现在三个方面:一是党和政府空前重视职业教育,把职业教育发展作为经济社会发展的重要基础,同时也作为教育工作的战略重点。2005 年后,国家采取了两项重要举措:加强职业教育的基础能力建设,在"十一五"期间拿出 100 亿元用于实施职业教育实训基地建设计划、县级职教中心建设计划、示范性职业院校建设计划和职业院校教师素质提高计划;建立、完善中等职业学校学生资助政策体系,使所有来自农村的职业学校的学生和城市家庭经济困难的学生都能够在一年级、二年级享受到基本生活补贴。二是职业教育规模达到历史新高。2007 年,中等职业学校有 14 832 所,年招生突破 800 万人,在校生接近 2 000 万人。高等职业学校和高级专科学校有 1 168 所,年招生近 300 万,在校生 860 多万。中等职业教育和高等职业教育的学生规模已分别占高中阶段教育和普通本专科高等教育总规模的近一半。三是职业教育的改革发展思路更加清晰,在发展方向上明确了坚持走中国特色职业教育发展之路,在办学方针上明确了以服务为宗旨、以就业为导向,在人才培养模式上明确了工学结合、校企合作,在教学方面明确了加强学生的职业道德教育、加强实践操作能力的培养和训练。2010 年颁布的《国家中长期教育改革和发展规划纲要(2010—2020 年)》指出,发展职业教育是推动经济发展、促进就业、改善民生、解决"三农"问题的重要途径,是缓解劳动力供求结构矛盾的关键环节,必须摆在更加突出的位置。

参考文献

顾明远.教育大辞典[M].上海:上海教育出版社,1990—1992.

教育部职业教育中心研究所.职业技术教育原理[M].北京:经济科学出版社,1998.

刘来泉.世界技术与职业教育纵览[M].北京:高等教育出版社,2002.

日本世界教育史研究会.六国技术教育史[M].李永连,等,译.北京:教育科学出版社,1984.

王继平. 30年中国职业教育的回顾、思考和展望[J]. 职业技术教育, 2008(30).

（石伟平　高奇）

职业教育发展机制（mechanism of vocational education development）　使职业教育系统的各个构成要素相互作用、相互制约，推动整个系统不断发展的内在条件和组织系统。存在于培养职业技术人才的全过程，在职业教育活动中发挥优化资源配置和完善运行体制的调节作用。其基础是各构成要素之间的联系方式。在职业教育系统开放的状态下，供求、信息、培养、评价和调节等要素之间相互影响和作用。

职业教育发展机制主要具有三个特征：一是联系性。各要素之间相互联系，其中一个要素变化会引起其他要素的相应变化。二是动态性。各构成要素自身不断变化，因其之间的相互制约、相互作用关系，职业教育发展机制也处于经常变化的状态中。三是客观性。职业教育发展机制只能在某种特定的环境下发挥作用，缺少某种条件，其作用就不能发挥；反之，只要具备特定条件，职业教育发展机制就必定会发挥其应有的作用。职业教育发展机制主要包括五个方面。

供需机制　反映社会经济发展与职业教育之间的相互联系和制约作用。在市场经济体制下，就业对职业教育的导向作用通过供需机制表现出来，这是影响职业教育发展的最基本的机制，具有决定性作用。职业教育的需求主体多元化，其需求关系比基础教育更复杂：企业对职业技术人才的能力与数量要求决定了职业教育的培养规格和发展规模；个人（主要是学生和劳动者）也是职业教育的需求主体，企业对职业教育的需求要通过个人接受职业教育来满足，个人需求对职业教育发展也具有决定性作用。只有个人需求与社会、经济发展的需求相适应，才能成为职业教育的有效需求，从而决定职业教育发展的数量规模、层次结构。正确发挥供需机制的调节作用，必须建立完善的劳动力市场。

信息传递机制　为社会大众、职业教育机构与经济界及时提供准确信息。职业教育的决策、培养、评价与调控等要素都离不开信息传递。在经济活动中，如果个人对经济界的劳动力需求信息存在盲区，或经济界不能准确、及时地将劳动力需求信息传递给社会大众，个人对职业教育的需求就会出现盲目性，从而影响职业教育的发展。而当职业教育机构的供给信息不能及时、准确地反映到经济界时，企业对职业教育的需求也会出现盲目性。这样既增加了企业的人力资源开发成本，又使职业学校的毕业生就业困难，影响社会大众对职业学校教育的需求。在计划体制下，政府部门拥有权威信息，对相对稳定的职业需求和培养供给具有很大的调控权力，教育行政部门通过计划指标来平衡企业、个人与职业教育机构的行为。在市场体制下，职业教育活动的各方参与者要依靠完善的信息传递机制来了解供需信息，社会大众不仅要了解劳动力市场的信息，也要掌握职业学校毕业生的就业信息；职业学校也必须掌握社会职业需求与个人选择信息。当信息传递机制不健全时，企业需求信息不能及时反映到市场，就会出现市场调节失灵。在这种情况下，政府部门就必须对职业教育发展加以调控。

培养机制　职业教育机构与政府、企业、学生等参与者之间的相互制约和有机联系，直接影响职业教育的培养过程。不同职业教育体系下的不同政策导向形成的培养机制各具特点。在日本以市场调节为导向的职业教育体系中，企业是职业培训的主要承担者，在培训市场上起导向性作用，供需关系由市场直接决定，培养方式完全根据企业中可能需要的具体工作来确定，培养费用主要由用人单位承担。在法国以行政管理为特征的职业教育体系中，职业教育供需关系由教育行政机构来平衡，培养方式较多地考虑个人和社会的需求，职业教育的计划、组织和控制很大程度上以行政命令的方式来实施，经费开支主要依靠财政拨款。中国在完善社会主义市场经济体制的过程中，明确提出坚持以政府举办职业教育为主，充分调动行业、企业及社会各方面举办职业教育的积极性，形成全社会兴办职业教育的局面；推进职业教育办学模式和教育教学改革，实行更加开放、灵活、多样的办学模式，规范职业教育发展，增强职业教育的灵活性。发挥职业教育培养机制的作用须坚持以人为本，培养学生的综合能力和发展能力，在专业建设、课程设置、教学过程以及学校管理等各个环节强化就业导向，使其渗透到职业教育的培养过程。

评价机制　对职业教育各要素间的联系、系统的正常运行具有监控与调节作用。职业教育系统呈开放状态时，政府、企业以及家长、学生等都会对职业教育的质量与水平进行价值评价，职业教育机构亦对企业需求与学生的素质水平进行评价。现代职业教育与培训的质量监控与评价对象已从投入转向产出，职业教育评价不再局限于教育系统内部，还包括职业学校毕业生的就业出路以及经济界与社会的评价反馈，注重推进社会各要素的参与。

调节机制　反映政府、市场和职业教育机构之间的内在联系，对实现资源的优化配置具有重要作用。一般可分为行政调控与市场调节。行政调控可依据政府对信息资源的集中度进行，职业教育的发展主要由行政机关负责；只有在健全的信息环境中，在企业与个人的职业教育需求的理性化程度较高的条件下，才可能完全依靠市场调节。由于职业教育活动参与者的多元性，每个参与者都有权对自己的选择进行调节，对信息的要求也因此大大提高。国际劳工组织就业与培训部曾把政府和私有部门在职业教育和培训中的作用变化分为三个阶段：不成体系、不规范化阶段，政府并非主要角色;供给驱动阶段,国家处于主导地位;市场驱动阶段。在全球化和技术革新的挑战下,多数国家的职业教育和培训的发展不同程度地处于供给驱动阶段与市场驱动阶段之间。在不同的国家,由于其政治制度、经济水平、教育普及程度和文化历史背景等具体条件的差异,形成了各具特色的职业教育体系。因此需要不同的调控机制与调节手段,以保证其职业教育系统的有效发展。中国的职业教育发展机制还不够完善,表现为劳动力市场还不健全,信息传递机制还不成熟,企业与个人对职业教育的需求尚缺乏理性,监督与评价机制也亟待完善。在职业教育发展规模与培养规格上,仍然需要适度强化行政部门的宏观调控。

(马树超)

职业教育课程(vocational education curriculum)为适应特定职业的需要而开发的指向学生职业能力发展的学科课程。学校课程体系的组成部分。

职业教育课程的历史沿革 职业教育课程的最初形式存在于学徒制。有组织的学徒培训可追溯到公元前 2000 年。在欧洲,学徒制起源于古希腊,后为其他国家所仿效,持续至 19 世纪。学徒制中的职业教育课程有如下特点:教育内容主要是技能、经验、默会知识等实践知识;所学与所用紧密结合,学习内容完全由师傅控制,学徒学习与日后工作紧密相关的知识和技能;教学方式主要是模仿和实践,学徒通过对师傅的模仿和自己的实践过程来获得经验技术;训练过程与工作过程同一,学习即工作,工作即学习;对技艺水平的评价采取工作现场的评价方式;师傅同时也是工匠,学徒同时也是雇员;缺乏明确、细致的课程计划,师傅传授学徒知识具有较大的随意性,且不同师傅之间差别较大。

18 世纪工业革命兴起,传统的学徒制不能适应工业发展对大量廉价、非熟练劳动力的需求,许多新开办的工厂不需要旧学徒制训练出来的熟练工人,学徒制在许多行业迅速衰落。科技的发展及其在工农业中的应用,导致对熟练劳动力的需求迅速扩大,要求建立有别于学徒训练的职业教育课程。系统的职业教育课程体系最早由莫斯科帝国技术学校创立。在 1876 年费城国际博览会上,该校校长介绍了传授机械技术的"俄国方式",这种方式不是通过精确的模仿,而是指导学生通过工厂实习掌握新技术。它首先通过分析生产技术,把生产过程分解为若干要素,再据此制订课程计划,按照逻辑顺序和技术难度授课,并指导学生通过工厂实习掌握技术。美国的 C. 伍德沃德仿照这一方式,在圣·路易斯华盛顿大学创办一所手工学校,马萨诸塞州技术学校校长朗克利亦推崇俄罗斯建立实习工场培养学生的方法,在校中建立机械技术中等学校。这加速了美国职业教育的发展。

20 世纪 90 年代后国际职业教育课程发展具有以下特点。(1)以职业能力为导向。传统职业教育课程注重学科完整性,课程内容与产业界对劳动力职业能力要求之间的相关性不高。学生在校成绩与其日后的工作成就之间的相关性不高,20 世纪 80 年代后,能力本位教育在美国、加拿大、澳大利亚、英国和中国等国家得到推广应用。(2)着眼于个体职业生涯发展。随着技术更新速度加快,职业变更成为当代就业的重要特点,终身职业教育理念迅速为世界各国所接受,从而要求从个体职业生涯发展的角度来开发职业教育课程。(3)突出工作本位学习。职业教育课程模式由以学校本位学习为重心,转向以工作本位学习为重心,旨在加强职业能力训练。(4)课程范围广域化。技术更新加快,就业流动率提高,劳动力市场变幻莫测,要求职业教育尽可能拓展课程内容范围,以提高劳动者的就业适应能力,降低失业风险。课程范围广域化还体现为日益重视培养受教育者的数字、交流、问题解决、实践等技能和计算机与信息技术等非技术能力,亦即关键能力。(5)课程内容智能化。现代技术以科学理论为基础,掌握现代技术不能完全凭借经验,还必须获得对技术的理解,要求学习相关的技术原理。(6)内容组织模块化。(7)课程管理弹性化。为适应变幻莫测的劳动力市场,实施终身教育理念,推行个别化教学,职业教育课程管理必须由刚性走向弹性,如用学分制替代学年制,如英国和澳大利亚普遍应用的 APL(对先前学习的认可)等。APL 旨在通过建立一个系统、有效的评价过程,正式认可个体已具有的技能和知识,而不考虑他们获得这些知识和技能的过程。(8)整合职业课程与普通课程,使二者相互促进、相互补充。(9)整合学校本位课程与工作本位课程。(10)谋求职业教育课程与普通教育课程的等值,改变职业教育地位低于其他类型教育的状况,增强人们接受职业教育的积极性。

职业教育课程的特点与模式 职业教育课程具有不同于普通教育课程的特性。一是定向性,职业教育课程定位于特定的职业或职业群,即使是职业教育中的普通文化课程,也体现一定的职业性。二是适应性,职业教育课程是为适应特定区域、特定职业的需要开发和实施的。三是实践性,课程内容以实践知识为主,并要求把工作实践过程设计成学习过程。四是双重性,即职业教育课程评价标准包括校内成功标准和校外成功标准,前者指根据实际操作能力评判学生,后者指要求学生在劳动世界中证明自己的成功。五是昂贵性,指较之普通教育课程,实施职业教育课程需要较大的投入。

职业教育课程主要有七种模式。(1)三段式课程模式。它通常把职业教育课程划分为三类。一种观点主张分为文化基础课、专业基础课和专业课。文化基础课指语文、数学、外语等通用课程;专业基础课主要是由抽象程度较高的原理性知识构成的课程;专业课是由较具体的单项技术的理论知识构成的课程。另一种观点是把专业基础课和专业课统称为专业理论课,再加上实践课,分为文化基础课、专业理论课和实践课。三段式课程模式的学问化倾向较明显,课程内容与职业能力要求相脱节。它在中国职业教育课程模式中占主导地位。(2)能力本位教育课程模式。为克服三段式职业教育课程模式的弊端而产生,体现能力本位教育的基本思想。主要有四个特点:一是突破学科课程框架,以产业界对职业能力的需要为课程开发的出发点,注重培养企业所需的实际操作能力,主张由产业界而不是学者来决定课程内容。二是能力本位教育中的"能力"指工作胜任力,具体指成功生活或谋生所必需的工作能力、专业技能、劳动态度、价值观与鉴赏力,而非传统能力观所指的对知识的掌握。三是在评估学生能力时,主要看学生的应用能力,且要求不仅依据一个总成绩,还必须以具体的标准来区分每一种能力。四是强调采用个别化教学方式,将学生所表现的工作胜任力作为完成教学计划的决定因素。能力本位教育于 20 世纪 80 年代末引入中国,90 年代逐步推广。(3)行动导向课程模式。针对传统职业教育课程的学问化问题提出。1999 年德国各州文化教育部长联席会议制订《框架教学计划》,决定摒弃传统学科课程,采用一种新型学校课程模式,向行为活动领域导向的学习领域课程模式转换。主张在知识组织中彻底打破学科界限,实行"学习领域"。学习领域是经过系统化准备的行为活动领域,来源于对行为活动领域的系统分析,是一个跨学科的课程计划,要求教学不再按照学科逻辑结构而是按照活动过程进行,旨在促进行为活动能力的发展。(4)模块式职业技能培训模式。20 世纪 70 年代初,国际劳工组织根据大多数成员国的建议,先后召开两次国际会议,研究世界职业技术教育同经济发展对人力资源需求之间不相适应的问题与对策,决定开发一种既能适应经济发展需求,又能适用于不同经济环境的职业技能培训课程模式。该模式于 1983 年开始逐步推广。其特点:以职业分析为基础开发课程,使课程内容与职业技能要求密切匹配;课程模块化,使所开发的课程能应用于不同国家。(5)核心阶梯课程模式。德国双元制中采用的课程模式,其基本特征是课程围绕某一核心,从初级到高级逐级展开。双元制的理论课程包括普通课程和专业课程两类。专业课程由专业理论、专业计算和专业制图三门课程组成。在横向上,三门课程内容紧紧围绕技术工人的专业实践活动,按工作逻辑展开,力求覆盖面广而不求深;在纵向上,课程按照培训条例要求,分为基础培训、专业培训和专长培训三个层次,并按阶梯式逐级上升的顺序展开。(6)群集课程模式。为适应现代工作变更频率加快的趋势而产生,其目标是培养多技能、复合型的劳动力。以一组职业构成的职业群来确定职业教育课程内容。首先将工作性

质相近的若干职业集合为一个职业群,分析这些职业所需的共同能力,再确定形成这些能力所需要的知识与技能,以此构成群集课程内容。(7)工作本位学习课程模式。其内涵包括以下几方面。一是工作本位学习是一项合作教育计划。合作的观念及合作伙伴关系是工作本位学习的核心,工作本位学习是学校与工作部门联合开发的一种学习方式,学校的参与不仅使学习结果得到正规教育体系的认可,而且促进工作本位学习的结构化,提高了学习效率。二是工作本位学习在工作现场进行。工作现场被设计成学习情境,工作与学习同一,学习任务受工作性质的影响,工作亦受学习性质的影响,两者相互补充。学习者同时是工作者,工作者同时是学习者。学校与工作现场同时运作,以确保未传递相互矛盾的信息。三是工作本位学习的重点在"学",而非"教"。工作现场所开发的知识主要是实践的、特定情境的知识,这些知识常常是私有的,而非公共的,只能通过经验被建构。经验与反思是工作本位学习的核心要素。工作本位学习要求给学生尽量多的时间去经验和反思。四是工作本位学习强调个体参与实践过程。学生完全参与到工作实践中,在工作中承担特定角色,而不能是实践的旁观者。五是工作本位学习是一种有指导的学习活动。既需要学生的首创精神和富有责任感的独立活动,也需要有经验的工作者的支持性指导、建议和演示,学生要与不同经验和技能水平的工作者不断地相互作用。

参考文献

黄克孝.职业和技术教育课程概论[M].上海:华东师范大学出版社,2001.

石伟平.比较职业技术教育[M].上海:华东师范大学出版社,2001.

Finch, C. R. & Crunkilton, J. R. Curriculum Development in Vocational and Technical Education [M]. Boston: Allyn and Bacon,1993.

(徐国庆)

职业教育立法(vocational education legislation)针对职业教育领域的特定问题进行立法的一系列活动。职业教育规范、持续发展的重要保证,是职业教育发展到一定历史阶段的产物。职业教育立法是职业教育管理的根本措施。其目的在于调整职业教育活动中的各种社会关系,明确各参与职业教育单位的责任和义务,保障和促进职业教育的健康发展,使之更好地为社会发展服务。

外国职业教育立法

外国职业教育立法从萌芽到相对成熟,经历了以下几个阶段。

第一阶段(11世纪末至19世纪中叶)。19世纪中叶以前,职业教育基本上只是私人的事情,政府很少参与,因而还没有现代意义上的职业教育立法,但中世纪的行会组织对学徒制的规定和19世纪欧洲的工厂法有关教育的条款对后来职业教育立法有着重要影响。

11世纪末,欧洲的手工业行会形成组织,并开始采用制度化的管理模式来管理行会事务。其中学徒制是行会内部最主要的职业训练模式。各行会都有自己的法规,以维护同业人员的集体利益。就隶属于行会组织的学徒制而言,这些法规涉及师徒的权利、义务、学习期限、学习期间的待遇等方面的内容。这些内容构成师徒间的契约合同,对师徒双方同时具有一定的法律约束作用。1567年,英国颁布《工匠、徒弟法》,对学徒制度进行统一规定,国家的介入使传统的行会监督作用逐渐丧失,代之以国家的监督。

工厂法是现代工厂制度的产物。工厂制度的实施,使诸如童工的受教育问题等原来潜在的一些社会问题日益凸显。从19世纪上半叶起,英、法、瑞士等国先后制定了一系列工厂法规。这些法规把童工教育视为工厂主的一种义务,并明确了童工受教育的时间及工厂主违反规定的罚则等内容。后来的许多职业教育法留有早期法规的痕迹。

第二阶段(19世纪末至20世纪初)。19世纪中叶以后,随着各国工业革命的普遍展开和完成,公共教育(主要是初等教育)逐渐普及,职业教育也随之蓬勃发展,制度化成为职业教育发展不可忽视的调控手段。在这个时期,大量职业教育法规相继产生。

1862年,美国国会通过了第一个职业教育法案《莫里尔法》。法案经林肯总统签字生效,通过拨地资助办学。英国议会于1902年颁布《巴尔福教育法》,授予地方教育当局兴办和资助中等学校、中等专科技术学校的权力。1919年,法国颁布确立其职业教育制度基础的法案《阿斯蒂埃法案》,规定由国家代替个人承担对工人子弟进行职业教育的任务,职业教育与普通教育居于同等地位。1919年,德国的《魏玛宪法》明确规定,青少年接受八年义务教育之后,必须进职业补习学校学习至18岁。日本也通过了一系列法令,促进职业教育的发展,如《实业学校令》、《徒弟学校规程》、《农业学校令》等。

第三阶段(第二次世界大战后至今)。第二次世界大战后,职业教育在数量上有了突破,在规格、层次、种类上也打破了单一局面,走向多元化,并与终身教育相融合,成为普通教育和继续教育共同关注的教育类型,各国职业教育立法也体现了上述思想。

职业教育的复杂化客观上要求其法规的完备和成熟,世界各国尤其是西方发达国家普遍加强职业教育的立法力度,设立职业教育的专门负责机构,相继出台职业教育法。

德国1969年颁布第一部全国统一的职业教育法令《职业教育法》,从总体上对初级职业培训、职业进修和改行培训的组织和实施作出法律规定,为以企业为核心的职业培训奠定了统一的法律基础。1976年修订了1960年通过的《青年劳动保护法》,规定雇主有义务给青年人必需的时间来履行法律规定的职业训练。德国还颁布了诸如《联邦共和国各州统一教育制度的修订协定》(即《汉堡协定》,1964)、《劳动促进法》(1970)、《职业教育促进法》(1981)、《回归教育法》(1987)等多项法案。

法国1963年制定《职业训练法》,后于1966年、1969年两次进行修订,对职业指导、政府补助职业教育费、企业与政府更好地搞好职业训练等实际职业教育中所需的内容进行补充。

美国非常重视职业教育的发展,多次立法规范职业教育,如《退伍军人就业法》(1945)、《乔治—巴登法》(1946)、《国防教育法》(1958)、《职业教育法》(1963)、《教育职业发展法》(1967)、《职业训练合作法》(1982)、《珀金斯职业教育法》(1990)等。其中以1963年的《职业教育法》影响最大,该法规定:把10%的职业教育经费用于研究工作;建立地区职业学校;向经济困难的学生提供边工作边学习的条件;提供接受职业教育的条件等。该法案还扩大了职业教育范围(中学水平以上)和课程(包括所有职业课程)。这些法案的实施为美国职业教育的发展提供了有力的保障。

苏联一贯倡导教育与生产劳动相结合,关注发展职业教育。1970年后颁布的关于职业技术教育的法规、条例有《关于进一步改进职业技术教育系统的决议》(1972)、《关于扩大农村中等职业技术学校网和改进这些学校工作的决议》(1975)、《关于进一步改进职业技术教育系统学生的教学和教育过程的决议》(1977)、《职业技术学校条例》(1980)、《职业技术学校学生毕业生分配条例》(1983)、《普通学校和职业技术学校改革的基本方针》(1984)、《关于进一步发展职业技术教育和提高其在培养熟练工人中的作用的决议》(1984)、《中等职业技术学校条例》(1985)、《关于中等职业基地企业条例》(1985)等,使职业技术教育的实施和发展有章可循。职业教育曾给苏联的辉煌作出过巨大的历史贡献,苏联解体后,俄罗斯经历了从经济的"休克疗法"和政治的"全盘西化"带来的危机,转而走向实用主义的所谓"第三条道路"。在这一剧烈的变革之中,俄罗斯职业教育一直在苦苦寻求自身的发展之路。1992年颁布并于1996年修订的《俄罗斯联邦教育法》规范了学校职业教育体系的基本框架,并否定了1994年《关于教育领域非国有化、非垄断化法(草案)》中的国家教育权力与责任转移原则,确保了国有教育资源不致流失;1992年颁布的《俄联邦教育部职业技术学校经费拨款问题的决定》规定了地方财政拨款制度;1997年颁布的《俄罗斯联邦初等职业教育法》确立了初等职业教育优先原则;21世纪初颁布的《俄罗斯联邦教育发展纲要》以及《2010年教育优先发展构想》则规划了教育和职业教育的发展远景。

日本于1969年颁布《职业训练法》，并在1972—1978年四次修改，1980年又在此法基础上修订颁布《职业能力开发促进法》，增加了要求劳动经济省及都、道、府、县劳动经济局都要建立职业能力开发机构，负责举办研修所和公共训练学校以及负责指导企业内的在职培训等内容。

中国职业教育立法

随着人们对职业教育重要地位和作用的认识不断提高，中共中央和国务院作出决定和规划布置，强调大力发展职业教育，采取具体措施，推进职业教育的发展。1985年发布的《中共中央关于教育体制改革的决定》强调"调整中等教育结构，大力发展职业技术教育"，第一次全面系统地明确提出大力发展职业教育的方针、政策和措施。

1991年《国务院关于大力发展职业技术教育的决定》是中国经济和社会发展的关键时期作出的第一个发展职业教育的专门决定。其中包括高度重视职业教育的战略地位和作用、积极贯彻大力发展职业教育的方针、制定政策支持职业教育发展、加强职业教育的改革和基本建设、加强和改善对职业教育工作的领导和管理等内容。

1993年中共中央和国务院发布的《中国教育改革和发展纲要》中，对中国职业教育的地位和作用、发展方针、目标、政策、措施等作出了进一步明确的规划和部署。1994年发布的《国务院关于〈中国教育改革和发展纲要〉的实施意见》，对职业教育发展和改革的目标任务、方针、政策提出具体实施意见、措施和要求。

1996年第八届全国人民代表大会常务委员会第十九次会议审议通过了《中华人民共和国职业教育法》，于1996年9月1日起开始施行。这是中国第一部专门规范职业教育活动的法律。

2000年发布国家民族事务委员会、教育部《关于加快少数民族和民族地区职业教育改革和发展的意见》，对贯彻落实职业教育法，加快少数民族和民族地区职业教育的发展提出意见。2001年教育部发出《教育部关于中等职业学校面向农村进城务工人员开展职业教育与培训的通知》，强调提高农村进城务工人员素质的重要性。同年又发出《关于印发〈关于"十五"期间加强中等职业学校教师队伍建设的意见〉的通知》，这是"十五"期间全国中等职业学校教师队伍建设的指导性文件，要求全国各地区结合本地区、本部门实际情况，制定本地区、本部门的"十五"期间中等职业学校教师队伍建设的实施意见，并采取有效措施，使教师队伍建设的目标、任务落到实处。

此外，其他法律法规对职业教育也有一般性规定。如《中华人民共和国教育法》第十九条规定："国家实行职业教育制度和成人教育制度。各级人民政府、有关行政部门以及企业事业组织应当采取措施，发展并保障公民接受职业学校教育或者各种形式的职业培训。"这为《中华人民共和国职业教育法》全面规范包括职业学校教育和职业培训在内的中国职业教育提供了法律依据。

《中华人民共和国职业教育法》与《中华人民共和国劳动法》中关于职业培训的内容有密切联系。《中华人民共和国劳动法》除规定劳动者有接受职业技能培训的权利外，还对劳动者的职业培训作了专门规定。《中华人民共和国劳动法》第六十六条规定："国家通过各种途径，采取各种措施，发展职业培训事业，开发劳动者的职业技能，提高劳动者素质，增强劳动者的就业能力和工作能力。"第六十七条规定："各级人民政府应当把发展职业培训纳入社会经济发展的规划，鼓励和支持有条件的企业、事业组织、社会团体和个人进行各种形式的职业培训。"第六十八条规定："用人单位应当建立职业培训制度，按照国家规定提取和使用职业培训经费，根据本单位实际，有计划地对劳动者进行职业培训。""从事技术工作的劳动者，上岗前必须经过培训。"第六十九条规定："国家确定职业分类，对规定的职业制定职业技能标准，实行职业资格证书制度，由经过政府批准的考核鉴定机构负责对劳动者实施职业技能考核鉴定。"这些规定为《中华人民共和国职业教育法》的制定提供了法律依据。

2002年7月，国务院召开了全国职业教育工作会议，8月印发了《国务院关于大力推进职业教育改革与发展的决定》，全面总结了改革开放以来，特别是《中华人民共和国职业教育法》实施以来，职业教育工作的经验，分析了职业教育工作面临的新形势，明确了"十五"期间职业教育改革与发展的目标、任务和工作思路，对职业教育改革与发展中亟待解决的关键问题提出了具体的政策措施。"十五"期间，职业教育要为社会输送2 200多万名中等职业学校毕业生，800多万名高等职业学校毕业生。"十五"期间每年培训城镇职工5 000万人次，培训农村劳动力1.5亿人次；积极实施国家再就业培训计划，每年为300多万名下岗失业人员提供再就业培训。提出"推进管理体制和办学体制改革，促进职业教育与经济建设、社会发展紧密结合；深化教育教学改革，适应社会和企业需求；采取切实措施，加快农村和西部地区职业教育发展；严格实施就业准入制度，加强职业教育与劳动就业的联系；多渠道筹集资金，增加职业教育经费投入。"

参考文献

公丕祥.教育法教程[M].北京：高等教育出版社,2000.

劳凯声.我国教育法制建设五十年回顾与展望[C]//中国教育法制评论(第1辑).北京：教育科学出版社,2002.

劳凯声.变革社会中的教育权与受教育权：教育法学基本问题研究[M].北京：教育科学出版社，2003.

王勇健.浅议中国教育法律[J].学术论坛，2000(5).

周明星.职业教育学通论[M].天津：天津人民出版社，2002.

（刘　辉　苏林琴）

职业教育思潮（vocational education thought）　一定历史时期内集中反映某些职业教育热点问题的一种社会意识，是教育思潮在职业教育领域的表现。内容包括对职业教育的地位、功能、目的、结构、内容、办学体制、教学模式等方面的认识和期望。由于政治、经济、科学文化等方面的原因，某种职业教育思想或理论在人们的思想上引起的反映，并得以普遍流行成为思潮。

职业教育思潮的特征：（1）目的的指向性。有特定的见解和主张，对理论和实践有明确的干预目标，或肯定一种理论或实践，或否定一种理论或实践，观点明确、旗帜鲜明。（2）参与的广泛性。它是群体性的社会意识，以职业教育领域内值得关注的问题为共同讨论的中心，在此基础上形成人们共同的思想和心理倾向，并通过各种媒介广泛传播，不仅为教育领域内的专家所倡导，而且得到较广泛的社会呼应。（3）影响的深刻性。不仅深刻影响职业教育的理论思辨与创新，且直接影响职业教育的实践走向和发展趋势；既能左右行政部门对职业教育的决策方向，又能推动职业教育机构采取特定的操作手段。（4）作用的双重性。正确反映历史发展趋势的思潮对职业教育的理论和实践起积极推动作用，反之会产生消极影响。政治、经济、科学文化等因素的共同影响引发职业教育思潮，职业教育思潮又反过来作用于上述因素。任何一种职业教育思潮总建立在一定的经济基础之上，反映经济增长、科技进步对职业教育的现实要求；总是指向特定的社会问题，反映民主化的政治诉求。职业教育思潮的推动作用使得符合政治需要的改革要求被统治阶级采纳，最终体现在职业教育制度中。职业教育思潮与职业教育实践存在密切互动作用。每一次思潮的兴起都会对职业教育运动有所触动，其目标可促成职业教育制度的建立或修正，推动职业教育实践的发展；职业教育实践的发展也会刺激、催发职业教育思潮的形成，并对其检验和修正，推动思潮深入人心。

世界职业教育思潮　近代以来，经济的发展、劳动岗位的变化不断对职业教育提出新的要求，推动职业教育思潮的演变。世界职业教育思潮在价值取向上大体经历了社会本位、知识本位、能力本位和素质本位等发展阶段。（1）社会本位思潮。随着19世纪工业革命的深入开展，通过全程教育培养匠人的学徒制逐渐衰落，与大规模生产紧密联系的制度化职业教育日益受到政府重视，把职业教育为社会服务的功能置于中心地位的社会本位思潮由此出现。在国际竞争空前激烈的环境下，反映功利主义教育价值观的社会本位思潮流行于各国。第二次世界大战后，德国、日本等国发展职业教育、增强经济竞争力的成功经验和"现代化理论"、"人力资本理论"等经济理论进一步强化了职业教育为社会服务的功能，推动社会本位思潮达到高峰。这一思潮推动了职业教育为社会服务，但职业教育为受教育者自身服务、促进个性化发展的功能被忽视，人被视作发展经济的手段而非教育的目的，这是社会本位思潮的局限。（2）知识本位思潮。在采用何种方式能更有效地促进职业教育为社会服务这一问题上，存在知识本位和能力本位两种对立的思潮。知识本位重视系统传授职业知识，通常采用发展学校教育的手段，在表现形式上又可称学校本位职业教育思潮。知识本位体现普通教育的学术化培养模式对职业教育的强大影响，这种培养模式具有规模效益，能够解决人力资源供应不足的问题，故成为职业教育从学徒制分离并成为独立的学校教育后各国普遍采用的一种形式，在计划经济体制国家尤为突出。但知识本位只适于培养通晓某一领域知识、职业技术单一的专门人才，缺乏岗位要求的复合工作能力；重点发展正规职业学校教育的战略导致职业教育发展模式的单一化，不利于调动社会各方力量的参与。20世纪70年代后，资本主义世界出现经济衰退，传统门类职业学校毕业生的就业前景黯淡，促使职业教育思潮转向能力本位。（3）能力本位思潮。重视获得岗位操作能力，20世纪60至70年代兴起于北美，80年代后在世界范围内传播。针对学校职业教育课程内容脱离生产实际、缺乏真正意义的职业能力训练而出现，要求提高受教育者的从业能力而非知识水平，在手段上更强调企业的参与。这一思潮促进了"产学合作"办学形式的发展，提高了非正规在职培训的地位。在其影响下，西方国家兴起多元化职业教育发展模式，以企业为本的职业教育受到重视。较之知识本位，能力本位突出职业教育的特殊规律，促进了教育内容与工作内容的衔接，较有针对性地解决职工操作技能提高和失业人员技能培训等实际问题。20世纪末，科学技术的突飞猛进使人们需要不断重新设计自己的职业生活，社会关注的中心由提高劳动者从事某一具体工作岗位的能力转向增加劳动者转换岗位、继续学习的可能，职业教育的价值取向逐渐从能力本位发展到素质本位。（4）素质本位思潮。重视人的全面发展和综合职业素质的培养，要求将职业教育纳入终身教育体系。20世纪80年代后期，在世界教育改革提出教育目标是提升全民族素质的背景下形成。与终身教育思想有着不可分割的联系：终身教育基于"以人为本"的理念，在面向每一个受教育者整个职业生涯的前提下，纠正了为升学而过分普通化、学科化和为强调岗位针对性而过分专门化的偏向，用素质本位的价值取向对先前出现的各种思潮进行了扬弃。这一思潮反映了知识经济对劳动者提出的更高要求,即不仅要具备基础素质和专业素质,而且要具备更高层次的创业、创造性素质。各国都据此对职业教育进行调整,以应对 21 世纪的挑战。

中国职业教育思潮 中国职业教育思潮伴随近代职业教育的出现而兴起,在一百多年的发展进程中,由被动接受外来文化到主动融入世界潮流。19 世纪 60 年代起,随着思想领域的"西学东渐",西方职业教育思想逐渐渗入中国,在社会上引起较大反响。至 1949 年,有三次职业教育思潮相继而起。第一次职业教育思潮兴于清末,民国初年达到高潮,以确立近代中国实业教育制度为中心,被称为实业教育思潮。该思潮以洋务派"中学为体,西学为用"思想为指导,反映近代逐渐发展的资本主义经济对实业人才的需求,对中国传统教育制度和"重道轻器"的观念有所批判。在其推动下,清政府于 1904 年颁布"癸卯学制",正式确立实业教育的地位。第二次职业教育思潮以 1913 年黄炎培发表《学校教育采用实用主义之商榷》一文为兴起标志,20 世纪 20 年代达到高潮,导致旧中国职业教育制度的建立。此次思潮以杜威的实用主义教育思想为指导,针对实业教育脱离生产生活实际的弊端,主张大力兴办职业学校。1917 年,中华职业教育社成立,专事提倡和推广职业教育,促进了"职业教育"名称的广泛接受和该思潮的深入人心。1922 年,"壬戌学制"颁布,受美国职业教育思想的影响,中等教育阶段采用综合中学形式。第三次职业教育思潮随 20 世纪 20 年代末 30 年代初的生产教育而兴起,于 30 年代中期达到高潮,职业教育制度亦因此调整。这一职业教育思潮在国家和社会面临危机的情况下产生,着重修正中国职业教育严重脱离生产生活实际的问题,使职业教育受到举国上下的高度重视。在民间力量与政府力量的共同努力下,1932 年《职业学校法》颁布,并于 30 年代形成一个完整的职业教育法规体系。

中华人民共和国成立后,中国职业教育经历了一个由"全盘苏化"、自我封闭到改革开放,最终走向国际化的过程,与之呼应的是技术教育思潮、劳动化职业教育思潮和现代化职业教育思潮的先后兴起。(1) 技术教育思潮。主张模仿苏联的技术教育模式,是"全盘苏化"的思潮。20 世纪 50 年代初,中国学习苏联的做法,把职业教育改称"技术教育",且按照苏联模式建立技工教育和中等专业教育,使之成为职业教育的主要形式。这期间,知识本位影响下的苏联职业教育的长处(如重视知识的基础性和系统性、强调理论与实践结合等)得到充分吸收,却忽略了职业教育的层次性和多样性,排斥非规范化、非制度化的教育形式。1958 年后,随着中苏关系的变化,虽然不再强调学习苏联的技术教育模式,但技术教育思潮及其模式仍长期影响中国的职业教育。(2) 劳动化职业教育思潮。强调劳动制度与教育制度结合,突出劳动实践。这一思潮对中国职业教育的影响

集中反映在从"大跃进"到"文革"这一时期。1957 年,中国提出"教育必须为无产阶级政治服务,必须与生产劳动相结合",但在"左"倾路线干扰下,出现片面强调阶级性、劳动性的倾向,甚至用劳动代替教育,用实践代替理论。基本在封闭环境下发展职业教育,教育事业未能有效地为经济发展提供服务,职业教育遭遇挫折。(3) 现代化职业教育思潮。在邓小平"教育要面向现代化,面向世界,面向未来"的思想和"教育要为社会主义现代化建设服务,与生产劳动相结合"的方针的指引下,要求尽快实现职业教育现代化的思潮。1978 年后,随着国家改革开放政策的实施,职业教育逐步走上为社会主义现代化建设培养高素质劳动者和专门人才服务的道路。1985 年,《中共中央关于教育体制改革的决定》颁布,人们认识到,中国的职业教育必须广泛借鉴工业发达国家的有益经验,走国际化道路,职业教育领域出现了向德国、加拿大、日本等国学习的热潮。各种外来职业教育思潮的交汇、争鸣带动了职业教育模式朝多样化方向发展,其中较典型的是能力本位思潮和素质本位思潮。能力本位思潮随着"双元制"(dual system)、能力本位教育(competency based education,简称 CBE)、就业技能模块(modules of employable skill,简称 MES)及技术与继续教育(technical and further education,简称 TAFE)等职业教育模式的引入而产生较大影响,并推动中国职业教育工作者依据能力本位的原则探索符合国情的课程与教学模式。中国加入世界贸易组织后,作为服务贸易类型之一的中国职业教育与世界联系的要求更加紧迫,对于世界性范围出现的创业教育、创新教育、全民职业教育与培训等思潮,中国迅速做出反应,吸收和借鉴其中的合理成分为己所用。

参考文献

刘桂林.中国近代职业教育思想研究[M].上海:高等教育出版社,1997.

王敏勤.由能力本位向素质本位转变——职业教育的变革[J].教育研究,2002(5).

(刘春生 张 宇)

职业教育心理学(psychology of vocational education) 亦称"职业技术教育心理学"。研究职业教育领域中的心理学问题的教育心理学分支学科。它的研究对象是接受职业教育的中学生和成人。其研究任务是利用教育心理学中的一般学习与教学心理学原理揭示职业培训中的学习与教学的特殊规律。职业学习心理学原理,包括职业学习理论、职业知识、职业技能的学习和职业态度学习心理。职业教学心理学原理,包括职业教师的心理特点,职业教学的基本程序与策略,职业素质考核与评价以及职业技术学校的职业指导等。

职业教育心理学有民俗职业教育心理学(folk psychology of vocational education)、职业主义教育心理学(educational psychology of vocationalism)两种基本范式。就形成和盛行的时间来说,这两种范式有先后之分,但并不是后面的理论取代前面的理论,而是并存于职业教育的理论和实践中,其中任何一种理论都没有过时,都有其特定的影响力和适用范围。

民俗职业教育心理学

民俗职业教育心理学是历史最悠久的职业教育心理学,最早萌芽于古代的学徒制,近代一度受到科学心理学的冲击,而最终得以保留和发展,成为职业教育心理学的重要组成部分。它在心理学的学术领域并非显学,但影响范围最广,它是广大职业工作者创造、熟悉和运用的心理学,而不是心理学专门家的心理学。它对日常的职业工作发挥着理解、预测、解释和决定的作用。民俗职业教育心理学主要体现于以下领域:(1)从古至今的学徒制教育与培训,如德国的双元制、英国的现代学徒制、澳大利亚的新学徒制、职业教育中的企业培训以及日本的企业内训练(on-job-training)。(2)作为学校教育补充或延伸的见习与实习制度(internship),如工艺学徒、实习教师、实习医生,以及作为合作教育一部分的见习/实习(work-based learning)等。(3)非正式的学习,并不是专门组织的,而是在日常工作与生活中,通过观察、模仿、感染、强化等方式进行的学习,它不像正式的教育与培训那样引人注目,却随时随地地发生着,其影响未必亚于正式的教育与培训。

民俗职业教育心理学的经验方法论　(1)自然的而非实验的方法。民俗职业教育心理学并不排斥实验方法,但它形成和发展的主要环境不是教室或实验室,而是作坊、工厂、商铺、企业等工作场所,基本的"研究"方法就是现场观察,因此其发展机制主要是言传身教的经验积累和实践效果的检验,而不是理论的推导或实验室的发现。正因为如此,民俗职业教育心理学形成、维持和发展的主体是广大的师傅、学徒等职业劳动者,而不是专门的心理学家。也正因为如此,它未能成为当代心理学界的优势学术领域,也未能转化为心理学教科书。(2)整体的或综合的视点。由于存在于自然环境中,民俗职业教育心理学无法通过实验设计进行因素控制,而只能采用综合的、整体的方法。具体地说,就是教学、工作与研究(如果心理学界承认这种研究的话)的统一,智力过程、情感过程和动作过程的统一,以及个体过程与社会过程的统一。这样的过程复杂,但大批实践者通过长期的观察和体验,同样可以把握其中的规律。(3)实践性的而非理论性的知识。民俗职业教育心理学存在的前提和归宿,都是促进实践,解释和解决实践问题,而

不是理论发现。因此,其内容与形式都随实践转移,有什么样的实践就有什么样的民俗职业教育心理学,每一行业、每一实践领域都有相应的心理学。它不会为追求理论化程度而远离实践,而倾向于通过实例、类比乃至实物等具体的操作性方式来归纳、表达和传递实践性知识,而不是通过抽象方法来建构假说、理论模型等理论性知识。(4)直接的效果标准。民俗职业教育心理学知识的评价与选择标准,不是理论化的水平或逻辑上的完美程度,也不苛求价值中立,而是运用于职业教育实践之后显示的功用和效果,或者说促进实践目标实现和排除实践障碍的效率与程度,具体表现为职业实践者对实践效果的观察和体验、职业人群与组织的评价、职业实践的客观结果等。它甚至只求此时此地的实践功效,而不追求知识的可重复性和可推广程度。(5)非正式文本。民俗职业教育心理学的主体是职业实践者,而非学术界专业人士,它主要存在于职业实践者的日常实践和生活中,通过职业行动、口头语、场景、谚语、行话等形式,得以形成、运用、传承和发展,而不是像学术心理学那样,把心理学知识转化为专著、杂志、讲义等正式文本。正因为如此,民俗职业教育心理学显示出内隐特征。由于这种情境性和内隐性,民俗职业教育心理学的距离传播和学术化就受到限制,但也使得它更接近实践和生活,更能发挥实际功能。

民俗职业教育心理学的实践倾向　(1)工作本位的学习论。工作本位的学习论是民俗职业教育心理学的基本属性,"做"是整个职业教育活动的中心。这个中心充分体现于职业教育的目标与内容、教育活动的时间结构与操作方法、教育情境的设置、教育结果的评价和利用等各个方面。这里的"做"指的是职业职责与任务的执行,除了动手操作之外,还包括口头的和心理的操作,如运算、决策、口头与书面的交流等。不同于学校教育中的练习和实习,这种"做"有着明显的职业性,一般是真实的职业任务。出于教育的目的,职业教育中的"做"不同于职业劳动中的"做",但后者是前者的基础和依据,即使是初学者的"做",往往也是真实的职业任务,最多也只是职业活动的变式或简化。(2)真实性学习行为设计。民俗职业不同于学术心理学的最显著之处,可能就在于它形成和运用的现实基础主要是真实的工作情境,而不是学校的教室、实验室或实习车间等模拟情境,所用的场地、设备、工具材料甚至教材等,往往也同时用于工作。在这样的教育情境中,实物、实例、演示、操作等具体的教育方法就占据优势,即使是对于抽象的知识,也更倾向于运用模型或比喻来展示和说明,而不像教室里的教学那样依赖语言、文字、想象、推理等间接的或抽象的方法。学习情境与工作情境之间的高度相关性,使得其学习的内容与方法比学校教育更类似于工作方法,使得学习到工作的迁移更直接、更有效。(3)知识的差异性。学习情境的真

实性,同时意味着多样性。作为学习场所的行业、企业等组织千差万别,作为教育者的师傅也远比学校中的教师更加多种多样,而且这里的教育往往是个别的或小组的方式,也不像学校里的班级授课制那么步调一致、整齐划一。也许正因为如此,从积极的方面说,民俗职业教育心理学有很强的开放性,每位师傅和学徒都在生产和传播这种心理学知识;而从消极的方面说,不同地域、不同行业、不同组织甚至不同师傅之间的心理学都存在着差异,似乎并不存在共同的活的、普通的心理学。这种心理学知识往往是零碎的、非结构性的,甚至停留于经验层次,有待进一步提炼和升华,这就限制了心理学知识的传播和进一步发展。(4)整体教育原则。鉴于在真实的学习情境(即工作情境)学习,而不便于把这种情境分解和简化为实验室、教室那样的单一情境,也不便长时间地单独进行理论的、单向技能的或态度的局部训练,而是在综合性、立体化的情境中进行整体训练。假如仅从局部或从单方面来看,这种训练似乎进展缓慢,效率不高,但是如果从长期的、整体的角度来看,其效果和巩固程度却高于教室、实验室等情境中的局部或单一的模拟训练。(5)言传身教的社会学习机制。不同于现代学校教育的是,在民俗职业教育中,教科书、教室(如果有的话)并不那么重要,重要的是师傅本人的工作、为人以及工作现场的物理情境和社会情境,这些才是真正的教科书。而且师徒之间的角色关系具有很强的社会性:师傅与徒弟并不仅仅是教育角色,他们之间除了有教育关系之外,还有同事关系、上下级关系和工作业务分工关系等。这里的学习并不仅仅是关于技术或业务的学习,也是社会化的过程,而且这种社会化也不同于学校中模拟性社会化,其条件、内容、过程和结果都是真实的社会内容。(6)现实性的学习管理制度。民俗职业教育心理学往往不苛求教育与激励方法的精巧与多样性,而倾向于通过有形的学习结果、学习活动的现实影响、学期结束后的进路安排等现实性措施,引导、激励和约束学习者的学习。师傅是学习的管理者,师徒关系本身就是学习活动的强化因素,其好坏程度直接影响着学习者的现实处境。

职业主义教育心理学

职业知识专门化　基于专业组织分工和标准化的工作设计,早在 1868 年莫斯科大学校长德拉沃斯就在国际博览会上提出在技术学校中运用单工序作业法,而第一次世界大战以后,泰罗等人对工作的研究用于工业管理和教育之后,职业教育得以严格界定职业技能,进而把职业知识摆脱了原有的混沌的经验形态,实现了职业知识的显性化和专业化,大大便利了职业知识的学习和传播。从此,专门职业知识的类型和复杂程度,就成为确定职业教育学制和课程

的基本依据,而不再像过去那样依赖行规和延长学徒时间来保证职业教育的质量。专门知识制度化的主要表现是职业资格制度、职业学校和专门课程标准。许多国家和地区都建立了职业证书制度、职业课程标准以及与普通教育并列的职业学校系统。但是,在职业知识显性化和职业教育制度化的同时,那些难以显性化的、情境的、组织的知识(即默会知识)却被忽略,甚至被抑制。因为职业学校只能通过间接的或模拟的方式来提供职业知识,这种知识是显性知识主导的,而且难以像学徒制那样通过真实的情境来学习默会知识。

能力本位的教育与培训　它强调职业劳动和教育的功能性结果与个人胜任职业的能力(functional outcomes and personal competence),把能力作为教育的核心概念,也是教育的目标,要求以完成职业任务的操作表现来定义职业教育的目标、内容和评价标准。这加强了职业与教育的相关程度,也更严格地规定了职业知识的范围、内容和形态,进一步减少了知识的多样性,缩小了选择的弹性。同时,职业能力本位的教育截然不同于学科知识本位的教育:学习内容的重心不是学科知识,而是职业技能;学习结果评价的重点不是通过笔试或主观判断来检验内隐的或潜在的知识,而是通过应用性的操作项目来表现外显的技能,并强调考核项目的真实性;情境化的练习和实践是职业学习的基本条件,理解和记忆仅仅是辅助条件。这些特征使得职业主义职业教育既不同于学徒制职业教育,也不同于普通教育。

课程标准与操作本位的评价　职业课程标准是联系工作世界要求与学校教育行动的纽带,它是基于工作能力标准的教育目标与内容标准。与其他各级各类学校教育相比,职业学校的课程标准更多、更直接地反映工作世界的需要,也尽可能反映工作世界的复杂多样的状况和要求,对于每种需要专门训练的职业,都有与之相对应的系列专门课程标准。这种课程标准是学校教育行动的指南,也是教育结果评价的基本依据。这种课程标准反映的并非工作世界的全部现头。由于这种课程标准往往由政府或行业组织开发,有时甚至由国际机构组织开发,故不能不强调统一性,难以顾及工艺技术、企业文化以及工作人员的多样性。在这方面,课程标准就难免忽略乃至抑制基层职业人员和学校师生的积极性和创造性。操作本位的评价(performance based assessment)是职业主义学习评价的典型范式。其基本特征是:评价的主要是职业任务的直接的执行结果,而不是学习或工作的条件、时间、态度、方式、理解力等间接特征;强调清晰、可以客观测量的外部操作表现,以便评价者、被评价者以及任何第三方来评价,都可以得到一致的评价结果;强调评价要分离于课程与教育培训机构。在职业主义者看来,任何特性都可以通过适当的技术得到客观、精确的评价。

模拟训练技术　在职业主义心理学看来,经验与知识是统一性的、可编码的,可以通过标准化技术揭示、表达和传授这些知识与经验,甚至学习这些经验与知识的情境及方法也是可复制、可模拟的。学习与教学情境的模拟技术可以看作职业知识编码技术的自然延伸。

专家—新手模式,主要模拟职业专家,即运用原始记录分析法(protocol)、工作分析中的 DACUM(Develop A Curriculum)等方法,把职业专家的经验发现、归纳和表达出来,转化为职业教育的课程。借助这种技术,职业学生或学员可以快速接触并学到职业专家的经验,而不必经过较长学徒期的直接观察与摸索,因此被看作职业学习与教育的捷径。

模拟教学情境是职业主义心理学模拟技术的另一表现。这种模拟化的教学设计最典型的是职业实验与实习,如商业教育中的模拟公司、护理教育中的模拟病房、工业教育中的教学车间以及模拟训练机器等。这种设计与现实的职业实践并不完全相同,却往往被认为优于职业实践,因为它具有职业实践的“典型”特征,集中了职业实践所需的最重要的要素,又排除了许多无关的或次要的因素。

正式知识系统　近代以来,心理学一直在追求“科学化”,实验、量表等客观的量化方法构成了心理学中最“科学”的研究范式。这种范式的基本假设是,心理现象具有超越情境影响的相似性,是可测量、可量化的。如果研究结果不一致,其原因不在于心理现象本身的差异,而在于研究工具与方法不完善、不精确,即不够标准化。这种标准化技术包括行为主义的目标分类学和评价技术、以 DACUM 为代表的工作分析和课程开发技术、程序教学和计算机辅助教学技术等。标准化技术意味着研究与实践技术的可重复性,即这些技术无论何人、何地、用于何种对象,其过程与结果都是一致的,假如出现不一致,其原因并不是技术的缺陷,而是因为研究或实践活动不良,或者说技术使用者没有用好技术。使用标准化技术促使形成职业主义教育心理学的正式知识系统。

(1)职业知识内容的统一性。按照职业主义心理学,职业知识不存在个人、机构、地区或国际间的差异,是统一的。即使有差异,也只是一些非核心、非本质的内容(如语言的、例证的、学科分类)的差异。这种统一性随着学科知识的不断专门化而不断加强,由于术语的、组织的、研究方向等多种差异,学科专门化本身又导致知识的分割,即“隔行如隔山”现象,造成知识的分离与多样性。

(2)表达方式的一致性。与知识内容的统一性相对应,职业知识的表达形式也要具有正式、统一的标准文本。具体表现为统一的学科逻辑架构、术语的界定、符号体系的规定等。换句话说,假如一个非主流文化的职业知识的表达方式与这种标准文本不一致,就不具有合法性,就没有资格

参与跨文化学术与实践交流,从而他们的这种本土知识不仅难以继续有效地贡献于人类知识,而且还可能不得不屈从于标准文本,从而抑制了本土知识的增长。

(3)价值与方法的标准化。近代的实验方法引入心理学之后,标准化方法就成为正统心理学研究的追求,并被看作区分心理学科学与否的标准。同样,实验方法、量化方法、结构性观察等实证主义要素也成了正统职业教育心理学的标准范式。这样就形成了统一的知识标准,否定了知识内容与形态的多元性,价值中立成了心理学家的行动准则。

参考文献

Chappell, C. Vocational Learning for the 21st Century — Issues for Pedagogy[C]. SKOPE Conference, 2003.

Roodhouse, S. & Hemsworth, D. Apprenticeship: A Historical Re-invention for a Post Industrial World[M]. London: the University Vocational Awards Council & the Learning and Skills Council, 2004.

Symes, C. & McIntyre, J. Working Knowledge: the New Vocationalism and Higher Education[M]. Buckingham: SRHE/Open University Press, 2000.

Usher, R. & Solomon, N. Experiential Learning and the Shaping of Subjectivity in the Workplace [J]. Studies in the Education of Adults, 1999, 31 (2).

(刘德恩)

职业教育学校(schools for technical and vocational education and training)　组织与实施职业教育的学校之统称。以学校形式进行职业教育和训练是近代大工业生产派生的结果。自18世纪中期起,以工厂制度代替手工作坊的革命彻底改变了生产技术主要掌握在工匠手里的传统局面,也把人类职业教育的主要形式由父子相衍、师徒承袭转变为现代意义上的学校教育。职业学校、工艺学校、农业学校以及当时欧洲各主要资本主义国家的实科学校、专科学校、工程学校、工业学校、矿业学校等冠以各种不同名称的初等和中等职业技术类学校,都属于最早的职业教育学校。现代狭义的职业教育学校,一般认为专指处于高中阶段教育和高等专科教育两个层次的职业技术类学校。而广义的职业教育学校,向下延伸包括初中教育阶段的初等职业学校、其他初级水平的职业技术类学校以及实施职业技术入门(或启蒙)课程的普通中小学;向上延伸则有技术本科院校以及培养更高层次技术应用型人才的专门院校机构。从横向看,许多与职业教育相关的、承担各种学历或非学历培训的普通学校和成人学校及培养职业教育师资的职业技术师范院校等,亦应纳入广义职业教育学校范畴。1999年,联合国教科文组织第二届国际技术和职业教育大会提出以技术与职业教育和培训(technical and vocational education and training,简称 TVET)代替以往国际上惯用的技术与职业教育(technical and vocational education,简称 TVE),使"全民终身技术与职业教育和培训"成为通向未来的桥梁。这一提法强调正规学校形式的学历教育与非正规的培训之间的有机结合,以构成终身学习体系,体现现代职业教育内涵上的拓展和功能上的延伸。中国职业教育法规定的"职业教育"与国际通用的"TVET"一词同义,故职业教育学校的内涵比"职业学校教育"更广泛,涵盖从事"技术与职业教育和培训"的各级各类学校。

职业教育学校的诞生　根本原因是近代工业革命把科学作为一种独立的生产能力与劳动分离开来,使生产工艺从零散的手工技艺、个人经验、祖传秘密变成科学、系统的工艺学。工艺学的出现使劳动者有可能掌握生产过程的基本原理和基本技能,了解整个生产系统及其生产流程、有关工艺。劳动者只有提高文化和技术水平,才能掌握机器操作的工艺技术。社会化大生产对于劳动力的要求无论是在数量和质量上,还是在速度和结构上,都是传统的师徒制培养方式不能满足的。由于工艺学形成学科,有了独立、广泛教学的可能性,职业教育学校便应运而生。近代大工业系统派生出职业教育学校,并使之成为职业教育自身发展的后备系统,是人类生产力发展的必然。从 20 世纪 50 年代开始,新技术革命使产业结构和经济结构发生了重大变化,职业教育学校在各国国民经济和社会发展中的作用越来越重要,被视为推动经济和生产力发展的重要手段,其形式也朝多层次、多规格、多渠道、多样化的方向发展。在教育程度上,既有小学、初中、高中阶段的(多数国家和地区以发展高中阶段的中等职业教育学校为主)教育,也有高中后、高等教育阶段的教育;在学制形式上,既有全日制,也有部分时间制、学分制、工读交替或业余进修;在办学主体上,既有政府举办的学校,也有企业或个人举办的学校,以及各有关方面合作举办的学校。其共同特点是按照不同专业(或工种)组织教学。在德国,"职业教育学校"的涵盖面广,除了作为其职业教育主体的"双元制"中的"职业学校"(Berufsschule)以外,还有其他多种类型:一是与职业学校同属高中阶段教育的全日制"职业专科学校"(Berufsfachschule),主要为升入高等学校作准备的"专科高中"(Fachoberschule)、"专科完中"(Fachgymnasium)、"职业完中"(Berufliches Gymnasium)、"职业高中"(Berufsoberschule),以及主要为职业学校学生补习文化的"职业提高学校"(Berufsaufbauschule)等;二是比职业学校高一层次的作为职业继续教育培养高级职业技术人才的"专科学校"(Fachschule),主要包括"师傅学校"(Meisterschule)和"技术员学校"(Technikerschule),其学历层次在国际上相当于大专毕业,但在德国属于高中后非高等教育阶段;三是培养更高层次技术应用型人才,正式纳入高等教育领域的"应用科

技大学"(Fachhochschule)和部分联邦、州的"职业学院"(Berufsakademie),属于国家承认高等学历的高等职业教育学校。而许多国家和地区对职业教育和普通教育的划分以课程类型为依据,一些功能复合的学校,如实施普职交叉、叠加、渗透或任选课程的综合高中,亦属职业教育学校。在美国,高中阶段很少单独设置职业技术类学校,中等职业教育主要通过在普通高中开设大量职业技术类选修课程来实施,这些普通高中实为综合高中,属职业教育学校的一种特殊类型。

中国职业教育学校　始于 19 世纪 60 年代清末洋务派开办的实业学堂。第二次鸦片战争后,为适应新式工业对技术人员和熟练工人的需求,以军备需要为目的的技术学堂相继兴起,后逐步扩大至农业、商业学堂。1866 年设于福建马尾的福建船政学堂和 1867 年设于上海的江南制造局机器学堂是中国最早的职业教育学校。1904 年的"癸卯学制"首次在学校系统中确立实业教育,形成纵向分初、中、高三个等级,横向分农、工、商、商船等学科的独立的实业学堂系列,并另设艺徒学堂作为补充。1912—1913 年公布的"壬子癸丑学制"将此类学校定名为实业学校,分甲、乙两种。随着 1917 年前后中国现代职业教育的奠基,清末实业教育体制被彻底改变,职业教育学校范围进一步扩大。1922 年颁布的"壬戌学制",正式规定职业学校系统为分别招收初小、高小、初中毕业生的初级、中级、高级职业学校。1932 年颁布《职业学校法》、1935 年颁布《修正职业学校规程》将职业学校调整为招收小学毕业生的初级职业学校和招收初中毕业生的高级职业学校。

中华人民共和国成立后,强调积极发展中等技术学校,参照苏联的中等职业教育学校模式,正式将原来的职业学校改称"中等专业学校",国家劳动部门又以各地大中型企业为依托兴办了一批"技工学校"。在工业领域,两者分工明确:后者培养企业生产第一线的技术工人;前者主要培养介于工程师和技术工人之间的"中间人才"(技术员类)。20世纪五六十年代,中国的职业教育学校还包括农业中学、其他职业中学、各类半工(农)半读学校等。1978 年后,中国改革中等教育结构,强调在高中阶段扩大各种中等专业学校、技工学校的比例,并要求将部分普通高中改办为职业高中,三者共同成为职业教育学校的主体,其培养目标逐步趋同,习惯上统称为"三类中等职业学校"。(1)中等专业学校。作为中国中等职业教育学校中的骨干力量,定位于"在相当于高中的基础上进行专业技术教育","是介于高中与大学之间的一种学校",采用以行业系统为主的办学体制,以学科体系为主的教学模式。由于中国高等专科教育与中等专业教育并存,中专和大专在学制方面的矛盾长期未能解决。随着高新技术的迅速发展,各产业技术应用型岗位的技术含量不断提高,由中专培养的技术员类人才已不能满足需

求。自 20 世纪末始,中国中等专业学校的培养目标发生很大变化,与技工学校的培养目标逐步趋同,主要定位于培养技术工人及相应层次的技能型人才,办学主体和教学模式呈多样化。(2)技工学校。作为承担职前培训任务的正规学校,其培养目标是各行业企业中生产第一线的技术工人,主要面向制造业和再加工业。技工学校归劳动部门统一管理,大部分由企业举办,也有的直属地方劳动部门。主要采用同一技术工种集中培养的教学形式,强调以生产实习教学为主,要求技能训练和理论学习保持相同比例,毕业生可按职业技能鉴定达到的"应知"、"应会"水平,获得相应的技术等级证书。20 世纪末,随着中国现代企业制度的建立,传统的技工学校从办学、管理、教学到培训开始一场大变革,以适应市场经济下企业增强竞争力和可持续发展的战略要求,以有机地融入学习型企业的建设中。(3)职业高中。是在"文革"后的特定历史时期发展的一种职前准备教育学校,主要由地方教育部门主办或主管。其产生原因一是为克服当时单一的普通中学教育带来的弊端,扩大高中阶段职业教育的比重,改变中等教育结构;二是为补充中专、技校在数量和门类上的不足,满足经济发展特别是第三产业发展对适用人才的需要;三是率先实行校企联合、缴费上学、不包分配、推荐就业等运行机制,并形成地方性的职业教育力量,是促进整个教育体制改革的需要。20 世纪末,中等专业学校、职业高中与技工学校在培养目标上的分工基本消除,许多地区或行业积极探索三类中等职业学校的整合,力图打破条块分割的管理格局,努力优化中等职业教育学校的资源配置。

从 1980 年开始,部分中心城市为解决地方经济发展对高层次实用技术人才的需求,创办了一批以"收费、走读、不包分配"为主要特点的地方短期职业大学,率先打出"高等职业教育"的旗帜。1994 年,国家提出通过现有的"职业大学"、部分"高等专科学校"和独立设置的"成人高等学校"改革办学模式、调整培养目标来发展高等职业教育,仍不满足时可经批准利用少数具备条件的重点中等专业学校改制或举办高职班等方式作为补充。1999 年,随着中国开始逐步进入高等教育大众化阶段,政府明确要求大力发展高等职业教育,全国范围内出现一大批由原中等专业学校升格或新组建的"职业技术学院",成为高等学校扩招的主力军和高等技术应用性专门人才培养的主渠道;同时,教育部将培养目标已渐趋同的各类高等职业学校(包括职业大学和职业技术学院)、高等专科学校和成人高等学校归口列入"高职高专院校"范畴统一管理,后又依据《中华人民共和国高等教育法》统称为"高等职业学校",成为一个与普通高等教育学校体系相对的高等职业教育学校体系,与中等职业教育学校体系共同构成中国职业教育学校的主体。

参考文献
顾明远.教育大辞典(第 3 卷)[M].上海:上海教育出版社,1991.
郭扬.中国高等职业教育史纲[M].北京:科学普及出版社,2010.

(郭　扬)

职业教育制度(vocational education system)　教育制度的重要组成部分。在中国,是依据《中华人民共和国宪法》、《中华人民共和国教育法》、《中华人民共和国职业教育法》等法律法规和方针政策,由中央和地方各级各类职业教育机构实施,对受教育者从事某种职业所需要的专门知识、专门技能和职业道德进行教育,并通过相应的实施规范系统加以保障的制度体系。

职业教育制度的产生与发展

外国职业教育制度的产生与发展　职业教育与普通教育不同,它具有很强的职业性、实用性。职业教育制度的产生,主要是源于社会经济发展的需要。11 世纪末,随着城市手工业的发展,手工业者建立自己的行会组织以提高自己的地位,出现了培养职业继承人的徒弟教育即学徒制。从 13 世纪中期到 15 世纪中期,学徒制逐渐从私人性质的制度过渡为公共性质的制度。学徒制对师傅雇用徒弟的人数、学徒的报酬、学徒的学习方式、学习年限、学徒的晋升等都有较详细的规定。但是,当行会成员中出现了富有者,他们就开始掌握行会的统治权,以致行会成为经济发展的障碍物,行会走向衰落,具有悠久传统的学徒制度也逐渐被学校职业教育所取代。

17、18 世纪,资本主义国家先后实现了工业革命,机器大生产的模式需要大量的具有操作性、实用性的职业工人。一些著名的改革论者如英国的培根、巴昆等学者提出了职业技术教育改革的建议。1747 年,J. J. 黑克尔在柏林设了"经济学、数学实科学校",被弗里德里希二世列为王室的教育设施。18 世纪后半期,英国也出现了职业技术学校,如"作业学校"、"星期日学校"等贫民学校,还有以培养技工和专业人才为目标的矿山、铁路、航海学校等。19 世纪 20 年代以后,美国出现了职业技术学校。至此,以学校教育为中心的职业技术教育逐步形成。

19 世纪上半叶,虽然以学校为中心的职业教育逐步发展起来,但职业教育的制度化程度还比较低,多数职业学校是由民间团体和个人自发举办的,学校的教育内容、组织形式、师资等还很随意。19 世纪的后半叶,许多国家开始通过立法的形式干预职业教育,提高职业教育的制度化程度,改变其自发的状态。如美国 1862 年颁布《莫里尔法》,开始以联邦政府资助的方式指导和控制职业技术教育。在法国,1919 年,由阿登省议员阿斯蒂埃提出的职业技术教育法案被议院正式通过,通称《阿斯蒂埃法案》,成为法国历史上"技术教育的宪章",构建起法国职业技术教育的基本框架。德国在1872年颁布的《普通学校法》中,把6～14岁的八年制初等教育定为强迫义务教育,并要求已经就业、年龄在18岁以前的青年,要尽可能继续接受职业补习教育。1919年《魏玛宪法》和1920年《基础学校法》明确规定,八年义务教育之后,即14～18岁的四年间,应尽可能到补习学校或职业学校接受职业教育。这样,按照法律规定,普及义务教育的年限实际上被延长了,职业教育客观上被纳入了义务教育的范围,德国实现了职业教育制度化与义务化。日本在1871年推行"殖产兴业"政策,使日本职业教育制度化进程加快。1880年公布的《改正教育令》对职业教育作出较为具体的规定,以立法的形式再一次明确职业教育在教育体系中的地位,为以后各种职业教育法的制定奠定了基础。1899年和1903年,日本政府相继颁布了《实业学校令》和《专科学校令》,中等、高等职业教育制度得以确立。

第二次世界大战后,各国都继续扩大职业教育的规模,调整职业教育办学形式,规范职业教育发展,职业教育制度日趋完善。联邦德国于1969年颁布《职业教育法》,规定了培训企业和受培训者的关系及双方的权利和义务、培训机构与人员的资格、实施培训的监督和考试、职业教育的组织管理和职业教育的研究等。1976年修订《青年劳动保护法》,制定《改进培训场所法》,又在1987年颁布《回归教育法》。美国国会于1963年通过《职业教育法》。该法案的立法目的在于使所有社区、所有年龄的公民都有机会接受高质量的训练和再训练。1968年,国会又通过了《1968年职业教育法修正案》,进一步增加职业教育的投入,开办多种试验科目,以为更多的人提供接受职业教育的机会。1976年国会通过《1976年职业教育法修正案》,该法案着重强调了实施联邦职业教育目标的方法,如职业教育规划、评价、统计及数据说明等一套完整的要求。1982年国会通过《职业训练合作法》,规定政府资助职业训练,旨在帮助具有特殊就业障碍的人,提高其劳动能力和水平,促进经济发展。1990年布什总统签署《职业和应用技术教育法》,这是世纪之交美国在经济全球化的背景下重视发展职业教育的新举措。日本1947年后制定了《教育基本法》《学校教育法》《产业教育振兴法》《职业训练法》《实业教育费国库补助法》等法律,对职业教育的地位以及职业训练的计划、内容、经费补助等作了全面而具体的规定,有力地促进了职业教育的发展。

当前,在主要的发达国家,职业教育已发展成为包含学校教育、企业内教育、短期职业培训等多种形式的教育体系,职业教育在管理、资金、师资培养以及职业证照等方面已经非常规范。职业教育制度已较为完善。

中国职业教育制度的产生与发展　中国古代就有职业教育的形式,如民间工匠和徒弟间的艺徒制。唐代从中央到地方还建立了门类较齐全、学制较完善的职业教育。但中国职业教育真正制度化,则是在20世纪初。19世纪末20世纪初,由于资本主义经济的萌芽,具有培养实业人才的需求,洋务派人士在切身感受到急需发展经济以对抗侵略的境况下,提出"师夷之长技以制夷"的主张。这样,中国职业教育逐步走上制度化发展道路。福建船政局附设的船政学堂,江南机器局附设的机器学堂等是中国早期的一批职业技术学校。在1904年清政府颁布的《奏定学堂章程》中首次将实业学堂列入学制,在学校系统中自成体系,职业教育制度初步形成。随后颁布的《奏定实业学堂通则》又提出:"实业学堂所以振兴农工商各项实业,为富国裕民之本计。"并规定"实业学堂之种类,为实业教员讲习所,农业学堂,工业学堂,商业学堂,商船学堂",各项均分为初等、中等、高等三级,并对各级各类实业学堂的入学条件、培养目标和修业年限等作了明文规定。1913年颁布《实业学校令》,改实业学堂为实业学校,规定实业学校以教授农工、商必要的知识技能为目的。1922年颁布"新学制",又改实业教育为职业教育。至此,职业教育制度基本完善,但是由于社会政治、经济等方面的原因,职业教育本身发展缓慢,到1946年仅有职业学校724所,在校学生13.7万余人。

中华人民共和国成立后,1949年12月召开第一次全国教育工作会议,提出改变旧中国遗留下来的普通中学与职业技术学校比例失调、职业技术学校过少的现状。此后,便开始整顿和发展中等技术学校,创办各种技术培训班。1952年3月,政务院发布《关于整顿和发展中等技术教育的指示》,明确指出:我们的国家正在积极地准备进行大规模的经济建设,培养技术人才是国家经济建设的必要条件,而大量地训练与培养中级和初级技术人才尤为当务之急。在办学方针上,除整顿和发展正规的技术学校外,还应根据实际需要举办各种速成性质的技术训练班,或在各工矿企业和农场中以及各技术学校中,附设各种业余性质的技术补习班或训练班,务使正规的、业余的各种技术学校或训练班得到适当配合发展。这个时期,职业教育所面向的对象主要是工矿企事业单位,培养目标主要是中初级技术骨干。

1958年至1960年的"大跃进",不仅造成整个国民经济比例严重失调,职业教育也出现了严重失误。1962年周恩来总理提出要适应青年就业的需要,兴办职业学校,职业教育也随之进行了调整、整顿。在中央关于普通教育和职业教育要两条腿走路的方针指引下,到1964年,中等专业学校基本维持原有规模,学校数为1 611所,技工学校和农村职业中学则分别上升为334所和1.5万余所。中等教育结构渐趋合理。同时各地积极推行半工(农)半读的办学形式,发动企业、事业单位办学,并在城市创办职业中学,职业教育制度日趋完善,职业教育事业开始稳步发展。"文革"期间,职业教育被诬为修正主义教育路线的产物而遭到批判和摧残。大量半工(农)半读的中等技术学校、职业中学被迫停办,全日制中等技术学校、技工学校长期停办。职业教育制度瘫痪,职业教育几乎面临崩溃的命运。

"文革"结束以后,1977 年邓小平在肯定建国后十七年教育工作的同时,提出教育还是要"两条腿走路"。在 1978 年的全国教育工作会议的讲话中又指出,整个教育事业必须同国民经济发展的要求相适应,"应该考虑各级各类教育发展的比例,特别是扩大农业中学、各种中等专业学校、技工学校的比例"。这就为恢复和发展中国的职业教育制度做了思想准备。中共十一届三中全会确定了全党的工作重点转移到社会主义经济建设上来,给职业教育制度的恢复和发展带来了契机,1982 年通过的《中华人民共和国宪法》中,将职业教育与初等教育、中等教育、高等教育并列,从宪法层面承认了职业教育制度是中国学校教育制度的重要组成部分。

1985 年颁布的《中共中央关于教育体制改革的决定》中,规定了职业技术教育与基础教育、高等教育为构成中国教育体制的三大组成部分。1991 年 10 月《国务院关于大力发展职业技术教育的决定》,明确了职业教育制度在中国社会主义现代化建设中的战略地位和作用,提出了 20 世纪 90 年代职业教育的主要任务。至 90 年代中期,中国逐步建立起职业教育和技术教育两大类型、职业技术入门教育、职业技术准备教育和职业技术继续教育三个阶段,初级、中级、高级三个层次的职业技术教育体系,形成了包括初级职业技术学校、中等专业学校、技工学校、职业中学、农业中学、专科职业技术学院在内的职业技术学校系统和职业技术培训中心等职业培训系统。1995 年的《中华人民共和国教育法》明确规定国家实行职业教育制度。

1996 年颁布施行的《中华人民共和国职业教育法》,是职业教育制度发展史上的重要里程碑,标志着中国职业教育制度的建立,使中国职业教育事业开始走上依法治教的轨道。《中华人民共和国职业教育法》确立了中国职业教育体系,包括初等、中等和高等三类职业教育和初级、中级、高级三级职业培训,其中职业培训包括从业前培训、转业培训、学徒培训、在岗培训、转岗培训及其他职业性培训等方面。

2002 年,国务院召开了全国职业教育工作会议,并作出了《关于推进职业教育改革与发展的决定》。会议和该文件认为,职业教育是中国教育体系的重要组成部分,是中国国民经济和社会发展的重要基础。要实施科教兴国战略、促进经济社会可持续发展、促进就业和再就业、解决"三农"问题,就必须高度重视并加快职业教育的改革与发展。2004 年,国务院批转教育部的《2003—2007 年教育振兴行动计划》提出,要实施"职业教育与培训创新工程"。同年,教育部与国务院有关部委再次召开全国职业教育工作会议,制定了《教育部等七部门关于进一步加强职业教育工作的若干意见》,对推进职业教育在新形势下快速持续健康发展提出了一系列政策措施。2005 年,《国务院关于大力发展职业教育的决定》发布,国务院在全国职业教育工作会议上还进一步明确"十一五"期间职业教育改革发展的指导思想、目标任务和政策措施。2010 年颁布的《国家中长期教育改革和发展规划纲要(2010—2020 年)》提出,必须把发展职业教育摆在更加突出的位置。

职业教育制度的基本特征

职业教育一般来讲是和普通教育相对的。普通教育的目的主要在于提高公民的基本文化素养,而职业教育则具有很强的职业导向性,主要是为就业、转业做准备,为提升工作效能服务。职业教育,无论从办学、专业设置到各类教育教学及各种管理制度、措施,都尽力适应职业的特点和要求。专业设置主要定位于明确的职业范围,以用人单位和求学者双方的需要和意向为首要考虑对象,以达到具体职业的资格标准为培养目标,尽可能与资格证书挂钩。职业教育专业着眼于岗位的需要,注意能力的培养,有意识地进行积极的职业指导或引导。

职业教育具有很强的社会性特征。职业教育举办主体呈现多元化。随着职业教育的重要性日趋显现,各国政府都积极举办职业教育,在职业教育发展中发挥着主导作用。同时,企业在职业教育方面扮演着越来越重要的角色,甚至出现了许多企业大学。另外,一些行业组织也承担了职业教育的任务和功能。职业教育被整个社会所重视,职业教育也与社会需要密切相连。

职业教育具有很强的实践性。职业教育的内容具有很强的技术性与实用性,与实际的生产劳动、工作相吻合;职业教育的方式具有很强的实践性,注意学习者动手操作,实践性教学环节占的比重比较大。职业教育是实践取向的,以实践需要为出发点,以培养实践能力为落脚点,整个过程非常注重技能与实践。

职业教育制度的发展特点

职业教育制度已经成为各国教育体系的重要组成部分,并随着经济和科学技术的发展而不断发展和完善。近几十年来,世界各国积极运用法律手段保障公民接受职业教育的权利,并通过改革以促进职业教育的进一步发展。

就总体而言,职业教育制度的改革和发展表现为职业教育立法逐步成熟,职业教育体系逐渐完善,职业教育的特征越来越明确,职业教育与普通教育相互融合和统一等多种趋势。

(1)职业教育制度的重心向上一层次移动。目前发达国家的职业学校体系,有中等和高等两个层次。而发展中国家的职业学校体系,或是初等、中等、高等三个层次,或是中等和高等两个层次。不论几个层次,世界各国的职业学校都已呈现出上移的趋势。

(2)终身教育思想的核心是使人的一生成为学习和工作不断交替、相互结合的过程。按照终身教育的观点,职业教育制度是一种贯穿人的整个职业生涯的教育,应当把职前与职后继续教育结合起来,保持前后的连贯性和一致性,成为延续终身的职业教育系统。

(3)许多国家在重视发展以学校为主的职业教育的同时,也十分重视各种企业内的职业培训,实行学校与企业联合办学、产学合作,使学校职业教育与职业技术培训相互结合。

(4)职业教育不仅传授职业知识,培养职业技能,还实施职业道德教育,促进人的全面发展。世界许多国家把职业教育制度改革的重心放在调整职业教育体系与普通教育体系的关系上,强调普通教育职业化,职业教育普通化,即随着教育机会的扩大和普及教育的发展,普通教育职业教育已不再成为独立体系,普通教育体系与职业教育体系已经呈现出相互融合、统一的趋势。

参考文献

国家高级教育行政学院.新中国教育行政管理五十年[M].北京:人民教育出版社,1999.

劳凯声.教育法论[M].南京:江苏教育出版社,1999.

梁忠义、李守福.职业教育[M].长春:吉林教育出版社,2000.

（宋雁慧　尹　力　吴洪富）

职业培训(vocational training)　　根据劳动力市场需要,在一定时间内通过课堂学习、实地操作等形式,为使具有劳动能力的劳动者获得从事某种职业所必需的专业技术知识、实际技能、职业道德和职业纪律而进行的教育训练活动。专为劳动者提供获得职业岗位资格要求,并按不同工种(专业)与不同层次规定的目标要求所举办的各类在职培训、转业(转岗)培训等均属职业培训范畴。

职业培训是中国职业教育的重要组成部分。《中华人民共和国劳动法》在总则中规定,国家采取各种措施,促进劳动就业,发展职业教育,帮助劳动者提高职业技能,并设"职业培训"章,明确国家、各级人民政府、用人单位和劳动者发展职业培训的具体责任。《中华人民共和国职业教育法》明确了中国的职业教育体系包括各级各类职业学校教育和各种形式的职业培训。实施职业培训的目的在于将新生劳动力培养训练成为具有一定知识、技术和技能素质的合格劳动者,或将具备一定职业经历者训练成适应新的职业岗位要求的劳动者,以满足就业和转换职业的需要。

中国职业培训的基本制度包括劳动预备制度、再就业培训制度、学徒制度、企业在职职工制度等;基本内容分为基本素质培训、职业知识培训、专业知识培训、职业技能培训、社会实践培训等。职业培训经费有政府财政拨款、企事业单位自筹及使用贷款、收缴学费、培训实体创收、社会资助、接受捐赠等多种渠道和形式。1999年,《关于加强就业经费管理工作的通知》规定,企业职工工资总额的1.5%应用于职工培训。在由各地政府支付的就业经费和建立的失业保险基金中,要划出一定比例(一般为15%)用于失业人员的就业前训练和转业训练。

职业培训种类依据培训对象分为就业前培训、转业培训、再就业培训、农村劳动力转移培训、在职职工培训以及其他职业性培训。依据职业标准、培训层次分为初级、中级、高级、技师、高级技师职业培训和其他适应性培训。职业培训机构类型主要包括就业训练中心、技工学校、职业中学、中等专业学校、高等职业技术学院、企业职工培训机构、职工大学、广播电视大学、普通院校、综合性职业培训基地以及社会力量办学单位等。就业训练中心的培训对象主要是失业青年和下岗失业人员,组织就业前训练和转业训练,多以实用技术和适应性培训为主,学制灵活,短则1～3个月,长则6～12个月。技工学校是培养技术技能型人才的主要基地,招生对象主要是初中毕业生,学制3年,将教学实习与科研生产相结合,已形成初级、中级、高级培训并存,学历教育与职业资格证书教育相结合,多层次、多功能、多元化的职业培训体系,遍及机械、电子、航空、电力、石油、冶金、铁路等近30个部门和系统,为国家经济建设输送大批高素质的技术工人。技工学校兴起了完善中国社会主义市场经济发展的调整期,不少地区还根据本地区对高技能人才的需求,依托骨干学校创办了一批技师学院和职业技术学院,进一步提升职业教育的办学层次。综合性职业培训基地是在改革技工学校、就业训练中心以及企业培训实体的基础上建立的一种兼有职业需求调查、职业培训、职业技能鉴定、职业指导等多种功能,并与职业介绍紧密联系的培训联合体,为学员提供培训、鉴定、就业一体化服务。为使职业培训工作更好地适应劳动力市场的发展,针对劳动者的就业需要开展多层次、多形式的培训,促进培训与就业紧密结合,1996年,国家劳动部制定《综合性职业培训基地的基本要求》,组织进行综合性职业培训基地和集团试点工作,将技工学校或就业训练中心建成多功能综合基地,充分体现培训与就业相结合、培训为就业服务的功能,并发挥示范和辐射作用。基地主要依托社区,着眼于联合与调动全社会力量,发挥整体优势举办职业培训,并成为区域性职业培训工作的主导力量。社会力量办学单位是企业组织、社会团体及其他社会组织和公民个人依据《社会力量办学条例》,利用非国家财政性教育经费,面向社会举办的教育培训机构,主要实施以职业技能培训为主的职业资格培训、技术等级培训、劳动就业职业技能培训,由劳动行政部门主管。

在经济发展转型时期,从培训侧重面上,中国的职业培训还可分为再就业培训、劳动预备制培训和创业培训等。再就业培训是在深化国有企业改革和实施再就业工程过程中,为帮助下岗职工转变就业观念、提高职业技能、尽快实现再就业而进行的专门培训。劳动预备制培训是国家为提高青年劳动者素质、培养劳动后备军而建立和推行的一项培训制度。1999 年起,全国城镇普遍推行劳动预备制度,其基本内容是组织新生劳动力和其他求职人员,在就业前接受 1~3 年的职业培训和职业教育,取得相应的职业资格或掌握一定的职业技能后,在国家政策的指导和帮助下,通过劳动力市场实现就业。其主要对象是城镇未能继续升学并准备就业的初、高中毕业生,以及农村未能升学并准备从事非农产业工作或进城务工的初、高中毕业生。创业培训旨在帮助培训对象树立创业意识、掌握创业知识、形成创业能力(参见"创业教育")。中国创业培训的重点是鼓励和引导下岗职工和失业人员积极开展创业活动,通过组织开展培训指导、政策咨询和跟踪服务,提高下岗职工和失业人员从事个体、私营经济或创办小企业的能力。创业培训的特点是形式灵活多样,可采取集中授课、专家现场咨询和案例分析相结合,也可收看远程培训节目与实地参观考察相结合。

20 世纪末及 21 世纪初,全球经济一体化加速了产业结构调整步伐,并对就业结构和培训需求产生重大影响。知识经济的兴起缩短了技术进步的周期,加快了就业层次和形式的变化,进而加大了对高技能和多技能劳动者的需求。1996 年,经济合作与发展组织在《以知识为基础的经济》的报告中指出,在工业经济向后工业经济的转变中,经济的知识密集化或高技术化使产出和就业增长具有强大的动力和活力,并由此带动对熟练工人和高技能工人需求量的增长;对个人或企业而言,加强职业培训和提高职业技能是掌握新技术、开发新潜力、提高个人就业竞争力和企业生产经营竞争力的关键。职业培训机构迫于形势发展,不断进行改革,以应付巨大压力和挑战。中小企业的发展成为职业培训的关注重点,许多发达国家聘请当地专家和有经验的中小企业主授课,培训内容非常实际,主要针对保持企业良好信誉,进行企业营销管理和财务管理等内容开展"以需求为导向"的培训。

21 世纪初期,随着中国经济的快速、持续发展,职业培训事业得到长足发展。2010 年,《国务院关于加强职业培训促进就业的意见》提出,当前和今后一个时期,职业培训工作的主要任务是:适应扩大就业规模、提高就业质量和增强企业竞争力的需要,完善制度、创新机制、加大投入,大规模开展就业技能培训、岗位技能提升培训和创业培训,切实提高职业培训的针对性和有效性,努力实现"培训一人、就业一人"和"就业一人、培训一人"的目标,为促进就业和经济社会发展提供强有力的技能人才支持。"十二五"期间,力争使新进入人力资源市场的劳动者都有机会接受相应的职业培训,使企业技能岗位的职工得到至少一次技能提升培训,使每个有培训愿望的创业者都参加一次创业培训,使高技能人才培训满足产业结构优化升级和企业发展需求。

(张　元)

职业指导(vocational guidance)　　帮助个人根据经济社会发展需要、职业岗位对从业者的素质要求和自身特点选择并适应职业的活动。是用人单位招收符合职业要求的从业者,进行人力资源开发的手段,也是定向教育机构招收符合专业学习要求的学生的方法。其服务对象包括学生、失业人员、在职人员等。主要任务包括教育和援助两类:教育的重点是培养受教育者的职业意识、职业理想、职业道德以及就业观、创业观;援助是为被指导者择业、就业、转岗、创业提供具体指导和帮助。

职业指导中运用的主要理论　　主要有三种理论。

(1)人职匹配理论。职业指导的经典理论,即在承认职业差异和个体差异的基础上,帮助个人寻找其个体特征与职业要求合理匹配的职业,帮助用人单位聘用符合职业要求的从业者。包括因素—特性理论和人格—类型理论。因素—特性理论由美国心理学家 F. 帕森斯于 1909 年在《选择一个职业》中提出,后不断完善。该理论强调三方面内容:职业分析,即分析职业的特点、内容等因素,明确职业对从业人员的具体要求;被指导者的特性分析,即分析被指导者的生理、心理状况和家庭情况,作出综合评价;依据上述分析结果对个人或用人单位进行指导,以达到人与事的匹配。具体操作分六步:分析、综合、诊断(分析被指导者与职业的适应程度)、预测(预测被指导者职业发展方向)、咨询(通过与被指导者商量,对制订或调整职业生涯规划、择业方向及其具体环节提出建议)、重复(对被指导者遇到的新问题,通过重复上述步骤给予解决)。人格—类型理论由美国心理学家 J. L. 霍兰德于 1959 年创立。他把人格和职业分成六种相互对应的类型(见下页表)。

霍兰德人格类型与职业偏好对应表

编码	人格类型	对职业的偏好
R	现实型	喜欢有规则的具体劳动和需要基本技能的工作,往往缺乏社交能力,适于从事熟练的手工作业或技术工作
I	研究型	喜欢观察、学习、研究、分析、评估和解决问题
A	艺术型	喜欢自我表现,感情丰富,善于想象,热爱艺术,往往缺乏办事能力,适于从事与文学、艺术相关的创作、表演、媒体、建筑或工业装潢等类职业
S	社会型	擅长与人相处,喜欢交往,关心社会问题,愿意出入社交场合和为社会服务,往往缺乏机械能力,适于从事教育人、帮助人、服务人的职业
E	企业型	性格外向,对冒险和领导角色感兴趣,喜欢管理和控制别人,具有支配、劝说、言语能力,往往缺乏科研能力,适于管理、决策、宣传、推销等方面的职业
C	常规型	喜欢有条理、有秩序的工作,习惯按固定的规程、计划办事,适于办公室、图书馆、财会、文秘一类的工作

每一种人格都有与之匹配的职业类型。通过测试,可以找到个人的职业代码。比如一个代码为ASI的人,在艺术型、社会型、研究型三方面得分较高,最适合做艺术家、画家、记者等。该理论还认为,从事人格与职业相应类型的职业,谓之协调;从事人格与职业相近类型的职业,谓之次协调;从事人格与职业相斥类型的职业,谓之不协调。实践证明,存在具有典型人格类型的人,但多数人属于混合型。

(2)职业发展理论。研究人的职业心理与职业行为成熟过程的理论。认为职业发展在人的生活中是一个连续、长期的过程,职业选择不是面临就业时的单一行为,职业态度从童年就开始孕育,并随年龄、经历和教育发生变化。人一生的职业发展可分为几个既相互区别又相互联系的阶段,每一阶段都有其特点和任务。该理论认为职业指导的任务是在考察被指导者的职业发展阶段及其职业意识与行为的成熟水平的基础上,增进被指导者对职业、职业选择、实现职业目标的途径和方法的认识,职业指导是长期、系统、应贯穿于人的一生的工作。职业发展理论的研究重点是初次择业。该理论主要包括:① 职业心理与职业行为成熟过程理论。主要代表人物是1953年开始此项研究的萨帕,美国从幼儿园到十二年级的职业指导计划主要基于此理论。其主要观点:人的个性不同,适于从事不同类型的职业;人的职业偏好、从业能力、自我认识等随年龄、经历和经验的变化而改变,择业行为和心理调适是个不断变化的过程;人的职业生活既受父母的社会地位、经济实力的影响,也受个人智力、人格和机遇的影响;个人的职业发展过程既是自我认识形成、发展和完成的过程,也是主客观折中调和

的过程;职业满意感与个人的才能、兴趣、人格特征以及职业价值观密切相关;接受职业指导,有利于人生发展;人的职业行为分为五个阶段,即成长阶段(1~14岁)、探索阶段(15~24岁)、确立阶段(25~44岁)、维持阶段(45~60岁)、衰退阶段(60岁以上),不同的人由于个人条件和外界环境不同,其职业阶段有不同特点,从事不同职业的个体,其职业阶段也往往不同。② 职业选择心理与行为发展变化理论。主要代表人物是美国的金兹伯格。该理论认为:职业选择不是短时间的一次性决定,而是从幼儿就开始的包含一系列决定的长期过程;职业选择的初、中期在青年期,青年的每个决定与本人经验有关,每个决定是连续的、演进的;职业选择应充分理解个人的兴趣、能力、价值观以及这些因素与社会需要、职业空缺之间的关系;人的职业选择分为三个时期,即幻想期(儿童期,职业意向随生随灭、飘浮不定,易受外界影响)、暂定期或尝试期(11~17岁,个人兴趣、能力、价值观都反映在职业意向上)、现实期或实现期(18岁以后或进入定向教育机构后直至最后确定职业,面对现实择业),实现期又可分为探索、专心、特定三个阶段。

(3)职业生涯和职业系留点理论。研究职业生活发展全过程的理论。是职业发展理论的延伸和扩展,受到社会学家和管理专家的普遍重视。这一理论更重视职业的再选择,即职业转换或现职业的维持。职业转换指从业者根据职业环境和个人条件变化,从一个职业岗位转移到另一个不同种类职业岗位的从事新工作的过程;是伴随经济社会发展而产生的一种必不可少的职业变动现象,由从业者在职业生活中形成的价值观、经实践验证并得到发展的个性特征与有保证的职业机会结合引起;是个人长期从事某一职业或几种职业后,具备相当实力、经验并取得一定成就时对职业的再次抉择。职业系留点(亦称"职业锚")理论由美国麻省理工学院的施恩等人于20世纪70—80年代提出。职业系留点指一个人转换职业时最不舍得放弃的需要、价值观和能力,既反映从业者具有一定职业阅历后真正从事某种职业的心理原因,也是从业者决定维持某种职业或选择另一种职业的依据。此理论认为,刚参加工作的新雇员与用人单位之间有一个相互磨合、相互发现的过程,从业者在此过程中形成更清晰的职业观。职业理想只是对理想职业的预期和追求,而职业系留点是在职业生涯中找到了理想职业。此理论把职业系留点分为五种:一是重视职业的技术性、专业性、职能,不断向以技术为核心的工作挑战;二是重视职位阶层,发挥管理能力,把从事技术工作当作攀登权力阶梯的必经之路,分析、人际、控制能力强;三是重视创造力发挥,力争职业活动的自主性,创新能力强;四是重视职业的安全性和稳定性,即连续就业、前途稳定;五是重视职业的自主性,倾向摆脱限制与约束,能自由地安排自己的工作和生活。

职业生涯咨询和职业生涯教育　20 世纪 80 年代,在美国,"职业指导"的概念被"生涯咨询"所代替。1984 年,美国全国职业指导协会改名为"美国生涯发展协会"。随着经济社会的发展和人们对自身发展的进一步关注,职业指导突破了就业安置的旧框架,由原来仅于就业前进行的择业指导,扩展到对整个人生职业活动的指导,同人生指导、生活指导和教育过程密切联系起来,使职业指导的内涵发生根本性变化,职业生涯咨询也因此而生。职业生涯教育与职业生涯咨询几乎同时产生,它由美国联邦教育总署署长马兰德于 1971 年提出。

职业生涯教育和职业生涯咨询同为职业指导的衍生物,都来源于职业指导,相互联系、密切相关,但两者内涵有别、目标不同,产生原因、实施主体、工作对象也有明显区别。在美国,职业生涯咨询源自人们对生涯发展的需要,主要由社会组织实施,在社会上进行,以求职者、在职者、即将就业的学生为工作对象,侧重于对人们的"辅导";职业生涯教育源自学校教育改革的需要,主要由学校协调各方面的力量实施,以各阶段在校学生为工作对象,侧重于学校对在校学生的"教育"。职业生涯教育不是某阶段教育的任务,而是有目的、有计划、有组织地贯穿于教育各个学段的系统、持续、动态发展的综合性教育过程。每个学段的职业生涯教育要根据学生年龄特征和各学段的培养目标,结合其认知能力,逐步提高其对职业、社会生活的认知能力,设定不同的德育任务。如中国小学阶段应侧重职业意识教育,初中和高中阶段要侧重认识自我和职业理想教育;现阶段职业院校的职业生涯教育要把学生动力机制重构作为重点,着力于引导学生恢复自信,使其形成正确的成才观和天生我才必有用的信念,关注自身职业生涯发展,增强提高职业素养的自觉性,珍惜学校生活,为适应社会、融入社会和就业、创业做好准备。

职业生涯设计　职业生涯设计是实施职业生涯教育的重要载体,是根据经济社会发展需要和本人实际制订未来职业生涯发展规划的过程。其产出是目标明确、实事求是、瞻望个人职业前途的职业生涯规划。

发展是职业生涯设计的着眼点,由分析发展条件、确立发展目标、构建发展台阶、制订发展措施等四个环节组成。分析发展条件是确保职业生涯设计方向正确、目标实在、符合实际、客观把握职业生涯发展的内部和外部环境的基础,包括分析自身条件及其变化趋势、家庭条件及其变化趋势、行业发展趋势和就业环境等。确立发展目标首先是对职业发展方向的抉择,如是就业还是创业,是向技术工人、专业技术人员的方向发展,还是向管理人员、公务员方向发展;其次是发展长远目标的制定。构建发展台阶即与长远目标方向一致的中期、短期目标,各阶段的目标之间呈阶梯形,前一个目标是后一个目标的基础,后一个目标是前一个目标的方

向,所有阶段目标都指向远期目标。制订发展措施包括标准、办法、时间三个要素,是达到每个阶段目标的具体举措。

在学校实施职业生涯教育的过程中,不但要引导学生制订既符合本人实际,又能激励自己奋发向上的规划,而且要引导学生管理和落实规划,在适当时期根据本人和经济社会的变化调整规划。

职业指导的产生与推进　职业指导是经济社会发展、社会矛盾以及社会科学发展共同促成的产物。19 世纪末至20 世纪初,在美国和其他工业发展较快的国家,一方面,新技术的广泛应用和工业化进程导致了一系列新职业诞生,科技含量增加、门类繁多的职业既为人们选择职业增加了自由度,也形成了每一种职业对从业者素质的特定要求;另一方面,大批农村人口转向城市,农民、小生产者纷纷破产,工人收入降低,失业人口大幅增加,社会矛盾尖锐。差异心理学、心理测量学以及职业心理学等学科的产生和社会学、管理学等学科的发展,为职业指导的产生奠定了理论基础。世界上第一个职业指导机构是由美国心理学家 F. 帕森斯倡导并担任局长,于 1908 年成立的波士顿地方就业局。他在该局执行委员会的工作报告中第一次提出"职业指导"概念,并说明职业指导的程序为两步:一是分析职业特点及其对人的要求,二是人的个性特点及才能分析。1913 年,美国成立全国职业指导协会,将职业指导定义为帮助个人准备职业、选择职业、获得职业和转换职业的过程。20 世纪 20年代前后,德国、英国、法国、日本、苏联和中国也相继推行职业指导。第一次世界大战期间,美国陆军使用在比纳-西蒙量表基础上修订的量表,进行智力测验,防止低能或不合格者进入部队,并使更合格的人担任重要职务。第二次世界大战期间,美国又根据瑟斯顿于 1938 年提出的"主要心理能力"(知觉速度、推理能力、词语理解、词语流畅、空间知觉、记忆力和计算能力)编制了一般分类测验,用于测量军人的能力。1958 年,美国通过《国防教育法》,规定每年拨款1 500 万美元开发职业指导课程和培养职业指导人员。第二次世界大战结束后,心理测量广泛应用于美国服务业,用以测试工作人员能力,并作为录用职工的依据。此后,各种能力测验和职业测验大量涌现,如运动技能测验、机械能力测验、文书能力倾向测验等。职业指导也突破了就业安置的框架,同人生指导、生活指导和教育过程密切联系,其内涵发生根本性变化。职业指导的工作对象由只针对个人就业进行指导,拓展为用人单位选拔合格雇员。随着经济复苏,职业指导作为充分利用人力资源、发挥人的才能的重要手段引起各国广泛重视。1949 年,日本文部省规定职业指导是学校的重要工作,设立专门的职业指导主任,并开设职业指导课。1978 年,苏联成立中学生职业定向教育办公室,1984 年,苏共中央颁布《关于改进学校的劳动教育、劳动教学和职业指导以及组织他们参加公益劳动和生产劳动的决

定》。苏联把职业指导纳入职业定向教育,特别强调职业观和价值观教育,在指导方法上注重集体活动。

中国职业指导产生于 20 世纪 20 年代前后。为解决学生毕业即失业,而工商界又急需人才的矛盾,一些教育界和实业界的有志之士学习美国的经验,在中国推行职业指导。1916 年,周寄梅任校长的清华学校率先在国内开始推进职业指导。1917 年,黄炎培创办中华职业教育社,以"使无业者有业,使有业者乐业"为社训,是中国最早倡导并大面积推行职业指导的社会团体。民国政府教育部曾公布升学及职业指导办法,出版职业指导丛书。1928 年,全国教育会议通过了《设立职业指导所及厉行职业指导案》。1931 年,全国职业指导机关联合会成立。中华人民共和国成立后,由于计划经济和城乡二元结构等原因,国家实施"统包统配"的就业制度、国家固定工制度和低工资、多就业制度,职业指导几乎销声匿迹。改革开放后,随着中国经济体制、教育体制和劳动人事制度改革的深化,职业指导重新受到重视。20 世纪 80 年代初,中华职业教育社多次提出职业指导的重要性,并组织研讨会;华东师范大学等高等院校开始引进国外职业指导的有关资料,并展开与加拿大等国家和地区的合作研究。1986 年,劳动人事部组织出版了《就业指导》,开始全面实施职业指导。有关职业指导的研究于"七五"、"八五"、"九五"、"十五"期间连续成为全国教育科研规划重点课题;1993 年,中国职业技术教育学会组建职业指导专业委员会。1994 年,劳动和社会保障部颁布针对全国职业介绍和就业训练机构的《职业指导办法》,教育部颁布《普通中学职业指导纲要(试行)》,明确要求初中、高中开设职业指导课。1996 年,《中华人民共和国职业教育法》明确在职业学校开展职业指导。1999 年,开始推行职业指导师职业资格证书制度,分为职业指导员、助理职业指导师、职业指导师、高级职业指导师四个等级。2001 年,职业指导纳入中等职业学校德育必修课。2002 年,《教育部关于加强职业技术学校职业指导工作的意见》正式颁布。随着高等院校的扩招,职业指导在高等院校也受到重视。

21 世纪初,职业生涯教育引起中国教育界的普遍重视。2004 年,在理论研究的基础上,教育部教育发展研究中心"职业生涯教育项目组"在 7 个县级市启动"农村中小学实施职业生涯教育的实验",引发中小学进行职业生涯教育实验的兴趣。2009 年,《职业生涯规划》成为教育部规定的全国中等职业学校德育必修课,升华了原有职业指导的教学内容。在许多高校和省市多年组织大学生职业生涯规划比赛的基础上,教育部等单位还联合举办"全国大学生职业生涯规划大赛"。许多高等院校成立了职业生涯发展协会。

参考文献

蒋乃平. 职业生涯规划教学参考书[M]. 北京:高等教育出版社,2009.

饶达钦. 技术职业教育理念与实施[M]. 台北:文景书局,1995.

(蒋乃平)

职业资格证书制度(national vocational qualification system) 依据国家制定的职业分类和职业标准,依法对劳动者的职业能力进行训练、评价和认证的制度。对增强劳动者的就业能力和工作能力起促进作用。作为国家劳动人事制度的重要组成部分,与国家就业制度、职业教育和培训制度以及企业劳动人事管理制度密切相关,是一个规划、培育、开发、利用、管理和监控劳动力资源的职业资格状况的综合体系。

职业资格证书制度主要包括四部分:(1)职业分类和职业标准系统。是职业资格证书制度的起点和基础。科学的职业分类和动态的职业标准体系反映现实经济活动和职业活动的内在特征,反映科学发展和技术进步对劳动者职业能力的要求。"以职业活动为导向,以职业能力为核心"的职业标准体系体现工作现场对劳动者的必备能力要求和工作规范,是各类职业教育培训和鉴定考核活动的准绳和依据。(2)职业能力养成和提高系统。是劳动者职业能力养成和职业资格提供的主要系统,建立在职业分类和职业标准基础上。包括与职业分类和职业标准相配合的课程开发、教材编制、教学装备开发和符合能力培养要求的师资队伍建设等,以及各类职业学校教育、其他就业前培训以及企业内职工培训等。(3)职业能力评价和认证系统。是对劳动者的职业能力进行评价与认证的主要方式和手段。包括鉴定机构管理、考评人员管理、鉴定命题管理、考务管理和证书管理。职业技能竞赛和优秀技术技能人才评选表彰活动也是职业技能鉴定的一种表现形式。(4)职业资格证书运行系统。职业资格是为完成特定职业的工作目标和任务,对从事某一职业的人员提出的必备的学识、技术和能力的基本要求,反映劳动者为适应职业劳动需要而运用特定知识和技术的能力。与学历文凭不同,职业资格与职业劳动的具体要求密切结合,更直接、准确地反映特定职业的实际工作标准和操作规范,以及劳动者从事这种职业所达到的实际能力水平。职业资格可分为从业资格和执业资格。从业资格是指从事某一职业在(专业)学识、技术和能力上的起点标准;执业资格是政府对某些责任较大、社会通用性强、关系公共利益的职业(专业)实行的就业准入控制,是劳动者依法独立开业或从事某一特定职业在(专业)学识、技术和能力上的必备标准。根据职业活动范围、工作内容的数量和质量、工作责任等要素,可将特定职业按等级区分资格要求。在现代市场经济条件下,职业资格证书在劳动力市场的流通主要依靠企业和劳动者对它的认同和使用,职业资格证书运行系统是联系教育培训活动和企业经济生产活动的纽带,也是连接教育培训活动和就业的桥梁。

职业资格证书制度是国际上通行的一种对技术技能人才的资格认证制度,英国、德国、澳大利亚、日本、韩国等许多国家将职业资格证书制度作为国家制度推行。西方大多数国家的职业资格证书采用分权管理方式,由通过竞争产生的非政府性证书机构加以管理。英国的职业资格证书体系有国家职业资格证书和普通国家职业资格证书两大类。前者主要满足产业界和雇主的用人需要以及劳动者在劳动力市场的需要。劳动者接受职业培训后,须由专门的职业资格鉴定机构予以考核,成绩合格后才能获得国家职业资格证书。后者由初、中、高三级组成,覆盖艺术设计、商务、健康与社会福利、休闲与旅游、制造、建筑和建筑设备、旅馆与餐饮、科学、工程、信息技术、通信产品、管理研究、流通、土地与环境、表演艺术等 15 种职业。两者关系密切,一个具有普通国家职业资格的专业人员还须具有国家职业资格规定的该学科的基础知识和技能;可从事国家职业资格体系内的相关职业。德国职业资格证书认证的具体运作机构是经政府授权的行业联合会,如工商业联合会、手工业联合会、农业联合会和医生联合会等。工商业联合会集培训、考核、发证等功能于一身,接受职业教育的学生在为期 2～3 年的培训过程中,既能在职业学校里学习理论知识,又能在企业内进行实际操作能力训练,考试合格后获得的证书不仅能证明持证人的从业技能,而且可使持证人在求职过程中有权要求得到相应的劳动报酬,使技能与工资真正挂钩。这种具有实际意义的证书既为各企业免除了考核之劳,又为劳动者提供了实惠,受到劳资双方的欢迎。技术工人在工作中有各种继续深造的机会,可以在具有丰富的工作经验和满足一定条件后参加由工商联合会组织的技师资格考试,考试合格后获得由工商联颁发的证书。持技师资格证书者在企业内享有很高的工资待遇,从事的工作也与一般技术工人不同。若自谋职业,该证书即为开业的资格证书。韩国从 20 世纪 70 年代起,经过不断的探索和实践,形成以《国家技术资格法》、《国家技术资格法施行令》和《国家技术资格法施行规则》为法律依据,由国家劳动部主管,韩国产业人力公团组织实施,有关行业部门参与的技术资格运行体系。该体系分五个等级。技术资格鉴定实行国家统一命题、统一考试、统一阅卷、统一发证的制度。学生必须通过国家技术资格鉴定取得产业学士资格后,毕业时方可获得产业学士学位。1992 年,韩国建立技术教育大学,学制 4年。日本、以色列、西班牙、澳大利亚等国也均建立了职业资格证书制度。

推行职业资格证书制度是中国政府在建立和完善社会主义市场经济体制过程中,对人力资源开发进行战略调整的重大举措。职业资格证书制度是培育、完善劳动力市场和促进职业教育培训事业发展的重要手段,对提高劳动者就业能力和工作能力、促进劳动者素质整体提高、改善中国劳动力素质结构和供给能力具有重要作用。职业资格证书制度为劳动者和用人单位提供了权威的资格认证体系,保障就业质量的重要手段;引导社会尊重和崇尚职业技能,形成科学的知识观和人才观;保证劳动力的有序流动;规范和促进职业培训事业的发展。中国推行职业资格证书制度的主要做法有以下几点:(1)面向市场。职业资格证书制度建设主要面向劳动者和用人单位,适应劳动力市场的需求,建立以能力为基础、以市场为导向的规范统一的证书制度。(2)扩大范围。按照学业证书、职业资格证书并重的制度,在做好职业技能鉴定社会化管理工作的同时,开展对企业职工和职业学校毕业生的职业技能鉴定,并将范围和对象向乡镇企业、私营企业从业人员以及需要建立职业资格证书制度的领域拓展,提高职业技能鉴定水平,加大高级职业资格等级鉴定比重,以利于高级技能人才成长。(3)完善制度。通过就业服务、劳动监察等手段,落实就业准入制度。(4)提高质量。在扩大证书覆盖面的同时,建立有效、完善的质量控制和监督机制,各地区、各部门的鉴定工作实现管理制度化、手段科学化、运行规范化,维护和增强职业资格证书的权威性。

20 世纪 50 年代初,中国在建立和完善工资管理制度的同时建立了工人技术等级考核制度,这是中国职业资格证书制度的雏形。现代意义上的职业资格证书制度始于 20 世纪 90 年代。1993 年,《中共中央关于建立社会主义市场经济体制若干问题的决定》首次提出要在中国实行与学历文凭并重的职业资格证书制度。同年,劳动部发布《劳动部关于建立社会主义市场经济体制时期劳动体制改革总体设想》,提出国家职业资格证书制度是职业技能开发的一个中心环节,是把职业技能开发和劳动力市场连接起来的纽带;逐步将已有的工人技术等级证书改造成为国家职业资格证书,并扩大职业资格证书的覆盖面,重要工种和关键岗位的职业资格证书要起职业许可证的作用。1994 年,劳动部、人事部联合颁布《职业资格证书规定》,这是中华人民共和国成立后劳动人事部门正式颁布的第一个关于建立职业证书制度的规章。它对职业资格证书制度的基本内容做了明确规定,对推行职业资格证书制度作出总体部署,促使中国各种考核鉴定和资格认证逐步纳入国家职业资格证书的轨道。1994 年,《中华人民共和国劳动法》颁布,明确规定国家确定职业分类,对规定的职业制定职业技能标准,实行职业资格证书制度,由经过政府批准的考核鉴定机构负责对劳动者实施职业技能考核鉴定,确立了国家职业资格证书制度的法律地位。1999 年,《中共中央国务院关于深化教育改革全面推进素质教育的决定》再次明确在全社会实行学业证书、职业资格证书并重制度,标志着党和政府按照市场经济规律对人力资源开发政策进行战略性调整。同年劳动和社会保障部颁布《中华人民共和国职业分类大典》,把中国职业划分为由大到小、由粗到细的四个层次,包括 8 个大类、66 个中类、413 个小类、1 838 个细类。细类为最小类别,即职业。国家职业资格证书分为五级,即初级、中级、高级、技师、高级技师,并分别对应为国家职业资格五级、四级、三级、二级和一级。中国已颁布 641 个国家职业标准,并完成了配套教材、题库的开发工作。至 2010 年,全国共有职业技能鉴定机构 9 803 个,职业技能鉴定考评人员 21 万人。全年共有 1 658 万人参加了职业技能鉴定,1 393 万人取得不同等级职业资格证书。其中取得技师、高级技师职业资格的有 38.8 万人。

(李占武)

智慧技能学习(learning of intellectual skills)　　通过后天经验或学校教育条件下获得、掌握和运用程序性知识以支配其行为的过程。是人类认知能力学习的中心课题。由于教育家和心理学家对智慧技能这一概念有不同理解,教育学和心理学中对智慧技能的分类、学习过程和条件有不同解释。

智慧技能学习理论

中国教育学和心理学中存在两类智慧学习理论:一类智慧技能学习理论来自苏联心理学,该理论通常把智慧技能称为智力技能或心智技能,把智慧技能学习称为智力技能形成。另一类理论来自西方心理学,加涅的智慧技能层次论和 J. R. 安德森的产生式理论。

心智动作按阶段形成理论　　苏联心理学家以加里培林为代表,根据认识论中的反映论,认为“心智动作是外部的物质活动反映”,“是外部物质活动向反映方面——知觉、表象和概念方面转化的结果”。这种转化过程通过一系列阶段实现。在每一阶段上都产生新的反映活动和活动的再现以及它的系统改造。加里培林将心智活动的形成分为五个阶段:(1)活动的定向阶段,指学生了解和熟悉活动的任务,知道做什么和怎么做,在头脑中构成活动本质和结构的表象,对活动进行定向。教师向学生提供活动的样本,指出活动的程序以及关键点。(2)物质和物质化动作阶段,指借助实物或实物模型、图像、标本等进行心智活动的阶段。(3)出声外部言语动作阶段,指不直接借助实物而借助出声言语进行心智活动的阶段。(4)不出声外部言语动作阶段,指借助词的声音表象、动觉表象而进行的心智活动阶段。(5)内部言语动作阶段,指心智活动简化、自动化,似乎不需要意识参与的阶段。

智力技能形成三阶段理论　　由中国教育心理学者冯忠良提出,他将加里培林的理论加以改造,将五阶段压缩为三阶段:(1)原型定向阶段。原型也叫“原样”,在“模拟科学中”指被模拟的某种自然现象或过程,在智力活动中指一套操作程序。原型定向就是了解智力活动的“原样”,了解原型的动作结构,即动作构成要素及动作次序,学习者知道该做哪些动作和怎样完成这些动作,明确活动的方向。原型定向阶段也就是学习者掌握操作性知识阶段。(2)原型操作阶段。原型操作,即依据心理技能的操作性知识(也称“实践模型”),把学生在头脑中应建立起来的活动计划,以操作的方式付诸行动。在这一阶段,活动的执行是在物质和物质化水平上进行的。在物质的活动形式中,动作客体是实际事物,是对象本身。在物质化的活动中,动作的客体不再是对象本身,而是它们的替代物。(3)原型内化阶段。原型内化,即心智活动的实践模式(原型)向头脑内部转化,就是动作离开原型中的物质客体及外显形式而转向头脑内部,借助言语作用于观念性对象,从而对事物的主观表征进行加工、改造,并使其发生变化。这一阶段包括加里培林的出声外部言语动作阶段、不出声外部言语动作阶段和内部言语动作阶段。

加涅的智慧技能层次论　　加涅没有给智慧技能下一个正式定义,但他认为,智慧技能学习从获得简单的辨别和连锁开始。学校的学习包括这些简单的形式,但主要是学习概念和规则。概念和规则使得学生能够用体现他的环境的那些符号来做事的能力。言语学习与知道“什么”有关,而智慧技能与知道“怎样”有关。加涅将智慧技能学习分成四类:辨别学习,概念学习,规则学习和高级规则学习。智慧技能学习明显具有层级关系。高级规则学习以简单规则学习为前提条件,规则学习以概念学习为前提条件,概念学习以辨别学习为前提条件。加涅的学习理论阐明了上述四种智慧技能中每一种学习的内部和外部条件以及习得这种能力的外部行为表现。

安德森的产生式理论　　J. R. 安德森根据计算机模拟,认为人类习得的技能可以用计算机的类比来解释。计算机之所以能做事,如进行算术的四则运算,是由于人们在计算机内安装了计算程序的缘故。计算的程序是用“如果/那么”的规则(即产生式)编写的。同理,人脑之所以能学会做事,其心理机制是习得了做事的产生式规则。他认为,产生式规则是一切技能(包括动作技能和智慧技能)的心理机制。而且他主张产生式规则的学习需要经过三阶段:在第一阶段,做事的规则被学生习得,并以命题形式表征和储存在头脑内。学习者以弱方法解决问题,如用类比法解题,解题速度慢。在第二阶段,通过知识编辑,习得的规则由命题表征转化为产生式表征。当知识编辑之后,许多小产生式被一个或几个高级的产生式替代。这时学习者用快而精确的强方法解决问题。第三阶段,产生式规则在多种情境中重复练习的结果,导致技能的执行自动化。产生式理论将智慧技能分为两类：一类是模式识别。模式识别又分两种水平，在知觉水平的模式识别相当于加涅的知觉辨别，在思维水平的模式识别相当于加涅的具体概念和定义性概念学习。另一类是操作步骤，大致相当于加涅的规则。根据产生式理论，智慧技能学习可以归结为掌握模式识别能力和学会运用操作步骤做事的能力。

智慧技能学习的过程和条件

智慧技能学习的过程和条件可从两方面考虑：一是智慧技能学习的一般过程和条件；二是个不同类型的智慧技能学习的具体过程和条件。

智慧技能学习的一般过程和条件　　不论是加涅所说的对外办事的智慧技能还是对内调控的认知策略，其知识本质都是 J.R. 安德森所说的程序性知识，所以智慧技能学习的一般过程可以归结为程序性知识学习的过程。有些程序性知识是儿童在日常生活中自发习得的。在学校教育条件下，程序性知识学习一般要经过 J.R. 安德森所说的三阶段：在第一阶段，学生需要掌握做事规则。苏联心理学强调这一阶段需要借助实物或模型等直观的手段，帮助学生理解做事的规则。现代心理学强调从实际例子发现做事的规则。例如对于初入学的儿童来说，回答 "8＋7＝?" 这样的问题有三种方法：第一种方法是实际数数，从1数到8，再从8往上数，数7次，一直数到15；第二种方法是头脑中先记住8，再从8往上数，数7次，数到15；第三种方法是运用 "七八十五" 的口诀。当儿童已经掌握数概念的情况下，通过例子演示三种计算方法，儿童发现，第一种方法效率最差，第二种方法效率其次，第三种方法效率最高。研究表明，正常智力儿童在小学一年级完全能掌握第二种和第三种计算方法，并且能体会到三种方法的效率不同。这三种方法就是加涅所谓的对内调控的认知策略。第二阶段，习得的办事的规则在变化的条件下运用，也可以称为变式练习，如上述加法口诀要背熟，还要在变化的情境中反复运用。第三阶段，规则运用达到自动化。儿童体会三种方法的效率不同，表明他们的策略学习达到反省认知水平。

从上述例子可以概括智慧技能学习的一般条件：第一，教师对提供要学习的规则的两个以上的实例；第二，学生能通过知觉辨别、分析、抽象概括出例子中包含的规则；第三，习得的规则需要在变式的情境中多次练习。一般来说对内调控的认知策略具有跨情境性，其概括程度高，学习起来较难，需要的变式练习更多。儿童要在实际运用中体会它的效用，他们才乐于学习，所以认知策略学习应与反省认知学习相结合进行。

不同类型的智慧技能学习的具体过程和条件　　加涅的智慧技能层次论分别阐明辨别、概念、规则和高级规则学习的过程和条件。

辨别学习实际上是一种知觉学习，即作出知觉的分化。辨别学习关注的是物体的明显特征，学习者要对这些特征作出不同的反应。辨别包括简单辨别（对物体的形状、颜色等分别作出反应）和多重辨别（例如把容易混淆的单词放在一起让学生辨认）。学习者在进行多重辨别时，由于涉及的刺激较多，容易受到干扰，辨别起来比较困难。可以在开始时夸大刺激之间的不同特征，然后逐渐缩小特征差异，直到变成正常差异为止。

概念学习，实质上是掌握同类事物共同的关键特征（详 "概念学习"）。

规则学习　　根据学生原有认知结构的性质和新学习的规则的特点，可以采用例—规法和规—例法两种形式。例—规法指先呈现规则的若干例证，让学生从例证中概括出一般结论的教学法。在这种教学方法引导下，学生进行发现学习。运用例—规法教学时，学生的认知过程同概念形成中的过程相似，都需要进行辨别，提出假设与检验假设并进行概括。但这里对认知要求更高，因为这里的认知的对象不是具体事物，而是由概念构成的关系。可见，规则学习必须在学生已经掌握有关概念的基础上才能进行。规则发现的外部条件是教师呈现若干体现规则的例证。而且例证排列的方式也能提供重要的线索。在某些条件下，呈现直观教具也有助于学生发现规则。教师在学生遇到困难时，给予适当提示，常常是必要的。提示越多，越明显，发现的难度越低。这样的发现学习被称为有指导的发现学习。在课堂教学情境中，完全由学生独立去发现的情况是罕见的，一般是在教师指导下的发现学习。规—例法是先呈现要学习的规则然后用实例说明规则的教学方法。在这种教学方法引导下，学生进行接受学习。规—例法教学的最重要条件是学生对构成规则的概念已经掌握。解释概念学习的同化模式同样适用于解释规则学习。从例子到规则的学习可以用上位同化模式来解释，从规则到例子的学习可以用下位学习模式来解释。有些下位规则完全可以从上位规则中派生出来。例如，学生已知 "大数－小数＝相差数"，在计算环形面积时，只要将 "大圆面积－小圆面积＝环形面积" 纳入原有规则，学生便理解了新的规则。

高级规则学习　　与简单规则学习一样，也可以采用接受学习与发现学习两种形式。高级规则的发现过程是创造性的问题解决过程。为了解决问题，常常需要把一些简单的规则组合成复杂的、高级的规则。为了解决问题，学生必须识别问题的基本特征，并能够回忆起已学过的有关规则以及有关的信息。例如，仅学习过求长方形和三角形面积公式的小学生，在遇到他从未学过的求梯形面积问题时，通过把梯形分解为长方形和三角形，发现梯形面积等于分解后的长方形面积和两个直角三角形面积之和。这种通过问题解决由简单规则转化而来的新规则被称为高级规则。这里高级规则是将新图形分解为长方形和三角形;再把相等的直角三角形组成长方形;求出两个长方形面积并将它们相加。高级规则可以通过解决问题习得,但并不是一切高级规则都要通过解决问题的形式习得的。有些高级规则是教师利用学生的原有知识(简单规则),通过推导使学生习得的。一旦这样的规则习得,又可以应用于新的范围广泛的情境,解决同一水平上的问题。

参考文献

加涅,R. M. 学习的条件和教学论[M]. 皮连生,等,译. 上海:华东师范大学出版社,1999.

加涅,R. M.,韦杰,W. W. & 戈勒斯,K. C. 教学设计原理[M]. 皮连生,等,译. 上海:华东师范大学出版社,1999.

皮连生. 教育心理学(第四版)[M]. 上海:上海教育出版社,2011.

（吴红耘 刘 娜）

智力(intelligence) 亦称"智能"。个体顺利从事某种活动必需的各种认知能力有机结合而成的一种综合的心理能力,是进行学习、处理抽象概念、应付新情境和解决问题以适应新环境的能力。但对智力的确切含义存在很大争议。

心理学家对智力给出了不同含义。法国心理学家比纳认为,智力是推理、判断、记忆和抽象的能力。美国心理学家推孟认为,智力是进行抽象思维的能力。美国心理学家亨蒙认为,智力是获得知识的能力以及保持知识的能力。美国心理学家瑟斯顿认为,智力是抑制直觉调适的能力,根据想象的试误经验对抑制的直觉调适进行重新定义的能力,个体作为社会性动物将修正后的直觉调适表现为行为意志的能力。美国心理学家布鲁纳认为,智力是获得知识、保持知识,以及将知识转化为自己所用的能力。美国心理学家伍德罗认为,智力是获得能力的能力。美国心理学家迪尔博恩认为,智力是从经验中学习或获益的能力。美国心理学家 A. I. 盖茨认为,智力是关于学习能力的综合能力。美国心理学家斯腾伯格认为,智力是指向有目的地适应、选择、塑造与人生活有关的现实世界环境的心理活动。美国心理学家加德纳认为,智力是在实际生活中解决所面临的实际问题的能力,提出并解决新问题的能力,对自己所属文化提供有价值的创造和服务的能力。朱智贤认为,智力是一种综合的认识方面的心理特征,包括感知记忆能力、抽象概括能力、创造力。张春兴认为,对智力的定义大致可以分为两种取向:一是概念性定义,只对智力的性质作抽象描述,不作具体解释,上述的各种说法就属于概念性定义;二是操作性定义,即采用可操作的方法或程序所得到的结果来定义智力,如说"智力"是根据智力测验测得的分数(如智力商数,简称 IQ)。

正是由于智力这一概念的重要性但又存在认识上的不一致,所以在 20 世纪曾组织过三次世界范围内的有关智力本质的探讨活动。第一次讨论是在 1921 年,讨论的主题是智力及其测量,讨论的结果反映在《教育心理学杂志》中,其中提到的一些观点,至今还影响着智力问题的研究走向。第二次是在 1986 年,讨论的主题是智力的本质及概念问题,许多著名的认知心理学家、社会心理学家和遗传学家参加了这次讨论,讨论的结果被辑录在《什么是智力? 关于智力本质及定义的当代观点》一书中。第三次是在 1991 年,美国心理学会邀请 11 位著名学者评估和总结智力研究的现状。

斯腾伯格及其同事比较了 1921 年和 1986 年两次讨论。结果发现:在 65 年的时距中,心理学家对智力定义属性的看法没有很大差异。在基本加工(感觉、知觉和注意)和心理加工速度这些属性上看法有一致之处。在高级水平的成分(抽象思维、表征、问题解决、决策)和解决新事物的能力、学习能力等方面,20 世纪 20 年代心理学家提到的次数要比80 年代的心理学家要多。而在元认知、执行过程、知识、自动化加工等项目上,80 年代的则要多于 20 年代的。

在很大程度上,智力这一概念最初、现在仍然是由大众创造并使用的。斯腾伯格 1986 年认为,了解普通民众对智力的看法有四点理由:智力在我们社会生活中的重要性使我们值得去了解大众是怎样理解智力的;它可以作为智力的非正式的日常评定和训练的基础;它可以说明智力行为中需要理解但又被心理学家忽略的那些方面;有助于衡量人们的智力概念什么地方是适当的,什么地方不适当,并有助于弄清楚智力概念。

中国学者张厚粲等人 1994 年研究了中国民众的智力观及他们对高智力者特征的评定。研究对象的性别比例相近,青年(20～35 岁)和中老年(45～60 岁)所占的比例各为79.5％和 20.5％,被试的受教育程度分为三个等级:研究生以上(8.4％),大专学历以上(56.2％),高中以下(35.4％)。研究结果发现:(1)被试对高智力儿童和高智力成人最为重要的智力特征存在评定上的差异。普通民众关于高智力儿童和高智力成人最为主要的前 10 项特征,有一半是相同的(思维能力、好奇心、想象力、创造力和记忆力),表明这些特征是高智力者(儿童和成人)在智力活动中和社会生活中体现出来的共同特点。(2)通过差异检验发现,在高智力儿童 10 项主要特征中,各特征重要性的评价没有明显性别差异,青年人比中老年人更加注重高智力儿童的想象力特征,而中老年人比青年人更加注重记忆力特征;一、二等教育程度者比三等教育程度者更加注重高智力儿童的想象力特征。(3)对高智力成人 10 项主要特征的差异检验表明,男性对想象力特征的评价显著高于女性;青年人更强调高智力者的适应性特征,老年人则更强调高智力者的好奇心和求知欲特征。(4)采用聚类分析方法发现,成人的15项特征大致聚为三类:逻辑思维、接受新事物的能力、创造性、适应性组成的特征群;好奇心、洞察力、记忆力、想象力和自信心组成的特征群;精力充沛、有幽默感、兴趣广泛、独立性、表达能力和动手操作能力等组成的特征群。对儿童高智力的类聚分析没有发现明确可划分的特征群。

国外心理学家对普通民众的智力观研究主要集中在三个方面:普通民众眼中的智力,跨文化研究,普通民众眼中的智力同专家眼中智力概念的一致性问题。

美国心理学家西格勒和 D. D. 理查兹 1982 年关于普通民众怎样看待智力的研究。美国发展心理学家要求大学生列出高智力成人的五个主要特征并对其重要性进行评定。结果发现,被提到的五个最重要的特征是推理、语言能力、问题解决、学习和创造能力。两位研究人员要求大学生对各特征之间的相关程度(用1代表高相关,0代表无相关,0.5代表中等相关)进行评估。结果发现:问题解决与语言能力之间平均估计相关为 0.65,与学习能力为 0.66;语言能力与学习能力之间的相关为 0.58;而动作协调(大学生列出的 2 岁高智力幼儿的特征之一)与语言能力之间的平均估计相关为 0.28;语言能力与推理之间的相关为 0.31。

关于跨文化问题的研究。智力跨文化研究关注的问题是:在某种特定文化环境中生活的民众对智力的看法与其他文化环境中生活的民众对智力的看法有无共同点。换言之,以此种文化环境建构起来的智力观可否用于彼种文化环境?有人通过对乌干达不同部落和部落内部普通民众对智力概念的理解,发现部落内外之间对智力概念的理解很是不同。例如,Baganda 部落的人将智力看作是持久性、坚硬和冷淡无情;而 Batoro 部落的人则将智力认为是软弱、服从和顺从。也有人研究发现:赞比亚东部郊区 Chewa 居住地的成人判断智力的标准和西方人对智力的理解没有关系。

关于普通民众眼中的智力同专家眼中的智力概念的一致性问题。研究者请一般民众完成一份简短的开放式问卷,回答什么是一般智力(intelligence)、学术智力(academical intelligence)和日常智力(everyday intelligence)。然后将民众提到的智力行为送给智力方面的专家,要求他们评定各行为是否反映一般智力、学术智力和日常智力的特征,同时还要求专家评定普通民众所提到的每种智力行为对自己确定一般智力、学术智力和日常智力的重要性。通过因素分析,发现一般智力的三个主要因素是言语智力、问题解决和实践智力;专家和民众在对学术智力和日常智力的观点上尽管各有其倾向性,但其包含的因素与上述一般智力包含的因素有一定程度的类似。

皮连生在《智育心理学》一书中提出,在实际教育工作中应区分两个智力概念。一个智力概念指心理测量测到的智力,用 IQ 分数表示其高低。这种智力是个体在发展中形成的。其受影响的因素中遗传因素的作用大于后天环境因素的作用。它不决定学生学习的成败,却是决定学生学习速度的重要因素之一。另一个智力概念是作为教学的直接结果的智力。中国教育学把智育目标归结为传授知识,形成技能与发展智力。这里讲的智力不应该指个人的 IQ 高低,因为一个人的 IQ 高低是终身难以改变的,而应该指学习的结果。这种学习的结果可以用广义的知识来解释。加涅的学习结果分类理论和 2001 年修订的布卢姆认知目标分类都蕴含用广义知识来解释学生教学习得能力的思想。

(王映学)

智力测验(intelligence test)　鉴别个人智力高低的测验。测验结果得出的智商分数表明一个人的聪明程度。不同于学习成绩测验,智力测验编制的本意是要测量个人的潜在学习能力,故在测验项目中尽可能排除专门教学的影响,使其结果尽可能反映个人的遗传基因的自然成熟作用。

智力测验的发展

心理学家有关智力概念的不同见解并没有影响对智力的测验,他们将智力本质争论的最佳解决途径寄希望于智力测验。

中国智力测验的发展　据中国心理学家张耀翔考证,中国在战国时代已有九连环试验。在 20 世纪 20 年代,它被美国哥伦比亚大学心理学教授 H. A. 鲁格用于心理学实验,并将实验结果著为《中国连环的解说》(*The Chinese Ringer Puzzles*)一书。七巧板是另一项中国人对世界智力测验的贡献,据传,它由宋代的燕几图演变而来,清末流传到国外,被称为"唐图"(tangram),意思是中国的图板(见图 1)。七巧板的另一个名称是益智图。操作它有利于个体智力的发展,表现在:对其操作没有固定的模式,有利于开发人的发散性思维;对图的操作有利于培养人的想象力;通过对图形的分解和组合,有利于培养一个人的思维能力。

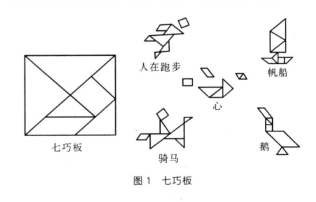

图 1　七巧板

1920年陈鹤琴、廖世承在南京高师新生入学考试中使用智力测验;1921年他们两人合著的《智力测验法》一书出版,书中系统地论述了智力测验的性质、功能、标准和用法,介绍了35种心理测验与教育测验(其中23种译自国外,12种是他们编制的)。1921年董培杰将"比纳—西蒙智力量表"(Binet-Simon Intelligence Scale)完整地翻译为中文。1924年陆志韦主持完成了对"斯坦福—比纳量表"(Stanford-Binet Intelligence Scale, 1916)的修订工作。该阶段智力测验发展的特点是:重视智力测验的基础即统计分析方法的研究;重视全面学习西方智力测验的经验;重视智力测验的本土化研究。

1931年,在艾伟、陆志韦、陈鹤琴、萧孝嵘等人的倡议下,中国测验学会在南京成立,第二年《测验》学报出版。1936年陆志韦和吴天敏合作完成了"比纳—西蒙智力量表"的第二次修订。到抗日战争爆发前夕,中国已出版的自编及修订的合乎标准的智力与人格测验约20种,具代表性的有廖世承的"团体智力测验"、陈鹤琴的"图形智力测验"、刘湛恩的"非文字智力测验"、黄觉民的"幼童智力图形测验"等。1947年程法泌出版了《智慧测验与教育测验实施》一书,对有关智力测验编制的原理及如何应用各种智力测验于教育教学实践之中作了系统论述。1949—1976年的近30年间,中国大陆心理学界基本没有开展智力测验方面的理论与实践工作,使中国智力测验的水平开始落后于世界智力测验的水平。该阶段智力测验发展的特点是:智力测验的开展更具有组织性;独立编制适合中国儿童的智力测验;继续对国外著名的智力测验进行修订,使之更合乎国人的实际情况;关于智力测验的统计方法达到了国际先进水平;测验常模的取样不断扩大;探讨了测验,特别是智力测验应具备的条件;对智力测验中的一些概念含义进行了探讨。

1980年,林传鼎发表《努力开展心理测验研究工作》一文,之后学者们开始重新认识、介绍、修订国外的智力测验(使之本土化)。中国台湾心理学界已修订、编制的智力测验达48种之多,并将之用于教育和教学实践当中。1993年,中国心理学会心理测量专业委员会成立,使中国的心理测验,特别是智力测验工作走上了正规化的道路。

西方智力测验的发展　在西方,高尔顿是第一个使用智力测验的人。他认为,智力可以通过让人完成简单的、敏感的测验(如反应速度等)来揭示。高尔顿在《遗传的天才》(1869)一书中,指出智力是由遗传而来的,而且人类智力的分布是正态的,即1/4人的智力在正常之上,一半人的智力属于正常,另1/4人的智力是在正常之下。

智力测验量表的诞生要归功于比纳及其同事T.西蒙所做的工作。1889年,比纳所在的儿童心理学研究自由协会开始敦促法国公共教育部,让他们想办法帮助一些心理迟钝儿童,这些孩子很难跟上正常的班级。1904年,公共教育部指定一个委员会来专门研究这一问题,比纳是其中的成员之一。他与同事T.西蒙承担了这一任务。1905年他们发表《诊断异常儿童智力的新方法》,提出"比纳—西蒙智力量表",标志着智力测验的正式出现。在该量表中,他们首次提出智力年龄(mental age,简称MA)的概念,借助这一概念首次得到一个可用来评定儿童智力的定量标准。该测验量表包括30个测验题目,题目内容涉及面广,可测量智力的多方面。1908年,他们对量表进行了第一次修订。测验项目由原来的30个增加到58个;测验的年龄由3岁到15岁,每个年龄组的测验项目为4~5个。

1916年,美国心理学家推孟将"比纳—西蒙智力量表"介绍到美国并予以修订,修订之后的量表称为"斯坦福—比纳量表"。该量表经过1937年、1960年两次修订,成为目前世界上广泛流传的标准测验之一。"斯坦福—比纳量表"以年龄作为测量智力的标尺,规定某个年龄应该达到的某一智力水平。量表中,智力测验的项目是按年龄分组编制的;每个年龄组的测验都由6个项目组成,内容包括绘画、折叠、给单词下定义、判断词义、回忆故事、进行推理活动等许多方面;随着年龄的增长,项目的难度也逐渐增加。

为了更真实地反映一个人的智力状况,美国心理学家D.韦克斯勒编制了若干套智力量表:"韦克斯勒学前儿童智力量表"(Wechsler Preschool and Primary Scale of Intelligence,简称WPPSI,1963),适用于4~6.5岁儿童;"韦克斯勒儿童智力量表"(Wechsler Intelligence Scale for Children,简称WISC,1949),适用于6~16岁儿童;"韦克斯勒成人智力量表"(Wechsler Adult Intelligence Scale,简称WAIS, 1955),适用于16~74岁的成人。韦克斯勒量表包含言语和操作两个分量表,可以分别度量个体的言语能力和操作能力。言语分量表包含词汇、常识、理解、回忆、发现相似性和数学推理等;操作分量表包含完成图片、排列图片、事物组合、拼凑、译码等。应用韦克斯勒量表,不仅可以度量出智商的一般水平(综合智力),而且可以度量出智商的不同侧面。言语智商和操作智商虽然有很高的正相关(0.77 - 0.81),但用这两种量表测得的却是不同的能力。

1935年前后,团体智力测验已广泛地应用于各种类型、各种水平的学校教育之中,同时也使用于工业、商业、军事等领域。到20世纪40—50年代,智力测验的两种技术得到进一步发展:多因素分析方法,通过数学方法证明智力不是单一的东西;智力测验的统计理论的修改,导致确立智力测验的新方法和研究智力测验的新特点。

信息加工心理学对智力测验的研究。研究分两个方向:一是简单信息加工过程与心理测量学的智力的关系。研究结果表明,单纯反应速度,即信息加工速度与智力测验分数的相关接近于零。在选择反应中,向被试呈现两个以上的刺激,被试需要对每一个刺激作出不同的反应。同简单反应相比,选择反应难度增加,需要一个选择和决策过程。研究表明,选择反应时与智商的关系高于简单反应时与智商的相关。心理学家还研究了从长时记忆中提取语词信息的速度与智力的关系。研究表明,它与智力的测量有明显一致的关系。它与言语 IQ 测验的相关系数为 -0.3。心理学家还研究了短时记忆容量与智力关系。由于短时记忆容量与智力测验中的数字倒背测验相同,故发现它与智力测验有一定相关。另一类研究是高级推理过程的速度与心理测量学的智力的关系。研究较多的有类比推理和三段论式推理。研究者把高级加工过程分为操作过程(performance process)和执行过程(executive process),后者又被称为反省成分(metacomponents)。研究表明,总的推理速度与心理测量学的智力有明显相关,相关系数在 $-0.7 \sim 0.5$ 之间变化。斯腾伯格的一项研究把反省成分分为总的计划和局部计划。研究表明,总的计划的分数与测量到的智力的相关系数为 0.43,局部计划的分数与测量到的智力的相关系数为 0.33。

智力测验的种类

智力测验的形式多种多样,可以按照不同标准进行分类。最常见的两种分类方式是,将测验分成个别智力测验和团体智力测验,或文字智力测验和非文字智力测验。

个别智力测验和团体智力测验　个别智力测验是主试一次只能对一个被试实施的测验。团体智力测验是主试一次可对多名被试实施的智力测验。虽然有些测验在实施时可采用个别施测和团体施测的两种方式,但两类测验在编制、实施、解释等方面都有各自的特点。

在个别智力测验中,主试可对被试进行详细指导,因此除使用书面形式的题目外,还可使用主观题、操作题、绘画题等,只要有必要,可使用任何形式的测验材料和题型。评分时,既可采用主观评分,也可采用客观评分。个别智力测验的实施对主试有严格要求,如主试要有专业知识,要受过专门训练,要与被试建立和谐的关系,及时调节被试的动机和焦虑水平,留心观察被试的反应,随时予以指导和记录,及时处理意外情况,等等。个别智力测验的优点是可采用各种形式的题目,对被试的阅读水平要求不高,能有效控制测验误差等。缺点是费时费力,对主试要求高,测验效率不高,且有时评分不够客观。

团体智力测验一般以纸笔测验的形式施测,因为操作或绘画性质的题目不易实施和记分。团体智力测验多使用客观型试题,易实施和记分。测验对主试没有过高的要求,只要能熟悉测验内容,阅读指导语,控制测验节奏就行。团体测验的优点是效率高,可获得大量被试的资料,缺点是不能对被试进行详细指导,对误差不易控制。

文字智力测验和非文字智力测验　文字智力测验是以文字为测验内容,或要求被试以语言的形式对测验题目进行反应的测验。文字智力测验产生的历史最长(自 1905 年的"比纳—西蒙智力量表"算起),数量最多,应用也最广。大多数智力测验都是文字式的。这类测验测量的是人们在言语方面的成就。事实证明,这一类测验对学业和其他方面的成功的预测效度是比较高的。但这类测验与人的文化背景和生活经验的关系最密切,被认为对某些文化团体和社会团体不公平。

非文字智力测验指内容不以文字形式呈现,施测时尽量不用或根本不用语言的智力测验。从被试角度讲,这类测验是指测验内容不要求以言语的形式理解,也不以言语形式作答的智力测验。

非文字智力测验的实质是指在测验中被试所处理、操作或使用的符号不具有言语意义。从这一角度讲,要求被试处理数字及其他非言语符号的测验也可能不是非言语智力测验。因为在计算、背数等情况下被试已经使用这些符号在言语方面的意义,因此处理数字符号的测验测量的是不同于言语能力的另一种能力。例如美国心理学家 R. L. 桑代克和哈根在 1978—1982 年所编的"认知能力测验"(Cognitive Ability Test,简称 CAT)就包括言语、数量和图形测验三部分,他们认为这三个部分测量的是借助社会文化的言语体系、数字体系和图形体系进行抽象推理的三种不同的能力。

在儿童主题统觉测验(Children's Apperception Test,简称 CAT)中,非文字智力测验以纸笔测验形式出现,属于这一类的还有"镶嵌图形测验"、"瑞文推理测验"等,有的测验则不使用纸笔,只以操作的形式进行,如韦克斯勒测验中的"积木图案"、"图片排列"、"物体拼配"、"图画补缺"测验等。

对非文字智力测验的研究是出于理论发展的内在需要,由于非文字性智力与后天习得的知识经验的联系较少,因此曾被认为是最纯粹的智力,或者是与言语能力并列的另一种能力(如 J. M. 卡特尔的"流体智力"等)。由于非文字智力测验所测的智力不受文化教育影响,因此它也成为文化公平测验的研究对象。

非文字智力测验对学业成绩的预测效度是低于文字测验的,对一些特殊人群,如婴儿、学前儿童、文盲和某些有生理缺陷的人却非常有用,在临床上也有一定用途,但与付出的努力相比,取得的成效并不大。

另外,根据测验题目是否反映被试智力的发展变化,可将智力测验分为单一水平智力测验和多水平智力测验。单一水平智力测验没有考虑被试智力水平的年龄差异,对全体被试施测同样的内容,如各种成人智力测验。多水平智力测验为不同年龄或年级安排了不同的测验题目,而且每一年龄或年级的智力测验分数都分别报告,如"奥蒂斯—伦农学校能力测验"(Otis-Lennon School Ability Test,简称

OLSAT)，R. L. 桑代克和哈根在 1978—1982 年所编的"认知能力测验"等。

根据测验报告是一种还是多种智力分数，智力测验还可分为单一分数测验和多项分数测验。单一分数测验只报告一种智商，这类测验产生最早，数量也最多。在多项分数测验中，编制者往往认为测验测量了不同的智力成分。如"认知能力测验"就测量了言语、数量和图形三种智力。

智力测验的解释

智力测验结果的表达方法　（1）项目数。智力测验分数的最简单的表达方法是用被试通过的项目数。"比纳—西蒙智力量表"在解释测验结果时就使用了项目数。如比纳分别指明 3 岁、5 岁、7 岁、9 岁、11 岁儿童能通过什么项目。如智力平常的 3 岁儿童通过的项目数为 9，智力平常的 5 岁儿童通过的项目数为 14。智发发育迟滞者最多只能通过 6 个题，低能成人只能通过 7～15 题。

（2）智力年龄（mental age，简称 MA）。亦称"智龄"，即以被试的智力达到几岁儿童智力的平均水平来表示其智力的高低。用一个人的智力年龄与其实际年龄相比，就可以知道一个人与同龄人相比是聪明还是愚笨。智力年龄符合人们的日常观念，易于理解，其缺点是智力发展速度不同，不同年龄儿童的智力水平不易进行比较。用"斯坦福—比纳量表"来测量人的智力，首先要计算出人的智力年龄。计算方法是，假定一名 5 岁儿童通过 5 岁组的全部项目（MA：5 岁），同时又通过 6 岁组的 4 个项目（MA：8 个月）、7 岁组的 3 个项目（MA：6 个月）、8 岁组的 2 个项目（MA：4 个月），则该儿童的智力年龄（MA）＝5 岁 18 个月，即 6 岁 6 个月。很明显，一个孩子的智力年龄越大，他的智力发展水平就越好。

（3）比率智商（ratio IQ）。智力年龄是对智力绝对水平的度量。早期的智力测验（如比纳 1905 年、1908 年的测验）就是用它来表示儿童智力发展水平的。但是，智力年龄的大小并不能确切地说明一个孩子的智力发展是否超过另一个孩子。为了将一个孩子的智力水平与其他同龄孩子进行比较，还必须考虑智力年龄与实际年龄的关系，并对个体的相对智力作出估计。推孟采用由德国心理学家 L. W. 斯特恩 1914 年提出的智商概念来表示智力的高低。

智商亦称智力商数（intelligence quotient，简称 IQ），是根据一种智力测验的作业成绩所计算出的分数，它代表了个体的智力年龄（MA）与实际年龄（chronological age，简称 CA）的关系。用公式可表示为：

$$智商 = \frac{智龄（MA）}{实龄（CA）} \times 100$$

按照这个公式，如果一个 5 岁的儿童的智力年龄与他的实际年龄相同，那么这个孩子的智商就是 100，说明他的智力达

到了正常 5 岁儿童的水平；如果他的智力年龄为 6.5（6 岁 6 个月），那么他的智商就是 130 了。上述用智力年龄和实际年龄的比率来代表智商，叫比率智商。比率智商有一个明显的缺点：随着个体实际年龄的增长，个体的智商将逐渐下降，这与个体智力发展的实际情况并不相符。

（4）离差智商（IQ_D）。D. 韦克斯勒改进了智商的计算方法，把比率智商改成离差智商（deviation IQ）。因为人的智力测验分数是按正态分布的（见图2）：大多数人的智力处于平均水平；离平均数越远，获得该分数的人数就越少；人的智商从最低到最高，变化范围很大。智商分布的标准差为 15，这样，一个人的智力就可以用他的测验分数与同一年龄的测验分数相比来表示。公式为：

$$IQ = 100 + 15Z$$

式中，$Z = (X - \overline{X})/SD$，$Z$ 代表标准分数，X 代表个体的测验分数，$\overline{X}$ 代表团体的平均分数，SD 代表团体分数的标准差。这样，只要我们知道了一个人的测验分数，以及他所属的团体分数和团体分数的标准差，就可以计算出他的离差智商。例如，某施测年龄组的平均得分为 80 分，标准差为 5，而某甲得 85 分，他的得分比他所在的年龄组的平均得分高出一个标准差，$Z = (85 - 80) \div 5 = 1$，他的智商 $IQ = 100 + 15 \times 1 = 115$；如果某人的得分比团体平均分低一个标准差，$Z = -1$，他的智商则为 $IQ = 85$。

由于离差智商是对个体的智力在其同龄人中相对位置的度量，因而不受个体年龄增长的影响。例如，一个孩子在测验中的得分高于平均数 3 个标准差，那么，不论他的年龄有多大，他的智商总是 145。

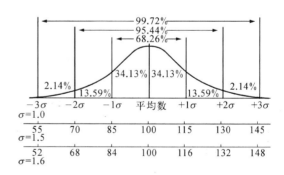

图2　智力的正态分布图示

（5）百分等级。百分等级量表是将常模样本组内被试的智力测验分数划分成 100 个等级，每一等级内所包含的人数都相当于总人数的 1%，一个智力测验分数的百分等级等于在此分数之下的人数占总人数的百分比。百分等级量表属顺序量表而非等距量表，它以人数为单位，不同百分等级间的单位（人数）是相等的，一个分数对应的百分等级表示这个分数在总体中的相对位置，其意义史易于理解。缺点是不能进行加减乘除等统计运算。瑞文推理测验就是用百

分等级量表解释测验结果的。

智力测验结果的影响因素　（1）性别。男女的智力测验结果在总体上是没有差异的。但在不同的年龄阶段和智力的不同结构成分上,存在性别差异。研究表明,在儿童期,女孩的智力要高于男孩,而在青春期以后,则男孩的智力会逐渐超过女孩。智力的性别差异还表现在智力结构上。女性在词语灵活性、阅读理解、手指敏捷性、文书技巧方面要优于男性,男性则在数学推理、视觉—空间能力、身体运动速度和协调性方面优于女性。男女在智力结构上的差异往往是由社会赋予的性别角色造成的。

（2）遗传。遗传是影响智力高低的一个重要因素,很多研究证实了这一点。巴特 1955 年计算了血缘关系和生活环境不同的儿童智商的相关,结果见表 1。从中可以看出遗传与环境对智力均有影响,但遗传的影响要大得多。詹森认为智力有 80% 可归于遗传,有 20% 可归于环境。

表 1　遗传和环境对智力的影响(相关系数)

| | 同卵双生子 | | 异卵双生子 | 同胞 | | 无血缘关系儿童 |
	相同环境养育(83 对)	不同环境养育(21 对)	相同环境养育(172 对)	相同环境养育(835 对)	不同环境养育(131 对)	相同环境养育(218 对)
团体测验	0.944	0.771	0.542	0.515	0.441	0.281
个别测验	0.921	0.843	0.526	0.491	0.463	0.252

（3）家庭环境和社会地位。社会经济地位不同的家庭在智力上存在差异已是公认的事实。父母的收入和教育水平不高的儿童在智力测验上会处于非常不利的地位。但即便社会经济地位相同,家庭成员的多少和个人的出生顺序也会影响智力的高低。研究表明,规模大的家庭中儿童的智商偏低,而长子女的智商则要高于非长子女。

（4）文化与教育。儿童所生活的文化环境和教育水平对其智力也有重要影响。不同国家的研究表明,生活在农村的儿童,其智力要低于生活在城市的儿童,这是因为农村的文化层次和教育水平要普遍低于城市。格雷和克劳斯在 1965 年对 44 名来自收入低于 3 000 美元家庭的黑人儿童实施了一种特殊的教育方法,以激发他们积极追求成就的态度、坚持精神和延迟满足的能力,并要求孩子的母亲鼓励孩子努力学习,结果使孩子的智商平均提高 5～9 分,控制组则下降了 4～6 分。罗森塔尔 1968 年设计的实验表明,教师的期望能有效提高实验组儿童在一般能力测验上的分数。

（5）种族。研究表明,不同种族的人在智力测验上的分数有显著差异,如黑人儿童无论在言语还是操作智商上都低于白人儿童。这说明智力的种族差异是存在的。但人们对这种差异的原因有不同的认识。其中重要的原因之一是测验的文化公平性问题。不同种族的人有不同的社会生活经历和不同的文化,而现今使用的智力测验的内容多与中产阶级的文化背景有关,因此很有可能对其他文化背景的人不利。

（6）职业。智力的职业差异是一个敏感而容易引起争议的问题,并引发了人们对智力测验的批评。但智力的职业差异是客观存在的事实。如詹森的研究发现,不同职业的平均智商存在显著差异(见表 2)。

表 2　智力的职业差异

职业类别	专业人员	半专业人员	工商业者	半技术人员	技术工人	体力工人	农民
平均智商	120	113	108	104	96	95	94

（7）非智力因素。个人的成就动机、坚持性、耐心等因素会影响智力的发展。研究表明,对父母依赖性强的儿童在今后的成长中智商会有降低的趋势,而竞争和成就动机又会使智商提高;在性格上退缩和理想化的人,智商在成人期有所降低,而主动的能面对现实的人智商则会升高。

智力测验的评价

智力测验的应用　智力测验被广泛用于教育、工业与组织、临床等领域,以进行人员的选拔、分类、安置和诊断等。实践证明,智力测验是学业和职业成功的有效预测源。有研究发现,受教育程度不同的团体智商有显著差异,获得哲学和医学博士学位的人的平均智商为 125,大专院校毕业生的平均智商为 115,中学毕业生的平均智商为 105,难以读完九年级者的平均智商为 75。智商对人的适应性行为也能有效地以预测,表 3 列出智商与各种适应性行为的相关。

表 3　智商(IQ)与各种适应性行为的相关

各种适应性行为	与 IQ 相关(r)
智力落后	0.90
教育成就(年限)	0.70
学业成功(成绩总分)	0.50
职业成就	0.50
社会经济地位	0.40
工作成功	0.20

明尼苏达大学儿童发展研究所的心理学家魏因贝格 1989 年曾总结道:标准智力测验已成为美国文化的一个重要组成成分,在个体与团体智力测验上的得分仍然是指导心理和教育领域以及一生中职业选择和决策的主要依据。

分数决定着谁被定为弱智、天才或受特殊教育计划跟踪，谁进入名牌大学或被提供其他教育机会，以及谁服役成为军官或接受管理训练计划。可见，智力测验在分配社会资料和机会中仍然扮演着极为重要的角色。

智力测验面临的问题　智力测验在西方尤其是在美国的教育和社会生活中占重要地位，甚至在一定程度上影响了一个人的前途命运，曾经有一段时间，人们对智力测验的认识达到了迷信的程度，导致测验的滥用，在社会上造成不良影响，引起人们对智力测验的批评和抵制。如在美国，纽约州于1974年宣布废除智力测验，加利福尼亚州也颁布法令限制智力测验的使用。人们对智力测验的批评主要针对两个问题：一是智力测验的结果是否能代表一个人智力的高低；另一个是智力测验对不同文化和社会背景的人是否公平。

智力测验是否能测量到人的智力？这一问题要分成两个部分来分析：(1) 智力测验是否测量了与智力无关的因素？关于这一问题，心理测量专家们已进行研究，并一致地承认智力测验分数中存在非智力因素的影响。D. 韦克斯勒1950年认为，现有的智力测验即便在单纯处理所要测量的智力因素时，也只能解释50%～70%的测验内相关变异。这意味着剩余变异中有非智力因素的存在。这些非智力因素包括动机、生理健康、兴趣、焦虑、个性整合和成熟水平、生活经历等。这些因素的存在会使得即便有相同智力水平的人也不会有相同的测验分数，原因是这些因素影响了被试对测验的反应过程，而现有的测验在记分时只考虑了反应的结果。克服这一问题的方法之一是引入对反应过程的测量。心理测量的一大发展方向——表现性评定（performance assessment）就是针对这一问题提出的。(2) 现有的智力测验是否能测量到人的全部智力行为或智力活动？研究表明，智力测验与学业成绩的相关一般为0.50～0.60，智力测验能预测1/4的社会地位变异和1/6的收入变异，因此智力对学业和工作成功的预测能力远不能满足人们的要求。多数人倾向于认为，现有的智力测验并不能测量到人的全部智力。

智力测验面临的另一个问题是测验是否公平的问题。对智力测验的批评者认为，智力测验是以白人熟悉的材料编制的，可能会对非主流文化的人不利。针对这一批评，心理学家们作出了不懈的努力，试图编制出不受文化影响的测验，即"文化公平测验"（Culture Fair Tests）。有影响的文化公平测验有修订的"陆军乙种测验"（Revised Beta Examination）、"古德纳芙—哈里斯画人测验"（Goodenough-Harris Drawing Tests）、J. M. 卡特尔的"文化公平智力测验"（Culture Fair Intelligence Test）等。

编制的文化公平智力测验是不成功的，其普遍存在的问题是测验并没有消除文化的影响。如在一般智力测验上得分低的团体在文化公平智力测验上的得分也偏低，这一类测验还存在另一个问题，即预测效度低于一般的智力测验，因为测验没有或较少包含对学业和职业成功有高预测力的与言语能力有关的题目。任何测验项目都不可能脱离人的具体活动内容，而人的活动内容又必然受社会文化的影响。因此在目前的测验理论基础上，不受文化影响的测验是难以成功的。一个妥协的处理办法是尽量减少文化因素对智力测验的影响。较为可行的方法有两种，一是使测验的内容对所有被试都有相同的经验，二是使测验中对不同文化团体有利和不利的项目数相同。

智力测验存在的问题促使人们重新探讨智力的本质和结构，在此基础上编制更完善的智力测验。斯腾伯格的三元智力理论就是针对传统智力测验的问题提出的。对应于他所划分的个体的内部世界、外部世界和经验世界，斯腾伯格1985年提出智力的成分亚理论、情境亚理论和经验亚理论。成分亚理论、情境亚理论和经验亚理论从不同方面分析智力。情境亚理论认为，主体所处的社会文化环境决定了智力的内涵。不同的文化环境对智力有不同的标准。智力就是主体实现对现实世界和环境有目的的适应、选择和改造的心理活动。通过这些心理活动，主体达到与环境的最佳适宜状态，此种状态的适宜程度反映了主体的智力水平。经验亚理论则处于元理论的地位。斯腾伯格认为经验有程度的不同并可看作一个连续体，经验连续体的一端处理完全新异的任务或情境，另一端是达到加工的自动化。只有当一个任务或情境相对而不是完全新异时，或当一个任务处于自动化的过程中时，智力才能得到最好的测量。成分亚理论是对智力活动内部机制的刻画。它包括三种心理过程：元成分的功能是计划、监控执行过程和评价结果；操作成分的功能是执行元成分的指令，并提供反馈信息；知识获得成分的功能是学会如何解决新问题。元成分构造策略、支配操作成分和知识获得成分，把后者协调指挥统一成一种指向目标的程序，因此构成智力的主要基础。尽管该理论还需要完善，但它有助于从一定的深度和广度上把握智力的本质。该理论中的情境亚理论有助于解决智力测验的客观性（效度）问题，经验亚理论则有助于解决测验的公平性问题。

使用智力测验时应注意的问题　智力测验本身确实存在不少缺点，心理学家们正在努力克服这些缺点。但在实际研究和工作中，如能对测验的实施进行严格的管理，就能有效防止或减少测验的滥用和误用。(1) 只有信度和效度高的智力测验才能被使用。信度和效度不高的测验，其结果的可靠性和准确性不高，测验的误差大，用这样的测验指导被试的升学和就业，往往难以提供准确的信息，其危害是严重的。(2) 智力测验要由受过训练的专业人员实施和解释。非专业人员往往不能很好地控制测验条件，引起被试不适当的动机和焦虑水平等，从而增大测验误差。对测验结果进行解释时更需要心理测量和普通心理学的知识。对不同智力水平和结构的人应采用不同的解释方法,任何错误的解释都可能导致不良的后果。(3) 智力测验并不代表人智力的高低。智商只是智力高低的一个参考性的指标,并不能准确表示智力的高低。首先,人类智力表现是多方面的,智力测验目前只能测量到智力的一个部分或几个部分,每个人都可能有独特的能力没有在测验中表现出来。其次,智力测验是有误差的,人的动机、焦虑、生理健康等因素都可能使测验结果不准确。因此智商往往只能表示人智力水平的一个大致范围。(4) 人的智力是发展变化的。坚持性、忍耐力、细致、乐观进取的性格特征等会提高人的智力,而一些不良的性格特征则不利于智力的发展,甚至导致智力水平的下降。(5) 智力测验分数并不表示学业和职业的成功。影响学业和职业成功的因素是复杂的,智力仅仅是其中一个影响力有限的因素,不少人认为,智力测验所测的是一种能力,而学业和职业成功却可能要求的是其他的能力。

参考文献

白学军. 智力心理学的研究进展 [M]. 杭州:浙江人民出版社,1996.

戴海崎,张峰,陈雷枫. 心理与教育测量 [M]. 广州:暨南大学出版社,2011.

彭聃龄. 普通心理学 [M]. 北京:北京师范大学出版社,2001.

斯腾伯格,R.J. 超越 IQ——人类智力的三元理论 [M]. 俞晓琳,等,译. 上海:华东师范大学出版社,1999.

张厚粲,吴正. 公众的智力观 [J]. 心理科学,1994(2).

（王映学　骆　方）

智力理论(theories of intelligence)　关于智力的定义、因素、结构、形成和发展等一系列基本问题的见解和学说。大部分早期理论是以心理测量的结果为基础的。近期理论则越来越多地强调多种能力、多种信息加工模式和文化背景差异。另一新发展是人们越来越强调,智力不仅仅是一种被动的适应机制,而且还具有改变环境以适应个体要求的作用。心理学界对智力的本质尚未达成共识,关于智力的理论很多。但从总体上看,当代智力理论主要可以分为智力因素理论和智力认知理论两大派别。

智力因素理论

智力因素理论亦称智力的测量理论,以因素分析方法为基础建立,主要关心智力的测量及个别差异问题。智力因素理论最早由英国心理学家斯皮尔曼提出,后来主要在英、美两国发展,它们都以因素分析法为理论基础,但各自的理论倾向不同。英国学者较重视一般因素,美国学者则重视特殊因素;英国学者偏爱由一般概括因素向下分析出特殊因素,美国学者则偏爱由特殊因素归纳出几项大而概括的一般因素。英国体系的智力因素理论最早是由斯皮尔曼提出,后经伯特、弗农和艾森克等人逐渐发展和完善。美国体系的智力因素理论最早由瑟斯顿提出,后来由 J.M. 卡特尔、吉尔福特等人不断发展,成为有别于英国体系的智力因素理论。

斯皮尔曼的智力两因素理论　1904 年,斯皮尔曼在《美国心理学》杂志上发表论文《一般智力,测量和决定的客观性》,在此文中提出他的智力两因素理论。该文比比纳的智力测验早一年发表,但没有受到应有重视。1927 年,斯皮尔曼根据人们完成智力作业时成绩的相关程度,提出智力由两种因素组成。由于表面上不同的心理能力的测量常发现存在相关,他认为正相关的普遍存在必定是由于在各种作业中有一种共同的一般因素存在,故称之为 G 因素,也就是智力。G 因素是决定一个人智力高低的主要因素。另一种因素是特殊因素(S 因素),它是人们完成某些特定的作业所必需的,由于 S 因素的作用,人们完成智力作业的成绩才没有达到完全正相关。人们在完成智力活动时,活动中 G 因素越多,各种作业成绩的正相关越高。活动中 S 因素越多,各种作业成绩的正相关就越低。斯皮尔曼的两因素理论可以用图 1 说明。从图 1 可以看出,一切智力测验都是以 G 因素为中心的,因为它们全是正相关。实际上,支持斯皮尔曼两因素论的基本证据是来自斯皮尔曼这样的发现,即各种智力测验都是正相关并达到很高的相关程度。

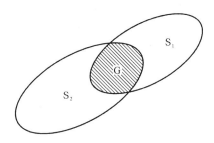

图 1　斯皮尔曼的智力两因素理论

斯皮尔曼提出智力两因素论后,一方面受到学术界的关注;另一方面又引起学术界的长期争论和批评。争论的焦点是 G 因素的具体含义。争论促进了斯皮尔曼对自己理论的进一步修正。开始的时候,斯皮尔曼认为 G 因素是各种活动中共同起作用的因素,对个体来说在很大程度上来自遗传。后来,他发现对于极其相似的心理能力进行的测验彼此的相关程度要超过一般依据它们与 G 因素的交叠所能说明的范围。据此,他承认可能有群因素(group factor)的存在。但他进一步指出,群因素在智力活动范围内属于中间地位,而 G 因素仍然是重要的一般因素。随着研究的进一步深入,他又提出 G 因素还包括 P、O、W。其中 P 为坚持力,O 为摆动力,W 为意志力。他认为坚持力代表个人供应心理能量的惯性,摆动力代表心理能量不时波动可以达到的范围,意志力是一种在承受智力测验中起作用的动力即个性因素。

伯特的智力层次组织理论　伯特与美国心理学家瑟斯顿、英国心理学家汤姆森同为多因素分析方法创始人。伯特提出,智力可能按等级层次组织起来。他根据因素分析研究结果认为,可以用一个广泛的一般因素来表示所有的智力操作,这种一般因素可以再分成几个群因素来说明不同类别的智力行为。这些群因素还可以进一步分成较小的群因素,然后再分成许多相当特殊的因素。伯特提出人类智力五层级水平模式,最高层是人类心理,第二层为一个一般因素(智慧的)和一个实际因素(实践的),第三层是联想(A),第四层是知觉(P),第五层是感觉(S)。具体结构如图2所示。此模式是智力因素理论中第一个按照智力因素间逻辑关系而构造的层级水平模式。实际上,伯特也并没有严格地按二分法划分一般因素以下的各级水平的智力因素。例如,在联想这一水平上,他认为包括记忆、创造性联想、言语、言词、算术等因素。而记忆又包括视觉记忆、听觉记忆、动觉记忆、言语记忆,创造性联想包括流利性和独创性等。这一理论后由英国心理学家弗农发展。

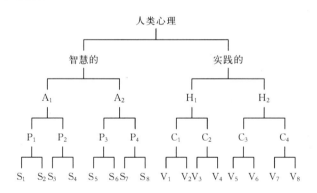

图2　伯特的人类智力五层级水平模式

弗农的智力层次结构理论　1971年由弗农提出。他认为智力是按层次排列的,智力的最高层次是一般因素(G因素);第二层为两大因素群,包括言语和教育因素、操作和机械因素;第三层是小因素群,包括言语理解、数量、机械信息、空间能力、手工操作等;第四层是各种特殊因素,即各种各样的特殊能力(见图3)。可以明显地看出,弗农的智力层次结构理论是对斯皮尔曼智力两因素理论的深入,他在G因素与S因素之间增加了大因素群和小因素群两个层次。他把大因素群分为言语和教育方面的因素、操作和机械方面的因素,在一定程度上得到当代脑科学研究成果的支持。当代脑科学研究发现,大

脑左半球以言语机能为主,右半球以空间图像感知机能为主。

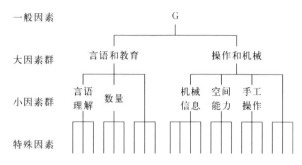

图3　弗农的智力层次结构理论图示

艾森克的智力层次理论模型　英国心理学家艾森克将因素分析方法和实验心理学方法结合起来研究智力。1953年他提出智力的三维结构模型,认为智力由三个维度组成:心理过程,包括推理、记忆、知觉;材料,包括语词、计数、空间;品质,包括速度与质量。速度指被试在智力测验中的反应速度,质量指被试改正错误的多少和解决问题时的坚持性。到20世纪70年代,艾森克提出"智力是由多种认识能力构成的总体"的观点。他承认有G因素存在,赞同斯皮尔曼的两因素论,他认为多因素理论实质上是两因素理论的扩充,可以把G分解为许多特殊能力。基于这一看法,他提出智力层次理论模型,如图4。在智力的层次理论模型中,艾森克把G因素看作第一级,指人们在一切活动中必需的基本能力,如感觉、知觉、记忆、思维、想象等能力;第二级是人们从事某种专业活动、保证成功完成任务所需要的各种能力,称为特殊能力,如推理能力、语词理解能力、计算能力、空间能力;把与各种测验所测内容相应的特殊能力的具体表现看作是第三级,如计算能力是一种特殊能力。

瑟斯顿的智力群因素理论　瑟斯顿在智力理论中,首先避开一般因素这个概念,他根据自己创建的多因素分析,于1913年对斯皮尔曼的两因素论的一般公式进行了修改。之后,他又凭借多因素分析提出基本能力(primary ability)的概念,即人的智力可分成若干种基本能力因素,这些基本能力因素的不同搭配,就构成每个人独特的智力。通过多因素分析,瑟斯顿把智力活动分成七个原始群,认为智力就

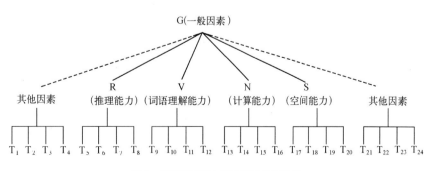

图4　艾森克的智力层次理论模型图示

是由这七种基本心理能力构成：（1）言语理解（verbal comprehension）：理解并有效利用言语观念的能力。（2）数字（number）：进行加、减、乘、除基本算术运算的能力。（3）空间知觉（spatial visualization）：同空间物体和空间关系打交道的能力。（4）知觉速度（perceptual speed）：迅速而准确地识别对象的能力。（5）记忆（memory）：学习并保持信息的能力。（6）推理（reasoning）：认识并利用抽象关系的能力、概括和归纳过去经验以解决新问题的能力。（7）词汇流畅性（verbal fluency）：迅速想起词汇的能力。最初，瑟斯顿认为这七种能力在功能上是相对独立的，但后来发现它们彼此之间存在正相关关系。有人在小学三四年级学生的调查中发现，各测验彼此的相关关系在低年级的儿童中趋向上升，而到了中学和大学阶段则趋向于下降。研究者认为，随着个体年龄的增长，各种能力从一般智力分化出相对独立的因素，分化的发生是由成年早期兴趣成熟和兴趣特殊化加深两方面引起的。

卡特尔的流体智力和晶体智力理论　美国心理学家J.M.卡特尔在斯皮尔曼和瑟斯顿理论的基础上，利用多因素分析对他们的理论作了进一步发展。他把瑟斯顿的基本能力因素结合成第二层较高级的因素，由此找出两类一般因素和三种较小的因素。他称这两类一般因素为流体智力（fluid intelligence）和晶体智力（crystallized intelligence）。流体智力指在信息加工和问题解决过程中表现出来的能力，它较少依赖文化和知识的内容，而决定于个人的禀赋。它是获得新概念和在新环境中显示一般"聪明"与适应性的能力。因此，流体智力相对来说不依赖教育，测量这种智力的测验极度轻视学校教育训练和文化因素。晶体智力指获得语言、数学知识的能力，它决定于后天的学习，与社会文化有密切的关系。J.M.卡特尔称它为流体智力的一种"投资"，即对那些受文化影响而产生的较高水平技能的投资。这种智力可以用一般智力测验和成就测验来测量。晶体智力因素的负荷在受教育经验影响的瑟斯顿主要基本能力测验上的分值最高，通过对不同年级组的选样调查表明，晶体智力与推理测验结果之间的相关达 +0.30～0.72，与言语测验结果的相关达 +0.50～0.74，与数字测验结果的相关达 +0.35～0.74。J.M.卡特尔通过文化公平测验，证明在因素分析研究中的流体智力方面有较高的正相关（+0.48～0.78），而在晶体智力方面有较低的负相关（-0.02～-0.11）。他提出的三种较小的因素分别是视觉能力、记忆检索和作业速度。他通过研究发现，流体智力和晶体智力在个体的生命历程中经历着不同的发展过程。流体智力随机体的衰老而衰退，随生理成长而变化，在14岁左右达到高峰，以后逐渐下降。晶体智力的衰退很慢，它随年龄的增加不仅能够得以保持，而且还会有所增长，一般到60岁左右才开始衰退。

美国心理学家伯特威尼克对流体智力和晶体智力在年老以后出现的变化提出另一种观点。他认为，晶体智力是通过各种语言材料加以测定的，流体智力是通过各种非语言材料加以测定的。前者是经过加工了的熟悉材料，被试以较熟悉的方式进行的智力活动；后者是不熟悉的材料，被试以不熟悉的方式进行的智力活动。测验材料熟悉程度与智力活动方式的熟悉程度具有决定性作用，它决定了年老以后晶体智力不随年龄增加而下降，反而增长；流体智力则随着年龄的增加而下降。

吉尔福特的智力三维结构理论　美国心理学家吉尔福特通过研究提出智力三维结构理论。他否认智力存在一般因素G，甚至否认智力分为几个较少因素的可能性，而于1967年提出智力由120种独立的能力组成。吉尔福特按三个维度组织这些因素，以这三个维度的相互作用来决定不同的特殊因素。第一个维度是内容（信息材料的类型），包括四种基本能力：图形，指对视觉的、听觉的形象的利用；符号，指通过数字和字母传递；语义，指对文字含义的解释；行为，指对别人行为的解释。第二个维度是操作（心理活动或过程），包括五种基本能力：认知，指对词或概念含义的觉知；记忆，指保持信息的能力；求异思维，指创造性；求同思维，指依据给定的零散信息得出有效或合理结论的能力；评价，指举止方面的明智判断。第三个维度是产物（信息加工产生的结果），包括六种基本能力：单元，指单一的产物，如一个词或一个数字；类别，指一类单元，如名词、物种；关系，指单元与单元之间的关系，如相似或差别等；系统，指行动的计划；转换，涉及某种改变；蕴含，指进行预测。这样，由三个维度的四种内容、五种操作和六种产物组合的总数达到120（4×5×6）。之后，吉尔福特1977年进一步发展了他的理论，它在内容维度上增加了听觉这一项。这样，整个智力的理论模型有五项内容、五项操作和六项产物共150个因素（5×5×6）构成（见图5）。至1984年止，吉尔福特声称已找到150个独立因素中的105个因素。

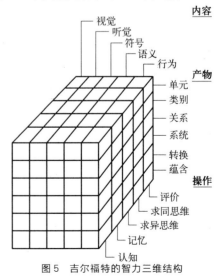

图5　吉尔福特的智力三维结构

1988年,吉尔福特更进一步指出,智力的三维结构理论由180(5×6×6)种独立因素组成:内容包括五个因素,即视觉、听觉、符号、语义和行为;操作包括六个因素,即认知、短时记忆、长时记忆、集中思维、发散思维、评价;产物包括六个因素,即单元、类别、关系、转化、蕴含和应用。

智力认知理论

智力认知理论主要受认知心理学的信息加工理论及神经生理学的影响,关注智力在处理现实生活中的功能。

卡罗尔的智力认知成分理论 美国心理学家卡罗尔1981年认为,智力由十种认知成分组成:(1)监控,是一个认知群或决策倾向,即在任务执行阶段驱动对其他加工的操作。(2)注意,激活个体期望在任务完成中呈现刺激的数量和综合的类型。(3)理解,在感觉缓冲器中登记刺激。(4)知觉综合,知觉刺激,并与先前的记忆表征进行匹配。(5)编码,形成刺激的心理表征,根据任务的需要,对其属性、联系或意义进行解释。(6)比较,决定两个刺激是否相同或至少是同一集合的。(7)共同表征形式,建立记忆中新的表征,并同已存在的表征联系起来。(8)共同表象检索,发现记忆中特定的表征,该表征与依据一些规则或其他联系为基础的表征发生联系。(9)转化,转化或改变某一种心理表征。(10)反应执行,操作一些心理表征而产生一种明显或内隐的反应。卡罗尔认为,这十种认知成分只是一个初步看法,但已经能说明完成许多智力活动时所需的认知加工成分。

加德纳的多元智能理论 美国心理学家加德纳从各方面考察了大量资料,即关于神童的研究、关于天才个体的研究、关于脑损伤患者的研究、关于有特殊技能而心智不健全者的研究、关于正常儿童的研究、关于正常成人的研究、关于不同领域的专家以及各种不同文化中个体的研究。他提出,人类的神经系统经过100多万年的演变,已经形成互不相干的多种智能。在此基础上,他于1983年提出多元智能理论(multiple-intelligence theory),亦称“多元智力理论”。

加德纳认为,智能是多元的。(1)言语—语言智能(verbal/linguistic intelligence),就是人对音韵、句法、语义等语言要素的掌握,具体表现在:语言的口头运用,即我们使用语言去说服别人,而使之从事某项行为的能力;语言的记忆作用,即使用语言记忆信息的能力;语言的解释作用;语言有解释自己活动的潜力,即用语言反省语言的能力。(2)音乐—节奏智能(musical/rhythmic intelligence)。在个体可能具有的所有天赋当中,音乐天赋最早出现。音乐智力包括对声音的辨别与韵律表达的能力。音乐智力成分中最主要的因素是音高(或旋律)、节奏、音色。(3)逻辑—数理智力(logical/mathematical intelligence)。包括数学运算和逻辑思考的能力。与言语—语言智能和音乐—节奏智能

不同,逻辑—数理智能并非源于听觉或发声的领域,而是源于人与客观世界的相互接触之中,即对客观对象的安排与重新安排,在确定它们的数量时,此种智力是人类智力的核心。(4)视觉—空间智能(visual/spatial intelligence)。其核心能力是准确地知觉到视觉世界的能力,包括:一个人对最初知觉到的那些东西进行改造或修正的能力;重造视觉经验某些方面的能力。(5)身体—动觉智能(bodily/kinesthetic intelligence),指个体对身体运动的控制能力和熟练操作对象的能力。(6)自知—自省智能(intrapersonal/introspective intelligence),亦称“内省智能”,指向个体内部的一种能力,指个人感受生活(即个人情感或情绪范畴)的能力,在该能力的原始形式中最多不过是区分快乐与痛苦感受的能力;最高层次则是能监控复杂的、高度分化了的感受,并使之符号化。(7)交往—交流智能(interpersonal/social intelligence),亦称“人际智能”,是一种指向个体外部的能力,即发现其他个体间差异并作出区分的能力,尤其是在情绪、气质、动力和意向上进行区分的能力。加德纳将自知—自省智能和交往—交流智能概称为人格智能。人格智能中的关键因素是自我感的出现。

加德纳阐述了这七种智能的含义后指出:(1)与对象相联系的智力形式有视觉—空间智能、逻辑—数理智能、身体—动觉智能,这些属于一种类型的控制。这种控制实际上是由于个体接触的特殊对象的结构与功能施与的,如果我们的物质世界有不同的结构,那么这些智能便会呈现出不同的形式。(2)不与对象相联系的智能形式有言语—语言智能、音乐—节奏智能,这些智能并不由物质世界控制或支配,但它们反映了特殊语言与音乐的结构,它们还会反映出听觉与发声系统的特征。(3)自知—自省智能和交往—交流智能则反映了一组有力的、竞争的压制性因素:一个人自己的存在,其他人的存在及其文化对自我的呈现与释义。此后,加德纳又增加了自然观察者智能(naturalist intelligence),指个体辨别环境特征并加以分类和利用的能力。

加德纳认为,从传统上看,关于智力结构的问题有两种主要观点:以斯皮尔曼等人为代表的刺猬派学者主张存在一般智力;以瑟斯顿、吉尔福特等人为代表的狐狸派学者则坚持多因素智力理论的观点。加德纳认为,人们之所以持一般智力的观点,是因为大多数智力测验都是书面测验,这种书面测验主要测试的是语言与逻辑—数理智能,所以这两种能力强的个体便会在一般智力的测验中表现出色,这就与那些其他方面强的个体形成了对照。

多元智能理论与多因素智力理论存在如下分歧:多因素智力理论并不怀疑一般智力的存在(例如知觉与记忆);多因素智力理论并不利用任何生物学成果,但又是严格经验主义的,它只不过是测试成绩之间相互关系的结果;多因素智力理论的研究途径使人们不可能从上述多种智能中进

行抽样,只要一个人满足于使用笔头测试或简单的口头问答测试方式,便不可能在那些像身体表达、音乐能力或人格智力形式的领域对个体能力进行抽样。

斯腾伯格的三元智力理论　美国心理学家斯腾伯格从信息加工心理学的角度,于1985年提出三元智力理论。该理论主要包括智力的三个亚理论:智力的情境亚理论、智力的经验亚理论和智力的成分亚理论。

智力的情境亚理论(contextual subtheory of intelligence),指获得与情境拟合的心理活动,而不论及身体活动或那些可以促进或妨碍情境活动的外部、内部影响。如,情境亚理论不涉及个体外表漂亮还是丑陋,而涉及个体如何充分利用其外貌(不管好、坏)的心理活动。一般情况下,个体总是努力适应他所处的环境,适应包括力图在个体及其环境之间达到一种和谐。这种和谐人们或多或少都会得到。但如果和谐的程度低于个体的满意度,那么从一较高层次来看,就是不适应。在这些情况下,对现实环境的适应已成为不可能,个体必须尝试其他的方法去应付特定环境。当一个人不可能或不愿意适应时,可能会尝试选择他能够或有可能达到的另一和谐环境。在这些情况下,个体考虑其他环境的生存可能,并尝试在有限情况下选择他们将会获得最大和谐的环境。环境塑造用于环境再选择的过程中,并可能在选择前而非选择后进行。这种情况下,人们力图重塑其环境以提高个体和环境之间的和谐程度。在任何一种情况下,个体都力图改变环境以提高其与(新)环境的和谐度,而非仅仅力求适应现存的环境。

智力在情境方面的独特性主要论及的是对智力情境定义的某些限定。(1)现实世界。斯腾伯格是根据现实生活环境中的行为来定义智力的。他把那些实验室和某些测验情境中产生的现实世界环境也算在内,不管它们具有多大程度的人为臆定或微不足道,它们都存在于现实世界中。(2)相关性。斯腾伯格以与个体的生活有关联的或潜在发生关联的环境中的行为定义智力。他认为,非洲埃及人的智力不可能用生活在北美文化环境中的埃及人的标准来得到正确评估。这意味着智力不能脱离社会文化环境来理解。在一种文化环境里很聪明的人,在另一种文化环境里也许不太聪明。(3)目的性。智力是有目的的,它直接指向目标,不管这些目标是多么模糊或仅仅是潜意识的。这些目标不一定就是最大限度地获得我们的社会所崇尚的东西,比如获得金钱、名誉或权力。(4)适应。智力包括对环境的适应,包括适应该环境的变化和新异性的能力。人们根据特定社会文化中构成适应行为的知识、能力和行为来定义智力。适应某个环境的个体可能在另一环境中却无法适应,因此在一个文化中聪慧的行为,在另一文化中可能并不聪慧。(5)选择。智力包括选择环境并适应它。人是能选择生活环境的,然而人只能对环境作一些控制,却不可能完全控制他们生存的环境。斯腾伯格认为智力的一个主要方面是积极对环境作出选择,高智力的人积极选择环境来使自己发挥最大作用,低智力的人则比较消极被动。(6)塑造。智力包括对环境的塑造。当个体不能适应特定环境或不能寻找另一环境时,就会对环境加以塑造。环境塑造者们结束塑造后,不仅可以改变自己的环境,还可以改变其他人的环境。需要注意的是,人既是环境的塑造者,也受到环境的塑造,后者至少和前者同样重要。环境对人的塑造和人对环境的塑造是相互作用的过程,缺少任何一方面,都不能完全理解另一面。斯腾伯格认为,智力的情境亚理论避免智力研究面临的恶性循环,提出当代智力理论经常忽视的智力本质问题,也解决了期望标准的混淆。

智力的经验亚理论(experiential subtheory of intelligence)可以这样界定:用某种任务在一定范围的功能来衡量智力。一定范围的功能又需要两种能力中的一种或两种。第一种能力是满足处理各种新颖任务和情境的需要。(1)新任务。斯腾伯格1981年提出,智力最好由非确定性任务测量,这些任务需要人们对日常经验进行信息加工。任务可能在操作种类或被试采用的概念上存在不确定性。根据这一观点,智力不仅仅是学习和用新概念进行推理的能力,而且是用新概念进行学习和推理的能力。智力不仅仅是用已熟悉的概念系统学习或思考的能力,而且是用新概念系统学习和思考的能力,新概念系统能对已经存在的知识结构产生影响。(2)新环境。专家和一般人对智力本质的看法是,智力尤其适合在新的情境中加以测量,主体需要对环境中新异的和富有挑战的要求加以适应。一个人的智力在其日常生活中经常遇到的情境中得不到最好的展现,而在需要挑战个体应对环境能力的特殊情境中却能很好地表现出来。(3)任务、情境和个人之间的相互作用。第一,对某些人而言新奇的任务或情境,对另一些人而言却并非新奇,所以特定的任务或情境对不同的人而言测量到的"智力"程度是不同的。第二,在人们的经验中,所谓新奇的情境因人而异。不仅任务和情境与人相互作用,而且它们之间也相互作用。在某一情境中新奇的任务可能在另一情境中就不新了。第三,在"三者"的相互作用影响下,一项任务可能在某一情境中对某些人而言是新异的(或平常的),但在第二种情境中就不新奇了;而同一项任务对第二种情境中的人而言是新异的(或平常的),但在第一种情境中就算不上新奇。

第二种能力是自动地对信息进行加工的能力。(1)作为完成任务的一种功能的自动化。许多种任务需要复杂的信息加工过程。智力高的人完成任务的速度很快,主要是自动化在起作用;智力低的人完成任务的速度很慢,主要是许多加工受他们意识控制的缘故。(2)作为情境的一种功能的自动化。人们很少知道情境怎样影响任务完成的自动化,显然,人们希望找到尽可能实际的、自动化的任务。(3) 任务、情境和个人的相互作用。按照对新情境反应的情况来看,自动化这种能力的发展同任务和情境间存在相互作用,任务和个人间也存在相互作用,情境与个人间存在相互作用,任务、情境与个人之间也存在相互作用。(4) 解决新情况、新任务的能力与信息加工自动化之间的关系。当一个人第一次遇到一个任务和一个情境时,解决新情况的能力发生作用。随着对这种情况和任务经验的增长,新颖性下降,任务和情境将不再适合测量智力。在经过一定数量和任务的实践之后,自动化技能起作用,在这种情况下的任务开始变得适合测量自动化技能。一般地讲,在人们经验的早期,以解决新颖性任务来评估智力;而在人们经验的后期,以信息加工的自动化能力来评估智力。

智力的成分亚理论(component subtheory of intelligence),主要揭示智力操作的心理机制。智力理论的基本分析单元是智力成分,而智力成分就是一种基本的信息加工过程。

按功能的不同,可把成分分为元成分、操作成分和知识获得成分。元成分(metacomponents),指在完成任务时,用在计划、监控和决策方面的较高程序性的加工。斯腾伯格确定了七种在智力功能上平等的元成分。(1) 决定要解决的问题是什么。(2) 较低成分的选择。个体在解决特定任务时必须选择一系列较低级的成分。导致操作的不正确或无效率的不适宜选择,大多因为本身就缺乏这种智力成分,或者缺乏实施已有的智力成分所必需的知识和技能。(3) 选择信息的一种或多种表征或组织。一个特定的成分可在信息的不同表征或组织上进行操作。表征或组织的选择可以促进也可以阻碍成分操作的有效性。(4) 选择结合较低成分的策略。个体必须按有助于完成任务的方式把各成分加以排序,决定每个成分如何使用,决定哪些成分是要按系列化进行加工的,哪些成分是要按程序化进行加工的。(5) 决定注意资源的分配。执行任务时采用的所有任务和成分只会用去个体全部注意资源的有限部分。资源越有限,操作质量越差。(6) 解题监控。当个体在解决 个问题时,他必须明确已经完成了什么,正在做什么,还需要做什么。(7) 对外部反馈的敏感性。外部反馈是提高个体任务操作水平的有效方式。理解反馈并意识到其含义,进而根据反馈作出反应的能力是个体执行任务时的重要能力。操作成分(performance components),指用于任务操作时执行不同的策略。它的数量可能很大,但用于任务的相当少。它倾向于自动进入到解决任务的各阶段,这些阶段包括对刺激的编码、刺激的组合或比较和对刺激的反应。(1) 编码成分(encoding component)。编码成分涉及对新信息的最初知觉和储存。编码在质和量上的变化构成智慧发展的主要原因。(2) 组合与比较成分(combination and comparison component)。这些成分包括将信息组合起来并进行比较。

(3) 反应成分(response component)。研究表明随着年龄的增加,反应会降低。知识获得成分(knowledge-acquisition components),是用于获得新知识的过程。有三种成分与所有知识领域的陈述性知识和程序性知识有关。(1) 选择性编码,指将相关信息从无关信息中挑选出来,即将那些与目的有关的信息从呈现的大量信息中区别出来。(2) 选择性组合,指将经过选择编码的信息组合起来,以形成完整而适当的整体。(3) 选择性比较,指将新获得的信息或新提取出的信息与过去获得的信息相关联。对新获得的信息而言,联系是新编码信息和过去编码信息之间的联系;对新提取的信息而言,项目已经储存在记忆中,当它与其他项目建立联系后,人们就可以用新的方式理解它了。

按概括的水平,可将成分分为一般成分、类成分和特殊成分。一般成分(general components)用于执行特定任务系列中的所有任务;类成分(class components)用以执行一组适当的子任务;特殊成分(specific components)用于执行任务系列中的单项任务。

各种成分之间的相互关系。各种成分之间的关系以各种方式相互关联。这里先探讨不同功能的成分如何相互联系,然后讨论不同概括水平的成分如何相互联系。因为概括水平和功能实际上是相互交织的,所以不同概括水平的成分之间的相互关系可运用于所有不同功能的成分,不同功能的成分之间的相互关系也可运用于所有不同概括水平的成分。图6表示智力的不同功能成分之间的相互关系。

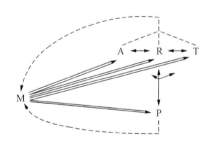

图6　智力的不同功能成分之间的相互关系

M 表示一组元成分;A、R 和 T 表示一组知识获得成分,它们在信息的获得(A)、提取(R)、转换(T)中起作用;P 指一组操作成分

在完整的智力系统中可以预见不同成分之间是紧密联系的。这里要讨论四种相互关系:实线双向箭头表示一种成分被另一种成分直接激活。实线单箭头表示一种成分被另一种成分间接激活。虚线单向箭头表示一种成分到另一种成分的直接反馈。一种成分到另一种成分的间接反馈和间接激活一样,用实线单箭头表示。直接激活或直接反馈指控制流或信息直接从一种成分到达另一种成分。间接激活或间接反馈指控制流或信息从一种成分经由第三种成分间接地到达另一种成分。在这一系统中,只有元成分可以直接激活另一种成分或者直接从其他成分接受反馈。因此,

所有的控制流直接从元成分流向系统,所有信息直接从系统流向元成分。其他种类的成分可以间接激活其他成分并间接接受其他成分的信息;在每种情况下,都必须有元成分参与调节。比如,只有将知识获得成分、操作成分与元成分进行联系才能使获得的信息影响其操作。操作成分的信息通过元成分过滤而达到知识获得成分。

智力的 PASS 理论　加拿大心理学家戴斯等人以苏联心理学家鲁利亚的大脑三级功能区理论为基础,把信息加工理论、认知研究的新方法与智力研究的传统方法即因素分析方法结合起来,通过大量的实验研究,探讨了智力活动中的信息加工过程,于 1990 年提出人类智能活动的三级认知功能系统的智力模型,即计划—注意—同时—继时加工模型,即智力的 PASS 模型。

鲁利亚的大脑三级功能区理论认为,人类的认知加工包括三个相互协调的机能系统或单元。第一个机能单元负责调节皮层的状态和维持注意(大脑一级功能区);第二个机能单元是使用同时性和继时性信息编码接受、加工和存储信息(大脑二级功能区);第三个机能单元负责制定、调节和控制心理活动(大脑三级功能区)。它们"是任何一种心理活动所必不可少的"。

基于鲁利亚的理论,戴斯等人认为,智力有三个认知功能系统,它们分别是:(1)注意—唤醒系统。其功能同鲁利亚提出的大脑皮层一级功能区的功能相吻合,指影响个体对信息进行编码加工和作出计划的基本功能系统,该系统在智力活动中起激活和唤醒作用。它是人类心理过程的基础,因为它维持一种合适的唤醒状态或者说皮层唤醒状态。只有达到合适的觉醒状态,个体才能接受和加工信息,因为过高或过低的唤醒均会干扰信息的编码和计划。(2)同时—继时编码加工系统。其功能同鲁利亚提出的大脑皮层二级功能区的功能相吻合。该系统负责对外界刺激信息的接收、解释、转换、再编码和存储,它的认知功能从加工方式上可以分为两种基本类型:若干个加工单元同时进行信息处理的同时性(并行)加工方式和几个加工单元先后依次对信息进行加工处理的继时性(序列)加工方式。这一系统是智力活动中主要的信息操作系统。(3)最高层次的计划系统。其功能同鲁利亚提出的大脑皮层三级功能区的功能相吻合,是整个认知功能系统的核心,负责认知过程的计划性工作,在智能活动中确定目标、制定和选择策略,对操作过程进行监控和调节。对注意—唤醒系统和同时—继时编码加工系统起监控和调节作用。这三个功能系统相互影响,共同作用,所有的认知过程都在知识基础这一背景中运行(见图7)。

从图7可以看出,这三个功能系统之间有一种动态联系,显示了唤醒—注意、编码加工和计划这个系统之间的相互作用和影响的特点。编码加工和计划相互作用,产生各

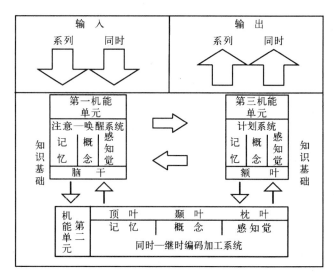

图 7　智力的 PASS 模型

种动作,并促进知识的获得,但这些较高级功能同时依赖合适的唤醒水平以提供学习的机会。所有的这些过程都受知识基础的影响,更确切地说,知识基础是作为加工的调节器而发挥作用的。因此,有效的加工是按照特定任务的需求通过整合知识与计划、注意、同时性和继时性加工过程来完成的。

被加工的信息可以通过任何感受器(眼睛、耳朵、皮肤、肌肉运动等)系列地(即多次)或同步地(即同时)获得。也就是说,个体可能同时接收到多个刺激或一次接受一个刺激。听觉刺激往往是系列呈现的,而视觉刺激往往是同步呈现的。尽管呈现的方式不同,信息加工取决于任务的要求而不是呈现的方法(系列或同时)。

参考文献

白学军. 智力心理学的研究进展[M]. 杭州:浙江人民出版社,1996.

戴斯,J. P.,纳格里尔里,J. A. & 柯尔比,J. R. 认知过程的评估——智力的 PASS 理论[M]. 杨艳云,等,译. 上海:华东师范大学出版社,1999.

彭聃龄. 普通心理学[M]. 北京:北京师范大学出版社,2001.

斯腾伯格,R. J. 超越 IQ——人类智力的三元理论[M]. 俞晓琳,等,译. 上海:华东师范大学出版社,1999.

（王映学）

智力落后儿童教育（education of children with intellectual disability）　对智力低于一般人水平并伴有适应性行为障碍的儿童实施的专门教育。特殊教育的组成部分。由于对如何定义智力落后存在认识上的差异,对智力落后儿童的认识也不完全一样。1986 年,中华人民共和国国务院批准的五类残疾标准从个体的智力发展水平和

适应性行为水平对智力残疾进行定义：人的智力活动能力明显低于一般人水平，并显示出适应性行为的障碍。2006年，中国进行的第二次残疾人抽样调查采用的智力残疾的标准是：智力显著低于一般人水平，并伴有适应行为的障碍。智力残疾包括：在智力发育期间（18岁之前），由于各种有害因素导致的精神发育不全或智力迟滞；或者智力发育成熟以后，由于各种有害因素导致有智力损害或智力明显衰退。2010年，美国智力与发展障碍协会（American Association on Intellectual and Developmental Disabilities，简称AAIDD）组织来自医学、精神病学、法律以及特殊教育领域的若干名专家通过7年的研究，出版第11版的《智能障碍定义、分类与支持体系手册》，提出智能障碍（以前称"智力落后"）的官方定义："智能障碍是指智力功能和适应性行为均明显受限而表现出来的一种障碍，适应性行为表现为概念的、社会的和应用性机能；智能障碍持续出现在18岁之前。"智力落后儿童教育是中国义务教育的有机组成部分，对于保障其平等社会权力、促进其身心和谐、健康发展具有重要意义。

智力落后儿童教育的起源

对智力落后儿童施以有目的、有组织、有计划、有系统的教育只有两百多年的历史。19世纪初，开始尝试对智力落后儿童进行系统教育和训练。法国医生伊塔尔对野孩维克多的工作具有开创性意义。1799年，在法国南部的阿维隆，猎人捉到一个野男孩，起名"维克多"。被捕捉时，维克多神态惊恐；不会说话；视线不稳定；对音乐和大的噪声无反应，嗅觉分辨能力极差，触觉也只限于机械地抓东西，摸不出平面和浮雕的差别；面部表情贫乏，不能用身体动作和姿势来表示自己的感情和意图等。法国神经病学家皮内尔将其诊断为"不能治疗的白痴"。伊塔尔则认为，维克多的野蛮状态是由于生活环境的限制造成的，依靠教育和训练可以使他学会生活的技能，恢复人性。伊塔尔为维克多制订了一个为期5年的系统训练计划，并设计出具体的训练目标。训练重点在于启发维克多的感觉功能，并从分辨物体冷热、大小、形状等着手，然后逐步进入语言和思维等的训练。他在1801年的报告中指出，他计划在前九个月内使维克多发展到拥有正常人的习惯，如睡眠、吃饭、喝水及个人卫生的训练。在这9个月中，维克多的触觉、味觉和嗅觉趋于正常；学会了将一些物体按顺序放好；语言方面则没有任何进步。维克多在前九个月的进展使伊塔尔感到鼓舞，他决定继续加强对他的训练。在1806年的报告中指出，他曾花了四年多的时间来训练维克多。经过努力，维克多可以认出一些写在木板上的字母，也可以区分出不同的颜色，可以辨别酸和甜。在感官功能训练的基础上，伊塔尔进一步

训练他去辨认各种物体名称。他可以区别几个表示动作的动词，也会发几个单音节的单声词，但自始至终说不出一句完整的话。伊塔尔最初期望维克多的智能可以发展到一般儿童的水平，并期望控制和最终消除维克多的一些野蛮行为。但他失望了。由于他无法控制维克多的反抗和不合作行为，只得放弃自己的努力，计划宣告失败。

伊塔尔训练维克多的教育实验失败了，但影响深远。伊塔尔对智力落后儿童的乐观主义态度鼓舞了后人，他的科学训练方法启迪了后来的特殊教育家。由于他的创造性工作，有计划的智力落后儿童教育从此起步。各国的智力落后儿童教育相继发展起来。中国20世纪20年代在江苏有过智力落后特殊教育班的实验，50年代在北京、大连出现过智力落后特殊班，但大规模、有组织、有计划的智力落后儿童的教育是在20世纪80年代后。

智力落后儿童教育的对象

智力落后的分类多种多样，不同程度的智力落后儿童，其教学目标、课程内容、教学方法等都有所不同。较常使用的是美国精神病学协会和中国残疾标准的分类。美国精神病学协会《精神疾病诊断与统计手册（第四版）》（*Diagnostic and Statistical Manual of Mental Disorders, Fourth Edition*，简称DSM-Ⅳ）将其分为四类：轻度——智商50、55～70；中度——智商35、40～50、55；重度——智商20、25～35、40；极重度——智商20或25以下。中国《智力残疾标准》对智力残疾作了四个等级的划分。

中国智力残疾分级标准表

级别	分级标准			
	发展商（DQ）0～6岁	智商（IQ）7岁及以上	适应性行为（AB）	WHO-DASⅡ分值18岁以上
一级	≤25	<20	极重度	≥116分
二级	26～39	20～34	重度	106～115分
三级	40～54	35～49	中度	96～105分
四级	55～75	50～69	轻度	52～95分

轻度智力落后儿童 这类儿童的智商通常在50～70（韦克斯勒儿童智力量表）或55～75（格塞尔量表）之间，约占智力落后儿童总数的75％。他们生活能够自理，能够学习基础的文化科学知识，其水平可达正常儿童的四五年级水平。他们可以形成足够的社会技能，成年后可以从事竞争性的、非庇护性的工作。他们中的大多数没有明显的生理异常，只有10％～20％的人能够检查出器质性问题。在就学期间，他们只是在传统的学术性课程上落后于同龄正常儿童，并且这种"落后"在学龄阶段随年龄的增加越来

明显。他们的社会适应性在很大程度上受历史、社会、文化和经济因素的影响，如传统习惯、家庭结构、他人的态度、受教育程度、生理成熟水平的影响等。轻度智力落后儿童过去常被安置在普通学校的特殊教育班级中，现在大多数儿童在正常班级接受教育。在这种班级中，特殊教育教师协助正常班级教师对儿童进行个别化教学，儿童还可以到资源教室接受他们所需要的辅导。多数轻度智力落后儿童要到上学以后才能被鉴别出来。

中度智力落后儿童　这类儿童的智商介于35～50或40～55之间，约占智力落后儿童总数的20％。他们通常可以形成基本的交际技能、生活自理技能、职业技能、较好的运动能力和社会技能。他们的学术能力有限，其阅读、写作和数学技能经过训练也只能达到小学一二年级水平。多数中度智力落后者有明显的器质性异常，普通人通过观察其行为和身体的外部特征就可以较容易地判断其异常。他们的语言能力较差，社交能力也很有限、运动能力有缺陷、有特殊的面容等。对这类儿童的鉴定结论很少有不同意见。有人统计，大约有30％的中度智力落后者是先天愚，50％左右的人有某种形式的大脑损伤。就学期间，中度智力落后儿童通常被安置在特殊教育班级之中，接受以日常生活技能为核心教学内容的高度结构化的教学计划。他们也可以在普通班级接受教育。许多中度智力落后者在儿童期和青春期仍保留着某种程度的依赖性，他们最终的日常生活能力在某种程度上取决于他们接受的教育和训练的质量，以及对他们的要求水平。

重度和极重度智力落后　重度智力落后儿童的智商介于20～35或25～40之间。极重度智力落后儿童的智商在20～25以下。约占智力落后儿童总数的5％以下。由于这类儿童中大多数有明显的中枢神经系统损伤和其他残疾以及其他健康问题，在出生时或出生后不久就可以很容易地鉴别出来。对于重度智力落后儿童，教育训练的重点是生活自理技能如上厕所、穿衣服、吃、喝以及基本的交际技能等。极重度智力落后儿童生活是不能自理的，独立活动能力有限或没有，生活需专人24小时照顾。他们中的一些人甚至对环境刺激很少有意识，终身卧床不起。

智力落后儿童教育的目的和任务

1987年，国家教育委员会在《全日制弱智学校（班）教学计划（征求意见稿）》中明确提出智力落后儿童教育的目的：全日制弱智学校（班）要认真贯彻德、智、体、美全面发展的方针，从弱智儿童身体和智力特点的实际情况出发，对他们进行相应的教育、教学和训练，有效地补偿其智力和适应性行为的缺陷。为使他们成为有理想、有文化、有纪律的社会主义公民，适应社会生活、自食其力的劳动者打下基础。要

培养学生爱祖国、爱人民、爱劳动、爱科学和爱社会主义的国民公德，懂得遵纪守法。讲究文明礼貌；使学生具有阅读、表达和计算的初步能力；培养学生爱美的情趣和良好的生活习惯，具有生活自理能力并学会一些简单的劳动技能；发展学生的身心机能，矫正动作缺陷，增强身体素质。

1994年，国家教育委员会在《中度智力残疾学生教育训练纲要（试行）》中规定的中度智力落后学生的教育目的是：应当通过适合其身心发展特点的教育与训练，使他们（中度智力残疾学生）在德、智、体诸方面得到全面发展，最大限度地补偿其缺陷，使其掌握生活中实用的知识，形成基本的实用能力和必要的良好习惯，为他们将来进入社会参加力所能及的劳动，成为社会平等的公民打下基础。在该纲要中，还对中度智力残疾儿童教育训练的三项任务作出了具体解释：全面发展的任务，是指应使每个中度智力残疾学生在基本道德品质和行为规范、初步文化知识、身心健康等方面都有适合其特点与水平的发展与进步。补偿缺陷的任务，是根据每个中度智力残疾学生的运动、感知、言语、思维、个性等方面的主要缺陷，采取各种教育训练措施，使其各方面的潜在能力发展到尽可能高的水平，达到康复的最佳效果。准备进入社会的任务，是指培养中度智力残疾学生生活自理能力，与人友好相处和参与社会生活的能力，学会简单的劳动技能，养成劳动习惯，为其成为自尊、自信、自强、自立的劳动者打下基础。

2007年，教育部在《培智学校义务教育课程设置实验方案》中对培智学校的培养目标进行了明确规定：培智学校要全面贯彻党的教育方针，体现社会文明进步要求，使智力残疾学生具有初步的爱国主义、集体主义精神；具有初步的社会公德意识和法制观念；具有乐观向上的生活态度；具有基本的文化科学知识和适应生活、社会以及自我服务的技能；养成健康的行为习惯和生活方式，成为适应社会发展的公民。

智力落后儿童教育担负着三重任务。首先，智力落后儿童教育担负着培养学生良好的思想品德的任务。德育是全面发展和素质教育的重要组成部分，它对学生的全面发展起着定向和动力作用。对智力落后儿童进行思想品德教育是儿童少年思想发展规律的要求。儿童少年正处在长身体、长知识和道德品质、世界观逐步形成的时期，可塑性很大，容易接受各种思想的影响。在学生的就学阶段对他们进行思想品德教育，可以保障他们健康地成长。通过德育，把智力落后儿童培养成为爱国的具有社会公德、文明行为习惯的遵纪守法的好公民，在这个基础上，引导他们逐步树立科学的人生观、世界观，培养学生的共产主义道德品质，发展学生的个性心理素质和能力。其次，智力落后儿童教育担负着给学生传授基础的科学文化知识的任务。智力落后儿童要能够在社会中正常生活，参与正常的社会生活，就

必须具备基础的科学文化知识,有听、说、读、写、算的基本技能,否则,他们将很难在社会上安身立命。智力落后儿童教育的最终目的是要使智力落后儿童适应社会生活并融入社会生活,给智力落后儿童传授基础的科学文化知识就成为智力落后儿童教育的一项重要任务。前两项是所有学校教育的共同任务。第三,智力落后儿童教育还担负着矫正和补偿学生身心缺陷的特殊任务。由于各种各样的原因,智力落后儿童在身心发展的几乎所有领域都存在着或多或少的问题与缺陷。在生理发展上,除了身高、体重等身体素质方面的差异以外,大多数智力落后儿童在身体的灵活性、精细运动、大肌肉运动等方面存在缺陷。在心理发展方面,智力落后儿童在感觉、知觉、记忆、言语、思维、注意、个性、情感、意志等方面都要落后于同年龄的正常儿童。为了使学生走出学校后能够顺利地进入社会,有必要在学生的学习阶段通过各种方法、采取各种途径来矫正和补偿他们的身心缺陷。

智力落后儿童教育的教学原则及其运用

智力落后儿童教育的教学原则是根据智力落后儿童教育的目的和智力落后儿童教育教学过程的特点和规律提出的指导整个教学工作的基本要求和指导原理,是人们长期对智力落后儿童进行教学的实践经验的科学总结。智力落后儿童教育的教学原则可以罗列很多,除与普通教育相同的原则外,主要有个别化原则、形象化原则、情境性原则、激发兴趣原则、充分练习原则、实践性原则、补偿性原则等特殊原则。

个别化原则 教师在教学中要从每个智力落后学生身心发展的实际水平和特殊需要出发,采用不同的教学方法,设计不同课程内容,进行有区别的教育训练,使每个智力落后学生都能在各自原有的基础上得到充分发展,取得应有的进步。遵循此原则,有以下要求:(1)要牢固树立个别化教育思想。教师应该时刻意识到,每一个学生都是不一样的,都有自己的特殊需要。(2)教学要在深入、细致地了解学生,研究每个学生特点和需要的基础上进行。了解和研究学生,是教学工作的出发点,也是个别化教学的前提。教师一方面要了解全班学生的一般特点,如全班学生的知识水平、接受能力、学习风气和学习态度等;另一方面(也是更重要的一方面)是要弄清楚每个智力落后学生的家庭情况、致病原因、智力缺陷的程度、兴趣、爱好、性格特点、知识结构、健康状况以及学生的言语能力、运动能力、交际能力和主要的行为缺陷等。主要是通过家访,课内课外活动的观察,查阅有关的测验记录、病历,分析学生的作业,正式和非正式的测验等来进行了解,也可以通过教育会诊的方式来对学生进行了解。(3)在研究和了解的基础上,根据学生身心发展的实际水平和特殊需要,尽可能为每一个智力落后学生制订个别化教学计划。个别化教学的进行需要依据经过仔细设计的、可操作的、书面的个别化教学计划。会设计个别化教学计划应该是教师职业的一项必不可少的基本功。(4)针对智力落后学生的具体特点来有的放矢地组织课堂教学。一方面,智力落后学生个体之间存在着非常大的个别差异,每一个学生都有自己的特殊情况和特殊需求;另一方面,就每一个单独的学生个体而言,学生在身心发展的各个不同方面的水平是不一样的,这就要求教师在教学过程中,要切实考虑到学生的个别差异和不同需要,尽可能从这种个别差异出发进行教学。(5)注意课后的补救教学。智力落后学生的学习能力有很多的缺陷,在学习过程中会遇到许许多多的困难和障碍,有一些问题光靠课堂上训练是不能解决的,因此,要特别注意课后的补救教学。

形象化原则 教师在教学过程中,要尽量利用学生的各种感官和已有的经验,通过具体的事物、形象的语言或图画、图表、实物、模型、幻灯、投影、电视等,丰富学生的感性认识和直接经验,帮助学生加深对教材内容的感受和理解,从而使学生更好地掌握较抽象的知识和技能。具体要求是:(1)要根据实际需要,根据教学目的、教学任务和教学内容,以及学生的实际情况、有目的、有针对性地选择恰当的形象化教具。(2)要组织和引导好智力落后学生对形象化对象的观察过程。形象化教学手段只能给学生提供感知的材料,学生是否注意观察,在观察过程中是否看到教师希望学生见到的东西,是否通过比较区分出了观察对象的主次、异同,能否从对观察材料的分析中得出正确的结论,都需要教师的引导。在教学中,教师应首先提出问题或要求,以集中学生的注意力。其次,要教给学生观察的方法。如可以教给学生观察顺序;教会他们如何把观察的对象从背景中区分出来以便更清晰地感知对象;也可以教学生先对所观察的物体进行整体认知,然后再分解出组成部分逐一进行观察,并确定出它们之间的关系和联系。更进一步可以引导学生把对象的本质特征和非本质特征区开来,以便形成正确的概念。(3)注意形象和语言的密切结合,把两个信号系统统一起来。智力落后学生第一信号系统和第二信号系统存在着脱节问题,这妨碍了他们的事物表象的形成。通过对形象化对象的感知,不但要帮助他们形成准确鲜明的形象,把握事物的主要特征,而且要使他们掌握有关这些形象及特征的词语,学会正确地掌握事物的关系和联系。要求教师在教学中积极创设语言情境,用形象的语言来描述事物,用生动形象的动作把语言描述的形象演示出来。把语言和事物形象统一起来,提高智力落后学生的语言表达能力,也有利于引导学生从感性认识向理性认识的过渡。形象化教学的目的不仅仅是丰富学生的表象,更为重要的是让他们在表象的基础上形成一系列概念。直观形象和表象还不能成为思维发生飞跃的基础，只有语言才能帮助智力落后学生进行概括和抽象，达到对事物的理性认识。(4)要重视运用形象化教学手段过程中技术细节的处理。在运用形象化教学手段过程中，教师应该认真考虑一些技术性的细节，以充分发挥形象化教学手段的效果。例如，给学生提供的形象化材料要有典型性；让学生感知的部分要重点突出、色彩鲜明；感知的材料要大一些，放的位置要高一些等。

情境性原则　在教学中教师要结合教材内容，采取多种教学手段〈图片、音乐、语言描述、动作演示等〉，运用一切可能的教学条件，积极创设教学所需要的情境，并引导学生参与其情境中，从而使学生在特定情境中不仅获得大量生动、形象的具体表象，而且受到特定气氛的感染，激发他们的情绪和情感，产生巨大的教育力量。在情境感受的基础上进行的教学，使认识过程和情感过程统一在同一情境之中，可以收到单纯感知得不到的效果。尤其对于直观形象思维占主导地位的智力落后儿童来说，教学的情境性是更为必要。应注意：(1)教学情境的设置应紧密结合教学内容，为教学目的服务，尽可能避免无关因素的干扰。(2)要通过多种方式创设教学情境。情境教学中关键的一环是要设计出既符合智力落后学生身心发展水平又能圆满达成课时教学目标的教学情境。要求教师开动脑筋，发挥创造力，要在现实生活环境中发现和挖掘教育因素，利用智力落后学生熟知的生活场景来进行教学活动，还可以利用实物来演示教学情境，利用图画再现教学情境，利用音乐渲染教学情境，利用表演体会教学情境和利用语言描绘教学情境。(3)要注意教学方法上的启发性。教学情境的设置不宜过于直接和简单化，但也不能过于隐晦和复杂，应以能对学生起到一定的启发作用作为标准。(4)情境教学要讲究"情趣"和"意象"。这就要求教师不要图解式地机械运用情境。情境要作为一个整体出示在学生面前，并为学生开拓出较广阔的想象空间。

激发兴趣原则　在教学过程中，教师要采取各种手段，运用一切可能的教学条件，激发和保持学生对学习的兴趣和学习积极性。有以下要求：(1)要创造一个充满爱与快乐的教学环境，克服儿童的退缩、自卑等不良心理。智力落后儿童由于认识活动等方面的缺陷，在生活和学习中遭受的挫折和失败要比常人多得多，他们普遍存在有退缩和自卑等不良心理。他们对从事的工作缺乏自信，缺乏成功的期望，甚至事情尚未着手做，就觉得无法成功，从而放弃自己的努力。教师要为他们营造一个和谐温馨的、充满爱意的、欢乐愉快的教学环境，尽可能和学生保持良好的师生关系，从学习、生活等多方面关心他们，爱护他们，使他们感到自己不是被抛弃的人，体会到被尊重和被接纳的喜悦，逐渐

忘却过去遭受到的挫折和失败的痛苦，增强生活的勇气和自信心。(2)要为学生提供尽可能多的成功机会和体验。首先，在教学内容的选择上，教师应尽可能照顾到每个学生的实际水平，使他们通过努力能够学会所教知识和技能。当学生感到自己能够学得懂、学得会、记得住、用得上，当看到自己的成绩、看到别人赞许的目光时，会受到很大的鼓舞，从而产生进一步学习的动机和积极性。其次，在教学活动的设计上，教师应给予学生各种机会，鼓励他们积极参与，如大胆发言、表演、创作等，引导他们扩展学习兴趣，充实生活经验。再次，要给儿童提供合适的任务。任务必须适合智力落后学生的身心特点和实际水平，是他们经过努力能够完成的。教师应尽可能根据学生的不同情况提供一些难度不一的作业，使学生有选择的余地。如果条件允许，作业的布置应针对每一个学生。最后，在教学过程中，要多采用趣味教学方法，如游戏法、活动法等，以提高学生的兴趣。使他们愿意学习，乐于学习。(3)要善于发现学生的"闪光点"，及时进行强化。对于学生取得的进步，哪怕是微小的，都应及时给予鼓励和强化。在实际的教学过程中，教师有时候很难在学生的学习中找到任何真正值得奖励或表扬的行为。这时候，教师应有意识地降低奖励的条件，在学生做得比自己以前好一些的时候，就奖励他们。

充分练习原则　亦称"过度学习原则"。在智力落后儿童的教育教学过程中，尤其是智力落后儿童心智技能和动作技能的形成过程中，教师要细心指导，反复练习，从而使学生对知识、技能的掌握达到熟练和运用自如的程度，并在这个过程中充分发展学生的认识能力。衡量教学质量的高低，主要不是看给学生讲过多少知识，也不是看学生学过多少知识，而是要看学生究竟掌握了多少知识，能否运用所学知识解决实际问题。具体要求：(1)教师要尽量引导学生对教学内容进行清晰的感知和理解。学生要掌握和积累知识，首先要对教材有清晰的感知和深刻的理解。感知、理解是记忆的前提，只有在感知并理解的基础上，充分练习才能产生牢固的记忆效果。智力落后儿童理解能力较差，对所学知识的掌握往往不深刻、不全面，教师在指导学生练习的过程中，应有针对性地加强理解性指导；同时，在讲授新课时，要做到条理清楚，突出重点，讲清难点，深入浅出，生动有趣，形象直观，引人入胜。尤其是那些注意依靠机械记忆才能记住的材料，可以把它们和智力落后儿童感兴趣的图画、儿歌、动作联系起来，让学生又看又听，又说又唱，又写又画，充分运用眼、耳、口、鼻、手、动作和大脑协同活动，达到记忆的效果。另外，教师还应经常帮助学生整理已有知识，使之系统化。这样，通过细心指导，反复练习，学生才能印象深刻，及时巩固，记住记牢。(2)做好复习巩固工作，帮助学生提高记忆效率。记忆是学生掌握知识的最有效的方法之一。教师帮助学生做好复习巩固工作，提高记忆效率

的主要途径有：对学习材料的有效组织；让学生掌握记忆的方法和规律；抓好及时复习工作。(3) 给学生创造练习和运用知识的机会。为使学生巩固所学知识，教师要加强学生对知识的练习，多给学生提供一些运用知识的机会。教学活动中的练习形式是很多的，如语文课有读、背、写、解词、会话、作文、讲演等；数学课有口算、笔算、心算、解题、绘图等。教师组织学生练习，要经常化、系统化，不断提高练习的目标与要求。

实践性原则 教师在教学中要引导学生联系实际理解教师讲授的知识，加强运用知识的实际训练，形成学生的技能技巧，培养学生的操作能力。应该注意：(1) 按照学校的教学计划，系统地安排好课堂教学、课外活动、生产劳动和社会实践活动。从学校的整体工作来看，课堂教学是学校的一项最基本的工作。然而，学校工作又是一项系统工程，除了课堂教学工作以外，还要统筹安排好课外活动、生产劳动和社会实践活动，让学生在学习系统书本知识的同时，有机会、有时间接触社会，接触实际，参加必要的社会实践活动。(2) 教学过程中，教师要注意把书本知识和现实生活结合起来。学生学习的书本知识多是非常概括的、浓缩的人类知识的精华，要使学生掌握，一方面教师要精心讲解，另一方面需要和现实生活有机结合起来。和现实生活的结合，包括和学生生活经验的结合以及和社会生活实际的结合两个方面。和学生生活经验的结合可以帮助学生依靠过去积累起来的直接经验去理解书本上的抽象概念和原理。如果学生不具备这种直接经验，教师就需要组织学生去接触实际生活，积累必要的感性经验。和社会生活实际的结合可以帮助学生了解自己所学习的知识在今后的社会生活中的作用，从而增强他们学习知识的自觉性和积极性。(3) 引导学生大胆地运用所学的知识，为将来走向社会打下基础。学生在课堂上学习到的知识，只有在实践中才能得到检验，才能体现出知识的价值，也只有在实践中才能得到发展。教学过程中学生运用知识于实际的实践有多种多样的形式，需要教师灵活选择。不少智力落后学校组织学生在校内进行模拟性的社会实践就是一种行之有效的做法。如在学校设立模拟的售报亭、小商店、小邮局、小农贸市场等，让学生体会各种社会机构和社会角色。如果可能的话，组织学生参加真正的教育性的社会实践是应该大力提倡的。如可以结合教学内容，组织学生到工厂、农村、学校附近的商店、邮局、医院、市场、车站、码头、机场等进行实践活动。

补偿性原则 智力落后儿童的教学工作应有计划、有系统地补偿学生的身心缺陷，促进其康复和对环境的适应。有以下要求：(1) 教师对学生的身心缺陷状况和程度应有较全面了解，并在此基础上制订适合每个学生特点的补偿和矫正方案。(2) 教师要具备较为扎实的专业技能。缺陷

的补偿和矫正工作是一项技术性很强的工作，如果缺乏必要的专业知识和专业技能，将很难进行和取得效果。如必要的医学知识、行为矫正技术等。(3) 缺陷的补偿和矫正工作是一项复杂和细致的工作，要求教师要有长期作战的思想准备，防止急躁情绪。只有循序渐进，细水长流，经过长期努力，智力落后儿童的缺陷才能得到较好的补偿和矫正。(4) 要把缺陷补偿和矫正工作贯穿智力落后儿童教育的始终。智力落后儿童教育的传授基础知识、培养基本技能与补偿和矫正儿童的身心缺陷的双重任务是相互补充的。智力落后学生的每门学科都有矫正缺陷的可能性。如语文知识的教学，不但能使智力落后儿童掌握听说读写技能，同时又能促使智力落后儿童的言语运动系统更灵活，克服言语和语言问题。在智力落后儿童教学中，应将补偿缺陷工作和知识的传授紧密结合起来。

智力落后儿童教育的课程

中国教育行政部门对智力落后儿童教育的课程有具体规定。1994 年，国家教育委员会《关于实行新工时制对全日制盲、聋和弱智学校课程（教学）计划进行调整的通知》中的附件四《调整后的全日制弱智学校（班）课程计划安排表》规定智力落后学校主要开设常识、语文、数学、音乐、美工、体育和劳动技能七门课程。1994 年，国家教育委员会在《中度智力残疾学生教育训练纲要（试行）》中将教育训练的内容分为生活适应、活动训练、实用语数三个方面。其中生活适应包括个人、家庭、社会和劳动生活适应方面的知识和能力的训练，目的在于使中度智力残疾学生学习和初步掌握个人生活和社会生活的基本知识和实际技能，认识自己身体和周围的事物，明白个人与家庭、学校和社会的关系；掌握自理个人生活的技能，初步掌握处理家庭生活、社会生活及从事简单劳动的技能，并能运用这些技能解决生活中遇到的问题；初步养成有规律的生活习惯，培养乐观进取的精神、与人合作的态度和良好的品格，以适应日常生活和进入社会的需要。活动训练包括大小肌肉训练、运动能力训练、体育、美术、音乐、手工、游戏、观察认识世界等方面的知识和能力的培养。目的在于训练和发展中度智力残疾学生认识外部世界的心理活动（感觉、知觉、注意等），发展身体的运动机能（大小肌肉控制、协调性、灵活性），矫正与补偿其身心缺陷。实用语数包括最基本的语文、算术知识和技能。通过实用语数的教学，使学生能听懂一般的交往语言并能较清晰地表达自己的思想，认识 500 个左右常用汉字，会写便条之类的应用文；学习并掌握生活中常用的简单整数知识并学会简单的加减法计算；学习和理解常用的货币、时间等数量单位的知识并会应用。

智力落后儿童教育的课程从类型上看主要有学科课

程、活动课程、综合课程、核心课程和潜在课程几类。由于学生不同的智力缺陷程度和特殊教育需要,在教学实际工作中,这几类课程的比重不一样。轻度智力落后学生的课程以综合性的学科课程为主,而中度以上智力落后学生的课程则以活动课程、综合课程、核心课程等应用课程为主。从内容上看,智力落后儿童教育的课程有如下特点:(1) 基础性。智力落后儿童由于认识发展水平的限制,很难学习深奥的、抽象的知识,也很难掌握和记忆数量日益增加的知识,因此,为他们选择的教育内容应该是该学科最基本的、难度较低、数量适当的知识。(2) 实用性。智力落后儿童教育的内容应该是智力落后儿童现时生活和未来生活必需的实用性的知识和技能,使学生能够学以致用。要想方设法让学生了解社会,接触社会,使他们掌握一些解决社会生活实际问题的基本技能。智力落后儿童教育没有为高一级学校输送人才的任务,多数学生在接受完九年义务教育后将直接走入社会,从事简单的劳动活动。(3) 补偿性。智力落后儿童教育有尽可能地矫正和补偿学生身心发展方面存在的缺陷的特殊任务,这就要求教学内容应具有一定的补偿性。(4) 教育性。智力落后儿童教育的内容除了应具有知识性、科学性外,还应具有思想性和教育性,有利于激发智力落后学生爱祖国、爱人民、爱劳动、爱科学和爱社会主义的情感,有利于他们遵纪守法、懂文明、讲礼貌。(5) 灵活性。由于智力落后儿童之间存在着巨大的个别差异,每个个体都有不同的特殊教育需要,因此,智力落后儿童教育的内容应具有一定的灵活性或伸缩性,在统一要求的基础上可以允许适当的变通。学生学习知识的数量、难易程度、理解和掌握的水平都可以因人而异。(6) 综合性。在现实生活中,人们需要运用综合的、整体的知识去认识世界和改造世界。在教学中,教师有意识地把教育的内容进行综合,然后教给智力落后学生,无疑有利于他们在实际生活和工作的运用。因此,智力落后儿童教育的内容应该具有一定程度的综合性。

智力落后儿童教育的教学过程

(1) 对学生进行教育诊断。教育诊断主要是指在医学诊断的基础上对学生各方面的情况进行观察、测量、分析、评价,从而使教育工作者系统深入地了解学生学习水平的现状、学习的风格和特点、学习能力的优势与劣势以及学生具体的学习需要。它是对智力落后学生进行教学工作的一个基本前提条件。诊断的实施主要包括筛选性诊断、全面性诊断和监控性诊断三类。对智力落后儿童进行诊断的方法是多种多样的,主要有行为观察、智力测验、适应性行为测验、学习能力测验和医学诊断等。对于轻度智力落后儿童来说,在学校中最通行的做法是诊断与评估他们的学科

能力,即判断他们在语文、数学、常识等学科领域的长处、不足以及产生原因。可以通过面谈、观察、书面考试等方式进行。对于中度以上智力落后儿童来说,对其基本技能、沟通技能、认知技能、社会技能和活动表现技能等基本技能的评估是至关重要的。

(2) 确定教学目标。教学目标是教师在教育教学的过程中,在完成某一阶段(如一节课、一个教学单元或一个学期)工作时,希望或预期受教育者要达成的目标或学习成果。教学目标具有方向性和指导性,是教学工作的一个非常重要环节。教学目标应当尽可能用行为目标的方式来表述。行为目标强调的是以具体明确的行为作为教学目标,因此,在具体表述时,用词一定要精确,尽量避免意义不确定的行为动词。

(3) 拟定教学工作计划。为使智力落后儿童教育教学工作能够正常有序地进行,应制订如下教学工作计划:① 学年或学期教学进度计划。要在学年或学期开始前制订出来。旨在明确整个学年或学期班级中每个学生教学工作的主要任务、范围、时间安排,做到心中有数。这种计划形式上可以不拘一格,一般由两个部分组成,一个部分是总的说明,内容包括学生和教材的基本情况分析、教学的目的和要求、教学总时数、复习、考查和考试时间等。另一个部分是教学进度计划表,内容包括各学科领域的教学内容和时间安排。② 单元教学计划。要求对一个单元的教学工作进行全面的安排和部署。计划内容包括单元名称、教学目的、任务、课时分配、课的类型、教学组织、教学方法、手段、教学资源等。③ 课时计划。也称教案,是教师备课的重要一环,也是教师上课的基本依据。计划内容包括班级、科目、课题、授课时间、教学目的、任务、课的类型、教学组织和方法、教学资源、教学过程、作业、教学评估标准和方法等。

(4) 实施教学。教学的实施就其狭义含义来说就是我们通常所说的上课。上课质量如何,直接关系到智力落后儿童教育整体质量的高低。要上好一堂课,有许多方面需要注意,如教学目的要明确,教学内容要正确、充实,能够抓住重点、难点和关键,教学方法的运用要科学合理,课堂组织有序和灵活,师生配合默契,教具运用得当等。

(5) 进行教学评价。智力落后儿童教育教学实施效果的教学评价常见的有与普通教育教学评价类似的安置性评价、诊断性评价、形成性评价、总结性评价、标准参照评价和常模参照评价。① 安置性评价。在教学开始之前对学生的起点行为进行的评价。评价的重点是学生在教学开始之前实际具有的知识、技能水平以及兴趣、爱好、习惯、个性特征。其主要目的是为了确定最适合学生的教学内容、教学活动顺序及教学的方式方法等。② 诊断性评价。在教学活动进行过程中对学生的学习问题进行的诊断与评价。主要目的在于确定学生学习困难的原因,以便有针对性地提供

补救方案。③ 形成性评价。在教学活动进行过程中为使活动效果更好而对教师的教学和学生的学习表现进行的评价。它可以使教师明确下一步该如何教,使学生明确下一步该如何学,看到学生的发展,从而帮助师生调节自己的行动,更快更好地达到既定目标。在智力落后学校较多使用。④ 总结性评价,亦称终结性评价。在某项教学活动告一段落或结束时为了解其教学成果而进行的评价,对智力落后学生有条件地使用。教育部对智力落后学校的各类考试有专门规定。⑤ 标准参照评价。以事先决定的标准作为判断学生学习成绩的评价方法。它可以帮助我们了解学生对某种知识和技能的掌握水平。一种参照标准是内容参照分数,另一种是结果参照分数。⑥ 常模参照评价。把学生的学习成绩与某一特定参照团体相比较的一种评价方法。它可以告诉人们某个学生的成绩在团体中的相对位置。

参考文献

国家教育委员会初等教育司. 特殊教育文件、经验选编[M]. 北京:人民教育出版社,1989.

鲁宾什坦. 智力落后学生心理学[M]. 朴永馨,译. 北京:人民教育出版社,1989.

全国特殊教育研究会. 培智学校教学文萃[M]. 北京:人民教育出版社,1997.

Winzer, M. A. The History of Special Education [M]. Washington D. C.: Gallaudet University Press, 1993.

（肖 非）

智育(intellectual education) 全面发展教育的重要组成部分。使受教育者掌握系统的科学文化知识与技能、发展智力的教育。在学校教育中与德育、体育、美育等相辅相成,共同促进学生的全面发展。

智育的概念与任务

智育是科学知识和人类智力的再生产过程,是把人类千百年来积累起来的物质文化、精神文化转化为个体的活的知识和活的智能的过程。这种存在于个体头脑中的活的知识和智能,不同于凝聚在物质形态上的知识和智能,它们能够创造出新的智能。为此,智育对人的发展的作用,不仅在于它能够在个体身上再现人类已有的文化成果,而且还可以在此基础上使得个体创造和生产出新的智能,新的科学。人的全面发展除了智育,还包括德育、体育、美育和劳动技术教育,在人的发展中,智育为各育的顺利实施,即为人的全面发展的实现,提供科学知识和智能的基础。人们的世界观、道德观、劳动观、保健观以及审美观的形成、发展,不仅需要相应的智力,而且是以相应的知识为其存在的条件。正是在此意义上,智育是其他各育的基础。与此同时,智育也是社会文明发展的必备条件。智育对社会发展的作用,是通过人的知识增长和智能发展来实现的,没有智育就没有劳动力和科学技术的再生产,人类创造的一切物质财富和精神财富,都不可能延续、发展,人类自身也不能得到发展。

关于智育的任务或目标,历来存在两种不同的观点。一种观点认为,智育是知识教育,即让学生掌握系统的科学知识;另一种观点认为,智育是智能训练,即让学生的智能获得发展。由此就形成实质教育与形式教育的分歧和论争。实质教育又称实质训练,它以联想主义心理学为理论基础,强调教育的任务在于以适当的内容观点来充实和建设人的整体心灵。它比较注重实际知识,轻视智能训练,认为教育就以实用为目的,使学生获得一些在实际生活中需要的知识、技能;学生的智能可在掌握知识的过程中自然而然得到发展。形式教育又称形式训练,它以官能心理学为理论基础,认为人的心灵具有各种不同的官能(能力),可以选择适当的教学内容来分别训练每种官能,使其得到发展。它比较注重智能训练,轻视对实际知识的掌握,认为教育应以形式为目的,去发现那些能够训练学生各种官能的心智练习,只有通过各种形式的训练使学生的智力得到发展才是重要的,学习内容不重要,因为它容易忘记,只能起到暂时的作用。虽然形式教育与实质教育的理论之争早已成为历史,但就实质教育与形式教育理论的本质——掌握知识与发展能力的关系而言,它们始终以各种各样的形式,若隐若现地表现在教育理论和实践中。1971 年,美国心理学家埃贝尔发表《掌握知识应该是首要的教育目标》一文,认为心理能力最好的培养途径是通过掌握与该任务有关的知识。不过,掌握知识只是教育目标之一,因为教育还需要帮助学生了解信息怎样组织才有利于他们在生活中使用。前者重视知识的掌握,后者则强调知识的组织形式和运用知识解决问题的能力。

鉴于形式教育与实质教育各执一端的片面性,以及两者都不可能解决智育问题,国内外研究者发展出形式与实质相统一的教育理论,其主要观点:掌握知识不等于发展智能,两者既相互区别又相互联系,应把掌握知识技能与发展智力能力有机地结合起来。通过掌握知识技能发展学生的智力,培养能力;通过发展智力能力,让学生更好地获得知识、形成技能,不能偏重一方而忽视另一方。于是,智育的任务就被规定为使学生掌握系统的文化科学知识,形成基本技能,发展智力能力三个方面。

一般认为,知识是人类对客观世界的认识成果,是对事物属性和联系的认识。知识可根据不同标准分类。按反映深度,可分为反映事物外部属性的感性知识和反映事物本质属性的理性知识;按反映内容,可分为自然的、社会的和思维的知识;按其来源,可分为间接知识和直接知识。但从整体来说,知识来源于实践,又在实践中发展。知识是人类社会赖以存在和发展的基础,是科学技术发展的重要标志,是年轻一代增进才智和成长进步的源泉。知识具有两种最基本的形态,一种是物化的客体知识,如自然科学知识、社会科学知识、人文科学知识等,在人们掌握它们之前即已存在;另一种是主体的知识,这就是人们已经内化了的认知结构,即人们头脑中的知识结构。智育的第一个任务就是以物化的知识作为学生认识的客体,经过有指导的学习活动,将人类总体的知识转化为学生个体的知识结构。掌握知识和发展智能是相互联系、相互促进的,掌握知识是发展智能的基础,不掌握一定的知识去发展学生的智能,无异于缘木求鱼,一定毫无所得;智能是获得知识的条件,不激发学生的智能让他们学习知识也必然徒劳无功,学不到活的知识。

学习知识和发展智能虽有联系,但也有区别,它们是两项相对独立的任务。知识是客观的、社会的,而智能是主观的、个体的,只有当外在的知识结构转化为内在的认知结构后,知识才会成为智能。不仅如此,知识和智能的区别还表现在如下几个方面:首先,从来源看,知识是个体后天获得的,从来就没有生而知之者;而智能则是在先天遗传素质的基础上,经过教育和环境的影响和主体的学习发展起来的,也就是说,智能包含较多的先天因素,而知识则纯粹是后天获得的。其次,从发展上看,知识随年龄的增长日益丰富;而智能则仅在一定年龄阶段内逐渐上升,到一定年龄后就停止发展,甚至开始衰退。最后,从关系来看,知识掌握和智能发展具有不同步性,并不必然表现为正比关系。吴天敏认为,智力是脑神经活动的针对性、广阔性、深入性和灵活性在任何一种神经活动和由它引起并与它相互作用的意识性的心理活动中的协调反映。据此,陈仙梅认为,知识的多寡并不完全反映智力的高低。知识要对智力发展起作用,不仅有赖于个体对知识的掌握及其进一步的概括化、系统化,而且还得影响神经系统的特性,即改善智力的物质基础,如果知识损害了神经系统的发展,反而会损害智力的发展。与此同时,智力和能力是顺利掌握知识的必要条件,但不是唯一条件。这就是说,有了相应的能力,才能掌握相应的知识,但非智力因素对掌握知识也具有不可忽视的作用。

由此,在智育中,既不能把知识和智能对立起来,也不能将两者混为一谈。掌握知识只是智育的任务之一,除此之外,智育还要使学生形成技能,发展学生的智力能力。

技能是通过练习而形成和巩固的完成某种实际任务的一种动作方式或活动方式。按其自动化程度看,有非自动化动作方式与自动化动作方式两类。前者为技能(狭义),它是一个动作一个动作单个地完成的;后者为技巧,它是一个动作一个动作连续地完成的。技能是形成技巧的基础;由技能发展为技巧的过程,也就是从试练演进到熟练、自动化的过程。由此可见,技巧就是在技能的基础上形成和发展起来的更为高级的技能。如刚学会打字的人只能说有打

字的技能,通过反复练习,可不看键盘也不多加思考就能迅速地打字,这就形成了打字技巧。在实践活动中,技能和技巧只有经过勤学苦练,才能形成和发展。技能的掌握对于学生理解知识和发展智能具有重要意义。

技能按其性质和特点,又可分为外显的动作方式和内隐的动作方式,前者为动作技能,也叫操作技能,后者为智力技能,又叫心智技能或认知技能。动作技能指由一系列外部动作(操作)构成的、通过练习形成和巩固起来的一种符合法则的行动(活动、运动)方式。如写字、绘画、体操、打球等都属于动作技能。动作技能的活动对象为实际物质,借助于外部动作进行,因而活动过程必须从实际出发,不能省略和简缩。其种类很多,但常可归为两类:操纵一定器具的动体技能,如打字操纵打字机,生产劳动操纵各种生产工具等;无需操纵任何器具的动作技能,如跳舞、徒手体操等。动作技能不同本能,是在后天的学习中形成和发展起来的,它受意识支配,受计划调节,服从于一定的目的任务。它是通过行动的定向、模仿与熟练这样一些过程而被掌握的。动作技能使人类能更好地适应和改造客观世界。智力技能指借助于内部语言在头脑中进行的认知活动的方式,其活动对象是观念,借助于内部语言进行,因而可以高度省略和简缩。动作技能与智力技能是密切联系而不可分割的,智力技能常需借助于动手,动作技能也常需借助于动脑,两者的联系,表现为手脑结合。

心理学界、教育学界对智力和能力这两个概念的界定不尽相同,在能力与智力的关系问题上也存在不同的认识,西方的智力理论认为智力是总概念,智力包含能力,能力是智力的组成因素。苏联学者认为能力是总概念,智力是能力的组成部分。中国在该问题上主要存在三种观点。

第一种观点认为,能力是使活动顺利进行的个性心理特征的总和。它可以分为一般能力和特殊能力。一般能力就是智力,它是在多种基本活动中表现出来的综合性的认知能力,智力又包括观察力、记忆力、抽象概括能力(逻辑思维力)、想象力和创造力等,其中思维能力是智力的核心。有些研究者认为,创造力是一种特殊的能力,不能完全包含在智力内,他们认为智力的构成部分是注意力、观察力、记忆力、想象力和思维力。思维能力是衡量智力的主要标志。智力表现在一个人思维的广度、深度、速度、灵活性和条理性等方面;特殊能力是从事某种专业活动的能力,如音乐能力、数学能力、教育能力等。一般能力即智力与特殊能力是有机联系的。一般能力发展愈好,就愈能为特殊能力的发展创造条件;特殊能力发展的同时,也必然促进一般能力的发展。

第二种观点以燕国材为代表,他从中国古代荀子、王充等人的教育思想出发,提出智力与能力并不是相互包含的关系,而是相对独立的关系,两者既有区别,也有联系。其

区别与联系主要表现在四个方面：(1)智力属于认识活动的范畴，它是保证人们有效地认识客观事物的稳固的心理特点的综合；能力属于实际活动的范畴，它是保证人们成功地进行实际活动的稳固的心理特点的综合。即智力是解决知不知、懂不懂的问题，能力是解决会不会、能不能的问题。但是，认识与活动是相互联系的，一方面，认识总是在一定的活动中进行的；另一方面，活动又必须有认识参加。正因为认识与活动是统一的，所以智力与能力也就相互联系而不可分割。据此可以说，发展智力有助于能力的提高，培养能力又有助于智力的提高，学习的本质就在于手脑结合，认识与活动统一。(2)智力与能力的组成因素及其结构方式各不相同。智力由注意力、观察力、想象力、思维力、记忆力五个基本因素组成，以思维力为核心，形成相互交织、相互制约的关系结构。能力是由组织能力、定向能力、适应能力、实际操作能力和创造能力五种基本因素构成的。能力结构不像智力结构，它没有核心，五种能力基本是并列的。尽管智力与能力的组成要素及其结构方式不同，但两者之间是相互渗透、相互制约、相互促进、互为条件的关系。即智力的发展往往有赖于能力因素的参与，同样，能力的发展往往也有赖于智力因素的参与。(3)一般地讲，智力与知识相联系，而能力与技能相联系。但是，知识与技能不可分割，知识是技能的基础，技能是知识的应用；知识运用于实际领域形成技能，又通过形成技能进一步巩固和掌握知识。知识与技能不可分割，所以智力与能力也不可分割。(4)人的智力和能力都是先天和后天的"合金"，不同在于智力的先天因素较多，能力的后天因素较多，但只有先天和后天结合起来才能使它们得到培养和发展。由于上述原因，人们认为，在智育中发展学生智力，还应当包括培养能力。

第三种观点由林传鼎提出，他认为智力应该被看作是一种多维的连续系统，说它是连续的，是因为它不是智能的有无，而是智能的多少的问题；说它是多维的，是因为包含着许多特殊的技能和能力。具体来说，智力的结构中包括六种能力：(1)对各种模式进行分类的能力；(2)适宜的观察行为的能力，即学习的能力；(3)归纳推理的能力，即概括的能力；(4)演绎推理的能力；(5)形成概念模型并使用这种模型的能力；(6)理解能力。对于这六种能力在智力结构中的关系，林传鼎认为，智力活动以逻辑思维为主，但在日常生活中，辩证思维也具有重要的地位和作用。

以上这些智力和能力的认识对中国的智育产生重要影响。许多教育论著都将发展学生的智力，培养学生的能力，尤其是将培养学生的思维能力、实际操作能力和创造力作为智育必不可少的任务。

然而，以邵瑞珍和皮连生为代表的一些学者并不同意将智育的任务确定为掌握知识、形成技能和发展智力，他们在批判地吸收现代认知心理学的研究成果的基础上，联系中小学的教育实际，以广义知识观为基础，提出了一个所谓新的智育目标论，对原有智育目标论进行了反思，对知识、技能和智力等概念运用广义知识观重新加以解释。

根据现代认知心理学，一些研究者认为，由于在心理学领域长期受行为主义思潮的影响，知识被排除在行为主义心理学家的视野之外，因而中国心理学和教育学著作中对知识的解释一般还停留在哲学认识论层面，如把知识定义为对事物属性和联系的反映，表现为对事物的知觉、表象、概念、法则等心理形式。用辩证唯物主义认识论来阐释知识，有一定的合理性。但它只能为教学提供一般的原则指导，对知识的认识仅仅停留在哲学认识论，对有效指导学校智育工作和智育理论建设远远不够。因而，他们根据现代认知心理学，主张将知识定义为个体能通过与其环境相互作用后所获得的信息及其组织。储存于个体内为个体的知识，储存于个体之外，即为人类的知识。这一定义强调：其一，知识是后天经验的产物，不包括由遗传而来的适应机制；其二，强调知识获得过程是主客体相互作用的过程；其三，强调知识的范围广泛，从获得具体信息到机体的认知结构的根本变化，都属于知识范畴。

根据对知识的上述认识，一些研究者将知识分为两大类：一类是陈述性知识，另一类是程序性知识。陈述性知识又称语义知识或言语信息，它回答世界"是什么"的问题。其本质是输入的信息在人脑中形成命题（或意义）的网络。由于这些意义的网络经过了严密的编码，人们需要利用时，可以有意识地提取出来。程序性知识指个人没有有意识提取的线索，只能借助某种作业形式间接推测其存在的知识。这类知识主要用于回答"怎么办"的问题。现代认知心理学家通过计算机模拟，认为程序性知识在人脑中不是以命题网络的形式储存，而是以条件和行动的规则储存。这种条件和行动的规则被称为产生式规则。它同命题网络知识的提取方式不同，前一产生式规则的行动的完成，能自动激活下一个产生式。程序性知识又分两个亚类：一类为对外操作的程序性知识，另一类为对内调控的程序性知识。后者又称策略性知识。这样就形成了两个知识概念：一个是广义的知识概念，它包括三类知识，即陈述性知识，对外操作的程序性知识和对内调控的程序性知识；另一个是狭义的知识概念，它仅指陈述性知识。

从广义的知识观来看，技能实质上是个人习得的一套程序性知识并按这套程序去操作。因此，广义知识实际上已包含技能。在技能的分类上，中国流行的技能观把技能分为智力技能和动作技能。这种技能的分类与现代认知心理学的技能分类相抵触。从广义的技能观来看，技能应分三类：一类是动作技能，另两类是认知领域中的技能，即应用规则对外操作的技能，应用规则对内调控的技能，后者作为特殊的认知技能又被称为认知策略。

关于智力，皮连生主张在不同场合分别应用两个有联系但不同的智力概念。第一个智力概念来自心理测量学，用智商（IQ）表示。大量的研究表明，个人先天的遗传因素和后天的环境共同影响个人的 IQ 分数高低。但遗传的作用大于环境的作用。由于个人遗传基因不能改变而且个人的后天环境也是相对稳定的，因此，当个人的后天环境在未遭受严重剥夺的条件下，教育很难改变个人的 IQ 分数高低。IQ 决定学生学习的速度。在其他条件相同的条件下，IQ 分数高的学习速度快，IQ 分数低的学习速度慢。承认 IQ 概念，就要求教育应适应儿童在学习速度上的个别差异，不能搞一刀切。第二个智力概念是把智力看成个体后天习得的认知能力。尽管 IQ 水平不同的儿童学习速度有快有慢，但教育都使他们的认知能力得到适当发展。这种通过后天教育发展起来的认知能力就是习得的智力。

但是，他们认为中国教育界习惯用智力五因素论来解释习得的认知能力，使智育目标论陷入了困境。第一，各种智力概念的外延不具体，相互交叉（相对独立性差），层次不够明确（序列性不够强），难以加以区分。第二，从现代认知心理学的观点看，所谓注意力、观察力、记忆力、想象力和思维力等的提高实际上是知识的习得和运用的结果，脱离知识、技能的所谓纯粹智力是不存在的。专家与新手差异的比较研究表明，专家之所以成为专家，就是因为他们在某个领域所掌握的知识和技能的数量与质量不同于新手，如果离开他们所专长的领域，其智能就与新手无异。第三，把传授知识、形成技能与发展智能并列，强调实质与形式统一的智育目标论看上去似乎很辩证，但从心理学的实证研究来看，形式训练说缺乏依据。美国心理学家 E.L. 桑代克等人早在 20 世纪初就否定了形式训练说。后来许多对形式训练说持同情态度的人，企图为其找到心理学依据，但至今无人能证明，某种特殊学科，包括新出现的计算机学科，对训练人的智力有不同于其他学科的特殊作用。因此，智育在传授知识，形成技能之外，发展智能的任务似乎并不存在。

基于以上原因，一些研究者主张习得的智力是由三种成分构成：（1）结构化的陈述性知识；（2）经练习达到熟练的技能；（3）在遇到新问题时适当应用认知策略的能力。教育发展智力可以归结为帮助学生掌握广义的知识，即掌握丰富的、已编成网络结构的陈述性知识；掌握应用规则办事的技能，有些基本技能的掌握要达到自动化程度，以减轻工作记忆的负担；在掌握知识、技能的同时，掌握调节与控制自己认知过程的策略性知识。当学习者的策略性知识掌握到能知道何时、何处和如何适当应用的水平时，策略性知识的掌握就达到了反省水平。这种认知也称元认知或反省认知。

关于智育的任务，还存在其他的一些看法。美国教育学家布劳迪认为，知识的重复和运用通常被看作是学校教育的两种用途，但如果按这两个效用准则来评判，大多数学校教育是失败的。首先，一个人保持机械学习的量——除非有经常回忆的机会——极为贫乏，尽管大家屡次通过有关美国历史的课程，但几乎没有公民能够（直接的或通过再认测验）回忆出大部分历史事件的日期、名称以及当时的背景和地理环境。其次，科学的概括与把它们用于实际之间有一条鸿沟。工艺革新必须介于其中。例如，运用化学原理解决能源危机，涉及的就不止是在学校中学习过的有关碳氢化合物方面的内容。我们大多数人并不把学到的物理知识用于修理自己的汽车。因此，普通教育的用途不在于帮助学生知什么和知如何，而在于帮助学生"用什么来知"，也就是为学生提供一个在其中知觉、解释和判断特定情景的语境。语境（context）是缄默认识的一种形式，它能够在没有处于意识中心的情况下，没有逐字逐句回忆的情况下，和没有为行为提供假设的演绎的情况下发挥作用。曾经被明确学习过的种种内容，可以建立起语境。语境可以是认知的、情感的、审美的、道德的、社会的和宗教的。每一种这类的语境，都可以被认为或多或少是精确的、清楚的、精练的和"受过教育的"（这就是说，是在一门学术性学科的范畴中形成的）。具体而言，这种作为缄默知识的语境可以发挥联想和解释的作用。当个体的智谋通过该情境的非逻辑关系活跃起来时，可把它称为联想的用途。这里的非逻辑关系是指邻近性、相似形、频率、效果和人们熟知的联想律。知识的解释的用途是指归类、分类、论述和推论。与联想的用途相对照，解释的用途引起的是与该情境有逻辑联系的反应。

英国教育学家迪尔登认为，智育任务除习得一系列认知内容外，还有两个重要方面，一是形成学生的批判性思维能力和培养学生的自主性，二是发展学生的情感和道德品质。他说智育首先意味着要习得一系列认知性内容，即不同领域所提供的概念、事实、原理、理论、问题、诠释，以及解释的方式与证明的方式。但是，智育并不只是装载认知内容，它还意味着努力获得精确性、明晰的表达力、秩序，以及各部分之间的相互关系。当审查和评价认知内容并在总体上对之进行批判性评估时，智育更意味着一种批判性分辨的活动。人们对真理、一致性和适合性始终抱有疑心，而且对谬误、无效性和不贴切性也抱有相应的戒心。所谓无批判性的理智，本身就是一种自相矛盾的说法。正是由于这种批判性思维活动，才使得智育能够培养自主性。他认为恰恰是通过批判性的审查和辨别活动，我们才获得了严格意义上的"我们自己的"知识，并把这种知识整合进我们一般的理解力和行为中去。

中外一些学者主张将培养非智力因素也包括在智育的任务中。如迪尔登将发展学生的情感和道德品质纳入智育任务，认为只要选择适当的一些例证，就可以为理智活动从某种意义上是完全依赖于情感这一论点辩护。要在一个人的理智发展与其他方面的发展之间划出一条非此即彼的鸿沟过于简单了。他认为理智活动与道德反应之间具有许多积极的、依赖的联系。由此主张将发展学生的道德品质与习得一系列认知内容、形成批判性思维能力并列,共同构成智育的任务。

吴福元认为,智力犹如人格,是一个极为复杂的整体,作为外显的智慧行为,既包括智力因素,也包括非智力因素,是两者结合的函数。由此,他提出了一个包括三个亚结构的、多维的、多层次的、动态的综合智力结构。三个亚结构分别是遗传素质亚结构、认知亚结构(智力因素)和动力亚结构(非智力因素)。其中动力结构指个性中的动力体系,如兴趣、需要、动机、情绪、意志、性格等,这样就将非智力因素纳入了智力范围。在人们的智慧行为中,非智力因素制约着智力因素,只有高度重视非智力因素的培养,才能使个人的智慧潜能得到充分的发挥。此后,逐渐形成了一种新的教育理论,即非智力因素理论,也可称为 I(智力)N(非智力因素)结合论的学习理论。许多学者主张将培养非智力因素作为智育的基本任务之一。因为培养非智力因素,有利于激发学生的主体积极性;有助于直接地促进学生的智力发展;有助于学生间接获得知识。

不同的时代、国家和不同的教育理论对智育任务的具体要求有所不同。中国普通教育的任务是引导学生掌握系统的文化科学知识和基本技能,发展智力和能力,培养其学习的兴趣和科学探索精神,奠定辩证唯物主义世界观基础,学会认知和学会运用知识。

智育的过程

学校智育的过程是受教育者在教育者的指导下,通过课堂教学和课外活动等多种途径主动积极地掌握知识、技能,发展智力的过程。一般认为,智育任务的客观要求与受教育者现有知识、技能、智力发展状况之间的矛盾是这一过程的主要矛盾。也有研究者认为,学生现有的智能水平和非智力因素的发展水平与智育任务之间的矛盾是现代智育过程的主要矛盾。由于学生的智能水平和非智力因素是处于不断发展之中的,因此现代智育过程是一个不断前进的动态的过程。在某一特定的阶段,学生的智能水平与非智力因素的发展水平相对于更高的智育任务而言总是存在着一定的差距,这种差距就构成了这一阶段智育过程的主要矛盾。这一矛盾的暂时解决意味着一个具体的智育过程的结束,直至在面临新的智育任务时它又再次出现。智育过程就是在这种不断产生矛盾和不断解决矛盾的过程中进行的。由于对智育任务的认识有差异,对智育过程的认识亦不相同。对于智育的过程,大致有三种不同看法。

第一种看法认为,智育的过程包括相互联系的三个方面:(1)是教师指导学生掌握知识的过程。(2)是教师指导学生形成基本技能和技巧的过程。(3)是教师指导学生发展智能的过程。

在教师指导学生掌握知识的问题上,罗正华主编的《教育学》认为,学生掌握知识的过程可以分为感知教材形成表象阶段、理解教材形成概念阶段以及巩固阶段和运用知识于实践阶段。张燕镜主编的《教育学》认为,学生掌握知识的过程既不是历史形成过程,也不是一个简单的"灌注"过程,教师指导学生掌握知识必然要通过学生的认识活动才能实现。作为一个完整的认识过程,一般需经历领会知识、巩固知识和应用知识等阶段。燕国材认为要有效地掌握知识,必须重视新旧联系。所谓新旧联系就是在已有知识的基础上去获得新知识,并把新知识纳入到原有知识的系统之中。王策三认为课程的实质是知识,构建学生主体的学习过程包括三个方面,它们分别是将知识打开、知识内化和知识外化。

一般来说,学生形成技能(广义)的过程,就是以掌握知识为指导,经过练习而形成合理的活动方式的过程。大致可分为两个阶段,其初级阶段为技能(狭义)阶段,即活动方式尚不熟练尚未自动化;其高级阶段为技巧阶段,即活动方式已熟练,达到自动化。掌握技能的唯一途径是练习,即学生重复已经形成的某种动作方式,并使之固定下来,进而形成技巧。教师指导学生掌握技能的大致顺序是知识准备→自觉练习→及时反馈。苏联心理学家加里培林及其同事1953年提出了智力活动按阶段形成理论,冯忠良在该理论基础上提出智力技能的形成可以概括为原型定向、原型操作和原型内化三个基本阶段。

关于智能发展的过程,人们的认识不尽相同。张燕镜主编的《教育学》认为,学生智能的发展需要以知识、技能为中介。具体来说,教师要在指导学生形成新概念中和掌握科学原理中发展学生的智能;还要在指导学生应用知识和实际操作过程中,形成并巩固学生新的智能结构。燕国材认为,只有把知识结构内化为认知结构,把实际操作内化为智力操作,才能形成学生的智力。冯忠良认为,知识和技能是活动自我调节的组成部分,也是能力结构的基本构成要素,因此,作为个体心理特征的能力的实质,是知识、技能这些个体经验的系统化和概括化,即类化了的经验。据此,发展能力的过程也就是在知识、技能这些经验习得的基础上,进行整合和类化的过程。这是通过习得经验的迁移,也就是在学习的迁移过程中实现的。所谓学习的迁移过程,其实质是经验的整合过程,即把不同时间、不同地点获得的点滴经验,进行整体组合,从而形成一种一体化的各方面互相沟通的网络性结构,这样,能力的结构才能形成。由此出发,培养学生能力的过程也就是在学生掌握知识和技能的基础上，积极促进学生知识、技能的迁移和系统整合的过程。

第二种看法认为，智育是学生习得认知能力的过程。所谓习得的认知能力，其实质是广义知识所包含的三类知识，即陈述性知识、对外操作的程序性知识（即狭义的智力技能）和对内调控的程序性知识（即认知策略，包括反省认知）。智育的过程也就是掌握这三类不同知识的过程。

在教师的指导下，学生掌握广义知识的过程可分为三大阶段。第一阶段，教师重在引起学生对广义知识学习的注意和预期。随后帮助学生激活与预期要获得的新知识有关的原有知识，并使其进入工作记忆中。学生在学习目标的指引下，有选择地接受新信息。新知识与处于激活状态下的原有知识相互作用。最后，新知识以一定的方式与原有知识形成联系，进入原有的命题网络而被理解。在该阶段，所有的知识都是陈述性的。第二阶段，新知识学习进入后期，知识一分为二。一部分知识继续储存于命题网络中，通过适当的复习，得到巩固，同时原有命题网络得到改组或重建。另一部分知识则须经过在变化的情境中的练习，以命题形式表征的知识转化为以产生式形式表征和储存的程序性知识，然后，许多小的产生式联合成大的产生式系统，只要系统中的第一个成分激活，其他成分就能自动激活，技能达到自动化。由此可见，技能只不过是陈述性知识向程序性知识转化的结果。变式练习是程序性知识由陈述性形式向程序性形式转化的最重要的条件。第三阶段，教师指导学生运用和检测习得的广义知识，即用不同类型的知识来解决不同的问题。陈述性知识被提取出来，用来解决"是什么"一类的问题。程序性知识一部分被提取出来用于对外解决"怎么办"的问题，另一部分被提取出来用于对内解决"怎么办"的问题。陈述性知识的提取是一个有意识的依据线索的提取过程，对外操作的程序性知识的提取往往是一个快速、自动化的激活过程。

夏正江对程序性知识实质上就是技能的等价物的看法提出了质疑，他认为程序性知识具有两种不同的表现形态：一种是技术形态的程序性知识，又称为"技术的知识"（technical knowledge），另一种是实践形态的程序性知识，又称为"实践的知识"（practical knowledge）。前一种形态的程序性知识往往表现为一套明确阐述的技术规则，可以言传，是那种能在书本中发现或找到的知识，通过纸笔测验可以加以检测；而后一种形态的程序性知识则往往不可能作为一套明确的规则阐述出来，往往不可言传，仅能以实际操作的方式加以表演或演示。而技能是指在练习基础上形成的按某种规则或操作程序完成某种智慧任务或身体协调任务的能力。因此，只有表现为"实践的知识"的程序性知识才相当于技能，而表现为"技术的知识"的程序性知识并不等同于技能。技术的知识与技能本身尚存在相当的距离，

一个人仅仅从技术的层面上知道了"怎么做"，并不能保证他在实际上"会做"那件事。如一个人不可能通过阅读高尔夫球手册或者甚至详细地遵循手册里的图解而成为熟练的高尔夫球选手；教师告诉学生一套如何进行阅读或写作的策略性知识，并不能保证学生就能形成相应的阅读技能或写作技能。这暗示着，将知识转化为实际能力，还需要大量的实践锻炼。

第三种看法认为，智育的过程不仅是教师指导学生掌握知识、技能，发展智力的过程，而且是培养学生非智力因素的过程。学生的智力因素与非智力因素两者是相辅相成、互相促进的。一方面，发展学生的非智力因素是学生智能发展的催化剂。学生智能的发展是一个主动的过程，学生必须具有强烈的动机、兴趣等，才能积极投入智力活动。智育过程如不注意培养非智力品质，学生智能的发展就缺乏动力，也就不能取得良好的效果。另一方面，学生智能的发展，学业的成功，也有助于推动和加强学生非智力品质的提升。只有将发展智能与培养非智力因素结合起来，才能实现学生全面和谐的发展。

智育的原则与方法

智育原则反映人们对智育活动本质性特点和内在规律性的认识，是师生在智育过程中正确选择智育内容和方法，以保证实现智育任务的基本要求。一般认为，智育原则包括掌握知识与培养智能相结合、理论与实践相结合、熟练与精思相结合和教会学生学习等。也有研究者认为，现代智育过程中应该特别强调全面智育原则、全脑开发原则、学生主动原则和实践原则。如合并上述内涵相同的原则，智育原则则包括全面智育原则、全脑开发原则、学生主动原则、熟练与精思相结合的原则、实践原则和教会学生学习原则六条。

（1）全面智育原则。其含义之一是全面理解智育的各项任务及其相互关系。现代智育的基本任务包括传承知识、培养技能、发展学生的智力和能力，以及培养学生的非智力品质。在智育理论和实践中，将掌握知识和发展智能结合起来。首先，着眼于智力发展来选编和传授知识，注意教以基本的、结构性的知识和知识的规律。其次，在教学方法上，要做到启发式，克服满堂灌，采用灵活多样的方法，使学生既动脑又动手，手脑并用。再次，在教学组织形式方面，既要考虑课堂教学中使学生掌握知识发展智能，又要充分发挥课外、校外活动的作用，使每个学生都能增长知识，开阔眼界，发展智慧。最后，在考察和评定学生学业成绩方面，不能单纯考察掌握知识的情况，要注意学生智能的发展水平，把两者结合起来。含义之二是正确认识德、智、体、美、劳等各育之间相互促进的关系，将智育的实施与其他各育融合起来。

（2）全脑开发原则。学生智能的全面发展是通过大脑两半球智力潜能的均衡发展实现的。现代脑科学研究表明，人类大脑左右半球是存在分工的，左脑的分工优势是语言与文字、逻辑与数学、线形与细节、循序渐进、自制、好理智的、积极的、好分析的、善于察知重大秩序、复杂动作顺序等；右脑的分工优势是空间与音乐、整体的、直觉的与创造力强的、感受力强的、综合的与完形的、感知图形等。美国心理学家加德纳提出的多元智能理论认为，智能作为一种潜能，是解决问题和制造产品的能力。通过对各种智能现象的分析，他提出八种主要的智能，分别是言语—语言智能、逻辑—数理智能、视觉—空间智能、身体动觉智能、音乐—节奏智能、交往—交流智能、自知—自省智能和自然—观察者智能。要全面发展这八种智能，使人的智能得到全面的发展，必须坚持左右脑同时开发。

（3）学生主动原则。实施智育的最终目的是为了学生的发展。在学生智能以及非智力因素发展的过程中，教育是外因，学生的主动性是内因。只有外因而缺乏内因，很难实现智育的任务，而外因只有转化为内因才能起作用。学生智能以及非智力品质的发展，归根结底是在学生的自我教育中实现自我发展的。因此，充分发挥学生的自主性是智育的一条重要原则。首先教育者要重视学生作为发展主体的地位。教师对学生的影响，必须以调动和发挥学生的主体性为前提。这就要求在智育活动中，处处调动和发挥学生的能动性、选择性、自主性、创造性，让学生主动参与、主动学习、主动发展。其次教育者要尊重学生智力的差异，注意培养学生个性化的智能。加德纳指出，虽然所有的人都具有八种潜在的智力，但由于遗传和环境的因素不同，每个人在一生的某个阶段，所表现出来的智力状态是不同的。这种智力差异应在社会和学校教育中得到充分的认可和重视。因此，在智育过程中，教师一方面要辨认并确定学生的智力强项，然后给予充分发展的机会；另一方面，则需要运用强项领域作为弱项领域的"入口"，促进弱项的发展。

（4）熟练与精思相结合的原则。指在智育中遵循记忆与思维相结合的规律。记忆与思维都是智力的构成因素，记忆为思维提供"材料"，通过思考求得理解有助于记忆。在记忆材料基础上，进行实际的智力运演是发展智力的关键。教学中，把记忆水平的教学，提高到理解水平的教学和思考水平的教学，是促进智力发展的重要条件。

（5）实践原则。实践活动可丰富学生的学习经历，激发学生的求知欲和探求精神，还可提供验证书本知识的机会，使学生对书本知识的记忆更加巩固、理解更加深刻；在实践活动中，学生往往需要积极参与、共同合作来完成任务，因此，实践活动还有利于学生形成良好的非智力品质。在智育过程中坚持实践原则，可通过两种途径来实现：一是在教学中讲述知识产生和发展的过程，并注重用实例来说明所讲解的内容，这主要是通过别人的实践活动来激发学生参加实践活动的兴趣；二是组织多种多样的实践活动，包括社会实践、科学研究、生产实践等，让学生亲自动手，全面参与。

（6）学会学习原则。指教师不仅要教给学生知识、技能，促进学生智能的发展，而且要教给学生独立获取知识的方法和培养学生自觉锻炼并发展自己的智能。教育名著《学记》中早已强调善学的重要性：善学者师逸而功倍，不善学者师勤而功半。现代社会科技飞速发展，人类的智能也在不断提高，知识的陈旧率加快，因此，人们只有不断学习，终身学习，才能满足现代社会飞速发展的需要。教会学生学习也就是不仅要奠定学生对学习的兴趣和习惯，而且要把学习方法和能力教给学生。这就要求教师不断提升学生对学会学习的自觉性，帮助学生掌握有效进行智力劳动的一整套方法，如学会使用工具书，学会做读书笔记等。要教给学生正确的和科学的思维方法知识。教师还应注意自己的教学方法和教育方法，选择有利于学生学会学习的方法开展教育教学活动。

智育方法是教育者为实现既定的智育目标而采取的方式和手段。教育学论著中一般把它归入教学方法。也有学者认为智育的方法有多种，有的与教学方法交叉，有的则具有自己的特色。比较重要的智育方法有图例讲解法、讨论法、整合法、活动法、发现法和探究法等。

图例讲解法是教师借助不同的方式、手段向学生提供某种现成的信息（知识），学生接受这些信息，进行深入思考，并将它们牢牢记住。提供信息的方式除口头方式（讲授）、书面方式（教科书、参考书）外，还有直观手段（图片、图表、电影、幻灯片）和自然物质与实验室作业（实验操作、演示、完成作业、证明定律、解释现象）以及生物和地理考察等手段和形式。学生通过听、看、感受、阅读、观察等活动，把新的信息（知识）与已有的信息联系起来，进而使自己的认知结构得到丰富和调整。这种方法符合学生掌握知识从感性到理性的认识过程，有助于学生知识的掌握；同时通过观察、思考以及记忆等活动，有助于学生智力的发展。

讨论法是在教师的指导下，就某个有争议的问题展开讨论或辩论，各抒己见，相互启发，相互学习的智育方法。由于讨论法能够充分地发挥学生的主动性和积极性，能够激发和推动各种智力活动的进行，所以对于学生的独立思考能力、口头表达能力和灵活运用知识的能力的发展有很好的推动作用。

整合法就是借助于一切有利于智能及非智力因素发展的材料和机会，不失时机地发展学生智能和非智力品质的一种观念和方法。因为学生的智能和非智力因素无时无刻不在发展，不仅在课内，而且在课外；不仅在智育活动中，而且在其他各育的活动中；不仅在教师可以控制的范围内，而且在教师控制不了的范围内。为此，教育者必须树立整合教育的观念,把智育工作融入学校教育的各个方面,利用一切机会发展学生的智能和非智力品质。

活动法是指通过组织各种活动发展学生智能和非智力品质的方法。其中的活动,不仅指课堂教学以外专门组织的智育活动,如兴趣活动小组、社会实践活动等,而且包括课堂智育中的活动。对于后者,要让学生在课堂上活动起来,既动脑又动手,处于主动、积极、全面参与的状态。

发现法是指学习的主要内容(概念、规则)不直接呈现,只呈现有关线索或例证,学生在教师的指导下,经历一个发现的过程,自己得出结论或找到解决问题的答案。主张学生通过自己的发现而学习的教育家和哲学家可追溯到培根、牛顿和杜威等,但直到20世纪60年代,经美国心理学家布鲁纳的大力提倡才成为重要的智育方法。布鲁纳认为,发现学习有利于激发智慧潜力,培养内在动机,学会发现的技巧,有助于记忆和保持。

探究法是指教学中,教师鼓励学生自己提出问题、讨论问题,自己找出答案。为人本主义心理学家所提倡。在此过程中,教师可适时进一步启发学生提出更深刻的问题。这种方法突出了学生在学习中的重要性,能增强学生学习的责任感和自信心。

参考文献

顾明远.教育大辞典(增订合编本)[M].上海:上海教育出版社,1998.

胡德海.教育学原理[M].兰州:甘肃教育出版社,1998.

皮连生.智育心理学[M].北京:人民教育出版社,1996.

施良方,唐小杰.教育学文集·智育[M].北京:人民教育出版社,1993.

燕国材.智力因素与学习[M].北京:教育科学出版社,2002.

(李虎林)

智育的演变 (evolution of intellectual education)

智育随着社会经济、政治和文化科技的发展而演变的历程。中国在奴隶社会的殷商时期产生较成熟的文字。夏、商、周三代学校教学内容的主体是"六艺",即礼、乐、射、御、书、数。"六艺"之教很大一部分属于智育范围,反映智育在中国社会早期已具有较高的水平。礼起源于原始社会的宗教礼仪,经夏、商至西周终于演变成包括宗教、伦理、政治、家庭等各种生活在内的行为规范总和。礼仪往往能体现出一个贵族成员的文化教养程度,它需要许多专门的文化知识、行为模式的训练,这就涉及智育。乐教则将诗歌的阅读、写作、吟唱的"乐语之教"包括在内,甚至一般的语文教学也在其中,这显然是智育的内容。射,主要是指射箭技术的训练;御,则是指驾驶战车的技术训练。射御之教主要属于与军事有关的体育,但射御又是一种技能的训练尤其是操作技能的训练,而技能的训练是在理解规则知识的前提下对

行为方式的掌握与完善。因此,射御之教也属于智育的范围。在"六艺"中,书、数之教最能反映智育的特征,是最重要的智育教学内容。书教即为识字教学;而数教涵盖的范围十分广泛,先秦的所谓数是数术的简称,除了指今天的数学外,还包括宗教知识、巫术技能以及各种自然知识、科学技能。

春秋战国时期,伴随着士阶层的崛起,打破了此前"学在官府"的局面,私学蓬勃兴起,从而对智育的演变发展产生了重要影响。在这一时期,学术下移,智育的对象扩大到民间庶人,智育内容更为扩展和丰富。春秋战国时期形成百家争鸣的局面,各家各派在人生哲学、社会政治、科学技术、思维方式等方面均形成了自己的独特看法,并建立了自己的学术体系、知识系统,这些都成为私学的智育内容。以孔子为代表的儒家重视对先进文化典籍的研究整理和传授教学,因此,《礼》《乐》《诗》《书》《易》《春秋》也就成为儒家开展智育的重要内容。此外,战国时期的黄老学派以养生理论作为教育内容,其中涉及心理、气功、导引、中医等方面的知识和技能,以及与之相关的自然哲学、宇宙理论。他们的养生知识,更使人们懂得"人能正静,皮肤裕宽,耳目聪明,筋信(伸)而骨强。乃能戴大圆,而履大方,鉴于大清,视于大明"(《管子·内业》)。这些说法大大丰富了关于生命、医学等方面的知识,亦丰富了智育的教学内容,阴阳家驺衍也建立了一套关于天文、地理、历史的知识体系,被认为"其语闳大不经,必先验小物,推而大之,至于无垠,……推而远之,至天地未生,窈冥不可考而原也"(《史记·孟子荀卿列传》)。他还带给人们许多新的地理学方面的知识,创立了"九州"学说。司马迁称其"先列中国名山大川,通谷禽兽,水土所殖,物类所珍,因而推之,及海外人之所不能睹。……中国名曰赤县神州。赤县神州内自有九州,禹之序九州是也,不得为州数。中国外如赤县神州者九,乃所谓九州也"(《史记·孟子荀卿列传》)。战国时期,驺衍的地理学说得到了广泛的传播。此外,还有兵家的军事知识、管子学派丰富多彩的社会政治、科学技术及思维方法等方面的知识,均是当时重要的智育内容。

春秋战国时期,智育思想丰富多彩,并基本上奠定了中国古代智育思想理论体系的基础,对后世产生了深远的影响。孔子非常重视智育,他说:"君子道者三,我无能焉:仁者不忧,知者不惑,勇者不惧。"(《论语·宪问》)又说:"若臧武仲之知,公绰之不欲,卞庄子之勇,冉求之艺,文之以礼乐,亦可以为成人矣。"(《论语·宪问》)在这里,孔子均将"知"看作是教育追求的理想人格"君子"、"成人"的一项基本要求。孔子认为包括他自己在内的绝大多数人均是"学而知之"的,因此,教育和学习是达到智的根本途径,主张:"知之为知之,不知为不知,是知也。"(《论语·为政》)认为只有老老实实地学习才能转化为智者,这样就正确地解决了

知与不知的关系,也正确处理了知与智的关系,所谓"好学近乎知"(《礼记·中庸》)。

对于智育原则、方法等方面的要求,孔子有一些重要的思想。他要求学生将学思结合。既重视感性认识,又重视理性认识,并达到感性认识上升为理性认识的辩证统一。他说:"学而不思则罔,思而不学则殆。"(《论语·为政》)孔子还提出启发式的智育方法,他说:"不愤不启,不悱不发,举一隅不以三隅反,则不复也。"(《论语·述而》)孔子的弟子颜渊对孔子的教学艺术深有体会,曾感慨地说:"仰之弥高,钻之弥坚;瞻之在前,忽焉在后。夫子循循然善诱人,博我以文,约我以礼。"(《论语·子罕》)由此可知"循循然善诱人"乃是启发教学的本质特点。在具体运用中有三种方式:由浅入深,由易到难;能近取譬,推己及人;叩其两端,攻乎异端。孔子对智育教学还倡导"学而时习之"(《论语·学而》)、"温故而知新"(《论语·为政》)、"告诸往而知来者"(《论语·学而》)以及因材施教等方法,均为中国古代智育思想的形成起到了奠基的作用。

与儒家不同,以墨子为代表的墨家学派在智育活动中十分重视政治军事、农业手工等实用知识和技能的传授以及逻辑思维的培养。墨子认为"志不强者智不达"(《墨子·修身》),说明他已经认识到非智力因素对智力的促进作用。道家以"无为无形"的"道"为智育对象,其"涤除玄览"、"心斋"、"坐忘"等智育方法,对于智育中的哲学智慧、直觉思维的发展具有积极的推动作用。

春秋战国之后,从汉武帝"独尊儒术",到宋明理学的兴盛,均以儒家经典为教育内容,以"明人伦"作为教育目的。汉朝的董仲舒提出"博"与"约"相统一的治学方法,他一方面强调学习、思考《春秋》时要能做到"多连"、"博贯";另一方面,他强调学者要能够做到由博返约,最后归之于"一"。南宋时期,理学的集大成者朱熹提出"穷理"、"致知"的智育任务,并将读书作为"穷理"的主要途径,由此他提出了一套系统的读书法,作为指导学生的智育方法。这些方法是:循序渐进、熟读精思、虚心涵泳、切己体察、着紧用力、居敬持志。这是一个具有内在联系而又各有具体要求的读书法系统,它总结了千百年来教育家、学者的读书经验,体现着智育的规律和原则。这些"读书法"在当时及后世都对学习起到了重要的指导作用。

在近代教育史上,随着西学东渐,严复等思想家明确提出了"智育"这一近代教育概念。他们将国家的自强图存和教育的改革联系起来,提倡"广民智,育人才",并将西方的科学技术纳入教育内容。此后,蔡元培提出把普通教育的宗旨定为养成健全的人格,发展共和的精神。所谓健全的人格,内分四育,即体育、智育、德育和美育。蔡元培认为智育即"实利主义教育",就是向学生传授各种科学文化知识,包括物理、化学、博物学、算学、历史、地理、金工、木工等各种有用的专业知识,学习从事各种实业所需的技术知识和操作技能。学生掌握了这些知识和技能,将其运用到生产实践中去,能够促进社会生产的发展,增强国家的财力,提高人民的生活水平。在智育的原则和方法上,他主张尊重儿童个性,提倡启发引导,反对生硬的灌输,要求处处使学生主动。

在西方,古希腊以文法、修辞学、哲学以及算术、几何、天文和音乐作为奴隶主子弟的教育内容。在这一时期,苏格拉底提出了"精神助产术"的教育方法以发展学生的理性智慧。他并不直接向学生传授各种具体知识,而是通过问答、交谈和辩论的方法来宣传自己的观点。他先向学生提出问题,回答错了,也不直接指出错处和为什么错,只是提出暗示性的补充问题,使对方不得不承认答案的荒谬和处于自相矛盾的地步。这样交相争辩,最后迫使对方承认无知,并从苏格拉底的引导和暗示中,得出苏格拉底认为是正确的答案。亚里士多德也非常重视理智的训练,他将人的灵魂由低级到高级分为三部分:植物灵魂(身体)、动物灵魂(本能、情感、欲望等)和理智灵魂(思维、理解、判断等)。教育要使灵魂的三个部分都得到发展,但教育的最终目的,在于发展人的理智——灵魂的最高部分,从而奠定了西方教育注重理性训练的传统。

在西欧的封建社会,教育的内容除了传统的"七艺",还有用于培养封建骑士的"骑士七艺"。但是,由于教会在各方面居于统治地位,知识教育由僧侣们垄断,智育完全为宗教目的服务,成为宗教的顺从婢女。

文艺复兴时期,随着资本主义经济的产生、发展和文化、科技取得辉煌进步,智育的内容迅速扩大。当时,自然科学普遍发展,总结人们知识成果的学科不断增加并且日益分化,到文艺复兴后期已有二十个学科,它们都逐步被纳入学校的课程体系,学校增加了自然科学、历史、地理等课程。同时,文艺复兴时期的人文主义教育家们还十分重视在学科教学的基础上发展儿童的智能,培养他们的求知欲望和独立思考的习惯。之后,17世纪捷克教育家夸美纽斯提出了"把一切知识教给一切人"的泛智教育思想,主张使用百科全书式的教育内容。随着产业革命的到来,生产工具的进步对劳动者文化水平的要求提高,19世纪英国教育家斯宾塞在《教育论》一书中第一次明确提出包括智育、德育和体育的教育体系,并将智育置于首位。他从教育的真正目的在于为过完美生活做准备出发,提出了一个以自然科学知识为主要内容的学科范围。第二次世界大战后,西方发达国家爆发了新科技革命,并在20世纪五六十年代形成了第一次高潮,其内容主要包括核能、电子、合成化学、航空航天等领域。到80年代后半期,特别是90年代,新科技革命又出现新的高潮,涉及更加广泛的领域,包括微电子技术、信息技术、生命科学、宇航技术、激光技术、新材料技术、新能源技术等。这些新科学技术成果日益渗透于经济发展和社会生活各个领域，成为推动现代生产力发展的最活跃的因素，它们作为人类创造的最先进的科学技术知识，也很快被人们吸收进学校教育教学的内容，从而使学校智育的内容得以不断丰富和更新。20世纪90年代后，知识经济初露端倪，世界各国日益重视通过智育发展人的智力，尤其重视发展人的创新能力。

参考文献

顾明远.教育大辞典（增订合编本）[M].上海：上海教育出版社，1998.

胡德海.教育学原理[M].兰州：甘肃教育出版社，1998.

皮连生.智育心理学[M].北京：人民教育出版社，1996.

施良方，唐小杰.教育学文集·智育[M].北京：人民教育出版社，1993.

燕国材.智力因素与学习[M].北京：教育科学出版社，2002.

（李虎林）

智育心理学（psychology of intellectual education）教育心理学分支学科。研究认知领域的学习与教学的心理学规律。其核心任务在于探讨学生在各科学习中知识、技能的获得和能力的形成发展的一般过程与规律，为学校课程设置、教材编写、教学过程的组织、教学方法的选择等提供心理学依据。

智育心理学产生的基础　智育心理学是从教育心理学分化出来的。教育心理学作为一门学科诞生于20世纪初。整个20世纪头50年，教育心理学内容主要涉及儿童心理发展、个别差异、以行为主义为主导的学习心理学、学生心理健康和心理测量等内容。20世纪60年代后，作为教育心理学核心部分的学习心理学研究方向发生根本性变化，出现认知心理学革命。认知心理学内部又分两派，一派被称为认知建构主义，另一派被称为信息加工心理学。两派都集中研究作为学习结果的知识的性质、知识的分类和它们在人脑中的表征以及知识习得的过程与有效学习的条件。认知心理学有关学习的结果、过程和条件的研究为智育心理学作为一门独立的教育心理学分支学科出现奠定学习论基础。

20世纪60年代后出现的认知学习心理学的一个特点是，研究者关心学习原理的教育运用。如美国心理学家奥苏伯尔在有意义言语学习理论基础上提出，采用先行组织者作为一种教育技术来促进学生的理解性学习。美国心理学家维特罗克在生成学习理论基础上提出生成技术，以促进学生心理意义的生成。加涅更是注意将他提出的学习分类理论转化为系统的教学设计原理和技术。20世纪60年代末，美国心理学家加涅首次提出教学心理学这个学科名称，此后教学心理学作为教育心理学的一个重要领域得到

很大发展。教学心理学的发展为智育心理学成为一个独立的分支学科奠定教学论基础。美国心理学家奥苏伯尔和F.G.鲁宾逊合著的《学校学习：教育心理学导论》（*School Learning: An Introduction to Educational Psychology*，1969），后来他与诺维克、汉森所著的《教育心理学：认知观点》（1978，英文版；1994，中文版）是两本系统阐述学校学生在认知领域的学习过程和条件的著作。这两本书未冠以智育心理学之名，但其实际内容未超出智育心理学的范围。

1981年中国学者冯忠良出版《智育心理学》一书。1991年出版的《中国大百科全书·心理学》收录"智育心理学"条目。至此，在中国，智育心理学已作为一门独立的教育心理学分支学科出现。

智育心理学的主要内容　冯忠良认为，其内容体系应包括：各科学习中获得能力的实质及其结构；各种知识的掌握过程及条件；各种技能的掌握过程及条件；各种知识、技能向能力转化的过程及条件；各种能力形成、发展水平的检验及与评定方法。中国教育心理学者皮连生认为，从学科性质来看，智育心理学属于教学心理学。智育心理学作为一门完整的学科，其内容体系应包括目标论、学习论和教学论三个分理论。目标论阐明作为智育目标的知识、技能与能力的心理实质及其相互关系；学习论阐明认知领域中的知识、技能和认知策略的学习过程和条件；教学论则阐明达到智育目标的教学过程、原则、方式、方法，包括是否达到智育目标的测量与评价方法。美国心理学家格拉泽认为，智育心理学的核心问题在于探讨学生智能的获得，包括四个部分：习得能力的本性；学习者初始状态；从最初状态到转变之间的过程；能力的获得及作业的变化的检验与评定。格拉泽从教学心理学的观点看待智育心理学的内容体系。除上述核心内容之外，智育心理学也可以研究影响智育的内部和外部因素。

智育心理学与邻近学科的关系　与智育心理学关系密切的学科有教育心理学、教学心理学和学科心理学。严格地说，教育心理学的研究对象应包括认知、情感和动作技能三个领域，但许多教育心理学教科书只涉及认知领域的学习与教学，如奥苏伯尔1978年和梅耶1987年所编的教育心理学都只涉及认知领域。教学心理学也有类似情况，许多冠以教学心理学名称的书只涉及认知领域的教学，实际上成了智育心理学。

中小学的智育工作是通过具体学科进行的。中国中小学语文、数学、外语、自然学科和社会学科除有部分德育任务之外，主要从事智育任务。智育心理学研究应吸收学习心理学和教学心理学的研究成果，与学科心理学相结合，使一般的学与教的心理学原理具体化，解决具体学科中特殊的学与教的心理学问题。例如，信息加工心理学提出陈述性知识与程序性知识划分并用程序性知识解释学科中的智

慧技能。按信息加工心理学,程序性知识学习经过两个阶段:在第一个阶段,概念和原理被学生接受,以命题形式表征。此时学生习得的知识处于陈述性阶段。第二阶段,概念和原理转化为办事的规则,以产生式表征。此时的知识转化为程序性知识,也就是传统上所说的技能。这种从陈述性知识向程序性知识转化的原理可以适当地解释中小学数学、物理、化学等自然学科中的智慧技能学习过程,但不能解释语文学科的母语听、说、读、写技能的学习过程,所以应该采用其他理论来解释语文学科中的知识与技能的关系。在社会学科,其知识与技能的关系既不同于语文学科中的知识与技能的关系,也不同于自然学科中的知识与技能的关系。为了解释社会学科中的知识与技能的关系,研究者必须发展学科教学理论。所以,智育心理学可以指导具体学科心理学的研究,但它不能代替具体学科的研究。具体学科学与教的特殊心理学规律研究又可以丰富智育心理学。

智育心理学的研究进展　在国外,虽未出现以“智育心理学”命名的书,但有许多围绕学生认知领域学习与教学的心理学教科书。如加涅女儿所著的《学校认知心理学》(*The Cognitive Psychology of School Learning*,1985,1997 年修订再版)实际上是一本智育心理学教科书。该书首先论述知识的性质,即知识的表征,接着论述知识的习得与问题,然后论述中小学主要学科领域的知识与技能学习,最后论述课堂过程,包括学生的动机引起和有效教与学的策略。这是一本完全采用信息加工观论述的智育心理学。在国内,教育心理学者吴庆麟编著的《教育心理学》(1999)和《认知教学心理学》(2000)对该书主要内容作了全面介绍。教育心理学者皮连生于 1996 年出版《智育心理学》专著。该书综合运用奥苏伯尔的有意义言语学习理论,信息加工心理学的陈述性知识与程序性知识分类学习理论,加涅的学习分类理论和教学设计原理,系统阐明构成智育心理学的三个分理论,即智育目标论、知识分类学习论和目标导向教学论。在智育目标论中,作者提出广义知识观和新的知识与能力关系观。新的智育目标论认为,广义知识可分为陈述性知识、程序性知识和策略性知识。作为智育目标的智慧能力不是智力测验中的智力,而是由这三类知识共同构成的认知能力。在知识分类学习论中,作者根据学习的信息加工模型阐明认知学习的一般过程,根据奥苏伯尔的同化论、J. R. 安德森的陈述性知识与程序性知识相互转化理论和策略性知识学习理论分别阐明每一类知识学习的特殊过程和条件,根据专家与新手解决问题比较研究的成果阐明每类知识在解决问题中的不同作用,为有效教学提供学习论依据。在目标导向教学论中,作者根据广义知识分类与学习过程模型提出新的教学过程模型。该模型可以很好地指导陈述性知识、作为程序性知识的智慧技能和认知策略的教学过程及方法的教学设计。

在 20 世纪 80 年代后,在国外认知心理学和教学心理学的影响下,国内教育心理学者在智育心理学领域开展许多各具特色的研究。2005 年由张大均和王映学主编的《教学心理学新视点》对这些理论进行了总结和回顾。这些理论是:冯忠良的“结构定向教学理论”,李蔚的“提高课堂教学效率的理论”(五方四段七步整体效应教学观),皮连生的“知识分类与目标导向教学理论”,张大均的“教与学策略及其教学理论”,段继杨的“创造力培养教学理论”。这些理论都经过较长时间实证研究。这些理论的提出与发展丰富了中国智育心理学内容。

参考文献

冯忠良. 智育心理学[M]. 北京:教育科学出版社,1981.

皮连生. 智育心理学[M]. 北京:人民出版社,1996.

（吴红耘）

智者派(sophists)　　公元前 5 世纪中叶至公元前 4 世纪活跃在古希腊以雅典为中心的各城邦的一批演说家、思想家。“智者”亦称诡辩家。在荷马时代,是指某种精神方面的能力和技巧以及拥有这些能力和技巧的人。在荷马史诗中,造船工、战船驭手、航船舵手、占星术者、雕刻匠等,都称为“智者”。以后,各行各业具有专门知识和技艺的人,如诗人、音乐家、医生、自然哲学家等,也称为“智者”。随着“智者”词义的延伸,具有治国能力的人同样被当作“智者”。公元前 5 世纪后期,“智者派”一词获得了特殊的含义,指以普罗泰戈拉为代表的一批教授辩论术和其他知识并收取学费的思想家。在教育史上他们又是一批职业教师。文化史和教育史所研究的主要是这类智者。

学界一般将智者分为早期智者和晚期智者。早期智者的主要代表有普罗泰戈拉、高尔吉亚、普罗狄克、希庇阿斯、安提丰和克里底亚等。晚期智者的主要代表有卡利克勒、波卢斯、普罗塔库斯、塞尼亚得等。

智者派的产生　智者派产生于希腊奴隶主民主政治制度鼎盛时期,反映了时代要求。由于奴隶主民主政治的发展,希腊城邦的政治结构和社会组织日益复杂,原有政治知识已经不能适应城邦政治发展的客观要求。在这种形势下,发展一种新的政治知识以及与此相关的道德知识,便成为城邦政治的必然要求。与这种变化相联系的希腊社会中原有的传授政治知识的方式也面临着极大挑战。在智者兴起前,希腊人的政治知识教育方式包括游吟诗人在公众面前朗诵自己的作品,演出戏剧,或组织公民大会等政治活动,并没有一种较为专门的传授形式,也不存在较为“专业化”的教师。当政治知识由于政治本身的复杂化而变得更为丰富和广泛时,原有的教育方式显然不能适应要求。智者的出现,正是适应了这样一种社会的客观要求。智者派的思想特征:相对主义、个人主义、感觉主义和怀疑主义。智者认为,一切知识、真理和道德都是相对的,都有赖于具体的感知者。一个人认为它是真的,它就是他所说的真。没有客观真理,只有主观意见。普罗泰戈拉指出:事物对于你就是它向你呈现的样子,人是万物的尺度,是存在者存在的尺度,也是不存在者不存在的尺度。

智者派的教育思想与教育实践　普罗泰戈拉等人认为教育的目的就是教人学会从事政治活动的知识和本领。对于智者这种以培养政治家为目的的教育,德国哲学家黑格尔认为"既是哲学教育,也是演说教育,教人治理一个民族,或者通过观念,使一件事情能够办得通……此外他们还有着最普通的实践目的,就是给予政治家一种预备教育,以便在希腊从事一般职业性活动"。这种教育的一个中心问题,是要使人有智慧,也就是说,要使人有政治眼光,有能力适应政治斗争的需要。智者之所以给希腊教育一种巨大的影响,就在于他们知道什么是希腊教育最需要的。智者的这种思想在当时是很重要的。既然治理城邦的才能和品德可以通过教育和训练获得,那么门第和身份不高的广大自由民就可以通过受教育获得政治技艺和才能来参与政治活动;反之,出身显贵的豪门贵族如果没有通过教育和训练来获得政治技艺和才能,就同样可以被淘汰。这场争论从思想上看,是一场传统与反传统的斗争,从教育上看,反映了智者对教育在国家发展中作用的看法。

智者把修辞学、文法和论辩术作为主要教学科目。古代希腊人所说的修辞学,是指使用语言的技艺,包括如何在不同场合针对不同对象发表演说和进行论辩的才能。为适应社会对讲演、雄辩的广泛需要,为了使年青一代具有政治技艺和政治才能,智者把修辞学作为基本教育内容。修辞学教育是智者活动的重要内容。智者在研究修辞学的同时,也重视用各种文法规则来规范自己的语言。他们研究了写作中的语法问题。为了在演讲和辩论中正确有效地使用语言,揭露对方用词不当的错误,智者又深入研究了正确使用名称的问题,即"正名"。"正名"由普罗泰戈拉首创,但成就最多、影响最大的是普罗狄克。普罗狄克的方法是从两个或几个相近的词中找出它们的共同含义和细微差别。苏格拉底和柏拉图等也常使用这种方法来讨论问题。这对后来希腊文的发展起了很大作用。论辩术是指对某些具体观点加以论证,提出正面理由和反面理由,使弱的论证变为强有力的论证。在智者以前,希腊哲学家通常只注意揭示认识对象中所包含的矛盾,智者则进一步探索人的思维本身以及表达思维的语言中的矛盾。这对人的思维和语言的发展,起了重要的推动作用。在教学形式上,智者摆脱了早期哲学家只在狭小范围内传授本派哲学、批评别家思想的做法,既在本地施教,也将学生带到雅典求学,有的还四处

讲学,发表演说。普罗泰戈拉曾往返于阿布德拉、雅典、西西里等地,进行讲学和演说;高尔吉亚从西西里到雅典,又到帖撒利、彼俄提亚等处活动。智者对学生有时只作一次或几次讲座,有时则进行长期系统的教学。他们既有事先准备的书面发言,又有临时即席讲话;他们的讲授方式也很灵活,有个别传授、集体讨论,允许随意提问等。

智者派的特点与影响　智者派在西方教育发展史上具有一定的影响。但是,在很长的时间里,由于受到苏格拉底、柏拉图、亚里士多德等人的贬低,人们一直把智者看做只起破坏作用的诡辩学派,普罗泰戈拉是主因。直到19世纪黑格尔发表《哲学史讲演录》,智者在古代希腊文化教育发展中所起的历史作用才重新得到肯定。

智者运动在历史上有着多方面贡献。哲学上,智者运动标志着古希腊旧的自然哲学的终结,哲学从对外在的自然现象的研究转向了对人本身的探索,开始着重探讨公民现实生活中的种种问题。哲学由此突破了以往学派的圈子,走向公众,成为与现实生活密切相关的思想活动。在思想文化上,智者的个人主义实际上起到了思想启蒙的作用。由于个人被当作是判断一切真假、善恶、美丑的标准,人不仅成为世界的中心,而且成为认识、思维的中心,人的主体作用被放到一个前所未有的高度。从这个意义上讲,智者的个人主义是最早的人文主义。政治上,智者适应了奴隶主民主政治和社会生活的客观需要,以"三艺"(即文法、修辞学和辩证法)教导青年,培养他们雄辩的才能与政治知识。这对于民主政治的发展发挥了重要作用,同时又拓展了学术研究的领域,扩大了教育内容的范围。西方教育史上沿用长达千年之久的"七艺"中的前三艺,就是由智者首先确定下来的。智者是最早的职业教师。他们是以收费而不是以门第为标准授徒的,因而扩大了教育对象的范围,促进了古代希腊的社会流动。智者最关心道德问题和政治问题,并把系统的道德知识和政治知识作为主要教育内容。这样,不仅丰富了教育内容,而且提供了一种新型的教育——政治家或统治者的预备教育。这种教育是奴隶主民主政治发展到鼎盛时期必然产生的客观需要。智者派的教育活动顺应了时代要求,得以确立。随着奴隶主民主政治的衰落,这种教育不但没有失去其存在的价值,反而日益成为人们关注的重大问题。

参考文献

汪子嵩,等.希腊哲学史(第2卷)[M].北京:人民出版社,1993.

吴式颖,任钟印.外国教育思想通史(第2卷)[M].长沙:湖南教育出版社,2002.

张斌贤,褚宏启,等.西方教育思想史[M].成都:四川教育出版社,1994.

(李立国)

中等职业教育（secondary vocational education）在初中教育基础上实施的中等层次的职业教育。根据联合国教科文组织 2011 年修订的《国际教育标准分类法》（International Standard Classification of Education，简称 ISCED），中等职业教育归属于第 3 级，即"高级中等"教育，旨在完成中等教育，为高等教育做准备，或者提供与就业有关的技能，或者两者都是。课程定向为"职业"，与普通高中教育属同一级别。

外国中等职业教育　中等职业教育在各国教育体系中占有重要位置，对各国经济、社会发展起推动作用。德国中等职业教育的主体是"双元制"，它是将传统的学徒培训方式与现代职业教育思想相结合的一种企业与学校合作办学的职业教育模式。受教育者与企业签订培训合同，以学徒身份在企业内接受职业技能和相应知识的培训，同时又以学生身份在职业学校里接受与职业有关的专业理论和普通文化知识教育，以培养既具有较强操作技能又具有所需专业理论知识和一些普通文化知识的技术工人为目标。美国的中等职业教育主要在综合中学的职业科进行。职业科为准备就业的学生提供职业教育，其课程一般由普通课、职业技术课、实践课三部分构成。职业科特别强调普通文化课的学习，其课程所占比例超过一半。职业理论课与实践课的比例为 1∶2。为便于学生掌握实际操作技能，综合中学一般都设有实习车间。此外，综合中学还经常采取合作教育的方式，即学校与企业合作共同对学生进行职业教育。接受合作教育的学生一半时间在学校学习，一半时间在企业工作，学习与工作交替进行，从而加强职业教育与工作世界的联系。近年来，随着科学技术的迅猛发展和社会学习需求的多样化与终身化，职业教育重心高移成为世界职业教育发展趋势。中等职业教育正发生转变，已不再是单一的就业准备教育，而是向既具有就业又具有升学多元功能的方向发展，并在各国构建终身教育体系的大环境中发挥重要作用。

中国中等职业教育　中国近代中等职业教育的确立始于 1902 年清政府颁布的《钦定学堂章程》，亦称"壬寅学制"。这是中等实业学堂首次出现在学制中。1904 年，清政府颁布并实施《奏定学堂章程》，旧称"癸卯学制"，将中等实业学堂纳入学校系统，和初等、高等实业学堂共同构成实业教育体系，与普通教育并列，成为教育体系的组成部分。中等实业学堂以授农、工、商业必需之知识艺能，使学生将来能从事农、工、商业为宗旨。相当于普通中学程度，分本科、预科，本科招收年 15 岁以上的高小毕业生或同等学力者，三年毕业；预科招收 13 岁以上的初小毕业生和同等学力者，两年毕业。另设专攻科，招收本科毕业生，学习年限为农业一年、工业两年。

民国时期，受西方实用主义教育思潮的影响和职业教育的兴起，实业教育进行重大改革。1912—1913 年清政府颁布"壬子癸丑学制"，将实业学堂改为实业学校，并将实业学校分为甲乙两种，相当于清末中等、初等实业学堂。其中甲种实业学校分预科和本科，预科修业期一年，本科三年。预科学生入学资格为 14 岁以上高等小学毕业或同等学力者。本科则须预科毕业或经考试有同等学力者。1922 年，"壬戌学制"颁布，将过去沿用的实业学堂、实业学校改为职业学校。这个学制规定实施职业教育的机构有两种类型：一是专设的职业学校，二是在高级中学设农、工、商等科，后者也称"综合中学"。1932 年，又将职业学校和普通中学重新分设。此后国民政府陆续颁布《职业学校法》、《修正职业学校规程》、《各省市中等学校设置及经费支配标准办法》等一系列政策法规，对中等职业教育的各个方面进行了详细规定，推动了中等职业教育的发展。但就中等教育结构而言，职业学校在校生数尚不及普通中学的 1/10。

中华人民共和国成立初期，国家进行大规模经济建设，对中等技术人才需求迫切，政府开始致力于发展中等职业教育。1951 年，教育部召开第一次全国中等技术教育会议，决定对全国中等技术教育采取以调整、整顿为主，有条件发展的方针，把中等技术教育的培养目标定位为培养大批具有一般文化科学的基本知识，掌握现代技术，体格健康，全心全意为人民服务的初中级技术人才。同年，政务院公布《关于改革学制的决定》，明确规定中等技术学校在学校系统中的地位。1952 年，政务院发出《关于整顿和发展中等技术教育的指示》，要求各级各类中等技术学校实行专业化与单一化，把原有职业学校"通才"培养模式改为国家经济建设服务的"专业"教育模式。经过一系列的推动，至 1952 年，中等专业学校达到 1 710 所，在校生 64 万人，为社会培养了一大批急需的中等专业人才。当时的技术工人队伍十分薄弱，中华人民共和国成立前遗留下来的大量失业工人也需要转业培训。为解决这些问题，国家开始创办技工学校。技工学校的培养目标是：掌握一定专业的现代技术操作技能和基础技术理论知识的、身体健康的、全心全意为社会主义建设服务的中级技术工人。按照政务院的决定，由劳动部门对全国技工学校进行综合管理，并负责制定有关技工学校的方针、政策和规章制度等。这一管理体制一直持续至今。技工学校发展迅速，"一五"期间，全国通过技工学校培养的技术工人近 14.7 万人，学徒培训仅工业企业、交通运输业就培养了 106.1 万人，两项总计约 121 万人。在向新民主主义社会过渡的时期，逐渐形成中专、技校和职业培训为主的结构，并成为中国教育体系的重要组成部分，为职业教育事业的发展奠定了坚实的基础。为适应农业生产发展的需要，1958 年，中国开始举办农业中学，学制 3 年，招收高小毕业生，培养目标是具有社会主义觉悟、有文化、有一定生产技能的劳动者。由于这类学校采取半工（耕）半读的形式,且办学条件、要求简单,易于普及,故其迅速在全国范围内获得推广。

经过社会主义过渡时期和全面建设社会主义时期的发展,中国中等职业教育取得一定成就,全国高中阶段教育普职比基本维持在1∶1左右。"文革"期间,绝大多数中等职业学校被迫停办,中等职业教育几近瘫痪。到1976年,中等职业学校在校生总数只占高中阶段教育在校生总数的1.16%,教育事业出现严重的结构失调。

1978年后,为适应新形势的需要,发展职业教育成为政府和社会各界关注的话题。1980年,国务院批转教育部、国家劳动总局《关于中等教育结构改革的报告》,指出改革中等教育结构主要是改革高中阶段的教育,应当实行普通教育与职业技术教育并举的方针。1985年,《中共中央关于教育体制改革的决定》提出,发展职业技术教育要以中等职业技术教育为重点,充分发掘现有中等专业学校和技工学校的潜力,扩大招生,并有计划地将一批普通高中改为职业高中,或增设职业班,使大多数地区的各类高中阶段的职业技术学校招生数相当于普通高中的招生数,扭转中等教育结构不合理的状况。根据上述精神,全国各地经过努力获得显著成绩。至1988年,各类中等职业技术学校在校生已占高中阶段在校生总数的44.8%。基本改变了中等教育结构单一化的状况。为配合中等教育结构的改革,促进中等职业教育的发展,国家出台一系列措施。一是明确各类中等职业学校的领导管理体制,技工学校由国家劳动总局主管,教育部给予协助;中等专业学校实行分工分级、按系统归口的管理制度,教育部负责业务指导。二是明确各类中等职业学校的培养目标,技工学校培养的是中级技术工人,中等专业学校培养的是中级技术员,职业高中的培养目标介于以上两者之间,既培养"工",又培养"员"。三是规范中等职业学校的管理。首先,对中等职业学校的设置进行规范,1986年《技工学校工作条例》对技工学校的机构设置做出原则规定,并对其生产、实习和教学工作作出全面、具体的规定。同年,《普通中等专业学校设置暂行办法》规定了中等专业学校的设置原则、设置标准和审批程序。其次,对招生对象及学制进行规范,各类中等职业学校均以招收初中毕业生为主,同时也招收少量高中毕业生,学制为二至四年。再次,改革毕业生分配制度,职业中学毕业生不包分配,中等职业学校和技工学校逐渐开展不包分配的改革。这一系列措施的推进使中等职业教育在改革开放初期得到充分发展。1996年,《中华人民共和国职业教育法》颁布实施,它以法律形式确立职业教育的地位,明确包括初等、中等、高等职业教育在内的职业教育体系,以及中等职业教育在该体系中的重要作用。至1997年,全国中等职业学校在校生数达1 089.52万人,占高中阶段比例为56.17%,达到历史最高水平。

20世纪90年代中后期,随着中国经济社会发展水平的提高及高等教育的扩招,中等职业教育的发展呈现减弱趋势,规模逐渐减少,中等职业学校在校生占高中阶段的比例从1998年的55%一路下滑至2004年的38.6%。一些中等职业学校办学举步维艰,甚至到了难以为继的地步。为改变这种状况,推动中等职业教育的发展,国家颁布并实施一系列政策措施。针对中等职业学校种类较多、规模效益不高且培养目标互有交叉的现象,1999年,教育部下发《关于调整中等职业学校布局结构的意见》,要求"优化资源配置",通过"合并、共建、联办、划转"等调整形式,促进中等职业教育质量、效益的提高;"淡化中专、技校、职高的界限",调整规范后的中等职业教育有统一的培养目标,即"要全面贯彻党的教育方针,转变教育思想,树立以能力为本位的观念,培养与现代化建设要求相适应,德、智、体、美等全面发展,具有综合能力,在生产、服务、技术和管理第一线工作的高素质劳动者和中初级专门人才"。在布局结构调整过程中,部分中等职业学校尤其是办学质量较高的一批中等专业学校陆续升格为高等职业学院,致使原有关于中等职业学校的办学规范难以适用于尚存的中等职业学校。针对这一情况,教育部于2001年制定《中等职业学校设置标准(试行)》,对学校管理制度、学校领导、管理机构、师资队伍、硬件条件、教学条件、办学经费进行原则性规定。之后又组织开展中等职业学校合格评估工作和国家级重点中等职业学校评估工作,以促进中等职业学校建设和布局结构调整。

中等职业教育在完成结构布局调整改革后,开始以提高教育教学质量为发展重点。1999年,国务院批转教育部《面向21世纪教育振兴行动计划》,提出应积极发展中等职业教育,还要求中等职业教育改革专业和课程结构。为贯彻落实这一精神,2000年教育部颁布《中等职业学校专业目录》,用以指导中等职业教育管理和学校教学工作,这一目录于2010年进行修订。教育部还印发《关于全面推进素质教育深化中等职业教育教学改革的意见》和《关于制定中等职业学校教学计划的原则意见》,以提高中等职业教育教学质量和办学效益。2002年和2005年,国务院接连召开两次全国职业教育工作会议,作出关于大力发展职业教育的决定。两次会议均提出要建立现代职业教育体系的目标,并要求保持中等职业教育与普通高中教育的比例大体相当。经过一系列的推动政策,中等职业教育的规模开始逐渐恢复,中等职业学校在校生占高中阶段比例于2005年开始止跌回升,并逐年增长。为提升职业教育质量,国家采取了多项措施。一是中等职业教育基础能力建设。2006年,国家发展和改革委员会、教育部和社保部联合下发《关于编制中等职业教育基础能力建设规划的通知》,要求统筹制订中等职业教育基础能力建设规划。由中央专项资金投入60亿元,2005—2010 年每年安排 10 亿元,重点支持 1 000 所左右县级职教中心和1 000 所左右示范性中等职业学校的基础设施。二是中等职业教育教学改革。2006 年以来,教育部陆续出台多个教学改革的文件,包括《教育部关于进一步加强对中等职业教育教材管理工作的通知》《教育部关于进一步深化中等职业教育教学改革的若干意见》和《关于制定中等职业学校教学计划的原则意见》等。在立足本土实践的基础上,吸收国外先进经验,形成适合中国国情的职业教育课程,如上海市的"任务引领型"课程、浙江省的"核心技能本位"课程等。三是中等职业教育贫困生助学制度。2006年,《财政部、教育部关于完善中等职业教育贫困家庭学生资助体系的若干意见》和《中等职业教育国家助学金管理暂行办法》两个文件相继出台。2007 年,出台《国务院关于建立健全普通本科高校、高等职业学校和中等职业学校家庭经济困难学生资助政策体系的意见》和《中等职业学校国家助学金管理暂行办法》,规定中央和地方政府安排专项资金设立国家助学金,资助全日制中等职业学校在校一年级、二年级所有农村户籍、县镇非农户口的学生和城市家庭经济困难学生。2008 年,中央和地方财政安排中等职业学校国家助学金达 200 亿元,90%的中等职业学校家庭经济困难学生获得资助。2009 年,《财政部、国家发展改革委、教育部、人力资源社会保障部关于中等职业学校农村家庭经济困难学生和涉农专业学生免学费工作的意见》发布,并下发近 24 亿元中央补助资金。以国家助学金、免学费为主的中等职业教育资助政策体系形成。四是中等职业学校教师队伍建设。重点是提升教师队伍整体素质尤其是实践教学能力,有两个重要项目出台:"中等职业学校教师素质提高计划"、"中等职业学校教师到企业实践制度"。在这两个项目的推动下,中等职业学校教师队伍的整体素质逐步得到优化。2010 年,国家颁布《国家中长期教育改革和发展规划纲要(2010—2020 年)》,提出"到 2020 年,形成适应经济发展方式转变和产业结构调整要求、体现终身教育理念、中等和高等职业教育协调发展的现代职业教育体系"。为实现这一目标,2011 年,教育部出台《关于推进中等和高等职业教育协调发展的指导意见》,对中高职衔接做出具体指导。中等职业教育将在构建现代职业教育体系中发挥重要作用,并获得新的发展。2011 年,中国四类中等职业学校数为13 872所,招生870.42万人,招生数占中等教育的比例为 50.94%。

参考文献

方展画,刘辉,傅雪凌.知识与技能:中国职业教育 60 年[M].杭州:浙江大学出版社,2009.

李蔺田.中国职业技术教育史[M].北京:高等教育出版社,1994.

（苏　敏）

中国传统体育　　具有中国历史传统和民族特色,以身体运动为基本手段,以强身健体为主要目的的活动。中国传统体育归根结底是社会实践的产物。其理论源头主要有三个方面:一是《周易》。《周易》从阴阳五行等角度对人的精、气、神、意进行了研究,它从"一阴一阳之谓道"出发,肯定了自然界中存在着阴与阳、动与静、刚与柔等两种相反势力的"相摩"和"相荡",这是事物变化的普遍规律。《周易·系辞》中说:"易有太极,是生两仪,两仪生四象,四象生八卦。"中国传统体育普遍强调进与退、攻与防、炼与养之间的辩证统一,后世创立并流传至今的太极拳,其思想盖源于此。二是老庄之学。老子哲学中根本的观念是虚无、无为,它成为后世以静养生的认识论重要原则。庄子提出"心斋"、"坐忘"等精神修养的方法,后来成为"静功"的重要内容。三是《吕氏春秋》。它比较详细地阐明了要长寿就要讲究养生和体育的道理,其方法是"顺生"、"节欲"、"去害"、"主动"。所谓"主动",就是指从事身体运动。《吕氏春秋》明确提出养生贵在运动的主张,指出:"流水不腐,户枢不蠹,动也,形气亦然。形不动则精不流,精不流则气郁。"

中国传统体育的历史发展　　中国传统体育的发展与中国传统养生思想密不可分,其早期历史可分成汉唐、宋元、明清三个时期。

汉唐时期:从秦汉至隋唐,是中国封建社会的前期发展阶段,也是佛家、道家养生理论发展的重要时期,其间出现许多有名的养生学者、哲学家和医家。如三国时期的华佗在前人导引术的基础上,经过自身的实践,创编了一套"五禽戏",把虎、鹿、熊、猿、鸟五种禽兽的典型动作,按照锻炼身体的要求编排起来,形成动作互相衔接的五套运动健身术。唐朝"药王"孙思邈特别注重老年保健,他既主张静养,又强调运动;既要求食疗,又主张药治,但坚决反对服石。他的《千金要方》、《摄生真录》等著作,广泛流传于后世。

宋元时期:宋元时期各种养生流派纷争仍很激烈,但养生的主流是"动以养生"。苏轼的养生思想是"动"和"炼",即强调常运动,勤劳作,在大自然风雨寒暑中锻炼。宋代的导引也有了创新,出现了"八段锦"和"易筋经"等。八段锦是八节连贯动作的健身体操,分文八段和武八段,适合于不同的习练者。

明清时期:这一时期出现大量的养生著作,其中唯心主义成分日益减少,思想和方法更切合实际。在养生方法上,除了创编了简明八段锦和易筋经外,最有成就的,就是创编了太极拳。太极拳在清代得到广泛的发展,形成了风格各异的许多流派。至今,太极拳仍是广受喜爱的体育健身运动。

中国传统体育的古代哲学基础　　一般认为,与中国传统体育有密切联系的哲学基础主要有:(1)阴阳学说。阴阳是中国古代哲学的一对范畴。阴阳学说是中国古代用以解释宇宙间一切事物的一种宇宙观和方法论,它建立在朴素唯物论的基础上,内含辩证法思想:阴阳相互对立、相互依存、相互消长、相互转化。阴阳学说也为肢体的运动和动静炼养相辅相成提供了理论依据,是传统体育的哲学基础。(2)"天人相应"学说。它是祖国医学顺应自然的养生方法的理论基础。人与周围自然环境有密切的关系,自然界春夏秋冬的四季变化,寒暑燥湿的气候条件直接影响人的生长发育与健康,即所谓"人与天地相参与,与日月相应也"。自然界是生命的源泉,有机体的生理、病理、成长、衰老都与自然界的变化休戚相关。人类长期生长在这样的自然环境中,已经能够适应自然界一年四季的变化,并形成自身的生理和心理节律。为此,中国传统体育强调顺应自然界的变化,调节脏腑机能,养精安神,益气补血,保持机体健康无病,而终其天年。(3)五行学说。它也是中国古代的一种哲学思想,它把握宇宙万物和人体持续不断变化和转化规律,用以解释事物发展变化的本源。"五行",指木、火、土、金、水五种物质。认为宇宙万物,都由这五种物质的运动变化所构成。五行的属性,并不等同于木、火、土、金、水本身,而是将事物的性质和作用与五行的特性相类比,而得出事物的五行属性,如事物与木的特性相类似,则归属于木,与火的特性相类似,则归属于火。

中国传统体育的基本内容　中国传统体育在性质上是中华养生术的重要内容,主要包括两个方面,即主静和主动,或称之为保养精神和动以养形。中国传统体育历来十分重视精神的保养,认为"形神合一","善养生者养内"。神为一身之主宰,统帅五脏六腑。在运动方法上强调清静养神,运用并创造了一套对神经系统进行训练与锻炼的静动、内动及两者相结合的运动方式。所谓"静动",就是调心,主要是对大脑机能进行整合锻炼。其主要运动方式是调息入静,暂时关闭一切信息通道(如闭目、止听觉),把呼吸调节为"纳唯绵绵,吐维细细",使大脑处于"关门盘点"状态,进而达到大脑细胞在自我静态控制下的自我复原、修复和自由思维活动。"内动"则注重植物神经及其调控的脏器的功能锻炼。其主要方法是在调息入静中运用腹肌收缩,形成腹式呼吸。其作用在于推动腹腔内的脏器进行内外摩擦,按摩刺激肾上腺皮质等腺体,激活体内各腺体的功能,从而保证生命体的内部协调。静功与内动两者的结合,即静动与内动相结合,在半入静状态下进行的意念领动的肌肉收缩方式。中国传统体育向来重视运动和劳动对人体健康和延长寿命的重要意义。在养生运动的方法上,也出现了以导引、按摩、仿生运动为中心内容的健身手段。导引是以骨骼肌运动为主的主动运动,可包括古导引式、八段锦、太极拳以及适当的劳动,有的还配合呼吸运动,与气功的关系很密切。按摩是通过锻炼者自己运动,按摩自己身体的某一

部位,达到舒筋活血之效。仿生运动是模仿动物的动作,针对人体生命发展的需要而编制的动作组合,如"熊经鸟伸"和五禽戏等。它们均属个体自觉进行的自我运动,要按个人的生理、心理特点来活动,不主张参加竞技比赛,认为比赛竞争"恣争尽意,邀名射利,内伤骨髓,外消筋肉",反映了中国传统文化凝重内含、与世无争的特质。动以养形,特别强调适度。《黄帝内经》强调"形劳而不倦"、"不妄作劳"。华佗指出:"人体欲得劳动,但不当使极耳。"唐代孙思邈也说:"常欲小劳","莫太疲及强所不堪耳"。

中国传统体育的现代发展　新中国成立后,国家加强了对传统体育的挖掘、整理和推广工作,取得了世人瞩目的成就。主要表现在以下方面。(1)民族传统体育受到重视。党和政府把发展民族体育作为增强体质,造福人民的重要工作,作为加强民族团结的一项重要任务。各少数民族普遍建立了领导体育运动的机构,国家也先后抽调体育干部、教练员支援少数民族地区。每届全国运动会都有少数民族代表参加。1982年9月,在呼和浩特举行了第一届全国少数民族传统体育运动会,标志着民族体育进入新阶段。许多少数民族的传统体育节目得到了新的发展,如蒙古族的那达慕,彝族的火把节,傣族的泼水节等。(2)武术在新时代发扬光大。中华武术是中国的国粹。武术经历了几千年的发展过程,掺杂着封建迷信的色彩,有派别门户之见。为此,国家加强了对武术的研究和整理工作,使其在新的形势下发扬光大。早在20世纪60年代,国家就整理出版了有关太极拳、长拳以及刀、枪、剑、棍等书籍,1962年编写了体育学院武术通用教材。1982年12月在北京召开的全国武术工作会议,总结了新中国的武术工作的经验,提出了今后工作的十项方针、任务和措施,对武术在新世纪的发展起到奠基的作用。武术运动普及与提高相结合,继承与发展相结合,推陈出新,百花齐放。(3)传统体育健身活动得到推广。在90年代中期,国家体育总局专门整理和推出许多具有良好健身价值的传统体育活动,成为广大人民群众体育健身活动的重要内容。近年来,国家已经整理和创编出许多带有浓郁传统体育色彩同时具有现代人审美情趣的新的活动形式,如木兰拳、易筋经等;对气功也进行了整理,去其糟粕,使之成为为人民大众服务的良好活动形式。(4)传统体育专业人才的培养见成效。国家加强了对武术专业人才的培养,早期国家体委所建的直属院校中,大多成立了武术教研室,负责武术方面的教学和研究整理工作。民族传统体育已成为体育院校的主要专业方向。许多体育院校都成立了相应的武术系,师范院校也建有武术的专门机构,每年为社会培养了大批的民族传统体育的专门人才。与此同时,民间各种类型的武术学校纷纷开办,培养社会所需要的武术人才。(5)传统体育的国际交流日益扩大,传统体育的对外交流开始活跃。20世纪60年代初,中国武术代表团就曾

随周恩来总理访问过缅甸。1977 年以来,先后派出各种武术代表团访问泰国、日本、伊拉克、英国、西班牙、卢森堡、意大利、比利时、法国、澳大利亚等几十个国家。20 世纪 80 年代以来,武术的对外交流出现了新的面貌。在北京举行的第十一届亚洲运动会上,首次将武术列为比赛项目。今天,许多国外留学生来华学习中国武术,促进了中国的对外交流与传授。与此同时,中华传统文化也成为国外学者研究和学习的重要内容。

参考文献

全国体育学院教材委员会.体育理论[M].北京:人民体育出版社,1997.

全国体育学院教材委员会.体育概论[M].北京:人民体育出版社,2000.

谢雪峰.体育三类型模式:一个需要重新审视的基本理论问题[J].体育科学,2004(9).

杨文轩,陈琦.体育原理[M].北京:高等教育出版社,2004.

周西宽.体育基本理论教程[M].北京:人民体育出版社,2004.

(谢雪峰　周登嵩　卢元镇　田雨普　唐宏贵)

中国古代的社会教育

中国古代文献中就有关于传说中的三皇五帝时期开展以社会教化为主要形式的社会教育活动的记载。《周易·系辞传》称:"庖羲氏没,神农氏作,斫木为耜,揉木为耒,耒耨之利,以教天下。"讲的是"三皇"之一的神农氏教化民众制作农具,从事农业生产活动的情况。《史记·五帝本纪》记载黄帝"艺五种"、"时播百谷草木",描述的是"五帝"之一的黄帝教民农耕的具体情况。《尚书·舜典》载:"帝曰:'契,百姓不亲,五品不逊,汝作司徒,敬敷五教,在宽。'"所谓五教,是"父义、母慈、兄友、弟恭、子孝",这是中国远古时期社会教育的重要内容,而司徒便是负责这一教育工作的专职官员。当时,社会教育以"明伦"和"养老"为主旨,以礼、乐、射、舞等为课程,以"口耳相授"、"社会实践"和"模仿感化"等为基本方法。迄乎东周,社会政治经济状况都发生了重大变化,出现了官学崩溃、私学勃兴、养士制度崛起以及诸子学说兴盛的局面,所有这些均促进了社会教育的蓬勃发展。而从秦汉至清末,中国古代的社会教育在长达两千余年的发展历程中,在内容和实施方式上也日益趋于完善和系统化,并承担起"化民成俗"和"教育民众"的重任,发挥了巩固国家统治和稳定社会秩序的关键作用。

中国古代的社会教育目的

中国古代的社会教育,向来以伦理道德为中心,即以明伦、养老、教孝为教育重点。孔子指出:"弟子入则孝,出则弟,谨而信,泛爱众而亲仁,行有余力,则以学文。"(《论语·学而》)其弟子子夏也认为:"贤贤易色,事父母能竭其力,事君能致其身,与朋友交言而有信,虽曰未学,吾必谓之学矣!"(《论语·学而》)孔子认为无论是在家庭,还是对社会、对国家,都要讲求伦理道德,尤其要注重实行,要以行动感化人群。"临之以庄则敬,孝慈则忠,举善而教不能则劝。"(《论语·为政》)在上位者平日庄重,人民自然尊敬;在家孝慈,人们自然忠诚;表扬善行并教导那些才能不济的人,社会自然受到感化。自孔子提出明伦教孝的教育主张后,历代无不把它作为进行社会教育的重要教育目的之一。如唐高祖李渊便下诏称:"民禀五常,仁义斯重;士有百行,孝敬为先。"(《旌表孝友诏》)再如明清两朝皇帝也不遗余力地提倡明伦,推崇孝行,以期在民众中养成敦伦尽孝的风气,清顺治、康熙、雍正都曾亲自注释《孝经》。这些都体现出中国古代社会教育诉诸明伦教孝的目的所在。

中国古代社会教育的另一个重要目的是化民成俗。《礼记·学记》称:"君子如欲化民成俗,其必由学乎!……是故古之王者建国君民,教学为先。"古代统治者兴办教育、注重教学的目的正是在于"化民成俗",而这恰恰是中国古代社会教育的核心目的所在。所谓化民者,侧重于用统治阶级的道德观念来训练民众的思想感情,以达到"一民心"的效果;所谓成俗者,则侧重于用统治阶级的道德准则来整肃民风、民习,以达到"齐风俗"的效果,即所谓"俗齐则和,心一则固,人于是乎可任使也"(白居易《策林·十三号令》)。通过社会教育以达到"化民成俗",不仅有利于淳化社会风气,养成朴素的民风民俗,而且有利于稳定社会秩序,巩固国家统治。

中国古代社会教育的目的不仅指向"明伦教孝"与"化民成俗"等伦理道德和风俗民情层面,而且也指向"劝课农桑"这一生产层面。劝导生产,既是满足社会生产、维系国计民生的需要,也是维护统治阶级自身利益的需要。有关劝课农桑的诏令,在历史上屡见不鲜,有的还把与农业有关的知识汇编成书,颁行全国,如元代大司农曾编撰《农桑辑要》一书,颁布天下。明太祖洪武五年(1372 年),朱元璋也曾"诏以农桑学校课有司"(《明史·太祖纪》)。此外,一些地方官吏,也发布了劝农的文告,如朱熹做官时即有《劝农文》之作。注重"劝导生产",对于中国古代社会生产,尤其是农业生产的发展起到了重要的推动作用。

历代统治者都希望借助社会教育形式将他们的道德观念和道德规范颁行天下,以教化民俗,同时也希望通过社会教育的推行和实施,使民众安于耕务,专志农桑,从而确保人民生活的安康与社会秩序的稳定。这种以巩固统治为目的的社会教育不可避免地存在着消极和落后的一面,如在中国古代社会后期,统治阶级为了挽救垂危的颓势,大力推行后儒理学,从而使以礼教为代表的社会教育成为强化专制集权的手段和毒化社会人心的工具。

中国古代的社会教育内容

中国古代社会教育的内容主要体现为伦理道德教育、民俗风情教育和生产劳动教育等方面。《周礼·地官·大司徒》曾提出以"乡三物"教万民。所谓"乡三物"是指：六德，即知仁圣义忠和；六行，即孝友睦姻任恤；六艺，即礼乐射御书数。此外，《周礼·地官·大司徒》还列举了十二项指标，基本上概括了中国古代社会教育的全部内容，并成为历代社会教育的主要内容。

"以祀礼教敬，则民不苟。""祀礼"是祭祀之礼，包括祭神、祭祖、祭孔、祭祀忠烈等，以"祀礼"教敬于百姓，则其不会苟且。

"以阳礼教让，则民不争。""阳礼"是指乡里之中进行的"乡饮酒礼"，行礼时一般要以年龄为序，以"阳礼"教让于百姓，则其懂得敬老尊长，不会争执。

"以阴礼教亲，则民不怨。""阴礼"是指婚姻之礼，以"阴礼"教亲于百姓，则其会建立和睦的家庭，而天下也不会再有怨妇旷夫。

"以乐礼教和，则民不乖。""乐礼"是一种艺术性的教育形式，即以乐配礼，它可以同民心，以"乐礼"教和于百姓，则其不会乖离。

"以仪辨等，则民不越。"这是指用各种礼仪来标明尊卑上下的等级差别，教育百姓安分守己，不"僭越犯上"。

"以俗教安，则民不偷。""俗"指习俗，"偷"同"揄"，作变化无常讲。这是说，统治者要化民成俗，使百姓守常不变，以形成安定的社会秩序和稳定的民族心理。

"以刑教中，则民不虣（暴）。"这是指向百姓实施有关法律方面的教育，以禁止暴乱的发生。

"以誓教恤，则民不怠。""誓"是一种告诫性的言词或文章。这项内容是说，统治者要通过发表政见，发布文告以及进行规劝性的讲话，教育民众居安思危，谨慎勤勉，相互救助，永不懈怠。

"以度教节，则民知足。""度"是指物用之度。这项内容是要求百姓承认现行的贫富法度，节制"物欲"，懂得知足。

"以世事教能，则民不失职。"这是说提倡家族世业的继承与传习，使百姓学有所能，以使家业不致失传。

"以贤制爵，则民慎德。"这是指借助选贤举能的制度，教育百姓矜于于善德，以求"荣宠"。

"以庸制禄，则民兴功。""庸"是事功的意思。这项内容是说通过论功行赏，激励百姓为国兴功立业。

中国古代的社会教育实施方式

设官教民，颁布诰谕。这是中国古代社会教育的一种重要实施方式。在中国古代社会，中央建有礼部，地方设有"三老"，都是专司社会教育的机构和官员。此外，历代统治者都还规定，各级官吏皆要"以教化为大务"。为了更好地推及社会教育活动，各级统治者还发布了许多箴、规、诰、训以及圣谕，借以教化百姓。如宋代真德秀在潭州做官时，发表"谕俗文"，守泉州时发表"劝农文"及"劝孝文"等，以孝亲守法等教导百姓，要"乡、党、邻、里之间，更相劝勉。其有不识文义者，老成贤德之士，当与解说，使之通晓"（真德秀《谕俗文》）。再如明代王守仁的"谕俗四条"，亦是同类文字。

设立祠堂庙宇，祭祖追圣。中国自古以来就有设立祠堂祭奠祖先，建庙塑像追思往圣先贤的社会风气和习俗，这是古代社会教育的一种独特方式。古代社会的宗族和家族通常均有族谱和家谱，并建有宗氏祠堂，当遇有特别节日或重大事情时，族长必召集族众，齐集祠堂行礼、祭祀，在一家之中往往由年长齿尊之人在特定日期主持举行庄重的祭祖活动，并传布教育。此外，古代各地还根据历代圣贤及忠臣烈士的传奇事迹广建庙宇，塑造神像，由百姓前往膜拜，借此追念往圣先贤。

设学施教，宣扬教化。设立学校宣扬教化，是中国古代社会教育的另一实施方式。所谓"立大学以教于国，设庠序以化于邑；皆所以整齐人道，敦礼义而风元元者也"（张居正《宜都县重修儒学记》）。中国历代都十分重视学校在推动社会教育中发挥的重要作用。如汉代除设有官学外，还有闾、里、乡、师所设的"书馆"。它规定每年正月，当农事未起之时，年满15岁以上的成童，均要入馆读经受教，这是利用农闲时间进行的补习性社会教育。而一般9岁以上的幼童，除严冬酷暑之外，均须终年在馆学习。再如明洪武年间，令全国各地设立"社学"，规定每50家设立社学一所，收15岁以下的幼童读书，教材为《御制大诰》及本朝律令，兼习冠、婚、丧、祭的礼仪。清代则在省、府、州、县的大乡巨堡多置社学，凡12岁以上、20岁以下者均可入学。

编演文艺作品，阐扬忠孝节义。中国古代有许多文艺作品，诸如诗歌、戏剧、评书、小说等，均旨在向百姓阐扬忠孝节义，以推行教化，因而也成为社会教育的一种重要方式。例如，一部分宋代话本讲史、后来的"宝卷"与讲"善书"以及流行民间的大部分小说戏剧等都起过这种作用。再如古代常见的一些擅长弹唱与说书的艺人，往往利用茶馆、戏院，摆上一张桌子，他们手执金属片或竹板，一面碰击，一面打鼓，口中唱词，这就是所谓的"说打鼓书"，他们的精彩表演常使听众深受感动，并在无形中受到一定的教化。

制定"乡约"、"宗规"、"家规"、"家训"，强化教育约束。中国古代社会是一个以宗族、家族和家庭为主要社会构成单位的宗法制社会。在古代社会，与人们关系最密切的就是乡里、宗族和家庭，统治阶级正是通过这些社会组织对百姓实施社会教育。在具体实施形式上，主要是通过一系列

"乡约"、"宗规"、"家规"与"家训"来付诸实施。实际上,这些形式也是一种教育约束力量。"乡约"是一种寓教育于乡里组织之中的地方活动,它源于一部分具有理学思想的封建地主的倡导,后逐渐成为乡里政治性较强的规约,这样,教育约束和政治约束也就成为一件事。其中,较有影响的"乡约"是明王守仁的《南赣乡约》。"宗规"是以宗族为主的一种社会教育形式,常于宗祠内集会讲书。如明王孟箕所订的《宗约会规》,规定每月聚会两次讲书,所讲内容包括修身齐家、国家律法、孝顺事实与善恶果报等。此外,中国古代关于"家规"、"家训"一类的规定很多,大抵不出于教导后人恪守伦常道德、安分守法、节俭持家、教育后人等内容,其中较知名的是北齐颜之推的《颜氏家训》和宋代司马光的《居家杂仪》等。

参考文献

李建兴.中国社会教育发展史[M].台北:三民书局,1986.

(杜　钢)

中国古代高等教育

中国古代培养高层次人才的教育活动或教育形式。具有高等教育的某些属性,但与近现代意义上的高等教育存在重大差异。包括官学、私学、书院、科举制度等多种形式,在培养、选拔高级人才及传承、发展民族文化等方面发挥特殊的历史作用,对于古代东亚其他国家文化教育的发展也有深远影响。

中国古代高等教育起源

高等教育是一个历史的、动态的概念,在不同社会及同一社会的不同发展阶段有不同形态或模式。因学术界对高等教育的概念理解不一,划定高等教育产生的标准有异,有关中国古代高等教育的起始时间诸说并存。

《孟子·滕文公上》和《礼记》的《王制》、《内则》、《明堂位》各篇记载,夏、商时期出现"序"、"庠"、"校"、"瞽宗"等学校名称,且有"东序"与"西序"、"右学"与"左学"、"小学"与"大学"之分。据此,有的学者认为,夏、商时代是中国古代高等教育的最早源头。也有学者根据出土的商代甲骨卜辞、金文等史料,论证商代贵族已有学校教育,西周已有比较完备的学校制度;商代的"大学"是统治者举行祭祀活动和对贵族子弟进行教育的场所,兼具多种功用。

西周大学分为三类:周天子设立的"辟雍"、诸侯所建"泮宫"及天子王宫中传授各项技术的"畴学"。辟雍的入学者限于王太子、王子,诸侯、大夫们的嫡长子和平民阶层中的俊秀,不同出身者其入学年龄有差异。在教学内容上形成"六艺",即贵族子弟所学的礼、乐、射、御、书、数六种科目,其中前四科为大学所习,后两科为儿童所习。据《礼记·学记》所载,大学修业期限为九年,定期进行考查。西周大学教育仍带有"学在官府"和"官师合一"的特征,但各项制度较为完备,充分发挥了礼乐教化的功能。

春秋战国时期因社会大变革,原有的官学式微,文化学术重心下移,私学兴起。在周文化影响最深的齐国和鲁国,私人讲学最早出现,也最为发达。孔子系统整理夏、商、周以来的文献典籍,删定《诗》、《书》、《礼》、《乐》、《易》、《春秋》,作为聚徒讲学的教材,创立影响深远的儒家学派。墨家、道家、名家、法家、纵横家等竞相开办私学,使受教育对象扩大,促进了学术文化的繁荣。战国后期,齐国设立的"稷下学宫"成为各学派自由讲学、论政和培养人才的中心。诸子私学的发展积累了丰富的办学经验,形成较系统的教育理论,以《礼记》中的《大学》、《学记》等篇儒家经典为代表,奠定了中国古代高等教育的理论基础。

西汉元朔五年(前124年),汉武帝为适应巩固统一的中央集权封建国家的政治需要,在长安(今西安)创建太学,招收学生50名,专门传授和研究儒家经典,标志着中国古代国立高等教育制度的正式确立。太学的教师称"五经博士",学生称"博士弟子";以儒家经典《诗》、《书》、《礼》、《易》、《春秋》作为基本教学内容,实行划一的教学与考试制度。解说经文须遵循"师法"和"家法",考试方法有"设科射策",类似于当今的"选题考试"。学生经岁试后,通二经者授予一定的官职,使儒学教育与选官制度合为一体。西汉的太学建置对其后历朝中央官学教育制度产生巨大影响。东汉光和元年(178年),汉灵帝在都城洛阳的鸿都门创办一所学习辞赋、尺牍、书画的文学艺术学校——鸿都门学。这所专业性学校存在10年,对魏晋以后各种专门学校的兴办起先导作用。两汉时期私人讲学也有新的发展。以居家讲学或创办"精庐"、"精舍"为主要形式,一些通儒大师广收生徒,转相传授,培养经学儒术人才。

在私学长期发展的基础上,唐末、五代逐渐形成书院这一独具特色的古代高等教育组织形式。从940年庐山国学(白鹿国庠)的建立,到北宋初年石鼓、应天府、岳麓、嵩阳、茅山等书院的兴起,书院逐渐成为中国古代自由讲学和学术研究的重要场所。

中国古代高等教育演变

中国古代高等教育的形态多种多样,随社会政治、经济、文化教育的发展,其地位与作用也发生变迁。按办学性质和教育功能划分,其形态主要分为官学、科举制度、书院(私学)三种类型。这三者在起源上有先后之分,交相作用,形成以官学为主体、科举考试为重心、书院教学为补充的教育格局。

在古代官学系统中,中央政府直接主办的官学地位最高。在不同历史阶段,中央官学的名称、种类、体制有不同变化。先秦时期具有古代高等教育性质的官学,除前已述及之外,还有成均、国学等名称。两汉时期中央官学以太学为主,东汉时设立四姓小侯学(又称宫邸学)等。东汉太学鼎盛之际,太学生逾3万人。魏晋时期,为适应士族门阀阶层的教育需要,晋武帝在洛阳始设国子学,地位高于太学。南北朝时,除继承太学、国子学外,宋文帝在建康(今南京)设立儒学、玄学、文学和史学"四学馆",实行分科教育,增加了中央官学的类型。北齐改国子学为国子寺,隋炀帝时改名为国子监,统辖国子学、太学、四门学等。唐代中央官学主要有"六学"、"二馆"。"六学"统由国子监管辖,其中国子学、太学、四门学教授儒家经典,相当于大学性质;律学、书学、算学分别传授律令、文字学与书法、算学,属专业性学校。"二馆"即弘文馆、崇文馆,分别隶属于门下省、东宫,是具有大学性质的贵胄学校。唐玄宗一度设立广文馆,隶属国子监。此外,太医署、太卜署、司天台、太仆寺等,也招收学生分别传授医学、卜筮、天文历法、兽医等专门知识与技术。此后历代中央官学多沿袭此制。宋代分设西京、东京国子监,管辖国子学、太学、律学、医学(后改属太医局);各业务部门办有算学、书学、画学、武学。元代分设国子学、蒙古国子学、回回国子学,归属相应的国子监管辖。明清时期仅设国子监,作为最高教育管理机关,兼具国子学性质。

科举制是中国隋唐至明清时期实行的分科考试、选拔官员的制度。从科举考生和及第者的年龄、考试的内容来看,科举制度具有古代高等教育考试的性质。科举制度以官学、私学为基础,是区分教育层次、检验教育成果的首要手段与标志,对各类教育活动起督导与控制作用。科举制度的推广促进了教育机会的扩大与下移,对于普及儒学文化、加强国内各民族文化融合、维护国家统一有重要作用。唐代中期,随着进士科的迅速崛起与明经科地位的渐次下降,以学习儒家经学为主的官学教育走向衰落。受其影响,唐代后期私人讲学兴起,"乡贡"成为科举主要生源。为克服重科举选士、轻学校教育的偏向,北宋中叶先后开展三次兴学运动。王安石兴太学,推行"三舍考选法",融育人、选才于学校教育中。这些教育改革虽推动了官学教育的发展,但未能扭转科举考试对学校教育的支配作用。南宋之际,官学已被科举统合。太学的入学资格虽较唐代更低,但其规模和作用不如之前。

程度较高的书院具有古代高等教育性质。北宋初年,书院因填补州县学衰微的空缺而一度兴盛。北宋中叶后,随着官学系统的完善及不入官学不得应科举的规定,书院沉寂百余年。南宋时期,为适应学者研究学问和培育专门人才的社会需要,各地书院的数量增多,规模扩大,自由讲学和研究学问的风气浓厚。两宋时期书院的发展推动了古代高等教育的发展。元代政府通过拨给学田、委派山长或直

接创办书院等方式,将书院纳入官学体系,加强了书院与科举的联系。从元代开始,朱熹的《四书章句集注》成为科举的主要教材和命题依据,也是书院教学的首要内容。明代科举考试盛行,并与学校教育融为一体。在学习举业的同时,因书院崇尚"心学",讽议朝政,先后遭到统治者的四次禁毁。清代中期以后,书院数量超过明代,但其官学化程度更高,主要功能已从教学、研究转向课试举业,片面追求中举及第率。

中国古代高等教育受科举制度的控制,在明、清时期,科举教育体制趋于僵化,阻碍了高等教育的发展。晚清时期,在民族危机和西学东渐的双重冲击下,中国古代高等教育的形态逐渐瓦解。

中国古代高等教育特征

古代学校教育在培养目标、入学等级身份和教学程度上虽有一定差异,但并无严格的初等、中等、高等以及普通、专门教育之分。这是中外各国古代高等教育与近现代高等教育的共同差异。东西方国家由于受各自的政治、经济和民族文化传统的影响,在古代高等教育的产生和发展过程中表现出明显差异性。中国古代高等教育在教育制度、办学目标、教学内容、办学体制、教育管理与教学模式等方面,具有显著的民族特色。

在教育制度方面,中国古代高等教育起源早,教学、管理和考试制度完备。如北宋创立的太学三舍法、分斋教学和主副科制,元代推行的国子学积分法,明代实行的国子监生历事法等,是古代高等教育制度的重要创新。这些具有近代高等教育属性的教育教学制度虽经长期延续,却始终未发展成熟。

在办学目标方面,以培养封建统治人才为目的,具有强烈的政治功利取向。先秦儒家倡导的"选贤与能"政治思想和"学而优则仕"的教育价值观,对古代高等教育的发展产生深远影响。从汉代开始实行察举制和太学教育,到隋唐创立科举选士考试,选拔和培养行政管理人才成为各类教育的最高目标。历代统治者偏重太学、国子监等官学,各类官学教员被授予不同官阶。官学生具有"准官员"的身份和地位,享受优待,如免除赋役、由政府提供免费食宿等,甚至还领取一定薪俸。

在教学内容方面,深受传统文化影响,以儒家经学为主要课程。中国古代大学多由世俗政权控制,在儒学影响下始终以入世精神为主导,重视世俗伦理教育。自汉代开始,太学及其后的国子监成为研究儒经、传授儒术的专门场所,教育内容以"五经"为主。宋代理学兴起,开始注重"四书",即《大学》《中庸》《论语》《孟子》。崇尚修身养性,重视经学、文学、历史、法律等人文社会知识教育;排斥自然科学

知识。

在办学体制方面,中国古代官学、私学并存互补。官学属于正规化的古代高等教育机构,多是统治阶级上层子弟的学习场所,等级性较强;教师和学生按一定资格标准选择,名额有限,规模较大。私学由民间兴办,其程度较高者具有古代高等教育性质,如汉代以后的"家学",宋、元、明、清时期的"经馆"。其特点是非正规化,规模小,学生不受地域、年龄和出身的限制;没有国家资助和待遇,须交纳学费。书院是介于官学、私学之间的一种独特办学模式,经费来源多样化,既有官方拨款和所赐学田的收入,又有私人捐款、捐物。自宋代后,通过科举选士,以考促学,开拓民间教育资源,弥补官费办学的不足。

在教育行政管理上,中央集权管理与部门办学管理体制相结合。汉代太学隶属于九卿之一的太常,由其具体负责太学博士的任免及太学生的选择、考试与推荐任用。从隋唐时期开始,由礼部执掌学校、科举事宜,下设国子寺(后改称国子监)作为中央教育行政具体主管机构。这种集权管理模式一直延至清代末年。在国子监之外,一些由中央各业务部门所办的官学归相关部门管理,即形成部门办学管理体制。如隋代的律学直属详刑寺(大理寺)管理,宋代的算学、书学、画学、兵学分别由太史局、翰林书艺局、翰林图画局、兵部郎中管理;清代的阴阳学、医学分属钦天监、太医院管理。

在教学模式上,形成分别以官学、书院为代表的两种不同风格的模式。汉代太学首创大班授课模式,以教师讲授为主,进行集体教学;由高材生、旧生辅导差生、新生,注重课外自修;学校实行严格的考试管理,督促学习,奖优汰劣。这些教学与管理方法对此后官学教学产生重要影响。书院将教学和学术研究相结合,实行自由讲学,提倡百家争鸣;以学生自学为主,采用问难论辩方式教学,注重对学生的启发;重视身教,强调学生的道德修养,师生感情融洽。

参考文献

曲士培. 中国大学教育发展史[M]. 太原:山西教育出版社,1993.

熊明安. 中国高等教育史[M]. 重庆:重庆出版社,1988.

(张亚群)

中国古代宫廷教育

中国历代王朝在宫廷中实施的一种独特的教育形式。它通过传授有关道德、知识技能和统治术来培养与造就国君及各类贵族统治者。中国古代宫廷教育具有悠久的历史,且内容丰富、形式多样、体系完备。据史料记载"三王四代唯其师"(《礼记·学记》),可见,远自三代开始,中国就已存在教师亲授形式的宫廷教育,如成汤、太甲、文、武都曾经受过良好君道教育,相传太甲是得伊尹之教而成为有为之君的。而真正以学校形式为专门教育机构的宫廷教育的产生,是在西周创建"明堂"以后。明堂是周王宣明政教的地方,最初并不是专门的教育机构,但天子和世子教育多在此进行。以后随着教育的发展,周王朝中央建立了国学即"辟雍",而诸侯王国的都城也建立了"泮宫",尽管严格来说都不是专门的教育机构,但由于宫廷教育多在此进行,因此具有宫廷学校的雏形。到东汉明帝时,宫邸学校正式建立。东汉的宫邸学校可分为两种,一是政府专为皇室及贵族子弟创办的贵胄学校。永平九年(公元66年),"为四姓小侯开立学校,置'五经'师"(《后汉书·明帝纪》),所谓四姓即外戚樊氏、郭氏、阴氏、马氏,因非列侯,故称小侯。二是以宫人为教育对象的宫邸学校。东汉邓太后入宫后尝从曹大家(即班固之妹班昭)受经书、天文、算学。她临朝后,"诏中宫近臣于东观受读经传,以教授宫人,左右习诵,朝夕济济"(《后汉书·邓太后纪》),从而使东观这一校书场所同时具备了宫廷学校的职能。至唐代,馆学逐渐成为宫廷教育的重要场所,皇帝及皇太子教育对馆阁制度的依赖也愈见倚重,当时设有两所知名的馆学,即弘文馆与崇文馆。至宋代则有宫学和宗学,宫学为训育储王近属的学校,而宗学初期只限于"南宫北宅"的皇室子孙,后来宗室疏远者也可入学。同时,开始在馆阁制度的基础上创建经筵日讲制度,并使经筵日讲作为一种宫廷教育制度历经元明清数朝,成为中国封建社会后期宫廷教育的主要形式。

中国古代宫廷教育的对象与教官

中国古代宫廷教育的对象是少数较为特殊的学生,包括皇子、后妃、宫女、太监,有时甚至皇帝也成为受教育者,其中占突出地位的是皇太子教育。中国的封建专制政体是依靠嫡长子继承制来传承的,皇权能否继续,天下能否治理,关键在于有没有一个符合标准的皇太子,所谓"天下之命,悬于太子"。正是由于太子教育关系国家政权的传承与稳固,因此,历朝历代均十分重视太子教育。如三国时吴国君主孙权就对太子教育十分重视,长子孙登立为太子后,孙权为他选置师傅,并让他读《汉书》,习知近代之事(《三国志·吴书·吴王五子传》)。唐太宗李世民自选立太子后,自称对太子遇物必有诲谕。他见太子乘舟,便问:"汝知舟乎?"当太子回答不知时,太宗说:"舟所以比人君,水所以比黎庶,水能载舟,亦可覆舟。尔方为人主,可不畏惧!"(《贞观政要·教戒太子诸王》)明太祖朱元璋对太子教育更是非常重视,当时,宫中专门建造了大本堂,贮藏古今图籍,并征召四方名儒轮班讲课,教育太子。同时挑选才俊青年为编修,入禁中文华堂伴读。当时知名学者、朝廷重臣宋濂为太子教师,他先后在宫中教育太子十多年,一举一动,皆以礼法讽劝。当讲到有关政教及前代兴亡之事时,必拱手曰:"当如是,不当如彼。"皇太子也毕恭毕敬受教,言必称师父(《明史·宋濂传》)。

皇后嫔妃也是中国古代宫廷教育的重要教育对象。《礼记·昏义》指出:"古者天子后立六宫、三夫人、九嫔、二十七世妇、八十一御妻,以听天下之内治,以明章妇顺,故天下内和而家理。"如此众多的宫廷妇女聚集在皇宫内院之中,倘若没有经过严格有序的教育和训练,必然会使宫廷秩序出现混乱。诚如《周礼·天官·内宰》所言:"以阴礼教六宫,以阴礼教九嫔,以妇职之法教九御,使各有属。"所谓阴礼,是指引宫的礼仪,诸如妇德、妇言、妇容、妇功之类。历代掌管后妃教育的是皇后,进行宫廷后妃教育的教材主要包括《女诫》《女训》《内则》《女孝经》等。尽管宫廷后妃教育的主要目的是使后妃们严格遵守皇宫的道德行为规范,但其结果则往往是使这些妇女成为宫廷女教的牺牲品。除后妃教育外,宫廷女教的对象还包括数量众多的宫女,主要是那些侍奉帝王后妃生活起居和供粗活役使的宫婢,对她们主要是进行礼仪训练和各司其职的劳作训练。

三太三少,是中国古代宫廷教育的最高教官,其主要职责是辅弼皇帝和教导皇太子。三太即太师、太保、太傅。《尚书·周官》说:"维兹三公,论道经邦是也。"所谓"论道经邦"就是给天子讲论道德,并辅弼天子治理国家。三少即少师、少保、少傅。《礼记·文王世子》指出:"立太傅、少傅以养之,欲其知父子君臣之道也。太傅审父子君臣之道以示之,少傅奉世子以观太傅之德行而审喻之。太傅在前,少傅在后,入则有保,出则有师。"三国魏明帝于景初二年(238年)设侍讲一职为宫廷教官。唐代开始设立侍读学士,作为宫廷教官讲论经史。宋代除在东宫设有教官之外,还在亲王府设有傅、友、教授、小学教授等教官。明代,宫廷教官包括皇帝经筵日讲教官和东宫皇太子的日常教学教官两部分,这些教官主要由翰林院官员充任。在古代,宫廷教官的地位既显赫又危险,倘若教导皇子成绩出众,自然会受到皇帝的嘉奖,但若教导无方,则顷刻之间便会丢官削职甚至还可能人头落地。如唐武则天时,祝钦明为太子率更令兼崇文馆学士,做太子李显的侍读,两年后,升太子少保。中宗即位后,因侍读之故,擢拜国子祭酒,同中书门下三品,加位银青光禄大夫(《旧唐书·祝钦明传》)。与之相反,当年魏征、王圭、韦挺事唐高祖太子李建成,后高祖听说太子有异图,便认为是太子教官教导失职,遂把王圭、韦挺流放,把魏征免官了事(《大唐新语·举贤》)。

中国古代宫廷教育的内容和方法

中国古代宫廷教育在内容上主要包括道德教育、知识技能教育和统治术教育等方面。其中,道德教育是中国古

代宫廷教育的一项重要内容,《周礼·地官·师氏》指出:"师氏掌以嫩诏王。以三德教国子:一曰至德,以为道本;二曰敏德,以为行本;三曰孝德,以知逆恶。教三行:一曰孝行,以亲父母;二曰友行,以尊贤良;三曰顺行,以事师长。"师氏掌以善道告语王者,并以至德、敏德、孝德这三德教导国子,以使其懂得守道、正行和远恶。同时教给他们孝行、友行、顺行这三行,以使其懂得孝敬父母、尊重贤良、奉事师长。《礼记·文王世子》说:"凡三王教世子,必以礼乐。乐所以修内也,礼所以修外也。礼乐交错于中,发形于外,是故其成也怿,恭敬而温文。"在夏、商、周三代时,对世子的教育必定要用礼乐。乐是用来陶冶内心的,礼是用来规范行为举止的。礼乐交互作用于心中,体现于外表,这样,就能形成愉悦、恭敬、温和、文雅的品格。由于皇后嫔妃的特殊身份和地位,对她们的道德教育旨在使其成为遵循妇礼、母仪天下的楷模,"妇德无缺,斯可以作范母仪、昭宣壶则矣。母也者,乃子孙之表率,女妇之楷模也"(《女小学》)。

知识技能教育。《周礼·地官·保氏》指出:"保氏掌谏王恶,而养国子以道。乃教之六艺,一曰五礼,二曰六乐,三曰五射,四曰五驭,五曰六书,六曰九数。乃教之六仪,一曰祭祀之容,二曰宾客之容,三曰朝廷之容,四曰丧纪之容,五曰军旅之容,六曰车马之容。凡祭礼、宾客、会同、丧纪、军旅,王举则从。"由保氏负责教授国子们有关礼、乐、射、御、书、数六艺以及祭祀、宾客、朝廷、丧纪、军旅、车马等仪容的知识和技能,是古代宫廷知识技能教育的基本内容。《礼记·文王世子》说:"凡学,世子及学士必时。春夏学干戈,秋冬学羽籥,皆于东序。"皇后嫔妃所受的宫廷知识技能教育也包括六艺中的礼、乐、书、数以及棋、琴、歌、舞、画等知识和技艺的内容。《荆川稗编·内宰》:"古者宫中设师傅保姆之教……是故祭祀宾客,礼也;《关雎》所称琴瑟钟鼓,乐也;国风诸篇,诗也;女史所记,书也。非学何以能之?"因此,"内宰教嫔妇之法"正是使后妃具备"盛德高识"的重要保证。《新唐书·百官志》载,宫教博士教习宫人的项目涉及经、史、子、集、书算、律令、吟咏、书法、棋画等多个方面。

由于宫廷教育主要用来传授为君之道,因此历朝历代对有关统治术的教育内容都十分重视。《尚书·无逸》指出:"严恭寅畏,天命自度,治民祗惧,不敢荒宁。"强调统治者应当勤勉自励,上应天命,下治民生,而不应荒废政务。而要做到这一点,就势必要精通安国定邦之道和统御天下之术。汉高祖刘邦曾令大臣陆贾为其总结秦朝灭亡以及汉朝兴建的历史经验,"试为我著秦所以失天下,吾所以得之者何,及古成败之国"(《史记·郦生陆贾列传》)。唐太宗李世民更是潜心学习和研究历史的经验教训,并总结出自己的一套统治之术。他曾对大臣房玄龄说,"夫心暗则照有不通,至察则多疑于物。自以欺孤寡得之,谓群下不可信任,事皆自决,虽劳神苦形,未能尽合于理。朝臣既知上意,亦

复不敢直言,宰相已下,承受而已。朕意不然。以天下之广,岂可独断一人之虑? 朕方选天下之才,为天下之务,委任责成,各尽其用,庶几于理也。"(《旧唐书·太宗纪下》)在宫廷统治术教材方面,中国古代最权威的莫过于北宋英宗、神宗时由司马光等编撰《资治通鉴》,编撰这部史学巨著,宗旨正在于使统治者通过研究和学习,做到"鉴前世之兴衰,考当今之得失",从而达到永绵国祚的终极目的。

中国古代宫廷教育的方法,主要包括口耳相授法、实习实行法和经筵日讲法等。在远古时期,由于文化积累不丰,宫廷教育主要采用口耳相授的方法。例如在《尚书·太甲上》中便记载有伊尹用口耳相授的方式对商王太甲进行教导的言语。"伊尹乃言曰:'先王昧爽丕显,坐以待旦。旁求俊彦,启迪后人,无越厥命以自覆。慎乃俭德,惟怀永图。若虞机张,往省括于度则释。钦厥止,率乃祖攸行,惟朕以怿,万世有辞。'"描述的是伊尹用口耳相授的方法向太甲讲述商先王成汤勤于政务、善用人才的例子,借以劝勉太甲奋发有为、志向远大,将其祖先开创的事业发扬光大。封建社会以后,国子与贵胄子弟们学习各种知识技能,通常均需进行实习和实行,例如清朝皇室家法规定,皇子每日课程不仅包括文诗书画等,而且还要实习实行骑射等课程。由于自宋代开始,经筵日讲逐渐成为宫廷教育的一种重要制度,因此,经筵日讲法也开始成为一种颇为常见的宫廷教育方法,例如,明代开国皇帝朱元璋便经常召令大学者宋濂到宫中为自己讲解儒学经典,且乐此不疲。

中国古代的宫廷教育在稳定专政统治和培养有为君主方面发挥了重要作用,特别是历史上一些成就伟业的帝王大多受到宫廷教育的深刻影响。

参考文献

龚斌. 宫廷文化[M]. 沈阳:辽宁教育出版社,1993.

王连升. 中国宫廷文化[M]. 太原:山西教育出版社,1992.

（杜 钢）

中国古代官学教育

中央朝廷直接举办和官辖,旨在培养各种统治人才的学校教育系统。中国的官学教育在奴隶社会正式出现,一经产生,即对中国古代教育产生重要影响。

奴隶社会的官学教育

奴隶社会初期,官学教育产生的社会条件已经具备。一是随着社会生产力的发展和剩余产品的增多,脑力劳动和体力劳动开始分离,一部分人可以脱离生产劳动专门从事教育;二是随着国家机器的出现和阶级社会的产生,需要专门的教育机构来培养统治人才;三是奴隶社会提供了专门进行教育活动的场所。在这种情况下,奴隶社会的官学教育应运而生。

夏代(约前21—前17世纪)是官学教育的初创时期。据史书记载,夏代已经有了培养奴隶主贵族子弟的庠、序、学三种学校形式。孟子说:"庠者,养也;校者,教也;序者,射也。"其中,"庠"是养老与教育兼施的机构,主要对贵族子弟进行生产生活教育和政治伦理教育;"序"和"校"则主要对贵族子弟进行军事教育,"序"是贵族子弟习射打靶的场所,"校"是军事比武和考试考核的地方。夏代的"庠"、"序"、"校"旨在把奴隶主贵族子弟培养成为统治人才,已经成为由国家创办的、相对比较完备的教育机构,这是中国古代官学教育的萌芽。

商代是官学教育制度正式形成的时期。商代的学校有"庠"、"序"、"学"和"瞽宗"四种。其中,"庠"和"序"是从夏代发展而来;"学"到商代有了"右学"和"左学"之分,并开始分两级施教,"右学"是大学,设在王都西郊,又称西学、西雍,"左学"是小学,设于王宫之东;"瞽宗"则是商代大学的名称,是举行祭祀和学习礼乐的教育机构。商代学校由国家委派官吏担任教师,对奴隶主贵族子弟进行教育,在教育内容上以政治伦理、礼乐宗教、军事训练为主,另在小学阶段还进行识字教育和初步的数学教育,礼、乐、射、御、书、数的"六艺"教育也已初见端倪。商代已经具备了中国古代官学的雏形,标志着官学教育制度的正式产生。

西周的教育集前代之大成,初步建立了政教合一、官师合一的奴隶制官学教育体系,这在当时世界上是最先进的。在学校系统方面,西周把官学体系首次划分为国学(中央官学)和乡学(地方官学)两种类型。其中,国学是由天子和各诸侯专为奴隶主贵族子弟而设,并根据入学年龄和程度分成小学(七年)、大学(九年)两级。小学设在王宫东面附近,大学设在王宫近郊。一般来说,天子所设大学规模较大,分为五学,辟雍(亦称太学)居中,其四周分布着东序(亦称东学,是学干戈羽籥之所)、瞽宗(亦称西学,是学礼仪之所)、成均(亦称南学,是学乐之所)、上庠(亦称北学,是学书之所)。而诸侯所设大学规模较小,只有一学,名曰"泮宫",位于诸侯国都。乡学则是为一般奴隶主和部分庶民子弟而设,至于奴隶则被剥夺了接受正规教育的权利。乡学仅有小学一级,设在王都郊外的六乡地方行政区,主要包括塾(设于闾)、庠(设于党)、序(设于州)、校(设于乡)四种类型学校。西周的国学由大司乐主管,它以培养具有贵族政治道德品质和军事技能的未来统治者为务,乡学由管理地方民政的大司徒负责,主要以推行社会教化为务。至于国学和乡学的大多数学官则由国家现任的职官兼任,也有少数是由退休官员担任的,是典型的"官师合一"。

西周国学的教育内容包括德("三德",即至德、敏德、孝德)、行("三行",即孝行、友行、顺行)、艺("六艺",即五礼、六乐、五射、五御、六书、九数)、仪("六仪",即祭祀之容、宾客之容、朝廷之容、丧纪之容、军旅之容、车马之容)四个方面,其中又以礼、乐、射、御、书、数"六艺"教育为主。在"六艺"中,书(文字)、数(数学)教育是"小艺",主要在小学阶段学习;礼、乐、射、御为"大艺",主要在大学阶段学习,并以礼乐为重,射御次之。同时,西周时的大学已开始进行分科教学,有了较强的计划性,按照不同的时节传授不同的科目。关于乡学,教育内容是"乡三艺",即以六德(知、仁、圣、义、忠、和)、六行(孝、友、睦、姻、任、恤)、六艺(礼、乐、射、御、书、数)为纲,基本要求与国学相同。

西周官学在教育行政管理方面也开始建立起一定制度。当时,学生入国学的年龄大小,与其家庭的政治地位有直接联系。一般说来,王太子是 8 岁入小学,15 岁入大学;公卿长子、大夫元士的嫡子是 13 岁入小学,20 岁入大学;一般奴隶主贵族子弟和极少数优秀的平民子弟是 15 岁入小学。从这些规定可以看出,西周官学教育有着鲜明的等级性。与此同时,西周官学还形成了一套定期考核与奖惩制度,规定乡学中由乡大夫将德行道艺贤能者选送司徒,再经司徒择优送至国学,国学中经考核达到大成者,奖励官职、爵位和俸禄。可见,西周国学和乡学虽然等级有别,但却存在一定联系。

春秋战国时期是中国奴隶制走向崩溃并向封建制转变的社会变革时期,也是教育制度的大改革时期。春秋时期,由于周天子在政治上名存实亡,而王权衰落又导致了学校的荒废,加之在世袭制度下,贵族子弟养尊处优不重教育,以及诸侯国之间的争霸战争连绵不断,使奴隶主贵族无暇顾及教育,致使国学、乡学难以维持,"学在官府"的教育走向没落,新的教育组织形式——私学开始兴起。到战国时期(前 475—前 221),新的生产关系逐渐成熟,并开始出现新兴官学的萌芽。齐国的稷下学宫就是当时的一所知名学府,它创办于公元前 4 世纪,历经 150 余年,是战国时期唯一一所由官家操办、私家主持的高等学府,是公室养士的著名场所。它的教师不由官方任命,而由众人推举,教学内容也不受官方限制,而是各家私学争鸣交流。从整体上看,它既沿袭了西周官学的办学形式,又发扬了春秋战国时期私学的长处。因此,稷下学宫既具有官学性质,又具有私学办学特色,这是它的独特之处。

封建社会的官学教育

封建官学教育制度的确立　公元前 221 年,秦王嬴政兼并六国,建立起中国历史上第一个君主专制的高度中央集权的封建制国家。秦代以法家思想为指导,严禁私学,仅设官学,实行"以法为教,以吏为师"的文教政策,从而使教育出现了一种法律之外无学、官吏之外无师的局面。汉初统治者认真汲取了秦灭亡的教训,并以"清静无为"的"黄老之学"作为政治指导思想,经过半个多世纪的休养生息,到汉武帝时开始出现了政治安定、经济繁荣的良好局面,具备了变"无为"为"有为"的物质条件。为了进一步加强中央集权,汉武帝接受董仲舒的建议,采取"独尊儒术"的文教政策,于元朔五年(前 124 年)正式设立太学,立五经博士,由博士官(汉武帝以来只由儒家学者担任)专司教授博士弟子即太学生,确立了博士弟子员制度。虽然中国以前也有大学的设置,但是以传授知识、研究学问为主要任务的严格意义上的最高学府,却是从汉武帝开创太学开始的。汉代太学的建立,标志着中国古代官学制度的正式确立。

汉代的官学分为中央官学和地方官学两种。中央官学主要有太学、鸿都门学、宫邸学三种,由太常兼管;地方官学则按照行政区划,分别设立学、校、庠、序四级,由各级行政长官兼管。在中央官学中,最重要的是大学性质的太学,它实际上是一所儒学专门学校。博士弟子(东汉后称太学生或诸生)由太常在京师选拔或从地方选送,选送标准以德、才为主,也重仪表。但到东汉以后,又开始规定一定等级的官僚子弟才有进入太学受教育的特权,这与太学初创时相比,等级性有所增强。太学的规模开始很小,汉武帝时只有 50 人,但到东汉质帝时(146 年)已增至 3 万多人,甚至包括远道而来的匈奴子弟,规模盛极一时。鸿都门学创设于东汉灵帝光和元年(178 年),是世界上最早的高等文学艺术专门院校。这所学校实际上是宦官为培植自己的势力而设立的,教学内容是尺牍、辞赋、书画等,招收对艺术感兴趣并有一定基础者,不论出身,由地方长官或朝中三公推荐,毕业后封官厚禄,成绩好的给大官做,成绩差的也给小官做。宫邸学有两种:一是政府专门为皇室及贵胄子弟开办的贵族学校,如汉明帝永平九年(66 年)为外戚樊氏、郭氏、阴氏、马氏"四姓"开办学校,后又于汉安帝元初六年(119 年)设立另外一所贵胄学校;二是以宫人为教育对象的宫廷学校,主要教授经书、天文、算学等。

汉代的地方官学又称郡国学校,以儒学为教学内容,以推广教化为务。郡国学创始于公元前 141 年,由蜀郡太守文翁首倡,办学成绩斐然,史称"文翁兴学"。但当时地方官学还不普遍,时兴时衰,直至汉中叶汉平帝元始三年(公元 3 年),地方官学体系才正式确立,并形成了完整的中央与地方的学制系统。在地方官学中,郡国设"学",县、道、邑设"校",乡设"庠",聚(村落)设"序",朝廷还规定学与校(相当于中学)设经师 1 人,庠与序(相当于小学)设孝经师 1 人。

尽管封建官学在汉代为初创阶段,但官学体系的基本格局已初具规模,并为后代官学教育的进一步发展奠定了坚实基础。

封建官学教育制度的完善　魏晋南北朝(220—589)是

中国古代由统一转变为分裂和长期战乱的时期。这一时期，封建官学基本上是沿袭汉制，但时兴时废，总体呈现出衰落态势，不过在官学制度上也有许多创新。如西晋时，在晋武帝咸宁二年(276年)创设国子学，这是中国古代在太学之外为士族子弟另立高等学校的开始，也是门阀世族特权在教育制度上的反映。再如南朝宋文帝元嘉十五年(438年)，在京师开设单科性的四馆(实为具有单科性质的大学)，即研究老、庄之学的玄学馆、研究历史的史学馆、研究词章的文学馆、研究儒学的儒学馆，四馆并立，分别按专业招收学生进行教学、研究，从而打破了自汉代以来经学教育独霸中央官学的局面，是学制上的一大改革，它对隋唐专科学校及分科教学制度的发展具有开创意义。魏晋南北朝时期，专科学校也得到较大发展。南朝宋文帝元嘉二十年(443年)曾开设医学，南朝梁武帝于天监四年(505年)在太学中又增设律学，从而开了中国古代医学、律学专门学校设置的先河。

隋唐是中国封建官学教育发展的鼎盛时期，尤其是唐代的官学教育，是中国封建社会官学教育制度的典范，中国封建官学制度的完善一般以唐代官学为代表。隋文帝时，就在中央设立了国子寺及国子祭酒，这是中国历史上第一次设立的专门的教育行政部门和教育长官，它标志着中国封建教育已经发展到成为独立部门的时代。国子寺下设国子学、太学、四门学、书学、算学五学。其中国子学、太学、四门学为经学教育学校，而书学和算学属实科学校，由隋代始置，这比欧洲要早1 000年。更为重要的是，在隋炀帝大业三年(607年)，首创科举制，将两汉魏晋南北朝时期的察举取士变为科举取士，这是古代选士制度的重大改革，它为以后历代封建王朝沿用达1 300年之久。在唐代，中央官学的直系是国子监(隋代由国子寺所改)领导下的六学一馆，由国子监祭酒领导。其中，六学是国子学、太学、四门学、书学、算学和律学，前三学是专修儒经的大学，后三学是大学性质的实科学校，一馆是唐玄宗天宝九载(750年)设立的广文馆，专修儒经。除直系外，唐代中央官学还有旁系，主要是附属于行政机构的学校，包括太医署的医学、太卜署的卜筮学、太卜寺的兽医学、太乐署的音乐、舞蹈、艺术学校、司天台的天文、历数、漏刻学校、门下省的弘文馆、东宫的崇文馆、尚书省的崇玄学等。唐代在地方官学上，有三种类型，即经学、医学和崇玄学，均属于中小学性质。并按照行政区划，分州、县两级，作为统一的学制在全国普遍推行，由长史管辖。地方官学学生大多是庶民子弟，所以教学要求也相对较低。唐代官学的等级性十分明显，对入学资格有严格的规定，如国子学须文武三品以上子弟，太学须五品以上，四门学须七品以上子弟或庶人之俊异者，书学、算学、律学也须八品以下及庶人之通其学者，至于达官显贵子弟人多进入以讲授儒学为主的学校，而一般庶民百姓子弟只能进

入一些专科性学校。同时唐代官学还制订了严格的教学计划和考核制度，形成了一系列教学管理制度，经过百余年的发展，唐代官学教育制度已相当完善，学校种类之全、管理之严、生员之多，均处于当时世界的领先水平。

封建官学教育制度的发展与衰落　宋元明清的官学，基本上承袭唐制，在明初还一度出现了官学发达的景象，但伴随着明中叶后资本主义萌芽的出现，封建官学开始逐步成为科举的附庸，进入衰落阶段。到1840年鸦片战争爆发后，由于中国社会性质从封建社会转变为半殖民地半封建社会，封建官学制度从此一蹶不振。

纵观封建社会后期官学教育制度的发展，主要表现在以下五个方面。

(1)入学资格逐渐放宽。在宋代，国子学学生为七品以上官员子弟，太学为八品以下官员子弟及庶人俊异者，书学也取消了限制。至明代，国子学教育对象进一步扩大，甚至不再规定几品以上的出身，同时用钱也可以购买监生资格，即"例监"或"捐监"。到清代，国子监的招生范围更是扩大到整个封建地主阶级的子弟，教育世俗化的进程不断加快，但这种发展绝不可能超越阶级的限制。

(2)学校类型日趋多样。在宋代，中央官学增设了武学与画学。武学是教授武艺与兵法的专门学校，始建于宋仁宗庆历三年(1043年)，属中央官学，在科举考试中占有重要地位。明代继承宋制，进一步将武学推广到地方官学。画学首创于宋徽宗崇宁三年(1104年)，设佛道、人物、山水、鸟兽、花竹、屋木六门课程，由于得到皇帝的倡导，宋代绘画艺术达到很高的成就。在元代，地方官学中值得一提的是社学和阴阳学的创设。元代至元二十三年(1286年)开始设立社学，它是在农闲时以农家子弟为对象的学校，是设在乡镇地区最基层的地方官学，它是元代教育上的创新。至元二十八年(1291年)，以教授天文、算历为主的阴阳学学校又在地方诸路设立，这也是元代的创新。此外，自唐代以后，一些少数民族学校也多次被定为中央官学，如金代的女真国子学与女真府学、元代的蒙古国子学、清代的觉罗学、旗学等。另外，在封建社会后期还出现了培养翻译人才的专门学校，如元代的回回国子学、明代的四夷馆、清代的俄罗斯文馆(堂)等。

(3)教学内容不断丰富。唐代以后，随着学校类型的日益丰富，官学内容也得到不断扩充。从宋代到清代，"四书"开始成为官学的重要教材，而"五经"也增为"十三经"。除了经学教育外，又增加了史学、文学和经世致用之学(如水利、边防、天文、算法、舆地、律令等)。尽管在科举制度的影响下，这些官学内容并没有严格地付诸实践，尤其是到明中叶以后，只读八股、不问经义的现象十分普遍，但总的来看，自宋至清初封建官学教育的内容，无论在深度、广度，还是在实用性上，都比同时期欧洲中世纪的宗教教育要先进

得多。

（4）管理体制日益完善。在隋唐以前,地方官学由地方长官兼管。宋神宗崇宁二年(1103年)在诸路设置提举学事司,掌握一路州县学政,这标志着中国古代独立的地方教育行政管理机构的初步建立。在办学经费方面,自宋代开始,中央官学有了固定经费,开始对国学赐缗钱、颁学田,地方官学也被赐予学田,并采取了社会献田、捐款集资、刻书创收等多种途径相结合的方法。在教师管理方面,遴选制度也比较严格。自汉代以来,中央官学教官就要经过考试选拔,而从南宋建炎初年开始,地方官学教师也要通过经义、诗赋考试合格后才能任教或升降。到明初,对地方官学教师不仅要进行平时考核,还有九年任满后的自身"业务考核"和学生"升学率"考核的规定,并向不合格教师施以"罚米"、"罚俸"、"训导"、"罢黜"的处分。在学生管理方面,宋代以后管理学生的学规、学则、奖惩制度也在不断完善,对学生的思想控制不断加强,尤其是明代通过设立"绳愆厅"、清代通过大兴"文字狱",不断强化封建专制统治。

（5）教学制度时有创新。在教学组织形式方面,宋仁宗时胡瑗在湖州州学创立"分斋教学制度"(亦称"苏湖教学法"),分"经义"(培养统治人才)和"治事"(培养技术人才)两斋实行分科教学,将治民、治兵、水利、算术等实用学科正式纳入官学体系中,取得了与儒学同等的地位。同时,治事斋学生治一事兼一事,又开了主修与副修制度的先声。宋神宗时,又推行了王安石创立的"三舍法",将太学分为外舍、内舍、上舍,建立品德与学业兼顾、平时考查与升舍考试并重的升舍制度。至元、明、清时期,实行六斋法和积分升斋制,这是宋代三舍法的延续与发展,另外,明代还在洪武五年(1372年)创立了监生"历事"制度,这是中国古代最早的大学实习制度。

中国古代封建官学教育时兴时废,到封建社会末期,官学已完全成为科举的附庸,并随着专制统治的加强,官学教育日益成为钳制思想的腐朽工具,并最终于1840年鸦片战争后逐步被新式学堂所代替。

参考文献

敦齐家.中国古代学校[M].北京:商务印书馆,1998.

毛礼锐.中国教育史简编[M].北京:教育科学出版社,1984.

（吴慧芳）

中国古代家庭教育　　　中国古代形成的较为完备的家庭教育内容和方法体系。中国自古就有重视家庭教育的优良传统,积累了丰富的家庭教育经验,出现众多优秀的家庭教育著作和读物,流传下许多经典的家教范例,如孟母三迁、包公训子和岳母刺字等。儒家认为,"天下之本在家"(《申鉴·政体》),只有搞好家教才能"齐家",只有通过"齐家",才能最终实现"国治天下平"。然而,"齐家"的根本又在"修身",因此,历代家庭教育均把对家庭成员的伦理道德教育放在首位,尤其突出在礼制原则下的道德准则和伦理关系的行为训练,旨在传授为人处世之道,以求得"家国天下"的长治久安。

中国古代家庭教育的目的

中国古代家庭教育的目的主要体现在以下几个方面。

第一,稳定社会秩序,巩固国家统治。自古以来,中国就是一个以农业为主的国家,长期处于以小农经济为基础和以宗族血亲关系为纽带的家国一体的社会之中。家庭既是全家人生活的共同体和生产单位,又是社会的基层组织。所谓"天下者,国之积也;国者,家之积也。俾家齐而国治,国治而天下平焉"(胡凤丹《重刻旌义编序》),中国古代的家庭教育在整个国家的政治生活中具有重要的作用和影响。注重家教,不仅是家庭和宗族稳定与发展的需要,而且是稳定整个社会秩序和巩固国家统治的需要。《周易·象传》称:"正家而天下定矣。"《礼记·大学》也指出:"家齐而后国治,国治而后天下平。"这里所表达的正是古代家庭教育稳定社会秩序和巩固国家统治这一目的的取向。

第二,协调家庭关系,管理家庭事务。中国古代家庭教育的另一目的是为了有效协调家庭关系和管理家庭事务。家庭成员都是生活在现实社会中的活生生的人,每个人都有不同的利益偏好、价值取向和性格特征。正如南宋袁采所说:"人之至亲,莫过于父子兄弟,而父子兄弟有不和者,父子或因于责善,兄弟或因于争财。"(《袁氏世范》)因此,需要在家庭日常生活中协调好各种家庭关系,以减少家庭矛盾的爆发。如果对家庭关系协调不当,便有可能导致亲人不和,甚至家庭破碎。同时,家庭教育也是管理家庭事务的需要。中国古代家庭,通常是数世同堂,一家之众,少则十几口、几十口,多则数百口,乃至上千口。这样庞大的家庭,往往拥有众多的田地、房屋和财物,如果对家庭事务处理不当,对家庭财物管理不善的话,就很容易使家庭事务出现混乱,并影响到家庭的和睦。因此,通过实施家庭教育的方式,合理制定和妥善安排家庭事务的管理细则与方法,也是古代家庭教育的目的所在。

第三,教育家庭成员,参与社会生活。古代家庭教育还有一个重要目的,就是教育家庭成员,给他们传授生产和生活的知识与技能以及为人处世之道,以使其更好地参与社会生活,并在社会上安身立命。家庭生活是社会生活的基本要素,制订一套行之有效的家庭教育规范、内容和方法,对于家庭成员成功地走向社会,很好地适应和融合社会而言,是十分重要的。

中国古代家庭教育的内容与著作

关于中国古代家庭教育的内容,主要有以下三个方面。

首先是伦理道德教育。教子以忠信,教子以义方,教子做人堂堂正正,而不能做奸邪不义之事。《左传·隐公三年》曾记载了大夫石碏劝谏卫庄公对其子州吁加强道德教育的事迹:"臣闻爱子,教之以义方,弗纳以邪。骄奢淫佚,所自邪也。"三国时蜀汉先主刘备在临终时,也为其子阿斗留下遗训说:"勉之,勉之!勿以恶小而为之,勿以善小而不为。惟贤惟德,能服于人。"(《三国志·蜀书·先主传》)古代家庭伦理道德教育的主要内容包括孝悌忠信、礼义廉耻等方面。明代姚舜牧在其家教著作《药言》中指出:"孝悌忠信,礼义廉耻,此八字是八个柱子,有八柱始能成宇,有八字始克成人。"正是受这种推重伦理道德教育的家教的影响,历代涌现出来的忠臣孝子、义士豪杰和君子鸿儒等均不乏其人。

其次是知识技能教育。在中国古代社会,人们普遍主张居家以耕读为本,所谓"传家两字,曰读与耕"(吕坤《孝睦房训辞》),家道兴衰,系于耕读。清代大学士张英认为:"人家富贵两字,暂时之荣宠耳,所恃以长子孙者,毕竟是耕读两字。"(《恒产琐言》)古代家庭十分重视对子女进行有关文化知识和职业技能方面的教育。北齐颜之推指出:"士大夫子弟,数岁已上,莫不被教,多者或至礼、传,少者不失诗、论……人生在世,会当有业;农民则计量耕稼,商贾则讨论货贿,工巧则致精器用,伎艺则沉思法术,武夫则惯习弓马,文士则讲议经书……父兄不可常依,乡国不可常保,一旦流离,无人庇荫,当自求诸身耳。"(《颜氏家训·勉学》)南宋袁采认为:"士大夫子弟,苟无世禄可守,无常产可依,而欲为仰事俯育之计,莫如为儒。其才质之美,能习进士业者,上可以取科第,致富贵,次可以开门教授,以受束脩之奉……如不能为儒,则巫、医、僧、道、农、圃、商、贾、技术,凡可以养生而不至于辱先者,皆可为也。"(《袁氏世范》)明代姚舜牧也认为:"人须各务一职业。第一品格是读书,第一本等是务农。此外为工为商,皆可以治生,可以定志,终身可免于祸患。唯游手放闲,便要走到非僻处所去,自罹于法网,大是可畏。"(《从政家训》)可见,若不努力读书求知、刻苦学习职业本领的话,不仅自己将来难以在社会上立足,而且还有可能会使家道败落。正是基于这种现实生存的考虑,知识技能教育成为中国古代家庭教育的一项重要内容。

再次是治家处世教育。治理家庭和适应社会是每一位家庭成员都要面对的现实问题,北宋司马光指出:"凡为家长,必谨守礼法,以御群子弟及家众,分之以职,授之以事,而责其成功。制财用之节,量入以为出,称家之有无,以给上下之衣食及吉凶之费,皆有品节而莫不均一。裁省冗费,

禁止奢华,常须稍存赢余,以备不虞。"(《居家杂仪》)明代姚舜牧认为:"居家切要,在勤俭二字……家处穷约时,当念守分二字。家处富盛时,当念惜福二字。"(《药言》)除治家教育外,处世教育也是非常重要的,如何在纷繁复杂的社会环境中游刃有余地生存下去,怎样和形形色色的人交往与合作,都是古代家庭教育的现实问题。颜之推指出:"士君子之处世,贵能有益于物耳,不徒高谈虚论,左琴右书,以费人君禄位也。"(《颜氏家训·涉务》)君子处世应当以有益于他人外物为旨趣,而不应图慕虚荣,装腔作势,否则无异于是在蒙骗官位俸禄。此外,古代家教还主张在为人处世上应留有余地,切忌极端,而且还应出言谨慎,谦虚忍让。所谓"言语忌说尽,聪明忌露尽,好事忌占尽"(孙奇逢《孝友堂家训》),又"古人慎言,不但非礼勿言也。《中庸》所谓庸言,乃孝悌忠信之言,而亦谨之,是故万言之中,不如一默"(袁衷等《庭帏杂录》),又"终身让路,不枉百步;终身让畔,不失一段"(朱仁轨《诲子弟言》)。在与人交往时强调要严于律己,宽以待人,即"与君子交当以恕,君子或有不如人意时也;与小人交当以敬,小人好侮人也"(冯班《家戒》)。凡此种种都是古代家庭教育中关于如何涉足社会和处理世俗事务的核心教育内容。

中国古代有关家庭教育的著作浩如烟海,就历代较具代表性的家庭教育著作而言,主要有以下几种。

一是北齐颜之推所著的《颜氏家训》。该书共有七卷二十篇,依次为序致、教子、兄弟、后娶、治家、风操、慕贤、勉学、文章、名实、涉务、省事、止足、诫兵、养生、归心、书证、音辞、杂艺和终制。其中深明因果,兼论字画音训,考证典故,品第文艺,曼衍旁涉,内容繁杂。其主旨在于述立身治家之法,辩时俗之谬,以训世人。

二是北宋司马光所著的《温公家范》。书中宣扬了儒家修身、齐家、治国的思想。全书共十卷,书中首先引证《易经》、《诗经》、《大学》有关家范的论述,得出家正而天下定和礼为天下之本的中心思想,继而对父母、子女、兄弟、姑嫂等关系做了符合礼的粗略解释。全书不仅从"治家"和"治国"的关系上论述了家庭教育的重要社会意义,而且也具体论述了家庭教育的原则和方法,并且针对不同家庭成员在家庭中的不同地位和与子孙的关系提出了不同要求,它是继《颜氏家训》之后又一部影响较大的家教专著。

三是南宋袁采所著的《袁氏世范》。此书凡三卷,分别为睦亲、处己、治家,其下又各分数十条。该书于立身、处世、治家之道,反复详尽,颇为切要。又由于作者力求通俗,词句浅显,有为道易明而为教易行之意。后人多以之为《颜氏家训》之亚。

四是明末清初朱柏庐所著的《治家格言》。该书以程朱理学为本,阐述了封建道德观念和道德修养,劝导人们勤俭治家和安守本分,是一部较适宜于普通百姓家庭所用的家

教著作。书中集中了古代治家教子的名言警句,包含许多治家处世的质朴哲理和有益启示。

五是清代陈宏谋编撰的《五种遗规》。该书是我国古代仕宦之家进行家教的重要教材之一。它是一部家教的汇编本,由《养正遗规》、《教女遗规》、《训俗遗规》、《从政遗规》和《在官法戒录》五部分组成,取材于自汉迄清约八十位名臣学者的有关著述,其中宋和明清之作居多,内容包括启蒙、教女、修身、治家、处世、居官、读书、交友以及其他方面如为官之道等。

中国古代家庭教育的方法

中国古代家庭教育在数千年的发展历程中,逐渐形成了一套独具特色的家庭教育方法体系,具体而言,主要有以下几种。

第一,发蒙早教法。古人家教,强调对子女教育要及早进行,甚至要从胎教开始。《大戴礼记·保傅上》说:"周后妃妊成王于身,立而不跛,坐而不差,独处而不倨,虽怒而不詈,胎教之谓也。"周后妃在怀成王时,其行为举止均格外安详,恪守礼仪,给胎儿以良好的感化。颜之推也主张教子应及早进行,"当及婴稚,识人颜色,知人喜怒,便加教诲,使为则为,使止则止"(《颜氏家训·序致》),之所以重视对子女的发蒙和早教,是因为"人生小幼,精神专利,长成以后,思虑散逸,固须早教,勿失机也"(《颜氏家训·勉学》)。这种发蒙早教法由于遵循儿童身心生长发育的规律,因而往往可以取得较好的教育效果。

第二,因材施教法。中国古代家庭教育十分重视因材施教。因为子女的秉性爱好,家长往往是最为了解的,所以顺其性情,因其材质,施以适宜的教育,对于子女的成才大有裨益。据《史记·项羽本纪》记载,项羽少时曾先后学习读书和剑术,但却全无所成,其叔父项梁为此大为恼火,责问其原由,项羽回答欲学"万人敌",于是项梁授之以兵法,项羽大喜,并最终率兵推翻秦朝,成为一代"霸王"。据《汉书·张汤传》记载,西汉御史大夫张汤少年时曾对自家"老鼠偷肉"一案假扮法官进行审理,其父由此发现他在刑律司法方面具有卓越的天赋,便有意在这一方面培养他,终于使张汤成为汉武帝时期的最高司法长官——御史大夫。古代这些运用因材施教的成功范例说明,在家庭教育中注意根据子女的性格特点和兴趣爱好等情况进行教育往往更有助于子女成才。

第三,言传身教法。中国古代家教不仅重视言传,也注重身教。所谓"其身正,不令而行;其身不正,虽令不从"(《论语·子路》)。在家庭教育中,有时一味强调言教往往难以奏效,而家长自身的行为表现却往往会对子女产生莫大的教育作用。元代郑太和指出:"为家长者,当以至诚待

下,一言不可妄发,一行不可妄为,庶合古人以身教之之意。"(《郑氏规范》)《宋史·范仲淹传》曾记载范仲淹教育其后代为人应忠厚正直,为官须清廉不阿,而他自己更是言行一致,以身作则。正是在他的言传身教之下,他的四个儿子后来都成为国家的栋梁之才。

第四,严慈并用法。中国古代家庭教育历来主张在教育子女的过程中严慈并用,宽猛相济。对子女的教育既不能过严苛责,又不能溺爱放纵,必须严慈有节,张弛有度。所谓"一张一弛,文武之道也"(《礼记·杂记》)。颜之推认为:"父母威严而有慈,则子女畏慎而生孝矣……父子之严,不可以狎;骨肉之爱,不可以简。"(《颜氏家训·教子》)只有既对子女严格教育,又慈爱有加,才可以让子女得到教益,使他们感受到亲人的温情,并在确保家庭和睦的前提下促使子女学有所成。

参考文献

马镛.中国家庭教育史[M].长沙:湖南教育出版社,1997.

赵忠心.中国家庭教育五千年[M].北京:中国法制出版社,2003.

(杜　钢)

中国古代教育　　中国古代教育的起源可追溯到远古的原始社会。中国原始社会主要经历两个时期:原始人群时期和氏族公社时期。人类最初的原始形态的教育活动,就是从原始人群时期开始的。当时,生产力十分低下,面对自然环境的挑战和毒蛇猛兽的威胁,原始人必须依靠集体的力量,共同劳动,共同生活,这样逐渐积累了一些生产和生活经验;并且随着人脑的不断进化,原始人的思维和语言也得到相应的发展。这就需要教育来相互交流有关的经验、技术、知识,特别是将其传授给后代。例如,怎样制造和使用石器,怎样利用和控制火,怎样进行采集和狩猎活动,怎样协调集体生活,进行社会事务等。这种教育一经产生,就开始为当时的生产和生活服务,并通过示范模仿、言传身教等形式来进行。由于原始社会生产、生活比较原始简单,发展极其缓慢,因而教育的内容、形式也十分简单,但这毕竟是人类所进行的一种有目的、有意识的自觉活动,它可以使年青一代在比较短的时间内掌握他们前辈长期积累的生产和生活经验,以适应社会生产和生活的需要。

中国氏族公社时期的教育,较之原始人群的教育有了进一步发展,内容也更为复杂,主要包括生产劳动教育和社会生活教育两大方面。

在生产劳动教育方面,母系氏族公社阶段,社会以母子血缘关系为纽带构成生产和生活单位,人们不仅制造和使用石制工具,还用骨器、陶片、麻和木等原料制造劳动工具,逐步形成了以原始农业为主,辅之以家禽饲养、渔猎采集和原始手工业的生产格局。原始农业的产生,使人类开始了

定居生活,教民农作的教育也相应产生,传说中的神农氏就是农耕技术的发明者和农业技术教育的创始人。而狩猎技能的提高,又使人们能经常捕捉到活的动物,这样逐渐产生了"拘兽以为畜"的畜牧业,教民渔猎畜牧的教育随之产生,古籍中就有伏羲氏教民渔猎、传授驯养技术的传说。另外,手工技术不断提高促进了初步的社会分工,原始工艺技术教育得到很大发展,制陶技术、石器、骨器、木器的制作技术、育蚕制丝、原始纺织与制衣技术等的传授,都是母系氏族公社时期生产劳动教育的重要内容。父系氏族公社阶段以龙山文化和齐家文化为代表。当时,社会生产又有了很大发展,生产工具更加先进,不仅石器制造得更加精致锋利,而且发明了木末,开始使用铜器,进入铜石并用时期;同时农业、畜牧业和手工业之间的分工进一步扩大,开始出现了各种产品的交换关系。与社会生产发展相适应,父系氏族公社时期的教育活动也进入更加自觉的状态,教育目的更加明确,即把年青一代培养成为合格的氏族成员。教育内容也更加丰富,当时对冶金技术、磨制石器、轮制陶器、玉器、纺织和编织技术的传授和学习都成为重要的教育内容,并且由于部落联盟之间经常发生战争,军事训练和教育也成为当时的教育内容。教育形式更为多样,除了在各种社会实践中进行外,还通过歌谣、谚语、神话、故事等向年青一代传授各种生产劳动知识。此外,在氏族公社时期,还发明了人工取火的技术,掌握了各种取火的方法和火的用途,用火加工食品、驱赶野兽、烧制陶器、加工工具,这些技术和经验也都借助教育活动得到传授和推广,并代代相传,从而大大提高了原始人适应社会生活的能力,推动了整个社会生产的进步和发展。

社会生活方面的教育主要包括:(1)日常生活教育。在氏族公社阶段,原始人的穿戴,从赤身露体到粗陋的衣着再到逐步佩戴装饰品,从茹毛饮血到学会吃熟食,从穴居、巢居到居住在人工修建的住所里,从徒步行走到舟车的发明,这些衣食住行的变化,必然使相应的社会生活教育得到丰富和发展。(2)婚姻家庭教育。进入氏族公社阶段后,婚姻制度由血缘群婚演变为族外婚制,与此同时必然伴随着相应的教育。其中,在母系氏族社会,实行氏族外对偶婚制,妇女享有崇高的社会地位,所有氏族成员都要接受母亲的教育,而在父系氏族社会,实行一夫一妻制,注重父权观念,所以主要是对氏族成员进行男尊女卑思想的教育。(3)原始民俗教育。氏族村落是氏族成员进行公共活动的场所,也是对氏族成员进行思想教育的地方。在这里,通过氏族会议(民主选举氏族长、议决大事)、庆祝节日(通过歌舞、绘画、雕刻表现)、宗教活动(自然崇拜、图腾崇拜、鬼魂崇拜、祖先崇拜、巫术占卜)、成年礼等形式,对氏族成员进行原始宗教和风俗教育。原始社会已出现教育的萌芽,虽然还没有专门的教育机构和专职的教育人员,教育的手段也只是

局限于言传身教,但教育没有阶级性之分,所有氏族成员的教育目的一致,教育权利平等,因而适应了当时社会生产和生活的需要。到氏族社会末期,随着私有财产和阶级分化的出现以及学校教育的萌芽,原始社会的教育才开始逐步解体。

参考文献

王炳照,等.简明中国教育史[M].北京:北京师范大学出版社,1994.

王炳照,阎国华.中国教育思想通史[M].长沙:湖南教育出版社,1994.

(吴慧芳)

中国古代教育管理思想

中国自先秦至明清时期关于教育管理的观点。中国的教育管理活动体现三个特点,即向心、求同与重人。

先秦时期的教育管理思想

原始社会是教育产生和初步发展时期,教育没有阶级性,体现一种原始状态的公平;教育还未从社会生产和生活中独立出来,教育内容和教育方式等与社会生产和生活紧密相关。教育管理是氏族社会管理的一个方面,处于萌芽状态,水平低下。

夏、商时期进入奴隶制社会,产生学校这一专门的教育机构,逐渐形成初步的学校系统和教育管理制度。教育管理在原始社会氏族公社管理的基础上发展,萌发古代官学的管理机制。教育管理活动主要表现为"政教不分"、"官师合一"和"学在官府",未出现专门的教育管理活动。西周是中国奴隶社会高度发达时期,政治和经济的发展以及统治者对培养统治阶级所需人才的高度重视,促使教育发展,形成较完备的教育管理制度和学校体系。在教育管理思想上,西周确立"明德慎罚"的管理宗旨:一方面要求管理者自谦克己,遇事自省;另一方面,遇事先考察人的主观动机,着重体谅他人,慎用惩罚手段。同时提出严格的等级管理原则,表现为教育管理具有严密的组织和结构以及严格的控制,重视规章制度的效用,强调教育管理过程中的分工与协作等。体现辩证法思想的《周易》标志古代联系、变化及发展观念的形成,是西周管理思想的重要成就。

春秋战国时期,奴隶社会向封建社会过渡,文化教育领域相应发生深刻变革,官学衰败,私学兴起,重人才和养士之风盛行,以崇尚贤能为宗旨的政治理论促进教育管理思想的发达;"百花齐放,百家争鸣"促进诸子各派教育管理思想的发展与成熟。其中,儒家教育管理思想占据主导地位,并成为以后诸朝代教育管理思想的启蒙。孔子率先系统总

结中国传统管理文化并进行理论表述,论述教育在社会生活和政治中的作用,认为教育是与经济措施同样重要的实施社会管理的手段。孔子的教育管理主体观的核心是"仁",其基本内涵是要求关心人、重视人和爱护人,以"仁"为核心的教育管理主体观、"施于有政,是亦为政"的教育目的观以及"性相近,习相远"的教育作用观,促进了春秋时期"自主"人才观的发展。孔子还提出"治人之道,莫急于礼"、"己所不欲,勿施于人"、"使民也义"、"择乎中庸"、"学而优则仕"等教育和管理理论,强调以"仁"为准则的管理原则与方法,奠定儒家管理思想的基础。孟子基于"人性善"的理论提出其教育管理思想,认为"仁政"应首先重视教育与管理的作用,教育管理是社会分工的需要,应当是一种内部管理,不应假借外部力量,强调教育管理主体的理性自觉,即道德自觉和认识自觉。在人才培养上,孟子认为培养目标和衡量人才的基本标准是"明人伦"。基于此,孟子提出关于学校设置的构思,以及一系列与教育管理有关的原则和方法,如严于律己、进贤必慎察、用人须使能胜其任、反对求全之毁等,进一步论述管理手段与管理原则。荀子认为人生而性恶,社会管理的两个重要方面是礼与刑,体现在教育管理上,教育管理组织遵循"群"与"分"相结合的原则,人才管理应"校之以礼"。荀子的教育管理思想倾向于依赖外部管理规范的约束,与孟子倡导内在自觉的管理思想相异。

成于战国末期的《学记》是中国最早专论教育的著作,其本着儒家德治精神,强调"建国君民,教学为先",设想从中央到地方、按行政建制办学的体制,同时进行学年设置。在具体的学校管理方式上,注意对学生进行敬业教育,强调开学是学校管理的重要一环,并要求君主每年夏季定期视察学校,体现统治者对教育和学校的重视,此为"视学"制度的雏形。关于教学管理,《学记》主要讨论大学教育,将大学教学分为"正业"与"居学"两部分,即强调课堂授课与课外活动和自习相结合的教学方式,要求教师根据学生年龄和学问基础提出不同的教学目标,并重视考试,认为考试是完成某一阶段教学任务的必要总结。《学记》强调尊重教师,同时对教师提出较高的素养要求,是中国最早的关于教师管理的思想。《学记》对后世学校教学管理具有重要的启示。

除居主导地位并成为主流教育管理思想的儒家思想外,春秋战国时期的学术自由气氛亦促进了墨、道、法、兵等诸子百家教育管理思想的发展。墨家以墨翟(墨子)为代表。与儒家倡导道德理性的作用不同,墨家崇尚严格的组织管理,强调组织的严密和纪律的严明,其教育管理的主流是服从,即"尚同"。在人才管理上,认为人际交往应秉持"兼相爱,交相利"的原则,使用人才应任人唯贤,即"尚贤"。道家的管理思想崇尚"自然"、"无为",强调"无功"、"无名"的教育管理主体观,提示管理中尊重个性、从其自然等。法家

代表人物商鞅认为,人性"好利恶害",强调专制主义的领导原则,认为统治者应当实施"壹教"的文教政策,即剥夺私家学说的存在权利,从统一文教入手来统一视听,目的在于稳定统治阶级的政权。韩非发展了商鞅关于教育管理思想的论述。韩非早年曾是荀子的学生,但他脱离了荀子儒家思想的主流,着重继承荀子重法的思想,同时吸取了商鞅等人的法术思想,成为战国时期法家学派的代表人物。韩非的政治理论以法治为核心,在教育管理上强调"以法为教,以吏为师",认为一切教育活动都应融合于法治的政务中。他主张禁私学,认为民众的学习内容只能是国家的法令规定。韩非主张"进贤而不尚贤",其实质在于把贤才当作工具使用;其考察人才的思想出发点也是"法",认为应该制定统一的、客观的法度标准;人才的使用应当遵从"宜其能,胜其官,轻其任"。虽然,韩非的观点大都是从维护君主专制的角度而言,但也有不少值得现代管理工作借鉴的有益内容。

兵家推崇军事行动和军事训练在管理中所起到的作用,即"以兵为教",同时强调"以教治兵",教和兵结合。兵家用兵思想中的一些观点,如"追求全胜"、"知彼知己"、重视领导("将")的作用等,对教育管理有重要的启示。

秦汉时期的教育管理思想

公元前221年秦统一天下,建立中央集权的封建专制王朝。秦依据法家思想,建立与政治目的相一致的旨在巩固国家统一、培养国家需要的法治人才的文化教育管理目标,禁绝私学,禁止民间教育活动和不符合官方政策法令的一切学术活动,颁布并实行《挟书令》,取缔民间收藏流传的各种文献典籍,采用刑罚为主的文化教育管理手段,以实现专制统治。沿循"以法为教,以吏为师"的法家思想,建立吏师制度,并使之成为秦代培养官吏的主要方式。建立官制,设立博士官,将博士正式固定为政府中的官职,政府给予博士从事学术研究的优惠,博士可招收弟子进行学术传授,这为汉代以后博士成为官学教师打下基础。

汉代是中国封建教育制度形成的关键时期。公元前191年,西汉正式废除《挟书令》,开放私学,改变对知识分子的态度,开放民间学术文化活动。儒家经学的传授和研究遂蓬勃开展,在政治和学术上取得较大进展,满足了统治阶级巩固专制的需要。汉武帝基于董仲舒的思想,确立"罢黜百家,独尊儒术"的文教政策,儒家逐步占据思想意识的统治地位,儒家学说从此支配中国教育。董仲舒的教育管理思想亦主要围绕该文教政策,他论证了对民众实施"教化"是治国安邦的重要手段,"教化"是治国方针的核心,并从三方面阐述其教育管理思想。一是兴学校以广教化、育贤才。主要体现在太学的管理上,提出在太学中"置明师"(精选优良师资)、"养天下之士"(网罗天下人才加以培养)、"数考问

以尽其才"（建立经常性的考察制度）；二是行选举以选拔贤才，即建立常规化的选拔贤才制度；三是"独尊儒术"以统一思想，在人才管理和评价上提出"义重于利"的行为评价准则。王充的教育管理思想主要集中于人才管理，认为人才分四个等第：第一是鸿儒，"精思著文，连结篇章"，并具有独创精神；第二是文人，好学而勤勉，博学而强识，掌握古今知识，且能"采掇传书以上书奏记"；第三是通人，"通书千篇以上，万卷以下，弘畅雅闲，审定文读，而以教授为人师者"；第四是儒生，只能"说一经"，毫无独立见解。主张据此对培养目标和学习层次进行划分。反对将"能通六经"作为区分人才次第的唯一标准，主张以德行高尚、知识广泛、通古知今，能应用和创新为考察贤才的标准。还认为恪守师法会限制学者知识的开阔，束缚学者思想的发展，以此警示教学中师生关系的处理。

魏晋南北朝时期的教育管理思想

魏晋南北朝时期政局动荡，导致教育的不稳定，学校时兴时衰。魏晋时期"宪章弛废，名教颓毁"，在多元化的政治文化格局下，玄、儒、佛、道等理论百家争鸣，人们更多地思考人的自然本质、教育与人的关系以及人才培养的多向性等问题，深入认识教育本质、教育价值等基本理论问题，促进教育管理思想的发展。

在教育思想上，嵇康否定经学教育，主张"越名教而任自然"，认为"六经"的本质是"以抑制为主"，以"六经"为内容的教育是一种外在的抑制和引导，违反人的本性。"人性以从欲为欢，抑引则违其愿，从欲则得自然"，故反对"六经"之学，提倡个人自主、自我修养的教育。他进一步强调自主的人格或人性教育思想，发展孔子的君子之教中所包含的自主教育思想。

刘劭研究人才教育管理思想的著作《人物志》是中国古代留存下来的第一部人才教育理论专著。刘劭吸收汉代察举取士的经验和教训，吸取儒、道、法各家思想，提出其人才观，认为教育管理的目的是实现培养人才的教育目的，"学所以成才也"。提出划分人才类别的12种标准，认为针对不同的人才应运用不同的管理方法。提出识别人才的"九征八观七缪"法，"九征"即从九个方面结合形体和精神来观察人，"八观"即观察个体的日常行为表现，"七缪"指负有用人之责的官员易出现的七点偏差。在中国教育管理史上，刘劭首次以较系统的人才心理理论作为教育管理的科学依据。

隋唐五代时期的教育管理思想

隋唐五代，中国封建社会经历由上升到鼎盛再到衰落的历史过程，国家也经历由分裂到统一再到分裂割据的过程。这一时期的教育制度有重要发展，隋代建立科举制度，唐代健全并完善了官学教育体制和科举制度，并使之登峰造极。

隋代统一全国后，为加强中央皇权，振兴儒学，实行崇儒尊佛政策，这是魏晋之后儒、佛、道三教并立、相互取舍、起伏消长演变的结果，也是维系政治统治的需要，较之儒家一统天下的格局，更有利于学术活跃。但隋王朝统治时间短暂，学校制度不甚完善，这一时期的教育管理思想无甚发展。

唐代的封建制度完备，其文教政策包括：崇尚儒术，佛道并举；重视学校教育的普及和发展；重视自然科技教育和音乐艺术教育；整理经典，统一教材。该文教政策使唐朝在教育方面取得极大成就，学校教育繁荣，形成较以往更完备健全的管理制度和系统的教育管理思想。

唐代学者韩愈长期任职中央官学，深谙学校和教育管理之道，明确提出学校的任务是训练官吏，通过培养合格的官吏推行德教，治理国家；他分析公卿子孙藉出身进入仕途而轻视学习、工商子弟则以贿入学侧身仕途的现象，认为从保证官僚队伍的结构以维护统治的长远利益出发，应改革招生制度，适当放宽入学等级，尤其强调须由儒者及其子弟入学参政。他要求严格选拔学官，并亲身致力于建立国子监端正的学风，以形成研讨学问、专心教学的气氛。韩愈嫉于世人"耻于从师"从而导致"圣道不明，学校衰败"，在所著《师说》中阐明作为学校管理者的教师的从业条件及应当履行的职责是传道、授业和解惑，并首次论证教师与学生之间的辩证关系，明确提出"尊师重道"的主张，对振兴教育、严格学校教育的管理秩序发挥重要作用。

唐末五代群雄割据，社会动荡导致学校教育的衰落。五代时期学校不修，教育不兴，历朝学制不完善。五代的人才选拔大体沿历朝旧章。

宋元时期的教育管理思想

北宋时期结束了五代战乱局面，重新建立统一的封建统治。宋代的文化艺术科技繁荣，教育虽具有一定规模，但时兴时废，无持续稳定的发展。

作为中国古代重要教育组织形式的书院出现于五代南唐，兴盛于北宋。书院以私人讲学为主，兼有藏书和祭祀功能，弥补了官学的不足。书院有其独有的教育管理和教学管理体系。书院的管理体现教学与行政合一的思想，其主持者多为理学家，他们以理性思想为指导制订教学计划，安排教学内容；教学上采用自由讲学、自由讨论的方式，强调以自学为主，师生共同研习学问，学术气氛活跃。书院学规严格，规定书院教学的宗旨和培养目标，规定学生言谈举止所依据的原则和规范，藉此约束学生行为，塑造学生思想，学生的自由发展受到限制。

北宋教育家胡瑗在苏州、湖州讲学期间制订独特学规，创立"苏湖教法"，体现其教育理论方面的见解和系统的教学管理措施。胡瑗以其"学校教育是国家的根本"的思想为指导，确立"明体达用"的教学总方针，将学校分为"经义"和"治事"两斋，实行分斋教学制度，传授不同的教学内容，学生可自主选择听课，以此培养各种专业人才。教学过程中注重全面安排课内外学习时间的分配，以及校内的知识学习与校外的社会考察相结合；既注意知识的传授，也注意学生的体育锻炼和美学修养的提高。

北宋教育家和政治家王安石的改革主张对社会发展产生重大影响。王安石的教育管理思想集中体现为其在《上仁宗皇帝言事书》中提出的"教养取任"，其核心：人才的培养选拔和任用是改善国家治政的关键，教育制度和选士制度的改进同国家的整体改革紧密相连。认为改革政治须从教育入手，通过教育培养有用的治事治国人才，形成"教养取任"的完整配套制度，以带动整个国家法度的变革。王安石在变法期间通过改革人才选拔制度和学校管理制度，颁布《三经新义》，加强对学生的思想控制来改革教育制度。具体措施：明确教师职责，建立赏罚制度；加强学生管理，建立严格的学习和生活制度；实行"三舍法"。这些措施在熙宁变法期间得到落实。

宋代教育家和思想家、理学创始人之一程颢在仕宦之余从事教育数十年，其教育管理思想影响宋代及其后历朝教育。在教育管理权问题上，程颢同历代封建士儒一样，坚持教育管理的最高权力应掌握在皇帝手中，朝廷通过办学校、为学校提供经费等全面管理并控制学校，实行自上而下的教化，但同时意识到人民的重要性，提出"教本于民"的主张，认为"盖礼乐者，虽上所以教民也，然其原则本于民，而成于上尔"（《二程文集》卷五）。他注意到管理者与被管理者相互作用的关系，强调管理者在制定教育宗旨时需考虑受教育者的情感和利益，并以此作为制定政策的依据。重视教师在学校教育中的作用，认为振兴和经营学校教育事业须从尊师开始，培养、选拔和录用合格的教师是学校管理的中心环节。提出并实施其教师选拔、培养、任用和考核制度：尊重和提高教师地位；教师参议国家政治；保障教师优厚的生活待遇；对教师的学识、品质提出较高要求；强调建立严格的考核制度等。亦重视学生的培养与教育，参照《周礼》的贡选之法设计了一套培养和录用学生的方案。

南宋理学的集大成者和教育家朱熹一生热衷教育事业，在学校教育管理方面具有一系列见解。在总结古代教育经验的基础上，主张依据儿童的年龄和心理发展阶段特征，将学校教育划分为小学与大学两个阶段，规定小学和大学的入学年龄、教育目标、教育内容及修业年限，并系统论证小学和大学两个不同阶段之间的联系与区别，以完善学校教育制度，促使学校教育正规化和科学化，为近代学校的学级制提供雏形。强调"严立课程，循序渐进"，改善学校课程设置，可设科分年考试，使课程设置和修业年限达到较标准的水平。认为应挑选有德之士担任教师，以改善教育管理水平，提高教学质量。在教学方法上，强调将道德思想灌输与道德行为训练相结合，在对学生进行正面教育的同时，制定严格的规章以约束学生的日常行为。主张改革考试制度，认为应"平均诸州解额，设立德行之科，罢除诗赋"，考试命题以章句为依据。其教育管理理论影响后世数百年的教育。

元代为维护和加强政治统治，采取尊孔崇儒和崇尚儒学的文教政策。元代教育行政系统大体分为中央和地方两级，中央的教育行政管理权力较分散，无高度统一的管理机构，地方虽设儒学提举司，但一些专门学校直属中央政府领导。元代初年一批少数民族学者、教育家和政治家，如元好问、耶律楚材、忽必烈等，继承和发扬辽金时期积淀下来的北方地区的教育及学术遗产，建立完备的文教政策，并提出教育管理思想。随着元代统一全国，以朱熹为代表的南宋理学思想逐渐北传，与北方学风相交融，形成新的风格与特点。南方许多学者继承和发展理学、心学教育思想，并吸收佛、道思想之精华，推动儒学教育的深入和普及。

明清时期的教育管理思想

明代以"学校以教育之，科目以登进之，荐举以旁招之，铨选以布列之，天下人才尽于是矣"（《明史·选举志》）的思想为指导，教育制度和科举制度发展迅速。教育管理体现专制性、伦理性、封闭性、经验性、规范性和独立性。

清代在政治上采取笼络与压制相结合的政策，其文教政策亦以此为基本精神。在思想领域，提倡尊孔读经，推举程朱理学；政府设科举士，并广设学校，严订各种管理法规，以约束人们的行为；清初整理文化，禁毁异端书籍，同时大兴文字狱，以防范、压制具有民族反抗性质的思想意识。清代的教育行政体制与明代大体相同。

明末清初思想家顾炎武提出"明道救世"的教育目标，以期造就治国救世治术人才，改造学风。基于对学校养士和科举取士的不满，顾炎武依据其"经世致用"思想，提出较全面的改造学校和科举取士设想和实践措施，鲜明地将八股取士的科举考试与其倡导的经世致用之学相对立，试图以"实学"改造科举考试。

明末清初思想家和教育家黄宗羲在所著《明夷待访录》的《学校》、《取士》等篇章中，指出学校教育和科举取士的弊端，并提出系统的改革意见。黄宗羲重视教育目标，明确提出教育应当培养"仁义与事功统一"的人格，即理想的人格是既有"居仁由义"的道德品性，又有"经世致用"的才能。

提出应改革教育,建立完整的学校体系,认为学校的职能不仅是养士、传递文化、培养治世人才,学校还具有议政职能,是国家的议政机构。官学学官的选任应有严格标准,应给予其较大职权,不仅负责学校内部事务,还应管理地方事宜。黄宗羲认为科举制度限制了学者的思考,导致士人眼界狭窄;流于繁琐形式的科举制度只能败坏人才,不足以选拔俊秀之才。由此提出"广开材路,宽于取士"的改革措施和方法,具体包括科举之法、荐举之法、太学之法、任子之法、郡县佐之法、辟召之法、用"绝学者"之法、用"上书者"之法等八种。

明末清初思想家王夫之非常重视教育,认为教育在社会政治生活中发挥至关重要的作用。其教育管理思想包括两方面。在教育制度方面,王夫之对"辟雍"和"明堂"性质的见解有助于学校历史的研究。他评议明代太学、地方府州县等国学制度,建议将传统的两级学制改为三级学制,认为国子监不仅是全国最高学府,而且是全国最高教育行政机关,关于学校和考试的条规只有由国子监草拟颁行,才能统一全国的教化。在取士制度方面,王夫之肯定魏晋时期的"九品中正制",认为士子可以通过科举考试展现才华。

明末清初思想家和教育家颜元一生研习儒家经典,从事教育活动,提出系统的经世致用、重实学、重习行的教育理论,并付诸私学和书院的办学实践;沿用儒家传统的教育观点,主张"学所以明伦耳","学者,学为圣人也",教育应培养学有所长、各精其一的专业人才;为门下弟子审订《习斋教条》,在 58 个字的纲目集中体现其申明儒家传统伦理道德、辅以严格的举止规矩、造就俯首帖耳的封建统治人才的私学管理思想。在晚年为漳南书院规划的教育计划中,强调通过"读书、作文、习礼、歌诗、学书计、讨论兵农、辩商今古"等教育教学活动,培养实用人才,以实现富天下、强天下、安天下的富国强兵、安定社会的理想。

洋务运动时期的教育活动主要包括兴办洋务学堂和派遣留学生。清政府改变闭关锁国策略,采取"中学为体,西学为用"的文教政策,改旧学、兴新学,兴办外语学堂、军事学堂和科技实业学堂;派遣留学生赴美国和欧洲留学,师夷长技。在教育行政体制上,建立京师大学堂,不仅作为新式学堂的最高学府,而且作为新式学堂的最高行政管理机构。未建立全国统一的学校体系和管理体制,各学堂的学制和课程设置有差别。

清末洋务派教育思想的代表张之洞力主改革传统教育,兴办新式学堂。在《劝学篇·变科举》中指出八股取士制度的严重弊端,并于 1903 年首次提出递减科举。在所创办的各类学堂中体现洋务派自强御侮、维护清王朝封建统治的办学目标。根据各类学堂的具体状况,制定一套相对完善、行之有效的教学管理和学生管理措施,严格规定学校的招生、考试、教学、毕业分配以及学生道德品质、日常行为

规范等。同年受命于清政府,主持制定"癸卯学制",阐释"中体西用"的教育宗旨,确立了学校读经既是教育目的亦是加强思想钳制,进行学校管理的手段的基本信条,并提出建立中央和地方教育行政组织机构的设想。"癸卯学制"颁布并实施后,中国近代学校体系和教育管理制度日趋完善。

近代思想家和教育家康有为在《大同书》中提出"变科举,兴学校",体现其教育管理思想。重视幼儿教育,试图按儿童的年龄特征划分教育阶段;重视女子教育,首次提出并肯定女子应与男子同样享有接受高等教育的权利;在教师管理上,认为人不分男女,都可成为教师,只需考察其德行和才能;在学校行政管理上,主张管理者应通过公共推举产生,学舍应选择建在广阔地带,近海洋或沙漠之地最为理想。

思想家和教育家梁启超主张引入西方教育思想和制度,并糅合中国传统。强调兴办教育必须确定宗旨,兴办学校必须确定相应的培养目标,注重建立一套教育管理的章程规约。参与拟定《女学堂试办略章》(1897)、《湖南时务学堂学约》(1897)、《筹议京师大学堂章程》(1898)等多部教育管理章程。提出建立新的学校教育制度的原则,借鉴日本学制,拟订包括普通教育制度和专门教育制度在内且相互衔接的学制系统,该学制系统重视普通义务教育和师范教育,发展实业学校,提倡女学,提出创设政治学院等。

清末兴起以研究教育理论与实践、促进教育发展为主要任务的民间学术团体教育会,教育会评议重大教育问题,引导教育舆论,兴办地方教育事业,推动基础教育的发展,成为教育行政的辅助组织。

自此,中国的教育管理进入近代化和现代化阶段。

参考文献

刘德华. 中国教育管理史[M]. 郑州: 河南教育出版社,1990.

孙培青. 中国教育管理史[M]. 北京: 人民教育出版社,1996.

（江雪梅）

中国古代军事教育　　中国古代的军事教育的记载溯其源头可达传说中的黄帝时期。古史记载,黄帝"教熊罴貔貅貙虎,以与炎帝战于阪泉之野"(《史记·五帝本纪》),其中,熊罴貔貅貙虎六者都是以这些动物为其图腾标志的氏族部落的名称,黄帝通过对他们进行军事训练,来指挥他们进行部落间的战争。在殷商时代的一些甲骨文中,也记载了很多有关该时期军事教育活动的内容。到了西周时期,上层社会逐渐形成了习武之风,在"六艺"的教育内容中,射、御都是军事教育。此外,贵族青年还经常进行田猎,每年春秋两季都举行"弓射"之礼的比武,这也可以看作是一种军事演习或军事训练活动。与此同时,专门的军事著作——兵书也开始形成,其中包括曾在《左传》和宋本《十一家注孙子》中均对其内容进行引用的《军志》和《军政》,这是中国古

代军事教育史上出现最早的军事专著。在这些军事著作中，已经涉及西周军事教育的一些重要方面，诸如军事教育的目的和内容等。中国古代军事教育的大发展与成熟期是在春秋战国时期，其标志是《孙子兵法》、《吴子》、《孙膑兵法》、《司马法》、《尉缭子》与《六韬》等古代军事著作的相继问世。自此之后直到清代，中国古代军事教育在理论和实践层面上又不断得到丰富和发展，从而形成了独具特色的中国古代军事教育传统。军事在中国古代社会中，始终居于重要地位，所谓"国之大事，在祀在戎"（《左传·哀公三年》）。

中国古代军事教育的目的

中国古代战争频繁，其中见之史籍或有些眉目的各类战争战例就约有 3 600 次之多。战争是政治的继续，是政治问题的最终解决。然而，中国古代的军事思想家和教育家大多不是战争决定论者，相反，他们却强调战争并不是理想的解决办法，它只有与政治的、道德的、教育的手段相配合才是最理想的。如尉缭认为，"兵者，以武为植，以文为种；（以）武为表，（以）文为里。能审此二者，知胜败矣"（《尉缭子·兵令上》）。他将武与文看作是植与种、表与里的关系，认为根本的解决办法是政治（包括教育和道德），而不是战争。

首先，军事教育的目的在于"诛暴讨乱，保民康国"。中国古代社会的统治阶层均希冀通过高超而有效的军事教育活动锻造出一支训练有素的强大武装力量，从而达到"诛暴讨乱，保民康国"的目的，这就赋予了军事教育活动以某种公正和道义的色彩。黄石公指出："圣王之用兵，非乐之也，将以诛暴讨乱也。"（《黄石公三略·下略》）圣王发动战争，并非出于残暴好战，以之取乐的目的，而是为了诛讨暴乱、安定天下。同时，进行军事教育，培养军事力量也并非仅仅为了发生暴乱时好凭借其铲除暴乱势力，更深远的用意则是在于消弭祸乱于无形，禁绝纷扰于未发。即所谓"自古明君贤将，谋之于未战之先者，岂专谋敌求胜哉？亦冀保民而康国耳"（《投笔肤谈·本谋》）。

其次，军事教育的目的在于"调养兵将，克敌制胜"。战争取胜的一个必要条件是要有"精兵强将"，只有这样才可以确保在战场上处于有利地位，并最终克敌制胜。这种军事教育目的观在儒家孔子那里曾得到深刻的阐发，即所谓"善人教民七年，亦可以即戎矣"，又"以不教民战，是谓弃之"（《论语·子路》）。孔子主张对民众实施一定时间和程度的军事教育训练，方才可以使他们去参加战斗，倘若不是这样，而是让从未接受过任何军事教育和训练的民众去参加战斗，则无异于白白糟蹋他们的生命。吴起认为，"用兵之法，教戒为先"，而兵则"以治为胜"（《吴子·治兵》）。孙武

也指出，判断战争胜负的重要条件乃是"将孰有能"、"士卒孰练"（《孙子·始计》）。通过军事教育与训练来调养兵将，从而力争实现在战争中的克敌制胜，正是中国古代军事教育的一个基本目的。

再次，军事教育的目的在于"争霸图强，谋名夺利"。中国古代军事教育虽然有着维护道义、抗击恶暴这一积极意义上的目的观，但由于其自身所难以摆脱的历史与阶级局限性，它在目的观上还存在着非正义的、消极的一面。这一点可以从战国时期军事思想家、教育家吴起对战争起因的分析中得到较好的证明。他指出引发战争的原因主要有以下五种："一曰争名，二曰争利，三曰积恶，四曰内乱，五曰因饥。"（《吴子·图国》）透过这五种战争起因的表象，我们不难看到中国古代统治阶级试图通过加强军事教育和训练活动，以培养出强大的军队，并依靠他们发动战争，最终实现"争霸图强，谋名夺利"这一目的。

中国古代军事教育的内容

中国古代军事教育的内容，主要可以划分为军事心理教育、军事道德教育、军事技艺教育和军事法令教育等方面。

军事心理教育。孙武曾指出，"以治待乱，以静待哗，此治心者也"（《孙子·军争》）。军队能否做到以严整的秩序和平和的心态来耐心等待敌方出现的变乱，这正是对其进行心理素质教育和训练的一件要务。中国古代军事心理教育的一项重要内容就是有关"鼓舞军心"和"激励士气"方面的心理教育。关于这一点，唐代军事教育思想家李筌认为，"激人之心，励士之气。发号施令，使人乐闻；兴师动众，使人乐战；交兵接刃，使人乐死"（《太白阴经·励士篇》）。军事心理教育可以激发全军士气，大大提高军队的战斗力。

军事道德教育。吴起指出："凡制国治军，必教之以礼，励之以义，使有耻也。夫人有耻，在大足以战，在小足以守矣。"（《吴子·图国》）强调军事道德主要是与一般道德要求相融共通的一些方面，如礼、义、耻等。但作为一种独特的道德教育形式，中国古代军事道德教育还存在着与一般道德教育不一样的方面，即所谓"国容不入军，军容不入国"（《司马法·天子之义》）。所谓"国容"就是古代朝廷的法度，重在礼让；"军容"是指军队的礼仪法度，重在义勇。朝廷的礼仪法度不能用于军队，军队的礼仪法度也不能用于朝廷。类似的说法还有"居国惠以信，在军广以武，刃上果以敏。居国和，在军法，刃上察。居国见好，在军见方，刃上见信"（《司马法·定爵》）。治国要施恩惠讲信用，治军要宽厚威严，临阵要果断敏锐。治国要上下和睦，治军要法令严明，临阵要明察情况。只有这样，治国才能为人民所爱戴，治军才能为士卒所敬重，临阵才能为全军所信赖。治国与治军、一般道德教育要求与军事道德教育要求被明显区别开来。

军事技艺教育，又可分为将领的军事技艺教育和士卒的军事技艺教育，它包括步法、伍法、阵法的训练和教育，同时还有步战、骑战、水战、山地战、火攻、守御、营阵、行军、行止进退、金鼓旗角等的训练。孙膑提出了"五教"，大致概括了军事技艺教育的内容。"善教者于本，不临军而变，故曰五教：处国之教一，行行之教一，处军之教一，处阵之教一，隐而不相见利战之教一。"(《孙膑兵法·五教法》)这里五教是指在国内的教戒、军队调动的教戒、军内的教戒、军阵内的教戒、伏击战的教戒。每一教又包含一些具体方面，如行军调动之戒包括战车、战马的组织、行动、维护、保养；军阵之教包括兵器、战车、铠甲的使用、编排和变化等，大致包括了军事行动过程的各个环节。在军事技艺教育方面，中国明代抗倭名将戚继光还根据亲身军事实践编著了《练兵实纪》，这可称得上是中国古代军事技艺教育方面的一部重要专著。

军事法令教育。孙武就注意以"法"、"令"统一军队的行动，提倡所谓"令之以文，齐之以武"(《孙子·行军》)，强调要在军事训练和教育活动中，恩威并施，宽严相济，以保证军队的纪律严明，行动一致。著名的"吴宫斩美姬，教战练女兵"的故事，就是孙武以法练兵、以令教军的一个典型实例。尉缭也指出，"凡兵，制必先定。制先定则士不乱，士不乱则形乃明"。又"号令明，法制审，故能使之前。明赏于前，决罚于后，是以发能中利，动则有功"(《尉缭子·制谈》)。强调军事法令教育的必要性和关键作用。在中国古代的军事法令教育方面，南宋抗金名将岳飞所进行的军事法令教育堪称典范。他提出"冻死不拆屋，饿死不掳掠"(《宋史·岳飞传》)的军事法令教育主张，从严治军，不仅使自己的军队赢得了本国百姓的衷心拥护，而且就连他的对手也不得不赞叹"撼山易，撼岳家军难"。

中国古代军事教育的方法

由于军队目的任务、组织机构、活动方式的独特性，其教育方法也别具特色。中国古代军事教育的方法主要有以下几种。

第一种是"互教"法。这是一种在军队中由官兵、兵兵之间开展有关军事技艺内容的互教活动的方法。"一人学战，教成十人。十人学战，教成百人。百人学战，教成千人。千人学战，教成万人。万人学战，教成三军。"(《吴子·治兵》)姜尚也主张"使一人学战，教成，合之十人；十人学战，教成，合之百人；百人学战，教成，合之千人；千人学战，教成，合之万人；万人学战，教成，合之三军之众；大战之法，教成，合之百万之人。故能成其大兵，立威于天下"(《六韬·教战》)。尉缭也表达了与此相似的军事教育方法，"百人而教战，教成合之千人；千人教成，合之万人；万人教成，会之

于三军；三军之众，有分有合，为大战之法"(《尉缭子·勒卒令》)。这种由点到线、由线到面，先局部、后整体的军事教育方法体现了教育活动的层次性和组织性，有利于提高教育活动的效率，能较好地满足实战的需要。

第二种是"感化"法。这是一种通过军队将官对士卒所施加的感化作用，来激发军队士气的军事心理教育方法。姜尚指出："将与士卒共寒暑，劳苦，饥饱，故三军之众，闻鼓声则喜，闻金声则怒。高城深池，矢石繁下，士争先登；白刃始合，士争先赴。士非好死而乐伤也，为其将知寒暑、饥饱之审，而见劳苦之明也。"(《六韬·励军》)另据《百战奇法·爱战》上记载："战国魏将吴起为西河守，与士卒最下者同衣食。卧不设度，行不乘骑，亲裹嬴粮，与士卒分劳苦。卒有病疽者，起为吮之。……文侯以吴起用兵廉平，得士卒心，使守西河，与诸侯大战七十六，全胜六十四。"可见，这种以将官对士卒"感化"的方式来进行军事心理教育的方法，对提高军队战斗力的效果相当明显。

第三种是"因材施教"法。"因材施教"法是中国古代军事教育中较常用的一种方法。吴起主张："教战之令，短者持矛戟，长者持弓弩，强者持旌旗，勇者持金鼓，弱者给厮养，智者为谋主。"(《吴子·治兵》)同时，这种"因材施教"还表现为根据各地军队的不同情况而分别施以与之相应的军事训练和教育内容，即所谓"人方有性，性州异，教成俗，俗州异，道化俗"(《司马法·严位》)。实际上，正是在这种充分考虑地域特征的军事教育方法的熏陶下，涌现出许多带有鲜明地方特色的军队，如南宋的"岳家军"与明代的"戚家军"等。

第四种是"实战教习"法。采用实战训练的方法来提高军队的实际战斗能力。尉缭主张"教成试之以阅"(《尉缭子·勒卒令》)。通过阅兵来检验军事教育训练的结果。而"大将教之，阵于中野"(《尉缭子·兵教上》)，更是全军的实战演习。明代军事家戚继光曾对当时在练兵中不从实战出发的做法提出批评："今(之)所习所学，通是一个虚套，其临阵的真法真令，真营真艺，原无一家相合。及其临阵，又出一番新法令，却与平时身自闻见尤一相同。如此就操一千年，更有何用？"(《纪效新书·总叙》)他主张在训练中不搞花架，而是强调实效，"设使平时所习所学的号令营艺，都是照临阵的一般；及至临阵，就以平日所习者一样，则操一日必有一日之效，一件熟便得一件之利"(《纪效新书·总叙》)。无疑，这种讲究实效，强调"实战教习"重要性的军事教育方法对提高军队的战斗力十分有益。

中国古代军事教育的机构

中国古代的武学是世界上创设较早的专门进行军事教育、培养军事人才的专科学校。它于北宋仁宗庆历三年(1043年)五月初创，当时就学者寥寥无几，旋即停办。至北

宋神宗熙宁五年(1072年)六月复置武学,当时招收一百多名学生入学,并从文武官员中选知兵者为教授,食用由政府供给。武学主要向学生讲授名家兵法、历代用兵成败的经验教训及忠义史实,同时,还调拨士兵演练阵法。到明代崇祯年间,又命府州县都设武学,学科分两类,以《小学》、《论语》、《孟子》、《大学》为一类,以"五经"、《武经七书》、《百将传》为一类。武学为中国古代军事教育的发展培养了许多专门人才,也开启了后世创办正规军事教育院校的先河。

参考文献

李震.中国军事教育史[M].台北:"中央"文物供应社股份有限公司,1983.

史全生.中国近代军事教育史[M].南京:东南大学出版社,1996.

(杜　钢)

中国古代科技教育　　中国古代科学技术蕴藏在典籍中、凝聚于文物中、融化在各种类型的科学技术活动中,而科技教育作为传承科技文明的重要方式,也体现出丰富多彩、各具特色的特点。持续时间最长、影响最为广泛的科技教育有三种方式,即劝课农桑、师徒制和科技专科学校。

劝 课 农 桑

在夏、商、西周时期,劝课农桑的训民教化与井田制结合在一起,是实施和保证这一制度的重要手段。劝课农桑的内容,往往是与井田制关系最密切的生产知识和一些家庭手工业知识,它一般在农业生产管理过程中实施,这是由井田制采取大规模的集体劳动决定的。应该说,劝课农桑的社会教化活动,贯穿于中国古代社会的始终。在井田制废除之后,朝廷为了发展农业生产,仍然委官训民,只是在实施形式上有所变更。从秦代至唐代,中国农业生产和农业科学都有重大的发展,这既与社会经济、政治状况直接有关,同时也反映劝课农桑这一教化活动的卓有成效。这一时期有关农业技术的传授,形式很多,既有最高统治者躬亲指令的训练活动,也有地方行政长官的训俗,还有专门为这类教化活动编写的农书,如西汉末年的《氾胜之书》、北魏的《齐民要术》等。宋代以后,中国封建社会的劝课农桑活动,既有官方的督导、管理、颁行农书以及推广优良品种和先进的农作技术知识等传统的训俗活动,也有民间自发的农学普及活动,不仅内容更为丰富,而且形式也多种多样。这一时期,农家月令和通书深入广大农家,"授时指掌活法之图"轻便实用,各种农器图谱、农产歌赋生动活泼,都为广大农民所喜闻乐见,农学的普及活动,无论从规模上还是深度上都远胜前代,达到了中国古代劝课农桑的最高水平。宋元明清时期,中国民间的劝课农桑活动之所以十分活跃,原因

大致有三:一是受朝廷重农政策的激励;二是随着资本主义的萌芽,经营地主需要借助农学来发展商品农业;三是地主经济取代了豪族地主的庄园经济,从而激发了中小地主的自主性,推动了劝课活动的扩大。

师 徒 制

师徒制是中国古代科技教育的主要形式。古代科学技术的传承,尤其是制造技术、冶炼技术、纺织技术、建筑技术等应用性科学技术的传承无不靠师徒制的方式来进行。在封建社会中,技术应用的地位非常低,师傅只能称为"匠",其技术称为"艺",徒弟也只能称为"艺徒",因此,师徒制又称艺徒制,主要是一种私学形式的科技教育形式,它在官学中几乎没有地位。

夏、商、周时期的艺徒训练又称工商食官制度,是当时的重要经济制度。在这一制度下,官营手工作坊,成为培养技术工人的"大学校",并在其中产生了中国最早的艺徒训练。艺徒训练的内容,包括生产规范的训练和工艺技术的传授,时间要比近代资本主义的艺徒制早得多。关于工商食官制度下艺徒训练的情况,至今很难找到直接记录的资料。现存的《周礼·考工记》很可能是在官学失散后,有人根据得到的官方考工档案写成,其中保存着西周以来官营作坊的生产及艺徒训练的宝贵史料。夏、商、西周的工商食官制度,开创了中国古代官营作坊艺徒训练的历史,对于提高手工业生产的技术水平起过积极的作用。

春秋战国时期的官营作坊,是工商食官制向封建社会官工业制转化的过渡形态,而艺徒训练在转化过程中也得到进一步发展。这一时期,在官府手工业之外,社会上开始出现了大批独立手工业和个体手工业,其中包括艺徒训练活动,它大致可以分为两种类型。一为家庭副业的技艺传授。中国在原始社会末期就逐渐形成了以家庭为基本生产单位的自然经济,男耕女织是这种自然经济结构的核心。所谓男耕女织,是指家庭手工业与农业生产密切结合,以女织为主要内容的手工副业,旨在满足农民家庭日常生活之所需,所以又称自给自足的自然经济。二是受官方的辖制,建立了工肆制度,促进了工商合一。而这种早期的商品经济,对艺徒训练的形成和内容都产生了深刻影响。工肆中的手工业者传艺,比在家庭中仅由父兄耳提面命要广泛得多。因为工肆为艺徒们提供了一个商品竞争的环境,使他们能目睹自己制作的产品在市场上的流通情况,激励他们开动脑筋审时度势,不断提高效益。尤为可贵的是,艺徒们还能经常得到同行师长"相语以事,相示以巧,相陈以功"的教导,通过相互比较工艺技巧,相互展示功效,不断进行技术交流与竞争,提高师徒的技术水平。

作为一种完善的师徒制形式的科技教育制度,应产生

和确立于唐代。这一时期,艺徒制可分为宫廷作坊的艺徒制、官营作坊的艺徒制以及民间工匠的艺徒制。唐代的官营作坊,借用皇权的威力来征用全国的工艺名师,训练艺徒,并指令他们拿出家传绝技教授,即所谓"教作者传家伎",这种传习方式有助于突破家传技艺的封闭性和保守性,在当时不失为一种比较先进的艺徒培训形式。而官营作坊的工师,既是生产管理者,也是艺徒训练的教官,他们一般由身怀绝技或谙熟生产技术者充任,其中有不少人是来自民间的能工巧匠。为了提高工徒的技术水平,保证官工业的生产质量,封建王朝除了征召民间能工巧匠充任工师外,有时还注意训练管理工业生产的官吏。从唐代官史记载的艺徒制的内容来看,随从师傅边干边学边考核是训练艺徒采取的基本方法。师傅"立样"示范和讲解,都在生产过程中进行。而"立样"、"程准"等内容就是艺徒学习的"教本",艺徒一般都是"照葫芦画瓢",边模仿边学习。由于是官办的作坊,有能力搜罗到全国的高手施教,所以艺徒往往有条件学到一些先进的技术。

如果说隋唐时期是中国封建官营作坊艺徒制的创建时期,那么宋代则是其发展时期,这主要反映在以下两个方面:一是工种增多,规模加大。宋代设有艺徒制的皇家官营作坊有少府监、将作监及军器监等处,比隋唐时多了一个军器监,负责"掌戎室、城郭、桥梁、舟车营缮之事",而军器监创设艺徒制,则与宋代干戈频繁密切相关。二是以"法式"授工徒,艺徒训练日臻规范。所谓"法式",是在总结生产经验的基础上编制的制作技术规范,其中包括一些最基本的技术知识,它类似今天的工匠手册,一般包括"名例"、"制度"、"功限"、"料例"、"图样"等部分。宋代统治者十分重视生产的标准化和定型化,曾诏令编撰各种"法式",其中最知名的有李诫的《营造法式》,这部著作被视为中国古代建筑技术的百科全书,也是训练建筑工徒的重要教材。以"法式"授工徒,是艺徒训练制度的一大进步。宋以后,尽管正史未见记载官营手工作坊的艺徒制,但是,手工技艺的传授活动在这些作坊并未中断。如宋代建筑工匠喻晧编的《木经》是传授木工技术的教本,宋代末年薛景石编撰的《梓人遗制》是传授织机修造技术的著名教本。

明代开始出现资本主义萌芽,并随着国内外市场的开辟,手工业也获得了相应发展,逐步产生了资本主义性质的手工工场的幼芽,即由商人直接雇佣"朝不保夕,得业则生,失业则死"的"浮食奇民"充当工人,从而构成了"机户出资,机工出力"的生产关系。与此同时,传统的"子就父学"传艺方式有所突破,社会性的师傅授徒活动有所发展,工艺传艺的教本陆续问世,所有这些都标志着中国古代民间工艺传授活动的兴盛。明代漆匠黄成撰写了题为《髹饰录》的油漆工艺专著,成为传授技艺的教本。明末清初江苏吴县(今苏州)的民间手工艺人孙云球撰写的《镜史》,是中国古代最著

名的一部光学仪器专著,也是传艺教本。此外还有许多匠人也曾总结工艺操作的技术,并写成专书、短文或口诀,但是,在轻视劳动者的封建社会,他们的创作往往没有机会留存后世,大量成果被淹没在历史的尘埃之中。然而正是广大手工业者高超的技艺和无私的奉献,推动着工艺传授活动的发展,而他们撰写的工艺专著和教本,则标志着中国古代工艺传授活动的日臻完善。

科技专科学校

中国科技专科学校的创立,以南北朝时期南朝宋元嘉二十年(443年)医学校的建立为标志。北魏时又设立了太医博士,培养高等医学人才,至唐代逐渐完善。唐代的医学校,分中央与地方两级。中央医学校继承隋制,仍设在太医署,这是世界上最早的规模最大的医学院。唐代医学各科对教学内容都有明确规定,医科学习五门功课,"一曰体疗,二曰疮肿,三曰少小,四曰耳目口齿,五曰角法",并制定了修业、考核等方面的管理制度。京师的医学教育,除以上的正规教育外,还有职官性的教育,一是在京师药园招收"庶人十六以上为药园生,业成者为师",二是在太仆寺设"兽医博士四人,学生百人"(《新唐书·百官志》),这是中国古代药物学和兽医学专科教育的开始。

唐代还建立了地方医学教育制度。"贞观三年,置医学,有医药博士及学生。开元元年,改医药博士为医学博士,诸州置助教,写《本草》、《百一集验方》藏之。未几,医学博士、学生皆省,僻州少医药者如故。二十七年,复置医学生,掌州境巡疗,永泰元年,复置医学博士。"(《新唐书·百官志》)从这段记载可知,唐自贞观三年(629年)创立地方医学开始,其发展不够稳定一贯,随着政局的变化时兴时废。

与天文、历法等关系密切的高等数学教育多设在史官门下,不列于国学,至隋代才隶属于国子寺,此事见于《隋书·百官志》:"算学博士二人,算助教二人,学生八十人,并隶属于国子寺。"又见于《旧唐书·职官志》:"隋始置算学博士二人于国庠。"并规定算学博士的官衔为"从九品下"。(《唐六典·国子监》)算学列为国学之一,说明它的专门化程度已得到社会公认,具备了设立专科学校的基础。唐代算学在教育管理上,有着双重领导关系:一是与国子学、太学、四门学、书学、律学并称国学六馆,说明它受国子监的领导;一是在龙朔三年(663年),"书学隶兰台,算学隶秘阁,律学隶详刑"(《新唐书·选举志上》),说明算学受秘阁(或如《唐会要》称"秘书局")的领导。关于唐代算学的建制和管理制度与国学中其他各馆一样,与魏晋时相比要完善得多,这是算学教育的进步。但它又不同于经学教育,不是培养通用人才,而是培养专门人才,在专业上与秘阁所辖的司天台(专司天文、历法的机构)有直接关系,所以也受秘阁领导。

隋唐科技专科学校的建立，打破了"各以所长授门徒"的私学模式，而代之以统一的教学内容和教学计划。为了培养优秀的科技专门人才，朝廷积极发挥中央集权的政治优势，还派选科学家奉诏编选、审定教材，并将其颁行天下，这对古代科技教育的发展和科学技术的进步有着重大影响。这些教材大多远传国外，成为中华民族对世界科学发展的一大贡献，如"算经十书"的颁定。"算经十书"是指《周髀算经》、《九章算术》、《海岛算经》、《五曹算经》、《孙子算经》、《夏侯阳算经》、《张丘建算经》、《五经算术》、《缉古算经》、《缀术》十部数学名著。其中《九章算术》是"算经十书"中最重要的一部，它对古代数学的各类问题，进行了全面叙述，是当时世界上最先进的，有人曾说它犹如欧几里得《几何原本》对西方数学的影响一样，对中国传统数学影响深刻而广泛。关于科技专业教材，除由国家诏令颁定外，在专科学校中还选用一些内容全面、先进的科学专业善本书，如天文学专业，就选用《步天歌》为入门者的必修教材，再如唐代李石编著的兽医教科书《司牧安骥集》以及当时著名的医学专著《甲乙经》也都被选作教材。隋唐科技专科学校制度的确立，标志着科技教育在学校领地有了合法地位，这对于提倡科学、培养和造就科学技术人才有着直接推动作用。同时，唐代科技专科学校的领导体制、管理制度、学科设置、教学内容等，也都为中国后世各代所沿袭，隋唐可称为中国古代科技专科学校教育的奠基时期，亦领世界科技专科教育与实科教育之先。

宋元时期，由于战事频繁、政治动荡，官办的科技专科学校时兴时辍。但在其相对稳定时期，专科学校的科技教育比前代有了新的发展。宋元时期在中央设立的科技专科学校，如算学和医学，其招生人数都大大超过前代。元代在地方设置的科技专科学校也有长足的发展，医学校普遍建立，路、府、州、县都有建制。另外，元代创立了地方阴阳学，这是天文专科学校，教学内容为天文与术数。在宋代，算学和医学都曾一度归于国子监，其行政、教学与教辅人员的建制皆"仿太学立法"。如崇宁年间的国子算学，有官属和职事人之设，其中博士和学正为官属，学录、学谕、司计、直学、司书等为职事人。博士四人，分四科授课，其他人等的职责分工也很明确。学生则分三舍编级。校内管理比之前代更严密、完善，更注重实用和对学生技能的培养，在教学与研究以及实际应用中，也开始注重实验、演示和观察等科学方法的运用，培养学生的能力。

中国古代的科技教育，一贯重视科技道德教育。特别是宋元科技专科学校继承了这一传统，并有所发展，它们不仅将科技道德教育渗透在教学内容之中，而且还体现在管理制度上。宋代医学的奖惩制度，其内容不仅包括对学生专业技术的考核，而且还有对他们医德的要求。据《宋史·职官志四》记载，医学生前往诸近卫营为将士治病时，不得索取钱物，"受兵校钱物者，论如监临强乞取法"。进入明代以后，科技专科学校一直很不景气，直到万历末年，才逐渐复苏、回升，明末清初和乾嘉年间又稍有发展，但是由于内容陈旧，不适应世界科技发展的进步形势，最终被进行新兴科技教育的近代学校所取代。

参考文献

梅汝莉，等. 中国科技教育史[M]. 长沙：湖南教育出版社，1992.

王炳照，阎国华. 中国教育思想通史[M]. 长沙：湖南教育出版社，1994.

（楼世洲）

中国古代蒙学教育

中国古代对幼童进行的启蒙教育，亦称蒙养之学。"蒙学"、"蒙养之学"都取之于"蒙以养正，圣功也"（《周易·蒙》）。中国古代的蒙学教育历史悠久，它是古代教育的重要方面。在长期的发展中，它积累了丰富的经验，特别是蒙学教材，为现代的儿童教育提供了诸多借鉴。

中国古代蒙学的发展

《周易·蒙》就有记载蒙养教育的情况："匪我求童蒙，童蒙求我，初筮告，再三渎，渎则不告。"意思是说以师德之高明，用不着求问于年幼暗昧之人，但如果有年幼蒙暗之人前来求教于我，我当简明果决地一次就把事理告诉他，让他明白；如果我迟疑不决，以广深之意反复言说而不能决疑，童蒙就会更加疑惑，这还不如不告诉他为好。

周康王时《大盂鼎》铭文载："女妹辰又大服，余佳即朕小学，女勿剋余乃辟一人。"说的是康王之子昭王幼年入小学的事。当时，贵族子弟入小学的年龄都在八岁以上。《大戴礼记·保傅》记载："古者八岁而出就外舍。"《礼记·曲礼上》说："人生十年曰幼，学。"《尚书大传》说："十有三年始入小学"，"馀子年十五始入小学"。《礼记·内则》更是记载了小学教育的内容："十年出就外傅，居宿于外，学书计……朝夕学幼仪，请肄简谅。十有三年，学乐诵诗舞勺。成童，学射御。"教育内容有礼仪、乐舞、射御、书计，就是德、行、艺、仪几个方面。《汉书·艺文志》曾记载周代有《史籀篇》，相传这是最早的蒙学课本。到秦汉以后，蒙学教育进入有组织形式的阶段。秦代废除私人讲学，在蒙学教育上侧重识字，并编著有关教材，如李斯撰《仓颉篇》七章，赵高撰《爰历篇》六章、胡毋敬撰《博学篇》七章，其文字大多取于《史籀篇》，而字体则采用秦国当时流行的"秦篆"。汉代蒙学教育主要集中在私学的书馆，书馆教师称为书师，主要从事识字和书法教育，也传授一些数学常识，后期则进入儒学基础教育。当时使用的教材有《仓颉篇》、《凡将篇》、《急就篇》。汉代间里书师将《仓颉篇》、《爰历篇》、《博学篇》三篇合成一本，断六十字为一章，共五十五章，称为《仓颉篇》。到魏晋南北朝，蒙学教育又出现了几部影响较大的蒙养教材，如《千字文》等。至唐代，蒙学教育较前代最为完备，唐代允许自由创办私学，因而乡里地方大多办有"乡学"、"村校"，所谓"田夫牧子"都可入乡学村校习诗识字。唐代诗人元稹在《白氏长庆集序》中说："予常于平水市见村校诸童竞习歌咏，召而问之，皆对曰：'先生教我乐天、微之诗。'"可见唐代农村普遍设有蒙学，且形成了学诗的风气。同时，唐代蒙学教材在内容上、体裁上和数量上也大大超过了前代。

宋代蒙学学校有乡校、家塾、舍馆等名目。耐得翁在《都城纪胜·三教外地》中说，宋代"都城内外……乡校、家塾、舍馆、书会，每一里巷，须一二所。弦诵之声，往往相闻"。此外还有利用农闲季节专为贫民子弟创办的"冬学"。南宋诗人陆游《秋日郊居》诗云："儿童冬学闹比邻，据案愚儒却自珍。授罢村书闭门睡，终年不著面看人。"其自注说："农家十月乃遣子弟入学，谓之冬学；所读《杂字》、《百家姓》之类，谓之村书。"宋代蒙学一般都教一些粗浅的读写知识，蒙学教材的种类和内容也比唐代有大幅度增加，其中在后世流传最广、影响最大的是相传王应麟编写的《三字经》和佚名作者所撰的《百家姓》。在元代，路、县学内设立小学，元世祖于至元二十三年（1286年）下令乡里各社每社立学校一所，择通晓经书之人为师，农闲时让子弟入学学习。又于至元二十八年（1291年）"令江南诸路学及各县学内，设立小学，选老成之士教之，或自愿招师，或自受家学于父兄者，亦从其便"（《新元史·选举志》），小学诵读《孝经》、《小学》，学习汉字。元代的"小学"与"社学"同属蒙学教育性质，但不同的是，"小学"在更大程度上被作为官学教育的一种形式而设置于路县一级，而"社学"则属于乡里之教。到明清时期，社学仍是蒙学教育的重要形式，并且设立更为普遍，数量更多，在教学的各个方面也更趋成熟。明代在各府、州、县设立社学，每五十家一所，访保名师，规定民间幼童年十五以下者送入读书，所学内容以《三字经》、《千字义》为首，接着学习经史历算知识，还要学习明朝的律令礼仪。到清代，礼部命令全国建立社学，每乡建立一所，选择通晓文义、行谊谨厚的人教书，由政府发给廪饩养赡。并在全国各地广泛设置义学，使之成为清代蒙学的重要组成部分。与以往相比，明清时期的蒙学已经比较定性，有了固定的教学制度和教学程序，教育内容大体是识字、学礼，并背诵各种有关道德伦理方面的儿歌韵语、教规等，同时学习有关经史文学等方面的蒙学教材，另外还出现了一大批以教蒙学学塾为职业的教师队伍。《清稗类钞》第四册载《嘲私塾诗》："一阵乌鸦噪晚风，诸生齐放好喉咙。赵钱孙李周吴郑，天地玄黄宇宙洪。《三字经》完翻《鉴略》，《千家诗》毕念《神童》。其中有个聪明者，一日三行读《大》《中》。"生动地勾画出古代蒙学教学活动的情景。清代学者普遍重视蒙养教育方法、原则以及有关蒙养教育目的、任务等问题的探讨，出现了几本研究蒙养教育问题的学术性专著，如王筠的《教童子法》、崔学古的《幼训》等，都是前人未尝做过的事情，并且清代学者十分重视整理前人留下的蒙学教材，使许多不甚完善、谬误较多或残缺不齐的蒙学教材得以重新修订，从而保存了相当一批有关蒙学教育方面的资料。清代整理蒙学教材的成就，远远超出前代，这是清代蒙学教育的一大特色。

中国古代蒙学的类型

家塾。教师在自己家内设塾，招收学生的一种蒙学形式。汉代已有，至唐宋以后，家塾越来越多，乡间设立十分普遍。经过元明清，一直延续到民国年间。在教学制度上，学生进入家塾读书不经过考试，但必须交纳学费，钱帛物品和粮食均可，贫穷地区可轮流派饭，关于学生的教育和学费交纳可由家长与老师共同商定。家塾开馆闭馆的时间各不一样，有正月十五开学，到冬季放假的，也有农闲上课，农忙休假的，如冬天农闲时上学称为冬学。家塾学习年限一般为三年，学生在家塾中学习常用字，掌握汉字的基本结构，懂得一些书面语，以便在农村能应对社会事物和人际往来。

教馆或坐馆。由官宦或富户人家出资延聘教师，在自己家中设席施教。教授内容由教师和家长共同商定。

族学。由宗族开设的学校，它主要由宗族指定专人负责管理，学校经费从宗族公产中支出，教师聘任须经族长等亲自审定。设立族学，主要是为解决宗族中家贫而无力延师教育子女的困难，所以，族学的学生主要是本族子弟。族学以族田来维持开支，它有两种方式，一是摊派，规定科举及第以及出仕做官的都要出田，二是个人自愿捐赠。

义塾。亦称义学、义馆。根据经费的不同来源，分为官办和民办两类。官办义塾在清初最为兴盛，之后，地方绅士和富人也开始兴办义塾。义塾对贫家子弟大都免收学费，或收取极少的费用。它的教学规模、教学内容、教学方法等同私塾十分相近，多为一塾一师。义学最初设在京师，教师称塾师，后来各省府、州、县也纷纷设立，从而成为孤寒生童或苗、黎、瑶等族子弟秀异者接受教育的机构。

社学。带有浓厚的官方色彩。社主要是生产组织，同时带有生活、教育的作用。每一社立学校一所，学生为社内子弟，学校以社长管理为主，它通常选择通晓经书之人为教师。学校在农忙时关闭，农闲时开学。明代社学规定地方政府负有督导的责任，教师必须是当地有学行之人，守令应对其进行考核。清代沿袭社学的名称，并在州县大乡巨堡设立乡村学校，规定未满12岁的儿童都要入学。

中国古代蒙学的教学内容及教材

蒙学教学内容包括初步的道德行为训练和基本的文化技能学习两个方面。朱熹说,小学的任务是"教以事",即教人以"洒扫、应对、进退之节,爱亲、敬长、隆师、亲友之道"(《小学书题》)以及"礼、乐、射、御、书、数之文"(《大学章句序》)。因此,蒙学每日的功课主要是教儿童识字、习字、读书、背书、对课与作文,同时向他们进行基本的道德观念灌输和道德行为习惯的培养。蒙学的教学,基本上沿袭传统的教学方法,重视背诵和反复练习。

中国古代的蒙学课本是从字书发轫的。《汉书·艺文志》记载的周代《史籀篇》,是著录于史册的最早的蒙学课本。至两汉魏晋南北朝时又编过不少蒙学字书,只是《汉书·艺文志》中"小学"类著录的就有 10 家 35 篇,其中《滂熹》与《仓颉篇》、《训纂》合称"三苍"。但这些蒙书多已亡佚,完整保存下来的只有《急就篇》和《千字文》。

《急就篇》,又名《急就章》,西汉史游编撰。今本《急就篇》共 2 144 字,它把当时的常用字,按姓氏、衣着、农艺、饮食、器用、音乐、生理、兵器、飞禽、走兽、医药、人事等分类,编纂成三言、四言、七言韵语,是汉魏至唐代蒙学通用的字书。

《千字文》是中国历史上流传最久的蒙学课本。它由南朝梁周兴嗣编,通过拓取王羲之遗书不同的字 1 000 个(仅个别字重复),编为四言韵语,以"天地玄黄宇宙洪荒"开头,依次叙述有关天文、博物、历史、人伦、教育、生活等方面的知识,它以识字教育为主,是兼有封建思想教育和常识教育的综合性课本。顾炎武在《吕氏千字文序》中说,《千字文》"不独以文传,而又以其巧传"。在内容上,把常用单字组成通顺的、能够表达一定意义的句子;在语言上,押韵自然、结构简单,易于朗读背诵,对后来蒙学课本的编写有深刻影响。自唐宋以后,《千字文》作为儿童课本一直在全国范围内使用,后来译成满、蒙等文字,以供满、蒙等族的儿童识字之用,并流传到日本,成为日本初学者学习汉文的课本。到宋代以后,又有多种续编本,如宋代胡寅《续古千文》、侍其玮《续千文》、葛刚正《重续千文》,元代许衡《稽古千文》,明代周履靖《广易千文》、李登《正字千文》,清代何桂珍《训蒙千字文》、龚聪《续千字文》等,但都不如周兴嗣的《千字文》家喻户晓、流传久远。

唐宋以后,随着蒙学教育的发展和印刷术的发明,开始出现分门别类的蒙学专书,逐渐形成包括识字教育、道德教育和知识教育在内的比较完整的内容体系。体裁上,不仅有韵语读本,还有看图识字、散文故事和诗歌集。根据教育作用,大致可分为四类。

第一,以识字教育为主的综合性识字课本。这类课本有《开蒙要训》、《百家姓》、《三字经》、《对相识字》、《文字蒙求》和"杂字"书等。

《百家姓》是集汉族姓氏为四言韵语的蒙学课本,北宋时编,作者佚名。作者将常见的姓氏堆砌成句,虽无文理,但四字一句,句句押韵,便于诵读和记忆,流传至今,影响极深。《百家姓》通行本四百七十二字,现印本共五百六十八字,共收四百九十九姓,其中单姓四百三十个,复姓六十九个。自"赵、钱、孙、李"始,为"尊国姓",以"赵"姓居首。后有不少改编本,较著名的有明代吴沉、刘仲质编,以"朱"姓居首的《皇明千家姓》,清康熙时编的以"孔"姓居首的《御制百家姓》等。

《三字经》相传为宋王应麟所编(一说宋末区适子所撰),经明、清陆续补充,至清初本子为 1 140 字。全书开首是"人之初,性本善。性相近,习相远",论述了教育的重要性,然后依次叙述三纲五常十义、五谷六畜七情、四书六经子书、历史朝代史事,最后以历史上奋发勤学、"显亲扬名"的事例作结,把识字、历史知识和封建伦理训诫融为一体。《三字经》"分别部居,不相杂厕",全用三言,开了三言韵语蒙书的先例,且句法灵活、语言通俗,是中国古代经典的蒙学课本。至元、明以后尽管陆续出现过各种增改新编的《三字经》,但都未能持久、广泛地流传。

《三字经》、《百家姓》与《千字文》合称"三、百、千",它们作为相辅相成的整套启蒙识字教材,一直流传到清末。后来,"三、百、千"又译成少数民族文字,编成蒙汉、满汉对照本,如《蒙汉三字经》、《满汉三字经》、《蒙汉对照百家姓》、《女真字母百家姓》和《满汉千字文》等,供满族、蒙古族儿童学习汉文之用。

第二,以伦理道德教育为主的蒙学课本。《太公家教》是现存最早的此类课本,撰者佚名,多用韵语杂述封建社会日常生活的道德要求和待人处世的格言。宋代朱熹编的《小学》,明代吕得胜、吕坤父子编写的《小儿语》、《续小儿语》,都是吸取流行的格言、谚语编成的道德教育课本,分四言、六言、杂言,如"一切言动,都要安详;十差九错,只为慌张","自家过失,不消遮掩;遮掩不得,又添一短",都是以白话写成整齐押韵的警语,易诵易懂。还有清代李毓秀以学规、学则形式编写的《弟子规》,也是进行道德教育的主要课本。

第三,综合知识类教材。介绍掌故、名物、各科知识的蒙学课本,它始创于唐李翰的《蒙求》,由于一直流行到清初,故以后许多同类的书都称为"蒙求"书。如《龙文鞭影》,就是以介绍自然知识、历史典故为内容的蒙学课本,《史韵》是一种介绍历史知识的课本。还有一种是介绍自然和社会常识的,以宋方逢辰编的《名物蒙求》为代表。另外,清邹圣脉在明人程登吉《幼学须知》基础上增订的《幼学琼林》,是以解释成语典故的形式介绍自然、社会、历史、伦理等常识的知识性课本,在蒙学中流传甚广。

第四,诗歌读本。唐代胡曾的《咏史诗》是较早为学童编写的诗歌集,包括一百余首以历史为题材的七言绝句,流传于五代至宋代。再如《千家诗》、《神童诗》也是此类读物的代表,它们所选多名篇,题材广泛,文字浅显,很适合儿童朗读、背诵。如《千家诗》有多种体裁和版本,最早的是南宋刘克庄编选的诗集,而流传比较广泛的有署名为王相选注的《新镌五言千家诗》和署名为谢枋得选、王相注的《重订千家诗》。后来把两种《千家诗》合二为一,成为五七律绝的《千家诗》,共选诗 200 余首,流传不衰。由于《千家诗》后来成为蒙学中的主要诗歌教材,社会上又将它与"三、百、千"合称为"三、百、千、千"。《神童诗》系辑录宋代汪洙幼小时诗作而成,在流传过程中又不断补入他人作品。另外,清代孙洙择唐诗中脍炙人口之作,编成《唐诗三百首》,署名蘅塘退士印行,此书一出,"风行海内,几至家置一编",不只在蒙学,而且也是社会上十分流行的诗歌集。

蒙学在经过初步的识字、读写训练后,即开始教授《孝经》和《论语》以及《孟子》、《大学》、《中庸》等儒家经典。总之,古代的蒙学读物使用广泛,流传时间长,体现出很多适合儿童学习的特点。

参考文献

王炳照,等. 简明中国教育史[M]. 北京:北京师范大学出版社,1994.

王炳照,阎国华. 中国教育思想通史[M]. 长沙:湖南教育出版社,1994.

(张 蕊)

中国古代女子教育 中国古代教育的一个独特而重要的组成部分。对确立女子价值体系,塑造女子性格品德特征和社会角色起到重要作用。《周礼·天官·九嫔》:"九嫔掌妇学之法,以教九御,妇德、妇言、妇容、妇功,各帅其属而以时御叙于王所。"《礼记·内则》说:"后王命冢宰降德于众兆民:……女子十年不出,姆教婉娩听从,执麻枲,治丝茧,织纴组紃,学女事以共衣服,观于祭祀,纳酒浆笾豆菹醢,礼相助奠。"这些典籍所记载的是周代宫廷女教以及天子命总理国政的冢宰向万民颁行的德教内容中有关女子教育的具体情况,其中主要涉及女子必须学习的德操伦常、言谈举止、女红家务和祭祀礼节等方面的教育内容。说明在周代已经出现了专职的女教教官和以妇德、妇言、妇容、妇功为主要内容的女子教育活动。此后,历代女子教育在内容、教材和实施方式等方面不断完善,并作为培养、确立和规范妇女思想价值行为的重要手段以及稳定社会秩序和巩固国家统治的有效途径而受到统治阶级的特殊关注。

中国古代女子教育的目的

中国古代女子教育的目的,主要有以下几个方面。

规约男女地位,维系人伦关系。中国古代根深蒂固的男女有别、男尊女卑思想是女子所处经济和宗法地位的客观反映,而它一经确立又加重了对妇女的束缚,并成为开展女子教育的重要目的之一。《周易·系辞传》称:"天尊地卑,乾坤定矣;卑高以陈,贵贱位矣。……乾道成男,坤道成女。"男女之间有天尊地卑、阳刚阴柔一类的差异都是先天注定的,由此,就需要对这种天定的男女地位关系进行合乎社会人伦准则的规约,以确保社会秩序的稳定和正常运转,所谓"男女有别,然后父子亲;父子亲,然后义生;义生,然后礼作;礼作,然后万物安"(《礼记·郊特牲》)。于是,"男女之别"成为"国之大节"(《左传·庄公二十四年》),"女正位乎内,男正位乎外"被视为"天地之大义也"(《周易·彖传》)。

造就贤妇贞女,塑造正统妇女形象。具备克己、端庄、温顺、坚忍与节烈等品德气质的三从四德式的贤妇贞女被公认为正统妇女形象。所谓"古贤妇贞女,虽称德性之懿,亦未有不由于教而成者"(明仁孝文皇后《内训·序》)。《元史·列女传序》在总结妇女婺贞谨节方面的经验教训时明确指出,"耳不聆箴史之言,目不睹防范之具"是导致"动逾礼则,而往往自放于邪僻"的重要原因,而历代妇女之所以能够"居安而有淑顺之称,临变而有贞特之操者",正是得益于"居室也,必有傅母师保为陈诗书图史以训之"。

稳定社会秩序,巩固国家统治。古代女子教育之所以受到统治阶级的重视,原因在于统治阶级希望通过女子教育,使女子能够自觉履行"三从四德"之道,以达到凝聚家庭、稳定社会和巩固国家统治的目的。由于"女德之所关大矣,与男教并盖天地……镜之往古,兴废存亡,天下国家罔不由兹",故"女训、女则、女传,古人莫不于是为兢兢然"(黄治征《书七诫后》),因此,女子教育被赋予强固"天下之本"的重大使命,所谓"女正位乎内,男正位乎外。男女正,天地之大义也……妇妇,而家道正。正家而天下定矣"(《周易·彖传》)。正是从女子教育的这一目的来考虑,"教女之道尤甚于男"(王相母《女范捷录·统论篇》)。

中国古代女子教育的内容和教材

女子教育的内容 (1)道德教育。在中国古代社会,用于调整家庭、家族中人际关系的准则和规范是女子道德教育的主要内容。古代女子道德教育在内容上要求女子做到恪守贞节、柔顺忍让、孝敬慈爱、善教子女和勤劳俭朴等。宋若昭《女论语·立身章》称:"凡为女子,先学立身;立身之法,惟务清贞。"这是对女子贞操节烈道德的典型要求。同时,女子在道德上还应学习如何孝亲敬长。"女子在堂,敬重爹娘。每朝早起,先问安康。寒则烘火,热则扇凉。饥则进食,渴则进汤……阿翁阿姑,夫家之主;既入他门,合称新妇;供承看养,如同父母。"(《女论语》)此外,勤劳俭朴既是中国妇女的传统美德,也是古代女子道德教育的重要内容之一。明仁孝文皇后在《内训·勤励章》中指出:"治丝麻以供衣服,幂酒浆,具菹醢以供祭祀,女之职也。不勤其身,以废其功,何以辞辟?"总之,中国古代女子道德教育在内容上纷繁冗杂,并且是"终身所以成其德也"(《内训·修身章》),这是因为,历代统治阶级都认为,唯有如此,方有可能使女子成为辅佐其统治的工具。

(2)知识教育。在中国古代社会,普通女子所能接受的知识主要是基本的文化书算等,这是因为女子掌握了日常生活所需的这些知识后,有利于他们更好地相夫教子、治家理财和明礼修德,所谓"只愿女儿粗识字,酒谱茶经相夫子"(袁枚《题〈朱草衣寒灯课女图〉》),"女子读书,但欲其明道理,养德性"(蓝鼎元《女学·妇功》)。清《训学良规》记载了女弟子入学时的规定:"识字、读《弟子规》与男子同。更读《小学》一部、《女四书》一部,看吕氏《闺范》一部,勤于讲说,使明大义。只须文理略通,字迹清楚,能作家书足矣。"这些文献记载均体现出古代女子知识教育在内容上的局限性和特殊性。宋人袁采认为:"妇人有以其夫蠢懦而能自理家务,计算钱谷出入,人不能欺者;有夫不肖而能与其子同理家务,不致破产荡产者;有夫死子幼而能教养其子,敦睦内外姻亲,料理家务,至于兴隆者,皆贤妇人也……惟妇人自识书算,而所托之人衣食自给,稍识公义,则庶几焉。不然,鲜不破家。"(《袁氏世范·睦亲》)稍通文字书算等基本的文化知识对于女子治家理财、教子睦亲和明礼修德是有一定助益的。此外,对于古代社会的一些特殊妇女阶层而言,如宫廷后妃、大家闺秀和出身于书香门第的名门女子等,比之普通妇女在知识内容上往往可以突破文化书算的局限,进入更高层次的知识教育层面,如东汉的邓皇后、史学家班固的妹妹班昭以及南宋女词人李清照等。不过,这只能算是古代女子知识教育的一种特例,并不能代表一般状况。

(3)劳动教育。中国古代社会的女子除了"传宗接代"这一职责之外,最大的使命就是操持家务、勤于女红桑麻等,以尽到家庭主妇的责任。"不若,则上无以孝于舅姑,而下无以事夫养子。"(蓝鼎元《女学·妇功》)所谓"夫妇人之事存于织纴、组纻、酒浆、醯醢而已"(《魏书·列女传序》),这些都是古代女子劳动教育的主要内容。《管子》称:"一女必有一针一刀,若其事立。"《周礼》也记载宫廷中设典妇功、典丝、典枲、缝纫等职专理女工,以传授妇织之法。中国妇女自古以来便具有勤劳好作、心灵手巧和刻苦耐劳等美德,而这些又与古代的女子劳动教育之间存在一定的因果关联。

(4)母范教育。母范教育是中国古代女子教育的又一项重要内容。在传统女教看来,"父天母地,天施地生,骨气像父性气像母。上古贤明之女有娠,胎教之方必慎。故母仪先于父训,慈教严于义方"(王相母《女范捷录·母仪篇》)。《女论语》指出:"大抵人家,皆有男女,年已长成,教之有序,训诲之权,实专于母。"可见,母教是确保家庭子女教育取得成效的一个关键条件。传统女教认为,妇女受孕怀胎之时的母教,即胎教是十分重要的。关于胎教,《列女传·母仪·周室三母》篇指出:"古者妇人妊子,寝不侧,坐不边,立不跸,不食邪味,割不正不食,席不正不坐,目不视邪色,耳不听淫声。夜则令瞽诵诗、道正事。"并把具备母德、母仪的贤母树为楷模,广为传扬。汉刘向在《列女传》中集"圣贤有知,行为仪表,言则中义;胎养子孙,以渐教化,既成为德,致其功业"者撰为"不可不法"的《母仪传》,把其列为全书之首,从而对古代母范教育的发展产生了深远影响。此外,在母范教育中还十分重视对女子进行有关仪容装扮方面的教育。《礼记·玉藻》指出:"足容重,手容恭,目容端,口容止,声容静,头容直,气容肃,立容德,色容庄。"并把这作为古代女子仪容教育的标准。在装束打扮上,传统女教认为,"妇女装束,清修雅淡,只在贤德,不在打扮"(吕近溪《女小儿语·女容章》)。传统女教所认同的女子仪容标准,乃是"淑德蕴于内而令仪著于外"的"德重于色"的标准。总之,母范教育由于对于整个女子教育所发挥的示范和导向功能以及妇女在履行相夫教子这一职责过程中所发挥的重要作用而备受历代统治者的重视。

女子教育的教材　中国古代女子教育的教材相当丰富,其中最具代表性的有四部,分别是西汉刘向编撰的《列女传》,东汉班昭编撰的《女诫》,唐宋若莘撰、其妹若昭注释的《女论语》,明吕坤编撰的《闺范》。《列女传》共分母仪、贤明、仁智、贞顺、节义、辩通与孽嬖七类,每类十五人,共一百零五人的传记。书前小序对分类原则作了具体阐述,指出了妇德善恶的标准和教育导向。《女诫》全文分卑弱、夫妇、敬顺、妇行、专心、曲从和叔妹七篇,该书着重从理论上论证女子立身处世"三从之道,四德之仪"的道理,并具体规定了约束女子言行的准则。《女论语》全书分立身、学作、学礼、早起、事父母、事舅姑、事夫、训男女、营家、待客、和柔、守节十二章,该书以平易通俗的语言论述和规定了普通妇女所应学习和遵循的仪则规范。《闺范》全书共四卷,首卷辑录了经传典籍及历代女教家训之"嘉言",后三卷则辑录了历代妇女可资效仿的各类"善行",该书史论兼顾,文字浅显,并有图像对照,流传颇广。古代女子教育的教材在内容上都非常重视对妇女在伦理道德、礼仪规范和女红劳作等方面的灌输和教导,体现出明显的统治阶级道德价值标准取向,是实施和推广女子教育的有力工具和手段。

中国古代女子教育的实施方式

宫廷女子教育是中国古代女子教育的重要形式之一，其施教对象主要包括皇后、嫔妃、宫伎和宫婢等。其中，由于皇后嫔妃被奉为母仪天下的楷模，一般需要具备较高的文化水平和道德修养，因此，对她们的教育就显得特别注重。她们所受宫廷女教的内容主要是以妇德、妇职和宫廷礼仪为主。《周礼·天官·内宰》称内宰"以阴礼教六宫，以阴礼教九嫔，以妇职之法教九御，使各有属"。《新唐书·百官志》载宫教博士教习宫人的项目涉及经、史、子、集、书算、律令、吟咏、书法、棋画等众多方面。而宫伎由于是专门为帝王后妃表演歌舞的特殊宫人，通常也需要接受较为严格的专业训练。《中华古今注》载魏武帝宫人中有卢女者，"年七岁入汉宫学鼓琴，琴特鸣，异于诸伎，善为新声"。《新唐书·礼乐志》中也载有唐玄宗亲自向宫廷梨园女伎传艺的事迹。此外，宫廷女教还包括对宫婢的教育和训练。由于宫婢是那些侍奉帝王后妃生活起居和供粗活役使的普通宫女，所以对她们主要是进行接受礼仪和劳作训练的教育。宫廷女教作为女子教育的一种特殊形式在中国古代女子教育领域占有重要地位，这是由中国古代封建专制的社会性质决定的。

女子教育还通过宗族、家族和家庭教育的方式来实施。宗族女子教育往往是以家庭为单位进行。《礼记·昏义》称："古者，妇人先嫁三月，祖庙未毁教于公宫；祖庙既毁教于宗室。教以妇德、妇言、妇容、妇功。教成，祭之。"到后世宗族系统下移为家族本位后，民间乃有女馆、女塾之设，这种女馆、女塾属于初级教育系统，比之宗室女学规模较小，且更为分散，但又不同于一家一户的家庭教育，通常是由某一家族延聘教师对本家族的女子施教。清初《内则衍义》曾提到："明贾氏，幼读书通大义。家贫而寡，设教女馆，授书自给，闺门肃然。"在古代，与宗族、家族女子教育相比，家庭教育则是一种更为常用的女子教育方式，特别是豪门大户往往延请傅母师保等专门的家庭教师来家中施教。《元史·列女传序》："古者女子之居室也，必有傅姆师保为陈诗书图史以训之。"而对一般官宦人家而言，家庭教育更常用的则是父母自教的方式，但对普通乡村百姓人家来讲，由于父母尚不识字，所以这些家庭的女子通常是跟随父母学习日常生产和生活中必备的劳动技能和女红手艺等。

社会女子教育也是一种面向普通女子实施的教育方式，它较为侧重女子必须学习和遵循的伦理道德和礼仪规范方面的内容。《后汉书·百官志五》载："三老掌教化。凡有孝子、顺孙、贞女、义妇、让财救患及学士为民法式者，皆扁表其门，以兴善行。"这里所说对民间涌现出的"贞女"、"义妇"的表彰就是一种较为常见的社会女子教育形式。此外，还通过规定乡约、颁布圣谕以及对戏剧、歌舞、小说等文艺作品的宣扬来推广和普及社会女子教育。

中国古代女子教育在促使妇女提高文化素质、养成良好品德、掌握基本的生产生活本领以及维护社会稳定和巩固国家统治等方面确实发挥过一定的积极作用，但在处于封建专制统治的这一特殊社会背景下，统治阶级所推崇和传播的女子教育内容和方式又不可避免地带有消极、保守和落后的一面，使得古代中国女子饱尝了愚弄、欺诈、压迫和剥削之苦。

参考文献

杜学元. 中国女子教育通史[M]. 贵阳：贵州教育出版社，1995.

龚斌. 宫廷文化[M]. 沈阳：辽宁教育出版社，1993.

雷良波. 中国女子教育史[M]. 武汉：武汉出版社，1993.

（杜　钢）

中国古代少数民族文教政策　　从先秦到 1840 年，中国历代关于少数民族的文教政策。

先秦时期的民族文教政策

中国传说时代已存在广义的华夏、东夷、北狄、西戎、南蛮五大民族集团，各个民族集团正在形成狭义的民族。华夏民族集团是主体民族集团。上古传说故事中隐含着华夏民族集团的民族文教政策。(1) 部落之间自由通婚。该政策奠定民族之间和亲政策和通婚政策的基础。炎黄部落联盟由黄河流域的姬姓部落和姜姓部落世代联姻形成，姬姓部落、姜姓部落与周边部落也普遍通婚。(2) 厚德感化，协和万邦。这是华夏民族集团的基本民族文教政策，即修身齐德，以厚德感化的方式达到协和万邦的目的。《尚书》记载，尧"克明俊德，以亲九族，九族既睦，平章百姓。百姓昭明，协和万邦"。《韩非子·五蠹》记载："当舜之时，有苗不服，禹将伐之。舜曰：不可，上德不厚而行武，非道也。乃修教三年，执干戚舞，有苗乃服。"(3) 各民族团结协作。传说中共工氏的部落首领后土、东夷部落的皋陶和伯益、商王朝始祖契、周王朝始祖弃都帮助大禹治水，这一故事蕴含着民族团结协作的精神。

夏、商、周时期民族文教政策　　夏的建立是夏族(亦称华夏族)形成的标志。商族和周族各有来源，但在朝代更替时先后融入主体民族——夏族中。夏、商、周三代的民族文教政策是一以贯之的，主要有：(1) 实行"耀德"政策。夏、商、周三代中央政权首要民族政策是加强自身建设，修善积德，力行仁义，形成道德凝聚力，成为礼仪之邦，使远方的少数民族产生仰慕之心，自愿归附。如禹在创立夏时对少数民族实行德治；早在周建立之前，周文王就制定德化怀柔政策，该政策在周确立后成为治国方略。(2) 尊重各民族风俗习惯,实行因俗而治的和平结盟政策。夏根据距离夏王直接统治的核心地区("王畿")的远近对全国广大地区实行"同服不同制"的治理政策,即"五服"。《尚书》和《史记》记载,夏的"五服"是"甸服"、"侯服"、"绥服"、"要服"、"荒服","甸服"、"侯服"和"绥服"是对诸侯国的管理政策,"要服"、"荒服"是对四方民族实行的管理政策。"要服"是"要束以文教","荒服"是"因其故俗而治之"。商继承了夏的"要服"和"荒服"政策。《礼记·王制》记载,周将夏、商两代的"要服"和"荒服"政策发展为"修其教不易其俗,齐其政不易其宜"。(3) 建立专门管理少数民族文教事业的部门。商中央政府设置"宾"的官职,管理各诸侯国及少数民族事务的朝觐之事;周设立"小行人"、"象胥"、"掌客"和"职方氏"等官职,管理有关少数民族事务,尤其是文教事务。(4) 广泛实行和亲通婚政策。在周,姬、姜两姓继续通婚,姬姓贵族还与其他姓氏的贵族通婚,如姬姓的晋国和嬴姓的秦国、姬姓的鲁国和子姓的宋国等。此外,华夏族还与其他少数民族通婚,如晋国公室的贵族常和戎、狄族通婚。

春秋战国时期民族文教政策　春秋战国时期,华夏诸国和周边民族间的交流与兼容十分频繁,形成多个民族兼容中心。春秋时期,晋国和燕国是北方各族融合的中心,楚国是南方各族融合的中心,齐国是东方各族融合的中心,秦国是西方各族融合的中心;战国时期,楚在南,赵在北,燕在东北,秦在西,齐在东,韩、魏居中,分别成为各个方向上的多民族交融中心。众诸侯国在民族交融的过程中,实际形成了蕴含文教性质的民族政策。(1) 设立机构管理少数民族事务。战国时期,许多诸侯国设立管理少数民族事务的管理机构及官职,如"行人"、"封人"等。齐国还设置"大行",负责礼仪宾客,其属官有"谒者"、"主客"等,负责管理边疆民族事务。(2) 继续广泛推行和亲通婚政策,为民族融合创造血缘纽带。这一时期,华夏诸国和周边少数民族通婚十分频繁。此外,民间通婚也很广泛,促进了主体民族与少数民族之间的文化交流和融合。(3) 和平结盟政策。该政策为民族大融合创造了政治前提。诸侯国与周边少数民族政权多有结盟。如齐桓公多次大会诸侯;晋国多次主动和周边的少数民族戎、狄结盟等。公元前543年,在晋国和楚国的倡导下,华夏诸国和夷、狄各国在澶渊(今河南省濮阳市西南)结盟。结盟政策为蛮、夷、戎、狄和华夏族错落杂居、和平交往、相互通婚创造了较长期和平的政治条件,蛮、夷、戎、狄逐渐在生活习俗、文化礼节方面华夏化。(4) 相互学习政策。这一时期最有特色的民族文教政策是民族间相互学习。如战国时期,赵国武灵王学习穿胡人的短衣皮靴和骑马射箭技术等。

秦、汉时期的民族文教政策

秦、汉时期是中国统一的、多民族国家的形成和发展时期。居住在中原地区的华夏民族融会诸多民族而发展成为汉民族,四周分布着语言不一、经济形态和社会制度都不尽相同的其他民族。秦、汉时期的民族文教政策都蕴含在其民族政策之中。

秦代民族文教政策　(1) 设立具有管理民族文教事务功能的民族事务管理机构。在中央一级,设置两个具有管理少数民族事务功能的官职及机构:一是典客,为中央九卿之一,主管接待少数民族等事务,下属有行人、译官等;二是典属国,掌管少数民族事务。这是中国历史上中央政府设置管理少数民族事务专门机构之始。此外还在不同少数民族地区设置不同的地方管理体制:有的地区设置郡县制,郡下设县,县下设乡,乡设三老;有的设置郡道制("道"相当于"县"),"道"是中国历史上对少数民族实现羁縻政策的萌芽和发端。(2) 实行移民实边政策。该政策兼有传播和融合民族文化的功能。秦在统一中国的过程中多次移民实边。如公元前214年,移民5万到岭南地区,移民10万到河套地区;公元前212年,两次移民到西北地区;公元前211年,移民13万人到榆中(今内蒙古自治区鄂尔多斯市黄河北岸)。(3) 用法律手段移风易俗。秦始皇在统一天下的过程中乃至结束后,均曾用法律手段在新开拓的少数民族地区推行华夏文化,《语书》和会稽山石刻集中反映了这种文教政策。

两汉时期民族文教政策　(1) 设立兼管少数民族文教事务的机构和官职。西汉初年承袭秦制,设典客负责接待少数民族等事务,设典属国专管少数民族事务。汉景帝改典客为大行令,武帝太初元年(前104年)又更名为大鸿胪。汉成帝时将典属国并入大鸿胪。在地方政权建设上,根据不同情况在少数民族地区设置不同的由中央派出的职官,如在河湟地区设置护羌校尉,在北方设置使匈奴中郎将,在东北设置护乌桓校尉。东汉沿袭了这些设置。(2) 羁縻和怀柔政策。汉朝在少数民族地区设立道、属国和边郡。道相当于县;少数民族聚居的郡称为"边郡",实行土流双重管制,且赋税优惠;"属国"级别相当于"郡",但具有半独立地位。道、边郡和属国制实际上是对少数民族实行羁縻政策。汉朝还实行怀柔政策,如封侯拜爵、封册贵族、优惠赋税等。(3) 和亲政策。据统计,在西汉有"和蕃"公主8人,"和蕃"宫女7人,各类和亲至少16起。和亲政策维护了和平,促进了汉族和少数民族的友好往来、经济互动和文化交流。

三国、两晋、南北朝时期的民族文教政策

三国时期民族文教政策　(1) 设置民族管理部门。如魏在中央设置大鸿胪卿,掌管境内少数民族等事宜;设置"四方夷狄封者",负责民族首领进京接待事宜;设置客曹尚

书,主管边疆民族事务。在地方还设置专管边疆及内地民族事务的官员。(2)安抚怀柔。为怀柔鲜卑,曹魏政权设置护鲜卑校尉,又封沙末汗为亲汉王,素利为归义王,轲比能为附义王;为怀柔匈奴,曹魏政权以礼相待匈奴上层人物,并将他们举荐到地方政府任职,同时鼓励匈奴百姓从事农桑。(3)贡使往来。如抚余、勿吉向魏国贡献当地土特产,魏国回赠锦绣等贵重物品。魏国和东夷、西域各族通过贡使往来加强了彼此之间的经济和文化交流。(4)尊重少数民族地区风俗习惯。如诸葛亮在南中,鉴于昆明、叟族"征巫鬼,好诅盟"的习俗,亲自作图谱赠予他们;此外,诸葛亮还送给他们瑞锦、铁券。(5)将较为先进的技术与文化引入少数民族地区。如在景颇族传说中,诸葛亮是南中各种制度的创造者;在傣族传说中,是诸葛亮教会他们用牛耕地;四川凉山地区的彝族和贵州、湖南的部分苗族,也传说诸葛亮曾教给他们多种生产技术。

两晋和南朝的民族文教政策　(1)在中央设置机构管理民族事务。西晋在中央设置大鸿胪,有下行、典客等官职,管理边疆诸族来京使者;又在尚书省中设主客曹,主管边疆民族事务。东晋和南朝在中央也都设有管理民族事务的机构和官职,名称不一,时常变化。(2)设置民族地区地方管理机构。在地方民族事务管理中有两种体制。①设置中央派出机构,实行中央垂直领导,负责监督边疆民族事务。如西晋设置东夷校尉、护匈奴中郎将、护西戎校尉、护羌校尉、戊己校尉和西域长史、西夷校尉、南夷校尉、南蛮校尉、护羌戎蛮夷越中郎将等,分别管理各区域少数民族事务。东晋承西晋,只是改南夷校尉为镇蛮校尉,又设宁蛮校尉。南朝承两晋,但立府衙,由监督机构转变为拥有监察、军政、治民、统兵且有自己僚属的地方最高行政机构。②因俗、因地制宜,设置民族自治地方政权。南朝设置左郡左县知管理少数民族地区,在僚人地区又称"僚郡",在俚人地区称"俚郡"。(3)怀柔政策。两晋和南朝历届政府采用敕封、朝贡和抚纳等政策怀柔内附和归化的少数民族。如吐谷浑政权、北凉政权、高丽及百济政权等。

十六国和北朝的民族文教政策　十六国时期和北朝时期各个政权基本上是少数民族政权,北方少数民族纷纷内迁,如匈奴、鲜卑、氐、羌、羯等,与汉族错处杂居。入主中原的少数民族政权顺应民族大融合趋势,在行政体制、经济、生活习俗和文化教育等方面主动采取汉化政策。(1)改革行政体制,学习汉族先进生产技术。如学习中原典章制度,采用汉族封建官制礼仪,重用汉族世家;劝课农桑,学习并采用汉族较为先进的文化传统和生产技术。(2)改革生活习俗。北魏孝文帝于太和十七年(493年)迁都洛阳后,次年颁布改革鲜卑旧俗的制度。主要措施有:禁穿胡服,改穿汉装;禁说胡语,改说汉语;改鲜卑贵族姓氏为汉姓;按照汉族门阀制度确立北鲜门第等级;禁止拓跋鲜卑同姓通婚,鼓励

拓跋鲜卑人同汉族通婚。(3)积极实行崇儒兴学政策。十六国时期虽兵戎不断,但偶有和平仍崇儒兴学,有时还通过考试选拔人才,使学校教育获得一定的恢复和发展。前赵刘曜、后赵石勒、前秦苻坚、后秦姚苌等在位时都有兴学之举。北朝也崇儒兴学,北魏、北齐和北周时期,中央和地方都有官学,教学内容都以经学为主。(4)实行羁縻政策。北朝历代政权沿袭汉族统治者的做法,依旧实行羁縻政策。

隋唐时期的民族文教政策

经过三国、两晋、南北朝时期的民族大迁徙、大融合,至隋唐时期,汉族融合了匈奴、鲜卑、乌桓、羯、氐、羌以及蛮、僚、俚等少数民族,已成为一个混合的新汉族。

隋代民族文教政策　(1)各民族和平、平等。《隋书·突厥传》记载,隋文帝在开皇三年(583年)讨突厥诏中指出,"清边制胜"的目的在于"卧鼓息烽,暂劳终逸";隋炀帝继位后,采纳裴矩在《西域图记》中提出的"无隔华夷"、"混一戎夏"的思想,以图诸少数民族臣服。(2)实行绥靖怀柔政策。隋文帝对内附和归降的少数民族继续采用秦、汉以来的和亲、敕封、抚慰、羁縻等政策。(3)实行尊俗政策。如突厥突利可汗归附后,隋文帝仍允许他们以牧业为主,不强迫其改变衣着、习惯和风俗。(4)以儒家礼教引导少数民族。在讨突厥诏中,隋文帝告诉诸将,"义兼含育";隋文帝还要求地方官员在少数民族地区开办学校,行仁义。(5)以经贸往来促进文化交流。隋文帝以"节之以礼,不为虚费"的原则开展互市;隋炀帝对胡商"夸以富乐,啖以厚利"。(6)确立科举制。隋文帝在位时积极探索新的选士方式。隋炀帝大业二年(606年),开始建立进士科,科举制正式产生。

唐代民族文教政策　唐太宗提出"推恩示信"、"爱之如一"的思想,这是唐代民族文教政策总的指导方针。(1)在少数民族地区设置地方行政机构——羁縻府州制。羁縻府州在武德年间出现,在贞观年间形成制度。唐中央政府对羁縻府州具有行政领导权,但仍基本保持各民族原有的统治机构,任命少数民族首领为羁縻府州首领。在维护国家统一的前提下,少数民族拥有相当的自治权,对当地的风俗习惯中央政府不予干涉。羁縻府州归属唐代边州各地方政府领导,皇帝也时常赏赐少数民族首领,赈济遇灾的当地群众。(2)重用各少数民族人才。如贞观八年(634年),未央宫举行有多个民族首领参加的庆功会。(3)少数民族子弟接受学校教育。唐代建立留学制度,欢迎边远少数民族子弟来都城学习先进文化。如《新唐书·渤海传》记载,渤海王"数遣诸生诣京师太学,习识古今制度",学习儒家经典。唐代国子学为少数民族首领子弟开放。《资治通鉴》记载,贞观十四年(640年),国子学"增筑学舍千二百间,增学生二千二百六十员,……于是四方学者云集京师,乃至高丽、百

济、新罗、高昌、吐蕃诸酋长亦遣子弟入国学,升讲筵者至八千余人"。地方郡学招收少数民族子弟入学,经费由官府供给。(4)允许少数民族子弟参加科举考试。渤海的学生经常参加唐朝的科举考试,渤海国相乌炤度早年曾在长安考中进士。(5)实行和亲政策、会盟政策、宗教宽容政策、经贸自由政策、派遣优秀官吏驻守边关政策等。以上政策推动了中原地区和边远民族地区的文化交往。唐代中原文化对吐蕃文化影响很大的是唐蕃和亲。贞观十五年(641年),文成公主和松赞干布联姻,带去经史、佛经以及工艺、医药、历法等典籍,还带去精通多种手艺的工匠和侍女,向藏族人民传播水磨、耕作、刺绣等技术。唐高宗即位初年,应松赞干布的要求,又送去蚕种,派去精通酿酒、水磨、纸墨技术的工匠。金城公主于景龙四年(710年)和亲吐蕃,唐中宗赐金城公主"锦缯别数万,杂伎诸工悉从,给龟兹乐"。开元十九年(731年),应金城公主请求,唐朝又赐《毛诗》《礼记》《春秋》等书。唐统一西域后,随着驻军屯田,中原文化传向西域。在吐鲁番出土的唐代文物中,有许多儒家经典和史书,如《毛诗》《郑玄注论语》《伪孔传尚书》《孝经》《急就篇》《典言》、佚名晋书以及《针经》等。唐代有多位公主和亲回鹘,带去大量丝织品、金银器皿和各种工匠,中原的文化、技艺也随之传入回鹘。在东北,渤海一直仰慕唐朝,《渤海国志长编》记载,渤海王都上京城"设文籍院,以储图书,设胄子监以教子弟,稽古有文,颇极一时之盛",儒学成为渤海社会的主流思想,汉字成为渤海通行文字,渤海的绘画、雕刻、工艺美术也都有唐代艺术风格。少数民族文化也影响了中原文化。唐代音乐深受西域影响;受吐蕃风俗影响,唐时长安很多妇女喜欢面涂赭红;受回鹘文化影响,许多唐代宫人喜欢穿回鹘衣服。

五代至两宋时期的民族文教政策

宋代民族文教政策　(1)中央设置管理民族事务的机构——鸿胪寺。《宋史·职官志五》记载,鸿胪寺置卿一人,由朝官以上人员担任,管理四夷朝贡、宴劳、给赐、送迎等事务;鸿胪寺下设置国信所,"掌大辽使介交聘之事";设都亭西驿和管干所,"掌河西蕃部贡奉之事";设礼宾院,"掌回鹘、吐蕃、党项、女真等国朝贡馆设,及互市译语之事";设怀远驿,"掌南蕃交州,西蕃龟兹、大食、于阗、甘、沙、宗哥等国贡奉之事";设同文馆及管勾所,"掌高丽使命"。(2)培养"通事"。即掌握契丹、女真、党项语言文字的人才,他们能以宋代官员的身份参与各种政治会谈、军事和贸易活动。(3)为了解辽、西夏和金,收集、保存相关书籍。有关辽朝的书籍有《辽登科记》《契丹机宜通要》《契丹须知》《契丹官仪》《契丹疆域图》《契丹地理图》等;有关西夏的书籍有《西夏枢要》《西夏须知》《蕃尔雅》等;有关辽和西夏的书

籍有《契丹夏州事迹》等;有关金的书籍有《金国明昌官制新格》《金虏南迁录》《北鄙须知》《塞北记实》等。(4)通过互市贸易输入少数民族物质文化。如契丹的剑和西夏的马鞍等。(5)发展羁縻政策。在西南、西北少数民族地区实行羁縻州、县、洞,通过当地少数民族首领统治;尊重当地风俗,对少数民族之间的纠纷以劝解为主,即"和断"。(6)与其他少数民族政权建立往来。宋朝和中国境内当时的独立政权吐蕃、大理和回鹘等均有往来与交流活动。

辽、金、西夏的积极汉化政策　辽、金、西夏重用汉族士大夫,采用汉族封建制度,用行政手段"弃蕃礼,用汉礼",积极、主动地学习汉族文化;仿效汉字创制自己的文字,仿效唐、宋建立健全自己的教育制度,开设用本民族语言文字教学的学校。(1)辽代的教育制度草创于辽太祖时期。辽太祖于神册三年(918年),诏令建孔庙、佛寺、道观;神册五年(920年),制成契丹文字,颁行全国。还在南京、上京、东京、中京、西京各设一所国子学,总称"五京学"。辽代地方官学有府学、州学和县学。为培养贵族子弟,辽代创建诸王文学馆,设有诸王伴读、诸王教授。还招收朝鲜留学生学习契丹语,建立科举制度。(2)金代效法唐、宋,建立起较为完备的官学系统和管理制度。其中央官学有国子监、小学、太学、女真国子学、女真小学和女子太学,还有司天台办学和宫女学校;地方官学主要有府、镇、州学和女真府、州学以及地方医学。金太宗天会元年(1123年),开始推行科举制;天会五年(1127年),根据南北情况不同采用不同的考试方法,称"南北选";天德二年(1150年),增设殿试,规定试期为三年,将南北选合并,置经义、策试两科取士;明昌初年,又设贤良方正、能直言极谏、博学弘材、达于从政等科,试期不定。(3)西夏在元昊时设立管理教育的机关——"蕃学"和"汉学"。绍兴十三年(1143年),"始建学校于国中,立小学于禁中";绍兴十七年(1147年),建立科举制度。

元代民族文教政策

(1)行省制度和土官制度。为有效管理汉族和其他少数民族,元代建立全国统一的行政组织机构:以中书省为中央最高行政机构,以行中书省为地方最高行政机构,行省下设路、府、州、县为地方行政机构,并建立里、社基层社会组织。行省制包括边疆民族地区,在距省较远的少数民族的路、府、州、县内,设置宣尉司都元帅府。元代在西南民族地区建立土官制度,即任用少数民族上层人士担任当地政权机构的长官。土官设置一般包括宣尉司(宣尉都元帅)、宣抚使、安抚使、招讨使、蛮夷长官司长官、路总管土官、府官、州土官、县土官等九种。任命土官手续严格,任命之后即赐予诰敕、印章、虎符、驿玺书,作为朝廷命官统治其部落的信物。土官的义务有纳赋、朝贡和出土兵。朝廷对土官

有监督和奖惩制度。(2) 崇文尊儒政策。元代实行怀柔政策,如崇文尊儒政策、联姻和亲政策、吐蕃的政教合一政策等。崇文尊儒是其重要的文教政策。元代早期统治者在儒士的影响下逐渐认同儒家文化,入主中原后立即祭封孔子,加封孔子后裔,此外还遵用汉法,推崇理学,任用汉儒。(3) 重教兴学政策。元世祖于中统二年(1261 年)、至元六年(1269 年)连续下诏兴学。此后,成宗、武宗、仁宗均对兴办学校非常重视,从中央到地方逐渐建立起具有多民族特色的学校教育体制。就官学体系而言,设有中央官学和地方官学。① 在京师设国子学、蒙古国子学、回回国子学三种中央官学。国子学是专门学习汉文化的学校,由集贤院的国子监管辖。创立于至元六年(1269 年),至元二十四年(1287 年)定制。学生资格限七品以上朝官子孙和卫士世家子弟,平民俊秀子弟需经三品以上朝官保举,才能成为陪堂生伴读。学生不分种族,但以蒙古人居多。蒙古国子学是为蒙古族及其他民族官员子弟开设的学校,由蒙古翰林院的蒙古国子监管辖。创设于世祖至元八年(1271 年),从随朝蒙汉官员及宿卫官员的子弟中选拔俊秀者入学。主要教授翻译成蒙古文的《通鉴节要》,学业优秀者量授官职。回回国子学是专门学习波斯文的学校,创设于至元二十六年(1289 年),由翰林院精通波斯文者教授,为诸官衙培养翻译人才。入学资格为公卿大夫及富民子弟。此外,元代还在司天台和太史院设立附属学校,培养精通天文、算历的学生。② 按四级行政区划,在地方相应设置地方官学,包括路学、府学、州学、县学、小学和社学。路学创于元世祖中统二年(1261 年),至元十九年(1282 年),边远省份云南诸路皆建学,其中设教授、学正、学录等学官;府学及州学设教授、学正;县学设教谕。教授受中央政府管辖,其他学官受礼部、各行省或宣慰司管辖。路学、府学、州学、县学肄业者可就职学官或一般官吏。至元二十八年(1291 年),江南诸路学及县学内设立小学,选老成之士任教。社学初创于至元二十三年(1286 年),设在农村,利用农闲时间授课,以农家子弟为教育对象。此外,还设有具有民族特点的蒙古字学和具有科技教育性质的医学、阴阳学。诸路蒙古字学创设于至元六年(1269 年),招收诸路府州官员子弟及民间子弟,主要培养通晓蒙古族文字的人才。诸路医学创设于中统二年(1261 年),受医学提举司管辖。诸路阴阳学创设于至元二十八年(1291 年),学习天文、算历,隶属于太史院,学成者就职于司天台。为保证各类地方官学的办学经费,元朝政府重视学田的设置和管理。③ 书院官学化。太宗八年(1236 年),行中书省杨惟中设立太极书院,这是元代第一所书院。随后许多儒家学者自行修建书院,得到元代政府的多方支持和控制,书院逐渐官学化。(4) 科举取士制度。元代科举仿行宋制。皇庆二年(1313 年),仁宗下诏正式实行科举,定于延祐二年(1315 年)举行乡试,次年在京师会试,并规定每

三年开科考试一次。元代科举考试中,蒙古人和色目人只考两场,汉人和南人考三场。蒙古人、色目人第一场考试经问五条(后改为三条,增本经义一道),从"四书"中出题并以朱熹集注为准;第二场考试策一道,以时务出题,限 500 字以上。汉人、南人所考第一场为明经,从"四书"中出题并以朱熹集注为准;第二场是古赋、诏诰、章表,皆用古体;第三场是策问一道,从经史时务内出题,限千字以上。发榜时,蒙古人、色目人同为右榜,汉人、南人同为左榜。惠宗至元元年(1335 年),科举曾中断,六年后复设,稍有变化。

明代民族文教政策

明代时中国境内已有 50 多个民族,多数民族共同体已基本形成,分布格局基本稳定。明代统治者继承唐太宗"爱之如一"的思想,提出"华夷一家"、"一视同仁"的民族观。(1) 区别对待不同的少数民族。在少数民族地区,根据不同的民族关系采取不同的统治措施。北方民族关系多呈紧张状态,明代政府在东北、西北地区设立具有军事性质的羁縻卫所;南方民族关系多呈安定状态,明代政府采用土司制度,有的地方实行土流合治或改土归流。内地和边疆少数民族文化政策有别。在内地禁"胡服、胡语、胡姓",对边疆地区的少数民族则"顺而抚之",容许少数民族保持其生活习俗和宗教信仰。在土司制度中,甚至允许女子继承土职。在宗教方面采用利用政策,以达到"阴助王化"、抚治各族的目的。(2) 在人才使用上不分等类,验才使用。从中央到地方,任用大批少数民族文武官员。如冯胜、蓝玉、李成梁、麻贵、马文升、海瑞等。(3) 在中央设四夷馆。四夷馆明代译书之所,并负有培训译员的责任。永乐五年(1407 年),设蒙古、女真、西番、西天、回回、百裔、高昌、缅甸八馆,后增暹罗馆等。隶属翰林院,选国子监生的学生学习翻译。(4) 重视少数民族学校教育。① 明代科举不仅对汉族开放,而且对少数民族开放,少数民族中式者"加俸级优异之"。湖广、广西早在洪武初年(1368 年)就开始举行乡试;云南乡试在永乐年间。宣德元年(1426 年),云贵合试;嘉靖十四年(1535 年),贵州开科。云贵乡试额数定云南 40 名,贵州 25 名;嘉靖十五年(1536 年),又增贵州乡试解额 5 名。② 鼓励少数民族子弟进入国子监读书。少数民族子弟优惠进国子监的途径有特恩、岁贡和选贡。特恩指由皇帝特别恩准。朱元璋曾明谕来京朝贡的普定军民知府者额,令其谕诸酋长,凡有子弟皆入国子监学习,后者额派遣 16 人到太学读书。洪武二十三年(1390 年),四川建昌卫土司安配派遣 42 人到国子监读书。岁贡即要求地方每年从府、州、县学中选拔一定数额的人才推荐给国子监。少数民族地区岁贡政策优惠。选贡即除岁贡外,各地可不拘常例向国子监推荐品学兼优者。洪武十八年(1385 年)、永乐元年(1403 年)和永乐十八

年(1420年),明代中央政府先后命令云南、广西、湖广、四川、贵州等地土官衙门选贡,并指出即使生员学业欠佳,也可在学官训导下免试选送国子监读书。对土官子弟,国子监在学业上给予特殊指导,生活上给予特殊照顾。③ 重视在边疆少数民族地区开设儒学。在南方,洪武十五年(1382年),朱元璋诏喻云南府、州、县学选保民间儒士为学官。洪武二十八年(1395年),又命礼部在云南、四川等土官地区遍设儒学,选拔土官子弟入学。凡到府学就读的土官家族子弟概称土童,入学、应考和录取都有优先权。一些地方专设土司学堂,招收土司子弟。在北方,羁縻卫所中有不少蒙古官兵服役,明政府选派精通蒙古语文的教师给其子弟授课,还用蒙古文翻译儒家经典《孝经》作为教材。在西北,山丹、肃州等地卫所也设有儒学,蒙古、羌、撒里畏兀儿等民族的孩子能入学学习。明政府也在一些民族聚居区为贫而好学的儿童设立社学。此外,还鼓励少数民族子弟入学,给予必要的精神鼓励和物质帮助;督促地方官重视兴学,使兴学成为地方官第一要务;为督促土司继承人入学,强制性规定不入学者不准承袭;撤换个别抵制兴学的土司,改任流官。

清代民族文教政策

清代针对不同民族制定不同的民族文教政策。

对满族的文教政策　为维护满族的特色和特权、巩固清政权,清代制定"满洲根本"的基本国策。体现为满族自身的文教政策,即"国语骑射"和"旗民有别"。清统治者认为,"国语骑射"是满族的特色和立足的根本,必须保持。为保持"国语",满洲官兵必须讲满语,尤其在值班、集合的场合禁止讲汉语;地方各省和中央六部官员呈送皇帝的题本必须满汉合璧。为训练骑射,早在顺治年间就已制定八旗士卒操练制度,骁骑、前锋、护军每月必须较射六次,春秋两季还要另行披挂甲胄,马、步射各二次,每年大阅一次。"旗民有别"即尽可能将八旗人员和一般汉族官员、商人、百姓分开居住。在北京,顺治初年,将汉官、商贾等民人迁到南城居住,将八旗围绕紫禁城各守一方;在地方,各省驻防八旗官兵单独圈地建房筑城而居,被称为"满城"或"满营"。为系统教育满族子弟,清代建立了系统的满族学校教育系统。皇室子孙按宗亲远近分别入上书房、宗学、觉罗学读书;八旗子弟则入八旗官学、八旗义学等学校学习。

对其他少数民族的文教政策　清代在中央设理藩院专门掌管全国少数民族地区事务。理藩院成立于崇德二年(1637年),理藩院尚书衔名列工部之后,入议政之列。顺治年间,理藩院下设录勋、宾客、柔远、理刑,各司设郎中11人、员外郎21人。经过雍正、乾隆两朝多次调整,理藩院下设机构增加到六司,即旗籍、王会、典属、柔远、徕远、理刑。清代根据"满洲根本"和"从宜从俗"的原则,在不同民族地区实行不同的行政建置和文教政策。(1) 东北地区。实行八旗制度,文教政策悉如满洲八旗。(2) 内、外蒙古地区。实行盟旗札萨克制度,设都统、参赞大臣等。(3) 青海地区。1724年,设西宁府,领三县(西宁、碾伯、大同)四厅(巴燕戎格、贵德、循化、丹噶尔),归甘肃省管理;1725年,又设"总理青海蕃子事务大臣",管理青海蒙古五部二十九旗。青海蒙古也实行盟旗制度,但不设盟长,会盟由西宁办事大臣主持。此外还实施封授爵职、满蒙联姻、朝贡互市、利用黄教等措施。清代重视蒙古族学校教育,其直辖的学校有国子监、国子监算学、八旗官学、满蒙高等学堂、陆军贵胄学堂,地方性教育有蒙古义学、蒙古八旗学堂和蒙古清文学,还对蒙古族实行科举制度(参见"蒙古族教育")。(4) 西藏地区。实行政教合一制度,由达赖喇嘛、班禅额尔德尼具体管理地方事务,由驻藏大臣总摄。(5) 新疆地区。实行伯克制度,归伊犁将军节制。(6) 临近内地的少数民族聚居区或散居区。沿袭明制,推行土司制度。从雍正年间开始,在广西、贵州、云南等地大规模推行改土归流运动,实行积极的文教政策。主要措施有:命令边疆各府学、州学、县学、卫学招收少数民族土司贵族子弟,入学名额优惠,严禁汉人冒充少数民族子弟入学;在云南、贵州、广西、广东等少数民族地区为苗、黎、瑶等族贫寒子弟设置社学、义学,在云南边疆地区设立井学;允许少数民族子弟参加科举考试,名额优惠,经济资助。如苗族、瑶族等少数民族的应考生童称新童,其试卷称新卷,须在卷面注明,以供阅卷参考,可按府、州限额从宽录取。录取后再复核户籍、田庐,由考生所在地民族头领具结立案,以资证信。冒名新童者一经查出,考生和地方官照例治罪。(7) 台湾地区。顺治十八年(1661年),郑成功收复台湾;康熙二十二年(1683年),清军进入台湾,设台湾府,隶属福建省;嘉庆十五年(1810年),开始"改社为厅"。在此背景下,"生番熟番化","番汉一致化",台湾民族关系不断融洽,高山族文化不断得到发展。康熙二十二年(1683年),始设义学二所,之后台湾、凤山等县相继设立义学,又建立台湾府儒学;康熙二十五年(1686年),准允台湾府每年进文童、武童各20名,科进文童20名,廪膳生、增广生各20名;康熙二十六年(1687年),准允台湾人应福建乡试。此外,还允许台湾兴办书院,先后兴办23所书院,如台湾书院、崇文书院、正音书院、白沙书院、学海书院等。清代关于回族的文教政策是多面的,主要实行怀柔政策。回族上层人士只要忠实朝廷,就可以科举入仕,封官晋爵,率军出征,有功者可荣任要职。为管理基层回族民众,在回族聚居乡或有清真寺的地方,选择回民"老诚者"为乡约或寺约,给以印信,分段管理教化回民。

参考文献

费孝通.中华民族多元一体(修订本)[M].北京:中央民族大学出

版社,1999.

　　田继周.中国历代民族政策研究[M].西宁:青海人民出版社,1993.

　　翁独健.中国民族关系史纲要[M].北京:中国社会科学出版社,2001.

　　吴明海.中国少数民族教育史教程[M].北京:中央民族大学出版社,2006.

　　徐杰舜,韦日科.中国民族政策史鉴[M].南宁:广西人民出版社,1992.

（吴明海）

中国古代社学和义学

中国古代城乡的教育机构。社学、义学是封建社会对少年儿童进行启蒙教育的教育组织,也是封建社会教育的基础。

社　　学

社学的发展与消亡　社学是中国古代政府设在乡镇的一种地方官学,属于初等教育办学形式。唐宋两代已有社学的名称与初步设置,但较之元、明、清三代,数量极少,未成规模,加之学制不详,官方史籍中未见记载。

社学正式由朝廷下诏创设始于元代。其兴起原因有三:一是自元代起正式推行社制,社成为地方行政机构,乡村学校组织于是被称为社学;二是元代政府较重视农业的发展和农村地方组织的管理,"劝课农桑"是元代统治者的重要措施之一;三是自唐、宋起,乡村学校的发展为元代社学的产生与推广奠定了一定基础。元代社学设立于元世祖时期。《元典章》卷二三《劝农立社事理》记载:至元二十三年(1286 年),大司农张文谦上奏在全国推行社制,"诸县所属村,凡五十家立为一社",并规定"今后每社设立学校一所,择通晓经书者为师,于农隙时分,各令子弟入学,先读《孝经》《小学》,次及《大学》《论》《孟》,经、史",达到"各知孝悌忠信,效本抑末"的目的,"若积久学问有成者,申复上司照验"。社学设在社之内,学生为社内子弟,管理以社长为主,农闲时开学,农忙时关闭。限于当时条件,并未做到每社立社学,后元朝内部变乱迭起,社学之制遂废弃不举。顺帝元统二年(1334 年),"诏内外兴举学校"(《元史·顺帝纪》),至正八年(1348 年),又诏"守令选立社长,专一劝课农桑"(同上),再次申行社制,出现社学发展的又一次高潮。

明代沿用元代的里社之制,以社分里甲,每里 110 户,推丁多粮多者 10 户为长,逾百户为 10 甲,每甲 10 人,与里相应的是坊、厢,在城曰坊,近城曰厢。以社分里甲,指一社等于半里或五甲,即 50 家为一社。里社或坊厢置学,即社学。较之元代,明代社学有较大发展。洪武八年(1375 年),明太祖诏令各府州县学之下设社学。十六年冬,复诏民间自立社学,延师儒以教子弟,有司不得干预。由于允许民间自立,强调有司不得干预,遂使社学带有更多民办色彩,全国各地普遍兴建社学,伴随诸多法令颁布,社学制度逐渐完备。如正统元年(1436 年)设提学官督促地方官吏创办社学;成化元年(1465 年),"令民间子弟愿入社学者听,其贫乏不愿者勿强"(王圻《续文献通考·社学》);弘治十七年(1504 年),令各府州县建社学,访保名师,规定民间幼童 15 岁以下者送入读书,讲习冠婚丧祭之礼(《大明会典·礼部·社学》)。社学在中原及江南地区广泛设立,并延及边远地区。天启、崇祯时期,则因政治腐败,国力日衰,战乱不止,政府无力进行政策上的管理,以致大批社学自行废止。

清政府实施恢复学校教育政策,顺治九年(1652 年),礼部题准令全国建立社学,并规定由各直省提学监督地方社学设置情况,令各地行政长官将社学师生名录造册上报,以备提学监督考核之用,于是社学开始复兴。康熙年间,社学兴盛。雍正元年(1723 年),清廷下诏要求各地"照顺治九年例,州、县于大乡巨堡各置社学,择生员学优行端者,补充社师,免其差役,量给廪"(《钦定学政全书·义学事例》),自此各地普遍兴建社学,连边远地区也兴办社学,达到发展鼎盛。乾隆以后,政府大办义学,各地社学大多为义学所取代。清朝末年,伴随对传统教育的改革,社学兼习中西学,与近代学堂逐渐接轨。民国之后,社学遂销声匿迹。

社学的教学与管理　古代社学主要有两大职能:一是学校教育职能,对学生进行启蒙教育,为培养国家人才奠定基础;二是社会教化职能,举行乡约和各种礼俗,进行社会评议。社学经费主要有政府财政拨款及地方官之捐款、义仓谷、学田和校产收入以及学生纳费。社学的教学活动较灵活,有以 1 年、8 个月或 3 个月为期限者。

社学的教学内容大致有三。一是德育启蒙,主要包括理学启蒙,教材主要是朱熹的《小学》,还有《近思录》《四书章句集注》《养蒙大训》《童蒙须知》《孝经》《幼学实训》《家礼》等;以名贤故事为道德典范,主要教材有人物掌故类的《日记故事》和明成祖所编《孝顺事实》。二是智育启蒙,主要包括识字、书算、诗歌、作文等。三是朝廷圣谕律令,以及讲习冠婚丧祭之礼,在明代有《御制大诰》《明律令》《教民榜文》,在清代有《圣谕广训》等。

社学的教师称社师或教读,一般是一校一师,至多一校二师。地位低于官学教师,一般不享受官俸,不授官衔,但官府对社师进行登记,并给予一定待遇,一般由提学官、地方官或地方豪姓主持选师。社师有边教边读以应科举者,有屡科不第者,有官学生员或辞官退隐者,也有致仕的官员,多为社会下层知识分子。明、清两代社学教师虽不享受官学教师之官俸、官衔,但享受官府给予的一些待遇,几乎所有社师均享受"免除差徭",享受官府或乡民给予的粮谷。社师所得束脩有时是官府或乡民给予的脩金,随俗而定。社学以 8～15 岁的蒙童为教育对象,学生入学资格较灵活,目的在于普及。学生定期考核，优者奖励，劣者记过或体罚。学生出路有两种，少数幸运者被补为"儒学生员"，即成为州府县学的生员，大部分学生则"听其就所业"（全祖望《明初学校贡举事宜记》）。

义　　学

义学的发展　义学亦称"义塾"、"义馆"，一般指私人捐资设立，或利用祠堂、庙宇等公产创办，以贫寒子弟为对象的免费蒙学。与社学性质相似。"义学"之名始见于东汉。东汉肃宗时，杨仁官拜四川什邡县令，创建义学，"劝课掾史弟子，悉令就学，其有通明经术者，显之右署，或贡之朝，由是义学大兴"（《后汉书·杨仁传》）。唐代敦煌及新疆一带也有设立，宋代族学义学兴盛，遍布全国。北宋中期后，多数宗族争相创办族学义学，教育本族子弟，最著名的是范仲淹所设之范氏义学。南宋时，义学在江南一带更为普遍。元代，民间创办义学颇盛，至元年间，范仲淹之后裔范邦瑞、范士贵共议兴学，于范氏义学故址为屋三十楹，匾其大门曰"义学"。安徽婺源县里人程本忠建"遗安义学"，用以"祀先圣先贤"，"延明师以教乡之子弟"，并割田三百亩以赡义学之师生，此义学"行之数年，兵兴而毁"（道光《婺源县志》卷八）。至明代，义学的官学化色彩渐浓，官立义学与民间义学并存。

清代是义学设置鼎盛期，自朝廷至地方，自沿海至内地，均有设立，在许多地区逐渐取代社学在启蒙教育中的地位，成为清代蒙学最重要的组成部分。清代义学多由国家提倡，由地方官或士民为贫寒子弟和少数民族子弟举办。康熙四十一年（1702年）首次在京城崇文门外设立义学，颁赐"广育群才"匾额，教授满族子弟。四十四年，经礼部议准，在"贵州省各府、州、县设立义学，将土司承袭子弟送学肄业，以俟袭替；其族属人等并苗民子弟愿入学者，亦令送学，该府、州、县复设训导躬亲教谕"（《清会典》卷三九六）。清廷在贵州省设义学的目的在于培养一批效忠朝廷的土司继承人。后来，清政府把义学逐渐推向云南、广东、四川、湖南、广西等大部分少数民族地区。在清廷官办义学的影响下，地方官用公款和捐俸建立大量义学，各地乡绅、百姓也集资办学。同治、光绪年间，山东堂邑的武训，一生靠乞讨捐建了崇贤义塾、馆陶义塾、御史巷义塾三所义学，并鼓励师生努力学习。清廷特赐黄马褂及"乐善好施"之匾，并封之为"义学正"。

义学的教学与管理　官办或民办的义学对贫家子弟大都免收学费，有的还免费提供笔墨纸砚等学习用具。官办义学一般由各县知县主持，其所需经费或由地方政府出面倡议捐献，或以各种名义摊派。民办义学官方虽给以一定表彰，但一般不涉其教学等事务，除个人捐办的义学，还有各地同乡会馆为自己子弟所设的义学以及庙宇等资兴办的义学等。义学以启蒙教育为主，教学内容、教学方法同私塾相近，也主要是识字写字、读书作文、学算等，并兼有伦理教化功能，常用课本有《三字经》、《百家姓》、《千字文》、《千家诗》、《昔时贤文》等。一般一塾一师，不同义学的教师来源各异，如官办义学的教师由政府经过考核任命。每年冬季，知县考录县学诸生，成绩优良者由官聘为师，出具榜文。次年春天，受聘生员到榜列地点设帐收徒。民办义学则由出资人延聘当地或他乡有学问者任董事管理学校，有的还负责学田等产业，以保证义学教师的薪俸和部分学生笔墨等物的供给。

（张　蕊）

中国古代书院教育　中国古代特有的将图书的收藏和校勘、教学与研究合为一体的教育形式。亦是以私人创办和组织为主，独立于官学之外的民间性学术研究和教育机构。书院教育的产生和发展，不仅弥补了封建官学教育的不足，而且填补了诸多学术文化研究领域的空白，此外，其丰富的教学经验和灵活多变的办学方式也为历代教育家所借鉴。

书院的发展历程

书院之名，肇始于唐代，当时是官方修书、校书、藏书的机构，如唐代的集贤书院、丽正修书院，性质相当于国家图书馆。同时，唐代有些私人读书讲学之所也称为书院。特别是唐末五代由于战乱频繁、仕途险恶，一些学者不愿做官，遂隐居山林或乡间群巷读书讲学，吸引了一些士子前来求学，从而使书院具有讲学授徒的功能，如白鹿洞书院和应天府书院。但总的来说，唐末五代的书院数量少，规模不大，影响也极为有限。

到北宋初期，书院逐渐繁荣兴旺起来，规模和数量大幅扩展，体制也日益完备，并成为宋初教育的重要组成部分。朱熹在《衡州石鼓书院记》一文中谈及宋代书院兴盛的原因时，指出唐末五代官学衰落，学校不修，学者有志求学但又苦于没有适当的求学之所，因而选择了创建书院精舍这种教学形式，以满足世人读书求学的需要。"余惟前代庠序之教不修，士病无所于学，往往择胜地而立精舍，以为群居讲习之所，而为政者或就而褒表之，若此山，若白鹿洞之类是也。"（《石鼓书院志》卷下）至于书院大多设在山林僻静处，则被认为是受了佛教禅林精舍的影响。具体而言，北宋时期出现的主要书院有：

白鹿洞书院。位于江西庐山五老峰下，初为私人读书养性之所。唐代贞元年间（785—804），李渤与其兄李涉在庐山读书，曾养白鹿以自娱，因以得名。进入北宋以后，朝廷赐监本"九经"，并重加修缮，一时书院生徒达数百人。由于朝廷的大力赞助,白鹿洞书院也进入了鼎盛时期。至北宋中期以后,书院渐趋衰微。

岳麓书院。位于湖南长沙岳麓山抱黄洞下,于北宋开宝九年(976年)由潭州太守朱洞创建。真宗时,书院山长正式由朝廷委官任职,当时,书院山长周式兼任国子学主簿,由于得到朝廷赐额、赐书,书院得以扩建,学生达60余人,从此书院名声大振,但不久便开始衰落,在两宋之际曾毁于兵火。由于岳麓书院是由官府创建,书院山长又兼任官职,故岳麓书院具有一定的官学性质。

应天府书院。又名睢阳书院,位于河南商丘县西北。它是于北宋大中祥符二年(1009年),由府民曹诚捐款在宋初名儒戚同文故居扩建而成,朝廷赐额"应天府书院"。应天府书院在真宗、仁宗两朝,由于得到朝廷的赞助,影响日益扩大。同时,在其地任职的地方长官如晏殊、蔡襄等人,对书院也都是大力扶持。另外,学者韦不伐、范仲淹、石曼卿、王洙等先后主持书院教席,使四方学者辐辏其门,为国家培养了大批人才,并在当时产生了很大影响。范仲淹曾称"天下庠序由兹始"。至景祐二年(1035年),又以应天府书院为府学,给学田十顷,至此,应天府书院被纳入官学系列。

嵩阳书院。位于河南登封太室山麓。北魏时始建嵩阳寺,到五代后唐时,进士庞式在此聚徒讲学,至后周改设"太乙书院"。宋太宗于至道二年(996年)赐额"太室书院",并赐监本"九经"。至仁宗景祐二年(1035年)奉敕修葺扩建,更名嵩阳书院,并给学田一顷。书院最盛时,生徒曾达数百人。

石鼓书院。位于湖南衡阳北二里鼓山回雁峰下。其书院之名,最早见于唐代,初为唐代士人李宽私人读书之处。到宋代以后,郡人李士真于至道三年(997年)请求郡守"即故址设书院,居衡之学者"。石鼓书院创建后,不久便改为州学,遂废而不修。

茅山书院。位于江苏金坛三茅山后。北宋大中祥符年间,处士侯遗在此聚徒讲学。天圣二年(1024年),王随知江宁府,上奏朝廷,请赐学田。但在王随死后不久,书院就衰落下去,生徒散落,其地也为寺院侵占。

北宋中期以后,随着历次大规模兴学,州县官学日益普及,并逐步取代书院的地位,加之书院本身的官学化倾向日益加强,因而不可避免地衰落下去。进入南宋以后,兴办书院之风再起。这一方面是由于朝廷大力提倡办学,另一方面则同理学的盛行有密切关系,书院成为研究和传播理学的重要基地。总的来看,南宋书院在各方面都比北宋有长足的进步,如书院数量和分布区域大幅扩大;大量宋初著名书院都得到恢复和重建,包括白鹿洞书院、岳麓书院、嵩阳书院、石鼓书院、茅山书院等;书院内部的设施和功能更加完善,规章制度也更加完备。

元代在书院教育方面,基本继承了南宋的书院遗产,保留了前代书院的数量和规模,并在一些方面有所扩大,据称"几遍天下"。特别是元政府全面实行了书院的官学化政策,将书院这种新的教学组织形式进一步转换为封建官学的一部分,致使书院受到官方控制,书院山长也成为国家官吏,政府还设立直学之职,掌管书院的钱粮,结果使书院教学缺乏论辩争鸣的气氛,丧失了自身特点,几乎与官学没有区别。

明代书院的发展几度兴衰,虽然有不少倡导实学的书院,但就其总体趋势来看,基本上已失去高层次私学的办学特点,越来越官学化。明初,因为政府重视官学,提倡科举,书院备受冷落。经过一百多年后,才逐渐发展起来,并在嘉靖以后达到极盛。由于科举日益僵化,官学有名无实,一些理学家为救治时弊,纷纷创立书院,授徒讲学,于是书院兴盛起来。当时讲学最为著名的是理学大师湛若水和王守仁。与此同时,明朝政治日益腐败,文化专制越来越强,所以,从明朝中后期开始,先后四次下令禁毁书院,但是,因书院有广泛的社会基础和强大的生命力,不久又得以恢复。其中最著名的是以顾宪成、高攀龙为首复建的东林书院。

东林书院位于江苏无锡,原为宋代大学者杨时讲学的场所。明正德年间,乡人邵宝继承杨时讲学之志,重建书院,谓之"东林",由王阳明为之作序。至万历时,被明政府革职的顾宪成和高攀龙、钱一本等人复建东林书院,进一步扩大规模,聚徒讲学,并订立《东林会约》。会约规定,书院定期会讲,年一大会,月一小会,会期3天。每会推举一人就一个专题进行主讲,然后,质疑论辩。当时,首先提倡并研究西洋实用科学的李之藻、徐光启、杨廷筠等也常到东林书院讲学。在讲论的内容上,书院不限于学术,也包括朝政,正如顾宪成为书院所题对联:"风声雨声读书声,声声入耳;家事国事天下事,事事关心。"书院以追求"为圣为贤"的"实学"为务,不空谈"性命",不专为"科名",以免"失其为学之本"。每逢会讲时,远近赴会者常数百人,即便"草野齐民"、"总角童子"也可以到书院听讲。特别是吴皖赣浙四省的学士,几乎无一不属东林之士。这样,在江南就形成了一个全国著名的学派——东林学派,东林书院也逐渐成为全国的学术和议政中心。由于东林书院常议论朝政得失,抨击权贵,揭露腐朽,因而遭到了以魏忠贤为首的宦官集团的畏忌,于是他们下令"尽毁天下书院",结果东林书院被毁,就连"东林党人"也遭到残酷的迫害,生者削籍,死者追本,300多人被逮捕、杀害。

清初,统治者对书院曾采取抑制态度。顺治九年(1652年),明令教官、生儒务将平日所学经书义理躬行实践,不许别创书院群聚徒党,空谈兴废。这一禁令,直到雍正时期才被解除。但是,清初的一些思想家和教育家,仍坚持书院讲学活动,如黄宗羲、颜元等。正是在这种禁而不止的形势下,清政府对书院的政策逐步由禁止改为提倡,并加强管理,使它为朝廷所用。雍正十一年(1733年)又诏谕在各省设立书院,开始积极提倡书院。同时采取了一系列措施,加强对书院的管理和控制。以后,各省也相继建立书院,但书院的性质已经发生了根本性变化,如政府通过定期拨给经费或置学田,完全控制书院师长的聘任权和生徒的录取权等,使书院成为官学的一部分。

近代书院由于不适应社会的发展和需要,开始进行改革。从19世纪80年代开始,一些个别地方的旧书院增设了实学课程,尤其是数学和外语,同时进一步改善书院的管理和经费收支制度。另外,也建了一些新型书院教授格致之学(即自然科学技术),但在藏书及管理上还因袭书院的传统。到百日维新时,下令将各省、府、厅、州、县的大小书院,改为兼习中学西学的学校。但在变法失败后,又改回书院名称。直至1901年8月下令将各地所有书院一律改为学堂。至此,宣告了延续千年之久的中国古代书院的终结,以后虽仍有以书院命名的,但已属于新教育的范畴。

书院在中国历史上存在了近千年的时间,它是中国古代教育史上的一份珍贵遗产,对中国古代教育、学术的发展和人才培养都产生了重要影响。

书院在组织、管理和教学上的特点

第一,组织机构简单。书院的主持人,一般称为洞主(或主洞、洞正)、山长、堂长、院长、教授等,他既负责书院的组织管理,又担负书院的主要教学工作。规模大些的书院,还设有副山长、副讲、助教等职,协助山长工作,也有的分派学生兼任管理。

第二,书院既是一个教育和教学机关,又是一个学术研究机关。可以说,教学与学术研究紧密结合,是书院最显著的特点。书院的创建人或主持人,多是当时的著名学者,或者某一学派的代表人物,而每个书院往往就是某一学派教学和学术研究的基地,使教学和学术相互促进。

第三,讲会是书院讲学的重要组织形式,也是书院区别于一般学校的重要标志。书院讲会不仅有本院教师主教,也经常聘请社会名流或其他书院的学者到本院主持讲会。例如,在张栻主持岳麓书院的时候,就曾邀请朱熹到书院讲学月余,几年后,朱熹又在潭州任上大力扩建岳麓书院。再如朱陆两派各立门户,但朱熹在主持白鹿洞书院时,也邀请陆九渊到白鹿洞书院讲学。这种相对自由开放的教学制度,使书院往往成为名师荟萃的学术中心,并且大大提高了书院的学术地位和社会影响力。

第四,书院实行自由讨论的教学方式,强调以自学讨论为主,师生共同研习学问,多采用问难论辩式,注意启发学生思维,培养自学能力。办学风格较为开放,气氛活跃,眼界开阔。

第五,书院内的师生关系比较融洽,师生感情相当深厚。书院的名师不仅以渊博的学识教育学生,而且以自己的品德气节感染学生。如朱熹教人,循循善诱,孜孜不倦,对学生有深厚感情,也赢得了学生的尊敬和爱戴。

第六,书院制订学规作为书院的总方针,规定了书院的培养目标、进德和为学的基本要求和标准,以及书院生活的一些基本守则。最初比较概括、抽象,以后陆续发挥、补充,有的订得相当详细、具体。尤其是对学生道德品质方面的要求十分明确和严格。书院学规以朱熹制订的《白鹿洞书院揭示》为代表,它主要规定了书院的教育宗旨、教学方法和道德行为规范,同时也为南宋后期和元明清历朝书院的发展提供了范本,因而成为研究中国古代书院制度的一个经典性文献章程。

参考文献

李国钧.中国书院史[M].长沙:湖南教育出版社,1994.

王炳照.中国古代书院[M].北京:商务印书馆,1998.

(张　蕊)

中国古代私学　　中国古代由私人或私人集团(包括社会集团)主持、经营、管理的,不纳入官方学校教育制度之内的教育活动和教育机构。既包括与官学相对的各类私学学校,也包括私人学派的教育活动。

私学的产生

私学产生于春秋时期。当时,统一的奴隶制国家日趋衰落,礼崩乐坏,"天子失官,学在四夷"。这样,奴隶主贵族垄断教育的局面被打破,以前秘藏于官府的典籍文物散落于民间,掌握一定文化知识的官员逐渐流落到下层,开始到各诸侯国去谋求出路。由于他们具有一定的文化知识,各诸侯国甚至各卿大夫的私门争相养士,士的出路渐广,在这种情况下,士的培养就成为一种迫切要求,私学也应运而生。当时,士阶层中出现了各种学派,它们分别代表不同阶级或阶层的利益。每个学派为了培养自己的人才,积极向各诸侯宣传自己的主张,以求各诸侯采纳,扩大政治势力,其中影响较大的是儒、墨、道、法四家,它们在学术上各有长短,均开设私学,特别是孔子私学规模最大,影响最深。

孔子提出"有教无类"的教育原则,扩大了教育对象,并编订《诗》、《书》、《礼》、《乐》、《易》、《春秋》作为私学教材。在他之后的儒家私学中,孟子重视"仁"的教育,荀子重视"礼"的教育。与儒家不同,墨家私学既是教学团体,也是带有宗教色彩的政治团体,它有严密的组织、严肃的纪律和严格的教育和训练,重视生产和科学知识的传授。儒墨两派私学成为当时学术思想的主流,所谓"世之显学,儒、墨也"(《韩非子·显学》)。到了战国时期,由于秦、齐、楚、燕、韩、赵、魏七国争雄,"邦无定交,士无定主",致使士的身价越来越高,养士之风有增无减,私学更加盛行,"从师"之风也盛极一时,私学也比以前更多。其中,道家私学以老子为创始人,它反对一切"人为"教育,宣扬"自然无为"的思想。孔子去世后,孔子学生子夏到了魏国,在西河一带讲学,弟子达300多人。在子夏的私学里,魏文侯、李悝、吴起都是他的学生,特别是李悝的学生商鞅曾指导秦国变法运动,主张"燔诗书而明法令"(《韩非子·和氏》)。因此,战国时期的法家私学,推行"以法为教",兼有诉讼、兵法、耕战等一些实用知识。

私学的发展

秦统一全国后,推行"以法为教,以吏为师"的文教政策,李斯进一步提出严禁私学的主张。他说:"古者天下散乱,莫之能一,是以诸侯并作,语皆道古以害今,饰虚言以乱实,人善其所私学,以非上之所建立。今皇帝并有天下,别黑白而定一尊。私学而相与非法教,人闻令下,则各以其学议之,入则心非,出则巷议,夸主以为名,异取以为高,率群下以造谤。为此弗禁,则主势降乎上,党与成乎下。禁之便。"(《史记·秦始皇本纪》)于是宣布禁止各家私学,下令焚烧各学派著作,甚至坑埋儒生四百六十多人。

汉代私学崛起　西汉初期,百废待兴,国家急需大量人才,但当时官学未兴,政府无暇建立学校教育制度,在这种情况下,学术、文化的传播主要依靠私学。汉惠帝四年(前191年)"除挟书律",私学大师允许收徒教学,传授被秦禁锢的文化。汉武帝时又宣布"罢黜百家,独尊儒术",于是,原先隐居民间进行私人讲学的名儒大师及其门徒子弟趁势复出,出现了单纯以教学为目的的私学,从而为汉初文教的恢复、发展作出了重要贡献,如传授《诗经》的申公、为汉高祖制定朝廷礼节的叔孙通等。再如儒家经典《尚书》也是由私学大师保存、流传下来的,还有《诗》、《易》、《春秋》等经籍也是先由私学大师在民间传授,后来才被朝廷封为博士。总的来说,当时私学教育的环境较为宽松,儒、道、法、刑名等学都有私人传授,杂家、纵横术、律历、卜筮学也都有私学,并且自然科学知识也在传授之列。到东汉时,私学已成为当时占主导地位的教育形式。就程度而言,汉代私学可以分为书馆和经馆。

书馆主要面向童蒙,前期主要从事识字和书法教育,后期则开始接触儒学基础内容。这一阶段的教材种类繁多,主要有《仓颉篇》、《凡将篇》、《急就篇》等,但只有《急就篇》保存下来,它由西汉史游编撰,全书共2 144字,由三言、四言、七言韵语组成,便于学生记诵,内容包含"姓氏名字"、"服器百物"、"文学法理"等。学生在识字习字后,还要学习《孝经》、《论语》等儒家经籍,也有学《诗》、《春秋》、《尚书》等典籍的。

经馆亦称"精舍"、"精庐",它是一些著名学者聚徒讲学的场所,主要面向青少年和成人。汉代官学设置的学科属于今文经学,古文经学由于未立于学官,故主要在民间传授,成为私学。随着私学力量的日益增强,至东汉末年压倒官学。由于当时学习经学是做官的唯一途径,导致经学极盛,使经学大师的学生迅速增多,以至无法容纳,不可能个个当面传授,学生有的可及门受业,称为及门弟子,有的则不必亲来受业,只在师长处登录名籍,叫做著录弟子,有的大师著录弟子能多至万人。另外,在教学中,还出现了高业弟子次相授受的教学方法,即老师只对从学时间较长的高业弟子进行直接传授,然后再由高业弟子转相传授初学弟子,这样,一位经学大师就可以教授上千人。汉代私学教育还很重视师法、家法。师法一般指汉初为博士或著名经学大师的经说。大师的弟子通过发展先师的经说,形成自己的一家之言,并在一定程度上得到社会的认可,于是形成家法。"先有师法,而后能成一家之言。师法者,溯其源;家法者,衍其流也。"(皮锡瑞《经学历史》)西汉时,多论师法,东汉则多论家法。

魏晋南北朝时期私学兴盛　三国两晋南北朝时期,由于战乱频繁,官学教育呈现出时兴时废的状态。这一时期,整个社会的教育基本上为私学所取代,私学成为占主导地位的教育形式。三国时,许多躲避战乱的儒师名宦,均设学收徒,传播文教,加之这一时期儒、佛、道诸家思想并存,学术思想异常活跃,从而形成私学繁荣的局面。当时魏国的政治、经济、文化均高于蜀、吴,故魏国的私学最为发达,私学大师人数也最多。至两晋私学也很兴盛,既有蒙学,也有深造性质的私学,当时名儒聚徒讲学,生徒常有几百或几千人。由于当时兴盛清谈风气,故与私人讲学相结合,成为私学活动的重要内容。至南朝官学时兴时废,教育多赖私学维持。北魏虽曾一度禁止私学,但整个北朝为了促进汉化,不仅官学比较发达,私学也十分兴盛。在这一时期,儒道佛玄四家私学规模巨大,堪称战国之后私学的再度繁荣期,同时,宗族和家庭教育不断发展,家族的学术传授在当时非常普遍,许多儒学家、玄学家都是通过这种形式培养起来的,并且总结了很多家庭教育经验,其中,颜之推的《颜氏家训》是这个时期家庭教育的代表作。

唐宋元明清时期私学发展　在唐代,私学和家学作为蒙学教育的基本形式,获得了很大发展。当时,有许多名流学者涉猎经史,无意仕途,遂开设学馆,专事著述和讲学活动。如窦常、张士衡、刘焯、孔颖达、韩愈、柳宗元、颜师古等都是当时的经师讲学名家。实行科举考试后,允许社会普通人士通同赴考,大大刺激了社会的办学积极性。另外,政府出于推崇儒学和教化民众的需要,也对社会小学采取了支持、鼓励政策,从而为私学的兴办提供了政策条件,如开元二十五年(737 年),下诏"古者乡有序,党有塾,将以宏长儒教,诱进学徒,化民成俗,率由于是。其天下州县,每乡之内,各里置一学,仍择师资,令其教授"(《唐会要·学校》)当时还出现了地方自办的教育形式"乡学"。

从唐五代开始,又出现了书院这一私学形式,它初为私立,后来才逐渐由政府控制。唐代已有讲学读书的书院,它是私人办学的产物。五代时,此类书院大量出现,到宋初,书院又有了相当大的发展,其中最著名的有白鹿洞、石鼓、应天府、岳麓等书院,随着它的发展,开始逐步超过州县学。南宋时书院尤其多,并成为很多学者研究和讲学的场所。至元代,书院官学化倾向严重,政府开始向书院派山长,拨经费,控制书院。明清时期书院继续向官学化方向发展,但私立书院也较多,并形成了独特学风。书院在管理和教学方面具有鲜明特色,它一般由山长负责管理和教学,组织机构简单;它倡导学术研究和教学相结合,既是教学机构,也是学术研究机构;在教学内容上,它取决于书院的特质及山长、主讲所长,从而形成书院传授知识和学术的主流;书院教学方法比较灵活,注重自由讨论学术的教学方式。有些书院还建立了"讲会"制度,允许不同学术观点的学者互相讲学。在书院的发展过程中,还制订了系统的学规,尤其是朱熹制订的《白鹿洞书院揭示》,极大地影响了后世书院的发展。

从宋代开始,低级私学发展很快,到南宋时,蒙学已分化出村学、义学、族塾、冬学等多种形式。至元代开始设立社学、庙学等特殊私学,并呈现出繁荣景象。到明清时期,私学普遍出现了义学、义塾、私塾等形式,这些私学大多在乡间设立,为地方政府提倡。其中,义学、义塾多为私人或社会集团捐资兴办,对学生实行免费教育。而私塾则遍布城乡,主要在于童蒙教育,它有三种形式:家塾、族学和坐馆。除蒙学外,封建社会后期高级私学的发展也呈兴旺之势,它是培养人才、发展文化和传递学术思想的重要承担者。

蒙学教学内容包括初步的道德行为训练和基本的文化技能学习两个方面。朱熹说,小学的任务是"教事",即教人以"洒扫、应对、进退之节,爱亲、敬长、隆师、亲友之道"(《小学书题》)以及"礼、乐、射、御、书、数之文"(《大学章句序》)。因此,蒙学每日的功课主要是教儿童识字、习字、读书、背书、对课与作文,同时向他们进行基本道德观念的灌输和道德行为习惯培养。蒙学的教学,基本上沿袭传统的教学方法,重视背诵和反复练习。当时,蒙学教材按内容可分为四类:一是以识字教育为主的综合性识字课本,如《三字经》、《百家姓》、《千字文》等。二是以伦理道德教育为主的蒙学课本,如《太公家教》,朱熹编的《小学》,明吕得胜、吕坤父子编写的《小儿语》、《续小儿语》等。三是综合知识类教材,如唐李翰编纂的《蒙求》、宋方逢辰编写的《名物蒙求》以及《龙文鞭影》、《幼学琼林》等。四是诗文教学的课本,以《千家诗》、《唐诗三百首》、《古文观止》、《唐宋八大家文钞》等为代表。

私学的作用

私学作为教育事业的重要组成部分,对中华文明的发展作出了巨大贡献。

私学承担了绝大部分基础教育任务,特别是蒙学教育基本上是由私学完成。由于中国古代的官学体系没有纳入蒙养教育这一低级形式,故一般士人都是在低级私学中进行最初的文化启蒙教育,学习基本的文字知识和儒家经典,然后才进入官学或者高级私学学习的。

私学在办学体制上,是一种带有普及意义的教育形式。它在学生的招收上,没有等级之别,无论贫富贵贱,只要愿意学习,都能入学受教育。因此,与官学相比,私学扩大了教育对象,更加接近社会中下层,对于普及文化知识,铸造民族心理,延续民族优良传统作出了突出贡献。同时,古代私学也在一定程度上弥补了官学教育过于单一的缺陷,保持了教育内容的多样性和丰富性,尤其是农、医、工、商技艺和日用常识类的文化知识技能,大部分是靠私学得到传承发展的。在战乱频仍、社会动荡不安的时期,官学时兴时废,正是私学保持了中国教育和学术的延续性,使许多有价值的学术思想得以产生和发展,并在社会上产生重大影响。

参考文献

皮锡瑞.经学历史[M].北京:中华书局,1963.

王炳照.中国私学·私立学校·民办教育研究[M].济南:山东教育出版社,2002.

吴霓.中国古代私学发展诸问题研究[M].北京:中国社会科学出版社,1996.

(张 蕊)

中国古代学校教育　　中国古代学校教育的初创状态。可以分为三个阶段:一是在原始社会末期,五帝、虞舜传说中出现的"成均"和"庠";二是在奴隶社会初期,夏代出现的"庠"、"序"、"校";三是奴隶制商代产生的以传授间接经验为主的正式学校——"庠"、"序"、"学"和"瞽宗"。原始社会末期,随着社会生产力的发展,社会开始出现了相当数量的剩余产品,这就使一部分人有可能在脱离生产劳动的情况下,专门办教育和受教育。同时,文字的产生,文化知识的不断丰富,也为人们提供了便利的学习条件和丰富的教育内容,在这种情况下,就有必要和可能建立有目的、有计划、有组织的专门教育机构,于是出现了学校教育的萌芽。

古籍中有关学校的最早记载,是《周礼》、《礼记》中所说的"成均"，它出现在中国的五帝时代，公元前 2700 年左右。"成均"本义是指经过修整的、平坦的、宽阔的场地。汉学家郑玄解释说："均，调也。乐师主调其音。"由此可见，成均之学以乐教为主。在部落联盟时期，凡宗教仪式和公众聚会，都必有音乐。因此，部落贵族十分重视音乐修养，并让主管音乐事务的乐师对贵族子弟实施乐教。可见，成均具有比较固定的教育场所和教育内容，出现了脱离生产劳动的、专门从事教的教育者和专门从事学的受教育者，由于它是在生产和生活过程之外进行的、具有一定的独立形态和目的，所以可以把它看作是古代学校的萌芽。传说虞舜时期的学校为"庠"。"庠"由"广"和"羊"两部分组成。"广"指"房舍"，"羊"泛指牛羊等牲畜。所以"庠"可以解释为食羊者的居处。在原始社会中，羊只有老者才能食用，故"庠"也就成了敬老养老之地。"庠"的另一种解释是："米廪，有虞氏之庠也"，即是藏米之所。由于氏族公社有养老的传统，于是就将生活经验和社会知识丰富的老人集中在一起敬养，让他们看管粮食，并附带教育下一代，这样，"庠"就逐渐成为传授生产生活经验、进行孝悌宗法教育的场所，成为一种带有教育性质的养老机构。在虞舜时期，老人有国老、庶老之分，因而敬老的场所也有所区别。《礼记·王制》记载："有虞氏养国老于上庠，养庶老于下庠。""上庠"即大学，"下庠"即小学。当时，除了由老人担任教育下一代的任务外，还设有专门管理教育的学官，主要有三种：一为"司徒"，由契负责主持"五教"，即父义、母慈、兄友、弟恭、子孝；二为"秩宗"，由伯夷负责主持"三礼"，即祀天神、享地鬼、祭地祇；三为"典乐"，由夔负责掌管乐教。

约公元前 21 世纪，中国进入历史上第一个奴隶制国家——夏代（前 21 世纪—前 17 世纪）。奴隶社会的产生，促进了脑力劳动和体力劳动的分离，社会分工进一步专门化，这样，教育最终从社会生产和生活的母体中独立出来，学校教育正式产生。据记载，夏代已有"庠"、"序"、"校"三种学校。孟子曾经解释道："庠者，养也；校者，教也；序者，射也。"据考证，"校"出现的时间比"序"略晚。夏代的"庠"是从虞舜时期直接继承下来的，仍兼具养老与教育的职能。夏代奴隶主贵族为了巩固和扩大本阶级的统治，特别重视军事训练，"序"就成为奴隶主子弟习射的场所。在"校"里，奴隶主贵族及其子弟不仅受到内容广泛的军事教育，而且还要经过严格的考试和考核，因此，"校"的教育意义比"庠"和"序"要大，类似于今天的专门院校。

在商代（前 17 世纪—前 11 世纪），奴隶制得到进一步巩固，生产力不断提高，加上已有成熟的文字，使教育得到很大发展。如在出土的殷商甲骨文"卜辞"中，既有关于占卜建校时间、入学时间的内容，也有表明习射、习数、习礼、习乐的内容，既有反映老师指导学生练习刻字的内容，而且出现"教"字和"师"字、手持笔形的"笔"字以及像木简扎在一

起的"册"字等，这说明商代已有完备的学校教育。商代的学校除"庠"、"序"之外，又增加"学"和"瞽宗"。其中，"庠"比虞夏时期实施孝悌教化的目的更为突出，"序"则在夏代的基础上有所发展，除了传授军事内容外，还进行礼乐教育，重视思想品德的培养，逐渐形成以习礼为主，习射与习礼相结合的教育机构。商代的"学"是传授一般文化知识，进行以"孝"为中心的道德教育的机构，一般分布在王都附近。分为"右学"和"左学"。其中"右学"是大学，在西郊；而"左学"是小学，在国中王宫之东。这表明"学"已开始根据不同年龄划分不同的教育阶段，并提出不同的教育要求。"瞽宗"是商代大学特有的名称，它和"右学"都属于大学性质，它由乐师瞽矇主持，是举行祭祀和学习礼乐的机构。中国从原始社会末期出现学校教育的萌芽到奴隶社会初期学校的发展表明，教育目的日益明确、教育内容不断丰富、教育机构逐步完备，到商代已形成了比较完备的学校，尤其是商代的"学"和"瞽宗"，有固定的校舍，并选择德高望重的人作为教师，对奴隶主贵族子弟进行礼乐、书数、军事和思想政治教育，基本具备"六艺教育"的形貌，包含学校教育的基本特征，标志着中国古代学校教育的正式形成。

参考文献

李国钧，王炳照. 中国教育制度通史 [M]. 济南：山东教育出版社，2000.

毛礼锐，瞿菊农，邵鹤亭. 中国古代教育史 [M]. 北京：人民教育出版社，1979.

（吴慧芳）

中国古代学校课程

中国古代学校教育内容的发展过程。《礼记·内则》所载的"六年，教之数与方名"，"九年，教之数日；十年，出就外傅，居宿于外，学书计"，"十有三年，学乐，诵诗，舞勺；成童，舞象，学射御；二十而冠，始学礼"等，孔子的私学有"子以四教：文行忠信"之说，均是关于古代教育内容和进程的历史记载。"课程"一词最早见于唐代。唐代孔颖达在《五经正义》中注释《诗经·小雅》时用"课程"一词，南宋朱熹在《朱子全书·论学》中有"宽著期限，紧著课程"，"小立课程，大作工夫"。中国古代课程的特点：课程尚无科学的分科；课程注重人伦道德教育；"劳心"与"劳力"相分离，脱离生产劳动；安排形式上一般是单科独进，即学完一门课程后再学另一门课程，而非各门课程齐头并进；对在学年限、年级、年龄和程度无严格规定，未建立起在课程上相互衔接的学校制度。

中国古代学校正统课程

在原始社会，教育主要在生产劳动和社会生活中进行，

教育内容主要是生产劳动和祭祀礼仪的知识和技能。尧舜禹时代,学校课程内容以"明人伦"为主。《尚书·舜典》载,虞舜时期已开始进行分门别类的教育,并设学官负责教学。如命契为司徒,"敬敷五教",进行"父子有亲,君臣有义,夫妇有别,长幼有序,朋友有信"的"五常"教育;命伯夷为秩宗,进行"祀天神、享人鬼、祭地祇"的"三礼"教育;命夔为典乐,对胄子进行乐歌教育。这些均是中国奴隶社会、封建社会的道德规范。

至商代和西周,课程演变为"三物",即"六德"(知、仁、圣、义、忠、和)、"六行"(孝、友、睦、姻、任、恤)和"六艺"(礼、乐、射、御、书、数)。《周礼·地官·保氏》载:"养国子以道,乃教之以六艺:一曰五礼,二曰六乐,三曰五射,四曰五驭,五曰六书,六曰九数。""六德"和"六行"是进行品德教育的课程内容;"六艺"是进行知识技能教育的课程内容。其中,"六艺"是最重要的课程源流。(1)礼乐教育。商周重视礼乐教育,以礼乐作为修养和应世的工具。《礼记·文王世子》曰:"凡三王教世子必以礼乐。乐,所以修内也;礼,所以修外也。礼乐交错于中,发形于外,是故其成也怿,恭敬而温文。"(2)射御教育。习射最初属于习武,射是必须掌握的作战技能。周以车兵为主,训练用战车作战的甲士。在贵族中挑选甲士,除掌握射的能力外,还要具有御车技能,射御是贵族教育的主要课程之一。射御训练同礼乐教育相联系,射的训练中有射礼,射者一切行动都要合乎礼仪,动作节奏要合乎乐律。(3)书数教育。殷人是中国文字的奠基者,《尚书·多士》曰:"惟殷先人,有册有典。"中国的文字到商代后期基本成熟,象形、指事、形声、会意、假借等方法已普遍应用,在教学中使用文字课程亦较定型。商代,人们从事采集、狩猎、分配需要计算,儿童从大人活动,从计数学起;周代沿袭商代,儿童6岁开始学简单数字。

春秋时期,周室衰落,诸侯纷争,文化从官府转移到民间。孔子是私学的代表,精通《诗》、《书》、《礼》、《易》、《春秋》,并将其编成教材作为学生学习的课程,此为"五经"起源。《诗》即《诗经》,是中国最早的诗歌总集,共收集西周初年至春秋中叶的民歌和朝庙乐章三百十一篇,包括"风"、"雅"、"颂"三类。《书》即《尚书》,是现存最早的关于上古历史文件和部分追述古代事迹著作的汇编,孔子考订整理的文献之一,保存了商代和西周初期一些重要史料。《礼》是孔子教育的重要课程,特别重视将礼作为维持社会秩序的作用,并反对礼的形式化,强调礼的精神实质。《易》即《周易》,为儒家重要经书之一,包括《经》和《传》两部分,《经》主要介绍六十四卦和三百八十四爻,有卦辞、爻辞,作占卦之用。《传》包括解释卦辞、爻辞的七种文辞共十篇,统称《十翼》,旧传孔子作。《春秋》是一部编年体史书,相传孔子依据鲁国史官所编史料整理而成,记载以鲁国为主的春秋时期历史。

汉代,汉武帝为巩固封建政治的统一,罢黜百家,尊崇儒术,无论官学、私学,均以儒家经典为课程内容。汉代经学在讲授方面存在今文与古文两派之争,今文学派占优势。东汉末年经学课程方面有两件要事:一是蔡邕校订"熹平石经",统一了课程内涵;二是郑玄为经书作了较具权威性的注释。在长期的封建社会中,经学作为课程,经书作为教材,在汉代已打下坚实基础。

魏晋南北朝时期,阶级矛盾和民族矛盾尖锐,战乱频仍,民生凋敝,"虚无"的老庄思想盛行,课程内容除《老子》、《庄子》外,还利用儒家经籍的外壳灌注道家思想,构成风靡一时的玄学。刘宋时期更立玄、儒、文、史四家,梁朝继承这一制度,在分科教学中突出玄学课程的地位。北魏重视儒家教学传统,以加速汉化和封建化过程。

唐代初年,孔颖达编订《五经正义》作为国家统一课程。李善注释《文选》,从学者甚众,"选学"盛行;韩愈兴起"古文运动";唐代以进士科独盛,进士科主要考诗文;诗歌创作旺盛。这些均与学校课程联系紧密。

宋、元、明时期的学校课程与理学关联密切。宋代建立理学,以《论语》为学校的主要课程,提高《孟子》的地位,并从《大学》、《中庸》中探索微言大义;朱熹作《四书章句集注》,以理学观点解释"四书"。元代规定考试从《四书章句集注》中出题,程朱理学表现为官方思想。宋代两位课程改革家胡瑗和王安石改革课程。胡瑗在湖州任教时,提倡分斋教学,立经义、治事二斋,在经义斋讲"六经",在治事斋设治兵、治民、水利、算数等课程;主持太学,将好经术、兵事、文艺及节义的学生"以类群居讲习";进行分科教学,主张"治事通今"。王安石为实行新法,积极培养人才,所谓"熙宁兴学"。除学校实行"三舍法"外,在课程方面,他反对"声病对偶"、"章句传注",亲自编写《三经新义》作为政府颁行的课程内容,主要重新解释《诗》、《书》、《周官》,为实行新法寻找理论根据,还编写了《字学》。

清代初期,启蒙学者讲经世致用之学,在课程教材方面提出新主张,黄宗羲主张"治史",顾炎武主张"实用",作社会调查。课程内容仍以理学为主。书院内部课程亦如此。但也有学者独树一帜,颜元在漳南书院设文事、武备、经史、艺能理学、帖括六斋。乾嘉以后,一些学者多以朴学作为课程内容,如惠栋主讲紫阳书院,讲考证学;阮元设诂经精舍、学海堂等,以经史为主,兼及小学、天文、地理、算法等科。沈归愚主讲紫阳书院,提倡词章之学;姚鼐主讲钟山书院,提倡桐城派古文。书院的课程内容逐渐扩大。

中国古代蒙学课程

中国最早的儿童课程注重识字和写字的教学。主要采用包括字书一类的读物,据《周礼》载,"保氏教国子,先以六书"。

汉代,学校以"三仓"作为课程内容。"三仓"即秦代李斯所作《仓颉篇》、赵高所作《爰历篇》、胡毋敬所作《博学篇》。汉初,闾里书师综合这三篇,统名《仓颉篇》,共五十五章,每章六十字。古书中引《仓颉篇》的文句,有"幼子承诏"、"考妣延年"等。汉魏以后一段时期,学校蒙学课程主要采用《急就篇》。先是汉武帝时,司马相如作《凡将篇》,都是从《仓颉篇》中取来的字,但没有重复出现。汉元帝时,史游作《急就篇》,也是一种字书,今本三十四章,大抵按姓名、衣服、饮食、器用等分类编成韵语,以教学童识字。《急就篇》有三字句、四字句、七字句,多数为七字句,所选用的字反映秦汉的社会生活,成为汉魏以后儿童的通用字书。《急就篇》作为儿童蒙学课程的时间较长,至唐代后逐渐衰微。

唐代学校的蒙学课程内容主要是《千字文》。据《尚书故实》,梁武帝从钟繇、王羲之书中拓取一千字,命周兴嗣编为韵语。《千字文》介绍有关自然、社会、历史、伦理、教育等方面的知识,隋代即开始流行,后有多种续编和改编本。唐代的儿童课程还有《蒙求》和《太公家教》,另有一种杂字书《开蒙要训》。

五代时期,儿童蒙学课程采用一种教材《兔园册府》,王国维称此书是"乡校俚儒教田夫牧子之所诵",系唐代杜嗣先仿应科目策编撰,为问答体。

宋代盛行的儿童课程有《百家姓》、《杂字》等。《百家姓》系北宋时编,作者佚名,"赵"系当时皇帝的姓氏,故列篇首。明朝有《皇明千家姓》,改以"朱"姓居首。清康熙时期有《御制百家姓》,以"孔"姓为首。《百家姓》流传最广,其集姓氏编写为四言韵语,共有四百四十四姓,其中包括六十个复姓。该书提供姓氏,虽无甚文理,但便于诵读,简短易记,尤其在农村广为流传,宋代被称为"村书"。《杂字》继承《急就篇》的传统,记载日常生活中应用的文字,在不同时代、不同地区有不同版本,并经常修订,作者和编写年代难以确定。

《三字经》的著者相传为宋代的王应麟(一说为宋代末年的区适子),明、清学者陆续补充,清王相和贺兴思的两种注本流传较广。还有少数民族文字本,如《蒙汉三字经》、《满汉三字经》。《三字经》篇幅不大,内容包括教育、伦理、历史、古籍和社会常识等的说教和知识。元代和明代在农村设社学,儿童入学前先读《三字经》、《百家姓》和《千字文》。明吕新吾在《社学要略》中曰:"儿童初入社学,八岁以下者,先读《三字经》以习见闻,《百家姓》以便日用,《千字文》亦有义理。"

清代蒙学课程中,识字的基本课程亦使用这三种教材,还有《杂字》等。王筠《教童子法》曰:"蒙养之时,识字为先,以能识二千字乃可读书。"

中国古代学校专科课程

中国古代封建统治者举办一些专科教育,如算学、医学、律学、武学、书学和画学等,培养所需专门人才。

算学 算学教育设置较早。周人于小学时期就注重算学教育。《白虎通义》载:"八岁入学,学书计。"《周礼·地官·保氏》教民"六艺","六曰'九数'",郑玄解释"九数"为"方田、粟米、差分、少广、商功、均输、方程、赢不足、旁要"。此即当时算学教育的课程内容。汉代的儿童教育中也有算学课程。《齐民要术》引崔寔《四民月令》语:"正月……命幼童入小学,学篇章。"在篇章下注称:"六甲、九九、《急就》、《三仓》之属。"《汉书·食货志上》曰:"八岁入小学,学六甲、五方、书计之事。"唐代时期,算学教育的主要课程内容和教材有《孙子算经》和《五曹算经》(共学一年)、《九章算术》和《海岛算经》(共学三年)、《张丘建算经》和《夏侯阳算经》(各学一年)、《周髀算经》和《五经算术》(共学一年)、《缀术》(学四年)、《缉古算经》(学三年)、《算术记遗》和《三等数》(兼学)。其中以《周髀算经》和《九章算术》最为古老,《周髀算经》系汉代著作,《九章算术》约成书于公元前3世纪至公元前1世纪。唐代李淳风与算学博士梁述、太学助教王真儒等校订"算经十书",包括《周髀算经》、《九章算术》、《海岛算经》、《孙子算经》、《五曹算经》、《张丘建算经》、《夏侯阳算经》、《五经算术》、《缀术》、《缉古算经》,并"立于学官",作为官定课程。宋朝初年不甚重视算学教育。宋太祖开宝时下诏,司天台学生和诸司技术工巧人不得拟补外官。元丰七年(1084年)颁布《算学条例》,刊刻"算经十书"于秘书省,供学生学习。崇宁三年(1104年),规定以《九章算术》、《周髀算经》和假设疑数为算问,仍兼习《海岛算经》、《孙子算经》、《五曹算经》、《张丘建算经》、《夏侯阳算经》,历算、三式、天文书为本科。南宋初年,算学废弛。庆元六年(1200年),鲍澣之刻《九章算术》,后在汀州学校又刻《算术记遗》、《周髀算经》作为学校的算学课程。元世祖至元八年(1271年),令蒙古官子弟好学者兼习算学。朱世杰编写《算学启蒙》三卷(1299年),从加减乘除以至天元术、垛积术等总二十门,立二百五十九问,便于初学,又著《四元玉鉴》三卷(1303年),凡二百八十八问,列开方、演段诸图。明代初年,因算学考试制度废止已久,民间算学大师继起无人,算学教育衰落。万历年间,算学研究逐渐恢复。程大位于万历二十年(1592年)撰成《算法统宗》(17卷)。后意大利人利玛窦来到中国,与徐光启共同翻译《几何原本》,与李之藻共同翻译《同文算指》等书,此为西洋历算输入中国之始,影响算学教育与课程甚大。中国算学课程自此有了新进展。

医学 唐代医学教育较发达,医科课程主要为《本草》、《甲乙脉经》,分体疗(七年)、疮肿、少小(五年)、耳目口舌、角法（两年）五科；针科学习经脉孔穴之道，识浮沉涩滑之候，课程为《素问》、《黄帝针经》、《明堂脉诀》、《神针》等。宋代，医学最初属太常寺，神宗时设提举判局官及教授一人，学生三百人。设方脉科、针科、疡科三科进行教学。方脉科的课程内容以《素问》、《难经》、《脉经》为大经，以《巢氏病源论》、《龙树论》、《千金要方》为小经。各科另加该科的专著，如方脉科加学《脉经》、《伤寒论》；针科和疡科去《脉经》，增加三部针灸经。宋代初期修订《新修本草》，总结和整理宋以前的药物学成就。宋仁宗年间，《素问》等医学名著课程有了新的注本和校订本，提供了医学的学习用书。宋太宗时，医官王怀隐等编辑《太平圣惠方》，何希彭据此书选编《圣惠选方》作为医学教育课程。元代后，中国医学课程未发生较大变化。

律学　秦代注重学习法令，规定学习法令的学生以吏为师。汉代的法律有各家章句。魏明帝之前，律学课程包括各家章句，以后的课程只用郑氏章句。汉代法律有家庭传授，也有私人讲授。东汉吴雄以明法律，断狱平，及子忻、孙恭，三世廷尉，为法学名家。陈宠曾祖父咸以律令为尚书，家藏律令书文，宠习家业，后掌狱讼，著《辞讼比》七卷。钟皓世善刑律，以诗、律教授，门徒千人。唐代律学原属国子监，后改属详刑寺，以律令为专业，兼习格、式、法、令。"律"有十二部分内容，分别是名例、卫禁、职制、户婚、厩库、擅兴、贼盗、斗讼、诈伪、杂律、捕亡、断狱；"格"指百官有司常行之事；"式"指需遵守之法；"令"指尊卑贵贱的等数；若违法，则用律来裁断。宋代初年，设置律学博士，掌授法律。熙宁六年（1073年）始，在国子监设学，设置教授。学生习断案、律令和古今刑书；凡朝廷有新颁条令，刑部立即送给律学，作为课程令学生学习。学生入学资格分命官、举人两种。初入学者为备取生，经过相当时期才举行入学考试，如习断案则试案一道，每道叙列刑名五事或七事；习律令则试大义五道。试卷合格才为正取生，享受公费待遇。

武学　宋仁宗时设立武学，旋即停止；神宗时重建。入学资格为小臣、门荫子弟和庶民，分上、内、外三舍。修业三年。课程内容主要包括诸家兵法、弓矢、骑、射等术，并讲授历代用兵胜败战例、忠义典范等。若愿试阵队者，酌给兵伍，令演习。期满考试及格者酌授官职；不及格者延长学习一年，再参加考试。明代，武学创设于洪武年间（1368—1398），初于大宁等卫儒学内设置武学科目和课程，教导武官子弟。至英宗正统年间（1436—1449），正式设置两京武学。崇祯时期，又命府州县都设置武学。学科课程分两类：以《小学》、《论语》、《孟子》、《大学》为一类；"五经"、《武经七书》、《百将传》为一类。每人于各类中任习一书，务通大义。明代重文轻武，武学课程与儒学无甚差异。

书学和画学　汉灵帝时设立鸿都门学，此为文学艺术的专科学校，课程内容包括辞赋、小说、尺牍、字画等。唐

代，国子监设立书学，课程包括《三体石经》、《说文解字》、《字林》，兼习其他字学。宋徽宗时设书学，课程分练习、研究两门。练习课程以习篆、隶、草三体为主，研究课程以《说文解字》、《字说》、《尔雅》、《方言》为主。此外须兼通《论语》、《孟子》，愿修大经者听。练习篆体，以古文大小二篆为法；练习隶体，以"二王"、欧、虞、颜、柳、真行为法；练习草体，以章草、张芝为法。宋徽宗时设立画学，学生分"士流"与"杂流"。以佛道、人物、山水、鸟兽、花竹、屋木为主科目和课程内容，以《说文解字》、《释名》、《尔雅》、《方言》为兼科课程。《说文解字》令学生书写篆字，注解音训，其他三种设为问答，根据学生了解意义的程度来观察其能否理解画意。另有选科，士流兼习一大经、一小经；杂流习小经或读律，考查学生成绩的标准以自由创作、情态自然、笔韵高简为工。

参考文献

孙培青.中国教育史(修订版).上海：华东师范大学出版社,2000.

孙培青,李国钧.中国教育思想史(三卷本).上海：华东师范大学出版社,1995.

王炳照,等.简明中国教育史(修订本).北京：北京师范大学出版社,1994.

张惠芬,金忠明.中国教育简史(修订版).上海：华东师范大学出版社,2001.

（黄　瓒）

中国古代艺术教育　中国古代教育中有关乐教、诗教、书法与绘画等领域的教育活动。主要涉及德育功能、智育功能和美育功能等。早在原始社会的氏族公社时期，便已出现了产生于生产劳动和日常生活过程中的有关音乐、舞蹈、绘饰与雕刻等原始艺术形态的教育活动，这些远古时期的艺术教育活动反映着氏族社会生产和生活的各个方面，内容极其广泛，它们既是娱乐形式，又发挥着传授知识、宣传习俗的教育作用。在西周的六艺教育中，已经出现了主要体现为乐教的较为完整和系统的艺术教育内容和形式。这一时期，乐教的内容和形式主要包括诗歌、音乐和舞蹈等。郑玄在为《诗·郑风·子衿》作的注中指出："古者教以诗乐，诵之、歌之、弦之、舞之。"这表明上古艺术教育内容和形式的多样化。孔子曾提出为学之方是"志于道，据于德，依于仁，游于艺"（《论语·述而》），"艺"就包括艺术教育的"乐"在内。《礼记·学记》进而发展了孔子的这一思想，指出"不兴其艺，不能乐学"，并分析说，"不学操缦，不能安弦；不学博依，不能安诗；不学杂服，不能安礼"。艺术教育在中国古代整个教育活动体系中占有重要地位。

中国古代艺术教育的功能

中国古代艺术教育强调德育功能、智育功能与美育功

能并重,注重培养既有艺术特长,又有较高知识文化水平与良好道德品质修养以及高雅的艺术审美情趣的全面发展的专门艺术人才。

就中国古代艺术教育所发挥的德育功能而言,早在《尚书·舜典》中就提出了"乐"为"德"服务的艺术教育思想。"帝曰:夔!命汝典乐,教胄子,直而温,宽而栗,刚而无虐,简而无傲。"帝舜命夔掌管乐教,并用之教导贵族子弟,使他们在道德修养上得到提高。孔子主张"兴于诗,立于礼,成于乐"(《论语·泰伯》)。学诗可以使学生精神振奋,学礼可使学生安身立命于社会之中,而学习任务的完成则要靠乐教来实现。孔子认为人在社会上能够立足的根基是学礼和守礼,而礼的习得又是靠诗教和乐教等艺术教育内容和形式来促成的。孔子认为,礼是道德教育的重要内容,而对礼的教育具有重要辅助作用的诗教和乐教等艺术教育内容和形式也随之发挥了德育功能。《礼记·经解》指出:"温柔敦厚,诗教也……广博易良,乐教也。"所反映的正是艺术教育的德育功能和效果。又《礼记·乐记》指出:"乐者,通伦理者也……知乐则几于礼矣。礼乐皆得,谓之有德。"把乐教视为道德教育的一个必然组成部分。荀子强调:"乐者,圣人之所乐也,而可以善民心,其感人深,其移风易俗易,故先王导之以礼乐而民和睦。"(《荀子·乐论》)从教化民众、淳化民德的高度突出了以乐教为主要表现形式的艺术教育的德育功能。

就中国古代艺术教育所发挥的智育功能而言,主要体现在受教育者通过艺术教育的教学可以掌握系统而丰富的文化艺术知识和技能。西周国学由大司乐掌管学政,重在主持乐教,负责以乐德、乐语、乐舞教国子。其中,乐德部分主要发挥艺术教育的德育功能,同时发挥着传授给学生道德知识的智育功能。而乐语和乐舞部分则主要发挥艺术教育的智育功能。如乐语的教学内容包括兴(以善物喻善事,以恶物喻恶事)、道(引古以刺今)、讽(熟背文词)、诵(吟诵有节韵)、言(直叙己意)、语(答人论难);乐舞的教学内容包括云门、大卷(黄帝乐)、大咸(尧乐)、大磬(舜乐)、大夏(禹乐)、大濩(汤乐)、大武(武王乐)。乐教所发挥的智育功能,既教给学生文化知识,又传授给他们艺术知识与技能。

就中国古代艺术教育所发挥的美育功能而言,主要是通过艺术教育来达到陶冶受教育者的心灵和情感,并提高其审美品位和情趣的目的。孔子认为诗"可以兴,可以观,可以群,可以怨"(《论语·阳货》),通过诗教可以培养学生的联想、观察、合群和讽喻等方面的能力,并提高学生的感悟能力和审美水平。《礼记·乐记》指出:"诗,言其志也;歌,咏其声也;舞,动其容也。三者本于心,然后乐器从之。是故情深而文明,气盛而化神,和顺积中而英华外发,唯乐不可以为伪。"对诗、歌、舞等艺术教育内容和形式所具有的对人的情感与意志的陶冶、美化和抒发功能进行了形象生动的描绘。

中国古代艺术教育的内容和形式

中国古代艺术教育主要包括乐教、诗教、书法及绘画等教育内容和形式。

乐,最初是各门艺术的总称,它不仅包括音乐,而且还包括诗歌、舞蹈、雏形的戏剧等多种艺术形式。西周是个"郁郁乎文哉"的社会,曾定乐教为学校正课,学生按年龄性别学习各种乐舞。如乐师所教国子的小舞,其内容便包括:帗舞(手持五彩缯为舞具)、羽舞(手持鸟羽而舞)、皇舞(手持五彩羽而舞)、旄舞(手持牦牛尾而舞)、干舞(手持盾而舞)、人舞(徒手,凭手袖来表演)。从《周礼》可以看出,有关"乐"、"舞"、"鼓"等艺术教育科目均有专门的职司负责,并规定了详尽的相关知识和技能的教学内容。在《礼记·乐记》中也规定了与此相类似的艺术教育内容,所谓"执其干戚,习其俯仰诎伸","行其缀兆,要其节奏",展现受教育者手执盾、斧之类的舞具,演习俯仰屈伸的姿势以及和着节奏在舞列中行走的乐教场面。当时的乐,既能唱,又能跳,其所唱便是诗,其音调便是曲,其声响便是器乐,其动作便是舞蹈或戏剧表演,这种乐是一种综合的艺术教育形式。后来,随着各类艺术教育形式的发展成熟,诗、歌、舞、戏等纷纷从乐中分化出来,原来意义上的乐教则不复存在,而代之以诗歌教育、音乐教育、歌舞教育和戏曲戏剧教育等各种艺术教育形式。

诗教是从远古的乐教中逐渐分化出来的一种艺术教育形式。西周时曾设官采诗,以观各地的民情风俗与政治、生产状况,并借诗以行教化。孔子十分重视诗教,亲自删定《诗经》,后来被用作学校正规教材达数千年之久。他注重诗的"兴、观、群、怨"功能,强调诗教在德育、智育和美育等方面所具有的多重作用。孔子认为"不学诗,无以言"(《论语·季氏》),并指出:"诗三百,一言以蔽之,曰:'思无邪。'"从而指明了诗教的核心目的在于端正人的思想和净化人的心灵。中国古代诗教异常繁荣昌盛,诗的体裁也异彩纷呈,从先秦的《诗经》、《楚辞》到汉魏六朝的乐府诗歌再到唐代的律诗和绝句,其间诗教也逐渐普及起来,唐时村校儿童就学习诗歌。从晚唐到明代,还常用史诗作为儿童教材,如周昙的《咏史诗》、胡曾的《咏史诗》等。此外,历代蒙学诗教的教材也异常丰富,如《千家诗》、《神童诗》、《训蒙诗》等。

书法是中国古代艺术宝库中的一颗璀璨明珠,也是古代艺术教育的一种重要内容和形式。中国古代知识分子均要学习和研究书法。据古籍记载,西周时,儿童要学习"六书"。所谓"六书",指象形、指事、会意、形声、转注与假借。到秦汉以后,儿童要学习官家编纂的字书。汉代规定,学童17岁以上参加考试,"讽书九千字,乃得为吏",再参加八体书(八体书指大篆、小篆、刻符、虫书、摹印、署书、殳书、隶书)的考试,成绩优等可以为尚书吏,可见识字写字是当时充当小官吏的重要条件之一。到明清以后,对蒙童习字又规定了一套程序:先扶手教字,继而描红写影本,而后临帖。除蒙童学习书法外,汉以后在官学中还设立了书法艺术学校和专业。东汉灵帝光和元年(178年),曾创立了艺术专门学校鸿都门学,招收善尺牍及工书鸟篆技艺者数十人,教学内容有辞赋、小说、尺牍、字画等。唐代国子监又设书学,学习《石经三体》(三年)、《说文解字》(二年)、《字林》(一年),并兼习其他书学。宋代徽宗时重立书学,课程分练习、研究二门。练习门以习篆、隶、草三体字为主,研究门以《说文解字》、《字说》、《尔雅》、《方言》为主。练习篆体,以古文大小二篆为法;练习隶体,以二王、欧、虞、颜、柳真行为法;练习草体以章草、张芝九体为法。此外又规定了考核标准,如以方圆肥瘦适中、锋藏画劲、气清韵古、老而不俗为上等。至明、清以后,中央官学虽无书学的设置,但学生都要兼学书法。由于科举考试注重书法,社会交往也注重书法,因此古代学生每日必习字,书法也在学校教育中一直受到重视。

绘画是中国古代艺术教育的另一重要内容和形式。中国古代的绘画艺术有着独特的风神和气韵。对中国古代绘画艺术教育作出重要贡献的是创设于宋代的画学。宋徽宗于崇宁三年(1104年)首置画学,由翰林院画图局管辖。由于宋徽宗精于绘画,遂利用自己的特殊地位,"益兴画学,教育众工,如进士科,下题取士,复立博士,考其艺能",从而把绘画并入科举和学校制度,以画取仕,开了教育之新例,客观上促进了中国古代艺术教育的发展。当时,根据绘画艺术的特点,画学设置了佛道、人物、山水、鸟兽、花竹、屋木以及说文、尔雅、释名等课程,要求学生能通画意,不断提高绘画笔墨技法和文化素养。由于教学得当,画学成绩颇为显著,如画《千里江山图卷》的王希孟就是画学生员,同时,画学的成就也推动了社会上的绘画创作,如张择端的《清明上河图》便诞生于这一时期。

中国古代艺术教育在功能上力求"以艺载道,以艺传道,以艺造人,以艺彰美",而其所崇尚的艺术教育境界是所谓的"情理交融,德艺双馨;落花无言,人淡如菊"的至真、至善、至美的境界。

参考文献

单世联.中国美育史导论[M].南宁:广西教育出版社,1992.

王炳照,阎国华.中国教育思想通史[M].长沙:湖南教育出版社,1994.

(杜 钢)

中国教育法制　　静态意义上指中国教育法律制度;动态意义上指由教育法的制定、对教育法实施的监督、教育法学研究等环节构成的系统。

中国的教育法制建设经历了艰难曲折的历史进程。1949年10月1日,中华人民共和国成立,彻底废除了国民党政权的旧法律。围绕收回教育主权、改造旧教育、接管旧学校、改革学制、建立社会主义教育制度等中心任务,政务院颁布了大量的教育法规,主要有:1950年颁布的《关于处理接受美国津贴的文化教育救济机关及宗教团体的方针的决定》、《高等学校暂行规程》和《专科学校暂行规程》;1951年颁布的《关于改革学制的决定》;1952年颁布的《关于接办私立中小学的指示》,还陆续颁布了幼儿园、小学、中学和中等专业学校的暂行规程。这些教育法规配合了学制改革、院系调整等各项教育工作。1958年,为纠正学习苏联经验过程中出现的问题,创立适合中国情况的教育制度,全国开展了以勤工俭学、教育与生产劳动相结合为中心的教育革命。这在一定程度上突破了苏联教育经验的局限性,但同时也出现"左"的错误,使必要的法规制度遭到破坏。1961年,为纠正教育工作中的失误,教育部按照中共中央的指示,草拟了《教育部直属高等学校暂行工作条例(草案)》(简称"高教六十条"),1963年印发《全日制中学暂行工作条例(草案)》(简称"中学五十条")、《全日制小学暂行工作条例(草案)》(简称"小学四十条"),为各级学校工作规定了明确的方针。1966年"文革"爆发,教育立法工作完全停顿,已有的教育法规制度被破坏,教育事业受到严重摧残。

1978年,中共十一届三中全会提出工作重点转移、加强社会主义民主和法制建设的任务,教育作为关系中国建设和前途的根本问题被摆在突出位置,标志着中国教育立法进入了划时代的新时期。1980年12月中共中央、国务院《关于普及小学教育若干问题的决定》中提出:"要搞好教育立法。"1985年5月颁布的《中共中央关于教育体制改革的决定》提出:"在简政放权的同时,必须加强教育立法工作。"1993年2月中共中央、国务院发布的《中国教育改革和发展纲要》强调:"抓紧草拟基本的教育法律、法规和当前急需的教育法律、法规,争取到本世纪末,初步建立起教育法律、法规体系的框架。""加快教育法制建设,建立和完善执法监督系统,逐步走上依法治教的轨道。"这些都对教育法制提出了新要求。1982年12月4日通过的《中华人民共和国宪法》是规定中国教育法的基本指导思想、教育立法的基本原则和教育教学活动的基本法律规范,为教育法的制定和依法治教提供了宪法依据。为落实教育发展的优先地位,教育立法全面展开,中国的教育事业开始走上法制化轨道。

教育法的制定

1995年3月18日,第八届全国人民代表大会第三次会议通过了教育领域的基本法律《中华人民共和国教育法》。

其总则规定："教育是社会主义现代化建设的基础,国家保障教育事业优先发展。"以国家法律的形式确立了教育的战略地位和优先发展教育的基本原则。为解决教育发展经费不足问题,该法确定了"国家建立以财政拨款为主、其他多种渠道筹措教育经费为辅的体制","各级人民政府的教育经费支出,按照事权和财权相统一的原则,在财政预算中单独列项",以及教育财政拨款"三个增长原则"等。《中华人民共和国教育法》的实施,标志着中国教育法制建设进入一个新的发展时期,对于确保教育在国民经济和社会发展中的战略地位,落实国家优先发展教育的重大决策,促进教育的改革与发展,实现建立社会主义市场经济体制和社会主义现代化建设的宏伟目标,具有重大的现实意义和深远的历史意义。

从1980年起,中国就相继制定了六部单行教育法律。1980年2月12日,第五届全国人民代表大会常务委员会第十三次会议通过了《中华人民共和国学位条例》,这是中华人民共和国成立以来由最高权力机关制定的第一部有关教育的法律。1986年4月12日,第六届全国人民代表大会第四次会议通过《中华人民共和国义务教育法》,以法律的形式确立了义务教育"在国务院领导下,实行地方负责,分级管理"的体制,从而使农村义务教育的实施工作直接落实到县、乡,有效地推动了农村九年义务教育的普及。为有效解决普及义务教育不足问题,《中华人民共和国义务教育法》规定了义务教育经费投入原则、增长比例,并明确"城乡征收义务教育事业费附加,主要用于实施义务教育"。该法对提高民族素质,推进社会主义现代化建设,加强教育法制都有重要的影响。1993年10月31日,第八届全国人民代表大会常务委员会第四次会议通过了《中华人民共和国教师法》,明确了教师在中国社会主义现代化建设中的重要地位,全面规定教师的权利、义务、任用、考核、培训和待遇等,是中国教师队伍建设走向规范化、法制化的根本保障。依据该法的规定,国务院颁布《教师资格条例》,确立了教师质量标准,从根本上保证了教师职业的严肃性。1996年5月15日,第八届全国人民代表大会常务委员会第十九次会议通过了《中华人民共和国职业教育法》,1998年8月29日,第九届全国人民代表大会常务委员会第四次会议通过了《中华人民共和国高等教育法》,中国职业教育和高等教育都纳入法制化轨道。2002年12月28日,第九届全国人民代表大会常务委员会第三十一次会议通过了《中华人民共和国民办教育促进法》,这是中国第一部规范民办教育和促进民办教育事业发展的法律文件,对于民办教育在发展进程不断出现的新情况、新问题,运用法律手段解决矛盾,规范教育行为,更好地促进民办教育事业顺利、健康地发展,有着现实性和指导意义。

此外,国务院还制定了《扫除文盲工作条例》(1988)、《幼儿园管理条例》(1989)、《残疾人教育条例》(1994)、《教学成果奖励条例》(1994)、《中华人民共和国中外合作办学条例》(2003)等多项教育行政法规,并对中华人民共和国成立以来制定的数百件教育行政法规进行了整理和汇编。国家教育行政部门以及省级人大、政府制定了大量地方性教育法规和教育规章。中国的教育法不但体现在宪法和教育基本法、单行法、行政法规、规章中,包含了法律体系的各个层面,且涉及教育的各个领域,已初步形成一个具有不同法律地位和效力、自上而下多层次的、具有中国特色的教育法体系框架。

教育法的实施

依法治教是中国教育改革与发展的客观要求,也是现代教育发展的必然产物。随着教育法律体系的初步建立和不断完善,中国依法规范了从学前教育到高等教育的学校教育制度、义务教育制度、职业教育制度和成人教育制度、教育考试制度、学业证书制度和学位制度,以及教育督导和学校教育评估制度;明确了中国基础教育、职业教育、高等教育的管理体制和投入体制;确立了各类教育活动主体的行为规则及权利和义务关系。这些制度为推动和保障教育改革,构建具有中国特色社会主义教育体系奠定了基础。教育立法工作的加强,为中国全面实施依法治教创造了条件。

教育法的实施环境 1999年九届人大二次会议通过的《中华人民共和国宪法修正案》第十三条规定:"中华人民共和国实行依法治国,建设社会主义法治国家。"依法治国成为治国的基本原则。在教育领域,初步建立了教育法律体系,为有法可依、依法治教创造了条件。从教育自身来看,依法治教要求教育管理工作从管理观念、管理职能以及管理方式上实现两个转变:从主要以政策为依据逐步地转变为主要以法律为依据来规范教育工作;从单一运用行政手段逐步转变为依法综合运用法律手段、经济手段、教育手段以及必要的行政手段来管理教育工作。实现这两个转变,不但要求各级教育管理工作者学习掌握教育法的基本知识,树立教育法律意识,增强教育法制观念,而且也要求提高全体公民的教育法律意识与法制观念。继"一五"、"二五"普法之后,国家及各地方教育行政部门相继制定"三五"普法规划,并将《中华人民共和国义务教育法》、《中华人民共和国教师法》、《中华人民共和国教育法》、《中华人民共和国高等教育法》列入了普法重点学习宣传的内容。师范院校亦陆续开设教育法学课程和讲座,教育管理干部培训和教师教育把教育法学作为必修课程。教育法制宣传取得一定成效,学校和各级各类教育机构开始享有自主依法处理组织内外部关系的权利。公民不但守法意识增强,且运用法律武器维护受教育权利的法律意识也不断增强,依法治教的法律环境逐步形成。

教育执法　教育执法的功能在于督促各级政府及相关部门严格依法行政、恪尽职守,为教育的改革和发展服务。1995 年,国家教委在上海、吉林、湖南等省市开展教育执法与监督工作试点,建立教育行政执法队伍和行政执法制度,依法规范行政管理职权和管理程序。试点地区还建立了教育行政执法目标责任制、行政复议制度、教师申诉制度、学生申诉制度、重大教育行政处罚案件报告制度等。1998 年 7 月,国务院下发了《教育部职能配置内设机构和人员编制规定》,对教育部的职权作了明确规定。地方各级政府根据《中华人民共和国地方各级人民代表大会和地方各级人民政府组织法》,进一步规范地方各级教育行政部门的职权。行政职权的法定化,对于教育行政机关依法行使权力,公正、公开地开展教育行政执法行为具有重要作用。

《中华人民共和国行政诉讼法》、《中华人民共和国国家赔偿法》、《中华人民共和国行政处罚法》、《中华人民共和国行政复议法》等法律法规和国家公务员制度的一系列规定规范了行政执法行为,不仅要求行政执法行为实体合法,且须程序合法。国家教委于 1998 年 3 月发布的《教育行政处罚暂行实施办法》,对于规范行政执法行为有重要作用。为加强教育行政执法的规范性,全国部分省、市教育行政部门成立了教育政策法规处(室),专门负责调研、起草有关教育的政策法规文件,受理教师申诉案件和教育行政复议案件,解决教育纠纷等事项。

教育司法　教育司法是司法机关依法查处教育违法案件和解决教育纠纷的专门活动。它对于维护教育法律关系主体,特别是教育行政相对人的合法权益有重要意义。在教育违法和教育纠纷案件中,学生在学校所发生的人身伤害事故和学校与其他组织所发生的经济纠纷案件,一般可根据民法、民事诉讼法、经济法的规定来解决;教育部门的贪污受贿、徇私枉法的案件,侮辱殴打学校师生、扰乱学校教育教学秩序,破坏、侵占学校财产的案件也可以根据刑法、刑事诉讼法、社会治安管理处罚条例的规定依法予以追究。20 世纪 90 年代中期开始,行政法律相继出台,为公民、法人和其他组织合法权益的充分实现提供了行政救济途径,对依法治教也产生重大影响,如在《中华人民共和国教育法》、《中华人民共和国教师法》、《中华人民共和国高等教育法》中规定了教育者和受教育者享有一定的行政申诉权,行政机关未依法履行保护公民受教育权的法定职责的不作为行为也被纳入行政复议范围。但是,由于行政诉讼法没有明确规定公民受教育权受到侵害可以提起行政诉讼,受教育者在受教育权受到侵害后,只好通过民事诉讼的途径寻求保护。

随着中国法制建设的逐步推进和社会整体法制环境的改善,公民的守法意识正在逐步增强,在教育领域中,教育立法日趋完备,教育法制宣传工作得以深入开展,依法治教的观念也逐步深入人心,这些都为教育法的遵守提供了有利的条件。

教育法制监督

教育法制监督是各类国家机关、社会组织和公民依法对教育法实施情况进行监督的活动。它能避免或减少在适用教育法过程中出现的有法不依、执法不严、违法不究现象,是教育法律实施过程中不可缺少的重要环节,是维护法律尊严的重要措施。中国教育法制监督已基本形成权力机关监督、行政机关监督、司法监督、社会监督的格局。

在权力机关监督方面,人大有重点地开展教育执法检查。1986 年 7 月《中华人民共和国义务教育法》开始实施后,全国人大曾先后于 1986 年、1988 年和 1991 年对其实施情况进行了三次教育执法检查。之后,在 1999 年 9 月、10 月,全国人大常委会执法检查组根据计划的安排,又对《中华人民共和国义务教育法》的实施情况进行了检查。2006 年 6 月,全国人大常委会对《中华人民共和国义务教育法》进行了修订。新法坚持以人为本、促进人的全面发展的指导思想,在经费保障机制、管理体制、实施素质教育和促进义务教育均衡发展等方面做出了一系列重大的制度创新。全国人大常委会在 2007 年 3 月至 5 月对修订后的《中华人民共和国义务教育法》实施情况进行检查。各级人大常委会会议还听取和审议教育专项工作报告,为人大常委会集体行使教育监督职权,加强人大常委会对教育行政、教育司法工作的监督提供一个经常性的途径。地方各级人大教育执法检查也逐步向小型化、经常化、制度化方向发展。

在教育行政监督方面,国家建立了教育督导评估制度、教育监察制度和教育审计制度。1986 年 9 月,国家教委成立教育督导司,后改为国家教育督导团。至 1998 年,全国 30 个省市区(除台湾省)都建立了省级教育督导机构,96.8% 的地(市)和 85.9% 的县(市)建立了本级政府的教育督导机构,全国有专兼职督学 17 万人。全国性的统一督导、评估机制逐步形成。2005 年,国家教育督导团根据《中华人民共和国教育法》、《中华人民共和国义务教育法》等法律法规及国家有关政策,从教育投入、办学条件和师资队伍三个方面,以 2000 年到 2004 年全国 2 800 多个县(区)的年度教育统计资料为基础,根据东、中、西部地区不同状况,同时结合国家教育督导团近年专项督导检查情况,对全国及省域内城乡间、县际间义务教育公共资源配置状况进行了分析。2009 年公布的《国家教育督导条例》(征求意见稿)把教育督导分为综合督导、专项督导。即依据督导原则和标准,使用科学方法,对教育行政工作和学校工作通过观察、调查和考核,作出分析和评价,指出成绩和缺点,并提出积极的修改意见,使教育工作质量不断得到提高。

在司法监督方面,检察机关和审判机关的监督是教育法制监督的重要环节。人民检察院是国家的专门法律监督机关,其监督主要有三种形式。一是法纪监督,主要对国家机关工作人员是否遵守法律实行监督,依法对严重违反法律需要追究刑事责任的案件行使检察权。二是侦查监督,即对公安机关的侦查活动的合法性实行监督。三是审判监督,即对人民法院的审判活动的合法性进行监督。审判机关的监督主要表现在最高人民法院监督地方各级法院和专门法院的审判工作,上级人民法院监督下级法院的审判工作。司法监督是中国教育法监督体系中较重要的一种监督形式。

社会监督是指社会力量对教育法制实施的活动所进行的监督,具体包括政党、社会组织和公民的监督。如中国共产党通过教育行政部门、教育机构中的党组织了解教育法的贯彻实施情况,提出改进建议。人民政协、社会团体调查和了解各部门群众意愿,提出相应意见。教师通过教职工代表大会等形式参与学校民主管理和监督,教师和学生对教育行政机关和学校的不当决定及违法行为提出申诉、控告和诉讼等。

教育法学研究

教育法学研究是教育法制必不可少的组成部分。1978年11月中共十一届三中全会后,教育法学研究逐步展开,教育法学成为一门学科。中国的教育法理论研究大致经历三个阶段。

(1)研究初始阶段(1979—1984)。这一时期的研究成果主要包括三方面:对中国教育立法重要性和迫切性进行论证;结合教育立法实际,研究民族教育立法、初等教育立法、高等教育立法、教师法等单项教育法规;研究和介绍美国、日本、联邦德国、苏联等发达国家的教育法制。1984年12月18日,《中国教育报》刊登《抓紧教育立法 开展教育法学研究》一文,初步分析了"具有中国特色的社会主义教育法体系"的法规构成,第一次勾勒出中国教育法学研究的基本框架,并对教育法学的学科性质作出界定。

(2)研究全面展开阶段(1985—1995)。随着《中共中央关于教育体制改革的决定》和一系列教育法律法规的颁布,教育法研究高潮随之展开。这一时期的研究成果包括三方面。其一,整体探讨教育法问题,如教育立法的意义、性质、地位,教育法的原则、调整方法,教育法的体系结构等。其二,立法研究,如教育基本法、义务教育法、高等教育法、教师法的立法研究。其三,国外教育立法实践与理论的介绍。对教育法学的基本理论问题也展开广泛探讨,如教育法的

地位、教育法学的学科性质、教育权与受教育权问题、高校法人地位等。1993年,湖南省教育委员会创办中国第一份研究教育与法律的刊物《教育政策法规研究》。

(3)研究的继续深入阶段(1995年后)。1995年,随着教育基本法的颁布和实施,教育法学研究空前活跃,而新的教育法律法规的出台以及教育法制建设中出现的新问题,又推动了教育法学研究的深入,新的研究领域的开辟。在这一时期出版了一大批学术专著,对教育法学的基本理论问题以及社会主义市场经济宏观背景下的中国教育的法律调控机制等问题进行了深入研究。2000年11月,中国教育学会教育政策与法律研究专业委员会成立。

参考文献

劳凯声. 变革社会中的教育权与受教育权:教育法学基本问题研究[M]. 北京:教育科学出版社,2003.

劳凯声,郑新蓉. 规矩方圆——教育管理与法律[M]. 北京:中国铁道出版社,1999.

肖远军,李春玲. 我国教育法制建设的回顾与反思[J]. 重庆大学学报(社会科学版),2000(2).

湛中乐. 高等教育与行政诉讼[M]. 北京:北京大学出版社,2003.

(余雅风 马晓燕)

中国教育方针 国家和政党根据一定阶段政治、经济要求制定的具有战略意义的教育工作总政策或总的指导思想。通常包括三方面的内容:教育工作的总任务,明确教育为什么服务;国家培养人才的总目标,明确培养什么样的人;培养人才的基本途径,即通过什么途径培养人。教育方针具有阶级性、历史性、继承性、指令性和宏观指导性等特点。国家通过一定的正式文本方式加以严格规定,在内容上体现了国家意志和政党的利益,对教育工作的指导和管理具有强制性约束力。统治阶级总要把自己的政治主张纳入教育方针,从而决定教育工作的性质和方向。教育方针具有时代性,不同的社会历史时期有不同的教育方针。

中国教育方针的历史演变

中华人民共和国成立前的教育方针 教育方针在旧中国多称教育宗旨,1906年3月,新学制颁布以后,在学部拟订的《奏陈教育宗旨折》中提出了晚清政府的教育宗旨:"忠君"、"尊孔"、"尚公"、"尚武"、"尚实"。前两项为"中国政教之所固有,而亟宜发明以距异说者";后三项为"中国民质之所最缺,而亟宜针砭以图振起者"。"忠君"要求臣民时刻不忘对皇帝的忠诚;"尊孔"要求各级各类学堂"以经学为必修之课目",在开学之日和孔子诞辰日祭孔,还要把孔子的言论"条分缕析,编为教科",使学生正学不染,使"国教愈崇,斯民心愈固";"尚公"要求将三纲五常作为学校教育的中心

任务,同时又要仿效西方注重团体合作和社会公德,旨在扫除"支离涣散"、"自私自利"之陋习;"尚武"要求仿效"东西各国,全国皆兵"之制,旨在去掉学生"性命之虑重"的积习,人人皆兵;"尚实"强调要学习西方的实业精神,旨在造就"可农可工可商之才",以利国计民生。同月,光绪帝批准了这个奏折,学部遂奉谕向全国公布。稍后,清政府又颁布"上谕",对该教育宗旨作了进一步的解释:"学堂以中学为主,西学为辅;培养通才,首重德育,并以忠君、尊孔、尚公、尚武、尚实诸端定其趋向。"这是中国教育管理史上第一个以中央政府名义颁布的教育宗旨,体现了清政府封建统治者的意志。该教育宗旨为中央政府规范和加强对全国教育的统一管理提供了政策依据,并为以后的教育宗旨制定提供了范例。

辛亥革命后,1912年2月,南京临时政府教育总长蔡元培发表《对于教育方针之意见》一文,提出民国教育应包括军国民教育、实利主义教育、公民道德教育、世界观教育和美育。该文引起了社会民众对教育方针的大讨论。1912年7月至8月,教育部在北京召开临时教育会议,会议议决,中华民国的教育宗旨为"注重道德教育,以实利教育、军国民教育辅之,更以美感教育完成其道德"。同年9月2日,教育部予以正式公布实施。该教育宗旨基本采纳了蔡元培关于教育方针的主张。道德教育,全称为公民道德教育,其要旨为"自由、平等、亲爱";实利教育,又称实利主义教育,是传授知识技能、训练思维和促进国计民生的教育;军国民教育,又称军国民主义教育,主要指体育或军事体育;美感教育,即美育。该教育宗旨要求德、智、体、美四育并重,虽带有一定的理想化色彩,但是作为近代中国资产阶级提出的第一个教育宗旨,它摒弃了两千多年来以"忠君"、"尊孔"为中心的封建教育思想体系,体现了民国政府初期共和、平等的思想,代表了新兴资产阶级教育人才观,较之清末的教育宗旨在思想上有很大的进步。

1929年4月国民政府把教育方针表述为:"中华民国之教育,根据三民主义,以充实人民生活、扶植社会生存、发展国民生计、延续民族生命为目的,务期民族独立、民权普遍、民生发展,以促进世界大同。"该教育宗旨的颁示结束了五四前后北洋政府教育无宗旨的混乱状态,促进了民国中后期教育事业的健康发展,但该教育宗旨过多强调教育的社会本位及其功能而无视教育自身规律。

中国共产党领导下的根据地以革命斗争的需要,制定了相应的教育方针。1934年在江西中央苏区中华苏维埃第二次全国代表大会上,毛泽东提出了苏维埃文化教育的总方针:"在于以共产主义的精神来教育广大劳苦民众,在于使文化教育为革命战争与阶级斗争服务,在于使教育与劳动联系起来,在于使广大中国民众都成为享受文明幸福的人。"抗日战争爆发后,在教育方面,全民族的首要任务是

"实行抗战教育政策,使教育为长期战争服务"。毛泽东在《为动员一切力量争取抗战胜利而斗争》一文中指出的"改变教育的旧制度、旧课程,实行以抗日救国为目标的新制度、新课程"成为抗日根据地初期实施各项教育的方针;1945年4月,在中国共产党第七次代表大会上,毛泽东指出:"中国国民文化和国民教育的宗旨,应当是新民主主义的;就是说,中国应当建立自己的民族的、科学的、人民大众的新文化和新教育。"这一提法后来被公认为新民主主义时期的教育方针。抗日战争胜利后,中国共产党根据革命任务的变化,调整了新民主主义文化教育方针的内容。陕甘宁边区政府在1946年的《战时教育方案》中指出,内战时期的教育方针是:动员各级学校及一切社会教育组织,发挥教育上的有生力量,直接或间接地为自卫战争服务。中国共产党在革命战争时期的不同阶段制定的教育方针的内容虽不尽相同,但是强调教育为政治、战争、阶级斗争服务,并注重教育与生产劳动相结合是这一时期的共同特点。

中华人民共和国成立后的教育方针　中华人民共和国成立后,文化教育建设面临适应政治变革和推进经济建设的双重任务,战争时期的那种以干部教育和非正规教育为主的制度已不再适合新中国建设的要求,因此需要制定新的文化教育政策。1949年12月,教育部在北京召开第一次全国教育工作会议,按照《中国人民政治协商会议共同纲领》中规定的新中国教育的性质、任务、国民公德及教育的发展方向,确定了新中国教育工作的总方针:"中华人民共和国的文化教育为新民主主义的,即民族的、科学的、大众的文化教育。人民政府的文化教育工作,应以提高人民文化水平,培养国家建设人才,肃清封建的、买办的、法西斯主义的思想、发展为人民服务的思想为主要任务。这种新教育是民族的、科学的、大众的教育,其方法是理论与实际一致,其目的是为人民服务,首先为工农服务,为当前的革命斗争与建设服务。"在这一方针的指导下,人民政府开始有步骤、有计划地进行旧有学校和旧有社会文化事业的改造,在学制、课程、教材、教学组织和制度等方面进行了一系列的改革。

1957年2月毛泽东在最高国务扩大会议上发表了《关于正确处理人民内部矛盾的问题》的讲话。毛泽东在讲话中指出:"我们的教育方针,应该使受教育者在德育、智育、体育几方面都得到发展,成为有社会主义觉悟的有文化的劳动者。"1958年春,毛泽东在另一次讲话中又提出:"教育必须为无产阶级政治服务,必须同生产劳动相结合,劳动人民要知识化,知识分子要劳动化。"同年9月,《中共中央、国务院关于教育工作的指示》发布,指出:"党的教育工作方针,是教育为无产阶级的政治服务,教育与生产劳动结合;为了实现这个方针,教育工作必须由党来领导。"1961年,经由中共中央批准,教育部将毛泽东1957年和1958年的两个

讲话合一,确定为新中国的教育方针:"教育必须为无产阶级政治服务,教育必须同生产劳动相结合,使受教育者在德智体几方面都得到发展,成为有社会主义觉悟的有文化的劳动者。"这是一个以马克思主义教育思想为理论依据、具有中国特色的社会主义教育方针。该教育方针于1978年被载入《中华人民共和国宪法》。

中共十一届三中全会确立了以经济建设为中心的基本路线,教育事业在中国共产党基本路线的指引下,开始了建立具有中国特色的社会主义教育体系的新探索,从而对教育方针有了新的提法。1981年在中国共产党第十一届六中全会上通过的《关于建国以来党的若干历史问题的决议》中提出:"要加强和改善思想政治工作,用马克思主义世界观和共产主义道德教育人民和青年,坚持德智体全面发展、又红又专、知识分子与工人农民相结合、脑力劳动与体力劳动相结合的教育方针";1985年《中共中央关于教育体制改革的决定》中指出:"教育必须为社会主义建设服务,社会主义建设必须依靠教育。"并要求教育要"面向现代化、面向世界、面向未来",同时又提出新时代需要的人才"都应该有理想、有道德、有文化、有纪律,热爱社会主义祖国和社会主义事业,具有为国家富强和人民富裕而艰苦奋斗的献身精神,都应该不断追求新知,具有实事求是、独立思考、勇于创造的科学精神";1986年通过的《中华人民共和国义务教育法》中提出,中国的教育应"培养有理想、有道德、有文化、有纪律的社会主义建设人才";1990年12月由中国共产党十三届七中全会通过的《中共中央关于制定国民经济和社会发展十年规划和"八五"计划的建议》提出:"教育必须为社会主义现代化服务,必须同生产劳动相结合,培养德、智、体全面发展的建设者和接班人";1993年2月,中共中央、国务院颁发的《中国教育改革和发展纲要》对它作了修改和补充,在"现代化"后面加了"建设"二字,即"教育必须为社会主义现代化建设服务",另外,把"必须同生产劳动相结合"改为"必须与生产劳动相结合",其余照旧;1995年3月,中国人民代表大会八届三次会议审议通过《中华人民共和国教育法》,对教育方针的表述为:"教育必须为社会主义现代化建设服务,必须与生产劳动相结合,培养德、智、体等全面发展的社会主义事业的建设者和接班人。"这是中国通过立法第一次完整地规定了国家的教育方针。教育必须为社会主义现代化建设服务,规定了教育工作的总方向;教育必须与生产劳动相结合,这是培养全面发展的社会主义建设者和接班人的根本途径;德、智、体等方面全面发展是培养目标的重要内容;培养社会主义事业的建设者和接班人,则是党和国家对培养目标的总要求。该教育方针是在新中国几十年教育方针制定的经验教训基础上,经过广泛讨论而得出的符合中国实际的科学结论,它反映了中国共产党对教育工作的全新认识。

1999年6月,《中共中央国务院关于深化教育改革全面推进素质教育的决定》赋予了新时期教育方针以新的内涵。即:坚持教育为社会主义服务,为人民服务;坚持教育与社会实践相结合,以提高国民素质为根本宗旨,以培养学生的创新精神和实践能力为重点,造就"有理想、有道德、有文化、有纪律"的,德、智、体、美等全面发展的社会主义事业建设者和接班人。教育方针新的表述指明了教育的根本宗旨在于提高国民素质,使教育大众化、社会化,满足人民群众日益增长的教育需求。其中提出教育的根本宗旨是"提高国民素质",这是过去的教育方针所不曾有的;人的"全面发展"指德、智、体、美等方面的全面发展,体现了中国的教育目标。同时还对教育目标提出了更高的要求,即"要以培养学生的创新精神和实践能力为重点",突出了素质教育的要求。

2002年11月,中共十六大对国家的教育方针作了全面表述:"坚持教育为社会主义现代化建设服务,为人民服务,与生产劳动和社会实践相结合,培养德智体美全面发展的社会主义建设者和接班人。"在坚持教育为社会主义现代化建设这一中心服务的同时,强调"为人民服务",体现了在教育中贯彻"三个代表"重要思想的客观要求;把德、智、体、美一起作为教育培养目标的组成部分,体现了对以前教育方针内容的历史继承,也体现了素质教育和人的全面发展的客观要求;生产劳动在培养合格人才中的重要作用已被长期的教育实践所证明,但受教育者在丰富多彩的社会实践中成长,则是教育工作者在改革开放新时期的教育实践中总结出的重要经验。把生产劳动和社会实践同时列为教育方针中培养人才的重要途径,体现了人才成长的客观规律,揭示了实践对人的全面发展的重要作用。

2010年中共中央、国务院颁发的《国家中长期教育改革和发展规划纲要(2010—2020年)》重申这一教育方针。新中国的教育方针虽然在不同时期有不同的表述,但其精神和内容基本上是一致的,通常人们称之为全面发展的教育方针。

新中国教育方针的理论基础

作为社会主义国家的新中国的全面发展的教育方针,是以马克思主义的全面发展学说为其理论基础的。人的全面发展是社会全面进步的必然要求,是人类的终极追求。

马克思、恩格斯将人的全面发展分为三个层次:(1)人的劳动能力的全面发展。马克思和恩格斯指出:"我们把劳动力或劳动能力,理解为人的身体活动即活的人体中存在的,每当人生产某种使用价值时就运用的体力和智力的总和。"因此,个人体力和智力的发展最终要归结、落实到个人劳动能力的发展上来。只有在对象性的劳动中,人才能发挥其全部才能和力量。因此人的发展首先是人的劳动能力的发展,两者是一个统一的过程。(2)人的社会关系的全面发展。马克思在《关于费尔巴哈的提纲》中指出:"人的本质不是单个人所固有的抽象物,在其现实性上,它是一切社会关系的总和。"人的本质在于其社会性。作为现实的人的本质,是由其所处的社会关系的总和所规定,并且必然随着社会关系的变化而变化,正是在这个意义上说,人的全面发展就是人的社会关系的全面发展。社会关系是劳动实践活动的展开,社会关系实际上决定着一个人能发展到什么程度,"个人的全面性不是想象的或设想的全面性,而是他的现实关系和观念关系的全面性"。人的发展就是人和社会关系的发展,是人的社会关系的丰富性和人对社会关系的控制程度的发展。(3)人的自由个性的充分发展。马克思所说的"人的全面发展"中的人是指现实的、具体的、社会中的个人,因为一个人的发展取决于和他直接或者间接进行交往的其他一切人的发展。人的全面发展不仅是指"全面",而且包含着"自由、充分、和谐发展"。马克思曾经说过:"人的类特征恰恰就是自由的自觉的活动。"这就指出了人与动物的根本区别,在于"自由"和"自觉"。人的自由、全面发展与片面发展相对,是指人的本质的全面展开和丰富。在马克思和恩格斯看来,所谓自由发展具有以下的含义:第一,自由发展就是说每个人的发展不屈从于强加给他的任何活动和条件;第二,自由的发展能为个人所驾驭。在这种情况下,"于是,人才在一定意义上最终地脱离了动物界,从动物的生存条件进入真正人的生存条件。……一直统治着历史的客观的异己的力量,现在处于人们自己的控制之下了。只是从这时起,人们才完全自觉地自己创造自己的历史。"

马克思和恩格斯关于人的全面发展思想是针对资本主义私有制条件下人的片面发展而言的。人的片面发展是由社会分工造成的。在原始社会还没出现大的社会分工,人的体力与智力的发展处在原始的丰富过程之中,随着生产的发展,出现体脑等社会分工,人也开始了片面发展,到了资本主义社会,除社会内部分工外,又有企业的内部分工,进一步加深了人的发展的片面性,甚至畸形化。针对资本主义的异化现象,马克思和恩格斯在总结前人经验的基础上,从社会发展与人的发展的本质出发对人的全面发展进行了全面而深刻的论述。

人的全面发展必须建立在生产力高度发展的基础之上,在马克思看来,人的全面发展只有以生产力的高度发展才能真正得到解决。生产力是人类社会发展的物质前提,也是人的全面发展的物质前提,生产力的发展,创造了日益丰富的物质生活资料,使人摆脱了贫困状态,并在基本满足生存需要的前提下追求享受和发展。马克思指出:"当人们还不能使自己的吃喝住穿在质和量方面得到充分供应的时候,人们就根本不能获得解放。"因此,人的发展和社会生产力的发展是一致的。没有高度发达的生产力,没有丰富的物质资料,不可能实现人的全面而自由的发展。

人的全面发展除受制于生产力外,还直接受制于生产关系。在私有制社会中,劳动者个人的发展并不与财富的积累成正比。因为这些积累起来的财富主要不是用于促进劳动者的发展,反而成为奴役劳动者、束缚劳动者发展的手段,出现了人与物的对立。因此在私有制条件下,冲破其生产关系的桎梏就成为人的全面发展的重要方面,消灭私有制和旧式分工是实现人的全面发展的社会条件。旧式分工造成了人的体力和智力的片面畸形发展,使得一部分人只运用体力而另一部分人只使用脑力,每一个人只能发展自身的某些方面,而偏废了其他方面。所以要使人获得全面发展,必须彻底消灭这种旧式分工。

实现人的全面发展离不开个体及全体社会成员的共同努力。马克思把个人自身的完美和人类自身的幸福统一了起来,"人们只有为同时代人的完美、为他们的幸福而工作,才能使自己也达到完美"。"每个人的自由发展是一切人的自由发展的条件"。因此要实现人的全面发展,除了发展生产力、消灭私有制之外,还应发挥个体及全体社会成员的社会能动性。

个人全面发展的实现取决于大工业的社会应用形式。大工业要求人的全面发展,但在资本主义条件下人的全面发展并不能实现。因为大工业的资本主义应用形式更可怕地再生产了旧式分工,把工人变成机器的附庸。大工业所提供人的全面发展的一切条件,被资本家剥夺了。因此,实现人的全面发展,一方面需要高度发展的生产力,另一方面需要先进的社会制度。马克思恩格斯指出,共产主义社会是个人的独创的和自由的发展不再是一句空话的唯一的社会。马克思关于人的全面发展的思想和他的实现社会主义——共产主义的崇高理想是完全结合在一起的。

马克思主义认为,现代大工业生产客观上要求教育为其培养全面发展的人。而人的全面发展只能通过教育与生产劳动相结合的途径才能实现;同时教育与生产劳动相结合也是改造旧社会,实行脑力和体力相结合,培养社会主义新人的唯一途径。教育与生产劳动相结合是培养全面发展的人的唯一方法。教育是培养全面发展的人的必要条件。恩格斯说:"教育将使年轻人很快就能够熟悉整个生产系统,将使他们根据社会需要或者他们自己的爱好,轮流从一个生产部门转到另一个生产部门。因此,教育将使他们摆脱现在这种分工给每个人造成的片面性。"马克思指出:"未来教育对所有已满一定年龄的儿童来说,就是生产劳动同智育和体育相结合,它不仅是提高社会生产的一种方法,而且是造就全面发展的人的唯一方法。"

人的全面发展的实现不是一朝一夕的事,它需要一个历史的过程。在马克思看来,人的全面发展是一个历史的过程。最初,由于生产力的落后、阶级压迫的生产关系,人的发展是在狭窄的范围和孤立的地点进行着。机器大工业的出现,客观上要求实现人的全面发展,可资本主义制度又成为阻碍人的全面发展的社会力量。尽管如此,资本主义大工业仍为人的全面发展创造了条件。只有进入共产主义社会,消灭了旧的分工,消除了物对人的统治,人的全面发展才可能真正得到实现。

参考文献

　方晓东,李玉非,等.中华人民共和国教育史纲[M].海口:海南出版社,2002.

　顾明远.我的教育探索[M].北京:科学教育出版社,1998.

　胡德海.教育学原理[M].兰州:甘肃教育出版社,1998.

　舒新城.中国近代教育史资料[M].北京:人民教育出版社,1981.

（辛朋涛）

中国教育管理制度

中国教育管理制度的变化和发展大致分三个阶段:先秦至1840年的古代教育管理制度;1840年鸦片战争至1949年新中国成立的近代教育管理制度;现代教育管理制度。

古代教育管理制度

先秦时期的教育管理制度　系中国教育管理制度的萌芽时期。中国自虞夏始有了学校雏形,这一时期的教育管理活动具有一定程度的原始教育的随意性,但出现教育行政管理制度的端倪。夏王朝在中央设置司徒一员,作为最高教育行政长官,在地方设啬夫等职,掌管地方教化。商代官师合一,没有独立的教育行政机构和教育管理人员,由主要负责宗教的最高长官"司徒"、"作册"等负责教育行政管理事务。西周的学校教育有较大发展,教育行政管理制度也日益完善。由于学在官府、官师合一、政教合一,教育行政体制与行政官僚体制紧密联系在一起。天子为全国最高教育行政长官,教育政令由大宰总领,地方教育行政事务则由大司徒总揽。春秋战国时期没有统一的教育行政制度。

秦汉时期的教育管理制度　秦汉时期,中国古代教育从文教政策到管理制度逐步形成轮廓并趋于定型。秦代教育实行"书同文"、"行同伦"、"禁私学"、"焚书坑儒"的思想专制和学术专制政策,未制定系统的教育管理制度,但进行了一些影响后世的尝试,如博士制度。秦代置博士一职,为皇帝近臣,其主要职责是议政事、备咨询、掌典故。在确定"以法为教"、"以吏为师"的教育政策后,博士地位有所下降。

汉代逐步确立"罢黜百家,独尊儒术"的文教政策。随着对"化民"与"育才"作用的重视和各类教育的发展,逐步形成相应的教育管理制度体系。中央集权专制制度下的教育管理体制肇始于汉代,但因中央政府未设置专门的教育管理机构,这种管理体制仅具雏形。汉代全国教育由"九卿"之首的"太常"兼理。自汉武帝始,置"五经博士",成为"太常"属下专管教育的官吏。西汉博士之首为"仆射",东汉称"祭酒",管理全国高等教育。汉代初步建立的教育管理制度是后世设立教育专职管理机构的基础。

魏晋南北朝、隋、唐、宋、元时期的教育管理制度　系中国封建教育管理制度的发展和中兴时期。魏晋南北朝时期战乱动荡,以尊儒读经为主要教育内容的汉代教育体制受到冲击。各国统治者出于政治需要,极力恢复汉代教育模式。直至南北朝时期,由于社会发展的巨大推动力,教育体制才得以有缓慢的变化,教育失控局面有所改善。

南北朝时期的教育较三国两晋时期略发达。国家对学校教育进行了某些改革,新制度有所建树,教育管理的控制能力有所恢复,教育呈现一定活力。南朝时期,教育逐渐复苏。官办学校对学生的门第限制大大放宽,教育为寒门子弟敞开大门,从体制上打破了两晋教育的僵局。汉代太学创立考试制度,两晋时期,由于九品中正制和教育贵族化的影响,考试与入仕政策难以实行,助长了官学的衰败。南朝时期,各政权统治者在选士方面强调考试的作用,兴建官学和学院时加强了考试环节。专科教育在魏晋之时兴起,各学科在南朝时期趋于成熟。北朝是少数民族政权,为学习汉族文化,北朝统治者推行汉化教育政策,始终把尊奉儒学放到统治地位。北魏教育体制的另一个特点是郡县学制的确立。

隋唐五代是中国教育事业蓬勃发展的时期。创立中国最早的专门的教育管理机构国子监。唐代进一步完善和健全官学教育体制和科举制度。隋唐总结了汉魏之后的教育管理制度,并深刻影响其后各朝代教育体制的发展,在中国古代教育管理制度史上具有重要地位。

隋代实行"崇佛尊儒"的文教政策。在教育管理上,废止汉魏以来由司徒、太常主管教育的传统。司徒名义上仍存在,但已成为一个无实际责任的顾问官;设立国子监作为专管学校教育的行政机构。隋代国子监设祭酒为行政长官。在国子监所辖学校中设博士、总知学事和助教,负责各学校具体教学及管理工作。隋代地方学校多由地方政府管辖。隋文帝开皇年间废止九品中正制,采用逐级考试的办法,分科选举,挑选人才,此即科举制度。科举制度宣告中国实行千余年的乡举里选制度的结束。

唐代实行"尊崇儒学,兼重佛道"的文教政策,并将教育置于重要位置,唐代教育成就卓著,对后世文化教育产生重要影响。唐代的政务机关为尚书省,其下设吏、户、礼、兵、刑、工六部。其中礼部为掌管教育的最高行政机构,其职能是主持科举考试,制定录取标准,指导和节制国子监的学校教育等。礼部最高长官为尚书,其次为侍郎、郎中、员外郎。

国子监是唐代中央教育机关,亦是专门的教育行政机构。国子监设祭酒为最高长官;设司业二人为副职,掌管儒学训导之政令;设丞一人,管理学生的学业成绩;设主簿一人,掌管印章并管理学生的品性和学规;另设录事若干,掌管受事发展。此外还有府、史、亭等,分管国子监的教学和后勤杂务。国子监的主要职责是主管国子、太学、四门、广文、书、律、算七学的讲经、考试、训导等。唐代官学除国子监掌管的七学外,朝廷各部门也举办一些学校,培养本部门需要的人才,这些学校统由各部门行政官员掌管,具体有弘文馆和崇文馆,太医署、司天台等专科性质的学校。后书、律、算学脱离国子监,分属相应部门。唐代的官学领导体制,除经学由国子监领导外,其他专业性质的官学依附于行政部门,并由行政部门及其官员领导,此为世界教育史上最早出现的一种管理体制。唐代未在地方设专门的教育行政机构,但各级地方政府对辖区内的教育负有一定责任。地方教育长官一为长史,统管地方州、府、县学;二为司功参军事,掌管地方官吏的选拔考核及专门学校的管理等。唐代的地方教育行政管理尚不完善。与隋代不同,唐代的科举制度形成一种定制。唐代选官均经吏部试判。考生分"生徒"和"乡贡"两类,考试时间为每年三、四月。考试分两类:常科和特科。常科一般有秀才、明经、进士、明法、明字、明算等,特科亦称"制举",为皇帝临时特设之科。考试内容随科目不同而异。考试方法主要有帖经、墨义、策问、诗赋等。

五代十国时期战事频仍,学校教育相对衰落,历朝学制不完善,唯后唐置祭酒、司业、博士等职管理国学。

宋代对教育行政制度进行改革,教育管理水平得以提高,教育制度完备而严密。宋代实行"重文轻武,尊孔崇儒,崇尚理学,兼重佛道"的文教政策。朝廷在中央设礼部,统管全国的文化教育,设尚书、侍郎主持礼部事务,主要负责学校、贡举之事。国子监曾隶属礼部管辖,具有行政管理和教育的双重职能,主要职责是管理中央直属的太学、武学、律学、小学等学校的日常事务。中央政府的其他部门也领导和管理一部分学校。朝廷在地方各路和各州县设置教育行政管理机构。宋初,有关地方贡举和学校事务主要由路一级运转司负责,其他诸司协助。路一级一度设置提举学事司作为地方高级教育行政长官,其主要下属为"管勾文字",协助学事司处理日常事务,每年巡视所属学校。在府、州、军、郡一级,由州郡长史负责全部行政事务。宋仁宗时,州郡长官委派专门的"学事官"掌管学事,未设县学官的由令佐兼管县学事务。

辽代大力推行"汉化教育"和"尊孔崇儒"的文教政策。教育管理上先仿唐制,继仿宋制。国子监为中央管理教育的机构,其中设祭酒、司业、监丞、主簿等学官,采用中国旧制兴办学校。未专门设立地方教育行政管理机构,地方办学由地方长官直接负责。

金代的文教政策基本同辽,中央官学的行政机构为礼部和国子监,前者兼管学校教育,后者既是中央官学的行政管理机构,又是中央官学。金、元的教育管理制度富民族特色。

元代采取"尊孔崇儒"的文教政策。其教育管理制度以宋代为蓝本,并参照辽、金的教育管理经验。元代的教育行政管理机构大致分为中央和地方两级。中央教育管理机构及其职能如下。(1)集贤殿。从翰林国史院分离出来,主要负责掌管国子监学官的名额及人选、国子生员的名额及分配选拔原则,以及国子校舍的兴建和教育经费的使用等,是领导全国儒学教育事业的机构。其主要行政官吏有大学士、学士、侍讲学士、侍读学士、直学士和典簿等。(2)翰林国史院。掌管诏令的撰写,教习波斯文字。主要官吏有翰林学士、承旨学士、侍读学士、侍讲学士和直学士等。(3)蒙古翰林院。从翰林国史院分置出,其职责是译写一切文字及颁降玺书。以蒙古新字为主,各民族通用文字为辅。其下设蒙古国子监、蒙古国子学。主要行政长官有承旨学士、直学士、侍制、修撰等。(4)国子监。包括儒学国子监、蒙古国子监和回回国子监。其中儒学国子监兼具教学和行政管理双重职能,就教学职能而言,为最高学府。(5)太医院。掌医事,制御用药物,制定医务官必备条例,下达十三科疑难题目给诸路医学,以便诸路医学生员学习。主要官吏有宣差提点、提点、院使、副使等职。(6)司天台。掌管天文历象。设天文、历算、测验、漏刻诸科,管辖诸路阴阳学。其官吏有提点、司天监、少监、提学及教授。地方教育行政机构为儒学(或医学、阴阳学等)提举司。地方上由布政司统管一省之政,教育、学校亦在其中。地方在设置教育专门机构之前,有关教化事宜由地方行政长官负责。教师的升迁、月俸均由提举按实情向上呈报。至元十八年(1281年)设蒙古提举学校官,二十五年置医提举司并举官。元代教育行政管理的主要措施有四。一是制定办学宗旨,中央国子学主要培养国家高级人才,地方学校主要培养德才兼备的一般人才。二是规定学生入学资格、名额及毕业后的待遇。中央官学生员初无定额,条件为官僚子弟,后随入学人数的增加,国子学生员定额400人,伴读40人,其中蒙古人占一半,色目人和汉人占一半。地方官学规定,根据路、府、州、县的大小分配地方官僚子弟和民间子弟入学人数。国子学学生的饮食及其他一切生活费用由官方供应。地方官学一般有学田学产,无学田学产的,中央政府规定由地方政府根据学校规模划拨。生员毕业后大多为官。三是规定教官的设置与任用。元代任用教师以"唯才是举"为原则,任用教师的形式有朝廷征召、保举教官、会试下第举人充任等。四是确保教育经费。教育经费大多由国家承担,主要形式是国家拨学田,以租税、钱粮作为教育经费。朝廷规定诸路、府、州、县学的钱粮之事,由儒学提举司负责,大司农司亦经营

"学校饥荒之事"。

明清(鸦片战争前)的教育管理制度　在中央教育行政制度方面,明代政事统由皇帝主持,教育政务由皇帝定夺,天子有"视学之制"。明代主管教育的最高行政机构为礼部,礼部设尚书一人,左右侍郎各一人。部属司务厅司务二人。礼部中设"仪制司",专管学校、视学、贡举等。中央机构中监管教育行政事务的还有:太常寺,设官员掌管四夷馆,掌译书之事,并培养通译人才;钦天监,负责教育天文生、阴阳生之责;提举阴阳学;太医院,负提举医学之责;兵部,监领武学;宗人府,教睦皇族,考察官吏;詹事府,辅导太子;翰林院,下设庶吉士学馆,选拔翰林院庶吉士,翰林院还掌管考选举监、考选贡和岁贡等事项。中央设六科给事中都察院,监察与考核教育机构及教育官员。明代还设厂、寺等特务机构,亦履行监督教育官员之职。对教育官员的监督主要针对其遵守法纪,在京由本衙门上级官员通过考察教官的日常言行进行。国子监、司业、祭酒、钦天监、太医院、翰林院、礼部和兵部主管由皇帝考核,提学使由吏部会同礼部考核。

地方教育行政制度方面,正统元年(1436年)明廷专设提督学校官,南北直隶称提学御史,下设提学副使和检事,皆三年一任。明代提学官多由进士出身者充任,亦有举人出身者。府一级政府的教育行政事宜由府长总领,府长有知府、同知、通判,并有教授辅助管理。州、县由知州、知县主学政事。地方长官除管理地方儒学外,还管理地方武学、医学、阴阳学等专业学校与社学。都司、卫所也有儒学、武学,由都司、卫所主管当局管辖。教官考核由各省地方提学官员负责,有考满、考察两种,相辅而行。考满按执教年限进行考核,以考定教官是否称职,侧重褒奖和提升;考察则不论任职时间,偏重惩罚和淘汰。教官考核与科举成果分不开。

明代注重科举,尤其盛行进士科,采用八股取士。明代科举一般分四个阶段:童试,府、州、县学生员考录阶段,中试者为秀才;乡试,为各省的考录,中试者为举人,第一名称解元;会试,由礼部主持,各省举人于乡试次年春于京城考录,中试者称贡士,第一名为会元;廷试,参试者为贡士,由皇帝亲自主持,中试者称进士,分三甲。乡会试均颁布详细严格的考试规则,包括考试内容、考试资格、考官事宜、考场规则、试卷、判卷等。

清代的教育管理制度与措施大多沿袭明制,并注意吸取唐宋以来教育管理的经验教训,形成一套较完整的教育行政制度。清代文教政策继续采用科举制度,加强教育宏观管理,以巩固其统治基础。清承明制,仍以礼部掌管全国的学校和贡举。礼部设尚书、左右侍郎满、汉各一人。国子监成立之初由礼部管理,后独立成为大学性质的专门机构。礼部还直接管理会同四译馆(明代名四夷馆)。国子监亦具

一定的行政机构性质,负责管理俄罗斯馆、算学馆、八旗官学和琉球官学。翰林院承明制,具有主管教育的功能,一为充当乡试、会试、殿试考官,二为管理庶常馆,考选与教习庶吉士。兵部管理武学,由武库清吏司管理。钦天监管理天文生、阴阳生。太医院掌管医学。宗人府学掌管宗学、八旗觉罗学。理藩院管理蒙古馆学、唐古特学、托忒学。都察院和六科给事中负监案之责,稽查各级衙门,监察注销文书案卷,承担乡试、会试、殿试之责。文科中礼科负责封驳、算抄、注销文卷,稽查公事。礼部给事中分管礼部、宗人府、理藩院、国子监、钦天监等衙门公事。清代制定并实施严格的教育行政官员管理制度。教官考察由礼部清吏司主持,考察分中央和地方两种,每三年一次,是中央对各级官吏的会考,规定教官考核的标准和时间,并指定专人负责,制订相应的奖惩条例。

清代科举制度较前代繁复。考试分童试、乡试、会试、殿试四级。还实行特科取士,如博学鸿词科、孝廉方正科等。科举考试自小考直到会考,试文较明代更重八股。清末科举考试制度弊端百出,学问空疏。

清代地方有省、府、县三级政权。在省一级,总督、巡抚统管军政、文教,稽查各级官员,并作为乡试主考官,书院、学校之事均属其管辖。顺天府、奉天府则由监管大臣或府尹为乡试监临官。清承明制,最初各省设督学道,顺天、奉天两府由府丞兼管学校,后各省陆续改称提督学院或提督学政,非进士出身不任。学政掌管一省学校、士习、文风之政令,掌握岁、科两试,负责考送贡生。学政为一省大员,全省大事均参与会议,与督、抚、藩、臬会商大事。省藩、臬大员亦参与学校贡举事务。布政使管理全省官员的发俸和考核,并在乡试时提调考试,有的省还主持部分书院。盐运使、道员亦有掌管书院的。在府一级,知府主管一府诸事,包括文教、贡举。府堂设吏、户、礼、兵、刑、工六房。知府提调岁、科二试,主持童生府考,主管儒学、医学、阴阳学、社学及书院,下有教授、训导辅助。在县一级,知县主管一县之学,主持童生县试,主管儒学、医学、阴阳学、社学及书院、义学,有教谕、训导辅其政。

近代教育管理制度

洋务运动和维新运动时期的教育管理制度　这一时期的教育管理制度大力借鉴西方国家经验,但未彻底摆脱旧教育的影响。洋务运动和维新运动时期,清政府确立"中学为体,西学为用"的文教政策。在办学目标上,洋务派所办新式学堂的办学目标是培养外语、外交、近代科技人员,发展资本主义工商业;维新派举办的学堂则以培养维新人才为目标,具有强烈的政治色彩。1898年建立的京师大学堂体现多派政治力量试图在中国建立近代学制的愿望,中国

近代教育发展到一个新阶段。在行政组织上,京师大学堂成立前,清政府未设专门管理新式学堂的教育行政机构,国子监及地方学政一般均无权管理新式学堂。京师大学堂是清代新式学堂中的最高学府,亦是新式学堂的最高行政管理机构。清末官制改革后,学部成为全国最高教育行政机构。这一时期的教育经费有四个来源,即国家财政、招商集资、学生学费和捐款,财务管理遵循"明定章程,厉行节约"的原则。这一时期是晚清留学运动的发端和发展时期,留学活动主要围绕学习外国的军事技术,政府对官费留学的管理较严格。

清末新学制建立后的教育管理制度　清政府在"新政"的教育改革中于 1905 年废止科举制度,开始建立和运行中国近代新的教育制度和教育管理方式。1902 年清政府颁布《钦定学堂章程》(亦称"壬寅学制")。1904 年颁布《奏定学堂章程》(亦称"癸卯学制"),该学制沿用至 1911 年清灭亡,其后的学校制度在该学制基础上演变而成。1906 年清学部明确"癸卯学制"的教育宗旨是"忠君、尊孔、尚工、尚武、尚实"。为从组织上保证"癸卯学制"的推行,清政府于 1905—1906 年建立从中央到地方的教育行政机关管理全国教育。(1) 中央教育行政机关。1905 年成立学部,学部的组织建制包括五司十二科,最高长官为尚书,其次为左右侍郎、左右丞、左右参议等。"五司"指总务司、专门司、普通司、实业司、会计司。另设编译图书局、京师督学局、学制调查局、高等教育会议所、教育研究所等,由学部派人兼管。(2) 地方教育行政机关。省级教育行政机关,清初为提学道,后改为提督学政。1903 年各省设学务所。1906 年撤除各省提督学政和学务所,改设提学使司,设提学使 1 人。提学使接受各省督抚和学部的双重领导。提学使司设于省会,学务所改学务公所,设议长 1 人、议绅 6 人,协助提学使筹划学务,供督抚咨询。学务公所下分六课:总务课、专门课、普通课、实业课、图书课和会计课。1906 年各厅、州、县设劝学所,归地方监督。劝学所设总董一员,由县视学兼任。县境内划分若干学区,每学区设劝学员 1 人。

"癸卯学制"还建立了教育视导制度。1906 年学部设视学官,与学部下设的五司平级,专事巡视京外学务。另设京师学务所局,督理京师学务。教育视导机构在新学制实行之初即作为中央教育行政机关的重要组成部分。在各省,提学使下设省视学 6 人,承提学使之命巡视各府、厅、州、县学务。县设县视学,巡视各乡村市镇学务。基层教育行政长官与视学官大多合一,存在局限性。后改为省视学,由省教育行政长官统一领导。学部派员到各省巡查时,省视学可随行,省提学使派员巡查。县视学由省派遣,与县长、劝学长共负教育之责。1909 年学部拟定《视学官章程》,包括视学区域、视学资格、视学职责、视学权限、视学日期、视学经费、视学考成等项,为中国第一部关于视学的章程。

民国时期的教育管理制度　1912 年中华民国临时政府成立,同年 1 月 9 日成立教育部,蔡元培任教育总长。在蔡元培的主持下,教育部制定一系列方针政策,改革旧教育。这一时期的教育宗旨是"注重道德教育,以实利教育、军国民教育辅之,更以美感教育完成其道德"。政府先后颁布一系列教育法令,如《普通教育暂行办法》《民国教育部官制令》《小学校令》《中学校令》《师范教育令》等。《普通教育暂行办法》明确规定各类学校课程的内容、科目和授课时数。教育部发布教则,明令执行新的教育方法和原则:教育教学要适应儿童身心发展的特点;教育要与实际生活相结合,适应生产和生活需要。

1912—1913 年北洋政府制定和颁布"壬子癸丑学制",实行至 1922 年。该学制将全部学程划分为三段,即初等教育阶段、中等教育阶段和高等教育阶段;有三个系统,即普通教育系统、师范教育系统和实业教育系统。学制颁布的同时,教育部先后颁布各类学校法令,对各级各类学校的培养目标、课程设置、学校设备、入学条件、教员任用、教育经费、领导管理等作具体规定,这也是各级各类学校实施管理的规章制度。

南京临时政府教育部成立初期,下设学校教育、社会教育、历象三个司。1912 年 3 月,临时政府颁布《民国教育部官制令》,规定教育部分普通、专门、实业、社会、礼教、蒙藏六个司。4 月,教育部正式确立组织系统,设总长 1 人、次长 1 人,下设普通、专门、社会三个教育司和总务厅,由此形成临时政府的中央教育管理机构。南京临时政府成立后,全国尚未统一,各省的教育行政制度不统一,或在都督府民政司设教育科,或在省公署设教育司,作为教育管理机构。随着省行政机构的变迁,教育管理机构也变化无常。至 1917 年教育部颁布《教育厅暂行条例》,地方教育行政管理机构才有统一建制。

北洋政府时期确立从中央到地方的教育部制、教育厅制、教育局制的教育行政管理制度,形成一个自上而下的教育管理系统。1912 年 4 月,袁世凯在北京建立北洋政府,成立教育部,并以大总统的名义颁行一系列教育政策和法规,形成北洋政府管理教育的一套制度。1912 年 8 月,北洋政府颁布《教育部官制》12 条,规定教育部设总长 1 人,管理教育、学艺及历象,监督全国学校及所属官署;职员有视学 16 人,掌管教育视察;技士 8 人,掌管技术事务。下设总务厅、普通教育司、专门教育司和社会教育司。另设参事、检事、主事若干。1914 年 7 月颁布修正后的《教育部官制》19 条,进一步完善教育部建制,明确隶属职权、组织机构、管理职能等。1913 年袁世凯令各省设立行政公署,下设教育司管理全省教育事宜,自此始有省级教育行政管理机构的统一建制。1917 年北洋政府在各省设教育厅,内设三科和视学科,分管普通教育和社会教育、专门教育和留学教育、文牍、总务、会计、视学等事务。官员有厅长 1 人,各科设科长 1 人,科员 3 人,设省视学 4～6 人。1915 年北洋政府统一县级教育行政管理机构名为劝学所,设所长 1 人、劝学员 2～4 人、书记 3 人。1923 年颁布规程,各县设教育局,有局长 1 人、督学及事务员若干。县以下划分学区,每学区设教育委员 1 人,受教育局长领导,由此正式建立省县教育行政管理机构。

1922 年 11 月北洋政府颁布并实行《学校系统改革案》(亦称"壬戌学制")。制定该学制的指导思想为:适应社会进化之需要;发挥平民教育精神;谋个性之发展;注意国民之经济力;注意生活教育;使教育易于普及;为各地方留有伸缩余地。"壬戌学制"是美国学制的翻版。学制明确规定普通学校实行"六三三四"制,并有与之平行的师范学校和职业学校系统。还制定新的课程标准。该学制实施至 1949 年。

1927 年蒋介石在南京建立国民政府,国民政府的教育宗旨是实行"党化教育",后改为"三民主义教育"。国民政府陆续颁布一系列系统的教育法令,大致分四类:由国民党中央制定并批准;国民党的教育宗旨通过国家宪法予以表达,赋予法律保障;国民政府发布的教育法令,在教育宗旨和国家宪法的指导下,由行政院行使管理全国教育事业的职权;中央教育行政机关发布的教育法令,依据教育宗旨和国家宪法,在国民政府领导下,中央教育行政管理机构发挥职能部门的作用,代表国民政府具体管理全国教育事业。教育部颁布各级各类学校课程标准及教学内容,体现国家教育政策。学校教材的编写、审查和出版均由教育部设立的专门委员会统一管理。

民国时期的教育行政体制几经变革。早期模仿法国,实行大学院制。1927 年 6 月,国民党政府在行政院之下设大学院作为全国最高学术教育行政机构。大学院单线领导分布在各大学区的大学,统管全国教育事业。大学院设院长 1 人,秘书 4～6 人。其下分设三大职能部门,即教育行政部、学术研究院及其他国立学术机关和各种专门委员会。还平行设置大学委员会为全国最高学术、教育评议及管理机关。实行大学院制的目的是改"教育官僚化"为"教育学术化",但以失败告终。1928 年大学院被取消。同年重建教育部,国民政府颁布《教育部组织法》,实行政府和教育部门双重领导,缩减教育职权。较之民国初年,改建后的教育部将专门教育司改为高等教育司,总务厅改为总务司,并将其原下属单位秘书处、编审处提级,与总务司平行;增设蒙藏教育司和各种专门委员会,注重对少数民族教育的管理;设立大学委员会,重视教育与学术问题;精简人员编制;扩展管理职能;完善机构设置。

地方试行大学区制。区立法机关和最高审议机关是评议会,由大学校长、2 名教授、5 名中学校长和教师、5 名教育专家组成,下设秘书处、研究院、普通教育处、高等教育处、扩充教育处等机构。大学区以下设各县教育局,直隶于大学校长,设局长 1 人、督学 1 人,另设总务、学校教育、扩充教育三科,董事会议改为"教育行政委员会",设委员 5～7 人。1931 年国民政府在省政府下设教育厅,以加大政府对教育的控制权,教育厅与教育部无直接关系,仅受其业务指导。1939 年 9 月,国民政府规定县长为负责教育的行政长官,教育局局长仅是辅助人员。教育局一般设学校教育股和社会教育股,另设督学。1947 年,全国县级教育行政机构统一为教育局,教育局编制规模按照县市人口数量、教育经费数目及学校数量,分甲、乙两等,由省教育厅裁定。

在教育视导制度上,国民政府时期重视教育督导在教育发展中的管理功能,初步构建中央、省、县市三级教育督导组织,并颁布一系列教育督导法规。1929 年颁布《督学规程》,"视学"统称"督学",规定省设 4～8 名督学,县设 1～3 名督学。1931 年 7 月国民政府教育部重设督学,8 月公布《教育部督学规程》,9 月制定《教育部督学办事细则》,具体规定督学的职能范围。1941 年国民政府公布《教育部视导规程》和《教育部视导室办事细则》,改督学部为视导室,并增设视导人员,扩大职能。视导方式分定期视导和特殊视导两种,定期视导又分为分区和分类两种。中央教育视导制度一度废弛,从而招致地方视导制度的混乱。

民国时期的教育管理制度除民国政府的教育管理制度外,还包括苏区、抗日根据地、解放区等革命根据地的教育管理制度。

苏区的教育管理制度。中央政府设立中央教育人民委员部作为中央苏维埃共和国的最高教育行政机关,下设初等教育局、高等教育局、社会教育局、艺术局、编辑局和巡视委员会。省、县、区设教育部,行政上属上级教育部及中央教育人民委员部,执行上级命令,同时受同级执行委员会及主席团的指导和监督。市设教育科,乡设教育委员会。省教育部设社会教育科、普通教育科、总务科、编辑出版委员会和巡视员;县教育部设普通教育科、社会教育科和巡视员;区教育部不分科,但须兼顾普通教育和社会教育。各级教育部部长、市教育科科长由各级执行委员会或主席团选任后送上级教育部批准,非经上级许可不得撤换、调动或兼任其他职务。建立教育巡视和报告制度。在中央教育人民委员部设巡视委员会,省、县教育部均设巡视员,巡视员从有威望、有丰富教育工作经验者中选拔。工作报告制度规定,各级教育部向上级报告工作,每月一次报告整个工作,特别重要的问题须随时报告。

抗日根据地的教育管理制度。一般在边区设教育厅,分区设教育处,县设教育科,区设文教助理员,乡设文委主任,分别管理所辖区域内的文化教育事宜,形成分级管理体制,并相应建立会计、计划、巡视、检查、报告制度。在行政工作制度上,以民主集中制为原则,实行集体领导、个人负责;加强教育视导工作;改善教育经费管理;建立定期的会议制度和报告制度。

解放战争时期各解放区的教育管理制度。解放战争时期沿用抗战时期"统一领导,分级管理"的教育行政领导体制。重大问题由各大行政区决定,地方各级教育行政机关负责贯彻执行。一般在省设教育厅,专署设教育处(科),县设教育科,区设文教助理员,乡设教育委员会。

现代教育管理制度

1949年新中国成立后的教育管理制度演进分为三个时期:"文革"前17年新教育管理制度形成并在探索中前进时期;"文革"十年教育管理制度遭到摧残和破坏时期;改革开放后教育管理制度的改革与发展时期。

"文革"前17年基本形成了具有中国特色的教育管理制度。在教育管理机构方面,1949年11月1日,中央人民政府中央教育部成立。同年,各大行政区设文教委员会或文教部,省、县两级政府亦陆续建立管理教育事业的专门职能机构。1952年,原中央教育部分设为教育部、高等教育部、体育运动委员会、扫盲工作委员会,形成多头领导、分块管理的格局。1958年,高等教育部和教育部又合并为中央教育部,重新形成对全国教育事业进行统一领导、集中管理的格局。1964年,中央教育部再度分为教育部和高等教育部,形成高等教育和基础教育分块管理的状况。地方教育管理机构(主要是省级教育行政机构)亦经历调整变化,由省教育厅统管全省教育事业,或由省高教厅和教育厅分管全省高等教育事业和基础教育事业。这一时期的教育管理制度特点如下。(1)探索建立中央统一领导、中央和地方分级管理和分工负责的教育管理体制。1949—1958年实行集中统一的教育管理体制,基础教育由县教育行政部门统一领导,高等教育由教育部统一领导。1958—1963年实行以地方分权为主的教育管理体制,公办和民办中小学的设置和发展均由地方决定。高校除一部分以外,均下放给省、市、自治区领导。1958年4月,中共中央、国务院《关于高等学校和中等技术学校下放问题的意见》发布,8月又发布《关于教育事业管理权力下放问题的规定》,其要点是根据中央集权与地方分权相结合的原则进行地方教育事业管理。9月发布《中共中央、国务院关于教育工作的指示》,明确规定中央和地方分级管理、分工负责的教育管理制度。1963年至"文革"前实行统一领导、分级管理的教育管理体制。(2)适应经济与社会发展需要,探索建立各级各类教育协调发展的合理结构。新中国建立后,原来的工农教育、干部教育、职业技术教育和各种补习教育被置于同其他各类教育同等重要的地位。1958年9月《中共中央、国务院关于教育工作的

指示》提出,采取统一性与多样性相结合、普及与提高相结合、全面规划与地方分权相结合的原则;实行国家办学与厂矿、企业、农业合作社办学并举,普通教育与职业教育并举,成人教育与儿童教育并举,全日制学校与半工半读、业余学校并举,免费教育与不免费教育并举;确定三类主要的办学体制,即全日制学校、半工半读学校和各种形式的业余学校。

十年"文革"期间取消党对教育事业的领导,教育管理机构的正常体系被打乱,造成教育行政机构和学校领导机构的瘫痪;在改造"旧教育制度"的旗号下,片面强调放权,否定中央统一领导,造成教育管理体制的混乱。

1978—1980年是教育管理机构的恢复和重建阶段,各级教育管理机构的设置和职能划分按照现代国民教育事业的需求进行规范,逐渐恢复和完善。1978年中共十一届三中全会召开后,恢复建立党委和党支部领导下的校长分工负责制,加强党对教育事业的领导。提出理顺中央与地方以及政府与学校间关系,逐步改革计划经济体制下的教育管理制度,构建适应社会主义市场经济体制的教育管理制度:基础教育由地方负责、分级管理,高等教育由政府宏观管理,学校面向社会自主办学;改革高等学校招生和毕业分配制度,扩大高校办学自主权;进一步扩大地方政府管理教育的权限,逐步形成政府办学、社会各界参与办学的办学体制。有中国特色的社会主义教育法规体系的基本框架初步形成,教育管理步入依法治教的轨道。"文革"结束至1984年,教育行政体制恢复为20世纪60年代统一领导、分级管理的基本格局。

1985年《中共中央关于教育体制改革的决定》和1986年《中华人民共和国义务教育法》明确了基础教育实行地方负责、分级管理的原则,高等教育实行中央、省、中心城市三级办学体制。《中共中央关于教育体制改革的决定》确定成立国家教育委员会,管理全国教育,同时加大高校自主空间,明确地方政府在基础教育中的职能权限。1986年《高等教育管理职责暂行规定》强调国家教育委员会的综合规划和协调职能,适当扩大省级政府的相关职能和权限,扩大高校办学自主权。同年颁布的《中华人民共和国义务教育法》进一步强化和突出地方政府实施义务教育的责任和权限。1987年《关于农村基础教育管理体制改革若干问题的意见》强调地方政府特别是县、乡两级政府在基础教育方面的职责。1988年《关于建立教育督导机构问题的通知》明确规定,县以上人民政府应在其教育管理部门内建立教育督导机构或配备专职教育督导人员。1993年《中国教育改革和发展纲要》发布,加大了地方政府在教育事业整体发展中的职责,具体划分和明确了地方各级政府在管理和发展各级各类教育中所承担的职责和权限,提出基础教育由地方负责、分级管理,高等教育逐步实行中央和省、直辖市、自治区两级管理,以省级政府为主的体制。1995年颁布的《中华人

民共和国教育法》对教育管理机构的职责权限、执法的内容和权限作出明确规定。1999年《中共中央国务院关于深化教育改革全面推进素质教育的决定》强调简政放权,加大省级人民政府管理教育的权力,明确县级人民政府在教育经费、教师管理和校长任免方面的统筹权。1993—1998年,《中华人民共和国教师法》、《中华人民共和国高等教育法》等法律法规先后颁布,中国教育步入法治轨道。

1998年根据第九届全国人民代表大会《国务院机构改革方案》,国家教育委员会改为教育部。《中华人民共和国教育法》明确规定,"国务院教育行政部门主管全国教育工作,统筹规划、协调管理全国的教育事业"。此次中央教育管理机构改革进一步扩大地方省级人民政府的教育事业管理权限和高等学校的办学自主权,将中央教育管理机构的某些职能给予社会中介机构,机构职能趋于综合化。至2012年,教育部共设22个职能司(厅、室)和机关党委。

中国的地方教育管理机构分四个层次:省、自治区、直辖市教育管理机构,地(市)、自治州(盟)、省辖市以及直辖市区县教育管理机构,县(市)教育管理机构,乡(镇)教育管理机构。1985年成立国家教育委员会后,全国大部分省、自治区、直辖市先后将教育厅、局改为教育委员会,接受省级人民政府统一领导,同时接受教育部的领导和业务指导,统一管理本辖区的教育工作。地(市)自治州(盟)、直辖市的教育管理机构多称教育委员会,负责管理和领导本地区的教育事业。县(市)教育管理机构一般称教育局或教育委员会,在县级人民政府和上级教育管理部门的领导下,负责管理县、市教育工作。乡(镇)的教育管理机构设置形式多样,有的设教育办公室,有的由乡、镇中心小学管理本乡教育,有的设乡教育委员会,下设办事机构等。1998年国家教育委员会改为教育部后,各地教育委员会改为教育厅、教育局,并进行了相应的职能调整。

中国教育管理机构的职能主要有:制定教育规划,包括确定教育事业发展目标及其保障措施、经费预算、具体实施方案等;制定教育规章与教育标准,如扫除文盲标准、学校设置标准、教职工编制标准等;教育行政执法,指教育管理机构具体适用教育法律法规、规章和履行其他职责的行为;进行教育督导;开展教育评价。此外还有教育行政专项管理职能,如教育人事管理、教育财政管理、教育设施管理、学生管理、校办产业管理、教育外事管理、民族教育管理、特殊教育管理、扫盲教育管理、社会力量办学管理等。教育行政机构和学校的教育管理职能还包括教育、教学管理职能,具体有德育工作管理、教学工作管理、体育工作管理、科研工作管理、后勤工作管理、卫生工作管理等。

参考文献

国家高级教育行政管理学院.新中国教育行政50年[M].北京:人民教育出版社,1999.

李才栋,谭佛佑,张如珍,李海华.中国教育管理制度史[M].南昌:江西教育出版社,1996.

梅汝莉.中国教育管理史[M].海潮出版社,1995.

孙培青.中国教育管理史[M].北京:人民教育出版社,1996.

熊贤君.中国教育管理史[M].武汉:华中师范大学出版社,1989.

(彭　江)

中国教育立法的价值　　中国在教育立法时所普遍认同并协同追求的基本原则和目标。这些原则和目标是教育立法核心内容的高度浓缩和概括,也是人们评价教育立法优劣的标准与依据。包括在教育立法时所追求的理想和目标,以及教育立法进行价值权衡和选择时所遵循的标准或准则。教育立法作为教育资源分配的重要手段,其实体正义首先需要立法过程的一系列程序规则来保障和确认。

教育立法价值选择的特征

立法过程面临多种价值选择,教育法律制度的生成是一个综合衡量多种价值的结果。教育立法的价值选择就是按照主体的需要,取舍、整合社会关系所呈现的各种价值,包括经济价值衡量、政治价值衡量、道德价值衡量、历史传统价值衡量等。教育立法的价值选择过程具有如下特征。

第一,教育立法的价值选择是一个理性判断的过程。理性保证了法律同生活的契合,使法律具有合理性。立法是用理性将理想化的社会关系上升为现实的制度化的规范机制,法律内在理性的要求,使得否认理性就意味着从根本上否认了法律的合理性。任何制度的选择与形成、评价都离不开人的理性,法律是人类理性的产物,其对于理性的运用充分体现在立法价值选择之中。

第二,教育立法的价值选择是一个批判和审视现实的过程。在进行立法前,通常需要从几方面进行思考:一是现有的法制是否体现了具体社会关系的内在规律及其发展趋势,达到制度规约的程度如何;二是制度的滞后性和保守性在巨变的现实生活中是否和如何阻碍了社会的发展,法律调整的目标为何;三是现实教育领域是否需要相关法律的规制,民众接受法律调整的心理预期如何。对现实教育领域中的各种问题(包括现行法制)的不断批判和审视,构成教育法变迁的动力。从某种意义上说,立法就是使实在法努力朝向自然法的过程。

第三,教育立法价值选择是实体价值与程序价值选择相统一的过程。相对于实体规范,程序表现为形式和手段,并且程序确有其服务于某种外在目标的技术性意义,从终极意义上讲程序的设置是为了实现实体规范的价值。然而,实体规范的正统性、合法性和权威性在相当程度上是由公正程序所赋予的,是程序制度运作的结果。实体规范关涉权利和义务的设定,程序规范则关涉权利实现和义务履行的具体过程。可以说,程序具有独立于实体的内在价值,并且相对于实体价值具有一定的优先性。"通过程序实现正义"已经成为法学界的基本共识。没有正当程序也就没有正义,程序价值与实体价值选择都是教育立法过程所必须面对的问题。

教育立法的价值分类

教育立法的价值作为法的价值的一个部分或特殊表现形式,必然有别于其他法的价值。分析教育立法的价值,既要考虑教育立法价值作为一个法律部门所具有的特点,也要考虑教育法规范本身的特点以及教育法规范调整社会关系的特点。从法所要促成的价值观念角度看,公共性构成教育法的最高价值——正义。社会和个人作为教育法主要的价值需求主体,两者在通过法律实现自身利益上的冲突和对立,构成了教育法价值权衡和选择的核心。将实现教育的公共性作为教育立法的最高目标价值,一方面明确了教育立法所要回应的是社会和个体对于教育的需要、而不是国家或政府的需要的价值取向;另一方面也为教育立法的价值权衡和选择确立了两个基本维度,即在公民利益与社会利益之间,对法的诸多价值范畴进行平衡。

法有实体法与程序法之别,加强法制建设,既要加强实体法建设,也要加强程序法建设。教育立法的价值可以从实体和程序两个角度分析。

教育立法的实体价值　(1)教育法的目的性价值。教育法与其他法一样是社会经济、政治、文化等因素的集中表现。包括教育自由和教育秩序、教育平等和教育效率两方面。

一是教育自由和教育秩序。教育自由的内涵表现在两个方面:其一是可选择性:受教育者(包括家庭)具有选择教育——何种类型的学校、何种类型的课程以及何种类型的教师——的权利和机会;教育者具有依照自己的意愿进行科研、教学活动的自由。其二是多样性:学制本身具有可选择的特征——为受教育者(包括家庭)在不同阶段提供尽量多样的发展的可能性,在制度的多个层面或阶段上,或在同一层面、阶段的不同方向上为受教育者(包括家庭)提供多种可选择的机会。教育法正是把向教育者和受教育者提供可以选择的自由作为其出发点和归宿,才能为公民所拥护和遵守,从而使教育趋向法治。

教育法具有通过对教育领域相关社会关系的确认和调整,避免教育活动的混乱与无序,从而建立或形成有利于教育发展的,具有一致性、连续性和确定性的教育秩序的价值。教育法设定教育领域的社会秩序,这种设定一旦实现,便形成教育法秩序,也是依法办事的秩序。遵循教育法就是教育法的关于秩序方面的价值的实现。

教育自由和教育秩序作为公民基本的价值需求,是一种对立统一的关系。从对立的层面看,教育自由是指一种不受阻碍的自在状态,而教育秩序则是指一种克服滞阻达到的稳定状态,前者满足的是公民个体对教育的价值需求,后者满足的是社会整体对教育的价值需求;前者与权利、平等相关联,后者与权力、稳定相关联。从统一的层面看,教育自由不等于教育法律关系主体的为所欲为,教育秩序也不等于教育制度、结构体系以及教育关系的僵化。教育自由和教育秩序是互为存在前提和依据的,只是在不同社会或同一社会的不同时期,两者的作用对象、实现方式和比重大小不同而已。专制社会限制公民自由、偏好稳定的秩序,民主社会则通过法律创设和实现稳定的秩序,获取共同的自由。

二是教育平等和教育效率。教育平等是受教育权利的普遍化和平等问题,是基本的人权问题。人人享有的同等受教育的权利在实践中具体化为人人享有同等的受教育机会,而同等的受教育机会最终应体现在教育起点、教育过程和结果上,其实质是使公民平等地享有教育资源。教育平等作为教育法追求的价值目标,其内涵主要指:教育法赋予公民的权利必须平等保护;教育法规定主体的义务必须平等履行;任何组织或个人违反教育法的规定必须依法平等追究。教育平等强调教育的相同性、无差别,无论是教育权利、教育机会,还是教育起点、过程、结果。

教育效率是指以最小的教育资源消耗取得最大的利益。在我国教育资源与应受教育人口相比差距悬殊的情况下,提高现有教育资源的使用效率成为教育可持续发展的必要条件。

教育平等与教育效率之间是一种辩证的关系:教育效率是实现教育平等的基础,教育平等是教育效率的目标,提高效率必须充分考虑和体现教育平等的要求。

(2)教育法的工具性价值。教育法作为教育法律关系的"调整器",是确认、保护和发展其他价值的一种工具。教育法适应教育法律关系主体的需要,履行一定的职能,与目的性价值的内容相统一,是实现目的性价值的手段。教育法的工具性价值体现在五个方面。

其一,确认性价值。这是教育法工具性价值的首要表现。表现为对现存的事实关系和对这种事实关系基础上形成的权利(权力)义务关系予以确认,使之转化为教育法上的权利(权力)义务关系,或者是对即将形成的或希望形成的教育法律关系的确认等。

其二,分配性价值。教育法的分配性价值是由教育法所保障的价值对主体需要的满足程度来决定的,其分配性价值的大小取决于两个因素:其一,公民对教育的需求是什么和需求的数量是多少？其二,通过教育法使教育资源归教育法律关系主体支配,满足其需要的东西是什么和有多少？

其三,衡量性价值。教育法所保护的价值等级是教育立法的出发点。教育立法的价值选择就是按照主体的需要,取舍、整合社会关系呈现出来的各种价值,包括经济价值衡量、政治价值衡量、道德价值衡量、历史传统价值衡量等。法律规范在规范性文件中的安排,反映了不同价值的相互关系和价值等级差别。

其四,保护性价值。教育法对不同的价值有不同的保护,它所规定的对各种价值的保护,反映了各种价值所具有的不同意义和不同等级。教育法的保护性价值是与其衡量性价值密切相联的。教育法的保护性价值通过两种方式实现:其一,对违法行为的制裁;其二,对被侵害的权利的恢复与救济。

其五,认识性价值。教育法律规范是对教育法律事实的认可,这种认可实际上就是一种评价,任何教育法律规范都暗含着它对所调整的社会关系的价值评价。教育法的这种价值评价,不仅确认了主体的权利(权力)以及对教育资源获取和享有的途径,而且使主体教育行为的行使有了明确的标准。这使之成为人们认识教育法所规范的事实的性质和意义的手段,从而具有认识性价值。

(3)教育法本身的价值。教育法本身的价值有:教育法通过协调法律关系主体的矛盾和冲突使之达到一定统一的价值,从而使教育的自由与秩序相结合、权利与义务相统一、权力与责任并存;教育法向“良法”的进化,逐步具有了保证教育秩序的稳定,激励主体积极性和主动性、创造性的价值,从而促进教育发展;合理、公正和严密的教育法,可以使权力的运行有章可循、有所制约,才能防止权力者的偏私和滥用。因而教育法具有使国家教育权的行使合理化、公开化、公正化,防治和限制滥用国家教育权的价值。

教育立法的程序价值　将公共性作为教育立法程序的首要价值和核心价值,其意义就在于限制和排除立法活动中的恣意因素,广泛吸纳民意、协调利益冲突,以制定具有实质性公共性的法律规范。这其实就是一个经程序制度引导,教育的公共性由理念状态向现实形态转化、由程序性正义向实质性正义过渡的过程。教育立法应重点强调以下几方面的程序价值。

程序和决定的参与性价值。通过公民的参与,能够提高教育立法的民主性。教育行政立法实行首长负责制,虽然间接上是由立法机关选出的行政机关制定的,但不是由人民选出的代表立法,不直接来源于人民的权力。因此,应尽量给予利害关系人民主参与的机会,使各方主张都能得到彰显。此外,参与也可以促进意见沟通,加强理性思考,扩大选择范围,能够集思广益,提高教育立法的科学性。

程序的合意价值。立法需要动议、提案、审议、表决、公布等程序,每一个程序的推进过程,实际上就是程序参加者做出拒绝、表示同意,并相互妥协以达成合意的过程。立法程序中的这种合意,意味着参与者是具有独立意志的自治主体,同时也蕴藏着程序和平进行的内在要求。教育行政立法是为了适应现代教育复杂、多变、行政管理需要及时迅速做出反应的要求而出现的。较之权力机关立法,教育行政立法具有简便、及时、高效的优点,但由于行政机关享有很大的自由裁量权,存在恣意的可能性和必然性。相对于立法者的理性和道德,程序更具有限制恣意的客观标准,能够在一定程度上弥补实体法规定宽泛的缺陷。在程序中,尽量扩大公民的权利,才能提高立法的民主性,同时制约行政权。

程序的法定法价值。程序的法定法价值要求一方面要有事先的法定程序,另一方面要求行政主体在做出行政行为时必须严格依照法定的程序,不得在法律明文规定之外自创程序或者破坏程序。通过规定提案、起草、审议、通过、备案、公布、听证等必经程序,保证公民的参与,体现程序对教育行政行为的规范。在行政机关不具有选择权的情况下,程序就表现出强制性的特点,即使在享有自由裁量权的场合,其权力的行使也要受到程序正当观念的制约。同时,体现在事后的监督机制的建立,使那些无视程序价值以及违反法律程序的主体受到制裁。

参考文献

郭道晖.法的时代精神[M].长沙:湖南出版社,1997.

劳凯声.变革社会中的教育权与受教育权:教育法学基本问题研究[M].北京:教育科学出版社,2003.

孙莉.偏好与疏离——中国法制现代化的价值取向分析[J].天津社会科学,1997(6).

赵震江,等.现代法理学[M].北京:北京大学出版社,1999.

（余雅风　苏林琴）

中国近代成人教育　　近代中国为成年民众所举办的旨在补习基础文化知识及职业技能的各类教育的总称。详“中国近现代成人教育”。

（朱宗顺）

中国近代初等教育　　近代中国建立的各级各类初等教育的总称。是近代中国建立的三级学校教育制度的第一级,包含普通初等教育和职业初等教育。鸦片战争后,在西方列强的威胁下,清政府被迫走上了自强之路,随着洋务运动的兴起,创办了一批以培养洋务人才为目标的新式学堂。但是,这种仅仅着眼于精英人才培养而忽视国民素质提高的新教育并没有取得预期的“制夷”效果,甲午一战,竟败于日本,在此背景下,创建完备的近代学校教育制度以图强国,开始成为共识。中国近代初等教育制度也由此产生,后经清末初等教育的初步建立、民国初年的推进和南京国民政府时期的进一步拓展,逐渐发展起来。

清末初等教育体系

早期初等教育机构的产生　最早出现的中国近代初等教育机构是由传教士和教会创办的。早在鸦片战争之前,传教士在马六甲就开设了英华书院和澳门的马礼逊学堂,这是较早针对华人的初等教育机构。鸦片战争之后至19世纪70年代,教会在华的教育主要是小学水平的教育机构。

19世纪70年代到90年代,国人自办的初等教育机构也开始出现,著名的有:(1)1878年,上海邑绅张焕纶等创办的正蒙书院(后改名梅溪学堂),设国文、地理、经史、时务、格致、数学、诗歌等课程,这是国人最早创办的私立小学。(2)1895年,天津海关道盛宣怀奏设天津中西学堂,设头等、二等学堂,二等学堂即为小学堂,学生从13岁起至15岁止,考其读过“四书”,并通一、二经,文理稍顺者,酌量收录;课程包括英文、数学、各国史鉴、地舆、格物、经史等,学校不做八股,专作策论。从其章程的字面来看,这理当是中国近代最早的官办公立小学。但应注意的是,二等学堂的小学生无论是年龄还是知识水平,均不能完全等同于小学堂学生,而是具有中学堂的性质。(3)1896年,盛宣怀奏设南洋公学于上海,1897年正式开办,设外院、中院、上院、师范院,外院即小学,但由于当时所招的学生一般均受过一定训练,故很难完全等同于小学,直到1901年才办起了代替外院的附属小学。(4)1896年,乡绅钟天纬创办上等学堂于上海,分蒙馆、经馆二种,实皆小学堂,并拟小学堂总章加以提倡。1898年,他在高昌乡又创办了4所小学。(5)1897年,安徽巡抚邓华熙仿天津中西学堂例奏设安徽二等学堂,此堂依其课程来看,当属小学高级阶段。(6)1897年11月,经元善创办初等教育性质的上海女学堂,招收8~15岁的女子入学就读。这些早期初等教育机构的出现为近代初等教育制度的建立奠定了基础。

清末初等教育体系的初步确立　1898年7月,清政府批准设立京师大学堂,规定于大学堂兼寓小学堂、中学堂,分列班次,循级而升,要求通饬各省,上自省会,下及府州,皆须1年内设立学堂,府州县为小学,小学卒业领有文凭者,作为经济生员,升入中学。尽管因戊戌政变旋即失败,这些规定并未实施,但这是清政府创办近代初等教育体制的最早政令。1901年9月,光绪发出上谕,要求将各省书院改为学堂,各州县均改为小学堂。1902年又颁布“壬寅学制”,首次构建了由蒙学堂、寻常小学堂和高等小学堂组成的初等教育体系,但由于“壬寅学制”并未实施,因而这些规划只是为近代初等教育体系的创立奠定了一定基础。

1904年1月,清政府颁布“癸卯学制”,确立了由初等、高等两级构成的近代初等教育体系。(1)初等小学堂。规定国民7岁以上者入学,修业5年,分完全科、简易科,完全科课程八门,视地方情形可加开图画手工,简易科课程五门;初等小学堂按编制可分为单级、多级、半日三类;除公立外,允许私立,初等、高等小学堂并置一所者,名为两等小学堂;百家以上之村应设初等小学堂1所,僻乡穷户之地当由数乡村公设1所,或单级或多级称简易科;学堂创办伊始,至少小县城设初等小学2所,大县城设初等小学3所,各县著名大镇设初等小学1所。(2)高等小学堂。规定招初等小学堂毕业者入学,修业4年;城镇乡村均可建高等小学堂,僻小州县至少由官设高等小学堂1所;分为官立、公立、私立,课程九门,视地方情形可加开手工农业商业等科目。“癸卯学制”是近代最早颁布并实施的学制,它标志着中国近代初等教育体系的初步确立。

“癸卯学制”颁布后,清政府又先后采取了一些有利于初等教育发展的措施,主要有:(1)1907年3月颁布《女子小学堂章程》,规定:女子小学堂分为女子初等小学堂和女子高等小学堂,两等并列者为女子两等小学堂,修业各4年。这是近代女子初等教育体系建立的开始。该章程在修业年限、科目等方面均较《奏定初等小学堂章程》和《奏定高等小学堂章程》为简,有利于推广。(2)1909年5月,颁布学部《奏请变通初等小学堂章程折》,将初等小学堂改为完全科5年、简易科4年或3年三种,完全科课程由八门并为五门,简易科课程改为三门,以便于初等教育的发展。(3)1910年1月,学部《奏遵拟简易识字学塾章程折》规定:简易识字学塾专为年长失学及贫寒子弟无力就学者而设,修业1~3年;各官立公立私立各项学堂,经费稍裕者,皆令附设此项学塾,亦得租借祠庙及各项公所另行开办;学塾可分上半日、下半日班,也可增设夜班;学生概不收费,书籍物品均由学塾发给。(4)1910年12月,学部《奏改订两等小学堂课程折》又将初等、高等小学堂修业年限一律改为4年,删去简易科。可见,这些变化反映出初等教育从男子扩大到女子、从完全科简易科并行到取消简易科,修业年限从9年调为8年。

“癸卯学制”颁布后,近代初等教育获得了初步发展。

民国初期初等教育

1912—1921年的初等教育　民国政府建立后,对初等教育进行了调整。1912年1月,教育部公布《普通教育暂行办法》,改革旧的教育制度,其中与初等教育相关的规定有:学堂改称学校,初等小学可以男女同校,教科书务合共和国宗旨,小学读经科一律废止,小学注重手工科,初等小学算术科应兼课珠算等。同年9月,教育部公布《小学校令》,初步确立了民国初等教育体系,法令规定:小学以留意儿童身心之发育、培养国民道德之基础、授以生活所必需之知识技能为宗旨;分初等小学校、高等小学校两级,二者并置一处则名为初等高等小学校;县城镇乡、私人均可设立小学校,初等小学校由城镇乡设立,高等小学校由县设立,城镇县财力有余者亦可设高等小学校;初等小学校修业4年,高等小学校修业3年;初等小学校课程7门,高等小学校课程10门;儿童6至14周岁为学龄期,儿童达学龄期后应受初等小学教育。与清末相比,初等教育修业年限缩短为7年。

在此期间,初等教育体系也进一步充实。(1) 1914年2月,教育部公布《半日学校规程》,规定半日学校为幼年失学便于半日或夜间补学者设立,小学得附设半日班,入学年龄为12~15岁,课程4门,修业3年。(2) 1915年,袁世凯颁布《特定教育纲要》,将初等小学校改为两种:一是国民学校,可分为多级、单级、半日各种,办理从简,4年毕业,为纯受义务教育者而设;二是预备学校,办理需求完备,专为志在升学者而设。随后,教育部又相继公布了《国民学校令》(1915年公布,1916年修正)、《高等小学校令》(1915年公布,1916年修正)及《预备学校令》(1915年公布,1916年10月废止),这些法令规定,预备学校附设于中学,修业7年;高等小学分单独设置和附设于中学者两种,修业3年。由于预备学校令在1916年10月被废止,因此,从1916年到1922年,初等教育实由国民学校和高等小学校承担。

1922—1926年的初等教育 1922年,北洋政府教育部颁布"壬戌学制",对教育制度再加调整,与初等教育相关的共有7条:小学校修业年限6年,视地方情形得暂延1年;小学校得分初、高两级,前4年为初级,得单设之;义务教育年限暂以4年为标准,但各地方至适当时期得延长之,义务教育入学年龄,各省区得依地方情形自定之;小学课程得于较高年级斟酌地方情形增设职业准备教育;初级小学修毕后,得予以相当年期之补习教育;幼稚园收6岁以下儿童;对于年长失学者宜设补习学校。这些规定同期相比,修业年限由7年缩短为6年,更为注重职业教育。此次小学教育制度的调整,考量了中国的实际,有利于初等教育发展。

南京国民政府时期初等教育

1927—1936年的初等教育 南京国民政府建立后,政权初步统一,国民政府通过采取措施,进一步推动初等教育的发展。1928年,第一次全国教育会议通过"戊辰学制",规定初等教育仍为6年,分初级4年、高级2年。1932年12月,国民政府公布《小学法》,这是中国近代初等教育的第一部法律文件,次年,教育部又颁布《小学规程》(1936年修正公布)。规定:小学为实施国民教育的场所,分为市立、县立、区立、坊立、乡镇立、联立、私立等形式,小学得附设幼稚园。小学种类包括:(1)完全小学,修业6年,前4年为初级

小学,后2年为高级小学,高小不得单独设立;(2)单独设立的初级小学;(3)简易小学,招收不能入初级小学的学龄儿童,分全日制、半日制、分班补习制三种,前两种4年毕业,后一种至少修满2800小时才能毕业;(4)短期小学,招收10至16足岁的年长失学儿童,修业1至2年。为了让更多的失学儿童入学,1933年4月,教育部通饬《扩充小学之经济法》,提出各地应尽量办短期小学,小学也应尽量改为半日或间时二部制、半二部制等形式,以期广招儿童,但上述措施又造成初等教育学制的混乱。为切实实施以义务教育为中心的初等教育,1935年,教育部根据国民党四届五中全会通过的《实施义务教育标本兼治办法案》,制订了《实施义务教育暂行办法大纲》,规定乡镇按人口划定小学区,决定从1935年起以10年为期,分三阶段,将短期学校从1年扩充为4年,全国达到4年义务教育的目标。同年,教育部又颁布《一年制短期小学暂行规程》、《一年制短期小学课程标准令》、《短期小学实验办法》等文件,提出了短期小学实验及一年制短期小学办理的办法。

1937—1949年的初等教育 全面抗战开始后,南京国民政府根据抗战建国的方针,积极发展初等教育。(1) 1937年,教育部相继公布《二年制短期小学暂行规程》和《二年制短期小学课程标准总纲》、《实施二部制办法》、《实施巡回教学办法》、《学龄儿童强迫入学暂行办法》、《改良私塾办法》等文件,继续按战前计划推进以义务教育为中心的初等教育。(2) 为配合国民政府于1939年开始推行的政教合一特色的"新县制",大力推行国民教育。1940年3月,教育部公布《国民教育实施纲领》,将按人口划分的小学区与保合轨,实行政教合一的国民教育体制,将初等义务教育与失学民众教育结合起来,规定每乡镇设一所六年制的中心国民学校,每一保或数保联合设一所四年制的国民学校,可分别附设两年制、一年制的短期班,国民学校和中心国民学校专责普通义务教育,短期班负责失学民众的补习教育。纲领还规定,从1940年8月到1947年7月的5年间,分三期推行国民教育,以最终实现每保一所国民学校、儿童入学率达90%以上,失学民众入学率达60%以上的目标。1942年教育部要求各省先设国民教育示范区,推行各种示范研究。1944年,国民政府公布《国民学校法》,规定国民教育为6~12岁之学龄儿童应受之基本教育,及已逾学龄未受基本教育之失学民众应受之补习教育;国民学校应每保设置1所,一乡镇内之国民学校应以一校为中心国民学校;私人或团体得设立国民学校;国民学校及中心国民学校采用单式编制,有特殊情况,得采用复式或单级二部制。这标志着正式确立了国民教育体系。

抗战胜利后,教育部于1946年颁布《实施国民教育第二次五年计划》,提出全民普及国民教育的目标,要求未实施国民教育的收复区,拟定实施"第一次实施国民教育五年计

划",已实施国民教育的省市实施国民教育第二次五年计划。但由于国民党发动内战,上述计划未能落实。

这一时期,国民政府由于采取灵活多样的措施,推行国民教育,使初等教育在严峻的抗战环境中有了较大发展。

中国共产党领导下的根据地初等教育

中国共产党在各个时期的根据地,贯彻为革命战争服务的原则,注重同生产生活、军事政治实践相结合,因地制宜地发展初等教育,积累了宝贵经验。

中央苏区的初等教育　1930 年,闽西第一次工农兵代表大会通过决议提出,各区乡应普遍开办高级、初级劳动学校,招收男女学生读书,还应普遍开设补习学校或夜校,使失学者有求学的机会。1931 年,中华苏维埃第一次全国工农代表大会通过的《中华苏维埃共和国宪法大纲》规定:在进行国内革命战争所能做到的范围内,应开始实行完全免费的普及教育。1933 年,中央教育人民委员会颁布《小学课程与教则草案》,次年又颁布《小学校制度暂行条例》,规定小学教育对一切儿童免费实施,小学分前、后两期,前期 3 年,后期 2 年,为适应农村的需要,小学可采用半日制编班。到 1934 年,江西、福建、粤赣等地 2 932 个乡,有列宁小学3 052 所,学生达 89 710 人。

抗日根据地的初等教育　1938 年,边区政府公布《陕甘宁边区小学法》,规定小学修业 5 年,前 3 年为初小,后 2 年为高小,合称完全小学,初小得单独设立。1939 年,又公布《陕甘宁边区小学规程》,规定初小课程七门,高小课程十门,社会活动、生产劳动列入正式课程。在规程的推动下,陕甘宁边区小学发展迅速,1937 年秋有小学 545 所,至 1945年增加到 2 297 所。同时,其他抗日民族根据地的初等教育也恢复和发展起来,如晋察冀边区小学由于日军入侵几乎尽数被毁,根据地建立后又逐步恢复,1939 年上半年有小学7 000 余所,到 1940 年上半年增至一万所以上。抗日根据地小学的恢复不是旧式小学的简单重建,而是创新改造,它向农民子弟开门,为广大人民群众服务,注重抗日的政治教育、军事教育,使学校与社会沟通,教育为抗战服务。

解放区的初等教育　1946 年 12 月,陕甘宁边区政府颁布《战时教育方案》,提出在巩固区和广大农村,针对现状加以充实、改革、加强社教活动为原则;在边缘区、交通线或敌人主攻方面,以转移分散和参加战时工作为原则;在敌占区,以隐蔽埋伏或撤退为原则;在新解放区,以争取原有教育干部、利用原有教育组织,加以组建改造为原则。这些原则成为解放战争时期包括初等教育在内的解放区教育的指导方针。东北解放区,规定小学教育 6 年,前 4 年为初小,课程方面规定文化课占 90%。尽管战争紧迫、时间短促,但各

解放区的初等教育仍有一定发展。

参考文献

陈东原. 第二次中国教育年鉴[M]. 上海:商务印书馆,1948.

陈学恂. 中国近代教育史教学参考资料[M]. 北京:人民教育出版社,1986.

李桂林. 中国现代教育史教学参考资料[M]. 北京:人民教育出版社,1987.

毛礼锐,沈灌群. 中国教育通史[M]. 济南:山东教育出版社,1988.

周邦道. 第一次中国教育年鉴[M]. 上海:上海开明书店,1934.

（朱宗顺）

中国近代的社会教育　中国近代利用正规学制系统以外的各种文化教育机构与设施对失学民众实施的教育活动。甲午战败后,洋务强国梦受挫,那种只着眼于少数人才培养的新式教育受到责疑。在随后兴起的维新变法运动中,开民智、新民德、鼓民力成为朝野的共识。在此背景下,中国近代社会教育在清末萌芽,经过民国初期的确立和南京国民政府时期的拓展,逐步建立和发展起来。

清末社会教育

甲午战争之后,社会各界开始关注社会教育。1896年,刑部侍郎李端棻上《奏请推广学校折》,建议广开学堂,同时开设藏书楼、仪器院、译书局、报馆等设施,以辅学校教育,此为近代官方提倡社会教育之始。此后,《教育杂志》、《教育世界》、《游学译编》等刊物又相继发表文章提倡社会教育,大批留日学生或赴日考察的人士也将欧美和日本的社会教育思想译介到国内,如 1902 年,《教育世界》第 31 号翻译介绍了日本佐藤善治郎的《社会教育法》,这是近代中国最早翻译的外国社会教育著述;严修在考察日本后所写的《壬寅东游记》也对日本的社会教育有所介绍。这些都为近代社会教育的产生奠定了思想基础。

清末社会教育创办　(1) 维新人士先后创办《中外纪闻》(1895)、《时务报》(1896)、《国闻报》(1897)等,面向社会介绍西学,宣传变法主张,具有社会教育色彩。(2) 1903 年,湖南抚院赵于颁行本省宣讲章程,规定向民众进行《圣谕广训》、《劝善要言》、新政、时事、水利、垦殖、蒙学、女学等方面的宣讲,以开民智、裕民德、正民俗。1906 年,学部要求各地举办宣讲所。到 1909 年,仅京师督学局所属宣讲所就有 19处。(3) 1904 年,湖南、湖北两省分别创办图书馆。1905年,南通创设博物苑。(4) 开明人士在城乡各处设阅报处、阅报社,据 1905 年统计,京城内有阅报社 26 处,济南有 11处,河南南阳有 6 处。(5) 向公众展览工商业产品,以促进

工商业的发展,主要有汉口商务公所(1899)、天津劝工陈列所(1902)、江南商品陈列所(1906)、南京南洋劝业会(1910)等。(6)创立简易识字学塾、半日制简易学堂,方便失学民众入学,这是近代学校式社会教育的开始。

清末社会教育规制 (1)学校式社会教育。1904年1月颁布"癸卯学制",设实业补习学堂、艺徒学堂。实业补习学堂招收高等小学堂修业2年以上、年过15岁在外操作实业者,艺徒学堂招收13岁以上修毕初等小学堂者。另外,高等农业学堂可招本地乡村18岁以上的农民到农场学习。1910年,《简易识字学塾章程》规定简易识字学塾招收年长失学及贫寒子弟无力就学者,教授《简易识字课本》、《国民必读课本》,酌授浅易算术。各类学堂,经费稍裕,均可设此类学堂,亦可租借祠庙及各项公所另行开办。(2)非学校式社会教育。1906年,学部《奏定劝学所章程》要求各地一律设立宣讲所、陈列所等。同年,颁布《奏定各省教育会章程》,规定省教育会得开宣讲所,宣讲《圣谕广训》,其他如破迷信、重卫生,改正猥鄙之戏曲、歌谣等事,均应随时注意设法劝诫,筹设图书馆、教育品陈列馆及教育品制造所。1910年,学部奏请设立京师图书馆,颁布《京师及各省图书馆通行章程》。

民国初期社会教育

1912—1918年的社会教育 民国成立后,由于政体变更,国民更需普遍提高素质,而学校教育一时难以遍设,社会教育制度遂得以正式确立。

1912年3月,南京临时政府教育部在北京正式组建,设立社会教育司,下设三科:第一科掌宗教礼俗事项,第二科掌科学、美术事项,第三科掌通俗教育事项。这是近代社会教育专门管理机构设立的开始。1918年《教育部分科规程》规定,社会教育司分二科:第一科掌管博物馆、图书馆、动植物园、美术馆及美术展览会、文艺音乐、调查及搜集古物等事项;第二科掌管厘正通俗礼仪、通俗教育及演讲会、通俗图书馆及巡行文库、通俗戏曲及词曲、通俗教育调查规划、感化院及惠济所等事项。在地方教育行政方面,1912年9月,教育部公布《教育会规程》,规定社会教育为教育会必须研究的内容,1917年11月公布《教育厅署组织大纲》,将社会教育划归教育厅署第二科主管。专门社会教育机构的成立,标志着社会教育正式启动。

1912年冬,教育部颁布《读音统一会章程》,推行有利于社会教育开展的国语统一运动。1914年2月,教育部颁布《半日学校规程》,规定半日学校为幼年失学便于半日或夜间补学者而设。同年12月,教育部《整理教育方案草案》提出,推行通俗的社会教育以补充群众的道德及常识,列举了可以举办的通俗教育、通俗演讲、通俗书报等通俗社会教育

设施。1915年至1918年间,教育部制订颁布的通俗社会教育规程还有《通俗教育研究会章程》、《通俗教育讲演所规程》、《通俗教育讲演规则》、《通俗图书馆规程》、《通俗讲演传习所办法》、《实施露天学校简章》、《露天学校暂行规则》等。

通俗教育研究会是推动社会教育最有力的团体,它于1912年成立,在各地设有分会,以研究和推广通俗教育为目的。1915年,教育部颁布《通俗教育研究会章程》,使通俗教育研究会具有官方色彩。到1917年,全国有通俗教育研究会232处,会员12 922人。通俗教育研究会一方面向政府提出社会教育议案,另一方面审查小说、戏曲,编辑剧本、歌曲,发行演讲稿、画片、时事资料等,大大推动了社会教育的发展。同时,全国教育会联合会也积极提倡社会教育,该会自1915年起的历次会议均有积极提倡社会教育的议案。1917年成立的中华职业教育社,积极倡导业余补习学校、职业指导、职业补习学校等,对社会教育的发展也不乏推助之功。

1919—1926年的社会教育 1919年3月,教育部公布《全国教育计划书》,在社会教育方面计划扩充图书馆,建设博物馆,扩充与补助通俗教育讲演所,筹设美术馆、动植物园,提倡文艺、演剧、公众体育,制造通俗教育用具,译印东西文书籍等。但由于政局变幻,计划难以落实,然而在民间,以平民教育和乡村教育为中心,社会教育在各种社会力量和教育团体的推动下继续发展。

在五四运动的推动下,教育界把目光转向一般平民,从而促使平民教育运动兴起。(1)北京大学平民教育讲演团于1919年3月成立,由北京大学一些爱国进步的学生发起,它采取定期和不定期两种形式向市民或郊区民众讲演。1919年至1925年,在城乡开展的讲演题目达412个。1921年,它在长辛店创设劳动补习学校,分日班和夜班两班,增进工人及其子弟的知识,这是近代大学开展社会教育的开端。(2)平民教育社由北京高等师范学校部分进步的教职员和学生于五四运动后发起成立,它创办了《平民教育》杂志,研究和宣传平民教育理论,成为社会教育的理论阵地。(3)中华平民教育促进总会于1923年成立,晏阳初任总干事,以其在法国从事华工补习教育的经验以及1923年前在长沙、烟台、嘉兴、杭州等地的平民教育试验为基础,开展以识字、公民、职业和生计等为内容的平民教育。在初期,平民教育促进总会活动偏于城市,1924年后开始提倡乡村平民教育。

20世纪20年代中期以后,教育团体和教育组织将活动的重心由城市转向乡村,致力于农民教育和农村社会的改造,它们到各地开展实验,掀起了乡村教育运动。主要有中华平民教育促进总会于1926年开始的河北定县试验、中华职业教育社于1926年开始的江苏昆山徐公桥乡村改进试验、陶行知于1927年在南京晓庄乡村师范学校的试验,以及30年代开始的由梁漱溟领导的乡村建设试验等。这些乡村教育试验,以全体乡村民众为对象,教育内容包括识字、卫

生、生产、道德等,从乡村教育的组织形式和教育对象来看,这实际上是一场大规模的农村社会教育运动,其影响一直延续到南京国民政府建立以后。

南京国民政府时期社会教育

1927—1936 年的社会教育　南京国民政府建立后,政权初步统一,出于推行"训政"的需要,实施社会教育成为南京国民政府的一项重要工作。

1928 年 6 月,国民政府修正公布《中华民国大学院组织法》,规定大学院设社会教育处,管理事项包括公民教育、平民教育、低能及残废者教育、公共体育、民众教育及其他美化教育、博物馆及其他教育展览会等。同年冬,废止大学院,恢复教育部。1935 年 5 月,修正公布《教育部组织法》,下设社会教育司,掌管事项包括民众教育及识字运动、补习教育、低能及残废者教育、美化教育、公共体育、图书馆及保存文献等。在地方,省教育厅第三科负责社会教育,县教育局内设社会教育科,并设视导员。

1928 年 7 月,国民党中央执行委员会根据"党化教育"的方针,制订了《取缔各种社会教育机关为违背党义教育精神通则》,要求所有社会教育机关不得违背党义教育精神。1929 年 4 月,国民政府公布《中华民国教育宗旨及其实施方针》,确立了三民主义的教育宗旨及实施方针,对社会教育的目标作了初步阐述。1931 年 9 月,国民党中央执行委员会通过《三民主义教育实施原则》,把社会教育的目标具体表述为:提高民众知识,使具备现代都市及农村生活的常识;增进民众职业技能,改善家庭经济,增加社会生产,训练民众熟悉四权,实行自治,陶铸其忠孝仁爱信义和平的国民道德,以养成三民主义下的公民;注重国民体育及公共娱乐以养成健全的身心,培养社会教育人才以发展社会教育事业。同时,对民众学校、图书馆等各项社会教育设施也提出了具体要求。同年 10 月,国民党中央训练部拟订了《各级党部办理社会教育计划大纲》,要求国民党各级党部设立社会教育委员会以推进社会教育事业。

为适应"训政"的要求,用民众教育取代平民教育开始成为这一时期推行社会教育的中心工作。1929 年 1 月,教育部公布《民众学校办法大纲》,规定民众学校由县市根据需要设立,招收年龄在 12 岁以上 50 岁以下男女失学者,不收任何学费,授以简易的知识技能使其适应社会生活,修业期限至少为 3 个月;还规定民众学校得于课外举行讲演,开展览会,演有益身心的电影,提倡正当娱乐。1930 年,国民党中央执行委员会通过《国民党县市党部设立民众学校章则》,要求各县市党部至少须设立民众学校 1 所。1931 年 9 月通过的《三民主义教育实施原则》,对民众学校的课程设置、训育实施、设备要求等作了规定。同年,国民党中央训练部又拟订了《三民主义民众教育具备的目标》,指出了三民主义民众教育的宗旨、内容及其在民族、民权、民生等方面的具体目标。1932 年 2 月,教育部公布《民众教育馆暂行规程》,规定各省市应分别建立民众教育馆,举办各种非学校式的社会教育。同月,教育部、实业部公布《劳工教育实施办法大纲》,要求各地方教育行政机关应督促当地农工商及其他各业的厂场、公司、商店等,负责实施以识字训练、公民训练及职业补习等为内容的劳工教育。1933 年,国民党中央训练部拟订《县市党部举办民众临时夜校办法》,要求各级党部举办民众临时夜校,全体民众均须分期加入夜校受课,时间为两星期。

其他发展社会教育的措施:(1) 社会教育人员培养机构的创立。1928 年,江苏省创立"民众教育学院"。1930 年,上海大夏大学成立中国第一个社会教育学系。(2) 议定社会教育经费。1928 年第一次全国教育会议议定,社会教育经费占整个教育经费的 10%～20%。同年 10 月,国民政府明令公布从 1929 年起实施。据统计,1929 年度,全国仅有湖南、南京等省市的社会教育经费达到 10% 以上。此后,教育部几乎每年通令各地确保社会教育经费,但增长缓慢。(3) 广泛开展识字运动。1929 年 2 月,教育部公布《识字运动宣传计划大纲》,要求各地组织识字运动宣传委员会,利用讲演所、游戏场、街衢墙壁、茶肆酒楼等公共场所,动员一切机关及人员,采用发宣传品、讲演、标语、书报、幻灯等形式,举行大规模识字宣传运动,极大地推动了识字运动的开展。(4) 推行特种社会教育。1933 年,国民政府军委会制订特种教育实施方案,要求特种教育以成人为主,儿童为辅。同年,国民党中常会通过《特种区域暂行社会教育实施办法》,要求采用电影、通俗演讲、发放宣传材料等方法实施特种教育。

1937—1949 年的社会教育　抗战爆发后,国民政府仍然采取措施开展社会教育。

1938 年,教育部拟订《战时各级教育实施方案纲要》,提出社会教育的目的为"作新民",对象为全体民众,内容为民众识字教育、公民训练、青年训练、妇女训练等,实施工具包括科学馆、图书馆、美术馆、博物馆、民众教育馆、展览会、戏剧音乐院、广播电台等,并应注意同各地党部、中小学校联络。并制订了 12 项实施社会教育的要点,如制订并颁布社会教育制度、健全充实社会教育行政机构、普设民众学校推行成年失学民众补习教育、设立社教人员培养的专科学校、每县设立民众教育馆、推进电影教育等。1939 年教育部制订《第二期战时教育行政计划》,其中关于社会教育的计划包括推行民众补习教育、推广电影、扩充播音教育、推进音乐教育、办战时教育、培养高级社会教育人才、推行家庭教育、制作各项社会教育教材等。

对社会教育体系进行调整。(1) 学校兼办社会教育。

1938年5月，教育部制订《各级学校兼办社会教育办法》，规定全国各级学校均应兼办社会教育。此后，相继制订了《各级学校兼办社会教育暂行工作标准》《师范学院、教育学院、师范学校及民众教育馆辅导中等以下学校兼办社会教育办法》，进一步完备了各级学校办理社会教育的措施。(2)民众教育的调整。1939年4月，教育部颁布《民众教育馆规程》，规定民众教育馆的任务是实施各种社会教育事业并辅导该地社会教育的发展。同年6月，教育部颁布《修正民众学校规程》，规定每保或数保设民众学校1所，得与小学合办。1940年3月，教育部制订《国民教育实施纲领》，将民众补习教育同义务教育合并于国民教育，由保国民学校和乡中心学校实施，计划到1945年7月，应使入学民众占失学民众总数的60%以上。此后，国民政府又先后颁布《补习学校规程》《补习学校法》，使民众补习教育向职业补习倾斜。(3)战地失学失业青年的训练。为解决战时青年的失学失业问题，1939年12月，国民政府成立战地失学失业青年招致训练委员会，救济、训练战区青年，这是战时社会教育的一种特殊形式。(4)电化教育的推行。抗战前，国民政府即开始筹备实施电化教育。抗战爆发后，教育部组建电化教育委员会。1938年2月，教育部通饬各地一律设置电化教育服务处。到1943年，全国19个省市共组织52个电化教育巡回工作队，在各地开展爱国主义教育。(5)推行战时社会教育。1939年12月，在教育部订定的《第二期战时教育行政计划》中，计划举办战时教育，如社会教育工作团、巡回戏剧教育队等。到1940年底，这类机构有教育部第一、二社会教育工作团，教育部第一、二、三、四巡回戏剧教育队，教育部第一、二民众教育巡回施教车，国立社会教育学院等。

抗战胜利后，国民党掀起内战，无暇他顾。在社会教育方面，虽然拟订了《三十五年度普及失学民众识字教育实施计划》《实施国民教育第二次五年计划》，要求尚未推行失学民众识字教育及第一期国民教育的地区得照原计划进行，已推行的地区继续办理。但主要是维持此前的社会教育政策及规划。教育部于1946年10月颁发《三十六年度各省市教育工作计划编制要点》，所列社会教育要点九项，如扩充各级民众教育馆及图书馆经费，切实推行补习教育、识字教育、电化教育等，即是对抗战以来确立的社会教育政策的重申。有所变更的是，行政院颁发《青年复学就业辅导委员会组织规程》，将抗战时的"招训会"改组为青年复学就业辅导委员会，在各省市设立青年复学就业辅导处及青年服务站，负责收复区失业、失学青年的复学就业的登记、培训、救济等工作。

中国共产党领导下的根据地社会教育

在中国共产党领导下的根据地，由于革命斗争的需要和社会条件的限制，正规学校教育不可能遍设，各种形式的社会教育成为各个时期根据地的重要工作。

1919年3月，以邓中夏为首发起组织了北京大学平民教育讲演团，到北京城乡各地开展演讲。次年，又在长辛店举办工人补习学校，向工人及其子弟进行知识、常识、共产主义思想教育。到北伐战争前，各地共产党组织创办的社会教育性质的主要教育机构有：1921年，上海支部在沪西小沙渡创办的劳动补习学校；1922年，刘少奇创办的安源路矿工人补习学校；1924年，澎湃在广州创办的农民运动讲习所；1924年，毛泽东在湖南创办的农民运动讲习所。这些机构为根据地社会教育的发展积累了经验。

在中央苏区的社会教育有：(1)确立发展社会教育的方针。1931年11月，第一次全国苏维埃代表大会举行，通过《中华苏维埃共和国宪法大纲》，规定在进行革命战争的可能范围内，力行普及教育，首先在青年劳动群众中实施。在1934年第二次全国苏维埃代表大会上，毛泽东又提出苏维埃文化教育的中心工作之一是发展社会教育。(2)建立管理机构。1931年，苏区临时中央政府成立，组建人民教育委员会，下设社会教育局、艺术局，协同管理社会教育；各省、县、区设教育部，下设社会教育科，管理俱乐部、地方报纸、书报阅览所、革命博物馆、巡回演讲等。(3)推行以扫盲识字与政治军事训练相结合的社会教育。1933年10月，苏维埃文化教育建设大会作出消灭文盲的决议，从苏维埃中央政府到各乡、红军连队，都以各种形式开展扫盲识字教育，如利用夜校、识字小组、短期训练班、半日学校、俱乐部、讲演、游戏、剧社、墙报、阅报处、识字牌等开展识字教育，在扫盲识字教育的内容上，自编课本，如《红色战士读本》《工农读本》等，将识字同政治、军事教育相结合。

1938年，毛泽东提出抗战时期文化教育的政策之一，就是广泛发展民众教育，组织各种补习学校、识字运动、戏剧运动、歌咏运动、体育运动，创办通俗报纸，提高人民的民族文化和民族精神。1939年，陕甘宁边区政府颁布《陕甘宁边区各县社会教育组织暂行条例》，规定社会教育的目的是对广大群众进行经常的有组织的政治文化教育以增进抗战建国的力量，其形式包括识字组、识字班、夜校、冬学、半日学校、民教馆等，内容有识字、政治等。为此，又先后颁布《陕甘宁边区模范夜校半日学校暂行条例》《冬学教员奖励暂行办法》《民众教育馆简则》《民众教育馆组织规程》等。在晋冀鲁豫、华中、山东等抗日根据地均开展了类似的社会教育。

各解放区主要是根据前期的经验，继续以各种形式开展以识字扫盲为主的社会教育。如华北解放区的广大农村，利用剧团、歌咏队、识字组、读报组、黑板报等形式，着重于冬季群众教育，以配合土改和支前工作；在山东解放区，青年夜校、妇女识字班也相当普遍。

参考文献

陈学恂.中国近代教育史教学参考资料[M].北京：人民教育出版社,1986.

李桂林.中国现代教育史教学参考资料[M].北京：人民教育出版社,1987.

李华兴.民国教育史[M].上海：上海教育出版社,1997.

舒新城.中国近代教育史资料[M].北京：人民教育出版社,1981.

中国第二历史档案馆.中华民国史档案资料汇编[M].南京：江苏古籍出版社,1994—2000.

（朱宗顺）

中国近代高等教育　　19世纪60年代至1949年10月中华人民共和国成立前中国高等教育的发展历程。详"中国近现代高等教育。

（朱宗顺）

中国近代华侨教育　　近代华侨为其子女学习中国语言和科学文化知识,在侨居地或国内为吸纳华侨子弟入学所施行的教育及华侨回国投资开办的教育。华侨教育产生于国外,而根基却在国内。随着华侨教育的发展,近代中国政府不仅设立了专门管理侨教的机关,而且在国内开办了专门招收华侨子弟的学校,华侨不仅在居住国兴起了办学热潮,而且在国内家乡捐资兴学。

侨居地的华侨教育

侨居地的中国近代华侨教育可以划分为三个阶段：20世纪以前为华侨自发办学时期,主要是设立蒙馆、学塾等旧式教育机构,教授华侨上层子弟;20世纪初至1940年,是自觉创设新式华侨学校时期,华侨教育渐趋普及;1941年至1949年,为华侨教育向华人教育转化时期。

华侨自发兴办的旧式教育机构　　鸦片战争以前,华侨就把中国传统的书院、私塾等旧式教育模式移植到海外,以教育子弟。鸦片战争以后,这种书塾教育在华侨社会承袭下来,各地华侨先后自发开办了蒙馆、学塾、义学、书院等教育机构。如1854年,新加坡闽籍华侨陈金声父子创办了一所影响较大的"萃英书院",此后,槟榔屿华侨兴办了南华书院;1882年,清政府派驻新加坡的领事左秉隆在新加坡倡立"会贤社",在他的提倡下,一时间新加坡华侨开办了多所义学、书院等。此外,加拿大、美国、古巴、秘鲁等地华侨也都开办了一些旧式教育机构来教育子弟。从总体上看,这些华侨开办的旧式教育机构规模很小,教师大都是在国内科举考试中不得志的士子,教学方法大多沿袭中国封建教育的传统,教学内容仍以传统教材为主。这种教育的目的主要是让侨民子女识字知数和懂得祖国的礼节习俗。

新式华侨教育的开办与发展　　19世纪后期,华侨社会逐步得到发展。华侨社会的进步,对华侨教育提出了新的要求。率先创办近代华侨学校的是日本华侨。1895年,孙中山在广州发动第一次武装起义失败后,大批革命党人逃亡日本,日本成为中国民主运动的海外中心。1897年,日本近代新式华侨学校——大同学校在孙中山的支持下开办,它开创了华侨近代学校之先河,在华侨社会产生了重大影响。此后,华侨凡有建立学校的,都仿大同学校。

进入20世纪,华侨教育的形势发生了很大变化。与国内废科举、兴学堂、派留学的热潮相呼应,海外华侨也出现了第一次办学高潮。在1901年至1911年短短10年间,马来西亚建成的侨校就有10余所,而荷属东印度各地创设的中华学堂则达到65所。此外,北美的旧金山、萨克拉门托、纽约、芝加哥、波特兰、西雅图及加拿大的温哥华、维多利亚等地也先后兴建了大清侨民学堂;菲律宾、日本、朝鲜、安南、暹罗、缅甸等国也出现了一批以"中华"二字冠名的新式学堂。与前一时期相比,这时的华侨学堂是在各地华侨会馆的主持下创办的,是一种有组织的自觉兴学行为。在教学内容上,这些学堂更注重启发学生的民族观念、爱国思想以及培养训练学生适应社会生活所需的各种技能,各地中华学堂大多开设国文、经济、历史、地理、修身、体操等科目,大大超出了旧式学塾的教学范围。

1911年至1927年间,海外华侨掀起了第二次兴学热潮,华侨学校逐渐普及于侨胞聚集的各个地区。以荷属东印度为例,1912年华侨学校有65所,学生5 451人;1919年有215校,学生15 948人;1926年则增至313校,学生31 438人。其他各地华埠的中华学校也有了明显增加。

1927年以后,华侨教育遇到了暂时挫折。由于受1929年至1933年间世界经济危机的影响,在经济不景气的情况下,一部分华侨学校因经费困难等原因而停办。但随着危机过去,世界各地的华侨教育很快又发展起来并出现了第三次兴学高潮。据统计,马来西亚1937年有华侨学校477所,学生40 293人,和5年前相比,学校数和学生数分别增加2倍;暹罗在1926年至1937年间仅曼谷一地就有华侨学校35所;越南在1937年有华侨教师523人,学生23 000人;菲律宾在1936年有华侨学校60多所,学生70 000多人;美国在30年代末已有华文中学6所,小学60多所,等等。

1927年至1940年间的华侨教育,和前段时间相比,不仅华侨小学教育发达,中学日渐增多,而且华侨教育系统也日趋完善。在管理上,还建立了自国内到侨社再到华侨学校的三级管理体系。例如,在南京设有华侨教育总会,在海外则设有缅甸分会、加拿大分会、越南分会、美利坚分会、非洲分会、菲律宾华校联合会、马六甲华校教师联合会、槟城华校教师联合会等41个华侨教育会的分支机构,负责管理和协调世界各地的华侨学校。

在教学上,华侨学校注重用民族语言授课。1925年之前,南洋一带的侨校在上中文课程时,因闽、粤学生方言不同,一般按籍分班,分别用不同方言讲授。从1925年起,华侨教育界发起提倡国语运动,1929年后,南洋各地的侨校教学语言不再是闽、粤方言,而是国语。朝鲜、日本、美国等地的侨校从新式华侨学堂创办时起,就使用国语教学。由于华侨学校大多师资匮乏,有的甚至只有一两名教师,加上学生年龄参差不齐,所以一般侨校都采用单级教学或复式教学的形式以提高教学效率。中华民国以后,学校设备渐臻完善,聘用了不少新式教师,并用启发式逐渐取代注入式。

在学制与课程方面,各地华侨学校都采行国内的办法。1926年以前,采用的是民初学制,1926年以后,逐渐改用国内通行的"六三三"制。各校课程也依照国内中小学课程的标准办理,体现了以祖国历史文化为经、以侨居地区经济发展要求为纬的特点。除了重视国语教学以外,为了培养学生适应商业社会的能力,侨校一般都开设有簿记、商业、工艺、家政等课程,注重对学生进行商业教育。许多侨校甚至还建立了商业实践室、儿童储蓄会等,以供学生开展商业实习,锻炼学生的实际能力。一些华侨学校还经常举办游艺会、展览会、运动会等,丰富校园文化生活。在师资构成上,华侨学校教师大多受过国内教育,外籍教师只占极少数。如马来半岛的华侨学校中,受过国内教育的教师为80%,缅甸为82%,荷印为90%,檀香山为90%。

华侨教育的迅速发展,引起了侨居地政府的不安。侨居地政府除了颁布各种苛刻条例,对华侨学校教师的任用、学校行政、课程教材、学生年龄等横加干涉和严格限制以外,还改变以往将华侨子弟排斥在当地学堂之外的愚民政策,或开设学校吸引华侨子弟入学,试图通过与华侨学校的竞争来挤垮华侨创办的学校;或给华侨学校以津贴,进而控制华侨学校的办学方向。尽管如此,大多数华侨还是赞成把子女送到华侨学校,接受中华民族文化教育,以加强对祖国文化的认同。例如,荷属东印度设立了荷华学校,以毕业后直接升学、优先就业等为条件,力图招收华侨子弟。1932年,开办华侨学校117所,招收学生23 353人,而华侨学校则有450所,学生近45 000名。华侨学校的数量几近同期荷华学校的4倍,学生是荷华学校的2倍,这说明民族主义思想在华侨中仍具有广泛影响。

华侨教育的演变　1941年太平洋战争爆发后,日寇大举南侵,南洋各地相继沦陷,华侨教育开始进入最黑暗的时期。这一时期,大多数华侨社团和华侨学校被迫解散,侨校师生有的回国,有的留在当地参加抗日活动,坚决抵制日寇的法西斯奴化教育。国民政府教育部为收容回国侨生,特在云南保山、四川綦江和广东乐昌开办了华侨中学,中山大学、厦门大学、复旦大学、广西大学、广东省立文理学院等高校也增设了侨生进修班,安置回国的华侨学生就学。

抗战胜利以后,教育部成立"华侨教育复员辅导委员会",组织华侨学校复学复课,并派专门委员吴研因和督学到东南亚各地督导。各地热心教育的侨胞,也努力克服战后的经济困难,在重建家园的同时,积极致力于华侨教育的复兴。到1946年底,海外各地华侨学校已达3 455所,其中向教育部立案的有673所,在这些华侨学校中,有中学100余所。

第二次世界大战以后,由于国际形势的变化,华侨教育开始发生根本性的转变。伴随着第二次世界大战的结束,各殖民地纷纷赢得解放,建成独立国家。华侨为了更好地在当地生存发展,适应侨居环境,大部分加入了当地国籍,华侨的思想观念也逐渐从"落叶归根"变为"落地生根",华侨逐步同化为当地的一个民族——华族,华侨教育也因此开始向华人教育转化。由于华侨教育受到当地政府的限制、打击、取缔,华侨学校不仅数量减少,而且渐渐失去了原来由华侨兴办、华侨和中国政府管理、按照中国教育体制和教学内容培养华侨子弟的特点,成为仅供华人学习中国语言文化的场所,华侨教育在大多数居住国变成了华文教育。当然,也有一些国家的华侨学校,在一定程度上仍保留着华侨教育的性质和特色,特别是在日本,表现更为突出。

华侨教育在中国的发展

为促进海外华侨教育的发展,从20世纪开始,国内或指定一些学校招收侨生,或创建专门的华侨教育机构,为华侨子弟提供更多的回国深造机会。同时,许多华侨回国在家乡投资兴学,推动了侨乡教育的发展。

创办暨南学堂　清朝末年,清政府为了适应华侨子弟回国学习祖国语言、文化的要求,于1906年在南京薛家巷妙相庵创办了暨南学堂,这是国内第一所专门为华侨子弟开办的学校。暨南学堂的开办受到了海外华侨的热烈欢迎。这所学校在近代中国动荡不安的局势中,历经坎坷,中经暨南学校、国立暨南大学等变化,一直延续至今。

华侨回国捐资兴学　华侨捐资兴学主要有两种方式:一是对国内教育机构予以资助,例如广东的岭南大学、中山大学、国民大学、广州大学等,北京的北京大学、北平中国大学等,上海的复旦大学、南洋高级商务中学等,以及广州市的培英中学、培道女校等,都曾得到华侨的大力捐助。二是直接在家乡或全国各地捐资兴办各类学校。如1894年,陈嘉庚出资2 000元在家乡集美兴建惕斋学塾等。清朝末年,清廷实施"新政"以后,许多侨乡在华侨的资助下纷纷举办学堂或改私塾为学堂。

民国成立以后,中国政府公布了华侨捐资兴学的褒奖办法,并多次加以修订,以吸引许多华侨回国办教育。例如,陈嘉庚于1921年创办了厦门大学,从1913年到1932年还在家乡集美建成了集师范、水产、航海、商业等大专院校和中学、小学、幼儿园及其他各种文化教育设施为一体的集美学村。20 世纪 30 年代初期,胡文虎自愿捐资 350 万元,在全国各地兴办 1 000 所小学,以期在祖国厉行普及义务教育。然而由于抗战爆发,只完成 300 多所,剩余款项被政府用于购买救国公债。据对国内著名侨乡福建晋江地区和广东台山县的统计,从 1918 年至抗战时期,晋江地区侨办小学共有 100 多所,侨办中学有 20 多所;从 1920 年至 1949 年,台山县由华侨捐建的中学有 9 所,小学 82 所。为联络华侨与家乡的感情,一些侨乡还创办有乡刊,作为开展民众教育的途径之一。

南京国民政府时期的华侨教育　南京国民政府成立后,对华侨教育的控制和管理日益加强。1928 年 6 月,大学院特设"华侨教育委员会"专门管理华侨教育事宜,并且制订了《华侨学校立案条例》、《华侨小学暂行条例》、《华侨补习学校暂行条例》、《驻外华侨劝学员章程》、《华侨视学员章程》等法令。1929 年 11 月,国民政府中央训练部组织召开了第一次南洋华侨教育会议,通过了《华侨教育会议宣言》和 25 项决议案,交流了华侨教育经验,指出华侨教育发展中存在的问题和改进意见,并建立了"华侨教育设计委员会",作为教育部办理华侨教育的咨询机构,负责拟订改进华侨教育方案、调查华侨教育情况、计划华侨教育经费及其他有关事项。1931 年秋,侨务委员会成立,下设侨民教育处,主管华侨教育的调查、立案、监督、指导等工作,而有关华侨教育的方针、政策、实施计划、经费筹划、师资培训及课程设计等项,则仍由教育部负责管理。

20 世纪二三十年代,不仅南京国民政府设立种种侨教机构,促进华侨教育,而且热心于华侨教育的社会活动家和学者也自筹经费,自结团体,为发展华侨教育事业奔走呼号。华侨教育协会就是在这样的热潮中诞生的。

该协会于 1926 年 2 月在上海成立,由著名华侨学者刘士木等人发起。其宗旨为协助华侨教育之发展,增进侨民之文化事业。协会成立后,派人到南洋各地联络华侨,宣传会务,发展会员,在国内也设立了华侨招待处,接待来往华侨。同时筹备设立华侨杂志社、华侨通讯社。1928 年 3 月,召开了第二次会员大会,提出了发展华侨教育的六项方针,并向大学院召集的全国教育会议提出了发展华侨教育的议案。1929 年,许多会员参加了由暨南大学召集的华侨教育会议和国民政府中央训练部召开的华侨教育会议。

1929 年 6 月,由暨南大学在上海召开了华侨教育史上的重要会议——南洋华侨教育会议。会议对如何推进华侨教育提出了许多有价值的见解和措施,对促进当时的华侨教育起了积极有益的作用。

抗战前,教育部及侨民委员会曾筹组华侨教育委员会,其为一个研究侨民教育并协助政府推进华侨教育的机构。经过几年的酝酿,至 1940 年 3 月,正式成立华侨教育总会筹备委员会于重庆。华侨教育会分为总会、支会、分会三级。总会设于重庆,支会设于国外较大的地区,分会设于国外较大的都会。

1936 年,教育部及侨委会曾在南京举办侨民教育师资训练班,招收有志服务侨教的青年,施以训练,并派赴海外。1940 年,在重庆又招考第二期学员 37 人,次年改训练班为训练所,又招学员 40 人,予以长期训练,以备战后分赴海外。抗战时期建立的两所国立侨民师范至 1945 年共计毕业 352 人,均先后出国服务。第二期教师侨资讲习会也于 1947 年 6 月至 9 月在南京举办,共毕业 183 人,亦陆续派赴海外。

参考文献

别必亮. 承传与创新——近代华侨教育研究[M]. 石家庄:河北教育出版社,2001.

毛礼锐,等. 中国教育通史[M]. 济南:山东教育出版社,1988.

舒新城. 中国近代教育史资料[M]. 北京:人民教育出版社,1981.

张泉林. 当代中国华侨教育[M]. 广州:广东高等教育出版社,1989.

（吴民祥）

中国近代教会学校　鸦片战争后,在不平等条约的保护下,英、美、法等国教会以培养传教士和外国在华企事业人员为名在中国设立的各级各类学校。天主教会(旧教)设立的学校以法国为主,基督教会(新教)设立的学校以美国为主。教会学校作为西方列强对中国进行文化教育侵略的组成部分,是中国半殖民地半封建社会的产物,同时也对西方近代文化和教育的导入起到了一定作用。

教会学校概况

传教士在近代中国的办学活动,其发展过程大体可划分为三个阶段:19 世纪八九十年代以前,是教会学校的萌芽期;19 世纪八九十年代至 20 世纪 20 年代,是教会学校的发展期;从 20 世纪 20 年代兴起的收回教育权运动至 20 世纪 50 年代教会学校收归国有,是教会学校的世俗化、中国化时期。

萌芽期的教会学校主要是小学。这类学校规模很小,大都附属于教堂,具有"慈善"性质,办学地点多在沿海地区。洋务运动兴起后,中国社会对西方技艺表现出极大的热情,从而为传教士扩大教育活动的范围提供了更多机遇。此后,教会学校办学规模逐渐扩大,并从教堂的附属机构演变为具有独特体系和运行机制的完整系统,办学也从沿海向内地延伸。早期教会学校从一开始就重视女子教育,教会设立的学堂不少为女学堂。早期教会学校在传播宗教内容的同时,增加了少量读写算知识和自然科学知识,并以班级授课方式进行教学,具有近代教育的特点,堪称中国近代新教育的萌芽。19世纪90年代以后,随着中国国内要求变革的呼声日益高涨和新式学校的逐渐发展,传教士进一步扩大了参与教育工作的范围,除小学外,教会中学和教会大学相继出现。教会学校在中国得到了长足的发展。

在耶稣会管理的江南(江苏和安徽)教皇代牧区,据报道1878年至1879年,有345所男学校和6 222名男学生,213所女学校和2 791名女学生,到19世纪末期,江南天主教教会学校学生的总数已逾16 000名。而基督教所办的学校数量更多。1906年,基督教在华创办的各级各类学校达2 500所,其中大学有13所,其余为中学和小学,学生约20万人。20世纪20年代收回教育权运动以后,教会学校制定了必须遵守中国教育法令的规定,被迫接受中国教育主管部门的管理。从此,教会学校成为中国教育体系的一部分。

各级各类教会学校的发展

教会初等学校 在鸦片战争后的20年间,传教士主要在沿海口岸城市及香港开办附设在教堂里的小学。当时小学规模很小,目的是"为传播福音开辟门路",不仅免收学费,而且其他一切膳宿生活甚至路费全都由学校供给,招生对象都是穷苦教徒子弟或无家可归的乞丐。从1860年到1875年左右,教会学校总数增加很快,但仍以小学为主。此后,教会学校迅猛增加,中学、大学相继兴办,但小学仍有相当的比例,尤其是天主教仍热衷于小学教育。

19世纪70年代以后,教会小学的招生对象开始发生变化,特别是在沿海通商口岸,多数教会学校已不再免费招收穷苦孩子入学,而是全力吸收新兴的买办资产阶级子弟或富家子弟入学,并且收取较高的学费。近代教会小学的课程内容包括宗教课程、中国经书、英语、自然科学知识等,以宗教课程为中心。传教士也十分注意教学用书的编写和出版工作,以适应教会小学教学之需。在编译方法上,传教士编译出版的一部分小学教科书内容简洁,线索明晰,有一定的逻辑联系,所介绍的知识内容由浅入深,并辅以插图和各种练习题,使用的术语较为通俗,易于教师的教与学生的学。教会小学偏重教义方面的灌输,在教学中要求学生养成听命、服从、谦卑、忍耐的品性。教会小学对于教师十分重视,严格教师人选,提高小学教师待遇,鼓励教师进修,管理严格,但教学设备较为匮乏。

幼稚园属教会初等教育的范畴,起初主要承担教会在华布道人员及中国教牧人员子弟的教育工作,后来也接受普通中国人子弟入学受教。除了专门的幼稚园外,教会还在教会女学、中学乃至小学内附设幼稚教育机构。

教会中等学校 教会中学从创始至五四运动前后,经历了百年岁月,其间可分为四大时期。(1)胚胎时期。英华书院可称为教会中学的嚆矢,它始于1818年,由基督教英国伦敦布道会传教士马礼逊、米怜创办于马六甲,1842年迁香港。1844年由爱尔德赛女士创办的宁波女塾是中国最早的女学,后来与美国长老会女校合并,定名为崇德女校,后又改名为甬江女子中学。香港圣保罗书院于1850年开办。这一时期的学生,皆来自贫寒家庭,学校的办学目的是培养布道人才以及引导青年信仰基督。(2)发展时期。《天津条约》签订以后,教会中学处于发展时期。1849年,天主教在上海创办徐汇公学。1860年,美国基督教北老会在上海创办清心书院。1871年10月,美国圣公会于湖北开办第一所教会中学"文华书院"。1873年,狄考文在山东登州创办蒙养学堂,设置中学课程,1876年正式改名为文会馆,1904年迁山东潍县,改名广文学堂,后扩展为齐鲁大学。1891年,北京崇实馆增设中学,定名崇实中学。此外,其他著名的教会中学还有北京汇文中学、圣芳济书院、中西书院等。这时,教会中学已逐渐由不收费向收费转化。(3)高涨期。1900年以后,教会中学进入了高涨期。这一时期,教会中学逐渐受到资本家、富商、官僚新贵、买办等阶层的欢迎,学校设备日渐完善,原有的教会中学得到稳固与发展,新建的教会中学不断出现。据统计,1914年,国内共有教会中学184所,学生1.2万余人,到1915年,学校数目增至260所,学生1.3万余人。(4)改革期。五四运动后,尤其是"收回教育权运动"爆发后,教会学校的发展势头受到抑制,所占比重逐步下降。截至1929年,教会中学共有172所。此时,如何应付变化了的局面,使教会学校在新的形势下得以维持和发展,成为传教士教育工作者关注的重心。

教会中学办学的目的在于通过道德、宗教、知识、职业等方面的培养教育,使学生在社会上有一定的地位,其直接的培养目标在于培养教师、传教士或升入大学。它主要面向教徒子弟,但许多中学也招富家子弟,课程内容主要有宗教、经学、外语、自然科学、技能培养。

在华基督教徒在上海举行第一次传教士大会时,由狄考文、林乐知等发起成立了学校教科书委员会,其主要任务是为教会学校编写、出版教科书,大部分编纂委员为英美传教士。他们曾先后编纂算学、泰西历史、地理、宗教伦理等教科书。为了满足西学教学的需要,一些教会中学注重实验等手段,以使教学直观形象。在组织形式上,初期由于学生较少,一般采用单级教学,以后随着规模的扩大,逐渐采用班级教学形式。在教学管理上,严格专制,盛行体罚,以约束、控制学生的言行。教会中学的管理权操纵在传教士手中,校长都系外籍教士,1927年私立学校立案以后,虽规定以中国人为校长,但学校的大权仍掌握在外国教会手中。教会中学的教学设备在当时的中国是比较先进的。

教会高等学校 19世纪末20世纪初,传教士在华兴办中等以上教育,特别是高等教育,以适应"以华治华"政策的需要。自 19 世纪 80 年代起,教会教育开始向高等教育过渡,而绝大多数的教会大学都是在 20 世纪初以后正式建立和发展起来的。西方教会在中国设立的高等教育机构主要有岭南大学、金陵大学、圣约翰大学、燕京大学等 10 多所高等教育机构。

20 世纪 20 年代,主要教会大学不仅已基本成型,而且开始进入发展的鼎盛时期。这一时期,各国教会在中国办理的学校的学生数占全国学生总数的 32％,其中初等教育为 4％,中等教育占 11％,高等教育达 80％。教会大学主要特点为:(1)宗教教育是重点。在许多情况下,学生每天参加一两次宗教仪式,每周参加一次祈祷会,星期日几乎全部用于宗教礼拜和宗教教育。(2)注重英语。许多大学除了中文课程外,都用英语作为教学用语。(3)提倡科学教育。教会大学开设人文科学和自然科学的系列课程,多数学校以主修、副修和选修科代替过去规定科目的做法,并开始授予文学士和理学士学位。不少教会大学开设了一批职业教育专业,特别是在医学教育、农科教育、新闻教育等方面起了先导作用。教会大学的科学教育一般重视人文科学和自然科学课程,轻视工程技术和社会科学,尤其忽视政治理论课程。(4)教学要求一般比较严格。教会大学的教学工作比较稳定,教学管理制度如考试、记分、升留级以及纪律都比较严格,学业欠佳的学生难于毕业。(5)教会大学的教学设备、实验室、图书资料比较充实,教科书大量采用英文原版书,也有选用教会编译出版的教材,同时重视实验、实习,强调实际技能的锻炼。(6)学校的管理、财务及人事大权操纵在外国差会和传教士手中。

教会女子学校　中国女子接受新式教育,发端于基督教传教士。鸦片战争后,教会女学不断创设。19 世纪 60 年代创立的上海神文女学,80 年代创办的上海圣玛利亚女塾、镇江女塾、南京汇文女校以及 90 年代创立的上海中西女塾等都已初具规模。随着教会女学的不断发展,逐渐形成了初等教育、中等教育、高等教育相互衔接的教会女子学校系统。教会女子教育的目的是培养教会在华宗教事业所需要的人才。其课程内容主要有宗教、英语、西学、家政及其他课程,此外还开办音乐、舞蹈课。教会女学所用的教材,少量直接取自于西方原版教材,大量采用学校教科书编纂委员会、中华教育会和其他教会出版机构编译出版的教材以及编译出版的西方书籍,后来也选用中国民间、政府有关机构编写的教材。教学一般采用传统方法,但也有传教士注重学生的理解、领会。教学管理严格,教师一般是女性。在一些程度较高的教会女学中还附设师范班以培养师资,一些留学归国的教会女学生及教会女子大学毕业生也任教女学校。

教会女学的发展可分为两个阶段。从鸦片战争爆发到 19 世纪 60 年代为教会女学发展的第一阶段。1844 年,英国"东方女子教育促进社"派遣女传教士爱尔德赛在宁波创办女子学塾,这是西方传教士在中国设立的第一所女学堂。到 1869 年,全国教会女学生有 576 人。这一阶段,教会女学的数量少、程度低、招生难,往往以提供食宿招徕贫寒人家的女子来做学生。从 19 世纪 70 年代到 20 世纪 20 年代为教会女学发展的第二阶段。这一时期,教会女学改变了招收贫寒女子的方针,尽力吸收富绅家庭女子入学。与此同时,教会女学数量骤增,程度加深,规格齐全,教会女学从小学、中学到大学。到 1902 年,除初等蒙学堂不详外,教会学校学生共有 10 158 人,其中女学生 4 373 人,占教会学校学生总数的 43％。据 1925 年统计,在各类教会女校中就学的人数达 116 251 人。在这一阶段,一些中国妇女也通过教会到国外留学,并获得学位。

教会特殊学校　从 1874 年苏格兰长老会牧师穆威廉在北京东城甘雨胡同创办"瞽叟通文馆"开始,中国的教会特殊教育经历了大半个世纪的发展,大致可分为五个时期。(1)萌芽时期(1877 年以前)。此时学校数量极少,规模小,学校创始人均为专职牧师,完全出于传教的需要从事特殊教育工作,学校是布道的辅助机关。(2)专业化初步发展时期(1877—1900)。到 1900 年,教会至少已建有 11 所盲校和 2 所聋哑学校,但该时期学校规模仍很小,办学层次低,管理混乱。(3)专业化深入发展时期(1900—1922)。这一时期学校数量增长迅速,到 1922 年,教会已至少建有 35 所盲人学校和 5 所聋哑学校,在校盲生至少 794 人,聋生 60 人,占教会学校学生总数的 3.5％。(4)中国化时期。1922 年以后,新设教会特殊学校较少,数量变化不大,但各学校根据"更有效率,更基督化,更中国化"的原则进行了教育和教学改革。办学质量有较大提高,学校规模有所扩大,形成了较为完善的规章制度。同时,职业技能学科的学习程度加深,能较好地培养学生的自理自立能力,并改宗教课为选修课。(5)停滞和被接管时期(1937—1950)。该时期学校数量明显减少,办学质量下降。到 1950 年 12 月,各地人民政府接管了教会办的特殊学校。

教会学校的变迁

1922 年,以反对世界基督教学生同盟在北京召开大会为导火线,全国上下掀起了"非基督教运动"。教会力图以基督教中国化的应变政策,来减少传教的阻力,加之民国政府及各教育团体也加强了对私立学校的管理,教会教育开始调整与并轨。1926 年,教会学校总数达 1.5 万所,在校生总数 80 万人,占当时全国学生总人数的 32％。1937 年教会学校在校生数达 100 万。其中,教会中、小学比以前有所增加,但发展速度减慢。

抗日战争时期,沦陷区的绝大部分教会学校受到冲击。

战前教会大学共约有 8 000 余名学生,1938 年降到不足 4 000 名。许多教会大学内迁,教学设备简陋,办学经费紧张,教育内容与教育方针也发生了变化。在日占区,教会学校都接受双重奴化教育,所有教会学校除宗教课外,一律采用日伪当局编印的教科书,开设日语课。抗日战争后,内迁的教会学校陆续返回原址,重建校园。1947 年,教会大学生人数比 1936 年增加一倍,但该时期教会学校总体呈下降趋势,渐渐走向衰落。1950 年底,人民政府开始大批接管教会学校,1951 年 1 月中旬,教育部召开了"处理接受外国津贴的高等学校会议",拟定了处理方案。从此,教会学校成为历史名词。

参考文献

何晓夏,史静寰.教会学校与中国教育近代化[M].广州:广东教育出版社,1996.

李楚材.帝国主义侵华教育史资料——教会教育[M].北京:教育科学出版社,1987.

毛礼锐,等.中国教育通史[M].济南:山东教育出版社,1988.

吴洪成.中国教会教育史[M].重庆:西南师范大学出版社,1998.

(吴民祥)

中国近代教科书

中国近代教科书的编写、审查、出版活动。1877 年 5 月,在华基督教传教士召开第一次大会,为了满足日益增多的教会学校的教学需要,大会决定成立"益智书会",又名"学校教科书委员会",负责筹备编写一套初等学校课本。标志着中国近代教科书的正式问世。此后,中国人便以西方教科书为范本,自编教科书,并逐步建立起一套教科书的审查、出版制度及规范,推动了中国近代学校教育的发展。

清末教科书的编写、审查、出版

清末教科书的编写 中国近代教科书的编写是在西方教科书传入之后起步的。甲午战争之前,接受西方教科书基本上是被动、消极、敷衍,传入的教科书数量少,适应面窄,来源以欧美国家为主,译介者主要是西方传教士以及少数中国士大夫。甲午战争之后,接受西方教科书开始主动、积极、认真,传入教科书的数量和质量上都远胜前一阶段,来源以日本为主,译介者主要是中国民间团体和广大的知识分子。据杨寿椿《译书经眼录》统计,仅 1901 年至 1904 年四年间,所译西书就达 533 本,其中大部分为教科书。西方教科书的传入对于推动清末教育改革和中国自编教科书的发展,具有十分重要的意义。

维新运动的高涨促使教育改革不断深入,由于新式学堂开设有许多新式课程,需要根据新式课程编写教科书,加

上早期传教士编辑的教科书及洋务运动时期编译的教科书存在不少问题,因而迫切需要编写适合新时代的教科书。同时,清政府规定,凡各省士民著有新书,及创行新法,制成新器,果系堪资使用者,准其专利售卖,鼓励国人自编教材。在这种形势下,各学堂纷纷编写教科书。近代最早的自编教科书是 1897 年,由南洋公学陈懋治、杜嗣程、沈叔逵编写的《蒙学课本》,全书共 130 课,分故事 60 课,物名实字 30 课,浅说琐记 30 课,通用便函 10 课。教材仿英美读本体例,在内容编排上体现了由浅入深的原则,较适合少年儿童学习的需要。之后,其他学堂也纷纷效法,如无锡三等公学堂编写了《国文读本》、上海澄衷学堂编写了《字课图说》等。1904 年,商务印书馆组织编写了《最新国文教科书》,这是中国近代从形式到内容都比较完善且影响较大的一套教科书。由蔡元培、高梦旦、张元济三人署名编写了《最新修身教科书》,它不是用抽象的伦理条文而是用古人的事例作为教材,以生动故事代替枯燥说教,符合道德教育的规律。1901 年,清政府成立了京师大学堂编译局,1906 年又成立学部编译图书局,为近代最早以编写教科书为目的的官办编译机构。编译局仅在 1902 年译成的教科书就有罕木勒斯《密算法》(1 卷)、威理斯《形学》(5 卷)、洛克《平三角》(1 卷)、非力马格纳《力学》(1 卷)等。据初步统计,至 1909 年,学部编译图书局编辑教材 70 余种 200 余册、图 100 余幅。

清末教科书的审查 早在"癸卯学制"颁布时,就已有了教科书审查的规定。《奏定学堂章程》规定,凡各项课本,须遵照京师大学堂编译局奏定之本。1906 年,学部设立编译图书局时,拟编辑统一的教科书,为此而取各家著述加以审定,以备各学堂之用。此后,学部陆续颁布了一系列审定教材的规定和书目,如《学部第一次审定初等小学教科书凡例》《学部通行第一次审定初等小学暂用书目文》《学部第一次审定高等小学暂用书目凡例》《学部第一次审定高等小学暂用书目表》《学部第一次审定中学堂初级师范学堂暂用书目凡例》等。学部第一次审定的初高小暂用教科书目共有 102 种,其中商务印书馆出版的 54 种,文明书局出版的约 30 种。学部颁布的审定教科书的凡例对审定教材的有关事项作了规定,主要内容有:(1) 审定的教科书以《奏定学堂章程》中各级学校科目为准。初等小学堂、高等小学堂除正科外,初等小学简易科有关图书以及高等小学附设的手工、农业、商业科教科书也予以审定;教科书有配套的教授书,挂图也一并审定。(2) 初等、高等小学堂在没有学部审定的教科书前,可使用自选教科书,但一俟学部有审定初、高小教科书后则停止使用。凡审定合格的教科书,一律附审定提要。(3) 读经讲经一科教材悉依《奏定学堂章程》所列门目。(4) 审定后的有效期,初等小学堂、中学堂、师范学堂为 5 年,高等小学堂为 4 年。教科书经审定后有更改,应报学部核准。(5) 审定后颁行的教科书,书内标学部审定

字样,冒充则予查办。学部通过审定学校用书,统一了学校教材的程度和内容,符合当时大规模兴学的需要,使教材在内容、编纂形式,甚至纸质、图书价格等方面都有了一定保证。

清末教科书的出版　清末新学制颁布以后,由于新式学堂纷纷设立,对教科书的需求量大增,各书局也纷纷出版教科书。1904年《最新国文教科书》和《最新修身教科书》出版后,商务印书馆接着又出版初等小学算术教科书5册、珠算教科书2册、格致教科书3册、高等小学地理教科书4册、中国历史教科书4册、理科教科书4册等。1907年,又发行小学《女子修身教科书》、《国文教科书》2种。同年,重编初小简明国文教科书、简明修身教科书各8册,简明初小历史教科书2册,简明初小地理教科书2册。1910年,商务印书馆又出版庄俞等编《简明初小国文教科书》8册、《高小国文教科书》8册,寿孝天编《简明初小笔算全书》4册等,这些教科书均产生了很大影响。这一时期出版教科书的民营出版机构还有文明书局、中国图书公司等。中国图书公司,由沈恩孚任编辑长,所出教科书有沈羽编《算学自修本》2册,曾钧译《几何学教科书》2册,吴传绂译《化学理论解说》1册,张建良、刘永昌合编《初小国文课本》7册,沈羽《初小算术课本》7册,俞书曾编《初小珠算教本》1册,张光恭编《初小图画范本》8册等初小和高小各种教科书共19种。为推动女子教育的发展,各出版团体还陆续编写出版了适于女子小学教育的国文、修身教科书,其中由上海会文学社出版的《最新女子初等小学国文教科书》最受欢迎,至1910年已重印24次。

民国初期教科书的编写、审查、出版

民国初期教科书的编写　1912年1月19日,民国临时政府教育部颁布了第一个民国教育的法令《普通教育暂行办法》,其有关教材的规定有:"凡各种教科书,务合乎共和民国宗旨。清学部颁行之教科书,一律禁用。""凡民间通行之教科书,其中如有尊崇满清朝廷,及旧时官制、军制等课,并避讳,抬头字样,应由该书局自行修改,呈送样本于本部,及本省民政司、教育总会存查。"另有小学读经一律废止,小学手工科应加注意,高等小学以上体操科应注重兵式等规定。同时,教育部还颁布了《普通教育暂行课程标准》,规定了小学、中学和师范学校的课程。为了彻底改革封建教育,使其适应资产阶级政治、经济发展的需要,教育部又着手制订新的教育宗旨。1912年9月,教育部公布民国教育宗旨为:"注重道德教育,以实利教育、军国民教育辅之,更以美感教育完成其道德。"1915年5月,教育部就教科书的编写作出规定,"一、修身科宜注重级训而施以实践之方法;二、国文科宜注意读法、话法及姿势;三、算术科宜注意实

际之生活"等。1912年,陆费逵等成立的中华书局及时出版了《中华新教科书》。同年,商务印书馆编写了《共和国新教科书》,这与清末编写的《最新国文教科书》相比,从内容到形式都有改进,如内容上以新的教育宗旨为指导,摒弃了清末教材中"忠君"等内容,加进了资产阶级民主政治和自由思想的内容;在编辑形式上,力求循序渐进、生动活泼、浅显易懂,并注意教材各科之间的横向连接与配合。另外,在编辑小学教材时,强调男女并重,以利使用。该套教材质量较高、体例科学、图文并茂,它与中华书局编写发行的《中华新教科书》,受到当时学界和教育界的极大欢迎。

民国初期教科书的审查　由于清学部编写的教科书不合民国宗旨,教育部严令予以禁用。至于清末民间编的一切教材,都要求送教育部及地方审查机构审查。1913年11月,教育部总务厅下设编纂、审查两处合并成编审处,其任务为撰述教育上必要的图书,编辑本国教育法令,辑译外国教育法令、学校章程及关于教育的书报,审查教科用图书,审查教育用品及理科器械。编审处的重点工作不是编译学校教材,而是辑译教育法令规程和审查教材。1912年5月,教育部通知各书局,将出版的各种教材送部审查,经审定有效期为6年。同年9月3日,教育部指示各书局,按章编定春、秋两季入学儿童教材,送部审查。为了使教材的编辑更加合乎要求,9月15日,教育部颁布《审定教科用图书规程》,规定:(1)初等小学校、高等小学校、中学校、师范学校教科用图书,任人自行编辑,唯需呈报教育部审定。编辑教科用图书,应依据小学教育令、中学教育令、师范教育令。(2)已经审定之图书,由教育部送载政府公报,宣布其书名、册数、定价及某种学校所用,并发行人之姓名等。(3)各省组织图书审查会,就教育部审定图书内择定适宜之本,通告各校采用。(4)教育部已审定之图书,各省图书审查会认为确有尚须修正之处,得报该省行政长官呈请教育部复核后,令其发行人于再版时遵照修改。9月18日,教育部公布《各省图书审查会规程令》,规定由各省图书审查会会长将应审查的图书,分配各会员审查;所审查的教科用图书,呈报省行政长官宣布。9月28日,教育部公布《小学校令》、《中学校令》、《师范教育令》等章程,其内容成为编辑和审定教材的依据。根据这些法令,小学校所用教科图书由各省图书审查会择定,而中学、师范教材则直接由校长在教育部所审定的书籍内采用,从而限定了省图书审查会职权的范围。

袁世凯垮台后,基本上恢复了1912年制定的教育政策和教育制度。1918年,北洋政府教育部第一次公布重行审定之教材,将前所审定之各家教材重行厘定发表。1920年,教育部令国民学校一、二年级采用国语体文,并颁订新式标点符号。同年,教育部规定国民学校文言体教材分期作废,改用国语体文。同年9月,公布第五次重行审定的教材,并

告示失效教材 67 种,继续有效者 34 种,继而又公布第六次重行审定的教材。1921 年,教育部公布《国学字典》。同年 7 月,又宣布失效教材 87 种,继续有效的教材 45 种,并公布重行审定的教材。1922 年,教育部公布第九次重行审定的教材,布告出示 75 种失效教材,36 种继续有效教材。1923 年 4 月,教育部公布失效的教材 51 种,继续有效的教材 6 种。从这些材料可以看出,在不长的时期内,教育部对教材审查非常频繁,并且经过每次审查确定,都有一大批教材被宣布失效而停止使用,这一时期教育部对教科书的审查确定有严格的标准。

民国初期教科书的出版　民国初期,教科书的出版中心是民营出版机构,特别是商务印书馆及中华书局。中华书局紧跟政体改革,及时把新形势的变化反映到教科书中。商务印书馆遵照教育部《普通教育暂行办法》关于教科书的规定,对所出教科书进行改订,于封面上特加中华民国字样,先行出版,以应各校开学之用,同时编辑《共和国新教科书》。这套教科书包括小学、中学、师范学校各科用书,其中初小教科书 1 种、高小教科书 6 种、中学教科书 25 种、中学教员用书 9 种。出版发行后,各学校纷纷采用,其中,《小学共和国新教科书》出版以后,20 年间重印 300 余次,销售 7 000 万～8 000 万册。1914 年中华书局又出版了《新制家事本》、《新制教育学》、《新制哲学大纲》、《新制高小农业教科书》等。1915 年中华书局出版了一批国民学校和中学师范用教科书,并推出《新式教科书》一套。1916 年商务印书馆出版《实用教科书》一套等。1922 年学制改革后,全国各地出版机构纷纷以"新学制"为指导思想编辑教材,其中影响较大的有商务印书馆出版的《新学制教科书》及中华书局出版的《新教育教科书》等供各级中小学使用的教材。

南京国民政府时期教科书的编写、审查、出版

南京国民政府时期教科书的编写　1929 年南京国民政府教育部公布《教科图书审查规程》,规定学校所用教科书,未经教育部审定或审定失效者,不得发行或采用。在《审查教科书共同标准》中,首先开列的是三项政治标准,即适合党义、适合国情、适合时代性,这些规定是严密控制教科书的措施。后来,国民政府担心书商编辑的教科书未能有效贯彻"三民主义"的方针政策,提出中小学教科书应当由政府编纂,办法是由教育部普通教育司与国立编译馆会同办理。同年,教育部公布《中小学课程暂行标准》。1931 年公布《中小学课程及设备标准编订委员会章程》,并成立了委员会,编制幼稚园、小学、中学各种课程标准。1932 年 10 月,公布《幼稚园课程标准》和《小学课程标准》,同年又公布《中学课程标准》。1933 年,教育部组织教科书编辑委员会,

开始统一编印中小学教科书。至 1937 年,所谓"国定教科书"已有一部分编辑完成,但因抗日战争爆发,未及发行。国民政府迁都重庆后,1938 年在国立编译馆下成立中小学教科书编辑委员会,编辑各种中小学教科书,作为"固定本"统一发行。而大学教科书由有关机构部门组织编写或翻译。

南京国民政府时期教科书的审查　南京国民政府时期,学校教科书的编审制度是"审定制"和"国定制"并存。所谓"审定制",就是编辑教科书允许自由竞争,但必须经过审定组织的审查。审定组织由国民政府教育部负责聘请人员组成。所谓"国定制",就是由国民政府规定内容,组织编写教科书,各学校都得使用。1929 年,国民政府教育部公布《教科图书审查规程》,审查各书局出版的"新课程标准教科书"。明确规定各级学校教科书,未经教育部审定,不得发行或采用,个人所编教科书一律得经过审查。1929 年教育部令各教育行政机关及校长负责审查各校教授自编之讲义。

1932 年,教育部设国立编译馆,明令审查教科书由编译馆办理,由教育部执行。同年,教育部公布《审查儿童课外读物标准》,这个审查标准与《教科图书审查规程》中审查教科书的标准,首列的都是适合党义、适合国情、适合时代性,规定教材与党义相违背者,旨趣与国情不相适合者,均禁止发行。1935 年教育部公布《修正教科图书审查规程》,共 15 条。规定"学校教科图书依法须经教育部审定。其未经审定发给执照,或经审定已失时效者不得发行,学校并不得采用",规定教科图书审定之有效时间,中等学校为 3 年,简易师范学校、小学校各为 4 年。

抗战胜利后,教育部认为 1942 年公布的《小学课程修订标准》偏重抗战时期的需要,因而于 1945 年 9 月又组织力量重新修订。1946 年教育部颁布《国民学校及中心国民学校规则》,共 22 条,其中包括课程及教材的内容,如课程及教学实施方法应依照教育部小学课程标准(儿童班)和民国教育部课程标准(成人班、妇女班)办理,教材应用国定本教科书或教育部审定的课本,补充教材应用各地教育行政部门编辑的地方教材。

1947 年教育部公布《教科图书标本仪器审查规则》,其中规定:"学校用教科图书及标本仪器未经审定发给执照,或经审定已逾有效期者不得发售或采用;呈请审查时应按规定呈缴审查费;发售人违反规定或不遵守禁止发行命令者,予以行政处分或科以法律上之处罚。"

南京国民政府时期教科书的出版　南京国民政府时期教科书的出版以商务印书馆、中华书局为代表的一大批民营出版机构为主。从 1926 年至 1927 年初,商务印书馆出版了《新时代国语教科书》,中华书局出版了《新中华国语教科书》,世界书局出版了《新主义国语教科书》等有关国民革命和三民主义内容的教材。1933 年,商务印书馆出版了复兴

初级中学教科书《国文》(共 8 册)、复兴高级中学教科书《国文》(共 6 册)。抗战开始后,为了动员民众参加抗日战争,商务印书馆于 1937 年又出版了供中小学使用的《战时常识》、《国防算术》、《国民防空必读》及中学适用的社会、自然等科的战时补充教科书。

除商务印书馆和中华书局外,其他规模较小的出版发行单位还有大东书局、开明书店、神州国光社、正中书局、生活书店、上海文学社等。如生活书店 1938 年出版的《战时读本》以供小学训练民众用,上海文学社出版的《最新女子初等小学国文教科书》等。以商务印书馆、中华书局为代表的一大批民营出版机构对中国教材的现代化作出了重大贡献。正是在这些出版机构的努力之下,学校教科书的体例更加完备,编写方法更趋科学,内容也更适合中国的国情及时代要求。

中国共产党领导下的根据地
教科书的编写、审查、出版

中国共产党领导下的根据地在紧张的革命斗争中,在条件十分艰难的情况下,积极进行教科书的编写、审查、出版。

苏区教科书建设,首先是审查旧教材,废除其中具有封建性和奴化教育等反动内容的教材,对算术、自然等旧教材在一段时间内继续使用,以解决教材的燃眉之急。苏区教科书的建设,是先有地方教科书,后有全苏区通用教科书。各苏区的自编教科书,由各县苏维埃政府文化部或教育部编辑,由省苏维埃政府文化部或教育部审定印发。其教科书的编写要求是:(1)以实施阶级教育为原则;(2)采用社会的实际教材,适合儿童的生理和心理;(3)文字宜简短,不要冗长,须带鼓动性;(4)意义须明显,不要隐晦,应含有充分的阶级斗争意义;(5)生字及教材的配合要有一定标准;(6)注意马克思主义以及苏维埃状况的介绍。1932 年中华苏维埃共和国临时中央政府教育人民委员部组织了教材编审委员会,以徐特立为主任,主持教材编审工作。各省苏维埃政府文化部或教育部都设有教科书编审机构,负责编写出版教材。如闽西苏维埃政府文化部编写出版《劳动小学暂用课本》,中央苏区也编印出版《红军识字课本》、《红军教育与管理》、《苏维埃政权》等多种教科书。1933 年中华苏维埃共和国临时中央政府教育人民委员部编审局编写出版了干部教育使用的文化教科书,包括《苏维埃公民》、《地理常识》、《农业常识》、《算术常识》等。

抗战时期,陕甘宁边区的教科书编写、出版是各抗日根据地教科书建设的榜样。1938 年陕甘宁边区政府教育厅编审科编写出版发行了第一套小学课本,包括初小国语 6 册,初小算术 6 册,初小政治常识 1 册,高小历史 1 册,高小地理

1 册。另有图画 1 册,劳作 1 册,唱歌 1 册。其编写要求是:贯彻学以致用的原则,符合培养目标的需要;教科书必须符合教育对象的认识能力;以马列主义为指导,贯穿革命内容。

解放战争时期,各解放区根据各自的实际情况积极进行教科书的编写和出版。如 1946 年,晋冀鲁豫解放区新编了初级课本《国语常识合编》8 册;东北解放区在 1 年多的时间里,编写出版小学教材 14 种 40 册,发行 532 万余册,编写出版中学教材 9 种 9 册,社会教育课本 2 册等,有相当的数量。1949 年 4 月,华北人民政府教育部成立教科书编审委员会,由叶圣陶为主任委员,周建人、胡绳为副主任委员。1949 年 7 月,编辑出版了《教育学参考资料》、《小学教育理论与实际参考资料》、《小学各科教材及教学参考资料》和《小学教育典型经验介绍》4 种书,并要求把这 4 种书分别作为师范学校教育概论、小学行政、教材教法和教育实习等科的基本教材。其后,全国许多地区都将这 4 本书列为教材。

参考文献

王建军.中国近代教科书发展研究[M].广州:广东教育出版社,1996.

吴洪成.中国学校教材史[M].重庆:西南师范大学出版社,1998.

张静庐.中国近代出版史料[M].北京:中华书局,1957.

朱有瓛.中国近代学制史料[M].上海:华东师范大学出版社,1986—1989.

(周　晔)

中国近代教师检定制度　　近代中国由教育行政机关组成的教员检定委员会对各级各类学校教员任职资格的检查认定制度。教师检定制度分无试验检定与试验检定两种,前者由检定委员会审查其毕业或修业证书、服务证明、本人履历、志愿书及教育著作等;后者除审查其各项证件、教育经验及专门著述外,还对其任教的专业科目及教材教法讲行笔试及技能试验,合格者由主管行政机关给予检定合格证书。此项制度虽经颁布,但在近代中国并未认真执行。

小学教师检定制度

清末小学教师检定制度　　1909 年学部《奏遵拟检定小学教员章程》规定:除初级师范学堂完全科毕业生、官立 2 年以上初级师范简易科中等以上毕业生、优级师范完全科毕业生及优级师范选科毕业生,在奏定奖励义务章程准充小学教员者毋庸检定外,其他应行检定者分为两种,由督学局暨各省提学使司举行。

试验检定。除因需用教员过急可临时禀候部示择期举行外,于冬季或夏季举行一次,其检定日期及试验科目,须

于3个月以前预为宣示。应受试验检定者资格如下:(1)官立初级师范简易科毕业生,年限在2年以下者;(2)官立初级师范简易科年限在2年以上,毕业在下等者;(3)毕业于民立初级师范简易科者;(4)毕业于师范传习所讲习所者;(5)在外国学习师范简易科,及各种科学速成科毕业生,年限在2年以下者;(6)举贡生监中文明通达,及通晓各项科学,愿充小学教员者;(7)有受无试验检定准充初等小学教员之资格,而愿受高等小学教员检定者。试验检定分三种:高等小学教员试验检定;初等小学教员试验检定;专科教员试验检定。

无试验检定。可随时举行。受无试验检定者资格如下:(1)毕业于中学堂或中等以上各学堂,及与中学同等各学堂者;(2)毕业于各种科学专修科,期限在2年以上者;(3)在他省领有检定文凭认为合格者;(4)在外国师范学堂(即与本国初级师范学堂程度相当者)、中学堂及与中学堂程度相当,或中学堂程度以上之学堂学习完全科目,确系毕业领有文凭者;(5)学有专长,具有普通学力,曾充官立高等小学教员一二年,确有经验,督学局或提学使司认许者。有前项资格之一者,由督学局、各省提学使司给予检定文凭。其毕业于各项学堂者,查照学堂程度,如中学堂、外国师范学堂,准充两等小学正副教员;中等实业学堂及各种科学专修科毕业者,比照分别准充高等小学专科教员或初等小学某学专科教员。其具有前项第三条、第五条之资格者,应酌量分别准充高等小学或初等小学正副教员或专科教员。高等小学教员试验分数及格者准充两等小学正副教员,初等小学教员试验分数及格者准充初等小学正副教员。专科科目试验,能通晓一科或数科者,就所试学科评定分数,由督学局或各省提学使司给予某学专科或某学兼某学专科检定文凭。

该章程还规定,充当小学教员已满教授年限(以"癸卯学制"所定该学堂完全科毕业年限为教授年限),成绩优著者,给予教授年满实力尽职文凭,得有此项文凭者接充教员无须再行检定。

民国时期小学教师检定制度 1916年北洋政府教育部公布的《检定小学教员规程》规定:无试验检定审查其毕业证书或办学经历,并就其品行身体检查之。试验检定除检查其毕业证书及品行、身体外,并加以试验。有下列情事之一者不得受检定:(1)被处徒刑以上之刑尚未复权者;(2)失财产上之信用,被人控实尚未结清者;(3)受剥夺许可状之处分尚未满3年者。具有下列资格之一者,得受无试验检定:(1)毕业于中学校并充小学教员1年以上者;(2)毕业于甲种实业学校并积有研究者;(3)毕业于专门学校确适于某科目教员之职者;(4)曾充小学教员3年以上,经地方最高级行政长官认定确有成绩者。具有第一款资格经检定合格者,准充国民学校正教员、高等小学校本科正教员;具

有第二、三款资格,经检定合格者,准充国民学校专科教员及高等小学校专科正教员;具有第四款资格,经检定合格者,准充国民学校正教员、助教员,或专科教员,并准充高等小学校本科、专科正教员或助教员。具有下列资格之一者,得受试验检定:(1)曾在师范学校中学校或其他中等学校修业2年以上者;(2)曾任或现任国民学校高等小学校教员满1年者;(3)曾在师范简易科毕业,期限在6个月以上者;(4)曾研究专科学术兼明教育原理著有论文者。试验检定合格者,授予教员许可状,准充国民学校正教员、助教员,或专科教员,并准充高等小学校本科、专科正教员或助教员。凡经检定合格领受教员许可状后,如有符合不得受检定条例及其他不正行为,玷辱学校名誉者,受验地之行政长官得剥夺其许可状。

为调整小学师资,教育部于1936年公布了《小学教员检定规程》,1944年又将该规程修正为《小学教员检定办法》,其中所规定的小学教员任职资格如下:(1)合于《修正小学规程》第62条之规定者;(2)检定合格取得长期合格证者;(3)无试验检定合格者;(4)试验检定合格者。各地实行的结果,合格人员数量仍然十分有限,只得以代用教员补充,并规定了代用教员的任职条件。合格教员登记核定后,由主管教育行政机关发给甲种登记证,代用教员发给乙种登记证。1946年11月,教育部根据《国民学校法》颁订《国民学校教员检定办法》。该办法规定,凡未具有《国民学校及中心国民学校规则》第19条第1款资格之一者,应一律接受检定。

1944年,南京国民政府行政院废止前颁《小学教员检定规程》,公布《小学教员检定办法》,规定:"小学教员资格除合于《修正小学规程》第62条规定者外,检定合格者,师资短训班训练期满合格者,曾任代用教员5年参加假期训练五次成绩合格者,也具有小学教员资格。"1946年,教育部公布《国民学校教员检定办法》。1948年,教育部通电各省市教育厅局务必认真办理小学教员登记及检定。

中学教师检定制度

1934年南京国民政府教育部公布的《中学及师范学校教员检定暂行规程》规定,中学及师范学校教员无试验检定由检定委员会审查其各项证明文件决定之,试验检定除审查其各项证明文件外,并加以试验。试验检定至少每3年举行一次。无试验检定于每学期开始前举行。具有下列资格之一者,得受无试验检定。(1)高级中学教员。教育部认可之国外大学本科毕业者;国内师范大学、大学本科、高等师范学校毕业后,有1年以上之教学经验者;国内外专科学校或专门学校本科毕业后,有2年以上之教学经验者;曾任高级中学教员5年以上,经督学视察认为成绩优良者;有有价

值之专门著述发表者。(2)初级中学教员。具有高级中学教员无试验检定规定资格之一者;国内外大学本科、高等师范本科或专修科毕业者;国内外专科学校或专门学校本科毕业后,具有1年以上之教学经验者;与高级中学程度相当学校毕业后,有3年以上之教学经验,于所任教科确有研究成绩者;曾任初级中学教员5年以上,经督学视察认为成绩优良者;具有精练技术者(专适用于劳作科教员)。具有下列资格之一者,得受试验检定。(1)高级中学教员。国内大学本科毕业者;国内专科学校或专门学校本科毕业后,有1年以上之教学经验者;检定合格之初级中学教员;曾任高级中学教员2年以上者;具有精练之艺术技能者(专适用于图画音乐教员)。(2)初级中学教员。国内专科学校或专门学校本科毕业者;与高级中学程度相当学校毕业后,有1年以上之教学经验者;与高级中学程度相当学校毕业有专门著述发表者;曾任初级中学教员2年以上者;具有精练之艺术技能者(专适用于图画音乐教员)。中学教员请求检定时,须呈缴规定的各种证件,期满重新检定。受试验检定未能及格,而某科成绩满60分者,给予该科目及格证明书,以后再请检定时,得免除该科目之试验。

1947年修正的《中学及师范学校教员检定办法》规定,试验检定每学年举行一次,于第一学期开始前举行,无试验检定每学期举行一次,于每学期开始前举行。同时修订了高级中学教员、初级中学教员的受试验检定及受无试验检定的资格。另外还规定,检定不合格,而学力或经验尚可之现任中等学校教员,一俟参加进修班,经过相当时期进修,习满指定之进修科目领得证书后,视同试验检定合格,发给试验检定合格证书。

幼稚园教师检定制度

1920年北洋政府教育部《国民学校令施行细则》规定,蒙养园保姆须女子,有国民学校正教员或助教员之资格,或经检定合格者充之。1943年南京国民政府教育部《幼稚园设置办法》进一步规定,幼稚园教员以幼稚师范学校毕业或具有小学教员资格、曾任幼稚园教员1年以上之女子为合格;幼稚园教员无前项资格者,应受省、市教育行政机关所组织之小学教员检定委员会之检定;幼稚园教员之检定,除试验检定外,其余比照《小学教员检定规程》办理。试验检定之科目为公民、国语、算术、历史、地理、自然、教育、保育法、美术、劳作、游戏、音乐。幼稚园一时不易延聘合格教员时,得呈准主管教育行政机关,以未受检定者为代用教员,幼稚园主任及教员均应参加当地国民教育研究会及讲习会等。

高等学校教师检定制度

1904年清廷学部公布的《奏定任用教员章程》规定,大

学堂分科正教员,以将来通儒院研究毕业,及游学外洋大学院毕业得有文凭者充选。暂时除延访有各科学程度相当之华员充任外,余均择聘外国教师充任。1912年11月,北洋政府教育部公布《公立私立专门学校规程》规定,凡具有下列各款资格之一者,得充公私立专门学校教员;具有下列各款资格之一者,且曾充专门学校教员1年以上者,得充校长。(1)在外国大学毕业者;(2)在国立大学或经教育部认可之私立大学毕业者;(3)在外国或中国专门学校毕业者;(4)有精深之著述经中央学会评定者。如校长教员一时难得合格者,得延聘相当之人充任,但须呈经教育总长认可,其认可之效力,以在该校任职时为限。

1914年北洋政府教育部公布《教育部直辖专门以上学校职员任务暂行规程》,规定凡直辖专门以上学校之专任、兼任教员,均由校长延聘相当之人充任,但须开具详细履历,详经教育总长认可或详报教育总长。外国教员由校长延聘,但须详经教育总长认可。1927年6月,南京国民政府教育行政委员会公布《大学教员资格条例》,规定了对大学教员的等级、资格及审查办法。1929年8月南京国民政府教育部公布《专科学校规程》,规定凡具有下列各款资格之一,经审查合格者,得充任专科学校教员:(1)在外国大学毕业者;(2)在国立省立或已立案之私立大学毕业者;(3)在外国专门或专科学校毕业者;(4)在国立省立或已立案之私立专门或专科学校毕业者;(5)曾在国立省立或已立案之私立专门或专科学校担任教职1年以上者;(6)在学术上有专门之著述或发明者。

1940年南京国民政府教育部公布《大学及独立学院教员资格审查暂行规程》,规定大学及独立学院教员分教授、副教授、讲师、助教四等,其等别由教育部审查其资格定之,并规定了每一等别的任职资格标准。凡在学术上有特殊贡献而其资格不合于规程者,经教育部学术审议委员会出席委员3/4以上表决,得任教授或副教授,表决用无记名投票法。任助教4年以上,著有成绩,并有专门著作者,任讲师3年以上,著有成绩,并有专门著作者,任副教授3年以上,著有成绩,并有重要之著作者,经教育部审查得分别提升为讲师、副教授、教授。同年,教育部公布《大学及独立学院教员资格审查暂行规程施行细则》,1943年修正该"施行细则",规定教员服务成绩之审查,审查其教学期间之著作研究或成绩证明书,执行专门职业者成绩之审查,审查其业务成绩或著作品。还规定教授、副教授、讲师、助教,由教育部于审查合格后分别发给证书。大学及独立学院兼任教员资格之审查手续与专任教员同。规定专科学校教员资格之审查,适用本细则。1941年国民政府行政院通过教育部《部聘教授办法》,规定了部聘教授的条件、聘任办法、任期和名额。

职业学校教师检定制度

1933年,南京国民政府教育部订颁《各省市职业学校职

业学科师资登记检定及训练办法大纲》,详细规定了职业学校师资的登记检定办法。职业学校师资的登记分两种:(1) 凡国内外专科以上学校毕业后具有 2 年以上之职业经验者,或职业界高等技术人员继续任职 4 年以上者,得请示登记充当甲种职业学校职业学科师资;(2) 凡高级职业学校、初级实业学校或高级中学农工商科毕业后,具有 2 年以上之职业经验者,或职业各中级技术人员连续任职 4 年以上者,得请示登记充当乙种职业学校职业学科师资。应特别注重担任职业学校学科之种类及其经验。对于无前列两项资格而有擅长技术之匠师,并志愿充当高级或初级职业学校技术学科师资者,应就其技术种类及程度,分别予以限定。职业学校职业技术学科师资的检定分两种:(1) 具有职业技术及经验,其证明文件,经审查属实者,得受其试验检定;(2) 凡具有职业技术及经验,但其证明文件未能确实或有其他疑问时,应受职业技术之试验检定。

1938 年教育部颁发的《创设县市初级实用职业学校实施办法》规定,凡高级职业学校以上毕业人员及各业原有小工艺技师应尽量甄拔。教员资格除前项规定人员充任外,并得聘请各业熟谙技术之技师或技匠充任工作指导员。凡登记合格之人员经甄别任用者,应先由教育部召集举行一周至二周的讨论会,指示办理学校方针。

1947 年教育部颁布的《修正职业学校规程》规定,职业学校教员由校长开具合格人员详细履历,呈请主管教育行政机关核准后,由学校聘任。教员应以专任为原则,但遇有特别情形时,得呈请主管教育行政机关之核准,酌聘兼任教员,唯人数不得超过专任教员的 1/4。前项专任教员均须兼任训育事宜,并以住宿校内为原则。

师范学校教师检定制度

1911 年清廷学部奏定《检定初级师范学堂中学堂教员及优待教员章程》规定,除优级师范学堂本科中等以上毕业生、优级师范学堂选科最优等毕业生,照奏定师范奖励义务章程,准充初级师范学堂、中学堂正教员,及优级师范本科下等毕业生、优级师范选科优等、中等毕业生,照章准充副教员,于其专修科目均毋庸检定外,其他有应行检定者,分为试验检定、无试验检定。试验检定每年由学部暨各省提学使司于冬季或夏季举行一次,同时规定了无试验检定、应受试验检定的资格。1912 年,南京临时政府教育部公布的《师范教育令》规定,师范学校教员,以经检定委员会认为合格者充之。1916 年教育部修正公布《师范学校规程》,规定省立师范学校教员,由校长任用,但须详报省行政长官;县立师范学校教员,由校长任用,但须由县行政长官转报省行政长官;私立师范学校教员,由设立人任用,但须详报省行政长官。这一时期,只有检定小学教员的办法,对于师范学

校教员并无检定制度。

1934 年南京国民政府教育部颁布《中学及师范学校教员检定暂行规程》和《中学及师范学校教员检定委员会组织规程》,自此,师范学校始行教员检定制度。“暂行规程”规定,无试验检定由检定委员会审查其各项证明文件决定之,试验检定除审查其各项证明文件外,并加以试验。试验检定至少每 3 年举行一次,无试验检定于每学期开始前举行。同时规定了受无试验检定的教员资格和受试验检定的教员资格,以及试验检定的试验科目等。

1944 年教育部颁发的《中学及师范学校教员检定办法》对教员资历的规定比过去有所提高:具有下列资格之一者得受无试验检定。师范学校教员:国内外师范学院或师范大学毕业者;国内外大学研究院所研究期满得有硕士或博士学位者;国内外大学教育学院或其他各院系毕业曾习教育学科 20 学分以上有证明书者;国内外大学各院系高等师范本科或专修科毕业后有 1 年以上之教学经验者;国内外专科学校(修业年限须在 3 年以上并系招收高中毕业生者)、专门学校本科或大学专修科毕业后有 2 年以上之教学经验者;曾任师范或其同等学校教员 5 年以上,经主管教育行政机关考核认为成绩优良并有专门著述发表者;具有精炼技术者(专适用于劳作科教员)。简易师范学校教学优良并有专门著述发表者;具有精炼技术者(专适用于劳作科教员)。简易师范学校教员:具有师范学校教员无试验检定规定资格之一者;国内外大学各院系高等师范本科或专修科、师范学院初级部及师范专科学校毕业者;国内外专科学校(修业年限须在 3 年以上并系招收高中毕业生者)、专门学校本科或大学专修科毕业后有 1 年以上之教学经验者;曾任简易师范或其同等学校教员 5 年以上,经主管教育行政机关考核认为成绩优良者;具有精炼技术者(专适用劳作科教员)。

具有下列资格之一者受试验检定。师范学校教员:国内外大学各院系毕业者;国内外专科学校(修业年限须在 3 年以上并系招收高中毕业生者)、专门学校本科或大学专修科毕业后有 1 年以上之教学经验者;检定合格之简易师范学校教员在检定后有 1 年以上之教学经验者;曾任师范学校教员 3 年以上者;具有精练之艺术技能者(专适用于图画、音乐教员)。简易师范学校教员:国内外专科学校(包括五年制专科学校)、专门学校或大学专修科毕业者;与师范学校程度相当学校毕业后有 2 年以上之教学经验并对所受检定学科确有研究成绩或有专门著述发表者;曾任简易师范学校教员 3 年以上者;具有精炼之艺术技能者(专适用于图画、音乐教员)。并规定教员申请检定时须呈缴相关材料。关于公民教员,教育部于 1933 年颁发《审查中等学校公民教员资格条例》,1944 年又修改颁发《中等学校训育人员公民教员资格审查办法》及《中等学校训育人员公民教员资格审查委员会组织规程》。

中国近代教师检定制度经过清末、民国时期的不断发展到南京国民政府时期已形成较完备的体系,对保证各级各类学校的教师质量起到了积极作用,进而推动了近代教育的发展。但由于中国近代师范教育和师资培训工作的落后,各地的合格师资极为缺乏,加上政局不稳,战乱频仍,因而近代教师检定制度并不能得到严格的实施与发挥应有的作用。

参考文献

陈学恂.中国近代教育史教学参考资料[M].北京:人民教育出版社,1986.

李国钧,等.中国教育制度通史[M].济南:山东教育出版社,2000.

毛礼锐,等.中国教育通史[M].济南:山东教育出版社,1988.

舒新城.中国近代教育史资料[M].北京:人民教育出版社,1981.

(吴民祥)

中国近代教育财政　　近代中国政府通过公共权威对教育进行资源配置的综合系统。主要包括教育经费筹措、分配以及相关的管理。中国近代教育财政是在从西方移植引进新式教育,但内部经济动力不足,国家财政力量十分微弱的情况下艰难发展起来的。其存在合法化能力较弱,预算严肃性不强,教育财政规模较小,教育财政经费分配上仍有缺陷。这些因素使近代教育的扩张一直受到教育经费不足的困扰,使近代教育结构的调整始终受到教育经费的限制,从而制约着为规范化、大批量培养各级各类人才的近代教育的发展。

中国近代教育财政经费的筹措

近代教育财政经费在国家财政经费中所占的比例逐渐增高,到 1933 年,各级教育财政拨款总额约占国家财政经费的 11%,这是中国近代社会发展的成果。其中,有四种方式在拓展中国教育财政能力中发挥了明显作用。(1) 地方政府教育筹资功能的增加。通过对 1933 年教育经费的统计分析,无论在教育经费结构内部,还是在财政结构中,地方政府的教育投资都占有主要地位,教育可视为地方的事业。在三级政府之中,中国县教育经费占县财政支出的比例最高,县政府对于筹措公共教育经费的努力程度最大。(2) 各级教育财政经费的增长高于各级财政经费的增长,教育财政在各级财政分配中的地位提高。就中央教育经费的情况分析,1907 年学部经费为 106 万元,1911 年预算修正案中,学部经费上升为 274 万元,学部经费占国家财税支出的 1%,1925 年,教育部经费占中央财政经费税预算的 1.19%,1935 年上升为 4.8%。从 1914 年至 1937 年,中央教育经费增加 14 倍,而同期中央财政经费只增加 2.4 倍。同时,省教育财政增长也出现了与中央教育经费增长相类似的现象。从江苏、浙江、山西、山东、广西、贵州六省分析,1919 年至 1934 年间,六省省级教育财政经费平均增长 4.3 倍,而同一时期省财政经费只增长 1.8 倍。(3) 各级政府部门通过创办收取学杂费的公立学校,提高各级政府配置教育资源的能力。民国时期规定国立、省立、县立学校的学费在形式上纳入各级财政预算管理体系。据舒新城估计,在 20 世纪 20 年代后期,中国公立学校学费为 900 万元,学费收入占公立学校教育经费的 20%。(4) 随着各级政府财政规模的扩大,政府的教育支出规模也水涨船高。近代中央和省及地方政府支出占中国国民生产总值的比例虽低于世界发达国家的财政发展水平,但对于传统国家的财政能力而言,近代政府财政支出的比率仍有增加,教育财政支出规模也逐渐加大。

近代公共教育经费在困境中不断拓展。洋务运动时期,张之洞等封疆大吏开始动用省政府自筹资金办理新式洋务学堂。维新运动时期,全国各省级政府普遍以自筹款项对旧式书院进行改造,中央财政直接拨款开办京师大学堂。随着中国近代学制的颁布和实施,中央、省、县各级政府开始分级负责近代新式教育的发展。北洋政府时期,地方军阀截留中央专款,减少乃至完全拒交各省解款,财政统辖体系荡然无存,省级教育经费主要在省地方税内开支。南京国民政府时期,田赋划归地方政府所有,省政府的财政能力得以合法扩张,省教育财政经费进一步增加。同样,近代中国县乡政府也承担起筹划教育财政经费的职责。1904 年"癸卯学制"颁布,规定府、州、县负责办理中小学教育,在就地筹款原则的影响下,地方成为筹集公共教育经费的基本单位,清末地方自治经费的开征,使地方有权在正税的边缘筹集教育经费,把地方公共教育经费纳入税收系统。北洋政府时期,由政府借助公共权威征集的县税增加,地方公共教育经费拨款也随之增多。南京国民政府时期,国家推行义务教育的努力使地方寻找公共教育经费的压力进一步增加。1935 年,福建省就规定县财政经费预算中,教育经费应在各项经费占最高额。中国教育财政筹资渠道的开掘和拓宽,使中国近代教育财政的筹资能力逐步提高。但是,中国近代教育财政规模扩大仍受到很多因素的限制。由于社会政治和经济发展的限制,政府吸纳国民收入的能力较低,20 世纪 30 年代,中国财政经费占国民收入的比例仅为 5.7%。

中国近代教育财政的管理

中国近代预算管理的发展、各级政府间事权和财权的划分以及财政收支的统一性等教育财政制度的创新和发展支撑着作为配置性资源的教育财政收支能力的扩展。

鸦片战争后，新式教育在原有合法的国家财政体制中难以寻找到教育财政资源，清末政府遂借助于临时的专项筹款措施来拓展教育财政的规模，因而各级公共教育经费的筹集和分配都缺乏稳定性。20世纪初，清政府推行"新政"，筹备立宪，开始模仿西方预算制度管理国家财政。财政预算制度的产生为教育经费的稳定供给提供了条件，为教育财政经费的增长提供了合法基础。中国编制预算始于1911年，但清末财政预算是赤字预算，是虚假预算。到北洋政府时期，教育预算程序一般由教育部提出，交由财政部，然后交由国会审定。这一时期预算管理混乱，在教育经费问题上出现的一个重要现象是预算内经费得不到保障。南京国民政府时期，国家财政统辖关系逐渐建立，预算的严肃性有所增强。就中央教育经费而言，北洋政府时期，中央教育财政经费实际支出额只占预算额的60%左右，南京国民政府时期上升为83%。近代中国自清末开始从西方移植预算制度，并力图通过宪法规定预算所应遵循的基本原则，但是，教育财政立法过程中也出现了快速更替、重复建设的现象，这种现象使近代形成的约束各级公共教育经费配置的宪法很少在具体实际操作的财政预算中体现出来。

清末，国家陷于危亡之中，国家财政急速膨胀以应付赔款、战争、外交等各方面的费用，中央不得不将教育财政职能分解给地方政府，但中国近代政府间的财政分工和其所承担的教育筹资职能存在紧张关系。民国初年的财政体制在制度上具有中央集权的性质。一方面，主要税源均掌握在中央政府手中，地方只有附加税及零星杂税，这些财源既不稳定又不易征收；另一方面，地方政府又要承担办理高等、中等和初等教育。1928年后，南京国民政府试图建立中央和地方均衡的财政制度，将田赋划为地方财政收入，地方政府的税源有所扩大，但地方政府有省、县、区三级，地方政府在财政关系上由省级政府控制。固定的重要税种，都归省所有；税率和税基由中央政府和省政府决定，上级政府有决策权；县财政收入主要通过附加省税和附加税捐构成。省为了巩固省税，限制县附加税，结果县无可自由伸缩的财源，致使县财政基础十分贫乏。南京国民政府又限制各省县增加捐税，并提出废除苛杂捐税，这样，原有教育经费已不能自保，增加教育经费更为困难。此外，税收系统的弊端也日益侵入教育财政之中，如田赋税收因吏治不当被社会分利阶层大量截留。20世纪30年代，学者发现由于村长和村副对于田亩的隐瞒和田赋的转移，使潜在的农业税收被分利集团截留，地方经费征收发生短缺和不公，县乡公共教育经费向贫民转嫁，使地方教育经费配置既无效率也不公平。不良的税收体制既降低了教育财政体制的效率，也损害了教育财政体制的公平。

1920年后，由于教育财政的困境不断加深，一种反体制的力量日益聚集，一种新的教育财政制度在对政府的不信任中酝酿升温，这一制度的核心是要求民间团体代替政府掌管教育经费，国家军政经费与国家教育经费分离，设立教育基金和专门教育款产。北洋政府时期，在教育经费独立的旗帜下，聚集着教育界、工商团体、国民党、中国青年党等社会力量。南京国民政府时期，由于教育经费独立是调和教育发展和地方政府之间利益冲突的方法，因而保障地方教育经费独立就成为中央政府的一项施政措施。

中国近代教育财政经费的分配

清末，在资源有限、时间紧迫、人才急需的压力下，政府部门把财力集中到最能迅速见效的领域，教育财政投资职能也由高等教育向普及教育，由城市教育向乡村教育不断推进。

北洋政府时期，中央教育财政危机四伏，省公共教育经费支出以中等教育为主。如清末浙江省教育财政经费中，高等教育经费占45%，教育行政占40%，至1924年，浙江省教育财政经费中，高等教育经费下降为36%，中等教育经费上升为58%。省教育财政职能由高等教育向中等教育转移。1930年，第二次全国教育会议提出义务教育应尽量推进，中高等教育应充实整理。具体方法是规定在训政期内，各省已设省立普通高中和职业高中各一所的省份，暂停添设高中，各省省立初中和职业中学以10所为度。1935年，中央政府开始下拨义务教育补助经费。

近代中国教育财政规模弱小使乡村教育和普及教育出现困境。其一，初等、中等、高等三级教育生均经费相距悬殊；其二，国立、省立、县立、乡立各学校经费差距明显；其三，义务教育投资不足，近代义务教育经费主要用来扩大教育规模，而没有用来提高质量，且其规模十分有限。从1929年至1937年，生均经费变动不大，义务教育阶段每一位儿童1年的教育经费仅为7~8元左右，无法保证一定的教育质量，而且，近代义务教育经费最多之时也只能保障41%适龄儿童接受教育，未能完成普及义务教育的任务。

鸦片战争以后，中国教育财政规模渐趋扩大。同时，国家通过取消官学生的公费津贴，取消国家对于毕业生的待遇，提高普通教育的支出，逐渐调整教育财政投资结构，使教育财政的现代性逐渐增长。但内忧外患，国家财政力量微弱，教育投入始终无法满足教育发展的需要。

参考文献

杜赞奇. 文化、权力与国家：1900—1942年的华北农村[M]. 南京：江苏人民出版社，1994.

商丽浩. 政府与社会：近代公共教育经费配置研究[M]. 石家庄：河北教育出版社，2001.

Ronald Yu-Soong Cheng. The Financing of Public Education in

China[M]. Shanghai: Commercial Press, 1935.

（商丽浩）

中国近代教育出版机构

近代中国以出版教科书及教育类图书为主的出版机构。19世纪中叶后，随着文化传播和开展教育的需要，中国人创建了自己的近代出版事业，中国近代教育出版机构也应运而生，出版了大量的教科书及教育类书籍，对中国教育的现代化发挥了重要作用。

传教士办的教育出版机构 最早的中国近代教育出版机构是传教士办的教育出版机构。鸦片战争后，西方传教士纷纷来华办学校、译西书。1877年5月，在华基督教传教士召开第一次大会，为了满足日益增多的教会学校的教学需要，大会决定成立"益智书会"，即"学校教科书委员会"。这样，中国近代第一个编辑出版教科书的专门机构正式诞生。到1890年，"学校教科书委员会"共编辑出版84种教科书，50幅地图和图表，内容主要涉及人文科学，如西洋历史、地理、宗教、伦理等科，在自然科学方面的教科书有《笔算数学》、《代数备旨》、《三角数理》、《代数术》、《重学》等。1890年，经在华基督教传教士第二次大会决定，将"学校教科书委员会"改组为中华教育会，职能也逐渐扩大，除编辑出版教科书，以适应教会学校的需要外，还负责审定科学与史地名词，并对整个在华的基督教育进行指导。

1887年11月，在上海的外国传教士领事和商人成立了"同文书会"，1894年改称"广学会"。广学会侧重于编辑历史、地理、宗教等程度较高的书籍，它标榜"以西国之学广中国之学，以西国之新学广中国之旧学"，鼓吹政治理想多于介绍政治内容，对维新派宣传变法、改革政治和教育有重要影响。它除发行《万国公报》等多种刊物之外，还编译出版了大量有关宗教、政治、科技、史地、法律、教育等方面的书籍。其中，广学会刊行林乐知的《中东战纪本末》一书，记载事件翔实，在社会上广为流传。而林乐知的《文学兴国策》（"文学"是指"文化教育"）、李提摩太的《七国新学备要》则是专门介绍西方教育的。此外，在花之安的《自西徂东》这部颇有影响的著作中，也有较大的篇幅介绍西方教育。据广学会称，到1914年，该会已出版2 000万字的读物（刊物不计），到1927年所刊印书报总计达1 000种，其中，有相当数量是有关教育的。

官办教育出版机构 维新运动前后，中国官办教育出版机构有了新的发展，主要有官书局、南洋公学译书院。1895年，康有为、梁启超在北京设强学会，又称"强学书局"，后清光绪帝谕令改为官书局，负责主持选译书籍，各国新报，指导传授各种新学。南洋公学译书院于1899年秋成立，是维新运动时期成立的重要的出版机构。起初仅编辑出版课本，1902年开始翻译各国政史、技艺图书。至1903年，南洋公学译书院出版的书籍达30余种，其中有关教育的有《陆军教育摘要》、《科学教育学讲义》、《格致读本》、《历史讲义》、《地理教本》、《南洋公学国文成绩初二集》及附属小学校《唱歌集》。同年，南洋公学译书院并入商务印书馆。1901年，清政府成立了京师大学堂编译局、1906年成立学部编译图书局，它们成为近代最早的以编写教科书为目的的官办编译机构。学部编译图书局的任务是编辑出版教科书，它曾编写了各级各类普通学校和高等专门学校的教科书，其中为数最多的是小学教科书，其次是中学和初等师范学校教科书。除编辑出版教科书以外，学部编译图书局还出版了《内则游义》、《近思录补注》、《家庭谈话》等与教育有关的书籍。据初步统计，至1909年，学部编译图书局已编辑成书70余种，200余本，图100余幅。民国时期，属国民党系统的官办教育出版机构以正中书局最为著名。1933年由陈立夫创办于南京，除编纂出版各级各类学校教科书外，还编辑出版了"师范丛书"、"国防教育丛书"、"卫生教育丛书"等系列教育丛书。

民办教育出版机构 中国近代民办教育出版发行机构，特别是商务印书馆、文明书局、中华书局、中国图书公司、世界书局等建立后，出版事业得到很大发展。自从中国图书公司并入商务印书馆之后，逐渐形成以商务印书馆和中华书局为代表的中国近代民办教育出版机构，教科书大半由这两家出版机构编辑出版。其他规模较小的民办教育出版机构还有大东书局、广益书局、群益书局、开明书店和神州国光社等。

近代中国在出版界最享盛誉的是商务印书馆和中华书局，它们也是中国近代民办教育出版机构的代表。

商务印书馆于1897年由夏瑞芳、鲍咸恩等人筹议创办。初创时，仅经营印刷一项。1902年扩建，设编译所，并聘南洋公学译书院院长张元济任经理和编译所所长。1904年，商务印书馆出版了张元济组织编写的中国第一套科目齐全的中小学教科书《最新教科书》，这套在编写体例上独步一时的教科书，被当时新式学堂广为采用。商务印书馆也由此一跃成为全国最大的教科书出版和供应中心，出版界的霸主地位得以确立。从此，商务印书馆从单纯的印刷业发展为以出版为主的企业，其资本也迅速扩大，初创时不过4 000元，至1905年增至100万元，1920年更达300万元。同时，分馆、支馆、分店、分厂遍布全国各大城市，多达33处，成为全国最大的出版企业。到中华民国成立前夕，商务印书馆占有教科书市场份额的90%，几成垄断之势。商务印书馆出版的教育类图书主要有：（1）新式教科书。为适应新式学堂的需要，商务印书馆首创《最新教科书》，产生了巨大影响。后又编写《最新修身教科书》，由蔡元培、高梦旦、张元济署名合编。民国成立后，商务印书馆遵照教育部《普通教育暂行办法》关于教材的规定，出版高梦旦、庄俞、谭廉等编辑的《共和国新教科书》。《共和国新教科书》包括小学、中学、师范学校等各科用书,出版发行后,各学校纷纷采用。其中《小学共和国教科书》出版以后,20 年左右重印 300 余次,销售达 7 000 万～8 000 万册。此后,商务印书馆于 1914 年又编辑出版一批商业学校用书,有《商业历史》、《商业地理》、《商业算术》等共 19 种,1917 年出版蚕业学校教材多种。1902 年至 1918 年,出版中小学物理、化学、生物、代数、几何、植物、动物、矿物、国文、历史、地理、修身等各种教科书,共约 290 种。仅以物理一科为例,商务印书馆便先后编有《热学》、《力学》、《水学》、《气学》、《磁学》、《声学》、《静电学》、《动电学》等多种单行本教材,以便不同对象有针对性地选用。考虑到当时的小学教师多半是非师范出身、教学经验不足等问题,商务印书馆在出版小学教科书时,还按学科另编了教师用书,针对课文内容提供相关资料、讲授方法以及练习内容,以便教师参考。1937 年,为了适应抗日战争的需要,又出版了小学适用的《战时常识》、《国防算术》、《游戏教材》、《国民防空必读》及中学适用的社会、自然等补充教材。(2) 自然科学书籍。1902—1930 年,共出版自然科学与应用技术书籍 1 031 种,计 1 158 本。特别是历时 12 年于 1918 年编成出版的《植物学大辞典》,被公认为中国植物科学的第一部鸿篇巨制。(3) 西方教育著作。商务印书馆翻译出版了大量西方教育著作,特别是出版世界教育名著系列,使其在西方教育理论传播中占据了突出地位,如其翻译出版了卢梭的《爱弥儿》、赫尔巴特的《普通教育学》、夸美纽斯的《大教授学》、斯宾塞的《教育论》、杜威的《民本主义与教育》、E. L. 桑代克的《桑代克教育学》等,对教育界产生了很大影响。(4) 英语读物和英汉辞典等工具书,如编纂出版《华英初阶》、《华英音韵字典集成》等。此外,还编辑出版了《东方杂志》、《教育杂志》、《小说月刊》、《少年杂志》、《学生杂志》、《妇女杂志》等多种与教育密切相关的刊物。总体来看,商务印书馆在自成立到 1949 年的 50 多年中,出版了 200 多套丛书,总计高达 1.5 万多种图书和几十种定期刊物,其中相当数量是有关教育的,从而对中国近代教育的发展产生了巨大影响。

1912 年 1 月,陆费逵、戴克敦、陈协恭、沈知方等在上海创办中华书局。中华书局作为辛亥革命的产物,以"养成中华共和国国民,并采人道主义、政治主义、军国民主义,注意实际教育,融和国粹欧化"为出版宗旨。初创时资本 2.5 万元,1914 年增至 60 万元,1916 年又达 200 万元。设分支局于全国各大城市,规模仅次于商务印书馆。中华书局的主要特色也是编印新式教科书。其中,最早出版且流行较广的是《新中华教科书》。它的特点是紧跟政体改革,及时把政治形势的变化反映到教科书中。由于适应了当时的政治形势,配合了共和政体的需要,故而出现了购者纷纷,顾客坐索的销售盛况。1913 年至 1937 年,中华书局对所出教科书不断修订重编,先后出版了陆费逵、戴克敦、谢蒙、顾树森等编《新制教科书》和范源濂等编《新式教科书》共 11 套中小学、师范、农业和商业学校教科书,以及大量英语教科书、课外读物和教学参考用书等,对近代中国教育界产生了广泛影响。此外,中华书局还先后刊行《中华教育界》、《中华学生界》、《大中华》、《中华童子界》、《中华少年》等多种与教育密切相关的刊物,又编辑出版了《中华大字典》、《实用大字典》以及《辞海》等大型工具书,对促进中国近代教育的发展起到了积极作用。

此外,民国时期著名的民营教育出版机构还有世界书局、文明书局、中国图书公司等。其中,世界书局于 1921 年成立于上海,出版的《国语新读本》、《算术课本》、《自然课本》和《国民英语课本》质量较好,受到教育界、读书界的好评。特别是 1939 年出版的《基本国文》,所选篇目涉及农、工、学、商各界,形式品类众多,有相当的实用价值,在 20 世纪 40 年代被广泛用作学校教材。文明书局于 1902 年,由俞复、廉泉和丁宝书等创办于上海。同年 7 月,清学部颁布学堂章程,文明书局于章程颁布前后,发行教科书多种,其中第一种教科书是《蒙学读本》,紧接着推出一套蒙学丛书,有文法、中国历史、外国历史、心算、笔算、植物、动物、格致、天文、地质等共 20 余种,总称《蒙学科学全书》。此外,还出版了理科、博物、化学、女子新读本等。到 1902 年年底,文明书局广告所列出版教科书达 49 种。1906 年,张謇发起成立中国图书公司,由沈恩孚任编辑长,积极出版教育书籍。相继出版的教科书有沈羽编《算学自修本》、曾钧译《几何学教科书》、吴传绂译《化学理论解说》、张建良和刘永昌合编《初小国文课本》等。1909 年,中国图书公司又出版了《心理学》、《教育学》、《教育史》、《最新化学理论解说》、《小学体操范本》、《简易理化课本》等图书。1913 年,中国图书公司根据民主共和之教育精神,出版了《新国文教科书》、《新历史教科书》、《新修身教科书》、《新理科教科书》等适合新形势需要的初小、高小教科书,产生了较大影响。另外,开明书店从 1935 年开始出版"开明国文读本",由叶圣陶、周予同、朱自清、吕叔湘、李广田等名家参与编写,受到教育界的广泛重视。

参考文献

陈学恂. 中国近代教育史教学参考资料[M]. 北京:人民教育出版社,1987.

顾明远. 教育大辞典(增订合编本)[M]. 上海:上海教育出版社,1998.

毛礼锐,沈灌群. 中国教育通史[M]. 济南:山东教育出版社,1987.

舒新城. 中国近代教育史资料[M]. 北京:人民教育出版社,1961.

张静庐. 中国近代出版史料[M]. 北京:中华书局,1957.

（周　晔）

中国近代教育督导　中国近代教育行政机关对教育工

作进行的监督、视察、指导等活动。教育督导制度于1906年开始建立，经过民国初期、南京国民政府时期的发展与完善，逐步形成了比较完备的中国近代教育督导体系。

清末的教育督导

教育督导制度的建立　1904年12月，直隶学务处将全省划为13区域，并派查学职员16人，这是中国近代最早的省级视学人员。1905年学部成立后，即建议参酌日本文部省官制，设视学官。1906年5月，学部《奏酌拟学部官制并归并国子监事宜改定额缺折》中提出："拟设视学官，暂无定员，约十二人以内，秩正五品，视郎中。专任巡视京外学务。""拟设京师督学局。置师范教育、中等教育、小学教育三科，每科设科长一人。其局长由学部奏派。其科长可酌派部中司员兼任。其科员则以聘用员充之。"同时，学部鉴于科举已停，学校事务日繁，呈请裁撤学政，改设提学使。在学部《奏陈各省学务官制折》中，提出各省在"提学使以下设省视学六人，承提学使之命令，巡视各府厅州县学务"。省视学员由提学使提请督抚，委派曾习师范或出洋游学并曾充学堂管理员、教员，积有劳绩者充任，其官阶为六品，地位在学务公所各科之上，只对提学使负责。此外，学部还规定，各厅州县劝学所亦得设县视学1人。县视学同时兼劝学所学务总董，由提学使委派当地年30以外、品行端方、具有出洋经历或曾习师范者充任，给以正七品虚衔。

学部初设时，原人员定额缺额多，无法再设专门的视学官。学部几次派员赴各地视察，都只得临时从各司工作人员中委派。后来，学部认为，视学只负责视察，不管各司的业务，很难了解部内各司的现行工作，在视察时难免要发生隔膜。于是，1909年9月，学部奏准将视学官由专职改为从各司中临时差遣，由此，清末视学官即不设定员。

1907年，各省相继制订了本省的视学规程，尽管其内容、形式各异，视学机构、人员设置也各不相同，但各省都把视学看成是省教育行政机关的"耳目"，是帮助省教育行政机关了解下情、实情的重要渠道。如江苏省视学的视察范围，主要在学堂内部，而四川省视学还要顾及学校以外的事务。各省视学员视察一地完毕后，都要填写表格、书写报告，有的还要逐日撰写视察日记，于回省时呈提学使，以保证视学结果的落实。几乎所有各省的规程，都强调了省视学员不得收受地方官绅的供张、赆馈、筵宴以及禁止需索的内容。

1909年12月，学部奏定颁布《视学官章程》，这是中国近代关于教育视导的第一个规则和文件。该章程分7章，含视学区域、视学资格、视学职任、视学权限、视学日期、视学经费、视学考察等内容，共33条。关于设视学官的指导思想，学部在《奏拟订视学官章程折》中明确表示，是为了随时

了解各地情况。《视学官章程》将全国分为12个视学区域，每学区派视学官2人，其视察区域由学部临时指定。视学官按年派遣，每年约视察3、4个区，每3年必须视察一周（除内蒙古、青海、西藏暂缓视察外），这是近代分区视察的开始。遇有特别应视察的事，由学部临时加派视学官，前往视察。视学官从学部工作人员或直辖学堂管理员、教员中选派，"以宗旨正大、深明教育原理者为合格"。此外，在每区所派视学官中，须有1人精通外国文及各种科学，以便于考察中等以上学校情况。视学官视察内容为：（1）各省学务公所、各厅州县劝学所及劝学区教育行政情形；（2）各种官立、公立、私立学堂教育情形；（3）学堂内卫生、经费、学务、职员办事、教员授课及学生分配情形；（4）有关教育学艺之设施；（5）特受部示之事件。按《视学官章程》规定，当时视学工作的程序是：视学官一旦被奉派，即应根据部定各项视察事项，制订视察内容、计划，呈学部核准；查找即将视察之省份已经报给学部的学务册籍，摘要记录，作为视察的实据；领取钤记一颗；视学官在奉派后一个月内，得参加部设之视学事宜研究会，以为视学之预备；视察完毕一地，即具文呈报学部，以供学部了解实情，整顿改进。

此外，《视学官章程》还对视学官经费、考试等作了具体规定。视学官如果不认真，报告不切实，经查明后，应立即撤换。清末《视学官章程》的颁布标志着近代督导制度在中国的确立。

视学专员的派遣　1906年，学部成立后即开始奏派视学官赴各地视学。同年9月8日，罗振玉、田吴炤、刘钟琳、张煜全四人，被派赴直隶、河南、山东、山西四省考察学务，这是中国近代由中央教育行政部门派出的首批视学专员。继此之后，学部经常派视学官赴各省及东南洋华侨聚集处视察学务。其时间安排，据1909年学部《奏报分年筹备事宜折》，22省每3年须遍查一次，华侨学堂间年视察一次。从1906年到1911年，学部共派出视学官20人左右。

各省视学人员的派遣都早于学部视学人员的派遣，随着省级教育行政机构的创设，各省即开始派遣视学人员。1904年，直隶学务处成立不久，就派定了第一批视学16人，这是中国近代第一批省级视学员。1906年，学部《奏陈各省学务官制折》颁布后，各省视学官都为6人。一般说来，省视学每年奉提学使之命出省两次，依次巡视各地，此后，省视学官的派遣经常化、制度化。此外，有的省还邀请一些在华的外国教师一起参加视学。1906年后，各省的县视学也基本派定。清末各级视学人员的构成大致是，部级视学以旧式知识分子为多，省级视学以受过新旧双重教育的知识分子为多，县级视学可能两者各占一半。由于清末视学人员的构成如此，因而具有严重的官僚习气，常以日本教育为视学的参照标准。

民国初期的教育督导

三级视学网的建立　1912年1月南京临时政府教育部成立后，即在部内特设主持全国视学的专门机构和人员。从1913年起，北洋政府教育部先后颁布了有关教育部视学的若干规制，主要有1913年的《视学规程》《视学处务细则》《视学留部办事规程》，1914年的《视学室办事细则》和1917年的《修正视学公费规程》。其中，《视学规程》对视学任用资格作了如下规定："有荐任文官资格而合于下列各项之一者，得任用为视学：一、毕业于本国外国大学或高等师范学校，任学务职一年以上者；二、曾任师范学校中学校长或教员三年以上者；三、曾任教育行政职务三年以上者。"

民国初年，教育部在部内特设了视学室，这是近代设在中央教育行政机构内的第一个视学机构。它既是部视学集合开会的场所，同时又收藏管理下列文件资料：部视学的视察报告；各地视学姓名、履历表；各省省视学的视察报告。规定视学须随时向部里报告视察情况，其报告按性质可分两种：一是每年度的总报告，二是临时报告。据此，教育部设置专门的视学人员，初设视学16人，后为12人。1913年至1926年间，先后有42人任教育部视学。1920年教育部制定了《专门以上学校视察委员会规程》，并于次年颁布《专门以上学校视察委员会视察细则》，决定在教育部内成立专门以上学校视察委员会，这是民初特有的部级视学人员。1921年初，专门以上学校视察委员会正式成立。

1917年，教育部公布《教育厅暂行条例》，规定："教育厅设省视学四至六人，由厅长委任，掌管视察全省教育事宜。"1918年4月，教育部特颁《省视学规程》，计19条，各省视学制度始归统一。省视学的视察内容和范围是：地方教育行政及经济状况；中等以下学校教育状况；社会教育及其实施状况；幼儿教育及特殊教育实施状况；学务职员执务状况；主管长官特命视察事项；部视学嘱托视察事项。省视学的权限为：视察时，得调阅各种簿册；必要时，得试验学生成绩，或变更教授时间。《省视学规程》是中国近代由国家颁布的关于省级教育视察的第一个规制，它结束了清末以来各省视学工作办法不一、时设时废的局面，使后来的省视学制度渐趋统一化、正常化、法制化，是近代省视学制度正式确立的标志。

民初各省仍沿袭清末旧制，多设县视学，只是具体办法不一。如奉天省规定，县视学不得用本籍人士，限3个月内，将原视学全体解职，并限定资格，以在高等师范选科或初级本科毕业，或留学日本师范者为合格，有各道尹负责选择人员，报省批准后派充。浙江省各县视学，因县经济拮据，多由学务委员兼任。江苏省各县设县视学1人，初由县署学务课课长兼任，后改由县知事呈请省教育行政长官委任，学务课

长不再兼任。1914年，教育部还一度按当时的行政建制，试行设置道视学。到1917年，教育部即通咨各省："兹经本部详加察度，道视学一职，于事实上无设立之必要，自宜即行裁撤，以昭划一。"此后，民国的地方视学制度一直为省、县两级。1918年4月教育部颁布《县视学规程》后，民初各省的县视学暂行规程一概废止，县视学制度遂趋统一。《县视学规程》共16条，规定各县设县视学1～3人，秉承县知事，视察全县教育事宜。县视学由县知事呈请省教育行政长官委任，报教育部备案，一般不得兼任他职。县视学视察完毕，应向县知事提出详细报告，由县知事摘要呈报省教育行政长官。遇部、省视学莅县时，县视学应报告该县教育情形。县视学的俸给、旅费、考核等，均由省教育行政长官掌管。《县视学规程》颁布后，县级视学有了统一的章法和实施保证，它和《省视学规程》一样，标志着近代地方视学制度的正式确立。从民初各省的实际情况来看，因经费所限，各省一般都是每县设县视学1人，大多为清末民初培养的新式学堂毕业生。

视学规定　为提高视学人员的素质，一些省采用了组织视学讲习会的办法。如1918年，河南省成立全省县视学讲习所，直属于河南省教育厅，专门培训县视学。讲习内容有视学纲要、学校行政、现代教育及教授之趋势、地方教育之设施、现行教育法令，并规定"凡未经讲习及格者，不得充任县视学"。同年，江苏省也设立江苏县视学讲习会，课程分为四部分：教育基本理论、视察标准、视察方法、参观学习。除此之外，有的省还建议，向视学按期赠送《教育杂志》《中华教育界》等教育刊物，组织视学参观团，轮流赴教育发达区域参观。同时，为防止视学人员敷衍塞责，一些省还建立了视学考成制度。如1919年，奉天省制成《奉天省道县视学考成条例》，由省教育主管长官定期对全省视学人员进行考核。教育部对各级视学也有甄别的规定。

民初除中央设视学室外，各省一般无视学机构的设置。视学工作流动性很大，一年中绝大部分时间在各地巡视，视学都为单独作业，彼此间缺乏互相讨论的机会。为此，一些省开始探索如何加强视学人员之间的合作与联系问题。当时，各省比较普遍的做法是定期召开省视学会议，如江苏、浙江、奉天等省，都先后颁布过省视学会议规程。有了省视学会议制度，视学人员可以定期交流情况，统一认识，讨论问题，这对加强他们之间的合作与联系，发挥他们在监督、咨询方面的整体作用是有益的。另外，有的省还制定了视学标准。民初的教育督导制度，对当时的教育改革起了一定的促进作用。

南京国民政府时期的教育督导

南京国民政府时期，随着各项教育政策法规的制定与

完善,至 20 世纪 40 年代,初步建立起了从中央到地方的教育督导系统。

国家视学制度　1926 年国民政府还在广州时,即设立了教育行政委员会,掌管教育事宜。教育行政委员会下设行政事务厅,内分参事、秘书、督学三处,所有负责视察指导各地教育的人员都称督学,这是中国近代国家视学人员又称督学的开始。1927 年,国民政府迁至南京,设大学院,为全国最高之教育行政和科学研究机构。大学院未设专职视学人员和视学机构,仅在 1928 年初颁布过一个《大学院华侨视学员条例》,拟派人分赴美洲、欧洲、日本和东南亚等地华侨聚集区,实地调查和提倡、指导华侨教育。1928 年末,国民政府取消大学院,改设教育部。起初,教育部的视察工作也无专人负责,只是根据需要临时派人充任。直至 1931 年国民政府第三次修正并颁布《教育部组织法》,规定教育部内须设督学 4～6 人,视察并指导全国教育事宜。同年 8 月,教育部颁布了《教育部督学规程》,9 月颁布了《教育部督学办事细则》,这样,中断了数年的教育部视学制度再次建立。担任视导工作的人员最初叫作视学、视学官、视学员;随后叫视察指导员、督学;由视学进而为督学与视导员、辅导员,其意义在于由消极的视察,转变为积极的指导,由单纯的"视"转变为"视"和"导"并重,改变了过去只视不导的状况,要求完成视察和指导的双重任务。将"视察与指导"并列,并规定督学的职能,这是过去视学规程所没有的。

1935 年国民政府第五次修正并颁布《教育部组织法》,督学名额较前略有增加,改为 6～10 人,1940 年又增加到 8～16 人,同时设视察员 16～24 人,社教督导员及服务团视察各 4 人。1943 年,督学增至 30～40 人,其中 4 人简任,6 人聘任,余为荐任,同时取消视察员名义,视导人员一律改称督学。但是,这一时期由于督学人数太少,加上不久又爆发抗日战争,督学多被派至部外负责收容安置战区学生、教师,因此在 1940 年以前,教育部督学制度的发展变化只是停留在规程上,实际上督学工作并未能很好开展,就连督学室也中辍了数年,直至 1941 年才恢复设立。

关于督学的任职资格,1941 年公布的《教育部视导规程》规定:"有简任或荐任文官资格并曾任教育职务 2 年以上卓有成绩者,得任用为简任或荐任督学。有委任文官资格且曾任教育职务 2 年以上者,得任用为视察员。"关于教育部视导机构的名称,1931 年公布的《教育部督学规程》称视导室。1943 年视导室又改称督学室,并规定督学室设科员 1～2 人,书记 1～2 人,由部长指定督学主持日常事务。1940 年后,教育部开了两次视导会议,作出若干规定,这对后来的视学制度产生了重要影响。使部视学制度较前有了较大的发展变化,具体表现在以下几方面:(1)增加人员,实行分区分类视导;(2)制订统一的视导标准和表格;(3)加强教育部督学与省市县视导工作的联系;(4)建立辅导制度;

(5)加强对省市视导工作的督促领导。

1940 年前后,教育部又颁布了一系列文件,在全国形成了高等学校辅导中等学校、师范学校辅导小学、中心国民学校辅导保国民学校的三层辅导网。为使辅导工作顺利开展,教育部对辅导区域、机构、内容、经费等都作了具体规定。但从全国来看,真正实行辅导制度的省市和学校并不多,辅导制度远未收到预期的效果。1940 年教育部责成各省市须定期将上年视导情况结果报告教育部,供部考核。1945 年,教育部又进一步要求各省市于每年度开始时,应将本年度视察人数、范围、校数、时间、经费等报告教育部,由教育部负责对这些报告进行审核,指令改进。

地方视学制度　南京国民政府后期,地方视学制度从一开始就显露出向专门化、科学化、视察与指导并重发展的趋势。这些新的变化,有的被吸收进教育部指定的《省市督学规程》中,统一向全国推广,有的则继续在实践中发展。1931 年 6 月,国民政府教育部颁布《省市督学规程》,成为各地实施督学工作的依据。《省市督学规程》颁布后,不少省市还据此制订了本省市的督学规程及细则,并根据本地实际,将某些条款具体化。《省市督学规程》颁布后,各省市视导工作出现了一些新的特点,如视导办法多样化;视导报告内容格式统一化;加强与教育行政机关的联系等。

抗日战争胜利后,1945 年国民政府在重庆召开了全国教育善后复员会议。会议通过了一项议案,要求"健全各级教育视导组织,增进辅导效能,以适应复员后改进教育之需要"。1946 年教育部将该案议决各项办法咨送各省市办理。此后,各省市视学制度在组织机构和人员方面有了进一步加强和充实。1946 年以后,在全国 31 个省市中,设有督学机构的达 27 省,视导人员超过 20 人的有 8 个省,其中四川省的视导人员多达 65 人。国民政府后期,省市以下视学制度的发展主要表现在以下几个方面:(1)增加了视导人员的设置层次。当时省以下的视导人员有这样几种:一是行政督察专员。虽然行政督察专员不专门督察教育,但其巡视地方行政时,将教育一并视察,教育视察成为其工作的重要组成部分。二是县督学。县督学之设置基本沿民初旧制,各省规程多定 1～3 人,但每县设 1 人者居多。三是教育委员或学区教育指导员,他们是最基层的教育视导人员。从行政督察专员到县督学再到学区教育指导员,国民政府后期出现了一个与地方行政制度相配套的多层次视导系统。(2)提高和加强了县督学的任用、管理和考核。(3)部分县、市建立了视导机构。

教育辅导制度　1930 年,第二次全国教育会议修正通过了《改进全国教育方案》,其第 4 章"改进初等教育计划"中第 11 项即为辅导制度,它标志着近代中国已开始建立教育辅导制度。此后,辅导的对象逐步扩展到中等教育和社会教育等方面。在国民教育辅导方面,建立了各级国民教育辅导研究组织,并确立了师范学校辅导地方教育、中心国民学校辅导保国民学校的制度。

南京国民政府时期教育辅导制度的突出特点,在于注重利用大学和师范学校的人才与学术优势,由教育行政机关人员与有关学校联合组成辅导委员会,使之发挥辅导中小学教育的作用。例如,《师范学院辅导中等教育办法》规定,师范学院为实施辅导工作,应分别与辅导区域内各省市教育行政机关联合设置中等教育辅导委员会。其成员由三部分组成:师范学院院长及教授 3 人,省市教育厅局长、主管科科长及督学 1 人,省市教育厅局指定之中等学校校长 1～3 人。委员会会议由厅局长与师范学院院长轮流任主席,有关辅导决议案由师范学院及省市教育厅局共同核定实施,委员会的办公地点设在师范学院,这既有利于中等教育质量的提高,又有利于师范学院师生了解中等教育实际,使师范学院的教育和教学更富有成效。

南京国民政府时期教育辅导的另一个重要特点,是通过组织各级教育研究会,帮助中小学教师进行独立的教育研究。在国民教育方面,就是设立各级国民教育研究会。1933 年,教育部规定,小学教师都要参加本地本校的教育研究会。1941 年,教育部规定组织各省市国民教育研究会,包括省直属行政区国民教育研究会、县市国民教育研究会、乡镇国民教育研究会。1942 年,教育部将原来在部内设立的国民教育研究会改组为国民教育辅导研究委员会,以加强对各级国民教育研究工作的领导。

参考文献

江铭.中国教育督导史[M].北京:人民教育出版社,1994.

李国钧,等.中国教育制度通史[M].济南:山东教育出版社,2000.

舒新城.中国近代教育史资料[M].北京:人民教育出版社,1981.

(吴民祥)

中国近代教育会议　　中国近代由历届政府教育主管部门或全国性教育团体召开的具有较大影响的教育类工作会议。在中国教育现代化的进程中,近代各类教育会议在教育政策、法规、教育宗旨及学制的制定、教育思想的传播及教育运动的兴起等方面,均起到了重要作用。

晚清教育会议

中国具有近代意义的教育会议发端于外国传教士在华举行的全国会议。1877 年 5 月,首次基督教在华传教士全国大会在上海举行。会议以如何在中国传教展开讨论,如儒家与基督教的关系、培养传教人员推动本地教会工作的问题、《圣经》与其他宗教书籍的文字翻译问题等。会上,美国传教士狄考文作了《基督教教会与教育的关系》的专题发言,提出教会学校的目标是使中国基督教化。大会决议组织"基督教学校教科书委员会",负责编写和出版学校教科书。1890 年,基督教在华传教士第二次代表大会在上海召开,会议讨论了传教事业的各个方面,如传教士的条件与工作方法、本地传教人员的培养、在少数民族及华侨中的传教问题、与中国政府的关系等。教育问题是会议讨论的重点之一,与会者都强调教育工作的重要,会议决定将"学校教科书委员会"改为"中华教育会"。

20 世纪初,清政府实行"新政"。为了加强教育管理,清政府于 1905 年成立学部,将原来的国子监并入,作为统辖全国教育的行政机关。1911 年,清学部酌采日本高等教育会议章程,准奏《中央教育会会议规则》7 章 40 条,决定成立中央教育会,作为中央教议事机关,会商全国有关教育事项。此后,全国各类教育组织和团体纷纷成立。1911 年 5 月,由广西、安徽、江西、山东、湖北、直隶、福建、湖南、浙江、河南、江苏等 11 个省代表参加的各省教育总会联合会,在上海举行第一次会议。会长张謇在致发起词中指出:"教育为希望将来之事业,非保存现在之事业。将来所收之效果,必由现在种其因,故必有趋重将来之理想,而后有改良现在之事实。特改良有种种方法,枝枝节节恐无大效。集合大团体,以讨论确当之方法,是则本会之所有事矣。"会议议决的《各省教育总会联合会章程》规定:"本会由各省教育总会同意组织,以公议关系全国教育事宜,期于改良进步为目的。""本会以各省教育总会公推代表为会员,每省各二人。""本会提议事件之范围如下:一、全国教育方针;二、初等教育普及方法;三、高等教育及中等教育之规划;四、其他关于教育范围之事。"会议还通过了《请定军国民教育主义案》、《统一国语方法案》等议决案。

1911 年 7 月,中央教育会会议在北京举行。教育会会长张謇主持会议,学务大臣唐景崇莅会讲演。大会提交议案 72 件,包括学部交议和会员交议两大部分。大会通过提案 17 件,包括"军国民教育案"、"国库补助推广初等小学经费案"、"试办义务教育章程案"、"规定地方教育经费案"、"振兴实业教育案"、"停止实官奖励案"、"变通考试章程案"、"初级师范改归省辖案"、"统一国语案"、"变通初等小学教育案"、"国库补助养成小学教员经费案"等。

民国初期教育会议

1912 年 1 月,中华民国临时政府教育部在南京成立。同年 7 月,中央临时教育会议在北京召开,这是中华民国成立后召开的第一次中央教育会议。教育总长蔡元培在开幕式上称"此次教育会议即是全国教育改革的起点"。会议提出共和国的教育方针为"五育并举","即军国民教育、实利主义、公民道德、世界观、美育是也。五者以公民道德为中坚，盖世界观及美育皆所以完成道德，而军国民教育及实利主义，则必以道德为根本"。会议提出的议案分为五类：学校系统、各学校令及规程、教育行政之关系、学校教育规则、社会教育。会议期间，学制问题成为重要的议程之一，经过讨论，形成并通过了学校系统，规定初小4年，高小3年，中学4年，大学预科3年，本科3年或4年。这次会议是资产阶级革命派教育改革的一次重大胜利，它促进了民国初年教育事业的发展。

1913年10月，《天坛宪法草案》出台，提出"国民教育以孔子之道为修身大本"。1914年，新任教育总长汤化龙在《上大总统言教育书》中提倡：中、小学修身或国文课程中采取经训，一切以孔子之言为旨归。新文化运动后，在民主科学的大旗下，资产阶级民主主义者对复古教育逆流进行了猛烈批判。1917年5月，北洋政府撤销了宪法草案中尊孔的条文。在1913年到1927年的十多年中，北洋政府教育部及各种教育机构相继召开了多次教育会议，在各个领域进行教育改革。

1915年北洋政府教育部召开了全国师范校长会议。会议讨论了"国民人格教育与生活教育的方法"、"师范学校读经方法"、"师范附属小学的筹划"、"师范国文教材的选择"、"对师范毕业生的考察"、"师范规程的修改"等问题。会议还提出"整顿全国师范教育意见书"、"女子师范特别注意之事项及师范教育进行方法意见书"。

1918年北洋政府教育部召开了全国高等师范学校校长会议，北京高师、南京高师、武昌高师、沈阳高师、广东高师代表参加了会议。会议通过了"高师招考学生各省选送名额分配"、"高等师范附设国语讲习科"等7个议案。1918年全国专门以上学校校长会议由北洋政府教育部主持召开，会议决议的现行大学规程及专门学校各种规程修正案共47件，均由教育部采择施行。

1917年全国实业学校校长会议由北洋政府教育部主持召开。会议议决"实业学校体察各地方状况及应时势之需要点案"、"振兴实业学校办法案"、"实业学校普通学校联络方法"、"扩充甲、乙两种学校，推广商业学校暂行办法"、"省会商埠及商业繁昌之县高等小学，宜特别注重商业科"、"请筹水产专门学校"、"沿海及河湖各省应添加水产科"等39个决议案。会议内容反映了民族资产阶级对教育的要求和学校教育与社会生产相结合的趋势，科学性和实用性课程开始受到关注。

1918年，北洋政府教育部召开了全国中等学校校长会议，议决"请全国中等学校一律添武术"、"延长中学修业年限"、"确定中学教育宗旨"、"划一科学名词"、"充实女子小学"、"设立女子高等师范及女子大学"、"女子中学家政科应

注重实习"、"请部编修身课本，以崇德育"、"请部规定体育成绩考查规程"等议案25件。

1916年11月，北洋政府教育部召开了全国教育行政会议，江苏省教育会在会上作了关于近五年间教育概况的汇报。大会通过了"推广国民学校办法咨询案"、"请根据地方习惯，改一学年为两学期并仍用春节始业案"、"各地方孔庙附设社会教育机关办法咨询案"等。经过审查复经大会议决成立者有九案，即"小学教员薪给咨询案"、"关于劝学所之设置及其权限案"、"承垦官荒之充教育基金案"、"厘定视学制度案"、"蒙民教育暂行办法案"、"新疆教育暂行特别办法案"。

在国家教育政策的制定方面，为了修订教育宗旨，1919年3月，北洋政府教育部成立了由范源濂、蔡元培、陈宝泉、蒋梦麟等参加的教育调查会，作为负责调查、审议全国重要教育事项的咨询机构。1919年4月，教育调查会第一次会议召开，议决"教育宗旨研究、中学校应否文实分科"等十案。会议在"教育宗旨研究案"中提出，采英、法、美三国之长，拟以"养成健全人格、发展共和精神"为教育宗旨。并附说明指出，所谓健全人格者，是指：私德为立身之本，公德为服役社会国家之本；人生所必需之知识、技能。强健活泼之体格；优美和乐之感情。所谓共和精神者，是指：发挥平民主义，俾人人知民治为立国根本；养成公民自治习惯，俾人人能负国家社会之责。

近代学制形成后，虽经民国初年的教育改革，但仍存在问题。1922年9月，北洋政府教育部在北京召开全国学制会议。会议决议案有"学校系统改革案"、"县教育行政机关组织大纲案"、"省区教育行政机关设立参议会议、特别教育行政机关组织大纲案"、"兴办蒙藏教育办法案"、"请教育部组织教材要目编审会建议案"、"扩充省视学员建议案"、"现任劝学所长、校长暂行议会选举权建议案"、"关于地方行政教育机关各案遇有特别情形得酌予变通建议案"等。其中《学校系统改革案》提出了适应社会进化之需要、发挥平民教育精神、谋个性之发展、注重国民经济力、注重生活教育、使教育易于普及、多留各省各地方伸缩余地等7条标准。同年11月"壬戌学制"颁布实行。

民国初年由官方召开的一系列教育会议，对当时的学制改良、实业教育、师范教育、中小学教育的发展都提出了一定措施，奠定了民国初年新教育的良好开端。其中，注重实业教育、师范教育发展是这一时期官方教育会议的一个重要特征。正是在这一系列教育会议的规范下，民初教育开始逐渐摆脱日本教育的影响，转而学习欧美。

从新文化运动到南京国民政府建立，由于政治动荡和西方教育思想的广泛传播，一大批教育家从"教育救国"的立场出发，以西方教育理论为武器，以民间教育组织召开的会议为主要途径，对传统教育进行了诸多方面改革。这一时期，民间教育组织的教育活动和会议非常频繁，其中，全

国教育会联合会年会就是民国初期由民间教育机构召开的具有较大影响的教育会议。1912年8月，教育部公布了地方教育会议组织法草案，规定"地方教育会议以考察各该地方教育状况，为谋进步或改良借以辅助地方教育行政为宗旨"，规范了地方教育会议的职能和宗旨。此后，沈恩孚、黄炎培、经亨颐等人发起成立了由各省教育会及特别行政区教育会推派代表组成的全国教育会联合会。1915年5月，第一届年会在天津召开，大会共收到议案72件，经审查会讨论者20件，经大会通过者13件。其中建议教育部者8件，包括"改三学期为两学期案"、"修改师范课程案"、"拟设教育讲演案"、"实业教育进行计划案"、"军国民教育施行方法案"、"社会教育进行计划案"、"学校教员宜专任案"、"请设各省教育厅案"。另外还征集各省教育会意见者两件，即"征集学校系统应否改革之意见案"、"征集义务教育之意见案"。1916年10月，第二届年会在北京举行；1917年10月，第三届年会在杭州举行；1918年10月，第四届年会在上海举行；1919年，第五届年会在太原举行；1920年10月，第六届年会在上海举行；1921年10月，第七届年会在广州举行；1922年8月，第八届年会在济南举行；1923年10月，第九届年会在昆明举行；1924年10月，第十届年会在开封举行；1925年10月，第十一届年会在长沙举行。到1925年前后，共举行年会11届，历届年会所讨论的议决提案多为当时国内教育界的重大问题，如有关实业教育、职业教育、修改学制、义务教育、社会教育、推广白话文及拼音字母等。1921年10月，第七届年会制订的《学制系统草案》在一年后由北洋政府教育部略加变动后颁行全国，即"壬戌学制"。1922年第八届年会还组织了"新学制课程标准起草委员会"，历时8个月，拟订了《新学制课程标准纲要》，直接指导了20年代国内兴起的课程改革运动。1926年11月，全国教育会联合会在上海召开代表座谈会，决定暂时离沪再行召集。至此，成立于1915年的全国教育会联合会停止活动。

与全国教育会联合会相呼应的是由教育社团如中华职业教育社、中华平民教育促进会、江苏教育会等召开的年会，教育社团通过会议积极参与这一时期的教育改革，影响了中国20世纪20年代的课程改革。

1917年5月，中华职业教育社在江苏成立，推举黄炎培、郭秉文等9人为临时干事。会议通过了章程，以推广职业教育为该社团的宗旨。该社团每年举行会议，宣传职业教育主张，从事职业教育研究。除年会外，还举办了11届专家讨论会，对重大的职业教育问题进行讨论。该社团发展很快，到1922年，会员已从建会初期的七八百人增加到4812人，活动遍布全国各省。

1923年，中华平民教育促进会在南京成立，推举袁希涛为会长，蒋维乔为副会长。同年8月，在北平清华学校召开了第一次全国中华平民教育促进会会议，20个省600多名代表出席，会议通过章程，选举了董事，并选朱其慧为会长、晏阳初为总干事，成立了中华平民教育促进总会。该会以"除文盲，作新民"为宗旨。第一次全国中华平民教育促进会会议的召开推动了平民教育事业在中国的兴起。

1915年后，随着新文化运动的逐步深入，国内文化教育界涌现出一大批民间自发组织的学术团体，如中国科学社、中华心理学会、国语研究会、全国师范教育研究会、中国中等教育协进社等。1914年6月，由中国留美学生发起的中国科学社在美国成立，该会以"传播科学知识，促进实业发展"为宗旨，由任鸿隽为会长，并决定以《科学》杂志为阵地，宣传科学知识。1923年8月，中国科学社在杭州召开会议，提出了发行杂志、设立科学图书馆、举办科学讲演来宣传科学教育的决定，并由翁文灏提议编订科学教师参考书目，以便把科学教育深入到实际教学领域。

这一阶段由民间教育组织召开的教育会议往往以年会或组织成立大会的形式召开。在当时诸多教育思潮和运动的影响下，这些会议规模虽不大，但却多以当时国内教育界的重大问题，如实业教育、职业教育、修改学制、义务教育、社会教育及20年代的课程改革为讨论内容，涉及范围甚广。这些民间教育会议的召开，对当时各种教育政策的制定、各种教育实验的推广起到了积极作用，推动了当时中国教育的改革和发展。

南京国民政府时期的教育会议

1925年7月，广东革命政府教育行政委员会在广州召开中央教育行政大会，研究国民政府的教育政策及发展教育事业等问题。出席会议代表47人，通过23项议案，包括"推广工业教育与农村教育及农工教育实施办法"、"整顿教育、取缔私塾、增设小学"、"要求各学校一律实行新学制"、"各县设立师范讲习所"等。1927年南京国民政府成立，10月设立了全国性学术与教育行政机构——中华民国大学院。同年11月，大学院大学委员会会议在南京召升，会议议决了"大学委员会条例"、"大学委员会议事细则"、"统一'党化教育'及政治指导"等九案。1928年10月，南京国民政府撤裁大学院，成立教育部。1929年3月，国民党第三次全国代表大会提出"党化教育"的方针。4月，国民政府令公布《中华民国教育宗旨及其实施方针》。

从1927到1937年，由国民政府大学院和教育部共组织召开了两次综合性教育会议。1928年5月，国民政府大学院在南京召开了第一次全国教育会议。各省区、特别市及大学院当然会员及专家78人出席，大会议长为蔡元培、杨铨，副议长许崇清。会议提出"此后中华民国的教育宗旨，就是三民主义的教育"，并通过决议案237件。决议案包括：(1) 关于三民主义的教育议案有："中华民国教育宗旨说明书"、"废止党化教育名称,代以三民主义教育案"、"确立教育方针,实行三民主义的教育建设以立救国大计案"、"学生自治条例案"、"学生参加民众运动标准案"。(2)关于教育行政的议案有"整理中华民国学校系统案"、"整理师范教育制度案"、"请大学院明令各省注重训练乡村教育师资案"、"改善大学区制案"、"规定视察指导制度案"、"发展华侨教育案"、"融合各民族并发扬文化案"、"解除边省文化输入困难促进教育平均发展案"、"实行国语统一借以团结民族精神巩固国家基础案"、"请订立教育服务人员之保障案"、"保障教职员及学生之身体安全案"等。(3)关于教育经费的议案有"教育经费管理处组织法案"、"教育经费会计条例"、"庚款兴学委员会组织法大纲案"、"宽筹教育经费案"等。(4)关于普通教育的有"厉行全国义务教育案"、"注重幼稚教育案"、"组织中小学课程标准起草委员会起草中小学课程标准案"、"请定初等教育目标公布全国案"、"请大学院通令各省师范学校特别国语训练案"、"小学不授文言文,初中入学考试不考文言文并提倡语体文案"、"在一个区域之中各种中学不必并为一校,请大学院会同内政部严格全国中小学生吸烟及饮酒案"、"编制小学生生活案"、"设立教育研究所案"、"改良教职员待遇案"、"从优规定全国学校教职员最低薪额,以谋教育效率促进案"等。(5)关于社会教育的有"实施民众教育案"、"拟请大学院颁布民众学校规程督饬实施案"、"各机关团体应自实行民众补习教育案"等。(6)关于高等教育的有"请大学院订定大学毕业考试及学位授予条例案"、"公费派出留学案"、"提高学术文艺案"。(7)关于体育及军事教育的有"中等以上学校实施军事训练,请全国一致提倡体育案"、"厉行体育案"、"改订体育课程提高体育师资案"、"确定各省立中等学校体育经常费案"。(8)关于职业教育的有"请推行职业教育案"、"设立职业学校案"、"设立职业指导所及厉行职业指导案"、"全国农林教育计划案"等。(9)"关于改进私立学校案及有关科学教育、艺术教育、出版物、图书馆等"案。会议发表大会宣言,将会议结果向全国公布。

1930年4月,国民政府教育部在南京召开了<u>第二次全国教育会议</u>。教育厅局长、大学校长、专家、国民政府有关部会代表106人出席,由蒋梦麟任议长。蒋介石以国民政府主席的身份到会讲话。会议分组审议了教育部制订的《改进全国教育方案》。主要决议案有:"实施义务教育初步计划案"、"实施成年补习教育初步计划案"、"筹设各级各种师资训练机关计划案"、"改进初等教育计划案"、"改进中等教育计划案"、"改进社会教育计划案"、"改进高等教育计划案"、"改进并发展华侨教育案"、"实施蒙藏教育计划案"等。会议通过宣言指出,注重科学实验、培养生产能力、养成职业技能;注重公民训练;注重民族独立精神。会议指出在训政的六年期内,对于义务教育和成年补习教育,主尽力推

进,对于中等教育和高等教育则应整理充实,不遽作数量上的增进,应当先求质量上的提高。

同时,作为国家教育行政机构,为了统筹安排全国教育事业的发展,此间,南京国民政府教育部还召开了一系列专门教育会议。

1932年7月,国民政府教育部在南京召开了国立专科以上学校校长会议。会议商榷了专科以上学校改进事项,通过决议案有:"各大学经费案"、"修正大学组织法案"、"注重农工医理学院案"、"在同一区域之国立大学应避免院系重复案"、"各大学应如何培养国防建设人才案"、"各国立学院经费案"、"限制教员兼课案"、"大学毕业会考案"、"军事训练改善课,学校学风应如何整顿案"、"毕业生就业问题案"等。

1932年8月,国民政府教育部在南京召开了第一次全国体育会议。会议由朱家骅主持,到会代表123人。会议讨论通过了《国民体育实施方案》。会议认为普遍发展为实施国民体育之重要条件;提倡国民体育,绝不能任其畸形发展,务必切实推行,力求普及,使全国国民成为健全分子。

1933年2月,国民政府教育部在南京召开了民众教育专家会议,钮永建、高阳、俞庆棠、陈礼江等22人参加。会议拟对民众教育实施提出具体办法,通过了"国难期民众教育"等案,并公推钮永建、梁漱溟等五人草拟民众教育的地位草案。

1934年1月,国民政府教育部在南京召开民众教育委员会第一次会议。会议议决的提案有:"推广民众学校草案"、"民众学校规程草案"、"修正民众教育馆暂行规程草案"、"编审民众教育读物草案"、"推行职业补习办法草案"、"改进及充实全国图书馆草案"、"各省市县民众教育区规程草案"、"社会人员任用及待遇规程草案"等92项。

1934年12月,全国职业教育讨论会由教育部在南京主持召开,各省市教育厅局主管职业教育的行政人员及有关专家参加。讨论会的决议案有:"职业教育行政人员案"、"职业教育经费案"、"高级职业学校附设短期训练班案"、"职业学校设科整理案"、"推行农业职业教育案"、"职业学校师资及待遇案"、"职业学校毕业生出路问题案"、"职业补习案"、"职业指导案"等。

南京国民政府时期,民间教育机构召开的教育会议虽然不少,但对教育发展的影响不大。其中,著名的有1933年在上海成立的<u>中国教育学会</u>,以"研究及改革教育"为宗旨,会议推举陈鹤琴、陶行知、郑晓沧、邰爽秋等16人为理事,下设高等教育、职业教育、师范教育、民众教育等七个研究会。1934年1月,该会在南京举行第二届年会,通过了"有关颁布中小学课程标准"等案。1936年2月,该会在南昌举行第三届年会,通过了"有关组织非常时期教育研究委员会、请中央研究院设教育研究所"等案。1937年7月,该会在北平

举行第四届年会,讨论了国难教育问题。这些会议的召开推动了中国教育研究工作的开展及教育理论本身的发展。

1937年7月7日,抗日战争全面爆发。为了在战争中发展教育,1938年4月,中国国民党临时全国代表大会通过了《战时各级教育实施方案纲要》,推行战时教育方针。1939年3月,国民政府教育部在重庆召开了第三次全国教育会议。会议主要讨论了抗战建国时期的教育实施方案,共有提案227件,均属研究改进或加强各级教育以配合抗战建国的内容。大会议决案共125件,其中重要的有:"教育行政改进案"、"初等教育改进案"、"中学教育改进案"、"高等教育改进案"、"师范教育改进案"、"职业教育改进案"、"社会教育改进案"、"战时特殊教育改进案"、"边疆教育改进案"、"侨民教育改进案"、"训育改进案"、"体育改进案"、"各级学校对于女生生活为适宜之设备并切实施行特殊训练以发展女性特长案"、"改善中学学校学生留级办法案"、"高级中学应酌设各科首席教员案"、"高中实行文实分科提高基本科学知识借以增厚其研究专门科学之基础案"、"会考制度应行废止案"等。大会通过了以蒋介石的讲话作为全国教育指导原则。

在整个抗日战争期间,除第三次全国教育会议外,国民政府教育部还在重庆召开了一系列教育会议,积极发展各类教育。

(1)高等教育方面。1938年9月,国民政府教育部在重庆召开第一次大学课程会议,会议同意教育部提出的《文理法三学院各学系课程整理办法草案》。该草案指出课程整理原则是规定统一标准,注重基本训练,注重精要科目。课程整理要项有:①大学必修及选修课程,由教育部规定范围;②第一年注重基本科目,不分学系;③国文及外国文为基本工具科目;④大学仍采用学分制;⑤上课讲习与自习讨论及习作实验并重;⑥教师规定自习书目与参考资料,学生按时阅读作札记;⑦教师按时批阅学生习作及实验报告;⑧指导高年级学生作学科论文;⑨毕业考试包括4年中的重要科目。

1944年8月,国民政府教育部举行第二次大学课程会议,邀请专家讨论《大学文、理、法、师范四学院共同必修科目表》及《分系必修选修科目表》,会议决定将"三民主义"及"伦理学"正式列入科目表。

1946年7月,国民政府教育部在南京召开高等教育讨论会,大学校长、教育专家共三十余人参加。会议议决:①废除大学导师制,另设训育委员会。订颁大学训育委员会组织章程,加强各院系教授对本院系学生之训育权,推进训育工作,健全学生自治组织。②废除各大学研究所及研究学部名称,订颁大学研究所暂行组织章程,各学系均设一研究所,研究所主任由系主任兼任,系内教授、讲师俱为研究所工作人员,教授授课时间为每周9~12小时。③为造就法学人才,法学院单独设立法学系。④修改专科大学组织法,结束战时特设之大学先修班。另订颁国立大学及独立学院附设先修班办法与先修班科目标。⑤放宽对自费留学生的限制。同年7月,又在南京召开了农业及工业教育会议,修正了农学院、工学院共同必修科目表。

(2)师范教育方面。1938年10月,南京国民政府教育部在重庆召开了全国高级师范教育会议,会议主要讨论了高等师范教育方针和师范学院行政、组织、训练、课程、教学等问题。形成的重要决议案有:"师范学院与省市教育行政机关合作推进中等师范教育办法案"、"分科教材教法研究及编译丛书案"、"师范学院学生应注重修养案"、"充实基本训练案"、"调整学系设置案"、"师范学院学生之实习案"、"保障师范学院毕业生出路案"等。

1940年4月,国民政府教育部在重庆召开了第二届全国高级师范教育会议。会议主要讨论了各师范学院的行政、训导及课程等问题。经讨论,会议通过了包括"高等师范教育如何设置以配合各省市中等教育之需要案"、"师范学院招生须顾及各省市名额分配方案"、"师范学院辅导中等教育办法案"、"课程改进案"等在内的34个决议案。

1943年5月,国民政府又在重庆召开了师范教育讨论会,各院校代表、教育专家及教育部有关人员48人参加讨论会。会议主要研究了师范教育制度及师范学校课程之改进、保送学生入师范学校、加强师范生专业训练、统制师范生服务等问题。

(3)中等教育方面。1942年1月,国民政府教育部在重庆召开了各省市中等教育会议,通过议案58件。其中,重要的决议案有:"中学设置上之划分"、"中学区应如何贯彻而促进其效果"、"中等学校教科书应统筹配备以应急需"、"中等学校教学设备应设法充实"、"实施中学生开学指导"、"促进严格管制及改善学生生活"、"确定教员检定制度促进教员进修"、"改善中等学校教员待遇"、"制定教员任用法"、"订立第二期师范教育设施方案并求其迅速完成"、"实施师范学校新颁课程"、"设法增加师范生来源"、"改善师范生待遇"、"统制师范生服务"、"推进并确定各省各职业学校分期增设并调整职业学校"等案。同年1月,国民政府教育部又在重庆召开了各省市教育视导会议,会议的主要议案有"调整省市视导组织案"、"确定省市教育视导人员职称及名额案"、"实施分区及驻区视导案"、"改进全国视导办法草案"、"拟定各种教育视导标准案"等。

(4)体育方面。1940年10月,国民政府教育部在重庆召开了全国国民体育会议。会议讨论了体育人才之培养训练及体育学术研究、体育行政组织、经费设备及视导考核、学校体育及社会体育实施等问题。通过议案54件,其中,重要的有:"请中央颁发战时国民体育实施方案"、"修正国民体育法"、"拨庚款培训体育师资"、"拟请由部通令全国大中小各级学校列国术为必修课"、"社会体育推行办法"、"改进卫生教育"等案。

1939年2月,国民政府教育部召开了全国体育会议。会议商订了"有关体育师资训练及任用规程"、"体育教员进修办法"、"中等学校体育实施方案"及"卫生教育实施案"等文件。

(5)边疆教育方面。1938年11月,国民政府教育部召开边疆教育会议。会议讨论了"推进边疆教育计划草案"、"组织边疆教育委员会"、"组织调查团从事边区实际调查研究"等案。

1944年1月,全国边疆教育会议在重庆召开,出席列席代表共56人,会议着重讨论了边疆教育与其他教育的配合与联系。教育部次长顾毓秀在会上指出,边疆教育计划大致具备,中央应从师资训练及职业训练入手,今后特别注意国民教育及师资培训。会议形成的决议案有"改进边疆教育师资"、"优待边地学生出国留学案"等共51件。

(6)其他教育方面。1939年1月,国民政府教育部在重庆召开了社会教育讨论会,主要讨论抗战之际如何推进社会教育的实施。讨论议案共91件,议决通过65件,其中重要的决议案有:"确定中国社会教育制度系统案"、"充实各级社会教育机构案"、"加紧推行战时民众补习教育案"、"民众教育馆工作大纲案"、"学校兼办社会教育之组织工作标准案"等。

1940年3月,国民政府教育部在重庆召开了第一次国民教育会议。教育部有关人员及各大学师范学院院长、主任、导师等共58人出席列席。会议主要研究了《县各级组织纲要》颁布后国民教育的建设问题。经过讨论,会议通过36件决议案,包括:"规定乡镇中心学校及保国民学校设施要则"、"筹措保国民学校基金"、"修订课程标准"等。蒋介石到会讲话,强调恢复古代教育方法,教育学生除学习科学外,一定要使他们了解做人的道理。

1943年5月,国民政府教育部在重庆召开了各省市教育行政检讨会议。会议检讨了过去的教育行政,商讨了今后的改进办法及本年度的施政计划。议决案99件,主要有:"设私立中学应加限制案"、"私立中学应添加职业科案"、"县立中学应先发展初中案"、"师范学校制度应针对国民教育新县制重新厘定案"、"充实中心学校案"、"乡镇中心学校经费来源应划一规定案"、"县地方教育经费应成立特种基金案"、"积极推行实习教育案"、"增拨边疆教育经费发展边疆教育以巩固边疆案"、"战区内移学生之收容训练与分发工作应求改进案"等。

1945年9月抗战胜利后,国民政府教育部在重庆召开了全国教育战后复员会议,以便恢复教育。专科以上学校、国立中学、省市教育厅局、教育学术机关的代表,有关部会代表及教育专家等共200余人出席。9月20日,蒋介石向全体代表致词,提出"建国时期,教育第一"的方针。会议围绕以下要点展开了讨论:利用各级学校复员之机会,使各学校在地域上作相当合理之分布,使全国教育得平衡之发展;肃清收复区、光复区内奴化教育之流毒,使逐渐恢复正常教育;使后方各校来自沿江沿海一带的教职员仍能安心工作;对直接、间接参加抗战工作或因战事而失学之青年如何予以救济鼓励,使其获得复学之机会。会议共有提案126件,通过的重要决议案有:"关于内迁教育机关之复员问题"、"关于收复区教育的复员与整理问题"、"关于台湾区教育之整理问题"、"关于华侨教育之复员问题"、"其他教育之复员问题"等。1946年2月,国民政府教育部在重庆召开中学以上学校迁校会议,会议对各校的迁移次序、员工名额及交通工具之分配作了具体规定。

抗战时期,日伪政权也召开了一些教育会议。1936年,伪满文教部在新京(今长春)召开民众教育馆馆长会议,确定了普及民众教育的措施,如普及讲演会、讲习会、日语讲习所,设阅报处、问字问事处、娱乐设施等,以期建立所谓的"大东亚文化"。抗战爆发后,华北沦陷,汪伪政权建立。1941年6月,汪伪国民政府教育部在南京召开教育行政会议。1943年2月,汪伪国民政府教育部又召开教育行政会议,讨论战时的教育方针。会议对于生产教育、青年训练方面的决议较多。1943年6月,伪华北政务委员会教育总署在北京召开教育行政会议,会议共讨论议案50件,其中请统筹救济办法以维持中小学教员生计而利教育的方案有5件。沦陷区伪政权的殖民奴化教育遭到了爱国师生的反对。

中国共产党领导下的
根据地的教育会议

第二次国内革命战争期间,苏维埃根据地建立后,为巩固新生的红色政权,苏区各级政府相继开展教育工作,制定相应的方针政策。1933年10月,中国共产党领导的苏维埃政府在瑞金召开苏区教育大会,又称"中央文化教育建设大会"。会议制定了"以共产主义为内容的国民教育政策",通过了一系列议案,规定对一切人民施以平等的教育,努力培养工农干部,开展消灭文盲运动,并发出吸收知识分子为苏维埃政权工作的倡议。这一系列决议既是苏区教育经验的总结,又为新民主主义教育思想的发展奠定了理论基础。

抗日战争期间,中共中央制定的教育政策主要是从提倡文化教育工作中的统一战线和实行教育与生产劳动相结合的方针出发的。1944年10月至11月,陕甘宁边区政府在延安召开了陕甘宁边区文教工作者会议,共450余位代表参加。会议指出,培养知识分子和扫除文盲是当前的重要任务。会上,毛泽东发表了《文化工作中的统一战线》的讲话,强调"没有文化的军队是愚蠢的军队,而愚蠢的军队是不能战胜敌人的"。会议要求在教育工作上不但要有正规的小学、中学,而且要有分散的、不正规的村学、读报组和识字组,不但要有新式学校,而且要改造旧的村塾加以利用。会议提出了提高现有工农文化,以完成培养新知识分子建设边区的任务。大会决定在群众教育中通过"民办公助"的政策,广泛采取民办公助与民教民的办法扫除文盲,各级领导机关必须尊重现任教育干部,动员知识分子充实各级教育行政部门和学校。11 月 23 日,《解放日报》发表社论,指出这次文教工作者会议代表了"中国新民主主义文化的一次长足进步"。此后,各解放区均召开文教大会,根据地群众教育进入一个新的阶段。

1945 年抗战胜利后,陕甘宁、晋冀鲁豫、山东、华北、华中各解放区先后召开了一系列教育会议,总结整风和大生产运动后的教育改革经验,并确定以后的教育方针。山东解放区从 1941 年到 1949 年共召开教育会议 4 次。1941 年 4 月,召开了第一次全省文教大会,要求本区新教育建设逐渐走向正规化。1946 年 7 月,在临沂召开了第二次会议,提出要重视干部教育,提高在职干部水平,办好成人教育,教育要与自卫战争、土地改革、大生产等中心工作相结合。第三次会议于 1948 年 9 月召开,提出要以新民主主义思想培养干部与教育群众,并努力改造旧教员,使之成为人民教师。1949 年 2 月召开了第四次会议,要求在人民解放军进城之前,组织学生、工友、教职员成立护校委员会,保护学校免遭破坏,到接管以后,改造思想是改造旧学校的中心环节,要促使教育工作者逐步树立为工农服务的革命人生观。东北解放区从 1947 年到 1949 年也召开了 4 次教育会议。第一次于 1947 年 8 月在沈阳召开,会议指出整个教育活动必须服务于改造思想,争取和培养大批革命知识分子,努力提高群众文化水平。第二次于 1948 年 2 月召开,会议指出要继续争取和改造旧知识分子,同时注重培养新的工农知识分子;教育必须理论结合实际,把学生的思想教育贯穿到课程中。第三次于 1948 年 8 月召开,会议指出要按照东北地区的实际情况,建立一种新型的正规教育制度。第四次于 1949 年 9 月召开,指出当务之急是培养干部,重点是加强中等和高等教育,同时要发展工人文化、政治和技术教育,以及农民文化教育。

华中解放区于 1946 年 3 月在淮安召开了华中宣传教育会议。会议由中共中央华中分局宣传部、华中军区政治部、华中党报委员会、苏皖边区政府教育厅、华中文化协会筹备会联合举办。会议提出教育方针为:普及新民主主义思想,教导人民识字、明理、翻身、兴家、立业,培养各种干部与专门人才,为建设新民主主义的苏皖边区及新中国,提高人民政治经济文化生活而奋斗。改进各级教育行政领导,有计划推行在职乡村干部教育,改革私塾,巩固改造中等学校,走群众路线解决学校困难,改善教师生活。华北解放区政府也先后召开了两次教育会议。1948 年 8 月,华北中等教

育会议召开,会议要求有计划地进行新民主主义正规化教育建设,做到工作有制度,教学有计划,课程有标准,培养各种职业干部,同时,学校一切组织和措施都要保证服务于教员教和学生学,对知识分子必须坚持团结与改造的方针。1949 年 5 月,华北小学教育会议在北平召开,会议指出小学教育是国民基本教育,实施目标是"培养具有基本文化知能、健康身体、进步思想、劳动习惯、爱人民、爱国家的新民主主义国家的公民"。普及小学教育要从实际出发,各级政府教育部门要切实解决小学师资、经费、课本问题,通过举办轮训班、讲习会、补习班,加强在职小学教师的学习。动员城市知识分子下乡任教,课本采用"集中编审,分散发行"的办法。中国共产党在抗日战争和解放战争时期所举行的教育会议,有力地配合了各根据地、解放区教育事业的发展。

参考文献

李华兴.民国教育史[M].上海:上海教育出版社,1997.

毛礼锐,沈灌群.中国教育通史[M].济南:山东教育出版社,1988.

中央教育科学研究所.中国现代教育大事记[M].北京:教育科学出版社,1988.

(李 涛)

中国近代教育立法   中国近代开展的有关教育的立法活动。教育立法是教育发展的必然要求,教育立法活动的成果体现为教育法规。鸦片战争以后,西方近代文化和教育逐步传入中国,为了救亡图强,近代中国人开始以西方为榜样,改革传统教育,创立近代教育。在这种形势下,教育的近代化,乃至教育管理的现代化也成为历史的必然趋势。在这样的历史背景下,中国在清末开始了具有近代意义的教育立法活动。

清末教育立法

1902 年至 1911 年,是中国近代教育立法的初创阶段。据不完全统计,清末教育立法活动有 70 多件,大致可以分为学制、教育行政、留学教育管理等几大类。1902 年 8 月,清政府颁布《钦定学堂章程》是中国最早具有近代法规性质的教育立法,为中国近代学制的立法提供了范式,标志着中国近代教育立法的开始,但它未被实施便被《奏定学堂章程》取代。1904 年 1 月,清政府正式颁布实施《奏定学堂章程》。这部新学制由《奏定初等小学堂章程》、《奏定高等小学堂章程》、《奏定中学堂章程》、《奏定高等学堂章程》、《奏定大学堂章程》等 22 件法规构成。它不仅是中国第一部由国家颁布实施的具有近代法规性质的学校系统教育立法,标志着中国近代教育迈出了有法可依的第一步,而且也为学制立法

提供了一个较为系统的范式。

1905 年 12 月，清政府颁布上谕，确认振兴学务"必须有总汇之区，以资董率而专责成。著即设立学部"，自此，中国历史上第一个专职统管全国教育事务的正式中央行政机构成立。1906 年，清政府颁布《学部官制》，以法规的形式，确定学部由五司十二科组成，明确规定各司、科的职责权限和人员设置（编制）以及各级官员的待遇。同年，清政府又颁布了《各省学务官制》，规定设立提学使司为省级教育行政机关，劝学所为厅州县教育行政机关，并对各级地方教育行政官员的设置、职责权限、任职期限及待遇等具体条款予以规定。1909 年 12 月，学部颁布《视学官章程》，使清末的视学官员有了可以依循的法规，标志着以法律规范的近代教育视导制度在中国产生。此外，清政府还颁布了《地方学务章程》和《地方学务施行细则》，以规范地方教育行政管理活动。留学教育是清末统治者从未遇到过的新事物，它经历了一个从基本放任自流、松散管理到严格要求、强化管理的过程，这个变化以 1902 年为界，当年清政府颁布了《派遣出洋游学办法章程》等一系列法规，对留学教育的主要方面实行规范化管理。此外，还出台了对职官、贵胄出洋留学的奖励与管理法规，从而标志着清末留学教育制度的确立。清末教育法规已具有系统化的特点，主要表现为以下几个方面。一是确立了系统的学校教育制度。在修改《钦定学堂章程》的基础上颁发《奏定学堂章程》，由《奏定学务纲要》、《奏定任用教员章程》、《奏定各学堂管理通则》以及包括家庭教育、普通教育、师范教育、实业教育、高等教育在内的各级各类学校章程等 22 件组成，首次以专门法令的形式系统规定了学校系统及各级各类学校的培养目标。在其公布实施的近 10 年间，又根据教育的发展与社会的要求有所变更，如 1905 年废除科举制度；1906 年颁布《强迫教育章程》；1907 年颁布《女子小学堂章程》和《女子师范学堂章程》，使女子教育取得合法地位；1910 年颁布《简易识字学塾章程》，推行成年补习教育等等。二是确立了统一的教育宗旨。在颁发的《奏定学务纲要》中，曾确立"各学校均应钦遵谕旨，以端正趋向，造就通才为宗旨"。1906 年，学部在《奏陈教育宗旨折》中进一步把所谓"通才"的标准具体化为"忠君、尊孔、尚公、尚武、尚实"，并奏请清帝批准为教育宗旨。三是确立了从中央到地方的教育行政系统。1905 年，由政务处奏请设立学部后，又经朝廷批准，由学部颁发了一系列教育行政法令，归并国子监，确立地方各级教育行政机构，规定学部及各省学务官制，使教育行政机构与学校实体实现分离，开始教育管理向制度化、规范化的转轨。此外，还开始设置视导机构，督促地方举办学务。

民国初期教育立法

1912 年至 1927 年是中国近代教育立法的发展阶段。

据不完全统计，这一阶段北洋政府及教育部共颁布了约 340 件重要的教育法规。这些教育法规，已基本涉及各级各类教育、教育设施及教育管理等方面；但绝大多数只是一些教育行政法规和规章，尚属于较低层次的教育立法。

中华民国初期的教育法制基本属行政法性质。南京临时政府成立之初，由国家立法机关法制院批准，以临时大总统令的形式于 1912 年 8 月公布了《教育部官制》，授予教育部独立管理教育的权限，教育部直隶于大总统，管理教育、学艺及历象事务，其中包括制定教育法规，1912 年至 1914 年间，有关教育法规，包括确立教育宗旨、学制等，基本上是由当时的教育部制定的。其立法内容，围绕着建立具有资产阶级民主性质的教育制度展开；其立法程序，是由教育部提出教育法规草案，并主持召开临时教育会议，与会成员基本为教育工作者或教育专家，他们在会上对教育部提出的教育法规草案逐条进行审查性讨论，通过后即由教育部公布并实施。这一时期教育法规的实施，主要是通过地方各级政府及其教育行政机构进行的。1915 年 1 月教育部公布的《地方学事通则》规定："自治区按照《地方自治条例》及关于教育之法令规程，办理地方教育事务。"对于教育法规实施情况的监督，是通过建立视学制度实现的。《教育部官制》第十四条规定："教育部置视学十六人，承长官之命掌学务之视察。"教育部公布的《教育厅暂行条例》第五条规定："教育厅设省视学四至六人，由厅长委任，掌管视察全省教育事宜。"教育部于 1913 年 1 月发布的《视学规程》进一步明确规定，地方执行教育法令情况为视学视察地方学务的内容之一，如遇有违反教育法令事件，视学有权予以纠正。

中华民国初期的教育立法，主要集中在以下七个方面。（1）学制立法。这一时期民国政府教育部有两次学制立法，从 1912 年 9 月到 1913 年 8 月，陆续颁布"壬子癸丑学制"及各项法规，1922 年，北洋政府又以大总统令的形式颁布了"壬戌学制"。（2）教育行政机构立法。民国建立后，相应地进行了从中央到地方的教育行政管理制度的立法重构，通过一系列立法，新的教育行政机构被确定下来。（3）留学教育立法。这一时期留学教育立法共 30 件，其内容一方面赓续清末，一方面又作了许多修改整理。最有代表性的是 1916 年 10 月教育部颁布《选派留学外国学生规程》，该规程与清末留学教育立法相比在内容上发生了很大变化，主要是提高了留学资格和严格留学管理。此外，教育部于 1918 年 10 月颁布《北京大学校长学长正教授派赴外国考察规程》，1924 年 3 月颁布《管理自费留学生规程》、《发给留学证书规程》，有关教师国外进修制度、统一的自费留学生管理制度以及统一发放留学证书制度等，都是清末留学教育立法所没有的。（4）义务教育立法。这一时期除了"壬子癸丑学制"（1912—1913）、《整理教育方案草案》（1914）、《特定教育纲要》（1915）等法规对义务教育有相关条款外，关于义务教育的专门立法共有 5 件,即《强迫教育办法》(1913)、《义务教育施行程序》(1915)、《义务教育规程细则》(1916)、《订定分期筹办义务教育年限》(1920)、《实施义务教育研究会章程》(1920)。(5) 教育管理立法。民国初期对教育管理的立法计 16 件,其主要特点表现为:一是立法内容集中在教师资格的审定、教师薪金及生活保障、教师奖惩等三个方面,构成一整套较为严密的教师管理制度;二是主要针对小学、大学教师,形成教师管理上重两头的立法局面,尤其是对小学教师的管理立法特别严格,如 1915 年 8 月颁布《甄别京兆各属小学教员规程》,1916 年 4 月颁布《检定小学教员规程》,1917 年 2 月颁布《小学教员褒奖规程》等。(6) 私立学校、教会学校管理立法。这一时期对私立学校、教会学校单独立法、规范管理,是中国近代教育立法的新举措。1925 年,教育部相继颁布《私立专门以上学校及学会请求注册费征收条例》和《私立专门以上学校认可条例》,同时教育部参考全国教育会联合会第十届会议通过的《取缔外人在国内办理教育事业案》和《学校内不得传布宗教案》,于 1925 年 11 月制订颁布了《外国人捐资设立学校请求认可办法》,开始了中国政府对教会及外国人办学的依法管理,为南京国民政府时期最终解决教会学校问题奠定了基础。(7) 社会教育立法。值得指出的是,民国初期虽然中央教育行政机构基本稳定,但是省级教育行政机构相对而言则显得纷乱不定,县级教育行政机构更为混乱,许多教育法规在很多地方没有得到执行。

南京国民政府时期的教育立法

南京国民政府时期的教育立法大致可分为三个阶段。

第一阶段(1927—1937)是中国近代教育立法开始走上规范化发展的阶段。这一阶段,教育立法在数量、层次及系统化方面都有了长足的发展。南京国民政府及教育部颁布的教育法规,涉及教育的方方面面,建立起比较完整的教育法律体系,对中国近代教育立法及教育本身有着深刻的影响。

从教育立法程序来看,一般教育法规仍以教育部名义颁行,但国民党有时直接对教育立法进行干预,并以其政策代替教育法规。过去向由教育部拟定并公布的教育宗旨改为由国民党全国代表大会通过并公布。如国民党第三次全国代表大会通过的《中华民国教育宗旨》规定:"中华民国之教育,根据三民主义,以充实人民生活,扶植社会生存,发展国民生计,延续民族生命为目的。务期民族独立,民权普遍,民生发展,以促进世界大同。"1938 年 4 月,国民党临时全国代表大会通过《战时各级教育实施方案纲要》,作为抗战时期教育实施的准则和依据。

具体来说,这一阶段又分为五个时期:第一个时期(1927—1928)重点是进行教育行政组织建设,其标志是《中华民国大学院组织法》、《教育部组织法》的相继颁布。民国初年确立的中央教育行政制度,经 1913 年和 1914 年两次修改沿用了 10 余年,直至 1925 年 7 月广州国民政府成立后,才有了较大改动。1926 年 2 月,广州国民政府公布了《国民政府教育行政委员会组织法》。1927 年 6 月,教育行政委员会常委蔡元培、李石曾、褚民谊三人以"刷新教育行政,推行大学区制"为由,向国民党中央政治会议提议采用法国教育行政制度,在中央建立中华民国大学院为全国最高学术教育行政机关。7 月,南京国民政府正式公布《中华民国大学院组织法》。但到 1928 年 1 月,《中华民国大学院组织法》就被修正,4 月又被第二次修正,6 月则第三次修正,使之直隶于国民政府。到 12 月,国民政府颁布《教育部组织法》,正式废止大学院,成立教育部。大学区制也于 1929 年停止,恢复教育厅制。至此,基本上完成了教育行政组织建设。第二个时期(1928—1929)主要是教育宗旨的确定,其标志是《中华民国教育宗旨及其实施方针》的颁行。第三个时期(1929—1931)主要是整顿大学和私立学校,其标志是《大学组织法》、《专科学校组织法》、《私立学校规程》的先后颁布。第四个时期(1931—1933)重点是中学改制,其标志为《中学法》、《职业学校法》、《师范学校法》的颁布。另外,对小学进行严格规范也是这一时期的重要内容,《小学法》与上述三个法律同期公布。第五个时期(1933—1937)重心在义务教育和社会教育中的成人补习教育的立法,其标志为《实施义务教育暂行办法大纲》、《民众学校规程》、《实施失学民众补习教育办法大纲》等的颁布。

第二阶段(1938—1945)是中国近代教育立法进入应急与调整阶段。这一阶段的教育立法既为战时教育提供了适时的法律依据,又为下一阶段的教育立法建设奠定了基础。1938 年 3 月,国民党在武昌召开的临时全国代表大会通过了《中国国民党抗战建国纲领》,其中涉及教育的条款有 4 条,这成为国民政府抗战时期教育政策的总纲。同时,大会述通过了《战时各级教育实施方案纲要》。战时教育立法的重点,是围绕应急与调整两个方面交织运行的。应急是在一切为着抗战的前提下,以配合战时军事、政治、经济需要为重点进行教育立法。首先是与军事需要相配合的教育立法。1937 年 8 月,教育部颁发了《战区内学校处置办法》,对战区内学校处置作了规定。为安置从战区流亡到后方的中等学校师生,教育部于 1938 年 2 月,颁布了《国立中学暂行规程》和《国立中学课程纲要》,改变了以往单纯由省市教育厅局主管中等教育的办学体制,建立了国立中等学校制度,并规定国立中学课程分精神训练、体格训练、学科训练、生产劳动训练及特殊教学与战时后方服务训练。此后,教育部又颁布了《战区中小学教师服务团简章》、《战区各级学校学生转学及借读办法》、《战区教育指导委员会章程》等法规。调整是结合现实情况所作的一些调整性教育立法,它更多的是考虑教育本身发展的需要。其立法概括起来主要有五个方面:(1)国民教育制度立法。1940年颁布了《国民教育实施纲领》,1944年颁布了《国民学校法》。(2)社会教育立法。民众补习教育是社会教育立法的重心。1943年7月,教育部颁布了《补习学校规程》。1944年10月,国民政府公布了《补习学校法》。1944年初,教育部颁布了《补习教育推行委员会组织规程》,设立补习教育推行委员会负责计划推行。(3)高等教育立法。主要涉及高等师范教育、大学教育、贷金制和公费制、师资管理及学术研究与奖励发明等方面。1938年7月,教育部颁布了《师范学院规程》。1943年8月和1944年12月,教育部又分别颁布了《师范学院学生实习及服务办法》和《师范学院学生教学实习办法》,进一步完善了高等师范大学的课程立法。1938年9月,教育部公布了《文理法三学院各学系课程整理办法草案》。1938年2月,教育部颁布了《公立专科以上学校战区学生贷金暂行办法》,开始对高校学生推行贷金制度,接着又颁布了《公立专科以上学校战区学生贷金补充办法》、《国立中学战区学生贷金暂行办法》、《国立中等以上学校学生贷金暂行规则》、《战时救济大中学生膳食暂行办法》等一系列法规。1940年,教育部先后颁布了《大学及独立学院教员资格审查暂行规程》、《大学及独立学院教员聘任待遇暂行规程》,1941年6月,教育部颁布了《部聘教授办法》。1940年5月,教育部颁布了《补助学术研究及奖励著作发明案》。1941年4月,教育部又颁布了《教育部著作发明及美术奖励规则》。(4)留学教育立法。1938年6月,教育部颁布了《限制留学暂行办法》,对留学进行限制。1943年,教育部开始废止限制留学法规,颁布了一些新法规,如《教育部派遣国外留学公费生管理办法》(1943)、《国外留学自费生派遣办法》(1943)等。(5)边疆教育立法。1939年,教育部颁布了《推进边疆教育方案》、《蒙旗教育暂行实施办法》,1940年又颁布《边远区域劝学暂行办法》等。总体来看,抗战时期的教育立法是在战前所确立的教育法律体系的基础上进行的,其中也有较高层次的立法,如《国民学校法》、《补习学校法》等,从而使整个教育法律体系更加完备。

第三阶段(1945—1949)是中国近代教育立法的强化、完善阶段。抗战胜利后,国民政府对包括教育立法在内的国家事业开始了重建。1945年10月,教育部颁布了《设立临时大学补习班办法》。1946年2月,教育部颁布了《收复区专科以上学校处理办法》等,对收复区的教育进行立法管理。另外,为推行国民教育制度以普及初等教育,同时为发展中等师范教育、职业教育及高等教育,先后发布了一系列法规。1946年6月,颁布了《战后各省市五年制师范教育实施方案》,推动职业教育,其中《推进中等职业教育计划》较为完备。1948年1月,国民政府又颁布了《大学法》、《专科学校组织法》。

中国共产党领导下的根据地教育立法

中华苏维埃共和国成立后,其临时中央政府人民委员会、中央教育人民委员部很重视制订教育法规。1933年,中央政府教育人民委员部颁发了《目前的教育任务》、《省、县、区、市教育部及各级教育委员会的暂行组织纲要》、《夜校办法大纲》、《小学课程与教则草案》等。1934年1月,第二次全国工农兵代表大会以后,按照苏维埃文化教育大会精神,修改了原有的教育法规草案,并补充制定了一些新的教育法规,主要有《教育行政纲要》、《小学校制度暂行条例》、《小学管理法大纲》、《红色教员联合会暂行章程》、《列宁小学校学生组织大纲》、《短期师范学校简章》、《高级师范学校简章》、《沈泽民苏维埃大学简章》、《识字班办法》、《俱乐部纲要》等,共计24项,后由教育人民委员部汇编成《苏维埃教育法规》。这些教育法规范围广泛、内容全面,既有教育行政管理法规,又有各级各类学校法规,还有教师、学生及群众教育团体的法规,它们是苏区教育经验的总结,使苏区教育趋于制度化、系统化,并使教育工作有法可依、有章可循,奠定了苏区教育制度的基础,为根据地的教育立法提供了重要经验。

1939年4月,陕甘宁边区政府公布《陕甘宁边区抗战时期施政纲领》,其中规定:实行普及免费的儿童教育,以民族精神和生活知识教育儿童,造成中华民族的优秀后代,发展民众教育,消灭文盲,提高边区成年人民之民族意识与政治文化水平,实行干部教育,培养抗战人才。1940年12月,陕甘宁边区政府42号令发布《陕甘宁边区实施义务教育暂行办法》,规定:儿童8～14岁为义务教育年龄,不分性别均应受义务教育,义务教育年限暂定为初级小学3年。1941年1月,晋察冀边区政府颁布《中共晋察冀边委目前施政纲领》,规定:实行普及的义务的免费的教育,建立并健全学校。1946年4月,陕甘宁边区通过《陕甘宁边区宪法原则》,其中规定,人民有免于愚昧和不健康的权力,为此,须设置各类学校,普及并提高一般人民之文化水准。

参考文献

顾明远.教育大辞典[M].上海:上海教育出版社,1990—1992.
李露.近代教育立法轨迹[M].桂林:广西师范大学出版社,2001.
宋恩荣,章咸.中华民国教育法规选编[M].南京:江苏教育出版社,1990.
吴家莹.中华民国教育政策发展史[M].台北:五南图书出版公司,1990.

(周　晔)

中国近代教育期刊　　中国近代以教育为主要报道和研究内容的刊物。教育期刊是传播教育理论和教育实践经验的重要媒介,是教育工作者传递教育信息、更新教育理念、开展学术讨论和经验交流的有效载体。中国近代历次教育改革运动和众多教育思潮的发展都离不开教育期刊的积极参与,近代教育期刊在很大程度上推动了中国教育现代化的进程。

中国近代教育期刊产生的背景

中国近代报刊业肇始于外国人在华创办的报刊。创办者最早的是外国传教士,以后又有外国商人、商行和政客等。19 世纪中叶,中国人自己也开始办报刊。据统计,从 1815 年英国传教士马礼逊在马六甲创办第一份中文报刊《察世俗每月统记传》起,到 1894 年,共出版中外文报刊 76 种;而从 1895 年至 1898 年的 4 年间,仅维新派人士创办的主要报刊就有 31 种。当时,许多报刊都把兴学作为重要内容,如《知新报》、《集成报》、《时务报》、《利济学堂报》、《浙学新报》等大量刊载有关兴学的文章和论说。同时,还出现了专门介绍西方科技特别是声光化电知识的报刊,如《实学报》、《通学报》、《国闻汇报》、《求是报》等。此外,还有一些报纸的副刊专门介绍教育。据统计,至 1911 年底,在中国先后有 1 282 家中外文报刊创办;仅 1906 年,就有 174 种报刊创刊;至 1911 年辛亥革命爆发,报刊总发行量达 4 200 万份。其中,《万国公报》、《时务报》、《申报》、《东方杂志》、《民报》等杂志报纸都拥有一定的知名度和影响面。中国近代教育期刊作为西学东渐的产物、救亡图存的工具,随着近代教育的发展而发展。自 1901 年国人自编的教育专业期刊《教育世界》问世以来,到 1949 年,近代中国出版发行的重要教育期刊累计达千种以上。它们不仅是近代各种教育思潮及流派传播思想、影响舆论的重要阵地,而且是中国教育现代化发展的重要动力和重要指标。

中国近代教育期刊的发展阶段

中国近代教育期刊的发展大体可分为起步、发展、繁荣、萎缩等几个阶段。

(1) 起步阶段(1868—1911)。1868 年,美国监理会传教士林乐知在上海创办了《教会新报》,从第 301 卷起改名为《万国公报》。该刊虽是综合性杂志,但在相当长的时间内将教育作为宣传重点,着力介绍西方各国的教育情况;明确批评八股制度,大力宣传建立新型学校,积极提倡开展幼儿启蒙教育;热情倡导女子教育,鼓吹社会教育;介绍西方近代自然科学知识和社会科学知识等。发行范围遍及全国,其影响所及,上至皇帝、军机大臣,下至普通知识分子,台湾京华书局称"引起朝野官绅之广泛注意,一时视为新知识之重要来源"。《万国公报》传递的教育改革信息,对中国近代教育和近代教育期刊的发展起了促进作用。同时,随着教育改革的发展,又产生了一批以介绍国外先进教育理论、制度、方法等为主要内容的教育专业期刊,如 1901 年在上海创办、由王国维主编的教育期刊《教育世界》及 1909 年商务印书馆创办的《教育杂志》等。另外,一些省份在此期间也创刊了旨在推广和改进本省学务的"教育官报"、"学务杂志"、"学报"等,如 1903 年创刊于武汉的《湖北学报》、1905 年创刊的《直隶教育杂志》、《四川学报》等,这类期刊多持"中体西用"论调,如《四川学报》在其发刊词中称,"(学报)为全省劝学而设。蜀中风气初开,官绅士庶尚未深知办学之意,务在开通民智,振兴实业,使人人知力学自强为宗旨",规定各期只转录"扩充教养之义,激发忠爱之心"的文章,"一切偏激失当之言概从摒黜"。

(2) 发展阶段(1911—1927)。此期创刊的教育期刊达 198 种,大大超过前一阶段。此期的大部分时间内,中国实际处于各地各自为政的分裂状态。由于各派军阀忙于混战,往往无暇顾及对教育的控制,加之共和政体的确立,"新学制"颁布实施,教育开始摆脱封建体制和封建思想的束缚,前进步伐明显加快,特别是在"五四"新文化运动的影响下,教育家们的活动十分积极。

这一时期,绝大部分省和部分市县都创办了本地区的教育期刊,以推动教育事业的发展。早在晚清就已出现的教育团体,此时数量也大大扩张,它们创办教育刊物以研究教育问题、介绍教育理论、推进教育实践,影响较大的教育期刊主要有:1912 年由中华书局创办发行的《中华教育界》,1913 年由江苏省教育会创办的《教育研究》,1917 年由中华职业教育社创办的《教育与职业》以及 1919 年由新教育共进社创办的《新教育》等。

(3) 繁荣阶段(1927—1937)。近代中国有 554 种教育期刊是在这 10 年内创刊的,这一时期教育期刊的创刊量达到历史最高水平。南京国民政府成立后,全国完成形式上的统一。虽然国民党政府实施了专制主义的"党化"教育,但由于有了相对稳定的社会局面,教育经费较以前也有了保障,各级各类教育都在较为统一和有力的行政措施下稳定发展。在这一背景下,各级教育行政部门创办的教育期刊大量涌现,在一些教育发展较快的地区,如浙江绍兴县,已出现了乡一级的教育期刊。随着各级各类教育的发展,出现了专门性教育期刊,如《初等教育》、《中等教育》、《体育》等。此外,这一时期大量新创办的师范院校也纷纷创办了自己的刊物。

(4) 萎缩阶段(1937—1949)。抗日战争时期是近代教育期刊发展的特殊阶段。其间,因战争而停刊的期刊为数众多。据统计,仅 1936 年到 1938 年,主要教育期刊停刊数就达 54 种,如计入中途停刊而后复刊的则达 75 种之多。此期创刊的教育期刊明显少于前一阶段,教育期刊总量一落千丈。在新创刊的教育期刊中,有相当一部分与抗战有直接联系,如《抗战教育》、《战时民教》、《教战》等。抗战胜利后,教育期刊的创刊数开始回升,如中国东北、台湾等原日本占领区出现了中文教育期刊。

中国共产党领导下的抗日根据地和解放区也创办了一批新型教育期刊,如陕甘宁边区 1938 年 6 月创办的《边区儿童报》,同年创办《边区教师报》,1940 年 11 月又创办《文字报》,1941 年又创办《边区教育通讯》;晋察冀边区于 1939 年 4 月创办了《边区教育》,1943 年 1 月创办《教育阵地》;山东抗日根据地创办了《教师之友》;鄂豫边区创办了《青年战线》;苏中根据地于 1945 年 6 月创办了《苏中教育》;晋冀鲁豫边区创办了《教育生活》和《青年与儿童》;1949 年 4 月,《东北教育》在沈阳创刊,等等。中国共产党领导下的根据地的教育刊物大都是在极为困难的条件下创办起来的,有不少开始是石印、油印,后来才发展成铅印。

中国近代教育期刊的类型及代表

至 1949 年,近代中国出版各种教育期刊先后累计有一千多种,按编辑出版单位划分,大致可分为以下几类:(1) 行政类。这是由学部、教育部、厅、局、科等各级教育行政单位编辑出版的教育期刊。这类期刊在初创时以刊登诏令、奏章、文牍、报告、学制、名录等行政性内容为主,以后又逐步增加了反映地方教育发展状况的内容及教育学术、时闻、杂录等。(2) 社团类。包括各级各类教育社团以及教育实验机构、研究机构编辑的教育期刊,数量仅次于行政类。社团类期刊又可分两类:一是综合性教育刊物,涉及教育的所有领域和方面;另一类则是研究教育领域内的某一方面问题,以促进某一类教育或某一级教育的发展。(3) 学校类。它包括师范院校校刊及其他学校编辑的教育期刊,数量可观。这类期刊的学术性和理论性较强。(4) 社教类。这类教育期刊由民众教育馆、科学教育馆、通俗教育馆、民众学校等编辑发行。社教期刊以广大人民和社教工作者为阅读对象,一方面直接授予民众生计常识、生产知识,引导民众养成新的科学生活方式;另一方面传播社教理论,交流民教经验,指导民众教育的组织实施。(5) 其他类。主要是报社、出版机构和其他民间机构创办的教育期刊。

以下是有代表性的教育期刊。

《教育世界》。1901 年 5 月创办于上海,1908 年 1 月停刊,共出 166 期。初为旬刊,从第 69 期起,改为半月刊。创办者罗振玉,主编王国维。该刊宗旨为:当今世界,列雄竞争,优胜劣败,欲图自存,非注意教育不可,故编译各国教育学说;为供研究,引诸家精理微言;为效法,故载各国良法宏规;为示激动,故录名人嘉言惠行。该刊针对清廷颁布兴学诏书后,国内学校迅速兴起,一时间教员、教材奇缺,学校管理新旧掺杂、混乱不堪的情形,从第 1 号到第 18 号全文译载日本的各项教育法规、条例达 84 种之多。以后又陆续译载日本各类教科书、教育学及教育史专著 50 多种,介绍了欧美各国教育理论及教育事业发展的历史和现状,并对西方著名教育家、哲学家的生平及其思想或主要论著进行了译介。译文在该刊始终占据过半篇幅。同时,该刊对清末兴学堂、建学制、改废科举、派遣留学生等教育改革举措也作了及时报道,对教育方针问题作了一些探讨,主张"国民教育"和"实业教育"。该刊是近代中国最早的教育专业期刊,是早期引进和传播西方教育的重要"窗口"。它的刊行为中国制定近代学制提供了重要参考资料,它大力介绍和传播西方教育理论、制度和哲学思想,加速了旧教育思想、体制的崩溃,为新教育的建立起到了开拓作用。

《湖北学报》。1903 年创刊于武汉,旬刊,1904 年停刊,共出 24 期。该刊以"激发忠爱、开通智慧、振兴实学"为宗旨。卷首刊登有关教育的谕旨、文牍和学堂章程等,卷末杂录外国教育、历史、地理等方面的学术动态。它反映了清政府推行"新政"时期在教育方面的改革情况,也反映了当时一些"新政大员"的教育思想。

《教育》。1906 年 11 月在日本东京创刊,月刊,1907 年初停刊,仅出版 2 期,是留日学生团体爱智会所创办的教育专业杂志。发起人和主要撰稿人为蓝公武、冯世德、张东荪等,设有学说、科学、思潮、批评等栏目。该刊以"融合东西"、"洗垢穷理"、"扬新阐旧"、"匡正人心"为办刊宗旨,主张教育救国,介绍了西方近代教育思想和教育理论,也介绍了西方国家教育的发展现状,论述了有关当时教育改革的问题。

《教育杂志》。1909 年在上海由商务印书馆创办,月刊,1932 年曾一度停刊,1934 年 9 月复刊,1941 年太平洋战争爆发后停刊,1947 年 7 月在上海复刊,1948 年 12 月终刊。主编陆费逵,其宗旨为"研究教育,改良学务"。栏目分为论说、学术、教授管理、史传、教育人物、教育法令、纪事、调查、评论、文艺、诗话、介绍批评、名家问答等 20 门,是近代中国教育期刊史上历史较久、影响较大的教育期刊之一。

《中华教育界》。1912 年 1 月由中华书局创刊于上海,月刊,1937 年 8 月停刊,1947 年 1 月复刊,1950 年 12 月终刊。该刊以"研究教育,促进文化"为宗旨。创刊时正值辛亥革命不久,国家百废待兴,因而围绕着教育制度的改革开展了对新兴学术思想的介绍,对国内外教育领域的各项改革和试验进行宣传报道,同时广泛开展教育内容、教育方法等方面的研究和探讨,产生了一定影响。

《教育研究》。由江苏教育会创办,1913 年 5 月在上海出版,初为月刊,1916 年 4 月改为季刊,1931 年 12 月停刊,共出版 32 期,主编王朝阳。该刊较早、较系统地介绍德国、日本等国的教育理论,特别是有关教育实验等方面的情况,开阔了时人的眼界。

《新教育》。1919 年 2 月创刊于上海,月刊,1925 年 10 月停刊,共出版 11 卷 53 期。由江苏省教育总会、北京大学、南京高等师范学校、暨南学校、中华职业教育社五个单位共同组成新教育共进社,蒋梦麟、陶行知先后任主编,其编辑人员多为留美学生。该刊是在新文化运动深入开展,资产阶级民主自由思想得到弘扬,封建愚昧专制思想被彻底批判的形势下创刊的。它在“本月刊倡设之用意”中称:“欲求此新时代之发达,教育其基本也。……以教育为方法,养成健全之个人,使国人能思、能言、能行,能担重大之责任,创造进化的社会。使国人能发达自由之精神,享受平等之机会。”因此积极提倡平民教育、自动主义教育和人格教育。杂志创办后,仅 6 个月就发行到 1 万份,有些期数甚至脱销,再版。该刊着重宣传和介绍美国教育家的思想和美国教育制度。在杜威到中国之前,该刊曾专门出版了一期“杜威专号”,集中系统地介绍宣传杜威及其思想,产生了较大影响。另外,还开设了“孟禄”专号(未写明专号字样,但全卷内容是关于孟禄的)等。从孟禄来华调查中国教育起,该刊逐渐注重教育实际的调查研究和教育方法的讨论,聚集了当时中国教育界的一些重要人物,掀起了一场以民主化、科学化、实用主义、儿童中心主义等为旨趣的“新教育运动”,在革新教育观念、教育制度、教育方法等方面起到了积极作用。

参考文献

方汉奇.中国近代报刊史[M].太原:山西教育出版社,1991.

戈公振.中国报学史[M].上海:商务印书馆,1927.

顾明远.教育大辞典(增订合编本)[M].上海:上海教育出版社,1998.

毛礼锐,沈灌群.中国教育通史[M].济南:山东教育出版社,1985.

（周　　晔）

中国近代教育行政机构

中国近代教育行政机构　　中国近代教育行政机构产生、发展、演变的过程。所谓教育行政机构是国家为实现特定的目的,按照一定的政策,对教育事业进行组织、管理和领导的权力机构。中国近代意义上的教育行政机构和教育行政制度出现和形成于清末,当时主要是为了适应新式学堂及近代教育发展的需要,而借鉴了西方国家的教育行政机构模式,以后随着教育的发展而逐步发展和完善起来。

清末教育行政机构

清末中央教育行政机构　　清末中央教育行政机构的建立主要经历了三个阶段。(1) 1898 年戊戌变法,京师大学堂设立,清政府规定由大学堂管辖各省学堂,并派孙家鼐负责,这成为中国近代教育行政的开端。1901 年,清政府又特设“管学大臣”,由张百熙充任首任,清政府将学堂一切事宜,委其管理。这样,管学大臣既是京师大学堂校长,又是全国教育行政机关的最高长官。同样,京师大学堂既是全国最高学府,又是中央教育行政机构。(2) 1904 年颁布的《奏定学堂章程》规定:“专设总理学务大臣,统辖全国学务。”由总理学务大臣管理全国教育后,京师大学堂另设总监督。总理学务大臣下设专门、普通、实业、审订、游学、会计六处。总理学务大臣及相应机构的设置,改变了由京师大学堂兼管全国教育事宜的做法,迈出了中央教育行政机构单独设置的第二步,但事实上并未付诸实行。(3) 1905 年,山西学政宝熙认为,学制变更伊始,造端宏大,奏请在京师建立学部,作为管理全国教育事业的教育行政机关,以使教育管理整齐划一。不久,朝廷下令设立学部,规定其位在礼部之前,并以国子监并入。这样,学部成为中国第一个专设的中央教育行政机构。1906 年 6 月,清政府批准《学部官制》:学部最高长官称尚书,其次为左右侍郎,均为学部政务官。下设各项事务官,有左右丞各 1 员,协助尚书侍郎管理全部、领导各司。又设左右参议各 1 员,协助尚书侍郎核定法令章程,审议各司重要事宜。其下又设参事官 4 员协助工作。首任学部尚书由张之洞兼任。学部下设五司——总务司、专门司、普通司、实业司、会计司,各司设郎中 1 人,每司分数科,每科设员外郎 1 人或多人。此外,还设有编译图书局、京师学务局、学制调查局、高等教育会议所、教育研究所等,由学部派员兼理。学部还设视学官若干人,轮流到各省视察教育。1909 年,将全国划分为 12 个视学区,每区派视学官 2 人,按年分别到各区视察,3 年轮换一遍。至此,统辖全国学务的中央教育行政机构完全独立,开启了中国近代教育行政机构的先河。

清末地方教育行政机构　　1903 年至 1905 年期间,随着各地新式学堂数量的增长,学务日繁,各省在保持原有学政体制的基础上,临时增设了专门管理学堂的机构,但名称不一,有的叫学务处,有的称学校司或学务局。学部成立后,1906 年 4 月,清廷谕令裁撤学政,各省改设提学使司,设提学使 1 人,管理地方教育行政事务。该司机关设在省会,由督抚节制,下设学务公所,又分为总务、普通、专门、实业、会计、图书六科,每科设科长 1 人,视学 6 人。其职掌与学部六司配套。此外,另设学务议绅 4 人,议长 1 人,为咨询机关。

同时,学部奏定《各省学务官制办事权限并劝学所章程》共 23 条,规定全国各府、厅、州、县普遍设置劝学所,在劝学所设劝学员,要求其遵照《奏定学堂章程》,按所划定之区域,推广普及小学教育,以推动本区的教育工作。各省亦承学部系统之需,依章设置教育官练习所和教育会进行管理。教育官练习所由总督、巡抚监督,由提学使选聘本国或外国精通教育之官讲演教育,教授管理教育诸法及教育行政、视学制度等。教育会章程规定教育会的宗旨是：期于补助教育行政，图教育之普及。其设员程序一般先由省会中之议绅、省视学、各学堂监督、堂长及学界素有声誉者发起，其会长、副会长均于会中推举，最后禀请提学使审议决定。

民国初期教育行政机构

民国初期中央教育行政机构　1912 年 1 月，蔡元培被任命为中华民国临时政府首任教育总长。1 月 9 日，临时政府教育部正式成立。同年，临时大总统颁布了《教育部官制》，将原学部所设总务、专门、普通、实业、会计五司，改为普通、专门、社会三司以及参议室、视学处、总务厅。教育部设总长 1 人，其职责是管理教育、学艺及历象事务，监督全国学校及所辖官署，表明教育总长为全国教育与文化行政的最高长官，同时指挥监督各省、县教育行政首长，以收全国文化教育事权统一的效果；次长 1 人，管理部中事务；参事 4 人，拟定法规命令；司长 3 人，掌管各司事务，总务厅设厅长 1 人。厅、司下分若干科。视学处为视学机关，有视学若干人，轮流到各地视察教育工作。同年 4 月，袁世凯任中华民国大总统后，在北京组织教育部，下设承政厅、普通教育司、专门教育司、社会教育司。

民国初期地方教育行政机构　辛亥革命后，废除了清末的地方教育行政机关。从 1913 年起，在省区民政长官行政公署下设教育司，下分三科或四科办理教育行政事务。1917 年 9 月，教育部颁布《教育厅暂行条例》，同年 11 月核准《教育厅组织大纲》，各省始建立独立专管教育的行政机构教育厅，管理地方教育工作。教育厅直属教育部，设厅长 1 人，其职责是秉承省长，执行全省教育行政事务，监督所属职员及办理地方教育之各县知事。厅内分三科：第一科为总务科，管印信、收发文件，办理机要文牍，综核会计庶务，编制统计报告等项工作；第二科主管普通教育及社会教育；第三科主管专门教育及留学工作。各科设科长 1 人，科员 1 至 2 人。另设视学 4 至 6 人，视察全省教育工作。

民国初期，县、市级教育行政制度较为混乱，大体沿用清末的劝学所制。1915 年，教育部颁布《地方学事通则》、《劝学所规程》和《学务委员会规程》后，名称和事权渐趋统一。1922 年 9 月，教育部召开学制会议，决定废劝学所改教育局。此后，县、市级教育行政机构均按此统一设置。

经过民国初期的一系列调整和改革，中国近代教育行政机构大体确立，教育行政体制基本定型。

南京国民政府时期
教育行政机构

1927 年，南京国民政府建立后，着手建立了一套较为完备的教育行政系统。但由于国民党政权的专制统治，加之战火连绵不断，这些教育制度的规定和章程多半不能得到很好的贯彻执行，从而未能有效促进教育事业的发展。

大学院制的设置和试行　1925 年，广东国民政府成立后，各部组织均仿苏联采用委员会制，教育机关也不例外，于 1926 年设教育行政委员会为中央教育行政机关。该会设常务委员 2～3 人，委员无定额。委员会下设行政事务厅，厅分设秘书处、参事处、督导处。次年，南京国民政府成立时，中央教育行政机构仍沿用广东国民政府时代的教育行政委员会。后随即改教育行政委员会为大学院，以大学院作为全国最高的学术教育机构和行政机关。

实施大学院制，是蔡元培竭力主张"教育独立"的结果。所谓大学院制，就是将全国最高的学术领导机关和教育行政领导机构合为一体。它是依照法国的体制而创立的，目的在于使"教育官僚化"转变为"教育学术化"，同时也是力图使学术教育相对独立于官僚政治的一种尝试。

大学院设院长 1 人，总理全院事务；设大学委员会决议全国学术上的一切重要问题；设秘书处、教育行政处及中央研究院；设劳动大学、图书馆、博物院、美术馆、观象台等国立学术机关，于必要时设各种专门委员会。1927 年 7 月公布《中华民国大学院组织法》11 条，正式实施大学院改制。同年 10 月，蔡元培就任大学院院长。按蔡元培的本意，设置大学院在于变"教育官僚化"为"教育学术化"，但在实行中，学术化既不易见功效，而官僚化也根本难以铲除，从而脱离了当时中国社会的实际情况。大学院制试行不久，非难四起。1928 年 10 月，国民政府改大学院为教育部，由蒋梦麟担任教育部长，大学院制试行约 1 年，遂告终止。

大学区制的设置及实践　大学区制是指以所在地的大学作为当地的教育行政领导机关，以大学校长兼任教育行政长官，是地方学术研究与教育行政合一的制度。

大学区的组织，以省（区）为基本单元。如浙江省，从学术与教育的角度即称之为"浙江大学区"。大学区内，必须设立国立大学 1 所，以省（区）名命名之。大学校长不仅掌管大学自身，而且"总理区内一切学术与教育行政事项"。大学区设评议会（立法、审议机关）、秘书处（处理日常事务的机构）、研究院（学术研究机关）和"三处"（原称处为部，分别为高教、普教、扩充教育）。这些分支机构均设于大学之内，不同于其他政府机构。大学区隶属于大学院。

大学区制的提出和获准，稍早于大学院制。1927 年 6 月，国民党中央执委政治会议批准了蔡元培的动议，准"以大学区为教育行政之单元"，"暂在浙江、江苏等省试行"。同年 6 月，教育行政委员会奉命筹划大学区，拟定了《大学区组织条例》，由南京国民政府颁布。浙江于同年 8 月 1 日宣告大学区和"第三中山大学"（后改名浙江大学）成立，蒋梦麟被任命为大学校长。稍后，江苏的大学区和大学亦宣告成立,张乃燕被任命为大学校长,最后被定名为中央大学区和中央大学。1928年6月,又决定在北平试行大学区制。

大学院和大学区制自公布施行后,遭到许多非难,人们指责"大学区制"不仅不能使行政机关学术化,而且使学术机关官僚化;不仅不能提高工作效率,反而降低工作效率;只顾大学的高等教育,忽视中小学的基础教育。1929年6月,国民政府决定停止试行大学区制,浙江和北平大学区停办,中央大学区取消,并先后恢复教育厅制。大学区制的试行,前后共计约2年。

重建中央集权制的教育行政机构体系　南京国民政府确立独裁专政后,便对教育行政机构做了较大的调整和变动。1928年废止大学院制,恢复教育部的设置,规定教育部直接隶属于行政院,省、县则分别设置教育厅、局或科,重建了中央集权制的教育行政机构体系。

1928年10月,在明令改大学院为教育部后,南京国民政府又于同年12月11日公布《教育部组织法》,规定教育部分设总务司、高等教育司、普通教育司、社会教育司,并设大学委员会和其他委员会,另设编审处。次年10月1日,修正《教育部组织法》,增设蒙藏教育司和华侨教育设计委员会,以体现对少数民族和华侨教育的重视,这也为清末以来的相关建制所无。1931年7月第三次修正组织法时,增设督学4~6人,使清末就曾设立过的教育视导制度得以恢复。1940年11月,对《教育部组织法》进行了第七次修正,决定将普通教育司一分为二,成立中等教育司和国民教育司,以配合当时推行"国民教育制度"。1947年2月,南京国民政府公布第十次修正后的《教育部组织法》,决定增设"国际文化教育事业处"。这样,从大学院废止后,《教育部组织法》前后历经10次修正,至此,作为中央教育行政机构的教育部规模和设置初步完备。

1929年7月以后,大学区制被陆续废止,河北、热河、浙江、江苏等省逐渐恢复教育厅制。在未试行"大学区"的省区,一直延续以前制定的教育厅制,只是事权和具体建制未尽统一。1931年3月,国民党政府公布《修正省政府组织法》,规定教育厅为省政府组织之一,以后又对教育厅的组织有所扩充和规定,至1937年抗战之前,教育厅的组织系统大致由常设机关和各种委员会两部分组成。抗战时期,国民党政府规定各省区的教育行政机构可视战事需要自行调整,大多数省区都撤厅改科,将教育科附设于政务厅之下,少数省区仍维持教育厅制。抗战胜利后,教育厅制得以恢复,全国统一。

1929年6月,国民党政府公布《县组织法》,规定县教育行政机构为"教育局",掌管学校、图书馆、公共体育馆、公园及其他社会文化事业。1937年6月,国民党政府颁布《县政府裁局改科暂行规程》,把教育局列在裁改之列。1939年9月,国民党政府公布《县各级组织纲要》,将县教育行政机构统一为教育科,科长由县长委派,成为佐治设施,地位日渐低落。抗战胜利后,国民党政府行政院于1947年2月训令,县政府"酌量恢复设置教育局"。1948年,教育部又通饬各省"应就可能设局之各县尽量增设"。这一时期县教育局的组织系统十分简陋。

1930年5月,国民党政府公布了《市组织法》,规定市分两种,一为行政院辖市,直隶于行政院;一为省辖市,隶属于省政府。直辖市教育主管机关之地位等于省教育厅;省辖市的教育主管机关地位等同于县教育局(科)。此后,市教育行政机构逐渐定型。

中国共产党领导下的 根据地的教育行政机构

苏区教育行政机构　1928年5月,井冈山革命根据地在湘赣边区苏维埃政府内设立教育部,这是苏区最早设立的教育行政管理机构。1931年,中华苏维埃临时中央政府成立后,非常重视教育工作,积极着手机构的设置。在临时中央政府中,设立中央教育人民委员部,掌管苏区的教育行政事务,这是全国革命根据地的最高教育行政领导机构,以领导全国的学校教育和社会教育。部中分设初等教育、高等教育、社会教育和艺术四个局。初等及高等教育两局协同管理普通教育,社会教育局及艺术局协同管理社会教育。中央教育人民委员部部长由教育人民委员(仿苏俄体制,称教育人民委员)担任。此外,另设编审局和巡视委员会。1935年,红军长征到达陕北后,中央教育人民委员部与临时中央政府驻西北办事处教育部合署办公。抗战爆发后,中国共产党宣布取消临时中央政府,中央教育人民委员部也正式撤销。苏区的地方教育行政机构早在中央教育人民委员部成立之前就已存在。为了加强对地方教育行政机构的管理,1933年发布《省、县、区、市教育部及各级教育委员会的暂行组织纲要》,规定省、县、区设教育部,市设教育科,乡设教育委员会。省教育部下分普通教育科、社会教育科、编审出版委员会和总务科。1934年,颁行修正《教育行政纲要》。同年起,苏区取消了市一级的教育行政机构组织。

抗日根据地教育行政机构　1938年11月,中共中央成立了干部教育部,干部教育部设置党内干部教育科、国民教育科等。实际上,干部教育部领导了各个根据地的教育工作。1940年6月,中央干部教育部与中央宣传部合并,改为中央宣传部。此后,各个根据地的教育工作由中央宣传部领导。

各抗日根据地的教育行政管理机构是随着政府机构的成立而成立的,成立时间有先后,名称也不统一。例如,陕甘宁边区、晋冀鲁豫边区等均称教育厅(或民政厅);晋绥边区、晋察冀边区、鄂豫边区、山东省等抗日根据地称教育处（或民教处）；淮南、淮北、皖中、苏北、苏南、苏中、浙东等抗日根据地称文教处；华南抗日根据地称宣教科或教育科。另外，同一根据地在不同时期的教育机构名称和设置也有变化。如陕甘宁边区，其教育厅下设行政科、学校教育科、社会教育科、秘书和编审科。边区下之县设第三科，县之下的区设教育科，区之下的乡设立乡教育委员会。1942 年，陕甘宁边区教育行政机构进一步改革完善，边区政府下设教育厅，厅下设三科、秘书室、督学室、编审室。三科中第一科管理经费，第二科负责干部教育，第三科从事国民教育和社会教育管理。县政府卜设文教委员会和第三科，督办全县的教育事业，区公署责成区教育助理员和乡政府负责区乡教育事业管理。

有的抗日根据地在边区级政权之下设行署；有的直接设行署，行署之下设专区、县、区、乡；有的边区以下设专区、县、乡，还有少数边区在一个时期直接领导县。边区的教育厅或教育处大部分设秘书室、小学教育科、中学教育科、社会教育科、编审科以及督学科或督学室。专区以下的教育科则根据工作性质，各项工作由专人分工负责。

解放区教育行政机构　解放战争时期，各解放区基本上仍然实行着抗战时制定的教育行政制度，但名称、职能等都略有变化。解放战争初期，各边区政府都以教育厅作为最高教育行政机构，负责边区的教育事宜。随着解放战争的胜利进行，许多解放区连成了一片，又成立了大行政区政府，原边区政府也随之撤销，如东北成立了东北人民政府，华北成立华北人民政府等。在大行政区政府中，以教育部为全区最高教育行政机构，部下设社会教育处、高等教育处等处，分别管理各类教育。而行政公署一级的教育主管机构仍是教育处（或文教处），一般设置主管教育经费、人事、文件收发保管及调查统计的第一科，主管中等教育的第二科，主管群众教育、社会文化的第三科，以及对各地方学校进行督察、指导的视导室。行署之下的专员公署则设有教育科（或文教科），其主要任务是深入各县检查帮助地方教育为主。县教育科仍为最基层的教育行政组织。区级以下只有教育行政人员的设置，如区设文教助理员、乡设教育委员等。

参考文献

陈学恂．中国近代教育史教学参考资料［M］．北京：人民教育出版社，1987．

毛礼锐，沈灌群．中国教育通史［M］．济南：山东教育出版社，1985．

孙培青．中国教育管理史［M］．北京：人民教育出版社，1996．

朱有瓛．中国近代学制史料［M］．上海：华东师范大学出版社，1986—1989．

（周　晔）

中国近代教育学术团体　近代中国教育工作者研究教育问题、实践教育主张、聚集社会力量共图教育振兴的学术组织。随着近代教育的迅速发展，清政府的教育主管部门已无力独立解决近代教育的各种问题，在此情况下，教育学术团体应运而生。它们出现于 1900 年前后，盛行于 20 世纪二三十年代。

清末教育学术团体

1896 年，清代教育家张焕纶、钟天纬和宋恕等人曾结有"申江雅集"，规定七日一会，专门研讨教育改革问题，开上海由中国人组织的教育团体研究之新风。至戊戌变法前后，兴办学会成为一时之盛，据不完全统计，在当时出现了 70 多家学会，主要分三类：（1）政治性团体，如强学会、南学会；（2）社会风俗改良团体，如不缠足会；（3）学术团体，如在杭州成立的、规定每月进行两次化学实验、专以探求化学原理为己任的化学会；在上海成立的、以探索医学原理、变革传统医学为宗旨的医学会；在杭州发起的以研究算学为重心的群学会；在上海创办的专以"讲求格致之理"为宗旨的格致学社等。1902 年，由蔡元培、蒋智由、王季同等在上海成立的中国教育会标志着中国教育学术团体的正式诞生。中国教育会在其章程中宣布，入会者"或为学校师，或为编辑员，或为新闻记者，或为学生"，"以教育中国男女青年，开发其智识而增进其国家观念，以为他日恢复国权之基础为目的"。中国教育会编定教科书，进行函授教学，刊行丛报等，教育学术研究是其内容之一。其成立的本意并不在于从事教育活动，而是趁清政府力行兴学之机兴起的一种政治力量，旨在研究教育的同时开展革命活动。中国教育会存在了近 6 年时间，到 1908 年前后停止活动。此间，浙江、江苏、江西、四川、湖南、广东、山东、福建等地也纷纷成立了以"普及国民教育，振起自立精神"等为宗旨的"教育会"或"教育研究会"。据不完全统计，至 1904 年，全国各地出现的教育学术团体已达 20 多个。在 20 多个教育学术团体中，有 6 个系留学生在其留学所在国组建，由于此期留学生数量尚不多，所以规模都不大。由留日学生组织的学会、团体，如译书汇编社、教科书译辑社、国学社等翻译了英国斯宾塞的《教育论》、法国卢梭的《爱弥儿》，创办了《浙江潮》、《江苏》、《新湖南》等刊物。其中，《浙江潮》是由东京浙江同乡会于 1903 年 2 月在日本东京创办的，编辑兼发行人为孙翼中、蒋智由、蒋方震、马君武等，它刊发了《教育学》、《杭州教育会始末记》、《绍兴教育会章程》、《敬告乡先生请令子弟出洋游学并筹集公款派遣学生书》等有关教育的文章，产生了较大影响。在其余的教育团体中，中国教育会的声势最强，入会者前后有百余人，但其规模也不很大。尽管中国教育会自成立之后便有创办爱国学社和爱国女学之举,然而其设会的本意,原不过借教育之名,而其教育的专业性不强。另外,也有州县一级的地方教育学术团体,如杭州教育会、奉化教育研究会、绍兴教育会等,以普及和改良本地教育为宗旨,不置议教育以外诸事,显示出相当的专业追求。

1905 年 11 月,江苏学务总会成立,这是近代中国最早公开成立的教育学术团体。该会宗旨"专是研究本省学务之得失,以图学界之进步"。1906 年,清政府宣布仿行宪政,刺激了以绅商为主体的社会团体的飞速发展。清学部鉴于自科举停止以来,各省地方绅士,热心教育,开会研究者,不乏其人,但存在章程不一、窒碍实多的现象,在是年 6 月 8 日的《奏定各省教育会章程折》中规定,设立教育会在于"补助教育行政,图教育之普及,应与学务公所及劝学所联络一气",并对教育会的宗旨、设立及名称、总会与分会的关系、会员资格与职务、会务作出了相应规定,从而把民间的教育学术团体纳入了国家教育管理的系统。依照清学部《奏定各省教育会章程折》规定,江苏学务总会改称江苏教育总会,推张謇为总理(后称会长)。总会成立后,江苏各府、州、县相继成立教育会,到 1908 年,江苏全省共有教育会 47 处。1911 年,总会会员有 623 人,在清末民初的教育界极具号召力。

1909 年,清政府颁布结社集会律,承认结社集会的合法性,为包括教育学术团体在内的各种社会团体提供了法律保障。这一阶段教育学术团体的发展出现以下特点:(1) 创建速度快、数量多。州县及以下一级的教育会,在 1905 年至 1914 年间占有很大比例,如直隶省 1905 年至 1919 年有府州县教育会 69 个,河南省 1907 年至 1910 年有州县教育会 32 个,安徽省 1906 年至 1908 年有县教育会 25 个,江苏省 1909 年有县教育会 55 个,到 1912 年增加到 115 个。1908 年,全国共建各级各类教育会 506 个,1909 年达到 723 个。(2) 团体之间不相统属,但已显示相互联络的意向,初步形成了全国性网络的雏形。清政府在推广新教育的过程中开始意识到中国幅员辽阔,民生艰窘,其间土俗人情,又各自为风气。普及教育之推广维持、教授管理,均须广集教育经验丰富的人员。1911 年 6 月,学部"关于全国教育征集意见","酌采日本高等教育会议章程,变通办理,订定中央教育会章程十四条"上陈朝廷,奏请设立中央教育会。当年 7 月 15 日至 8 月 12 日,中央教育会在北京召开,到会代表 138 人,共开会 18 次,议决 12 案。在中央教育会成立之前两个月,由江苏省教育总会首先倡议于 1911 年 5 月成立了各省教育总会联合会,并于上海召开了第一次会议。中央教育会和各省教育总会联合会的创制表明,一个全国性的教育团体网络的雏形在清末已初步形成。(3) 具有官方或半官方身份的教育学术团体开始大量涌现,成为相应教育行政机关的咨议机构。例如,中央教育会章程明

确规定该会由学务大臣监督之,其会长、副会长由学务大臣奏明朝廷后选派,并强调中央教育会规则,由学部详订定,一律遵守,直接表明中央教育会"官方"咨议机构的性质。据统计,该阶段新成立的教育学术团体共有 59 个,其中有官方半官方的团体 21 个,民间组织的团体 38 个。由于历时较短,该阶段团体活动的影响并不大,但为教育学术团体的发展奠定了合法的社会基础。

民国前期教育学术团体

1915 年至 1935 年是中国近代教育学术团体发展时期。在这期间,团体数量有持续增长之势,活动质量也不断提高。(1) 团体规模大。影响较大的教育学术团体,都能顺应时势,不断发展,其会员规模基本上都突破上千人。如中华职业教育社 1917 年有会员 786 人,1918 年有 836 人,1922 年则有 4 812 人,它的附设机关至 1934 年已达 26 处;中华教育改进社 1924 年前后机关社员已达 118 人,占 18 省区,华侨教育机关个人社员 1 471 人,占 23 省区,旅居欧美者亦有数 10 人,1922 年至 1925 年间,举行的历次年会到会人员均超过 300 人。此外,如中华平民教育促进总会、中国教育学会等团体的规模也很大。(2) 团体间的联络加强。如全国教育会联合会,从 1915 年成立到 1925 年解散,一共召开了 11 次会议,每次会议都有重大议案议决。全国教育会联合会的议决案,不仅为教育界所接受,而且有许多成果直接转化为政府或教育部的有关法令和规章制度。特别是 1922 年北洋政府以大总统令形式颁布的《学校系统改革案》,基本上可以说是全国教育会联合会第八届年会通过的《学校系统草案》的翻版。此外,中华平民教育促进总会、中华职业教育社等在联合其他教育学术团体,推动平民教育运动及职业教育发展方面都作出了很大贡献。(3) 团体发展呈多元化态势。一是官方或半官方教育学术团体表现出较好的活动效能。据统计,1915—1935 年新成立的教育团体 130 个,其中有官方半官方身份的 24 个,属民间组织的 106 个。单从数字上看,前者势头似乎很弱,但实际情况并非如此。因为这一时期此类团体的发展除数量上的增加外,更为重要的就是质量上的改进,其主要表现是在某些省份中,省县教育会的组织程度和活动能力在继续上升,如浙江省教育会自发起成立全浙教育会联合会,旨在联合各县教育家共同研究和协调全省教育事宜,在共计 11 次会议上产生各种议决案超过 80 件,涉及普教、职教、教育行政管理以及师范教育等问题。再如江苏省教育会,其活动势头和全国影响更大,时间也比浙江省教育会长。除了省县级官方身份的教育会外,还出现了教育部主设的教育学术团体,如通俗教育研究会、国语统一筹备会和教育调查会等,这些团体活动空间大,比如教育调查会的调查领域就触及教育行政、普通

教育、师范教育、高等教育、社会教育和实业教育。二是民间教育学术团体量大面广。如中国科学社、国语研究会、全国师范教育研究会、中国中等教育改进社等。据统计,这一时期新建的教育学术团体大体上有18个类别,已触及从普通教育到职业教育、从学校教育到社会教育、从国内到国际、从教师到学生、从幼教到高教等众多领域,使社会各界精英都能从教育的各个方面和从与教育有关的多个社会领域着手,共同推进教育的发展。

民国后期教育学术团体

1936年2月,由陶行知等人发起成立了以"谋推进大众文化,实施国难教育,以启发中国大众争取中华民族之自由平等,保卫中华民国领土与主权之完整"为宗旨的国难教育社,它标志着中国近代教育学术团体的发展进入一个新的时期。1936年至1949年间,共新建教育学术团体56个,其中有7个属国难教育团体,即1936年创建的国难教育社、非常时期教育实施委员会、平津学生南下扩大宣传团,1937年创建的中等特种教育协会,1938年创建的全国抗战教育协会、中国战时儿童教育救济协会以及1939年创建的晋东南文化教育救国总会等。其中,国难教育社和全国抗战教育协会较有代表性。国难教育社理事长陶行知、总干事张劲夫,社内工作主要由中共地下党员主持。社员开始时仅三四百人,后发展到三四千人。其主要活动是开办国难教育和军事常识及技术等讲习班、举行巡回社会宣传、编辑出版大众国难读本及各级学校国难补充教材、调查各地国难教育设施及日本对中国的文化侵略实况、募集国难教育实施经费等。1937年11月上海沦陷后,国难教育社的骨干成员移迁武汉并组建抗战教育研究会,后又加入全国抗战教育协会。全国抗战教育协会由在武汉的中华职业教育社、中国教育学会、教育短波社、《教与学月刊》社等10余个团体于1938年1月组建而成。该协会主张抗战教育应以学校教育为中心,尽量保持学校原有状态,同时与抗战局势相结合。此外,迫于形势,一些教育学术团体对其主要活动区域也作了较大调整,如中华平民教育促进总会南迁,中华职业教育社、中华儿童教育社、中国测验学会、中国教育学会等一大批教育学术团体的总会机关及骨干成员均转移到四川重庆等地,至抗战结束才又陆续迁回。

这一时期,教育学术团体的分化组合主要表现在政治倾向性方面。一些教育学术团体或是中共地下组织主持发起和秘密领导的,如成立于1945年的上海小学教师联合进修会、成立于1946年的上海市中等教育研究会和上海大学教授联谊会等;或是明显倾向共产党的进步组织,如成立于1938年和1949年的生活教育社及上海大学讲助联谊会等。特别是生活教育社,"以团结文化教育界进步力量,普及抗战救国的生活教育运动"为宗旨,由陶行知任理事长。此外,也有一些团体,如中华平民教育促进总会等,虽然原则上主张政治中立,但实质上却对共产党路线有所保留而倾向国民党政权。据统计,这一时期共新建的教育学术团体56个。

中国共产党领导下的根据地教育学术团体

1933年4月,中国共产党在苏区成立了马克思主义研究会,这是苏区在职干部研究马克思主义的群众性教育学术团体。凡党员、团员、苏维埃政府及各群众团体的工作干部,有最低的文化水平(能看《红色中华》或《青年实话》),愿意深造且有时间参加研究的,经马克思主义研究会会员1人介绍均可入会。该会的任务是:加强一般干部的马克思列宁主义理论的准备,造成必不可少的理论基础,同时运用列宁室、俱乐部等机关提高一般的政治水平线。其最高领导机关是马克思主义研究总会。1933年10月,苏区召开教育建设大会,明确提出各地要建立红色教员联合会。其任务是:"团结小学教员研究教授和管理儿童的方法;有组织有计划的领导儿童参加革命运动工作,并发展苏维埃小学教育事业;改良教员本身的生活,实现教员群众的互助。"红色教员联合会把苏区小学教员团结起来,共同进行教学方法的研究,产生了积极作用。

1937年12月,陕甘宁边区陕北公学的部分师生发起成立了国防教育研究会。同时,陕甘宁边区还有新教育学会、中等以上教师联合会、小学教师研究会、小学教师救国会等。1940年,山东革命根据地成立国防教育学会。1940年6月,由陶行知任理事长的生活教育社在陕甘宁边区成立延安分社,成为中国共产党领导下在抗日根据地直接设立分会的党外教育学术团体。1941年,晋察冀边区成立了新教育研究会。1941年4月,苏北根据地成立了苏北文化研究会。1944年8月,苏中根据地又成立了苏中学会。

解放战争时期,中国共产党领导下的根据地,基本上还是原有的几个教育学术团体。到1949年5月,北平解放后,成立了北平高等院校教授研究员联谊会,联络感情,共谋福利,研究学术,促进新民主主义文化。

参考文献

陈学恂.中国近代教育史教学参考资料[M].北京:人民教育出版社,1987.

陈元晖.中国近代教育史料汇编·教育行政机构及教育团体[M].上海:上海教育出版社,1993.

顾明远.教育大辞典(增订合编本)[M].上海:上海教育出版社,1998.

桑兵.清末新知识界的社团与活动[M].北京:三联书店,1995.

张伟平.教育会社与中国教育近代化[M].杭州:浙江大学出版社,2002.

(周　晔)

中国近代留学教育　　中国近代为救亡图存而派遣学生到先进国家学习以求新知的行为。中国近代的留学教育是从1872年官派第一批留美幼童开始的,经过晚清、民国初期、南京国民政府时期前后近80年时间,大致可分为三个阶段:第一个阶段自1872年到19世纪90年代,为发轫阶段;第二个阶段自19世纪90年代后期到20世纪20年代后期,是近代留学教育的兴盛发展阶段;第三个阶段自20世纪20年代后期到20世纪40年代末期,是从平稳发展到大断裂再到复苏的阶段。

近代留学教育的发轫

中国近代留学教育始于容闳的倡议。容闳于1828年出生于广东香山,1841年入澳门马礼逊学堂,1842年随马礼逊学堂迁香港。1846年12月,马礼逊学堂校长、美国传教士S. R. 布朗因病回国,容闳和黄胜、黄宽三人随布朗去美国读书。1854年,容闳成为第一个毕业于耶鲁大学的中国人,获得学士学位,同年11月回国。此后,他产生了选派留美学生的愿望并形成了计划。

1868年,主张推行"洋务新政"的丁日昌升任江苏巡抚后,容闳多次前往拜谒,并向他提出选派幼童出洋留学的计划,得到赞同。其后,容闳通过丁日昌又与曾国藩、李鸿章取得联系。时任两江总督兼大学士的曾国藩于1871年、1872年连续两次就留学事上奏清廷,最终获准。清廷决定在上海成立"幼童出洋肄业局",在美国设立中国留学生事务所,任命陈兰彬和容闳为正、副监督,决定留学所需经费由海关拨付,留学生年龄从12岁到16岁,招生名额120名,分四批,按年递派,每年30人出洋,留学期限15年,毕业后回国。

选派幼童赴美留学　　1872年8月,第一批留美肄业学生蔡绍基、詹天佑等30人赴美;1873年6月,第二批留美肄业学生蔡廷干、王凤阶等30人赴美;1874年9月,第三批留美肄业学生唐绍仪、吴敬荣等30人赴美;1875年10月,第四批留美肄业学生刘玉麟、金大廷等30人赴美。1881年6月8日,总理各国通商事务衙门大臣奕訢等《奏请将出洋学生一律调回折》称:"臣等查该学生以童稚之年,远适异国,路歧丝染,未免见异思迁,唯恃管带者监督有方,使能去其所短,取其所长,为陶冶人才之地。若如陈兰彬所称,是外洋之长技尚未周知,彼国之浇风早经习染,已大失该局之初心。""臣等以为与其逐渐撤还,莫若概行停止,较为直截。"同年6月29日,李鸿章《复吴子登》云:"总署已奏准全撤,俟奉到行知照办。电报学生可令先回。执事须将局内经手公务了清,方能起程回国。"这批早期留学生遂于1881年底全部回国,留美教育派遣计划中途夭折。

派遣留欧学生　　为造就洋务运动所必需的人才,总理船政大臣沈葆桢与李鸿章、左宗棠等从19世纪60年代起即开始酝酿派遣留欧学生。欧洲留学以沈葆桢于1875年派遣福建船厂学生随法国人日意格去法国学习船政为最早,李鸿章于1876年派天津武弁卞长胜等7人随德国人李劢协去德国学习陆军次之。这是中国学生去法德两国的开始,但均为大员所派遣,非政府正式派送,是中国近代官派留欧学生的前奏。

1877年1月,李鸿章、沈葆桢联名奏请派遣福建船政学堂生徒赴欧洲留学。同年3月,福建船政学堂派出了第一批留欧学生,28名学生和艺徒在华监督李凤苞、洋监督日意格和随员马建忠、翻译罗丰禄、文案陈季同的带领下,开始了留学欧洲之行。他们中既有后来成为海军将领的刘步蟾、林泰曾等人,也有向中国人介绍西学的翻译家严宗光(严复)。其后不久,又增派了张启政等5人。1881年,由李鸿章主持,船政局又选派黄庭等10人分赴英、法、德留学。1886年,包括天津水师学堂的10名学生共34人在内,清政府派遣了第三批留欧学生。留欧学生陆续派出之时,正值北洋海军及其他洋务事业急需人才之际。回国后,这批人才成为推动洋务运动,特别是海军建设和船政事业的重要力量。1894年甲午战败后,留学教育受到一定影响。到1897年,清政府又派出第四批留欧生共6人,但因经费无保障,这批学生被迫提前三年回国。此后一直到1907年船政局撤销,再未派遣留学生。

近代留学教育的发展

甲午战败后,随着民族危机的空前加深,众多知识分子为了寻找民族自救的道路,纷纷自备旅费相继出洋留学,并向清政府疾呼派遣留学生。特别是日本经过明治维新,学习西方的科学技术,在不到30年的时间就强盛起来,对当时中国的朝野影响很大。于是,清政府决定派遣学生和官员到日本去学习。自此,派遣留学生从欧美转向日本,而且逐渐形成高潮。进入民国以后,逐步形成了全方位派遣的新格局;留学生的考选、派遣日趋严格化、制度化;公费、自费同时并举,积极鼓励自费留学。

派遣留日学生　　近代中国留学日本,始于1896年6月清政府派出的包括唐宝锷、胡忠赢、梁忠光等13人的首批留日学生。这批留日学生是总理衙门从上海、苏州一带选拔的,年龄从18岁到32岁不等。在随后三年间,除先后退学的6人外,共有7人毕业,其中有3人升入专门学校。唐宝锷从专门学校毕业后升入早稻田大学攻读政治经济学。

1899 年 5 月,日本驻华公使矢野文雄函请清政府派学生赴日留学。总理各国通商事务衙门复奏《遵议遴选生徒游学日本事宜片》,认为日本讲求西学,大著成效,又与中国近在同洲,往来甚便;既经该国函请派往游学,拟派京师同文馆东文馆学生外,再咨南北洋大臣及两广、湖广、闽浙等各督抚选派留日学生,并以此作为一项固定的政策。

清末"新政"时期,清政府重申变法,并谕令各省督抚速派留学生。1905 年,清政府废除科举制度,以传统功名奖励出洋留学,这就使留学成为新的仕途捷径。在政府的提倡和奖励下,出洋留学之风从此大盛。国人因留学日本具有"路近、费省、文同"等诸多便利,一时间如潮似涌,其中有相当一部分为私人筹款留学。清末留日学生大多入师范、法政速成科及日本陆军学校学习,所习专业非常广泛,不仅有政法、外语、师范、文史、农医、军事、商业等,还有音乐、美术、体育。

"退还庚款"与留美　1909 年,清政府正式决定接受美国所退部分庚子赔款,作为留美学生经费。同年 1 月,清政府外务部着手筹办选派留学生事宜。5 月,外务部会同学部拟定了《派遣留美学生办法大纲》。其中规定,自拨还赔款之年起,前 4 年每年遣派学生 100 名赴美留学,自第 5 年起,每年至少续派 50 名。赴美肄业科目,"以十分之八习农、工、商、矿等科,以十分之二习法政、理财、师范诸学"。1909 年 6 月,清政府在北京西郊清华园建立游美学务处。同年,于 640 名考生中选取首届庚款留学生 47 名送往美国。1910 年,又从 400 名考生中考选 70 名作为第二批送往美国。于是留学美国出现热潮。至 1910 年,留美学生增至 500 多人。到 1911 年清亡以前,增至 650 人。同年 4 月 29 日,清华学堂正式开学,1912 年 10 月清华学堂改为清华学校,作为留美预备学校。1915 年,该校改办大学,停止全体学生派送留美的办法,于是不再作为留美预备学校。

清末民初的留美学生都是经过严格挑选的,留学的科目以理、工、医、农为主。他们的学习成绩十分显著。据 1917 年、1918 年汇编的《游美同学录》统计,有 90% 以上的留美学生获学士学位,有很多人获得工程师和硕士学位。自 1895 年至 1915 年的 20 年间,有 35 人获得各学科的博士学位。

留法勤工俭学的兴起　辛亥革命后,一些贫寒的青年学生到法国、英国、德国、比利时等国勤工俭学,而以去法国人数最多,至 1920 年末,约有 1 600 名中国学生在法国过着边学习边工作的生活。勤工俭学之风最早的提倡者是李石曾、吴稚晖等人。

为了帮助青年学生到国外寻求新知识,1912 年 2 月,吴稚晖、李石曾、汪精卫等人在北京发起成立了留法俭学会,以"以节俭费用,为推广留学之方法;以劳动朴素,养成勤洁之性质"为宗旨。同年 4 月,留法俭学会又在北京设立留法预备学校,5 月 26 日正式开学。1912 年、1913 年共有 100 多人完成预备学业赴法国俭学。1912 年 6 月,吴玉章、黄复生等人又在成都成立四川俭学会,1913 年 2 月,张静江、吴稚晖、李石曾、汪精卫等人在上海发起成立留英俭学会。1913 年 9 月,"二次革命"失败后,留法俭学会停办。

1914 年,李广安、张秀波、齐云卿等人,总结多年的实践经验,把"俭学"和"以工兼学"两者结合起来,正式提出了"勤工俭学"的口号,并于 1915 年 6 月发起成立了留法勤工俭学会。以"勤于工作,俭以求学,以进劳动者之智识"为宗旨。会员若"以工求学",为实行会员;而本身非以工求学,而是有所尽力者,为赞助会员。该会成立后,做了很多工作,出版了《勤工俭学传》,蔡元培亲自为该书作序,又发行了《华工杂志》,大力宣传"以工兼学"。该会会员在最多时达千余人。1921 年 10 月,里昂中法大学开学,是为中国最早在海外设立的大学。同年 7 月,它向国内招生,至 1947 年停办。

随着旅法华人的日益增多,原留法勤工俭学会组织已不适应新的需要。1916 年 3 月 29 日,蔡元培、李石曾、吴玉章、汪精卫、吴稚晖等人,和法国巴黎大学历史教授欧乐、法国众议会议员穆岱在巴黎发起组织华法教育会。同年 6 月 22 日,在巴黎召开成立大会。该会宗旨为"发展中法两国之交谊,尤重以法国科学与精神之教育,图中国道德知识经济的发展",并在国内设立了华法教育会分会。华法教育会的主要工作是,从国内招收华工,在法国开办华工学校。华法教育会和留法勤工俭学会合办的华工学校,于 1916 年 4 月 3 日在巴黎正式开学,第一期招收学员 24 人,蔡元培为华工学校编写了德育、智育讲义共 40 篇,还亲自为华工讲授。

1921 年 2 月,旅法勤工俭学中的共产主义知识分子,在法国巴黎成立了旅法共产主义小组,周恩来、赵世炎、张申府等都是小组成员。旅法共产主义小组在留法学生中宣传马克思主义,领导革命活动。1922 年 8 月,中国旅法勤工俭学学生代表大会在巴黎举行,成立勤工俭学学生总会。

20 年代留苏热　1923 年,中共旅欧总支部开始派人赴苏留学。从当年至 1926 年,共派遣 100 多人。1925 年 11 月,莫斯科中山大学成立,该校专门招收中国学生。12 月,委托广东国民政府招生 147 人,分两批赴苏,学制 2 年。莫斯科中山大学成立的消息很快在中国青年中掀起了一场留苏热潮。这次留苏运动的特点是:一是学生由国民政府秘密选送;二是被选送者大多是国民党员或共产党员和青年团员。1927 年后,国民党政府停止选送,并令留学生中的国民党党员回国。因此 1927 年以后的留苏学生都是共产党员和青年团员,选派的对象主要为工人和农民。

近代留学教育的中断与复苏

抗战以前的南京国民政府时期,留学教育相对比较平静,虽然历年出国留学人数有升有降,在留学区域的分布上或多或少,但都属于较为正常范围内的自然流向和增减。1937 年抗战爆发,打断了中国近代留学教育的正常发展。这主要表现为两个方面:一是海外留学生为共赴国难,纷纷辍学回国;二是出国留学人数锐减。抗战后,南京国民政府为了战后的重建工作,加之与美国的特殊关系,向美国派遣了大量留学生以及各种进修人员、技术人员。

1929 年以后,除各省市举行公费生留学考试外,南京国民政府继续利用各国退还的部分庚子赔款,派员出国留学,并定期举行公费留学考试。清华大学共举办 6 届,录取 132 人;中英庚款考试共进行 8 次,录取 177 人;对日本、比利时、法国等也都进行过此类选派工作。到 1929 年,出国留学人数达 1 657 人,是南京国民政府时期留学生最多的年份。1929 年以后,国民政府鉴于自费留学生亦隶属于学制系统的范围之内,不能不予以管理,乃颁定登记办法,即留学生如愿自费出国留学,须将留学计划呈请教育部核准登记,领取留学证书后再行出国。1929 年,教育部发出留学证书 2 300 余份。1933 年 6 月,教育部又颁布《国外留学规程》,对出国留学作了更严格的规定,其中也有自费生出国留学之资格规定。到 1935 年,出国留学生总计 1 033 人。

九一八事变后,在日本东京的中国 17 省留日学生代表集会,决议全体回国。留日学生监督处发给部分学生归国旅费,在此前后,归国留学生甚多。七七事变后,日本当局开始对中国留学生加以迫害,留学生纷纷回国。1937 年初,留日学生约 5 000 人,至 7 月末只余 170 人。9 月,教育部令留日学生一律回国,到 10 月下旬,留日学生几乎全部回国。与此同时,欧美留学生归国者亦络绎不绝。据统计,抗战前夕,中国在欧美各国的留学生共约 4 000 人,到 1938 年 5 月,回国者几占一半。1939 年 4 月教育部颁布的《修正限制留学办法》规定:"在抗战期内,非经特准派遣者,一律暂缓派遣。自费留学生,除得有国外奖学金,或其他外汇补助费,足供留学期间全部费用,无须请购外汇者外,一律暂缓出国。"同时规定以研究军工理医各科学生为限,文法等科学生除非研究上之特殊需要方准出国,并提高了出国留学的资格。这样,出国留学人数锐减。到 1945 年抗战胜利,仅 8 人出国。抗战八年中出国人员总数尚不及战前一年。

抗日战争结束了中国留学日本长达 42 年的历史,战后的日本一片废墟,不能再作为中国学生的留学国家。英法两国在二战中亦遭巨创,且大批战争期间入伍的学生,战后复员后重新涌入校门,大学人满为患,无法接纳外国留学生。只有美国是战后理想的留学国度,美国不仅向国民政府提供了军事和经济援助,还提供奖学金,鼓励中国学生前往留学,而国民政府为了战后的重建工作,也开始向美国派遣了大量留学生以及各种进修人员、技术人员。此外,还有赴美讲学的教授、高级官员以及各种考察人员。在战后几

年间,形成了赴美高潮,1945 年至 1949 年的四年间赴美留学者达 5 000 余人。1946 年 7 月教育部举办首届公费留学考试,录取 148 人。同时举办第二次自费留学考试,录取人数达 1 934 人。1947 年 2 月,教育部又举行翻译官留学考试,录取 97 名。随后国民政府再未举行过公自费留学考试。

参考文献

陈学恂,等.中国近代教育史资料汇编·留学教育[M].上海:上海教育出版社,1991.

毛礼锐,等.中国教育通史[M].济南:山东教育出版社,1988.

舒新城.近代中国留学史[M].上海:上海文化出版社,1989.

田正平.留学生与中国教育近代化[M].广州:广东教育出版社,1996.

(吴民祥)

中国近代女子教育

中国近代为女子接受教育所举办的教育事业的总称。其中包括各国教会在中国兴办的女子教育。在西方外来势力的冲击下,近代中国闭关锁国的局面逐渐被打破,东西方文化的交汇和撞击使人们对女子的价值和地位产生了新的认识,在新女性观的影响下,中国严格排斥女子接受学校教育的做法开始松动,学校大门逐渐向女子敞开。中国近代女子学校之设,始于教会,后经过清末、民国初期、南京国民政府时期三个阶段的发展,近代女子教育逐步完善。

女子教育的创立　中国女子接受新式教育,发端于基督教传教士。1844 年,英国"东方女子教育促进会"派遣女传教士爱尔德赛在宁波创办女子学塾,这是西方传教士在中国设立的第一所女学堂。之后,来华传教的教会及传教士在中国各地纷纷设立女学。从 1847 年至 1860 年,教会在沿海通商口岸设立的女子学校共 11 所。据统计,1869 年,教会学校有女生 576 人,到 1876 年,教会学校女生共有 2 084 人。1881 年,上海圣玛利亚女学建立。1884 年,美以美会在镇江创办镇江女塾。其中,美国传教士林乐知于 1890 年在上海创设的中西女书塾是早期教会女学中比较著名的。当时,提倡女学的文字常登载在《万国公报》上。1902 年,除初等蒙学堂不计外,中国受教会学校教育的女子共有 4 373 人。

甲午战争以后,国人认识到普及教育的迫切性,加之教会女校的扩张,遂有提倡女学并渐有私立女校的创办。其中较为著名的有:1898 年,经元善在上海龙华附近创办的经正女学,这是第一所国人自办的女学,后因戊戌政变,该校停办;1902 年,吴怀疚在上海创办务本女塾,以培养贤妻良母为办学宗旨,招收师范、中学两科学生,该校于民国初年改为上海县立,南京国民政府成立后改为市立;1902 年,蔡元培、蒋观云等在上海创办爱国女学,1903 年开始对外招

生,教育宗旨为培养独立的完全人格,以体育为重,并提倡女权;1904年,芜湖女子公学成立;1905年,侯鸿鉴等在无锡创办竞志女学,分师范、中学、小学三部,以劳苦教育主义为宗旨;同年,冯敬人创苏州女学于苏州;1906年,刘翊宸、庄蕴宽创办粹化女学于常州。

1907年,学部奏定《女子师范学堂章程》及《女子小学堂章程》,两性双轨制的女子教育正式确立。此时的女子教育为教女子"知守礼法",做贤妻良母,只在于养成家庭中一个贤良的主妇,不与男子受同等的教育,于是在男子教育之外另立了一个教育系统。当时为女子教育而设的,仅规定了8年的小学教育和4年的师范教育。至于其他为男子所享有的中学、实业、专科及大学等教育,女子则无权享受。

清末《女子师范学堂章程》颁布前,全国女子师范学校有:1904年福建沈琬庆等人于南京创办旅宁第一女学堂,设初高两等小学及师范班,后改归省立;竞仁女子师范学堂(1904年,上海);浙江女子师范学堂(1904年,杭州);福建女子初级师范学堂(1904年,福州);安徽公立女子师范学堂(1906年,芜湖);湖北省立女子师范学堂(1906年,武昌);北洋女子师范学堂(1906年,天津);奉天省立女子师范学堂(1906年,盛京)等。到1913年,又有7所女子师范学堂设立。女子师范学堂以"养成女子小学堂之教习,并讲习保育幼儿方法,期于裨补家计,有益家庭教育"为宗旨,规定4年毕业,招收女子高等小学毕业生,年龄须在15岁以上。女子小学堂分女子初等小学堂和女子高等小学堂,两等合并设立者为女子两等小学堂,分设、合设均可。女子小学堂规定,7～10岁入初等小学堂,11～14岁入高等小学堂,修业年限均为4年。女子小学堂管理很严厉,它以"养成女子之德操与必需之知识技能,并留意使身体发育"为宗旨。

女子留学的开端　戊戌变法以前,有事迹可考的女留学生是4人,均为教会资助出国。20世纪初,一些女子开始陪丈夫或随父、兄赴日留学。从1903年开始,女子留日学生人数渐增。1905年以后,许多省份派女子赴日留学,当年湖南派出20名女青年赴日学习师范,江西派出10名。奉天省与日本东京实践女学校还约定,每年派15名女生到该校学习。至1907年,仅东京一地就有中国女留学生100多人。1907年,江苏考试出洋留学生,规定女子也可参加应试,录取女生3人,这是官派女留学生的开端。此后,清华有每两年选留美女生10人的规定。各省官费留学也无男女之限制,浙江更规定留日官费生出缺,即以女生考入日本国立高等学校的递补。自此,女子留学开始纳入正规,官费派遣或自费出国成为主要渠道,虽然间或仍有教会资助出国者,但所占比例极小。

民国初期女子教育　1912年1月,南京临时政府教育部颁布《普通教育暂行课程标准》,其中涉及女子教育的内容有初等学校可以男女同学,女子不另设课程标准,但就其

各级学校增损其学科。同时,两性双轨制的女子教育开始淘汰,直到1922年"新学制"建立了彻底的单轨制。

1912年9月,教育部颁布《女子中学章程》,实行男女分校,这是法定女子普通中学的开始。同年12月,公布中学施行规则,废止文实分科,侧重普通教育,女子中学课程与男子相同,而另加有家事、园艺、缝纫。1921年,广东省立中学开始招收女生,这是中学男女同校之始。教会学校提倡女子中等教育较早,其中学女生约有1/3升入大学,1/3以上担任教员。

自民国初年起,各省普遍设立女子师范学校,每一省立师范学校附设优良的附属小学,以作为实验与实习基地。女子师范学校以"造就小学教员及蒙养园保姆"为目的,女子高等师范学校以"造就女子中学校、女子师范学校教员"为目的。1913年教育部公布的《实业学校规程》规定设置女子职业学校。民国以来,女子职业学校虽有设立,但课程注重刺绣、缝纫,女子蚕业学校较发达,师范、医学为女子高等职业教育,女子职业教育机关较为缺乏。1917年,第三次全国教育联合会决议《推广女子教育案》,其中有培养师资与增设女子中小学两项内容。应该说,此时的女子教育观仍为"贤妻良母"、"相夫教子"。五四运动爆发,极大地推动了妇女解放,在教育方面,大学开女禁,中学男女同学,并给予女子高等教育机会,使一些妇女获得新知识和新思想。女学生直接参加了政治和社会运动,提高了妇女的社会地位。

五四运动以前,女子高等教育的学校仅教会所办的3所:燕京女子大学、金陵女子大学、福州华南女子大学。最先实行男女同校的学校是岭南大学,它对后来国立大学的开放女禁很有影响。1919年,北京女子高等师范学校成立,这是近代中国第一所国立女子高等学府。到五四运动后,不仅初等小学男女可完全同校同级,高等小学的男女同校同级也逐渐实行。自1927年以后,各省中学除了极守旧者外,大都兼收女生或添设女子部。

南京国民政府时期女子教育　1928年,全国教育会议宣言中关于女子中等教育的内容是:"女子中等教育,应培养女子特有的社会职分,而适应其特殊的需要。所以,我们认定女子中学校以单独设立为原则,但因地方人才经费的限制,不能分设两种学校,亦得于一校内根据女子特殊的需要,变通办理。"

全国教育会议决议推行女子职业教育,由中央政府通令各省县,广设女子职业学校。1928年,教育部规定以全部教育经费百分之十五至二十办社会教育。在实施方面,男女并重,各种教育机关女子皆可参加。当时民众学校,全国以数十万计,均为男女兼收,而且因实际需要,特设妇女班。1928年后,幼稚教育逐渐发展,但多设在城市,乡村幼稚园处于萌芽阶段,为数极少。

1930年5月,教育部通令各省市,将辖境内之各大学或

中学择其设备完全及经费充实者,酌设妇女职业班,逐渐扩充,以期普及。据 1930 年统计,全国女子职业学校共计 69 所,所设立的学科偏重于家事方面。1933 年,教育部公布小学课程标准,规定男女儿童在同一标准下接受教育。女子师范学校及学生数以广东省为最多,其中广东女子师范学校、广州女子师范学校、私立坤维女子师范学校颇负盛名。

这一时期的女子高等教育机构主要有:国立北平大学女子文理学院、省立河北女子师范学校、私立金陵女子文理学院及夏葛医学院,此外还有未经立案的首都女子法政学院、成都女子法政学院及华南女子学院。

1938 年 3 月,国民党临时全国代表大会通过了《中国国民党抗战建国纲领》,其中与女子教育有关的有:"训练妇女,俾能服务于社会事业,以增加抗战力量。"在发展教育的十七个要点中,有关女子教育的内容是"中小学中之女生,应使之注重女子家事教育。并设法使学校教育与家庭教育相辅推行"。

抗日战争胜利后,各地开展了大规模的教育复员工作,通过复员工作,各类女子教育都获得了一定发展。各地政府及教育主管部门遵照教育复员的规定在各地恢复、增设了许多幼稚园、小学,招收女童。复员后,女子中学教育也得到了较大发展。除许多中学兼招女生外,还单设了女子初级和高级中学,其分布以四川为最多(共 97 所),上海次之(共 41 所),台湾第三(共 24 所),广西、青海、山西、察哈尔未曾单设女子中学。与此同时,女子中等师范教育也获得相当的恢复与发展。此外,通过复员、增设、调整职业学校,使大批女子进入学校接受职业教育。通过复员工作,到 1946 年,女子高等教育较战前获得了明显发展。1946 年后,随着内战的爆发,特别是 1947 年以后,女子高等教育又遭到摧残。

中国共产党领导下的根据地女子教育　　1929 年 7 月,在毛泽东的领导下,闽西苏维埃政府创办了闽西第一所女子夜校——新泉工农妇女夜校。

在 1937 年至 1940 年的三年中,陕甘宁边区小学的女生占 3.9%。1940 年下半年,各县初小学生中,女生有 6 953 人,占小学生总数的 23.80%。在完全小学里,女生所占比例略低,女子入中学的比例很少。边区政府还创办了各种女子干部学校,主要有八路军抗日军人家属学校(抗日根据地创办的第一所女子学校,1937 年创办于延安)、抗日军政大学总校第八大队——女生大队(成立于 1938 年)、中国女子大学(1939 年夏成立于延安)。除此以外,陕北公学、延安女子师范、鲁迅女子师范、鲁迅艺术学校以及延安大学等校都招收女生,各级妇联还举办了各种培训班对在职妇女干部进行培训。边区政府也开展了妇女识字教育运动,除陕甘宁边区之外,其他各抗日根据地也大力开展了女子教育工作。

解放区各级政府要求发展妇女教育,提高妇女文化政治水平,在开展一般群众教育中,注意开办妇女识字班、妇女夜校等,在各级学校中,一律男女兼收,并免除女生学费。这些政策的制定与颁行,有力地推动了解放区女子教育工作的开展,各地均办有妇女识字班、夜校、冬学、读书读报班。在老解放区,妇女与男子有同等受教育的权利。为了丰富解放区妇女的文娱生活,民主政府十分重视对广大妇女施以积极健康的歌舞教育。同时,解放区妇女组织还创办了一些妇女报刊,主要有东北的《妇女战线》(1945 年 9 月创办)、《女群》周刊(1945 年 10 月创办)、《妇女先锋》(1946 年 1 月创)、《妇女周刊》(1947 年秋创办)等。

参考文献

杜学元.中国女子教育通史[M].贵阳:贵州教育出版社,1995.

卢燕贞.中国近代女子教育史[M].台北:文史哲出版社,1989.

毛礼锐,等.中国教育通史[M].济南:山东教育出版社,1988.

阎广芬.中国女子与女子教育[M].保定:河北大学出版社,1996.

(吴民祥)

中国近代少数民族教育政策　　1840—1949 年间清政府及中华民国历届中央政府关于少数民族的教育政策。

晚清政府的民族教育政策　　鸦片战争后,中国进入半殖民地半封建社会,传教士在某些地区开设教会(教堂)学校,成为中国少数民族近代学校教育的开始。1901 年清政府下诏变法,推行"新政",整饬吏治,编练新军,鼓励兴办商务和实业;同时改革科举,兴办新式学堂。为了在蒙古、西北、东北、藏区等民族地区推行新政,1906 年清政府改理藩院为理藩部,增设调查、编纂两个附属局,着手筹办民族地区新政事宜;派肃亲王善耆到内蒙古东部进行实地考察,调查提纲包括牧政、开垦、铁路、矿产、森林、渔业、盐务、学校、兵制、商务等 14 项内容。善耆考察后提出《经营之策八条》,对内阁、理藩部、度支部、学部、资政院等部门在制订行政、税收、宪政、兴学和实业等方面的施政方案提出建议。东北、蒙古、西北地区的将军、办事大臣也先后上奏各地新政方案,其中多有兴办学堂款项。1906 年清政府派张荫棠到西藏查办藏事、实行新政。川滇边务大臣赵尔丰上奏获准在川边藏族地区举办屯垦、练兵、设官、兴学、通商、开矿六事。1907 年张荫棠提出治藏建议十九条,事关民族文教政策的建议有:优渥达赖班禅,以汉官监之;兴办教育,设汉文学堂,推广汉语;创办汉文白话报,以激发爱国心,增加新知识等。张荫棠在西藏设立学务作为专门管理西藏教育的行政机构,颁布译成藏文的《训俗浅言》《藏俗改良》,并发往各地。1910 年,清政府在理藩部内设藩部宪政筹备处,合并调查、编纂两局为藩政研究所,加强对少数民族地区新政的调查研究。同年,开始在库伦举办新政,设置男女小学堂等二十余处新机构。新政对少数民族教育事业有促进作用，这一时期创办的学校有：广西的广西大学堂（1902）；桂林的士官学堂、农业学堂、优级师范学堂、农业学堂、优级师范、陆军测量学堂、陆军小学（1904）；延边龙井的瑞甸书塾（1906）；北京试办的满蒙贵胄学堂（1907），成立的满蒙高等学堂（1908）；青海蒙藩学堂（1910）。在西藏，1907 年设置白话报馆 1 所、西藏印书局 1 所、西藏藏文传习所和西藏汉文传习所各 1 所；以及蒙养院 9 所（从 1904 年起陆续设置）、初等小学堂 4 所（从 1907 年起陆续设置）。1908 年设西藏汉藏文半日学堂 1 所、西藏武备速成学堂 1 所，1908 年到 1910 年，设汉文小学堂 3 所。各民族地区书院先后改为高等学堂，私塾改为初等学堂，聘请教师讲授汉文、算学、自然科学，有的还开设英文。

民国时期少数民族教育政策　（1）南京临时政府民族教育政策。1912 年 1 月，南京临时政府教育部颁布《普通教育暂行办法》和《普通教育暂行课程标准》；2 月，发表《对于新教育之意见》，提倡"五育并举"（"五育"即公民道德教育、军国民教育、实利主义教育、世界观教育和美感教育）；3 月，孙中山以南京临时政府名义公布《中华民国临时约法》，提出"领土统一"和"五族共和"（"五族"泛指中国境内的所有民族）为中华民国时期少数民族教育政策指明方向。（2）北洋政府民族教育政策。1912 年 9 月，北洋政府公布教育方针："注重道德教育，以实利教育、军国民教育辅之，更以美感教育完成其道德"。1912—1913 年，颁布"壬子癸丑学制"。1919 年，公布教育宗旨："养成健全人格，发展共和精神"。1922 年颁布"壬戌学制"。这些措施对少数民族教育有一定影响。1913 年，北洋政府颁布《蒙藏学校章程》，开设北京蒙藏学校，此后兴办广西大学和高等专科学校，宁夏创办清真初级及高级学校，东北、西北、西南等民族地区相继建立一批近代学校。同年，黑龙江省民政长公署批准《私立鄂伦春初等小学简章》。1918 年，黑龙江督军署颁布《鄂伦春国民教育简章》，先后兴办 9 所学校。（3）南京国民政府民族教育政策。① 法律规定民族平等。1931 年通过《中华民国训政时期约法》，第二章"人民之权利义务"第六条规定："中华民国国民无男女、种族、宗教、阶级之区别，在法律上一律平等。"② 开展少数民族教育工作。1929 年，国民党三届二中全会通过《关于蒙藏之决议案》，第四条规定："关于蒙古与西藏经济与文化之振兴，应以实行发展教育入手。"1935 年，国民党五大宣言提出："重边政，弘教化，以固国族而成统一。"1947 年，国民党六届三中全会提出："注意边疆教育，培植各族青年，以增进其公共事业服务之能力与机会。"③ 建立管理少数民族事务的行政机构。1928 年，决定成立蒙藏委员会，1929 年，公布该委员会组织法，明确规定蒙藏委员会管理蒙古、西藏的行政事项及其各种兴革事项。1929 年，在教育部特设专管蒙藏教育的司科机构，具体

执行蒙藏教育的管理工作。1939 年，成立边疆教育委员会，1948 年，成立国立边疆文化教育馆。④ 发展少数民族学校教育事业。《关于蒙藏之决议案》决定，在南京设立蒙藏学校，附设蒙藏研究班，由蒙藏各地选送优秀青年应试入学；大力兴学，发展蒙藏教育。通令各蒙旗及西藏、西康等地主管官厅，迅速创办各级学校，确定蒙藏教育经费；在南京及其他适宜的地点，设立招收蒙藏青年的预备学校。据此，南京大学设立边政学系，一些地方开设边疆学校、海疆学校。1930 年起，南京国民政府开始直接在边疆少数民族地区开设国立小学，如宁夏定远营实验中心小学、国立拉萨小学、青海三角城中心学校、云南奢香中心学校等。一些民族地区的地方政府也相继制定教育政策，发展学校教育，如黑龙江省于 1929 年成立齐齐哈尔蒙旗教育委员会，颁布《黑龙江省蒙旗教育委员会会章》；1933 年，广西省发布《广西教育的设施方针》及《广西普及国民基础教育法案》，并成立广西普及国民基础教育研究院；1934 年，甘肃教育厅制订《推进藏族教育计划》；1936 年，湖南省政府批准通过《湘西苗民文化经济建设方案》。一些民族地区、偏远山区纷纷建立学校。⑤ 制定边地民族教育事业视导制度。1930 年，南京国民政府教育部颁布《边远区域教育督导员暂行办法》，规定督导员负责管理边远区域涉及教育的法令及计划推行事项、教育兴革建议、教育经费筹措及支配考察、教育工作人员业务素质考察及指导、各级教育视导、教育机关咨询解答、学生升学指导等事项。⑥ 发展边疆教育。1939 年颁布《推进边疆教育方案》；1941 年颁布《边地教育视导应特别注意事项》，规定边地教育视导人员必须注意当地教育机关是否注意边地教育；调查当地边胞社会风俗；搜集当地教材和边教文物；研究边胞固有教育及改进办法；在边疆各民族中推行"国语"。抗战期间，西南、西北地区的教育有所发展。到 1945 年抗战胜利时，共办国立中学 34 所、国立大专院校附属中学 16 所、国立师范学校和职业学校 14 所。⑦ 对少数民族教育实行优惠政策。《关于蒙藏之决议案》规定，制定特定国立及省立学校优待蒙、藏、新疆、西康等地学生的办法。1929 年，教育部和蒙藏委员会联合发布《待遇蒙藏学生章程》，规定全国各学校收录蒙藏学生，免交学费，蒙藏委员会负责保送蒙藏学生到内地求学和分配毕业生回蒙藏地方服务。此后，对蒙藏学生优待办法逐步放宽至边疆学生。1931 年，黑龙江省政府批准《优待鄂伦春学生规则》。1944 年，南京国民政府发布《边疆学生待遇办法》，规定凡语言文化具有特殊性质地方的学生，均获保送升学、申请公费及常年补助费的优待。⑧ 重视民族语文教育和国文教育。1941 年，国民党五届八中全会提出"特设边疆语文编译机关，编印各种民族语文之书籍及学校用书"。1946 年，国民党六届二中全会决议规定，"在边疆民族所在地，各级学校之设施应注重本族文字，并以国文为必修科。各机关行文以国文

及本族文字并行为原则"。⑨ 要求尊重民族宗教、民族风俗。国民党四大制订《确定边区建设方针并切实进行案》规定,"对于各地风俗习惯之记载,须和平诚恳,不可有动人恶感之文字"。⑩ 加强边政问题研究。南京国民政府时期,开始对中国边疆地区进行多方面实地考察,政府部门的边地研究主要由蒙藏委员会等部门负责,后成立专门机构进行调查,如边疆问题委员会、边疆问题报告审查委员会,委员会成员包括边疆少数民族代表。

中国共产党领导下的根据地少数民族教育政策

(1) 北伐战争时期中国共产党的少数民族教育政策。① 培养和任用少数民族干部。中国共产党开始创办学校,有系统地培养各族人民的革命干部。1924 年,广州农民运动讲习所创办,共开办六届,学员中有少数民族青年。② 在已存在的少数民族学校中开展教育工作。在李大钊、邓中夏、赵世炎等党的负责人的直接领导下,北京蒙藏学校中的许多蒙古族青年加入了中国共产党。

(2) 土地革命战争时期中国共产党的少数民族教育政策。① 在苏维埃根据地积极促进少数民族文化和教育发展。1931 年,中华苏维埃第一次全国代表大会通过《少数民族问题决议案》,指出必须为国内少数民族设立完全应用民族语言文字的学校、编辑馆与印刷局。1930 年前后,相继成立的广西左右江工农民主政府成立,制定十大政策,其中规定,对劳动人民子女实行免费教育,并举办短期干部训练班、劳动小学、妇女识字班等,向这一地区的壮族、瑶族、苗族等少数民族提供受教育机会。工农政府特拨经费扶持瑶族发展教育事业,为瑶族儿童开办学校。1935 年,红军长征抵达陕北后,陕甘宁边区政府划地拨款,以民办公助形式,为回民开办伊斯兰小学,实行免费教育。② 在国民党统治比较薄弱的边疆民族地区运用统战策略促进民族文化教育事业的发展。20 世纪 30 年代,新疆各民族人民在中国共产党的大力支持下,创办文化促进会,采取措施,发展民族教育。1937 年,维吾尔族文化促进会创办学校 1 540 所,学生 8.9 万余人;哈萨克柯尔克孜族文化促进会创办学校 277 所,学生 1.4 万余人;蒙族文化促进会创办学校 24 所,学生 927 人;回族文化促进会办学 1 所,学生 44 人。1934—1936 年,选派各族青年 500 余人到苏联留学。此外还制订尊重少数民族、团结少数民族和各民族一律平等等若干民族政策。

(3) 抗日战争时期中国共产党的少数民族教育政策。① 尊重少数民族宗教信仰、生活习俗和传统文化。毛泽东告诫全党,应尊重少数民族语言、文字、风俗、习惯和宗教信仰。为此,延安修建清真寺和成言思汗纪念堂;延安鲁迅艺术学院学员塑造成言思汗半身像;成吉思汗陵迁往青海途经延安时,党中央派专人迎送。② 强调民族团结。1941 年,"东方各民族反法西斯大同盟"号召各民族加强团结,共同打倒法西斯。③ 为少数民族开班兴学。1937 年,延安中

共中央党校开办少数民族班,有藏族、彝族、苗族等少数民族青年参加学习。1939 年,中共中央党校开办回族干部训练班;中央党校西北局少数民族工作委员会开办藏古族干部学习班;陕北公学成立蒙古族青年学习班。1941 年,蒙古青年学习班发展为民族部,有蒙古族、回族、彝族、苗族、满族等 6 个民族的学员 180 余人,在陕北公学学习。1941 年,创办延安民族学院。1944 年,毛泽东对民族学院的教育方针和学生生活等问题作了重要批示,并指示要适当照顾民族学院学生生活。延安民族学院集中体现了中国共产党在新民主主义时期的文教政策。到 1944 年,陕甘宁边区政府共开办 8 所伊斯兰小学,1 所伊斯兰公学,2 所蒙语学校,配备了民族教师,编印了民族课本。

(4) 解放战争时期中国共产党少数民族教育政策。在正确的教育路线和民族政策的指引下,解放较早的少数民族地区以及多民族杂居地区,如内蒙古、东北、西北等地区、按照人才需求轻重缓急的形势,民族教育工作有重点、有计划地展开,民族高等教育是发展的重点。① 培养民族干部。东北军政大学、辽东人民军政大学、辽南建国学院、华北人民革命大学、西北军区人民军政大学等院数陆续建立,均招收少数民族学生;同时兴办一些以培养民族干部和民族专业人才为主的具有高等性质的学校。1946 年,内蒙古地区先后在张家口和赤峰等地创办军政干部学校。到 1947 年,已培养各民族干部 2 000 余人,并选送约 2000 人到东北民主联军地区接受培训。吉林省从 1946 年开始先后举办东北军政大学吉林分校和桦甸军政学校,并在延边地区创办延吉民族学院和图们市人民政治学校,培养少数民族干部和从事少数民族工作的汉族干部。桦甸军政学校共培养朝鲜族学生 1 300 人;东北军政大学吉林分校创办以后,毕业学员共 4 期 3 760 人,其中朝鲜族学员 2 520 人。② 创办综合性大学和专业性大学,培养各民族专业人才。东北地区在革命政权得到巩固后陆续改造旧大学,建设新型专业性大学。如培养经济建设人才的沈阳工学院、哈尔滨工业大学、大连大学工学院、沈阳农学院、哈尔滨医科大学、大连大学医学院等;培养中等师资的东北大学;培养行政干部的东北行政学院等;培养文艺人才的东北鲁迅文艺学院;培养俄语翻译人才的师资的哈尔滨外国语专科学校、大连大学俄文专修科。这些学校都招收少数民族学生。1949 年,在朝鲜族聚居的延边地区正式建立设有文、理、工、农、医等学科的综合性民族大学——延边大学,该大学以培养朝鲜族专门人才为重点,兼顾培养汉族及其他民族专门人才。在西北地区,1949 年,创办"藏民学校",民族学员达 300 多人,有藏族、蒙古族、回族、裕固族、东乡族等民族的青年,还有少数喇嘛、阿訇,不久即纳入西北人民革命大学,成为该校民族部。到中华人民共和国建立时,已培养了蒙古族、回族、满族、朝鲜族、苗族、藏族、土家族、羌族等少数民

族干部 1 万余人。

参考文献

荣孟源. 中国国民党历次代表大会及中央全会资料[M]. 北京：光明日报出版社,1985.

中国第二历史档案馆. 中华民国史档案资料汇编[M]. 南京：江苏人民出版社,1981.

（吴明海　田小军）

中国近代师范教育

中国近代逐步建立起来的培养各级各类师资的教育机构的总称。19 世纪 90 年代，在日益严重的民族危机的背景下兴起了维新运动，变科举、兴学校、开民智、育人才成为救亡图存的根本举措。但要广开学校，就需要大量的师资，仅靠聘请洋教习或者延聘旧式科第出身的士子，都不能满足大规模兴学的要求，因此，建立近代师范教育，培养发展普通教育所需的大量师资，便成为当务之急。中国近代师范教育正是在这一背景下逐步建立和发展起来的，它历经清末的创立、民国初期的改革和南京国民政府时期的发展三个时期，基本形成了能满足近代中国教育发展需要的师范教育体系。

清末师范教育

清末师范学堂的创立　戊戌变法前后，在创办近代学校教育体制的背景下，建立师范教育成为朝野共识，各地相继创建了一些师范学堂。主要有：(1) 南洋公学师范院。1896 年 10 月，大理寺少卿盛宣怀奏请筹设南洋公学于上海，分设师范院、外院、中院、上院，师范院以培养上院和中院的教员为目的。次年 3 月，师范院首先招考学生，录取举贡生监 40 人，是为中国近代师范教育之肇始。(2) 京师大学堂师范馆。1898 年 7 月，总理各国事务衙门奏《筹议京师大学堂章程》，规定立一师范斋，以养教习之才，但由于维新变法运动旋即夭折，开办师范斋的计划搁浅。1902 年，颁布《钦定京师大学堂章程》，规定京师大学堂开办速成科，速成科包括仕学馆和师范馆，师范馆修业 3 年，招考举贡生监入学，培养中学教习，同年 12 月 17 日开学，是为中国高等师范教育之始。此外，其他师范学堂还有：湖广总督张之洞 1902 年于武昌创建湖北师范学堂；1902 年 8 月，直隶总督袁世凯奏请设保定师范学堂；1902 年夏，贵阳乡绅集资创办贵州公立师范学堂；1902 年 2 月，张謇筹设通州师范学堂，这是近代中国民办师范教育之始；1903 年 2 月，张之洞奏设南京三江师范学堂；1903 年，陈宝琛于福州创办全闽师范学堂。早期师范学堂的创立，为近代师范教育体系的确立奠定了一定基础。

清末师范教育体系的初步确立　1902 年 8 月，"壬寅学制"颁布，虽未及实施，但初步勾画了师范教育体制的轮廓。规定：中学堂内附设师范学堂，培养小学堂教师；高等学堂附设师范学堂，以造就各处中学堂教员；京师大学堂附设师范馆。1904 年 1 月颁布的"癸卯学制"，作为近代第一个实施的学制，明确提出学堂须有师范，宜首先急办师范学堂的主张，并初步确立了初级师范学堂和优级师范学堂相衔接的近代中国师范教育体制。

初级师范学堂。(1) 培养初等小学堂和高等小学堂教员，习普通科之外，讲明教授管理之法。(2) 限每州县设 1 所，初办时可先于省城暂设 1 所，省城初级师范于完全科外别设简易科，完全科课程十二门，简易科课程九门。(3) 各州县于初级师范学堂未齐设时，设师范传习所，择省城初级师范学堂简易科毕业生之优等者分往传习。(4) 设预备科、小学师范讲习所，前者教欲入师范学堂而普通学历不足者，后者教愿入初级师范学堂之已为小学教员毕业于小学师范讲习科者，或向充蒙馆但未学普通科及未至传习所听讲者。(5) 设旁听生，便于乡间老生寒儒欲从事教育者观听。

优级师范学堂。(1) 招初级师范学堂毕业生及普通中学堂毕业生入学，培养初级师范学堂及中学堂教员、管理员，3 年毕业。(2) 京师及省城宜各设 1 所，省城初设时可与省城之初级师范学堂合并一处。(3) 学科分三科：一是公共科，第 1 年修习；二是分类科，分语文、史地、数理化、博物等四类；三是加习科，自愿选择，十门课程，至少须选五门以上，1 年毕业，需出著述论说以验研究所得。(4) 设专修科、选修科，前者为某科特别缺乏教师而设，后者为自愿学习分科课程者而设。(5) 附设中学、小学及教育博物馆，中学照中学堂章程办，小学分多级编制、单级编制两类，亦可设半日小学及小学补习科。

"癸卯学制"规定的高等师范教育机构除优级师范学堂外，还有实业教员讲习所，它附设于农工商大学或高等农工商业学堂之内，培养实业学堂、实业补习普通学堂及艺徒学堂教员，招收初级师范学堂、中学堂或同等程度的中等实业学堂的毕业生。实业教员讲习所分农业教员讲习所、商业教员讲习所、工业教员讲习所三种，修业年限 1 至 3 年。

"癸卯学制"颁布后，近代师范教育体系又进行了一些调整，主要有：(1) 1906 年颁布《学部订定优级师范选科简章》。规定优级师范培养初级师范学堂教员及中学堂教员，每省设 1 所，招曾入师范简易科或在中学堂有 2 年以上资格者，分本科、预科，本科 2 年，预科 1 年；本科分历史地理、理化、博物、数学四类。(2) 1907 年颁布《女子师范学堂章程》。规定女子师范学堂培养女子小学堂教习，讲习保育幼儿之法，招毕业于女子高等小学堂第 4 年 15 岁以上者，每州县各设 1 所，初始可于省城筹设一所，民间可以设立女子师范学堂；可设预备科，可附设女子小学堂及蒙养院。(3) 1910 年，学部要求各省师范学堂自本年始一律停招优级选科及简易科,选科改为优级师范学堂,简易科改为初级师范学堂。

民国初期师范教育

1912—1916 年的师范教育　南京临时政府建立后,即通令师范学堂开学。1912 年 1 月 19 日,教育部通电各省颁发《普通教育暂行办法》,规定中学校、师范学校视地方财力,以能开学为主。同年 3 月 5 日,通电各省饬所属高等专门学校从速开学。3 月 14 日,孙中山令教育部通告各省将已设优级师范学堂、初级师范学堂一并开学。1912 年至1913 年间,北洋政府教育部又颁布了一系列学制文件,形成"壬子癸丑学制",其中,《师范教育令》(1912 年 9 月)、《师范学校规程》(1912 年 12 月)、《高等师范学校规程》(1913 年 2月)等文件确立了由师范学校、高等师范学校构成的民国初年的师范教育体系。

师范学校以造就小学教员,女子师范学校造就小学教员及蒙养园保姆;分省立、县立,私人或私法人设私立师范学校,附设附属小学、小学教员讲习科,女子师范学校附设保姆讲习科;学生免纳学费并供给必要费用。师范学校设预科及本科:预科为预备升入本科第一部而设,预科招收高等小学毕业或年在 14 岁以上有同等学力者,修业 1 年,课程九门,女子师范加缝纫。本科分两部,但第二部可视地方情形不设。本科第一部招预科毕业或年在 15 岁以上有同等学力者,修业 4 年,课程十八门,可加课商业;本科第二部招中学毕业或年在 17 岁以上有同等学力者,修业 1 年,课程十三门。

高等师范学校为国立,造就中学校、师范学校教员,女子高等师范造就女子中学、女子师范学校教员;附设附属小学、中学,女子高等师范于附属小学外应附设女子中学并设蒙养园,高等师范学校、女子高等师范学校得设选修科、专修科、研究科。高等师范学校分预科、本科、研究科。预科及专修科招师范学校、中学校毕业或有同等学力者,预科课程八门,修业 1 年,专修科、选科修业 2 至 3 年。本科分国文部、英文部、历史地理部、数学物理部、物理化学部、博物部等六部,课程除通习课五门外各部课程有异,招预科毕业者,修业 3 年。研究科由本科及专修科中选取,修业 1 至2 年。

上述规定同清末相比,体现出以下特点:(1)初级师范学堂改为师范学校,由府立改为省立,优级师范学堂改为高等师范学校,由省立改为国立,显示了民国初年对师范教育的重视。(2)女子师范学校与师范学校地位相当,并可创立女子高等师范学校,提高了女子师范教育的水平和地位。(3)师范学校和高等师范学校的分层、设科更系统、更合理。

"壬子癸丑学制"颁布后,教育部为切实发展师范教育,又提出了整顿计划。1914 年 12 月,教育部公布《整理教育

方案草案》,提出师范学生采严格训育主义,俾将来克尽教师天职;要求师范教员应于课余到其所在的师范区内视察,以为指导改良之准备;高等师范学校的设置采集中主义,计划整理国立北京、武昌两校,广州、成都省立高师改为国立,筹备成立南京、西安、长春三校;师范学校的设立采分立主义,经费由省负担;为解决小学扩充对教员的急需,拟由一县或数县联合设立小学教员讲习所。1915 年 1 月,袁世凯颁布《特定教育纲要》,提出教育部当通行各省按照各地所需教员分期造就,规定以道为师范学区,每区设师范学校 1 所;女子师范学校,京师 1 所由部款支出,每省 1 所,由省款支出;高等师范学校由教育部统筹,全国定为六师范区,各建一校;实业师范学校,每省一所,省款支出。由于袁世凯复辟帝制,未能认真执行,但却对此后师范教育的发展产生了一定影响。

1917—1926 年的师范教育　袁世凯复辟帝制失败后,中国社会陷入军阀混战的不稳定时期,但在知识界和教育界的积极推动下,师范教育的规制仍有改进。(1)1919 年 3月,教育部制订《女子高等师范学校规程》,完成了女子高等师范教育规制建设。规定女子高等师范设预科、本科,并得设选科、专修科、研究科;本科分文科、理科、家事科;修业年限预科 1 年、本科 3 年、研究科 1 至 2 年、专修科及选科 2 至3 年;预科及专修科招女子师范毕业或中学毕业者,本科由预科升入,研究科由本科或有相当学力者选入。同年 4 月,北京女子高等师范学校创立,成为第一所女子高等师范学校。(2)民国建立后,关于师范教育能否独立存在的问题在知识界和教育界一直存在争论,在此背景下,改革师范教育体系被提上议事日程,浙江省教育会于 1919 年 10 月在第五届全国教育会联合会上提出《改革师范教育议案》,构想了由师范大学、甲种师范学校、乙种师范学校组成的独立的师范教育体系,但未被政府接受。

1922 年 11 月,北洋政府颁布"壬戌学制",对师范教育体系作了重大调整。学制规定:(1)师范学校修业 6 年;(2)师范学校得单设后 2 年或后 3 年,招收初中毕业生;(3)师范学校 3 年得酌行分组选修制;(4)高中设师范科,与普通、农、工、商、家事等科并列;(5)为补充初级小学教员之不足,得酌设相当年限之师范学校或师范讲习科;(6)依旧制设立之高等师范学校,应于相当时期内提高程度,收受高级中学毕业生,修业 4 年,称师范大学校;(7)为补充初级中学教员之不足,得设两年制师范专修科附设于大学校教育科或师范大学校,亦得设于师范学校或高级中学,收受师范学校及高级中学毕业生。根据上述规定,师范教育包含两级六类:一是由六年制完全师范学校、后两年或后三年制的师范学校、高中师范科、师范讲习科组成的中等师范教育,二是由两年制师范专修科和师范大学组成的高等师范教育。"壬戌学制"的颁布也给师范教育的发展带来了不利

影响,如中等师范设为高中一科,程度降低、独立性减小,高等师范则因"提高程度",特别是不少学校改制为大学,而被削弱。

南京国民政府时期师范教育

1927—1936 年的师范教育　南京国民政府建立之后,开始对师范教育体系进行调整。在 1928 年 5 月召开的第一次全国教育会议期间,不少学者提出了"师范学校独立设置"的提案。最后,会议通过宣言,在认可高中设师范科的同时,承认师范学校单独设立的必要,并废止了六年制的师范学校,允许幼稚师范和乡村师范独立存在,在大学教育学院附设两年制师范专修科。

1932 年底,国民党四届三中全会通过《确定教育目标与改革教育制度案》,恢复了师范学校和师范大学独立设置的原则。同年 12 月,南京国民政府公布《师范学校法》,此后又相继公布《师范学校规程》(1933 年 3 月)、《师范学校课程标准》(1934 年 9 月),确立了师范学校的独立地位。根据规定,师范学校由省或县市设立,专收女生之师范学校称女子师范学校;招收在公立或已立案之私立初级中学毕业者,修业 3 年,以养成小学教师;附设特别师范科修业 1 年、幼稚师范科修业 2 至 3 年,公立中学及高级中学内亦得附设特别师范科;得附设小学,附设幼稚师范科者得附设幼稚园;各地方为急需造就义务教育师资起见,得设简易师范学校或于师范学校及公立初级中学内附设简易师范科;师范学校应视地方情形,分设于城市或乡村,于可能范围内应多设在乡村地方。1935 年 6 月修正颁布的《师范学校规程》规定,师范学校应设置音乐、美术、劳作、童子军及幼稚师范科。

在高等师范教育方面规定:师范大学应脱离大学而单独设立,教育部择全国适宜地点设师范大学 2 至 3 所,各国立大学之教育学院或教育系并入师范大学。高等师范教育除师范大学外,还包括根据 1929 年国民政府公布的《大学组织法》、《大学规程》规定而设立的大学的教育学院、独立设置的教育学院以及大学各学院或独立学院各科分别附设的师范、美术或体育专修科。

1937—1949 年的师范教育　抗战爆发后,南京国民政府按照抗战建国的要求,采取积极措施发展师范教育。(1) 采行辅修制。1937 年 6 月,为了改进中学师资,国民政府教育部颁布了《训练中学师资暂行办法》,规定除民众教育、农事教育、乡村教育等学系外,大学教育学院或教育学系学生,须照《大学规程》规定选修其他学院某一学系或同学院不属教育性质之其他学系为辅系;大学教育学院以外之各学院学生,毕业后欲从事中等学校教员者,须修习 12 学分以上的教育学科。(2) 师范教育分区。1938 年,教育部根据国民党临时全国代表大会通过的《战时各级教育实

施方案纲要》,确立分区发展师范教育的政策,要求省立师范分区设立,设立师范学院专门训练中等学校师资;简易师范应逐渐减少,可并入初中附设的简易师范科;各县应划分师范学校区分别设立师范学校;师范学院应独立设置或将大学教育学院改为师范学院;全国应划分为若干师范学院区,设师范学院。(3) 创办师范学院。1938 年 7 月,教育部颁布《师范学院规程》,决定在全国分区设立师范学院以培养中等学校师资。(4) 建立特别师范科和简易师范科。1940 年 2 月,教育部为普及国民教育需要大量师资,制订《特别师范科及简易师范科暂行办法》,规定师范学校附设特别师范科,也可在中学附设特别师范科,招收高级中学和同等学校的毕业生或具有同等学力者;简易师范科以附设于师范学校为原则,但公立中学及公立初中也可附设简易师范科,招收初级中学毕业生和同级学校毕业生或具有同等学力者,修业 1 年。(5) 创设国立师范学校。为了收容沦陷区的失学青年和教职员储备师资,从 1940 年起,比照 1938 年颁布的《国立中学暂行规程》之规定,在后方设立国立中学师范科或师范部,单独设立国立师范学校,吸收战区撤退的师范生。当时,先后创办的国立师范学校共有 14 所,设立于国立中学的师范分校 11 处;为培养边疆地区师资,抗战时期还在边疆地区设立了 12 所边疆师范。

抗战胜利后师范教育政策有所调整。(1) 中等师范教育。国立师范学校,除少数几所外,均交给各省市办理。1946 年 6 月,教育部制订《战后各省市五年制师范教育实施方案》,提出各省原有的师范区应加以调整,面积不可过大,每一师范区至少应设师范学校 2 所,其中应有 1 所女校;师范学校以省办为原则,简易师范学校以县办为原则,私立师范学校、科、班均改归政府或受政府委托办理。1947 年,教育部颁布《修正师范学校规程》,将上述规定以法规的形式加以确定。(2) 高等师范教育。1946 年 12 月,教育部制订《改进师范学院办法》,对师范学院系别的设置进行调整,还规定师范生应于主系外选择两辅系以适应中等学校教学之需要。1946 年、1948 年,教育部两次修订《师范学院规程》,规定可筹设女子师范学院。但由于内战,上述措施并未认真执行。

中国共产党领导下的
根据地师范教育

中国共产党在各个时期的根据地建设中,重视师范教育,尽管受战争的影响,师范教育的正规性、系统性稍显不足,但为根据地的革命斗争和教育发展培养了大批人才,为建国后师范教育的发展积累了宝贵经验。

苏区的师范教育　1930 年 2 月,闽西苏区上杭县双溪浦列宁师范学校创立,这是土地革命战争时期苏区创立最

早的师范学校,以培养小学教师,造就干部人才,它招收 100 名由各区、乡苏维埃政府推荐的读过小学的知识青年。由于战争不断,只能采取短期速成的办学形式,先后开办了龙岩县列宁师范暑期学校、永定县列宁师范短期学校等短期师范训练机构,以应付各地对师资的急需。1932 年 3 月,苏区教育部长徐特立在瑞金创办闽瑞师范学校,招收 200 余人,修业 1 年,培养列宁小学教员。同年 10 月,中央工农民主政府在瑞金创办中央列宁师范学校,由徐特立任校长,招收各级苏维埃政府保送的小学教师和贫苦农民子弟,学习 3 至 6 个月。1933 年,建立中央教育干部学校,培养文教干部,同时在江西宁都建立第一列宁师范、在江西兴国建立第二列宁师范。1934 年,中央人民教育委员会总结苏区几年的师范教育经验,制订颁发了《高级师范学校简章》、《初级师范学校简章》、《短期师范学校简章》等文件,使苏区师范教育有了法规保障。

抗日根据地的师范教育   1937 年 2 月,陕甘宁边区第一所师范学校鲁迅师范学校在延安创立,开设政治、教育、文化、军事等四类课程。1939 年,鲁迅师范学校与边区中学合并成立陕甘宁边区第一师范学校。1940 年,在关中、定边成立第二、第三师范学校,同年接管绥德师范学校。1940 年,陕甘宁边区公布《师范学校暂行规程(草案)》,规定师范学校设高级和初级两部,修业 2 年,可设修业 1 年的速成科和半年的预备科。1942 年改为初级 3 年、高级 2 年。到1943 年,为适应抗战需要,将师范学校修业年限改为视地方情形,可 1 年或 2 年,也可 3 个月或半年。到 1944 年,陕甘宁边区共有师范学校 4 所,学生 904 人。其他根据地的师范教育也有了较大发展,如晋察冀根据地先后创办了 10 所短期师范学校,华中抗日根据地先后创办了 6 所短期师范学校。此外,抗日根据地的一些高等教育机构也承担了中学教师和教育干部的培养任务。1940 年,陕北公学成立师范部,培养师资和教育干部,本科 2 年,预科 1 年至 1 年半。1941 年,延安大学成立,校长吴玉章,设有教育学院、社会科学院等机构,1944 年延安大学行政学院设教育系。在晋察冀边区,1939 年成立的华北联合大学下设师范部,进行短期师资培训。1940 年,改师范部为教育学院,下设教育系。到1941 年 10 月后,只有教育学院在坚持敌后办学,培养教育工作者近 2 000 人。

解放区的师范教育   随着解放区的逐步扩大,师范教育规模迅速扩展,据 1949 年的统计,冀鲁豫解放区共有 28 所师范学校,其中 22 所为抗战胜利后创办。在师范教育的年限上各解放区也略有差别:东北解放区师范学校为 4 年,简易师范学校为 2 年;华北解放区师范学校以 3 年为主,适当设立一年制的简易师范学校;山东解放区菏泽联立师范学校的学制为 2～3 年,程度高的学生可单独编班,学制半年至 1 年;承担高师教育任务的东北大学和华北大学教育系本

科 3 至 4 年,专修科 2 年。在课程设置上,解放区师范学校适当减少政治课比重,加强文化课和业务课教学,如东北和华北解放区规定文化课占 70％,业务课占 15％至 20％,政治课占 10％。

参考文献

琚鑫圭,童富勇,张守智.中国近代教育史资料・实业教育师范教育[M].上海:上海教育出版社,1994.

刘向岫.中国师范教育简史[M].北京:人民教育出版社,1984.

宋嗣廉,韩力学.中国师范教育通览[M].长春:东北师范大学出版社,1998.

(朱宗顺)

中国近代私立学校

中国近代私立学校   中国近代由私人或私法人(不包括外国人及宗教团体)开办的学校。从办学主体来看,指由私人、私人团体或民众创办的学校;从办学经费来源来看,指学校创办依靠私人出资或民间自筹资金为主。

清末私立学校

为了改造传统教育,培养具有御侮图强的近代新式人才,国人中的有识之士,先后仿照教会学校,设立了具有近代教育意义的新式学堂。如 1878 年张焕伦于上海设立正蒙书院,1892 年徐树兰在绍兴创办中西学堂,1904 年留日学生创办中国公学,1906 年邵章、孙智敏创办杭州女塾,1907 年创立的南开女校等,这些成为近代中国最早的一批私立学校。

清末私立学校的管理   1902 年《钦定蒙学堂章程》规定:凡公立自立之蒙学堂,该地方之官立小学堂有稽察之责。凡自立蒙学堂,均须向该县官立小学堂报明地址及教习姓名。无论公立自立之蒙学堂,每年须将教习姓名、学生人数及卒业人数,于年终呈报县官立小学堂,由县详报本省高等学堂,转咨京师大学堂以备考核。《钦定小学堂章程》规定:地方绅商得依小学堂章程立寻常小学堂、高等小学堂,谓之民立寻常、高等小学堂;卒业出身,应与官立者一律办理,并由官方代为保护,均得借用地方公所祠庙以省经费。《钦定中学堂章程》规定:地方绅富捐集款项,得依中学堂章程而设立中学堂,谓之民立中学堂,卒业出身应与官立者一律办理;平时并由官方代为保护,并得借用地方公所寺观等处以省经费。1904 年颁布的《奏定学务纲要》规定:"此后京外官绅兴办各种学堂,无论官设公设私设,俱应按照现定各项学堂章程课目,切实奉行,不得私改课程,自为风气。""小学堂应劝谕绅富广设。""此时各省经费支绌,在官势不能多设;一俟师范生传习日多,即当督饬地方官,剀切劝谕绅富,集资广设。""其私设学堂,概不准讲习政治、法律

专科,以防空谈妄论之流弊。""凡民间私设学堂,非经禀准,不得教授兵式体操。其准习兵操者,亦止准用木枪,不得用真枪以示限制。"1910年,学部《奏议复浙抚奏变通部章准予私立学堂专习法政折》规定:所有各省私立法政专门学堂应在省会地方,经费充裕、课程完备者,方准呈请设立。其各科课程,学生入学程度,均按照官立法政学堂本科章程办理,并暂准其附设别科。

"癸卯学制"颁布前,私立学校课程从总体上说,开始引进现代西方自然科学、社会科学知识,开始采用班级授课制,并注意教学改革,但课程计划不够完善,还没有严格的升留级制度。"癸卯学制"颁布后,私立学校由于经费有限,师资难寻,许多学校并未能完全按课程标准设置课程。许多由私塾改良的小学,课程设置不完备。高等学堂几乎没有按课程标准设课的私立学校。

清末私立学校的发展　1904年,清廷颁布"癸卯学制",为私立新式学堂的发展创造了良好条件。学制规定了奖励创办私学的办法,还把劝学、办学作为考核地方官员的重要指标。而大规模兴办私立学堂则出现在1905年科举制废除以后,当年,各州县之士绅、秀才及童生等纷纷创设学堂,以小学堂发展最快,私立中学堂也有所创设。专科以上学堂有1904年创办的私立中国公学和1905年创办的私立复旦公学。1910年,学部《奏议复浙抚奏变通部章准予私立学堂专习法政折》又准私立学堂专习法政,一时各省颇有增设,如浙江宁波法政学堂、集湖法政学堂、四川岷江法政学堂等。

民国时期的私立学校

民国时期私立学校的管理　民国政府一方面对私立学校加以鼓励和扶持,另一方面又通过有关法令、法规加以规范和引导。具体而言,民国私立学校的发展大致可分为两个阶段。

1912年至1927年为第一阶段。这个时期,鉴于国家财政困难,新式学校数量少且分布不广,各种人才匮乏,政府积极鼓励私人或私法人在遵守有关教育法令的前提下设立学校,特别是高等学校。在私立学校制度方面,主要是确立了国家和各级政府对于各级学校的管理、监督之权。《小学校令》规定,凡私立小学校设置、变更及废止,须经县行政长官许可,私立小学校还要接受县行政长官的监督。《中学校令》规定,私人或私法人得依本令之规定设立中学校,为私立中学校。中学校之设立、变更、废止,须经教育总长认可。《专门学校令》规定,公立私立专门学校的设立、变更、废止,均须呈报教育总长认可。相对而言,民国初年对高等教育的发展比较重视,相关的制度规定也较细致,形成了《公立私立专门学校规程》(1912年11月教育部公布)、《私立大学

规程》(1913年1月教育部公布)、《私立大学立案办法布告》(1913年1月教育部公布)、《整顿私立大学办法布告》(1913年12月教育部公布)等法令法规。从总体上看,这个时期政府对私立学校缺乏明确严密的制度化管理,加之国内政局动荡,有关制度难以有效实施。

1927年至1949年为第二阶段。随着国家政权的逐步巩固,国家教育主管部门对私立学校的管理监督亦日益完善。这一时期是私立学校的整顿与发展时期,国家通过有关法令对私立学校的设立和运作进行规范,将其置于较为严密的管理与控制之下。1927年12月,公布了《私立学校及专门学校立案条例》、《私立中等学校及小学校立案条例》,1928年2月,又公布了《私立学校条例》和《私立学校董事会条例》,从而对私立学校从立案到办理作出了更明确而严格的规定。教育行政委员会成立后,将上述法令加以合并,修正成综合性的《私立学校规程》,并于1929年8月公布,这是中央教育主管部门首次对各级各类私立学校,包括外国人设学施以全面监督管理的规程,此后,又相继于1933年、1943年和1947年三次加以修订,但没有大的变化。

《私立学校规程》规定:(1)私立专科以上学校以教育部为主管机关,私立中等学校以省市教育行政机关为主管机关,私立初等学校以县市教育行政机关为主管机关。私立学校的开办、变更及停办,须经主管教育行政机关批准。学校的组织、课程等,一切照现行教育法令办理,不得以宗教科目为必修科目。(2)私立学校应设校董事会,董事会名额不得超过15人,并应互推1人为董事长。外国人充任董事的名额,至多不得超过1/3,并不得担任董事长。(3)私立学校应于董事会组成之后,呈经主管教育行政机关核准,始能开办,并应于开办后1年内呈请立案。(4)私立学校办得不好或违反法令的,主管教育行政机关得勒令停办。如系董事会呈请停办,须经主管教育行政机关批准,方能办理结束事宜。这些政策的颁布实施,有助于引导私立学校按照社会的需要和国民政府的意图向前发展,但由于有关法规多是被动地弥补漏洞,加上政治不稳定和严重腐败,使得南京国民政府时期仍有大量不合乎标准、质量低劣的私立学校存在。而国民政府也往往过多地干涉学校内部事务,如向私立学校指派军事教官,阻止有关学校设立合法的课程,限制私立中等学校招收女生,强制学校当局干涉学生的民主生活等,这些干涉又限制了私立学校的发展。

除了颁布以上政策外,民国历届政府还采取了有关措施,以确保私立学校的发展。第一,教育部严令各地私立学校严格遵循政府颁布的各项私立学校规程。对管理不善、质量低劣者,政府一律依法予以取缔。譬如1913年,临时政府教育部派视学员张谨、王家驹至江苏、浙江、安徽等省,视察各私立大学、私立法政学校。视察中发现许多学校无基本金,仅恃学费收入支给校用,且教员资格不合,学生程度

甚差,规则违背部章,教授毫无成绩,学额任意填报,学生来去无常,教习时常缺席。鉴于此,政府明令停办了多所质量低劣的私立学校,如私立南京大学、金陵法政专门学校等。第二,南京国民政府教育部于 1947 年 11 月,重新制订私立学校开办费与经常费标准,后因物价持续高涨,复于 1948 年 4 月,再依所订标准提高 10 倍,目的在于防止滥立私学而降低办学质量。第三,国民政府教育部于 1947 年 7 月,公布私立职业学校立案备案补充办法,以鼓励创办私立职业学校。第四,抗战胜利后,南京国民政府教育部对私立学校一方面制订了严格的管理办法,另一方面又采取措施鼓励开办私立专科以上学校和私立职业学校。

民国初年,私立学校在课程设置上依据民国初年制订的课程标准。由于私立学校大多资金缺乏、学校规模小,初等教育阶段以单级教授和复式教授者为多。不少学校都根据自己的办学目标和地方实际,对课程有所增加。但民初仍有一些设备简陋、课程不完善、教法不得当的私立学校存在。与此同时,私立学校也积极参与了新文化运动以后的教学改革。南京国民政府成立后,私立学校在课程设置上已没有多少自主性,各级各类学校须按国家制订的课程标准进行教学,政府对那些课程不完善或不按部颁规章教学者加以取缔或通过制订相应的防范措施,使其招不到学生。近代私立学校在课程设置上的鲜明的个性特点和私学教学方法上的研究创新,因教育主管部门的过多干涉而被削弱。

民国时期私立学校的发展　1930 年以前,私立小学已有一定程度的发展。抗战爆发后,私立小学有所减少,1941 年,实施国民教育后,私立小学数量进一步减少。

私立中等学校自民国开始逐年增加,1912 年仅 54 所,至抗战爆发前的 1936 年达 1 200 所。抗战爆发后,沿海沿江各重要城市先后沦陷,1938 年私立中学减至 618 所。但教育界人士继续努力,设法逐渐恢复并时有添设。抗战胜利后,私立中等学校有 2 152 所。

私立专科以上学校自民国成立后政府曾有认可规定。1912 年,北京开办了私立民国大学(1916 年改名为朝阳大学)及明德大学。1914 年至 1916 年,私立大学经过政府认可或备案者有北京中华大学、北京中国公学大学部、武昌中华大学、吴淞中国公学、江苏大同学院、复旦公学等。1916 年,民德大学停办,新增北京协和医科大学。此外,未立案的尚有 1917 年的复旦大学、1919 年成立的南开大学、1921 年创办的厦门大学。由于民国初年国人喜谈政治、组织政党,风尚所及,使私立学校多趋于法政专科。但这类学校程度不齐,质量较差的只有中学程度,到 1916 年以后开始逐渐被淘汰。

1924 年至 1925 年间,私立大学盛极一时。其中立案的私立大学有 13 所,试办的有 14 所,未准试办而径行设立的为数更多。这些学校大多设备简陋、师资贫乏,与民国初年

私立法政专门学校相同。1929 年,《大学组织法》公布,规定大学得设文、理、法、教育、农、工、商、医各学院;具备三个学院以上者,称为大学;不及三个学院的为独立学院。同年颁布《专科学校组织法》及《专科学校规程》,对专科学校的种类及课程均作出规定。私立大学凡不合大学法规定的均改为学院或专科学校。无论大学、学院或专科学校,且均须有相当之资金及设备。自此以后,私立专科以上学校,渐见整饬。

参考文献

李国钧,等.中国教育制度通史[M].济南:山东教育出版社,2000.

毛礼锐,等.中国教育通史[M].济南:山东教育出版社,1988.

田正平.中国教育史研究·近代分卷[M].上海:华东师范大学出版社,2001.

王炳照.中国私学·私立学校·民办教育研究[M].济南:山东教育出版社,2002.

(吴民祥)

中国近代私塾改良　中国近代为使旧式私塾向新式小学过渡和转化的运动。曾有三次比较集中的私塾改良运动。第一次在清末"新政"时期,第二次为民国初期,第三次为南京国民政府时期。

清末私塾改良

清末,新式学堂虽有较快发展,但发展乏力,难以全面承担初等教育的重任,由此,教育领域出现了先由民间倡导,后由官方推行的私塾改良运动。

1904 年 1 月,指导新式教育发展的"癸卯学制"颁布,但在贫困地区,教育经费匮乏,兴学成效甚微,而私塾在广大的农村地区大量存在。政府兴办的新式学校,只在大城市和重要的城镇才有,新式小学的发展还无力取代私塾,客观上不得不为这种传统的蒙学组织保留极大的教育空间。加之兴学的经费和师资都很紧张,不能仅依靠兴办新式小学的方式来发展和普及初等教育。

1905 年至 1909 年,上海、江苏、京师、直隶、河南等地先后制定了改良私塾章程,如 1905 年上海据《上海私塾改良总会章程》,改良了一批私塾。清末从事私塾改良活动的组织,主要有两种:一是民间组织的私塾改良会,二是政府教育行政机构劝学所。其中,私塾改良会创风气在先,并在私塾改良中发挥了重要作用,劝学所则是主持地方私塾改良的领导机构。私塾改良会起初纯属民间的自发组织,到各县劝学所成立后,则在政府行为的规范下开展活动。一些偏僻地区所设的私塾改良会,更是起着弥补劝学所影响不及的作用。

私塾改良会对于入会私塾改良的着眼点，一是用书，二是教法。私塾改良会要求入会私塾设"修身（兼讲经）、国文（包括地理、理科、习字）、算术"等课程，采用小学教科书。教学悉用新法，重讲解不重背诵，力求由浅入深，循序渐进。私塾改良会的一项重要活动是会课，即组织入会私塾的学生统一考试，对于成绩优良的学生及其塾师，给予一定量额的物质奖励。私塾改良会还根据考试成绩负责咨送学生于私塾毕业后升入官办小学，并向地方政府推荐私塾立案改办小学。此外，为了使塾师进一步深造，一些地方开始组织塾师研究会。

清末民间的私塾改良活动，是当时整个社会私塾改良活动的一个重要组成部分。但决定私塾改良整体面貌的主导力量，则来自政府方面。为了加强对地方教育的管理，每区设劝学员1人，负责本区内调查、筹款、兴学等事项。由于教育经费匮乏，在兴学的过程中，就必须考虑对旧的教育资源的再利用。1906年，清廷学部颁布《奏定劝学所章程》，规定劝学员推广学务应尽的责任，涉及对于私塾的处理方法，如"遇私塾塾师课程较善者，劝其改为私立小学，并代为禀报"。在私塾改良方面的举措，主要集中在调查私塾和开办师范讲习所两个方面。调查私塾的目的是了解辖区内旧的教育资源的状况，诸如数量、种类、位置、塾师年龄、用书、人数等，进行统计上报省提学使司，同时也劝导塾师采用学校使用的教材，改善办学条件。

无论是劝学员在调查私塾时对于塾师的个别劝导，还是开办师范讲习所对塾师进行集中培训，私塾改良的重点都是用书和教法。按照《奏定初等小学堂章程》的规定，简易科亦须开设修身、读经、中国文学、史地、格致、算学、体操，这个要求对于当时的私塾来说无疑是很高的。1909年，《河南提学司详定改良私塾章程》将改良过程分为三步。在用书方面，第一步须授国文，用部定教科书；第二步加授算术；第三步加授格致、历史、地理、修身，用部定教科书。在教法方面，要求读经用新颁教法。1910年，学部颁布《改良私塾章程》，责成提学司督饬劝学所认真办理。该章程把私塾改良办法分为初等改良第一级、第二级，高等改良第一级、第二级。

清末"新政"时期，在民间、官方的共同推动下，私塾改良活动取得了一定成效。一些私塾通过改良，脱离了固有的藩篱，弃旧从新，加入新式小学的行列。

民国初期私塾改良

私塾改良受阻　1912年，南京临时政府教育部在《整理私塾办法》中提出："在小学未遍设之前，从事整理，亦未始非小学之一助。"之后，京师、安徽、湖南、吉林、贵州等地都订立私塾规程或办法。清末开始的私塾改良，是建立在对

原有教育资源进行再利用的基础上，试图通过改良将私塾逐渐纳入新式学校的体系之中。但当传统私塾以其极强的生命力继续发展，以至于威胁到新式小学的存在时，人们对私塾改良这一宽容政策开始产生了怀疑。清末"新政"时期，在小学增加的同时，私塾并非相应随之减少，特别是由于民众对小学新教法的误解以及对传统蒙学的信任，私塾发展的势头仍然不减。为了优先保障新式小学的发展，清末就出现了取缔私塾的提议。

随着政体的变更和对新教育的提倡，民国政府也逐渐改变了对私塾的态度。此时，整理私塾的重心开始由改良向取缔转移，致使清末启动的私塾改良受阻。如1912年6月，浙江教育司下发取缔私塾令，明确否定了私塾改良对于普及教育的意义。由于取缔私塾令的出台，使全省私塾数量锐减，在有利于新式小学发展的同时，却以关闭更多的私塾为代价，实际上接受教育的儿童总数出现了大倒退。由于新增加的小学不能及时填补取缔私塾后所造成的教育真空，致使大批儿童失去求学的机会。

私塾改良重新启动　针对有些省份无视私塾存在的价值而采取过激行为所带来的负面影响，教育部对私塾问题的处理提出了具体意见。1914年12月，北洋政府教育部《整理教育方案草案》提出对于私塾采奖进主义，期渐同化于学校，教育部认为私塾在普及教育的过程中有可利用的价值，不赞成不顾当地实际办学能力、在新式教育不能及时到位的情况下超前废止私塾，当然也不是允许私塾保持陈旧的教育模式，而是提倡继续进行私塾改良。

1915年4月，教育部颁布《义务教育施行程序》，规定至1915年12月的第一期实施计划中，须调查私塾及现有塾师及入塾儿童数。这样，在推行义务教育的架构内，私塾问题被列入各级教育行政工作的正式议程。于是，私塾改良问题再次成为社会关注的热点，以私塾改良为主题的报道、论文、论著纷纷问世。

1916年，各县复设劝学所，县公署仍设教育科，但教育行政事务主要由劝学所处理，县公署起监督作用。劝学所的恢复建置是国家决定加大普及义务教育力度的产物。从成立之日起，劝学所便以地方兴学推行义务教育作为要务。1916年1月，教育部公布《地方兴学人员考成条例》，把三类人员列为考成对象：劝学所所长及劝学员、自治职员、学务委员。劝学所十分重视挖掘民间办学的潜力，把私塾改良当成兴学的大事来抓，在历年的劝学所报告内，均设有"改良私塾"事项，以汇报当地私塾改良的进展情况。调查结果表明，在当时初等教育领域内，私塾仍然是一支不可忽视的力量。民国时期私塾改良活动重新启动后，改良的重点在于私塾能否采用新式教科书，尤其是国文教科书，至于教育方法的转变、办学条件的改善等问题，还没有摆到突出位置。依据当时私塾的用书情况，劝学所对调查的私塾进行

了分类：第一类能够遵用国文教科书及添教算术；第二类遵用国文教科书，但不教授算术；第三类教科书皆未能遵用，仍然采用《三字经》、《百家姓》等传统蒙学教材。

劝学所进行私塾改良的目的，在于"化私塾为学校"，即通过对私塾的改造，使这种传统的蒙学组织向新式小学过渡，最终融入小学的队伍。这一时期，一些私塾通过改良进而改办代用国民学校（简称代用小学），甚至改办国民学校。代用小学和国民学校都是加快义务教育步伐而推行国民教育制度的产物。代用小学介于私塾与小学之间，它与私塾明显不同的是须经当地教育主管部门认可备案，并接受一定的教育经费补助。核定改良私塾是否升格为代用小学是劝学所的一项任务，改良私塾能否升格为代用小学，除视塾师的教授管理外，一般以教学用书的情况而定。在当时，将能够遵用国文教科书及添教算术的第一类私塾和遵用国文教科书，但不教授算术的第二类私塾作为代用小学，具有一定的普遍性。这一时期，也有改良私塾径直改办国民学校的情况。

袁世凯政权垮台后，北洋政府对于普及教育问题的关注越来越少，私塾改良问题也被搁置一边。20世纪20年代，教育界关注的热点是介绍国外新的教育思想和新的教学方法，相对于民国初年下降的趋势，这一时期私塾出现了反弹的势头，尤其那些边远、落后地区，私塾数量明显有所回升。据1924年7月出版的由中华教育改进社编写的《中国教育统计概览》，当时南京有私塾500多所，学生12 000人，广州有私塾1 000多所，学生2万余人。

南京国民政府时期私塾改良

进行私塾登记 伴随着新式小学的兴起，政府一直试图对私塾加以控制。就政府对私塾的监控而言，在清末及北洋政府时期，由于刚刚起步，很容易顾此失彼流于形式。作为民间办学性质的私塾，在很大程度上还是游离在地方政府的监控之外。1927年10月，《各市县管理私塾办法标准》，要求各市县结合当地实际状况制订管理私塾的具体办法。该办法标准的第一条明确要求各市县"限期举行民间私塾向当地政府登记"，这在私塾发展史上是前所未有的突破。各地举行私塾登记后，把一向隐身于民间的私塾，置于政府的直接监督控制之下，为后来私塾改良措施的出台打下了基础。

提高塾师的业务水平 一所私塾通常由一名塾师主持。私塾的用书及教法如何，私塾能否成为推行义务教育的有益力量，关键在于塾师。早在清末及北洋政府时期，有的地方就曾办过私塾讲习会。除了这种集中培训塾师的方式外，当时的主要做法就是劝学员通过个别接触的方式劝导塾师接受改良，可惜未能坚持下去，故而远未完成塾师向

新式师资转化的艰巨任务。

为了进一步挖掘私塾的办学潜力，有必要加强对塾师的转化，以补充其学识，更新其教法。南京国民政府时期，开始敦促塾师接受改良。1927年10月，浙江省制订的《各市县管理私塾办法标准》明确要求各地：举行塾师讲习会，会期约三星期，举行考试。塾师如有不出席听讲或听讲后不应考试者，除因特别事故外，应勒令停办。一次考试及格，准其在指定地点设立私塾。对成绩合格者准许办理改良私塾。南京国民政府初期，私塾改良和管理的具体措施由各市县负责制订，各地塾师讲习会的启动时间、会期长短、讲习科目很不一致，因地而异。由于参加过讲习会的塾师越来越多，一些地方政府开始考虑塾师的继续提高问题。此前在北洋政府时期，私塾改良所关注的重点是能否采用新式教科书，而此时，塾师研究会关注的问题更广泛（如体育、时事、卫生）、更细致（如订正符号、标点、写字姿势）、更深入（如开始注意儿童的兴趣以及教育、指导儿童的方法）。通过对这些问题的研究和探讨，不仅能提高塾师的业务水平，改进教学方法，而且有助于私塾改良的进一步深化。

规范私塾的办学标准 这一时期对私塾改良的推进是全方位的，不仅抓住了塾师转化这个关键，也开始关注改善私塾的办学条件。私塾改良的逐渐深化，促使这种传统的蒙学组织在原来的基础上进一步向新式小学靠拢。同时，随着义务教育的加快推行，相当一部分经过改良后的私塾改办成各类新式小学，从原来的私塾队伍中分流出来。1932年6月，教育部颁布《第一期实施义务教育办法大纲》，要求奖励改良之私塾，改为小学或代用小学。在一些学校稀少的农村地区，若私塾适应需要，应趁势改办初等小学。1935年，教育部遵照国民党四届五中全会《实施义务教育标本兼治办法案》的精神，制订了《实施义务教育暂行办法大纲》及《实施义务教育暂行办法大纲施行细则》。其中规定：义务教育的实施分三期进行，1935年8月至1940年7月为第一期。在此期内，全国学龄儿童除了普通小学者外，一切年长失学儿童及未入学之学龄儿童至少应受一年义务教育，各省亦应注意办理两年制的短期小学。从1935年起，各地的短期义务教育事业发展迅速。这些短期小学大多直接脱胎于改良私塾，一部分是私塾分流出来，而大部分私塾仍未能换上一块小学的招牌。而且这些仍冠以"私塾"的儿童教育组织，又有官方认定的改良者与未改良者之分。到抗战前夕，一些改良私塾实际上已和当时的小学非常接近，即使那些未经政府认定改良的私塾，在用书方面也采用了小学课本或新旧掺杂使用。

这一时期，政府虽然开始注意改善私塾的办学条件，要求塾舍环境应适宜教学，并添设一些教学设备，但收效甚微，甚至遭到塾师的抵抗。不少塾师为生活所迫，因陋就简设馆课徒，因而也无力响应政府的号召，尤其是在塾舍方

面,故而这一时期在办学条件改善方面几乎没有实绩可言。1937 年 6 月,教育部颁布《改良私塾办法》,作为指导全国私塾改良的纲领性文件。不久,抗战爆发,私塾改良的进程被打断,转入蛰伏状态。

参考文献

李国钧,等. 中国教育制度通史 [M]. 济南:山东教育出版社,2000.

毛礼锐,等. 中国教育通史[M].济南:山东教育出版社,1988.

(吴民祥)

中国近代特殊教育

近代中国对身心发育有缺陷的青少年实施的教育。详"中国特殊教育"。

(吴民祥)

中国近代新式学堂

中国近代为培养新型人才,借鉴西方近代办学模式,开设自然科学技术等课程的教育机构。洋务运动时期,中国开始创建新式学堂,其中,京师同文馆是中国近代第一所新式学堂。经过洋务运动时期、维新运动时期、清末"新政"时期的发展,新式学堂逐渐成为中国近代教育的主体,直到 1912 年 1 月南京临时政府教育部颁布《普通教育暂行办法》,才规定从前各学堂均改称学校。

洋务运动时期新式学堂

从 1862 年京师同文馆创办至甲午战争失败前后的 30 余年,是中国近代新式学堂的起步时期。这一时期的新式学堂大致可分为三种类型:外国语学堂,以教授外国语言、培养外交和外语人才为宗旨;科学技术学堂,以培养轮船制造、航海、电讯、医药、矿务等专门人才为宗旨;军事学堂,培养陆军、海军的指挥人员。这些学堂又通称为"洋务学堂"。

外国语学堂的创办　洋务运动期间开办的外国语学堂有 7 所,主要是:京师同文馆,1862 年由恭亲王奕䜣奏请在北京创办;上海同文馆,1863 年,江苏巡抚李鸿章仿京师同文馆例,奏设于上海,四年后改为上海广方言馆;广州同文馆,1864 年,广州将军瑞麟仿上海同文馆例,奏请设立于广州;新疆俄文馆,1887 年,新疆巡抚刘襄勤奏请在省城迪化设立,仿京师同文馆章程办理;台湾西学堂,1887 年,巡抚刘铭传奏请仿京师同文馆章程,在台北设立,1891 年被接任巡抚邵友濂裁撤;珲春俄文书院,1888 年,吉林将军长顺在珲春设立,仿京师同文馆章程办理;湖北自强学堂,1893 年,湖广总督张之洞奏请在武昌开办,1903 年改为普通中学,是为湖北省有普通中学之始。

外国语学堂一方面对报名学生进行严格筛选,一方面逐步破除门第观念,招生不限于八旗子弟,招生名额也没有统一规定,但由于学校规模的限制,学生数量一般不多。学堂所设课程主要为英语、法语、俄语、德语、日语等外国语言文字,后随形势的发展,办学目标扩大,又增设了算学、天文舆地、代数、几何、化学、物理、医学生理、万国公法等。外国语学堂以西文为主课,同时兼习汉文,要求读"四书"、"五经",甚至有的还要求学满文。各外国语学堂在学习年限上并不统一,例如上海广方言馆、广州同文馆的学习年限均为 3 年,而湖北自强学堂规定学生 5 年毕业。

在洋务运动时期,清政府并未设立专门管理外国语学堂的教育行政机构,这些外国语学堂的主要行政约束来自政府机构或地方长官。学堂从道德、纪律、日常行为规范等各方面对学生提出了严格要求。在教师的聘用和管理上,要求严格挑选教师,对教学有成效者,酌情奖励,给予提薪、授衔、升职等。制定了比较严格的考试制度,对考试的类型、日期、奖惩等有关事宜都有较详细的规定。学生的待遇比较优厚,学堂一般实行公费住读。其毕业生大部分充任翻译人员或从事外交工作,有一部分担任各省新式学堂教员,也有少数出国留学,或到交通部、银行任职的。

科学技术学堂的创办　洋务运动时期的科学技术学堂,共开办了 13 所。主要有:福州电报学堂(亦称电气学塾),1876 年由丁日昌奏请设立,是中国近代最早的电报学校;天津电报学堂,1880 年,北洋大臣李鸿章奏请设立,约在 1901 年停办;上海电报学堂,1882 年设立,1912 年改为上海电报学校,未及半年又改为上海电报传习所;湖北算术学堂,1891 年,湖广总督张之洞在武昌设立;天津医学堂(或称北洋医学堂),1893 年由北洋大臣李鸿章开办,是中国近代政府自办的最早的西医学堂;山海关铁路学堂,1895 年由津榆铁路公司创办,"为我国铁路学堂之最古者";南京铁路学堂,1896 年由湖广总督张之洞奏请在南京陆军学堂附设。此外,还有金陵同文电学馆(1883)、两广电报学堂(1887)、台湾电报学堂(1890)、湖北矿务局勤务员学堂(1892)、南京矿务学堂(1898)、上海江南制造局附设工艺学堂(1898)。

科学技术学堂的招生比较严格,实行严格的考试录取制及试习淘汰制。课程设置专业化、实行分班教学、重视实践。实行严格的考试奖惩制度。由于学堂需要开设大量的自然科学和实用技术课程,故多聘请外国教习,一般实行聘任制,并对洋教习实行严格管理。在学生管理方面,给予学生优厚的待遇,使其安心就学。注重学生的道德思想训练,对学生实行严格的纪律约束。学生毕业后,大多被分配从事专业工作。

军事学堂的创办　洋务运动时期开办的军事学堂,包括水师学堂、武备学堂和军事技术学堂,共约 15 所。其中主要有:福建船政学堂,1866 年闽浙总督左宗棠奏请于福州船政局附设,分前学堂和后学堂两部分,是中国近代最早创办的海军制造学校(1912年,改前学堂为福州海军制造学校,改后学堂为福州海军学校);上海江南制造局操炮学堂,于1874年设立,是中国近代最早的军事工程学校;广东实学馆,1880年由粤督张树声奏请在广州设立,张之洞到任后改名为博学馆,是一所培养军事科技人员的学校;天津水师学堂,1880年由北洋大臣李鸿章奏请设立,是中国近代一所有重要影响的海军学校;天津武备学堂,1885年由李鸿章奏请设立,学堂全部依照德国陆军学校办学,是中国近代最早的陆军学校;广东水陆师学堂,1887年由两广总督张之洞奏请由原广东博学馆扩建而成;江南水师学堂,1890年,由南洋大臣曾国荃奏设于南京;湖北武备学堂,1896年,由湖广总督张之洞奏请在武昌设立。之外,还有广东黄埔鱼雷学堂(1886)、北京昆明湖水师学堂(1888)、山东威海卫水师学堂(1889)、北洋旅顺口鱼雷学堂(1890)、山东烟台海军学堂(1894)、江南陆师学堂(1895)、直隶武备学堂(1896)等。

军事学堂在招生上要求较高,实行入学考试制度,并对考生实行试习淘汰制。军事学堂在招生名额及学生入学年龄上要求不一,但一般招收青少年,录取的人数也不多。如广东实学馆招收12~15岁学生50名;天津水师学堂招收13~17岁学生50名;江南水师学堂招收13~20岁学生120名。军事学堂的专业及课程设置比较实用,偏重于军事知识及军事技术训练。一般实行分班教学,以"中体西用"为指导原则来设置课程。实行严格的实习制度,学习年限没有统一要求。军事学堂的考试一般有月考、季考、年终大考几种,并根据考试成绩的情奖罚。学生待遇比较优厚,不但实行公费住宿,还实行公费医疗制度,但对学生的管理也非常严格。在毕业生分配上,基本上学以致用为原则。

在洋务运动期间的众多新式学堂中,以京师同文馆和福建船政学堂最为著名,最具特色。前者是最早的洋务学堂,是中国近代新教育的开端。后者则是中国近代最早的一所海军制造学校,存在的时间最长,影响最大,成效最显著。

维新运动时期新式学堂

这一时期陆续出现了一批培养政治人才、实业人才、师范人才的学堂,并产生了中国近代由国人自办的女子教育机构和高等教育机构。

普通学堂 清朝末年,一些地方陆续办起了两级制、三级制的普通学堂。其中有代表性的是天津中西学堂和南洋公学。

天津中西学堂(亦称"北洋西学学堂")。盛宣怀于1895年9月禀请,王文韶转奏清廷,10月奏旨批准,1896年改名为北洋大学堂,为北洋大学前身。学堂分头等、二等两级。头等学堂相当于大学本科,办学以"实事求是"为校训,注重

学习国外先进的科学技术,以培养高级工程技术人才为目标。学制采用国外通行做法,定为4年。因头等学堂开班时合格新生太少,翌年自办预备科,名为二等学堂,招收13~15岁学生,学制亦为4年。学堂章程称"二等学堂即所谓小学",但从其入学年龄和课程内容来看,它相当于中学程度,实"为我国中学之先声"。天津中西学堂是中国近代最早分级设学的新式学堂,其头等、二等学堂分别是中国新式大学和中学的雏形。

南洋公学。1897年,盛宣怀创办南洋公学的奏折得到清政府的正式批准,并把办学指导思想确定为"中体西用"。同年春,假上海徐家汇民房开办南洋公学,先设一师范学堂,录取学生40名,年龄大多在20岁至30岁。4月8日正式开学,延订华洋教习,课以中西各学。是年秋又依照日本师范学校附设小学校的做法,设立外院,聘请美国人福开森为监院,招10岁至17岁左右的少年儿童120名,教习在师范院诸生中挑选。1898年春,办起二等学堂,名曰中院,由外院学生递升。后又开头等学堂,名曰上院,外院、上院各定学额120名。外院、中院、上院的学制均为4年,相互衔接,依次递升。南洋公学尊重教师,教习待遇优厚,对任教多年的教习给以出国进修的机会,对工作辛劳教学达5年至8年以上者,给予表彰或奖励。南洋公学还重视学生的自我管理,实行一种特殊的"导生制"。

除上述两所外,这一时期的新式普通学堂还有1896年在上海设立的育材书塾,分正、备两馆;同年,钟天纬于沪设立的上海三等公学,为中国新式小学的滥觞,内分蒙馆、经馆;1897年,安徽巡抚邓华熙奏设的安徽二等学堂,优者亦派送津沪头等学堂或京师同文馆肄业;1898年,陈芝昌、邓家仁、邓家让等捐资设立的广州时敏学堂,初时分大学、小学两部,小学部因其程度又分为4班;同年,御史张承缨奏请于京师五城设立的中学堂、小学堂等。除了一学堂内分两级、三级外,还有独立的一级制学堂,它们与其他学堂形成衔接。至此,分级设学、依次递升的普通教育体系基本成型。

1898年7月,康有为在《请饬各省改书院淫祠为学堂折》中,建议把全国各地的大小书院改为兼习中学和西学的学堂。光绪接受了康有为的奏请,于同年7月10日发布上谕。戊戌变法期间,尽管书院改学堂在全国各地的发展不平衡,但它作为变法在文化教育方面的一项重要内容,在全国许多地方已经变成现实,有力地推动了近代新式学堂的发展。

专门学堂和实业学堂 早在戊戌变法之前,一些地方就陆续开办实业学堂和专门学堂。1896年3月,江西绅商蔡金台等于高安县创办蚕桑学堂,讲求种桑、育蚕之法。1897年,杭州知府林启奏请于杭州西湖金沙港创办蚕学馆,并于次年4月1日正式开学,林启自兼总办。学额定30名,不限省份,所取学生以秀才为多。课程有物理学、化学、植

物学、动物学、气象学、土壤论、桑树栽培论、蚕体生理及解剖、蚕儿饲育法、缫丝法、显微镜、操种法、蚕茧审查法、生丝审查法、害虫论等。1898 年 4 月 16 日,湖广总督张之洞奏请于湖北省城设立农务学堂,租民田为种植五谷树木及畜牧之所,招收绅商士人有志讲求农学者入学;又请准于洋务局内设立工艺学堂,选聘日本工学教习 2 人,分教理化学及机器学,招集绅商士人有志讲求商学者入学。

戊戌变法期间,又创办了各类专门学堂及实业学堂。(1) 矿务类。如 1898 年 6 月 20 日,江南道监察御史曾宗彦奏请并经总理衙门议准,于南北洋设立矿务学堂。由总理衙门咨饬出使各国使臣,搜求海外矿学书籍,选已通西国语言文字者入堂学习。总理衙门同时还通知各省就现有学堂酌量增加矿学课程。(2) 翻译类。如 1898 年 8 月 26 日,梁启超奏请在上海设立翻译学堂,编译书籍报纸。(3) 医学类。如 1898 年 9 月 9 日,孙家鼐奏请设立医学堂,归京师大学堂管辖。(4) 农务类。如 1898 年 9 月 4 日,督理农工商总局大臣端方奏请于京师专设农务中学堂。9 月 14 日,两江总督刘坤一奏于江宁设立农务学堂。(5) 工艺类。如 1898 年 9 月 14 日,刘坤一奏请将上海制造局兼辖的广方言馆和旧有的炮队营裁并改设工艺学堂。(6) 蚕桑类。如 1898 年 9 月 19 日,安徽巡抚邓华熙奏请于安庆省城东门外五里庙地方设课桑园,并就课桑园设蒙学馆。

中国第一所高等大学堂 京师大学堂是戊戌变法运动的产物,也是中国近代高等教育机构形成的标志。1898 年 7 月 3 日,光绪正式下旨,批准设立京师大学堂。孙家鼐受命为管学大臣,于同年 8 月 9 日向光绪提出了筹办大学堂的具体计划。变法失败后,虽然仍命孙家鼐继续负责筹办,并于是年 12 月正式开学,但教学方针和教学内容却发生了很大变化,学堂规模也较原计划大为缩小,仅设仕学院,"以教进士举人",同时附设中、小学堂。开学时"学生不及百人"。次年,学生增至近 200 人。自 1898 年创立后,京师大学堂历时 14 年,到辛亥革命时,共培养了 120 多名预备科毕业生,尚无正规本科毕业生。

清末"新政"时期新式学堂

兴学堂、育人才是清末"新政"的核心内容。"新政"时期,清廷通过改书院为学堂、颁布"癸卯学制",促进了新式学堂的发展。特别是科举制的废除,使近代新教育日趋完善。

清政府于 1901 年 9 月正式下令全国各地书院分别改为大中小学堂。《山东大学堂章程》提供了一个操作性极强的办理大学堂的模式。1902 年,清政府将《山东大学堂章程》颁行各省,参酌办理。1905 年废科举后,各地才真正把书院办成学堂,从而最终完成了书院向近代新式学堂的转变。

近代新式学堂产生在洋务运动当中,但真正大规模地发展则是在清末"新政"时期。在 20 世纪初,中国兴办新式学堂取得了巨大成绩。新式学堂逐渐成为中国近代教育的主体,促进了中国教育的现代化进程。

1898 年,总理衙门和军机大臣会呈《筹议京师大学堂章程》,请求清政府通饬各省,在府、州、县设小学堂,省会设中学堂,京师设大学堂。同年,御史张承缨奏请在京城设中学堂,杭州知府林启设杭州中学堂,是为中国近代新式独立中学堂的发轫。

1901 年至 1903 年,清政府及地方各省先后设立山东大学堂、浙江求是大学堂、苏州省城大学堂、河南大学堂、山西大学堂、江西大学堂、陕西关中大学堂等。1903 年,清政府下令,除保留京师、北洋和山西 3 所大学堂外,各省大学堂一律降为高等学堂,每个省城 1 所,相当于大学预科,分文、理工和医学三类。

"癸卯学制"实施后,清政府明谕各督抚学政,"切实督饬地方官劝谕绅士,广设小学堂",此后,小学堂得到迅速发展。数量虽然大增,但质量不高。从教师来看,多半未受新式教育。绝大多数教师仍以传统的教学内容、教学方法从事小学教育。这时学校规模较小,与私塾相差无几,每校学生平均不过 26～27 人。可以说,中国近代小学教育还处于初创阶段,是由传统蒙养教育向近代小学教育过渡的形态。

中国近代师范教育肇始于 1897 年盛宣怀创办的上海南洋公学师范院。1898 年,京师大学堂附设师范斋,开启中国近代高等师范教育之先河。1902 年,张之洞于武昌创设湖北师范学堂,这是中国第一所官办独立的中等师范学堂。同年,张謇在南通创办通州师范学堂,这是中国第一所私立中等师范学校。"癸卯学制"颁行后,师范教育得到迅猛发展。

"癸卯学制"的颁行,促进了实业学堂的发展。1904 年,商、学两部首先在京师设立高等实业学堂。到 1911 年,全国先后创办高等工业、农业、商业等学堂 17 所。在清政府和各省督抚的大力提倡下,实业学堂发展较快。1907 年,湖北有实业学堂 9 所,学生 200 人,1911 年达 693 所,学生 7 000 余人。同期实业学堂学生占全国学生总数的比重由 1.23％上升为 8.8％。

1907 年清政府颁行《女子小学堂章程》和《女子师范学堂章程》,把女子教育正式纳入学制系统和法制化轨道,促进了清末女子教育的发展。

参考文献

李国钧,等. 中国教育制度通史［M］. 济南:山东教育出版社,2000.

毛礼锐,等. 中国教育通史［M］. 济南:山东教育出版社,1988.

舒新城. 中国近代教育史资料［M］. 北京:人民教育出版社,1981.

田正平. 中国教育史研究·近代分卷［M］. 上海:华东师范大学出版社,2001.

（吴民祥）

中国近代学校课程

中国近代学校的课程设置。1840年鸦片战争后，中国沦为半殖民地半封建社会。在教育领域，出现了教会学校和洋务学堂，旧式书院均改为各级普通学堂，各地还兴办一批新型普通学堂。1902年和1904年先后颁布的《钦定学堂章程》《奏定学堂章程》标志中国近代教育制度的正式确立。

教会学校具有近代资本主义学校的特征，其西学课程的特点有三。其一，课程设置模式，尤其是自然学科、外国语学科、体育学科以及女生的家政、缝纫等学科，直接影响近代中国学校课程。其二，教会学校及其有关机构编印的教科书同时被中国近代学校尤其是早期洋务学堂所采用，特别是其中的自然学科和外国语学科教材。其三，许多教会学校毕业生服务于洋务学堂及各地新型普通学堂，使教会学校的课程、教材和教法影响中国近代学校。洋务学堂的课程设置突破了旧教育长期维持的格局，京师同文馆、江南制造局等机构编译的西学书籍在相当长的时期内，为中国近代新式学校提供教材；洋务学堂培养的学生成为中国第一批科技和外交人才。

在中国近代课程演进过程中，围绕是否增设西学课程以及西学课程的内容和地位问题，经历了反复斗争。从1862年第一所洋务学堂京师同文馆设立，到1904年中国近代学制建立，先是顽固派与洋务派之间的"义礼与技艺"之争，继之是洋务派与维新派之间的体用、本末之争。顽固派视封建主义的义礼为"立国之本"，视西方的技艺即自然科学为"奇技淫巧"，极力反对开设西学课程；洋务派则积极开办洋务学堂，在课程设置上打破"四书"、"五经"垄断的局面。洋务派与维新派虽然都主张"中体西用"，但早期资产阶级维新派批评洋务运动（包括洋务教育的课程）只学了西学的皮毛，他们更着眼于介绍西方的普通学校、普及义务教育等，目的是普遍提高国民的文化教育素质，以作为经济和政治制度改革的基础，而非寄希望于少数专门技术人才的培养。维新派对"中学"进行重新解释和改造，变成发展资本主义的思想武器，以进一步传播和推广西方政学。其主导思想认为，学校课程应当"以政学为主义，以艺学为附庸"。中国的新式学堂以及改革中的书院课程也均以此为模式。洋务派则从维护封建统治出发，坚持"中学"，维护君权，反对民权，把西学限制在一定范围内，所提倡的西学的主要内容是西文和西艺。

晚清学校课程始终坚持"中学为体，西学为用"，其特点有四。一是重视思想和政治教育课程。教会学校强调宗教课程和儒学课程，洋务派不放弃"中学为体"，向学生灌输封建道德和伦理纲常；维新派则着眼于变法需要，对"中学"进行改造和重新解释，提出"以政学为主义，以艺学为附庸"的课程设置方针，借以传播资产阶级社会政治学说。洋务派认为，仅重视艺学而不重视"中学之体"，不足以维护封建统治；维新派则认为，仅重视艺学而不重视西方政学，不足以使中国走上维新之路。二是增加近代科学课程，突破旧的课程模式。"格致"是理、化、生的总称，几乎涵盖所有自然科学技术的教学内容，反映学校课程重视自然学科。三是重视外国语课程与教学，课时比重大，各校一般开设英语和日语课程。四是许多普通学校把体操列为正式课程，体操一般被列入西学范围，由英文教师兼教。中国近代学制建立前的学校及其课程尚不完善，学制尚未建立，各级学校之间没有明确的界限和衔接关系，学校规模不大，修业年限不等，课程和教学内容的程度也不同；学校及其课程均模仿外国。

甲午战争后，资本主义国家特别是日本的教育理论和教育制度通过留学生和访日人士传入中国。提倡新式普通教育，借以"鼓民力、开民智、新民德"的社会舆论日趋形成，新型普通中小学的雏形应运而生。中国近代学校课程的变革经历以下时期：清末颁布《钦定学堂章程》和《奏定学堂章程》时期（民国初年）和1922年"新学制"时期。这期间进行两次课程改革：一是1909年开始实行的中学文实分科；二是1917年开始实行的中学增设第二部课程。1902年中国近代第一个规定学制系统的文件《钦定学堂章程》颁布。其中，《钦定中学堂章程》规定普通中学修业四年，培养目标是"为高等专业之始基"，课程包括12门，即修身、读经、算学、词章、中外史学、中外舆地、外国文、图画、博物、物理、化学、体操，并规定"课程分年表"，按四个学年，对每门课程的教学要求作出规定。《钦定学堂章程》未及施行，1904年1月清政府颁布《奏定学堂章程》，中国近代学制（包括普通中小学系统）正式确立。"癸卯学制"以"中体西用"为立学宗旨，对各级各类学堂的培养目标、修业年限、课程、组织、校舍、图书、仪器、入学条件与学生管理等诸方面作了详尽规定。课程分为12门，计有修身、读经讲经、中国文学、外国语（包括日语、英语或德语、法语、俄语）、历史、地理、算学、博物、物理及化学、法制及理财、图画、体操，并详细规定了各门课程的教学内容和教学方法。实行《奏定学堂章程》时期的课程有两个特点：因袭中体西用，具有日本化倾向。课程制定者不愿放弃以维护封建统治为目的的传统课程，但又根据经济和社会发展的需要增设不少西学课程。整个学堂课程的架构和名目模仿和移植自日本，使晚清中小学修习的课程分量超过英、法、德、美等国。在教材的编撰和使用上，大量采用外国教材。面对严重的民族危机，该学制的课程重视兵式体操，规定"中小学各种教科书，必寓军国民主义"。

1909年，清政府学部提出《奏变通中学堂课程分为文科、实科折》，提出普通中学可有或侧重文科课程或侧重实科课程之分，学制仍为5年。课程门类亦同《奏定中学堂章程》，即十二门，但于十二门之中就文科、实科之主要，权其轻重缓急，各分主课通习二类。文科以读经讲经、中国文学、外国语、历史、地理为主课,而以修身、算学、博物、理化、法制、理财、图画、体操为通习;实科以外国语、算学、物理、化学、博物为主课,而以修身、读经讲经、中国文学、历史、地理、图画、手工、法制、理财、体操为通习",各门主课占用的授课时间较多,而通习课的课时较少。学部后又提出《奏改订中学文、实两科课程折》,但这种制度未能实行。

民国成立后,1912 年 1 月,南京临时政府教育部颁发《普通教育暂行办法》和《普通教育暂行课程标准》。1913 年《中学校课程标准》正式颁行。民国初年规定中学校开设下列课程:修身、国文、外国语、历史、地理、数学、博物、理化、图画、手工、法制经济、音乐、体操;女子加家政、缝纫。在中学课程门类上,民国取消了读经讲经课,增加手工、音乐和女子的家政、缝纫;在课程名称上,改"中国文学"为"国文"(继承 1909 年清政府学部改订中学堂文实分科课程的名称),改"算学"为"数学",改"法制理财"为"法制经济",取消中学文实分科的做法,并把中学修业年限由 5 年缩短为 4 年。课程门类比清朝末年增加了,但每学年的周时有所减少。

1916 年,全国教育联合会在北京召开第二届年会并形成决议,建议把普通中学的宗旨由"完足普通教育,造成健全国民"改为"以完足普通教育为主,而以职业教育、预备教育为辅"。议案还建议教育部规定中学自第三学年起,就地方情形酌设职业科目,同时酌减其他科目的授课时间。教育部采纳此建议,于 1917 年通令全国普通中学增加设置第二部,招收志愿于中学毕业后即就业的学生,课程设置可酌减普通学科,增加工业、农业或商业学科。中国普通中学的分科制、选科制即发轫于此,课程的单科制逐步向单科选科制和分科制过渡。但因种种困难,中学增设二部的办法未广泛实施。分科选科制风行后,中学高年级起开设的选修课一般偏重职业科目。1922 年北洋政府颁布《学校系统改革案》(即"壬戌学制",亦称"新学制"),提出新的学制系统。同年,"新学制"课程标准起草委员会在南京通过了小学校毕业标准、小学校课程简表、初级中学必修科名称表、初级中学必修科目分表和初级中学毕业最低限度标准。1923 年 4 月和 6 月,该委员会在上海先后召开两次会议,就小学和初中各科目课程纲要逐加复订,规定中学采用学分制,每个科目每周上课 1 课时,满一学期即为 1 学分,但图画、手工、音乐、体育、理化和生物实验等无须课外预备或预备时间少的课以及自修课,其学分酌情折算;高级中学采取分科制,开设普通科和职业科,普通科以升学为主要目的,又分文、理两组,职业科主要为就业作准备,分农、工、商、师范和家事诸科,并可根据当地情况增设其他科目,一所高级中学可依各地情形酌定设科之多少。

"壬戌学制"中的中学课程具有以下特点。一是整个中学阶段的教育得以加强,不仅学制延长、科学分段,且第一

次制订了系统详尽的课程标准,规定各学科的目的、内容、方法和毕业最低标准,使教学有所遵循。二是采用分科选科制和学科制、学分制,使学校的课程和教学有一定自主权。三是重视职业科目,职业教育与普通教育相沟通,职业教育范围广泛。四是在课程要求上取消男女差别。五是改革课程设置,并设置许多新科目:初中和小学以公民课取代修身课,特别强调道德教育;高中增设人生哲学、社会问题、文化史、科学概念、心理学初步等课程;国文课改国语课,语文教学中文言文一统天下的局面被打破;体育课取代以军国民主义为宗旨、以兵式体操为主要内容的体操课,课程内容以田径、球类和游戏为主,并重视与体育有关的生理卫生教学。1922 年的学制与课程改革使中国的教育进入一个相对稳定的发展时期。

1929—1949 年中国继续进行课程改革。(1)注重政治思想灌输,其专门课程有党义课、公民课、党童军(后改为童子军)活动、军事训练等。重视本国历史和地理教育。1940 年规定,本国史地课程占史地课时的 5/6。(2)职业科目设置变化不定。1929 年仅规定学分数,未具体规定职业科目的种类和安排;1932 年取消职业科目;1936 年又在初三和高三恢复设置;1940 年职业科目包括在生产劳动训练中;1948 年要求通过选修课解决职业科目设置问题。普通中学的工艺课(1932 年起改称"劳作课",包括工艺、农业和家事)设置较稳定。(3)高中阶段的分科选科始终反复。1922 年实行分科,不仅高中分为普通科、师范科、职业科,且普通科又分为文科组、理科组。1929 年取消分组;1932 年进一步取消所有选修科目,着重基础学科。1936 年重新实行高二起分组,乙组降低算学要求,减少算学课时和内容,而增加国文、英语、伦理(逻辑)等。1940 年进一步扩充高中分组的科目,在原有国文、算学、英语、伦理四科中取消伦理科,增加物理和化学;高二起分组,甲组加强算、理、化,乙组加强国文、英语,且初中也分组,甲组为不准备升学者,不学英语,加选国文、历史、公民、职业科目,乙组为准备升学者,各学年都学英语。1948 年取消分组,但规定选修课时。(4)自然学科(包括植物、动物、物理、化学、生物等)的课程与教学或采用分科制,或采用混合(综合)制,多次反复,以分科制为主。(5)外国语课程的地位不稳定。(6)采用学分制的时间较短(1922—1932),采用学时制的时间较长(1932—1949)。

参考文献

孙培青.中国教育史(修订版)[M].上海:华东师范大学出版社,2000.

孙培青,李国钧.中国教育思想史(三卷本)[M].上海:华东师范大学出版社,1995.

王炳照,等.简明中国教育史(修订本)[M].北京:北京师范大学

出版社,1994.

张惠芬,金忠明.中国教育简史(修订版)[M].上海:华东师范大学出版社,2001.

(黄　瓒)

中国近代学制演变

中国近代学校教育制度的产生与发展过程。它是中国教育近代化的一个重要方面。在中国近代学制演变的过程中,四部学制交替出现,它们既是中国教育近代化发展到不同阶段的重要标志,同时也对中国教育近代化的进程产生了积极的推动作用。随着学习西方教育的深入和新式学校的兴起,越来越多的有识之士提出了效法西方国家,在中国建立资本主义教育制度的理想。最早提出这一主张的是中国近代第一位毕业于美国大学的留学生容闳。1860年11月,容闳向太平天国领袖洪仁玕提出改革建议,主张设立武备学校,建设海军学校,创办各种实业学校,颁布各级学校教育制度。1896年,刑部左侍郎李端棻在《奏请推广学校折》中主张"自京师以及各省府州县皆设学堂",并对府州县学、省学、京师大学各自的入学年龄、课题设置、学习年限作了具体规定。1898年,康有为上书光绪明确主张"请远法德国,近采日本,以定学制"。1898年,梁启超在《筹议京师大学堂章程》中也强调,要办好大学堂,广设中学堂、小学堂,小学堂、中学堂、大学堂应分列班次,循级而升。与此同时,西方来华传教士也纷纷撰文,介绍西方的学校教育制度,对中国学制提出建议。20世纪初,中国近代意义上的第一个学制——"壬寅学制"颁布,其后,又颁布了"癸卯学制"并付诸实施。辛亥革命后,中国推翻了封建专制统治,随着社会及教育发展的需要,先后又有"壬子癸丑学制"、"壬戌学制"、"戊辰学制"等相继颁布。

清末近代学制的创立

清末近代学制由"壬寅学制"和"癸卯学制"两个学制构成。

甲午战争后,"教育—人才—救国"成为中国朝野上下的共识,特别是日本通过学习西方,发展教育,从而富国强国的事实,给国人产生了强烈的示范效应。基于对国情、国体、文化传统、实际成效等诸多因素的考虑,清廷确立了以日本为媒介学习西方教育的改革方针。20世纪初"新政"伊始,在建立学制的强烈呼声下,清廷启用管学大臣张百熙着手制定学制,张百熙以日本明治时期的学制为蓝本,于1902年制定《钦定学堂章程》,亦称"壬寅学制"。该学制的指导思想为"上溯古制,参考列邦",认为古今中外,学术不同,但致用之途一样,朝廷以更新之故而求人才,以求才之故而本之学校,就不能不节取欧美日本诸邦之成法,以佐我中国二千余年旧制。"壬寅学制"包括《钦定京师大学堂章程》、《钦定考选入学章程》、《钦定高等学堂章程》、《钦定中学堂章程》、《钦定小学堂章程》及《钦定蒙学堂章程》等6个章程,具体规定了各级各类学堂的培养目标、修业年限、入学条件、课程设置及相互衔接关系。它是中国近代第一个完备的学校系统,但限于当时的条件,虽经公布,却并未实施。

中国近代第一个正式颁布并在全国普遍实施的学制是由张百熙、荣庆、张之洞会同拟订的《奏定学堂章程》,于1904年1月颁布,亦称"癸卯学制"。在吸收"壬寅学制"基本内容基础上制定的"癸卯学制"包括《奏定学务纲要》、《奏定各学堂管理通则》、《奏定各学堂考试章程》、《奏定各学堂奖励章程》、各级各类学堂章程以及译学馆、进士馆、任用教员章程等22件。从蒙养院、小学堂、中学堂、高等学堂或大学预科、大学堂到通儒院,从普通教育、师范教育到实业教育,从教员任用到学校管理,从立学宗旨、培养目标、入学规则、学习年限、课程设置、教学方法、校舍建筑、仪器设备到考试、奖惩等,均作了详尽规定。该学制从纵向看,分三段七级:第一阶段为初等教育,设蒙养院、初等小学堂和高等小学堂;第二阶段为中等教育,设中学堂;第三阶段为高等教育,设高等学堂或大学预科、分科大学、通儒院。从横向看,与初等普通教育平行的有艺徒学堂、初等实业学堂和实业补习学堂;与中等普通教育平行的有初级师范学堂、中等实业学堂;与高等普通教育平行的有优级师范学堂、高等实业学堂、实业教员讲习所等。此外,属于高等教育性质的还有译学馆、方言学堂、进士馆和仕学馆。这样,初步构成了初等、中等、高等三级衔接,普通、师范、实业三足鼎立的整体格局和框架。

"癸卯学制"的指导思想以"中学为体,西学为用"为纲,具有浓厚的封建色彩。它十分强调以儒家伦理陶冶学生的品行,并辅之以严格的纪律和管理。《奏定学务纲要》第一条开宗明义规定:"京外大小文武各学堂,均应钦遵谕旨,以端正趋向、造就通才为宗旨,正合三代学校选举德、行、道、艺四者并重之意。各省兴办学堂,宜深体此意。从幼童入初等小学堂始,为教员者,于讲授功课时,务须随时指导,晓之以尊亲之义,纳之于规矩之中。……使学生他日成就,无论为士、为农、为工、为商,均上知爱国,下足立身,始不负朝廷兴学之意。"这部学制也对各级各类学校的培养目标提出了不同要求,在一定程度上体现了教育规律。如对小学堂到通儒院培养普通国民和高级研究人才分别提出不同程度的要求,对各类实业学堂、师范学堂培养农工商实用人才和学校教员等也提出了不同方面的要求。"癸卯学制"在课程设置及教学内容方面打破了儒家经典一统天下的局面,增添了自然科学、社会科学及体操、图画、手工、外国语等课程,在课程安排上开始注意兼顾学科自身发展的内在联系及学生身心发育不同年龄的阶段特点,提倡采用新的教学方法。"癸卯学制"还对教师的教授法提出一定要求,在《奏定初级师范学堂章程》、《奏定优级师范学堂章程》中，都把教育类科目列为公共必修课，并设有专门教学法、各科教授法等课程，还要求师范学校教师在讲授各门学科时，要兼讲如何教授的次序法则，并规定师范学校的学生必须有教授实事练习。

民国时期近代学制的改革与发展

民国时期近代学制的改革与发展是由"壬子癸丑学制"阶段、"壬戌学制"阶段、"戊辰学制"阶段构成。

"壬子癸丑学制"阶段　1912 年 9 月，在蔡元培等人的主持和努力下，教育部公布了民国第一个《学校系统令》，史称"壬子学制"。随后，教育部又陆续颁布了小学、中学、专门学校、实业学校、师范学校及大学的有关法令规程，1913 年将"壬子学制"与这些法令规程的内容相互补充，综合形成了"壬子癸丑学制"。至此，民国初年的学制改革基本完成。"壬子癸丑学制"设计的整个教育期限约为 18 年，从总体上缩短了学生在学的年限，它共分三段四级：初等教育段，分初等小学校和高等小学校两级，共计 7 年；中等教育段，只有一级，年限 4 年；高等教育段，亦只一级，分预科、本科，共计 6 年或 7 年。此外，下面有蒙养院，上面有大学院，不计年限。从横向看，它分为三块，即普通教育、师范教育和实业教育，另外还有补习科、专修科和小学教员养成所等，以作为三大系统的旁支。

"壬子癸丑学制"是在封建专制政体被推翻、资产阶级共和制度建立的社会大背景下产生的，它的主要特点有：废止"忠君"、"尊孔"等违背时代潮流的旧教育宗旨，代之以体现民主、共和精神的新宗旨，以资产阶级自由、平等、博爱的伦理道德观念代替以三纲五常为核心的封建伦理道德观念，养成共和国的新国民；提倡实利主义教育，为在中国发展资本主义经济培养有用人才；废止毕业生的科举出身奖励制度，力图清除封建科举制度的影响；在学校系统中取消清末学制中专为满族贵族子弟设立的贵胄学堂，废除传统教育的封建特权和等级制度；基本上废除了教育权利上的两性差别，女子教育正式列入学制系统，小学男女同校得到认可；在教科书改革方面，禁止使用清末学部颁行的教科书，新编教科书必须合乎共和民国宗旨；缩短了学制年限，由"癸卯学制"的 21 年缩短为 18 年；根据新的教育宗旨，对课程进行改革，在课程设置中取消读经科，强调美育代宗教；重视授予学生实际生活必需的知识技能，加强自然科学和实用生产技能的培养，要求留意儿童的身心特点，以促进年青一代德、智、体、美的和谐发展。所有这些，都体现了近代教育的特点。

"壬戌学制"阶段　19 世纪末 20 世纪初，欧美各国开始兴起教育革新运动，对世界各国的教育发展产生广泛影响。

同一时期，中国在经历了辛亥革命带来的巨大社会变革后，又因第一次世界大战获得了民族资本主义经济发展，加上 1915 年兴起的新文化运动，都影响了"壬戌学制"的酝酿和形成。1922 年，北洋政府以大总统的名义发布《学校系统改革案》，史称"壬戌学制"。"壬戌学制"提出了七项标准：适应社会进化之需要；发挥平民教育精神；谋个性之发展；注意国民经济力；注意生活教育；使教育易于普及；多留各地方伸缩余地。整个学制系统以六、三、三、四分段，即初等教育段 6 年（初级小学 4 年，高级小学 2 年）；中等教育段 6 年（初级中学 3 年，高级中学 3 年）；高等教育段 4 至 6 年。它是中国近代教育史上实施时间最长、影响最大的一个学制。

"壬戌学制"的主要特点：（1）整个学制系统不再参照日本而是以美国学制为蓝本，采用单轨制，在形式上任何儿童、少年和青年都可以由小学而中学，直到升入大学，这一模式反映了学制制订者的民主意识。从 7 项标准的内容看，其"发挥平民教育精神"、"使教育易于普及"等，体现了"五四"新文化运动以后，中国教育真正开始走向民众，表征着中国知识分子和教育界民主意识的觉醒。（2）试图把握教育发展的客观规律，并用以指导教育的改革实践。如"适应社会进化之需要"被列为 7 项标准之首，还有"注意国民经济力"、"注意生活教育"等项，表明学制改革的主持者试图根据当时中国民族资本主义发展的实际状况，强调教育与社会生活沟通，以为社会培养所需的各种专门人才，同时还特别加强了学生的职业教育训练，以适应升学、就业的双重需要。尤其是在中学段，针对民国初年学制修业年限较短，又偏于普通教育的弊端，把中学年限从原先的 4 年延长为 6 年，且三、三分段，高中设农、工、商等各种职业科，使学生毕业后，入学者能提高程度，就业者有职业预备。此外，注意适应学龄儿童身心发展的阶段及其特点，注重个性差异，并通过采用学分制、开设选修课等，让学生根据自身的兴趣、爱好、特长及个性差异，灵活掌握学习的年限和进度，自由选择所学科目。（3）根据中国地域辽阔、地区发展极不平衡的实际情况，提出"多留各地方伸缩余地"，给地方以较大的办学自主权和选择权。比如，"壬戌学制"允许初中、高中可以合设，也可根据地方情形单独设立；要求初中一般以施行普通教育为原则，但也可视地方需要兼设各种职业科；高中分普通、农、工、商、师范、家事等科，但得酌地方情形单设一科或兼设数科；义务教育入学年龄，各省区可依地方情形自定等等，这些都体现了学制系统的灵活性，反映了对当时国情的体认，有利于发挥地方办学的积极性。

"戊辰学制"阶段　南京国民政府以大学院为全国最高的学术教育机构和行政机关，1928 年 5 月，大学院召集举行第一次全国教育会议，会上通过了《整理中华民国学校系统案》，史称"戊辰学制"。

"戊辰学制"与"壬戌学制"大致相同，主体结构也是"三段七级"或"三段五级",主干学程还是"六三三四"制,儿童的入学年龄依旧为 6 岁。不同的是在中等教育阶段,废止综合中学制,将普通中学、职业学校和师范学校分别单独设置,普通中学除采用"三三"制外,亦可采用"四二"制或"二四"制,废止中学的选科制,中学课程一律改为必修。

"戊辰学制"未经南京国民政府公布实行,因此不具有法令化的性质,但是,它的某些精神被日后变革具体学制时所汲取,进行了实际应用,如对当时中学教育影响很大的于 1928 年颁布实行的《中学暂行条例》就与"戊辰学制"的精神一致。

参考文献

顾明远.教育大辞典[M].上海:上海教育出版社,1990—1992.

钱曼倩,金林祥.中国近代学制比较研究[M].广州:广东教育出版社,1996.

璩鑫圭,唐良炎.中国近代教育史资料汇编·学制演变[M].上海:上海教育出版社,1991.

田正平.中国教育史研究·近代分卷[M].上海:华东师范大学出版社,2001.

朱有瓛.中国近代学制史料[M].上海:华东师范大学出版社,1986—1989.

（周　晔）

中国近代研究生教育及学位制　　近代中国建立的研究生教育体系及学位授予制度。维新变法运动以后,随着现代学校教育体制的逐步建立,近代高等教育体系开始形成,在此背景下,中国近代研究生教育及学位制逐步萌芽,经过民国初期的确立和南京国民政府时期的推进,渐次建立起来。

清末研究生教育及学位制度

清政府于 1902 年和 1904 年先后颁布的"壬寅学制"和"癸卯学制"催生了中国近代高等教育体系,近代研究生教育及学位制度也得以萌芽。

研究生教育的萌芽　　1904 年,清政府颁布《奏定大学堂章程》,规定于大学堂内设通儒院,令大学堂毕业者入院,并明确表示此即外国大学院,是为近代法定研究生教育之始。章程规定,通儒院为研究各科学精深意蕴,以备著书制器之所;通儒院生只在斋舍研究,无讲堂功课;招收分科大学毕业或非分科大学毕业欲入通儒院研究某科学术者;学员研究期限 5 年,不收学费,发明新理,著有成书,能制造新器,足资利用为毕业;学员至第 5 年末,呈论著由本分科大学监督交教员会议审查,合格者即毕业,报明总监督呈学务大臣会同奏明,将论著书籍图器进呈御览,请旨给以应得之奖励。但是,由于清末大学教育发展缓慢,直到 1909 年,中央及地方开办的大学只有京师大学堂、山西大学堂和北洋大学堂 3 所,据 1911 年统计,京师大学堂只有预科 120 名;山西大学堂有法科 16 名、工科 19 名、理科 9 名、预科 24 名;北洋大学堂有工科 35 名、法科 9 名。因此,建立于大学之上的通儒院形同虚设,清末研究生教育仍处于酝酿期。

以出身代学位的制度　　1902 年颁布的《钦定高等学堂章程》规定,给高等学堂的毕业生以出身文凭。同年颁布的《钦定京师大学堂章程》详细规定了给予出身的办法,大学堂预备、速成两科毕业赏给举人进士,高等学堂毕业赏给举人并准参加会试,大学堂分科毕业赏给进士,举人进士均应给予文凭;仕学馆卒业予以应升之阶或给虚衔加级;师范馆学生卒业由管学大臣复试择优带领引见,如原系生员准作贡生,原系贡生准作举人,原系举人准作进士,均候旨定夺分别加级并给予各处学堂教习文凭;各省师范学堂卒业生应与京师大学堂一律从优;所有各项举人进士文凭,统由京师大学堂印造。出身不同于学位,至多只是近代高等教育的草创时期,它是对学位制度所作的符合封建统治要求的变通处理。

清末学位制度的实施始于教会大学,如圣约翰大学于 1906 年在美国华盛顿州立案,设文理科、医科、神学科,得授予美国大学毕业同等之学位;金陵大学于 1911 年在美国立案,毕业生可授美国纽约大学学位;震旦学院正科毕业可升入法国相当学位阶段肄业。

民国初期研究生教育及学位制度

1912—1918 年的研究生教育及学位制　　1912 年 10 月,教育部公布《大学令》,规定大学为研究学术之蕴奥,并设大学院,入学资格为各科毕业生或经试验有同等学力者。1913 年 1 月,教育部公布《大学规程》,规定大学院为大学教授与学生极深研究之所,分为哲学院、史学院、植物学院等;大学院由本门主任教授为院长,由院长延请其他教授或聘绩学之士为导师;大学院不设讲座,学生按导师指导自行研究、定期讲演讨论;大学院生经院长许可,得在大学内出席担任讲授或实验;大学院生自认研究完毕欲受学位者,得就其研究事项提出论文,请求院长及导师审定,由教授会议决,遵照学位令授以学位;大学院生如有新发明之学理,或重要之著述,得由大学评议会议决,遵照学位令授以学位。这标志着近代研究生教育制度的初步确立。1917 年底,北京大学在蔡元培的倡导下,率先在高校建立研究所,组建文、理、法三科,教师为一时名流,到 1918 年初,各研究所共有研究人员 148 人,范文澜、冯友兰、俞平伯等都是在此期进入研究所从事研究工作的。北京大学研究所的设置标志着近代研究生教育的启动。

教育部公布的《大学令》规定大学各科修业 3 至 4 年,预科 3 年,大学各科学生修业期满,试验及格,授以毕业证书,得称学士。是为近代法定实施学位之始,标志着学位制度的初步确立。1915 年 1 月,袁世凯颁布《特定教育纲要》,专列"学位奖励"条,规定学位除国立大学毕业,应按照所习科学给予学士、硕士、技士各字样外,另行组织博士会,作为审授博士学位之机关,由部定博士会及审授学位章程暂行试办;学位规定后,政府应颁布学位章服以表彰其学迹。1916 年 9 月,教育部公布《大学分科外国学生入学规程》,规定大学分科得许外国学生入学;外国学生全修分科某门应修科目,修业期满,试验及格者,得授以毕业证书;外国学生领有毕业证书者,得与本国学生一律称学士。1917 年 9 月,教育部颁布《修正大学令》,明确规定:大学本科生修业期满、试验及格,授以毕业证书,称某科学士。这样,初步形成了由学士、硕士、博士构成的三级学位制度。

1919—1926 年的研究生教育及学位制度 这一时期,由于政局动荡,政府在研究生教育及学位制度的工作上,只是重申民国初年以来的相关规定。1922 年,据大总统令公布"壬戌学制",其中规定:大学院为大学毕业及有同等程度者研究之所,年限无定。1924 年,教育部公布《国立大学校条例》,条例规定:国立大学学生修业完毕,试验及格,授以毕业证书,称某科学士;国立大学设大学院,大学毕业生及具有同等程度者入之,大学院生研究有成绩者,得依照学位规程给予学位。在实践方面,部分学校克服了各种困难,在研究生教育方面进一步推进。1920 年,北京大学增设地质研究所,1922 年设国学研究所。1925 年,清华学校开始办大学并创办国学研究院,以梁启超、王国维、陈寅恪、赵元任等著名学者为导师。1926 年,国立东南大学公布《组织大纲修正稿》,同年 11 月,公布《国立东南大学研究院简章》,规定大学本科及其他大学毕业生,经本系教授推荐、本校研究院高等学位委员会认可,方可为本研究院研究生,研究生须在院继续从事研究 2 年以上,研究生成绩考试及格,可称文科、理科、教育科、农科或商科硕士,关于博士学位之规定另定。

从 1912 年至 1926 年,近代研究生教育及学位制度初步确立,大学学位制度随着大学的发展逐渐推开,研究生教育在部分高校渐次实施。

南京国民政府时期研究生
教育及学位制度

1927—1936 年的研究生教育及学位制 1929 年 7 月,国民政府颁布《大学组织法》,第一次以法律的形式规定大学得设研究院。1934 年 5 月,教育部颁布《大学研究院暂行组织规程》,规定为招收大学本科毕业生研究高深学术、供给教员研究便利起见,大学得设研究院;分文、理、法、教育、农、工、商、医各研究所,有三研究所以上者得称研究院;设

研究所须具备充足经费专供研究之用、图书仪器建筑设备堪供研究工作之需、师资优越等条件;招收研究生,以国立、省立及立案之私立大学与独立学院毕业生经公开考试及格者为限,不得限于本校毕业生,在外国大学本科毕业者可以应考;各研究生研究期限暂定为至少 2 年,期满考试成绩及格,由大学发给研究期满考试及格之证件;研究生不得兼任校内职务;独立学院得准照本规程各条之规定设置研究所。

1935 年 4 月 22 日,国民政府公布《学位授予法》,这是近代中国第一部专门的学位法。法令规定:学位分学士、硕士、博士三级;在公立或立案私立大学或独立学院修业期满考试合格、经教育部复核无异者,由大学或独立学院授予学士学位;在公立或立案私立大学或独立学院之研究所或研究院继续研究 2 年以上,经该院所考核成绩合格并经教育部复核无异者,得由该院所提出为硕士学位候选人,硕士学位候选人经考试合格,经教育部复核无异者,由大学或独立学院授予硕士学位;有硕士学位在研究院所继续研究 2 年以上,经该院所考试成绩合格,提出与教育部审查许可者,得为博士学位候选人;有下属条件之一,并经教育部审查合格者亦得为博士学位候选人,在学术上有特殊著作或发明、曾任公立或立案私立大学或独立学院教授 3 年以上者;博士学位候选人经博士学位评定会考试合格者,由国家授予博士学位;硕士学位及博士学位候选人均应提出研究论文;本法施行前在公立或立案私立大学或独立学院之本科毕业生或受有学士学位者,有同一之资格。此后,相继颁布《学位分级细则》(1935 年 5 月)、《硕士学位考试细则》(1935 年 6 月)、《硕士学位考试办法》(1936 年 4 月),从而逐步健全了除博士学位之外的学位制度。次年,国民政府又相继公布《修正国立中央研究院组织法》、《国立中央研究院研究所组织通则》,规定中央研究院设研究所,研究所得设研究生若干人,由考试办法选拔,从而将研究生教育扩展到独立的研究机关。到 1936 年,全国有中央大学、北京大学、清华大学、武汉大学、中山大学、金陵大学、东吴大学、燕京大学、南开大学、岭南大学、北洋工学院等高校设有研究所 22 个、学部 35 个。

1937—1949 年的研究生教育及学位制度 抗战期间及抗战胜利后,国民政府在研究生教育及学位制度工作方面,主要是进一步修订完善相关制度。1941 年 11 月 29 日,教育部公布《专科以上学校学生学籍规则》(1948 年 3 月修正公布),规定投考大学研究院所的研究生,应缴验大学或独立学院毕业证书;研究生中途停止研究者不发给证明文件。1940 年 3 月,行政院公布《教育部学术审议委员会章程》,规定该委员会的任务是审议全国大学学术研究事项;审核各研究院所的硕士学位授予及博士学位候选人资格。1942 年 8 月,教育部公布《修正师范学院规程》,规定师范学院修业 5

年期满考试及格经教育部复核无异,由学院授予学士学位;得附设师范研究所,招收师范毕业具有研究兴趣或大学其他院系毕业有 2 年以上教学经验的中等学校教员,研究期限 2 年,期满经考试及格授予教育硕士学位。这些规定进一步丰富和完备了研究生教育及学位制度。1948 年 1 月,国民政府公布《大学法》,规定大学学生修业期满,有实习年限者,经实习完毕考核成绩及格,由大学发给毕业证书,授予学士学位,从而以法律的形式确立了学士学位制度的地位。

参考文献

陈学恂.中国近代教育史教学参考资料[M].北京:人民教育出版社,1986.

潘懋元,刘海峰.中国近代教育史资料汇编·高等教育[M].上海:上海教育出版社,1993.

郑登云.中国高等教育史[M].上海:华东师范大学出版社,1994.

（朱宗顺）

中国近代义务教育

中国近代通过立法对学龄阶段儿童强制实施的基础教育。鸦片战争后,伴随着西学东渐,产生于西方的义务教育思想及制度经过传教士的推介、知识分子的引入、官绅的考察,逐步为近代中国社会所了解并接受。清末颁定的学制拉开了推行义务教育的序幕,后经民国初期的推进和南京国民政府时期的拓展,近代义务教育逐步形成和发展起来。

清末义务教育

清末义务教育的发轫　　1902 年颁布的"壬寅学制",虽未正式实施,但首次提出了将 4 年蒙学堂和 3 年寻常小学堂作为义务教育的目标,规定儿童自 6 岁起受蒙学 4 年,10 岁入寻常小学堂修业 3 年,俟各处学堂一律办齐后,无论何色人等皆应受此 7 年教育,然后听其任为各项实业。规定官立寻常小学堂 5 年之内不收学费。

中国近代义务教育制度确立于 1904 年。当年颁布的"癸卯学制"明确要求推行义务教育,把全国学校系统分为初等教育、中等教育、高等教育三段,规定在初等教育阶段修业 5 年的初等小学堂实施义务教育。《奏定初等小学堂章程》规定,凡国民 7 岁以上者得入初等小学堂;初等小学堂 7 岁入学,修业 5 年,分为完全科、简易科两种,完全科课程八门,简易科为乡民贫瘠师儒稀少之地开设,课程五门;官设初等小学堂,永不令学生贴补学费,以便贫民,期教育之普及。章程指出,"外国通例,初等小学堂,全国人民均应入学,名为强迫教育,除废疾、有事故外,不入学者罪其家长"。章程规定,学堂创办伊始,初等小学虽未能一律齐设,但各府厅州县之城镇,应令酌筹官费,速设初等小学以为模

范,至少小县城内亦必设初等小学 2 所,大县城内必设初等小学 3 所,各县著名大镇亦必设初等小学 1 所。这些规定表明,将初等小学堂 5 年视为义务教育,标志着中国近代义务教育的正式发轫。但存在的问题是,义务教育定为 5 年超越了当时的条件,义务教育的推行停留于督劝水平。

清末义务教育的调整　　"癸卯学制"颁布后,义务教育伴随着现代学制的建立逐步展开。清政府采取了一系列措施,主要有:1905 年,废科举、设学部,此后相继在各省、县分别设提学使司、劝学所;1906 年 1 月,学部通咨各省设半日学堂,专收失学儿童及贫寒子弟,不取学费,不拘年龄;同年 11 月,学部要求各省扩充省城师范名额以养成小学教师;同年,公布《强迫教育章程》,明确规定儿童 7 岁入学,及岁不入学者罪其父母,要求各地广设劝学所、普设蒙学堂,将各地办学情况作为各府州县长官及地方劝学所功过考核的标准。1907 年 3 月,学部颁布《女子小学堂章程》和《女子师范学堂章程》,开始创办女子小学堂和女子师范学堂,使义务教育扩展到女子。1909 年 5 月,学部《奏请变通初等小学堂章程折》规定:初等小学堂完全科仍为 5 年,简易科改为 4 年或 3 年两种,完全科课程由八门并为五门,简易科课程改为三门。1910 年 12 月,学部将初等小学堂改为 4 年,减少读经课时间,此后近代义务教育 4 年学制基本定型。1911 年 7 月至 8 月,清政府召开教育会议,通过了"试办义务教育章程案"、"国库补助推广初等小学经费案"等议案,加大推行义务教育的力度,但由于清政府旋即被推翻,这些议案未能实施。

民国初期义务教育

1912—1917 年的义务教育　　民国建立初期,教育部于 1912 年至 1913 年间颁布了一系列学制文件,形成"壬子癸丑学制",该学制仍然将初等小学 4 年定为义务教育。1912 年 9 月,教育部公布《学校系统令》,其中指出:"初等小学校四年毕业为义务教育,毕业后得入高等小学校或实业学校。"《小学校令》规定:小学校教育以留意儿童身心之发育、培养国民道德之基础、授以生活所必需之知识为宗旨,分为初等小学校、高等小学校,初等小学分为城镇乡立、县立或私立,修业年限为 4 年,设七门课程,女子加设缝纫,规定儿童年满 6 周岁之次日起,至满 14 岁止,凡 8 年,为学龄期,儿童达学龄后,应受初等小学校之教育。

1913 年,教育部拟订了《强迫教育办法》,称"共和政体,全赖教育,正式政府已经成立,非实行强迫教育不足以谋普及而固国体",提出了调查户口,各村镇派学董办理义务教育,儿童 8 岁一律入学,违者重罚其父母并处罚学董等。1914 年 12 月,教育部公布《整理教育方案草案》,将宣示义务教育年限作为整理教育的第一方案,称中国虽然以小学 4

年为义务教育,但究竟未以命令特别颁布,故"宣示义务教育年限,为今日之第一亟务",因此提请确定初等小学4年为义务教育。1915年,袁世凯颁定《教育要旨》,将厉行义务教育作为重要内容,要求教育部切实筹办。同时颁布《特定教育纲要》,提出施行义务教育必须分年筹备,要注重小学师资的造就,改革学制,将初等小学改为国民学校和预备学校两种,其中国民学校专司义务教育之责。同年5月,袁世凯批准教育部拟订的《义务教育施行程序》,将1915年至1916年义务教育的施行分为两期,并详细拟订了从调查各地教育状况,规定义务教育要则及培养师资、筹集经费等应办的31项具体事项。以后又相继制定颁布了各种推动义务教育施行的法规,如《地方学事通则》(1915)、《国民学校令》(1915年颁布,1916年修正)、《劝学所规程》(1915)、《学务委员会规程》(1915)、《国民学校令施行细则》(1916)等,这些文件构成了一个较为完备的义务教育法规体系。但文件上重视而施行上缓慢是此期义务教育发展的特点。不过,同清末相比,初等小学的数量还是有较大增加。

1918—1926年的义务教育　　由于社会动荡不安,军阀混战,中央政府对地方的影响力减弱,各地及民间团体在推行义务教育方面扮演了重要角色。1918年5月,山西省率先宣布厉行义务教育,颁布《义务教育施行程序》,计划从当年开始,用三年半时间分七期将义务教育普及于全省。根据1920年的调查,山西义务教育入学率达60%以上,成效显著。1920年4月,北洋政府教育部参照山西省所定的推行义务教育办法,拟订了《八年推行义务教育办法》,计划从1921年开始,以八年为期,全国一律普及四年义务教育。此后各地相继制订了分期推行义务教育的计划,其中,江苏省施行得力,一跃而成为与山西比肩的义务教育先进地区。在民间团体方面,全国教育会联合会从1915年的第一届会议开始,便把推行义务教育作为历次会议的重要议题,在对"壬戌学制"产生重要影响的1921年广州会议上,全国教育会联合会的学制提案又将"使教育易于普及"列为设学的标准之一。在江苏,1921年成立的义务教育期成会将广造师资作为中心工作,推动了江苏的义务教育。

1922年,"壬戌学制"颁布,将初等教育定为初级4年、高级2年,规定前4年为义务教育。这次学制改革对义务教育的推行具有重要意义:(1)将"使教育易于普及"作为立学的标准之一,使义务教育在学制中占据重要地位。(2)适应社会进化之需要、发挥平民教育精神、谋个性之发展、注意国民经济力、使教育易于普及、多留各地方伸缩余地等七项设学标准,体现了浓厚的教育民主化和实用化色彩,使义务教育的办学宗旨从"人才"培养转向了"国民"教育。(3)增强了义务教育的灵活性。义务教育以四年为准,各地可适当延长,入学年龄可依地方情形而定,有利于义务教育的推行。根据该学制的精神,课程设置也进行了相应改革,

1923年,教育部通令试行中小学课程纲要,其中小学设国语、算术等11门。另外,义务教育的"入宪"也取得进展,在1923年和1925年的宪法草案中均明确载入义务教育。

南京国民政府时期义务教育

1927—1936年的义务教育　　南京国民政府成立后,1931年9月,国民党中央执行委员会通过《三民主义教育实施原则》,强调实施义务教育。在通过的《厉行全国义务教育》案中,要求各地设立义务教育委员会以促进义务教育,地方应指定专款用于义务教育,应对各省及县市推行义务教育实施补助,还提出义务教育的施行程序,要求各地失学儿童每两年应减少20%。第一次全国教育会议也对学制进行了调整,仍维持初等小学4年为义务教育的规定,增设乡村师范学校,并规定师范科可单独设立为高级职业中学,这些均有利于义务教育师资的培养。1930年4月,教育部召开了第二次全国教育会议,确立训政6年教育发展的原则是注重义务教育和成人补习教育的推进,提高中等高等教育的质量。会议审议并通过了教育部制订的《改进全国教育方案》,拟就了义务教育实施计划。这两次教育会议后,各地均拟就了推行义务教育的计划呈报教育部,在一定程度上推动了各地义务教育的发展。

1931年6月,国民政府公布《中华民国训政时期约法》,规定男女教育机会平等,已达学龄之儿童应一律受义务教育,未受义务教育之人民一律接受补习教育。1932年12月,国民政府公布《小学法》,次年颁布《小学规程》,规定小学分为四种:六年一贯的完全小学、单独设立的初级小学、简易小学和短期小学。其中,后两种专为拓展义务教育而设,简易小学招收不能入初级小学的学龄儿童,分全日制、半日制、分班补习制三种;短期小学招收10至16足岁的年长失学儿童,修业1~2年。1936年5月,立法院通过《中华民国宪法草案》,在教育专章中规定"六至十二岁之学龄儿童,一律受基本教育,免纳学费"。

由于财力不足,义务教育的推行进展不大,为此,南京政府教育部又先后制订了各种实施义务教育的办法。1932年6月,教育部颁发《第一期实施义务教育办法大纲》和《短期义务教育实施办法》,要求以1932年8月至1935年7月为第一期,设立义务教育试验区,规定以完全小学、简易小学、短期小学等形式推广普及义务教育。据统计,先后有18个省执行了上述计划。1934年12月,国民党四届五中全会通过了《实施义务教育标本兼治办法案》,次年,教育部又据此制订了《实施义务教育暂行办法大纲》及《实行义务教育暂行办法施行细则》,规定自1935年起分三期逐步完成4年义务教育的普及,要求各地采取广设短期小学、改良私塾、试行二部制、巡回教学等方式,推行义务教育。自1935年至

抗战爆发前,国民政府又相继制订颁布《中央义务教育经费支配及拨付办法》、《一年制短期小学暂行规程》、《短期小学实验办法》、《市县划分小学区办法》、《各省县市等筹集义务教育经费暂行办法大纲》、《调查学龄儿童办法》等一系列法规,对1935年开始施行义务教育的程序、经费、师资等问题均作了详细规定。

由于国民政府采取了一系列措施,义务教育的实施取得了一定成效。

1937—1949年的义务教育 抗战之初,南京国民政府仍按照原定规划推行义务教育。1937年,教育部相继颁布《健全各级义务教育行政组织要点》、《实施巡回教学办法》、《改良私塾办法》、《二年制短期小学暂行规程》、《县市义务教育视导员规程》、《省市义务教育视导员办法》、《学龄儿童强迫入学暂行办法》等一系列实施义务教育的规定,这些规定均是根据《实施义务教育暂行办法大纲》的精神制订的,表明了南京国民政府在战时继续勉励推行义务教育的决心。1938年4月,国民党临时全国代表大会通过了教育部拟订的《战时各级教育实施方案纲要》,要求大体维持原有学制,得根据抗战建国的要求酌量变通;义务教育得依照原定期限,以达普及。规定小学教育为国民基础教育,以发展儿童身心、培养健全体格、陶冶善良德性、教以生活必须之基本技能为宗旨,施教对象应及于全体儿童,全国学龄儿童均应有入学机会,以在预定期限内达教育普及之目的。

1939年9月,国民政府公布《县各级组织纲要》,规定每乡镇设中心学校,每保设国民学校,均包括儿童、成人、妇女三部分,使民众教育与义务教育打成一片。教育部根据这一纲要也于1940年3月公布《国民教育实施纲领》,开始在全国推行国民教育。纲领规定,国民教育分为义务教育及失学民众补习教育两部分,在保国民学校及乡镇中心学校内同时实施,并应先充实义务教育部分;要求儿童自6足岁至12除可能受6年小学教育外,均应受4年或2年或1年的义务教育;至于施行程序,要求国民教育普及以5年为期,从1940年8月起至1945年7月止,分三期进行,到第三期结束时应使学龄儿童入学率达90%以上,入学民众占失学民众总数的60%以上。1944年3月,国民政府公布《国民学校法》,以法律的形式规定6～12岁的学龄儿童应受基本教育,已逾学龄未受基本教育的失学民众应受补习教育,这实际上将义务教育定为6年。同年7月,国民政府颁布《强迫入学条例》(1945年2月修正),规定各县及乡镇得设强迫入学委员会办理强迫入学事宜,对于在规定期限内不送子女或受监护人入学者,可处以十元以下的罚款。

抗战胜利后,由于国民政府忙于内战,义务教育实施受到影响。1946年,教育部公布《实施国民教育第二次五年计划》,规定四川等已实施国民教育第一次五年计划的省份,应做好总结,另订第二次实施国民教育的五年计划,尚未实施国民教育的省市应自1946年1月起,拟订实施国民教育的第一次五年计划。1947年1月,国民政府颁布《中华民国宪法》,规定人民有受国民教育之权利和义务,6至12岁的儿童应一律受基本教育,免纳学费,贫苦者由政府提供书籍。但由于内战,上述计划没有落实。

中国共产党领导下的根据地义务教育

推行义务教育也是中国共产党在各个时期领导根据地的一项重要内容。

1930年3月,中央苏区闽西第二次苏维埃工农兵代表大会决议,要求各区、乡设立劳动学校,招收6至14岁男女儿童,教育经费至少占县经费的20%。同年8月,闽西苏维埃政府明文规定6～11岁儿童必须接受初等义务教育。1931年通过的《中华苏维埃共和国宪法大纲》规定,在进行国内战争所能做到的范围内,应施行完全的免费的普及教育。1933年10月,中华苏维埃共和国中央文化建设教育大会通过决议,规定苏维埃教育制度的基本原则是实行对一切男女儿童免费的义务教育到17岁为止。但鉴于当时的战争环境,决议建议实施5年义务教育。为此,当时的中央苏区创立了五年制的列宁小学,分初级小学3年和高级小学2年,为适应农村情况,又采用全日制和半日制两种,并实行小学区制,在人口分散的地区还设立小学。

抗战时期,以陕北为中心的抗日根据地十分重视义务教育的发展。1938年10月,毛泽东在中国共产党六届六中全会上发表的《论新阶段》指出,抗战的教育政策之一就是办理义务的小学教育,以民族精神教育后代。1940年3月,边区政府公布《实施普及义务教育的暂行条例》,规定7岁至13岁儿童应一律接受义务教育。1944年4月,边区政府发表《关于提倡研究范例及试行民办小学的指示》,提倡发动群众办学,推动了在民办公助形式下义务教育的发展。

抗战胜利后,1946年,中国共产党代表团在重庆召开的政治协商会议上提出《和平建国纲领》,要求普及城乡小学教育,辅助民办学校。1949年5月至6月,中国共产党在华北召开小学教育会议,确立了办好小学、普遍提高国民文化的方针。

参考文献

陈学恂.中国近代教育史教学参考资料[M].北京:人民教育出版社,1986.

李桂林.中国现代教育史教学参考资料[M].北京:人民教育出版社,1987.

田正平,肖朗.世纪之理想——中国近代义务教育研究[M].杭州:浙江教育出版社,2000.

熊贤君.千秋基业——中国近代义务教育研究[M].武汉:华中师

范大学出版社,1998.

(朱宗顺)

中国近代幼儿教育　　中国近代对学龄前幼儿所实施的教育。鸦片战争以后,教会组织为了便于传教,在中国建立了各种幼儿慈善机构,这是中国近代幼儿教育的萌芽。19世纪60年代以后,洋务运动兴起,并促进了近代工商业的逐步发展,从而奠定了近代幼儿教育的社会基础。详"中国幼儿教育"。

(朱宗顺)

中国近代职业教育　　中国近代建立的以培养各类职业人才为目的的教育的总称。鸦片战争以后,随着以自强为目的的洋务运动的兴起,一批军事及民用工业逐步建立,带有职业教育色彩的军事及技术学堂开始建立,以满足近代工业对技术人才和技工的需求。甲午战败给洋务派以巨大的震撼,在此后兴起的维新变法运动中,创建完备的近代学校教育体系、发展民族工商业成为朝野的共识。在此背景下,以实业教育为名,中国近代职业教育开始产生。经过清末的初步建立、民国初期的推进和南京国民政府时期的进一步拓展三个阶段,中国近代职业教育逐步发展起来。

清末的职业教育

早期职业教育机构的创办　　洋务运动兴起后,为满足发展近代工业的需要,创办了一些技术性的专业学堂,如福建船政学堂(1866)、福州电气学堂(1867)、天津电报学堂(1880)、上海电报学堂(1882)、山海关铁路学堂(1895)等,虽然这些机构在性质上属于专门学堂,但就其培养各类近代工业人才的目的而言,具有一定的职业教育色彩,成为近代职业技术教育的滥觞。

1896年,江西籍绅士蔡金台禀请在高安县设立蚕桑学堂,这被认为是近代职业教育的开端。此外,在清末正式学制颁布前创办的职业学堂还有:杭州蚕学馆(1897)、直隶矿物学堂(1897)、永嘉蚕学馆(1897)、湖北农务学堂(1898)、江宁农务工艺学堂(1898)、广西农学堂(1899)、温州瑞平化学学堂(1899)、福建桑蚕公学(1900)、广东商务学堂(1901)、江南蚕桑学堂(1901)、山西农林学堂(1902)、汉阳铁学堂(1902)等。这些职业学堂,从师资、课程、教学、管理等方面,为近代职业教育体制的确立奠定了一定基础。

近代职业教育体系的初步确立　　1902年8月,清政府颁布"壬寅学制",称职业教育为实业学堂,分为三个阶段:在初等教育阶段,于高等小学堂之外,得广设简易之农工商实业学堂;在中等教育阶段,于中学堂之外,应多设稍详备之中等农工商实业学堂,同时,中学堂第三年、第四年,得于

本科设实业科;在高等教育阶段,于高等学堂之外,得附设农工商高等专门实业学堂。由于"壬寅学制"未及实施,只能视为对近代职业教育体系的初步勾画。

1904年1月颁布的"癸卯学制",是近代中国颁布并实施的第一部学制。在《奏定实业学堂通则》《奏定初等农工商实业学堂章程》《奏定中等农工商实业学堂章程》《奏定高等农工商实业学堂章程》等文件中,正式确立了近代三级职业教育体系。主要内容:(1)职业教育称实业教育,实业学堂设立的目的在振兴农工商各项实业以期富国裕民;实业学堂的种类包括实业教员讲习所、农业学堂、工业学堂、商业学堂、商船学堂,另有水产学堂属农业,艺徒学堂属工业。(2)各类实业学堂均分为高等实业学堂、中等实业学堂、初等实业学堂三级,另外,水产学堂属中等实业学堂,实业补习学堂、艺徒学堂可于中小学堂内附设,实业教员讲习所为实业师范学堂。(3)初等实业学堂分农业、商业和商船三种,前两种修业3年,商船类修业2年,均招收13岁以上的初等小学毕业或同等学力者。(4)中等实业学堂分农业、工业、商业和商船四种,均分本科、预科两类;本科修业3年,招15岁以上的高小毕业或有同等学力者,中等农业本科分五科,中等工业分十科,中等商船分两科,中等商业不分科;预科修业2年,招收初小毕业或有同等学力者。(5)高等实业学堂招收普通中学堂毕业或年满18岁以上的同等学力者;高等农学堂和商业学堂都设本科和预科,预科修业1年;本科,除农业学堂的农学科修业4年外,农业学堂及高等商业学堂均修业3年;高等工业学堂分十三科,只设本科,修业3年;高等商船学堂分两科,只设本科,修业5年。(6)中等实业学堂和高等实业学堂均可附设专攻科和选科,前者为毕业生专攻某种已经学过的学业而设,后者为志愿选修某一科或数科的学生而设。(7)艺徒学堂招收未入初等小学而粗知书算的青少年,无固定修业年限,但至多不超过4年。(8)实业补习学堂,招收学历程度已毕业于初等小学及年已过学龄的儿童,3年毕业。(9)实业教员讲习所暂时附设于农工商大学或高等农工商实业学堂内,不单独设置,招收中学堂或初级师范毕业生,农业及商业类2年毕业,工业类分完全科3年、简易科1年。

"癸卯学制"制定了较为详细的职业教育体系,但由于当时财力不足,未能照章落实。为切实推行职业教育,1906年7月,学部发文各省,要求切实举办实业学堂。1910年6月,学部奏请裁撤高等农业学堂及高等商业学堂的预科。总的来看,学制的颁布促进了近代职业教育的发展。

民国初期的职业教育

1912—1916年的职业教育　　民国建立后,于1912年至1913年间公布了一系列调整学制的文件,形成"壬子癸丑学

制"。其中,教育部于1913年8月公布的《实业学校令》《实业学校规程》,对清末的职业教育体制作了较大调整。(1)改清末实业学堂为实业学校,以教授农工商业必需之知识技能为目的。(2)实业学校分甲、乙两种,甲种实业学校实施完全之普通专业教育,相当于清末的中等实业学堂;乙种实业学校实施简易之普通专业教育,相当于清末的初等实业教育。(3)在高等教育阶段,设农业、工业、商业、商船等专门学校,相当于清末的高等实业学堂。(4)实业学校种类仍分农业、工业、商业、商船等类,桑蚕学校、森林学校、兽医学校、水产学校均视为农业学校,另外,清末的实业补习学堂改为实业补习学校,艺徒学堂改为乙种工业学校并参照工业补习学校办理,视地方情形可办各项女子职业学校。(5)各类甲种实业学校分本科和预科,预科1年,本科3年,亦可根据具体情况延长1年;各类乙种实业学校不设预科,修业3年;专门学校分本科和预科,预科修业1年,本科3～4年。

自清末职业教育建立以来,职业教育虽然有所发展,但由于不顾地方实际,所培养的学生学非所用,地方实业也未能从中受益,有鉴于此,教育部试图加以整顿。1914年12月,教育部公布《整理教育方案草案》,提出实业教育当以利用为要;注重预储实业教员,应在实业专门学校或甲种实业学校内附设乙种实业教员讲习科;甲乙种实业学校的校数及科目设置,须体察地方情形,以革徒事铺张之弊;专门实业教育应以适应社会需要为宗旨。1915年1月,袁世凯颁布《特定教育纲要》,指出提倡实业教育应从造就实业教员入手,各省应设实业师范1所;中等实业学校,每县或数县1所,省款及县款支出,设科应适应本地需要;专门农工商医学校,除京师外,省会及商业繁盛处,得照地方需要酌量添设。这次整顿的出发点是为使职业教育更能切合各地实际,它对于推动职业教育的实施有积极意义。当然,由于袁世凯复辟帝制,这些措施并未能认真执行,但对此后职业教育的发展产生了一定影响。

1917—1926年的职业教育　1917年5月,近代中国第一个以研究、提倡、试验、推行职业教育为职志的全国性机构"中华职业教育社"成立,全国性的职业教育思潮开始兴起。1918年9月,黄炎培等人在上海创办了中华职业学校,由于其在课程设置上突出实用性,培养的毕业生深受社会欢迎。在中华职业教育社的推动下,民办职业教育获得了较大发展。1921年8月,中华职业教育社发起成立了中国职业教育联合会。这些民间组织对推动近代职业教育的发展,起到了积极作用。

1922年颁布的"壬戌学制",对职业教育体系作了较大调整,试图将职业教育与普通教育结合起来。它规定:(1)在初等教育阶段,得于较高年级斟酌地方情形,增设职业准备之教育。(2)在中等教育阶段,初级中学施行普通教

育,但得视地方情形兼设各种职业科;高级中学得设农、工、商、家事等科,旧制之甲种实业学校酌改为职业学校或高级中学农工商等科;旧制乙种实业学校,改为职业学校,招收高级小学毕业生,但依地方情形,亦得招收相当年龄之初级小学毕业生;职业学校之期限及程度,得酌量各地方实际需要情形定之;为推广职业教育,得于相当学校内酌设职业教员养成科。(3)在高等教育阶段,于大学及专门学校设专修科,招收自愿修习某种职业者。这次调整,打破了清末以来职业教育仅限于单一实业学堂、实业补习学堂内进行的框架,与普通教育、社会教育相互沟通,形成了多渠道职业教育的办学模式,促进了职业教育的发展。这一时期成为近代职业教育发展最快的时期。

南京国民政府时期的职业教育

1927—1936年的职业教育　南京国民政府成立后,注重发展职业教育。在学制上,将专门学校改为专科学校。1929年4月,国民政府公布《中华民国教育宗旨及其实施方针》,提出各级学校要施以各种生产劳动的实习,培养施行民生主义之基础;普通教育要能养成国民之生活技能、增进国民生产能力;大学及专门教育须注重实用科学,养成专门知识技能。1931年4月,国民政府教育部训令各地推进职业教育,对职业教育体制作了进一步调整,并批评当时的职业教育浅薄空泛,教学效率低下。指出从1931年起,各省及行政院直辖各市所设之普通中学过多,职业学校过少者,应暂不添办高中普通科及初中;各省市应酌量情形,添办高级农工科职业学校;各县立中学应逐渐改组为职业学校或乡村师范学校,确有不能改组者,得于普通中学内改设职业科及乡村师范科;各普通中学应一律添设职业科或附设职业科;各职业学校或中学附设职业科,应宽筹经费、充实设备;各县市及私人呈请设立普通中学者,应督促或劝令改办农工等科职业学校。这一通令的颁布,实际上恢复了自成系统的职业教育体制。

1932年12月,国民政府公布《职业学校法》,这是近代中国第一份职业教育法规,随后又相继颁布了《职业学校规程》(1933年颁布,1935年修订)、《职业补习学校规程》(1933年公布)。法令规定,职业学校分为初级职业学校、高级职业学校,两级职业学校可单独设立也可合设一处,职业学校以单科设立为原则,有特别情形时得设数科,职业学校可设各种补习班;初级职业学校招收小学毕业生或从事职业而具有相当程度者,修业1～3年;高级职业学校招收中学毕业生或具有相当程度者修业3年,招收小学毕业或具有相当程度者修业5～6年;职业学校由省或直隶于行政院之市设立,称省立、市立或县立职业学校,两县以上合立者称某某县联立职业学校,私人或团体设立者为私立职业学校。上述规

定,基本回归到 1922 年之前职业教育同普通教育相分离的
体制。

1935 年公布的《修正中学规程》又规定,中学得设职业
科目,从而保留了普通教育同职业教育联系的渠道。同年 8
月,教育部公布《短期职业训练班暂行办法》,规定各高级职
业学校及专科学校,得根据社会需要设立短期职业训练班。
1936 年 2 月,教育部颁发《各省市推行职业补习教育办法大
纲》,规定大学、专科学校、职业学校、乡村师范学校、中学、
师范学校等,得利用原有资源,办理与学校设科性质相同的
各项职业补习学校;大学及专科学校应举办高级职业科目
补习班,对于已有职业者给以高深学科之补习。同年,国民
政府开始建立国立职业教育制度,成立了国立中央工业职
业学校等 10 所国立职业学校。同年 7 月,教育部公布《补助
公立私立优良职业学校办法》,奖励办学优良的公、私立职
业学校。

1937—1949 年的职业教育　抗战爆发后,职业教育相
对发达的沿海省份相继沦陷,而后方各省的职业教育本就
薄弱,随着大批工厂内迁,职业教育显得尤为紧急。1937 年
9 月,教育部在《战事发生前后教育部对各级学校之措置总
说明》中,要求训练特殊技能之高级职业及专科以上学校,
应就机械、电机、土木、化学等工程以及医药救护与驾驶各
项,加重训练。1938 年 4 月,教育部拟订《战时各级教育实
施方案纲要》,规定初级中学应注重职业训练,必要时可加
长 1 年,办理短期职业训练班;初级职业学校应以各地职业
为施教计划,注重短期职业训练班及职业补习学校,使无力
升学者及工厂商店之徒弟、农村青年均可利用余暇,入班入
校接受训练;高级职业学校招收各县初中毕业不能升学者,
造就农工商各业之中级技术人才,在设置上应与专科学校
及各工厂联络而附设之;专科教育应根据各省产业需要划
区设置,为高级中学及职业学校毕业生升学之所。同年 7
月,教育部制订《创设县市初级实用职业学校实施办法》,规
定各省应调查各县市之职业需要情况,在各县市创办最急
需之实用职业学校,学生修业 1 至 3 年。要求先在川、滇、
黔、桂、陕、甘等省指定一县或数县试办,而后推广,此类学
校先后创办了 20 余所。1938 年 12 月,教育部颁发《国立中
学增设职业科办法》,要求国立中学根据各地方抗战建国的
需要设职业科。1939 年,教育部颁发《各省市实施分区辅导
职业学校办法大纲》,要求各省市根据具体情况划分职业学
校区,各省市教育厅应会同本省或省外公私立大学及专科
学校分区辅导,以图各区职业学校教学实习之改进。1941
年,教育部通令各职业学校,下令给予至少 30% 的学生享受
公费待遇,私立职业学校也给予一定比例。抗战期间,先后
颁布的措施还包括《奖励农工商业团体办理职业学校、职业
训练班及职业补习学校办法》(1941)、《公私营工厂矿场农
场推行职业补习教育并利用设备供给职业学校学生实习办

法纲要》(1941)、《短期职业训练班实施办法》(1945)等。这
些措施,确保了职业教育的稳定发展。

抗战胜利后,由于国民政府忙于内战,在职业教育上基
本维持抗战时期的体制。1947 年,教育部订定中学经济建
设人才十年计划,指定若干学校增设特种科班,到 1948 年办
有中等机械、电机技术科、中等水利科等特种科班 570 个,一
部分由教育部直管,一部分由各省市办理。为改进职业教
育的质量,教育部颁订了职业教育课程及实习设备标准,扩
充了职业学校设备,采取了提高职业学校教师水平及待遇
的措施。

参考文献

陈学恂.中国近代教育史教学参考资料[M].北京:人民教育出版
社,1986.

琚鑫圭,童富勇,张守智.中国近代教育史资料·实业教育师范教
育[M].上海:上海教育出版社,1994.

毛礼锐,等.中国教育通史[M].济南:山东教育出版社,1988.

王炳照,等.中国教育思想通史[M].长沙:湖南教育出版
社,1994.

吴玉琦.中国职业教育史[M].长春:吉林教育出版社,1991.

（朱宗顺）

中国近代中等教育　　中国近代建立起来的位于初等、
高等教育之间的中等程度教育的总称。包括普通中等教
育、师范及实业(或职业)中等教育。伴随着洋务运动的发
展,以培养语言、军事、技术等洋务人才为目的的新式教育
也逐步发展起来,但这种教育仅着眼于专门人才的培养,忽
视一般国民的教育,特别是甲午战败,充分反映了这种"精
英型"教育不足为凭。于是,仿照西方创立完整的三级学校
教育制度,成为甲午战争以后朝野有识之士的共识。

清末中等教育体系

早期中学的创立　1877 年,在华基督教传教士召开第
一次大会,之后,教会学校开始建立中学。郑观应在 1884 年
也曾提出建立小学、中学、大学的三级学制构想。1895 年,
天津海关道盛宣怀在天津开办中西学堂,分头等学堂和二
等学堂两段,修业年限各为 4 年。其中,头等学堂是二等学
堂的预备,尽管章程中声明"二等学堂即外国所称小学堂",
但学生入学年龄为 13～15 岁,因而带有中学教育性质。
1896 年,盛宣怀奏设南洋公学于上海,次年正式开办,除师
范学院外,设外院、中院、上院,大略相当于小学、中学、大
学,三级相互衔接,具有近代三级学制的雏形。其中,南洋
公学中院于 1898 年春开办,当为中国近代中学之始。

清末中等教育体系的初步确立　1898 年 7 月 3 日,光
绪批准了总理衙门委托梁启超起草的《筹议京师大学堂章

程》，提出当于大学堂兼寓小学堂、中学堂之意，就中分列班次，循级而升；要求通饬各省，上自省会，下及府州，皆须1年内设立学堂，府州县谓之小学，省会谓之中学，京师谓之大学；有小学卒业，领有文凭者，作为经济生员，升入中学；有中学卒业，领有文凭者，作为举人，升入大学。尽管因戊戌变法旋即失败，上述规定并未实施，但这是清政府在全国范围内创办中等教育的最早政令。新政开始后，光绪于1901年9月14日发出上谕，要求将各地书院改为学堂，各府及直隶州改为中学堂。1902年8月，清政府颁布《钦定中学堂章程》，虽然未及实施，但首次明确勾画了近代中等教育体系的基本轮廓，规定府治所设学堂为中学堂，修业4年，第3年、第4年得于本科内设实业科，中学堂内可附设师范学堂。

1904年1月颁布的《奏定学堂章程》，是近代中国第一份由中央政府颁布并且实施的学制，其中的《奏定中学堂章程》正式确立了中国近代中等教育体制。它规定设普通中学堂，令高等小学堂毕业者进入，施以较深之普通教育，以使毕业后不仕者从事于各项实业、进取者升入各高等专门学堂均有根底为宗旨；中学堂各府设1所，州县治可量力酌办；分公立和私立两种，课程12门，修业5年。《奏定中学堂章程》的颁布标志着近代中等教育体系的初步确立，但也有明显的不足，如中学5年不分段，封建色彩浓厚等。1909年5月，学部《奏变通中学堂课程分为文科、实科折》称，拟将中学堂分为文科、实科，课程仍然照奏定章程十二门分门教授，唯于十二门之中就文科、实科之主要，权其轻重缓急，各分主课、通习两类，主课各门授课时刻较多，通习各门授课时刻较少，皆以5年毕业。这是《奏定中学堂章程》颁布后首次进行的较大规模的调整。但由于对中学文实分科存在不同认识，加之辛亥革命的爆发，这次调整并未得到真正实施。《奏定学堂章程》颁布后，清末普通中等教育有了一定发展。

民国初期的中等教育

1912—1921年的中等教育　民国建立后，制定并颁布了新的学制即"壬子癸丑学制"，对近代中等教育体系进行了调整。1912年1月，南京临时政府教育部公布《普通教育暂行办法》，改革旧的教育制度，其中与中等教育相关的有：学堂一律改称学校，中学为普通教育，文实不分科，中学改为4年，教科书务必合乎共和民国宗旨，废止奖励出身的做法等。同年9月，北洋政府教育部公布《中学校令》，随后又制订并公布《中学校令施行规则》，从而确立了民国初年的普通中等教育体系。它规定：中学校以完足普通教育、造成健全国民为宗旨；专教女子的中学成为女子中学；中学定为省立，有余力之各县，一县或数县得联合设立中学校，并允许私人设立中学校；中学校修业年限4年，课程十四门，女子

中学加课家事、园艺、缝纫；中学校入学资格为高小毕业生及同等学力者。这次调整主要表现在中学修业年限由清末的5年改为4年、为女子接受中等教育专设女子中学等，但中学仍然没有分段。

中学文实分科争论再起。1914年12月，教育部在《整理教育方案草案》中提出，拟通过修改中学课程标准，重新采用清末引起争议的中学文实分科制。方案草案指出，先于中学课程标准中示以指针，各中学校有偏重文科者，准予变通增加文科钟点，偏重实科者，准增加实科钟点，待实施有效，再行详细考订规程实施文实分科。1915年1月，袁世凯颁布《特定教育纲要》，正式将中学校分为文科、实科。《特定教育纲要》规定中学取法德制分为文科、实科两种，或分校，或一校兼备二科；以县为中学学区，每县设中学1所。在同年举行的全国教育会联合会第一次会议上，湖南省教育会提出的学校系统改革案也主张打破中学单一学制，肯定双轨制。这些关于中学文实分科的政策或建议，由于存在不同意见，没有得到有效实施，但对于充分认识单一中学校制度的不足起到了促进作用，推动了此后中学体系的改革。为了回应人们对普通中等教育在职业教育方面不足的批评，1917年，教育部正式提出增设中学第二部，规定中学至第3年起增设第二部，减少普通学科加习农业或工业、商业，使中学校第2年修业生自愿毕业后从事职业者升入。同样，中学设二部制的改革因社会上的认识不同和学生的升学观念，也没有得到有效实施。尽管文实分科、二部制改革均没能实施，但普通中等教育纳入职业教育的问题却引起了人们的重视。

1922—1926年的中等教育　"壬子癸丑学制"经过多年实践后，暴露出诸多不足，改革学制成为社会各界的共识。1922年11月，北洋政府教育部颁布"壬戌学制"，涉及中等教育变革的内容主要有：(1)中学校修业6年，分为初高两级，初级3年，高级3年，但依设校性质，得定为初级4年、高级2年，或初级2年、高级4年。(2)初级中学得单独设置。(3)高级中学应与初级中学并设，但有特殊情况时得单独设置。(4)初级中学施行普通教育，但得视地方需要，兼设各种职业科。(5)高级中学分普通、农、工、商、师范、家事等科，但得斟酌地方情形，单设一科或兼设数科。(6)中等教育得用选科制。(7)各地方得设中等程度之补习学校或补习科，其补习之种类及年限，依地方情形定之。根据"壬戌学制"的精神，1923年6月，教育部公布了《新学制课程标准纲要》，规定初级中学课程六门，采用学分制，每半年每周上课一小时为1学分，修满180学分方能毕业；高级中学实行综合中学制，大体分为以升学为目标的普通科和以就业为目的的农、工、商、师范、家事等科两类，各科各类课程分为公共必修课、分科专修课、纯粹选修课三种。这次调整的特点在于，延长中学修业年限为6年，中学施行初、高分段，普

通中学同职业师范中等教育熔为一炉,采行综合中学制,推行学分制,这些变化对近代中学教育的发展有着积极意义,但不利于职业教育、师范教育的发展。

南京国民政府时期的中等教育

1927—1936 年的中等教育　南京国民政府建立后,政权初步统一,中等教育获得了较为稳定的发展环境,有利于进一步对中等教育体系进行调整。1928 年 5 月,南京国民政府大学院召开第一次全国教育会议,通过"戊辰学制",基本保留了"壬戌学制"的框架,但做了小的调整,涉及中等教育的有:初级中学施行普通教育,但得视地方情形,兼设除师范科之外的各种职业科;高级中学得分普通科及农、工、商、家事、师范等职业科,但得酌量地方情形单设普通科,各职业科得单设为高级职业中学校;初级中学自第 3 年起,得酌行选科制。这次调整同"壬戌学制"相比,有两个明显变化,一是明确规定普通科和高级职业中学校可单独设立,二是选科制只能在初中三年级以上采用,这个变化意味着"壬戌学制"所提倡的综合中学不再是中等教育的发展方向,从而初步纠正了忽视中等师范教育的倾向。1931 年 4 月,鉴于普通中等学校太多,毕业生缺乏出路,教育部又通令各省积极推行职业教育,规定各省及行政院直辖各市所设之普通中学过多、职业学校过少者,暂不添办高中普通科及初中,应从 1931 年起酌量情形,添办高级农工科职业学校,将各县立中学逐渐改组为职业学校或乡村师范学校,各普通中学应一律添设职业科或附设职业科。应该说,这一通令仍然是调整普通中等教育与中等职业教育之间的相互关系。

中学教育立法取得进展。1932 年,南京国民政府公布《中学法》,这是近代中国第一份关于中学教育的法律文件。它规定:中学应遵照《中华民国教育宗旨及其实施方针》,继续小学之基础训练,以发展青年身心,培养健全国民,并为研究高深学术及从事各种职业之预备;分初级中学、高级中学,可混合设立,各修业 3 年;由省或直隶行政院之市设立,但根据地方情形,县市在不妨碍小学教育设施的前提下可设中学校,私人或团体得设中学;视地方需要可设置职业科目。1932—1933 年,教育部又公布《中学规程》《中学课程标准》等文件,形成了较完整的普通中等教育法规体系,尽管 1935 年颁布了《修正中学规程》,此后还对《中学课程标准》作了修订,但《中学法》所确立的普通中学制度的基本架构并没有发生变化。从 1927 年南京国民政府建立到抗战爆发前,近代普通中等教育又获得了较大发展。

1937—1949 年的中等教育　抗战爆发后,国民政府根据抗战建国的需要对中等教育作出相应调整。1938 年 4 月,国民党临时全国代表大会通过《战时各级教育实施方案纲要》,要求现行学制大体维持现状,中小学教学科目应加以整顿,各级学校施行导师制,注重训育,中学阶段应严格管理,中等以上学校一律采军事管理方法。同年,教育部又拟订了《战时各级教育实施方案》,规定中等教育"三三"制与四年制、六年制并行。

抗战期间,在中等教育体系上做出的较大变革主要有:(1)创办国立中学。1937 年 12 月,为了"救济战区撤退之公私立中学员生"、"继续施教与受教起见",教育部设立国立中学。1938 年 2 月,教育部颁发《国立中学暂行规程》《国立中学课程纲要》,规定国立中学一般分为普通、师范、职业三部,以设立地名为校名,课程分为精神训练、体格训练、学科训练、生产劳动训练、特殊教学及战时后方服务五项。1939 年 12 月,教育部又颁发《修正国立中学暂行规程》,要求国立中学改为按成立先后次序以数字命名。(2)实行中学分区制。1938 年,教育部在《战时各级教育实施方案纲要》中提出:全国各省应视省区之大小,划分为若干中学区。同年 12 月,通令各省实行中学区制:各省划分为若干中学区;每区以设立 1 所初高级完全中学为原则,没有省立中学则设 1 所联合中学或择一私立中学予以充实整顿,以作楷模;区内经济比较充裕的县份,可设县立中学,或数县联合设联合初级中学 1 所;暂定川、滇、黔、陕、甘、宁、青等后方八省为施行省份。(3)推行中学一贯制试验。1939 年 4 月,第三次全国教育会议通过了教育部提出的中学教育改进案,规定除原有的"三三"制中学外,另设不分初高中的六年制中学,指定国立中央大学实验中学、西北师范学院附属中学、国立二中、三中、十四中等学校进行试验,又令川、滇、黔、陕、甘、宁、湘、赣、浙、闽等省市选择办学优良的中学试办六年一贯制中学;六年一贯制中学力求严格选拔学生,提高学科程度,为升学和高等教育打好基础。此项试验由于受到战争的影响,试办几年便告中止。

抗战胜利后,由于国民党忙于内战,普通中等教育基本维持了《中学法》所确立的体制,只是根据战后复员的需要作了一定调整。(1)1946 年 1 月,教育部公布《修正收复区中等学校教职员甄审办法代电》《修正收复区中等学校学生甄审办法代电》,对收复区的教职员和学生进行甄别、重新登记。(2)1946 年 2 月,教育部颁发《中等以上学校战时服役学生复学及转学办法代电》,规定战时应征之时原系初中三年级或高中三年级第一期修业期满或应届毕业生而服役成绩确属优良者,退役时应由院校准予办理毕业手续后发给毕业证书;战时服役学生原为公费生者复学或转学后仍得给予公费,非公费生者申请后给予公费;曾在初中二年级或高中二年级肄业期满之战时服役学生,退役后继续升学高中或专科以上学校时,得以同等学历资格报考,录取时可不受同等比额之限制。这一时期,由于日本侵华战争爆发,中等教育遭到严重损失。

中国共产党领导下的根据地中等教育

中国共产党在领导各个时期的革命斗争时,始终十分重视发展中等教育。(1) 中央苏区的中等教育。1934 年 4 月,教育人民委员会公布《短期职业中学试办章程》、《教育行政纲要》,规定为适应革命战争的需要,职业中学得暂时试办 1 至 2 年毕业的短期中学,课程分为社会科学、自然科学、某种技术及文字课目四项,短期职业中学以县立为原则。但由于第五次反围剿的失败,短期职业中学并未能实施。(2) 抗日根据地的中等教育。在陕甘宁边区,1938 年 9 月创办了边区中学(后与鲁迅师范合并为边区师范),1940 年成立了陇东中学、接办了米脂中学,中学学制一般为初级、高级各 2 年。1942 年 8 月,陕甘宁边区教育厅颁布了《暂行中学规程(草案)》,规定依照新民主主义教育方针,中学继续小学教育,培养健全的新青年,以为从事边区各种建设事业及研究高深学术之预备场所;分为初级中学及高级中学,初级中学修业 3 年,高级中学修业 2 年;初级中学得附设初级师范科,高级中学得附设高级师范科。在晋察冀边区,1938 年 8 月颁发高级小学附设民族革命中学初级班办法,招收边区内一般失学青年,施以军训、政训、技术和文艺等科目的训练,期限半年。在山东抗日根据地,1945 年 9 月颁布了《胶东区中等学校暂行规程(草案)》,规定各专区市得设中学一处或数处,各县、特区如有可能与需要,可设中学一处或数处。(3) 解放区的中等教育。1946 年春,陕甘宁边区召开中等教育会议,讨论教育逐步正规化的问题,规定普通中学学制 3 年,干部班 12 至 18 个月。苏皖解放区也召开宣教会议,确定中学学制为"二二"制。随着解放战争的节节胜利,为接管全国政权做好准备,办好中等教育显得愈益重要。1947 年 9 月 4 日,《东北日报》发表"尽量办好中学"的社论。1948 年,东北、华东和山东解放区相继召开教育会议,首先讨论了中等教育学制的建设问题,东北解放区确立中学教育为 6 年,前 3 年为初中,后 3 年为高中,高中可根据地方实际施行分科制,在课程方面规定文化课占 90%。

参考文献

陈学恂.中国近代教育史教学参考资料[M].北京:人民教育出版社,1986.

李桂林.中国现代教育史教学参考资料[M].北京:人民教育出版社,1987.

毛礼锐,沈灌群.中国教育通史[M].济南:山东教育出版社,1988.

（朱宗顺）

中国近现代成人教育

中国成人教育在 20 世纪初开始至今的百余年间逐步形成和发展,曾以通俗教育、平民教育、社会教育、民众教育、识字教育、补习教育等不同形式推行与实施。

中国近代成人教育

清末成人教育　清政府于 1904 年颁布"癸卯学制",初步奠定了成人教育的地位。《奏定实业学堂通则》规定:中小学堂附设实业补习学堂、艺徒学堂,前者招收高等小学堂修业 2 年以上、年过 15 岁在外操作实业者,后者招收年龄 13 岁以上修毕初等小学堂者。《奏定高等农工商实业学堂章程》规定:高等农业学堂可招本地乡村年龄 18 岁以上的农民到农场学习。1906 年,学部《通行各省举办实业学堂文》提出,各省应按地方情形,设实业补习学堂,尤应多设艺徒学堂,招收贫民子弟,课以粗浅艺术。

1908 年,《宪政编查馆资政院奏宪法大纲暨议院法选举法要领及逐年筹备事宜折》规定,自 1908 年至 1915 年分年推行简易识字运动,颁布《简易识字课本》、《国民必读课本》,创设县乡镇简易识字学塾,到 1915 年使人民识字率达 5%。1910 年,学部奏准颁布《简易识字学塾章程》,规定简易识字学塾专为年长失学及贫寒子弟无力就学者而设;官立公立私立各项学堂,经费稍裕,均可设此类学堂,亦可租借祠庙及各项公所另行开办,但经费得从简;教员不必求全,但使文理通顺、略具普通知识即可为师;学生不收学费,毕业年限定为 1~3 年,每日授课三时或二时;教授《简易识字课本》、《国民必读课本》,酌授浅易算术,即可毕业;附设各学堂之内者,授课时间定为晚间或下午;学塾可仿行二部制;书籍物品由塾中发给。这是近代关于成人教育的第一部专门法规。教育部《奏报分年筹备事宜折》也预定利用此后八年时间分年筹设半日学堂、简易识字学塾、官话传习所、宣讲所等机构,推行识字教育。

民国初期成人教育　(1) 1912—1918 年的成人教育。民国初期对民众教育尤为重视。第一任教育总长蔡元培积极提倡社会教育,对失学成年民众开展教育,在教育部专设负责社会教育的社会教育司,实施包括成人教育在内的各种社会教育。

1912 年 9 月,《小学校令》规定,小学校得设补习科,令初小毕业未能升入高小或高小毕业未能升入中学者入校补习。1914 年 2 月,教育部公布《半日学校规程》,规定半日学校为幼年失学便于半日或夜间补学者而设,专教女子者称女子半日学校,小学得依本规程附设半日班;学生年龄自 12 岁至 15 岁,课程为修身、国文、算术、体操 4 门,每周授课 18 小时以上者修业 3 年,但每周授课 30 小时者年限缩短为 2 年以上。同年 12 月,教育部公布《整理教育方案草案》,认为 1912 年的《小学校令》虽然规定设补习科,但实施不力,为了补充国民教育,拟由教育部通饬各地,切实加设补习科,以使贫民子弟能受较深知识的教育。

1913 年,教育部颁布《实业学校规程》,规定实业学校为已有职业或志愿从事实业者授以应用知识技能并补习普通学科,可附设于小学、实业学校或其他学校内,招收 12 岁以上初等小学毕业或初等小学虽未毕业但已过就学年龄者。同年,教育部颁发《实业学校令》,要求艺徒学校参照工业补习学校办理。1917 年,教育部采录全国实业学校校长会议关于"注重实业补习学校"的提案,规定小学校附设实业补习科,采用半日或全日编制对小学毕业生进行普通科及职业科的补习教育,各实业学校设补习科,工闲之余对农工商各业职工进行补习教育。1918 年,教育部抄发全国教育会联合会关于"实施职业补习教育"的提案,通令各地小学附设职业补习科和各项学校附设职业补习学校,酌量办理职业补习教育。

这一时期,由于政府在社会教育领域推行通俗教育,成人教育的重点从清末简易识字转向更加正规化的、倾向于实业教育的成人补习。但因政局动荡,补习教育无法认真落实。

(2)1919—1926 年的成人教育。1922 年颁布"壬戌学制",学制规定,初级小学毕业得施行相当年限的补习教育,各地得设中等程度的补习学校或补习科,这是近代明确规定举办中等程度的成人教育的开始。但由于军阀混战,这些规定没有落实。

由民间知识分子主导的平民教育及乡村教育运动对成人教育却是起了很大的推动作用。① 在五四运动的影响下,平民教育引起了进步知识分子的重视,他们掀起了以识字教育为主要内容的平民教育运动。如 1922 年至 1923 年间,晏阳初利用在法从事华工教育的经验,在长沙、烟台、嘉兴、杭州、南昌等地开设平民教育学校,采用挂图、幻灯作教具,教授失学民众学习白话千字文。1923 年,中华平民教育促进总会成立,以"除文盲,作新民"为宗旨,在全国各地开展平民教育。1926 年后,平民教育运动开始转向农村,开展乡村平民教育。② 20 世纪 20 年代中期以后,各教育团体和教育组织将活动的重心由城市转向乡村,致力于农民教育和农村社会的改造,到各地开展实验,掀起了乡村教育运动。如中华平民教育促进总会于 1926 年开始的以文艺、生计、卫生和公民教育为内容的河北定县试验,中华职业教育社于 1926 年在江苏昆山徐公桥举办的以识字、公民训练、农业技术等为主要内容的乡村改进试验,陶行知于 1927 年在南京晓庄开展的乡村师范学校试验以及 30 年代梁漱溟在山东、河南等地进行的乡村建设试验等。这些乡村教育试验,以乡村民众为对象,教育内容有识字、卫生、生产、道德等,具有成人教育的色彩。乡村教育运动的影响一直延续到南京国民政府建立以后。

南京国民政府时期成人教育 (1)1927—1936 年的成人教育。1928 年 5 月,大学院主持召开的第一次全国教育会议根据"壬戌学制",重新制订了"戊辰学制",仍然规定初级小学毕业得施行相当年限的补习教育,各地得设中等程度的补习学校(或称民众学校),从而在学制系统中为成人教育保留了地位。1930 年 4 月,国民政府在第二次全国教育会议上宣称,训政六年内,对于义务教育和成年补习教育应尽量推进。采取的主要措施有:

① 举办民众学校。1929 年 1 月,教育部公布《民众学校办法大纲》,规定民众学校由县市根据需要设立,私人和团体亦可设立,招收年龄在 12 岁以上 50 岁以下男女失学者,不收学费,授以简易的知识技能使其适应社会生活。1930 年,国民党中央执行委员会通过《国民党县市党部设立民众学校章则》,规定各县市党部至少须设立民众学校 1 所。1931 年 9 月,国民党中央执行委员会通过《三民主义教育实施原则》,对民众学校的课程设置、训育实施、设备要求等作了规定。同年,国民党中央训练部拟订了《三民主义民众教育具备的目标》,规定民众教育的宗旨是对于年长失学者施以最低限度的国民教育,内容包括识字、公民教育和生计教育,提出了 77 条涉及民族、民权、民生等方面的民众教育的目标。

② 创办民众教育馆。民众教育馆兼有社会教育及成人教育的色彩,前身是 1915 年江苏率先成立的南京通俗教育馆,1927 年该馆率先改为民众教育馆,各地相继效仿。1932 年 2 月,教育部公布《民众教育馆暂行规程》,规定各省市应分别建立民众教育馆,举办关于健康、文字、公民、生计、家事、社交、休闲等内容的教育。据统计,1928 年有民众教育馆 185 所,1929 年增至 386 所,1936 年达到 1 509 所。

③ 开展广泛的识字运动。1929 年 2 月,教育部公布《识字运动宣传计划大纲》,要求各地由政府、党部、学界及社会团体负责人等组成"识字运动宣传委员会",利用讲演所、游戏场、电影院、街衢墙壁、茶肆酒楼等公共场所,动员一切机关及人员,采用发宣传品、讲演、标语、书报、幻灯等形式,举行大规模识字宣传运动。1936 年 8 月,行政院通过了教育部拟订的实施失学民众补习教育方案,预备六年内基本扫除全国文盲。9 月,教育部又颁布《实施失学民众补习教育办法大纲》及实施细则,要求各县市分期在各乡镇设立民众学校,并规定了各县市每年接受补习教育的失学民众的标准人数及民众学校数。据统计,1928 年全国失学民众接受补习教育的人数为 20.6 万余人,到 1936 年达到 312.18 万余人。

④ 职业补习教育。1930 年 3 月,国民会议第五次大会讨论教育设施案,提出增设职业学校和职业补习学校。此后,全国公立及私立补习学校发展较快,1928 年全国有职业补习学校 157 所,1933 年达到 312 所。1932 年 2 月,教育部、实业部公布《劳工教育实施办法大纲》,规定为增进工人

知识、技能及其工作效率并谋工人生活的改善,应由各地方教育行政机关督促当地农工商及其他各业的厂场、公司、商店等,负责实施劳工教育,内容包括识字训练、公民训练及职业补习等。1933年,教育部公布《职业补习学校规程》,规定职业补习学校为已从事职业者补充应有知识、技能而设。1936年2月,教育部特别公布《各省市推行职业补习教育办法大纲》,要求农工商等专科学校、职业学校利用原有设备人力,尽力办理各项职业补习学校。

(2) 1937—1949年的成人教育。关于民众补习教育。1937年8月,教育部订定《各省市失学民众强迫入学暂行办法》,规定各省市失学民众应分别强迫入学,第一期为16至30岁,第二期为年龄较长及较幼者,每期以3年为限。1939年5月,教育部公布《修正民众学校规程》,规定民众学校的任务是教给失学民众以公民的基本训练及简易知识与技能,所有超过义务教育年龄(12足岁)的失学民众均应入学;每保或数保设1所,得与小学合办;分初级和高级两级,学科为国语、算术、音乐、体育等。同年12月,教育部订定《第二期战时教育行政计划》,强调继续推行民众补习教育。1940年3月,教育部公布《国民教育实施纲领》,将民众补习教育和义务教育合并于国民教育,在保国民学校及乡镇中心学校内同时实施;要求国民教育普及以5年为期。从1940年8月起至1945年7月止,分三期进行,到第三期结束时应使学龄儿童入学率达到90%以上,入学民众占失学民众总数的60%以上。1944年,国民政府公布《国民学校法》,正式确立了民众补习教育同学龄儿童教育相结合的体系。

职业补习教育继续推进。1938年,教育部在《战时各级教育实施方案纲要》中提出,注重各种短期职业训练班及各种职业补习学校,使无力升学者及工厂商店徒弟、农村青年,均可利用余暇,补习有关职业知识技能及公民常识。1941年8月,教育部、农林部、经济部联合公布《公私营工厂矿场农场推行职业补习教育并利用设备供给职业学校学生实习办法纲要》,规定公私营工厂、矿场、农场得附设职业补习学校或职业训练班,提高职工的知识技能。

颁布补习教育法律。1941年7月,教育部颁订《补习学校规程》,同1933年公布的《职业补习学校规程》并行,规定补习学校的任务是传授或补习应用知识、提高学业程度;包括各种函授学校讲习所、传习所及属于补习性质之业余补习班、讲习班等;补习学校的教育内容分为国语、历史等一般知识和化学、会计等专门知识;补习学校修业至少两个月,以不收费为原则。1943年,教育部将以上两个规程合并颁布《补习学校规程》。1944年10月,国民政府公布《补习学校法》,这是近代第一部成人教育法,它规定补习学校以补充应用知识、提高学业程度、传授实用技术、增进生产能力为目的;补习学校分为普通补习学校和实业补习学校两种,各依其程度分为初、中、高三级,初级相当于中心国民学校的高级部,中级相当于初级中学,高级相当于高级中学;补习学校采用按日制或间日制,前者每日上课不得少于三小时;补习学校每科教学总时数不得少于同级正式学校课程标准的2/3,修业期限不得少于两个月。该法还规定:公立或已立案专科以上的学校,可设置补习科目,选取学生,修毕试验及格,由学校给予该科目的学分证明书,这是近代成人高等教育的开始。

抗战胜利后,教育部拟订《三十五年度普及失学民众识字教育实施计划》(1945年11月),要求四川、重庆等已于民国三十四年度开始实施失学民众识字教育的省市继续办理,其他省市应一律从民国三十五年度起办理失学民众的识字教育。1946年,教育部公布《实施国民教育第二次五年计划》,规定四川、云南等已实施第一次国民教育五年计划的19个省市,从1946年起拟实施第二次五年计划,目标是使失学民众的入学人数达到失学民众总数的60%以上;其他尚未实施国民教育五年计划的江苏、上海等23个省市,则应拟订实施第一次国民教育五年计划。此间,国民政府还先后颁布了《补习学校规则》(1946)、《修正职业学校规程》(1947)等文件,肯定了成人补习教育的地位。但由于国民党挑起内战,上述计划未能认真实施。

中国共产党领导下的根据地成人教育 中国共产党在各个时期根据地的建设中,成人教育主要包括干部教育和民众教育两部分。

中央苏区的成人教育。(1) 确立政策。1934年第二次全国苏维埃代表大会上,毛泽东提出苏维埃文化教育的中心工作是厉行义务教育、发展社会教育、造就领导的干部教育,这些教育均涉及成人教育问题。1933年通过的《苏维埃学校建设决议案》,确立四类学校教育,其中第一类就属于青年和成年教育。(2) 管理机构。1931年,苏区临时中央政府成立,组建人民教育委员会,下设社会教育局、艺术局协同管理社会教育,各省、县、区设教育部,下设普通教育科,管理成人补习教育、青年教育及儿童教育。(3) 成人干部教育。设立马克思共产主义大学(1933年3月)、苏维埃大学(1933年8月)、中国工农红军大学(1933年10月,前身为1931年建立的红军学校)等,对红军指挥员和苏维埃政府干部进行教育。(4) 推行扫盲识字教育。由于红军及苏维埃政府工作人员大多出身穷苦,扫盲识字成为苏区教育的重要内容。1933年10月,苏维埃文化教育建设大会作出消灭文盲的决议,先后颁布《业余补习学校办法》(1934)、《夜学校及半日学校办法》(1934)、《识字班办法》(1934)、《俱乐部纲要》(1934)等文件,充分利用各种学校和非学校形式,开展扫盲教育。

抗日根据地的成人教育。(1) 在干部成人教育方面,相继建立了十多所高等教育机构。如1937年建立的中国人民抗日军事政治大学(简称"抗大",其前身是1936年由红军大学改名而来的中国抗日红军大学),开展干部教育。(2) 民众识字教育。1939 年,陕甘宁边区政府颁布《陕甘宁边区各县社会教育组织暂行条例》,要求对广大群众进行经常的有组织的政治文化教育以增进抗战建国的力量,形式包括识字组、识字班、夜校、冬学、半日学校、民教馆等,内容有识字、政治等,并先后颁布了《陕甘宁边区模范夜校半日学校暂行条例》(1939)、《冬学教员奖励暂行办法》(1939)、《民众教育馆简则》(1939)、《民众教育馆组织规程》(1940)等。在晋冀鲁豫、华中、山东等抗日根据地均开展了类似的民众识字教育,如 1942 年后晋冀鲁豫根据地组织民众学校开展识字扫盲运动,山东抗日根据地则利用民校、识字班等开展大规模的冬学运动。

解放区的成人教育。主要是根据前期的经验,继续开展干部教育和民众识字教育。如在华北解放区的广大农村,利用剧团、歌咏队、识字组、读报组、黑板报等形式,着重于冬季群众教育,以配合土改和支前工作;在山东解放区,青年夜校、妇女识字班相当普遍。

中华人民共和国成立后的成人教育

1949—1965 年的成人教育

中华人民共和国成立后,在实行社会主义民主改革、恢复国民经济发展的同时,开始了有计划的社会主义建设。按照"为工农开门,为建设服务"的方针,中央政府提出要加强对扫除文盲和成人业余教育的管理。1949 年,《中国人民政治协商会议共同纲领》规定,要加强劳动者的业余教育和在职干部教育。同年教育部《关于开展 1949 年冬学工作的指示》强调农民教育要继续发扬老解放区的优良传统,配合农村中心工作进行政治宣传教育和以识字为主的文化教育。1950 年,中央政府召开第一次工农教育工作会议,毛泽东等出席会议。会议认为加强工农教育是巩固和发展人民民主专政,建立强大的国防和巨大的经济力量的必要条件。这是在中国历史上第一次将工农教育提上国家的重要议事日程。1951 年,政务院《关于改革学制的决定》进一步以法规形式确定了工农教育的地位。此后又为发展工农教育制定了一系列方针政策,极大地促进了成人教育的发展。

1950 年,第一次全国工农教育会议提出"开展识字教育,逐步减少文盲"的方针。1952 年,中央人民政府决定成立全国扫除文盲工作委员会,加强对扫盲工作的领导,并配备了一定数量的专职扫盲干部和教师。同时在扫盲实践中推行"速成识字法",即借助注音符号和拼音,短期突击识字。1953 年,中央召开全国扫盲工作会议,在总结前一阶段扫盲工作经验、教训的基础上,提出对扫盲工作"整顿巩固,稳步前进"的方针,要求把扫盲教育纳入正确的轨道。1956 年,中共中央、国务院颁布《关于扫除文盲的决定》,指出扫除文盲是中国文化上的一次大革命,也是国家进行社会主

义建设中的一项极为重大的政治任务。要求各地根据情况确定扫盲计划和速度,组织更大力量来进行扫盲。同年成立全国扫除文盲协会。在中央的积极号召下,全国又一次出现扫盲高潮。据统计,1949—1957 年,全国共扫除文盲 2 797 万人。第二个五年计划期间,群众性扫盲运动在"向科学文化进军"的口号和"大跃进"运动的推动下,出现新的高潮。1958 年,教育部、团中央、全国总工会、全国妇联和全国扫除文盲协会联合召开 18 个省市扫盲先进单位代表会议,提出要在第二个五年计划期间,全国基本扫除青壮年文盲,号召要从扫文字盲、文化盲到扫科学盲。在有关部门和舆论的推动下,扫盲出现"千人教、万人学"、"人人是学生,人人是先生"的浮夸景象。1960—1961 年,国民经济出现暂时困难,扫盲工作基本停顿,扫盲运动进入低潮期。

在扫除文盲的同时,职工业余教育也有较大发展。1955 年,高等教育部、教育部和中华全国总工会在北京联合召开全国职工业余教育会议,确立大力开展从小学到大学的正规职工业余教育,努力提高职工文化水平和培养国家建设人才的方针。各地开展以识字教育为重点的各类学习班,加强对职工业余教育的正规化建设,进一步确立职工业余小学、业余初中、业余高中以至业余高等学校的学制体系,并规定了必要的业余学习时间。据全国总工会统计,1957 年,全国参加业余学校学习的职工共 763.2 万人,占当时职工总数的 41%。一些大型厂矿企业,如鞍山钢铁公司、太原钢铁公司、沈阳黎明机械厂等还建立了职工业余高等学校。据 1955 年统计,全国有职工业余高等学校 49 所,有本科、专科在校生 1.59 万余人。1959—1960 年,国家连续召开三次全国职工教育大会,以促进职工教育全面发展,出现了工厂办学和车间办学相结合,企业办学与系统办学、地区办学相结合,单独办学和联合办学相结合的新形式。各地职工初中、职工高中和职工大学大量增加。1958 年,毛泽东、刘少奇强调教育要实行"两条腿走路"的方针,即要实行"两种劳动制度"和"两种教育制度"。为此各地普遍开展半工半读、半农半读,为成人教育发展在理论和实践上奠定了基础。

在干部教育方面,1950 年,政务院发出《关于举办工农速成中学和工农干部文化补习学校的指示》,要求采取脱产方式提高工农干部的文化水平,各地相继办起了一批工农速成中学和干部文化补习学校。1950—1954 年,全国共举办工农速成中学 87 所,招生约 6.5 万人。1953 年,中共中央发出《关于加强干部文化教育工作的指示》,要求采取业余或离职学习的方式,"大量培养与提拔工农干部和有计划地提高他们的政治、文化业务水平"。到 1955 年,全国共举办干部业余文化学校 3 546 所,在校学员 131 万多人;干部离职文化学校 256 所,在校学员 8.5 万人。1954—1955 年,有 7 万干部和机关工作人员脱离文盲状态,26 万人达到小

学毕业程度,6 万人达到初中毕业程度。

1950 年,中国人民大学在全国首次举办夜大学,1953 年,该校首次开办函授教育,招收财经类专业学生 2 500 人。此后,北京、上海、东北各地也相继举办函授教育和夜大学。到 1957 年,全国举办高等函授教育和夜大学的高等学校分别为 58 所和 36 所,各专业函授生有 3.5 万人,夜大学生 1.2 万人。高等函授教育和夜大学已初具规模。

1966—1976 年的成人教育　"文革"期间,成人教育同其他各项事业一样受到严重摧残,机构撤销,队伍解散,学校停办。1972 年后,成人教育曾以不同方式出现。这一时期脱盲学员大量复盲,新生文盲不断产生;从业人员素质全面滑坡,职工队伍文化技术水平和企业管理水平偏低,其中技术人员短缺问题尤为突出。

1977—2000 年的成人教育　中共十一届三中全会作出全党工作重点转移到现代化建设上来的战略决策,成人教育也随之进入恢复和迅速发展阶段。1978 年,邓小平在全国教育工作会议上强调,现代经济建设需要大力恢复和发展成人教育,指出工人阶级必须用知识武装自己,有了知识工人就有了力量。1986 年,全国成人教育工作会议召开。1987 年,国务院批转国家教育委员会《关于改革和发展成人教育的决定》,指出成人教育是当代社会经济发展和科学技术进步的必要条件;成人教育是中国教育的重要组成部分,在整个教育事业中与基础教育、职业技术教育、普通高等教育同等重要。该决定确立了当代成人教育的主要任务和改革发展成人教育的基本方针政策,要求把岗位培训作为成人教育工作的重点;要改革各级各类成人学校教育,突破单一的培养规格,发挥多种功能,加强横向联系与合作,不断提高办学质量和效益;积极开展大学后继续教育和专业培训;加强宏观管理,充分调动地方和企事业单位举办成人教育的积极性。这一文件的发布有力地推动了成人教育事业在新的历史阶段的改革与发展。1993 年,国务院办公厅转发国家教育委员会《关于进一步改革和发展成人高等教育的意见》,指出成人高等教育担负着直接、有效地为社会主义建设服务、促进生产力发展的艰巨任务和重要作用。1993 年,中共中央、国务院颁布《中国教育改革和发展纲要》,指出成人教育是传统学校教育向终身教育发展的一种新型教育制度,对不断提高全民族素质、促进经济和社会发展具有重要作用。1995 年,八届全国人大第三次会议通过《中华人民共和国教育法》,其中第一章第十一条规定,"国家适应社会主义市场经济发展和社会进步的需要,推进教育改革,促进各级各类教育协调发展,建立和完善终身教育体系";第二章第十九条规定,"国家实行职业教育制度和成人教育制度",为推动成人教育发展提供了法律保障。此外,在党和政府出台的一系列重要文件中,都明确强调"大力发展成人教育"的方针,将构建终身教育体系、"形成全民学习,终身学习的学习型社会,促进人的全面发展"作为教育发展的目标。在党和国家一系列方针、政策的指导下,各级各类成人教育得到长足发展。

(1) 扫盲和农村成人教育。1978 年,国务院发出《关于扫除文盲的指示》,在总结多年扫盲工作经验的基础上重申扫除文盲的必要性。1988 年,国务院颁布《扫除文盲工作条例》(1993 年修正),对文盲和半文盲的界定、扫盲对象、个人脱盲标准、基本扫除文盲单位的标准、扫盲验收制度、扫盲教学工作以及扫盲教师、经费、表彰与奖励、扫盲工作领导等都做出明确规定,为开展扫盲工作提供法规保障。在《扫除文盲工作条例》指导下,各地普遍开展了扫盲教育,在总人口数量持续增长的情况下,20 世纪 80 年代文盲总量以年均 600 万人的规模递减,粗文盲率从 1982 年的 22.81％下降到 1990 年的 15.88％。进入 20 世纪 90 年代,在国际扫盲年的推动下,全国又一次掀起扫盲热潮,连续多年保持年均脱盲 500 万人的规模(参见"扫盲教育")。与此同时,农村成人教育也开始恢复并得到迅速发展。详"农村成人教育"。

(2) 职工教育培训。"文革"结束后,中央多次讨论教育工作,提出要大力发展成人教育,搞好职工教育培训,决定成立全国职工教育管理委员会,作为开展职工教育的协调管理部门。1981 年,中共中央、国务院颁布《关于加强职工教育工作的决定》,从理论和实践上进一步明确职工教育在新时期的地位和作用,提出职工教育的方针和任务,对职工教育工作重点、规划要求、管理体制以及师资、经费、学员的学历、待遇和使用等方面做了具体规定。1982 年,全国职工教育管理委员会、教育部、国家劳动总局、中华全国总工会和共青团中央联合发文,要求在 1968—1980 年间初中、高中毕业而实际文化水平不及初中毕业和未经专业技术培训的三级工以下的职工,均应参加文化技术补课(简称"双补"教育)。文化补习方面设语文、数学两科,不分行业、工种,一律补习到初中毕业水平;物理、化学两科可视不同行业、工种有所区别。专业技术补习方面要求通过学习技术理论和开展岗位练兵,达到工人技术等级标准规定的三级工应知、应会水平。据统计,至 1985 年,全国有 2 037 万职工参加了初中文化补课,有 1 595 万职工参加了初级技术补课,并分别取得考试合格证书。职工中等教育和职工大学也得到调整和提高。1982 年,国务院批转教育部《关于举办职工中等专业学校的试行办法》,对职工中等专业教育和文化教育目标、任务、招生对象、学制、课程等均做出规定,促进了职工中等专业教育和文化教育的发展。"七·二一"大学经过整顿,改为职工大学或职工业余大学,并对其培养目标和修业年限等进行修订,使之更加符合企业的实际需求。在此基础上,职工大学校数和在校生人数都有了较大幅度的增加。此外,根据国务院批转国家教育委员会《关于改革和发展成人教育的决定》,职工岗位培训成为成人教育工作的重点,并在各行业、企业中得到迅速发展。参见"岗位培训"。

（3）干部教育。干部教育一直是党的教育工作的重心，改革开放后在新形势下有了新的变化与发展，取得了较大成绩。详"干部教育"。

（4）成人高等教育。1980年，国务院在批转教育部《关于大力发展高等学校函授教育和夜大学的意见》，对高等学校举办函授教育和夜大学的方针任务、办学形式、教学工作、人员编制、经费来源以及毕业生的使用和待遇等问题都做出明确规定，成为发展高等函授教育和夜大学的重要依据。1993年，国务院批转国家教育委员会《关于进一步改革和发展成人高等教育的意见》，进一步明确成人高等教育改革和发展的总体目标、办学方向和层次、管理体制与教学改革等有关政策措施。到1995年，全国共有独立设置的成人高校1 156所，毕业生达到38.2万人，招生数为44.6万人，在校生数为123.1万人，呈现与普通高等教育并驾齐驱的发展态势。20世纪90年代中期以后，国家对高等教育专业结构和学校布局进行调整，成人高等教育也随之调整，除保留部分独立设置的成人高校外，其余或归并到教育学院和普通高校中，或改为高等职业院校，同时在普通高校广泛设立成人（继续）教育学院。据2003年全国教育统计，全国有独立设置的成人高校558所，毕业生数和在校生数（含普通高校举办函授部、夜大学及成人脱产班）分别为159.3万人和559.2万人。

（5）自学考试制度的建立与发展。自学考试制度是中国成人中等、高等教育的重要组成部分，是以个人自学、社会助学、国家考试相结合为形式，对自学者进行以学历认定为主的高等教育和中等专业教育国家考试。到21世纪，自学考试已成为中国规模最大、影响波及海外的教育考试制度。详"自学考试"。

（6）现代远程教育。1979年，经国务院批准，由教育部、中央广播事业管理局在北京建立中央广播电视大学，是运用广播、电视、文字教材、音像教材、计算机课件和网络等多种媒体，面向全国开展远程开放教育的新型高等学校。其主要任务是：开展本科、专科高等学历教育和中等专业教育，为行业、企业从业人员和部队士官及其他社会成员提供接受高等教育的机会；开展岗位培训和农村实用技术培训等非学历教育，为社会各类成员更新知识、掌握新的技能提供教育服务；统筹利用中央广播电视大学的教育资源，建设远程教育公共服务体系，为高等学校及其他教育机构开展远程教育提供学习支持服务。此后各地相继成立广播电视大学，形成由中央广播电视大学和省级广播电视大学、地（市）级广播电视大学分校、县（市）级广播电视大学教学工作站以及教学点组成的统筹规划、分级办学、分级管理的远程教育教学系统，并率先实行基于卫星电视网络、计算机网络和教学管理网络（即天网、地网、人网"三网合一"）的现代远程教育模式。至2002年，中央广播电视大学及地方广播电视大学高等学历教育毕业生累计333.7万人，占同期各类高校毕业生总数的12.7%、成人高校毕业生总数的26.6%；岗位培训等各类非学历教育超过4 000万人次，为数以千万计的农民提供农村实用技术培训服务；高等师范专科和中等师范毕业生累计128万人，培训中小学教师和校长300多万人次。全国广播电视大学本科、专科在校生约200万人，其中近150万人为中央电大开放教育专业学生。参见"远程教育"。

1980年，国家农委、中国科学技术协会、教育部等单位联合成立中央农业广播学校（后改为中央农业广播电视学校），是覆盖全国农村，面向广大农民和基层干部、农技推广服务人员的远距离成人教育学校。主要开展面向农业和农村经济的大专、中专层次的学历教育，组织实施农村基层干部培训、农业专业技术人员学历教育和继续教育、"绿色证书"培训、农民科技培训和农业技术传播，开展农村市场信息发布和农村信息员队伍建设等。此后各地相继成立农业广播电视学校。2000年，由农业部主持开通了"中国农村远程教育网"，开始了全国农业广播电视学校系统的网络办学工作，形成由中央农业广播电视学校和省级校、地（市）级分校、县级分校、乡镇教学班构成的、能进行实时直播、交互式的农业远程教育培训和信息传播网络。至2001年，全国农业广播电视学校累计招收中专生341万人，毕业生163万人，单科、多科结业生154万人；培训"绿色证书"学员394万人；联办大专招生27.8万人；中专后继续教育招生6.3万人；开展实用技术培训1亿多人次，为农村培养了大量实用人才。

（7）老年教育。中国的老年教育开始于20世纪80年代。至21世纪，已初步形成多渠道、多层次的老年教育网络。详"老年教育"。

（8）成人教育科学研究。20世纪80年代以来，中国成人教育理论研究和学科建设有了长足进步。一些项目被全国教育科学规划领导小组列为国家重点课题和教育部重点课题，如"中国扫盲教育研究"、"中国岗位培训制度研究"、"面向21世纪中国成人教育发展研究"、"21世纪中国成人教育学科体系结构及其分类研究"等。构建完备的终身教育体系和形成学习型社会的探讨研究也取得重要成果。为推进群众性成人教育科研事业的发展，中国成人教育协会在每个五年计划期间发布成人教育科研课题指南，开展成人教育优秀科研成果评选活动，引导群众开展科学研究。并与全国教育科学规划办公室合作，连续四年设立成人教育专项课题，同时制定科研课题评估标准，加强对课题研究过程和质量的监督和检查，努力提高研究水平。重要研究成果的推出及群众性科研工作的组织推动成人教育科学研究和成人教育学科建设，指导成人教育实践的开展。

2001 年以后的成人教育 2002 年,中共十六大提出全面建设小康社会,形成全民学习、终身学习的学习型社会,促进人的全面发展的奋斗目标。2007 年,中共十七大又一次强调要使国民教育体系更加完善,终身教育体系基本形成;努力使全体人民学有所教,建设全民学习、终身学习的学习型社会;建设社会主义和谐社会,建设社会主义新农村,落实科学发展观等。建设终身教育体系和学习型社会成为中国的战略决策和奋斗目标。2010 年,全国教育工作会议召开。同年颁布《国家中长期教育改革和发展规划纲要(2010—2020 年)》,明确提出"到 2020 年,基本实现教育现代化,基本形成学习型社会,进入人力资源强国行列"以及"构建体系完备的终身教育"的战略任务,并要求加快发展成人继续教育,建立、健全继续教育体制、机制,搭建终身教育"立交桥"等具体任务,为成人教育的改革与发展确立新的目标和新的动力。各级各类成人教育得到进一步开展,并取得新的成就。扫盲教育也持续开展,2010 年全国第六次人口普查数据显示,中国文盲人口(15 岁及以上不识字的人)为 5 465 万人,同 2000 年第五次全国人口普查相比,文盲人口减少 3 041 万人,文盲率由 6.72% 下降为 4.08%。农村成人教育在建设社会主义新农村的推动下,培训规模和培训质量都有新的提高。至 2007 年,全国农村成人文化技术学校有 15.33 万所,培训毕业生达 5 022.75 万人,占全国农村劳动力总数的 10.44%。成人高等教育稳步、健康发展,学校数量虽有所下降,但成人高等教育开始由数量规模向质量结构优化转型,向非学历教育转型,并彰显其服务地方经济与社会发展的特色。自学考试制度进一步完善,至 2010 年,全国高等教育自学考试学历教育报考 965 万人,非学历教育报考 1 103 万人,开考专业达 796 个,涵盖哲学、经济学、法学、文学、教育学、理学、农学、医学、军事等 12 个大学科专业门类,建立中央、省、地、市四级自学考试管理机构体系。

(1) 创建学习型企业。20 世纪 80 年代,以岗位培训和继续教育为重点的企业职工教育得到持续发展。进入 21 世纪,创建学习型企业成为企业教育制度深化改革的新亮点。2004 年,全国总工会、中央文明办、国家发展和改革委员会、教育部等部门决定联合在全国职工中开展"创建学习型组织,争做知识型职工"的活动。活动的总目标是:倡导终身学习理念,提高职工的学习能力、实践能力、创新能力;营造尊重劳动、尊重知识、尊重人才、尊重创造的社会环境,形成全员学习、全程学习、团队学习和工作学习化、学习工作化的氛围和机制;努力建设各类学习型组织,为职工创造更多的学习机会和成才机会;促进人才队伍建设,为各类人才不断涌现和充分发挥作用奠定坚实基础,努力造就一支有理想、有道德、有文化、有纪律的职工队伍。2006 年,参加各类培训和学历教育的企业职工共计 9 174 万人次,占企业职工

总数的 43.7%。学习型企业的创建使教育与企业生产销售、技术创新、经营管理相适应,实现员工与企业共同发展的目标;有效地提高了在职从业人员的整体素质,是经济建设向依靠科技进步和提高劳动者素质轨道的转移。

(2) 农村劳动力转移培训。中国原有 2/3 的人口生活在农村地区,随着中国经济社会的发展,大量农村人口流入城市。中国政府十分重视外出务工人员的技能培训、生活质量和权益保护,在第十一个五年计划中,国内人口流动被作为国家发展战略的重点提了出来。2003 年,国务院办公厅转发由国家农业部、劳动保障部、教育部、科技部、建设部和财政部联合制定的《2003—2010 年全国农民工培训规划》,决定由上述六部门共同组织实施农村劳动力转移培训"阳光工程"。2004 年,教育部印发《农村劳动力转移培训计划》,对开展农村劳动力转移培训的指导思想、目标任务、政策措施等均做出明确规定。在上述文件指导下,各地坚持以就业为导向,通过整合教育资源、加强服务功能、采取多种形式普遍开展针对农村富余劳动力转移的引导性培训和职业技能培训,并取得明显成效。据 2004—2007 年的统计,全国教育系统共培训农村转移劳动力 1.38 亿人次。

(3) 社区教育。中国现代意义上的社区教育起步于 20 世纪 80 年代中后期。1999 年,国务院批转教育部《面向 21 世纪教育振兴行动计划》,该计划提出要开展社区教育实验工作,逐步建立和完善终身教育体系,努力提高全民素质。在此指导下,2000 年,教育部确定北京等 8 个大中城市的部分城区成为社区教育实验区,启动社区教育改革实验。2002 年,教育部在北京召开全国社区教育实验工作经验交流会,初步总结自 80 年代以来社区教育工作的基本成绩和经验,在全国范围内确定 28 个地区作为社区教育实验区,使社区教育实验工作进入一个新的发展阶段:构建了社区性、综合性的公共教育资源平台和支持服务平台,共享社区学习资源,为学习者提供方便、良好的学习场所和设施;推进制度建设,包括建立学习成果认证、积累和转换制度,建立健全成人教育的激励机制,成人教育经费投入保障制度以及成人教育质量评价和监管制度;加强社区教育工作人员的教育和培训,提高业务能力、工作水平以及敬业奉献精神等。到 2010 年,已确定的国家社区教育实验区、示范区达 136 个,省、市级社区教育实验区约 400 多个,形成党政统筹领导、教育部门主管、社区组织实施、群众广泛参与的管理体制和运行机制;形成以区(县)社区学院为龙头、街道(乡镇)社区学校为骨干、居委会(村)社区教学点为基础的三级教育学习网络;呈现以一批大中城市为龙头,以沿海发达地区为主干,中西部地区有重点发展,梯度推进、滚动发展的总体格局。社区教育的发展已成为落实国家构建终身教育体系、形成学习型社会的必要条件和基本途径。

参考文献

陈学恂.中国近代教育史教学参考资料[M].北京:人民教育出版社,1986.

董明传,毕诚,张世平.成人教育史[M].海口:海南出版社,2002.

李华兴.民国教育史[M].上海:上海教育出版社,1997.

舒新城.中国近代教育史资料[M].北京:人民教育出版社,1981.

余博.中国成人教育新探[M].哈尔滨:黑龙江教育出版社,1989.

(谢国东　朱宗顺)

中国近现代高等教育　中国在 19 世纪中叶以后借鉴西方近现代高等教育制度与模式,逐渐取代古代科举教育体制而建立和发展起来的高等教育。从清末新式教育机构的创建、近代学制的确立到民国时期的学制改革与高等教育结构、类型的变迁,直至中华人民共和国成立后高等教育性质、模式的变革,高等教育规模的发展,中国近现代高等教育经历了曲折的发展历程。

晚清的高等教育

近代高等教育的发轫　1862 年,奕䜣奏请设立京师同文馆,以培养外语翻译人才。同文馆在开馆之初仅设英文馆,随后又逐步增设法文馆、俄文馆、德文馆、东文馆,并于 1866 年设立算学馆,从而发展成为综合性的专门学堂。从 1862 年到 1898 年,洋务派先后创办的外语、军事、技术类专门学堂总数达 30 所左右,主要有上海广方言馆(1863)、福建船政学堂(1866)、天津水师学堂(1880)、湖北自强学堂(1893)、天津医学堂(1894)等。这些专门学堂以培养洋务亟需的语言、军事、技术等专门人才为目标,将"西文"、"西艺"引入课堂,从培养目标、教学内容到管理方式上明显有别于传统高等教育,开了中国近代高等教育之先河。

书院是传统高等教育的重要组成部分,经晚清的不断改造,逐步向近代高等教育转变。书院改造的途径有三个:(1) 通过添设西学课程整顿旧书院。如广东学海堂于 1865 年增设算学,陕西味经书院于 1895 年添设时务斋,山西令德堂于 1896 年增设算学。清政府也于 1896 年 10 月议准各书院添设算学、时务、格致、外语等课程。(2) 创设以西学为特色的新式书院。如上海格致书院(1873)、陕西格致实学书院(1896 年建,后易名为崇实书院)、浙江求是书院(1897)等。再如维新派人士设立的广州万木草堂(1891)、湖南时务学堂(1897)等。(3) 改省城书院为高等学堂。清光绪于 1898 年 7 月下旨,要求各省府州县书院一律改为学堂,省会之大书院改为高等学堂。

1895 年,盛宣怀奏请设立天津中西学堂,分设头等学堂、二等学堂,其中,头等学堂下设 5 个专门学,修业 4 年,具备现代大学的雏形。1896 年,盛宣怀奏请设立南洋公学,内设师范院、外院、中院、上院,上院即如天津中西学堂(亦称"北洋西学学堂")之头等学堂。1898 年 7 月,光绪下诏设立京师大学堂。京师大学堂以"培植非常之才,以备他日特达之用"为宗旨,课程分普通和专门两种,但在 1898 年至 1900 年之间,仅开办仕学馆并附设中、小学堂。1902 年 1 月,清政府派张百熙为京师大学堂管学大臣,切实整顿,以后逐步发展成一所近代大学。

新式专门学堂的创办、传统高等教育的改造以及近代大学的建立,为近代高等教育体制的初步确立奠定了基础。

近代高等教育体制的初步建立　1902 年颁布的"壬寅学制"是近代中国第一部学制,尽管没有实施,但首次规划了近代高等教育体制。该学制将高等教育分为高等学堂或大学预科 3 年,大学堂 3 年,与高等学堂并行的有高等学堂附设的高等专门实业学堂、仕学馆和师范馆。而 1904 年颁布的"癸卯学制"则是我国近代实施的第一部学制,它初步确立了三级衔接的近代高等教育体制。第一级是高等学堂或大学预科,招中学堂毕业生,修业 3 年,学科分三类,第一类预备毕业后升入经学科、政法科、文学科和商科等大学,第二类预备毕业后升入格致科、工科、农科大学,第三类预备毕业后升入医科大学。第二级是大学堂,以"谨遵谕旨,端正趋向,造就通才"为宗旨,分经学、政治、文学、医、格致、农、工、商等八科,各科可单独成为分科大学堂,但设在京师的大学堂必须八科齐备,设在省会的至少须设置三科,各分科大学堂除政治科及医科中的医学一门学习 4 年外,其余各科修业 3 年。第三级为通儒院,以研究为主,只设在京师大学堂,修业 5 年。与高等学堂或大学预科平行的还有优级师范学堂、高等实业学堂、实业教员养成所、进士馆、仕学馆、译学馆及方言学堂等。上述制度一直实施到清末。

清末官办高等教育由三部分构成:(1) 大学堂。共有 3 所,除京师大学堂外,还有山西大学堂和北洋大学堂。(2) 高等学堂。到 1909 年,各直省共有高等学堂 24 所。(3) 专门学堂。到 1909 年,各直省有各类专门学堂 127 所。除官办高等教育机构外,清末高等教育还包括:(1) 私立高等教育机构。如中国公学(1905)、复旦学院(1905)。(2) 教会高等教育机构。从 1882 年登州文会馆提供大专课程开始,到 1911 年,教会建立起上海圣约翰大学(1905)、南京金陵大学(1910)、武昌文华大学(1910)等 10 余所教会高等教育机构。

民国初期的高等教育

1912—1916 年的高等教育　民国初期高等教育体制进行了调整。1912 年 10 月,教育部公布《专门学校令》《大学令》等文件,对高等教育制度作了相应调整。规定:(1) 大学以"教授高深学术、养成硕学闳材、应国家需要"为宗旨。共分三级:第一级为大学预科,附设于大学内,修业3年,合格者可升入大学。预科得分三部,第一部为志愿升入文、法、商诸科者设立,第二部为志愿升入理科、工科、农科及医科之药学门者设立,第三部为志愿升入医科的医学门者设立。第二级为大学本科,取消清末的经学科,设文、理、法、商、医、农、工等七科,修业3至4年。第三级为大学院,分哲学、史学、植物学等各学院,聘绩学之士为导师,指导学生研究。在管理体制上,大学设校长、各科学长、评议会及各科教授会。大学以文、理两科为主,但须满足下列条件之一方能称为大学:文理两科并设者,文科兼法商两科者,理科兼医农工商科或二科一科者。大学准许私人或法人设立。(2)与大学平行的有专门学校和高等师范学校。专门学校以"教授高等学术,养成专门人才"为宗旨,有国立、公立、私立之别,分法政、医学、药学、农业、工业、商业、美术、音乐、商船、外国语等十类专门学校。改清末的优级师范学堂为高等师范学校,造就中学及初等师范学校教员,设预科1年、本科3年、研究科1~2年、专修科及选科2到3年,得附设小学、中学、女子中学和蒙养园以供实习。此外,甲种实业学校亦属高等教育之列,分农业、工业、商业、商船等学校,各设预科、本科。

北洋政府时期的高等教育 1917年,教育部颁布《修正大学令》,对民国初年的《大学令》进行了修正。(1)放宽了大学设置的限制,设两科以上者可称大学,单设一科者可称某科大学。(2)修业年限调整为"大学本科之修业年限4年,预科2年"。(3)废止"大学各科设教授会"的规定,大学只设评议会。

1922年,北洋政府颁布了"壬戌学制",其中在高等教育方面规定:(1)大学可设数科也可设一科,设一科者称某科大学;(2)大学修业年限4到6年,但医科和法科大学至少5年,师范大学4年;(3)大学采用选科制;(4)因学科及地方的特殊性,可设专门学校招收高中毕业生,修业3年;(5)大学及专门学校可附设专修科,大学教育科或师范大学可附设两年制师范专修科。这些规定体现出三个新的特点:一是取消大学预科,二是高等师范学校升格为师范大学且独立设置,三是大学实行选科制。

1924年,北洋政府教育部公布《国立大学校条例》及附则,在大学立学宗旨、分科、单科大学设立等方面重申了《修正大学令》中的有关规定,并对大学内部的组织结构作出详细规定:(1)国立大学设校长一人,由教育总长任命。(2)设正教授、教授,由校长聘任,并得延聘讲师。(3)设董事会,审议学校计划、预算,及其他重要事项;设评议会,评议学校内部组织、各项章程及其他重要事项。(4)各科、系及大学院各设主任一人。(5)设教务会议,由各科、系、大学院之主任组成,审议学则、全校教学、训育事项,必要时可设教务长一人。(6)各科、系及大学院得设教授会,规划本单

位的课程和教学。附则规定大学可暂设预科,私立大学可参照本条例办理。经过上述调整,中国近代高等教育体制基本定型。

北洋政府时期,高等教育缓慢发展,主要有五种形式:(1)公立大学。1920年前只有3所,到1927年达34所,公立大学的质量有所提高、影响扩大,特别是北京大学、东南大学分别在蔡元培、郭秉文的领导下成为颇具影响的近代大学。(2)女子高等教育。1919年,国立北京女子师范大学建立,1920年,北京大学和南京高等师范学校正式招收女生,此后,大多数国立大学都允许招收女生。(3)私立大学。出现了第二次兴办私立大学的热潮,到1927年,经教育部认可的私立大学有18所。(4)教会大学。20世纪前20年,教会大学在15所以上,1925年教育部公布《外国人捐资设立学校请求认可办法》后,教会大学逐步在中国立案。(5)专门学校。到1925年,有58所。

南京国民政府时期的高等教育

1927—1937年的高等教育 1927年6月,国民政府成立大学院,各省组建大学区,并任命蔡元培为大学院院长。《大学区组织条例》规定,全国划分为若干大学区,每区设校长一人,综理区内一切学术与教育行政事项,设评议会、秘书处等机构,同时决定在江苏、浙江两省试行。在江苏,国立东南大学等八校合并为第四中山大学,以张乃燕为校长;在浙江,由浙江省工业专门学校等合并组建为第三中山大学,以蒋梦麟为校长。1928年6月,又决定在北平推行大学区制,将北京大学等九校合并为中华大学,以李石曾为校长。由于此举引发了北平高校师生的激烈反对,1928年10月,南京国民政府复改大学院为教育部,大学区试验遂告结束。

1929年7月,教育部颁布《大学组织法》、《专科学校组织法》,这是近代中国最早颁布的高等教育法,随后,又相继制定了一系列法规,进一步完善了近代高等教育体制。(1)专科学校。以教授应用科学、养成技术人才为宗旨;修业年限2至3年,医科加实习1年;设工、农、商、医等四类专科学校。(2)独立学院。设学院不满三学院者,称独立学院;以研究高深学术、养成专门人才为宗旨;除医学院修业5年外,其余修业4年;有条件者可设研究院,得附设中小学、职业学校、专修科;设院长1人,不得兼任;院内设校务会议,为议事机构,设教务、总务、训导三处,分掌具体事务。(3)大学。以研究高深学术、养成专门人才为宗旨;可设文、理、法、教育、商、农、工、医八学院,具备三学院以上者可称大学,但三学院中必须含理、农、工、医学院之一种;修业4年,医学5年;设校长1人,校长除国民政府特许外不得兼职;设校务会议、院务会议,私立大学可设董事会;教员有专

任、兼任之别,但兼任教员不得超过总教员的1/3;采学分制;可设研究所、专修科。(4)研究所(院)。1934年公布的《大学研究院暂行组织规程》是近代中国有关大学研究所(院)的第一个专门规程,它规定大学研究院分文、理、法、教育、农、工、商、医各研究所,具备三个研究所以上者,得称研究院;研究院院长由大学校长兼任,设院务会议、所务会议分别处理学术、行政事宜;研究年限至少2年。

1937—1949年的高等教育　抗战爆发后,国民政府一方面把大批高校迁往内地,另一方面加强对学校的控制,"整饬学风"。1938年4月,公布《战时各级教育实施方案纲要》,提出维持现行学制、通盘筹划迁校问题、重视师资、整理教材、严格管理、中等以上学校采取军事管理。同时,还加强对高等教育课程的规范。1938年9月,教育部召开第一次大学课程会议,此后又相继制订并公布文、理、法、农、工、商、医各学院的共同科、必修科及选修科目录,使高校课程标准趋于统一。另外,抗战期间还加强师范教育的调整,1938年颁布《师范学院规程》,1942年又作修订,促使师范教育较战前有了较大发展。

抗战胜利后,国民政府一方面将高校回迁重建,另一方面于1948年1月颁布《大学法》《专科学校法》,内容除"大学分文、理、法、医、农、工、商等学院,师范学院由国家单独设立,但国立大学得附设之"和大学、专科学校增设训育委员会等个别条款有所改动外,其余同1929年颁布的《大学组织法》《专科学校组织法》几无差别。

中国共产党领导下的根据地高等教育　先后创立有马克思共产主义大学(1933年3月)、苏维埃大学亦称"中央政府苏维埃大学"(1933年8月)、中国工农红军大学(1933年10月,前身为1931年建立的红军学校),此外还设立了高级师范学校等教育机构,满足了根据地对军事、政治等革命人才的需要。

抗战时期中国共产党相继建立了10多所高等教育机构,其中,1937年建立的中国人民抗日军事政治大学(简称"抗大",其前身是1936年由红军大学改名而来的中国抗日红军大学)是其代表。到三年解放战争时期,各根据地高等教育又获得较快发展,其中,有代表性的是解放前夕在各大解放区设立的人民革命大学。

中华人民共和国成立后的高等教育

新中国成立初期的高等教育机构主要由三部分组成:一是接管、接收旧中国的公立、私立院校及受外国津贴的教会大学,将其改组为政府兴办的大学和专门学院;二是在革命根据地、解放区大学的基础上,创办正规化新型大学;三是适应社会经济建设、文化发展需要,创办新的高等院校。20世纪50年代,为适应工业化经济建设的需要及学习苏联高等教育经验,全国进行大规模"院系调整",重新构建高等教育组织形式,调整高等学校区域分布。在此基础上,建立与计划经济相适应的办学体制和"专才"培养模式。私立高等学校全部被改为或合并为公立高校,形成中央教育行政部门和其他业务部门分别管理高等教育的格局。创立全国高校统一招生考试和统一分配制度,为工农子女接受高等教育提供更多机会。制订统一的教学计划、教学大纲,大量采用苏联教材。在系下设专业,实行学年学时制,严格限制学生转学、转系、转专业。大学取消学院制,实行校系两级行政管理。高等院校逐步建立党委领导体制。经过院系大调整,中国高校规模扩大,在校生数增加,学校布局也较为合理,提高了培养专门人才的效率,初步形成社会主义高等教育体系。但由于盲目照搬苏联专才教育模式,也产生一些负面影响,如办学主体和投资渠道单一化,过分强调单科性院校,分拆、重组综合大学,理工、理农、理医分家,专业设置过窄,不利于学科交叉渗透和创新人才的培养;忽视财经、政法、社会学、心理学等学科,削弱专科教育,导致高等教育学科结构、层次结构失衡。1958年,"教育革命"开始,试图克服学习苏联经验的教条主义倾向,积极探索适合国情的高等教育发展道路,但由于指导思想上的"左"倾错误和缺乏经验,未能根本改变原有的高等教育模式。同时由于高等学校数量的急速增长,许多新建高校质量低下。

1961年,高等教育进入调整时期。高等学校数量由1960年的1 289所降至1963年的407所;在校生数相应由96.16万人降至75.01万人。在总结经验、教训的基础上,中共中央批准试行《教育部直属高等学校暂行工作条例(草案)》,较系统地确立了高校办学的基本规章制度,促进了高等教育事业的恢复发展。1965年,全国高校增至434所。1949—1966年,中国高等教育共培养1.6万名研究生和155万大专毕业生,成为中国各项建设事业的骨干力量。

1966年"文革"爆发,高等院校停止招生。1969年,开始试点"推荐"招收"工农兵学员",至1972年在全国高校推广。因降低学生的文化程度,高等教育质量严重下降。

1977年,恢复高校招生考试,中国高等教育开始迅速发展。不仅普通高校数量增加,还举办多种类型的成人高等教育,创立高等教育自学考试制度。建立和实施学位制度,推进了研究生教育的发展。公费、自费出国留学和来华留学教育持续发展,中外文化、教育交流取得重大成就。1985年,《中共中央关于教育体制改革的决定》颁布,明确提出通过扩大高校办学自主权,使高校具有主动适应经济和社会发展需要的积极性与能力。90年代以来,与建设社会主义市场经济体制相适应,高等教育体制改革进一步深化。通过"共建、合作、合并、划转"等途径,改变原有的"条块分割"办学体制;建立以国家拨款为主,个人、社会团体多方筹资办学的投资体制;实行三级办学、两级管理,扩大高校办学自主权;重建高校学术权力机构,推行学院制,提高管理效能;推进高校招生与考试制度改革,打破"统"、"包"分配的就业体制,实行缴费上学,自主择业;调整专业目录,拓宽人才培养口径;加强学科建设,优化课程结构,编写新教材,实行学分制教学管理。在高等教育体制改革的推动下,中国高等教育的办学理念、类型、结构、层次发生重大变化,高等教育持续快速发展,办学效益显著提高。20 世纪 90 年代初启动的"211"工程,在高等教育跨世纪发展中发挥主导作用;民办高等教育的扩展反映了高等教育多元并存、竞争互补的趋向。1998 年启动"985"工程,目标为在 21 世纪初集中力量建设若干所世界一流的高水平大学。2002 年,中国高等教育毛入学率达到 15%,标志中国高等教育跨入大众化阶段。形成精英高等教育和大众高等教育并存的格局。

中国近现代高等教育的特点

中国近现代高等教育在发展机制、培养目标、教育体制、课程结构、教学模式等方面已形成一些阶段性特征。在发展机制上,中国近代高等教育制度的创建是借鉴和吸收国外高等教育经验的结果。清末移植日本学制,民国时期先后借鉴欧美教育经验,中华人民共和国成立后模仿苏联高等教育模式,改革开放后则博采各国教育之长。外来高等教育制度的引进和确立也经历了本土化的艰难探索和长期改革过程,也深受本国教育传统的影响。

在培养目标上,开始从单一性转向多样化。清末高等教育改革以"中体西用"为指导思想,开始引入近代自然科学和西方社会科学课程,培养各类专业人才。辛亥革命后民国政府废除"忠君"、"尊孔"等封建教育宗旨,确立军国民教育、实利主义教育、公民道德教育、世界观教育、美育的新宗旨;强调大学研究高深学问,培养"硕学闳才";专门学校教授高等学术,培养"专门人才"。中华人民共和国成立后高等教育确立社会主义办学方向,培养"具有高级文化水平、掌握现代科学和技术成就"的各级各类建设人才。

在办学与管理体制上,实现从传统向现代的转型。从废除科举制度到新学制的实施,逐步形成政府、个人和社会多元办学的新格局。清末以学部取代礼部、国子监,扩大高等教育管理职能。民国时期,重视高等教育立法管理。蔡元培执掌北京大学时率先设立教授评议会、行政会议、教务处和总务处,实行分权管理。南京国民政府一度推行大学区和大学院制,因不合国情而不得不恢复原有教育行政管理体制。在高校内部管理上,20 世纪 20 年代末建立校、院、系三级管理模式。中华人民共和国成立后,虽迭经更改,主要是实行党委领导下的校长负责制。

在高校招生制度上,进行了一系列具有民族特色的变革。清末至民国前期,高等院校招生沿用西方教育模式,实行自主命题考试。从 20 世纪 30 年代初开始,国民政府试行高校计划招生办法;抗日战争前期,国民党统治区试行公立大学、独立学院统一招生考试。50 年代初,与计划体制相适应,中国建立高校统一招生考试制度。进入 21 世纪,随着高校自主权扩大,部分高校试行自主招生与统考制度并存。

在课程结构与教学模式上,经历了多次转变。清末高等教育开始从传统的经、史、子、集学术分类转变为近代的"分科立学"。高等院校以学科门类为核心,采用西方近代的班级授课制与演示、观察、实验、实习等教学方法。民国时期,增设自然科学、社会科学、哲学、体育、美育等课程,逐渐形成较为完整的近代学科体系。引入选科制与学分制,推动了教学管理模式的改革。20 世纪 50 年代,学习苏联的课程结构和教学模式,由通才教育向专才教育转变。80 年代以后逐步增加通识教育课程,形成通识教育与专业教育相结合的课程体系。实行教学、研究与社会实践相结合的教学模式。中国近代高等教育课程与教学改革过程既受到西方现代高等教育的影响,也受民族文化、教育传统的内在制约。面向世界高等教育国际化、大众化、信息化的大背景,中国高等教育在教育结构、管理体制、教学模式等诸多方面都在不断探索改革之中。

参考文献

陈学恂.中国近代教育史教学参考资料[M].北京:人民教育出版社,1986.

霍益萍.近代中国的高等教育[M].上海:华东师范大学出版社,1999.

潘懋元,刘海峰.中国近代教育史资料汇编·高等教育[M].上海:上海教育出版社,1993.

熊明安.中国高等教育史[M].重庆:重庆出版社,1983.

郑登云,余立.中国高等教育史[M].上海:华东师范大学出版社,1994.

(朱宗顺 张亚群)

中国伦理思想演变

中国伦理思想和理论产生和发展的过程。中国伦理思想有自己关注的问题和特点,儒家伦理思想在传统伦理思想中始终占主导地位。

中国伦理思想的产生和发展

西周时期,奴隶主贵族为维护宗法等级制度,提出一套"有孝有德"的伦理思想,标志着中国古代伦理思想的诞生。中国伦理思想的发展大致可以划分为三个时期:春秋战国时期,秦汉至明清时期,清末至五四运动时期。

春秋战国时期,随着社会由奴隶制向封建制的变革,出现诸子蜂起、百家争鸣的局面。在伦理思想领域,提出并探讨了道德本原、人性善恶、道德作用、道德准则、义利之辩、理想人格、道德修养等各种问题,形成以儒、墨、道、法为代表的诸子伦理思想。儒家自孔子始,总结继承古代伦理思想,并顺应历史潮流,创立了以"仁"为核心、反映宗法等级关系的道德规范体系。后经孟子和荀子等的进一步发挥,逐步完善。主要观点:"为政以德",强调道德的政治作用;以善恶论人性,探讨人所以有善、有恶的根源;"重义轻利",坚持道义论立场;崇尚"中庸"之德,倡导社会群居和谐;以"仁智"统一为理想人格,强调理性自觉和道德修养,主张以"修身"为齐家、治国、平天下之本。以墨子为创始人的墨家伦理思想以"兼爱"说为中心,主张"爱无差等",既贵义又尚利,强调"利人"、"利天下"为价值目标,并主张"强力",反对天命;主张节俭,反对奢侈。道家伦理思想以老子、庄子为代表,由"自然无为"立论,主张"绝仁弃义",批判世俗的道德规范和善恶观念,提倡一种"无知无欲"的道德境界;追求个人的精神自由,以求全身保真,在理论上具有超利害、齐善恶的自然主义和相对主义的特点。法家伦理思想以韩非为代表,将德和法相对立,主张以法代德,具有非道德主义的某种特色。诸子伦理思想极大地丰富了中国传统的伦理思想,给中国古代伦理思想的发展奠定了基础,后来中国伦理思想的发展,都离不开先秦思想的影响。

战国后期,秦统一中国,建立了第一个封建的、专制的中央集权制国家,确立了一系列政治、经济和文化制度。在长期的封建社会中,封建主义的正统伦理思想,是以先秦儒家伦理为主体,融合其他各家思想并加以发展和完善而成的。汉统治者总结秦朝短命的教训,为维护封建"大一统"的政治秩序,开始重视伦理道德的社会作用,汉武帝后,以董仲舒为代表的汉儒,提出"罢黜百家,独尊儒术";并兼采阴阳、道、法、名诸家,改造先秦儒学,建立了一个以"三纲五常"为核心的神学伦理思想体系,提出"天不变道亦不变"的伦理观点,确立了"正其谊不谋其利,明其道不计其功"的伦理原则。同时,也出现了司马迁为代表的反神学的伦理思想,他们强调自然之理。魏晋时期,清谈和玄学兴起,伦理学上出现了"名教"与"自然"这一主题的论辩,形成魏晋时期的玄学伦理思想。与此同时,道教和佛教逐渐兴盛,至隋唐而鼎盛,出现儒、佛、道既相互斗争又相互吸收而逐渐合流的历史过程,最后产生宋明理学及其伦理思想。理学伦理思想的产生,适应自宋开始的后期封建社会地主阶级统治的需要,把正统儒学伦理思想发展为更为完备的形态。理学伦理的基本范畴是"天理",以及理与气、理与事、心与理、心与性、义与利、理与欲、格物、穷理、致知、良知等。根据对理与气、心与理等关系的不同观点,理学伦理思想可分为不同学派。其中影响最大,成为后期封建社会统治思想的是程朱学派。他们把"三纲五常"对象化为宇宙的客观本体,即"天理";主张"存天理,灭人欲",把儒家的道义论推向极端。与此同时,出现反理学的伦理思想,在北宋有王安石

为代表的"荆公新学";在南宋有陈亮、叶适为代表的"功利之学"。他们批判理学的义利观和理欲观,体现功利论与道义论的对立。明代中期以后,封建社会内部矛盾暴露更加充分,阶级矛盾和民族矛盾交织在一起,并产生资本主义萌芽,到明末清初,终于出现一种封建社会的"自我批判"意识,先后产生李贽、黄宗羲、王夫之、傅山、顾炎武、颜元以及稍后的戴震等一批具有启蒙精神的进步思想家。他们的伦理思想虽不尽相同,但在人性论、义利—理欲观、道德修养论等方面,都对理学伦理思想进行批判和总结,甚至把矛头指向礼教本身。他们指出:"人必有私"(李贽《藏书·德业儒臣后论》),"天下为主,君为客"(黄宗羲《明夷待访录·原君》)、"正其谊以谋其利,明其道而计其功"(颜元《四书正误》卷一)等,展现出中国伦理思想新的一页。

中国近代自鸦片战争以后,逐渐沦为半殖民地半封建社会,产生了先由资产阶级领导,后由无产阶级领导的反帝反封建的民主主义革命运动。随之,中国伦理思想发生了历史性的变革。鸦片战争前后,以龚自珍、魏源为代表的早期启蒙思想家,开始揭露和批判腐朽的封建道德和程朱理学,主张变易"风俗",改造"人心";推崇"自我",要求个性解放。19世纪后期,以康有为、梁启超、严复、谭嗣同为代表的资产阶级维新派,学习西方近代资产阶级思想学说,提倡"博爱"、"平等";破除"心奴",要求"自由";主张功利主义,反对禁欲主义。以后,以孙中山、章太炎为代表的资产阶级革命派,提倡革命道德,并力图改造传统道德使之与民主主义相结合,主张"天下为公"的道德理想。五四运动把近代伦理思想变革推向高潮,以陈独秀、李大钊、鲁迅等为代表,在"民主"与"科学"的旗帜下,以实现"自由、平等、独立"为价值目标,对封建主义的旧文化、旧道德作了彻底的、不妥协的革命批判。

中国伦理思想探讨的主要问题

上下几千年的中国伦理思想,在不断发展过程中形成了特有的研究对象和问题,并围绕这些问题的研究形成了一系列的思想观点及道德和伦理范畴。

义利问题　这是贯穿于中国伦理思想的一个基本问题,被宋明道学家视为"儒者第一义"。其含义一方面涉及道德和物质利益的关系问题。在中国传统伦理思想中,尤其是儒家思想多主张"见义忘利"、"以义建利";也有思想家认为物质生活水平的改善与人们道德水平的提高有直接的联系,把物质财富看作是道德进步的前提。如管仲、韩非、王充等人就提出"仓廪实而知礼节,衣食足而知荣辱"、"让生于有余,争起于不足"、"礼义之行,在谷足"等思想。义利关系的另一层含义是社会道德原则与个人利益的关系,义指的是道义原则,利指的是个人利益或私利。在这一方面,

先秦儒家的基本观点,是重义轻利,见利思义,认为喻于义者是君子、舜之徒,喻于利者是小人、盗贼之徒。孟子在此问题上,持更为极端之说,认为即是为国家之利,也不可去追求,提出"何必曰利?亦有仁义而已矣"。荀子持论较公允,认为义利为人之所两有,皆不可去,主张以义制利。墨家主张义利皆重,认为义必表现为利,符合国家、人民大利的即是义,强调兼相爱而交相利。道家的基本观点是义利皆轻,认为世俗的义和利都是"有为"的和违反自然的,主张抛弃世俗的义利,回归自然,遵从于道。法家重利轻义,认为人生而求利乃是自然之理。西汉董仲舒把先秦儒家的重义轻利推向极端,提出"正其谊不谋其利,明其道不计其功"的思想。宋明理学继承了董仲舒的思想,销利归义,进一步提出"凡有利心便不可"。与此同时,出现相反的义利观,提出"既无功利,则道义乃无用之虚语"的功利主义思想,资产阶级改良派主张免苦求乐,开明自营,亦认为道义和福利紧密相连。资产阶级革命派提倡三民主义,认为造福于民众即为道德。在中国历史上,以儒家为代表的重义轻利的伦理思想,一直居于主导地位。

道德本原问题　这是关于道德的来源和存在的根本问题。在奴隶主阶级伦理思想中,是以上天的意志、天命为道德的根据的。春秋战国时期的儒家,思孟学派主张天人合一之说,认为人的道德根本在于天道,又认为"天命之谓性",社会道德先验地存在于善良的人性之中,人性中有仁义礼智四善端。荀子学派以人性恶立论,认为道德的根本存在于人的生存的需要,存在于合群的需要。墨家认为道德源于"天志",又认为天的意志是兼相爱交相利,是维护国家、百姓、人民利益的。道家认为,道德源于宇宙万物的本原即源于道,把道和朴素的人性作为道德的根据。魏晋玄学也有与道家相近的看法。董仲舒认为,纲常伦理可求于天,天意是道德的根据。宋明理学以为道德的本原在于天理。宋明心学认为道德的本原存在于人之本心,之后的伦理思想,也一般是从人的本性中寻求道德的根据。

人性问题　围绕这一问题,思想家们提出了各种各样的理论体系。孔子提出"性相近,习相远"的思想。孟子提出人性之中先天具有恻隐之心、羞恶之心、恭敬之心、是非之心四种善端,先天地具有亲亲、敬长的良知良能,因而主性善说,并认为恶是由后天的物欲的引诱而造成的。荀子以"不事而自然"者为性,认为人生而有好利恶害、疾恶、好色、好逸恶劳等本性,顺人性自然,则导致种种祸乱和罪恶,故主人性恶论。道家则超越人性善恶之争,认为人的本性是自然而淳朴的,是自由的,反对对人性加以仁义道德的约束。法家则继承荀子的人性恶论,提出人性是自私的、好利恶害的观点。汉代董仲舒一方面认为人有与天相类的本性,一方面认为人之本性为仁,而情为贪,把人性分为三品。扬雄提出人性善恶混的思想,认为修其善则为善人,修其恶

则为恶人。王充提出人之善恶,在于教化而不在于性。魏晋玄学继承道家学说,主张人性本自足,无暇外求,可依本性而生活,以达到"应物而无累于物"。佛教认为人人都有佛性,只有情欲为恶,通过修行灭情或者通过顿悟可以成佛。韩愈把性情分为三品,认为"上可教下可制"。程朱理学以天理为人性根据,提出"性即理",认为人既是纯善至善的"义理之性",又有善恶驳杂的"气质之性",既有至善的"道心",又有可产生恶的"人心"。陆王心学主张人有先天的良知和善良本心,人应听命于自己良心的指示。功利学派和明清启蒙伦理思想,一般都主张一种自然人性论或气质人性论,主张满足人性的欲求。近代龚自珍等人提出自尊其心的个性论。资产阶级改良派以"自私"或"避苦求乐"作为人之本性,同时人性中有博爱的因素。中国伦理思想中人性论的思想是丰富的,差不多每一时期、每一思想家都涉及这一问题。

伦理和道德的原则与规范问题　每一个时代的思想家都是根据本时代的需求,概括出一套伦理、道德的原则和规范体系。如儒家以仁为道德的总原则,又提出智、勇、孝、悌、忠、信、恭、宽、敏、惠、敬等道德规范,强调君臣有义、父子有亲、夫妇有别、长幼有序、朋友有信等伦理原则和规范。墨家则提倡兼相爱、交相利的道德原则和节俭、劳动、尚贤、自苦等道德规范。道家以自然无为为道德原则,把守辱、处下、柔弱、不争、贵己、重生、保真、不分善恶等作为道德规范。在整个封建社会中,儒家提倡的伦理和道德规范为统治阶级所接受,成为全社会的规范。直到近世,资产阶级登上历史舞台后,才提出自由、平等、博爱等取代封建道德的新道德。

道德的教育和修养问题　在这一方面以儒道两家和宋明理学的理论成就最高,贡献最大。儒家主张广泛地开展道德教育,变化人心,提出师法之化、师道尊严等思想;主张"自天子以至庶人,壹是皆以修身为本",提出学、思、反求诸己、内自省、内自颂、迁善改过、寡欲存诚、求放心、扩充善端、存心、养气、积善、循礼、克己、格物致知、正心诚意、慎独等一系列修养方法,力求把伦理道德转化成为人们内在品质,并给人们树立了君子、贤人、仁人、圣人等道德理想人格。道家的道德修养论以回归自然为修养目的,提出"为道日损"、"守辱处下"、"柔弱不争"、"心斋"、"坐忘"等一系列修养方法,并树立了神人、至人、真人等道德理想人格。宋明道学更为注重道德教育和修养,主张道德教育要从启蒙教育、甚至胎教做起,强调道德榜样的作用,并在道德修养上提出"格物穷理"、"主静"、"主敬"、"存天理,灭人欲"、"道问学"、"先立乎其大"、"发明本心"、"尊德性"、"大心"、"省察克治"、"致良知"、"践履"等一系列道德修养方法。事功学派提倡习行、习动等修养理论。中国传统伦理思想中的道德教育和道德修养是相当完备的,它对于提高人们的封建道德

水平,维护封建社会秩序起到了极其巨大的作用。

中国伦理思想的基本特征

在吸收和融合其他民族伦理思想的基础上,中国伦理思想获得了不断发展,并逐渐完善和成熟,在其发生、发展和成熟的过程中,形成了一些独有的特征。其主要特征有七。第一,传统伦理思想与哲学思想、美学思想融合、交织在一起,从而使伦理学带有道德哲学的色彩和真善美相统一的特点。例如,道家、理学探讨哲学的本体论,同时也就是在探讨道德的本原问题;儒家讲中和之美,同时也就是在探讨道德的境界问题,从而使美学也带有浓郁的伦理色彩。第二,宇宙观与道德观、认识论与修养论融为一体,集中体现为"天人合一"的思维模式。一方面从天道直接引出人道、人性,陷入道德宿命论;另一方面,在修养中认识天道,达到"天人合一"的精神境界,因而强调自觉,忽视自愿和自由意志。第三,中国伦理思想提倡"亲亲有术,尊贤有等",强调忠、孝、节、义,有着适应中国宗法等级制度需要的特点。第四,在人性论上,以人性善的德性主义为主线。认为人性是天赋的,人人皆有"仁义礼智"的德性。第五,中国伦理思想强调以人为本,强调"爱人"的人本主义精神,注重人际关系的亲爱、和平与和谐。自孔子始,中国伦理思想关注的不再是虚无缥缈的"天"或"神",也不是人死后的"鬼",而是把关注的焦点定位在人自身。第六,中国伦理思想强调整体精神和公私关系。儒家重义轻利的思想,就是要人们从大局、整体着眼,以个人利益服从统治阶级的整体利益,以私服从公。第七,传统伦理思想有着强烈的中庸和中道色彩,反对走极端,主张无过无不及,把握好每一种德行的"度",保证事物和人际关系的安定与平和。

参考文献

　　蔡元培.中国伦理学史[M].北京:商务印书馆,2004.
　　罗国杰.中国伦理学大百科全书[M].长春:吉林人民出版社,1993.

(刘献君)

中国少数民族传统体育　　中国各少数民族长期开展并具有一定历史传统和民族、地方特色的各种体育活动。一种民族文化现象,多在民族经济活动、宗教活动、民俗活动中开展,与生产、生活密切相关。既包括竞技性较强的体育项目,也包括富于健身性、娱乐性的其他体育形式。民族传统体育的下位概念,属于中华民族传统体育学科的一个分支。以中国少数民族传统文化为基础理论,在广泛借鉴民族教育、民族语言、民族地理、民族经济、民族宗教、民俗等方面知识的基础上,以体育学科自身理论为支撑,将不断

成熟的体育人类学、体育社会学、体育心理学、体育哲学、体育美学、体育文化学、体育民族学、体育人文学、体育伦理学、体育管理学、体育旅游学及体育方面的自然学科理论充实其中,构成一个层次分明、相互依托、有序、开放的学科体系。具有多学科交叉的特点;是一门边缘学科。以 55 个少数民族的传统体育项目为研究内容,包括少数民族传统体育的概念、起源与发展、特性、价值,少数民族传统体育与政治、民族宗教、民俗、艺术、考古、经济、地理环境、教育、党的方针政策的联系及其对中华民族传统体育的贡献等。研究方法有田野调查、查阅文献、考古资料、访谈、借助民间传说与故事法、观摩各种不同形式的少数民族传统体育运动会等。据《中华民族传统体育志》(1990)统计,民族传统体育项目有 977 项,其中汉族传统体育 301 项,少数民族传统体育 676 项。少数民族传统体育有民族性、传统性、地域性、体育竞技性、健身娱乐性、集体性、简易性、节日盛会性等特点,在强身健体、教育传承、娱乐身心、体育竞技、民族团结、社会稳定等方面发挥特殊功能。

中国少数民族传统体育的起源有四种。一是源于生活、生产劳动。部分少数民族传统体育活动是在一定自然环境和社会背景下逐渐萌芽的,它们既是生产技能的锻炼,又是一种变相的生存竞争。如蒙古族的打布鲁从古老的狩猎生产活动演变成现今的投掷活动;满族的珍珠球从模仿满族采珠人的劳动演变而来。二是源于军事战争。军事战争使产生于劳动中的一些技能运用到战争中,如骑马、射箭、摔跤及各种武术等,均在军事活动中运用极广,后演变成传统体育活动。三是源于民俗、风俗。即民族风俗与少数民族传统体育融合,如蒙古族的"那达慕"大会,其传统的摔跤、赛马、射箭三项技艺比赛也是少数民族传统体育的内容;壮族、侗族的花炮节中的抢花炮游戏也是少数民族传统游戏的内容。四是源于宗教、祭祀。原始宗教、祭祀活动对少数民族传统体育的萌芽、发展与丰富有一定影响,起催化剂作用。在祭祀活动中,逐渐用舞蹈、竞技、角力来进行祈祷,娱乐神祇,祈求庇护。如许多原始民族战争前后进行的祭祀舞蹈;壮族尊崇龙、蛇图腾,其龙舟竞渡就是综合图腾的象征。

中国政府为发展少数民族传统体育采取多项措施。(1) 将少数民族传统体育纳入《全民健身计划纲要》中,定期举办少数民族传统体育运动会和单项运动会。1995 年,国务院颁布《全民健身计划纲要》,提出积极发展少数民族体育,在民族地区广泛开展以少数民族传统体育项目为主的体育健身活动。2007 年,国务院颁布《少数民族事业"十一五"规划》,提出加强少数民族传统体育研究,培养少数民族传统体育人才,并提出推广少数民族传统体育项目的具体任务。从 1982 年开始,每四年举办一次全国少数民族传统体育运动会,至 2011 年,已举办九届全国少数民族传统体育

运动会;各省、市、自治区也每四年定期举办民族传统体育运动会;每年全国及各省、市、自治区都举办相应的少数民族传统体育单项竞赛。(2)各级民族事务委员会、体育总局和民族院校对少数民族传统体育进行挖掘、整理、加工、提高工作。1985年以来,国家民族事务委员会、国家体育总局持续组织专家对少数民族传统体育竞赛规则进行修订,对其场地器材、比赛方法、违反规则与判罚、名次排定等均作详细规定,使少数民族传统体育更规范化、科学化、竞技化。1986年,由国家体委文史委员会、中国体育博物馆组织各省、市及自治区对民族传统体育项目进行普查,将结果进行整理和分类,并汇编成书。国务院于2006年、2008年两次公布国家级非物质文化遗产名录,将传统武术及各民族民间体育项目共59项归类于"传统体育、游艺与杂技"。2011年,在第九届全国少数民族传统体育运动会中,有经过整理的珍珠球、木球、抢花炮、民族式摔跤、少数民族马术、龙舟、秋千、射弩、少数民族武术、押加、毽球、蹴球、陀螺、高脚竞速、板鞋竞速、独竹漂等16项少数民族传统体育项目列为比赛项目。(3)各级体育局、民族事务委员会及学术组织多次举办学术研讨会,探讨少数民族传统体育的发展、改革与提高。1981年以来,国家民族事务委员会、国家体育总局、中国大学生民族传统体育协会等机构和组织举办各种学术研讨会和论文报告会,如1986年在乌鲁木齐市举办第三届少数民族传统运动会首届少数民族传统体育学术研讨会;自1990年起,中国体育博物馆、体育文化发展中心先后在昆明、恩施、敦煌、桂林、上海、曲阜、北京等地举办以民族传统体育文化为主题的研讨会;2003年、2007年分别在第七、第八届全国少数民族传统体育运动会举办期间举办论文报告会且出版论文集;中国大学生民族传统体育协会多次举办全国高校民族传统体育学术论文报告会;全国民族院校每年轮流召开民族传统体育教学、学术研讨会;2009年,国际人类学民族学第十六届世界大会成功举办"发展中的中国体育人类学"、"体育人类学的国际视野"两个专题会议,同年中国大学生民族传统体育协会与中央民族大学合作举办"中国少数民族传统体育教育发展战略高级论坛"。此外,国家体育总局、各高等院校先后出版《中国少数民族传统体育》、《民族体育集锦》、《中国少数民族传统体育文化研究》、《少数民族体育可持续发展研究》等理论著作及教材,使中国少数民族传统体育理论研究得到提高。(4)全国各体育院校和其他高校大力推广少数民族传统体育教育,使少数民族传统体育逐渐普及。中央民族大学、北京体育大学、首都体育学院、云南民族大学、湖北民族学院、吉首大学、广西民族大学等高校把少数民族传统体育项目列入体育专业与公共体育教学中。中央民族大学体育学院的体育教育专业培养方案已明确将少数民族传统体育列入课程教育体系中,并编写相关教材;云南民族大学、云南大学成功

申报省级民族传统体育精品课程。(5)推动少数民族传统体育发展及国际友好往来,使少数民族传统体育逐渐走向世界。如每年春天有将近60场龙舟赛在中国境外的城市举办;自1997年起举办长滩世界杯龙舟赛等。

(韦晓康)

中国少数民族传统游戏　　中国各少数民族世代流传的最常见、最普遍、最有趣的嬉戏娱乐活动。中国少数民族传统教育方法的重要组成部分,有启蒙、增智、激发兴趣、培养情操的作用。

中国少数民族传统游戏可分为13类。(1)角力类。如彝族的摔跤,朝鲜族的西鲁姆,哈萨克族的套麻袋摔跤,满族的拔河、拾锁,达斡尔族的颈力比赛,土族的蹬棍,撒拉族的拔腰比赛,藏族的格吞,羌族的推杆和扭棍子,景颇族的扭杠和顶杠,侗族的多达能,仫佬族的母鸡护蛋和象布虎掌,京族的顶棍,黎族的拉乌龟等。(2)手技类。如满族、锡伯族、蒙古族、鄂伦春族的嘎拉哈,保安族的拾石子、下尕窝,鄂伦春族的细木棍,傣族的剪纸,拉祜族的打陀螺等。(3)投掷类。如满族的赶石弹、打瓦,朝鲜族的掷栖,赫哲族的插草球、扔草把,蒙古族的打布鲁,东乡族的打土块仗,藏族的俄多,普米族的飞石索,基诺族的扔石头,苗族的踢枕头,侗族的多高贝,瑶族的打泥脚,哈尼族、布依族和瑶族的抛花包,壮族的抛绣球等。(4)球毽类。如壮的打手毽,朝鲜族的踢毽子和棍球赛,蒙古族的毛毽和牛毛球,达斡尔族的打贝阔,回族的打毛蛋,东乡族的咭咭古嘟,维吾尔族的打嘎尔,藏族的踢毽子,哈尼族的打鸡毛球,布朗族的布朗球,基诺族的打鸡毛球等。(5)射击类。如满族的狩猎游戏、花样投标和射柳,达斡尔族的射箭,藏族的射碧秀,傈僳族、拉祜族和独龙族的射弩,景颇族的打靶,基诺族的打泥弹弓,黎族的穿藤圈,瑶族的打马鹿等。(6)骑赛类。如鄂温克族的挥杆套马,哈萨克族的姑娘追,柯尔克孜族的飞马拾银、马上摔跤,塔吉克族的叼羊,藏族的赛牦牛等。(7)滑赛类。如满族的跑冰鞋、滑冰车、冰嘎、轱辘冰、跑冰戏等冰上游戏及一种称为"赛威呼"的陆上划船游戏,赫哲族的拖日气,鄂伦春族的顽皮爬犁,瑶族的独木滑水,畲族的赛海马等。(8)跑跳类。如满族的双飞舞障碍赛跑,塔塔尔族的跳跑赛,彝族的跳火绳,白族的跳铁门槛、跳花盆,纳西族的东巴跳,怒族的跳竹,苗族的穿针赛跑,京族、黎族的跳竹竿,保安族的跳表窝等。(9)斗智类。如朝鲜族的地棋、双六斗笺,蒙古族的西他日、数羊粪弹,鄂伦春族的将牌、班吉,藏族的藏棋,毛南族的射棋、圆棋、牛角棋、剪骨棋、王棋,裕固族的保道特里雅、巴尕特哇等。(10)灯火类。如满族的冰灯,傣族的放高升,侗族的抢花炮,壮族的跳灯等。(11)杂技类。如朝鲜族的跳板、顶水罐赛,回族的踩高跷,土族的轮子秋,维吾尔族的空中转轮,彝族的爬油杆,傈僳

族的踏火海、上刀山，阿昌族的耍"白象"，怒族的溜索，德昂族的打拳，基诺族的翻竹竿，苗族的走竹竿，水族的踩马夹等。荡秋千是许多民族都喜爱的游戏，如朝鲜族、彝族、哈尼族、纳西族等。(12) 生活类。如蒙古族的海中亥，达斡尔族的哈尼卡等。(13) 逗物类。如水族的逗鱼游戏，鄂伦春族的吹鹿哨、狍哨等。

少数民族传统游戏具有文化教育功能。(1) 娱情悦性。中国少数民族传统游戏最主要的性质是娱乐性，寓教于乐是其主要功能。中国少数民族传统游戏以娱乐性项目居多，即使是竞技性项目，也充满娱乐气氛。(2) 强身健体。中国少数民族传统游戏大多是具有体育性质的游戏。如角力类游戏可以锻炼参加者的体力，手技类游戏可以锻炼手的灵巧性，投掷类游戏可以锻炼臂力，球毽类游戏可以锻炼手脚灵巧性、速度和身体耐力；射击类游戏可以锻炼准确性；骑术类游戏可以锻炼骑术；滑赛类游戏和跑跳类游戏可以锻炼速度、耐力和平衡感；杂技类游戏可以锻炼平衡技能和身体的灵巧性。有些游戏本身就蕴含对健康的期盼与祝福，如满族的"轱辘冰"游戏及傣族的泼水节。(3) 启发智慧。斗智类游戏具有启发智慧的作用，如下棋、计数、行酒令、谜语、绕口令、顶真续麻、拆白道字、回文、诗钟、七巧板、九连环等；各种活动性游戏可使参与者体会多种经验，学习知识，锻炼多种技能技巧。此外，绝大多数中国少数民族传统游戏是多人共玩的游戏，可以使参与者在合作和竞争的过程中互相适应与提高。游戏中的文化积淀丰富，可以使参与者开阔视野、活跃思想、陶冶精神，奠定广博的文化底蕴。(4) 道德陶冶。游戏参与者能磨炼按规则行事的自觉性，学会如何正确处理人与人之间的竞争与合作。(5) 培育审美情操。在许多中国少数民族传统游戏中，参加者姿态优美，可令观者赏心悦目，如朝鲜族的荡秋千和跳跳板游戏。一些少数民族传统游戏有歌又舞，如湘西苗族的"赶秋节"。(6) 情感教育。中国少数民族传统游戏中的不少项目具有指导青年男女走上正确的爱情之路的作用，如哈萨克族的"姑娘追"多在夏秋两季或节日喜庆时在草原上举行，它表现了哈萨克人娴熟的骑术及青年人寻求爱情的特殊形式。(7) 生活习俗教育。模仿成人家庭生活过程类的游戏可使孩子在游戏过程中自然地传承该民族的生活习俗，如蒙古族儿童玩的"海中亥"游戏。"海中亥"是一种布娃娃，其形象具有蒙古族的特点，服装及发式都传承于古代蒙古人。游戏内容是模仿古代蒙古族的家庭生活，如放牧、打猎、迎猎、挤牛奶、剪羊毛、套马、做客、过年、生儿育女等。在游戏过程中，一边用手操纵"海中亥"，一边按内容口头解说。"海中亥"游戏对于传承蒙古族的生活习俗具有重要意义。(8) 传承和传播民族文化。少数民族传统游戏本身有悠久的历史和丰厚的文化底蕴，在游戏过程中可以有效传承民族文化；各民族交往密切，一些游戏在多个民族间流行，具有传播民族文化的功能。如藏族射"碧秀"(响箭)游戏在西藏地区的门巴族和珞巴族中也流行；踢毽子在多个少数民族中流行。(9) 民族团结教育和爱国主义教育。不少有关中国少数民族传统游戏由来的传说故事蕴含团结教育及其他教育功能，如云南傈僳族刀杆节的"踏火海、上刀杆"这一惊险游戏就源于一个汉族大哥和傈僳族弟弟团结协力，打败入侵之敌的传说。

（吴明海　苏　德　陈育梅）

中国少数民族高等教育　中国为少数民族和少数民族地区开设的中等教育以上层次的教育。包括常规专业教育、少数民族传统科技与文化专业教育及其与常规专业教育交叉融合的专业教育。是为少数民族地区服务和培养少数民族各类高级专门人才的教育活动。是一个开放的系统，具有外部特征和内部特征。外部特征有：管理体制多元，由中央及地方政府的教育行政部门和民族事务部门实行统筹规划和管理；大多建立在少数民族地区；为少数民族和少数民族地区服务，这是少数民族高等教育最重要的特征。内部特征有：以少数民族为主要教育对象；设置有少数民族传统科技与文化专业教育和适应少数民族地区社会发展的专业教育；开展有关少数民族问题的科学研究。

中国少数民族高等教育机构　有设在少数民族地区的普通高等院校、专门为少数民族设置的民族学院及大学、设在部分普通高等院校的民族班。可从不同角度对其进行分类。(1) 按办学体制可分为公立型、私立型、公私合办型。公立型是国家各部门和各级政府设置并直接或间接管理的少数民族高校，是中国少数民族高等教育的主体；私立型是由个人或社会团体举办的少数民族高等学校，具有区域性、单一民族性，通常规模较小；公私合办型是由社会团体(党派)、特定族群或教派、企业、各界人士或国际机构中的一方或多方与高等院校和政府有关部门联合举办的少数民族高等教育机构。(2) 按管理体制可分为三类：由省、自治区教育委员会或教育厅管理的少数民族高等院校，建在少数民族地区，直接为民族地区服务；由国务院各部委管理的少数民族高等教育班，即在各部委管辖的全国重点大学内设立的少数民族班，大多设在内地，学生毕业后回少数民族地区服务；由国家民族事务委员会管理的少数民族高等院校，如中央民族大学、西北民族大学、西南民族大学等。(3) 按办学特色(少数民族高校在办学过程中人才培养对象来源的不同区域、民族成分及其服务区域)可分为两类：一类以跨地区招收少数民族学生为主，间接为少数民族地区服务，如各民族院校和内地高校少数民族班；另一类建在少数民族自治地区内，招收少数民族学生和汉族学生，直接为民族自治地区培养人才，如设在少数民族地区的普通高等院校。

中国少数民族高等教育专业建设　中华人民共和国成

立前的少数民族高等院校多以系科设置来培养学生,不分专业,实行通才教育。中华人民共和国成立后,国家创建多所民族学院和少数民族地区院校。在民族学院中,除中央民族学院、西北民族学院开设相当大学层次的语文、政治等系外,其他民族学院实行中等学历层次的教育,但少数民族地区的其他高校开始实施专业教育。1952年,国家实施院、系调整后,把清华大学的社会学系、燕京大学的社会学系、北京大学的东语系的部分专业及教师合并到中央民族学院,内蒙古大学、新疆大学等院校也得到充实,为少数民族高等院校的一些专业奠定基础,发展较快的专业主要是少数民族语文、师范专业。1956—1965年,少数民族高校开始适当扩展专业教育,如1956年,西南民族学院开设中文、数学、物理、政治、历史、生物、地理等7个师范专科,到1959年改设为中文、数学、理化、生物地理、政治历史等本科专业;中南民族学院1956年设语言、历史两个师范专科,1958年改为本科。各类少数民族高校的专业设置开始规范化,在综合性少数民族高校中设置语言文学、历史、数学、物理、化学、生物等专业,在工科类少数民族高校设置机械制造、铸造、锻压、采煤矿山机电等专业,在农业类少数民族高校中设置农学、植保、土壤学、畜牧、林学等专业。1958年,内蒙古农牧学院创建中国第一个草原专业。贵州民族学院设立苗语、布依语、侗语等专业。内蒙古大学开始有自己的重点专业:蒙古史、蒙古语文、地植物、稀有元素等。内蒙医学院设置蒙医专业;中央民族学院开设20多个少数民族语文专业,并开设民族史、民族学、民族音乐、民族舞蹈、民族美术等专业,将其作为重点专业进行建设。到1965年,中国少数民族高等院校专业设置的基本结构形成。“文革”时期,少数民族高等院校受到严重摧残,不少院校停止招生或被迫撤销,专业设置残缺不全,结构不合理。1979年,教育部提出要大力发展经济类、管理类专业,同年,民族事务委员会和教育部在北京联合召开第五次全国民族学院院长会议,提出要大力培养具有共产主义觉悟的政治干部和专业技术人才,为少数民族地区的社会主义现代化建设服务。1977—1985年,全国少数民族自治地区高等院校从50多所增至86所,专业开始向文、理、财经、政治等方向发展,11所民族院校共新开办农学、医学、文科、理科、财经、政治、艺术等学科的59个专业。1985年,全国民族院校共设置专业136个,其中文、理专业109个。此外,少数民族高等院校还从自身的办学条件出发,对专业结构和专业进行有计划、有步骤的调整和建设,对特色专业和重点专业进行创新性建设,加大应用性专业的建设力度,到1993年,全国12所民族院校应用性专业占专业总数的31％。进入21世纪,少数民族高等院校的专业设置继续进行调整,逐步克服“多、窄、乱、杂”的状况。内蒙古自治区要求本区的高等院校重点办好具有民族特色和地方特色的专业,加强畜牧、兽医、草原、

治沙、蒙医、牧业经济管理、师范等专业的建设,同时增设地方急需的新闻、环境监测分析、能源、交通等应用文科、应用理科及工科的一些专业,并进一步扩大原有的师范、财经、政法、土木建筑、企业管理等短线专业的办学规模。新疆维吾尔自治区采取改造和增设的办法发展短线、实用专业。如新疆大学将计算数学改为计算数学及应用软件专业、无线电电子学改为电子学与信息系统专业、陆地水文改为水资源与环境专业,另增设经济地理和城乡规划等专业。青海大学从省内需求出发,增设土木工程、城市规划、给水排水工程、农业水利工程、水文与水资源工程等专业。一些民族院校结合地方和民族特点,开办了独具一格的民族旅游、民族教育管理、民族建筑、民族声乐等专业。

中国少数民族高等教育发展历程　两晋时期,北方少数民族夺取政权后,统治者祀孔学儒,仿汉制立五经博士,办大学。隋唐时期,高句丽、百济新罗、高昌、吐蕃相继派子弟到唐朝学习,仿效汉唐模式在本地开设自己的研习高深学问的文教机构。公元8世纪后期,吐蕃的佛教学经寺院教育形成,并随着寺院教育的发展逐步形成较为完善的古代少数民族高等教育制度。僧人入寺学习时需请高僧介绍,并办理入寺学习手续;有负责教育及有关事务的管理机构;学制严密,修业年限短则十几年,长则20年。显宗学院开设因明学、般若学、中观学、俱舍学和律学等,其中包括音学、语言文字学、工艺学、医药学、逻辑学(“五大明”)和修辞学、辞藻学、韵律学、戏剧学、星相学(“五小明”)等。学僧毕业考核合格获“噶仁巴”学位(相当于现代宗教学学士学位)。成绩优秀者可申请继续学习5～10年,然后再考“格西”学位(相当于现代宗教学硕士或博士学位)。另有医宗学院,分三个学级,主修藏医学名著《四部医典》及其他著名医药著作,内容包括生理病理学、人体解剖学、论断学、疾病防治学、药物学等。最高学位为“曼仁巴”(相当于现代医学硕士),获此学位可成为藏医药学者或藏医师。还有专攻藏族天文、历算学的时轮学院,最高学位为“仔仁巴”(相当于现代的硕士学位)。回族地区的伊斯兰教经堂教育分两个学习阶段,“小学”阶段进行普及性宗教教育,“大学”阶段相当于高等教育,开设宗教法学、《古兰经》注释、波斯文《古兰经》注解、阿拉伯语修辞学及语法、教义学等课程。毕业者可成为寺院的高级阿訇。寺院教育和经堂教育培养了一批高僧和学者,留下不少历史、佛学典籍,传授自然和文化科学知识,保留了部分传统的科学文化。辽代、金代、元代、清代悉从“汉制”,采用儒家文化和学校制度,培养、选拔本民族高级人才。

清代末期,现代学校教育开始萌芽。1908年,为培养各民族上层人才,加强对边疆少数民族地区的统治,清政府创办第一所少数民族高等学校——满蒙文高等学堂,并颁布《满蒙文高等学堂章程》。这是中国第一个少数民族高等教

育法令,该法令首次对少数民族高等学校的学科层次和设置、学制、课程及招生、学籍、教师管理等进行较为系统的规定。满蒙文高等学堂分预科、正科、别科三个层次,预科学制两年,正科和别科学制各三年。预科毕业考核合格者可升入正科。课程设置均以满蒙文、藏语文为主课,辅以汉文、历史、地理等普通科目及财政、政法、测绘等科目。在学籍管理上,所有学生必须遵守《奏定各学堂管理通则》及有关规则。毕业生可继续升入大学堂深造。学堂设有教务长、各类学科教员、总务长、文案官、收支官、杂务官、斋务官、监子官、检察官等,还特设附学。满蒙文高等学堂吸收了现代学校教育的内容、形式及办学理念,改变了少数民族地区完全依靠宗教教育机构培养人才的局面。辛亥革命后清政府被推翻,科举制度废止。1913年,北洋政府教育部整饬八旗高等学堂,取消"八旗"二字,扩大招生,汉族、满族、蒙古族、回族、藏族等各民族学生均可入校学习。同年,北京蒙藏学校开办,并制订《蒙藏学校章程》。蒙藏学校在办学目的、学制、课程设置等方面较满蒙文高等学堂有新的发展:提出为偏远、落后的少数民族培养人才,强调课程的实用性,突出民族特点;学校行政由蒙藏事务局管理,教学由教育部管理;采取高校预备班、双语双文教学、定向招生及分配等措施。具有现代教育性质的少数民族高等教育开始形成,一批少数民族高等院校相继成立。1924年,新疆建俄文法政专门学校,1930年改为俄文法政学院,1935年改为省立新疆学院。1928年,广西大学成立,1939年改为国立广西大学。1929年,国民党三届二中全会通过《关于蒙藏之决议案》,具体规定了边疆少数民族学校如何设置、管理、经费来源及学生的待遇等问题。教育部还颁布《蒙藏学生待遇条例》和《蒙藏学生就学国立中央、北平两大学蒙藏班办法》等,在这些学校附设少数民族班,并在招生录取上制定特殊政策。1930年,教育部设置蒙藏教育司。1932年,甘肃成立甘肃学院,1944年改为国立甘肃学院。1939年,在四川西昌建国立西康技艺专科学校。1941年,在贵州建国立贵阳师范学院。这一时期还重视培养少数民族地区师资和其他各类管理人才。安排国立西北师范学院、贵阳师范学院、昆明师范学院等院校专门招收少数民族地区各族学生,有的为定向培养师资;在各大学举办各种专业的长短期训练班,结业后分配到边疆工作。为培养少数民族革命干部,团结各族人民实现抗日统一战线,1941年,中国共产党在延安创办第一所专门培养少数民族革命干部的高等学校——延安民族学院。该学院根据学员的文化程度设立研究班、普通班和文化班等,并按民族分为回族班、蒙古族班等。先后有汉族、回族、藏族、苗族、彝族、蒙古族等多个民族的学员在该校学习,培养了数百名少数民族革命干部。1945年后,吉林延边先后建立吉东军政大学、东北军政大学东满分校、吉林省立民主学院等。1947年,四川甘孜州康定师范学校升格

为康定师范专科学校。1948年,延边高级师范学校成立。1949年,延边大学正式成立,下辖师范学院和医学院。

中华人民共和国成立之初,少数民族高等学校数约占高等学校总数的20%;少数民族在校生有1285名,约占总数的0.93%;少数民族高等学校教师有623名,占总数的1.85%。55个少数民族中,有近半数以上的少数民族没有自己的大学生。20世纪50年代,少数民族高等学校有了较大发展。1950年,改建新疆民族学院,同年西北民族学院在兰州成立。1951年,贵州民族学院在贵阳成立;中央民族学院及其西南分院、中南分院分别在北京、成都、武汉成立;云南民族学院在昆明成立;重建贵州师范学院。1952年,内蒙古师范学院和包头师专在内蒙古自治区成立;内蒙古畜牧兽医学院、新疆俄文专科学校、八一农学院和广西农学院成立。1953年,重建广西师范学院,改建海南师专。1954年,贵州工学院成立。1955年,教育部与国家民族事务委员会共同召开第一次全国民族学院院长会议,讨论和研究民族院校的方针、任务、教育工作和领导关系等问题,为民族院校的发展指明方向。同年成立新疆医学院。1949—1956年,少数民族地区共创立和改建了12所高等学校,在北京、武汉、成都、云南、贵州、甘肃等地创建7所民族学院。1960年后,除云南民族学院、广东民族学院外,其他8所民族学院已具有全国统考招生的本科、专科教育层次,少数民族高等教育体系初具规模,基本形成一支有较高水平和特色的师资队伍。1956—1965年,先后建立内蒙古大学、新疆大学、宁夏师范学院、西藏师范学院、青海大学等37所少数民族地区高等院校。1964年,中央民委和高等教育部召开全国第四次民族学院院长会议,确定以培养普通政治干部为主,迫切需要的专业与技术干部为辅的方针,规定民族学院把轮训和培养少数民族政治干部的工作列为首要任务;调整本科、专科,切实办好预科。各类少数民族高等院校的专业设置开始正规化,专业结构不断调整;根据少数民族地区经济、社会、文化发展的需要,开办许多符合少数民族地区发展需要的特色专业,如内蒙古农牧学院的草原专业、内蒙古医学院的蒙医专业等。同时开始开设大学少数民族预科。

"文革"期间,少数民族高等院校的发展出现停滞及后退。到1970年,先后有7所民族学院被撤销、停办。1977年后,中国少数民族高等院校全面恢复,并迅速发展。1978年,中央民族学院等院校开始招收硕士学位研究生。

1979年,国家民委、教育部《关于民族学院工作的基本总结和今后方针任务的报告》规定,民族学院必须切实照顾不同民族和不同地区的特点,在办学形式、系科设置、教学内容、教学方法、政治思想工作以及生活管理等方面,采取必要的、不同于一般高等院校的办法和措施。从1980年开始,国家有计划、有重点地在北京大学、清华大学、北京师范大学、大连理工大学等全国重点高等学校举办民族班,为少

数民族地区培养高级专门人才。1984年,教育部和国家民族事务委员会在《关于加强领导和进一步办好高等院校少数民族班的意见》中规定,民族班分成预科、专科和本科三种,可适当降分录取新生,并对民族班的招生、分配、教学、经费等重新作了规定。从1984年起,民族班招生逐步面向边疆农村、山区和牧区,实行定向招生,定向培养,定向分配。到1985年,民族学院增加到11所,少数民族自治地区的高校增加到86所,学校数、学生数以及学科建设均有较大发展。1985年,中央民族学院开始招收博士研究生。之后,中国相继采取一系列政策,如少数民族硕士生培养政策、少数民族学生降分录取政策、内地与民族地区高校对口支援政策、民族院校教材建设政策、民族专业奖学金政策、高校民族专业学生免费政策等。1989年后,国务院22个部委的50余所高校为新疆和西藏举办民族班,并实施内地高校支援边疆高校的协作计划。中国少数民族高等教育开始形成完整的学历层次结构,各类少数民族高等院校专业结构基本适应少数民族地区经济和社会发展的需求。在布局结构上,少数民族高等院校向少数民族山区特别是自治州一级地区发展;在层次结构上,各类少数民族高等院校(班)相辅相成。1992年,国家教育委员会发布《全国民族教育发展与改革指导纲要(试行)》(1992年~2000年),提出民族高等教育的具体任务是:在90年代,把工作重点放在适度发展、优化结构、改善条件、提高质量上,并力争取得显著成效。

　　进入21世纪后,少数民族高等院校进入调整期。为了更好地适应少数民族地区经济、社会的发展,少数民族高等院校有的进行合并,有的改建成为本科院校,并采取调整专业结构,进一步加强学科建设等措施。2002年,《国务院关于深化改革加快发展民族教育的决定》提出,要努力办好民族地区高等院校和民族高等院校,加快民族地区高等院校布局结构调整、专业结构调整、人事制度改革和后勤社会化改革步伐;"实施培养少数民族高层次骨干人才计划,从2003年开始,选择若干所重点高等学校面向少数民族和西部地区,采取特殊措施培养少数民族的博士、硕士人才。对民族地区高等学校和民族院校学位授权点的建设和研究生招生规模等给予特殊的政策扶持。资助西部各省(自治区、直辖市)重点建设一所起骨干示范作用的高等学校,重点支持办好中央民族大学"。2004年,教育部下发《关于做好2004年内地新疆高中班高考招生工作有关问题的通知》,对内地新疆高中班的录取、招生等工作做了一系列规定。2005年,制订《培养少数民族高层次骨干人才计划的实施方案》,提出要努力培养一批少数民族高层次人才,改善少数民族人才的层次结构。同年,教育部印发《普通高等学校少数民族预科班、民族班管理办法(试行)》,对预科班、民族班的办学机构、招生录取、学制与教学管理、学生管理等诸方

面进行了规定。是年《教育部关于贯彻落实〈中共中央国务院关于进一步加强民族工作加快少数民族和民族地区经济社会发展的决定〉做好民族教育工作的通知》提出,要积极发展民族地区高等教育,努力办好民族院校;加大对民族地区高等院校科技工作的指导和支持,引导、鼓励民族地区高等院校充分发挥学科综合人才密集的优势,结合区域特色开展科学研究和成果转化工作,服务民族地区经济建设;支持民族地区高等院校课程建设,加快民族地区高等院校数字资源的建设步伐;通过"西部之光"、"高等学校青年骨干教师国内访问学者"、"博士服务团"等项目向民族地区的倾斜,促进民族地区高等院校的学术交流和教师队伍建设;进一步加强对民族地区高等院校的对口支援工作;进一步加大对民族院校的支持力度,在基地建设、科技项目、人才计划方面予以倾斜。2010年,《国家中长期教育改革和发展规划纲要(2010—2020年)》发布,提出要积极发展民族地区高等教育;支持民族院校加强学科和人才队伍建设,提高办学质量和管理水平;进一步办好高校民族预科班。至2009年,全国有15所民族高等院校,55个少数民族均有自己本民族的本科生,不少民族拥有本民族的硕士生和博士生。

参考文献

哈经雄.中国少数民族高等教育学[M].南宁:广西民族出版社,1991.

哈经雄,滕星.民族教育学通论[M].北京:教育科学出版社,2001.

王军.文化传承与教育选择[M].北京:民族出版社,2002.

(曲木铁西)

中国少数民族教材建设

中国用少数民族文字编写、编译中小学及大学教科书和教学参考资料活动的总称。中国少数民族受教育权得以保障的重要条件之一。

　　中国少数民族教材建设的方针是"遵循大纲,联系实际,编译结合"。遵循大纲即少数民族教材的内容必须遵循教育部制订的各科教学大纲,完成各级教学任务;联系实际即教材内容要从民族和地区的特点出发,充分尊重少数民族地区的生产方式和生活环境,体现少数民族优秀文化传统,遵循少数民族语言文字规律,使教材从内容到形式都体现民族和地区的特点;编译结合即采取编和译结合的办法,如理科及政治、历史等学科的教材直译全国通用教材,语文及乡土教材以自编为主。

　　中华人民共和国成立初期,中央和地方各级政府在人、财、物等方面对民族文字教材的编译、审定和出版给予大力支持。1949年,延边朝鲜族自治州成立延边教育出版社,编译出版朝鲜文字教材,这是中国最早成立的少数民族文字教材出版机构。内蒙古自治区成立初期,在自治区人民政

府文教部内专设编译出版蒙古文教材的编译室,后几经更迭,至 1960 年成立内蒙古教育出版社。1951 年、1956 年分别召开第一次、第二次全国民族教育工作会议,均提出少数民族文字教材建设问题。第二次全国民族教育工作会议还着重提出编译、出版民族形式的、社会主义内容的少数民族文字教材的方针。1956 年,新疆教育出版社成立,开始用维吾尔族、哈萨克族、柯尔克孜族、锡伯族、蒙古族等少数民族的文字编译、出版教材。同年,内蒙古自治区根据第二次全国民族教育会议的精神,拟定蒙古文中小学课本编译方针,规定少数民族文字教材采用自编、翻译、编译三种方法编译,要求各种少数民族文字教材尽可能体现和照顾本民族语言文字与历史文化传统。国家还组织有 700 余人参加的 7 个少数民族语言调查队,深入 16 个省、自治区进行少数民族语言普查工作(参见"中国少数民族语言文字教育"),并运用少数民族文字编写扫盲教材,进行扫盲试点教学。1959 年,文化部、教育部、民族事务委员会联合召开全国少数民族出版工作会议,提出各少数民族地区的中小学和师范学校应译用或采用全国通用教科书,另外自编本民族语言教材、民族学校汉语教材及民族补充教材;民族文字教材的编译必须以党和国家的教育方针为指导思想,在教材的政治内容上要用社会主义、共产主义和爱国主义思想教育学生;争取在较短时间内,由有关少数民族地区分工协作,编译出一套比较完整的民族文字教材和教学参考书。"文革"时期,少数民族教材建设受到极大破坏,发展停滞。1974 年,国务院科教组在北京召开少数民族语文教材工作会议座谈会,就少数民族语文和汉文的教学要求及少数民族教材的改革、编写、编译、印刷、出版、发行和加强领导等问题提出修改意见。同年,国家出版事业管理局在北京召开少数民族文字图书翻译出版规划座谈会,就少数民族文字图书、教材的翻译出版工作的方针、分工协作及队伍建设问题进行座谈,其报告于 1975 年被国务院批转,要求在当年秋季开学前,翻译出版各种主要教材,切实加强翻译、出版、印刷、发行等方面的工作,加强山区、牧区特别是边境地区的图书、教材供应。为此,各有关省、自治区相继成立少数民族文字教材协作组织。1975 年,成立辽宁、吉林、黑龙江三省朝鲜文教材协作小组。1976 年,成立内蒙古、新疆、青海、甘肃、宁夏、辽宁、吉林、黑龙江等八省区蒙古文教材协作小组。1979 年,全国民族院校汉语教学经验交流会在南宁举行,讨论民族院校加强汉语教学的科学研究以及编写汉语教材、参考资料等问题。20 世纪 80 年代开始,少数民族教材建设得到较大的发展,少数民族文字教材编译机构和出版机构重新组建并完善,建立了相对稳定的少数民族文字教材行政管理体系。针对少数民族文字教材出版亏损问题,国家采取相应的财政倾斜措施。1980 年,教育部转发《少数民族文字教材工作座谈会纪要》,提出民族教材编译工作不能停留于翻译统编教材,要立足于自己编写,这是民族文字教材编译工作的发展方向;民族教材,特别是语文和历史教材,应根据各个年级的不同情况,适当选编一些本民族的优秀作品或有关本民族发展历史的内容;各少数民族地区可结合本地实际,考虑少数民族生产、生活、传统文化、风俗习惯等,自行编写教材,包括中小学语文、历史、地理、音乐、美术等教材以及辅助读物。《全日制民族中小学汉语文教学大纲》规定,汉语文教材中民族题材的文学作品要占 50％左右。1981 年,召开第三次全国民族教育工作会议,指出民族文字教材的编译要提高质量,注意解决各科教学大纲、教材、教学参考书、工具书、课外读物的配套问题,加强各有关省、自治区之间的协作。1982 年,成立西藏、青海、甘肃、四川、云南五省区藏文教材协作小组。云南、贵州、四川、广西、西藏、青海等省、自治区还分别设立民族出版社或少数民族文字教材编译机构。各民族学院及其他民族学校或开设民族语文专业,或使用少数民族文字教材进行教学。1986 年,先后成立藏文、朝鲜文、蒙古文教材审查委员会,并制订民族文字教材审查工作章程和评奖办法,从内容、形式、文字、插图等方面提出提高教材质量的具体要求,对需要掌握的民族政策也作了规定。1987 年,国家教育委员会发布《关于九省区教育体制改革进展情况的通报》,指出对少数民族地区中小学民族文字教材建设要给予应有的重视,加强省、自治区之间的协作,认真研究解决教材编译、出版、发行工作中的实际困难;在统一基本教学要求的前提下,教学内容要充分体现当地民族的特点,编写出具有少数民族地区特色的补充教材。蒙古族、维吾尔族、哈萨克族、朝鲜族等少数民族的中小学教材实现配套。1992 年,国家教育委员会民族教育司在西安召开全国民族预科教育改革和教材建设规划会议,制订民族预科教学计划和有关课程的教学大纲。同年,国家民族事务委员会印发《关于加强民族院校教材建设工作的意见》,决定成立民族院校教材工作委员会,其基本方针是以民族学院为基础,联合少数民族地区的有关兄弟院校,重点加强民族学科专业的教材建设。决定适当扩大教材品种,努力提高教材质量,使民族学科专业的基础课和主干课程的教材逐步配套;在民族学院现设学科和专业中,重点抓好其中的民族学、民族理论与民族政策、少数民族语言文学、少数民族历史等学科或专业及预科、干部培训所需教材的建设;组织民族教材"八五"规划和"九五"规划,"九五"规划的 10 种民族类教材列入国家教育委员会规划的重点教材。当年国家教育委员会、国家民族事务委员会发布的《关于加强民族教育工作若干问题的意见》指出,"八五"期间要建立民族文字音像教材编译室,编制与民族文字配套的音像教材。1994 年印发《全国高等学校少数民族预科基础课程教材修订会议纪要》,总结了近几年来全国高等学校预科教育改革和教材建设的经验。"九五"期间,专门设立民族文字教材审查专项补助经费。2004年,教育部办公厅印发《中小学少数民族文字教材编写审定管理暂行办法》,决定教育部成立跨省、自治区的全国中小学民族文字教材审查委员会,负责跨省、自治区使用课程教材的审查;有关省、自治区教育行政部门成立本省、自治区中小学民族文字教材审查委员会,负责本省、自治区使用课程教材的审查。主要任务是审定地方自编及编译相结合的民族中小学课堂使用教材。同时设立民族文字教材审查补助性专项经费,重点用于跨省区使用的民族文字教材的审查。2006年,教育部颁发《全日制民族中小学汉语课程标准(试行)》,并组织有关专家编写《〈全日制民族中小学汉语课程标准(试行)〉解读》。2007年,教育部民族教育司举办《全日制民族中小学汉语课程标准(试行)》国家级培训班,来自9个民族省区的教研员、部分汉语骨干教师和民文教材编译机构汉语教材编写人员约120人参加了培训。同年召开全国少数民族语言文字教材审查工作会议。2010年,《国家中长期教育改革和发展规划纲要(2010—2020年)》发布,提出要推动党的民族理论和民族政策、国家法律法规进教材、进课堂、进头脑;大力推进双语教学,国家对双语教学的师资培养及培训、教学研究、教材开发及出版给予支持(参见"中国少数民族双语教育")。进入21世纪后,全国有1万多所学校使用21个民族的29种文字编辑出版的各类教材,每年编译出版的少数民族文字教材达3 500多种,总印数达1亿多册。

(苏 德)

中国少数民族教育

亦称"中国民族教育"。对汉族以外的其他55个少数民族实施的教育。中国教育的重要组成部分。中华人民共和国成立前,中国少数民族教育没有形成完整、专门的教育体系,各民族教育发展不平衡,包含原始社会形态教育、奴隶社会形态教育、封建社会形态教育、近代学校教育等多种形态。在回族、壮族、满族、朝鲜族、布依族、白族、土家族等与汉族社会发展相同的少数民族中,学校教育有所发展,但教育规模小,受教的人少;教学条件差,教育质量低下。藏族、维吾尔族、傣族等少数民族延续着以宗教文化为中心的寺院教育。一些少数民族还没有专门的教育机构及专职老师,有些民族甚至处于刻木记事、结绳记事阶段。中华人民共和国成立后,党和国家注重发展少数民族教育,提出多项特殊措施,投入大量资金;在民族地区普遍设立包括幼儿教育、初等教育、中等教育、高等教育、职业技术教育、成人教育在内的学校教育体系,并扩大了教育规模;在招生、入学、就读、分配等方面采取优惠政策;动员经济发达省市支援少数民族教育事业等。少数民族教育取得巨大成就,为民族地区各项事业的发展培养和储备了大量人才。越来越多的民族地区普及义务教育,各

种形式的少数民族职业技术教育也有较快发展。民族教育开始由宏观、外在的教育政策、教育制度的制定与发展转向具体、内部的双语教学、多文化课程的特色化发展。

中国发展少数民族教育的方针及原则

中国制定了切合少数民族地区实际和少数民族特点的教育方针,主要有三点。(1)发展少数民族教育必须贯彻执行国家教育方针和民族政策。少数民族教育既是整个教育事业的重要组成部分,又是整个民族事业的重要组成部分。在民族教育工作中,一方面要结合各少数民族和民族地区的实际,认真贯彻执行国家确定的统一的教育方针;另一方面,又必须认真贯彻执行国家确定的民族政策,为实现国家提出的民族工作总任务服务,这是发展少数民族教育的根本指导方针。(2)发展少数民族教育必须注意民族特点。民族特点指各民族在政治、经济、文化、艺术、语言文字、风俗习惯、心理素质等方面的特点,主要由民族的四个基本特征即共同地域、共同语言、共同经济生活和共同心理素质决定。各少数民族在政治、经济、文化等方面的特点是制定民族教育方针、政策和措施的基本依据。(3)发展少数民族教育必须正确处理三个重大关系:国家扶持与自力更生的关系、人力资源开发与物质资源利用的关系、民族教育与宗教的关系。

根据党和国家有关文件,发展民族教育要把握好几项基本原则:(1)坚持社会主义办学方向。民族教育作为中国社会主义教育的重要组成部分,必须为社会主义现代化建设服务,必须同生产劳动相结合,培养德、智、体全面发展的建设者和接班人。必须在马克思主义的指导下,结合少数民族和民族地区特点,向学生进行党的基本路线教育,进行历史和国情教育,进行爱国主义、维护民族团结和祖国统一的教育,使他们有坚定、正确的政治方向。(2)坚持为当地经济建设和社会发展服务。民族教育要面向现代化、面向世界、面向未来,确立为当地经济建设和社会发展服务、为人民群众文明富裕服务的指导思想,努力深化教育改革,不断提高教育质量和办学效益。(3)坚持一切从实际出发。在党和国家的大政方针指导下,民族地区要根据各自的特点和实际,确定本地区教育发展规划、政策和办学形式,通过深化改革,逐步摸索出符合本民族和本地区实际的办学路子。学习和借鉴其他民族的经验,也必须与自己的实际结合,防止生搬硬套,搞"一刀切"。(4)坚持开放,扩大交流。在继承发扬本民族优秀文化传统的同时,要扩大民族间的交流,大胆吸收和借鉴人类社会创造的一切文明成果。在使用本民族语言文字教学的地区,要因地制宜地搞好双语教学,大力推广普通话。民族学校教学使用的语言和文字,要由各省(区)根据有关法律,按照有利于民族的长远利

益、有利于提高民族教育质量、有利于各民族的科学文化交流的精神,考虑当地的语言环境,充分尊重多数群众的意愿来确定。在多民族居住的地区,提倡和鼓励不同民族学生合校分班或合校合班,特别是高中和大中专院校。还要积极创造条件,合校合班上课。要提倡汉族学生学习少数民族的语言文字、文学艺术、历史、医学等,要使各民族学生增进了解,广交朋友,团结互助,共同进步。(5)坚持教育与宗教分离。根据《中华人民共和国宪法》,任何人不得利用宗教干预学校教育和社会公共教育,不得利用宗教进行妨碍实施义务教育的活动,不得在校内进行宗教活动。学校要向学生进行有关自然现象、社会进化和人的生老病死、吉凶福祸的科学教育,使他们逐步确立科学的世界观。在群众普遍信教的民族地区,要注意发挥宗教界爱国人士关心和支持民族教育的积极性。(6)坚持国家帮助与自力更生相结合。国家和经济发达地区,要从促进各民族共同繁荣的目标出发,在财力、物力、智力等方面支持少数民族和民族地区加快发展经济和教育事业。少数民族和民族地区要发扬自力更生、艰苦奋斗的精神,实现本地区的发展,获得本民族的进步。

中国少数民族教育体系

中国少数民族教育已形成民族幼儿教育、民族基础教育、民族高等教育、民族职业技术教育、民族成人教育等多层次教育体系。独立设置的各类民族学校数量不断增多,各层次少数民族在校生和专任教师占全国在校生和专任教师总数的比例不断扩大。民族教育的各办学形式主要包括:独立设置的民族幼儿园、民族中小学、民族职业中等学校、民族成人学校、民族学院(大学)、少数民族地区普通高等院校,包括幼儿园、小学、中学、本科、硕士、博士等各个层次;寄宿制及半寄宿制民族学校;普通学校(包括中小学、大学)民族班及预科班;边疆民族异地办学,如内地西藏班;专门女子学校;宗教寺庙学校等。在遵照教育部有关规定的基础上,允许民族教育根据本地区和本民族情况适当变通学制。少数民族地区的中小学学制有十年制、十一年制、十二年制、十三年制等,教学方式有半日制和全日制等。民族中小学校的学年和课时安排在充分考虑本地区生产、生活及本民族宗教习俗的情况下,实行较灵活的安排。

民族幼儿教育 亦称"民族学前教育"。对少数民族幼儿实施的学前教育,可分为正规和非正规两种。正规民族学前教育指以民族托儿所、民族幼儿园、附设于民族小学的学前班为主的各种专门机构及社会组织对民族幼儿实施的启蒙教育。托儿所多招收3岁以下婴儿,以儿童保育为主;幼儿园主要招收3～6岁或7岁幼儿,以儿童教育为主;学前班招收6～7岁幼儿,以儿童教育为主。民族幼儿园有全日

制、半日制和寄宿制,也有为适应民族地区农牧业生产需要而设立的季节、月、周等临时性幼儿园。教学计划、教学大纲以国家规定的内容为基础,结合民族儿童特点和地区特色加以变通。一般用本民族语言进行教学。非正规民族学前教育由民族幼儿家庭教育和民族幼儿社会教育构成。前者是民族幼儿接受民族教育的源头,伴随家庭对儿童的养育过程自然进行,教育内容涉及幼儿步入社会应具有的各种知识和技能;后者指民族幼儿成长过程中接受的来自同辈伙伴、亲友、邻居以及大众传媒等社会环境因素的影响。民族学前教育的主要任务是根据国家对学前教育的培养目标和少数民族幼儿的身心特点,由小班至大班,逐步进行民族语言、民族音乐、民族舞蹈和传统的民族游戏等教育活动,注重传统民族品德和良好的生活习惯的培养,为民族幼儿入小学打基础。至2010年,民族幼儿教育机构有学生212.7万人,占全国幼儿教育机构学生总数的7.15％。

民族基础教育 在少数民族中实施的初等和普通中等教育。实施机构包括民族小学、设在普通小学和普通中学的民族班、民族中学以及设在城镇重点中学的民族班。实行多种形式办学,有寄宿制、半寄宿制、走读制;全日制、半日制;集中办学、分散办学、巡回办学;全年办学、季节办学;早校、夜校等。民族初等教育学制一般为6年,个别地区为5年或7年。课程设置、教材以国家统一教学大纲为基础,结合少数民族实际作适当变通。有本民族语言文字的,一般使用本族语言文字授课。主要任务是学习初级文化科学知识和音乐、体育、美术的初步技能,认识祖国的基本概况,培养热爱祖国、热爱人民、热爱集体、热爱劳动、热爱公物的美德,为接受中等教育打基础。民族普通中等教育办学形式多样,牧区、山区、边远或边境地区中学以寄宿制、半寄宿制为主。教学以国家规定的教学大纲为基础,结合不同民族的情况和不同民族地区的实际,加以适当变通,采用符合当地民族和地区特点的教学内容、教学方法。民族聚居地区根据学生使用民族语文的实际情况,确定民族语文课的设置和授课用语的选择(参见"中国少数民族语言文字教育")。有的以民族语文教学,有的进行双语教学,有的运用汉语文教学。民族中等教育的主要任务是为高一级学校输送少数民族学生,为民族地区培养具有一定社会主义觉悟、有科学知识、有文化的劳动者。至2010年,民族初等教育有学生1048.2万余人,占全国初等教育学生总数的10.54％;民族普通初中有学生497万余人,占全国普通初中学生总数的9.42％;民族普通高中有学生183.3万余人,占全国普通高中学生总数的7.55％。

民族高等教育 在少数民族中实施的高等教育。实施机构有设在少数民族地区的普通高等院校、专门为少数民族设置的民族学院和设在部分普通高等院校的民族班等。民族高等教育的主要任务是为民族地区培养各类高级专门

人才。至2011年,直接隶属于国家民族事务委员会的民族院校有6所,分别隶属于各省、自治区的民族学院有12所,在民族地区开办的具有民族特色的高等院校有100余所。至2010年,少数民族普通专科学生有57.8万余人,占全国普通专科生总数的5.99%;普通本科学生有92.9万余人,占全国普通本科生总数的7.35%;硕士研究生有6.4万余人,占全国硕士研究生总数的5.04%;博士研究生有1.2万余人,占全国博士研究生总数的4.68%。详"中国少数民族高等教育"。

民族职业教育 对少数民族学生进行的从事某种职业或生产劳动所需知识和技能的教育。实施机构主要有民族地区各级各类专业技术学校及其民族班,畜牧兽医学校,蒙医、藏医、民族医学院校,民族农牧业学校,民族职业学校等。主要招收少数民族初中毕业生和生长在民族地区、愿为民族地区经济建设服务的汉族学生。办学形式、教学、教材、课程设置以及学制从民族地区的实际出发,依各学校培养目标、业务范围不同而定。修业年限2~4年不等,设有政治、文化、专业技术、生产劳动及实习等课程。民族职业教育机构数量增长很快,已初步形成以中等专业技术学校和职业中学为主的民族职业教育体系,发掘和弘扬了一批具有少数民族传统特色和地区特点的科技和技艺。民族职业教育的主要任务是为民族地区培养掌握一定专业基础知识和生产技能的劳动后备和技术后备力量,为发展民族经济、尽快实现民族贫困地区脱贫致富培养人才。至2010年,民族职业初中有学生1.1万余人,占全国职业初中学生总数的33.6%;民族职业高中有学生37.9万余人,占全国职业高中学生总数的5.22%;民族普通中专有学生67.5万余人,占全国普通中专学生总数的7.7%。

民族师范教育 培养少数民族师资的专业教育。中国民族教育事业的最根本组成部分。实施机构有专设的民族师范院校,少数民族师资培训中心,设在全国重点高等师范院校或普通师范院校的民族班、教育学院、教师进修院校等。招收少数民族初中、高中毕业生或同等学力者,也招收有志于民族地区教育事业的汉族学生。除设置普通师范院校的课程外,还增设民族教育所需课程,如民族理论和民族政策、民族语文等。毕业生主要分配到少数民族地区,优先照顾教育基础差的农牧区、山区和边远地区。民族师范教育的主要任务是为民族地区培养幼儿教育、初等教育和中等教育的师资。至2005年,民族地区约有师范专科学校四十多所,民族中等师范学校近百所。至2010年,全国各级各类学校中少数民族教职工数约为135.31万人,约占教职工总数的7.88%,其中专任教师数约为88.34万人,约占专任教师总数的6.32%。

民族成人教育 在少数民族中实施的成人教育。包括干部培训、扫盲、妇女教育、部分职业教育等。实施机构有民族院校设置的成人教育学院、党校、扫盲班、职工学校等。学习方式多样,包括全日制授课、远距离自学等。既有学历教育,又有非学历教育。中国民族成人教育的基本任务是岗位培训、成人基础教育、成人中等及高等专业教育、继续教育、社会文化和生活教育。由于少数民族社会政治、经济、文化等方面的特殊性,中国民族成人教育的重点是干部培训、成人扫盲、岗位培训和妇女教育等项目。至2010年,民族成人小学有学生29.5万余人,占全国成人小学学生总数的15.1%;民族成人高中有学生3.2万余人,占全国成人高中学生总数的4.33%;民族成人中专有学生14.5万余人,占全国成人中专学生总数的6.84%;民族成人专科生有18.5万余人,占全国成人专科生总数的5.97%;民族成人本科生有14.5万余人,占全国成人本科生总数的6.46%。

民族特殊教育 对视力、听力、言语、智力有残疾的以及有多重残疾的少数民族人士实施的教育。实施机构有特殊学校、在普通学校附设的特教班和残疾儿童在普通班级随班就读。教育内容除在德、智、体、美、劳诸方面对学生进行教育外,还特别强调进行补偿缺陷和发展优势的教育。至2010年,民族特殊教育有学生3.2万余人,占全国特殊教育学生总数的7.61%。

民族社会教育 在少数民族中实施的除学校教育以外的各种社会教育活动。实施机构有民族文化馆及文化站(县一级为文化馆,县以下为文化站)、民族少年宫、民族图书馆、民族博物馆、民族纪念馆、广播电台及电视台等。教育内容十分丰富,包括社会习俗教育、民族文艺教育、社会性体育、群众卫生教育、成人扫盲教育、干部培训等。教育途径多样化,不仅可通过图书馆、体育场、影剧院、农友之家、职工俱乐部、教育广播电视台等渠道以灵活方式对民族成员进行教育与引导,还可广泛开展综合性社会教育活动,包括历史教育、文艺演出、体育比赛、书法展览、摄影展览、民族地区建设成就展览以及经济、科技、文化、商品的交流活动等,融民族传统、风情习俗、艺体科技等内容为一体。

中国少数民族教育管理体系

中国少数民族教育的领导和管理机构有国家民族事务委员会和教育部民族教育司。国家民族事务委员会是中华人民共和国最早成立的中央部委之一,实行委员制。兼职委员单位有国家计委、国家经贸委、教育部、科技部、财政部、人事部、国土资源部、铁道部、交通部、信息产业部、农业部、外经贸部、文化部、卫生部、人民银行、税务总局、广电总局、新闻出版总署、体育总局、国务院扶贫开发办等。国家民族事务委员会定期或不定期召开兼职委员会议,交流民族工作情况,听取兼职委员单位对做好民族工作的建议和意见,研究并协调解决民族工作中的重大问题。会议情况和反映的重大问题报告国务院。下设教育科技司,其职责是研究提出民族和民族地区教育、科技发展特殊政策建议,协调或配合有关部门处理具体事宜;配合办理扶持、援助民族教育有关事项;承担民族语言文字及翻译的有关管理工作,参与协调双语教育工作;指导有关科技科研工作;参与管理民族教育中央补助专款;指导民族语文机构和直属民族院校业务工作等。教育科技司下设综合处、高教处、基础教育处、民族语文处。教育部民族教育司负责指导、协调民族教育的特殊性工作;统筹规划民族"双语"教育工作;指导中小学生民族团结教育;协调对民族和民族地区的教育援助。内设综合处、民族语言教育与教材处、协作处("教育部援藏工作办公室"挂在其中)。地方上,相关省、市、自治区民族事务委员会下设民族教育处,各级人民政府教育行政部门设立相应的科、股机构,负责掌管少数民族教育事务。

中国少数民族教育特点

中国少数民族教育在长期的历史发展中,在履行传递生产技能、科学知识、生活经验、道德规范等职能的过程中,形成了自己的独特性。(1)教育目的和功能上的特殊性。中国少数民族教育的目的与功能主要是为社会主义现代化建设培养各级各类少数民族人才、传播和弘扬中华民族和本民族的优秀传统文化,培养民族团结、和谐精神。少数民族教育既要遵循国家普通教育统一的教育要求,又要体现本民族特殊的教育目的和功能,提高民族成员的文化素质,保存、传播、维护、发展、弘扬民族文化,培养民族成员的民族认同感和民族自豪感,为民族地区的社会建设培养各级各类人才等。少数民族教育在组织管理、专业设置、课程设置、教学组织形式、教学用语等方面不但要与国家发展和社会进步相适应,更要与民族地区的文化环境相一致,采取各种教育形式传播少数民族传统文化。(2)教育对象的特殊性。少数民族教育以少数民族成员为主要教育对象,他们在语言文字、传统文化、风俗习惯、价值观念、思维方式等方面具有民族特征,对自己民族的传统文化有强烈的亲切感和归属感,实施少数民族教育必须充分考虑教育对象的特殊性和民族指向,从教育对象具有的特点出发,实事求是地制定与之相适应的教育方法、教学管理体制和有关规章制度等。(3)教育内容的特殊性。少数民族教育的特色是以少数民族优秀文化为主的多元文化内容。民族学校要承担起继承和发展民族独特的知识体系,弘扬民族优秀传统文化的义务和使命,承担起民族研究以及民族文化遗产和成果的搜集、挖掘、整理、加工、开发、利用、研究的任务,成为传播和创新民族优秀文化的中心和枢纽。此外,要加强不同文化间的交流,提升民族传统文化的现代价值,努力促进民族传统文化的现代化进程。少数民族教育要依存于自己

独特的文化体系,以民族文化作为主要教育内容,同时兼顾文化的多元性,使学生了解和学习其他民族特别是汉族的文化,并通过特定的族际语与国家和主体民族等进行政治、经济、文化、教育的交流与合作。(4)教育发展水平上的低层次性和不平衡性。低层次性指少数民族学生在入学前后,在教育发展水平和文化水平上大多数低于汉族学生;不平衡性首先指少数民族与汉族的教育水平存在差距,其次指少数民族内部各民族的教育发展水平也不平衡,再次指在少数民族的同一个市或县内,教育发展也不平衡,表现为男女儿童入学率悬殊,即男孩入学率高,女孩入学率低。(5)办学和教学组织形式上的多样性。少数民族教育必须符合少数民族地区的实际情况。在居住分散、交通不便、生产落后、办学物质条件差、普通话语言不通的少数民族地区,可以采取灵活多样的办学形式和教学组织形式。(6)学校布局上的分散性。少数民族地区学校的分布具有分散性,这是由少数民族地区人口密度低、居住分散的实际情况决定的。由于人口密度低、地理环境差,以班级授课制为主的正规中小学难以开办,不得不采用巡回教学的方法对牧区小学生进行文化知识教育。(7)教学语言文字上的双语性或多语性。在少数民族学校教育中,往往采用汉语和少数民族语言对学生进行教学。

参考文献

费孝通. 中华民族研究新探索 [M]. 北京:中国社会科学出版社,1991.

顾明远. 教育大辞典[M]. 上海:上海教育出版社,1990—1992.

哈经雄,滕星. 民族教育学通论[M]. 北京:教育科学出版社,2001.

滕星. 教育人类学研究丛书[M]. 北京:民族出版社,2005—2008.

中华人民共和国教育部发展规划司. 中国教育统计年鉴 2010[M]. 北京:人民教育出版社,2011.

(苏　德)

中国少数民族教育立法　　中国国家权力机关依照其职权范围,通过一定程序制定、修改或废止有关少数民族教育法规的活动。立法目的是保障各少数民族平等的受教育权利和自治地区自主发展民族教育的权利。以《中华人民共和国宪法》和《中华人民共和国民族区域自治法》为依据,根据民族地区的政治、经济、教育、文化等方面的特点和实际情况,保障和促进民族教育的发展,促进民族平等、民族团结和各民族共同繁荣,建立和发展各民族之间的平等、团结、互助的新型关系。

中国少数民族教育立法主要包括三方面。(1)制定民族教育的自治条例或单行条例。民族自治地方具有制定自治条例或单行条例来发展和管理民族教育的权限。《中华人民共和国宪法》第一百一十九条规定:"民族自治地方的

自治机关自主地管理本地方的教育、科学、文化、卫生、体育事业,保护和整理民族的文化遗产,发展和繁荣民族文化。"《中华人民共和国民族区域自治法》第三十六条规定:"民族自治地方的自治机关根据国家的教育方针,依照法律规定,决定本地方的教育规划,各级各类学校的设置、学制、办学形式、教学内容、教学用语和招生办法。"这些规定为少数民族教育立法提供了立法依据。尊重民族自治地方发展民族教育的自主权,有利于贯彻落实民族区域自治制度,有利于民族教育从当地实际出发健康发展。(2)民族自治机关自主地管理本地方的教育事业。《中华人民共和国民族区域自治法》第三十六条规定:"民族自治地方的自治机关根据国家的教育方针,依照法律规定,决定本地方的教育规划,各级各类学校的设置、学制、办学形式、教学内容、教学用语和招生办法。"第三十七条规定:"民族自治地方的自治机关自主地发展民族教育,扫除文盲,举办各类学校,普及九年义务教育,采取多种形式发展普通高级中等教育和中等职业技术教育,根据条件和需要发展高等教育,培养各少数民族专业人才。民族自治地方的自治机关为少数民族牧区和经济困难、居住分散的少数民族山区,设立以寄宿为主和助学金为主的公办民族小学和民族中学,保障就读学生完成义务教育阶段的学业。办学经费和助学金由当地财政解决,当地财政困难的,上级财政应当给予补助。……各级人民政府要在财政方面扶持少数民族文字的教材和出版物的编译和出版工作。"(3)对民族地区采取变通的教育政策和措施。民族自治地方的自治机关具有变通执行上级国家机关的决议、决定、命令和指示的权限,因此可以在具体政策和措施上有所变通。如《中华人民共和国义务教育法》规定了九年义务教育,民族自治机关可以制定特殊的教育政策,如入学年龄适当放宽、在推行义务教育的步骤上制定符合实际的规划、经费上采取特殊措施、适当调整评估项目和指标要求;在教学语言上,实行本民族语言或双语教学;允许少数民族考生在升学考试时选择用本民族语文答卷等。

少数民族教育的中央立法　中国民族教育立法的主要形式。可分为四个发展阶段。中华人民共和国成立至1956年,是中国社会主义民族教育体系的初创时期,民族教育立法工作进展较为顺利,民族教育法规初步形成。1951年9月,教育部在北京召开第一次全国民族教育会议,11月政务院批准《关于第一次全国民族教育会议的报告》,这是中国民族教育法规中较早、较全面的一部民族教育行政法规,为后来的民族教育法规建设奠定了基础。1954年,《中华人民共和国宪法》为民族教育立法提供了法律依据。1956年6月,召开第二次全国民族教育会议,制订1956—1967年全国民族教育12年发展规划。这一阶段制定的民族教育法规还有政务院的《培养少数民族师资的试行方案》(1951)、《政务

院关于少数民族毕业生分配工作的指示》(1952)、《关于建立民族教育行政机构的决定》(1952),教育部的《教育部关于少数民族教育补助费使用范围的指示》(1953)、《关于全国民族教育行政领导问题的意见》(1955),国务院的《关于1954年各地民族学院教职员工工资调整的通知》(1954)、《国务院关于少数民族教育事业经费问题的指示》(1956),高等教育部《通知关于优先录取少数民族学生事》(1956)等。这些行政法规、规章涉及民族教育的方针、任务、行政领导,民族教育行政机构的建立,少数民族干部、师资的培养,教职员工的工资调整,民族院校的筹建、招生、分配等方面,基本适应了中华人民共和国成立初期民族教育发展对民族教育立法提出的要求,有效地依法推进社会主义民族教育事业的创立和发展。1957—1966年,民族教育法规建设在原有基础上进一步发展。这一阶段制定的法规主要有:《国务院对〈中国文字改革委员会关于讨论壮文方案和少数民族文字方案中设计字母的几项原则的报告〉的批复》(1957),教育部《关于解决各地民族学院师资问题的意见》(1957)、《关于高等学校优先录取少数民族学生的通知》(1962),财政部、教育部、国家民委《关于民族学院经费划分和预算管理的几点规定》(1963)等。1966—1976年,民族教育事业与民族教育法规建设遭受挫折,中华人民共和国成立以来民族教育法规所确立的各项原则被破坏。这一阶段制定的法规主要有:《国务院关于内蒙古自治区蒙古语文工作问题报告的批复》(1974)、《关于内地支援西藏大、中、专师资问题意见的报告》(1974)等。1977年之后,随着民族政策的进一步落实,民族教育得到恢复和发展,民族教育法规建设出现转机,恢复和修订了"文革"前的民族教育法规,制定了一系列新的民族教育法规、规章。1984年《中华人民共和国民族区域自治法》和1995年《中华人民共和国教育法》的制定和颁布,标志着中国少数民族教育事业走上全面依法治教的轨道。国家民族事务委员会和教育部的《关于加强民族教育工作的意见》(1980)、教育部的《关于正确处理少数民族地区宗教干扰学校教育问题的意见》(1983)、国家民族事务委员会和教育部的《关于内地与边远民族地区高等院校支援协作会议纪要》(1987)以及1990年后制定的《全国民族教育发展与改革指导纲要(试行)》(1992年~2000年)、《关于加强民族教育工作若干问题的意见》等民族教育法规、规章及规范性文件是根据新时期中国发展民族教育事业的需要,以《中华人民共和国宪法》、《中华人民共和国教育法》和《中华人民共和国民族区域自治法》为依据制定的,其范围基本涉及中国民族教育的各个方面,构成具有中国特色社会主义教育法规体系的一个重要部分。2002年,《国务院关于深化改革加快发展民族教育的决定》明确规定21世纪中国民族教育的大政方针、目标任务、政策措施,提出"民族教育跨越式发展"的思想,推进中国民族教育立法与民族教育事业的发展

进程。

少数民族教育的地方立法 根据《中华人民共和国宪法》和其他法律的授权,中国各地特别是民族自治地区,从当地少数民族和民族地区的实际出发,制定了一批有关民族教育的地方性法规。至 2004 年 1 月,省(自治区)级人大、政府制定了有关民族教育的法规 7 项,地(市、州)级人大、政府制定了有关民族教育的法规 8 项,县(旗)级人大制定了有关民族教育的法规 2 项。地方少数民族教育立法不仅保证了中央教育法规的贯彻执行,丰富和完善了中国教育法规的内容,而且保障和促进了地方民族教育体制的改革和民族教育事业的发展,为进一步加强和完善地方少数民族教育立法工作奠定了基础。

中华人民共和国成立以来,中国民族教育地方立法实践主要包括五方面内容。(1) 以法律形式确认民族教育的特殊性。规定民族教育的性质、地位、指导思想和根本任务,规定发展民族教育的基本原则,如根据民族地区实际和少数民族特点发展民族教育的原则、民族地区在贯彻国家教育基本方针前提下自主发展民族教育的原则、国家帮助与少数民族自力更生相结合发展民族教育的原则、民族教育与宗教分离的原则、发展民族教育中的民族平等原则及各民族共同繁荣原则等。关于教育与宗教相分离,规定任何宗教组织和个人不得利用宗教进行妨碍学校教育和社会公共教育以及实施义务教育的活动,不得在校内进行传播宗教的活动和进行宗教仪式等;信仰宗教、参与宗教活动或已入寺学经的学龄儿童、少年,凡能入校保持正常学习的,均允许入校学习,与其他学生一视同仁;鼓励和发挥爱国宗教界人士助学、办学的积极性等。(2) 确立民族教育管理体制和经费来源。规定了民族教育行政管理机构的设置及其地位、职责、任务、工作程序和工作原则等,以及民族自治地方自治机关自主管理本地方民族教育的自治权。规定民族自治地方的自治机关可以依据相关法律规定,根据本地方的具体情况,制定民族教育法规,自主地管理本地方的民族教育事业。以法律形式确定民族教育经费坚持国家扶持与自力更生相结合的原则,多渠道筹措教育经费;确定民族教育经费拨款、集资及使用、管理办法等。(3) 制定民族学校管理的相关规定。以法律形式确定民族学校的地位、性质、组织原则、职权、任务及建立和撤销的原则,确定包括经费、校舍、师资、生源、教学质量等在内的办学基本条件。对民族学校教师权利和义务的设定,除《中华人民共和国教师法》的一般性规定外,根据民族学校教师的实际和工作特点,对民族学校教师的权利和义务作出变通或补充规定。关于少数民族语言文字教学,规定民族学校的教学用语和文字,主要由民族自治地方的自治机关根据有关法律规定,按照有利于民族的长远发展、有利于民族间的科学文化交流、有利于提高民族教育质量的原则以及当地的语言环境、

教学条件和多数群众的意愿来确定;凡使用民族语文授课的学校,要开展双语教学,推广使用全国通用的普通话和规范字;规定搞好民族文字教材建设的具体措施等。(4) 明确民族学校学生的权利和义务。规定民族学校的学生必须勤奋学习,努力掌握现代科学文化知识,掌握党的民族理论和民族政策,遵守国家的法律、法规,维护国家的统一和各民族的团结,注重个人品德修养,享受奖学金或助学金等。明确对特殊地区、特殊教育对象的规定。包括对边远的少数民族山区、农村牧区、民族散杂居地区以及其他特殊地区的民族教育采取特殊的措施和办法;对经济特别困难的少数民族以及其他特殊教育对象予以重点扶持和帮助等。(5) 规定违反民族教育法规的法律责任。对违反民族教育法规的行为,根据情节的轻重,应分别予以经济的、行政的处分,直至追究刑事责任。

参考文献

陈立鹏. 中国少数民族教育立法论[M]. 北京:中央民族大学出版社,1998.

陈立鹏,刘新丽. 中国教育法律解读[M]. 北京:机械工业出版社,2002.

滕星,胡鞍钢. 西部开发与教育发展博士论坛[M]. 北京:民族出版社,2001.

王鉴. 西部民族地区教育均衡发展的新战略[J]. 民族研究,2002(6).

周学桃. 谈少数民族贫困地区教育扶贫与教师队伍建设[J]. 民族教育研究,2002(3).

(陈立鹏 宋雁慧)

中国少数民族双语教育 以中国少数民族学生为教育对象,使用其本族语和族际共同语两种语言进行教学的教育形式。汉语是中国各少数民族普遍认同的族际共同语,中国少数民族双语教育主要指少数民族语和汉语的双语教育。

中国少数民族双语教育类型

可从不同角度对中国少数民族双语教育进行分类。(1) 从有无民族文字的角度,可将中国少数民族双语教育分为两类。① 双语单文型。少数民族学校教育以民族语和汉语为教学语言,只开设汉语文课。小学一年级至二年级用民族语辅助教学,三年级以后采用汉语教学,只有在遇到教学难点时才求助于民族语。使用全国统编汉文教材。适用于具有以下特点的民族:只有语言没有相应文字的民族,如基诺族;虽有文字,但该民族所居地区已普遍通行汉语,民族语只在家庭中和本民族交往时使用,学校教育一直沿用汉语文,如云南双江拉祜族佤族布朗族傣族自治县的各少

数民族;本民族虽已有文字,但该社区由于方言差别不使用本族文字,因而无法在学校开展民族语文教学,如哈尼族。② 双语双文型。少数民族学校教育以民族语和汉语为教学语言,同时开设民族语文课和汉语文课。有四种不同类别。第一,用民族语授课,加授汉语文。民族文字历史长、使用范围较广、在本民族中比较通行、有较多的用民族文字撰写的文献典籍、人口较多、分布呈片状格局的民族一般采用这种形式,特点是用民族语授课,汉语文课程一般从小学中年级开始开设,课时逐年加大。如蒙古族、藏族、维吾尔族、朝鲜族等。第二,用汉语授课,加授民族语。第三,民族语文和汉语文合并为一科。如苗族、侗族的一些小学将苗族语文和汉语拼音、汉字对照编写,在语文课上同时讲授。第四,由低年级以民族语文授课为主,逐步过渡到以汉语文授课为主,两种语言并行。如景颇族。(2) 从语言习得的社会环境角度,可将少数民族双语教育分为两类。① "外语式"双语教育。在学校除了学习本族语外,还讲授一种没有成为常用交际工具的、非本地语言的双语教育。② 第二语言双语教育。除在学校讲授本族语外,还学习一种广泛用于当地交际的、非本地语言的双语教育。中国少数民族人口分布大杂居小聚居、交错杂居的特点造成了少数民族语言使用上的不同类型:汉语区、民族语单语区和民汉双语区。民汉双语区根据语言使用频率不同,又可分为以少数民族语为主的民族语—汉语双语区;以汉语为主、民族语为辅的汉语—民族语双语区。民族语单语区和民族语—汉语双语区的双语教育属于外语式双语教育类型;汉语区和汉语—民族语双语区的双语教育属于第二语言双语教育。这两种类型的双语教育在教学计划制订、课程安排、教学方法选择和教材编写等方面都有一定差别。(3) 从两种语言在学校各科教学中的使用范围角度,可将少数民族双语教育分为两类。① 部分双语教育。民族语和汉语分别在不同的学科中使用,各自发挥不同作用。包括两类:只在民族语文课上用民族语授课,其他课程用汉语讲课,使用全国统编教材,这种类别多存于有文字民族的散杂区,使用新创文字的民族,其民族小学也属这一类型;民族语多用于文科课程中,特别是涉及本民族文化的学科,自然科学的课程多用汉语教学。② 全部双语教育。除汉语文课外所有课程的教学均使用民族语,教材也用民族语编写。中国少数民族的幼儿园、中小学有完全双语教育,大专院校中只有部分双语教育。(4) 从两种语言的相互关系角度,可将少数民族双语教育分为两类。① 并行性双语教育,亦称"平衡双语教育"。义务教育中学生在发展本族语技能的同时,也发展汉语技能,熟练掌握两种语言(文);双语者的两种语言能力相当。② 辅助性双语教育。教学中使用汉语文,本族语只用于初等教育的最初几年。其作用是使学生获得较好的汉语读写能力,学生的民族语文水平在教学中也得到提高。这种类

型的双语教育主要受语言使用功能、文字情况等因素的制约,在汉语区和汉语—民族语双语区广泛存在。有文字和无文字的民族都不同程度地采用这种类型的双语教育。(5) 从语言习得的时间安排角度,可将少数民族双语教育分为三类。① 幼儿园和学前班类型。即两种语言的教学提前到学龄前阶段。具体做法有两种:在入小学前学习民族语文的拼写知识,使学生入学后能很快掌握民族语文,尽早向汉语文过渡;在入小学前学习汉语拼音,练习汉语会话,初步具有汉语的口语能力,为小学入学后学习汉语打下基础。② 小学类型。即在小学阶段开始两种语言的教学。中国少数民族双语教育大都经历这一类型。③ 中学类型。即在中学阶段开始两种语言教学。属于这种类型的有些是用汉文授课的民族学校,在中学阶段,给民族学生加授民族语文课。(6) 双语教育的特殊类型——多语多文双语教育型,其形成和发展受人口数量、语言文字状况、学校分布等多种因素的影响。属于这种类型的学生是少数民族聚居区内非主体少数民族学生。可分为三类。① 三语单文双语教育。民族聚居或多民族杂居地区的非主体少数民族儿童在学校教育中学习使用主体少数民族语言、母语和汉语,同时还学习汉文。② 三语双文双语教育。少数民族聚居区的非主体少数民族有自己的语言,没有相应的文字,他们与本族人交际时使用自己的本族语,与聚居区主体少数民族和其他少数民族交际时,使用通用的主体少数民族的语言文字,其子女上主体少数民族学校,在学校学习使用主体少数民族语文和汉文。三语分别是本族语、主体少数民族语、汉语。双文是主体少数民族文字、汉文。③ 三语三文双语教育。民族聚居区非主体民族儿童学习主体民族语文、母语文、汉语文。

中国少数民族双语教育实践

中国各民族及各民族地区基础教育阶段双语教育的发展情况差别较大,有些地区的双语教育模式已基本成熟,有些尚处于摸索阶段。自20世纪80年代起,中国开展大规模少数民族双语教育教学实验。该类实验范围广,涉及民族地区、民族多,广泛探讨了双语衔接、教学内容、教学方法、教学体制等问题,推动了中国少数民族双语教育的发展,成为中国双语教育体制形成的重要标志。少数民族双语教学实验的特点有:双语教育实验紧密结合当地语言功能实际,聚居区双语教学侧重汉语文水平的提高,散杂区则着重于学生民族语能力的发展;双语教学实验与"注、提"识字理论紧密结合,使汉语文与民族语文教学紧密配合,母语为先导,先民后汉,以民促汉,民汉兼通;将汉语文课统编教材编译成汉语拼音、汉文、民文(对汉文的释义)三行对照的教材或三行对照的词语对译手册,保证双语教学实验顺利实施;

将先语后文的母语习得规律引入第二语言教学中,由汉语会话逐步过渡到汉语书面语的学习;开办学前班学习民族语文,充分利用学前儿童学习语言的天然优势,同时解决小学一年级学习双语负担过重的问题;双语并行,使学生双语兼通;大多数实验采用对比法,设置实验班和对比班,以考察实验效果。由于少数民族语言、文字的不同特点,少数民族双语教学实验类型多样。这些实验有的已由小范围实验变为大规模推广,有的还处在实验阶段。少数民族双语教育实验推动了各民族地区少数民族双语教育的发展。

新疆维吾尔自治区双语教育　新疆维吾尔自治区有多个少数民族,如维吾尔族、哈萨克族、柯尔克孜族、蒙古族、锡伯族等。大多数少数民族均有自己的语言文字。中华人民共和国成立后,新疆地区少数民族教育开始以母语授课,加授汉语。此后汉语课从选修课变为主科目乃至高考科目,汉语教学越来越受重视。1984 年,新疆提出少数民族学生高中毕业时达到“民汉兼通”的双语教育目标,并展开双语教学实验。1986 年,克拉玛依在市二中附小举办约 40 人的双语实验班,数学课用汉语授课,其余课全部用维吾尔语授课。1988 年,博尔塔拉蒙古自治州二中举办高中双语实验班,数学、物理、化学和生物四科用汉语授课,其余课程用蒙古语授课。1992 年,新疆提出“在少数民族中学实施数、理、化等部分学科汉语授课的双语授课实验”设想,此后维吾尔族、哈萨克族、蒙古族部分中学先后开始进行双语教学实验,即在自治区民族中学教学计划框架下,数学、物理、化学三门课(后来加英语,共为四门)用汉语授课,其余课程用民族语授课。主要模式有库尔勒市第八小学试行的汉维同步教学实验(汉语课从一年级起用统编汉语文教材);哈密市小学一二年级汉语口语训练实验;博乐市蒙汉语混合教学实验;克拉玛依市第五小学浸没式双语教学实验;少数民族中学部分课程汉语授课等。其中,少数民族中学部分课程汉语授课实验规模最大。1993 年起,新疆汉语教学逐步向双语教学过渡。1997 年,《新疆维吾尔自治区少数民族中学生双语授课试验方案(试行)》发布,对双语实验班的实验目标、办学条件、招生办法、经费来源、课程设置、师资配备、实验管理及办学绩效评估等诸多方面作出明确规定。到 2002 年,全区有 105 所学校开办了 294 个双语班。2004 年,《关于大力推进“双语”教学工作的决定》发布,明确提出新疆双语教学的最终模式是“全部课程汉语授课,同时加授母语文”;根据因地制宜、分类指导、分区规划、分步实施的原则,首次将新疆的双语教学分为三类地区,即大中城市区、北疆、东疆市县以及南疆地、州所在城市区,广大农牧区,使新疆的双语教学工作有了更明确的办学方向。同年参照内地高中班的模式,在乌鲁木齐、昌吉、伊宁等条件较好的 8 个城市开办区内初中班,全部用汉语授课。新疆进入大规模推广双语教学模式时期。2005 年,《关于加强少数民族学前

“双语”教育的意见》发布,确立双语教学“从小抓起、从教师抓起”的指导思想。2007 年,自治区教育厅《关于印发〈义务教育“双语”教学课程设置方案(试行)〉的通知》将新疆双语教育分为三种模式:模式一是部分课程(理科各科)用汉语授课,其他学科用民族语言授课;模式二是民族语文、音乐等涉及少数民族文化的内容用民族语言授课,其他课程用汉语授课;模式三是全部课程用汉语授课,开设民族语文课程和英语课程,课程设置方案同汉语授课学校。2011 年,印发《新疆维吾尔自治区少数民族学前和中小学双语教育发展规划(2010—2020 年)》,该规划在对双语教育工作面临的形势进行分析的基础上,规定了新疆双语教育指导思想、基本原则和目标任务,并具体指出搞好双语教育的主要措施和保障机制。

蒙古族双语教育　自 1951 年开始,内蒙古自治区开始在蒙古族学校加授汉语课。1962 年,《关于 1962—1963 学年度蒙古族中小学教学计划的补充通知》规定:蒙古语授课班的汉语文开设年级可依具体情况确定,一般农村小学从三年级开设;牧区小学可从三年级或五年级开设,条件不够的也可暂不开设。1977 年,内蒙古自治区印发《全日制蒙古族中小学教学计划试行草案》,并按教育部规定实行《全日制学校民族中小学汉语文教学大纲》。1980 年,《关于恢复和发展民族教育的几点意见的报告》发布,规定对懂蒙古语的蒙古族儿童用蒙古语进行授课;对不懂蒙古语的蒙古族儿童,在用汉语授课的同时加授蒙古语。20 世纪 80 年代起,内蒙古自治区开展双语教学实验。如内蒙古科左后旗蒙古族实验小学蒙汉双语教学实验,自 1985 年起从一年级开始用蒙古语授课,从三年级开设汉语文课,开展城镇蒙古族学生蒙汉双语集中识字、提前读写实验,以使蒙古族学生学好蒙古语,并提高汉语水平。内蒙古自治区以外,如辽宁、吉林、黑龙江、甘肃、青海、新疆等省、自治区的蒙古族中小学也开展双语教学实验。如吉林前郭尔罗斯蒙古族小学蒙汉双语同步实验,在入学前以汉语为第一语言,入学后从小学三年级起加授蒙古语,1989 年,该校开始进行蒙汉同步实验,将加授蒙古语年级降至一年级,与汉语同步;辽宁省蒙古族小学“音标会话、由语到文、文语结合”实验,该实验针对过去蒙古族语文教学重文轻语、该地区没有语言环境、蒙古族文字难学的实际情况,突出语言学习的交际性原则,以对学生进行听、说能力强化训练,扩大蒙古语阅读量,培养阅读能力为主要教学目标,带动学生听、说、读、写、译能力的提高,从而全面培养学生学习和运用蒙古语的能力。此后,逐渐形成两种双语教育模式。在蒙古族聚集区实行“蒙古语授课,加授汉语”模式,即在蒙古族中小学用蒙古语讲授各门课程,汉语作为一门课程从小学一年级或二年级开设,一直到中学毕业。牧区不具备开设蒙汉两种语言条件的蒙古族小学只开设蒙古语,不开设汉语课。在蒙古族

散居区或与汉族杂居的地区开办蒙汉合校。在蒙汉合校中设三类教学班：加授蒙古语教学班（使用汉语授课，从小学三年级开始加授蒙古语文）、蒙古语授课班（使用蒙古语授课，从小学三年级开始加授汉语文）和汉语授课班（全部使用汉语授课）。

藏族双语教育　1951年，西藏和平解放，之后新建的初中在开设藏语班的同时也开设汉语班，使用汉语授课，加授藏语，主要对象是汉族居民和部分藏族干部子女。1959年，西藏一些中学开始设高中部，使用汉语授课，加授藏语。1959年，中国共产党西藏工作委员会、西藏自治区筹备委员会《关于文教工作方面的几个问题的决议》指出，对藏汉文的比例，小学不作硬性规定，学校仍以藏语文为必修课，汉语文课在公办小学中进行试验，条件成熟时再另行计划。此后西藏自治区一直执行"藏语教学为主、加授汉语课"的方针，乡村民办小学全部使用藏文教材，藏语授课（算术）；城镇公办小学分为藏语班和汉语班两大类，藏语班开设藏语文课，并使用藏语讲授算术、自然常识、地理课程，自三年级开始加授汉语，城镇公办小学的汉语班开设汉语文课，使用汉语教算术、自然常识、地理课程，自三年级开始加授藏语。1976年，西藏自治区规定有条件的学校，汉族班从小学四年级开始开设藏语文课，藏族班也从小学四年级开设汉语文课。1983年，规定小学藏语授课班从三年级开设汉语文课。20世纪80年代，西藏自治区明确提出要逐步建立以藏语文授课为主的教学体系。规定自1987年起，小学藏族、汉族分开编班，藏族班全部课程必须用藏语文授课，在不影响藏语文教学的前提下，从四年级开始增设汉语文课，每周6课时；汉族班用汉语文授课，小学三年级开始开设藏语文课，每周5课时。此后全区小学大都执行了这一规定，有部分学校作了变通执行，如拉萨市和昌都地区部分小学的藏语班仍在小学三年级开设汉语文课，有的从一年级就开设汉语文课。中学生也实行藏、汉族分开编班。1988年规定自1993年起初中阶段藏族班除汉语文和外语课外，大部分或主要课程用藏语文授课；从1997年高中、中专新生开始，高中阶段大部分课程用藏语文授课；中专学校的多数课程（指部分专业课和多数公共课）原则上用藏语文授课。2002年，《西藏自治区学习、使用和发展藏语文的若干规定（试行）》提出，义务教育阶段，以藏语文和国家通用语言文字作为基本的教育教学用语、用字，开设藏语文、国家通用语言文字课程，适时开设外语课程，西藏自治区的"以藏语文为主，同时学习汉语文"方针开始调整为将藏语文和汉语文同时作为基本的教育教学用语、用字。青海、甘肃、云南、四川等省藏族地区中小学实行的双语教育模式与西藏自治区的双语教育模式类同，差别不大。

壮族双语教育　1980年，广西壮族自治区恢复使用壮文，此后开始以壮文进小学、开展壮汉双语文教学为重点，以"以壮为主，壮汉结合；以汉促壮，壮汉兼通"为目的，在壮族聚居的23个县的部分学校开展壮汉双语教育实验。在学前班进行壮文拼音教学，培养学生的壮文直呼能力，一年级用壮文和汉语拼音对照、比较的方法进行汉语拼音直呼教学，一年级下学期开始进行壮汉双语文教学。根据壮汉两种语言的规律，同一篇课文由同一个教师先用壮语文教学，然后用汉语文教学。在课时安排上，壮语文课时逐年减少，汉语文课时随之递增。小学数学教学与语文课衔接，一至三年级使用壮文数学课本，用壮语文授课，高年级采用汉语文数学课本，以汉语文课本为主，壮语文课本及壮语文为辅授课。初中只开设壮文必修课。壮汉双语教学试点学校曾进行多次调整，壮汉双语教学实验取得一定成绩，但未大规模推广。

朝鲜族双语教育　吉林省延边朝鲜族自治州是中国朝鲜族主要聚居地。20世纪50年代初，开始恢复用朝鲜语授课。20世纪80年代起，延边朝鲜族自治州和其他地区的朝鲜族进行了多项双语教学实验。(1)幼儿朝鲜语"浸没式"实验。主要在朝鲜族散杂居、小聚居区进行，在朝鲜族幼儿园开展。幼儿园为住宿制，任课老师说朝鲜语，教朝鲜语，教材多沿用延边自治州幼儿园统编教材。此外还开办寄宿制朝鲜族幼儿园、朝鲜族小学等。(2)朝鲜语、汉语、日语、英语多语实验。主要在哈尔滨、沈阳等地的非重点朝鲜族小学进行，一般以日语为第一外国语。(3)朝鲜文、汉文混用教学实验。主要在与朝鲜族散杂区相比汉语基础较弱的朝鲜族聚居区进行。该实验从1988年起在不同类型的15所学校、70多个班级开展，旨在探索提高双语教学质量尤其是学生汉语水平的最佳模式，内容包括两种语文课的学习顺序、起始年级、课时比重、终止年级、学习年限的调整以及教材、教法的改革等。(4)民族高中转用汉语授课实验。该实验在朝鲜族散杂居、聚居区都有试点。要求在高中阶段用汉语授课，期望用这种方式为学生高中毕业后进一步升入全国各类用汉语授课的院校深造或在社会谋职打下良好的汉语基础。(5)"汉语学话领先，注音识字，提前读写"实验。主要在延边朝鲜族自治州及东北三省的民族自治州以外的汉语基础较差的朝鲜族小聚居区进行。实验针对朝鲜语儿童汉语口语差、与汉族儿童共同学习有困难这两大难点而设计，把学前班纳入到小学教育中，由过去从二年级开始学习汉语，改为从一年级开始。延边朝鲜族自治州已形成具有一定特色的朝汉双语教育体系。2005年，延边朝鲜族自治州印发《关于延边州朝鲜族中小学双语教学改革实施意见》，对双语教育改革衔接、双语教育研究、双语教育评价体系等进行了规定，重新认定16所学校为州级"双语"教育改革实验学校，双语教育改革工作步入整体推进阶段。

苗族双语教育　1983年，湘西土家族苗族自治州开始恢复苗文推行试点。1986年，湘西土家族苗族自治州教委教科所和民委苗文办联合设计《湘西苗汉双语教学方案》（即《双语双文四步转换实验方案》），编印统一教材，培训苗文师资，在花垣县和凤凰县的24所小学开展此实验。实验以母语启蒙教育原理为指导思想，设计了一套双语双文四步转换教学方法。"双文"指从一年级至六年级开设苗文，从二年级开始开设汉语文，形成"双语双文并行"的教学结构，使用五年制汉语文教材，毕业时要求汉语文水平达到汉族小学五年制毕业生的水平。四步转换为：第一步，学生入学后用一年时间培养其直呼汉语拼音音节和用苗文初步读写的能力，把母语口头语言转换成母语文字的能力；第二步，从二年级开始，利用苗文和汉语拼音的相似之处，对比教学，培养学生把直呼苗文音节的能力转换成直呼汉语拼音音节的能力，使用苗文和汉语拼音对应排列的双行课本；第三步，在儿童具备苗文阅读和用苗文作文能力以及用汉语拼音阅读的基础上，通过汉语拼音注音、苗文释义学习汉字，培养学生把阅读两种拼音文章的能力转换成阅读汉字文章的能力；第四步，培养学生把运用母语文字形成的读写能力转换成汉语文的能力。该实验解决了苗族儿童汉语启蒙难的问题。

20世纪80年代以来，已进行和正在进行的双语教育实验还有：察布查尔锡伯自治县开展的锡伯族双语教学实验；四川凉山彝族自治州进行"母语起步，会话过渡，先学会话后学文，通过听、说、读、译训练，逐步达到彝、汉相通"的实验；云南德宏傣族景颇族自治州傣族小学进行"双语教学，拼音学话，注音识字，提前读写"实验（亦称"双拼注提"实验）；云南白族小学"先白后汉，白汉并重，以白带汉，白汉俱通"双语教学实验；云南怒江州在小学开展"傈僳文——汉语文"双语教育实验；在云南丽江纳西族主要聚居地开展纳—汉小学双语教育实验；傣族的"分合分"教学法实验等。

中国少数民族双语教育发展历程

秦汉至明清时期的少数民族双语教育　秦统一中国后，形成一个以汉族为主的统一的多民族国家，以汉族为主体的多民族关系影响着各民族语言的发展，少数民族语言和汉语相互影响。秦汉时期已出现少数民族兼用汉语的双语现象。东汉时期，土家族先民已普遍接受汉族文化，学习汉文。汉和帝永元年间（89—105），应奉任五陵太守在土家族地区"兴学校"，影响很大。唐代维吾尔族人中有少数人已开始学习汉文和儒学。此外，这一时期高昌地区已有官学和义学。《北周书·异域传》记载，高昌地区"文学亦同华夏，兼用胡书，有《毛诗》、《孝经》，置学官弟子，以相传授，虽习读之，而皆用胡语"。《旧唐书·吐蕃传》记载，唐代公主入藏后，吐蕃"渐慕华风"，"遣酋豪子弟，请入国学以习《诗》、《书》"。唐贞观二十年（646年），南诏王细奴罗劝民间

读汉儒书。《新唐书·南诏传》记载，南诏时期"人知礼乐，本唐风化"。太和城（今大理）也已崇尚唐文化，识汉文。当时派遣不少贵族子弟到内地学习，每年50人，持续50年之久，培养出不少熟悉白、汉文化的文人。到了宋代，已普遍建立学习汉文化的学校，土家族中不少人考取进士、举人，有些人能用汉文著述。元代民族文化与汉文化并举，在发展蒙古族文明的同时大力推行汉文化，重视汉语文学习。明太祖洪武年间（1368—1398），对少数民族实行"教化为先"、"教化以学为本"的政策，在各地吸收上层少数民族子弟入学，客观上促进了双语教育的发展。后金天聪五年（1631年），皇太极下令把儒班分为两班：一班翻译汉文书籍；一班记本朝政事。清代举办了一些少数民族子弟学习汉语文、汉文化的专门学堂，后出现少量学习两种文字、两种文化的学校，如努尔哈赤时创办第一所汉文学堂。此外，与满族关系密切的民族在一些地区专门设立学习满文或两种文字的学校，如清代初期，达斡尔族的一些部落首领到北京聘请满文学者到各地学堂任教，达斡尔地区设立的学堂除讲授满文外，还授蒙古文、汉文。鄂伦春族早期教育受满族影响，清康熙三十四年（1695年），在墨尔根城（今黑龙江省嫩江县）设学堂，专习满文。雍正年间，设立觉罗官学，要求"读书学射，满汉皆习"。当时蒙古族高层和官员的子弟纷纷进入国子监和理藩院所属京师官学或地方官学，学习蒙汉文及儒家经典。乾隆年间，新疆各地设立学塾，招收部分维吾尔族青少年入学，学习汉语文。清末，在蒙古地区建立教授满文、蒙古文的满蒙学堂。左宗棠收复新疆后，派汉族教师到各地的学堂、学塾对维吾尔族青少年施以汉文教育。锡伯族早期为军事体制，实行军事教育，在教育中使用满语文和汉语文教授"四书"、"五经"。这一时期双语教育还未成为民族教育的主流，主要通过有组织的教育形式进行双语教育，以学习汉文化为主。

清末至民国时期的少数民族双语教育　清末中国教育进入废科举、兴学堂、办实科教育的新阶段。1907年，北京试办满蒙贵胄学堂，次年成立满蒙文学堂。同年，毕拉尔路协领庆山设立第一所鄂伦春学堂，讲授满文、汉文。1910年，建立青海蒙藩学堂。民国时期，各地新建一些少数民族学校，双语教育有了进一步发展。如民国初期，在北京、沈阳等地创办蒙藏学校、蒙古族师范学校；在莫和尔图屯等地创建鄂温克族小学，教蒙古文和汉文；1922年，新疆设立省立蒙哈学校；1936年，在勐董广允寺兴办沧源小学，有佤族学生50人入学；1940年，湘西永绥县设小学若干所，有苗族学生400余人。苗族还集资兴办私塾，使用《千字文》、《百家姓》作为课本，有的地方用苗文解释汉文课本。这一时期少数民族双语教育已有一定发展，但少数民族中识字者依然很少，且多为上层子弟。一些少数民族从自身发展中认识到有必要学习汉语文，对双语教育采取积极态度，愿意学习

汉语文;但在有的地方不同程度地出现对少数民族语文的歧视,引起当地少数民族群众的不满。

中华人民共和国成立后的少数民族双语教育   中华人民共和国成立后,少数民族语言文字得到充分尊重(参见"中国少数民族语言文字教育")。有本民族文字、中华人民共和国成立前已有双语教育基础的民族,在学校中建立了以民族语文为主、用民族语文授课的教育体制;无文字的民族或虽有民族文字但使用范围较窄的民族,试行民族文字,开展民族文字的推广普及工作。为繁荣和发展民族语文事业,高等院校中开设民族语文专业,培养民族语文教学、科研的高级人才。1958年,在北京召开第二次全国民族语文科学讨论会。由于这次会议在方针、政策上的"左"倾错误,民族文字的试行、制订工作被停止,各级各类民族学校和民族语文工作机构被撤销,民族语文教育受到严重冲击,少数民族双语教育被削弱或不复存在。"文革"期间,整个民族语文工作处于停滞状态。"文革"结束后,中国少数民族双语教育开始恢复和发展:恢复民族文字试行工作;正确认识汉语文与民族语文的关系,各少数民族地区也根据本地区实际制定"民汉兼通"的双语教育方针;从20世纪80年代起开展大规模双语教育实验,这是中国双语教育体制形成的重要标志;建立相应的学术团体,形成一支双语和双语教育研究队伍。进入21世纪,中国有1万多所民族中小学使用21种民族语言开展双语教学,接受双语教育的在校学生达600多万名。

参考文献

戴庆厦,董艳.中国少数民族双语教育类型[M]// 戴庆厦.第二语言(汉语)教学论集.北京:民族出版社,1997.

戴庆厦,滕星,关辛秋.中国少数民族双语教育概论[M].沈阳:辽宁民族出版社,1997.

苏德.少数民族双语教育研究综述[J].内蒙古师范大学学报(教育科学版),2004(11).

王洪玉.少数民族双语教育的历史及发展研究[D].兰州:西北师范大学,2003.

张洁,张梅.新疆少数民族双语教育发展历程综述[J].西北民族大学学报(哲学社会科学版),2012(1).

(苏 德)

中国少数民族艺术教育

亦称"民族艺术教育"。进行中国少数民族音乐、舞蹈、美术等艺术内容的专业或业余教育。与中国少数民族优良文化传统教育相结合,广泛渗透于社会教育诸方面。教育方法有模仿、观摩、实践等。包括:(1)专业艺术教育。为了培养艺术家或专业艺术人才进行的各种理论和实践教育,属于学校艺术教育的一类。主要通过各级各类艺术院校(系、班)进行。(2)普及性艺术教育。各类学校为提高学生素质通过开设艺术类课程进行的教育。主要包括普通学校设置的音乐、舞蹈、美术等课程以及课外活动,属于学校艺术教育的一类。(3)非学校艺术教育。少数民族地区广泛开展的群众性传统文化艺术活动及家庭艺术教育、民间传承等。

1949年以前,少数民族艺术教育以非学校艺术教育为主,没有少数民族艺术教育专门机构。20世纪50年代开始,在少数民族地区筹建各级少数民族艺术院校,同时在内地一些艺术院校开办民族班,采取多种渠道培养少数民族艺术人才。至1959年,全国少数民族地区先后开办9所中等艺术院校,在校学生达1 800多人。北京、上海等地的一些重点艺术院校开办民族班,招收少数民族学生,为各民族地区培养艺术人才,并选派优秀教师到民族地区讲学或办民族班。为加快民族地区艺术队伍建设,抢救民族艺术遗产,国家把大批有志于从事少数民族艺术工作和少数民族艺术教育的汉族毕业生输送到各个民族地区。1980年以后,少数民族地区中小学普遍开设音乐、美术课程,有的学校在体育课中增加民族舞蹈内容,开展少数民族艺术基础教育。云南、贵州、广西等省、自治区还举办民族艺术节,使各民族青少年在社会活动中受到艺术熏陶,提高技能,增长技艺。1981年,全国民族艺术教育工作座谈会召开,要求发展民族艺术教育,壮大民族文艺队伍。同年文化部、教育部、国家民族事务委员会联合颁布《关于加强民族艺术教育工作的意见》,总结新中国建立30多年来民族艺术教育的经验,提出在新的历史条件下,少数民族艺术教育应根据民族特点和地区特点,在调整、整顿的基础上,实事求是、积极稳妥地发展。各民族地区已建立的艺术学校,要加强领导、充实力量、认真办好;民族地区高等艺术院校要办成培养艺术创作、理论研究、导演、表演等艺术人才,普通教育艺术师资和文艺普及工作者等各类人才的艺术院校;民族艺术院校以招收、培养民族学生为主,对本地区人口较少的少数民族应予以照顾;民族艺术教育在教育体制、教学内容和教学方法等方面,要适合少数民族的特点,保持和发展民族文艺特点、风格和独特的艺术品种;充实和提高民族艺术院校的师资队伍,编制适当放宽,力求稳定教学人员;建立健全各级领导班子,注意培养、提拔少数民族中青年干部;非民族地区艺术院校要把培养少数民族艺术人才作为一项经常性重要任务,应积极举办少数民族班,高等艺术院校可视情况设置预科,条件较好的应积极接受民族艺术学校教师和业务骨干进修;各自治区和边远省要把民族艺术教育经费纳入地方预算,从人力、物力、财力上给予必要照顾、扶持和补贴;各自治区文化厅(局)设立专门机构领导管理艺术教育工作,配备专职人员,把培养艺术人才工作做好。自此,少数民族艺术高等教育开始快速发展。1982年,中央民族学院艺术系开始招收专科和本科学生,1985年起改设音乐舞蹈系和美术系。一些民族地区设立高等艺术院校,有的还开始培养少数民族艺术领域的研究生。1989 年,文化部、国家教委发布《高等艺术院校(系科)招生工作暂行规定》,决定对边疆、山区、牧区、少数民族聚居地区的少数民族考生降低分数,优先录取。1994 年,第二次全国教育工作会议召开,李岚清提出不仅小学、初中要开好音乐、美术等课程,高中、大学也应开设艺术欣赏课,教会学生欣赏音乐、舞蹈、戏剧、美术、书法等,以陶冶学生情操,提高其道德修养。同年,国家教委下发关于在普通高中开设"艺术欣赏课"的通知。2005 年,教育部下发适用于全国乡镇中心小学以上的小学、普通中学和中等职业学校的《普通中小学校和中等职业学校贯彻〈学校艺术教育工作规程〉评估方案(试行)》,对全国中小学校艺术教育工作加强检查与督导。2008 年,教育部下发《关于进一步加强中小学艺术教育的意见》,明确规定了根据各个教育阶段艺术类课程的课时分配。2012年,《国家教育事业发展第十二个五年规划》提出,要切实加强体育、卫生和艺术教育工作;联合文化、旅游等部门重点支持一批以保护、传承民族文化艺术、民间工艺特别是非物质文化遗产为特色的职业院校和特色专业。

(李廷海)

中国少数民族语言文字教育　　亦称"中国少数民族语言文学教育"。在国家通用语教育的同时,在特定的中国少数民族群体中进行的以培养少数民族语言文字知识和能力为目标的教育活动。以社会教育为主,有各级各类学校教育、成人教育、干部职工教育、扫盲教育等形式。学校教育从教学载体来看,可分为少数民族语文学校、汉语学校和民汉合校。从教育性质来看可分两种,一种将其作为教学手段,以提高教育质量;另一种将其作为文化传承的重要手段。前者以掌握本民族语言文字能力为主,后者以研究、弘扬本民族语言文学为主,两种教育目的常融为一体。具体实行什么性质的教育活动与中国各少数民族语言文字在现实社会的使用情况及各民族自主选择的意向紧密相关。中国少数民族语言文字教育的主要任务是:贯彻党和国家的民族语文政策;加强民族语文法制建设;搞好民族语文的规范化、标准化和信息处理;促进民族语言的翻译、出版、教育、新闻、广播、影视、古籍整理事业;推进民族语文的学术研究、协作交流和人才培养;鼓励各民族互相学习语言文字。

中国少数民族语言文字使用情况　　中国 55 个少数民族中,除回族、满族已全部转用汉语外,其他 53 个民族都有自己的语言。有些民族内部不同支系使用不同语言(不包括转用或兼用汉语的情况),如瑶族的不同支系分别使用勉语、布努语和拉珈语;裕固族使用东部裕固语、西部裕固语等。全国 55 个少数民族共使用 72 种语言,分别隶属于五个语系:汉藏语系、阿尔泰语系、南岛语系、南亚语系和印欧语系。中国少数民族语言使用情况大致有三种类型:(1) 有大片少数民族聚居区,人口均在百万以上,文字历史也比较悠久,其语言除在家庭内部、邻里亲友间使用外,还在本民族政治、经济、文化、教育各个领域中使用,甚至在一些邻近的或杂居在一起的其他民族中使用,如蒙古族、藏族、维吾尔族、哈萨克族、朝鲜族等。(2) 虽也有成片聚居区,有传统文字,但文字没有统一规范,方言差异较大,本民族语言在社会上的应用不如第一类型那么广泛,如彝族和傣族。壮语、傈僳语、拉祜语、景颇语、载瓦语等由于语言内部差别较大,全民族通用的共同语还没有形成,文字的使用范围也很小,其语言使用情况与彝语、傣语接近。(3) 民族语言只在本民族内部日常生活中使用,在政治生活、学校教育中往往使用其他民族的语言(主要是汉语,有些地方也使用其他少数民族语言);没有与本民族语言一致的文字,一般使用汉字。属于这一类型的少数民族语言很多,约占少数民族语言总数的 3/4 以上,使用人口占少数民族总人口的一半以上。

中国发展少数民族语言文字教育的措施　　(1) 完善相关法律法规。在国家层面,《中华人民共和国宪法》、《中华人民共和国民族区域自治法》、《中华人民共和国刑事诉讼法》、《中华人民共和国义务教育法》等十余部法律对民族语文做出了相关规定,另有多项国务院及其职能部门的相关规章。在民族自治地方,除自治条例有相关规定外,各地还制订了民族语文工作条例(参见"中国现代少数民族教育法律与政策")。(2) 在教育领域使用少数民族语言文字。有传统民族文字的民族,如蒙古族、藏族、维吾尔族、哈萨克族、朝鲜族等,其民族语文在学校教育和其他各类教育中广泛使用,已形成从初级教育到高等教育的教学体系;其他有本民族文字的民族在基础教育中采用形式多样的双语教学;没有本民族文字的民族,一般使用汉语文或其他民族语文进行教学,把本民族语言作为辅助教学语言。(3) 在行政司法领域使用少数民族语言文字。在中国共产党全国代表大会、全国人民代表大会和中国人民政治协商会议等重要会议中,均提供蒙古文、藏文、维吾尔文、哈萨克文、朝鲜文、彝文、壮文等 7 种民族文字的文件,并设置同声传译。在少数民族聚居区,召开会议一般使用当地通用的一种或几种语言文字。有条件的民族自治地区的司法部门用当地通用的文字发布判决书、布告和其他文件。(4) 在新闻出版领域使用少数民族语言文字。至 2010 年,中国有出版民族文字图书的各类出版社 38 家,涵盖全国大部分民族地区,分别用蒙古文、藏文、维吾尔文、哈萨克文、朝鲜文、彝文、壮文等 26种民族文字出版图书,用 10 种民族文字出版 192 种民族文字期刊。(5) 在广播影视领域使用少数民族语言文字。至 2010 年,中央人民广播电台和地方广播电台每天用 21 种少数民族语言播音。内蒙古、新疆、西藏、青海、广西等省、自治区的电视台分别播放蒙古语、维吾尔语、藏语、壮语等少数民族语言节目;西藏电视台已实现藏语节目每天24小时滚动播出。民族地区的州及以下电视台站也用十余种民族语言及方言播放电视节目。(6)推动少数民族语言文字的规范化、标准化和信息处理工作。制定蒙古文、藏文、维吾尔文(哈萨克文、柯尔克孜文)、朝鲜文、彝文和傣文的编码字符集、键盘、字模等国家标准;在国际标准的最新版本中,在基本多文种平面中正式收入中国提交的蒙古文、藏文、维吾尔文、哈萨克文、柯尔克孜文、朝鲜文、彝文和傣文的编码字符集;至2006年,中国已发布的少数民族文字信息技术标准包括蒙古文、维吾尔文、朝鲜文、彝文、藏文的文字标准;一些少数民族文种的网站或网页初步建成;少数民族文字手机不断面市;少数民族语音及文字识别、机器辅助翻译等取得一定成果。少数民族也常用本民族语言进行文学创作和戏剧表演活动。

人口较少民族语言的抢救保护　中国约90%的少数民族语言使用人口集中在壮语、维吾尔语、彝语、苗语、藏语、蒙古语、布依语、朝鲜语等15种语言中。使用人口在1万人以下的少数民族语言占少数民族语言总数的一半,其中二十余种少数民族语言使用人口在千人以内。为此,中国政府贯彻语言平等政策,加强民汉双语教育;在资助研究课题方面给予倾斜,组织民族语言专家调查各地濒危语言,记录、描写、保存语言资料,出版该类语言研究专著、词典,逐渐建立少数民族语言音库,录制、保存濒危语言的声像资料。如国家社会科学基金支持的课题《中国空白语言调查研究》《中国濒危语言个案对比研究》等。至2005年,调查的语种已达40多种,《中国新发现语言研究丛书》出版专著28本,《中国少数民族系列词典丛书》出版词典20部。为传承和保护少数民族语言,各地政府也采取诸多措施,如民族语辅助教学(借助民族语学习汉语,也称过渡性双语教学),取得显著效果。

中国少数民族语言文字教育发展历程　中华人民共和国成立后,少数民族语言文字教育得到充分尊重。1951年的第一次全国民族教育工作会议的报告指出,凡有现行通用文字的民族,如蒙古族、朝鲜族、维吾尔族、哈萨克族、藏族,小学和中学的各科课程必须用本民族语文教学;有独立语言而尚无文字或文字不全的民族,一面着手创立文字和改革文字,一面按自愿原则,采用汉族语文或本民族习用的语文进行教学。从20世纪50年代起,国家一方面在有民族文字且使用范围较广的民族的学校教育中逐渐建立以教授民族语文为主,用民族语文授课的教育体制,编写民族语文的各科教材;另一方面为一些没有文字的民族创立新文字,对一些不完善的民族文字进行改革、改进。从1956年起,中国陆续为景颇族、布依族、彝族、纳西族、苗族、黎族、傈僳族、侗族、佤族等12个少数民族创制了14种文字;帮助维吾

尔族、哈萨克族等少数民族改革文字;为傣族、拉祜族、柯尔克孜族等少数民族改进文字。中央民族学院从1951年起设立少数民族语言文学系,以进行民族语文专业教育。从1957年开始,"民族融合风"引发对社会主义时期各民族语言发展特点的错误认识,导致民族语言文字改革工作被迫停止。1976年后,中国民族语文教育逐渐恢复。(1)恢复和改进民族文字。1979—1985年,云南省14个民族恢复推行或试行20种民族文字或文字方案。贵州省于1981年春对省内的苗族(苗文为4种)、布依族、侗族、彝族等4个民族的7种文字进行推行试验。广西壮族自治区于1980年底开始设点恢复在群众中推行壮文,到1986年有47个县的25万人脱盲。一些民族的文字也得以改进,如广西壮族自治区对壮文进行革新,完全采用26个拉丁字母,使壮文在科学化、国际化、现代化方向迈进了一大步,为其出版、印刷及国际交流创造了有利条件。维吾尔族于1982年恢复使用以阿拉伯字母为基础的原有文字。(2)各少数民族地区根据本地区实际情况制定"民汉兼通"双语教育方针,采取多项措施推行双语教育。各少数民族地区从20世纪80年代起开展大规模双语教育实验,并制定相关政策及规划。详"中国少数民族双语教育"。(3)加强高等院校民族语文人才的培养。至2010年,全国有16所高校开设中国少数民族语言文学本科专业,培养了大批既懂汉语文又懂民族语文、受过语言学专业训练的专门人才。

参考文献

戴庆厦. 语言与民族[M]. 北京:中央民族大学出版社,1994.

戴庆厦. 中国少数民族语言文字应用研究[M]. 昆明:云南民族出版社,2010.

顾明远. 教育大辞典[M]. 上海:上海教育出版社,1990—1992.

（苏　德　沈桂萍）

中国特殊教育　中国历代开展的对各类残疾人群进行特殊教育的研究和实践活动。

中国古代特殊教育

中国古代关于残疾和残疾人的记载　中华民族在社会发展过程中很早就注意到人类个体发育中的差异和不同于多数人的异常,特别是从表面观察到的残疾。在西周(前11—前8世纪)的钟鼎文时期,就有外伤致盲使人失去视觉的记载,符号是 ⊕,即眼睛被一物刺伤。《左传·僖公二十四年》载:"耳不听五声之和为聋,目不别五色之章为昧。"是接近现代科学的对聋和盲的认识。类似这种较准确、客观地记述各类残疾的文字,在中国古代文献中很多。《管子·入国》提到过"聋盲、喑哑、跛躄、偏枯、握递"(即盲、聋、哑、肢

体残疾、偏瘫中风等）；东汉许慎在《说文解字》中讲，盲是"目无眸子"，"聋，无闻也"，即盲是眼中无眼球，类似现代医学中的先天性无眼球或后天失去眼球造成的失明；耳聋就是听不到。《国语·晋语四》有"聋聩不可使听"，"聩"为天生耳聋；《淮南子》有"盲者，目形存而无能见也"，即现代医学讲的眼外观没有损害但视神经损害导致的失明。《后汉书·袁闳传》说，"喑不能言"，喑即瘖，是一种不能说话、遽然失声的疾病，是语言障碍的一种。《汉书·李广传》载李广"呐口少言"，《晋书·左思传》载左思"貌寝口呐，而辞藻壮丽"，"呐"为说话迟钝或口吃，是一种常见的言语流畅性障碍。《吕氏春秋·尽数》记载，"轻水所多，秃与瘿人"，即缺碘的水喝多了，头发脱落，出现大脖子病，导致不会说话、智力差，这说的是克汀病造成的智力落后和聋哑症。从史料记载可以看到，中国古代对于人体各方面的残疾和差异的记载很客观，有些方面接近现代科学。在一些古代文学著作中，也有关于各种残疾的记载。如《诗经·周颂·有瞽》中有"有瞽有瞽，在周之庭"；苏轼在《日喻》中写"生而眇（即盲）者不识日"；蔡邕写过《瞽师赋》。很多残疾人医生、学者、使者等在中华民族文明史中有自己的贡献和地位。

中国古代特殊教育思想　中国古代明确提出"仁者为政、先拯残疾"的思想。夏、商、周时期有过减免残疾人赋税徭役的"宽疾"政策；春秋战国时有过收养残疾人、给予治疗和衣食的"养疾"政策；《礼记·王制》中记载，"喑、聋、跛、辟断者、侏儒、百工，各以器食之"；《管子·入国》中记载，"所谓养疾者，凡国都皆有掌养疾、聋盲、喑哑、跛躄、偏枯、握递、不耐自生者，上收而养之疾，官而衣食之，殊身而后止"；《隋书·食货志》中记载，"废疾非人不养者，一人不从役"；唐代官府和寺庙设立过收治病残孤寡者的"养病坊"；宋代的"福田院"收养"老疾幼弱不能存者"；元代有"惠民局"，其中一项工作就是帮助残疾人。这些对残疾人的认识、思想和政策、措施仍处在救济、抚养阶段，还不是现代意义上的教育。

中国近代特殊教育

晚清特殊教育　中国近代最早明确提出办特殊教育的是太平天国的领袖洪仁玕。1859 年，洪仁玕在《资政新篇》中提出："兴跛盲聋哑院，有财者自携资斧，无财者善人乐助，请长教以鼓乐书数杂技，不致为废人也。"但由于战争环境所限，《资政新篇》中有关兴办特殊教育的想法并没有获得实施的机会。郑观应在 1894 年刊印的《盛世危言》中也向国人介绍了西方的学校制度，并提到西方的特殊教育："无论贵贱男女，自五岁后皆须入学，不入学者，罪其父母。（即下至聋、瞽、喑、哑、残疾之人，亦莫不有学，使习一艺以自养其天刑之躯。立学之法，可谓无微不至矣。）"这些言论为近

代特殊教育的发展奠定了一定的思想基础。

1874 年，英国苏格兰长老会传教士穆威廉在北京东城甘雨胡同创办中国近代第一所盲校"瞽叟通文馆"。学校初创时，只有 2 名学生，到 1919 年，学生数已增加到 200 人。1920 年，校址迁到北京西郊八里庄，改名为"启明瞽目院"。该校招收盲童学习文化、宗教和掌握一定的劳动技能。在教学中，引进了布拉耶盲文体系，创立了中国的盲文点字，即"瞽手通文"，也称"康熙盲字"。但由于经费短缺，连年战乱，该校曾几次停办。

1887 年，美国传教士梅理士夫妇在山东登州创办"登州启瘖学馆"，这是近代中国第一所聋校。该校初办时，只有 1 名学生，且由学校提供食宿。三年后在校学生也只有 11 人。1898 年，学校迁到烟台，改名为"烟台启瘖学校"。1888 年，英国循道会在湖北汉口创办了"大卫希尔盲人学校"。该校长期的主持人大卫·希尔牧师曾借用"布拉耶符号"并结合汉口地方话创造出"声母韵母教学法"。1894 年，法国天主堂圣母院在上海徐家汇创办了聋哑学校，收留、教养社会遗弃的聋哑儿童，由于该校在教学方面引进了当时法国聋哑学校的教学方法，因而收到较好的教学效果。到 1900 年，教会至少建有 11 所盲校和 2 所聋哑学校。

晚清由外国人创办的特殊学校还有：汉口训盲学校（1878）、广州明心瞽目学校（1889）、台南训盲院（1899）、古田盲人学校（1896）、福州灵光盲人学校（1898）、福州女子盲童学校（1900）、奉天盲人女子习艺所（1902）、韶州喜迪勘盲人学校（1907）、长沙瞽女院（1908）等。教会和慈善机构在中国创办特殊学校的发展过程中，初步形成了一套教育思想，构建起学校、家庭、社会的三维教育体系，并进行了一系列教育实践活动。教会特殊教育机构关注社会教育的施行，重视为残疾女子提供受教育机会，但没有统一的学制，办学层次以初等教育为主，整体教育程度偏低。教学的主要任务是补偿学生残障，宗教是学校的核心课程，尽管重视职业技术教育和体育卫生工作，关注艺术教育，但相对忽视知识教育。

民国时期的特殊教育　这一时期，特殊教育开始逐渐被纳入国民教育体系。1912 年，北洋政府教育部颁布的《小学校令》，对建立特殊学校的条件作出法律性规定，即盲聋哑学校的建立要按普通小学相应条文的规定办理审批手续。1922 年 11 月，北洋政府教育部公布的《教育系统改革案》中有关学制管理条例部分也对特殊教育的意义、目的和对象有比较明确的规定，指出"对精神上或身体上有缺陷者，应施以相当之特种教育"。当时，社会许多有识之士也呈文上书，大声呼吁政府和全社会都要关心特殊教育。这一时期，除了一些外国人创办的特殊学校外，中国一些热心于教育的人士也开始私人办理特殊教育。

（1）盲人教育。近代中国人自办的最早的盲人学校是

由汉口训盲学校毕业的盲人刘先骥于1915年1月在长沙创办的"湖南导盲学校"。学校开办当年就招收盲童25名,并向政府注册备案。该校后来又增设师范部,学制4年;后又增设编织科,进行工艺职业技术教育。据1948年出版的《全国盲童院校概况一览》记载,该校小学部历年毕业生总数已达104人,师范生24人,是当时中国特殊教育界初具规模和较有影响的一所学校。抗战期间,盲校虽有因地方沦陷或经济困难而停办的,但抗战胜利后均已力图恢复。其中除少数为公立外,多为教会及慈善团体所创,学校无固定经费,全靠捐款维持,学生多属贫寒子弟,衣食亦须由校方供给,教学内容多未能充实,与理想相距甚远。

抗战期间,南京市立盲哑学校学生罗福鑫经保送入国立中央大学教育学院学习,1945年毕业,是中国接受大学教育的第一位盲人。民国后期,各盲校多重视职业科的训练,如广州盲校的制革、制皮鞋,福建盲校的织席,上海盲校的织藤器,台北盲哑学校的电疗、针灸、按摩,教育部特设盲哑学校的打字、针织纺织、藤木等职业科。

(2)聋哑教育。近代中国人自办的聋哑学校以1916年南通私立盲哑学校附设哑部为最早。随后开办的有湖南省救济院盲哑学校附设哑部(1916)、北平鼓楼聋哑学校(1919)、上海群学会设聋哑学校(1920)、辽宁设私立聋哑职业学校(1923)、上海聋哑学校(1926)、南京盲哑学校哑部(1927)、广州市贫民教养院盲哑残废股哑部(1928)。

到1936年,中国聋哑学校已增至20余所。抗战期间虽有停办,但胜利后多已恢复。当时的聋哑学校多为私立,经费极其困难。所有聋哑学校,除教育部特设盲哑学校哑生部设有初中、小学,台湾台北、台南两盲哑学校之哑生部各设有木工、缝纫两技术专科外(相当于初中程度),其余均仅设小学。各校所设之班级亦多不全。各校课程多比照中小学课程标准而设。此外,各校多增设绘画、打字、雕刻、印刷等技术科目。哑校所用书籍与普通学校完全相同,其教学方法有口语、发音符号、手语三种。聋哑学校的师资非常缺乏,且无专设的训练机构。到民国后期,各聋哑学校纷纷增设职业训练科目,如教育部特设盲哑学校职业科设有纺织、藤木、印刷、中英文打字、缝纫等科;镇江私立胜天聋哑学校设有缝纫、摄影、艺术等科。

(3)特殊教育的宣传与研究。近代中国的特殊教育事业主要是社会福利事业,没有政府领导下的、有计划的科学研究,只有少数热心人士的宣传及调查研究。1909—1929年,对22种教育刊物进行统计,在全部发表的6 587篇文章中与广义特殊教育有关的文章仅有35篇,占全部发表文章的0.5%,加上其他报刊上有关特殊教育的文章共约50篇。较早的文章有1913年由严祯翻译并发表在《中华教育界》的《盲童教育论》等。较早出版的特殊教育专门书籍约有20种,如周维城的《特别教育》,郁爽秋的《特殊教育之实施》,

华林一的《残废教育》、《低能教育》,叶炳华的《国音盲字符号指导》、《怎样教哑生发音说话》,吴燕生的《聋教育常识》,庞军博的《特殊儿童教法》,李万育的《特殊学校》等。1924年,张闻天翻译的俄国著作《盲音乐家》出版。还翻译出版了海伦·凯勒的《我生活的故事》(The Story of My Live),名为《盲聋女子克勒氏自传》(1930年、1933年,高君韦译)、《海伦·凯勒自传》(1934年,应远涛译)。这些文章和书籍从内容上可分为四类:① 介绍国内外特殊教育情况。如介绍国外特殊教育情况的有:1912年,太玄的《欧美特殊儿童之教育》;1913年,中达译的《欧洲之废疾教育》;1914年,教育杂志记者的《英国伦敦盲校参观记》;1922年,常导之的《英国盲聋教育的危机》和王钟麟的《东京高师附小(低能儿)的实施状况》等。介绍国内特殊教育情况的有:1921年,陈献可的《无锡中学实验小学的天才教育实验》;1922年,上海惠爱聋哑学校的《新建设的聋哑学校》;1931年,王秉衡的《南通私立聋哑学校概况》等。② 对中国特殊教育现状的调查研究。如朱衡涛在1930年的《教育与民众》第二卷第五期上发表《中国盲哑教育状况》,全文20页,对全国盲哑教育机构、学生人数、毕业生数及出路、地区分布、各类教师数、劳动教育状况、各种经费来源和支出、学校所设课程、使用的教科书、盲哑教育研究等多方面情况制成29个统计图表并进行分析。③ 对特殊教育各种问题的探讨。各专著和文章涉及盲、聋、低能(弱智)儿童及青少年等各类特殊教育对象的心理、教育、教学、社会发展以及盲文、手语、口语教学、师资培养、职业教育、教学方法等诸多方面,提出很多观点和建议。④ 对特殊教育的专题研究。1936年,在江苏安亭(今上海市)成立中华盲哑教育社,其宗旨是"研究盲哑教育并促进其发展"。其章程规定了多项工作:调查国内外盲哑教育状况;设立试验盲哑学校;编印盲哑教育刊物;设立盲哑教师介绍所;盲哑职业指导;办理各地委托关于盲哑之设计事项等。

(4)特殊教育的教师培训。山东烟台聋校最早用"师傅带徒弟"的方法在实践中培养新教师,包括本校仃职教师和到各地办学的教师,如北京的杜文昌、成都的罗蜀芳等,均在烟台学习过,学习材料为仅供参考的十数页的《聋哑教育讲义撮要》。1915年,张謇在开办南通盲哑学校前先开办了盲哑师范科,培养创办特殊教育学校所需师资。后改为盲哑师资讲习所。在特殊教育学校设师资培训机构的做法还在长沙等地的学校实施。

中华人民共和国成立后的特殊教育

1949年后,政府逐步接管、调整和整顿了原有的公立和私立盲聋哑学校;1950年,国家决定接办美国和教会津贴的学校和救济机关,其中包括受美国和教会津贴的聋哑学校

10 所、盲校 30 所。根据政策,民政部门接管了收容盲、聋等残疾儿童的教养单位并改为公立特殊教育学校,独立的学校由教育部门接管和改造,纳入教育体系。1951 年,周恩来总理签署《关于改革学制的决定》,其中在对幼儿、初等、中等、高等教育做出规定后,专门提出"各级人民政府并应设立聋哑、盲目等特种学校,对生理上有缺陷的儿童、青年和成人施以教育"。这一规定宣布特殊教育是国家和政府负责的事业,根本改变了之前中国特殊教育的慈善、救济、福利的性质;把特殊教育纳入国家国民教育体系,确立了特殊教育是国家教育事业组成部分的地位;给了残疾人平等受教育的权利。

特殊教育的领导和管理 为了加强对特殊教育的领导和管理,1953 年,教育部首次建立盲哑教育处,其任务是:掌握盲聋哑教育的工作方针、政策;拟定有关法规并组织实施;检查盲聋哑学校的教学与行政工作;制订盲聋哑学校教学计划、教学大纲,组织盲聋哑教材的编辑、审定、出版、供应工作;培训师资及组织在职进修等。该处的名称和隶属几经变化,到 20 世纪 80 年代,改为基础教育司特殊教育处,各省设立相应的人员管理特殊教育。1994 年,在教育部领导下成立协调各司局对特殊教育工作管理的特殊教育办公室。

教育部在盲聋哑学校方针、课程、学制、编制、任务、教学计划、教学大纲、教师待遇、学生守则等方面发布文件,指导盲聋哑教育的发展和改革。1953 年起,经过试验后在盲校采用由黄乃设计的新盲字,统一了全国各个地方互相不能通用的盲字。新盲字以北京语音为基础、以词为单位、分词连写,对发展盲教育和推广普通话起重要作用。1954 年,教育部召开座谈会,讨论用手语和口语两种手段教学的优劣问题,在北京、上海、哈尔滨的四所聋校进行口语教学试验。1955 年,教育部发布《关于上海盲童学校试行〈盲童学校教学计划(草案)〉的指示》;1956 年、1957 年,分别发出聋哑学校手势教学班和口语教学班的教学计划及各科教学要求与说明,召开口语教学试验汇报会,修订口语班教学计划,在全国推行口语教学。1956 年,专门发出《关于盲童学校、聋哑学校经费问题的通知》,是保障特殊教育学校教育教学活动经费的特殊政策;同年还在国家工资改革的文件中规定,对盲聋哑中小学的员工,除按中小学工资标准分别评定外,对教员、校长、教导主任还按评定之等级工资,另外加发 15%,以表示鼓励,这为特殊教育教职工的特殊津贴政策打下基础。1957 年,教育部专门颁布《关于办好盲童学校、聋哑学校的几点指示》。20 世纪 80 年代后,教育部与相关单位多次召开特殊教育会议,研究特殊教育发展的各种问题,确定相关方针政策。1988 年,在北京召开第一次全国特殊教育工作会议,通过并于 1989 年由国务院批转全国执行的文件《关于发展特殊教育的若干意见》是指导此后一个时期中国特殊教育发展、使中国特殊教育形成自己特色的

重要文件。教育部几次参与了中国残疾人、残疾少年儿童的抽样调查,摸清了残疾儿童的需求,从 1988 年起与中国残疾人事业发展计划一起,在"八五"、"九五"、"十五"、"十一五"、"十二五"期间均提出特殊教育发展规划,包括普及义务教育、职业教育、盲文和通用手语、教育教学改革等诸多方面。之后提出的特殊教育发展方针是,实行普及与提高相结合,以普及为重点的方针,着重发展义务教育和职业技术教育,积极开展学前教育,逐步发展高级中等以上教育。在办学途径上逐步形成以一定数量的特殊教育学校为骨干,以大量特殊教育班和随班就读为主体的残疾少年儿童教育格局。1989 年起,国家专门设立"特殊教育补助费",除一般经常费用外,中央每年筹集 2 300 万元专项补助各地特殊教育事业发展。根据教育事业的发展需要,国家还颁布并不断修改各类特殊教育学校的教学计划,组织编写各科教学大纲,出版了盲、聋、弱智学校各科教材。1992 年,国家发布全日制盲、聋哑、弱智学校的教学仪器配备目录,以改善和规范教学仪器设备。1994 年,发布三类特殊教育学校的建设标准,供各地建设和改造特殊教育学校时参照执行。同年国务院颁布《残疾人教育条例》,共 9 章 52 条,对特殊教育的各个方面做了细致规定。对于特殊教育的发展纳入当地教育发展的总体规划,统一规划、统一领导、统一部署、统一检查,努力使特殊教育与普通教育做到同步发展。1996 年,弱智学校 9 个年级的各科全部教材出齐,总数 184 册;1999 年,为盲校使用的新编、修订、译成盲文的普通学校教材,为聋校新编、修订的教科书也全部出齐。此外,还出版了盲校使用的触摸地图集。2003 年,中国教育部基础教育司在全国选择了 100 个县(区)启动为期一年的随班就读工作支持保障体系实验工作。目的是建立随班就读工作支持保障体系,使随班就读这个残疾儿童少年接受义务教育的主要形式更科学化、规范化、制度化。2006 年修订的《中华人民共和国义务教育法》再次明确规定"特殊教育教师享有特殊岗位补助津贴"。2007 年,教育部依据《国务院关于基础教育课程改革与发展的决定》、《基础教育改革纲要(试行)》和《关于"十五"期间进一步推进特殊教育改革和发展的意见》的精神制定和发布了关于特殊学校教育教学工作的指导性文件《盲校义务教育课程设置实验方案》、《聋校义务教育课程设置实验方案》、《培智学校义务教育课程设置实验方案》。2009 年,在第二次全国特殊教育工作会议后国务院转发由教育部、发展改革委、民政部、财政部、人力资源社会保障部、卫生部、中央编办、中国残联共同制订的《关于进一步加快特殊教育事业发展的意见》,对当前和今后一个时期中国特殊教育事业发展提出要求:全面提高残疾儿童、少年义务教育普及水平,不断完善残疾人教育体系;完善特殊教育经费保障机制,提高特殊教育保障水平;加强特殊教育的针对性,提高残疾学生的综合素质;加强特殊教育师资队伍建

设,提高教师专业化水平;强化政府职能,全社会共同推进特殊教育事业发展。2010年,教育部发布《义务教育阶段聋校、盲校、培智学校的教学与医疗康复仪器设备配备标准》,这是全国教学仪器标准化技术委员会审核通过的教育行业标准。同年为研究、推广聋人用手语、盲人用盲文,教育部、国家语言文字工作委员会和中国残疾人联合会依托北京师范大学建立国家手语和盲文研究中心。

特殊教育体系 特殊教育的对象在中华人民共和国成立初期仅有盲和聋哑两类残疾儿童,主要进行小学阶段的教育。1953年后,逐渐发展了盲、聋、哑学校的职业技术教育。其后曾有过盲、聋幼儿教育(1958年,在上海、天津、沈阳)、智力落后儿童教育(1958年,在北京;1959年,在大连)的实践,但由于多种原因未能坚持发展和普及。1980年后,各类残疾儿童的早期干预(即早发现、早诊断、早教育训练,简称"三早")蓬勃发展,国家和民间团体推动了由教育、康复、医疗、妇幼、民政等部门联合进行的盲、聋哑和弱智儿童的早期干预工作。如仅"八五"期间,就对6万名耳聋幼儿进行了听力语言训练。盲、聋哑和弱智学校义务教育后的职业技术教育机构普遍建立。占残疾儿童很大比例的智力落后(弱智)儿童的教育也在教育部推动下得到快速发展,在教育部的特殊教育统计中,从1984年起弱智学校与盲、聋哑学校均单独列项统计。1990年后,中央教育行政部门又有计划地进行了自闭症(孤独症)儿童、中重度智力落后儿童、多种残疾儿童等类残疾儿童的教育、训练的实践研究,并逐步扩大规模;对于聋和有残余听力的儿童、盲和低视力的儿童,进行了分类教学。"十五"末期,发达地区和大城市已基本普及九年特殊义务教育。1992年,在青岛盲校和南京聋校分别试办盲、聋青年学生的普通高中,三年后取得成功并开始在各发达地区推广。2010年,中国大陆有为盲、聋、弱智设立的义务阶段特殊教育学校1706所,在校学生425613人(含在普通学校随班就读的残疾学生259601人)。

在高等教育领域,1985年,教育部等有关部门发出《关于做好高等学校招收残疾青年和毕业分配工作的通知》,规定各级高等学校应从残疾考生的实际出发,贯彻德智体全面考核、择优录取的原则,并特别指出,在残疾考生与其他考生相同的情况下,不应仅因残疾而不予录取。同年,山东滨州医学院设立中国第一个专门招收肢体残疾学生的临床医疗本科专业(医疗二系),填补了中国专门高等特殊教育机构的空白。1987年,由中国残疾人联合会和长春大学共同创办长春大学特殊教育系(后改为特殊教育学院),专门招收培养本科与专科的多种专业的盲、聋、肢体残疾的学生。后在天津理工大学建立了聋人工学院,在北京联合大学建立了特殊教育学院等,此外还在一些高校开设了残疾人班级;在很多普通高校招收残疾青年学生,与普通学生一起学习。至2010年,中国大陆有16所高等特殊教育学院;

有7 782名盲、聋、肢体残疾学生被特殊教育学院和普通高校录取。包含有各类残疾人的从幼儿到高等教育的各级各类特殊教育体系已逐步形成,这一体系既相对独立又与普通教育体系融合衔接,使残疾人享有平等受教育权利。

特殊教育师资培养 20世纪50年代,教育部和盲人、聋哑人协会举办过少量短期师资训练班。1981年,在黑龙江肇东举办特殊教育中等师范班;1982年,在南京筹建特殊教育师范学校,1985年正式招生。全国各省陆续办起33所特殊教育师范学校或师资培训中心。在特殊教育研究方面,1980年,北京师范大学建立特殊教育研究室。1986年,该校建立特殊教育专业,招收本科生。1987年,第一个特殊教育的硕士研究生毕业。随后,上海、武汉、重庆、西安、大连等地的师范大学也陆续建立特殊教育专业、系或学院。2004年,华东师范大学特殊教育博士点培养的第一批三位特殊教育博士生毕业。随着中国师范教育由三级向两级过渡,一些中等特殊教育师范学校已用多种方式升格为高等职业教育机构。对在职特殊教育教师和领导的培训也纳入国家和地方的教师进修体系和计划。此外,特殊教育教师的提高还有函授、业余进修、参加国内外学术会议和访问等多种形式。

参考文献

顾定倩,朴永馨,刘艳红.中国特殊教育史资料选[M].北京:北京师范大学出版社,2010.

吴洪成.中国教会教育史[M].重庆:西南师范大学出版社,1998.

张福娟,等.特殊教育史[M].上海:华东师范大学出版社,2000.

中华人民共和国教育部.共和国教育50年[M].北京:北京师范大学出版社,1999.

(朴永馨 吴民祥)

中国现代少数民族教育法律与政策

中华人民共和国成立以后颁布的关于少数民族教育的相关法律及政府行政政策。

少数民族教育法律及其基本原则

《中华人民共和国宪法》是中国少数民族教育的根本法律依据;《中华人民共和国教育法》、《中华人民共和国义务教育法》、《中华人民共和国民族区域自治法》等相关法律为中国少数民族教育提供了完整的法律保障体系。其基本原则可以概括为五点。

(1)各民族享有平等的受教育权。《中华人民共和国宪法》第四条规定:"中华人民共和国各民族一律平等。国家保障各少数民族的合法的权利和利益,维护和发展各民族的平等、团结、互助关系。"第四十六条规定:"中华人民共和国公民有受教育的权利和义务。"《中华人民共和国民族区域自治法》第九条规定:"上级国家机关和民族自治地方的自治机关维护和发展各民族的平等、团结、互助的社会主义民族关系。"第四十八条规定:"民族自治地方的自治机关保障本地方内各民族都享有平等权利。"《中华人民共和国教育法》第九条规定:"公民不分民族、种族、性别、职业、财产状况、宗教信仰等,依法享有平等的受教育机会。"

(2)民族自治地方的自治机关可以自主地管理和发展本地方教育事业。《中华人民共和国宪法》第一百一十九条规定:"民族自治地方的自治机关自主地管理本地方的教育、科学、文化、卫生、体育事业,保护和整理民族的文化遗产,发展和繁荣民族文化。"《中华人民共和国民族区域自治法》第三十六条规定:"民族自治地方的自治机关根据国家的教育方针,依照法律规定,决定本地方的教育规划,各级各类学校的设置、学制、办学形式、教学内容、教学用语和招生办法。"第三十七条规定:"民族自治地方的自治机关自主地发展民族教育,扫除文盲,举办各类学校,普及九年义务教育,采取多种形式发展普通高级中等教育和中等职业技术教育,根据条件和需要发展高等教育,培养各少数民族专业人才。"

(3)国家帮助、扶持各少数民族地区发展教育事业。《中华人民共和国宪法》第一百二十二条规定:"国家从财政、物资、技术等方面帮助各少数民族加速发展经济建设和文化建设事业。国家帮助民族自治地方从当地民族中大量培养各级干部、各种专业人才和技术工人。"① 关于教育投入。《中华人民共和国教育法》第五十六条规定:"国务院及县级以上地方各级人民政府应当设立教育专项资金,重点扶持边远贫困地区、少数民族地区实施义务教育。"《中华人民共和国民族区域自治法》第七十一条规定:"国家加大对民族自治地方的教育投入,并采取特殊措施,帮助民族自治地方加速普及九年义务教育和发展其他教育事业,提高各民族人民的科学文化水平。"② 关于兴学招生。《中华人民共和国民族区域自治法》第七十一条规定:"国家举办民族高等学校,在高等学校举办民族班、民族预科,专门或者主要招收少数民族学生,并且可以采取定向招生、定向分配的办法。高等学校和中等专业学校招收新生的时候,对少数民族考生适当放宽录取标准和条件,对人口特少的少数民族考生给予特殊照顾。各级人民政府和学校应当采取多种措施帮助家庭经济困难的少数民族学生完成学业。"《中华人民共和国义务教育法》第十八条规定:国务院教育行政部门和省、自治区、直辖市人民政府根据需要,在经济发达地区设置接收少数民族适龄儿童、少年的学校(班)。③ 关于师资支援。《中华人民共和国民族区域自治法》第七十一条规定:"国家帮助民族自治地方培养和培训各民族教师。国家组织和鼓励各民族教师和符合任职条件的各民族毕业生

到民族自治地方从事教育教学工作,并给予他们相应的优惠待遇。"《中华人民共和国义务教育法》第三十一条规定:"在民族地区和边远贫困地区工作的教师享有艰苦贫困地区补助津贴。"

(4)各民族自由使用本民族的语言文字。《中华人民共和国宪法》第四条规定:"各民族都有使用和发展自己的语言文字的自由。"《中华人民共和国教育法》第十二条规定:"少数民族学生为主的学校及其他教育机构,可以使用本民族或者当地民族通用的语言文字进行教学。"《中华人民共和国民族区域自治法》第三十七条规定:"招收少数民族学生为主的学校(班级)和其他教育机构,有条件的应当采用少数民族文字的课本,并用少数民族语言讲课。"

(5)教育与宗教分离。《中华人民共和国宪法》第三十六条规定:"国家保护正常的宗教活动。任何人不得利用宗教进行破坏社会秩序、损害公民身体健康、妨碍国家教育制度的活动。"《中华人民共和国教育法》第八条规定:"国家实行教育与宗教相分离。任何组织和个人不得利用宗教进行妨碍国家教育制度的活动。"

少数民族教育政策

设立民族教育行政管理机构　1951 年,中央人民政府政务院批准《关于第一次全国民族教育会议的报告》,决定在中央人民政府教育部和有关各级人民政府教育行政部门建立少数民族教育机构或指定专职人员负责,掌管少数民族教育工作。1952 年,中央人民政府政务院做出《关于建立民族教育行政机构的决定》,规定中央人民教育部内设民族教育司;各大行政区人民政府(军政委员会)教育部或文教部(局)视工作需要设民族教育处(科)或在有关处(科)内设专职人员;各有关省(行署)、市、专署、县人民政府的教育厅(处)、局、科,根据本地区少数民族人口的多寡、民族教育工作的繁简,分别设置适当的行政机构或专职人员。省、地、县民族教育行政机构设置原则是:少数民族人口占当地人口10%以上或人口虽不及10%但民族教育工作繁重的省、市教育厅(处)、局,视其具体工作情况,设专门机构;少数民族人口不足当地总人口10%,民族教育工作比较简单的省、市教育厅(处)、局,在有关处、科内指定专人负责,有关的专署、县人民政府教育科,均指定专人负责;民族自治区或少数民族人口占当地总人口半数左右的地区的各级人民政府教育行政部门,其主要任务就是管理少数民族教育工作,也可考虑设立适当的民族教育行政机构。民族教育行政机构均与同级的高等、中等、初等教育机构分工,与双方都有关系的问题由各有关司、处、科和民族教育司、处、科或专设人员协商处理。民族教育行政机构或所设专职人员工作任务是:民族教育方针政策的贯彻执行;国家统一的教育方针政

策和法令在民族教育领域贯彻执行过程中,因民族特点产生的特殊问题的研究与处理;国家统一规定的学制、教学大纲、教学计划等,为结合各民族的具体情况而作的变通或补充;掌管民族教育事业计划、学校网的设置和少数民族教育补助费;有关民族语文教材的编译工作和新创制的少数民族文字在学校内的实验、推广工作;协助培养民族学校的师资;有关民族学院和民族公学的工作。到1955年,全国28个省、自治区、直辖市的民族教育行政机构设置已基本建立。1981年,在北京召开的第三次全国民族教育工作会议重申1952年政务院《关于建立民族教育行政机构的决定》,要求有关省、市、自治区依照这一精神,结合各地的实际情况,逐步恢复、建立和健全民族教育行政机构。1992年,《全国民族教育发展与改革指导纲要(试行)》(1992年~2000年)发布,要求各地加强民族教育行政管理机构的建设。2002年,《国务院关于深化改革加快发展民族教育的决定》发布,要求各级人民政府切实加强对民族教育工作的领导;把民族教育列入政府工作的重要议事日程;加快民族教育立法工作,把民族教育工作纳入法制化轨道。

少数民族自治地方自主发展民族教育 1980年,《关于加强民族教育工作的意见》指出,要在中央统一领导下充分行使民族区域自治权利的精神,保证民族自治地方在教育事业上的自主权。在国家统一的教育方针指导下,教育规划、学校管理体制、办学形式、学制、教材建设、教学内容、人员编制、教师任用和招聘、经费的管理和使用等,都应由自治地方根据实际情况决定。1992年,《全国民族教育发展与改革指导纲要(试行)》(1992年~2000年)规定各地要从民族地区的实际出发,改革民族教育管理体制,逐步实行基础教育由地方负责、分级管理的体制。2002年,《国务院关于深化改革加快发展民族教育的决定》指出,中国的民族教育以民族地区自力更生为主,与国家扶持及发达地区、有关高等学校开展教育对口支援相结合,共同推进民族地区教育事业的发展。

重视民族语文教学、双语教学 1950年,中央人民政府政务院第六十次会议批准通过《培养少数民族干部试行方案》,对使用民族语言授课做出明确规定,各少数民族学校应聘设翻译人员帮助教学,并对必须用本民族语文授课的班次和课程,逐渐做到用各族自己通用的语文授课。长期班的少数民族学生除学好本民族语文外,亦应学习汉语、汉文。1952年,颁布《中华人民共和国民族区域自治实施纲要》,规定各民族自治区自治机关得采用各民族自己的语言文字,以发展各民族的文化教育事业。1953年,教育部发布《关于兄弟民族应用何种语言进行教学的意见》,指出少数民族学校应使用本民族语文教学。但在有本民族通用语言而无文字或文字不完备的民族,在创立出通用义字之前,可暂时采用汉语文或本民族习用的语文进行教学。1957年,

国务院批准关于少数民族创制和改革文字的方案,使民族语文教学得到更广泛的开展(参见"中国少数民族语言文字教育")。1992年,《全国民族教育发展与改革指导纲要(试行)》(1992年~2000年)发布,规定要正确贯彻党的民族语言文字政策,在教学中因地制宜地搞好双语教学。2002年,《国务院关于深化改革加快发展民族教育的决定》进一步提出要大力推进民族中小学双语教学;正确处理使用少数民族语授课和汉语教学的关系,部署民族中小学双语教学工作;在民族中小学逐步形成少数民族语和汉语教学的课程体系。2010年,《国家中长期教育改革和发展规划纲要(2010—2020年)》发布,提出要大力推进双语教学,尊重和保障少数民族使用本民族语言文字接受教育的权利,国家对双语教学的师资培养培训、教学研究、教材开发和出版给予支持(参见"中国少数民族双语教育")。

加强少数民族师资队伍建设 (1)大力发展民族师范教育,培养合格的少数民族师资。1951年,第一次全国民族教育工作会议通过《培养少数民族师资的试行方案》。1980年,《关于加强民族教育工作的意见》发布,指出各自治区和各少数民族较多的省,一定要建立并办好一批民族师范院校。1992年,《关于加强民族教育工作若干问题的意见》以及《全国民族教育发展与改革指导纲要(试行)》(1992年~2000年)发布,指出要优先办好民族师范学校,尽快提高民族教师队伍的水平。2002年,《国务院关于深化改革加快发展民族教育的决定》指出,要把教师队伍建设作为民族教育发展的重点,教育投入要保证教师队伍建设的需要。(2)加强在职教师的培训提高工作。1992年,《全国民族教育发展与改革指导纲要(试行)》(1992年~2000年)发布,强调办好各级民族师范学校和少数民族师资培训中心,大力培养当地土生土长的本民族教师,加强在职教师的培训提高工作。2002年,《国务院关于深化改革加快发展民族教育的决定》发布,指出少数民族和西部地区教师队伍建设要把培养、培训双语教师作为重点,建设一支合格的"双语型"教师队伍;提高师范院校教师队伍的教学和科研水平,加强县级教师培训基地的建设;采用远程教育等现代化手段,提高继续教育的质量和效益;加强校长培训,提高民族地区学校的管理水平;加强教师培训,鼓励教师参加各类业务学习,提高教师学历学位层次。2003年,国务院制定《国家支援新疆汉语教师方案》,为新疆培训汉语教师和双语教师,培训项目包括教师赴内地高等院校培训及培养、少数民族双语骨干教师培训、志愿者赴基层执教和内地优秀教师来新疆讲学等。2009年,教育部办公厅发布《2009年中小学教师国家级培训计划》,提出要对中西部地区和边境民族地区中小学骨干教师进行培训。2010年,《国家中长期教育改革和发展规划纲要(2010—2020年)》发布,提出要对双语教学的师资培养培训工作给予支持。2011年,《教育部办公厅关于做好少数民

族双语教师培训工作的意见》发布，提出"'十二五'期间，中央财政将加大扶持力度，支持中西部省区进一步加强少数民族双语教师培训工作"；"有关省区要将双语教师培训纳入教师培训总体规划，进一步充实和完善2011—2015年双语教师培训计划，并制订年度实施方案，优先保证培训经费"。同年教育部办公厅发布《关于举办"国培计划（2011）——中小学少数民族双语教师普通话培训班"的通知》，提出要通过培训努力建设一支热爱中华优秀文化、国家通用语言文字水平较高、教育教学能力过硬、适应民族地区教育跨越式发展要求的双语教师队伍（参见"中国少数民族双语教育"）。（3）改善民族地区教师待遇和工作条件。1979年，教育部、财政部、粮食部、国家民委、国家劳动总局印发《关于边境县（旗）、市中小学民办教师转公办教师的通知》，决定从当年起，由国家拨专项劳动指标，将边境136个县（旗）、市中小学民办教师（职工），经考核后合格的全部转为公办教师。1980年，《关于加强民族教育工作的意见》指出，应在3～5年内逐步安排劳动指标，把经过考核合格的民办教师转为公办教师，使少数民族地区公办教师达到70%以上。1992年，《全国民族教育发展与改革指导纲要（试行）》（1992年～2000年）规定，各地应根据当地的实际情况制定一些可行的优惠政策，以稳定山区、牧区教师和鼓励外地教师到山区、牧区任教。2010年，《国家中长期教育改革和发展规划纲要（2010—2020年）》提出"国家制定优惠政策，鼓励支持高等学校毕业生到民族地区基层任教"。（4）对民族学校教职工编制适当放宽。1980年，《关于加强民族教育工作的意见》指出，根据实际需要，少数民族地区应适当增加教职工编制。1984年的教育部《关于中等师范学校和全日制中小学教职工编制标准的意见》、1992年的《全国民族教育发展与改革指导纲要（试行）》（1992年～2000年）以及1993年印发的《民族乡行政工作条例》进一步强调了此精神。（5）安排内地支援民族地区师资队伍建设。1956年，教育部发布《关于内地支援边疆地区小学师资问题的通知》，提出边疆小学发展所缺师资，需要内地支援的主要由"内地调配部分初中学生和失业知识分子加以短训解决"。1974年，国务院转批科教组《关于内地支援西藏大、中、专师资问题意见的报告》，决定对西藏要求配备的8所中学和1所师范学校的师资，由上海、江苏、四川、湖南、河南和辽宁6省、市及国家机关定区、定校包干支援；并对支援教师的任务、分工、条件、年限和待遇等问题提出了具体意见。此后，又从内地派出多批教师援藏。1992年，《全国民族教育发展与改革指导纲要（试行）》（1992年～2000年）发布，指出"国家教委将加强指导，开展省、自治区之间对口支援全国143个少数民族贫困县发展教育事业"。2002年，教育部发出《关于做好对口支援新疆高等师范学校工作的通知》，决定安排华东师范大学支援新疆师范大学，东北师范大学

支援伊犁师范学院，华中师范大学支援喀什师范学院。对口支援年限暂定为2002—2005年。2003年，教育部发布《关于落实支援新疆汉语教师工作的通知》，决定采取对口、定点、包干负责的方式和定项目、定任务的办法落实支援新疆汉语教师工作项目任务。2006年，教育部、中央统战部、国家民委发布《关于进一步加强教育对口支援西藏工作的意见》，进一步规范了对口支援的形式及具体内容。同年，教育部、财政部、原人事部、中央编办下发《关于实施农村义务教育阶段学校教师特设岗位计划的通知》，联合启动实施"特岗计划"，公开招聘高校毕业生到"两基"攻坚县农村义务教育阶段学校任教。实施范围以国家西部地区"两基"攻坚县为主（含新疆生产建设兵团的部分团场），包括纳入国家西部开发计划的部分中部省份的少数民族自治州，并适当兼顾西部地区一些有特殊困难的边境县、少数民族自治县和少小民族县；在安排特岗岗位时，重点向藏区、"双语教学"区、少小民族聚居区倾斜。2009年，教育部、财政部、人力资源社会保障部、中央编办等四部门决定扩大实施"特岗计划"，并将实施范围扩至中西部地区国家扶贫开发工作重点县。《国家中长期教育改革和发展规划纲要（2010—2020年）》指出，要加大对民族地区师资培养、培训力度，提高教师的政治素质和业务素质。

加强少数民族文字教材建设　中国政府一向支持少数民族文字教材建设，明确提出民族教材建设的方针、任务，并持续加强教材编写、出版、规划和管理工作。为提高民族教材质量，建立民族教材审定制度，并制定民族教材评奖制度和评奖方法。详"中国少数民族教材建设"。

在经费上给予特殊照顾　（1）设立民族教育专项补助经费，以解决民族教育的特殊困难。1951年，政务院批准《关于第一次全国民族教育会议的报告》，指出各地人民政府除按一般开支标准拨给教育经费外，还应按各民族地区的经济情况及教育工作情况，另拨专款，以帮助解决少数民族学校的设备、教师待遇、学生生活等方面的特殊困难。1956年，《国务院关于少数民族教育事业费的指示》发布，要求各地每年必须保证一定数额的少数民族教育补助费，根据当地经济及教育事业发展情况，以1955年指标数为基础，一般应逐年适当增加。1991年，国务院印发《关于进一步贯彻实施〈中华人民共和国区域自治法〉若干问题的通知》，指出国家设立少数民族教育补助专款，实行专款专用。1992年，《全国民族教育发展与改革指导纲要（试行）》（1992年～2000年）规定，除中央向地方下拨的各项教育专款要给予照顾外，有关省、自治区财政要按照有关规定，设立民族教育专项补助经费，其数额由省、自治区根据实际情况确定。2002年，《国务院关于深化改革加快发展民族教育的决定》提出，要加大对民族教育的投入。少数民族散杂居地区的各级政府要设立民族教育专项资金，制定和落实有关优惠

政策,扶持散杂居地区民族教育的发展;少数民族和西部地区地方本级财政教育经费的支出要切实做到"三个增长"(各级人民政府教育财政拨款的增长应高于财政经常性收入的增长,并使按在校学生人数平均的教育费用逐步增长,保证教师工资和学生人均公用经费逐步增长)。2010 年,《国家中长期教育改革和发展规划纲要(2010—2020 年)》提出,公共教育资源要向民族地区倾斜;中央和地方政府要进一步加大对民族教育支持力度。(2) 多渠道增加民族教育投入。1992 年,国家教委、国家民委印发《关于加强民族教育工作若干问题的意见》,指出要坚持国家扶持与自力更生相结合的原则,多渠道增加民族教育的投入。根据民族地区的实际,基础教育要实行由地方负责、分级办学、分级管理的体制。各级各类民族学校要充分利用当地资源,因地制宜,广泛开展勤工俭学活动。还规定,国家拨给民族地区包干经费中的"三项"补助经费(民族地区机动金、边境地区事业补助费、不发达地区发展资金),各省(区)要增加用于发展民族教育的比例。同年的《全国民族教育发展与改革指导纲要(试行)》(1992 年～2000 年)重申了这一精神。"九五"期间,中央财政设立"国家贫困地区义务教育工程",其中大部分专款投向普及九年义务教育困难较大、民族人口集中的西部 12 省、自治区。"国家贫困地区义务教育助学金"也向民族地区投入大量资金,资助家境困难的各民族儿童就学。国家安排的四期世界银行贫困地区基础教育发展项目贷款中,也有大批资金重点支持西部民族地区 200 个县的教育事业发展。2002 年,《国务院关于深化改革加快发展民族教育的决定》指出,在"十五"期间及至 2010 年,"国家贫困地区义务教育工程"、"国家扶贫教育工程"、"西部职业教育开发工程"、"高等职业技术教育工程"、"教育信息化工程"、"全国中小学危房改造工程"、中小学贫困学生助学金专款、青少年校外活动场所建设项目等要向少数民族和西部地区倾斜;国际组织教育贷款、海外和港澳台教育捐款的分配,重点向少数民族和西部地区倾斜;鼓励社会力量办学,支持和调动社会力量参与教育"帮困济贫"行动,对纳税人向少数民族和西部地区农牧区义务教育的捐赠,在应纳税所得额中全额扣除;少数民族和西部地区新建、扩建学校包括民办公益性学校,以划拨方式提供土地,并减免城乡建设等相关税费;对勤工俭学、校办产业以及为学校提供生活服务的相关产业,继续实行税收优惠政策;同时,适度运用财政、金融等手段支持少数民族和西部地区教育事业的发展。2004 年,国务院批准《国家西部地区"两基"攻坚计划(2004—2007 年)》,提出根据集中投入、分步实施的原则,在2004—2007 投入专项资金帮助西部地区尚未实现"两基"(基本普及九年义务教育、基本扫除青壮年文盲)的 372 个县(市、区)以及新疆生产建设兵团的 38 个团场达到国家"两基"验收标准。2005 年,《国务院关于深化农村义务教育经费保障机制改革的通知》发布,开启农村义务教育经费保障新机制改革。从 2006 年春季开学起,西部的 12 个省、自治区、新疆建设兵团和中部地区享受西部政策的部分县、市全面实施改革。2007 年,国家发展和改革委员会、教育部出台《中西部农村初中校舍改造工程的总体方案》,推动未纳入"两基"攻坚计划实施范围的中西部地区农村初中进行校舍改造,重点加强农村薄弱初中学生生活设施建设,改善食宿条件,提高农村初中巩固率和寄宿率。2010 年,《国家中长期教育改革和发展规划纲要(2010—2020 年)》就民族教育经济保障指出,进一步加大农村、边远贫困地区、民族地区教育投入;中央财政通过加大转移支付,支持农村欠发达地区和民族地区教育事业发展,加强关键领域和薄弱环节,解决突出问题。

举办民族学院、民族大学和民族班　(1) 民族学院和民族大学。1950 年,政务院批准了《培养少数民族干部试行方案》和《筹办中央民族学院试行方案》,决定在北京设立中央民族学院,并在西北、西南、中南各设中央民族学院分院,必要时还可增设。1950—1958 年,先后建立 10 所民族学院。1979 年,《关于民族学院工作的基本总结和今后方针任务的报告》将民族学院的方针任务由过去的"培养政治干部为主,专业技术干部为辅"调整为"大力培养四化所需要的具有共产主义觉悟的政治干部和专业技术人才,为少数民族地区的社会主义现代化建设服务"。1984 年,国家决定筹建东北民族学院和西北第二民族学院,两所学院分别于 1997 年、1994 年正式挂牌建院。1989 年决定将筹建中的鄂西大学改为湖北民族学院。1992 年,《关于加强民族教育工作若干问题的意见》指出,民族学院现有的专业,要根据社会需要积极改善办学条件,深化改革,提高质量;民族地区急需的一些专业,要在统筹规划的基础上,努力创造条件,有计划地设置。同年颁布的《全国民族教育发展与改革指导纲要(试行)》(1992 年～2000 年)指出,国家要继续认真办好民族高等教育,采取特殊措施有计划地培养少数民族高级专门人才。1993 年,《关于加快所属民族学院改革和发展步伐的若干意见》指出,要积极发展普通本专科教育,努力发展研究生教育,继续办好预科教育和干部培训、函授夜大学等成人教育;适当压缩长线专业,增加短线专业招生;对能体现民族学院优势和特色的基础性学科和专业,应采取有效保护措施,使其得到巩固和提高;对一般本、专科专业,应逐步改造,转向培养应用型人才。1994 年,中央民族学院更名为中央民族大学。2002 年,《国务院关于深化改革加快发展民族教育的决定》指出,资助西部各省(自治区、直辖市)重点建设一所起骨干示范作用的高等学校,重点支持办好中央民族大学;国家公派留学人员工作也要向少数民族和西部地区倾斜。同年,中国科学院与国家民委签署共建中央民族大学、中南民族大学、西北民族学院、西南民族学院、西北第二民族学院和大连民族学院 6 所国家民委所属院校的协议，使这 6 所民族院校在学科建设、科研水平、人才培养等方面进一步得到提升。一些民族专科院校陆续改建为学院，如 2006 年黔东南民族师范高等专科学校组建为凯里学院、安顺师范高等专科学校组建为安顺学院、铜仁师范高等专科学校组建为铜仁学院，右江民族师范高等专科学校改建为百色学院；2009 年，以康定民族师范高等专科学校为基础设置四川民族学院等。同时，一批民族学院也开始改为大学，如 2003 年云南民族学院更名为云南民族大学，2008 年西北第二民族学院更名为北方民族大学，2009 年青海民族学院更名为青海民族大学等，促进了民族高等教育的进一步发展。2010 年，《国家中长期教育改革和发展规划纲要（2010—2020 年）》提出"积极发展民族地区高等教育。支持民族院校加强学科和人才队伍建设，提高办学质量和管理水平"。(2) 民族班。1980 年，教育部发出《关于 1980 年在部分全国重点高等学校试办少数民族班的通知》，决定从当年开始，教育部所属五所重点高等院校举办民族班，帮助培养少数民族人才。此后一些医学、水利、体育、艺术等院校也相继开办民族班。2002 年，《国务院关于深化改革加快发展民族教育的决定》指出，做好高校民族班和民族预科班的招生工作，以上学年招生规模为基数，并按上学年全国普通高等学校本科招生平均增长，确定当年国家部委及中东部地区所属高等学校民族班和民族预科班的招生规模；预科生的经费按本科生标准和当年实际招生数，分别由中央和地方财政核拨；加强民族预科教育基地建设，深化预科教学改革，提高教育质量。2003 年，教育部办公厅发布《关于全国普通高等学校民族预科班、民族班招生、管理等有关问题的通知》，重申在普通高等学校举办少数民族预科班、民族班是党和国家为少数民族地区培养专门人才而采取的一项有效措施，各地、各部门和高等学校要做好少数民族预科班、民族班招生、培养和管理工作；招生计划要重点投放在培养民族地区师资和社会经济发展急需人才领域。2005 年，教育部发布《普通高等学校少数民族预科班、民族班管理办法（试行）》，对民族预科班、民族班的办学机构、招生录取、学制与教学管理、学生管理、收费、教师和管理人员等做了详细规定。2010 年，《国家中长期教育改革和发展规划纲要（2010—2020 年）》提出要进一步办好高校民族预科班。

举办寄宿制民族中小学校　1950 年，第一次全国民族教育工作会议的报告明确指出，少数民族各级学校在办学形式上，根据民族地区的特殊情况，除在少数民族聚居区外，在少数民族较多的地区，单独设立民族中小学；在经济困难和交通不便的少数民族边远山区和牧区，办好寄宿制民族中小学校。1956 年，《国务院关于少数民族教育事业费问题的指示》明确指出有寄宿生的学校根据需要设炊事员和保育员。1980 年，《关于加强民族教育工作的意见》指出，

对于大多数文化教育十分落后的民族，特别是对于边远地区、牧区、山区的民族，必须采取特殊办法，在相当时期内集中力量，办好一批公办民族中小学，给予较多的助学金，特别要大力办好一批寄宿制学校，采取由国家管住、管吃、管穿的办法。1992 年颁布的《全国民族教育发展与指导纲要（试行）》（1992 年～2000 年）提出，在一部分教育基础较差的贫困山区和牧区，应重点扶持办好寄宿制民族小学、中学或民族班，努力培养合格的小学和中学毕业生，为普及义务教育和培养各类人才打好基础。2002 年，《国务院关于深化改革加快发展民族教育的决定》提出，努力改善寄宿制中小学办学和生活条件。中央财政通过综合转移支付对农牧区、山区和边疆地区寄宿制中小学校学生生活费给予一定资助；少数民族和西部地区各级财政也要相应设立寄宿制中小学校学生生活补助专项资金。此后，中央在继续实施"国家贫困地区义务教育工程（二期）"和"中小学危房改造工程"的基础上，在短短的四年时间内集中投入 100 亿元实施西部地区寄宿制学校建设工程，重点补助"两基"攻坚县农村寄宿制学校建设。

在招生中给予少数民族学生特殊照顾　(1) 对报考年龄、地区的照顾。1955 年，在《关于放宽少数民族学生报考年龄的问题给广西省教育厅的函》中规定，对少数民族学生报考年龄一般应比照当地规定放宽 2～3 岁；当年毕业生报考时不受年龄大小的限制。1985 年，劳动人事部《关于允许农村、牧区少数民族学生报考技工学校的批复》规定，农村、牧区少数民族学生中符合招生条件的可以报考技工学校。(2) 对少数民族录取成绩的照顾政策。1951 年，高等学校招考新生规定，对兄弟民族学生从宽录取。1962 年，《关于高等学校优先录取少数民族学生的通知》指出，对报考统一招生的全国高等学校的少数民族学生，"同等成绩、优先录取"。少数民族学生报考本自治区所属的高等学校，可以给予更多的照顾，其成绩达到教育部规定的一般高等学校录取新生的最低标准时，即可优先录取。1978 年，《关于一九七八年高等学校招生工作的意见》规定，同报考专业相关科目的考试成绩，特别优秀的考生和边疆地区的少数民族考生，最低录取分数线及录取分数段可适当放宽。1980 年，《关于加强民族教育工作的意见》指出，高考招生应对少数民族学生实行择优录取、规定比例、适当照顾相结合的办法；在各民族自治地方，少数民族学生的录取比例应力争不低于少数民族人口比例。1981 年，高等学校招生工作规定，对边疆、山区、牧区少数民族聚居地区的少数民族考生可根据当地实际情况适当降低录取分数。对散居在汉族地区的少数民族考生，在与汉族考生同等条件下优先录取。高等学校举办少数民族班，可适当降低分数，招收边疆、山区、牧区等少数民族聚居地区的少数民族考生。1987 年，《普通高等学校招生暂行条例》将对少数民族招生的照顾政策进一

步具体化、规范化:边疆、山区、牧区、少数民族聚居地区的少数民族考生,可根据当地实际情况,适当降低分数,择优录取;民族班招生,从参加当年高考的边疆、山区、牧区等少数民族聚居地区的少数民族考生中,适当降低分数择优录取;山区、边远地区、少数民族聚居地区的委托培养,可以划定招生范围,同时明确预备生源,适当降低分数,择优录取;普通中等专业学校和成人高等学校招生时,也执行与普通高等学校相类似的政策。1992年,《全国民族教育发展与改革指导纲要(试行)》(1992年~2000年)和《关于加强民族教育工作若干问题的意见》指出,高等学校和中等专业学校在招生时,在一定时期内对少数民族考生仍继续实行同等条件下优先录取和适当降分录取相结合的办法。1993年发布的《城市民族工作条例》第九条规定,地方招生部门可以按照国家有关规定,结合当地实际情况,对义务教育后阶段的少数民族考生,招考时给予适当照顾。一些少数民族杂散居地区在执行"同等条件下优先录取"政策的基础上,还制定了对少数民族考生适当降低分数录取的政策。此后,这一政策被不断重申,如2000年、2009年教育部分别印发通知,规定边疆、山区、牧区、少数民族聚居地区的少数民族考生可在高等学校调档分数线下适当降低分数要求投档,由学校审查决定是否录取,散居在汉族地区的少数民族考生,在与汉族考生同等条件下,优先录取。(3)对少数民族考生语言文字的照顾。1956年,中华人民共和国高等教育部《通知关于优先录取少数民族学生事》文件,就当年很多少数民族学生要求照顾他们汉语实际困难的要求在降低录取标准、照顾少数民族汉语水平等方面作出相关规定。1957年,高等学校招生中规定,用少数民族语文教学的高等学校或班级,可用少数民族语文单独进行招生考试。1962年,《关于民族工作会议的报告》指出,用少数民族语言进行教学的民族中学毕业生,报考高等学校文史类,免试古代汉语。1964年,高等学校招考新生又规定:少数民族聚居地区的少数民族考生报考高等学校,可以申请免试外国语(报考外国语专业的不得免试)。1978年,《关于一九七八年高等学校招生工作的意见》提出,民族自治区、州、县和少数民族聚居地方的少数民族考生可用本民族文字答卷,但报考用汉语授课的院校的考生要具有一定的汉语听写能力。1981年,高校招生时规定,民族自治区用本民族语文授课的高等学校或系,由自治区命题、考试和录取,不参加全国统一考试。用本民族语文授课的民族中学毕业生,报考用汉语文授课的高等学校,应参加全国统一考试。汉语文由教育部另行命题,不翻译,并用汉文答卷;其他各科(包括外语试题的汉语部分)翻译成少数民族文字,考生须用本民族文字答卷。有关省、自治区在考汉语文的同时也可以考少数民族语文,并负责命题;汉语文和少数民族语文的考试成绩分别按50%计入总分,但汉语文成绩必须达到及格水平方能录

取。此后该少数民族考生考试用语政策一直执行至今。(4)实行定向招生政策。1982年,一些省、自治区、直辖市的少数高等学校试行"定向招生、定向分配"的办法。1983年,教育部决定从当年开始,在中央部门所属的农、林、医、师范院校实行部分定向招生;省、市、自治区所属农、林、医、师范院校实行大部分定向招生。定向招生的学生,毕业生分配时实行定向分配。为鼓励学生报考定向生,必要时可适当降低分数要求,实行择优录取。1988年,《普通高等学校定向招生、定向就业暂行规定》划定了定向范围和具体招生、培养、分配政策,对解决民族地区人才问题起一定作用。从1987年开始,逐渐形成对来自少数民族地区的少数民族考生在报考硕士研究生时在复试分数线即最终录取分数线方面给予适当优惠的"双少"政策。根据教育部、国家发改委、国家民委、财政部、人事部《关于大力培养少数民族高层次骨干人才的意见》和教育部等五部委关于印发《培养少数民族高层次骨干人才计划的实施方案》的精神,2009年,国家采取"定向招生、定向培养、定向就业"和采取"自愿报考、统一考试、适当降分、单独统一划线"的原则,在内地有关部委所属高校和科研院(所)招收少数民族高层次骨干人才研究生(含硕士研究生、博士研究生)。

对少数民族学生给予生活上的适当照顾　(1)适当减免收费。1992年,《关于加强民族散杂居地区少数民族教育工作的意见》规定,各类学校招生,凡属义务教育阶段,要认真组织少数民族子女入学,对生活有特殊困难的学生可减免杂费。高等学校招生和毕业生分配制度改革后,对学生收取一定数额的学费和杂费,但规定民族专业等享受国家专业奖学金的高校学生免收学费。2002年,《国务院关于深化改革加快发展民族教育的决定》指出,对未普及初等义务教育的国家扶贫开发工作重点县,向农牧区中小学生免费提供教科书,推广使用经济适用型教材;采取减免杂费、书本费、寄宿费、生活费等特殊措施确保家庭困难学生就学。从2004年起,中央财政加大投入力度,对农村家庭经济困难学生免费提供教科书,各级政府对家庭经济困难学生免除学杂费和补助寄宿生生活费。2006年,农村义务教育经费保障机制改革启动实施,全部免除西部农村义务教育阶段学生学杂费,免费提供教科书和补助寄宿生生活费的范围也不断扩大,标准逐步提高。2011年,国家民族事务委员会等部门发布《扶持人口较少民族发展规划(2011—2015年)》,提出少数民族学生中家庭经济特别困难的学生要酌情减免学费。(2)在学生待遇及发放助学金方面给予适当照顾。1950年,《培养少数民族干部试行方案》规定,凡考入高等学校的少数民族学生一律享受公费待遇;在若干指定中学亦得确立少数民族学生的公费名额。1952年,规定高等学校学生全部享受人民助学金,少数民族学生的标准可酌情提高。1974年,《关于中小学财务管理若干问题的意

见》就少数民族地区、边境地区中学助学金及小学住宿生补贴作了具体规定。1977年,《关于普通高等学校、中等专业学校和技工学校学生实行人民助学金制度的办法》规定,高等师范、体育(含体育专业)和民族学院的学生以及中等专业学校的师范、护士、采煤等专业的全部学生享受人民助学金;其他学生的人民助学金享受面按75%计算。1983年实行人民助学金与人民奖学金并存的办法后,民族学院的学生仍享受100%人民助学金,并适当增加困难补助费。1985年,国家在西藏对部分重点中小学和边境沿线地区中小学实行"三包"(包吃、包住、包学习费用)改革试验。1987年,高等学校全面实行奖学金制度和学生贷款制度,规定凡被民族专业(学校)录取的学生,全部享受专业奖学金;1989年起,对享受专业奖学金和定向奖学金的学生免收学杂费。2001年,中央召开第四次西藏工作座谈会,明确提出对西藏自治区农牧区中小学生继续实行"三包"政策,并提高标准,以专项经费形式保障落实。2002年,《国务院关于深化改革加快发展民族教育的决定》指出,少数民族和西部地区各级财政要相应设立寄宿制中小学校学生生活补助专项资金;在同等条件下,高等学校少数民族贫困生优先享受国家资助政策。2011年,国务院办公厅印发《关于实施农村义务教育学生营养改善计划的意见》;为加强和规范专项资金管理,财政部、教育部制订《农村义务教育学生营养改善计划中央专项资金管理暂行办法》,该计划将有力保障民族地区尤其是农牧区义务教育阶段适龄儿童的身体健康,各级地方政府也积极响应并制订出配套实施方案。

民族教育的对口支援与协作 (1)对少数民族贫困县的对口支援与协作。1992年,《关于加强民族教育工作若干问题的意见》和《全国民族教育发展与改革指导纲要(试行)》(1992年~2000年)明确提出,省、自治区之间对口支援全国143个少数民族贫困县发展教育事业;组织经济发达地区协助少数民族贫困县制订教育发展规划;培养及培训合格师资、教育行政干部;办好重点骨干中小学和县职业技术学校,发展电化教育和开展技术培训等;困难较多的一些省、自治区的民族教育,除国家给予一定支持外,各级政府要动员本省、自治区的力量,参照"智力援藏"办法给予支持。1993年,《关于对全国143个少数民族贫困县实施教育扶贫的意见》确定河北、北京、江苏、辽宁、山东等省市对口支援143个少数民族贫困县。2002年,《国务院关于深化改革加快发展民族教育的决定》指出,要认真组织实施"东部地区学校对口支援西部贫困地区学校工程"和"西部地区大中城市学校对口支援本省(自治区、直辖市)贫困地区学校工程",使少数民族和西部贫困地区在资金、设备、师资、教学经验等方面得到帮助。(2)对西藏的教育支援与协作。20世纪50年代中期,西藏在拉萨等地成立中学,急需师资,教育部于1956年发出《关于抽调初中、师范教员和教育行政

干部支援西藏的通知》。1984年,教育部、国家计委发布《关于落实中央关于在内地为西藏办学培养人才指示的通知》,决定从1985年起,在北京、兰州、成都筹建三所西藏学校,每年招生300人;在上海、湖北等16个中等以上城市各选条件较好的一两所中学举办西藏班,每年招生1 300名,同时还在北京、成都创办了两所西藏中学。1987年,《关于内地对口支援西藏教育实施计划》决定:① 重点加强师范教育和师资培养。由中央有关部委、有关省市和有关高校分别对口支援西藏的4所师范学校、9所中专以及西藏大学、西藏农牧学院、西藏民族学院3所高等院校;在西北师范大学成立藏族师资培训中心;委托辽宁等五省市的师范院校为西藏代培师资;国家每年统一分配120名内地高等师范本科毕业生和研究生支援西藏,工作8年后可调回内地。② 确定对西藏7个地市的对口支援,浙江省对拉萨市,湖南省对林芝地区,湖北省对昌都地区,辽宁省对山南地区,山东省对日喀则地区,山西省对阿里地区,天津市对那曲地区;确定由中央电视台对口支援西藏电教馆,中央党校对口支援西藏党校。③ 加强西藏教育研究和中小学藏文教材建设。依托西北师范学院设立必要的机构,加强以西藏为重点的整个藏族教育的研究工作;在继续加强藏、青、川、甘、滇等五省区藏文教材编写协作的同时,西北师院和西藏教材编写机构紧密合作,争取五年内重新设计、逐步编写出适合藏族特点的中小学教材(参见"中国少数民族教材建设")。1992年,《全国民族教育发展与改革指导纲要(试行)》(1992年~2000年)指出,西藏教育有特殊困难,全国要给予支援,要认真办好内地西藏班(校)。1993年,教育援藏工作会议召开,承担举办内地西藏班任务的27个省市与西藏共同签署了《教育支援西藏协议书》,落实内地西藏班任务。1994年,国家教委印发《关于进一步加强内地西藏班工作的意见》、《内地西藏中学班(校)管理实施细则》、《内地中等专业学校西藏班管理的若干暂行规定》,使内地西藏班的办学方式日益规范化、制度化。2001年,教育部发布《关于实施"对口支援西部地区高等学校计划"的通知》,决定在"十五"期间实施"对口支援西部地区高等学校计划",北京大学、清华大学等13所高校被指定为支援高校,采取一对一的方式,实施对受援高校的支援和全方位合作。2003年,教育部办公厅发布《关于做好内地高校成人高等教育为西藏培养在职干部工作的通知》,决定在中国人民大学、北京师范大学、中国政法大学等8所大学的成(继)教学院建立西藏在职干部教育培训基地。2004年,在成都召开内地西藏班思想政治和德育工作培训班,培训承担援藏办学任务的19个省市教育行政部门的负责人和相关学校校长、中等干部等。2005年,教育部发布《教育部关于对口支援西藏、新疆地区本科高等学校的通知》,决定在现有对口支援的基础上,进一步扩大对口支援西藏、新疆地区本科高等学校的范围,使西藏、新疆地区的

所有本科高等学校均与中国高水平大学建立对口支援关系。2006 年,教育部、中央统战部、国家民族事务委员会《关于进一步加强教育对口支援西藏工作的意见》决定"十一五"期间,继续组织实施内地高等学校对口支援西藏高等学校的工作;大力加强教师和教育行政管理干部的培养、培训工作;加强对西藏普通高中和中等职业教育的支援;加强教育部有关直属单位对西藏相关单位的对口支援等。2007 年,教育部、中央统战部、西藏自治区人民政府在北京联合召开全国内地西藏班办学和教育援藏工作会议,当年在拉萨召开全国教育对口支援西藏工作部署会议,全国 17 个省(直辖市)以及 35 所高校、教育部的 11 个单位与西藏受援单位签订对口支援协议书。(3)新疆的教育支援与协作。20 世纪 80 年代起,新疆与内地百余所高校开展协作计划,内地高等学校每年为新疆培养 1 000 名少数民族大学生,2003 年以后扩大到每年 2 000 名。1999 年,根据《国务院办公厅转发教育部等部门关于进一步加强少数民族地区人才培养工作的意见的通知》,决定从 2000 年起,在北京、上海、天津等 12 个城市开办内地新疆高中班。2000 年,教育部印发《关于内地有关城市开办新疆高中班的实施意见》,对内地新疆班的开办规模、方式、任务、招生、教学、升学、教师配备、管理职责以及办学经费等问题做了具体部署和明确规定。2002 年,《国务院关于深化改革加快发展民族教育的决定》强调,教育对口支援工作要帮助西藏、新疆加强双语师资特别是汉语教师的培养和支教工作;进一步加强内地西藏班(校)和新疆高中班的工作,完善内地西藏班(校)、内地新疆高中班管理、评估和升学分流办法;加大投入,提高教育教学质量,使其办学综合条件和管理水平达到当地省一级同类学校的标准;调整内地西藏班(校)招生结构,适度扩大高中和师范招生比例。2003 年,中共中央办公厅、国务院办公厅印发《关于进一步加强新疆干部与人才队伍建设的意见》,提出要"扩大内地新疆高中班规模,推行新疆高中班学生与当地学生混合编班"。2005 年,教育部、国家发展和改革委员会、财政部发布《关于扩大内地新疆高中班招生规模的意见》,决定从 2005 年起,在北京、天津、长春、哈尔滨、上海、扬州、盐城、镇江、泰州、杭州、宁波、温州、嘉兴、厦门、青岛、烟台、威海、武汉、广州、珠海、东莞、江门、肇庆、深圳等 24 个内地城市扩大内地新疆高中班招生规模。2008 年,《教育部办公厅关于增加内地高校支援新疆协作计划的紧急通知》决定再增加内地高校支援新疆招生名额。

参考文献

顾明远. 教育大辞典(第 4 卷)[M]. 上海教育出版社,1992.

金炳镐,王铁志. 中国共产党民族纲领政策通论[M]. 哈尔滨:黑龙江教育出版社,2002.

孟立军. 新中国民族教育政策研究[M]. 北京:科学出版社,2010.

司永成. 民族教育政策法规选编[M]. 北京:民族出版社,2011.

(吴明海　滕　霄)

中国幼儿教育　　中国历代开展的有关幼儿教育的研究和实践活动。中国幼儿教育已有几千年历史。古代幼儿教育以家庭教育为主要形式,近代中国出现深受日本影响的第一批幼儿教育机构和第一个幼儿教育法规。陈鹤琴等儿童教育家学习、引进西方的教育理论,在实践中探索本土化的幼儿教育。中华人民共和国成立后,幼儿教育成为基础教育的有机组成部分,朝中国化、科学化的方向健康发展。

中国古代幼儿教育

原始社会的社会公育　　原始社会中的幼儿教育由整个群落承担,社会公育是其基本形式。《礼记·礼运》中记载:"大道之行也,天下为公。……故人不独亲其亲,不独子其子。"至原始社会末期(约公元前 2700 年),中国出现名为"庠"的饲养牲畜和储藏粮食的场所,该场所也成为对儿童实施社会公育的专门机构。原始社会幼儿教育具有两个特点:一是公共性,儿童公有,社会公育;二是原始性,教育与生活未分化,师生与人群未分化,靠口耳相传实施教育。

奴隶社会的宫廷幼儿教育　　公元前 21 世纪(约从夏朝开始),中国进入奴隶社会。阶级出现,私有制和家庭形成,幼儿教育由公育成为家事。统治者重视未来王权继承人——太子的早期教育,实施宫廷幼儿教育,由朝廷委任德高望重的官员任教师,以学前年龄的太子和世子为对象,在天子宫廷及各诸侯王宫内进行幼儿教育,实行乳保教育和保傅教育制度。公元前 11 世纪(西周时期),按照婴幼儿年龄大小制订渐进实施的幼儿教育计划。《礼记·内则》中记载:"子能食食,教以右手。能言,男唯女俞,男鞶革,女鞶丝。六年,教之数与方名。七年,男女不同席,不共食。八年,出入门户及即席饮食,必后长者,始教之让。九年,教之数日。十年,出外就傅……"此计划内容贴近贵族子弟的日常生活,涵盖面广(包括生活习惯、日常礼仪、文化知识);随年龄增长逐步提高要求;男女分野。奴隶社会幼儿教育具有两个特点:宫廷性和等级性、学前性和准备性。

封建社会的家庭幼儿教育　　中国进入封建社会后,随着经济、政治、文化的下移,教育也逐步下移,幼儿教育由宫廷之内扩大到普通家庭。封建社会的幼儿教育以儒家教育思想为指导,以家庭教育为主要形式。《颜氏家训》是最早的家庭教育范本。

封建社会家庭幼儿教育的目的是使幼儿成材,以振兴家业、光宗耀祖,教育幼儿把光耀门楣作为自己的奋斗目标和报答父母养育之恩的方式。其内容包括四点。(1)思想品德教育。一是孝悌。要求幼儿从小养成不违背父母意志、服从父母绝对权威的习惯。二是崇俭,即珍惜粮食、崇尚俭朴。主张不能过于讲究幼儿的饮食与衣着。三是诚信。四是为善,行合乎道义和礼仪之事。(2)生活常规教育。一是礼仪常规的训练,又称仪教育。包括合乎礼仪的姿态训练(要求幼儿行走坐卧的姿势保持端正)和尊老爱幼的礼仪训练。二是生活卫生习惯的养成。早睡早起,自己穿戴整洁;进食时不可发出声响,不贪多暴食,不挑肥拣瘦;为家庭的环境卫生做力所能及的"洒扫"小事,以养成勤劳、爱整洁的习惯等。(3)文化知识教育。主要是识字、读书,教材有《三字经》、《百家姓》、《千字文》等。(4)身体健康教育。注重教养结合,关注幼儿的身体健康,常以各种游戏锻炼身体、愉悦心情,如拔河、跳绳、滚铁环、放风筝、踢毽子、踢球等。

家庭教育的原则和方法包括五点:一是及早施教。颜之推认为,家庭教育应及早进行,越早越好。二是严慈结合。长者应对幼者慈爱,颜之推认为"骨肉之爱,不可以简",但反对"无教而有爱"的溺爱,主张鞭挞是家庭教育不可缺少的有效手段。三是顺导性情,鼓舞兴趣。王守仁认为,"大抵童子之情,乐嬉游而惮拘检,如草木之始萌芽,舒畅之则条达,摧挠之则衰痿"(《王文成全书·卷二》)。四是循序渐进,量力而施。王守仁提出,必须注意"从本原上用力,渐渐盈科而进"(《王文成全书·卷一》)。五是因材施教,各成其材。王守仁提出,"因人而施之,教也,各成其材矣,而同归于善"(《王文成全书·卷七》)。

封建社会幼儿教育具有两个特点:一是家庭化,施教者是父母和长辈,在家庭中进行;二是封建性,为封建社会培养统治人才奠基。

中国近代幼儿教育

鸦片战争后,中国由封建社会逐渐沦为半殖民地半封建社会。为救国图强,先进知识分子效法西洋,倡办西学,如康有为在《大同书》中设计了一个从胎教到幼教的学前儿童公共教育体系,为近代幼儿教育的产生作了舆论和思想准备;西方各国先后在中国设立教会幼稚园和幼教师资培训机构,也为中国幼儿教育的产生提供了借鉴。20世纪初,清政府颁布《奏定学堂章程》,中国开始有了幼儿教育的法规和机构。中国形成近代学校教育制度,其中明确规定了幼儿教育的地位,建立蒙养院制度。幼儿教育开始由社会专门教育机构组织实施。1919年后,幼儿教育从过去学习日本转向学习欧美国家,并在探索和实践中总结经验,奠定了幼儿教育中国化和科学化的良好基础。

清末幼儿教育 清政府签订《南京条约》后,外国传教士在中国创设了孤儿院、慈幼院、育婴堂等幼儿慈善机构,它们共同构成教会幼儿教育在中国的基础。19世纪80年代,教会又在通商口岸的教堂或教会女学仿照西方的幼稚园制度附设幼儿察物学堂,由牧师夫人或女传教士任教师,主要招收牧师、教徒及中国家庭的子女,除进行宗教教育外,还进行知识启蒙教育,具有幼儿教育色彩。据林乐知统计,到1902年,教会在华建立的学校中有幼儿察物学堂6所。1892年,美国监理会传教士海淑德女士又在上海中西女塾创办幼稚园教师培训班,这是近代中国最早开办的教会幼儿师资培养机构。1898年,英国基督教长老会也在厦门鼓浪屿牧师楼举办幼稚园并创办识字培训班。教会早期幼儿教育从理论和实践两个方面为中国近代幼儿教育的发展提供了借鉴。

1903年9月,由张之洞筹划、端方督办的湖北幼稚园正式开办,幼稚园聘请日本人户野美知惠为园长,并拟定了《湖北幼稚园开办章程》,招收5~6岁幼儿入园,保育科目设有行仪、训话、幼稚园语、日语、手技、唱歌、游戏等7项。1904年1月颁发《奏定蒙养院章程及家庭教育法章程》后湖北幼稚园更名为"武昌蒙养院",这是近代中国第一所公立幼稚园。1904年9月,易名为武昌初等小学堂附设幼稚园;同年2月,附设保育科开办,招收青年妇女,由日本保姆教习讲授保育知识,这标志着中国近代幼儿教育师资培养工作的起步。

幼儿教育体系初步确立于1904年,《奏定蒙养院章程及家庭教育法章程》规定:蒙养院即为外国幼稚园,保育教导3~7岁儿童;各省府厅州县均应在育婴堂、敬节堂内附设蒙养院,一面教给乳媪、节妇及保姆保育教导幼儿之事,一面收本地附近幼儿入院教育。"保育教导儿童,专在发育其身体,渐启其心知,使之远于浇薄之恶风,习于善良之轨范。""当体察幼儿身体气力之所能为,心力知觉之所能及,断不可强授以难记难解之事,或使为疲乏过度之业。"保育教导条目有游戏、歌谣、谈话、手技等。该章程的颁布标志中国近代幼儿教育体系的初步建立。但这一章程存在一定的局限性,如未能摆正蒙养与家教的关系,视蒙养院为家庭教育的辅助,未能开放女禁,将幼儿师资的养成放在蒙养院中,模仿日本的色彩太浓等。1905年,端方开办湖南蒙养院,聘日本人春山雪子等为保姆,拟定《湖南蒙养院教课说略》。同一时期也有私人开办的幼儿教育机构。1905年,翰林院编修、学部侍郎严修创办天津严氏蒙养院,聘请日本人大野玲子为教师,生源是亲友及邻居的子女,附设在严氏女子小学内。私人幼儿教育机构还有1904年上海务本女塾附设的幼稚舍,1908年北京曹氏(曹广权)开办的家庭幼稚园等。

1907年3月,清廷批准颁行学部拟订的《女子小学堂章程》和《女子师范学堂章程》,其中规定:女子师范学堂培养女子小学堂教习并讲习保育幼儿方法,要求"教授女师范生,须副女子小学堂教科、蒙养院保育科之旨趣,使合将来充当教习、保姆之用"。还规定女子师范学堂当附设女子小学堂及蒙养院1所,以供师范生实习用,这就使蒙养院从必须附设于育婴堂、敬节堂的陈规中摆脱出来,改变了由蒙养院培养幼儿师资的做法,使蒙养院招收女生成为现实。严修于1905年开办保姆传习所,其毕业生是北方最早的幼教工作者。吴朱哲于1907年由日本学成回国,在上海公立幼稚舍创设保姆传习所,编撰的《保姆传习所讲义初集》于1909年由中国图书发行公司发行。这些师训机构和教材的出现是中国首批幼儿教育师训机构和教材。

这一时期幼儿教育的发展特点:一是幼儿教育机构多样化,既有蒙养园、幼稚舍,也有幼稚园;既有国人自办的,也有教会创办的。二是幼儿教育师资的培训未独立,一般以保姆班、传习所、讲习所等名义附设于蒙养院、女塾或女师中。

民国初期幼儿教育 1912—1913年间颁布"壬子癸丑学制",将清末的蒙养院改名为蒙养园,规定入园年龄为未满6岁的幼儿。同时,《师范教育令》、《师范学校规程》等规定:女子师范学校以造就小学教员及蒙养园保姆为目的,女子师范学校应于附属小学外设蒙养园,女子高等师范学校亦应设蒙养园,女子师范学校得设保姆讲习科。这里首次明确培养蒙养园保姆同小学教员并列为女子师范学校的任务,从而确立了蒙养园师资培训在师范教育体系中的地位。

1915年7月,教育部公布《国民学校令》,正式推行国民学校同预备学校分途的初等教育双轨制。之后教育部在1916年1月公布的《国民学校令施行细则》中,又对蒙养园的宗旨、保教内容、方法、设备等作了规定。指出蒙养园以保育满3周岁至入国民学校年龄的幼儿为目的,"保育幼儿,务令其身心健全发达,得良善之习惯,以辅助家庭教育";保育项目包括游戏、唱歌、谈话、手艺。尽管国民学校和预备学校因袁世凯复辟帝制失败而被废,但关于蒙养园的规定得以保留,并成为民国初期幼儿教育实施的基本依据。这一时期幼儿教育有了一定发展,据江苏省教育会幼稚教育研究会的统计,1918年仅上海一地新办幼稚园即达12所。同时,蒙养园师资的培养也得到发展,如教会第一所单独设立的幼师厦门怀德幼稚师范学校于1912年设立,北京高等女子师范学校于1916年设保姆讲习科,江苏省立第一女子师范学校于1917年增设保姆讲习科。

在五四运动的影响下,陶行知、张雪门、陈鹤琴、张宗麟等对幼儿教育理论进行探索,反思中国幼儿教育实践。他们反对简单抄袭外国幼儿教育经验,主张开展幼儿教育试验,提倡幼儿教育的中国化,从而激发了民间发展幼儿教育的热情。

1919年,北京女子高等师范学校保姆科成立幼稚教育研究会。1926年,沈百英倡议成立上海幼稚教育研究会。南京国民政府建立后,各类幼儿教育研究组织仍有发展,这对幼儿教育的发展起到了推动作用。

1922年,北洋政府教育部颁布"壬戌学制",将蒙养园改为幼稚园,其中规定幼稚园收6岁以下儿童。

1923年秋,陈鹤琴开展幼儿教育实验。在自家开办幼稚园,定名为南京鼓楼幼稚园。1925年秋,又改为东南大学教育科实验幼稚园开展幼稚教育实验,从而为探索幼儿教育的中国化取得了宝贵经验。

据1924年南京第一女子师范学校统计,1924年全国有幼稚园190所,其中教会办理的156所,国人自办的仅有34所。著名的幼儿教育机构有:1920年建立的北京香山慈幼院,由熊希龄任院长,以教养孤贫失学儿童为宗旨,下设蒙养园;同年由张雪门创办宁波幼稚师范学校。

南京国民政府时期幼儿教育 1928年,大学院主持召开第一次全国教育会议,通过了《注重幼稚教育案》,要求大学院派遣视学时应有幼稚教育专家一人,各省县市实验小学及师范附属小学应设立幼稚园,应研究平民的、省钱的、适合国情的幼稚园,各地应择适宜之地设幼稚师范学校或在师范学校内开设幼稚师范科。1929年8月,教育部公布由陈鹤琴主持制订的《幼稚园课程暂行标准》,规定幼稚园的课目有音乐、故事和儿歌、游戏、社会和自然、工作、静息、餐点等7项,强调设计教学的原则,注重课程的整体性和活动性。1932年,国民政府颁布《师范学校法》,规定师范学校得附设特别师范科、幼稚师范科,幼稚师范科修业2年或3年。次年颁布的《师范学校规程》还对幼稚师范科的科目设置、入学资格、毕业服务等作了详细规定。自此,独立的幼儿师资教育体系开始建立。

这一时期,民间幼教研究团体也继续发展。陈鹤琴于1926年创办于南京的幼稚教育研究会。1927年又发行《幼稚教育》月刊,开展"艺友制"试验。1929年,改名为中华儿童教育社,出版《儿童教育》月刊,幼儿教育成为该社研究的重要内容之一。1928年,张雪门等发起成立北平幼稚教育研究会。1929年,晓庄幼稚教育研究会成立。

独立的幼儿师资教育也有发展。1927年,陈嘉庚创办厦门集美幼稚师范学校。1931年,熊希龄、张雪门创办北平幼稚师范学校,开展幼稚教育试验。

1937—1949年这一时期幼儿教育发展的特点是:幼儿教育的法规建设取得进步,独立的幼儿师资教育机构逐步发展,幼儿教育体系逐步定型。抗战爆发后,国民政府继续关注幼儿教育。(1)确立战时幼儿教育方针。教育部于1938年拟订了《战时各级教育实施方案纲要》,其中关于幼稚教育规定:幼稚园教育应为协助家庭教养幼稚儿童,借以辅助家庭教育之不足,故保育与教导并重,增进幼儿身心之健康,使其健全发育,并培养其人生基本的良好习惯,以为养正之始基。过去幼稚园仅能收容家境较优之儿童,今后施教之对象,应推广及于贫苦儿童,凡在工厂附近及乡村中,应多设幼稚园及托儿所,以收容父母出外工作者之子女,代为教养。这一计划,将托儿所的创办正式提上日程。(2)创办战时儿童保育院。为解决大量难童问题,1938年3

月,国共两党及社会各界知名人士在武汉发起成立了中国战时儿童保育会,此后在各地设立了 20 余个分会,创办了 53 所儿童保育院,总共收入儿童 3 万余名,并开展了保育养护及教育工作。(3) 完善规制。1939 年 10 月,教育部公布《幼稚园规程》。1943 年 12 月,教育部将该规程修订公布《幼稚园设置办法》。办法规定:幼稚园收 4～6 足岁以下儿童,必要时得呈准主管教育行政机关收未满 3 足岁之婴儿予以保育;幼稚园附设于国民学校、中心学校或小学,并得单独设置,各地官方及各级师资训练机关、私人等亦得设置;可分为半日制、上下午半日二部制或全日制;幼稚园对于儿童应顺应其个性,依照其身心发展之程序施以适当之保育,不得授以读书、写字等类小学功课或使为过度之工作;幼稚园保育应注重养成良好习惯,不得施行体罚及足使儿童感觉痛苦之苛罚。这是近代中国第一份完整的幼儿教育法规,一直执行到国民党结束在中国的统治时为止。

幼儿师资教育也进一步发展。1940 年 10 月,江西省立实验幼稚师范学校正式开学,由陈鹤琴任校长,这是近代中国第一所公立单独设立的幼儿师资教育机构。1943 年,又改为国立,并增设婴儿园、专修科,从而成为近代第一所培养大专学历幼儿教育师资的公立教育机关。抗战胜利后,该校幼师部交省办,专科部迁至上海,成为国立幼稚师范专科学校。期间继续实验"活教育",形成"活教育"理论体系。1949 年 8 月,该校并入南京大学师范学院。

中国共产党领导下的根据地幼儿教育　中国共产党在各个时期的根据地建设中,出于战争的需要,以干部教育为重点,但也结合实际、因陋就简地开展了幼儿教育。(1) 在江西苏区开展了以兴办托儿所为重点的幼儿教育。在其他苏区,也都注重幼儿教育的开展,如 1931 年,湘鄂赣省苏维埃第一次代表大会在关于文化问题的决议案中就明确提出注意学龄前儿童的教育,在次年颁布的学制中又设有幼稚园、保育院等幼儿教育机构。1934 年 2 月,中华苏维埃共和国中央人民内务委员会颁发《托儿所组织条例》,规定:组织托儿所代替妇女担负婴儿的一部分教养责任,使每个妇女尽可能参加苏维埃的生产及其他工作,并且使小孩得到更好的教育与照顾,在集体中养成共产儿童的生活习惯;托儿所接纳 1～5 岁的婴幼儿,重在婴幼儿的身体健康和良好习惯的养成。这项规定对苏区兴办托儿所进行了规范。(2) 抗日根据地的幼儿教育。1938 年 9 月,延安成立了陕甘宁边区第一保育院,到 1941 年时已收容儿童 586 名。1941 年,陕甘宁边区政府修正发布《关于保育儿童的决定》,要求各地及各机关建立托儿所,在各级政府部门设立保育管理部门或设专人负责保育工作。据 1945 年的统计,陕甘宁边区幼儿教育机构共有四类:由战时儿童保育会陕甘宁分会领导的保育院;附设在各类机关的托儿所,如十八集团军留守部队托儿所;由边区政府创办管理的公立托儿所,如

1942 年建立的延安洛杉矶托儿所等;幼稚园,如干部子弟学校等。(3) 解放区的幼儿教育。1946 年,延安成立中央儿童保育委员会,任务是总结革命根据地的保育工作经验,筹备保育训练班,研究国外保育理论,向其他解放区推广儿童保育事业。后来,随着解放区的扩大,干部子女入托问题日益突出,各地又仿照延安时期的经验,办起了寄宿制幼儿园,如东北解放区在哈尔滨、沈阳、长春、大连等地都办起了保育院、幼稚园。

中华人民共和国成立后的幼儿教育

1949 年,中华人民共和国成立,中国幼儿教育发生革命性变化:从根本上改变了旧中国为帝国主义和少数统治阶级服务的半殖民地半封建的性质;确立面向工农、为社会主义革命和建设服务的方针;明确向全体幼儿实施全面发展教育的任务;逐步建设和发展了相当数量的适合中国国情的各种类型、不同层次、多种形式的幼儿教育机构;培养了一支有社会主义觉悟、有保教专业知识的幼教工作者队伍;在实践中积累了丰富的办好社会主义幼儿教育事业的经验。中国幼儿教育事业的发展对培育祖国的下一代、解放妇女生产力、促进社会主义革命和建设发挥了重大作用。

1949—1952 年的幼儿教育　1949 年,中央人民政府教育部成立,中国首次在初等教育司下设幼儿教育处,开始幼儿教育的改造和建设工作。(1) 确定幼儿教育的任务和工作方针。对幼儿园长期沿袭的与向工农开门相悖的制度进行一系列改革,如废除幼儿园的招生考试制度,将半日制逐步改为整日制等。教育部门扶持并陆续将一批私立幼稚园改为公立幼儿园,如陈鹤琴的鼓楼幼稚园、刘文兰的景德幼稚园等。1951 年,教育部发出《关于处理接受美国津贴的教会学校及其他教育机关的指示》,教会幼儿园全部改为公办,收回幼儿教育的主权。同年,教育部召开第一次全国初等教育会议和第一次全国师范教育会议,提出当前幼儿教育的工作方针,其发展重点首先应放在工业企业部门,其次是机关、学校及郊区农村。政务院命令公布并施行《关于改革学制的决定》,规定实施幼儿教育的组织为幼儿园,招收 3 足岁到 7 足岁的幼儿,使他们的身心在入小学前获得健全发育。(2) 组织学习苏联幼儿教育的理论和经验。1950 年,苏联幼儿教育专家戈林娜在北京师范大学教育系任教,除给本科生讲课外,还为来自全国各地的幼教工作者进修班和专修科讲课,在北京市"六一"、"北海"等幼儿园进行实验研究,到京、沪、宁等地讲学。同时开展对杜威教育思想及陶行知"生活教育"理论、陈鹤琴"活教育"理论的批判。(3) 制订幼儿园暂行规程和纲要。1951 年,教育部制订《幼儿园暂行规程(草案)》和《幼儿园暂行教学纲要(草案)》,并于 1952 年发至全国试行。规定幼儿园的任务是:根据新民主主义

教育方针教养幼儿，使他们的身心在入小学前获得健全发育；同时减轻母亲对幼儿的负担，以便母亲有时间参加政治生活、生产劳动、文化教育活动等。幼儿园教养活动项目有体育、语言、认识环境、图画手工、音乐、计算等六项。（4）积极培养幼儿教育的干部和师资。1952年，《师范学校暂行规程》颁发，规定培养幼儿园师资的称为幼儿师范学校；师范学校设幼儿师范科、师范速成班、短期师资训练班等。1952年，教育部颁发试行《关于高等师范学校的规定（草案）》，明确高等师范学校设置的教育系须分设学前教育组，培养中等幼儿师范学校的专业课教师。

1953—1965年的幼儿教育 　1953年起，中国开始执行发展国民经济的第一个五年计划，此期经历了由稳步发展到盲目冒进、整顿提高三个阶段。（1）稳步发展阶段（1953—1957）。第一个五年计划对幼儿教育事业的规划是：稳步发展保育事业，五年内应根据可能条件适当发展幼儿园，在城市可由机关、团体、企业单位和群众团体举办，在农村提倡由农业生产合作举办。从1953年起，各出版社陆续翻译出版了几十种苏联幼儿教育专业书刊，这些书刊成为中国师范院校的主要教学用书。1954年，苏联学前儿童心理学家马努依连柯来华任教，幼教界掀起学习儿童心理学的热潮。1956年，教育部、卫生部、内务部发出《关于托儿所、幼儿园几个问题的联合通知》，提出应按照"全面规划，加强领导"和"又多、又快、又好、又省"的方针建设幼儿园；明确规定各类型托儿所、幼儿园以统一领导、分级管理为原则，托儿所归卫生行政部门领导，幼儿园归教育行政部门领导。（2）盲目冒进阶段（1958—1960）。在"大跃进"和"公社化"背景下，提出全国应在3～5年内使学龄前儿童大多数都能入托儿所和幼儿园。一些地方提出"三天托儿化"、"实行寄宿制，消灭三大差别"等口号，造成一哄而起、一吹即垮的混乱失控局面。1958年的"左"倾冒进错误不仅使幼儿教育事业盲目发展，还导致在学术领域及知识分子中开展"兴无灭资运动"，陈鹤琴等幼儿教育家被迫离开教育岗位。（3）整顿提高阶段（1961—1965）。1961年，中共中央制定国民经济"调整、巩固、充实、提高"的方针。幼儿教育机构有条件的就整顿保留，没条件的则撤销。鲁、闽、皖等地十多所高等师范学校虽增设了学前教育专业，但从1961年起这些专业停招，北京、南京等高校的学前教育专业也停止招生，高等师范学校培养幼儿师范师资的工作全部停顿。自1963年起，幼儿师范学校不再招收初级师范生。

1966—1976年的幼儿教育 　"文革"期间，幼儿教育遭到严重破坏。（1）歪曲教育方针。否定中华人民共和国成立以来17年的教育发展，把体、智、德、美全面发展的教育方针批判为资产阶级教育方针，致使幼儿园取消生活制度和卫生保健制度；把文明礼貌等基本行为品德斥之为"小节"等。（2）破坏管理体制。将行之有效的管理体制斥之为管、卡、压，取消规章制度，使幼儿园陷于混乱境地。（3）取消师资培训。原有的19所幼儿师范学校全部停止招生，有的停办，有的改为中学，校舍、设备被占，专业教师被迫改行，仅有浙江幼儿师范学校未解散。高等师范院校的学前教育专业也只有北京师范大学和南京师范学院保留了全部人员。

1977年以后的幼儿教育 　"文革"结束后全国实行拨乱反正、改革开放，幼儿教育也得到振兴和发展。

建立统一领导、分级管理的幼儿教育新体制。（1）幼儿教育管理。1978年，教育部恢复幼儿教育处。一些省市及自治区的教育厅（局）也陆续恢复或新建幼儿教育行政领导机构和教研机构，配备了专职或兼职的幼教行政干部和教研人员，逐步形成由上而下的统一领导、分级管理的幼儿教育体制。1979年，经中共中央和国务院批准，教育部、卫生部、劳动总局、全国总工会和全国妇联等五部门联合召开全国托幼工作会议。1989年，国务院发布《幼儿园管理条例》，这是经国务院批准颁发的中国第一个幼儿教育法规，1990年起施行。1997年，国家教委印发《全国幼儿教育事业"九五"发展目标实施意见》，提出指导思想、总目标、具体目标及措施，共11条。（2）幼儿园工作规程。1989年，国家教委发布《幼儿园工作规程（试行）》，1990年起施行。1996年，国家教委发布正式的《幼儿园工作规程》。经过7年试行，正式颁布的《幼儿园工作规程》其基本精神、主要内容不变，修改之处如下：明确幼儿园是基础教育的有机组成部分，是学校教育制度的基础阶段；幼儿园双重任务的新提法为"为家长参加工作、学习提供便利条件"；总则增加尊重、爱护幼儿，严禁虐待、歧视、体罚和变相体罚、侮辱幼儿人格等损害幼儿身心健康的行为，体现尊重和保护幼儿人格的精神；培养目标方面增加培养求知欲望，将"不怕困难"改为"克服困难"，增加培养感受美和表现美的"能力"；将第八章更名为"幼儿园、家庭和社区"，使之从家、园两方的共育扩展为三方共育。（3）幼儿园教育纲要。1981年，教育部颁发《幼儿园教育纲要（试行草案）》。内容包括幼儿年龄特点与幼儿园教育任务、幼儿教育的内容与要求、教育手段及注意事项等三大部分。根据其精神，教育部首次组织编写了7种9册教材，并有配套的教学挂图，于1982—1983年由人民教育出版社出版。2001年起，全国施行教育部颁发的《幼儿园教育指导纲要（试行）》，该"纲要"分为总则、教育内容与要求、组织与实施、教育评价等四个部分。第一部分总则，共五条，说明了制定纲要的依据、原因、目的，中国幼儿园教育的性质、根本任务及自身特点，规定了幼儿园教育的内部和外部原则。第二部分教育内容与要求，指出幼儿园教育内容是全面的、启蒙性的，可以相对划分为健康、语言、社会、科学、艺术等五个领域，也可作其他不同划分。各领域的内容相互渗透，从不同的角度促进幼儿情感、态度、能力、知识、技能等方面的发展，并分领域阐明目标、内容与要求、指导要点。第三部分组织与实施,突出了教育性、互动性、开放性、针对性、灵活性等原则。第四部分教育评价,提出评价的发展性、合作性、标准的多元性及多角度、多主体、多方法、重过程、重差异、重质性研究等原则。此外,1991 年颁发的《中华人民共和国未成年人保护法》、1995 年颁发的《中华人民共和国教育法》等,均将儿童的生存、保护和发展与人类未来之间的关系提高到人口素质基础和未来发展的先决条件的高度,也是幼儿教育依法治教的根本大法。(4) 幼儿教育改革。2003 年,国务院办公厅转发教育部等 10 个部门(单位)《关于幼儿教育改革与发展的指导意见》的通知,肯定改革开放以来中国幼儿教育事业取得长足发展,大中城市已基本满足适龄儿童的入园需求;农村和老少边穷地区通过灵活多样的形式,为越来越多的学龄前儿童提供受教育机会;幼儿教育质量得到提高。同时,指出现阶段中国幼儿教育总体水平还不高,地区之间、城乡之间发展不平衡,幼儿教育事业投入不足。为进一步推动幼儿教育的改革与发展,根据《中共中央国务院关于深化教育改革全面实施素质教育的决定》和《国务院关于基础教育改革与发展的决定》精神,就"幼儿教育改革与发展的目标"、"进一步完善幼儿教育管理体制,切实履行政府职责"、"加强管理,保证幼儿教育事业健康发展"、"全面实施素质教育,提高幼儿教育质量"、"加强师资队伍建设,努力提高幼儿教师素质"、"加强领导,保证幼儿教育改革与发展的顺利进行"等六个方面,作出 25 条决定。其新精神在于:明确以社会力量办园为主体,公办园起骨干和示范作用;扩大服务对象,从 3~6 岁幼儿扩大为 0~6 岁幼儿;要为提高家长及看护人员的育儿能力服务;倡导以社区为基础的公办与民办幼儿园结合、正规与非正规幼儿园结合。2010 年,《国家中长期教育改革和发展规划纲要(2010—2020 年)》提出基本普及学前教育的任务,规划到 2020 年,普及学前一年教育,基本普及学前两年教育,有条件的地区普及学前三年教育;重视 0 至 3 岁婴幼儿教育;建立政府主导、社会参与、公办民办并举的办园体制;重点发展农村学前教育。

发展多种渠道、不同规格和形式的幼儿教育事业。随着经济发展和经济体制改革,中国动员和依靠社会各方面力量,有计划、有步骤、多种渠道、多种形式、不同规格的快速、稳定、健康地发展幼儿教育事业。(1) 各种渠道举办的幼儿园。以入园的幼儿数为例,到 2000 年,教育部门办园占 41%;其他部门办园占 11%;民办(或集体)园占 48%,有逐年递增的趋势。至 2010 年,教育部门办园占 20%,民办(或集体)园占 78%,其他部门办园不到 1%,民办园、集体园迅速发展。(2) 城乡幼儿园。1982 年,国家教育委员会印发《关于农村幼儿教育的几点意见》;1986 年,又印发《关于进一步办好幼儿学前班的意见》,这两个文件促使农村幼儿园、学前班得到迅速发展,但农村幼儿园发展不稳定,从

1996 年起迅速逐年递减。城市、县镇幼儿园的发展较稳定,基本呈逐年递增趋势。至 2010 年,城市幼儿园占 24%,县镇幼儿园占 28%,农村幼儿园跌至 48%。(3) 各种收托形式的幼儿园。全(整)日制幼儿园是中国幼儿园的主要收托形式;寄宿制幼儿园数量不多,但有增长趋势;幼儿学前班主要招收入小学前一年的幼儿,多数设在小学或幼儿园内,也有单独设班的;混合班是在同一班内混合收托幼儿,多在居住分散、幼儿人数少的农村举办,以学前一年儿童为主体;其他如季节性、计时制的幼儿班,游戏(活动)小组、大篷车、辅导站等无固定时间、地点和师生的非正规收托形式已逐渐涌现。(4) 不同规格的幼儿园。示范性、实验性幼儿园以教育部门举办的居多,其他部门也有本系统的示范园和实验园,如部队、妇联、行业等也都在陆续建立幼儿园;乡(镇)中心幼儿园一般由乡(镇)政府为主举办;一般幼儿园,即除示范(实验)园、中心园以外独立设置的幼儿园。由于经济条件和领导重视程度不同,各幼儿园的教育质量差异极大。

形成多元化的幼儿教育师资培训体系。中国已形成以师范院校为主体、其他教育机构共同参与的多渠道、多层次、多规格、多形式的学前教育师资培训体系。该体系由职前培养和职后继续教育构成,前者包括中等幼儿师范、专科、本科、硕士和博士研究生等层次,后者除以上学历教育外,还包括各种专题培训班、教研与科研活动、学术研讨会、研究考察等活动及国内外进修和访问学者等非学历教育。中国师范教育正由三级师范向二级师范过渡,中等幼儿师范教育规模逐渐缩减。(1) 中级幼儿教育师资培训。1980 年,教育部颁发《关于办好中等师范教育的意见(试行草案)》,指出要做好幼儿师范学校的发展规划;各省、市、自治区在 1982 年前,至少要办一所幼儿师范学校,并列为省级重点学校。1996 年,国家教育委员会印发《关于师范教育改革和发展的若干意见》,提出"九五"期间师范教育基本稳定为中等师范教育、高等师范专科学校、高等师范本科教育三个层次。幼儿师范系统也开始进行结构调整、体制改革,第一所进行改制的院校是上海幼儿师范学校,该校于 1985 年经国家教委批准升格为上海幼儿师范高等专科学校,培养三、二分段的大专学历幼教师资。许多省、市、自治区的幼儿师范学校纷纷仿效,出现了四种改制形式:并入高校,成为高校中一个系科或一个学院;与高校联合办学,但行政保持独立;与其他中等师范学校合并,力求挂靠一个高校;独立升格为专科院校。西部及边远地区的中等幼儿师范学校仍继续培养中级幼教师资。幼儿教师入职后可采取短期培训、脱产进修、夜校、函授、广播、电视、自学考试等形式,进行授予学历文凭、专业证书和结业证书的不同层次水平的培训。幼儿教师在职培训出现因地制宜、长短结合、脱产与业余相结合、正规与非正规相结合等特点。1996 年,国家教委颁发

《关于开展幼儿园园长岗位培训工作的意见》，用五年左右时间将全国幼儿园园长轮训一遍，全脱产培训时间为12周，也可采取半脱产形式进行。2001年，教育部公布《幼儿园教育指导纲要（试行）》，指出教师成长的重要途径之一是开展以教师和幼儿园团队为主体的教育评价活动，之后以反思教学、行动研究为特征的园本培训开始兴起。（2）高级幼儿教育师资培训。1978年起，原有的6所高等师范院校学前专业开始陆续招生，不少省（市）级师范院校也设置了该专业。高等师范院校学前教育专业的任务有三个：实施2～3年制的专科教育，培养幼儿园教师；实施四年制本科教育，培养幼儿园骨干教师及其他幼教工作者；实施三年制的硕士研究生和三年制的博士研究生教育，培养高校教师和科研人员。1998年，中国有了第一位进博士后流动站研究幼儿教育的学者。人民教育出版社出版一批由中国学者编写的高等师范院校学前教育专业教材，并组织翻译出版了俄罗斯、美国等国的高校教材。举办夜大、电大、干部专修科、研究生课程等学历在职教育和非学历的在职教育，使广大学前教育工作者脱产或不脱产地接受高等教育。

开展科学研究，促进幼儿教育改革。中国幼儿教育有计划的科学研究兴起于20世纪70年代末，活跃于80年代，深化于90年代。1978年，经国务院批准重建中央教育科学研究所，设置幼儿教育研究室，全国也先后建立近40个由省（市）、自治区和高校设置的幼儿教育研究机构。中央和地方的研究机构及教育行政部门相互协作，进行"全国16个省（市）、自治区幼儿形态、机能、基本体育活动能力抽样调查研究"，组织全国10省（市）参加国际教育成就评价协会（IEA）的学前项目"影响4岁儿童发展的各种因素"、"农村幼儿教育体系的实验研究"等协作研究。其他项目有南京师范大学教科所幼教研究室与南京市实验幼儿园合作进行的"幼儿园综合教育课程结构"研究、上海市教科所幼教研究室进行的"幼儿家庭教育"研究等。1979年，全国幼儿教育研究会在南京成立。1988年，该研究会加入世界学前教育组织，中国成为其会员国。1992年，该研究会升格为国家一级学会——中国学前教育研究会。中国学前教育研究会是群众性学术团体，体现了普及性、群众性、学术性的特点，对普及幼儿教育科学、探讨幼儿教育理论和实践中的重大问题发挥了独特作用，会刊为《学前教育研究》。

加强国际合作、承诺与交流。改革开放后，中国与国外合作的幼教研究项目逐渐增多，20世纪90年代以后更加注意对世界儿童发展事业作出承诺。（1）国际承诺。1989年，第四十四届联合国大会通过《儿童权利公约》，1990年，世界儿童问题首脑会议通过《儿童生存、保护和发展世界宣言》和《执行90年代儿童生存、保护和发展世界宣言行动计划》。1991年，李鹏总理代表中国政府签署上述文件，并于1992年发布《九十年代中国儿童发展规划纲要》。1996年，

国家教委与联合国教科文组织联合主办了中国履行《儿童权利公约》研讨会。经过多年努力，中国基本实现了《九十年代中国儿童发展规划纲要》和1990年世界儿童问题首脑会提出的全球目标，发布《中华人民共和国九十年代儿童发展状况报告》。《中国儿童发展纲要（2001—2010年）》已公布，中国将继续履行对国际公约的承诺。（2）国际合作。1982—1984年，中国和联合国儿童基金会的幼教师资培训合作项目由南京师范学院承担。1985—1989年，这一项目扩大到北京师范大学等8所高等师范学前教育专业和17所幼儿师范学校，90年代又有几所高校和十多所幼儿师范加入，合作建立"儿童发展中心"。1990—1994年，联合国儿童基金会与国家教委的合作项目"幼儿园与小学衔接的研究"在16所小学和幼儿园进行教育实验。1996—2000年，国家教委与联合国儿童基金会合作项目《贫困地区社会、家庭、教育机构共同促进儿童发展》在内蒙古、广西、安徽等地进行。2001—2005年，"早期儿童养育与发展"合作项目在辽、津、贵、蒙、川、桂、宁、甘九省市开展。其他国际合作项目有国际教育成就评价协会学前教育合作项目、中国和新西兰的"促进中国贫困地区早期教育发展"项目、中国和法国的儿童科学教育项目"做中学"等。（3）国际交流。1989年，为纪念国际儿童年成立40周年及联合国儿童基金会与中国合作10周年，国家教育委员会在南京主办了第一次"幼儿教育国际研讨会"，向世界展示中国幼儿教育10年改革取得的成绩。1993年，联合国儿童基金会和国家教委在广东省江门市联合举办"幼儿教育发展——向90年代挑战国际研讨会"。世界学前教育组织中国委员会在国际合作交流方面发挥重要作用。2000年，世界学前教育组织的主席柯蒂斯教授考察访问中国，并作了《当前世界学前教育》的主题报告。2002年，该组织承办在北京召开的世界学前教育组织亚太地区常务理事国会议，主题为"为儿童生活得更美好而携手合作"。同年在南京召开"近日之儿童艺术教育"国际会议。2005年，在杭州主办2005年国际华人幼儿教育研讨会，主题是"中华文化的传承与幼儿教育"。国际交流使中国幼儿教育走向世界。

参考文献

陈学恂.中国近代教育史教学参考资料［M］.北京：人民出版社，1986.

庞丽娟.中国教育改革30年·学前教育卷［M］.北京：北京师范大学出版社，2009.

中国学前教育史编写组.中国学前教育史资料选［M］.北京：人民教育出版社，1989.

中国学前教育研究会.中华人民共和国幼儿教育重要文献汇编［M］.北京：北京师范大学出版社，1999.

（唐 淑 朱宗顺）

中国幼儿教育政策

中国幼儿教育政策　中国政府关于幼儿教育领域政治措施的政策或政策文本的总和。包括中央幼儿教育政策、地方幼儿教育政策。其内容可划分为幼儿教育事业规划管理、幼托机构的课程与教学管理、幼儿教育师资培训与管理三个方面。

幼儿教育事业规划管理

初步建立完整的幼儿教育体系　中华人民共和国成立后，国家通过制定一系列政策和办法，着手建设中国人民自己的幼儿教育。1950年，中央人民政府政务院先后通过《关于处理接受美国津贴的文化教育救济机关及宗教团体的方针的决定》《接受外国津贴及外资经营之文化教育救济机关及宗教团体登记条例》，把外国在华兴办的幼儿教育机构全部收回自办。1951年，政务院颁布《关于改革学制的决定》，将幼儿教育作为小学教育的基础纳入学制体系，明确幼儿教育是中国社会主义教育事业的重要组成部分，肩负为工农大众和社会主义建设服务的功能。新学制规定：实施幼儿教育的组织为幼儿园，招收三足岁到七足岁的幼儿，并指出幼儿园应在有条件的城市中首先设立，然后逐步推广。同年举行第一次全国初等教育与师范教育会议，讨论并通过《幼儿园暂行规程（草案）》，以国家文化教育政策和改革学制的决定为依据，对幼儿园的学制、设置和领导、入园与结业、幼儿园组织编制、经费和设备等问题作了规定；明确幼儿园的任务是根据新民主主义教育方针教养幼儿，使他们的身心在入小学前获得健全的发育，同时减轻母亲对幼儿的负担，以便母亲有时间参加政治生活、生产劳动、文化教育活动等；提出中国幼儿教育肩负教育性与福利性的双重任务，规定幼儿园应对幼儿进行初步的、全面发展的教养工作，指明培养目标和保教并重的方针；为解放妇女劳动力参加社会主义建设，幼儿园以整日制和不放寒暑假为原则；幼儿园由市、县人民政府教育行政部门统一领导。

为逐步实现社会主义工业化，加快幼儿教育事业的发展，1955年国务院发布教育部《关于厂矿、企业自办中、小学和幼儿园的规定》，鼓励各厂矿、企业部门自行举办幼儿园，作为解决本单位职工子女入托要求的方法，并规定了相应的管理办法。企事业幼儿园被纳入当地幼儿教育发展计划，成为中国幼儿教育的重要形式。在工业发展地区或城市，企事业幼儿园占相当比例，有的甚至成为当地幼儿园的主要类型。

1956年，国家教育部、卫生部和内务部联合发出《关于托儿所、幼儿园几个问题的联合通知》，就保教事业的发展方针、领导关系等问题作出规定。提出为帮助母亲们解决照顾和教育自己孩子的问题，必须相应增加托儿所和幼儿园的数量；要按照"全面规划、加强领导"和"又多、又快、又好、又省"的方针，同时根据需要和可能的条件积极发展托儿所和幼儿园；除政府举办幼儿园外，提倡由城乡企业、机关团体、群众举办幼儿教育机构，即公办和民办并举发展保教事业；可以采用多种多样的办法，不必过早强调统一和提过多、过高的要求；托儿所与幼儿园入托儿童以3岁为分界，托儿所由卫生部妇幼卫生司主管，幼儿园由教育部基础教育司主管，并进一步明确卫生部与教育部对托幼园所卫生保健与教育工作的管理职责；以统一领导、分级管理为原则，对主办单位、教育行政部门和卫生行政部门的职责及其相互关系做出规定。该政策性文件为调动社会各方力量举办幼儿教育的积极性、促进和规范托幼机构的发展提供了政策依据。

1958年，在国家工农业生产大跃进和实行人民公社化的背景下，中国幼儿教育政策受"左"的思想的影响，盲目发展，数量迅速扩张。由于脱离和超越了当时的经济发展水平，教育质量下降。1961年，中央提出"调整、巩固、充实、提高"的方针，教育部据此对幼儿教育进行调整，使其重新回归正常发展的轨道。同期，由于精简机构，主管全国幼儿园工作的领导机构——中央教育部幼儿教育处被撤销，直至"文革"后的十余年中，几乎未出台幼儿教育的政策文件，使幼儿教育失去全国统一领导，影响了幼儿教育事业的发展和提高。

恢复整顿与协调发展幼儿教育事业　"文革"结束后，国家采取一系列措施，进行拨乱反正与恢复整顿幼儿教育事业。1978年，教育部普教司恢复幼儿教育处，对全国城乡各类型幼儿园实施方针、政策方面的领导工作及业务指导工作。

1979年，经中共中央和国务院批准，教育部、卫生部等部门联合召开全国托幼工作会议，会后中共中央、国务院转发《全国托幼工作会议纪要》的通知，要求全国各基层党政部门贯彻执行。这次会议研究分析了全国城乡的托幼工作现状，讨论了托幼工作迫切需要解决的问题，决定由国务院设立托幼工作领导小组，各省市自治区也设立相应的领导部门，政府各有关部门分工协作，共同促进托幼工作的发展。会议就加强托幼工作的统一领导与分工合作等五个方面的问题提出指导意见。该会议标志中国幼儿教育事业进入新的发展时期。政府的统一领导和各部门的协力合作促进了幼儿教育事业的恢复和发展。

1983年，教育部《关于发展农村幼儿教育的几点意见》要求积极创造条件，有计划地发展农村幼儿教育；提出发展幼儿教育必须坚持"两条腿走路"——公办和民办并举的方针。要从实际出发，因地制宜，采取多种形式、多种渠道办园。

1987年，国务院批准召开全国幼儿教育工作会议，这是中华人民共和国成立以来第一次专门有关幼儿教育的工作会议。会议指出,幼儿教育具有地方性、社会性和多样性的特点,必须坚持动员和依靠社会各方面的力量,有计划、有步骤、多渠道、多形式地发展幼儿教育事业的方针。会议确定了幼儿教育的指导思想是实施体智德美全面发展教育;讨论了师资培训、加强领导和管理等问题。同年,根据1982年国家机构改革中实行专业归口管理的精神,托幼工作领导小组被撤销,由教育行政部门承担主管职能。同年,国务院办公厅转发国家教委等9个部门《关于明确幼儿教育事业领导管理职责分工的请示》的通知,明确幼儿教育事业须在政府的统一领导下,实行"地方负责,分级管理"和有关部门分工负责的工作原则,对于理顺国家各职能部门之间的关系,明确各自职责,调动各部门管理幼儿教育的积极性起了重要作用。

1988年,国务院办公厅转发国家教育委员会等8个部门《关于加强幼儿教育工作的意见》,将中国幼儿教育事业的方针明确表述为"动员和依靠社会各方面力量,通过多种渠道,多种形式发展幼儿教育事业";指出幼儿教育事业具有地方性和群众性,发展这项事业不可能也不应该由国家包起来,要依靠国家、集体和公民个人一起来办;在办园形式上要因地制宜,灵活多样。这份政策性文件还对建立合格、稳定的师资队伍和端正办园指导思想、深化教育改革提出指导性意见。

1989年,国家教育委员会颁布《幼儿园工作规程(试行)》,对幼儿园招生、卫生保健、教育、园舍设备与经费、幼儿园工作人员等内部管理事宜做了详细规定,并对新时期幼儿园及其任务进行阐述,规定幼儿园是对三周岁以上学龄前幼儿实施保育和教育的机构,属学校教育的预备阶段;幼儿园的任务是实行保育与教育相结合的原则,对幼儿实施体、智、德、美全面发展的教育,促进其身心和谐发展;幼儿园同时为幼儿家长安心参加社会主义建设提供便利条件。《幼儿园工作规程(试行)》对新时期加强幼儿园科学管理、推动幼儿教育改革、提高保教质量具有重要作用。同年,国家教育委员会颁布《幼儿园管理条例》,规定举办幼儿园的基本条件和审批程序,对幼儿园的保育和教育工作、行政事务等提出基本要求,明确幼儿教育行政组织体系和职责分工,确立国家对幼儿园管理的基本原则,加强对幼儿教育事业的领导。这是中华人民共和国成立以来第一个经国务院批准颁发的有关幼儿教育的行政法规,标志着中国幼儿教育向法制化建设迈进。这两份政策性文件的发布和贯彻实施对于中国幼儿教育在新时期的改革与发展起重要推动作用。

加强立法和积极推进幼儿教育事业改革　20世纪90年代以来,国家经济体制改革步伐加快,也加快了教育立法的速度。1991年通过的《中华人民共和国未成年人保护法》、1994年通过的《中华人民共和国母婴保健法》等一系列

法律法规表明国家十分重视儿童发展和青少年教育事业。为促进农村幼儿教育的发展,国家教育委员会于1991年出台《关于改进和加强学前班管理的意见》,进一步明确学前班的性质和举办原则,规范了学前班的领导和管理,对保育和教育、改善办班条件、学前班师资的管理和培训等提出指导性意见。在国家相关政策的指导下,学前班得到积极、健康的发展,扩大了幼儿教育的受益范围,保证儿童在入学前受到一定程度的幼儿教育。学前班成为中国农村幼儿教育的主要形式。

1993年,中共中央、国务院印发《中国教育改革和发展纲要》,要求进一步深化教育体制改革,改变以往政府包揽办学的格局,逐步建立以政府办学为主体、社会各界共同办学的体制。1995年,第八届全国人民代表大会第三次会议通过《中华人民共和国教育法》,这是国家发展教育事业的基本法,在其精神指导下,国家教育委员会对《幼儿园工作规程(试行)》的内容进行调整,于1996年正式颁布《幼儿园工作规程》。《中华人民共和国教育法》鼓励社会力量依法举办学校及其他教育机构,该方针同样适用于指导幼儿教育事业。类似的法规条例还有1997年施行的《社会力量办学条例》。2003年施行的《中华人民共和国民办教育促进法》对20世纪90年代初确立实施市场经济以来蓬勃兴起的民办幼儿教育提供了法律和政策的规范和指导。

针对幼教工作在经济体制改革中出现的一些新情况、新问题,1995年,国家教育委员会等7个部委联合颁发《关于企业办幼儿园的若干意见》,对企业转换经营机制中幼儿教育如何进行相应改革和积极、稳妥走向社会化提出指导性意见。1997年,国家教育委员会印发《全国幼儿教育事业"九五"发展目标实施意见》,明确指出幼儿教育事业的发展方向应该是建立以社区为依托的、适应当地经济和社会发展的、正规与非正规相结合的组织形式,确定"九五"期间幼儿教育事业发展的指导思想、总目标及其实现措施,要求进一步深化幼儿园办园体制改革。为贯彻执行国家教育方针政策、法律法规,地方各级政府和教育部门也从实际出发,制定地方性幼儿教育行政法规规章,如北京市于2001年颁布《北京市学前教育条例》。

20世纪90年代初期,中国政府参与签署了《儿童权利公约》、《儿童生存、保护和发展世界宣言》等有关儿童权益的国际文件,制订《九十年代中国儿童发展规划纲要》。为落实其精神,引导家长不同程度地掌握保育、教育儿童的知识,1997年,国家教育委员会、全国妇联颁发《家长教育行为规范》。在基本完成《九十年代中国儿童发展规划纲要》任务的基础上,国务院又颁布《中国儿童发展纲要(2001—2010年)》。这部以儿童为主体、促进儿童发展的国家行动计划再次重申坚持儿童优先原则,保障儿童生存、发展、受保护和参与的权利,提高儿童身心健康发展;强调逐步完善保护

儿童的法律法规体系、依法保障儿童权益；优化儿童成长环境，使困境儿童受到特殊保护。在此背景下，国务院办公厅于2003年转发《幼儿教育改革与发展的指导意见》，就幼儿教育改革与发展目标、幼儿教育管理体制和机制及师资队伍建设等方面提出指导性意见，以有针对性地解决当前幼儿教育改革和发展过程中出现的问题；规定作为幼儿教育主管部门的教育部门和相关国家职能部门在新形势下的职责与相互关系，强调加大社会协调，要求各地区要采取切实、有限措施确保低收入家庭和流动人口子女下游接受幼儿教育的机会；明确今后五年幼儿教育改革和全国幼儿教育事业发展的总目标及针对不同地区的分目标。同年，教育部在全国幼儿教育工作座谈会上强调，幼儿教育是基础教育的重要组成部分，具有基础性、全局性和先导性的作用；提出"十五"期间幼儿教育发展的重点在农村。

2010年，第四次全国教育工作会议召开，全面实施新颁发的《国家中长期教育改革和发展规划纲要（2010—2020年）》。作为基础教育的重要组成部分，学前教育被单列一章加以说明。它还对未来十年学前教育的发展目标、发展内容及政府应承担的责任等都做了说明；在提出"基本普及学前教育"、"明确政府职责"的同时，特别提出要重点发展农村学前教育，努力提高农村学前教育普及程度，采取多种形式扩大农村学前教育资源，组织实施推进农村学前教育重大项目，开展改革试点等，将农村学前教育的发展摆在了突出位置。同年，为适应21世纪家庭教育科学发展的时代要求和家长需求，在总结多年来家庭教育理论与实践经验的基础上，全国妇联与教育部、卫生部等部门联合颁布《全国家庭教育指导大纲》，指出在指导原则、指导内容、指导形式等方面要遵循家庭教育的特点和儿童身心成长发展规律，按照年龄段划分家庭教育的指导内容，规范家庭教育指导行为，是全国各级各类家庭教育指导服务机构开展家庭教育指导的重要依据。与此同时，在总结《九十年代中国儿童发展规划纲要》和《中国儿童发展纲要（2001—2010年）》经验的基础上，结合新时期儿童发展和权利保护遇到的新问题和挑战，国务院颁布《中国儿童发展纲要（2011—2020年）》，明确了儿童最大利益、儿童平等发展和儿童参与的原则，进一步保障儿童权利的实现；指出将家庭教育指导服务纳入城乡公共服务体系；提出扩大儿童福利范围，推动儿童福利由补缺型向适度普惠型转变的要求，以及各种制度措施以改善处境不利儿童的生存和教育环境。2010年年底，国务院常务会议就解决"入园难"问题提出扩大学前教育资源、加强幼儿教师队伍建设、加大学前教育投入、强化对幼儿园保育教育工作的指导、完善法律法规及规范学前教育管理等五项措施；针对城乡"入园难"的差别化问题，提出城镇小区要按照国家规定配套建设幼儿园，重点支持中西部地区乡村幼儿园建设，更进一步提出支持街道、农村集体和有条件的行政事业单位、企业办幼儿园等各项措施。之后不久，《国务院关于当前发展学前教育的若干意见》发布，将各项措施进一步具体化，明确指出坚持公益性和普惠性原则，发展"广覆盖，保基本和有质量"的学前教育；鼓励社会力量多种形式办园，加大对农村学前教育的投入；建立社区和家长参与幼儿园管理和监督的机制；要求各地以县为单位编制学前教育三年行动计划。之后各地积极响应，根据实际情况制订各地学前教育三年行动计划，并逐步推动实施。为更好地保证各项措施得以贯彻落实，2011年，财政部和教育部决定加大财政投入，支持学前教育的发展，明确指出重点支持中西部农村扩大学前教育资源；鼓励社会参与，多渠道、多形式举办幼儿园；按照以流入地政府为主、以普惠性幼儿园为主的原则，妥善解决进城务工人员随迁子女入园问题，中央财政视地方工作情况给予奖补；提出实施幼儿教师国家级培训计划和建立学前教育资助制度。

托幼机构的课程与教学管理

在幼儿园的保育教育内容即课程建设方面，国家在各个时期出台了不同政策，使托幼机构的课程与教学管理逐步走向规范化、科学化。根据《幼儿园暂行规程（草案）》中确立的幼儿教育目标和人才培养规格的有关精神，1951年教育部制定《幼儿园暂行教学纲要（草案）》，对幼儿园保教内容做出规定，明确了幼儿园以保证幼儿的健康和身心正常发育为首要任务的培养目标；提出幼儿园的基本条件；对幼儿教育的原则作了规定；分述不同年龄段幼儿的年龄特点和教育要点，并对幼儿园体育、语言、认识环境、图画手工、音乐、计算等各科教学要点作了具体规定。还提出了一个比较完整的课程目标体系，确立了分科教学模式，对20世纪50年代以来的幼儿园课程和教育活动的实施产生很大影响。以上两份文件奠定了中国幼儿园教育的新模式。为更好地指导幼儿园课程的实施，教育部于1954年委托北京师范大学学前教育教研室编写《幼儿园教育工作指南（初稿）》，对指导当时幼儿园的教育工作有重要参考价值。

"文革"结束后，国家出台了一系列指导和规范保育教育的文件，中国幼儿园保教工作逐渐恢复正常。1980年，卫生部、教育部联合颁发《托儿所、幼儿园卫生保健制度（草案）》，随后卫生部妇幼卫生局又于1981年颁发《三岁前小儿教养大纲（草案）》，进一步规范托儿所的保育教育工作，以提高教养质量。同年，教育部颁发《幼儿园教育纲要（试行草案）》，内容包括年龄特点与教育任务、教育内容与要求、教育手段及注意事项；指出幼儿园的教育内容与要求要通过游戏、体育活动、上课、劳动、娱乐和日常生活等各种活动完成；提出要防止幼儿教育的小学化、成人化倾向。上述幼儿教育文件的制订和实施对在"文革"中遭到巨大破坏的幼儿教育工作进行了全面整顿,使幼儿教育有章可循。1985年,卫生部正式印发《托儿所、幼儿园卫生保健制度》,对幼儿园工作人员在婴幼儿生活的各个方面实施卫生保健工作提出具体要求。1994年,卫生部、国家教委发布《托儿所、幼儿园卫生保健管理办法》,指出托儿所、幼儿园在设施设备和相关保健人员选拔等方面的要求,便于对托幼机构实施统一的管理和监督。进入21世纪,为贯彻落实2001年发布的《国务院关于基础教育改革与发展的决定》,推进幼儿园实施素质教育,全面提高保教质量,国家教育部于当年颁布《幼儿园教育指导纲要(试行)》,从幼儿园教育的基本理念、基本原理、基本规律出发,在健康、语言、社会、科学和艺术等五个领域规定了中国幼儿园教育的目标、内容,提出幼儿园实践的规范和要求,成为指导21世纪幼儿园教育改革特别是课程改革的纲领性文件。

随着社会的进步,《托儿所、幼儿园卫生保健制度》和《托儿所、幼儿园卫生保健管理办法》的某些条款已不能适应形势的变化。2010年,卫生部重新颁布适用于招收0～6岁儿童的各级各类托儿所、幼儿园的《托儿所幼儿园卫生保健管理办法》,明确了卫生行政部门、妇幼保健机构、卫生监督执法机构等部门的职责,进一步强调托幼机构应贯彻保教结合、预防为主的方针,1994年颁布的《托儿所、幼儿园卫生保健管理办法》同时废止。为更好地落实《托儿所幼儿园卫生保健管理办法》,适应现阶段托幼机构卫生保健工作的要求,规范全国托幼机构卫生保健技术服务和管理工作,卫生部于2012年颁布《托儿所幼儿园卫生保健工作规范》。该文件指明了今后托幼机构卫生保健工作发展的趋势和方向,提出使托幼机构卫生保健工作常规化、制度化的要求,以提高各级妇幼保健机构对托幼机构卫生保健工作的指导水平,保障儿童的身心健康,促进儿童全面发展。

幼儿教育师资培训与管理

师资培训与管理是中国幼儿教育政策建设的重要内容。中华人民共和国成立之初,国家就十分重视幼儿教育师资的培养。1952年,教育部制订《师范学校暂行规程》,规定中等师范学校的任务是培养初等教育和幼儿教育师资,对师范学校的教学与实习等作了规定。为解决教育发展对师资的迫切需要,有效提高教师队伍素质,教育部、财政部于1953年颁发《关于1953年中等学校及小学教师在业余学习的几件事项的通知》,提出采取业余进修、举办轮训班的办法。1956年,教育部等部门颁发的《关于托儿所、幼儿园几个问题的联合通知》分别责成教育行政部门和卫生行政部门负责幼教师资的培养和提高。同年,教育部颁布《师范学校教学计划》和《幼儿师范教学计划》,又下发《关于大力培养小学教师和幼儿园教养员的指示》,调整和规范了幼

教师资的培养,提出发展幼儿师范学校和初级幼儿师范学校,招收高小毕业生,举办短期幼儿师范班,以适应幼儿教育发展对师资的需求。1956年,颁布《师范学校规程》,在中等师范学校的招生条件、成绩标准和对师生的要求等方面比过去有所提高。同年颁发《师范学院教育系幼儿教育专业暂行教学计划及其说明》,对高等师范幼儿教育专业科目的设置和主要内容做出初步规定。自此,中国幼儿师范教育体系和幼教师资培养制度基本确立。

"文革"结束后,针对教师队伍数量不足、教师的文化业务质量大幅度下降的状况,1978年,教育部颁布《关于加强和发展师范教育的意见》,指出要积极办好幼儿师范学校,为幼儿教育培养骨干师资。20世纪80年代,教育部陆续出台《幼儿师范学校教学计划(试行草案)》、《幼儿师范学校教学计划》、《国家教委关于进一步办好职业高中幼师专业的意见》等文件,恢复了幼儿师范学校的教学秩序,在明确培养目标的基础上,全面改革课程设置,重新制订适应新时期要求的更加完善的教学计划。

在任职资格和职称晋升方面,自1986年起,全国各地教育部门开始组织幼儿园教师考核工作,合格者发放《教材教法考试合格证书》和《专业合格证书》;根据《小学教师职务试行条例》评定职称。1993年,第八届全国人民代表大会常务委员会第四次会议通过《中华人民共和国教师法》,对于提高包括幼儿教师在内的广大教师的社会地位、保障教师的合法权益、提升教师队伍的整体素质起了巨大推动作用。1995年出台的国务院令第188号《教师资格条例》与2000年施行的《〈教师资格条例〉实施办法》,对幼儿教师资格认定进行了明文规定。《教师资格条例》指出,具备《中华人民共和国教师法》规定的学历或经教师资格考试合格的公民,可依照条例规定申请认定其教师资格,拓宽了幼儿教育师资的来源。1996年,国家教委颁布《全国幼儿园园长任职资格、职责和岗位要求(试行)》、《关于开展幼儿园园长岗位培训工作的意见》,为园长的选拔、任用和考核培训提供了基本依据,拟定园长岗位培训的指导性教学计划,要求各地教育行政部门要有计划、有步骤地组织岗位培训,并加强培训基地建设。担任幼儿园园长要获得园长培训合格证书,这是获得任职资格的一项必要条件。以上政策文件和法规的颁发、建立使中国幼儿教师教育制度和资格认定等管理制度逐步健全、完善。

2010年,《国家中长期教育改革和发展规划纲要(2010—2020年)》颁布,提出普及学前教育的目标,支持农村学前教育的发展。在集中力量解决城乡学前教育资源的配置问题之前,须首先解决乡镇和农村的学前教育师资问题。为此,教育部、财政部从2011年起,开始实施"幼儿教师国家级培训计划",对中西部地区农村公办幼儿园(含部门、集体办幼儿园)和普惠性民办幼儿园园长、骨干教师、转岗教师进行培训,所需经费由中央财政安排专项资金予以支

持。学前教育的发展对幼儿园教师队伍的素质也提出更高要求,2011年,根据《中华人民共和国教师法》,教育部颁布《幼儿园教师专业标准(试行)》,作为幼儿园教师队伍建设的基本依据,以促进幼儿园教师培养、培训质量的提高。

参考文献

何晓夏.简明中国学前教育史[M].北京:北京师范大学出版社,1990.

牟映雪.新中国幼儿教育变革与发展[M].重庆:重庆大学出版社,2004.

孙葆森,等.幼儿教育法规与政策概论[M].北京:北京师范大学出版社,1998.

中国学前教育研究会.中华人民共和国幼儿教育重要文献汇编[M].北京:北京师范大学出版社,1999.

中国学前教育研究会.百年中国幼教[M].北京:教育科学出版社,2003.

（张　燕）

《中华人民共和国高等教育法》　　中国以法律的形式规范高等教育活动,调整高等教育领域各种法律关系的准则。其制定标志着中国高等教育步入依法治教时期。其颁布和实施对于发展中国高等教育事业,巩固高等教育改革成果,保障高等教育健康发展,进一步完善教育法律体系,维护法律关系主体的权利与义务以及保障高等教育的物质条件等具有重大意义。

立 法 过 程

高等教育法的研究、起草工作始于20世纪80年代中期。1985年《中共中央关于教育体制改革的决定》颁布后,国家教育委员会分别委托北京和上海高等教育局进行高等教育立法的前期调研工作。1993年春,高等教育法起草工作被列为重点项目,并成立了高等教育法起草小组和咨询小组。起草小组于1995年2月形成《中华人民共和国高等教育法(草案)》(征求意见稿),向全国500多个单位和高等教育、法律界的有关人士广泛征求意见。经认真审理修改后,于1996年5月经国家教委党组讨论后报送国务院。经过一年的修改,国务院常务会议讨论通过了该草案,并于6月10日提请全国人大常委会审议。八届人大常委会第二十六次会议对草案初步审议后,将草案印发给各省、自治区、直辖市和中央有关部门征求意见,同时召开座谈会听取有关部门和高等学校的意见。全国人大法律委员会根据常委会组成人员和教科文卫委员会的审议意见和其他有关部门的意见,审议形成草案修改稿,提请八届人大常委会第29次会议进行第二次审议。1998年4月,九届人大法律委员会对草案修改稿逐条审议,并提请九届人大常委会第二次会

议进行第三次审议。1998年8月29日,第九届全国人民代表大会常务委员会第四次会议审议通过,1999年1月1日起施行。

主 要 内 容

适用范围　　第二条规定:"在中华人民共和国境内从事高等教育活动,适用本法。"根据这一规定,《中华人民共和国高等教育法》适用于一切在中华人民共和国境内从事高等教育的个人和组织。其中,中国境外的个人符合我国规定的条件并办理有关手续,进入中国高等学校学习、研究,进行学术交流或者任教的,也适用本法有关规定。

高等教育的性质、方针和任务　　第三条规定:"国家坚持以马克思列宁主义、毛泽东思想、邓小平理论为指导,遵循宪法确定的基本原则,发展社会主义的高等教育事业。"明确了中国高等教育是社会主义性质的高等教育。中国高等教育的方针主要包括三项内容:高等教育必须为社会主义现代化建设服务,这是高等教育工作的总方向;高等教育必须与生产劳动相结合,这是培养全面发展的社会主义建设者和接班人的根本途径;培养德、智、体等方面全面发展的社会主义建设者和接班人,这是中国高等教育的培养目标。根据第五条的规定,中国高等教育的任务包括:培养具有创新精神和实践能力的高级专门人才,发展科学技术文化,促进社会主义现代化建设。

高等教育的基本原则　　中国高等教育的基本原则可以概括为:积极发展高等教育的原则;提高高等教育质量和效益原则;扶持和帮助少数民族高等教育原则;公民受高等教育权利平等原则;保障高等学校科学研究、文学艺术创作和其他文化活动自由原则;高等学校面向社会,依法自主办学,实行民主管理原则;鼓励高等学校开展交流与协作原则。

高等教育管理体制和办学体制　　第十三条规定:"国务院统一领导和管理全国高等教育事业。省、自治区、直辖市人民政府统筹协调本行政区域内的高等教育事业,管理主要为地方培养人才和国务院授权管理的高等学校。"明确了建立中央和省级政府统筹为主的高等教育管理体制。随着社会对高等教育需求的不断增长和社会主义市场经济体制的逐步形成,高等教育改革迫切要求改变中国由政府单一办学的体制,建立起中央和省两级政府办学为主、社会各界广泛参与的体制。第六条第二款对高等教育办学体制作了规定:"国家鼓励企业事业组织、社会团体及其他社会组织和公民等社会力量依法举办高等学校,参与和支持高等教育事业的改革和发展。"

高等教育基本制度　　主要包括:第一,高等学历教育制度。第十六条规定:"高等学历教育分为专科教育、本科教育和研究生教育。"不同层次的学历教育具有不同的学业标

准和修业年限,高等教育法将这些学业标准以法律的形式确定了下来。第二,高等学校招生制度。第十九条规定:"高级中等教育毕业或者具有同等学历的,经考试合格,由实施相应学历教育的高等学校录取,取得专科生或者本科生入学资格。本科毕业或者具有同等学历的,经考试合格,由实施相应学历教育的高等学校或者经批准承担研究生教育任务的科学研究机构录取,取得硕士研究生入学资格。硕士研究生毕业或者具有同等学历的,经考试合格,由实施相应学历教育的高等学校或者经批准承担研究生教育任务的科学研究机构录取,取得博士研究生入学资格。允许特定学科和专业的本科毕业生直接取得博士研究生入学资格,具体办法由国务院教育行政部门规定。"第三,高等教育学业证书制度。按照第二十条的规定,证书制度就是指接受高等学历教育的学生,由所在高等学校或者经批准承担研究生教育任务的科学研究机构根据其修业年限、学业成绩等,按照国家有关规定发给相应的学历证书或者其他学业证书。接受非学历高等教育的学生,由所在高校或者其他高等教育机构发给相应的结业证书。结业证书应当载明修业年限和学业内容。第四,自学考试制度。第二十一条规定:"国家实行高等教育自学考试制度,经考试合格的,发给相应的学历证书或者其他学业证书。"第五,学位制度。第二十二条规定:国家实行学位制度。学位分为学士、硕士和博士。公民通过接受高等教育或者自学,其学业水平达到国家规定的学位标准,可以向学位授予单位申请授予相应的学位。

高等学校的设立要求和条件 第二十四条规定了设立高等学校的基本要求:"设立高等学校,应当符合国家高等教育发展规划,符合国家利益和社会公共利益,不得以营利为目的。"第三章规定了设立高等学校的条件:"设立高等学校,应当具备教育法规定的基本条件。大学或者独立设置的学院还应当具有较强的教学、科学研究力量,较高的教学、科学研究水平和相应规模,能够实施本科及本科以上教育。大学还必须设有三个以上国家规定的学科门类为主要学科。设立高等学校的具体标准由国务院制定。设立其他高等教育的具体标准,由国务院授权的有关部门或者省、自治区、直辖市人民政府根据国务院规定的原则制定。""设立高等学校,应当根据其层次、类型、所设学科类别、规模、教学和科学研究水平,使用相应的名称。"设立高等学校和其他高等教育机构须经两个步骤:申请和审批。申请设立高等学校必须向审批机关提交下列材料:申办报告;可行性论证材料;章程;审批机关依照本法规定要求提供的其他材料。主管机关对申请内容进行实质性审查。

高等学校的权利与义务 一是招生权。第三十二条规定:"高等学校根据社会需求、办学条件和国家核定的办学规模,制定招生方案,自主调节系科招生比例。"二是专业设

置权。第三十三条规定:"高等学校依法自主设置和调整学科、专业。"三是教学权。赋予高等学校的教学自主权包括:教学计划制订权;选编教材权;组织实施教学活动权。四是科学研究权。第三十五条规定:"高等学校根据自身条件,自主开展科学研究、技术开发和社会服务。国家鼓励高等学校同企业事业组织、社会团体及其他社会组织在科学研究、技术开发和推广等方面进行多种形式的合作。"五是对外交往权。第三十六条规定:"高等学校按照国家有关规定,自主开展与境外高等学校之间的科学技术文化交流与合作。"六是校内人事权。第三十七条规定高等学校有以下方面的校内人事权:根据实际需要和精简、效能的原则,自主确定教学、科学研究、行政职能部门等内部组织机构的设置,并且有权为其配备合适的人员;按照国家的有关规定,自主评定高等学校教师和其他专业技术人员的职务;根据有关规定,自主聘任具备任职条件的教师和其他专业技术人员;调整学校内部教师及其他专业技术人员的津贴和工资分配。七是财产权。第三十八条第一款规定:"高等学校对举办者提供的财产、国家财政性资助、受捐赠财产依法自主管理和使用。"确定了高等学校的财产管理和使用权。高等学校除了应履行《中华人民共和国教育法》规定的学校义务外,第三十一条关于"高等学校应以培养人才为中心,开展教学、科学研究和社会服务,保证教育教学质量达到国家规定的标准"以及第四十四条关于"高等学校的办学水平、教育质量,接受教育行政部门的监督和由其组织的评估"的规定,对高等学校的教育质量提出要求。

高等学校内部管理体制 第三十九条规定:"国家举办的高等学校实行中国共产党高等学校基层委员会领导下的校长负责制。中国共产党高等学校基层委员会按照中国共产党章程和有关规定,统一领导学校工作,支持校长独立负责地行使职权,其领导职责主要是:执行中国共产党的路线、方针、政策,坚持社会主义办学方向,领导学校的思想政治工作和德育工作,讨论决定学校内部组织机构的设置和内部组织机构负责人的人选,讨论决定学校的改革、发展和基本管理制度等重大事项,保证以培养人才为中心的各项任务的完成。"此项规定将高等学校实行党委领导下的校长负责制的内部管理体制以法律形式确定下来。社会力量举办的高等学校的内部管理体制按照国家有关社会力量办学的规定确定。第四十一条规定,"高等学校的校长全面负责本学校的教学、科学研究和其他行政管理工作。"校长负责制必须处理好校长与党组织的关系、校长与学术委员会的关系、校长与教职工代表大会的关系、校长与上级的关系、校长与群众性组织的关系等。

高等学校教师和其他教育工作者 关于高等学校教师和其他教育工作者,规定了三项制度。一是高等学校教师资格制度。高等学校教师资格的条件,依据第四十六条的

规定,包括以下方面:遵守宪法和法律,热爱教育事业,具有良好的思想品德;具有研究生或者大学本科毕业学历;有相应的教育教学能力。具备以上条件的中国公民,只要经有关部门认定,即可取得高等学校教师资格。对于不具备国家规定学历,即不具备研究生或者大学本科毕业学历的公民,如果"学有所长,通过国家教师资格考试,经认定合格,也可以取得高等学校教师资格"。

二是高等学校教师职务制度。第四十七条规定:高等学校实行教师职务制度。高等学校教师职务根据学校所承担的教学、科学研究等任务的需要设置。教师职务设助教、讲师、副教授、教授。高等学校教师职务的基本任职条件,包括:取得高等学校教师资格;系统地掌握本学科的基础理论;具备相应职务的教育教学能力和科学研究能力;承担相应职务的课程和规定课时的教学任务。教授、副教授除应具备以上基本任职条件外,还应当对本学科具有系统而坚实的基础理论和比较丰富的教学、科学研究经验,教学成绩显著,论文或者著作达到较高水平或者有突出的教学、科学研究成果。高等学校教师的具体任职条件由国务院规定。

三是高等学校的教师聘任制。第四十八条规定:"高等学校实行教师聘任制。教师以评定具备任职条件的,由高等学校按照教师职务的职责、条件和任期聘任。高等学校的教师的聘任,应当遵循双方平等自愿的原则,由高等学校校长与受聘教师签订聘任合同。"第四十九条规定:"高等学校的管理人员,实行教育职员制度。高等学校的教学辅助人员及其他专业技术人员,实行专业技术职务聘任制度。"四是高等学校教师的权利及其保障。第五十条规定:"国家保护高等学校教师及其他教育工作者的合法权益,采取措施改善高等学校教师及其他教育工作者的工作条件和生活条件。"第五十一条规定:"高等学校应当为教师参加培训、开展科学研究和进行学术交流提供便利条件。高等学校应当对教师、管理人员和教学辅助人员及其他专业技术人员的思想政治表现、职业道德、业务水平和工作实绩进行考核,考核结果作为聘任或者解聘、晋升、奖励或者处分的依据。"《中华人民共和国高等教育法》还对教师及其他教育工作者规定了一项基本义务,即高等学校的教师、管理人员和教学辅助人员及其他专业技术人员,应当以教学和培养人才为中心做好本职工作。

高等学校的学生 高等学校的学生享有《中华人民共和国教育法》规定的权利。《中华人民共和国高等教育法》第五十七条规定:"高等学校的学生,可以在校内组织学生团体。"但学生团体必须在法律、法规规定的范围内活动,并且服从学校的管理和领导。《中华人民共和国教育法》对学生义务的规定适用于高等学校的学生。《中华人民共和国高等教育法》还规定了高等学校学生的两项义务:一是守法及学习的义务;二是交纳学费的义务。

高等教育投入和条件保障 第六十条规定:"国家建立以财政拨款为主、其他多种渠道筹措高等教育经费为辅的体制,使高等教育事业的发展同经济、社会发展的水平相适应。国务院和省、自治区、直辖市人民政府依照教育法第五十五条的规定,保证国家兴办的高等教育的经费逐步增长。"国家鼓励企业事业组织、社会团体及其他社会组织和个人向高等教育投入。为改变高等学校"基数加发展"的拨款机制,第六十二条规定:"国务院教育行政部门会同国务院其他有关部门根据在校学生年人均教育成本,规定高等学校年经费开支标准和筹措的基本原则;省、自治区、直辖市人民政府教育行政部门会同有关部门制订本行政区域内高等学校年经费开支标准和筹措办法,作为举办者和高等学校筹措办学经费的基本依据。"条件保障具体包括保证办学经费、给予优惠政策以及建立、健全财务制度。

参考文献

劳凯声,郑新蓉.规矩方圆——教育管理与法律[M].北京:中国铁道出版社,1997.

劳凯声.高等教育法规概论[M].北京:北京师范大学出版社,2000.

张维平.教育法学基础(第三版)[M].沈阳:辽宁大学出版社,2002.

（许 杰 余雅风）

《中华人民共和国教师法》 中国以法律的形式明确教师在履职过程中的地位和作用,全面规定教师的权利与义务、资格和作用、培养和聘任、工资待遇、考核等准则。其颁布和实施,标志着中国教师队伍建设走上法制化、规范化轨道,对于依法治教,提高教师的社会地位,维护教师的合法权益,加强教师队伍的规范化管理,具有重要意义。1993年10月31日由第八届全国人民代表大会常务委员会第四次会议通过,1994年1月1日实施。

立 法 背 景

知识经济时代,世界范围的经济竞争、综合国力竞争,很大程度上是科技和人才的竞争,归根结底是教育的竞争。教师是办好教育事业的主要依靠力量,教师的状况和整体素质关系着教育事业的兴衰成败。20世纪80年代后,中国采取了一系列措施改善教师待遇,但90年代初期,教师收入与其他行业相比依然偏低,现实生活中仍存在干扰、破坏教师履行教育教学职责,侵犯教师权利和利益的现象,影响教师队伍的稳定和发展。制定专门法律,保障教师权利,提高教师社会地位迫在眉睫。1986年第六届全国人民代表大会上即有代表提出制定中国教师法的议案,此后不久,国家教委据此成立了教师法起草工作领导小组，着手教师法（草案）的起草工作。起草过程中，广泛听取和征求教育界、法律界专家和广大教师的意见，历时7年，十易其稿，直至草案中关于教师的工资、待遇等重要问题的条款经过了反复的调研、论证和修改后至1993年最终形成法律。

主 要 内 容

立法宗旨和适用范围 第一条明确指出："为了保障教师的合法权益，建设具有良好思想品德修养和业务素质的教师队伍，促进社会主义教育事业的发展，制定本法。"这是立法宗旨，其中，保护教师的合法权益，既包括教师作为公民的权利，也包括与教师职业相联系的特定的权利。此外，保护教师的合法权益，提高教师的物质待遇和社会地位与提高教师素质是相互依存的，并且两者最终的目的是为了振兴和发展教育事业。

第二条规定："本法适用于在各级各类学校和其他教育机构中专门从事教育教学工作的教师。"这是从所要保障和规范的职业权利和义务主体而言的，其含义并不是指遵守教师法的主体仅仅是教师。由于教师的权利、义务的实现与教育内部或外部的其他主体的权利、义务的实现密不可分，因此其他相关主体也有遵守教师法的义务。本条所指的"在各级各类学校和其他教育机构中专门从事教育教学工作的教师"包括公办学校的教师，也包括民办学校的教师。其中，"其他教育机构"专指与中小学教育教学机构紧密相连的少年宫以及地方教研室、电化教育馆等机构。根据国家教委印发的关于教师法若干问题的实施意见，"教师"既包括专门从事教育教学工作的教师即在学校中专职对学生进行教育教学活动的教师，也包括兼职从事教育教学工作的教师。学校中的教辅人员和管理人员不属于教师法的适用范围，但可参照某些规定执行。

第三条规定"教师是履行教育教学职责的专业人员"。在教师法颁布之前，中国的教师长期从属于干部系列，而此条规定明确了教师的"专业人员"的身份，从而将教师与公务员区别开来。"专业人员"意味着教师必须具备专门规定的从教资格，教师的工作具有不可替代性。"履行教育教学职责"是指只有直接承担教育教学工作职责的人，才具备法律意义上的教师的最基本的条件，而对于学校中不直接从事教育教学工作的教育行政管理人员、校办产业公司人员等就不能认为是教师法中的"教师"。

第五条规定："国务院教育行政部门主管全国的教师工作。国务院有关部门在各自职权范围内负责有关的教师工作。学校和其他教育机构根据国家规定，自主进行教师管理工作。"国家教育部为国务院负责管理教育工作的综合性部门，主管全国各级各类教师的工作。"国务院有关部门"指国务院其他有关教育工作的部门，主要有国家发改委、财政部、人事部等。有关教师人员计划、编制、经费、工资、奖惩等工作，会涉及有关部门，这些部门应当在自己的权限范围内做好有关的教师工作，并相互协作，协调配合。地方人民政府的教育行政部门及有关的部门应当比照国务院教育行政部门和有关部门的职权范围，负责当地的教师工作。而学校自主进行教师管理工作，是学校办学自主权的一个重要方面。根据国家教育委员会印发的《关于〈中华人民共和国教师法〉若干问题的实施意见》，高等学校、中等专业学校、技工学校及依法设立的民办学校，按照教师法及有关法规的规定，对本校的教师工作进行自主管理。有条件的公办中小学经县级以上人民政府教育行政部门批准，按照教师法及其有关法规的规定，对教师的聘任、考核、奖惩、培训等进行自主管理；不具备条件的中小学，教师的管理工作由县级人民政府教育行政部门负责。

第六条规定，"每年九月十日为教师节"，以法律的形式明确了教师节，有利于进一步提高教师的地位和待遇，促进全社会进一步形成尊师重教的风尚。

教师的权利和义务 第七条规定了教师的基本权利。主要有：进行教育教学活动，开展教育教学改革和实验；从事科学研究、学术交流，参加专业的学术团体，在学术活动中充分发表意见；指导学生的学习和发展，评定学生的品行和学业成绩；按时获取工资报酬，享受国家规定的福利待遇以及寒暑假期的带薪休假；对学校教育教学、管理工作和教育行政部门的工作提出意见和建议，通过教职工代表大会或者其他形式，参与学校的民主管理；参加进修或者其他方式的培训。这六项权利是教师基于承担教育教学职责的专业人员的身份所享有的职业权利。第八条规定了教师的基本义务，主要有："遵守宪法、法律和职业道德，为人师表；贯彻国家的教育方针，遵守规章制度，执行学校的教学计划，履行教师聘约，完成教育教学工作任务；对学生进行宪法所确定的基本原则的教育和爱国主义、民族团结的教育，法制教育以及思想品德、文化、科学技术教育，组织、带领学生开展有益的社会活动；关心、爱护全体学生，尊重学生人格，促进学生在品德、智力、体质等方面全面发展；制止有害于学生的行为或者其他侵犯学生合法权益的行为，批评和抵制有害于学生健康成长的现象；不断提高思想政治觉悟和教育教学业务水平。"对教师的权利与义务的规定，是进一步确立教师的法律地位，确认教师在教育教学活动中的独立、自主人格的需要，有利于激发教师的积极性、创造性和责任感，也有利于维护教师的合法权益，加强教师队伍建设。

教师的资格和任用 第十条规定："国家实行教师资格制度。中国公民凡遵守宪法和法律，热爱教育事业，具有良好的思想品德，具备本法规定的学历或者经国家教师资格考试合格，有教育教学能力，经认定合格的，可以取得教师资格。"该条对教师资格制度进行了总体性的规定,是国家对教师实行的一种法定的职业许可制度。教师资格是国家对从事教育教学工作的人员的基本要求。取得教师资格必须具备五个要素:是中国公民;思想品德良好;对未具备学历条件的其他行业的人员须经过本法规定的教师资格考试;有教育教学能力;在程序上还规定了教师资格必须经过法律授权的行政机关或其委托的其他机构认定。关于取得各级各类学校教师资格所应具备的学历条件,第十一条专门作了具体规定,并指出不具备本法规定的教师资格学历的公民,申请获取教师资格,必须通过国家教师资格考试。依照第十二条规定,对教师法实施前已经在学校或者其他教育机构中任教的教师,未具备教师法规定学历的,由国务院教育行政部门规定教师资格过渡办法。关于教师资格的认定,第十三条规定中小学教师资格由县级以上地方人民政府教育行政部门认定;中等专业学校、技工学校的教师资格由县级以上地方人民政府教育行政部门组织有关主管部门认定;普通高等学校的教师资格由国务院或者省、自治区、直辖市教育行政部门或者由其委托的学校认定。关于教师资格的丧失,第十四条规定了受到剥夺政治权利或者故意犯罪受到有期徒刑以上刑事处罚的,不能取得教师资格;已经取得教师资格的,丧失教师资格。第十六条原则性地规定了教师职务制度,而国家教委制定的《高等学校教师职务试行条例》、《中等专业学校教师职务试行条例》、《技工学校教师职务试行条例》、《中学教师职务试行条例》、《小学教师职务试行条例》等文件分别对各级各类学校教师职务的设置、教师职务的职责、任职条件以及考核和评审办法等作了具体规定。

第十七条规定:"学校和其他教育机构应当逐步实行教师聘任制。教师的聘任应当遵循双方地位平等的原则,由学校和教师签订聘任合同,明确规定双方的权利、义务和责任。实施教师聘任制的步骤、办法由国务院教育行政部门规定。"教师聘任制的实施打破了教师的终身任用制,对人才的合理流动和调动教师教育教学工作的积极性具有重大意义。实行教师聘任制要遵循地位平等的原则,应明确规定学校和其他教育机构与教师在聘任上双方地位平等。聘任应双方自愿并以合同的形式来明确双方的权利义务。教师聘任制应逐步实施,因中国地区间经济文化和教育发展不平衡,沿海与内地、发达地区与少数民族地区、边远贫困地区存在着一定的差距,学校的层次、类别、培养目标、管理权限和地理位置各不相同,在推行教师聘任制时,对这些实际情况应充分予以考虑。

教师培养和培训　第十八条规定:"各级人民政府和有关部门应当办好师范教育,并采取措施,鼓励优秀青年进入各级师范学校学习。各级教师进修学校承担培训中小学教师的任务。非师范学校应当承担培养和培训中小学教师的

任务。"师范教育是培养教师的专业教育,各级师范学校是实施教师培养和培训的专门机构;各级教师进修学校的主要任务是培训中小学教师;非师范学校也应承担培养培训中小学教师的任务。第十八条至二十一条规定了政府、教育主管部门和学校在教师培养、培训方面的职责,此外,国家教委印发的关于教师法若干问题的实施意见中对此作了相关的解释,总的来说,政府、教育主管部门和学校在教师培养、培训方面的职责主要有:(1)各级人民政府和有关部门有办好师范教育的责任,还应该采取对师范生免收学费,实行专业奖学金制度等措施鼓励优秀青年进入各级师范学校学习。各级师范学校应当根据国家下达的招生计划,保证完成教师培养任务。(2)各级人民政府教育行政部门、学校主管部门和学校应当制订教师培训规划,对教师进行思想政治、业务培训。各地应当设立教师培训的专项经费。(3)国家机关、企业事业单位和其他社会组织应当为教师的社会调查和社会实践提供方便,给予协助。(4)国家对少数民族地区或者边远贫困地区教师的培养实行定向招生分配制度。各级人民政府应当采取措施,为少数民族地区和边远贫困地区培养、培训教师。

教师的考核　第二十二条规定:"学校或者其他教育机构应当对教师的政治思想、业务水平、工作态度和工作成绩进行考核。教育行政部门对教师的考核工作进行指导、监督。"依照此规定,教师考核内容包括思想政治、业务水平、工作态度和工作成绩。学校或其他教育机构直接实施教师考核工作,而主管教育部门对教师的考核工作进行指导和监督。教师认为学校或其他教育机构在教师考核中对其作出的考核结论明显不公或严重失实的,可以向主管的教育行政部门提出申诉。依照第二十三条和国家教委印发的关于教师法若干问题的实施意见,教师考核应遵循以下原则:教师的考核应当坚持全面考核、以工作成绩为主,做到客观、公正、准确。此外,对教师进行考核应遵循程序方面的要求,学校或其他教育机构在对教师进行考核时,首先要由教师进行自我总结,并在此基础上,要充分听取其他教师和学生的意见。第二十四条规定:"教师考核结果是受聘任教、晋升工资、实施奖惩的依据。"国家教育委员会印发的《关于〈中华人民共和国教师法〉若干问题的实施意见》中规定考核结果分为优秀、称职、不称职等若干等级,作为受聘任教、确定工资、实施奖惩的重要依据。教师考核结果要记入业务档案。

教师的待遇　第二十五条规定:"教师的平均工资水平应当不低于或者高于国家公务员的平均工资水平,并逐步提高。建立正常晋级增薪制度,具体办法由国务院规定。"根据国家教育委员会印发的《关于〈中华人民共和国教师法〉若干问题的实施意见》,此条中所称"平均工资水平"是指:按国家统计局规定的工资总额构成的口径统计的平均

工资额。各地应当按照国家规定，结合本地区的实际情况，确定当地教师平均工资水平高于当地国家公务员平均工资水平的幅度及保障措施，并予以落实。为保障教师工资收入的逐步提高，除确定教师工资的下限，即不低于国家公务员的平均工资水平外，还规定要建立正常的增薪晋级制度，即按照确定的年限对考核合格的教师定期予以增加工资的制度。教师法第二十六条规定："中小学教师和职业学校教师享受教龄津贴和其他津贴，具体办法由国务院教育行政部门会同有关部门制定。"根据国家教育委员会印发的《关于〈中华人民共和国教师法〉若干问题的实施意见》，此条中所指的中小学教师和职业学校教师享受的津贴，包括教龄津贴、班主任津贴、特殊教育津贴、特级教师津贴以及根据需要设立的其他津贴。作出突出贡献的教师，依照国家规定，享受政府特殊津贴。

第二十八条规定："地方各级人民政府和国务院有关部门，对城市教师住房的建设、租赁、出售实行优先、优惠。县、乡两级人民政府应当为农村中小学教师解决住房提供方便。"根据国家教育委员会印发的《关于〈中华人民共和国教师法〉若干问题的实施意见》，各地城市教职工家庭人均住房面积，应达到或者超过当地居民平均住房水平。第二十九条规定了教师的医疗同当地国家公务员享受同等的待遇。地方各级人民政府应当建立教师定期身体检查制度。第三十条规定教师退休或者退职后，享受国家规定的退休或者退职待遇。同时该条也赋予县以上政府在教师养老保险待遇方面的一定的决策权，并强调县级以上地方人民政府可以"适当提高"长期从事教育教学工作的中小学退休教师的退休金比例。

第三十二条规定："社会力量所办学校的教师的待遇，由举办者自行确定并予以保障。"民办学校教师的待遇，应当由学校的举办者负责。学校的举办者可以根据学校的实际情况，参照教师法有关教师待遇的规定自行确定其所办学校教师的待遇，并通过与所聘教师签订合同，明确双方的权利和义务。举办者必须按照合同的规定，保障教师的福利待遇。

对教师的奖励 第三十三条、三十四条规定了对教师的奖励。依照第三十三条的规定，教师奖励的内容可分为教育教学、培养人才、科学研究、教学改革、学校建设、社会服务、勤工俭学等。教师在这些方面做出优异的成绩，所在学校要及时予以表彰奖励，以调动教师的积极性。对在这些方面做出突出贡献的教师，由国务院和地方各级人民政府及其有关部门予以表彰和奖励，并且可依照国家有关规定对教师授予荣誉称号，这是国家对教师的功绩的褒扬和奖励，这对于提高教师社会地位、激励广大教师努力工作、建功立业具有重要的作用。第三十四条规定："国家支持和鼓励社会组织或者个人向依法成立的奖励教师的基金组织

捐助资金，对教师进行奖励。"该条是对支持和鼓励向教师奖励基金组织捐助资金的规定。1986年，国家成立了中国中小学幼儿教师奖励基金会，各地也成立了教师奖励基金组织。教师奖励基金组织成立以来，积极开展了多种形式奖励教师的活动，这对于推动全社会尊师重教社会风尚的形成，表彰和奖励优秀教师，提高教师的社会地位，调动广大教师的社会主义积极性，起到了良好的作用。

法律责任 第三十五条规定："侮辱、殴打教师的，根据不同情况，分别给予行政处分或者行政处罚；造成损害的，责令赔偿损失；情节严重，构成犯罪的，依法追究刑事责任。"侮辱、殴打教师是对教师名誉权、身体健康权的侵犯，此条规定了应根据不同情况，对侮辱、殴打教师的，依法应追究其行政、民事或刑事责任。此外，申诉、控告、检举是教师所应享有的基本权利，第三十六条规定了打击报复教师所应承担的行政或刑事责任。第三十八条规定："地方人民政府对违反本法规定，拖欠教师工资或者侵犯教师其他合法权益的，应当责令其限期改正。违反国家财政制度、财务制度，挪用国家财政用于教育的经费，严重妨碍教育教学工作，拖欠教师工资，损害教师合法权益的，由上级机关责令限期归还被挪用的经费，并对直接责任人员给予行政处分；情节严重，构成犯罪的，依法追究刑事责任。"拖欠教师工资，是指未按时足额地支付教师的工资性报酬，具体包括基础工资、岗位职务工资、奖金、津贴和其他各种补贴等。拖欠教师工资，不仅侵害教师获取劳动报酬的基本权利，危及教师及其家庭的生计，还严重影响了教师队伍的稳定和教育教学工作的正常进行，因此，必须严厉制裁。对违反教师法规定，拖欠教师工资的，无论是政府及其有关部门，还是学校及其他教育机构，无论是公办学校还是民办学校，均由地方人民政府责令其限期改正。"侵犯教师的其他合法权益"主要是指侵犯本法第七条规定的教师享有的除按时获取工资报酬以外的各项权利。至于违反其他法律、法规的规定，侵犯教师合法权益的，则应依照其他有关法律、法规，追究其法律责任，维护教师的合法权益。

第三十七条规定："教师有下列情形之一的，由所在学校、其他教育机构或者教育行政部门给予行政处分或者解聘。（一）故意不完成教育教学任务给教育教学工作造成损失的；（二）体罚学生，经教育不改的；（三）品行不良、侮辱学生，影响恶劣的。教师有前款第（二）项、第（三）项所列情形之一，情节严重，构成犯罪的，依法追究刑事责任。"各级各类学校及其他教育机构的教师凡有本条规定的情形之一的，按现行教师管理权限，由所在学校、其他教育机构或者教育部门分别给予行政处分或解聘。解聘包括解除岗位职务聘任合同，由学校或其他教育机构另行安排其他工作；也包括解除教师聘任合同，被解聘者另谋职业。

第三十九条规定："教师对学校或者其他教育机构侵犯

其合法权益的，或者对学校或者其他教育机构作出的处理不服的，可以向教育行政部门提出申诉，教育行政部门应当在接到申诉的三十日内，作出处理。教师认为当地人民政府有关行政部门侵犯其根据本法规定享有的权利的，可以向同级人民政府或者上一级人民政府有关部门提出申诉，同级人民政府或者上一级人民政府有关部门应当作出处理。"此条主要规定了教师申诉的内容范围、申诉的机关以及受理申诉的时限。申诉制度是教师法确立的一项维护教师合法权益的行政救济程序制度，它从根本上改变了中国教师以往有权利无救济之弊端，为教师权益的救济提供了法律依据。

参考文献

韩绍祥.中华人民共和国教师法学习与实施指导[M].北京：科学普及出版社，1994.

黄崴，胡劲松.教育法学概论[M].广州：广东高等教育出版社，1999.

李晓燕.教育法学[M].北京：高等教育出版社，2001.

（马晓燕）

《中华人民共和国教育法》　　根据《中华人民共和国宪法》制定的教育法体系的母法。协调教育部门内部以及教育部门与其他社会部门相互关系的基本准则，也是制定其他教育法律、法规的依据。1995年3月18日由第八届全国人民代表大会第三次会议通过，1995年9月1日起施行。

立法背景

1985年5月公布的《中共中央关于教育体制改革的决定》强调，"在简政放权的同时，必须加强教育立法工作"。从1985年起，国家教委承担了组织教育法调研起草工作。全国人大教科文委员会、法工委、国务院法制局及其他相关单位也都不同程度地介入和指导教育法的起草工作。1993年《中国教育改革和发展纲要》的颁布为教育法的制定提供了全面的政策依据。纲要强调抓紧草拟基本的教育法律、法规，争取到20世纪末，初步建立起教育法律、法规体系的框架，对教育法的出台提出了具体的要求。1994年6月党中央和国务院召开全国教育工作会议，教育法被作为会议的三大文件之一，在会议上进行了讨论。1994年11月国务院法制局在广泛征求各方面意见后，对教育法草案作了周密的审查、修改，决定提交国务院常务委员会审议。国务院常务会议原则通过教育法草案，正式提请八届全国人大常委会审议。1994年12月底，八届全国人大常委会第十一次会议审议通过了教育法草案，认为教育法草案比较全面、成熟，基本符合中国实际，决定提交八届全国人大三次会议

审议。

主　要　内　容

《中华人民共和国教育法》共十章八十四条，主要规范以下内容。

适用范围　第二条规定："在中华人民共和国境内的各级各类教育，适用本法。"即在中华人民共和国全国范围内具有统一遵循的效力，但《中华人民共和国香港特别行政区基本法》《中华人民共和国澳门特别行政区基本法》等特定区域的基本法另有规定的除外。另外，由于军事学校教育、宗教学校教育等具有不同于国民教育的特殊性，第八十二条规定："军事学校教育由中央军事委员会根据本法的原则规定。宗教学校教育由国务院另行规定。"

教育的性质、方针和基本原则　第三条规定："国家坚持以马克思列宁主义、毛泽东思想和建设有中国特色社会主义理论为指导，遵循宪法确定的基本原则，发展社会主义的教育事业。"明确中国教育是社会主义性质的教育。第五条规定："教育必须为社会主义现代化建设服务，必须与生产劳动相结合，培养德、智、体等方面全面发展的社会主义事业的建设者和接班人。"这一表述包含了教育工作的总体方向、教育的培养途径和教育的培养目标。这一方针在教育与社会发展、教育与生产劳动、教育与人的发展等重大关系上继承和发展了马克思主义教育思想，明确反映了中国教育的社会主义性质，科学地解决了教育方向、培养途径、培养目标三者之间及其内部的各层关系，是适合我国改革开放和社会主义市场经济发展需要的。

教育的战略地位及其保障　第四条规定："教育是社会主义现代化建设的基础，国家保障教育事业优先发展。"以法律的形式确定教育的战略地位和国家优先发展教育的基本原则。为落实教育的战略地位，促进教育事业的发展，该法规定了国家保障教育发展的重大措施。强调要努力增加教育投入和逐步改善教育发展的物质条件。规定了教育经费的筹措渠道和管理体制。国家举办学校的经费以国家财政拨款为主，其他多种渠道为辅；企业事业组织、社会团体和公民个人依法举办的学校由举办者负责筹措，政府适当给予补助。该法还明确了国家财政性教育经费和各级人民政府教育财政拨款的增长原则。针对边远贫困地区、少数民族地区教育经费紧张的问题，规定："国务院及县级以上地方各级人民政府应当设立教育专项资金，重点扶持边远贫困地区、少数民族地区实施义务教育。"对教育经费的其他多种筹措渠道也作了原则性规定，包括教育附加费的征收、管理和使用原则。还对教育经费的监督管理、教育投资效益的提高等作出了明确规定。在教育条件保障方面，规定在城市建设规划中，应列入学校建设规划，保障学校建设

与城市改造、发展同步进行。对直接用于教育教学的教科书的出版、仪器设备的生产和进口等问题也明确规定了国家的扶持和优惠政策。还规定了县级以上人民政府在发展现代化教学手段方面的责任。

教育基本制度 《中华人民共和国教育法》确立了中国特色的社会主义现代教育制度的法律基础,规定了中国的教育基本制度,包括学校教育制度、九年制义务教育制度、职业教育制度和成人教育制度、国家教育考试制度、学业证书制度、学位证书制度、教育督导制度和教育评估制度等。学校教育制度是中国教育制度的主体,是按照受教育者的身心发展规律而系统实施的各级各类学校教育的总称。它包括各级各类学校教育的性质任务、入学条件、学习年限以及相互间衔接和关系等,也称学制。义务教育制度是国家依照法律的规定对适龄儿童、少年实施一定年限强迫教育的制度,其主要职能是为适龄儿童、少年将来继续接受教育及参与社会生活打下必备的基础,是提高国民整体素质的重要途径。职业教育制度和成人教育制度是中国现代教育制度的重要组成部分,建立职业教育制度是培养大量应用人才和劳动者的根本出路,而成人教育具有社会化、多样性、实用性、终身性等特点,是传统学校教育向终身教育发展的一种新型的教育制度。国家教育考试制度也是教育基本制度之一,对于实现教育机会均等,保护受教育者的合法权益具有重要意义。学业证书制度是中国教育制度的重要支柱之一,对于维护教育活动正常而有序地进行,保证教育质量,具有重要的作用。学位证书制度对于促进中国科学技术专门人才的成长,促进各门学科学术水平的提高和教育事业的发展,有着重要的推动作用。教育督导制度和教育评估制度是贯彻实施国家教育标准,监督检查教育活动的实施情况,实现对学校及其他教育机构进行宏观调控的必要手段。这些制度的确立,奠定了中国终身教育体系的基础,对于为公民提供广泛的受教育机会,保障公民受教育权的实现,使教育活动有序地进行,具有重要意义。

各类教育关系主体的法律地位及权利、义务 《中华人民共和国教育法》分别规定了各类教育关系主体的法律地位及权利、义务,把教育关系主体的行为纳入了法制化、规范化的轨道。还规定了保护教育关系主体合法权益的法律措施。教育关系主体主要包括学校及其他教育机构、教师和其他教育工作者、受教育者、家长、国家及社会组织。

第一,学校及其他教育机构。对于学校及其他教育机构有五方面规定。一是关于中国的办学体制及办学的基本原则。中国的办学体制是以国家办学为主、社会各界共同办学的体制。第二十五条第三款规定:"任何组织和个人不得以营利为目的举办学校和其他教育机构。"在不以营利为目的的办学前提下,国家采取措施,保护办学者的办学积极性及其合法权益。二是设立学校及其他教育机构必须具备

的基本条件。第二十六条规定了设立学校及其他教育机构必须具备的基本条件,即:有组织机构和章程;有合格的教师;有符合规定标准的教学场所及设施、设备等;有必备的办学资金和稳定的经费来源。在学校及其他教育机构设立、变更和终止的程序方面,第二十七条规定:"学校及其他教育机构的设立、变更和终止,应当按照国家的有关规定办理审核、批准、注册或者备案手续。"三是规定了学校及其他教育机构享有的权利及应履行的义务。学校及其他教育机构行使下列权利:按照章程自主管理;组织实施教育教学活动;招收学生或其他受教育者;对受教育者进行学籍管理,实施奖励或者处分;对受教育者颁发相应的学业证书;聘任教师及其他职工,实施奖励或者处分;管理、使用本单位的设施和经费;拒绝任何组织和个人对教育教学活动的非法干涉;法律、法规规定的其他权利。学校及其他教育机构应履行的义务:遵守法律、法规;贯彻国家的教育方针,执行国家教育教学标准,保证教育教学质量;维护受教育者、教师及其他职工的合法权益;以适当方式为受教育者及其监护人了解受教育者的学业成绩及其他有关情况提供便利;遵照国家有关规定收取费用并公开收费项目;依法接受监督。四是规定了学校及其他教育机构的内部管理。对教育机构内部管理的一些重要问题作出了原则性规定。其一,规定了教育机构内部管理体制问题。第三十条规定:"学校及其他教育机构的举办者按照国家有关规定,确定其所举办的学校或者其他教育机构的管理体制。"即把确定管理体制的权力赋予了举办者,由举办者从教育机构的实际出发,确定具有各自特色的管理体制。其二,规定了学校及其他教育机构的校长或者主要行政负责人的任职条件及基本职权。其任职条件是:必须具备中华人民共和国国籍,并在中国境内定居,具备国家规定的任职条件。其任免按照国家有关规定办理。校长全面负责学校的教学及其他行政管理工作。其三,规定了教育机构应实行民主管理和监督的原则。第三十条规定:"学校及其他教育机构应当按照国家有关规定,通过以教师为主体的教职工代表大会等组织形式,保障教职工参与民主管理和监督。"五是规定了学校及其他教育机构的法律地位。第三十一条规定:"学校及其他教育机构具备法人条件的,自批准设立或者登记注册之日起取得法人资格。"这些规定有利于尽快形成学校及其他教育机构自我管理、自我发展、自我约束的新机制。

第二,教师和其他教育工作者。原则上规定了教师享有法律规定的权利,履行法律规定的义务;国家保护教师的合法权益,改善教师的工作条件和生活条件,提高教师的社会地位;国家实行教师资格、职务、聘任制度,通过考核、奖励、培养和培训,提高教师素质,加强教师队伍建设。对其他教育工作者的任用制度也作了原则性规定。此外,还规定了对学校及其教育机构中的教辅人员及其专业技术人员

实行专业技术职务聘任制度。

第三,受教育者。对受教育者受教育合法权益的保障及权利与义务作出明确规定。一是规定了受教育者在受教育方面享有平等权利。二是规定了受教育者享有的权利及应履行的义务。第四十二条规定了受教育者享有的权利:参加教育教学计划安排的各种活动,使用教育教学设施、设备、图书资料;按照国家有关规定获得奖学金、贷学金、助学金;在学业成绩和品行上获得公正评价,完成规定的学业后获得相应的学业证书、学位证书;对学校给予的处分不服向有关部门提出申诉,对学校、教师侵犯其人身权、财产权等合法权益,提出申诉或者依法提起诉讼;法律、法规规定的其他权利。第四十三条规定了受教育者应当履行的义务:"遵守法律、法规;遵守学生行为规范,尊敬师长,养成良好的思想品德和行为习惯;努力学习,完成规定的学习任务;遵守所在学校或者其他教育机构的管理制度。"

第四,家长、国家和社会组织。在教育活动中,家长享有对未成年子女或其他被监护人的监护权,依法维护未成年子女或其他被监护人的受教育权。同时家长也要履行相应的义务,如为其未成年子女或其他被监护人受教育提供必要条件,对其未成年子女或者其他被监护人进行教育等义务。国家是特殊的教育关系主体,对国家在教育活动中应履行的职责作出了规定。主要包括:制定教育发展规划和目标;制定办学标准,改善办学条件;提供教育场所、教育经费及其他物质保障;帮助困难地区和困难人群接受教育;培养和培训教师及其他教育工作者;建立监督检查制度,实行奖励和惩罚措施;为受教育者接受教育提供各种便利等。社会组织作为教育关系的主体,在教育活动中所承担的权利和义务主要有:依法举办各类学校,并承担所需教育经费,不断改进教学条件;捐资助学;参与学校管理;为受教育者接受教育提供便利;不招收、使用童工;依法维护受教育者的合法权益;尊重教师等。

法律责任 《中华人民共和国教育法》针对确定的义务性规范和禁止性规范,确定了相应的法律责任。

对不按照预算核拨教育经费和挪用、克扣教育经费行为法律责任的规定。第七十一条规定:"违反国家有关规定,不按照预算核拨教育经费的,由同级人民政府限期核拨;情节严重的,对直接负责的主管人员和其他直接责任人员,依法给予行政处分。违反国家财政制度、财务制度,挪用、克扣教育经费的,由上级机关责令限期归还被挪用、克扣的经费,并对直接负责的主管人员和其他直接责任人员,依法给予行政处分;构成犯罪的,依法追究刑事责任。"

对侵犯学校秩序及学校财产的法律责任规定。第七十二条规定:"结伙斗殴、寻衅滋事,扰乱学校及其他教育机构教育教学秩序或者破坏校舍、场地及其他财产的,由公安机关给予治安管理处罚;构成犯罪的,依法追究刑事责任。侵

占学校及其他教育机构的校舍、场地及其他财产的,依法承担民事责任。"

对明知校舍或者教育教学设施有危险,应当采取措施而不采取措施,导致严重危害后果的法律责任规定。第七十三条规定:"明知校舍或者教育教学设施有危险,而不采取措施,造成人员伤亡或者重大财产损失的,对直接负责的主管人员和其他直接责任人员,依法追究刑事责任。"

对违法向学校或者其他教育机构收取费用的法律责任规定。第七十四条规定:"违反国家有关规定,向学校或者其他教育机构收取费用的,由政府责令退还所收费用;对直接负责的主管人员和其他直接责任人员,依法给予行政处分。"

对非法举办学校或其他教育机构的法律责任规定。第七十五条规定:"违反国家有关规定,举办学校或者其他教育机构的,由教育行政部门予以撤销;有违法所得的,没收违法所得;对直接负责的主管人员和其他直接责任人员,依法给予行政处分。"

对违反国家规定招收学员的法律责任规定。第七十六条规定:"违反国家有关规定招收学员的,由教育行政部门责令退回招收的学员,退还所收费用;对直接负责的主管人员和其他直接责任人员,依法给予行政处分。"

对招生工作中徇私舞弊的法律责任规定。第七十七条规定:"在招收学生工作中徇私舞弊的,由教育行政部门责令退回招收的人员;对直接负责的主管人员和其他直接责任人员,依法给予行政处分;构成犯罪的,依法追究刑事责任。"

对学校及其他教育机构向受教育者违法收费法律责任规定。第七十八条规定:"学校及其他教育机构违反国家有关规定向受教育者收取费用的,由教育行政部门责令退还所收费用;对直接负责主管人员和其他直接责任人员,依法给予行政处分。"

对在国家教育考试中作弊和非法举办国家教育考试的法律责任规定。第七十九条规定:"在国家教育考试中作弊的,由教育行政部门宣布考试无效,对直接负责的主管人员和其他直接责任人员,依法给予行政处分。非法举办国家教育考试的,由教育行政部门宣布考试无效;有违法所得的,没收违法所得;对直接负责的主管人员和其他直接责任人员,依法给予行政处分。"

对违法颁发学位证书、学历证书或者其他学业证书的法律责任规定。第八十条规定:"违反本法规定,颁发学位证书、学历证书或者其他学业证书的,由教育行政部门宣布证书无效,责令收回或者予以没收;有违法所得的,没收违法所得;情节严重的,取消其颁发证书的资格。"

对侵犯教师、受教育者、学校或其他教育机构合法权益的法律责任规定。第八十一条规定:"违反本法规定,侵犯

教师、受教育者、学校或者其他教育机构的合法权益,造成损失、损害的,应当依法承担民事责任。"

《中华人民共和国教育法》在全面规范和调整各类教育关系的同时,抓住了当时特定的历史时期教育改革和发展中的突出问题并做出了有针对性的规定;在总结中国教育改革和发展正反两方面经验的基础上,基于进一步深化教育改革的需要,对教育领域的基本问题作出了一些具有导向性的原则规定,明确了法律责任,加强可操作性,以便顺利实施。《中华人民共和国教育法》的颁布,为建立健全内容和谐一致、形式完整统一的教育法体系奠定了坚实的基础,使中国教育工作开始进入全面依法治教的新时期。

参考文献

劳凯声,郑新蓉.规矩方圆——教育管理与法律[M].北京:中国铁道出版社,1997.

劳凯声.高等教育法规概论[M].北京:北京师范大学出版社,2000.

张维平.教育法学基础(第三版)[M].沈阳:辽宁大学出版社,2002.

(许　杰　苏林琴)

《中华人民共和国民办教育促进法》   中国规范国家机构以外的社会组织或个人利用非国家财政性经费,面向社会举办学校及其他教育机构活动的法律。2002年12月28日由第九届全国人民代表大会常务委员会第三十一次会议通过,2003年9月1日起施行,原民办学校的指导性法规《社会力量办学条例》废止。该法规有针对性地解决了一些民办教育发展中长期以来悬而未决的重大问题,用法律的形式巩固了教育改革的成果,指明中国民办教育发展的方向,对进一步落实科教兴国和人才强国战略,促进中国民办教育事业的健康有序发展,确立民办教育的法律地位,维护民办学校教职工和受教育者的合法权益,规范民办教育的办学行为具有重大意义。

制 定 过 程

民办教育立法经历了一个适应民办教育事业发展的需要,从无到有,不断发展和完善的过程。1982年《中华人民共和国宪法》明确规定,"国家鼓励集体经济组织、国家企业事业组织和其他社会力量依照法律规定举办各种教育事业"。1985年《中共中央关于教育体制改革的决定》进一步提出,地方要鼓励和指导国营企业、社会团体和个人办学。1987年,国家教育委员会出台《关于社会力量办学的若干暂行规定》,使中国的民办教育走上了有法可依的法制轨道。1992年,国家教育委员会在《全国教育事业十年规划和"八

五"计划要点》中提出,为满足社会日益增长的教育需求,要逐步建立以政府办学为主体的社会各界共同办学的体制。1993年,中共中央、国务院发布的《中国教育改革和发展纲要》明确提出,要改变政府包揽办学的格局,逐步建立以政府办学为主体、社会各界共同办学的体制。国家对社会团体和公民个人依法办学,采取积极鼓励、大力支持、正确引导、加强管理的方针。1994年发布的《国务院关于〈中国教育改革和发展纲要〉的实施意见》,确定了民办教育地位和发展方向。1997年,国务院颁布了《社会力量办学条例》,这是一部规范民办教育的重要行政法规。1998年,九届全国人大将民办教育的立法工作列入本届人大的立法规划;同年,教育部制订的《面向21世纪教育振兴行动计划》指出:"今后3～5年,基本形成以政府办学为主体、社会力量共同参与、公办学校和民办学校共同发展的办学体制。"1999年,全国人大教科文卫委员会同政府有关部门组成了民办教育立法小组,开始了起草工作。经过调研、论证,2002年6月《中华人民共和国民办教育促进法(草案)》正式提交九届全国人大常委会第28次会议审议。2004年4月1日,作为与之配套法规,《中华人民共和国民办教育促进法实施条例》正式实施。

基 本 内 容

民办教育的性质、任务   该法第三条规定:"民办教育事业属于公益性事业,是社会主义教育事业的组成部分。"第一次明确规定包括民办职业培训在内的民办教育事业是社会主义教育事业的组成部分,要求各级政府将民办教育事业纳入国民经济和社会发展规划,充分肯定了民办教育在国家教育事业和经济社会发展中的重要地位。第四条规定民办教育的任务是"贯彻国家的教育方针,保证教育质量,致力于培养社会主义建设事业的各类人才"。从法律上明确了民办教育的作用,打破制约民办教育发展的瓶颈,澄清了社会上对民办学校存在着的模糊认识。

民办学校的法律地位   第五条规定:"民办学校与公办学校具有同等的法律地位,国家保障民办学校的办学自主权。国家保障民办学校举办者、校长、教职工和受教育者的合法权益。"这一规定,是中国教育史上第一次以法律的形式确定了民办教育的法律地位。它对于统一人们对民办教育地位的认识有直接意义。民办学校与公办学校有同等的法律地位即民办学校与公办学校享有同等的权利,以及与公办学校履行同等的义务。学校的权利与义务在《中华人民共和国教育法》中作了规定。民办学校与公办学校法律地位的平等性为民办学校的发展提供了法律依据和保障,使其与公办学校站在同一法律地位起点,享有同样的办学自主权,并有条件为学校举办者、校长、教职工和受教育者

的合法权益提供保障。

民办教育管理的指导思想　第三条第二款规定："国家对民办教育实行积极鼓励、大力支持、正确引导、依法管理的方针。"与《社会力量办学条例》中提出的"十六字方针"相比，将"加强管理"改为"依法管理"，充分体现了政府在促进民办教育事业发展中坚持依法管理的指导思想，对民办教育既规范又促进，使其在发展中规范，在规范中得到发展。

民办学校的教师与受教育者　第二十七条规定："民办学校的教师、受教育者与公办学校的教师、受教育者具有同等的法律地位。"第三十条规定："民办学校应当依法保障教职工的工资、福利待遇，并为教职工缴纳社会保险费。"第三十一条规定："民办学校教职工在业务培训、职务聘任、教龄和工龄计算、表彰奖励、社会活动等方面依法享有与公办学校教职工同等权利。"第三十二条规定："民办学校依法保障受教育者的合法权益。民办学校按照国家规定建立学籍管理制度，对受教育者实施奖励或者处分。"第三十三条规定："民办学校的受教育者在升学、就业、社会优待以及参加先进评选等方面享有与同级同类公办学校的受教育者同等权利。"依照本法规定，民办学校的教师和学生享有与公办学校的教师和学生同等的待遇，从根本上保证了民办教育的法律地位，使各地政府和教育主管部门对民办教育的认识、指导、监督有了法律依据，同时也强化了政府和教育主管部门的职责。

办学自主权　第五条规定："民办学校与公办学校具有同等的法律地位，国家保障民办学校的办学自主权。"第三十五条规定："民办学校对举办者投入民办学校的资产、国有资产、受赠的财产以及办学积累，享有法人财产权。"第三十六条规定："民办学校存续期间，所有资产由民办学校依法管理和使用，任何组织和个人不得侵占。任何组织和个人都不得违反法律、法规向民办教育机构收取任何费用。"这就以法律的形式确保了民办学校的办学自主权受到国家法律的强有力保障。特别是对民办学校法人资格的认可，从所持的资产到对其管理、使用与保护，都在法律上给予了严格的规定，从而为民办学校的可持续发展创设了良好的环境。

民办教育的合理回报　中国民办教育的发展，捐资办学少，而投资办学多，如果没有合理回报，就难以将社会资金吸引到教育领域中来，而且会挫伤现有办学者的积极性。有鉴于此，本法最终采纳了"合理回报"提法，第五十一条规定："民办学校在扣除办学成本、预留发展基金以及按照国家有关规定提取其他的必需的费用后，出资人可以从办学结余中取得合理回报。取得合理回报的具体办法由国务院规定。"

民办教育的扶持与奖励　第六条规定："国家鼓励捐资办学。国家对为发展民办教育事业做出突出贡献的组织和

个人，给予奖励和表彰。"根据此条规定，对创建学校有突出贡献、在学校管理和教育教学活动中表现突出的管理者和教师均可受到国家的奖励和表彰。此外，本法还专设"扶持与奖励"一章，规定县级以上各级人民政府通过设立专项资金、经费资助、出租转让闲置的国有资产、接受捐赠、税收优惠、金融信贷支持、政府委托承担义务教育任务、公用事业用地及建设优惠和办学结余取得合理回报等途径，扶持与奖励民办教育事业，这些途径均可为民办中小学的发展拓宽渠道，特别是采取经费资助、出租转让闲置的国有资产、政府委托承担义务教育任务等途径则创建了民办中小学与政府之间新的契合模式。

相应的实施条例

为落实《中华人民共和国民办教育促进法》，2004年4月，《中华人民共和国民办教育促进法实施条例》颁布实施。

放宽教育市场准入限制　该条例第二十七条规定："民办学校享有与同级同类公办学校同等的招生权，可以自主确定招生的范围、标准和方式；但是，招收接受高等学历教育的学生应当遵守国家有关规定。县级以上地方人民政府教育行政部门、劳动和社会保障行政部门应当为外地的民办学校在本地招生提供平等待遇，不得实行地区封锁，不得滥收费用。"该条款对于扩大各级民办教育的发展空间，提高资源配置效率都是大有裨益的。

民办教育的合理回报　第四十四条规定："出资人根据民办学校章程的规定要求取得合理回报的，可以在每个会计年度结束时，从民办学校的办学结余中按一定比例取得回报。民办教育促进法和本条例所称办学结余，是指民办学校扣除办学成本等形成的年度净收益，扣除社会捐助、国家资助的资产，并依照本条例的规定预留发展基金以及按照国家有关规定提取其他必须的费用后的余额。"第四十五条规定："民办学校应当根据下列因素确定本校出资人从办学结余中取得回报的比例：（一）收取费用的项目和标准；（二）用于教育教学活动和改善办学条件的支出占收取费用的比例；（三）办学水平和教育质量。与同级同类其他民办学校相比较，收取费用高、用于教育教学活动和改善办学条件的支出占收取费用的比例低，并且办学水平和教育质量低的民办学校，其出资人从办学结余中取得回报的比例不得高于同级同类其他民办学校。"第四十六条规定："民办学校应当在确定出资人取得回报比例前，向社会公布与其办学水平和教育质量有关的材料和财务状况。"该条例虽没有明确合理回报的具体比例数，但是规定了取得合理回报的操作原则与方案，即通过民办学校财务公开、设立资金使用程序、规定教育再投资最低比例的办法控制回报上限。对

于完成法定的再投资责任后的具体利润分配办法,则授权各地立法机关结合本地区实际制定。由于取得合理回报必须符合一系列限制性要件和程序,这就使民办学校的日常经营纳入公众与政府监督之下,既保障了民办学校自主权,又使公共利益有所保障,同时也为地方政府制定具体措施留下了空间。

民办学校权利 该实施条例把办学自主权进一步明确为"实施高等教育和中等职业技术学历教育的民办学校,可以按照办学宗旨和培养目标,自行设置专业、开设课程,自主选用教材","民办学校应当将其所设置的专业、开设的课程、选用的教材报审批机关备案"。通过管理方式从审批制到备案制的转轨,实现办学权力下放,既保护了民办学校的合法权益,也有利于民办教育发挥自身优势,根据劳动力市场的需求,灵活高效地培养人才。实施条例具体化了民办学校的权利。规定:民办学校享有与同级同类公办学校同等的招生权;民办学校的教师、职员和学生在申请国家设立的有关科研项目、升学、就业、社会优待、医疗保障等方面与公办学校的教师、职员享有同等的权利;政府组织有关部门评优评奖活动,要给民办学校的教师、职员提供同等的机会。通过这些规定,提高了民办学校的吸引力和竞争力。

民办学校优惠政策 实施条例将民办学校进一步划分为营利与非营利两种类型,进而给予不同的优惠待遇。捐资举办的民办学校和出资人不要求取得合理回报的民办学校,依法享有与公办学校同等的税收及其他优惠政策。对于投资办学,则授权国务院财政部门、税务部门另行制定具体的税收优惠办法。这种划分使扶持措施更加富有针对性,更加严密合理,具有长久的生命力。实施条例还分别就设立民办教育发展专项资金、信贷优惠、土地使用、捐资办学鼓励等方面作了详细规定,使扶持政策更易于落实,有利于调动各方面的办学积极性,吸引更多的民营资本进入教育行业,增加教育资源的供给。另外,实施条例规定,对于那些不求回报的捐资办学者,政府更应大力支持和提倡,并予以这类举办者必要的褒奖和荣誉,同时在办学审批、税收、日常经营等方面给予充分的扶持。这充分体现了国家对于公益性事业的照顾,有利于提高捐资者的办学积极性,引导更多的社会力量捐资办学。

民办学校对学生权利的保障 第二十六条规定:"民办学校应当按照招生简章或者招生广告的承诺,开设相应课程,开展教育教学活动,保证教育教学质量。民办学校应当提供符合标准的校舍和教育教学设施、设备。"这样的规定具体地规范了民办学校教学条件和教学质量,其学生所受教育的质量也就有了保证。实施条例的第六章用相当大的篇幅规定了对民办学校的扶持与奖励的办法,这些办法使民办学校运营成本下降,从而使民办学校对学生收取的学费和其他有关费用随之下降。

参考文献

季俊杰.突破与局限:《中华人民共和国民办教育促进法实施条例》评述[J].河南职业技术师范学院学报(职业教育版),2004(4).

刘康.贯彻落实《民办教育促进法》大力推进民办职业培训事业健康发展[J].中国培训,2004(8).

孙霄兵.《〈民办教育促进法〉实施条例》对民办教育发展的促进[J].学前教育研究,2004(7).

王建华.《民办教育促进法》与中国高等教育[J].黄河科技大学学报,2003(9).

（于 娜 余雅风）

《中华人民共和国未成年人保护法》

中国专门保护未成年人合法权益的法律。1991年9月首次颁布实施。第一章为总则共七条,主要规定了《中华人民共和国未成年人保护法》的立法宗旨和立法依据、指导思想、未成年人保护工作应遵从的原则、保护的对象和内容以及实施保护的主体等内容。分则部分包括第二章至第六章共四十七条,第二章至第五章主要规定了家庭、学校、社会、司法机关作为未成年人保护机构的职责、保护方式和内容以及应尽的义务。第六章是法律责任,规定了相关主体未尽保护义务和侵犯未成年人权益时所应当承担的法律责任。第七章附则共两条,包括授权有关部门依该法制定有关的条例以及该法施行的日期。该法于2006年12月重新修订,修订后的《中华人民共和国未成年人保护法》分为总则、家庭保护、学校保护、社会保护、司法保护、法律责任及附则等七章七十二条。2007年6月1日起施行。

《中华人民共和国未成年人保护法》首先强调该法的立法宗旨在于保障未满十八周岁的公民的合法权益。并明确规定未成年人是中国公民重要组成部分,享有宪法和法律规定的各项权利。该法第三条规定:"未成年人享有生存权、发展权、受保护权、参与权等权利,国家根据未成年人身心发展特点给予特殊、优先保护,保障未成年人的合法权益不受侵犯。未成年人享有受教育权,国家、社会、学校和家庭尊重和保障未成年人的受教育权。未成年人不分性别、民族、种族、家庭财产状况、宗教信仰等,依法平等地享有权利。"

未成年人保护的原则及相关责任主体 未成年人保护工作涉及面广,在具体司法实践中存在各种复杂问题,为了有效发挥法律的规范作用,《中华人民共和国未成年人保护法》规定了保护未成年人工作的指导原则,包括:尊重未成年人的人格尊严;适应未成年人身心发展的规律和特点;教育与保护相结合等。

保护未成年人是国家机关、武装力量、政党、社会团体、企业事业组织、城乡基层群众性自治组织、未成年人的监护人和其他成年公民的共同责任。对侵犯未成年人合法权益的行为,任何组织和个人都有权予以劝阻、制止或者向有关部门提出检举或者控告。国家、社会、学校和家庭应当教育和帮助未成年人维护自己的合法权益，增强自我保护的意识和能力，增强社会责任感。该法第七条规定："中央和地方各级国家机关应当在各自的职责范围内做好未成年人保护工作。国务院和地方各级人民政府领导有关部门做好未成年人保护工作；将未成年人保护工作纳入国民经济和社会发展规划以及年度计划，相关经费纳入本级政府预算。国务院和省、自治区、直辖市人民政府采取组织措施，协调有关部门做好未成年人保护工作。具体机构由国务院和省、自治区、直辖市人民政府规定。"第八条规定："共产主义青年团、妇女联合会、工会、青年联合会、学生联合会、少年先锋队以及其他有关社会团体，协助各级人民政府做好未成年人保护工作，维护未成年人的合法权益。"

家庭保护 家庭保护的责任主体是父母或者其他监护人，第十至第十六条规定了家庭保护的主要内容：父母或者其他监护人依法履行对未成年人的监护职责和抚养义务；禁止对未成年人实施家庭暴力，禁止虐待、遗弃未成年人，禁止溺婴和其他残害婴儿的行为，不得歧视女性未成年人或者有残疾的未成年人；应当关注未成年人的生理、心理状况和行为习惯，以健康的思想、良好的品行和适当的方法教育和影响未成年人，引导未成年人进行有益身心健康的活动，预防和制止未成年人吸烟、酗酒、流浪、沉迷网络以及赌博、吸毒、卖淫等行为；应当学习家庭教育知识，正确履行监护职责，抚养教育未成年人；应当尊重未成年人受教育的权利，必须使适龄未成年人依法入学接受并完成义务教育，不得使接受义务教育的未成年人辍学；应当根据未成年人的年龄和智力发展状况，在作出与未成年人权益有关的决定时告知其本人，并听取他们的意见；不得允许或者迫使未成年人结婚，不得为未成年人订立婚约；父母因外出务工或者其他原因不能履行对未成年人监护职责的，应当委托有监护能力的其他成年人代为监护。

学校保护 学校保护的责任主体是学校及其教育行政部门，第十七条至第二十六条规定了学校保护的主要内容：学校应当全面贯彻国家的教育方针，实施素质教育，提高教育质量，注重培养未成年学生独立思考能力、创新能力和实践能力，促进未成年学生全面发展；学校应当尊重未成年学生受教育的权利，关心、爱护学生，对品行有缺点、学习有困难的学生，应当耐心教育、帮助，不得歧视，不得违反法律和国家规定开除未成年学生；学校应当根据未成年学生身心发展的特点，对他们进行社会生活指导、心理健康辅导和青春期教育；学校应当与未成年学生的父母或者其他监护人互相配合，保证未成年学生的睡眠、娱乐和体育锻炼时间，不得加重其学习负担；学校、幼儿园、托儿所的教职员工应当尊重未成年人的人格尊严，不得对未成年人实施体罚、变相体罚或者其他侮辱人格尊严的行为。

保障未成年学生安全是学校保护的重要内容。该法规定：学校、幼儿园、托儿所应当建立安全制度，加强对未成年人的安全教育，采取措施保障未成年人的人身安全；学校、幼儿园、托儿所不得在危及未成年人人身安全、健康的校舍和其他设施、场所中进行教育教学活动；学校、幼儿园安排未成年人参加集会、文化娱乐、社会实践等集体活动，应当有利于未成年人的健康成长，防止发生人身安全事故；教育行政等部门和学校、幼儿园、托儿所应当根据需要，制订应对各种灾害、传染性疾病、食物中毒、意外伤害等突发事件的预案，配备相应设施并进行必要的演练，增强未成年人的自我保护意识和能力；学校对未成年学生在校内或者本校组织的校外活动中发生人身伤害事故的，应当及时救护，妥善处理，并及时向有关主管部门报告。

建立专门学校，保障有严重不良行为的未成年学生接受教育。第二十五条规定："对于在学校接受教育的有严重不良行为的未成年学生，学校和父母或者其他监护人应当互相配合加以管教；无力管教或者管教无效的，可以按照有关规定将其送专门学校继续接受教育。依法设置专门学校的地方人民政府应当保障专门学校的办学条件，教育行政部门应当加强对专门学校的管理和指导，有关部门应当给予协助和配合。专门学校应当对在校就读的未成年学生进行思想教育、文化教育、纪律和法制教育、劳动技术教育和职业教育。专门学校的教职员工应当关心、爱护、尊重学生，不得歧视、厌弃。"

重视幼儿教育保护。幼儿学前教育不属于义务教育，尚未进行相关立法，《中华人民共和国未成年人保护法》重视对幼儿教育保护，第二十六条规定："幼儿园应当做好保育、教育工作，促进幼儿在体质、智力、品德等方面和谐发展。"

社会保护 社会保护涉及各级人民政府、公安部门、民政部门、卫生部门，国家、企业及社会组织等对未成年人保护，全社会应当树立尊重、保护、教育未成年人的良好风尚，关心、爱护未成年人，国家鼓励社会团体、企业事业组织以及其他组织和个人，开展多种形式的有利于未成年人健康成长的社会活动。

地方各级人民政府、公安、民政与卫生部门对未成年人的保护。第二十八条规定："各级人民政府应当保障未成年人受教育的权利，并采取措施保障家庭经济困难的、残疾的和流动人口中的未成年人等接受义务教育。"第四十五条规定："地方各级人民政府应当积极发展托幼事业，办好托儿所、幼儿园，支持社会组织和个人依法兴办哺乳室、托儿所、幼儿园。"第四十三条规定："县级以上人民政府及其民政部门应当根据需要设立救助场所，对流浪乞讨等生活无着未成年人实施救助，承担临时监护责任；公安部门或者其他有关部门应当护送流浪乞讨或者离家出走的未成年人到救助场所,由救助场所予以救助和妥善照顾,并及时通知其父母或者其他监护人领回。对孤儿、无法查明其父母或者其他监护人的以及其他生活无着的未成年人,由民政部门设立的儿童福利机构收留抚养。"第四十四条规定:"卫生部门和学校应当对未成年人进行卫生保健和营养指导,提供必要的卫生保健条件,做好疾病预防工作。"

国家对未成年人的保护。该法规定:国家鼓励新闻、出版、信息产业、广播、电影、电视、文艺等单位和作家、艺术家、科学家以及其他公民,创作或者提供有利于未成年人健康成长的作品。出版、制作和传播专门以未成年人为对象的内容健康的图书、报刊、音像制品、电子出版物以及网络信息等,国家给予扶持;国家采取措施,预防未成年人沉迷网络;国家鼓励研究开发有利于未成年人健康成长的网络产品,推广用于阻止未成年人沉迷网络的新技术;禁止任何组织、个人制作或者向未成年人出售、出租或者以其他方式传播淫秽、暴力、凶杀、恐怖、赌博等毒害未成年人的图书、报刊、音像制品、电子出版物以及网络信息等;生产、销售用于未成年人的食品、药品、玩具、用具和游乐设施等,应当符合国家标准或者行业标准,不得有害于未成年人的安全和健康;需要标明注意事项的,应当在显著位置标明;国家依法保护未成年人的智力成果和荣誉权不受侵犯。

企业及社会组织对未成年人的保护。该法规定:任何组织或者个人不得招用未满十六周岁的未成年人,国家另有规定的除外;任何组织或者个人不得披露未成年人的个人隐私。对未成年人的信件、日记、电子邮件,任何组织或者个人不得隐匿、毁弃;除因追查犯罪的需要,由公安机关或者人民检察院依法进行检查,或者对无行为能力的未成年人的信件、日记、电子邮件由其父母或者其他监护人代为开拆、查阅外,任何组织或者个人不得开拆、查阅;学校、幼儿园、托儿所和公共场所发生突发事件时,应当优先救护未成年人;禁止拐卖、绑架、虐待未成年人,禁止对未成年人实施性侵害;公安机关应当采取有力措施,依法维护校园周边的治安和交通秩序,预防和制止侵害未成年人合法权益的违法犯罪行为。中小学校园周边不得设置营业性歌舞娱乐场所、互联网上网服务营业场所等不适宜未成年人活动的场所;禁止向未成年人出售烟酒,经营者应当在显著位置设置不向未成年人出售烟酒的标志;对难以判明是否已成年的,应当要求其出示身份证件。

司法保护 司法保护主体包括公安机关、人民检察院、人民法院以及司法行政部门。该有关部门应考虑未成年人生理、心理特点等方面特征,给予特别保护。第五十四条规定:"对违法犯罪的未成年人,实行教育、感化、挽救的方针,坚持教育为主、惩罚为辅的原则。"第五十五条规定:"公安机关、人民检察院、人民法院办理未成年人犯罪案件和涉及未成年人权益保护案件,应当照顾未成年人身心发展特点,

尊重他们的人格尊严,保障他们的合法权益,并根据需要设立专门机构或者指定专人办理。"

该法规定:公安机关、人民检察院讯问未成年犯罪嫌疑人,询问未成年证人、被害人,应当通知监护人到场;公安机关、人民检察院、人民法院办理未成年人遭受性侵害的刑事案件,应当保护被害人的名誉;对羁押、服刑的未成年人,应当与成年人分别关押,羁押、服刑的未成年人没有完成义务教育的,应当对其进行义务教育,解除羁押、服刑期满的未成年人的复学、升学、就业不受歧视。

法律责任 法律责任是由特定法律事实所引起的对损害予以补偿、强制履行或接受惩罚的特殊义务,第六十条规定:"违反本法规定,侵害未成年人的合法权益,其他法律、法规已规定行政处罚的,从其规定;造成人身财产损失或者其他损害的,依法承担民事责任;构成犯罪的,依法追究刑事责任。"

国家机关及其工作人员、父母或者其他监护人、学校等不依法履行监护职责承担的法律责任。该法规定:国家机关及其工作人员不依法履行保护未成年人合法权益的责任,或者侵害未成年人合法权益,或者对提出申诉、控告、检举的人进行打击报复的,由其所在单位或者上级机关责令改正,对直接负责的主管人员和其他直接责任人员依法给予行政处分;父母或者其他监护人不依法履行监护职责,或者侵害未成年人合法权益的,由其所在单位或者居民委员会、村民委员会予以劝诫、制止;构成违反治安管理行为的,由公安机关依法给予行政处罚;学校、幼儿园、托儿所侵害未成年人合法权益的,由教育行政部门或者其他有关部门责令改正;情节严重的,对直接负责的主管人员和其他直接责任人员依法给予处分。

企业侵犯未成年人的权利承担的法律责任。该法规定:制作或向未成年人出售、出租或以其他方式传播淫秽、暴力、凶杀、恐怖、赌博等图书、报刊、音像制品、电子出版物以及网络信息等的,由主管部门责令改正,依法给予行政处罚;生产、销售用于未成年人的食品、药品、玩具、用具和游乐设施不符合国家标准或者行业标准,或者没有在显著位置标明注意事项的,由主管部门责令改正,依法给予行政处罚;在中小学校园周边设置营业性歌舞娱乐场所、互联网上网服务营业场所等不适宜未成年人活动的场所的,由主管部门予以关闭,依法给予行政处罚;向未成年人出售烟酒,或者没有在显著位置设置不向未成年人出售烟酒标志的,由主管部门责令改正,依法给予行政处罚;非法招用未满十六周岁的未成年人,或者招用已满十六周岁的未成年人从事过重、有毒、有害等危害未成年人身心健康的劳动或者危险作业的,由劳动保障部门责令改正,处以罚款;情节严重的,由工商行政管理部门吊销营业执照;侵犯未成年人隐私,构成违反治安管理行为的,由公安机关依法给予行政

处罚。

未成年人救助机构、儿童福利机构及其工作人员侵犯未成年人合法权利承担的法律责任。该法规定：未成年人救助机构、儿童福利机构及其工作人员不依法履行对未成年人的救助保护职责，或者虐待、歧视未成年人，或者在办理收留抚养工作中牟取利益的，由主管部门责令改正，依法给予行政处分；胁迫、诱骗、利用未成年人乞讨或者组织未成年人进行有害其身心健康的表演等活动的，由公安机关依法给予行政处罚。

参考文献

于建伟.未成年人保护法修订的背景、过程及重要意义[EB/OL].[2007-01-08].http://www.npc.gov.cn/npc/bm z/neiwu/2007-01/08/content_1383704.htm.

祝铭山.关于《中华人民共和国未成年人保护法(修订草案)》的说明[J].全国人民代表大会常务委员会公报,2007(1).

（茹国军）

《中华人民共和国学位条例》　中国现代学位证书制度的规范性文件。1980年2月12日第五届全国人民代表大会常务委员会第十三次会议通过，1981年1月1日起施行。2004年8月28日第十届全国人民代表大会常务委员会第十一次会议决定修改《中华人民共和国学位条例》。其颁布和实施，标志着中国现代学位制度的建立。

制 定 过 程

1977年中国恢复高考制度，并开始招收研究生。根据中共中央建立学位制度的指示和中国高等教育的状况，在总结以前学位条例起草经验和调查研究外国学位制度发展情况基础上，教育部牵头拟订《中华人民共和国学位条例(草案)》。其间征求了当时国家科委、中国科学院、中国社会科学院和国务院科技干部局等20多个中央部门和省市科委，以及三十多所高等学校的意见，并多次组织座谈，于1980年全国人大五届十三次会议通过，次年元月1日颁布施行。后于2004年又作适当修改，重新公布。

主 要 内 容

《中华人民共和国学位条例》的立法目的是促进中国科学专门人才的成长，促进各门学科学术水平的提高和教育、科学事业的发展，以适应社会主义现代化建设的需要。为与世界上大多数国家通行的做法相一致，也与中国高等教育不同阶段相联系，即大学本科毕业可授予学士，研究生第一阶段毕业可授予硕士，研究生第二阶段毕业可授予博士，

该条例第三条规定："学位分为学士、硕士、博士三级。"关于学位获得者的条件，"凡是拥护中国共产党的领导、拥护社会主义制度，具有一定学术水平的公民，都可以按照本条例的规定申请相应的学位"。"高等学校本科毕业生，成绩优良，达到下述学术水平者，授予学士学位：(一)较好地掌握本门学科的基础理论、专门知识和基本技能；(二)具有从事科学研究工作或担负专门技术工作的初步能力。""高等学校和科学研究机构的研究生，或具有研究生毕业同等学力的人员，通过硕士学位的课程考试和论文答辩，成绩合格，达到下术学术水平者，授予硕士学位：(一)在本门学科上掌握坚实的基础理论和系统的专门知识；(二)具有从事科学研究工作或独立担负专门技术工作的能力。""高等学校和科学研究机构的研究生，或具有研究生毕业同等学力的人员，通过博士学位的课程考试和论文答辩，成绩合格，达到下述学术水平者，授予博士学位：(一)在本门学科上掌握坚实宽广的基础理论和系统深入的专门知识；(二)具有独立从事科学研究工作的能力；(三)在科学或专门技术上做出创造性的成果。"其中，"拥护中国共产党的领导、拥护社会主义制度"是学位获得者的政治条件，该条例与《中华人民共和国宪法》对公民的要求相一致，也与中共中央提出的坚持四项基本原则的精神相吻合。

为了保证所授予的学位具有相应的学术水平，第八条规定："学士学位，由国务院授权的高等学校授予；硕士学位、博士学位，由国务院授权的高等学校和科学研究机构授予，授予学位的高等学校和科学研究机构(以下简称学位授予单位)及其可以授予学位的学科名单，由国务院学位委员会提出，经国务院批准公布。"在有权授予学士学位的高等学校中，不一定每个学科或专业都能授予学士学位；在有权授予硕士学位和博士学位的高等学校和科研机构中，也不一定每个学科或专业都能授予硕士或博士学位。学位授予单位的哪一学科或专业，可以授予哪一级学位，需要具体分析，逐个审查批准。

考虑到培养研究生和授予学位的单位分散在高等学校和科研机构中，隶属关系较复杂，而学位授予又要求有统一的学术标准，必须设立统一管理全国学位授予工作的国家机构，第七条规定："国务院设立学位委员会，负责领导全国学位授予工作。学位委员会设主任委员一人，副主任委员和委员若干人。主任委员、副主任委员和委员由国务院任免。"第九条规定："学位授予单位，应当设立学位评定委员会，并组织有关学科的学位论文答辩委员会。学位论文答辩委员会必须有外单位的有关专家参加，其组成人员由学位授予单位遴选决定。学位评定委员会组成人员名单，由学位授予单位提出，报主管部门批准。主管部门应将批准的学位评定委员会组成人员名单报国务院学位委员会备案。"

在授予学位的程序上,学位条例第十、第十一条规定:"学位论文答辩委员会负责审查硕士和博士学位论文、组织答辩,就是否授予硕士学位或博士学位作出决议。决议以不记名投票方式,经全体成员三分之二以上通过,报学位评定委员会。学位评定委员会负责审查通过学士学位获得者的名单;负责对学位论文答辩委员会报请授予硕士学位或博士学位的决议,作出是否批准的决定。决定以不记名投票方式,经全体成员过半数通过。决定授予硕士学位或博士学位的名单,报国务院学位委员会备案。""学位授予单位,在学位评定委员会作出授予学位的决议后,发给学位获得者相应的学位证书。"

授予学位既要保证质量,又要发现人才。为了不埋没人才,第十二条规定:"非学位授予单位应届毕业的研究生,由原单位推荐,可以就近向学位授予单位申请学位。经学位授予单位审查同意,通过论文答辩,达到本条例规定的学术水平者,授予相应的学位。"第十三条规定:"对于在科学或专门技术上有重要的著作、发明、发现或发展者,经有关专家推荐,学位授予单位同意,可以免除考试,直接参加博士学位论文答辩。对于通过论文答辩者,授予博士学位。"

为方便国内外卓越学者或著名社会活动家的劳绩和贡献,同时也为了适应外事工作的需要、方便国际友好交往的开展,第十四条规定:"对于国内外卓越的学者或著名的社会活动家,经学位授予单位提名,国务院学位委员会批准,可以授予名誉博士学位。"为方便国际学术交流,第十五条规定:"在我国学习的外国留学生和从事研究工作的外国学者,可以向学位授予单位申请学位。对于具有本条例规定的学术水平者,授予相应的学位"。

学位证书的颁发和授予是一项国家特许的权力,是代表国家行使权力,依法作出的行为。为保证该行为的科学性和严肃性,学位条例规定了异议处理程序和有关法律责任,"非学位授予单位和学术团体对于授予学位的决议和决定持有不同意见时,可以向学位授予单位或国务院学位委员会提出异议。学位授予单位和国务院学位委员会应当对提出的异议进行研究和处理","学位授予单位对于已经授予的学位,如发现有舞弊作伪等严重违反本条例规定的情况,经学位评定委员会复议,可以撤销"。第十八条还规定,"国务院对于已经批准授予学位的单位,在确认其不能保证所授学位的学术水平时,可以停止或撤销其授予学位的资格"。

学位条例的实施

为进一步落实学位条例的有关规定,国务院于1981年5月批准实施《中华人民共和国学位条例暂行实施办法》,对学士、硕士、博士学位及名誉博士学位的授予等予以详尽规定。学位授予单位可根据实施办法,制定本单位授予学位的工作细则。

实施办法规定,学位按下列学科的门类授予:哲学、经济学、法学、教育学、文学、历史学、理学、工学、农学、医学。1997年增加了军事学和管理学。学士学位的证书格式,由教育部制定。硕士学位和博士学位的证书格式,由国务院学位委员会制定。学位获得者的学位证书,由学位授予单位发给。已经通过的硕士学位和博士学位的论文,应当交存学位授予单位图书馆一份,已经通过的博士学位论文,还应当交存国家图书馆和有关的专业图书馆各一份。在职人员申请硕士学位或博士学位,经学位授予单位审核同意参加课程考试和论文答辩后,准备参加考试或答辩,可享有不超过两个月的假期。

《中华人民共和国学位条例暂行实施办法》对学士学位的规定　学士学位由国务院授权的高等学校授予。高等学校本科学生完成教学计划的各项要求,经审核准予毕业,其课程学习和毕业论文(毕业设计或其他毕业实践环节)的成绩,表明确已较好地掌握本门学科的基础理论、专门知识和基本技能,并且有从事科学研究工作或担负专门技术工作的初步能力的,授予学士学位。授予学士学位的高等学校,应当由系逐个审核本科毕业生的成绩和毕业鉴定等材料,对符合有关规定的,可向学校学位评定委员会提名,列入学士学位获得者的名单。非授予学士学位的高等学校,对达到学士学术水平的本科毕业生,应当由系向学校提出名单,经学校同意后,由学校就近向本系统、本地区的授予学士学位的高等学校推荐。授予学士学位的高等学校有关的系,对非授予学士学位的高等学校推荐的本科毕业生进行审查考核,认为符合有关规定的,可向学校学位评定委员会提名,列入学士学位获得者的名单。学士学位获得者的名单,经授予学士学位的高等学校学位评定委员会审查通过,由授予学士学位的高等学校授予学士学位。

《中华人民共和国学位条例暂行实施办法》对硕士学位的规定　硕士学位由国务院授权的高等学校和科学研究机构授予。申请硕士学位人员应当在学位授予单位规定的期限内,向学位授予单位提交申请书和申请硕士学位的学术论文等材料。学位授予单位应当在申请日期截止后两个月内进行审查,决定是否同意申请,并将结果通知申请人及其所在单位。非学位授予单位应届毕业的研究生申请时,应当送交本单位关于申请硕士学位的推荐书。同等学力人员申请时,应当送交两位副教授、教授或相当职称的专家的推荐书。学位授予单位对未具有大学毕业学历的申请人员,可以在接受申请前,采取适当方式,考核其某些大学课程。申请人员不得同时向两个学位授予单位提出申请。硕士学位的考试课程及要求分别是:马克思主义理论课,要求掌握马克思主义的基本理论;基础理论课和专业课,一般为三至四门,要求掌握坚实的基础理论和系统的专门知识;一门外国语,要求比较熟练地阅读本专业的外文资料。学位授予单位研究生的硕士学位课程考试,可按上述的课程要求,结合培养计划安排进行。非学位授予单位研究生的硕士学位课程考试,由学位授予单位组织进行。凡经学位授予单位审核,认为其在原单位的课程考试内容和成绩合格的,可以免除部分或全部课程考试。同等学力人员的硕士学位课程考试,由学位授予单位组织进行。申请硕士学位人员必须通过规定的课程考试,成绩合格,方可参加论文答辩。规定考试的课程中,如有一门不及格,可在半年内申请补考一次,补考不及格的,不能参加论文答辩。试行学分制的学位授予单位,应当按上述的课程要求,规定授予硕士学位所应取得的课程学分。申请硕士学位人员必须取得规定的学分后,方可参加论文答辩。硕士学位论文对所研究的课题应当有新的见解,表明作者具有从事科学研究工作或独立担负专门技术工作的能力。学位授予单位应当聘请一至二位与论文有关学科的专家评阅论文。评阅人应当对论文写出详细的学术评语,供论文答辩委员会参考。硕士学位论文答辩委员会由三至五人组成。成员中一般应当有外单位的专家。论文答辩委员会主席由副教授、教授或相当职称的专家担任。论文答辩委员会根据答辩的情况,就是否授予硕士学位作出决议。决议采取不记名投票方式,经全体成员的三分之二以上同意,方得通过。决议经论文答辩委员会主席签字后,报送学位评定委员会。会议应当有记录。硕士学位论文答辩不合格的,经论文答辩委员会同意,可在一年内修改论文,重新答辩一次。硕士学位论文答辩委员会多数成员如认为申请人的论文已相当于博士学位的学术水平,除作出授予硕士学位的决议外,可向授予博士学位的单位提出建议,由授予博士学位的单位按本暂行办法博士学位部分中有关规定办理。

《中华人民共和国学位条例暂行实施办法》对博士学位的规定　博士学位由国务院授权的高等学校和科学研究机构授予。申请博士学位人员应当在学位授予单位规定的期限内,向学位授予单位提交申请书和申请博士学位的学术论文等材料。学位授予单位应当在申请日期截止后两个月内进行审查,决定是否同意申请,并将结果通知申请人及其所在单位。同等学力人员申请时,应当送交两位教授或相当职称的专家的推荐书。学位授予单位对未获得硕士学位的申请人员,可以在接受申请前,采取适当方式,考核其某些硕士学位的基础理论课和专业课。申请人员不得同时向两个学位授予单位提出申请。博士学位的考试课程和要求分别是:马克思主义理论课,要求较好地掌握马克思主义的基本理论;基础理论课和专业课,要求掌握坚实宽广的基础理论和系统深入的专门知识,考试范围由学位授予单位的学位评定委员会审定,基础理论课和专业课的考试,由学

位授予单位学位评定委员会指定三位专家组成的考试委员会主持,考试委员会主席必须由教授、副教授或相当职称的专家担任;两门外国语,第一外国语要求熟练地阅读本专业的外文资料,并具有一定的写作能力,第二外国语要求有阅读本专业外文资料的初步能力,个别学科、专业,经学位授予单位的学位评定委员会审定,可只考第一外国语。攻读博士学位研究生的课程考试,可按上述的课程要求,结合培养计划安排进行。申请博士学位人员必须通过博士学位的课程考试,成绩合格,方可参加博士学位论文答辩。申请博士学位人员在科学或专门技术上有重要著作、发明、发现或发展的,应当向学位授予单位提交有关的出版著作、发明的鉴定或证明书等材料,经两位教授或相当职称的专家推荐,学位授予单位根据有关规定审查同意,可以免除部分或全部课程考试。博士学位论文应当表明作者具有独立从事科学研究工作的能力,并在科学或专门技术上做出创造性的成果。博士学位论文或摘要,应当在答辩前三个月印送有关单位,并经同行评议。学位授予单位应当聘请两位与论文有关学科的专家评阅论文,其中一位应当是外单位的专家。评阅人应当对论文写出详细的学术评语,供论文答辩委员会参考。博士学位论文答辩委员会由5～7人组成。成员的半数以上应当是教授或相当职称的专家。成员中必须包括2～3位外单位的专家。论文答辩委员会主席一般应当由教授或相当职称的专家担任。论文答辩委员会根据答辩的情况,就是否授予博士学位作出决议。决议采取不记名投票方式,经全体成员三分之二以上同意,方得通过。决议经论文答辩委员会主席签字后,报送学位评定委员会。会议应当有记录。博士学位的论文答辩一般应当公开举行;已经通过的博士学位论文或摘要应当公开发表(保密专业除外)。博士学位论文答辩不合格的,经论文答辩委员会同意,可在两年内修改论文,重新答辩一次。博士学位论文答辩委员会认为申请人的论文虽未达到博士学位的学术水平,但已达到硕士学位的学术水平,而且申请人尚未获得过该学科硕士学位的,可作出授予硕士学位的决议,报送学位评定委员会。实施办法规定,名誉博士学位由国务院授权授予博士学位的单位授予。授予名誉博士学位须经学位授予单位的学位评定委员会讨论通过,由学位授予单位报国务院学位委员会批准后授予。在中国学习的外国留学生申请学士学位,参照本暂行办法有关规定办理。在中国学习的外国留学生和从事研究或教学工作的外国学者申请硕士学位或博士学位,参照本暂行办法的有关规定办理。

《中华人民共和国学位条例暂行实施办法》对学位评定委员会的规定　学位授予单位的学位评定委员会根据国务院批准的授予学位的权限,分别履行以下职责:审查通过接受申请硕士学位和博士学位的人员名单;确定硕士学位的考试科目、门数和博士学位基础理论课和专业课的考试范

围;审批主考人和论文答辩委员会成员名单;通过学士学位获得者的名单;作出授予硕士学位的决定;审批申请博士学位人员免除部分或全部课程考试的名单;作出授予博士学位的决定;通过授予名誉博士学位的人员名单;作出撤销违反规定而授予学位的决定;研究和处理授予学位的争议和其他事项。学位授予单位的学位评定委员会由9～25人组成,任期2～3年。成员应当包括学位授予单位主要负责人和教学、研究人员。授予学士学位的高等学校,参加学位评定委员会的教学人员应当从本校讲师以上教师中遴选。授予学士学位、硕士学位和博士学位的单位,参加学位评定委员会的教学、研究人员主要应当从本单位副教授、教授或相当职称的专家中遴选。授予博士学位的单位,学位评定委员会中至少应当有半数以上的教授或相当职称的专家。学位评定委员会主席由学位授予单位具有教授、副教授或相当职称的主要负责人(高等学校校长,主管教学、科学研究和研究生工作的副校长,或科学研究机构相当职称的人员)担任。学位评定委员会可以按学位的学科门类,设置若干分委员会。各由7～15人组成,任期2～3年。分委员会主席必须由学位评定委员会委员担任。分委员会协助学位评定委员会工作。学位评定委员会成员名单,应当由各学位授予单位报主管部门批准,主管部门转报国务院学位委员会备案。学位评定委员会可根据需要,配备必要的专职或兼职的工作人员,处理日常工作。学位授予单位每年应当将授予学士学位的人数、授予硕士学位和博士学位的名单及有关材料,分别报主管部门和国务院学位委员会备案。

参考文献

崔相露,劳凯声.教育法实务全书[M].北京:宇航出版社,1995.

(王国文　余雅风)

《中华人民共和国义务教育法》

中国以法律形式规范义务教育活动,调整义务教育领域各种法律关系的准则。是基础教育发展的根本大法,使义务教育成为一个具有相对稳定性和规定性的制度。1986年4月12日由第六届全国人民代表大会第四次会议通过,1986年7月1日起施行。2006年6月29日第十届全国人民代表大会常务委员会第二十二次会议修订通过新的义务教育法,于2006年9月1日起实施。

立 法 背 景

1982年,中共十二大提出要把教育列为经济发展的战略重点之一。为了在中国实施义务教育,1984年国务院教育主管部门开始着手准备起草义务教育法。1985年5月,改革开放后的第一次全国教育工作会议在北京召开,邓小平在会上发表《各级党委和政府要把教育工作认真抓起来》的讲话。同时,中共中央作出《中共中央关于教育体制改革的决定》,根据中国经济和社会发展的新形势,明确提出在全国有计划、有步骤地普及九年义务教育的任务。《中共中央关于教育体制改革的决定》的发表,推动了义务教育法起草工作的进行。起草工作组收集整理了中国有关普及教育和义务教育的历史资料,学习研究了中华人民共和国成立以来,党和国家有关普及教育和义务教育的历史资料以及有关普及教育的方针、政策,总结分析了中华人民共和国成立后实行普及教育的结果、经验和存在问题,参阅了世界上一些国家有关义务教育的立法,结合中国社会主义现代化的需要和中国的国情,草拟了义务教育法(草稿)。后多次征求有关教育界、法律界的专家、学者的意见,并广泛征求全国不同地区的教育主管部门、学校及社会各界的意见,对义务教育法(草稿)作了反复修改,力求使之既能体现社会主义现代化对实施九年制义务教育的要求,又适应中国各地教育基础不同的国情特点,便于在实际中贯彻执行。1986年4月12日由第六届全国人民代表大会第四次会议通过《中华人民共和国义务教育法》,并于同年7月1日起施行。

随着经济和社会的快速发展,义务教育出现了一些新问题、新情况,有必要对义务教育法进行修订和完善。2006年6月,第十届全国人大常委会第二十二次会议对《中华人民共和国义务教育法》进行了修订。此次修订的主要内容包括:保障义务教育经费,要求制定适应义务教育基本需求的有关经费标准,中央和地方各级政府根据职责共同负担义务教育经费并负责落实;实施素质教育,规范教学内容;合理配置义务教育资源,经费投入要向农村学校和城市薄弱学校倾斜,引导和鼓励高校毕业生和教师从事义务教育工作,特别是到农村任教,采取措施促进学校均衡发展;加强学校管理,保障学校安全,规范学校收费;加强教师培养和管理,提高教师思想道德和教学业务水平,改善其工作和生活条件;减少教科书种类,提高教科书质量,降低教科书成本,防止利用教科书非法牟利。修订后的《中华人民共和国义务教育法》还规定,要建立实施义务教育的目标责任制,并对违反本法的行为规定了严格、具体的法律责任。

主 要 内 容

修订后的《中华人民共和国义务教育法》共六十三条,主要规范以下内容。

义务教育的性质 义务教育具有强制性。这种强制性首先表现为对适龄儿童及其家长或监护人的要求。第四条规定:"凡具有中华人民共和国国籍的适龄儿童、少年,不分性别、民族、种族、家庭财产状况、宗教信仰等,依法享有平等接受义务教育的权利,并履行接受义务教育的义务。"第十一条规定："凡年满六周岁的儿童,其父母或者其他法定监护人应当送其入学接受并完成义务教育;条件不具备的地区的儿童,可以推迟到七周岁。适龄儿童、少年因身体状况需要延缓入学或者休学的,其父母或者其他法定监护人应当提出申请,由当地乡镇人民政府或者县级人民政府教育行政部门批准。"其次,这种强制性还表现在对社会组织的强制和要求。第五条规定："各级人民政府及其有关部门应当履行本法规定的各项职责,保障适龄儿童、少年接受义务教育的权利。"第六条规定："国务院和县级以上地方人民政府应当合理配置教育资源,促进义务教育均衡发展,改善薄弱学校的办学条件,并采取措施,保障农村地区、民族地区实施义务教育,保障家庭经济困难的和残疾的适龄儿童、少年接受义务教育。"第四十九条规定："义务教育经费严格按照预算规定用于义务教育;任何组织和个人不得侵占、挪用义务教育经费,不得向学校非法收取或者摊派费用。"再次,这种强制性表现在对违反义务教育法者给予必要的制裁。第五十八条规定："适龄儿童、少年的父母或者其他法定监护人无正当理由未依照本法规定送适龄儿童、少年入学接受义务教育的,由当地乡镇人民政府或者县级人民政府教育行政部门给予批评教育,责令限期改正。"义务教育的强制性是保证义务教育得以真正实施的法律保障。

义务教育具有免费性。第四十二条规定："国家将义务教育全面纳入财政保障范围,义务教育经费由国务院和地方各级人民政府依照本法规定予以保障。"第二条第三款规定："实施义务教育,不收学费、杂费。"实行免费教育是义务教育的基本原则和手段。从中国目前的经济发展水平来看,中国的义务教育已经达到完全免收各种杂费和学费的水平。

义务教育的学制　　第二条规定："国家实行九年义务教育制度。"第十一条规定："凡年满六周岁的儿童,其父母或者其他法定监护人应当送其入学接受并完成义务教育;条件不具备的地区的儿童,可以推迟到七周岁。"为了保证所有的适龄儿童、少年都接受义务教育,《中华人民共和国义务教育法实施细则》还作出一些特殊的规定,第十二条规定："适龄儿童、少年需免学、缓学的,由其父母或者其他监护人提出申请,经县级以上教育主管部门或者乡级人民政府批准。"

义务教育的实施　　第三条规定："义务教育必须贯彻国家的教育方针,实施素质教育,提高教育质量,使适龄儿童、少年在品德、智力、体质等方面全面发展,为培养有理想、有道德、有文化、有纪律的社会主义建设者和接班人奠定基础。"表明实施义务教育必须要贯彻国家的教育方针,必须为社会主义现代化建设服务,尊重和服从教育教学规律,培养全面发展的社会主义新人。实施义务教育必须遵循依法实施的原则,统一性和灵活性相结合的原则,普及与提高相

结合的原则,国家、社会、学校、家庭予以保障的原则。

第六条规定："国务院和县级以上地方人民政府应当合理配置教育资源,促进义务教育均衡发展,改善薄弱学校的办学条件,并采取措施,保障农村地区、民族地区实施义务教育,保障家庭经济困难的和残疾的适龄儿童、少年接受义务教育。国家组织和鼓励经济发达地区支援经济欠发达地区实施义务教育。"中国实施义务教育大致分为三大类地区:第一类地区是经济、文化比较发达的地区,在1990年左右基本实施九年制义务教育。第二类地区是经济、文化中等发展程度地区。在1990年左右普及初等义务教育,在1995年左右实现九年制义务教育。第三类地区是经济、文化不发达的地区,要随着经济的发展,在20世纪末大体上普及初等义务教育。到2005年,全国95％的人口覆盖地区普及了义务教育。

第七条规定："义务教育实行国务院领导,省、自治区、直辖市人民政府统筹规划实施,县级人民政府为主管理的体制。县级以上人民政府教育行政部门具体负责义务教育实施工作;县级以上人民政府其他有关部门在各自的职责范围内负责义务教育实施工作。"中央一级主要负责制定有关方针、政策、法令;制定基本学制、指导性教学计划和教学大纲;组织编写和审定教材;扶持经济、文化基础较差的地区实施义务教育。义务教育事业的发展规划、校长任免、教师管理和教育业务指导等权限,一般应集中在县或县以上教育部门。地方各级人民政府在中央宏观指导下对具体政策、制度、计划的制订和实施,以及对学校的领导、管理与检查,在责权上进行具体分工,各司其职。县级以上各级人民政府应当建立对实施义务教育的工作进行监督、指导、审查的制度。中国义务教育的办学体制,是以国家各级政府为主,鼓励社会力量办学为辅的"两条腿走路"的办学体制。坚持国家办学为主体,就是国家和各级政府要全面贯彻教育方针,在义务教育学校的设置、经费的投入、教师的培养、配备,学校干部的任免以及教育重要活动等方面起主导作用,占有主体地位。

对义务教育教师的资格、地位及责任等作原则性规定。在教师资格方面,第三十条规定："教师应当取得国家规定的教师资格。"为了适应九年义务教育的需要,一方面要发展和改革师范教育,培养和补充新师资;另一方面采取多种形式、多种渠道抓紧对现有师资的培训和提高工作。在教师地位方面,第二十八条明确规定："教师享有法律规定的权利,履行法律规定的义务,应当为人师表,忠诚于人民的教育事业。全社会应当尊重教师。"在教师责任方面,第二十九条规定："教师在教育教学中应当平等对待学生,关注学生的个体差异,因材施教,促进学生的充分发展。教师应当尊重学生的人格,不得歧视学生,不得对学生实施体罚、变相体罚或者其他侮辱人格尊严的行为,不得侵犯学生合

法权益。"

义务教育的经费　第四十二条第一款规定："国家将义务教育全面纳入财政保障范围,义务教育经费由国务院和地方各级人民政府依照本法规定予以保障。"还规定了国家财政拨款,并规定了征收城乡教育事业费附加、社会集资、捐资等,明确了中国义务教育经费以国家财政拨款为主,多渠道筹措的体制。

中国义务教育经费来源主要有:(1)国家财政拨款,即地方各财政支出的义务教育事业费、教育基建投资、中央财政对义务教育的补足专款以及其他预算内用于义务教育专项支出。第四十二条第三款规定:"国务院和地方各级人民政府用于实施义务教育财政拨款的增长比例应当高于财政经常性收入的增长比例,保证按照在校学生人数平均的义务教育费用逐步增长,保证教职工工资和学生人均公用经费逐步增长。"第四十四条第二款规定:"各级人民政府对家庭经济困难的适龄儿童、少年免费提供教科书并补助寄宿生生活费。"地方机动财力中应有一定比例用于义务教育事业。(2)地方教育事业经费单列。第四十五条规定:"地方各级人民政府在财政预算中将义务教育经费单列。县级人民政府编制预算,除向农村地区学校和薄弱学校倾斜外,应当均衡安排义务教育经费。"(3)社会各界及个人捐资助学。第四十八条规定:"国家鼓励社会组织和个人向义务教育捐赠,鼓励按照国家有关基金会管理的规定设立义务教育基金。"

义务教育的法律责任　对违反义务教育法的行为,根据其性质和情节严重程度,规定了相应的法律责任。首先,《中华人民共和国义务教育法》规定了妨碍适龄儿童、少年接受义务教育的法律责任。一是规定了适龄儿童、少年的父母或者其他监护人违法行为的法律责任。第十一条规定:"凡年满六周岁的儿童,其父母或者其他法定监护人应当送其入学接受并完成义务教育;条件不具备的地区的儿童,可以推迟到七周岁。"《中华人民共和国义务教育法实施细则》第四十条规定:"适龄儿童、少年的父母或者其他监护人未按规定送子女或者其他被监护人就学接受义务教育的,城市由市、市辖区人民政府或者其指定机构,农村由乡级人民政府,进行批评教育;经教育仍拒不送子女或者其他被监护人就学的,可视具体情况处以罚款,并采取措施使其子女或者其他被监护人就学。"二是规定了实施义务教育的学校违法行为的法律责任。视该类行为情节的不同,由地方政府或者有关部门依照管理权限对有关责任人员给予行政处分。三是规定了社会组织和单位违法行为的法律责任。《中华人民共和国义务教育法》第十四条规定:"禁止用人单位招用应当接受义务教育的适龄儿童、少年。"四是规定了地方各级人民政府违法行为的法律责任。第五十一条规定:"国务院有关部门和地方各级人民政府违反本法第六

章规定,未履行对义务教育经费保障职责的,由国务院或者上级地方人民政府责令限期改正;情节严重的,对直接负责的主管人员和其他直接责任人员依法给予行政处分。"

其次,《中华人民共和国义务教育法》规定了侵犯实施义务教育设施和经费的法律责任。第五十四条规定侵占、挪用义务教育经费,或者向学校非法收取或摊派费用的,由上级人民政府或者上级人民政府教育行政部门、财政部门、价格行政部门和审计机关根据职责分工责令限期改正;情节严重的,对直接负责的主管人员和其他直接责任人员依法给予处分。第五十六条规定:"学校违反国家规定收取费用的,由县级人民政府教育行政部门责令退还所收费用;对直接负责的主管人员和其他直接责任人员依法给予处分。学校以向学生推销或者变相推销商品、服务等方式谋取利益的,由县级人民政府教育行政部门给予通报批评;有违法所得的,没收违法所得;对直接负责的主管人员和其他直接责任人员依法给予处分。"

《中华人民共和国义务教育法实施细则》还规定了扰乱实施义务教育学校的教学秩序和侵犯师生人身权的法律责任。第三十九条和第四十二条规定,任何组织或者个人不得侵占、克扣、挪用义务教育经费,不得扰乱实施义务教育学校秩序,不得侵占、破坏学校校舍、场地和设备,禁止侮辱、殴打教师、学生。对违反此规定者,分别给予行政处分、行政处罚,构成犯罪的,依法追究刑事责任。

参考文献

陈德珍.中华人民共和国义务教育法讲话[M].北京:法律出版社,1993.

吴德刚.中国义务教育[M].北京:人民教育出版社,1992.

张维平.教育法学基础(第三版)[M].沈阳:辽宁大学出版社,2002.

(许　杰　苏林琴)

《中华人民共和国职业教育法》　　中国第一部专门规范职业教育活动的法律。依据《中华人民共和国教育法》和《中华人民共和国劳动法》制定。明确各级各类职业学校教育和各种形式的职业培训并举的职业教育体系,确立职业教育多元化办学发展方针,提供发展职业教育的保障条件。

立法背景

中国实行改革开放后,职业教育发展迅速,到20世纪90年代中期取得显著成绩,职业教育已成为中国教育事业的重要组成部分,对中国的经济发展、社会进步和劳动就业发挥了重要作用。然而,当时职业教育的状况同中国经济与社会发展的要求相比还有很大距离,职业教育规模还未

达到应有的程度,经过严格训练的劳动者所占的比例还很小,职业教育的基础比较薄弱,总体水平不高。职业教育面临完善内部结构、改革办学体制、保证经费投入以及加强教师队伍建设等一系列重大问题。要从根本上解决这些问题,需要深化职业教育体制改革,并实行依法治教。制定职业教育法是中国职业教育进一步改革和发展的迫切需求。改革开放后的十八年中,职业教育办学实践积累了较丰富的经验,一些省(市、自治区)已制定职业教育的地方法规,为国家制定职业教育法打下坚实基础。职业教育法起草工作从 1989 年开始,至 1992 年前九易其稿,起草了职业教育条例,1993 年正式起草职业教育法。在起草过程中,全国人大常委会教科文卫委员会通过多方考察和调研,并征求社会各界人士的意见。1996 年 5 月 15 日由第八届全国人民代表大会常务委员会第十九次会议通过,1996 年 9 月 1 日起施行。

主 要 内 容

立法目的和适用范围 第一条规定:"为了实施科教兴国战略,发展职业教育,提高劳动者素质,促进社会主义现代化建设,根据教育法和劳动法,制定本法。"表明了职业教育的立法目的及制定依据。制定职业教育法的直接目的是推动职业教育的发展,其最终目的是加速提高广大劳动者的素质,推动实施科教兴国战略的实施,加速社会主义现代化的进程。职业教育法的立法依据表明了职业教育法与教育法、劳动法之间是普通法律和基本法律的关系。意味着职业教育法应当遵循教育法和劳动法确定的有关基本原则和制度,此外,职业教育法没有规定而教育法或劳动法作出规定的,应执行教育法或劳动法的规定。

按照第二条的规定,职业教育法适用于各级各类职业学校教育和各种形式的职业培训,但不包括由国家机关实施的对国家机关工作人员的专门培训。即国家权力机关、行政机关、审判机关、检察机关和军事机关对其干部所进行的专门培训不适用职业教育法,而由有关的法律或者行政法规另行规定。除此特殊情况以外的其他职业性培训以及所有的职业学校教育,都应当适用本法。

职业教育体系 第十二条规定:"国家根据不同地区的经济发展水平和教育普及程度,实施以初中后为重点的不同阶段的教育分流,建立、健全职业学校教育与职业培训并举,并与其他教育相互沟通、协调发展的职业教育体系。"据此,中国职业教育体系在类型上可分为职业学校教育和职业培训两种;在层次上包括初等职业教育、中等职业教育、高等职业教育。

依照第十三条、第十四条的规定,初等、中等职业学校教育分别由初等、中等职业学校实施;高等职业学校教育根据需要和条件由高等职业学校实施,或者由普通高等学校实施。其他学校按照教育行政部门的统筹规划,可以实施同层次的职业学校教育。职业培训分别由相应的职业培训机构、职业学校实施。其他学校或者教育机构可以根据办学能力,开展面向社会的、多种形式的职业培训。

依照第十六条的规定,普通中学可以因地制宜地开设职业教育的课程,或者根据实际需要适当增加职业教育的教学内容。这为建立和健全职业教育与普通教育相互沟通、协调发展的职业教育体系提供了一个重要的原则性的规定。

职业教育实施 第六条至第十一条规定了各级政府在实施职业教育中的职责:"各级人民政府应当将发展职业教育纳入国民经济和社会发展规划","县级以上地方各级人民政府应当加强对本行政区域内职业教育工作的领导、统筹协调和督导评估","国家采取措施,发展农村职业教育,扶持少数民族地区、边远贫困地区职业教育的发展"。根据这些规定,各级政府应该提高对职业教育的认识,把它作为推动当地经济和社会发展的一项重要战略措施和基础建设。第十七条、第十八条具体规定了县级以上地方各级人民政府发展职业教育的责任,主要包括:应当举办发挥骨干和示范作用的职业学校、职业培训机构;对社会组织及公民个人依法举办的职业学校和职业培训机构给予指导和扶持;县级人民政府应当适应农村经济、科学技术、教育统筹发展的需要,举办多种形式的职业教育,开展实用技术的培训等。第十一条规定:"国务院教育行政部门负责职业教育工作的统筹规划、综合协调、宏观管理。国务院教育行政部门、劳动行政部门和其他有关部门在国务院规定的职责范围内,分别负责有关的职业教育工作。"这是各级教育行政部门和其他有关部门在实施职业教育方面的职责规定。根据 1994 年《国务院关于〈中国教育改革和发展纲要〉的实施意见》,中央和地方教育行政部门负责对职业教育进行统筹、协调和宏观管理,以进行学历教育为主的职业学校,原则上由各级教育部门进行管理,职业培训和在职的岗位培训工作,原则上由各级劳动、人事和有关业务部门进行管理。关于其他社会组织在职业教育发展中的责任,除《中华人民共和国职业教育法》第六条原则性的规定之外,第二十条又进一步规定企业应当根据本单位的实际,有计划地对本单位的职工和准备录用的人员实施职业教育。

关于职业学校、培训机构的设立、变更和终止,依照第二十条至第二十二条的规定,有权举办职业教育的主体不仅是政府,还包括企业、事业组织及其他团体等。关于国家的举办权力,第二十一条有相应的规定,除了国家的职业教育的举办权之外,国家鼓励事业组织、社会团体、其他社会组织及公民个人按照国家有关规定举办职业学校、职业培训机构。其中,企业可以单独举办或者联合举办职业学校、职业培训机构。如果要联合举办职业学校、职业培训机构，举办者应当签订联合办学合同。政府主管部门、行业组织、企业、事业组织委托学校、职业培训机构实施职业教育的，应当签订委托合同。第二十四条规定了职业学校的设立应符合的基本条件：有组织机构和章程；有合格的教师；有符合规定标准的教学场所、与职业教育相适应的设施、设备；有必备的办学资金和稳定的经费来源。规定以上实体条件，有利于把职业学校的设置管理纳入规范化轨道，从而保证办学条件，提高办学质量。第二十四条第二款规定了职业培训机构的设立所必须符合的基本条件：有组织机构和管理制度；有与培训任务相适应的教师和管理人员；有与进行培训相适应的场所、设施、设备；有相应的经费。为了规范职业培训机构的设置，保证培训质量，职业培训机构必须具备与其培训任务相适应的基本条件，鉴于职业培训机构在培训规模、时间，专业设置及培训标准方面有较大的灵活性，对培训机构的设置条件要求相比职业学校来说适当放宽。第二十四条第三款规定："职业学校和职业培训机构的设立、变更和终止，应当按照国家有关规定执行。"此款对职业学校、培训机构的设立、变更和终止的程序方面的条件做了原则性规定，它使中国关于教育机构的设立、变更和终止等程序上的管理制度具有法律上的效力，把办学活动纳入正常的教育管理秩序中来，防止擅自设立、变更和终止教育机构。

第八条、第二十五条规定了与职业教育相关的证书制度。其中，接受职业学校教育的学生，经学校考核合格，按照国家有关规定，发给学历证书。接受职业培训的学生，经培训的职业学校或者职业培训机构考核合格，按照国家有关规定，发给培训证书。国家实行劳动者在就业前或者上岗前接受必要的职业教育的制度。

关于产教结合。第二十三条规定："职业学校、职业培训机构实施职业教育应当实行产教结合，为本地区经济建设服务，与企业密切联系，培养实用人才和熟练劳动者。职业学校、职业培训机构可以举办与职业教育有关的企业或者实习场所。"产教结合是一项职业教育机构办学的重要原则。实行产教结合是由职业教育的性质和培养目标决定的，职业教育是与经济有着直接而紧密联系的一类教育，实行产教结合是培养高质量的实用人才，推动现代化建设发展，增强办学活力的有效途径。

职业教育的保障条件 主要有以下规定：（1）多渠道筹集职业教育经费的原则。第二十六条规定："国家鼓励通过多种渠道依法筹集发展职业教育的资金。"这是职业教育经费筹措的总的原则规定。这是对《中华人民共和国教育法》中"以财政拨款为主，其他多种渠道筹措教育经费为辅"的原则的具体运用。多渠道筹集职业教育经费的目的是改变政府包揽办学的局面，逐步建立以政府办学为主体、社会各界共同办学的体制。（2）各级政府对职业教育的财政拨款。第二十七条第一款规定："省、自治区、直辖市人民政府应当制定本地区职业学校学生人数平均经费标准；国务院有关部门应当会同国务院财政部门制定本部门职业学校学生人数平均经费标准。职业学校举办者应当按照学生人数平均经费标准足额拨付职业教育经费。"根据此规定，政府举办的职业学校应当按照学生人数平均经费标准足额拨付职业教育经费。相关部门制定生均经费标准，并要求职业学校举办者按标准足额拨付教育经费，是职业教育经费的一个重要的原则规定。第二十七条第二款规定："各级人民政府、国务院有关部门用于举办职业学校和职业培训机构的财政性经费应当逐步增长。"这与教育法中规定的教育财政拨款"三个增长"的原则是一致的。职业教育是中国教育事业中的重要组成部分，逐步增加对职业教育的财政拨款，是各级政府和有关职能部门的一个重要职责。（3）企业应当承担的职业教育费用。根据第二十条的规定，企业应当根据本单位的实际，有计划地对本单位的职工和准备录用的人员实施职业教育。第二十八条规定："企业应当承担对本单位的职工和准备录用的人员进行职业教育的费用。"企业实施职业教育，既是企业发展的需要，也是企业的职责和义务。企业作为中国职业教育的办学主体之一，不仅要对在职职工进行培训，而且要对准备录用的人员进行培训，企业应该承担对这部分人员进行职业教育的费用。同时，根据第二十九条规定，对于企业未按有关规定实施职业教育的，县级以上地方人民政府应当责令改正；拒不改正的，可以收取企业应当承担的职业教育经费，用于本地区的职业教育。（4）开征教育费附加用于职业教育。依照第三十条规定："省、自治区、直辖市人民政府按照教育法的有关规定决定开征的用于教育的地方附加费，可以专项或者安排一定比例用于职业教育。"此规定是根据《中国教育改革和发展纲要》《中华人民共和国教育法》中的有关征收教育费附加的规定作出的，是教育法相关规定的具体化。征收教育费附加能为职业教育经费提供可靠的来源，能在一定程度上缓解教育经费不足的矛盾。（5）适当收取学费。依照第三十二条规定："职业学校、职业培训机构可以对接受中等、高等职业学校教育和职业培训的学生适当收取学费。"表明了职业教育收取学费的合法性，但须注意的是可以收取学费的职业教育层次仅限于接受中高等职业学校和职业培训机构，初等层次的职业学校教育免收学费。此外，收取标准要"适当"，既要考虑职业教育生均培养费用，也要考虑群众的承受能力。在建立完善职业教育收取学费制度的同时，还须建立与之配套的学费减免制度，第三十二条第二款规定："国家支持企业、事业组织、社会团体、其他社会组织及公民个人按照国家有关规定设立职业教育奖学金、贷学金，奖励学习成绩优秀的学生或者资助经济困难的学生。"

（6）其他渠道。依照第三十一条至第三十五条的规定，多渠道筹措职业教育经费还包括：各级人民政府可以将农村科学技术开发、技术推广的经费，适当用于农村职业培训；职业学校、职业培训机构举办企业和从事社会服务的收入应当主要用于发展职业教育；国家鼓励金融机构运用信贷手段，扶持发展职业教育；国家鼓励企业、事业组织、社会团体、其他社会组织及公民个人对职业教育捐资助学，鼓励境外的组织和个人对职业教育提供资助和捐赠。（7）职业教育的其他保障。第三十六条至第三十八条还规定了职业教育师资、实习、教材方面的保障。主要内容：（1）县级以上各级人民政府和有关部门应当将职业教育教师的培养和培训工作纳入教师队伍建设规划，保证职业教育教师队伍适应职业教育发展的需要。职业学校和职业培训机构可以聘请专业技术人员、有特殊技能的人员和其他教育机构的教师担任兼职教师。有关部门和单位应当提供方便。（2）各级政府以及举办职业学校、职业培训机构的组织、公民个人，应当加强职业教育生产实习基地的建设。企业、事业组织应当接纳职业学校和职业培训机构的学生和教师实习；对上岗实习的，应当给予适当的劳动报酬。（3）县级以上各级人民政府和有关部门应当建立、健全职业教育服务体系，加强职业教育教材的编辑、出版和发行工作。

职业教育的法律责任　第三十九条规定："在职业教育活动中违反教育法规定的，应当依照教育法的有关规定给予处罚。"这条是对违反职业教育法行为法律责任的概括性规定。在实施职业教育活动中违反教育法的行为，既包括违反《中华人民共和国教育法》这一基本法律，也包括违反《中华人民共和国义务教育法》《中华人民共和国教师法》以及其他法律中有关职业教育违法行为的法律规定，同时还包括有关教育法规、规章中对职业教育违法行为的具体规范。因此，本条法律责任规定的适用，需要依据其他教育法律、法规和规章的具体规定。

参考文献

国家教育委员会职业技术教育司、政策法规司.中华人民共和国职业教育法释义［M］.北京：红旗出版社，1996.

黄崴，胡劲松.教育法学概论［M］.广州：广东高等教育出版社，1999.

（马晓燕）

《中华人民共和国中外合作办学条例》　中国专门规范中外合作办学活动的行政法规。是规范中外合作办学活动法律位阶最高的法律规范。在国家教育委员会1995年颁布的《中外合作办学暂行规定》的基础上，根据《中华人民共和国教育法》《中华人民共和国职业教育法》和《中华人民共和国民办教育促进法》，制定本条例。2003年2月19日由国务院第68次常务会议通过，2003年3月1日公布，2003年9月1日起施行。

制定《中华人民共和国中外合作办学条例》，是中国适应加入世界贸易组织，进一步扩大教育对外开放，满足人民丰富多样的教育需求，推进教育改革与发展的重要措施。其颁布实施有利于中国教育在更大范围和更高层次上参与对外合作，增加公民接受优质教育的机会，提高教育对外开放的整体水平，逐步解决现阶段教育面临的主要矛盾；有利于引进外国优质教育资源，规范中外合作办学行为，提高办学质量，维护中外合作办学者双方、中外合作办学机构和受教育者的合法权益；有利于借鉴国外有益的教学和管理经验，引进中国现代化建设急需的学科、专业，推动中国课程、教材和教学改革，促进教育管理体制和运行机制的进一步改革，提高学校的办学水平，从而全面提高中国教育的国际竞争力。

基 本 内 容

《中华人民共和国中外合作办学条例》分为总则、设立、组织与管理、教育教学、资产与财务、变更与终止、法律责任、附则共八章，六十四条。条例规定，中外合作办学属于公益性事业，是中国教育事业的组成部分，国家对中外合作办学实行扩大开放、规范办学、依法管理、促进发展的方针。鼓励引进外国优质教育资源的中外合作办学，鼓励在高等教育、职业教育领域开展中外合作办学，鼓励高等教育机构与外国知名的高等教育机构合作办学。中外合作办学者、中外合作办学机构的合法权益，受中国法律保护；中外合作办学也必须遵守中国法律，贯彻中国的教育方针，符合中国的公共道德，不得损害中国的国家主权、安全和社会公共利益。中外合作办学者可以合作举办各级各类教育机构，但不得举办实施义务教育和实施军事、警察、政治等特殊性质教育的机构。外国宗教组织、宗教机构、宗教院校和宗教教职人员不得在中国境内从事合作办学活动，中外合作办学机构不得进行宗教教育和开展宗教活动。国务院教育行政部门负责全国中外合作办学工作的统筹规划、综合协调和宏观管理，国务院教育行政部门、劳动行政部门和其他有关行政部门在国务院规定的职责范围内负责有关的中外合作办学工作。省、自治区、直辖市人民政府教育行政部门负责本行政区域内中外合作办学工作的统筹规划、综合协调和宏观管理。省、自治区、直辖市人民政府教育行政部门、劳动行政部门和其他有关行政部门在其职责范围内负责本行政区域内有关的中外合作办学工作。

中外合作办学机构的设立　申请设立的中外合作办学机构应当具有法人资格。中外合作办学者可以用资金、实物、土地使用权、知识产权以及其他财产作为办学投入。中外合作办学者的知识产权投入不得超过各自投入的1/3;但接受国务院教育行政部门、劳动行政部门或者省、自治区、直辖市人民政府邀请前来中国合作办学的外国教育机构的知识产权投入可以超过其投入的1/3。中外合作办学机构应当具备中国有关法律、法规规定的基本条件,并具有法人资格,但外国教育机构同中国实施学历教育的高等学校设立的实施高等教育的中外合作办学机构,可以不具有法人资格。设立中外合作办学机构,参照国家举办的同级同类教育机构的设置标准执行。申请设立实施本科以上高等学历教育的中外合作办学机构,由国务院教育行政部门审批;申请设立实施高等专科教育和非学历高等教育的中外合作办学机构,由拟设立机构所在地的省、自治区、直辖市人民政府审批;申请设立实施中等学历教育和自学考试助学、文化补习、学前教育等的中外合作办学机构,由拟设立机构所在地的省、自治区、直辖市人民政府教育行政部门审批;申请设立实施职业技能培训的中外合作办学机构,由拟设立机构所在地的省、自治区、直辖市人民政府劳动行政部门审批。

中外合作办学机构的设立步骤 分筹备设立和正式设立两个步骤。具备办学条件,达到设置标准的,可以直接申请正式设立。申请筹备设立中外合作办学机构,应当提交下列文件:申办报告,内容主要包括:中外合作办学者、拟设立中外合作办学机构的名称、培养目标、办学规模、办学层次、办学形式、办学条件、内部管理体制、经费筹措与管理使用等;合作协议,内容包括:合作期限、争议解决办法等;资产来源、资金数额及有效证明文件,并载明产权;属捐赠性质的校产必须提交捐赠协议,载明捐赠人的姓名、所捐资产的数额、用途和管理办法及相关有效证明文件;不低于中外合作办学者资金投入15%的启动资金到位证明。申请筹备设立中外合作办学机构的,审批机关应当自受理申请之日起45个工作日内作出是否批准的决定。批准的,发给筹备设立批准书;不批准的,应当书面说明理由。经批准筹备设立中外合作办学机构的,应当自批准之日起3年内提出正式设立申请;超过3年的,中外合作办学者应当重新申报。完成筹备设立申请正式设立的,应当提交下列文件:正式设立申请书;筹备设立批准书;筹备设立情况报告;中外合作办学机构的章程,首届理事会、董事会或者联合管理委员会组成人员名单;中外合作办学机构资产的有效证明文件;校长或者主要行政负责人、教师、财会人员的资格证明文件。

直接申请正式设立中外合作办学机构的,应当提交下列文件:合作协议,内容应当包括:合作期限、争议解决办法等;资产来源、资金数额及有效证明文件,并载明产权;属捐赠性质的校产必须提交捐赠协议,载明捐赠人的姓名、所捐资产的数额、用途和管理办法及相关有效证明文件;正式

设立申请书;中外合作办学机构的章程,首届理事会、董事会或者联合管理委员会组成人员名单;中外合作办学机构资产的有效证明文件;校长或者主要行政负责人、教师、财会人员的资格证明文件。

申请正式设立实施非学历教育的中外合作办学机构的,审批机关应当自受理申请之日起3个月内作出是否批准的决定;申请正式设立实施学历教育的中外合作办学机构的,审批机关应当自受理申请之日起6个月内作出是否批准的决定。批准的,颁发统一格式、统一编号的中外合作办学许可证;不批准的,应当书面说明理由。中外合作办学许可证由国务院教育行政部门制定式样,由国务院教育行政部门和劳动行政部门按照职责分工分别组织印制;中外合作办学许可证由国务院教育行政部门统一编号。中外合作办学机构取得中外合作办学许可证后,应当依照有关的法律、行政法规进行登记,登记机关应当依照有关规定即时予以办理。

中外合作办学机构的组织与管理 具有法人资格的中外合作办学机构应当设立理事会或者董事会,不具有法人资格的中外合作办学机构应当设立联合管理委员会。理事会、董事会或者联合管理委员会的中方组成人员不得少于1/2。中外合作办学者一方担任理事长、董事长或者主任的,由另一方担任副理事长、副董事长或者副主任。具有法人资格的中外合作办学机构的法定代表人,由中外合作办学者协商,在理事长、董事长或者校长中确定。中外合作办学机构的理事会、董事会或者联合管理委员会由中外合作办学者的代表、校长或者主要行政负责人、教职工代表等组成,其中1/3以上组成人员应当具有5年以上教育、教学经验。中外合作办学机构的理事会、董事会或者联合管理委员会组成人员名单应当报审批机关备案。中外合作办学机构的理事会、董事会或者联合管理委员会行使的职权有:改选或者补选理事会、董事会或者联合管理委员会组成人员;聘任、解聘校长或者主要行政负责人;修改章程,制定规章制度;制订发展规划,批准年度工作计划;筹集办学经费,审核预算、决算;决定教职工的编制定额和工资标准;决定中外合作办学机构的分立、合并、终止等。另外,条例还就中外合作办学机构的管理机构的工作机制作了规定,如理事会、董事会或者联合管理委员会等每年至少召开一次会议。

中外合作办学机构的校长或者主要行政负责人,应当具有中华人民共和国国籍,在中国境内定居,热爱祖国,品行良好,具有教育、教学经验,并具备相应的专业水平。中外合作办学机构聘任的校长或者主要行政负责人,应当经审批机关核准。中外合作办学机构的校长或者主要行政负责人行使的职权有:执行理事会、董事会或者联合管理委员会的决定;实施发展规划,拟订年度工作计划、财务预算和

规章制度;组织教育教学、科学研究活动,保证教育教学质量;负责日常管理工作等。

中外合作办学机构应依法对教师、学生进行管理。聘任的外籍教师和外籍管理人员,应当具备学士以上学位和相应的职业证书,并具有2年以上教育、教学经验。外方合作办学者应当从本教育机构中选派一定数量的教师到中外合作办学机构任教。中外合作办学机构应当依法维护教师、学生的合法权益,保障教职工的工资、福利待遇,并为教职工缴纳社会保险费。中外合作办学机构的教职工依法建立工会等组织,并通过教职工代表大会等形式,参与民主管理。外籍人员应当遵守外国人在中国就业的有关规定。

中外合作办学机构的教育教学　中外合作办学机构应当按照中国对同级同类教育机构的要求开设关于宪法、法律、公民道德、国情等内容的课程。国家鼓励中外合作办学机构引进国内急需、在国际上具有先进性的课程和教材并报审批机关备案。根据需要,可以使用外国语言文字教学,但应当以普通话和规范汉字为基本教学语言文字。实施高等学历教育的中外合作办学机构招收学生,纳入国家高等学校招生计划。实施其他学历教育的中外合作办学机构招收学生,按照省、自治区、直辖市人民政府教育行政部门的规定执行。中外合作办学机构的招生简章和广告应当报审批机关备案。中外合作办学机构应当将办学类型和层次、专业设置、课程内容和招生规模等有关情况,定期向社会公布。符合条件的中外合作办学机构可以颁发相应的学位证书,中外合作办学机构颁发的外国教育机构的学历、学位证书,应当与该教育机构在其所属国颁发的学历、学位证书相同,并在该国获得承认。国务院教育行政部门或者省、自治区、直辖市人民政府教育行政部门及劳动行政部门等其他有关行政部门应当加强对中外合作办学机构的日常监督,组织或者委托社会中介组织对中外合作办学机构的办学水平和教育质量进行评估,并将评估结果向社会公布。

中外合作办学机构的资产与财务管理　中外合作办学机构应当依法建立健全财务、会计制度和资产管理制度,并按照国家有关规定设置会计账簿。中外合作办学机构存续期间,所有资产由中外合作办学机构依法享有,任何组织和个人不得侵占。中外合作办学机构的收费项目和标准,依照国家有关政府定价的规定确定并公布;未经批准,不得增加项目或者提高标准。中外合作办学机构应当以人民币计收学费和其他费用,不得以外汇计收学费和其他费用。中外合作办学机构收取的费用应当主要用于教育教学活动和改善办学条件,并在每个会计年度结束时制作财务会计报告,委托社会审计机构依法进行审计,向社会公布审计结果,报审批机关备案。

中外合作办学机构的变更　中外合作办学机构的分立、合并,在进行财务清算后,由该机构理事会、董事会或者联合管理委员会报审批机关批准。申请分立、合并实施非学历教育的中外合作办学机构的,审批机关应当自受理申请之日起3个月内以书面形式答复;申请分立、合并实施学历教育的中外合作办学机构的,审批机关应当自受理申请之日起6个月内以书面形式答复。中外合作办学机构合作办学者的变更,应当由合作办学者提出,在进行财务清算后,经该机构理事会、董事会或者联合管理委员会同意,报审批机关核准,并办理相应的变更手续。中外合作办学机构住所、法定代表人、校长或者主要行政负责人的变更,应当经审批机关核准,并办理相应的变更手续。中外合作办学机构名称、层次、类别的变更,由该机构理事会、董事会或者联合管理委员会报审批机关批准。申请变更为实施非学历教育的中外合作办学机构的,审批机关应当自受理申请之日起3个月内以书面形式答复;申请变更为实施学历教育的中外合作办学机构的,审批机关应当自受理申请之日起6个月内以书面形式答复。中外合作办学机构有下列情形之一的,应当终止:根据章程规定要求终止,并经审批机关批准的;被吊销中外合作办学许可证的;因资不抵债无法继续办学,并经审批机关批准的。中外合作办学机构终止,应当妥善安置在校学生;中外合作办学机构提出终止申请时,应当同时提交妥善安置在校学生的方案。中外合作办学机构终止时,应当依法进行财务清算。中外合作办学机构自己要求终止的,由中外合作办学机构组织清算;被审批机关依法撤销的,由审批机关组织清算;因资不抵债无法继续办学而被终止的,依法请求人民法院组织清算。中外合作办学机构清算时,应当按照下列顺序清偿:应当退还学生的学费和其他费用;应当支付给教职工的工资和应当缴纳的社会保险费用;应当偿还的其他债务。中外合作办学机构清偿上述债务后的剩余财产,依照有关法律、行政法规的规定处理。中外合作办学机构经批准终止或者被吊销中外合作办学许可证的,应当将中外合作办学许可证和印章交回审批机关,依法办理注销登记。

中外合作办学的法律责任　中外合作办学审批机关及其工作人员,利用职务上的便利收取他人财物或者获取其他利益,滥用职权、玩忽职守,对不符合条例规定条件者颁发中外合作办学许可证,或者发现违法行为不予以查处,造成严重后果,触犯刑律的,对负有责任的主管人员和其他直接责任人员,依法追究刑事责任;尚不够刑事处罚的,依法给予行政处分。违反条例规定,未经批准擅自设立中外合作办学机构,或者以不正当手段骗取中外合作办学许可证的,由教育行政部门、劳动行政部门按照职责分工予以取缔或者会同公安机关予以取缔,责令退还向学生收取的费用,并处以10万元以下的罚款;触犯刑律的,依法追究刑事责任。中外合作办学者虚假出资或者在中外合作办学机构成立后抽逃出资的,由教育行政部门、劳动行政部门按照职责分工责令限期改正;逾期不改正的,由教育行政部门、劳动行政部门按照职责分工处以虚假出资金额或者抽逃出资金额2倍以下的罚款。伪造、变造和买卖中外合作办学许可证的,依法追究刑事责任。中外合作办学机构管理混乱、教育教学质量低下,造成恶劣影响的,由教育行政部门、劳动行政部门按照职责分工责令限期整顿并予以公告;情节严重、逾期不整顿或者经整顿仍达不到要求的,由教育行政部门、劳动行政部门按照职责分工责令停止招生、吊销中外合作办学许可证。

条例还规定,香港特别行政区、澳门特别行政区和台湾地区的教育机构与内地教育机构合作办学的,参照本条例的规定执行。外国教育机构、其他组织或者个人不得在中国境内单独设立以中国公民为主要招生对象的学校及其他教育机构。条例施行前依法设立的中外合作办学机构,应当补办条例规定的中外合作办学许可证。其中,不完全具备条例所规定条件的,应当在本条例施行之日起2年内达到条例规定的条件;逾期未达到条例规定条件的,由审批机关予以撤销。

相应的实施办法

2004年7月1日,作为中外合作办学条例的配套规章,教育部制定的《中华人民共和国中外合作办学条例实施办法》(以下简称《实施办法》)正式实施。为鼓励和促进中外合作办学事业的发展,实施办法特别指出,国家鼓励中国教育机构与学术水平和教育教学质量得到普遍认可的外国教育机构合作办学;鼓励在国内新兴和急需的学科专业领域开展合作办学;鼓励在中国西部地区、边远贫困地区开展中外合作办学。根据《中华人民共和国民办教育促进法实施条例》的规定,《实施办法》进一步明确了"中外合作办学机构根据规定,享受国家给予民办教育的扶持与奖励措施",对中外合作办学者是否取得合理回报作出具体规定。《实施办法》规定,中外合作办学者可以从中外合作办学机构的办学结余中取得合理回报。要求取得合理回报的,应当在中外合作办学机构章程中明确进行规定。合理回报的取得程序,按照《中华人民共和国民办教育促进法实施条例》的有关规定执行。《实施办法》还规定,教育行政部门对发展中外合作办学作出突出贡献的社会组织或者个人给予奖励和表彰。

《实施办法》从以下几个方面进一步细化了中外合作办学条例对设立中外合作办学机构的规定:明确规定中外合作办学者应当按照合作协议如期、足额投入办学资金,不得抽逃办学资金,不得挪用办学经费;根据实际情况,规定中外合作办学者作为办学投入的知识产权,其作价可以由双方按照公平合理的原则协商确定;规定中外合作办学机构

不得举办其他中外合作办学机构;规定已举办中外合作办学机构的中外合作办学者申请设立新的中外合作办学机构的,必须通过有关部门组织的评估。规范办学,依法管理,是国家发展中外合作办学的一个重要方针。对于中外合作办学机构的内部管理,《实施办法》作了进一步的规定:国家机关工作人员不得担任中外合作办学机构的理事会、董事会或者联合管理委员会的成员;中外合作办学机构应当聘任专职的校长或者主要行政负责人;依法自主管理和使用中外合作办学机构的资产,但不得改变按照公益事业获得的土地及校舍的用途,不得从事营利性经营活动;中外合作办学机构每年向社会公布该机构的办学层次和类别、专业设置、课程内容、招生规模、收费项目和标准等情况;中外合作办学机构应当按学年或者学期收费,不得跨学年或者学期预收。

关于中外合作办学项目的具体审批和管理,《实施办法》做出三方面规定:第一,严格界定中外合作办学项目的特点。项目合作双方只能是同层次和同类别的中国教育机构与外国教育机构之间的合作。项目应当有明确的人才培养目标和完整的教学计划,在学科、专业、课程、教材和教学模式等方面开展合作。项目是中国教育机构教育教学活动的组成部分,不设立独立的法人机构,接受中国教育机构的管理。第二,规范项目的审批。原则上参照中外合作办学机构的审批方式,并适当简化手续。即申请举办本科以上层次高等学历学位教育的中外合作办学项目,应当报国务院教育行政部门批准;申请举办实施高等专科教育、非学历高等教育和高级中等教育、学前教育、文化补习、自学考试助学的中外合作办学项目,报省、自治区、直辖市人民政府教育行政部门批准,并报国务院教育行政部门备案。对项目的审批采取颁发项目批准书的形式。第三,不允许中外合作办学者从项目中取得回报。中外合作办学项目所收取的学费及其他费用,应当全部用于教育教学活动和改善办学条件。

《实施小法》进一步加强了对学生和教师权益的保护。中外合作办学机构应当提供符合标准的校舍和教育教学设施、设备,按照招生简章或者招生广告的承诺,开设相应课程,开展教育教学活动,保证教育教学质量;应当依法建立学籍管理制度,依法按学年或者学期收费并公示,不得跨学年或者学期预收;每年向社会公布该机构或者项目的办学层次和类别、专业设置、课程内容、招生规模、收费项目和标准等情况。中外合作办学机构应当建立教师培训制度,为受聘教师接受相应的业务培训提供条件。聘任教师和管理人员,应当遵循双方地位平等的原则,签订聘任合同,明确规定双方的权利、义务和责任。

在保护中外合作办学者和中外合作办学机构的权益方面,实施办法规定,中外合作办学机构根据《中华人民共和

国民办教育促进法实施条例》的规定,享受国家给予民办学校的扶持与奖励措施。教育行政部门对发展中外合作办学作出突出贡献的社会组织或者个人给予奖励和表彰。中外合作办学机构依法自主开展教育教学活动。如可以依法自主招生;可以依法发布招生简章和广告;可以依法颁发学历学位证书等。中外合作办学机构依法对其所有资产享有法人财产权。如果中外合作办学机构和中外合作办学者合法权益受到侵害或者认为有关行政主管部门在行政管理过程中有违法的情形时,除可以向有关部门投诉外,还可以依照行政复议法、行政诉讼法的规定提起行政复议和诉讼。

(王国文　余雅风)

中间学校(middle school)　美国、英国、德国等国家的一种介于小学与中学之间的普通学校。在不同的国家,其形式、性质、教学内容与方法等有一定差异。

中间学校起源于德国。1872年德意志帝国颁布《普通学校法》,建立了双轨制的学校教育系统。一轨是经过三年制的预备学校,升入文科中学、文实中学或实科中学,然后升入大学;另一轨是学生进四年制的基础学校,然后进四年制的国民学校高级班或六年制的中间学校,毕业后升入职业学校。中间学校比国民学校高级班多一门外语课,并且更重视职业性学科,学生多是小职员、小商人等的子弟。这种学校一直保留到魏玛共和国时期。纳粹统治时期,希特勒政府改组中学体制,简化学校类型,中等学校分为文科中学、德意志中学和上层文科中学,六年制的中间学校改为四年制初级中学,称"主要学校"。第二次世界大战后,联邦德国在魏玛共和国时期学制的基础上重建学制体系,各州虽然由于教育自治而不统一,但也有不少共同点。一般儿童都必须先接受共同的基础学校教育,然后分流到教育性质有别、质量不同的三种学校,即国民学校高级阶段、中间学校和完全中学。其中,中间学校学制一般为6年,与各类专科学校相衔接。为了解决国民学校高级阶段、中间学校与完全中学的沟通,各州建立了中间学校上层班和完全中学上层班,学习成绩突出的国民学校高级阶段学生可以转入中间学校上层班,中间学校的此类学生可转入完全中学上层班。1955年各州州长在杜塞尔多夫签订《联邦共和国各州统一教育制度的协定》(即《杜塞尔多夫协定》),把与基础学校相衔接、达第十年级的学校统一称为中间学校,培养介于理论型与实践型之间的"桥梁型人才"。1959年,德国教育委员会提出《改组和统一公立普通学校教育的总纲计划》,建议在基础学校之后设立"促进阶段",中间学校改称实科学校,学制从十年延长至十一年。1964年各州在汉堡签订《联邦共和国各州统一教育制度的修正协定》(即《汉堡协定》),规定统一"实科学校"之名称,学制6年,即第五至十年级,水平介于主要学校(又译普通学校,通常包括第五至

九年级,由国民学校高级阶段改制而成)与完全中学之间。至此德国就没有中间学校的名称了。

此时,美国形成了一场中间学校运动,出现了我们更熟悉的中间学校形式。人们认为,少年时代的学生应当有专门的学校与之相适应。一些研究者认为,随着生活水平的提高和社会的影响,孩子从少年时代向青春期过渡的开始已经提前到10岁或11岁,他们的青春期也相应提前到九年级,原有三年制初级中学的最后一年(九年级)应当划入高级中学,而小学的最后一年(或两年,即六年级和五年级)应当与初中的七、八年级一起,组成适应少年身心变化的过渡阶段学校。也有一些人批评初中课程有向高级中学看齐的趋势,分化过早,追求学术性、理论型的倾向也很明显,认为设立中间学校能提供适应这一时期学生需要的课程计划,提供小学高年级教师不能胜任的专业知识(如外语),防止将高级中学学术、社会活动和体育上的做法强加到14岁以前的学生身上。还有一些人认为,建立中间学校,可以使中学学生过多、过度集中的现象得到缓和,有利于中学的行政管理,也有利于及早促进各民族、各阶层儿童的相互接触等。在这种情况下,从1960年开始,中间学校逐渐在美国发展起来,1965年后加快了发展步伐。据统计,1966年有中间学校499所,1970年增至2298所,1977年又增至4060所,1989年则达到7957所。1968年,美国只有两个州规定了创办中间学校的条件,20世纪80年代初全国中间学校协会成立,50个州都办起了中间学校,并制定了教学工作人员的基本条件。

美国的中间学校一般由六、七、八三个年级或五、六、七、八四个年级组成,介于小学与中学(九~十二年级)之间。其中,前者占60%以上。与初级中学相比,中间学校提供的教育计划更加适应广泛的个别差异及儿童期与青年期之间中间年龄层的特殊需要;在课程设置上,重视综合课程和探究活动;革新教学组织,倡导小队教学;在教学方法上,注意增加学生的独立性和课程安排的灵活性。

在美国中间学校运动的影响下,英国在20世纪60年代初也开始了中间学校实验,废止过早决定学生前途的"11岁考试",将原有三种中等学校综合为一种综合中学。在规定的六种改组方式中,一种就是由8~12岁(或9~13岁)的中间学校和12、13~18岁的高级中学组成。1967年,根据《普洛登报告》的建议,中间学校正式设立,招收8岁或9岁儿童,目的是为学生提供一个从小学到中学的过渡阶段。1968年,第一批中间学校在约克郡的西区设立。此后,中间学校迅速发展。到1976年,英国建立了中间学校一千一百多所,学生三十五万多人。80年代以后,由于学生人数急剧下降,中间学校的学生数和所占比例开始下降。

英国的中间学校有多种类型。从学生年龄段来说,有8~12岁、8~13岁、9~13岁、9~14岁、10~14岁等形式,

由地方教育当局根据各地现有校舍、教师和其他资源自行确定。其中以 8～12 岁和 9～13 岁的中间学校为最多。前者往往被认为属于小学，后者往往被认为属于中学。中间学校的教学内容和教学方法主要取决于它是被视为小学还是中学。被看作小学的中间学校实际上只是延长小学年限一年，其中一些较好的学校也鼓励高年级学生培养中学生的学习态度和学习方法。被看作中学的中间学校试图一方面改变低年级学生原有的幼儿学习态度，另一方面给高年级学生以中学学业扎实的基础知识。无论被视为小学还是中学，中间学校都必须讲授一门外国语，有进行工艺和设计学科教学的专业领域，配有自然科学实验室。

中间学校的出现，是世界教育发展史上的一项重大改革，较好地完成了学制的衔接问题。它为中小学生提供了交流情感和信息的机会，给共同工作的教职员提供了接触和交流的机会，更好地适应了该年龄阶段学生的年龄特征和学习兴趣，在一定程度上弥补了初级中学的不足，使学生很容易从初等教育过渡到中等教育。

中间学校的发展也面临一些问题与困境，如，许多学校有名无实，没有真正贯彻中间学校的理念，与一般初级中学差别不大；对中间学校没有统一的认识和具有可操作性的转型方案，从小学和初中划分出中间学校有一定的盲目性；没有专门的中间学校教师教育和证书制度，没有专门的中间学校校长培训制度；不能很好地处理青春期发展与学术发展的关系。

一些教育家和学者要求重建中间学校，加强有关中间学校的研究，理清中间学校的性质、功能、任务、特点，对中间学校的校长、教师、辅导人员和教育行政机构的教育管理人员等进行培训，按终身学习的理念，把中间学校办成一个学习社区。

（刘宝存）

中年期认知发展（cognitive development in middle age）

成年中期（一般指 40～60 岁左右）感知觉、记忆、思维等认识活动的发展变化。中年期是人生全程发展的"中点站"，是由青年期向老年期转折的"过渡期"，生理机能由盛转衰，心理活动包括认知也发生诸多变化。从总体上看，中年期的认知持续稳定发展，但与儿童、青少年相比，某些方面呈现下降趋势。

感知觉的发展变化 （1）视觉和听觉的发展变化。人进入 40 岁以后视物焦点调节功能急剧衰退，逐渐出现"老视"现象。45 岁以后，许多人从事看书、学习等细致活动或许就得配戴老花眼镜了。有材料指出，39 岁以下的人，视力1.2 以上的占 80％，而 40 岁时减到 60％，50 岁下降到 50％。人过 40 岁以后，视敏度和视觉感受性逐渐下降，视觉阈限也随年龄增长而逐渐提高。老年性耳聋多从 40～50 岁开始，

随着年龄的增加，听力退行性变化愈益明显。突发性耳聋也多发生在 40 岁以上的中年期，且女性多于男性。（2）肤觉、嗅觉、味觉的发展变化。国外有研究发现，55 岁以后，人的触觉急剧迟钝起来。随着年龄增长，人的痛觉有逐渐迟钝化的现象。查普曼等人 1944 年曾把 200 名 10～85 岁被试分为少年组、中年组和老年组，分别测查其痛觉阈和反应阈（即被试不能忍痛并作出缩身反应的刺激强度），结果发现，痛觉阈和反应阈均随年龄增长而上升。由于嗅觉有很强的适应性，这方面的实验研究难以进行，研究报告极少。A. B. 诺克斯 1977 年研究指出，40 岁以后，嗅觉明显下降。还有研究报告说，在人的一生中，嗅觉最灵敏的是 20～50 岁，50岁以后逐渐衰退，70 岁时急剧下降。味觉最敏感的时期是童年期，随年龄的增长，味蕾的数量逐渐减少，男性味蕾减少始于 50～60 岁，女性通常始于 40 岁或 50 岁，伴随着味觉感受器味蕾的减少，味觉敏感性也随之下降。

记忆的发展变化 中年人的感觉记忆因其感觉系统生理的退行性变化而下降，但其影响并不大；短时记忆一般来说并没有下降，但长时记忆能力有一定程度的下降。许多研究表明，中年期尤其是中年后期，对识记材料进行加工的积极性、主动性不如年轻人；如果中年人采取一定的记忆策略，他们的记忆成绩仍会有所提高。

美国心理学家 J. H. 史密斯 1980 年和蓬 1985 年研究指出，在再认中不存在或仅存在微小的年龄差异，但在回忆方面却存在着年龄差异。沙勒 1980 年对青年、中年和老年人所进行的一项长达 21 年之久的单词再认和回忆研究指出，再认水平自 25～60 岁是持续上升的，但回忆水平则随年龄增长而下降。有关再认和回忆的横向研究也得出大致相同的结论。中国心理学工作者许淑莲等人 1984 年对 20～90岁成年人采取自行设计的"试用临床记忆量表"的研究结果表明，20～50 岁再认成绩没有年龄差异，50 岁以后成绩有所下降；但回忆成绩存在着显著的年龄差异，随年龄增长回忆成绩不断下降。40～50 岁是回忆能力减退的开端。

如果识记材料是熟悉的，中年期的记忆力保持平稳或下降很小；如果是不熟悉的或从识记到回忆之间间隔时间较长或有干扰，中年人的记忆力则大幅度下降。就加工过程而言，中年人在加工过程中不重现简单的细节，更关注事物本质的结论性信息，因此，中年人对表面细节的记忆下降，而对意义或主题的记忆并没有下降。

思维和认知加工方式的变化 皮亚杰将个体人的思维由低级到高级划分为感觉运动、前运算、具体运算和形式运算四个阶段。随着科学技术和教育的发展，人们越来越难以接受形式运算水平是个体认知发展"终点"的观点。越来越多的心理学家认可并重视"辩证运算"是"形式运算"后的第五阶段。人到中年不仅形式运算思维进一步成熟，而且思维的辩证性更为明显。美国心理学家卢格指出，成年期

思维发展已经超出皮亚杰的形式运算阶段,进入辩证思维阶段,这是继感觉运动思维、前运算思维、具体运算思维、形式运算思维之后的思维发展阶段。受过高等教育、动机较强、有成就的成年人最可能达到这种思维发展水平。形式后辩证逻辑思维是一种开放的逻辑思维形式,处于这一阶段中的成年人能够综合考虑现实生活中的各种矛盾或冲突,协调各种相互对立的观点,了解知识的相对性和社会环境对人的认识的影响。中年人形式后辩证思维的发展与他们智力活动的任务密切相关,他们需要完成各种复杂的专业、生活和社会任务的要求,解决各种矛盾,适应现实生活环境,在此过程中,逐渐发展起具有高度现实性的辩证逻辑思维能力。

认知加工方式是指个体加工信息、组织知识经验的方式。中年人认知加工方式的主要特点是具体化,社会认知成为中年期认知的核心特点。这一时期,认知加工的主要内容是社会信息,如关于社会交往、社会规则、个体与组织的关系等社会性信息,其智力活动的任务以如何运用知识技能为主,即如何把知识技能运用于现实生活中,解决现实生活中的实际问题。因此,中年人的认知加工方式不再以抽象的逻辑思维为主,而是由抽象上升为具体,即他们在解决问题时不仅从问题的逻辑结构出发,而且考虑问题的背景特征,进而作出符合社会情理的推理和决策。拉鲍维-维夫1987年研究表明,青少年往往根据逻辑的理由进行严格的、肯定的三段论推理,对问题作出解答;而中年人往往在考虑问题的逻辑结构的同时,还考虑问题的背景特征,如主人公的动机、情感等主观因素。这说明在职业和各种社会历史因素的影响下,中年期的社会认知能力获得充分发展。

智力的变化　发展心理学指出,儿童出生后,是随着年龄增长而不断发展的,这种趋势一直持续到青年期。关于中年期以后智力的变化有不同观点,有人认为呈下降趋势;有人认为仍相当稳定,除非患有严重疾病;有人认为智力的不同方面变化不同,有些下降了,而有些则是持续上升的。之所以观点不一,主要原因之一是各人研究的方式或方法不同。

采用横向研究范式所得的结果,多数认为中年期的智力呈下降趋势。如美国心理学家C.C.迈尔斯和W.R.迈尔斯1932年对7~92岁的832名被试进行智力测验,结果表明:7~18岁智力不断上升,18岁左右达到顶点,其后慢慢下降,50岁时下降到15岁的水平,一过80岁便急剧下降。美国心理学家盖维茨1980年对20岁以上不同年龄组被试的研究结果指出,人的智力在20岁以后随着年龄增长而逐渐下降。许淑莲等人利用我国修订的"韦氏成人智力量表"对140名20~89岁7个年龄组被试进行测查表明,语言量表分在30岁组达到高峰,此后便缓慢下降,70岁前基本保持稳定,但70岁后明显下降;操作量表分也在30岁组达到

高峰,50岁后逐渐下降,60岁后下降明显。当我们在接受横向研究范式得出的这些研究结论时,必须持谨慎态度,因为横向研究得出的中年人和青年人之间的智力差异,既包括年龄变化所引起的差异,也包括由于出生年代不同、所受教育不同、社会经历不同所导致的两代人(或两个群体)之间的智力差异。

与横向研究的结论相反,欧文斯1966年采用纵向研究发现,中年人的智力并不随年龄增长而下降,而是随年龄增长而提高,至少50岁以前是不断提高的。中国学者王极盛等采用自我评定法对127名科学院学部委员和一般科技工作者的智力五要素(观察力、记忆力、思维能力、想象能力和操作能力)的研究指出,从总体上看,中年期的智力水平高于青年期。国内外纵向研究的结论一致指出,中年期的智力从总体上看是不断上升的。这些结论是否完全真实地反映了智力变化的年龄特征,还有待进一步研究证实。因为纵向研究也有其本身某些难以克服的弱点,比如取样的代表性问题(如欧文斯的研究对象是大学生,王极盛等人研究的也只局限于科技工作者);追踪研究过程中由于前后多次相同或相似智力测验产生的练习效应而导致成绩提高等,这些局限性都可能影响研究结果的效度。

为了克服横向与纵向研究的局限性,一些心理学家,如沙伊和拉鲍维-维夫采用序列研究法(即同时综合运用横向和纵向研究)于1956年对不同年龄被试进行研究,后来又于1963年、1970年、1977年对这些被试继续进行研究,既有4个横向研究结果,又有历时21年的纵向研究资料。研究结果表明,成年期智力是随年龄增加而下降的,但同时发现,测验成绩是随着出生年月的推迟而不断提高的。这说明出生年代不同的人群,由于社会不断发展,其智力水平是不断提高的。沙伊等人序列研究的总的结论是:中年期的智力是保持上升或稳定的。

美国心理学家R.B.卡特尔和J.L.霍恩对智力进行因素分析,将智力分为晶体智力和流体智力。前者主要指从后天经验中获得的心智能力,如知识的广度、词汇、判断力等;后者主要指受文化背景和教育影响小、与神经的生理结构和功能紧密联系的智力,如反应速度、知觉整合能力、思维的敏捷性等。他们的研究指出,中年人的流体智力随年龄增长而逐渐下降,但他们的晶体智力随年龄的增长而逐渐提高。J.L.霍恩在其后的研究中不仅得出与此大体一致的结论,而且吸收当代神经心理学和生理心理学的某些研究成果,指出:流体智力与大脑右半球的功能有关,晶体智力与大脑左半球的功能有关;液体智力与感知、记忆和注意等心理活动关系密切,与间脑结构的功能状态紧密联系。人到中年以后,随着年龄增长,出现脑血流量减少、血压升高及脑损伤的概率增多,影响到间脑结构功能,从而导致流体智力下降;而晶体智力与大脑的抽象逻辑思维和语言功

能有关,可能与颞叶等皮层关系更为密切。随着年龄增长,知识经验的增加,晶体智力持续上升。

参考文献

林崇德.发展心理学[M].北京:人民教育出版社,1995.

詹姆斯·O.卢格.人生发展心理学[M].陈德民,等,译.上海:学林出版社,1996.

(程学超)

中世纪大学(medieval university)

欧洲中世纪形成的一种学校形态。是现代大学的最初形式,但中世纪最初的大学并不具备现代大学的含义,更多的是一种"大学校"形态,是指公认的为欧洲学生开设的无地域限制的学习的地方和场所。随着自身的不断发展和完善,大学校逐渐演变成为 Universitates,具有现代大学的名称。但 Universitates 在中世纪是行会的代名词,因此,中世纪时期的大学更多的是一种模仿当时社会的行会组织而建立起来的一种保护教师和学生自身利益的团体。

如果以大学作为一种"行会"组织而产生的时间为标准,那么大约 12 世纪初,意大利的博洛尼亚和萨莱诺等地出现了最早的大学。此后不久,法国巴黎也在传统教会学校的基础上产生大学的萌芽。到 12 世纪末期,世界上已形成了被后人称为"母大学"的三所最早的大学,即意大利的博洛尼亚大学、萨莱诺大学和法国的巴黎大学。12—13 世纪,英国在欧洲大陆大学传统的影响下,诞生了牛津大学和剑桥大学。它们共同构成了西欧历史上最早的大学。在这些大学的带动下,欧洲各国开始关注大学的创立和发展,在地域上逐步拓展到整个西欧。公元 1500 年时,欧洲实际存在的大学共有 79 所。早期中世纪大学随地域不同而具有不同的特点。一般而言,北欧大学以巴黎大学为代表,侧重神学;南欧大学以意大利博洛尼亚大学和萨莱诺大学为代表,侧重于具有社会实用性的法律和医学等。中世纪大学主要设神学、法学和医学三个专业。为更好地实施专业教育,各大学均设立文学院,为专业教育打基础。

中世纪大学是中世纪社会经济和文化发展的产物。中世纪的社会发展为中世纪大学的产生提供了条件。这些条件主要体现在以下三个方面。一是城市的兴起。10—11 世纪,欧洲封建制度进入巩固和发展时期,社会开始结束以前的动荡局面而逐步趋于稳定,步入正轨,农业生产呈现出缓慢上升的态势。这一时期,手工业和商业贸易的发展在很大程度上推动了城市的出现和诞生。随着城市的出现,新兴的市民阶层开始提出教育方面的要求,这就为中世纪大学的产生提供了现实需要,城市的出现也为大学的诞生提供了场所和坚强的物质保证。二是地理环境的影响。中世纪大学一般都产生于那些地理位置较为优越的城市。这种

优越的地理位置便于不同地域的人汇集,这就为大学的产生提供了交通和地理上的便利。这在当时最具代表性的博洛尼亚大学和巴黎大学的形成过程中表现得十分明显。博洛尼亚大学所在地博洛尼亚地处意大利连接东、南、西各主要城市和国家的交通要道之上。这种地理优势有利于来自不同地域的文化、思想在此积淀和碰撞,从而形成一种较为宽松的文化氛围和出现多元的文化分布,为大学的产生提供良好的外部环境;也有利于不同文化间的传播和交流,为大学内部的学术和思想交流提供机会。巴黎曾经是法兰克王国的首都,从而有利于巴黎大学作为文化中心、学术中心的发展。三是著名学者的吸引。大部分早期中世纪大学,无论是意大利的博洛尼亚大学和萨莱诺大学,还是巴黎大学,之所以能够吸引来自欧洲各地的学生,是因为它们那里有著名学者的身影和贡献。

中世纪大学的教学 中世纪大学的教学目的呈现多样性的特点。不同的大学,目标定位不同,但都以专业教育为主,培养相关领域的专业人才。比较典型的专业有法律、医学和神学。中世纪大学的专业教育与现代大学有所不同,并不是专门教育,而是建立在广博文化知识基础之上的专业教育。从中世纪大学的组织结构来看,法律、神学和医学专业教育是建立在严格的博雅教育基础之上的。如果想接受相应的专业教育,就必须首先接受文学院的教育。只有在此基础上,才具备接受专业教育的资格。中世纪大学的教育内容由于受当时文化和科学发展的限制,主要继承了古希腊和古罗马的传统,以"七艺"教育为主。但这一时期的"七艺"内容被赋予很强的宗教特色,发生了很大的改变,是中世纪社会特定的"七艺"学科教育。此外,中世纪时期,不同的大学在专业学科方面各具特色,如博洛尼亚大学的法学、巴黎大学的神学和萨莱诺大学的医学等。这些专业学科构成了现代大学学科分化的基础。正是在这些专业学科的基础上,中世纪大学教育有别于传统意义上单纯的"七艺"教育。这也是中世纪大学的贡献和特点所在。中世纪大学的教学方法没有太多的创新,主要有讲授法、问答法和辩论等。其中,讲授法是最为普遍的教学方法,问答法和辩论则显得十分机械和呆板,整个教学过程基本上由教师主导,学生没有太多参与的机会。

中世纪大学的管理 中世纪大学作为现代大学的起点和重要基础,为现代大学尤其是现代高等教育提供了许多重要的教育理念。它们构成了现代高等教育发展的灵魂。

第一是大学自治。中世纪大学自产生以来,就具有高度的自治权利。虽然教会和世俗统治者都试图不断加强对大学的控制,但大学内部事务基本上由大学自己管理。同时,大学还利用教会与世俗政权及地方当局之间的矛盾,为自己争取到不少特权。中世纪大学的自治权更多地来自不同群体捍卫自身权利和利益的需要,是大学自身斗争的结

果。中世纪大学自治的具体表现有：大学有设立法庭的权利，有内部自治的权利；大学师生可以免除赋税、免服兵役；教师有参政权，有颁发特许证的权利；大学有罢教和迁移的自由与权利等。从自治模式看，中世纪大学自治包括学生自治和教师自治。学生自治是指大学的一切事务，包括教师的聘任、薪酬标准的制定和发放，学生学费数额的划定，学期的时限，教学时数以及日常的教学管理和教学安排等，都由学生进行管理，学校的运转以学生为主导来维系。同时，学生有权对教师的工作进行评价。学生自治型大学主要出现在南欧，以博洛尼亚大学为代表。教师自治是指大学事务主要由大学内部的教师特别是教授主导和管理。在大学内部，教师居于管理者的地位，掌管一切事务，学生基本上没有参与管理的权利和机会。教师自治是当时西欧大学的重要管理模式。教师自治型大学主要以巴黎大学为代表。巴黎大学虽然总体上强调教师自治，但内部存在分层，即不同专业的教师，管理权限是不同的。大部分管理权利，包括大学校长的产生，基本上都集中在文学院，神学院、法学院和医学院都处于较为弱势的位置。

　　第二是学位制度。作为现代大学的典型标志之一，学位制度萌芽于中世纪大学。1130 年，博洛尼亚大学开始授予学位。仿照行会的等级制和教会的教阶制，中世纪大学的学位制度包括"学士"和"硕士"，"博士"的提法已出现，但还没有成为正式学位。每一种学位都对应于不同的职业等级，其取得都有其特定的要求与程序。中世纪的学位制度更多的是一种教师资格制度，只有取得相应学位的人，才有可能成为教师。

　　作为现代大学的起源，中世纪大学存在着很多不足和缺陷。但作为西方文化发展的重要一环，它在整个西方文化发展史上有着重要的历史地位，尤其是作为一种新型的教育形式，从制度上完善和丰富了传统的教育层级体系，为现代大学的形成奠定了基础。

参考文献

克伯雷. 外国教育史料[M]. 华中师范大学等校教育系，译. 武汉：华中师范大学出版社，1991.

Haskins, C. H. The Rise of Universities [M]. New York: Henry Holt and Company, 1923.

（王晓华）

中世纪教会教育（church education in the Middle Ages）

中世纪由基督教会垄断的文化教育。恩格斯曾经指出，中世纪欧洲社会是从粗野的原始状态发展而来的，把古代文明，古代哲学、政治和法律一扫而光，从没落的古代世界承受下来的唯一事物就是基督教和一些残破不全而且失掉文明的城市，意识形态的其他形式——哲学、政治、

法学，都成为神学中的科目。基督教神学在意识领域具有至高无上的权威，教会教条就是政治信条，《圣经》词句在法庭中有法律效力，教会垄断了西欧封建社会的文化教育和整个精神生活，教育也渗透了神学性质。公元 5 世纪末在蛮族入侵的冲击下，不可一世的罗马帝国最终走向灭亡，基督教对蛮族社会的稳定、文化的保存等作出了重要贡献。随着社会的稳定，文化的发展，11—12 世纪围绕辩证法的争论、13 世纪围绕亚里士多德哲学的争论，乃至 20 世纪科学和信仰的论争，实际上都是在处理宗教信仰与知识理性的关系，而这一关系问题构成了基督教发展一个永恒的主题。

　　主教学校（Cathedral school）　基督教最早是旅行传教，没有固定的教堂或学校。随着信徒规模的扩大，基督教在城市建立了教堂，有了固定的牧师，形成了等级严格的教阶制度。每一座城市的教堂成为主教的所在地，即大教堂（Cathedral）。公元 381 年，君士坦丁堡公会议要求在城镇和乡村建立学校，免费教育所有儿童。529 年，《韦松宗教会议牧师训练法》（Training of Priests of The Council of Vaison）颁布，规定教区内的牧师必须接收年轻的尚未结婚的读经者到自己的住处，教他们唱赞美诗，教他们教会的课程和上帝的律法，以便他们有合格的继任者。在这些法规的敦促和规范下，主教的住所逐渐成为一个包括幼儿、青年、准备当牧师的年轻人及已任牧师的有秩序的团体，这被认为是主教学校（亦译"大教堂学校"或"座堂学校"）和教会经院学校的起源。进入中世纪后，由于种种原因，主教学校开办的情况并不能令人满意，罗马教廷经常收到来自地方教区对缺乏文法学校的抱怨。在公元 826 年的罗马宗教会议上，教皇尤金二世（824—827 年在位）颁布了一项法令，指示所有主教创办并维持学校，说委派自由艺术和神学学科的教师是教会应尽的职责。855 年和 859 年的瓦伦西亚和萨文尼莱斯会议上，教廷强烈要求主教在其辖区至少建立初级学校来教育孩子们。可见，公元 9 世纪和 10 世纪时，建立和维持学校一直是主教的职责，主教学校成为基督教教会教育的重要机构。中世纪时期，西欧的主教学校创始于英格兰。大约在公元 7 世纪，英格兰的坎特伯雷和约克已经有了文法学校和歌咏学校，都是大教堂附设的。歌咏学校创办之初，任务是培养教会唱诗班的歌手，以后逐渐演变为一般的初等学校；文法学校不仅仅是培养未来的神职人员，也招收富有人家的子弟。约克郡的主教学校是当时英格兰最好的学校，著名学者和教育家阿尔琴从小就在这所学校学习，后来成为这所学校的校长。1091 年，《基本法规》规定了大教堂教会各级人员的职责，特别阐明了大教堂学校教师、校长的职责，如，全体牧师的灵魂的转化和行为规范，由教长负责；学校教师须得听课并确定课文，要掌握教会的印章，起草文书、契约，并将校阅者登记在册。公元 8 世纪末和 9 世纪初，西欧各大教堂都兴办了这种类型的文法学校和初

等教育性质的歌咏学校。

10世纪后期，随着贸易和商业的发展，欧洲相对稳定与和平，一些在贸易上有着战略地位的主教所在地逐渐成为社会重要机构，如列日、雷姆斯、莱昂、巴黎、奥尔良、查特斯，这些主教座堂拥有的学校也获得了极高声誉。10世纪末11世纪初，欧洲贸易的繁荣更是为学术发展所需要的闲暇和稳定提供了必要的条件和经济基础。主教学校最初只是简单保留了西方以自由艺术为主的传统，后逐步上升到文法学习，随着学校的正规化，又逐渐引入了以卡佩拉、波伊修斯、卡西奥多鲁斯、伊西多尔和莫鲁斯（又译赫拉班、拉宾纳斯）为代表的百科全书式的学术传统。当时，主教学校的学术仍然以教义教学为主，而且较为保守。随着贸易的发达、城市的复兴、商业的恢复，到11世纪中叶，西欧学术发生急剧变化，主教学校的保守主义遇到了前所未有的挑战。从1050年开始的一个多世纪里，西方哲学史上经院哲学中的唯名论与唯实论之争就在一些主教学校展开。中世纪大学由此诞生。

修道院和修道院学校　从古典文明衰落到12世纪欧洲各大学兴起的长达700年的时期内，修道院是最为典型的文化组织。修道院制度在基督教保存、传播和塑造西欧文明的过程中，起着重要的不可替代的作用，或者说，基督教会拯救或塑造文明的活动，主要是通过修道院来实现的。如果没有修道院修士们抄写和保存文本的努力，没有修道院学校所施行的教育，没有修士们的积极传教，古典文明的成分就难以延续下来，基督教的文化也就难以传播和确立。

修道院的发起者是隐修士。据教会记载，基督教最早实行修道主义的是埃及的安东尼。安东尼20岁离开家园，来到荒芜之地，以能维持生存的最简单的需要，过着禁欲隐修生活。不久，效仿安东尼的人逐渐多了起来。当时的尼特里亚和斯西梯斯荒野上遍布着许多隐修士，他们按照自己的想象，自由地决定自己的崇拜方式和潜修形式，都是独自一人隐居。英语中的"修道士"（monk）一词源于希腊语monos，意即"单独的人"。314年，罗马帝国北非军团士兵帕科米乌在尼罗河畔建立了一所修道院。修道院由围墙围着，内部分成单个的小密室。欲入内修道，先要见习三年。修道士们组成了一个紧密的团体，20人左右为一个单位，住在一间房内，服装统一，在修道长的管理下，依院规过共同的修道生活。修道长后来就成为修道院院长。帕科米乌修道院的院规规定了工作、睡眠、吃饭等正规的秩序，对生产劳动作了具体分工。其中最为重要的是宗教实践。修道院的基本功课是沉思默想，每天的大部分时间用于祈祷，只吃一顿饭，用餐时保持沉默。帕科米乌当时还建立了一所女修道院。346年帕科米乌死时，埃及已设立了9所修道院，修士超过7000人。这期间，修道主义在安条克正教会也有所发展。安条克的修道方式与埃及不同，主要盛行独居式

的隐修生活，并出现了极端的"苦行"方式，如"坐柱修道派"创始人西缅独坐在一根柱子上达30年之久，直到去世。约4世纪时，修道院的观念传到了意大利，并流行开来。约公元7世纪时传入法兰克，公元8世纪时已遍布法兰克全境，仅高卢地区就先后建立了数百所本尼狄克派修道院（亦称"本笃会修道院"），成为西欧一股巨大的政治、经济和文化教育力量。为了更好地管理修道士，许多修道院都制订了院规，其中最为著名的是本尼狄克院规。本尼狄克约在480年生于意大利努尔西亚一个家境殷实的家庭，童年在罗马接受教育。由于对教会世俗化和神职人员骄奢淫逸不满，于500年离开罗马，隐居在一个荒凉之地的山洞里达几年之久。本尼狄克以严厉的自我克制和圣洁闻名遐迩，吸引了一批志同道合者。本尼狄克把他们组织起来，分为12个小组，每组12人，指定其中一人为修道长，负责管理，12个组都必须服从他的领导。520年，本尼狄克在追随者的陪伴下迁居罗马与那不勒斯之间的蒙特·卡西诺，建立了一所修道院，它作为西欧宗教生活的主要中心达几个世纪之久。为了能切实地管理修道院，本尼狄克参照阿塔纳修斯关于东方隐修士生活的著作，吸收东方修士生活中禁欲苦修、自我克制的内容，综合前人制订的各种规程，依据基督教教父学中关于修道院的理论，于529年制订了一个包括序言和73个条例的详细的修道院规程。本尼狄克认为，修道院是"服务于上帝的学校"，应是一个受统一规程约束、在院长领导下、有组织、有纪律、自治的宗教团体。他制订的院规很严格，主要表现在以下方面。首先，凡希望入院的人都必须接受考验：先在大门前不间断地要求四五天；经允许入院后，先单独住在见习修士的小屋修习一年，主要是阅读院规，接受各种考验，检验他是否真正追随上帝，是否热衷于上帝的工作，是否服从，是否谦卑，并告诉他通往上帝的旅途上的所有艰辛和困难。通过各种考验后，申请加入修道院者要当众发三大誓愿：许身愿，许诺终身在修道院度过；守贫愿，放弃所有财富，过禁欲生活；服从愿，完全按照院规生活，服从院长的领导。修道院也接收幼儿。院规第五十九条要求那些奉献其儿子的父母必须自觉自愿，拟一篇请求书，在圣餐礼拜的奉献仪式上，用圣坛上的布把请求书和孩子的手一起包起来。院规第30条认为，每个年龄段和每种理解力的程度都应有与之适应的约束标准。由于男孩和少年不知道开除教籍这种绝罚的严重性，应采用适当的标准——禁食和鞭挞——来救治他。院规三十七条则温和得多，认为同情孩子是人的本性，虽然孩子也要受院规约束，但应给予不断的关怀，决不能在食物上用严格的规程制约他们。其次，除了生病的修士，禁止食用肉类，夏季每日两餐，冬季仅有一餐，每餐供给两三盆蔬菜加水果、八盎司面包和一品脱葡萄酒，大斋之期要严格守斋；要身着简朴统一的修士袍，不能佩戴任何装饰物。每日要严格按规定时间

祈祷、劳动和诵读，首要任务是祈祷，共八次。院规第八条至二十条具体规定了祈祷的时间、次数、内容、顺序、方式及祈祷时的心情等。又次，修道士的最大美德是谦卑。院规引用《圣经》的话：自我吹捧的人将遭贬低，自我贬低的人将得到称赞，告诫修士们应谦虚地思考，不要做那些太高、太不可思议的事。院规认为，通向谦卑的顶峰——天堂的过程是一个由低到高的梯子，共十二级，两侧是人的身体和灵魂，中间是修士修行的程度，取决于其谦卑和戒律的梯级。第一级是记住上帝所有的戒律，克制自己的欲望，使自己在思想上、语言上、手上、脚上或个人意志上远离罪恶；最高一级是不仅在内心而且在行动上做到沉默、庄重、默想着自己的罪。攀上所有这些阶梯后，就会得到上帝完美的爱，通过善行和善德得到快乐，不再害怕地狱。再次，院规最强调纯洁、仁慈、谦卑（第一步是服从）和贫穷。其中第五条规定："毫无迟疑地服从就是最大的谦卑，崇敬基督甚于其他任何人。"第三十三条禁止修士有个人物品，没有院长的许可，任何人不许给予或接受任何东西。正如《圣经》所说：所有东西都是大家共有，不允许有人说某个东西是他自己的。即使修道士是工匠，他的技艺也不是自己的，应在院长的许可下，以"最大的谦卑"来做工，不能因自己的手艺而获取一己之利。最后是非常重视劳动。对于修道院而言，劳动的目的是要修士们依靠自己的双手生活，更重要的是使人保持谦卑的品行。院规把阅读和体力劳动作为修道生活的组成部分，并把它们置于重要地位。第四十八条描述修道生活的日程：从复活节到9月14日，1点到4点左右做工，从4点到大约6点阅读，6点之后用餐，然后静默地躺在床上休息。想读经者可以读经，但不能打扰他人。8点半以前不能对任何人讲话，然后继续劳作，直到晚课。从9月14日到大斋节开始，要一直读到2点之末，即第三课开始。从那时一直到午课，要做分配给他们的事情。午课第一个信号一发出，全都要停止正在做的工作，听到第二个信号就用餐，然后自己读或学习赞美诗。大斋节期间，每个人都能从图书馆得到一本书，可以连续阅读。此时，年长修士会巡视。如果有人心不在焉、懒散，不想也不能学习和阅读，就让他去做工，病人或虚弱的人也要做工或一些手工劳作。修士阅读的主要是《圣经》、基督使徒传和教父们的著作。院规还规定进餐时不能忘记读经。

随着入院人数的不断增加，修士中既有年轻人，也有儿童，还有孤儿。大约在公元6世纪，修道院建起了学校。到公元9世纪时，大多数修道院都办起了学校。凡进修道院学习的人都必须发"三绝誓愿"：绝色（禁欲）、绝意（听命）、绝财（安贫），终身不得反悔。三绝誓愿的实质是要人绝对服从教会，弃绝现世生活，奉行禁欲主义，为灵魂得救，为来生而终日忏悔。10世纪时，修道院学校发展成为内学和外学。内学为立誓进修道院过修道生活的人而设，是为发愿者（或称献身者）准备的；外学是为不准备过修道生活，只为取得教士资格的外界人而设的。

修道院学校的课程主要是读、写、算、宗教音乐、宗教庆典、操行规则和"七艺"。约在公元6世纪，学者卡西奥多鲁斯把文法、修辞学、逻辑（"三艺"）和算术、几何、天文、音乐（四艺）合称为"七种自由艺术"。"七艺"成为中世纪世俗和宗教教育的基础。莫鲁斯在《牧师教育》一书中强调了"七艺"的教育价值。文法是科学，使人学会解释诗人和历史学家的作品；是艺术，使人能正确地写作和说话；是人文学科之本。修辞是日常生活中有效利用世俗谈话的艺术，是为了培养传授、阐释教义和讲经布道的辩才。逻辑是理解的科学，能使我们很好地思考、下定义、作解释和区别真假，提供了从事神学论证和反驳异端邪说的形式推理方法。算术是数的科学，对解释《圣经》的许多段落有莫大的价值，有助于解释《圣经》中数字的神秘意义。几何解释我们所观察到的各种形式，在建筑教堂和神庙方面有用途。音乐是关于音调中被感觉的音程的科学，其内容是礼拜圣诗，其曲词均用于宗教仪式中的赞美诗吟唱。天文学是用来说明天空中星体的法则，可推算教会的宗教节日，确定复活节、其他节日和圣日，按教会传统来构设宇宙模式。"七艺"教学普遍采用的是伊西多尔的《词源》和卡西奥多鲁斯的《神学及世俗学导论》，在修道院学校受重视的程度因时代不同而不同。早期一般重视文法、修辞，是为神学服务的。其中也蕴含了一部分世俗知识，为中世纪大学的产生和发展做了必要的准备。在后来的发展中，"七艺"逐步成了欧洲学校传统的课程体系。修道院学校的教学方法主要是教义问答，抄写、背诵（《圣经》段落），严格的纪律，体罚，沉思默想。

基督教与宫廷学校　除了上述由教会直接创办和管理的学校外，一些皈依并笃信基督教的统治者也以极大的热情倡导教育，有力地促进了基督教教育的发展。以法兰克国王查理曼和英格兰威塞克斯王国国王阿尔弗雷德为代表，这些统治者立足于宫廷学校，培养有教养的官员。鉴于基督教当时在欧洲的地位，这种教育无疑也渗透了神学的性质。

罗马帝国灭亡之后，罗马版图上建立了许多小的蛮族王国。公元8—9世纪，法兰克王国的统治者加洛林王朝经过几代人的奋战，统一了日耳曼蛮族各王国，建立起了相当于昔日西罗马帝国的国家；构成欧洲文明的各种成分，即古典、基督教和日耳曼的成分，在一定程度上首次综合在一起，出现了加洛林王朝的文化复兴，史称"欧洲的第一次觉醒"。

在加洛林王朝文化复兴的过程中，查理曼大帝发挥了重要作用。查理曼大帝登上王位后的首要任务是维持王国的统一和稳定。他经过35年的努力，把法兰克王国的版图扩大到了包括现在的法国、比利时、荷兰、德国、半个匈牙利、大半个意大利和西班牙的东北部，重新统一了西欧。他改革内部事务，重新厘定和颁布法律和敕令，认定财产，改革税收,以此来整顿和规范政府、道德、农业、工业、财政、教育与宗教秩序。他大力扶持教会:在占领地大量兴建修道院,完善教区组织机构,培养具有一定文化的神职人员;将基督教教义作为教育工具,吸收教会人员治理政务,让主教们在其议会、大会及行政工作中扮演重要角色;允许教会设立自己的法庭;于780年发布萨克森地区的敕令,把原属于教徒自愿交纳的什一税强制规定为每个人应尽的基本义务,等等。至此,查理曼自然成了教会的主人。公元800年圣诞节,教皇利奥三世把罗马皇帝加冕于查理曼,查理曼大帝的权力和势力达到了登峰造极的地步。教会领袖加冕一个日耳曼统治者为罗马人的皇帝,意味着日耳曼传统、基督教传统与罗马传统的融合,它成为中世纪文明的根本特征。

　　查理曼大帝促进加洛林王朝文化复兴的重要举措是兴办学校,扶持教育。其目的一方面是提高教士的文化水平,使知识水平不高的教士能更好地理解基督教,并准确地布道,另一方面是培养和训练管理者,使他们能更好地管理王国和皇家的庄园。查理曼在位的三十多年里,颁布了一系列关于教育的敕令,整顿宫廷学校。

　　首先是招揽人才,教化民族。查理曼虽是一介武夫,但智力非凡、渴求知识。为实现传播知识,使人民摆脱愚昧的抱负,他想尽一切办法,把教会著名学者网罗在自己的保护之下,为他们提供舒适的生活条件,让他们追求学问。其中著名的有奥尔良的狄奥多尔夫、副主祭保罗、比萨的副主祭彼得、约克的阿尔琴。查理曼的宫廷成了理智活动的中心。通过这种方式,查理曼为他完全没有开化的王国提供了一种追求人类知识的热情。

　　其次是重视子女教育,并以身示之。在教育孩子方面,查理曼让儿女学习他本人非常重视的文艺诸科,到适合的年龄,即让儿子学习骑马,并且训练他们使用武器和打猎,命女儿学习毛纺技术,用心操运梭子和线杆,养成高贵的品质。在家的时候,同他们一起吃饭,出游的时候,也带他们同去。至于查理曼本人,他闲暇时喜欢听音乐和阅读,阅读的主题是古代的故事和趣闻逸事,尤其是奥古斯丁的《上帝之城》;他能清楚地表达他想说的东西,不满足于母语,非常注意学习外语,尤其是拉丁语,他的拉丁语像母语那样流利,尽管不能流利地说,但能很好地理解希腊语;他极为重视文艺诸科,曾跟随比德学习文法科目,从阿尔琴那里学习其他自由学科,花很多时间和精力学习修辞学、辩论术,特别是天文学,还学习计算术,并极其勤勉地细心观察星辰运转。此外,他还努力学习书写,经常把写字板和笔记本放在枕头底下,以便空闲时私下练习。遗憾的是,由于开始得太迟,进步不大。

　　再次是强化和整顿宫廷教育。加洛林王朝的宫廷学校在查理·马特时代已经建立,一直是宫廷儿童贵族化教育

的中心。查理曼执政后便把提高宫廷学校的学术水平作为文化复兴的第一步,并把宫廷教育的改革和管理委托给英格兰学者阿尔琴。阿尔琴出生于约克附近,早年在约克接受教育。在约克主教学校,阿尔琴接受了当时最好的教育:拉丁文法、教会理论和历史、护教学以及三艺的基本知识。781年在意大利的帕尔马布道时,他结识了查理曼。经说服,782年接受查理曼的任命,管理宫廷学校。宫廷活动的重要组成部分是在学者指导下以高级的形式开展对话和辩论。宫廷学校的学生包括查理曼、他的妻子和儿女、他的秘书、高级贵族及其子女,以及那些将要被培养成皇帝差役的年轻人,甚至还有才智优异的平民子弟。当时缺乏合适的教学材料,阿尔琴亲自动手编写教材,包括《开发年轻人智慧的问题》、《论正字》、《丕平与教师的对话》、《论文法》、《论美德》、《论灵魂的本质》、《论修辞和美德》、《论辩证法》、《论七艺》等。这些著作结构简单,有的用问答形式写成,有的是两个或更多人之间的对话,内容和风格主要受西塞罗和比德的影响。阿尔琴从宫廷退休后,并没有退出加洛林王朝的文化复兴,而是来到图尔的圣马丁修道院任院长,继续致力于促进理智和神学的发展。在他的领导下,该修道院成为整个法兰克王国的学术中心。

　　然后是鼓励学术,建立学校。阿尔琴来到王国时,法兰克王国学术衰落,绝大多数修道士和教士不是完全无知,便是忽视拉丁语,没有培养训练他们的正规计划,也没有任何能挽救学术衰落的机构。在阿尔琴等人的劝说和开导下,查理曼颁布了几项整顿学术和教育的法规,要求开除无知的教士,选择最有能力的学者作为修道院的主持和主教,凡在教会任职者必须学习基督教的基本信条等。现存的重要法规是约写于787年的致图林根地区富尔达修道院主持鲍格尔夫的公告。公告称,除了关注宗教修道生活的追求,修道士还应该关注知识的追求,帮助其兄弟学习。公元789年,查理曼颁布了一个旨在促进教会理智改革的法规,坚持了787年法规的原则,重申教士应努力保持纯洁的生活,同时提出了建立学校的要求。802年,查理曼又下令:“世俗人应当彻底学习教义和主祷文。”正是在查理曼的提倡和支持下,教堂和修道院的学校遍布法兰西和日耳曼西部。查理曼的教育大臣、奥尔良主教狄奥多尔夫颁布命令:教士应该在村镇建立学校,如果虔诚的父母愿意送孩子来学习,他们应该热情地接受下来,并免费教育之。他在自己所辖的教区内设立学校,欢迎所有儿童到学校学习,禁止教士兼任的教师收取任何费用。这是西欧历史上第一个普及免费教育的例子。

　　最后是改进拉丁文体,订正典籍。日耳曼各部落的语言不尽相同,不利于相互交流。经过学者们的努力,查理曼时代创造了一种称为“中世纪拉丁语”的语言,既保留了古代拉丁语的基本文法规则,又灵活吸收和创造了一些反映

现实的新词汇。鉴于当时书写方法不一致,查理曼下令改善书写方法,将以前所有字母都大写的方式改为统一的、以小写字母为主的"书写体",或称"加洛林体",使得书写更加流利,词汇更易辨认,阅读速度大为提高。拉丁文体的改进既提供了中世纪统一的教会语言和学术语言,又使学者、官员、旅行者在西欧各地旅行时不致产生语言障碍,还便于学术保存。针对《圣经》文本和其他经典著作中的错误,查理曼曾亲自将《旧约圣经》和《新约圣经》中由于抄写和愚昧造成的错误加以修正,并指示要添置一些经课,使教堂更加辉煌。他认为用作夜间诵读的经课编撰意图正确,但错误累累,徒劳无功,很不适用,并责成保罗对教父们的著作细加研读,选择其中的精华,编辑成卷,经过目确认无误,下令颁行给各教堂使用。同时他委派阿尔琴效仿当时使用的各种译本,编写一部正式的《圣经》文本。阿尔琴经过修改和更正编写的《圣经》文本,在中世纪被普遍接受,成为标准的《圣经》译本。阿尔琴任圣马丁修道院院长后,鼓励修士们将圣杰罗姆的《圣经》拉丁语通俗译本、拉丁教父的著作以及拉丁古典书籍,认真准确地加以缮写,并对这些手稿加以精心的装饰,为后世保留下了许多珍贵的古典文本的残存手稿。在复兴基督教文化的同时,学者们之间还形成了一种学术争论的风气。

阿尔琴去世后,以宫廷学校为中心的加洛林王朝文化复兴事业虽然呈现衰落趋势,但在其学生莫鲁斯的努力下,依然在延续着。莫鲁斯生于美因兹,在富尔达修道院接受早期教育后,到圣马丁修道院学校跟随阿尔琴学习,学成后回去被任命为富尔达修道院学校校长。他著有《牧师教育》《论灵魂》等著作,并在富尔达修道院建立了一座收藏了许多极有价值手稿的图书馆,使得该校成为当时学术和教育的中心。他本人因学生遍及德国教会的重要位置而被称为"德国的第一位教师"。公元9世纪中叶,查理曼的孙子西法兰克王国的秃头查理继承其先祖的传统,热心教育事业,支持各地修道院、教堂办学,并请来了爱留根纳等著名学者。爱留根纳担任拉昂宫廷学校首席教授达25年之久。

中世纪早期,另一位注重教育事业发展的国王是英格兰威塞克斯王国国王阿尔弗雷德。上任之初,他有感于学校、修道院、教堂、学术、文学等的衰败,便设想通过重建学校,振兴教育来改变这种现象,责令对具有自由身份的英格兰青年,如若有足够的努力从事学习,则应令其入学,在他们的学业尚未臻于适合各种职务的程度时,不能中止学习,直至能较顺利地阅读英文著作为止;对于那些还愿意进一步深造的青年,则要教以拉丁文,促使他们达到较高水平。阿尔弗雷德采取了一系列围绕宫廷学校而展开的教育改革措施。首先是组织人力把当时有影响的书译成英文,供臣民阅读。在他的关怀和直接参与下,当时一些最好的拉丁文著作被译成了英文,如格列高利一世的《对话录》和《牧师的关怀》、奥罗修斯的《世界通史》、波伊修斯的《哲学的慰藉》以及比德的《英吉利教会史》,以尽快弥补学术衰落造成的损失。阿尔弗雷德还亲自翻译了《牧师的关怀》,并建议赠送每一位主教一份抄本。其次是礼聘学者,重振学术。被阿尔弗雷德邀请到宫廷的著名学者有伍斯特教堂主教沃尔弗里士、坎特伯雷大主教普利门德、麦尔西亚人埃塞尔斯坦和沃尔乌尔弗、高卢的格林保尔。国王与他们交朋友,聘请他们任顾问,他们则给国王念书,替他管理宗教和教育事务,翻译和撰写文献。再次是建立宫廷学校,强化国民教育。阿尔弗雷德用其收入的一半维持宫廷学校,招收许多出身高贵的儿童,也招收下层阶级的儿童,教以宗教、道德、行为举止和文化知识,把自己的宫廷变成了学术、虔诚、盎格鲁—萨克逊民族感情传统和艺术的中心。

中世纪教会教育的影响　基督教无论是对中世纪欧洲社会秩序的稳定、政治上的统一,还是对经济生活的恢复和发展等,都作出了不可抹杀的贡献。

就文化教育这一层面而言,基督教在蛮族社会中传教,充当了文明教师和文化启蒙者的角色,无疑是唯一保存古典文化基因的火种。基督教在蛮族王国中传播,在文化史上是很值得注意的。西罗马帝国灭亡以后,这些尚处于氏族社会形态的蛮族一方面在西罗马帝国的废墟上继承并发展了封建的生产关系,另一方面又在基督教中获得了拉丁文化的各项成果,包括语言、文学、科学、哲学、建筑艺术、音乐、绘画、教会的组织制度等,在他们的老师——基督教教士的教导下,迅速臻于成熟。同时,他们放弃原来氏族内部的多神教信仰,改信基督教,大大促进了氏族与氏族之间的融合。英国哲学家罗素认为,公元6世纪及以后几个世纪连绵不断的战争导致了文明的普遍衰退,在这期间,古罗马所残留的一些文化主要借教会得以保存。

英国诗人艾略特有段名言:一个欧洲人可以不相信基督教信念的真实性,但他的言谈举止却逃不出基督教文化的传统,并且依赖于那种文化才有其意义;如果基督教消失了,那么我们的整个文化也将消失,接着你便不得不痛苦地从头开始,并且不可能提得出一套现成的新文化来。这段名言既反映了以基督教为核心的中世纪文化的成长和发展,也说明了欧洲文化的由来及基督教在欧洲文化体系中的地位。

参考文献

博伊德,金.西方教育史[M].任宝祥,吴元训,译.北京:人民教育出版社,1985.

戴本博.外国教育史(上)[M].北京:人民教育出版社,1989.

克里斯托弗·道森.宗教与西方文化的兴起[M].长川某,译.成都:四川人民出版社,1989.

克伯雷.外国教育史料[M].华中师范大学等校教育系,译.武汉:华中师范大学出版社,1990.

罗伯逊.基督教的起源[M].宋桂煌,译.北京:生活·读书·新知三联书店,1958.

（姚运标）

中世纪世俗教育（secular education in the Middle Ages）

中世纪时有别于教会学校,满足世俗封建主需要的教育。公元 5 世纪后期,原本盛极一时的罗马帝国分崩离析。此后,在它的废墟上,封建制度逐渐建立并走向完善。封建制度不仅是一种生产形式,也是一种等级结构,还是一种生活方式。由于特殊原因,整个中世纪,尤其是初期,基督教会和高级神职人员是主要的封建主,但到了中后期,随着世俗权力的增强,国王地位的提高,教、俗之间以及教权与王权之间的斗争日趋激烈。斗争的结果便是世俗教育产生。它主要分为宫廷教育、骑士教育、中世纪大学及行会教育和城市教育。

宫廷教育　中世纪中后期,随着社会的稳定、经济的逐步复苏,国王的权力有了极大扩展,教育除了培养神职人员外,培养封建世俗社会需要的官吏、高级知识分子和庄园管理者也日显重要,于是,西欧出现了宫廷学校。其中较为著名的是法兰克王国查理曼的宫廷学校和英格兰威塞克斯王国国王阿尔弗雷德的宫廷学校。早在加洛林王朝的查理·马特统治时期,宫廷中就设立了以王室和贵族子弟为教育对象的学校。查理曼即位后,通过各种措施,网罗人才,大力发展文化教育,宫廷学校成为欧洲重要的世俗教育形式。公元 782 年,在查理曼的盛情邀请下,英格兰约克主教学校校长阿尔琴进入法兰克宫廷,协助改进国家教育工作,普及文化知识,并亲自担任宫廷学校校长。阿尔琴还从约克请来三名优秀教师,共同办理宫廷学校。在他们的努力下,法兰克宫廷学校成为当时欧洲最著名的宫廷学校,受教对象有皇后、皇子、公主、查理曼姊妹、女婿、法兰克王国的牧师、学者等。查理曼本人更是亲往听课,甘做阿尔琴的学生,称其为老师,并利用一切可以利用的时间,勤勉地学习各种文化知识。宫廷学校设有文法、修辞学、辩证法、算术、天义、神学等科目,采用当时教会学校通行的问答法。针对当时教学材料缺乏的现状,阿尔琴亲自编写很多问答体教材,令学生背诵。通过记诵,学生掌握了有关宗教、自然、社会的各种知识及某些基本哲理。宫廷学校虽属世俗教育,但因中世纪社会教俗合一的特点,同样具有浓厚的宗教色彩。

骑士教育　骑士教育是西欧中世纪封建社会一种特殊的教育形式,是封建等级结构的产物。在封建等级结构中,国家的最高统治者是国王,按照分封的次第及权力地位,贵族依次分为公、侯、伯、子、男爵,处于最底层的是骑士。骑士制度盛行于 11、12 世纪,在此之前处于"英雄时代",12 世纪后进入"礼文时代"。骑士的主要培养目标是剽悍勇猛、虔敬上帝、忠君爱国、宠媚贵妇。西欧封建社会不同封建主

的教育是在不同地方进行的,骑士教育在封建主的家庭中进行。骑士教育主要分以下几个阶段。第一阶段从儿童出生到 7 岁,主要在家庭中进行,称为家庭教育阶段。主要内容是宗教知识、道德教育、身体的养护和锻炼。孩子出生后的首要大事是接受洗礼,并选定教父和教母。随后在父母、亲人和教父教母及教会神职人员的言传身教和灌输及宣传过程中,在亲身参与各种宗教活动及履行宗教义务的历练中,学会服从教会的指挥,虔诚做弥撒,在敬畏中忏悔并服侍上帝;学习尊重和保护弱者,乐善好施,热爱祖国,养成勇敢、忠诚、诚实、恪守信誉等良好的基本品质;学习语言和"七艺"等简单内容,并通过粗放式教育,养成健壮的体格。第二阶段是从七八岁至 14 岁,按等级将孩子送到附近地位较高、武功较强并有威望的贵族家里充当侍童,侍奉主人和主妇,接受礼文教育。在服侍主人和主妇尤其是主妇的过程中,学习上流社会的礼节和行为规范,并学习识字、拉丁文法、唱歌、吟诗、下棋、演奏乐器、赛跑、角力、骑马、游泳和击剑等。第三阶段为 14~21 岁,继续在主人家里学习骑士的各种军事技能和生活方式,由侍童转为侍从,从事为主人料理日常生活事务、招待客人、照管马匹和保管武器等各种服务性工作,战时则随主人出征,并以自己的生命保护主人和主妇的人身安全。这一阶段的重点是学习"骑士七技",即骑马、游泳、投枪、击剑、打猎、弈棋和吟诗。骑士教育中还包括爱情教育,即年轻的骑士对年长的贵妇人表现出忠贞、爱慕、奉献、守信等情感,被后世称为"典雅爱情"。21 岁时,通过隆重的仪式,授予骑士称号。骑士的誓词是效忠教会和君主,攻击异端,保护妇女及贫弱之人,捍卫邦国,愿为同胞福利洒尽最后一滴血。封建主的女孩主要在贵族官邸中接受教育,学习各种礼仪和持家技能及宗教教育,间或学习音乐、舞蹈、识字等,以便养成贵妇人的气质。骑士教育的宗教氛围浓厚,封建气息强烈,世俗特点明显。在发展过程中,它逐渐形成了行侠仗义、扶危济困、彬彬有礼等"骑士精神",这种精神逐渐演变为未来的绅士气质。由于过于重视军事技能训练,漠视文化知识熏陶,许多骑士目不识丁,为后人所诟病。

中世纪大学　指公认的为欧洲学生开设的无地域限制的学习的地方和场所。详"中世纪大学"。

行会教育和城市教育　见"行会教育和城市教育"。

（姚运标）

中外教育立法（educational legislation）

世界各国国家专门机关根据一定的指导思想和原则,依照法定权限和程序,创制、修改、补充和废止教育法律文件的专门活动。各国教育立法的发展都与现代教育制度的产生和发展紧密相连,而其现代教育制度又都是通过教育立法来确立和体现的。由于教育传统、文化背景以及政治、经济发展程度的

差异,不同国家教育立法的进程也不同。

外国的教育立法

零星立法阶段　教育法最早起源于西方国家。在 16 世纪的宗教改革运动中,德国新教领袖马丁·路德为了在群众中传播新教,提倡广设学校,普及教育。他主张学校应由公费负担,政府有强迫人民送子弟入学的责任。在他的影响下,德国各公国先后颁布 14 项学校法令,推行初等教育,把受教育、服兵役和纳税并列为国民应尽的三大义务。1559 年,符腾堡公国颁布教育法令,规定了从初等学校、拉丁学校到专门学校、大学的学制,并规定这些学校均由教会建立,但必须接受国家的监督。新教普及的瑞士、荷兰、苏格兰等地也纷纷制定法令,设置学校,实行强制入学。例如,苏格兰长老派教会的首领 J. 诺克斯于 1560 年公布《训练第一书》,次年又公布《学校及学院规则》,规定政府在各教区设立学校,强制适龄者入学,并规定教学以教义问答为中心,辅以读写训练。1580 年,萨克森公国颁布教育法令,规定必须在"教会之傍,建筑教室"。美国的马萨诸塞州在 1647 年颁布了《祛魔法案》的教育法令,要求市镇按规定设立读写学校或文法学校,这一法律被认为是美洲公立学校体系的基础。1650 年,威尔士通过《促进传播福音法》,创办60 所免费学校。苏格兰于 1696 年通过《学校设置法》,规定所有儿童、青年无论教区内外,都有平等的机会接受初等、中等教育和大学教育。在普及义务教育实施之前,近代资本主义国家发展的具有宗教性质的学校体系,大多把持在各教派手中,有些教育法令直接由教会制定和发布,这一时期的教育法令一般具有教会法的性质。

现代意义的教育立法在机器大工业和现代工厂制度的基础上产生。迫于社会劳动力再生产的需要和工人运动高涨的形势,从 19 世纪初开始,英、法、瑞士等国家开始制定和颁布工厂法,对童工的教育问题做出规定。这些工厂法规中,重要的条款几乎都涉及童工问题。1802 年,英国议会通过《学徒健康与道德法》,这部法律将初等教育宣布为进行劳动的必要条件,是早期最重要的初等教育法案。1833 年,英国议会又通过《工厂法草案》。该法的教育条款可以说是最早的现代意义上的教育立法。其后,许多资本主义国家也相继制定工厂法。这些关于雇佣劳动的立法,规定了工厂内部的劳动时间、劳动纪律、劳动保护、工资福利、实施义务教育以及工厂主对在生产中致残工人的物质责任、劳动保险等内容,初等教育被作为劳动的必要条件。现代工厂制度推动了教育向现代化的过渡,也促使了现代教育立法的产生。散现于工厂法中的教育条款标志着现代初等教育立法与中等教育立法的开始。

普及义务教育立法阶段　资本主义大工业的兴起和迅速发展,使教育与劳动生产的联系日益紧密,为教育的普及和发展创造了客观条件,也为初等教育立法奠定了基础。各国逐渐认识到劳动者的智力因素对提高劳动生产率的作用,并开始意识到普及教育的必要性。从 19 世纪下半叶开始,各主要资本主义国家相继开始直接干预教育,普遍借助于法律的强制力来取消教会垄断教育的特权,把教育的领导权控制在国家手中,推行义务教育制度。各国最初的普及义务教育立法主要围绕初等教育的强制性、免费性和世俗性展开。

1862 年,英国颁布《1862 年修正法》,推行"按成绩拨款",加强国家对学校内部工作的视导,削弱宗教教育在学校中的比重。1870 年颁布的《福斯特教育法》以普及初等义务教育为立法重点,确立英国现代国民教育制度的基础,标志着英国步入教育法制建设的正常轨道。1876 年和 1880 年,英国先后颁布法案,规定义务教育年限,1893 年和 1899 年又两次立法规定实行六年与七年义务教育。

1872 年,为适应经济的迅速发展和对外侵略扩张的需要,以普鲁士为主体的德意志帝国在建立之初,制定《普通学校法》,把 6～14 岁的初等教育阶段规定为强制义务教育,并调整和改革了原有的初等教育系统。

1881—1882 年,法国颁布《费里法》,确立国民教育制度,对于普及初等教育、建立现代教育体系具有极为重要的意义。它的颁布,使法国初等教育的强制性、免费性和世俗性三项重要原则最终得以确立。1882 年,法国又发布法律,把义务教育年龄规定为 6～13 岁。

日本自 1868 年明治维新之后,开始从教育入手,开启民智、发展国家。1872 年颁布《学制》,1879 年颁布《教育令》,奠定日本现代教育制度的基础。此后又相继颁布《改正教育令》(1880)、《小学校教则纲领》(1881)、《小学校令》(1886,1890,1900)等法律文件,为日本普及初等教育提供法律支持。

这一阶段世界各国的教育立法主要侧重普及义务教育,无论是大陆法系国家还是英美法系国家,其第一部教育立法都与强迫教育或普及教育有关。普及义务教育立法不仅是任何一个国家初等与中等教育立法的起点,也是整个教育立法的开端。资本主义国家发端于 19 世纪下半叶的普及义务教育立法,经过长期发展和完善,已形成一个较为完善的系统。

普遍教育立法阶段　20 世纪初至第二次世界大战前,一些国家开始更多地干预社会经济、文化和社会公共领域各个方面,包括通过法律手段加强对教育的全面干预和控制。各国纷纷制定学校法加强国家的行政统制,建立和健全教育行政部门,对从初等教育直至高等教育的整个教育领域实施行政职能。

英国 1902 年颁布《巴尔福教育法》,确立了由地方教育机关负责地方初等教育的管理体制,并对中等教育的发展规定了相应的促进措施。1918 年,颁布《费舍教育法》,规定幼儿教育措施、童工劳动时间限制和义务教育年限。1944 年《巴特勒教育法》详细规定英国初等教育和中等教育的各方面问题,包括中央行政机构和地方教育当局的设置与权限,初等和中等教育的目的以及相应的辅助服务,初等和中等学校的开办、维持、管理,教师的任免,宗教教育的实施,特殊学生的初等与中等教育等,由此奠定了英国现代教育的基础。

法国 1902 年通过立法改革中等教育,并加强理科与现代外语的教学,废止了 1850 年的《法卢法案》,关闭了 3 000 多所教会学校。1919 年,颁布《阿斯蒂埃法案》,规定由国家代替个人承担对工人子弟进行职业教育的任务。

德国根据 1919 年《魏玛宪法》的民主原则,废除等级性的双轨制学校教育制度,规定公民受教育机会均等的原则,还对八年义务教育之后青少年进入职业补习学校学习及主要教育机构等作了规定,建立了统一的学校系统。1920 年的《关于基础学校和撤销预备学校的法令》也是这一时期重要的初等和中等教育立法。

美国除了大量的州教育立法外,1917 年颁布了旨在发展职业教育的《史密斯—休士法》,规定通过政府拨款支持各州发展农工学院的职业教育。1940 年的《国防职业教育法》规定由政府拨出专款举办与军事工业有关的职业技术教育。

日本在 1890 年颁布《教育敕语》。1886—1903 年,明治政府还制定或修改了《小学校令》、《中学校令》、《师范学校令》、《帝国大学令》、《高等学校令》、《实业学校令》、《专科学校令》等,初步建立了日本的教育法规体系,为普及初等和中等教育提供了法律支持。

这一阶段教育立法更加受到重视,立法领域也有较大扩展,大量有关教育的法律相继产生,丰富了教育法制内容。不少国家在宪法或法律中规定了教育的国家责任以及公民的受教育权利,保障了教育的普及与发展。有的国家初步建立了教育法规的体系,对促进现代教育制度的形成起到重要作用。

教育的综合法治阶段　第二次世界大战后,现代科技的进步和发展使生产技术、生产组织、劳动市场结构和劳动的性质乃至社会生活方式发生急剧变化,传统的学校教育已不能适应整个社会的劳动变换性和职业流动性的要求。人们教育观念的转变,也要求各国重视教育的发展,并根据社会经济发展的需要对教育进行调整和变革。把教育立法看作一项综合性的法治工程,全面加强教育法制建设,建立起较为完备的教育法体系。

英国《巴特勒教育法》对基础教育、师范教育、高等教育、继续教育以及私立教育等进行全面规范。此后,英国又

于 1959 年、1962 年、1964 年、1968 年相继颁布了经过部分条款修订的新教育法。20 世纪下半叶,英国普及了初等和中等教育,教育立法的重心转向高等教育。1964 年颁布《大学和学院资产法》,1965 年颁布《教师报酬法》,1967 年颁布《教师退休法》和《师范教育法》,1975 年颁布《继续教育法》。1988 年,英国颁布《1988 年教育改革法》,其宗旨是提高教育质量,规定推行全国统一的课程;对学生实行全国统一标准考试;强化家长的教育权和为其子女接受教育的选择权;扩大学校办学自主权,分散地方教育当局的教育管理权;加强国家对教育的控制。

日本 1947 年颁布《教育基本法》,对日本教育的宗旨和原则作了简洁、明确的规定,是日本的宪法性教育法律。同年颁布《学校教育法》。1949 年,日本颁布《社会教育法》、《国立学校设置法》、《私立学校法》、《文部省设置法》、《教育公务员特例法》、《教员许可法》等教育法规,此后又陆续颁布了一系列有关教育的法律、法令,最终形成了一个与其现代教育制度相适应的教育法规体系,教育管理步入全面依法治教的轨道。1990 年,日本在总结第三次教育改革经验的基础上颁布《终身学习振兴法》。该法适应现代教育改革和发展的需要,综合学校教育、社会教育、体育、文化等各个方面,建立公民终身学习体系,以改变过去偏重学校教育的封闭的、单一的、刻板的教育体系。其制定和实施体现日本现代教育改革和发展的趋势。

美国国会 1958 年通过《国防教育法》,规定联邦政府增加教育投资,提供更多的教育机会,大力增强科学、数学和现代外语教学,向研究生提供大量奖学金和贷款。除州教育立法,美国全面加强了联邦一级的教育立法。1963 年颁布《职业教育法》,1964 年颁布禁止种族、肤色、国别方面教育歧视的《民权法》,1965 年颁布《初等与中等教育法》、《高等教育法》,1968 年颁布《教育总则法》和《双语教育法》等基本的教育法。20 世纪 70 年代又颁布《教育法修正案》、《家庭教育权与隐私法》、《教育所有残疾儿童法令》、《怀孕歧视法》以及有关受联邦活动影响的学校建筑、设施等的法案,形成了联邦与州两级较完备的成文法体系。1994 年,克林顿总统签署了一项全面改革的新法案《美国 2000 年教育目标法》,旨在提高教育质量,促进公民的终身学习。该法案确定了全国实行统一的教育标准,同时允许地方当局在执行这些标准时有选择权和灵活性。

法国 1975 年制定的《哈比改革法案》对初等教育的宗旨、体制、教学内容、课程设置等进行了较大改革。1989 年颁布《教育方向指导法》,着眼于整个教育系统,特别强调教育是国家优先发展的事业,对公民受教育权利给予了充分的保障;对学前教育、初等教育、中等教育、高等教育和终身教育的目标、管理体制、评价体制,教职工的管理及其权利义务,学生管理及其权利义务等问题作全面规定,是面向 21

世纪改革和发展教育的综合性法律。

第二次世界大战后，一些独立的亚非拉国家和地区也开始重视发展教育并着手教育立法活动。墨西哥于1944年制定《联邦教育法》。朝鲜、韩国以及菲律宾、泰国等东南亚国家也都加强了教育方面的法制建设。

俄罗斯联邦于1992年颁布《俄罗斯联邦教育法》，确定俄罗斯联邦优先发展教育事业，规定了国家教育政策的基本原则、俄罗斯联邦教育立法的体制、公民受教育权利的保障、俄罗斯的教育制度、教育管理体制、学校的法律地位、教育的条件保障、教育的国际活动等。

这一时期，世界各国面临21世纪的挑战，普遍进行教育改革，加强和完善教育法制。这一阶段的教育立法表现为适应社会整体发展的需要，以提高本国教育质量、适应公民终身学习的需要为宗旨，全面调整教育领域中发生的各种关系，并在原有教育立法的基础上，进一步改革和完善。许多国家在自己的宪法中对教育的功能、形式，国家的教育责任，公民的受教育权利等都作了明确的规定。在宪法之下，又有为数众多的法律、法规、司法原则等补充了宪法性教育条款并使之具体化。教育立法已涉及教育活动的各个方面，形成了一个较为完整的教育法规体系，有效发挥着综合调节作用。

中国的教育立法

中国现代意义上的教育立法始于20世纪。1902年（光绪二十八年）清政府颁布中国近代第一部教育法规《钦定学堂章程》（亦称"壬寅学制"）。1904年清政府颁布《奏定学堂章程》（亦称"癸卯学制"），规定了学校系统、学校管理体制、教授法及学校设置办法等内容，对推行"新教育"、统一学制产生重要影响。1911年辛亥革命胜利后，中国教育开始由传统旧教育走向现代教育，制定了系统化的教育法规，建立了较为完整的学校教育制度。1912年，南京临时政府教育部颁发《普通教育暂行办法》和《普通教育暂行课程标准》，对普通学校和师范学校的名称、教育内容、课程设置、教学要求等作了明确规定，还规定了初等小学、高等小学、中学和师范学校的课程标准，为学校工作的正常开展创造了必要的条件。1922年，北洋政府颁布的《学校系统改革案》是一个较为成熟的学制法令。

中华人民共和国成立后的教育立法是在废除旧法、总结中国革命根据地法制建设经验的基础上开展起来的。1949年1月，中国共产党发表《废除伪宪法、伪法统等八项条件的声明》，同年2月发布《关于废除国民党六法全书与确定解放区的司法原则的指示》。1949年9月，在北京举行的中国人民政治协商会议上，制定并通过了中华人民共和国的建国纲领《中国人民政治协商会议共同纲领》，其中关于教育的条文为新中国的教育规定了基本的方向和政策。

1949年12月，中央人民政府教育部召开第一次全国教育工作会议，会议决议以老解放区的教育经验为基础，吸收旧中国教育有用的经验，学习苏联教育的先进经验，明确中国教育建设的发展方向。此后，政务院围绕收回教育主权、改造旧教育、接管旧学校、改革学制、建立社会主义教育制度等中心任务，颁布了大量教育法规。其中重要的有：1950年颁布的《关于处理接受美国津贴的文化教育救济机关及宗教团体的方针的决定》、《高等学校暂行规程》和《专科学校暂行规程》；1951年颁布的《关于改革学制的决定》；1952年颁布的《关于接办私立中小学的指示》，还有幼儿园、小学、中学和中等专业学校的暂行规程。这些教育法规有力地配合了学制改革、院系调整等各项教育工作。1958年，为纠正学习苏联经验过程中出现的问题，创立适合中国国情的教育制度，在全国开展了以勤工俭学、教育与生产劳动相结合为中心的教育革命，一定程度上突破了苏联教育经验的局限性，为教育发展开拓了新的途径，但同时也出现了"左"的错误，使必要的法规制度遭到破坏。

1961年，为了纠正教育工作中的失误，教育部按照中共中央的指示，草拟了《教育部直属高等学校暂行工作条例（草案）》（简称"高教六十条"）和《全日制中学暂行工作条例（草案）》（简称"中学五十条"）、《全日制小学暂行工作条例（草案）》（简称"小学四十条"），为各级学校工作规定了明确的工作方针。1966年"文革"爆发，教育立法工作完全停顿，已有的教育法规制度被破坏殆尽，教育事业遭到严重摧残。改革开放以来，随着党和国家工作重心的转移和经济建设的发展，教育作为关系建设和前途的根本问题被摆在突出位置。1978年，中共十一届三中全会提出工作重点转移、加强社会主义民主和法制建设的任务，这标志着中国教育立法进入了划时代的新时期。1980年12月中共中央、国务院《关于普及小学教育若干问题的决定》中提出，要搞好教育立法。1985年5月颁布的《中共中央关于教育体制改革的决定》中提出："在简政放权的同时，必须加强教育立法工作。"

1993年2月中共中央、国务院发布的《中国教育改革和发展纲要》强调，"抓紧草拟基本的教育法律、法规和当前急需的教育法律、法规，争取到本世纪末，初步建立起教育法律、法规体系的框架"，"加快教育法制建设，建立和完善执法监督系统，逐步走上依法治教的轨道"。这为教育法的制定提出了要求。总结新中国成立三十多年法制建设的经验和教训，1982年制定的《中华人民共和国宪法》规定："一切国家机关和武装力量、各政党和社会团体、各企业事业组织都必须遵守宪法和法律。一切违反宪法和法律的行为，必须予以追究。任何组织或者个人都不得有超越宪法和法律的特权。"宪法中有关教育的规定，为教育法的制定，为依法治教提供了宪法依据。为落实教育发展的优先地位，中国教育立法全面展开，教育事业也结束了无法可依的状况，开

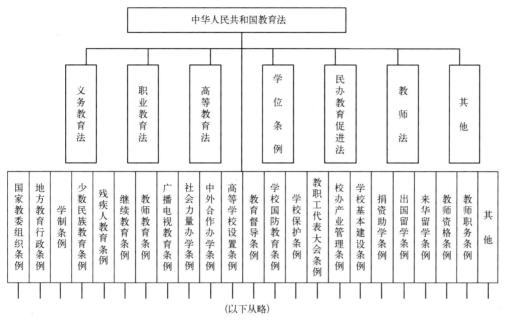

中国教育法体系示意图
（以下从略）

始走上法制化的轨道。中国已初步形成以《中华人民共和国教育法》（1995）为教育基本法，包括《中华人民共和国学位条例》（1980）、《中华人民共和国义务教育法》（1986，2006年修订）、《中华人民共和国教师法》（1993）、《中华人民共和国职业教育法》（1996）、《中华人民共和国高等教育法》（1998）和《中华人民共和国民办教育促进法》（2002）等教育部门法以及大量教育行政法规、地方性法规和行政规章等的较为完整的教育法体系（见上图）。

参考文献

劳凯声.变革社会中的教育权与受教育权：教育法学基本问题研究［M］.北京：教育科学出版社，2003.

劳凯声，郑新蓉.规矩方圆——教育管理与法律［M］.北京：中国铁道出版社，1999.

（余雅风　溥建国）

终身教育（lifelong education）　20世纪形成的教育理念。主张教育应贯穿于人的一生，而不是一次就完成。源于20世纪20年代中期的英国，50年代中期兴起于法国，60年代后在世界上得到广泛传播，现已成为一种重要的国际性教育思潮。代表人物是法国教育家朗格朗。对终身教育的理解不一，尚无统一的权威性定论，较普遍的认识是，终身教育是人们在其一生中所受到的各种教育、训练的总和，纵向上包括婴幼儿、青少年及中老年人的贯穿一生的教育，横向上包括学校教育、社会教育、家庭教育等各种正规、非正规及非正式的教育。教育不再是一劳永逸的，教育应该是而且也必须是从零岁开始到老年的一生中不断学习的过程；人们在需要的时候，随时都能以最好的方式获得受教育的机会；教育不仅提高文化技术水平和职业技能，而且使人的情感、道德、理智、情绪等方面都得到相应的发展。由于自身理论不完善和过分理想化，终身教育也遭到各方面的批评。有学者认为，终身教育是一个没有确切含义的"弹性思想"，虽然理论上可以成立，但在政策和实践操作中没有可遵循的客观依据。也有学者认为，终身教育不过是指向成人教育的一个新名词。

终身教育具体含义　终身教育是一种完全意义上的教育，包括教育的所有方面、各项内容。其具体含义包括五个方面。(1)教育过程必须持续地贯穿于人的一生。教育不仅是学校教育，也不限于青年阶段，应该是人一生的活动，是所有人参与的事业，在人发展的每一个阶段和关键时期，都具有极其重要的意义。(2)教育过程应具有统一性和整体性。社会所有机构都应承担教育责任，终身教育是人一生中所受教育的总和。(3)终身教育没有固定的内容，任务就是养成学习的习惯和获得继续学习所需要的各种能力，即"学会学习"，从容应对社会变革所带来的各种挑战。终身教育也没有固定的方法，提倡运用多种方法，适应个人在身体、智力、情感和个性等方面的和谐发展。(4)终身教育强调个性发展，注重个性发展的连续性。(5)终身教育要求打破传统教育体制，变革传统教育方式。终身教育的目标在于"实现更美好的生活"，具体包含两方面内容：培养新人，使人既能适应各种变化的挑战，又富有个性，实现自我发展；实现教育民主，其核心是教育机会均等，不仅在学校教育阶段，而且贯穿人的一生。制定终身教育战略时，既要面向成人，又要面向儿童与青少年。面向成人时，必须根据具体情况提供经费、加强立法、扩大教育网、改革教育内容；面向儿童与青少年时，必须根据现代社会的目标和要求来检验并改进普通教育的原则和方法。此外，须设立长期目标和短期目标。长期目标是按照终身教育思想全面、彻底地改造教育制度，最终建立尊重人类及其各个侧面和愿望的高效能的开放性社会；短期目标是大力发展成人教育，以满足新的挑战带来的教育需求。

终身教育思想传播过程　具有现代意义的终身教育思

想发端于 20 世纪初的西方国家。一般认为,英国成人教育家耶克斯利是最早明确提出"终身教育"概念的人。1919年,他参与撰写的英国成人教育委员会《1919 年成人教育报告》是最早具有终身教育理念的官方报告,该报告提出成人教育是一种普遍、终身的教育。1926 年,耶克斯利的代表作《终身教育》一书出版,明确提出教育应贯穿于人的一生。20 世纪初,美国教育家杜威依据其"教育即生长"、"教育即经验的不断改造"思想,宣扬教育是一个终身获得经验的过程,需要通过在正规教育与非正规教育之间建立和谐关系来完成,为终身教育理论和实践提供了哲学范式。1926 年,美国成人教育家林德曼的《成人教育的意义》一书出版,认为将教育局限在青年时期是一种僵化的观念,主张教育即生活,生活即学习;教育是没有止境的。与此同时,终身教育理念开始出现在教育政策之中。1956 年,法国议会在立法文件中首次使用"终身教育"概念。20 世纪 60 年代后,科学技术的发展改变了经济增长的模式,影响到人类自身的生活方式,既为人的发展提供了必要条件,也对人的素质提出更高要求,单一的制度化学校教育已不能解决因人类社会多元化、政治改革和人口增长所面临的问题。这一系列变革为终身教育的广泛传播提供了可能性和必要性。1965年,联合国教科文组织在巴黎召开国际成人教育促进会第三次会议,朗格朗以"终身教育"为题做总结报告。会议建议联合国教科文组织批准"终身教育"的原则。这次会议被看作终身教育成为国际性教育思潮的开始。1970 年,朗格朗出版《终身教育引论》(*An Introduction to Lifelong Education*)一书,对终身教育的背景、意义、目的、原则、内容、方法进行系统论述,标志着终身教育思想的形成。1972年,由富尔主持的联合国教科文组织国际教育发展委员会向联合国教科文组织总部提交名为《学会生存——教育世界的今天和明天》的报告,从历史和现实两个视角对终身教育进行了全面阐述,提出教育的目的在于使人成为他自己,认为终身教育包括教育的一切方面,任何阶段的教育都是整体教育的一部分;建议把终身教育作为发达国家和发展中国家在今后若干年内制订教育政策的主导思想,要求世界各国的教育按照终身教育的原则进行全面革新;提出"学习化社会"和"终身学习"概念(参见"学习型社会")。1973年,联合国经济与合作发展组织出版《回归教育——终身教育的战略》,进一步丰富了终身教育理论。此后,联合国教科文组织多次召开会议研究和探讨社会经济变革与终身教育问题,并在 1976 年发布的《关于成人教育发展的报告》中同时使用终身教育和终身学习的概念。1989 年,联合国教科文组织在北京召开的"学会关心——21 世纪的教育"圆桌会议上指出,学习将是一个终生的过程。1994 年,在罗马举行的首届终身教育会议强调,终身学习是 21 世纪的生存概念。1996 年,由法国经济学家德洛尔为主席的国际 21 世纪

教育委员会向联合国教科文组织提交《教育——财富蕴藏其中》的报告,从更广阔的国际经济、政治、文化背景上论述了教育的地位作用,对终身教育思想做了全面、深刻的阐述,认为终身教育是进入 21 世纪的一把钥匙和关键所在,强调要把终身教育放在社会的中心位置上。明确提出未来教育的四大支柱,即学会认知、学会做事、学会共同生活、学会生存与发展。联合国教科文组织在 2000 年以来的"双年度计划与预算草案"中把全民终身教育、终身学习作为核心内容,把实施全民教育和建设学习型社会作为其工作的目标。此外,世界经济与合作组织还构建了与终身教育有关的指标体系,将其作为衡量国家教育水平的重要内容。许多学者也对终身教育、终身学习进行更深入的研究。他们将人生分为不同的年龄阶段,并研究各阶段的心理特征与变化,以制定适应人生不同时期与阶段的学习总体策略,选择恰当的学习内容、方法和递进程序,从而激发学习者的兴趣、发展个人的潜能和提高教育培训的效果。

终身教育实践　终身教育的提出得到世界各国政府的积极响应,许多国家把终身教育理论作为教育改革的指导思想,终身教育成为国家立法和政府宏观政策的重要内容。日本早在 1971 年就提出了"终身教育"的理念。1981 年,日本的中央教育审议会发表了"关于终身教育"的咨询报告,开始把终身教育作为改革整个教育体系的核心概念和基本原则。20 世纪 80 年代中期,日本的临时教育审议会在其提交的四个咨询报告中,进一步明确了构建终身学习体系的目标、任务和途径。德国 1973 年在教育规划中明确了终身教育的原则。苏联从 80 年代开始把发展"连续教育"作为其教育改革的重要内容之一。芬兰 1997 年指定了发展终身学习的国家战略,把促进人格发展、民主价值观、社会凝聚力、国际主义,以及提高生产力水、国际竞争力与创新力等作为发展终身学习的目标。荷兰也在 1997 年提出了实现终身学习的行动计划。泰国在 90 年代制订的两个国家教育发展计划中,都提出了发展终身学习的目标。泰国政府提出,要实现以"学习者为中心"的终身学习社会,必须提供多样的教育服务,特别是大力发展非正规教育、远程教育。1971 年,法国颁布《职业继续教育组织法》;1973 年,成立终身教育发展署。1976 年,美国制定和颁布了《终身学习法》(亦称《蒙代尔法》)。1980 年,英国制定为终身教育服务的国家职业技能标准。1988 年,日本文部省社会教育局改为终身学习局;1990 年,日本国会通过《终身学习振兴法》;1995 年,日本成立"终身学习审议会"。20 世纪 90 年代后期,韩国出台旨在推进终身学习的法规,同时以终身教育思想为总方针、总原则,在教育结构、教育内容、方法、教育管理、师资培训等方面进行一系列改革和实验。各国强化终身学习的法制建设。终身教育思想已成为许多国家教育改革的重要指导方针并以立法形式加以明确。

20 世纪 70 年代末至 80 年代初,终身教育概念开始在

中国的有关报纸、杂志、书籍中广泛介绍和传播。1976年，邵瑞珍将《学会生存——教育世界的今天和明天》译为中文。1979年，《业余教育的制度与措施》一书收录了张人杰的《终身教育——一个值得注意的国际教育思潮》和钟启泉翻译的《终身教育战略》，将终身教育的由来与发展、概念、论点及各国的实施情况做了全面介绍。1986年，《终身教育引论》由周南照、陈树清翻译出版。之后随着中国社会经济的变革和科学技术的发展，中国也开始提倡终身教育，建立终身学习体系、规划终身学习社会逐渐成为中国教育改革的基点和发展目标。1993年，中共中央、国务院正式印发《中国教育改革和发展纲要》，首次在政府文件中提出终身教育的概念，指出成人教育是传统学校教育向终身教育发展的一种新型教育制度，把终身教育作为对传统学校教育的拓展和教育改革的思路。1995年，全国人大通过《中华人民共和国教育法》，其中明确规定国家适应社会主义市场经济发展和社会进步的需要，推进教育改革，促进各级各类教育协调发展，建立和完善终身教育体系；国家鼓励发展多种形式的成人教育，使公民接受适当形式的政治、经济、文化、科学、技术、业务教育和终身教育。1996年，国家教育委员会在制订"九五"计划和2010年发展规划时提出，要进一步发展各种类型的职前、职后培训和继续教育，基本形成学历教育与非学历教育并重、不同层次教育相衔接、职业教育与普通教育相沟通的职业教育制度和体现终身教育特点的现代社会教育体系。1999年，国务院批准教育部提出的《面向21世纪教育振兴行动计划》，同年颁布《中共中央国务院关于深化教育改革全面推进素质教育的决定》，强调终身教育将是教育发展和社会进步的共同要求，提出到2010年中国要"基本建立起终身学习体系"的改革目标；构建与社会主义市场经济体制教育内在规律相适应、不同类型教育相互沟通及衔接的教育体制，为学校毕业生提供继续学习深造的机会；高等学校和中等职业学校要创造条件实行弹性学习制度，放宽招生和入学的年龄限制，允许分阶段完成学业；大力发展现代远程教育、职业资格证书教育和其他继续教育；完善自学考试制度，形成社会化、开放式的教育网络，为适应多层次、多形式的教育需求开辟更广阔的途径，逐渐完善终身学习体系。这是中国政府对终身教育实践做出的全面、系统的阐述。2001年，第九届全国人大四次会议确定了在今后五年及更长一段时间内"逐步形成大众化、社会化的终身教育体系"的奋斗目标，表明中国政府已将构建终身教育体系作为21世纪国家发展计划的重要组成部分，把发展终身教育提高到关系科教兴国成败的战略高度，逐步建立和完善终身学习体系成为中国教育改革和发展的总目标。2010年，《国家中长期教育改革和发展规划纲要（2010—2020年）》进一步明确要"构建体系完备的终身教育"，并将此作为政府提出的"形成全民学习、终身学习的学习型社会，促进人的全面发展"战略目标的重要举措。

参考文献

朗格朗. 终身教育引论[M]. 周南照，陈树清，译. 北京：中国对外翻译出版公司，1985.

联合国教科文组织国际21世纪教育委员会. 教育——财富蕴藏其中[M]. 联合国教科文组织总部中文科，译. 北京：教育科学出版社，1996.

联合国教科文组织国际教育发展委员会. 学会生存——教育世界的今天和明天[M]. 华东师范大学比较教育研究所，译. 北京：教育科学出版社，1996.

王承绪，赵祥麟. 西方现代教育论著选[M]. 北京：人民教育出版社，2001.

Kneller, G. F. Movements of Thought in Modern Education [M]. New York：John Wiley & Sonc. , 1984.

（杨　捷　谢国东）

朱熹的理学教育思想及实践　　朱熹继承和发展了二程学说，成为南宋理学思想的集大成者。他毕生讲学活动不断，他的教育活动和教育思想对中国封建社会的教育发展产生重大影响。朱熹（1130—1200），字元晦，后改为仲晦，号晦庵，祖籍婺源（今江西婺源县），出生在福建南剑（今南平）尤溪县。他先后任泉州同安县主簿、知江西南康军、提举浙东常平茶盐、知漳州、知潭州等官。自宋绍兴三十二年（1162年）至淳熙四年（1177年），他退居福建崇安武夷山"寒泉精舍"、"武夷精舍"授徒讲学，著书立说，集中精力从事教育活动和学术活动。编撰论著达二十多种，其中最有影响的有《论语要义》、《近思录》、《论语集注》和《孟子集注》等。在这期间，朱熹的学术思想逐步成熟，理学思想体系基本形成，积累了丰富的教育经验。绍熙二年（1191年），他由崇安迁居建阳考亭，建"竹林精舍"，聚徒讲学。绍熙五年（1194年），由于学生人数增多，他扩建精舍，并改名为"沧州精舍"，表示"永弃人间事，吾道付沧州"的志向。不仅如此，即使在为官从政期间，他每到一地，也不忘设学育才，亲自讲学。他在任同安县主簿时，从选择俊秀之民为学生、访求名士为教师、亲自讲授圣贤修己治人之道三个方面整顿县学，取得了显著成效。在知南康军时，他又主持修复了白鹿洞书院，直接参与书院的组织管理，并派人四处搜寻、购置图书典籍，亲临讲学，还亲自拟订了《白鹿洞书院揭示》，成为南宋以后书院和各地官学共同遵守的学规。在知漳州时，仍"时诣学校训诱诸生"。知潭州时，除热心提倡州、县学外，又主持修复岳麓书院，并亲自规制筹划，扩建校舍，增加学田，还利用晚上从政之暇，亲临书院，教诲诸生。

朱熹的教育思想与教育实践成果具体体现在以下几个方面。

论学校教育的目的　　朱熹认为教育要以"明人伦为

本"。提出"格物、致知、诚意、正心、修身,而推之以至于齐家、治国,可以平天下,方是正当学问"。十分重视教育对于改变人性的重要作用。在他看来,人性就是"理",就是"仁、义、礼、智"。他认为教育的作用就在于"变化气质",发挥"气质之性"中所具有的"善性",去蔽明善,这就好比下功夫把浊水中的明珠揩拭干净,恢复珠宝原有的光泽一样。他说《大学》的"明明德"就是这个意思,而且,他进一步指出,要"明明德",就必须"复尽天理,革尽人欲"。在他看来,"天理"与"人欲"两相对立,水火不容。"人之一心,天理存,则人欲亡;人欲胜,则天理灭,未有天理人欲夹杂者。""学者须是革尽人欲,复尽天理,方始为学。"(《朱子语类·学七》)朱熹用理学的观点论述了教育的作用在于"变化气质"、"明明德",阐述了"存天理,灭人欲"的根本任务。"古之圣王,设为学校,以教天下之人。……必皆有以去其气质之偏,物欲之蔽,以复其性,以尽其伦而后已焉。"(《经筵讲义·大学》)在朱熹看来,要克服"气质之偏",革尽"物欲之蔽",以恢复固有的善性,就必须"尽人伦"。所以,他强调"父子有亲,君臣有义,夫妇有别,长幼有序,朋友有信,此人之大伦也。庠、序、学、校,皆以明此而已。"(《孟子集注·滕文公上》)在《白鹿洞书院揭示》中,朱熹又明确把上述五伦列为"教之目",置于首位,指出"学者学此而已"。他从教育的目的在于"明人伦"的思想出发,严厉抨击了当时以科举为目的的学校教育。他说:"古昔圣贤所以教人为学之意,莫非使之讲明义理以修其身,然后推己及人,非徒欲其务记览、为词章,以钓声名取利禄而已。"然而当时的学校教育却反其道而行之,士人"所以求于书,不越乎记诵、训诂、文词之间,以钓声名,干利禄而已",以致完全违背了"先王之学以明人伦为本"的本意。他尖锐地指出,这样的学校,其名"虽或不异乎先王之时,然其师之所以教,弟子之所以学,则皆忘本逐末,怀利去义,而无复先王之意,以故学校之名虽在,而其实不举,其效至于风俗日敝,人才日衰"(《静江府学记》)。因此,他要求改革科举,整顿学校。应该说,朱熹针对当时学校教育忽视伦理道德教育,诱使学生"怀利去义"、争名逐利的现实,以及为了改变"风俗日敝,人才日衰"的状况,重新申述和强调"明人伦"思想,在当时具有一定的积极意义,同时,他对学校教育和科举制度的批评也是切中时弊的。

论"小学"和"大学"教育　朱熹在前人教育经验和自己教育实践的基础上,基于对人的心理特征的初步认识,把一个人的教育分为"小学"和"大学"两个既有区别,又有联系的阶段,并分别提出了两者的任务、内容和方法。"古之为教育,有小子之学,有大人之学。"他认为划分教育阶段的依据不是人的尊卑贵贱,而是人的年龄和心理特征,特别是思维的发展水平,因此,他把8岁至15岁定为小学教育阶段。朱熹十分重视这个阶段的教育,认为小学教育的任务是培

养"圣贤坯璞"。"古者小学已自养得小儿子这里定,已自是圣贤坯璞了。"并指出,"蒙养弗端,长益浮靡",如果儿童时期没有打好基础,长大就会做出违背伦理纲常的事,再要弥补,就极为困难了,"而今自小失了,要补填,实是难"(《朱子语类·学一》)。他认为小学教育对一个人的成长非常重要,必须抓紧、抓好。15岁以后为大学教育。大学教育是在"小学已成之功"基础上的深化和发展,与小学教育重在"教事"不同,大学教育内容的重点是"教理",即重在探究"事物之所以然"。小学教育是培养"圣贤坯璞",大学教育则是在坯璞的基础上"加光饰",再进一步精雕细刻,把他们培养成为对国家有用的人才。朱熹认为,尽管小学和大学是两个相对独立的教育阶段,具体的任务、内容和方法各不相同,但两个阶段又是有内在联系的,它们的根本目标是一致的。它们之间是随教育对象的不同而所作的教育阶段划分,并不像"薰莸冰炭"那样截然对立。实际上,朱熹关于小学和大学教育的见解,反映了人才培养的某些客观规律。

论道德教育思想　道德教育是理学教育的核心,也是朱熹教育思想的重要内容。朱熹十分重视道德教育,主张将道德教育放在教育工作的首位。"德行之于人大矣……士诚知用力于此,则不唯可以修身,而推之可以治人,又可以及夫天下国家。故古之教者,莫不以是为先。"(《学校贡举私议》)德行对人有重大意义,不仅可以修身,而且还可以推而广之去治人、治国,因此,古代教育者都把道德教育置于优先地位。反之,如果缺乏德行而单纯追求知识,人就会迷失方向,而找不到归宿。朱熹认为,道德教育的根本任务是明天理、灭人欲。"修德之实,在乎去人欲,存天理。"(《与刘共父》)这里所说的"天理",是指以"三纲五常"为核心的封建伦理道德,"所谓天理,复是何物?仁义礼智,岂不是天理!君臣、父子、兄弟、夫妇、朋友,岂不是天理!"(《答吴斗南》)又说:"三纲五常,礼之本也。"而"人欲"则是指"心"的毛病,是为"嗜欲所迷"的心,如饮食"要求美味",穿着"必欲精细"、言行则"非礼而视听言动"等。因此,要实现道德教育"明天理,灭人欲"的根本任务,就必须进行以"三纲五常"为核心的封建伦理道德教育,这是朱熹道德教育的基本内容,也是他道德教育的重要特点。

论读书法　朱熹强调读书穷理,认为"为学之道,莫先于穷理;穷理之要,必在于读书"。由此,他强调教学的重要形式是读书。朱熹一生酷爱读书,对于如何读书有深切体会,并提出了许多精辟的见解。他的弟子将其概括为"朱子读书法"六条,即循序渐进、熟读精思、虚心涵咏、切己体察、着紧用力、居敬持志,这是朱熹教育思想的重要组成部分。朱子读书法是朱熹自己长期读书经验以及对前人读书经验的概括和总结,集中反映了中国古代对于读书方法研究的成果,其中不乏合理的内容,如"循序渐进"包含的量力而行和打好基础思想,"熟读精思"包含的重视思考思想,"虚心

涵咏"包含的客观揣摩思想,"切己体察"包含的身体力行思想,"着紧用力"包含的积极奋发思想,"居敬持志"包含的精神专一、持志以恒思想等,都是在读书治学中必须遵循的原则。

论教学原则和方法　朱熹十分注重教学经验的积累,并提出了许多有价值的教学原则和方法。他认为教师的任务在于启发学生发现问题,帮助学生解决问题。他说:"指引者,师之功也。"他主张把学与思结合起来,特别提倡博学,认为"天下之物,莫不有理",指出只有穷尽万物之理,才能达到"天理通明"。他很重视接受和借鉴前人的学术成果,尊重前人的学术见解,但又反对迷信古人、墨守成规。

教材编写学术成就　朱熹在从事讲学著述的同时,还编撰了多种教材。他与吕祖谦在淳熙二年(1175年)合作编成的《近思录》一书,精选了周敦颐、张载、二程的语录622条,分成14卷,是学习理学的重要入门书。他于淳熙十四年(1187年)编成的《小学》一书,辑录了"古圣先贤"的言行,共6卷,分内、外两篇,其中内篇四,分别为《立教》《明伦》《敬身》《稽古》,外篇二,分别为《嘉言》《善行》,这是中国封建时代颇有影响的蒙学教材。当然影响最广,也是最重要的是《四书章句集注》(简称《四书集注》或《四书》),包括《大学章句》《中庸章句》《论语集注》和《孟子集注》。其中《论语集注》和《孟子集注》于淳熙四年编成,《大学章句》和《中庸章句》早已撰成,直至淳熙十六年(1189年)才改定。在朱熹知漳州时,于绍熙元年(1190年)首次刊刻,四书章句刊印后,不久就风行天下,并逐步取代"五经"在教育中的独尊地位。朱熹在四十余年的讲学著述生涯中,编著了大量书籍,其门类之广、数量之多,在中国古代思想家中是罕见的。他的著述,除《资治通鉴纲目》《伊洛渊源录》《四书集注》等20多种专著外,主要教育著作有《大学章句序》《白鹿洞书院揭示》《学校贡举私议》《读书之要》《童蒙须知》等。朱熹一生热衷于教育,积极从事讲学达四十多年,培养的学生多达几千人,他在长期的教育实践中形成的教育思想和总结的教育经验,极大地充实和丰富了古代教育思想宝库。

参考文献

黎靖德:朱子语类[M].北京:中华书局,1986.

王炳照,等.简明中国教育史[M].北京:北京师范大学出版社,1994.

王炳照,阎国华.中国教育思想通史[M].长沙:湖南教育出版社,1994.

于述胜.朱熹与两宋教育思潮[M].济南:山东大学出版社,1996.

(楼世洲)

主体性教学(subject-oriented instruction)　教育者通过启发和引导学生内在的心理需求,创设和谐、宽松、民主的课堂教学环境,有目的有计划地组织和规范各种教学活动,将学生培养成为能够自主、能动、创造性地进行认识和实践活动的教学主体的教育思想和活动。是一种培育和发展学生的主体性品质的社会实践活动。

主体性教学的目的

主体性教学的目的是通过培养学生的主体意识、主体能力和主体人格,发展和提高学生在教学活动中的选择性、自主性、能动性和创造性等主体性品质,使他们具有自我教育、自我管理和自我完善的能力,从而成为教学活动的主体和自我发展的主体。

增强学生的主体意识　学生主体性品质的发展主要取决于两个方面:一是外部世界对个人才能的实际发展所起的推动作用。如果没有外部世界对人的主体性品质发展的要求和提供丰富的物质条件,人的主体性品质发展将是一句空话。二是在外部世界相对丰富的情况下,人的主体性品质发展由可能性变为现实性则在更大程度上取决于主体自身的条件,包括唤醒人主动发展自身的意识(即主体意识)和驾驭外部世界对其才能实际发展的推动作用的能力(即主体能力)。主体意识和主体能力作为实现学生主体性品质发展的主体条件,是他们在学习人类长期积累的知识经验的过程中,在自身不断的认识和实践活动中形成,并得以强化和完善的。主体意识是指作为认识和实践活动主体的人对于自身的主体地位、主体能力和主体价值的一种自觉意识,是主体自主性、能动性和创造性品质的观念表现,它包括主体的自我意识(主要表现在人与自我关系上,意识到每个人都无可争辩地有权发展自己的才能)和对象意识(主要表现在人与外部世界的关系上,意识到人能将外部世界变为有益于自身发展的人化世界)。

学生主体意识的强弱,对于其主体性品质的发展具有重要影响,具体表现在以下两个方面。首先,学生的主体意识愈强,他们参与自身发展、在学习活动中实现自己本质力量的自觉性就愈大,也就愈能在教育活动中充分发挥主体自身的能动力量,不断地调整改造自身的知识结构、心理状态和行为方式。其次,学生的主体意识愈强,他们对自身发展的责任也愈大,对自身提出的需求也就愈高。在课堂教学中,学生主体意识的强弱,在某种意义上决定着学生主体对自身发展的自知、自控、自主的程度,决定着其主体性品质的发展水平。唤醒学生的主体意识,是促进和提高学生主体性品质发展的一个不可缺少的先决条件。学生主体意识的觉醒,就意味着学生主动参与自身发展,以达到他们主体性品质充分自由发展的开始。

发展学生的主体能力　主体能力是指主体能动地驾驭外部世界对其才能实际发展的推动作用,使自身主体性品质得以不断发展的能力。学生主体能力的发展水平体现着他们对外部世界、自身以及二者关系的认识和把握的程度，而这又有赖于他们积极地去汲取前人积累的文化知识经验，有赖于他们主动地在对象性活动中加以发展和提高。学生的主体能力发展水平愈高，他们就愈能充分利用外部条件去发展自身，发展自己的主体性品质；学生的主体能力发展水平愈低，他在自身主体性品质发展上就愈感到无能。

培养学生的主体性人格　人的主体地位的确立与主体性品质的发挥，来源于包括人的理性因素和非理性因素在内的整个人的因素和属性。在个体的认识和实践活动中，理性因素制约着认识、实践活动的广度和深度，决定着认识、实践活动的方式，进而决定着其效果；但对认识、实践活动起调节作用的则是人的非理性因素，它能使个体的心理活动处于积极状态而具有动力性质，没有人的感情，就没有也不可能有人对真理的追求。人的非理性因素是人的主体性品质发挥的催化剂和激素，如果没有非理性因素的推动、激活和引发，个体即使有再大的认识和实践能力，也难以发挥出来。因此，主体性教学认为，非理性因素是学生主体性品质发展的重要内容，没有非理性因素的发展，学生主体性品质的发展将是不全面的。为此，主体性教学不仅要造就一代牢固掌握现代科学文化知识和智力高度发展的新人，而且还要重视培养学生的情感、意志、灵感、信念、直觉等非理性因素，即培养学生的主体性人格。这就要求我们在主体性教学中，应创设一种轻松、民主、自由的课堂教学环境，用"晓之以理、动之以情"的情理交融的教学方法，使学生在接受知识和发展智力的过程中，逐步培养出独立、完满的主体性人格。

提高学生的主体性品质　现代教学认为，学生是课堂教学的主体。学生的主体性，是指在课堂教学中作为主体的学生在教师引导下处理与外部客观世界的关系（主要是课程和教材）时表现出的功能特征，具体表现为选择性、自主性、能动性和创造性。

（1）选择性。在课堂教学中，学生的选择性突出表现在对学习对象（客体）的选择上。学生的学习过程是一连串的选择活动，从学习目标、学习方式到学习手段，无一不是选择的结果；从"学什么"到"怎么学"也无一不是选择的过程。在学习过程中，学生并不是随便将什么内容都作为学习的对象来对待，也不会将学习对象的随便什么方面作为深入思考的主攻方向，而总是有所选择的，总是选择那些最合意的，即自以为最有意义的内容作为学习对象，总是选择那些自以为最有价值的学习对象的某一方面作为自己的主攻方向；同时，学生对外界信息的接收、加工、整合和改造也都是有选择的，都要进行过滤、筛选和优化组合。

（2）自主性。指在一定条件下，个人对于自己的活动具有支配和控制的权利和能力。人作为一种对象性存在物，

对自然界、外部感性世界必然具有依赖性，但人又不是消极地依赖自然界、外部感性世界的恩赐来保证自己的生存和发展，而是在自觉意识到这种依赖性的前提下，使自己在与自然界、外部感性世界所发生的必然联系中处于主体地位，并按照自己的力量、需要和方式来掌握自然界和外部感性世界，依靠自己的力量来保证自己的生存和发展。学生在课堂教学中的自主性，主要表现在：学生具有独立的主体意识，有明确的学习目标和自觉积极的学习态度，能够在教师的启发、指导下独立地感知教材、学习教材，深入地理解教材，把书本上的科学知识变成自己的精神财富，并能够运用于实践；学生能够把自己看做是教学的对象，对学习活动进行自我支配、自我调节和控制，充分发挥自身的潜力，并利用内外两方面的积极因素，主动地去认识、学习和接受教学影响，积极向老师质疑、请教，要求答疑，相互研讨，以达到自己预期的学习目标。

（3）能动性。指个体能够自觉、积极、主动地认识客体和改造客体，而不是被动、消极地进行认识和实践活动。学生在课堂教学中的能动性，主要表现在：学生能够根据社会的要求积极参与课堂教学，并以此作为自己今后学习的努力方向；学生能够以自己已有的知识经验、认知结构和情意结构去主动地同化外界的教学影响，对它们进行吸收、改造、加工或加以排斥，使新旧知识进行新的组合，从而实现主体结构的建构与改造。例如，在知识教学过程中，学生已有的知识经验、需要、兴趣、爱好等构成其心理环境，他会以此为构架和参照系去学习新知识，并按自己特有的方式，有选择地把它们纳入已有的认知结构。

（4）创造性。如果说个体的能动性的实质是在诸多现实可能性中进行选择，那么创造性的实质则是对现实的一种超越。创造性是人的主体性品质的最高表现和最高层次，是人主体性的灵魂。在课堂教学中，学生的创造性主要表现在：学生具有创新意识，有好奇心，富于幻想和联想，爱标新立异，喜欢发表新见解；学生具有创造性思维和能力，思考问题的方法新颖奇妙，善于从多方面、多角度解决问题，能够灵活运用学过的知识，善于总结自己的学习方法，遇到困难问题善于分析、综合和概括，善于直觉思维，借助具体形象解决问题；学生具有动手实践能力，善于解决日常生活和课堂教学中遇到的实际问题，能够积极参加并组织有创新性的竞赛活动和游戏，表现出很强的动手能力。

主体性教学的基本特征

主体性教学作为一种新的教学思想，是对传统教学的继承和超越，它既保留传统教学的那些反映规律性的共同特征，又有自己独特鲜明的个性特征。

（1）科学性。学生主体性品质发展的重要基础是其"生

理—心理—文化"结构的全面、和谐、充分的发展,而不是某个方面或部分的局部发展。主体性教学认为,学生既是课堂教学的对象,又是课堂教学的主体,在他们身上蕴藏着丰富的学习、发展潜能。课堂教学的作用就在于根据学生学习活动的客观规律,引导学生通过积极思考和独立活动,把人类的文化科学成果转化为学生的知识财富、智力和才能,转化为他们的思想观点,使学生具有合理的知识结构、智力结构和方法结构。唯有如此,学生的自主、能动、创造等主体性品质才能得以充分体现,主体性人格才能臻于完善。

(2)民主性。民主平等的人际关系,尤其是师生关系以及由这种关系营造出的一种活泼生动、和谐的教学氛围,是学生主体性品质发展的基本条件和前提。主体性教学的民主性主要表现在:把教学变成一种民主的生活方式,尊重学生的主体地位,让学生得以生动活泼、自由地发展;努力实现教学内容民主意识的渗透和学生民主思想、民主精神、民主参与能力的培养,以民主化的教学造就一代富于主体性的新人。

(3)活动性。学生主体性品质的发展是以活动为中介的,学生只有投身于各种学习活动之中,其主体性品质才能得到良好发展。学生主体性品质的形成与发展,究其实质而言可以抽象为以下两个方面:通过活动不断地将"人类现实据为己有"的内化过程;通过活动不断地将已有的心理品质表现出来的外显过程。学生的主体性品质正是通过内化与外显的无数次交替而逐步形成、发展和完善的。学生在活动中形成着主体性品质,在活动中表现出主体性品质。

(4)开放性。开放性社会需要开放性人才,开放性人才则需要由开放性教学来培养。现代社会要求通过课堂教学,能够培养出大批适应开放性政治体制、经济体制和生活模式,具有开放性思维方式、多维智能结构的人才,这也对课堂教学提出更高要求。主体性教学的开放性,主要表现在:学校教学系统应加强与整个社会生活的紧密联系,把学生从课堂引向广阔的社会,通过课外、校外活动以及社会实践活动,丰富他们的知识,开阔他们的视野和思维,从而加速学生主体性品质的成熟过程,缩短对社会生活的适应期;学校教学系统内部应树立开放的教学观念,确定培养开放性人才的教学目标和内容,建构开放的教学体系,选择和运用开放式的教学方法和途径等。这种开放性的主体性教学,既为学生主体性品质的发展提供良好的内部环境,也提供良好的外部环境;既有助于学生主体性品质有序、稳定地形成,也有助于加速学生主体品质的社会化进程。

主体性教学的实验探索

20世纪90年代以来,中国一些高校与中小学合作开展主体性教学实验的探索,其中小学生主体性发展实验影响较大。

北京师范大学教育系与河南安阳人民大道小学联合实验组于1993年开展小学生主体性发展实验。该实验以马克思主义关于人的全面发展学说和教学认识论基本原理为依据,以发展小学生主体性为目标,通过树立教育主体思想,严肃严格地进行基本训练,诚心诚意地把小学生当做主人,逐步调整、改造现行的教材、教法和管理办法,来发展、提高小学生的独立性、主动性和创造性。该实验的主要目标:(1)探明少年儿童主体性的基本结构和行为表现,分析影响少年儿童主体性发展的基本因素,寻求发展主体性的基本途径;(2)建立少年儿童主体性发展的目标体系和测评体系;(3)进行教育主体论、教学活动论等专题研究,构建主体性发展理论的基本框架;(4)为教育实验探索一条新路子。

他们认为,主体性是人作为对象性活动的主体具有的本质特性,指的是作为认识主体在处理外部世界关系的功能表现,是主体在作用于客体的活动中表现出的能动性。学生的主体性主要有独立性(包括自尊自信、自我调控、独立判断决断、自觉自理)、主动性(包括成就动机、竞争意识、兴趣和求知欲、主动参与、社会适应性)和创造性(包括创新意识、创造性思维能力、动手实践能力)三个基本本质特征,这也是该实验的因变量。其中,独立性是对自我的认识和实现自我的不断完善,主动性的实质是对现实的选择、对外界适应的能动性,而创造性则是对现实的超越。同时他们指出,学生主体性发展水平一方面表现为主体意识,另一方面表现为主体能力。主体意识和主体能力构成学生全面发展的内在因素。

小学生主体性发展实验的基本特点是:不打乱学校现有的教材体系和教学秩序,通过转变教师教育观念,以教育主体思想为指导,创造性地采用各种教育教学措施和方法,发展小学生的主体性。该实验建立发展小学生主体性的四条主要渠道——德育系列、活动系列、课堂教学系列和家庭教育系列。在德育方面,制订"小学生主体性发展大纲及行为表现",围绕小学生主体性发展,使德育内容系列化、德育途径网络化、评价方法科学化。在活动系列方面,构建三种学校实践活动:(1)正式的教学计划规定的专门的教学活动中进行的各种教学实践活动,主要包括各种课堂教学中学习知识和技能的练习、实验、实习等;(2)在专门的正式教学计划规定之外进行的各种实践活动,主要是以科技艺体活动为主的课外活动,既有校内各种学科小组、科技小组、兴趣小组,又有校外的少年宫、科技馆等丰富多彩的活动;(3)正式教学计划活动之外的各种社会性实践活动,包括社会调查、专题社会考察、军训、各种无偿的社会服务和公益劳动、勤工俭学性质的工农业生产劳动和科技活动等。在课堂教学方面,建构以多样综合、严格训练、分层指导、学生积极参与为特点的主体性发展的教学模式系统。在家庭教育系列,制定和落实"儿童在家庭中主体性发展目标",确定家庭教育的基本原则(即环境教育原则、民主和睦原则、言传身教原则、因势利导原则、注重实践原则),成立学校、班级两级家长委员会,开办家长学校,成立家庭教育研究会,创办"家庭教育通讯"。

参考文献

和学新.主体性教学研究[M].兰州:甘肃教育出版社,2001.

裴娣娜.小学生主体性发展实验与指标体系的建立测评研究[J].教育研究,1994(12).

张天宝.主体性教育[M].北京:教育科学出版社,2001.

(张天宝)

主体性教育(subject-oriented education)　　激发、培育和发展受教育者的自主性、能动性和创造性的教育实践活动。主体性教育的思想是一种建立在主体哲学思想基础上的教育观念或教育哲学思想,其基本观点:人是教育的出发点,人的价值是教育的最高价值;培育和完善人的主体性,使之成为时代需要的社会活动的主体,是教育的根本目的。主体性教育的实践是在教育过程中把受教育者当作主体,激发受教育者主体的自主性、能动性和创造性,使教育成为主体的内在需要,成为主体自主建构的实践活动。主体性教育是相对于依附性教育或客体教育而言的。

主体性教育认为,受教育者是教育活动的主体,教育就是要以发展受教育者的主体性为目的,而要培养受教育者的主体性,教育活动和教育系统也必须具有主体性。如果教育活动和教育系统只是社会政治、经济活动的附庸,失去主体性,它就不能以人的发展为根本,也就不可能把受教育者当作主体来培养。

主体性教育包括三个相互联系的组成部分:受教育者的主体性、教育活动的主体性、教育系统的主体性。受教育者的主体性是主体性教育的目的,教育活动的主体性和教育系统的主体性是培养受教育者主体性的方式和保障。在目的上,要发展受教育者的主体性,培养受教育者成为社会活动的主体,就必须在教育活动中把受教育者当作主体,承认并尊重受教育者在教育活动中的主体地位,将受教育者真正视为能动的、独立的个体,赋予他们自主活动、自主发展的空间,使教育活动成为以受教育者为主体的活动,这就是教育活动的主体性。教育系统的主体性反映的是教育和社会发展的关系,是相对于"教育的依附性"而提出的,是指教育作为社会中一个相对独立的子系统,在与社会政治、经济等其他子系统的关系中表现出的主体性,包括教育的相对独立性、教育坚持自身的价值和规律、教育对社会的主动超越性等。

主体性教育的演变

教育能否把受教育者培养成为主体,培养成为什么样的主体,不只是取决于教育活动自身,而是要求社会为个体的主体性的发展提供相应条件。个人的独立是主体出现的首要前提。马克思将人类社会分为三个阶段:人与人的依附关系形态、以物的依赖性为基础的人的独立性形态、自由个性形态。个人成为主体只能出现在人类社会发展的第二阶段之后。在第一阶段,个体只不过是狭隘的群体的附属物,不具备主体性。人类社会发展的第一种形态和第二种形态,是以工业革命为界的。人的依附性形态阶段出现在前工业社会,此时个体不具有独立性,他们的生命活动不是由个人主宰的,而是接受集群主体的支配。工业革命和市场经济的出现,生产力的发展,使人改造自然的能力增强,社会产品出现了剩余,人能够脱离由自然纽带连接的群体而存在,这就打破了自然经济条件下人对狭隘群体的完全依附关系,为个人建立了全面的交往关系。市场经济、商品交换、自由贸易,为个人的全面交往提供了条件。在这种环境下,孕育出来的人,是"以物的依赖性为基础的个人独立性"。这种独立的个人的出现具有双重性质:一方面它摧毁了工业革命前的群体依附关系,使人获得了独立性;另一方面,这种独立性建立在"以物的依赖性为基础"之上,这就使个人对独立人格的追求转换为对物的占有,对金钱和利益的追逐。个人只具有私利的本性而无共同的利益,每个人都是作为一个孤立的单子式个人而存在,是把他人、他物视为被占有的客体。所以,人对自然的征服和人与人的竞争成为近代社会人类的生存法则,社会以越来越多的占有为目的。美国哲学家弗罗姆在《占有还是存在》中指出,占有是西方工业社会的人的特征,在这个社会里,生活的中心就是对金钱、荣誉和权力的追求。因此,近代社会的主体性教育重视发展人的主体占有性,以掌握科学技术知识为手段,以培养人对世界的客体意识和对世界的征服、占有能力为主要目标。在"知识就是力量"的鼓舞下,只有占有科学技术的人,才能够征服自然、改造自然,为个人和社会创造出更多的物质财富,在竞争中成为优胜者。所以,近代以来的主体性以对物的依赖为基础,其主体性的强弱以占有物质财富、金钱的多少来衡量。近代以来的主体性教育追求和发展的就是这种占有性的个人主体性。

占有性的个人主体性,是建立在主体—客体对立分裂的基础上,把人的主体性理解为人对外部世界的征服、占有和改造,并在对外部世界的征服、占有和改造中凸显个体的意志力量,张扬个体的主体性。近代社会伴随着工业化革命,人类依靠技术征服世界,因此这种主体性又主要表现为一种理性主体,这种主体性教育以发展人的技术理性为宗旨,成为唯理性教育。在教育内容上,片面追求科学技术的教育,忽视人文的教育,给人以征服世界的本领,而使人忘却对世界的关怀;在教育过程中只存在唯一的主体,其他的人或教育世界都成为主体所支配的客体。历史地看待近代主体性教育培育的占有性个人主体性,它在征服和改造自然的过程中,创造了极大的物质财富,使人类社会由农业文明转变为工业文明,摆脱了古代社会的人身依附而成为自主、自立的主体,发展着人的独立人格。但随着占有性个人主体性的日渐增强,最终达到了肆意膨胀的地步,其发展就出现了危机。突出地表现为:在对待自然关系上的人类中心论,和对待他人关系上的个人中心主义。人类中心论和个人中心主义强调人在对待自然和他人态度上的自主性、选择性和能动性,充分发挥了人的主体性。但仅仅为了个人的利益而置外部的世界和他人于不顾,把世界和他人都视为实现自己目的的手段,已经导致了对自然生态环境的破坏和大自然对人类的报复;导致了民族间、国家间的冲突,频繁的战争和恐怖行为的不断出现;导致了人的自私自利,人与人之间的尔虞我诈和"豺狼的关系",个人因此也陷入了孤独无助的空虚、焦虑和恐惧之中,被强烈的占有欲所异化,成为物的"奴隶"。这一切都说明,单子式个人主体以及它所具有的占有性的个人主体性正在走向衰亡。

从占有性的个人主体性到主体间性、从单子式个人主体到类主体的转变,是当代社会发展的更高要求。当代逐渐兴起的全球化成为世界历史的典型特征,表现为:第一,和平与发展是全球主题和指导思想,在这一主题下,世界局势呈现多极化趋势;第二,网络和信息高速公路的广泛使用,使世界变成了"地球村";第三,全球危机,尤其是环境污染的生态危机和恐怖主义行动,使全球的联系越来越密切;第四,各国在经济贸易、政治领域的合作日益加强,世界性的政治、经济已经初步形成;第五,不同文化之间的对话意识增强,等等。正是这些社会变化,要求人的生存状态必须超越单子式的个人主体,摆脱狭隘的国家主义观念,走向着眼于人类社会共同利益的类主体。德国哲学家康德所期盼的"在大地上以社会相结合并划分为各个民族的人类的全体",在当今全球化和信息化的社会中正在成为现实。人类主体性的发展也内在于自然、社会与人类的全面、持续、协调的发展与进步之中,建构于一个和谐的人类社会之中。

教育的思想和观念也开始了对近代占有性主体性教育的反思与批判,主体性教育就是要由培养单子式个人主体转变为培养人类的主体,发展人的"共生"或"交互"的主体间性。主体间性的教育观并不是否认主体性的培养,而是要培养适应于现时代的主体性,强调主体与主体间的平等和共生的关系,而不是一种主体对客体的支配、利用关系。这种主体性教育观就是要促使个人与社会的统一、自主与合作的统一、自由与责任的统一、民族性与世界性的统一、科学精神与人文精神等的统一。联合国教科文组织在《学会生存——教育世界的今天和明天》中指出:"保持一个人的首创精神和创造力量而不放弃把他放在真实的生活中的需要;传递文化而不用现成的模式去压抑他;鼓励他发挥他的天才、能力和个人的表达方式,而不助长他的个人主义;密切注意每一个人的独特性,而不忽视创造也是一种集体生活。"同时,教育要"有助于唤起公民精神和对社会的责任感,有利于关心别人并帮助别人摆脱孤立状态",培养承担社会责任和社会义务的态度,这种责任和义务的范围包括对待自己、他人、社会和自己赖以生存的自然环境。

当代社会,科学技术仍然是社会的架构形式,人类依靠科学技术彰显其主体力量。所以,主体的发展不可能脱离科学教育和技术的训练,相反还必须以它为基础。但为使这种科学与技术不至于重新成为主宰、奴役人的异化物,教育要以人文精神为先导,引导它们走上符合人性的道路和人道主义的要求,使科学技术"以帮助个人不仅控制自然力和生产力,而且也控制社会力,从而控制他自己、他的抉择和他的行动;最后要使科学技术有助于人类建立一种科学世界观,以促使科学发展而不致为科学所奴役。"在教育过程上,主体间性教育认为,教育的过程是主体间的交往过程,是一种超越"主体—客体"的"我与你"精神相遇关系。在这种关系中,"我"不是把"在者"看作外在于"我"的客体性存在,而是超越对象性的主体存在,是与"我"有着同样的人格的、可以交流沟通的"你"。对话只发生在"我与你"的关系之中,"我与你"的关系就是一种真正的名副其实的交谈性的双边关系。在主体间的"我与你"的交往关系中,教育培养人对待他人、社会和自然的"共存"、"共在"和"共生"的行为态度和习惯。

中国的主体性教育思想

主体性教育当以人的解放为前提。中国古代教育中虽然不乏以学生为中心、注重调动学生积极性的教育思想和教育实践,如因材施教、启发式教学等,但只能作为个别教学所采用的方法,并非主体性教育。这是由于在中国数千年的封建制度统治下,从未形成具有真正独立人格的个人主体。"靠天吃饭"的自然经济使人屈从于自然的支配;"家国同构"、"宗法一体"的封建政治文化传统又把人牢牢地系在血缘纽带之中;儒家的人伦道德扼杀着人的个性。近代以来,社会虽然迭经变动,但当班级授课制取代了个别教学后,古代的启发式教学失去了存在的"土壤",教育教学中学生的主体性并未得到充分发展。因此,中国古代和近代的主体性教育都缺失。

中国现代主体性教育兴起于 20 世纪 80 年代。源于对中国传统社会的反思与批判,另一方面也是当代社会转型和发展的要求。中华人民共和国成立以后的很长一段时期,我们实行的是"一大二公"的计划经济体制,造成个人缺乏主体性和创造性,社会发展缺乏动力和活力。20世纪80年代,中国开始改革开放,社会也从传统的农业社会向工业社会转型,经济体制也由计划经济向市场经济转型。改革解放了生产力,更解放了个人的主体性意识,使人从传统的依附人格、对计划经济体制下行政命令和长官意志的机械服从中解放出来,走向自主、自立,成为有选择性、能动性、创造性的主体。从20世纪80年代后半期开始,为解决人的主体作用发挥和人格转型问题,学术界的注意力集中到人的主体性上,力图反思作为主体的人的根本属性,反思人的主体实践活动的原则和方式,并从人的主体性发挥状况总结中国现代化建设的历史经验教训,以启示人们尊重和发挥人的主体性。主体性问题成为文学、哲学等人文社会科学讨论的热点。

中国教育学界关于主体性的讨论,缘起于教育过程中主客体关系的争论。针对传统教育中"只重视教,忽视学"、"重视教师的主导作用,忽视学生能动性的发挥"、"把教师当作主体,学生视作客体"的现象,顾明远1982年提出了"学生既是教育的客体,又是教育的主体"的观点,从此揭开了国内关于教育主体的讨论。在最初的主客体关系讨论中,先后出现"教师主体说"、"学生主体说"、"双主体说"、"复合主体说"、"主导主体说"、"主体移心说"、"分层主体说"等诸种观点,尽管它们之间还存在诸多分歧,但教育过程中把受教育者看作主体,尊重他们的人格、调动他们的主动性,使他们积极参与教育过程,已经成为这个阶段的共识。但这一阶段的讨论仅局限在教育方式的讨论。到90年代初,主体性教育的讨论转向教育目的,致力于探讨和揭示作为受教育者主体性的内涵和表现,先后提出了为我性、主观性、独立性、选择性、能动性、自觉性、超越性、创造性等。有学者还吸收哲学界的成果,区分了作为本体的主体性、作为价值的主体性和作为实践的主体性;区分了个人的主体性、群体的主体性和人类的主体性;区分了对象化活动中的主体性和交往活动中的主体间性等。尽管对主体性的内涵揭示没有达成完全的一致,但一般都认可自主性(独立性)、能动性(主动性)和创造性。有研究者还进行了小学生主体性发展的实验研究,提出了可行的主体性教育的方法和策略。

进入21世纪,主体性教育的讨论进入了第三个反思和深化阶段。在前阶段主体性教育的研讨过程中,人们的认识还只停留于单子式个人的主体性或对象化活动关系中面向客体的主体性,这适合于人类社会发展的第二阶段,即以物的依赖性为基础的个人独立性阶段。在全球化、信息化的时代,每个个体与世界上任何一方的"他者"更加紧密地联结在一起,"共生"关系正在形成之中。为此,当代的主体性教育不能局限于把人培养成单子式个人主体,而必须走

向关注人类利益的世界历史性个人,人的主体性也不能成为以对客体的占有为特征的个人主体性,而必须成为以主体间的和谐共存为特征的主体间性。

参考文献

冯建军.当代主体性教育论[M].南京:江苏教育出版社,2001.

高清海.主体呼唤的历史根据和时代内涵[J].中国社会科学,1994(4).

鲁洁.走向世界历史的人[J].教育研究,1999(11).

裴娣娜.小学生主体性发展实验与指标体系的建立测评研究[J].教育研究,1994(12).

王道俊,郭文安.关于主体性教育思想的思考[J].教育研究,1992(11).

(冯建军)

注入式教学(spoon-feeding instruction)　亦称"灌输式教学"、"填鸭式教学"。在教学过程中,教师视学生为盛装知识的容器,不顾学生的理解能力、知识基础和学习兴趣,把大量现成的概念、原理、公式之类的知识结论灌输给学生,主观地决定教学过程,并强迫学生呆读死记的教学类型。与"启发式教学"相对。

在注入式教学中,一般是教师讲学生听,教师演学生看,教师写学生抄;学生是消极、被动的接受者,学习的特点是死记硬背,学的知识不少,但是独立思考、灵活运用和发现创造的能力差,智力和情感世界的全面发展受到限制和损害。注入式教学有以下缺陷和不足。(1)注入式教学把教师的教看作唯一的决定因素,根本忽视学生的学,把教与学的复杂矛盾关系视为注入与被注入的关系,否认学生与教材的矛盾是教学过程中的主要矛盾。这样,不仅影响到学生对知识的理解和掌握,而且长期的被动状态导致学生主体精神和主动性的弱化,严重影响创新人格的形成,导致学生头脑闭塞、思想僵化。(2)注入式教学否认在教学中学生是认识活动的主体,否认其能动作用,认为学生接受知识,无需自己的分析综合,加工改造,更不必经过认识过程中的飞跃。(3)注入式教学否认在认识过程中特殊与一般的辩证关系,往往用共性否定个性,用一般代替特殊,从概念到概念,从理论到理论,把与社会实践有紧密联系的活的知识讲成僵死的教条。由于忽视了对运用所学知识去解决实际问题能力的培养,学生只知是什么,不知为什么,不能深刻理解概念和理论的实质。(4)注入式教学看不到知、情、意、行的内在联系和辩证发展的规律,片面地认为教学过程只是学生的认识过程。

注入式教学与启发式教学的对立由来已久。注入式教学在中国封建社会的教育活动中曾经占过统治地位,以灌输式和注入式为主,忽视对学生能力和智力的培养。在欧洲中世纪的封建专制下,科学成了神学的奴仆,经院哲学和注

入式教学也统治过讲坛,学生在教育活动中处于被动地位,缺乏独立思考的能力和意识。注入式教学之所以能盛行,一方面反映了人们对教学过程还缺乏科学认识,另一方面是它与"知识中心"的教育思想相吻合。注入式教学具有信息量大、速度快等特点,长期不懈地"填鸭"、"灌注",对学生接受和掌握知识能起一定作用,或者说,在知识传授、信息交流中,合理、适当的"灌"在一定程度和范围内也是一种教学方法和捷径。但随着社会发展,人们越来越发现施行满堂灌、大搞注入式,不利于个性发展和创新人才的成长,许多教育家反对注入式教学。现代教学论强调发挥学生学习的主体作用,特别注重培养创造性思维能力与实践能力,注入式教学已经越来越为人们所批判和摒弃。

(刘 捷)

专业教育(professional education; specialized education) 亦称"专门教育"。为学生未来职业生活做准备,为培养各个专门领域专业人才进行的专门知识、专门技能和专业素养的教育和训练,包括职前教育和在职教育。在不同情境下有不同含义:一是与通识教育相对,指关于各个不同学科领域的专门教育,源于知识体系的分化和学科制度的形成(参见"通识教育");二是与学术性教育相对,指培养具有确定职业目标的实用型专门人才的教育,源于社会分工的细化和职业适应性的要求。广义的专业教育包含中等专业教育和高等专业教育两个等级。早期的中等教育和高等教育都不分专业。19世纪中叶欧洲兴起的实科中学可视为中等专业教育的开端;中国东汉灵帝时设立的与太学并立的鸿都门学,唐代的书学、算学与律学,欧洲中世纪大学设置的法学、神学、医学等高级学科可视为高等专业教育的萌芽。随着社会、经济、科技和文化的发展,社会分工越来越细,对人才的知识、技能的专业化程度要求越来越高,专业化遂成为近代高等教育发展的主要特征之一,高等专业教育即成为高等教育的主要内容和形式。中等专业教育亦成为教育系统的重要组成部分。专业教育以一定的普通教育为基础。现代专业教育的基本特点是:在普通教育基础上实施某一专业领域的专门知识和专门技能的教育;注重理论与实际结合,即基础理论教育与学生参与各种相应的实践活动相结合;注重专业人才的适应性和可持续发展能力的培养,实施包括基础理论教学、应用教学、实践训练等在内的综合教育,使学生既能熟练解决本专业的问题,又有能力面对过去由社会学家和伦理学家解决的问题,并能根据市场需求的变化,从一个技术领域转移到另一个技术领域;与企业界长期保持密切合作关系。由于传统、理念和社会实际等方面的不同,各国的专业教育有不少差异。

专业教育的内涵 (1)专业教育内涵的扩展。在高等教育阶段,传统上认为专业教育与职业教育是不同概念(参见"职业教育")。在西方,"专业"(profession)一词原仅指自由职业,即那些需要高深学问和专门修养的职业,如律师、医师、牧师等。专业教育是培养自由职业者的教育,传授某种专门领域的高深学问,注重理论修养和相关实践训练,是自由的、理智的活动;职业教育注重传授某种实用技艺、技能。大学教育包含专业教育,不含职业教育。随着科学技术的迅速发展以及由此引起的生产方式的变化,传统观念遭遇挑战。一方面现代生产活动越来越成为一种理智的活动,劳动者需要掌握的知识越来越专深;另一方面知识本身的发展使基础知识与应用知识,甚至应用知识和实践技能之间的界限逐渐模糊。大学不再仅局限于传统的专业教育,"专业"这一概念也不再局限于"自由职业",而是扩展为所有专门职业。大学不但可以设置应用性专业,还可以从事非学术性的职业培训。专业与职业、专业教育与职业教育的区别趋于淡化。俄罗斯的《俄罗斯联邦教育法》及《俄罗斯联邦高等和大学后职业教育法》等法律文件甚至将整个高等教育界定为高等职业教育。在中等教育阶段,中等专业教育与中等职业教育已无实质区别。(2)专业或专门领域的划分。高等学校专业划分有两种基本取向:一是学科取向,即按学科及其分支划分,如哲学、经济学、法学、文学、理学、工学、农学、医学、教育学、管理学等。这些大学科门类下又可划分若干分支学科。综合性大学本科教育的专门领域既有按大学科门类划分的,也有按分支学科设置专业的。二是职业目标取向,即按社会职业门类划分,如财会、金融、贸易、管理、制造、养殖、种植、护理、社会服务等。专科层次教育多按职业门类设置专业。一些学校的专业设置是两者兼而有之。中等专业教育的专业设置均为职业目标取向。

高等专业教育组织模式 世界各国高等专业教育的组织模式大致可分为三种。(1)讲座制。从欧洲古典大学继承下来的一种教学组织制度。最初是依据教授自身的学术专长领域在入学开设讲座,供学生听讲、学习。大学开设的讲座并不固定,视请到的教授而定。学生也不会固定学习一个讲座的内容。随着学科制度规范的形成,讲座逐渐成为学科的载体并发展为大学中的一种固定教学组织形式。讲座代表了某一学科(或学科分支)在大学中的存在,可以接收学生在该讲座中进行学习和研究。通常一个讲座由一名(正)教授主持,全权负责领导该讲座的教学、研究工作。可配置1~2名副教授,2名助教和若干教学、研究辅助人员。必要时也可配备讲师。当教授职位出现空缺时,以公开招聘的方式补缺,副教授必须通过应聘竞争才能晋升为教授,主持讲座。学生通常会进入一个讲座,在教授指导下制订学习计划,进行学习与研究。其优点是师生关系密切,类似师徒关系,学生可以得到更多指导,学习和研究结合得较紧密。其缺陷是比较封闭,有可能形成学术门阀和学术壁垒。当前讲座制仅在欧洲国家和日本的少数历史悠久的大学中保留。美国早期的学院也实行讲座制,后被学院制取代。(2) 学院制。现代大学中的学院有两种来源,一是由最初的讲座演变发展而来;二是随着新学科的形成而建立。除英国的牛津大学、剑桥大学等历史悠久的大学外,一般大学中的学院均按大的学科(专业)门类设置,如工学院、理学院、法学院、医学院、工商管理学院、信息技术学院、新闻传播学院、社会工作学院、生态与环境学院等。学院既是学科(专业)的存在形式,又是教学、科学研究的基本组织机构。学生进入某一个学院后,可通过一定的课程组织结构或课程计划实施专业教育。学生需选定一个主修领域,整个课程计划由通识教育课程(中国高校称为通选课程、公共教育课程等)、专业基础课程、主修领域课程等三类课程组成。学院对各类课程应修习的学分数做出规定,学生可自由选课。学院制为学生提供了较大的选择余地,为充分发挥学生学习的主动性创造了条件。(3) 专业制。俄罗斯、中国实行的一种专业教学制度。中国是在 20 世纪 50 年代仿效苏联教育模式时开始实行的。大学不设学院,在学系下设专业。专业按学科(大致为二级或更小的学科)分类或社会职业分工划分。由政府教育行政部门制定的高等学校专业目录是高等学校设置专业的依据。专业是大学的基层教学组织,是实体机构。高等学校的招生、教学计划、课程设置、学生培养甚至毕业生分配都分专业实行。学生从入学到毕业均在一个专业领域内学习。课程高度专门化,全部为必修。培养人才强调专业对口,学用一致。专业制较适应计划体制,毕业生到对口单位工作能较快适应岗位需要。但由于专业划分过细(如 1988 年有工科本科专业 378 种,理科本科专业 129 种)、教育过度专门化,学生的知识结构和能力结构都偏窄,限制了学生潜力的发展。20 世纪 90 年代以来,许多高等学校都进行改革,拓宽甚至淡化原有专业,增加选修课。有的高等学校实际上已向学院制过渡。这种改革一般只针对本科教育进行,不同层次的教育有不同的教学组织模式。

专业教育的发展 西方古代高等教育实施自由教育,即以促进学生的理性、道德、情感充分自由发展为目的的教育,属人文性质教育,不具有实用和功利目的。教育内容是"自由七艺",既没有学科分野,也没有专业教育的概念。欧洲中世纪大学建立后,在自由教育基础上出现了神学、法学、医学等高级学科的教育,其目的是培养牧师、律师、医师和教师,以满足社会对专业人才的需求。当时大学教育的主要内容和基石仍是自由教育,并非现代意义上的专业教育。始于 17~18 世纪的产业革命使高等教育产生重大变革:一是人类知识迅速增长,在产业革命期间及其后,产生了一批划时代重大科学成果,出现了学科不断分化的趋势;随着欧洲启蒙运动的兴起,新知识开始进入大学课堂,打破古典自由教育一统天下的局面。新的知识和学科不断涌现,推动了传统大学组织模式的变化,出现按新学科建立的学院,如 19 世纪中期哈佛大学建立劳伦斯理学院、耶鲁大学建立谢菲尔德理学院等。此后一些有别于传统学院的新学院,如商学院、工学院、农学院、教育学院、新闻学院、公共卫生学院、护理学院、药学院、建筑学院、行政管理学院等,纷纷在不同大学建立。学生不能像在古典大学中那样学完全部课程,大学也不能规定每一个学生都修习相同课程,选修制随之出现,允许学生选择一个学科作为自己的主要学习领域,由此现代专业教育得以确立。二是现代工业发展对实用型专门人才的需求推动了大学形态的变革。一方面,古典大学不断增加新讲座,开设新课程,甚至开设实用知识课程;另一方面,欧美各国建立了一批新的、完全不同于古典大学的高等教育机构,如法国在 1747 年建立巴黎路桥学校,1783 年建立巴黎国立高等矿业学校,1794 年创办巴黎理工学校和巴黎师范学校(初名为尔姆师范学校),该类从事专业技术教育的高等教育机构被统称为大学校。英国在 1878 年建立伦敦技术学院,19 世纪末至 20 世纪初建立十余所城市大学。美国在 1802 年建立美国陆军军官学校(亦称西点军校),1824 年建立润斯利尔多科技术学院,19 世纪末建立大批赠地学院和州立大学。这些新的高等教育机构几乎完全排斥古典课程,以追求平等、实用为价值取向。20 世纪中叶以来,专业教育与社会经济发展紧密结合,在实用主义教育思潮影响下,各类以实施专业教育为主要职能的高等教育机构纷纷成立,如社区学院、技术学院、短期大学、高等专科学校、多科技术学院等,促使高等教育逐步大众化,也使高等教育成为名副其实的专业教育。专业教育包含从专科教育到研究生教育的各个层次,向下则延伸到中等教育,出现与普通中等教育并列的中等专业教育系统。中国现代高等教育兴起伊始即以专业教育的面貌出现。洋务运动时期兴办的实业学堂、外语学堂、武备学堂等均属专业教育。京师大学堂建立时标明其宗旨为"造就通才",但学生也是分科学习,各专一门。中华人民共和国成立后,仿效苏联高等教育模式实行完全的专业教育,一度划分专业过窄,产生学生知识面窄、适应性不强、人文教育缺失的弊端。如何协调专业教育与通识教育的关系已成为世界性问题。20 世纪 90 年代以来,中国高等教育在拓宽专业、加强基础以及科学教育与人文教育融合、专业教育与通识教育结合等方面进行了一系列改革,已初见成效。

参考文献

日本世界教育史研究会. 六国技术教育史[M]. 李永连,等,译. 北京:教育科学出版社,1984.

Brubacher, J. S. & Rudy, W. Higher Education in Transition: A

History of American Colleges and Universities [M]. New York：Harp & Row, 1997.

（刘宝存　方　彤　李兴业　司荫贞

王义高　陈洪捷　李春萍）

壮族教育　壮族旧称"僮族"。广西壮族自治区有"布土"、"布僚"、"布雅依（瑞）"、"布侬"等20多种常见自称和他称，云南省有"侬人"、"沙人"、"土僚"等常见自称和他称，1965年统称"壮族"。广西壮族自治区的壮族人口约占全国壮族人口的90％，其余壮族人口主要分布于云南省文山壮族苗族自治州、广东省连山壮族瑶族自治县、贵州省从江县和湖南省江华瑶族自治县。据2010年第六次全国人口普查统计，壮族有1 692.6万余人，为中国少数民族中人口最多的一个民族。壮语属汉藏语系壮侗语族壮傣语支，有南北两大方言，但语法结构、基本词汇大体相同。其文字古时为"土俗字"，1955年，创制以拉丁字母为基础的壮文。

古代壮族教育

壮族先民是古代"西瓯"、"骆越"的一支，世代生活于岭南地区。秦始皇统一岭南之前，壮族先民的教育属于民间性质的非学校教育，教育寓于生产、生活过程之中，传授生产技术、劳动经验、生活知识，传承宗教信仰、生活习俗，基本处于相对独立、自在发展的原始状态。公元前214年，秦统一岭南后，壮族先民和壮族社会开始融入统一的多民族国家发展体系中，开始出现学校教育。

秦、汉至两宋时期壮族先民教育　（1）私学。秦统一岭南后实行郡县制以及移民实边政策，一定程度上加强了中原文化在岭南的传播，但秦尊法抑儒，以吏为师，既禁私学又不设官学，故壮族地区并未实行学校教育。其学校教育始于汉朝，私学是壮族先民生活地区乃至整个岭南学校教育之先驱。西汉时期中原实行崇儒兴学政策并逐渐推行到边远郡县，以岭南政治中心苍梧郡治广信县（今广西梧州市）为中心，私学诞生并在壮族地区发展起来。苍梧郡最早的私学是两汉之间的陈钦、陈元、陈坚卿三代陈氏家塾。陈氏三代师承家法，专治古文经学，其家塾及其经学成就对岭南士子影响很大。后来苍梧郡申朔、邓盛和南海郡杨孚都继承了陈氏经学思想。据广西地方志记载，广西有不少书院奉祀陈元，以励后学。自东汉始，一批壮族先民自己的学者也开始讲学。如牂牁郡人尹珍师从东汉著名经学家许慎，学成后返乡讲学；苍梧逸士牟子以儒道释佛，成为在壮族先民地区最早宣扬佛教的人。东汉末年，以兼治古今经学而著名的士进、士燮、士壹的士氏家学在苍梧郡也产生广泛影响。汉末刘熙因避乱到交州讲学，开岭南文人讲学之先河。三国时期的虞翻和陆绩、刘宋时期的颜延之、唐代的

柳宗元、北宋的黄庭坚和秦观等，都曾在广西讲学，惠及壮民。南来文人和本土文人的讲学授徒对壮族地区文化与教育发展有积极影响，壮族社会形成尊师重教的良好风气。

（2）官学。壮族地区有据可查的官学始于西晋。征西将军庾亮于晋穆帝永和年间（345—356）在所辖临贺郡（今广西境内贺县、钟山、昭平、富川一带）修复学校，这是有文献可考的广西境内设立的第一批学校。隋、唐、宋三代前后相继，在壮族地区大力兴学。隋开皇十七年（597年），令狐熙在桂林拨款为各州县"建城邑，开设学校"，改良风俗，自此各地相继举办官学。唐代在原有官学基础上先后建立一批府州县学，如岑溪府学、柳州府学、永福县学、武缘县学、容州学、北流县学、博白县学、桂州学、象州学、古县学、灵山县学等。一批著名人物也热心发展壮族地区教育事业：唐代宗大历年间（766—779），李昌夒在独秀峰下兴建桂林第一所学校——桂州学，另动员士绅开办9所公私塾馆；唐宪宗元和初年（806年），韦丹为容州刺史，重视并兴办学校教育；柳宗元在柳州任职期间，积极发展当地教育，如修葺文庙、兴复学校、教授生徒等。宋代出现三次兴学运动，在三次兴学运动中壮族地区重建、修复和新设了许多府、州县学，如庆远府学、南宁府学、浔州府学、昭州州学、郁林州学、桂州州学、陆川县学、来宾县学等。宋代许多政府官员重视兴教办学，奖掖后进，开化民风，如柳开、张栻、岳霖等。南宋时广西地区开设创设书院，计11所。北部有全州的太极书院、清湘书院和明经书院，桂州的宣城书院，融州的真仙书院，柳州的驾鹤书院，宜州的龙溪书院；东部有容州的勾漏书院、思贤书院，贺州的江东书院，梧州的龙泉书院。

（3）科举。壮族地区科举始于唐，行于宋，兴于明、清。唐至五代，广西中进士共12人，集中于桂东、桂北壮汉杂居区。藤县李尧臣于贞观七年（633年）中进士，是壮族地区第一个进士，后被任命为交州刺史。唐昭宗乾宁二年（895年），"桂州三才子"之一赵观文以诗文得中状元，开壮族地区状元及第之先河。宋代重视科举在边远地区的推行，广西中文科进士者共279人，桂西、桂南等壮族聚居区有76人进士及第，占宋时广西文科进士总数的24％。为鼓励壮族地区士子应试，宋代还给予士子一定优惠，州、县生应试者免征徭役，边远地区的入贡生，旅费及途中伙食由国家支给。唐代和宋代在人才考核选拔上对壮族等少数民族士子均采取特殊优惠政策，分别称为"南选"与"摄试"。唐高宗上元二年（675年）规定，岭南广、桂、榕、邕、安南和黔中等郡县官员，可以不完全由吏部直接选派，而从本地选土人充任，派京官五品以上1人充补任使，御史1人监督。上元三年（676年）开始设置南选使，三年一置，后时有变化。宋代"摄试"是"南选"的继续，是经过漕司而不经过尚书省在岭南就地选拔少数民族人才允任当地官吏的一种考试方法。南选和摄试增加了壮族地区少数民族人才参政的机会，有

利于边疆的稳定和发展。

(4) 创制古壮字及民间教育。先秦时代壮族先民发明了一些用于记事的刻画文字符号。秦统一岭南后，受过汉学教育的壮族知识分子根据壮语的语音和语义，利用汉字的偏旁、部首、音、形、义以及"六书"造字法创制壮族方块文字，民间称为土俗字，现统称为古壮字。古壮字最早见于唐永淳元年(682 年)澄州刺史韦敬办撰写并刻石为碑的澄州无虞县《六合坚固大宅颂》和韦敬一撰写的《智城洞碑》。隋、唐时期壮族先民用古壮字进行教学活动，两宋时期盛行，之后逐渐衰微。宋代古壮字广泛用于壮族生活各领域，许多故事、歌词、剧本、寓言、楹联、碑刻、药方、家谱、契约等都用古壮字记录。

元、明、清时期壮族教育 (1) 官学。元代在壮族地区设立土司制度，恢复、修葺学校 35 所，并设立专业学校，如在桂林创设蒙古字学、医学、阴阳学各 1 所。元代壮族地区战乱频繁，社会动荡，除宾州(今宾阳)、藤州两地新设县学外，其他各地官学、私学教育均无发展。明、清两代进一步发展了唐、宋文教传统，在壮族地区新建、扩建、重修了一些学校，教育事业有了较大发展。据《广西通志》记载，明代广西有府、州、县学共 56 所，其中桂林府有 8 所、柳州府有 12 所、梧州府有 10 所、平乐府有 7 所、南宁府有 4 所、庆远府和浔州府各有 3 所。桂林还有武学 1 所，培养军事人才。府、州、县学设置已逐步推广到壮族聚居的桂西一带，一些土府、州建立了学校。明正统年间(1436—1444)，思恩府土官岑瑛建立学校，这是土官建学之始。随后桂西地区先后创办思明土府学(今宁明县明江镇)、归顺土州学(今靖西县)、武靖土州学(今桂平县北部)。明代还在改土归流的府、州、县建立学校，如太平府(今崇左县境)、左州(今崇左县北部)、养利州(今大兴县)等地改流后即设学校。其建制已制度化，府学设教授 1 人，州学设学正 1 人，县学设教谕 1 人，皆由明统治者任命，主持学政，课读生徒。此外还采取优待在学生员的政策。永乐元年(1403 年)，朝廷通令广西土官衙门比照云南惯例，生员有成才者可不拘常例，从例举贡；在学十年以上、学业无成就者准在该处充吏。为保护土著士子入学、充贡和应举，明代准许土司立学及土司子弟入附近儒学，食廪读书，以鼓励土司子弟向学。清袭明制，壮族地区各府、州、县都设有学校，并在改土归流的地区增设厅学。清代壮族地区府、厅、州、县学计 86 所，其中新办学校 17 所，基本上均位于壮族聚居区桂东、桂东北等壮汉杂居区和桂西及西北部(含左、右江流域和红水河流域以及云南文山一带)等壮族聚居区均设有儒学，文风渐盛。

(2) 书院、社学、义学、私塾。① 书院。元代广西仅保留或发展南宋时期原有书院，明代书院逐渐兴盛。嘉靖七年(1528 年)，王守仁在南宁创办敷文书院，此后广西各地相继创办书院 64 所，其中北部和东北部诸府有 16 所，东部和

南部诸府有 48 所。清代对书院先抑后兴，广西有书院 198 所。从乾隆八年(1743 年)到光绪三十年(1904 年)，桂西先后建立秀阳、云峰、仕城、道南、毓秀、镇阳、经正、鹅城、崇正、云麓、南阳等 12 所书院。部分书院由壮族学者任山长，如榕湖书院、庆远书院、斑峰书院、柳江书院等。云南开化、广南等府、州、县建有莲峰、江那、培风、明新、开阳、文山等 10 所书院。广东连山建象山书院 1 所。至清末，壮族主要聚居区皆有书院。② 社学。明代倡导在壮族地区开办社学，延师儒以教壮民弟子。明洪武二十八年(1395 年)，太平府(今广西崇左县)知府陈维德兴建社学，这是壮族地区最早的社学。明代广西社学计 232 所，其中壮族聚居区有 95 所。清代社学有 69 所，其中壮族聚居区有 36 所。③ 义学。壮族地区义学的创办始于康熙十年(1671 年)，兴盛于康雍乾时期，嘉道咸时期处于低潮，光绪时期又出现新办义学的高潮。壮族地区共建义学 237 所，其中壮族聚居区有 127 所。④ 私塾。壮族地区私塾始于汉代苍梧陈氏家塾，后历代都有家塾，明、清两代尤其兴盛，除土官豪门所办私塾外，民间私塾也逐步发展起来，百色、武鸣、天峨以及云南文山等壮族聚居地区皆有私塾。

(3) 科举。壮族地区科举制度除元代不昌外，明、清皆兴盛。明、清两代土府、州、县子弟入学人数和参加科举考试与及第人数，应试出仕者人数有增无减。据《广西通志·教育志》统计，明代广西常科考试中进士 238 人(含恩赐)，柳州、河池、南宁、百色等壮族聚居区及第进士约占 25%。据《诸夷慕学》记载，土司子弟也常到流官地区参加科举考试。明、清在桂林设立专供科举考试的贡院，乡试中额逐步成为定制。洪武初年(1368 年)，乡试取士开始有定额限制，广西与广东均为 25 人，后屡有增减。乾隆元年(1736 年)，广西定额为 45 名，此后成为定制。清代除鼓励土司子弟就近入学应试外，还逐步放宽土民子弟应试条件，禁止土官阻挠土民科举。乾隆三十三年(1768 年)，议准广西佃种土官之田的土民有志向上，退还所佃之田，准令土官送考。嘉庆三年(1798 年)，令准土司除娼、优、隶、卒等永不叙录外，其他平民凡年纳粮赋及任地方义务者，概准应考。嘉庆九年(1805 年)，令军机大臣通知广西巡抚不准土司阻抑土民等读书应试事宜。嘉庆十年(1806 年)又重申，退种土司粮田的正民、杂民，准其呈明应试，土官不得藉端阻挠。这些措施一定程度上保障了壮族平民子弟的应试权利，调动了其应试积极性。历年科举仅宜山"僮童"在贡院应试者就达 500 人。改土归流地区有不少迁入的外籍人士，为推行教化，清代一度采取鼓励外籍人士入当地籍考试的政策。但入籍考试中举后，不得迁回原籍，嫡亲子侄、户籍有名者，准一体考试，入籍考试之人即为土著童子之师。这一政策于乾隆四年(1739 年)停止。清代广西文科乡试共 99 科，中式举人 5 075 名，其中壮族聚居的柳州、庆远、南宁、太平、思恩、镇安、泗城等 7 府，中式举

人计 901 人，占总数的17.7％。文科进士 585 人（含恩赐），壮族聚居的 7 府共中进士 92 名，占总数的 15.5％。广东连山壮族、云南文山壮族，也有科举中式者。

近代壮族教育

清末壮族教育 广西的新式学校兴起于 19 世纪 90 年代。康有为曾于 1894 年、1897 年两次来广西讲学，传播维新思想。1897 年，维新派组织圣学会在桂林成立，后"广仁学堂"成立，对开启民智起到积极作用。清末壮族地区的书院相继改为学堂，并创办一批新式学堂，初步建立从小学到大学的教育体系。到 1909 年，广西有小学堂 1 078 所，其中土州县、土司、土峒有 14 所。1906 年，泗色中学堂开办，为壮族地区第一所中学堂。为培养未改土归流地区的壮族子弟及其他少数民族，清政府于 1907 年特设桂林土司学堂。1911 年前，广西有 16 所中学堂，壮族聚居的府治所一般都有中学堂。为进行实业教育，在梧州、龙州、桂林、邕宁等地设农业、工商业学堂。为培养军政干部，1906—1908 年，在桂林设陆军测绘学堂、陆军小学堂、陆军中学堂、陆军干部学堂、警察初级学堂等；1905—1907 年，在龙州设将弁学堂、边防政法学堂、陆军讲武堂、边防学校等。在高等教育方面，1902 年，广西体用学堂改建为广西大学堂，后又改为广西高等学堂（1904 年）、广西官立简易学堂（1906 年）、广西官立优级学堂（1907 年）；1908 年，在桂林成立政法学堂。在维新派倡导下，广西出洋留学之风遂开。1901 年，马君武留学日本，后转学德国，为广西留学第一人；1903 年，曾汝景留学日本，为壮族留学第一人。据《广西留学史》记载，清末广西公费与自费留学生计 245 人，其中约 38 人来自龙州、宁明、靖西等壮族聚居区。

民国时期壮族教育 1911—1924 年，广西地方政权由旧桂系军阀统治；1924—1949 年，由新桂系军阀统治。1915 年，广西教育厅制定《县知事办学考成条例》，依据该条例，旧桂系在各县建立一批中小学，基础教育有所发展。新桂系在"建设广西，复兴中国"的口号下，先后提出"三自三寓"（自卫、自治、自给；寓兵于团，寓将于学，寓征于募）、"四大建设"（军事建设、政治建设、经济建设、文化建设）等系列纲领，在教育领域采取不少开明举措。1924—1930 年，新桂系主要致力于普及初等义务教育。1924 年，新桂系颁布《筹施广西全省义务教育程序案》、《广西省施行义务教育大纲》、《广西省执行义务教育标准》，计划在 8 年内完成普及 6～12 岁儿童四年制初期小学的教育任务。1928 年《广西省今后教育改进方案》发布，该方案以普及教育为核心，制订从小学到大学的教育发展规划。20 世纪 30—40 年代，广西地方当局有计划、有步骤地推进教育发展。（1）国民基础教育运动。1933 年，《广西教育改进方案全稿》发布，对教育行政、

国民基础教育、师范教育、职业教育、中学教育、社会教育、苗瑶教育的实施纲领及进行程序作了规定，着手进行教育改革。同年，雷沛鸿出任广西省教育厅厅长，开始推行其"国民基础教育计划"，并本着"有教无类、一视同仁"的教育大众化策略，以全体广西民众为对象，开展以普及教育为目标的"国民基础教育运动"。广西省政府先后颁发《广西普及国民基础教育法案》、《广西普及国民基础教育五年计划大纲》、《广西普及国民基础教育六年计划大纲》、《广西普及国民基础教育研究院开办计划》、《广西普及国民基础教育指导区规程》等有关教育的法规及政策，指导国民基础教育运动。以简单、直接、有效为原则，规定每一村（街）设立一所基础学校，每一乡（镇）设立一所中心基础学校。为构成政治、军事、文化、经济四位一体的国民基础教育体制，采取"一所三用"、"一人三长"等措施。"一所三用"即基础学校是教育中心、社会自治中心、民团训练中心；"一人三长"即乡长、镇长、村长、街长同时又是民团队长、学校校长。根据情况，对不同年龄、不同层次的民众实施不同教育。8～12 岁儿童接受 4 年义务教育，其中 2 年为强迫基础教育；13～16 岁失学青少年和成人分别接受 1 年或半年基础教育。在教育过程中强调，以生产教育为国民基础教育之骨干，以爱国教育为国民基础教育之灵魂，相辅并进，以培养人人都有一个爱国心和一副劳动生产的身手。1933 年，广西普及国民基础教育研究院成立。该院聘请名家讲学，设立实验基地，组织教育及社会调查，研究基础国民教育的理论、方针、政策等问题，编写教材，培养骨干，在国民基础教育运动中起了智囊团、示范点和培训基地等多种作用。至 1940 年，广西已有国民基础学校（含中心学校）21 571所，与 1933 年相比，每年净增 6 744 所，增设的学校多数位于偏远壮族山区。（2）国民中学制实验。1934 年，为与国民基础教育衔接，雷沛鸿倡议对中学体制进行改革，于"三三"制普通中学之外另创设国民中学。1936 年，广西省政府颁布《广西国民中学办法大纲》，规定国民中学的教育目的是培养继承及创造民族文化的健全新国民，培养基层组织骨干和其他公务员。课程设置包括政治训练、社会服务、生产技术、青年军训、国语、史地、数学、自然、艺术等。学制一般为 4 年，具有弹性：修满 1 年课程可休学从事社会服务、工商业等活动，可复学；修满 2 年为结业，社会服务 1 年可报考民团学校和各种技术学校；修满 3 年课程者，可报考高级中学、师范学校、高级职业中学、中等专业学校；修满 4 年为毕业，具有直接委任公务员和国民基础学校教师资格，再服务 2 年，具有投考农、工、商师范学校的资格。国民中学以县立为主，广西各少数民族县先后建立国民中学，培养了一批人才。1942 年，省政府重新颁布《广西国民中学办法大纲》，规定学制仍为 4 年，但不分前后期，读完 3 年者可报考高级中学或其他中等学校，第四年根据当地基层建设需要，将学生分为地方自治组、国

民师范组、农业推广组、合作事业组;学生在校期间享受师范生同等待遇,毕业后有委任小学教师或基层公务员的资格。该大纲还规定,每县须设国民中学1所,现有县立初中一律改办为或者合并为国民中学。至1944年,全省有国民中学76所,壮族地区多数县开始有了中学。(3)**特种教育运动**。为了对边远地区壮族及其他少数民族进行国民基础教育,广西省特开展"特种教育运动",又称"特种部族教育"。"特种部族"是对民国期间广西境内处于边远地区的壮族、瑶族、毛南族、仫佬族、侗族、水族、彝族、京族等少数民族的统称。特种教育源于"苗瑶教育"。1927年,黄绍宏提出"开化苗瑶之议案"。1928年,广西省教育厅制订《广西省苗瑶教育实施方案》,实际未付实施。1934年,广西政府组织省特种教育委员会,负责规划全省特种教育事务,计划在当时广西推行的国民教育体系内,在各特种部落地区设立国民基础教育学校,招收普通少数民族子弟入学。为掌握第一手资料,1934—1935年,派费孝通等专家赴龙胜、三江、资源、全县以及大藤瑶山(今金秀县)等地调查各族人口分布、历史传说、风俗习惯。在调查研究的基础上,1935年制订《广西省特种教育实施方案》。该方案和《广西特种教育区域设校补助办法》规定,特种部族区域每乡设中心国民基础学校1所,每村、街设国民基础学校1所,经费给予特别照顾。教师选用不唯学问,还要看对边民社会的了解和热忱。学生学习年限不等,根据学生入学文化程度和汉语水平,分别定为二年、三年、五年三种类型;学校成立日常生活指导委员会,帮助学生适应学校生活。至1937年,全省特种部族219个乡、1 026个村已设置中心学校36所,基础学校610所。师资力量薄弱是特种教育的关键问题。起初只能以当地稍有文化者为老师,教学学科多以学习汉语言文字为主。1935年,在南宁市成立省立特种教育师资培训所,1937年,该所迁至桂林。特种教育师资培训所开办7年,有壮族、苗族、瑶族等少数民族学生216名先后毕业。1939年,南京国民政府成立了边疆教育司,1941年,广西特种教育委员会改组为广西边地教育委员会,广西特种教育遂在名义上转入边疆教育体系,仍行少数民族教育之实务。在民族高等教育方面,1945年,百色县成立省立西江学院,开壮族聚居区创立近代大学之先河。

左右江地区也是壮族聚居地。1925年,韦拔群在东兰举办农民运动讲习所,培养壮族、瑶族等少数民族干部500多人。1929年前后,邓小平、韦拔群等在左右江流域建立苏维埃政权,创办一批劳动中小学,在壮族青年中培养了一批农运干部、红军战士和指挥员。1932年红军北上后,苏维埃政权及其学校均遭破坏。

中华人民共和国成立后的壮族教育

1949—1966年的壮族教育

1953年,广西省教育厅成立民族教育科,管理指导全省民族教育工作,民族教育科根据壮族等少数民族的特点制订民族教育发展规划。1953年、1957年,广西先后两次召开少数民族教育工作会议,研究少数民族教育问题。1957年,广西省教育厅、财政厅发布《少数民族初中预备班设置办法》和《关于山区少数民族小学教师编制问题的意见》。1963年,中共广西壮族自治区委员会批转宣传部、统战部发出的《对民族教育卫生文化工作的意见》,提出要从多方面照顾少数民族学生入学,入学年龄适当放宽;在广西民族学院增设大学先修班,在南宁、百色、柳州各选择一所中学设初中补习班;自治县和其他少数民族聚居的县可在该县的一所中学设置民族班,招收县内少数民族高小毕业生,学制适当放宽到4年;高等学校招生对苗族、瑶族、侗族等民族和边远壮族地区按照地区和民族分配一定名额加以照顾。在一系列政策的支持下,各村寨都办起了小学或教学点,每乡有中学,在民族地区举办速成师范、简易师范和各种师范培训班,先后建立广西民族学院、右江民族医学院等19所高等学校,初步形成完整的教育体系。在壮语教育方面,1952年,中共中央、国务院派出工作组,会同广西民族语言队伍,对壮语进行调查研究,确定以武鸣壮语为标准音,以壮族北部方言为基础方言,于1955年制订以拉丁字母为基础的《壮文方案(草案)》为推行壮文,1956年,广西壮文学校成立,后又设立自治区民族语言文字工作委员会、推行壮文办公室,并成立壮文学校52所。1956年,中央民族学院开设壮语言文学本科专业,接受国外壮文留学生。1957年由国务院正式批准推行《壮文方案(草案)》。

1976年以后的壮族教育　"文革"时期,广西壮族教育处于曲折停顿阶段。中共十一届三中全会后,广西壮族教育进入全面复兴阶段。(1)将民族教育置于优先发展重要战略位置,在经费投入上实行倾斜政策,规定各级政府教育经费投入要逐步做到"三个增长"。2007年,广西壮族自治区各级财政投入16.84亿元完善农村义务教育经费保障机制,其中投入12.73亿元实施"两免一补",对全区635.67万名农村义务教育阶段学生实施免收学杂费政策,131.4万名农村义务教育阶段家庭经济困难学生免费提供教科书,41.7万名农村义务教育阶段家庭经济困难寄宿生补助生活费。2008年,广西教育经费总支出为341.98亿元,其中事业性经费支出337.57亿元。(2)采取多种办学形式,提高学龄儿童入学率、巩固率,重点办好壮族初等教育。以便于儿童就近入学为原则,合理调整学校布局;班级以小型为主,20人左右即开班,因地制宜举办半日制小学、业余小学以及早上晚班等,一些"老少边山穷"地区(革命老区、少数民族地区、边境地区、山区、贫困地区)的小学校服务范围缩小到2公里以内;大多配备民族教师,适当增加教师编制;放宽入学年龄、放宽编制、增加班点、延长学制、减少教材内容。在特别贫困和文化教育特别落后的边远少数民族山区举办寄宿制高小班。2007年,广西全面完成普及九年义务教育及扫除青壮年文盲工作。(3)举办民族校、民族班。根据"重点投入、区地共管、以地为主"的原则,发展民族学校。此外根据"形式多样、按需施教、定向培养、确保质量"的原则举办各类民族班:举办寄宿制中小学民族班,在普通中专附设民族班,举办多种形式的民族扶贫中专班等。1980年起,由自治区拨款,在百色高中、河池地区高中、武鸣高中、柳州地区高中、龙胜中学(后改为桂林地区高中)等5所中学增设民族高中班,并先后在24个边远山区、县和少数民族聚居县举办寄宿制民族高小班。1984年,广西民族学院预科部、广西师范大学附属中学也从48个(后增加到49个)山区、县招收民族班学生。至2008年,全区有独立建制的民族学校165所,其中民族小学52所,壮文小学68所,民族中学43所(含壮文初中),民族高等院校2所。(4)开展民族教育综合改革,大力发展少数民族职业技术教育。各级政府根据山区资源开发和经济建设的需要,开设农学、畜牧、兽医、园艺、会计、农机、采矿、民用建筑、民间工艺等实用专业和技术。1987年,以横县、柳州市为点开展农科教结合,基础教育、职业教育、成人教育统筹,城乡协调发展的民族教育综合改革实验。(5)解决教师待遇问题,尤其是少数民族民办教师待遇问题。1981年,广西壮族自治区人民政府将1585名劳动指标分给37个县市,择优录用民办教师转公办教师。当年年底,边境民办教师转公办问题基本解决。1985年,自治区教育厅等六家单位联合发出通知,解决1.6万名民办教师转公办教师问题。(6)进行民族师范院校建设,搞好民族地区教师教育工作。至2008年,全区有普通高等师范院校6所,其中本科师范院校3所,专科师范院校3所。举办教师教育专业的普通高校6所,教育学院2所,普通中等师范学校3所,教师进修学校70所。上述院校分工协作,多种渠道培养、培训教师,组成壮族地区教师教育体系。(7)发展少数民族高等教育事业,对少数民族学生升学采取区别对待、适当照顾等多种优惠政策。民族院校录取的少数民族学生数要占招生总数的90%左右,其他院校要占35%左右;对山区、边疆少数民族聚居区的考生,给予适当加分,或者实行定向招生、定向分配的原则,为少数民族学生入学创造必要条件。(8)进行壮汉双语教育实验。1982年,广西壮文学校恢复招生。1983年,广西壮族自治区人民政府批转《关于在马山等22个县部分小学使用壮文教学试点和在农村使用壮文扫盲的报告》,按照"以壮为主,壮汉结合,以汉促壮,壮汉兼通"的原则,开始在壮族聚居区部分中小学进行壮文教学实验,开展壮汉双语教学,同时继续用壮文扫盲,取得较好效果(参见"中国少数民族双语教育")。(9)加强教育支援工作。广西的特困县主要集中在民族地区,自治区在加强扶贫力度的同时积极开展教育扶

贫活动,如开展与兄弟省区的对口支援协作、区内城市与贫困县的对口支援协作,并派出讲师团和支教工作队支援民族地区教育。壮族教育已形成包括幼儿教育、基础教育、高等教育、职业技术教育、成人教育以及特殊教育在内的比较完整的体系。至2010年,广西壮族自治区有幼儿园5349所,小学1.39万所,普通初中1974所,普通高中463所,中等职业学校(不含技工学校)357所,高等学校76所,其中普通本科院校29所(含独立学院9所),高等专科学校8所,高等职业学院33所,独立设置的成人高校6所。

参考文献

顾明远.教育大辞典(第4卷)[M].上海:上海教育出版社,1992.

韩达.少数民族教育史(第3卷)[M].广州:广东教育出版社;昆明:云南教育出版社;南宁:广西教育出版社,1998.

李彦福,何龙群.壮族教育史略论[J].广西民族研究,1994(3).

夏铸,哈经雄,阿布都·吾寿尔.中国民族教育50年[M].北京:红旗出版社,1999.

（吴明海）

自闭症儿童教育（education for autistic children）对婴幼儿期存在较严重的发展性障碍的儿童的教育。特殊教育组成部分。1943年,美国学者凯纳发表研究报告《情感接触中的自闭性障碍》（*Autistic Disturbance of Affective Contact*）,对一类儿童在情感和社会互动方面存在的困难进行了描述,他将其命名为"早期儿童自闭症"（early childhood autism）。autism 一词由 aut- 和-ism 两个希腊文组成;aut- 指"自我"（self）,-ism 指"状态"（orientation and state）,凯纳以 autism 来代表他发现的这种特殊病症:某些儿童排除自身之外的其他事物,将自己从外部的真实世界中脱离,退回到自我的世界中。中国台湾地区和香港地区将其译为"**自闭症**",中国大陆沿用"**孤独症**"译法。1982年,陶国泰在中国最先报道4例自闭症儿童病例。之后随着国内相关研究的深入、国际交流的增加、自闭症儿童家长的参与及政府教育部门的重视,自闭症逐渐被中国民众认识。

自闭症病因与发生率

20世纪70年代前,有学者认为自闭症是因亲子关系出现障碍而导致的症状,如父母对子女缺乏关爱、父母过度阻挠或过度强迫孩子与外部世界的接触等。现实生活中人们发现,许多自闭症儿童的父母本身人格发展正常,对孩子充满关爱,可其孩子自出生就表现出特殊症状,因此这种观点逐渐被遗弃。随着神经生理学、神经心理学和生物化学等学科的发展,自闭症病因的研究得以深入。自闭症的病因主要归结为以下四类:遗传疾病,如苯丙酮尿症、脆性 X 染

色体症等;病毒感染,如德国麻疹、巨型细胞病毒等;代谢疾病,如胺基代谢异常;怀孕、分娩并发症及其他不明原因。英国学者巴恩-科恩认为,上述病因都会对个体的大脑造成损伤,大脑损伤是这些病因的"最终共通路径"(final common pathway),而且这种损伤可能就出现在大脑负责正常沟通、社会互动以及游戏的脑部区域。从已有对自闭症儿童的智力测试结果来看,除1/3儿童的智商处于中等水平外,约2/3儿童智商在中下水平。自闭症并伴随智力残疾的个案较常见。

据1994年美国精神病学会《精神疾病诊断与统计手册(第四版)》(Diagnostic and Statistical Manual of Mental Disorders, Fourth Edition,简称DSM-IV)报道,自闭症发生率约万分之二至万分之五。到20世纪末,报道的自闭症发生率有上升趋势,发生率为万分之十左右。发生率数字的变化可能与社会公众对自闭症认识和识别的能力提高相关,也与自闭症诊断标准的变化及自闭症外延扩展(包含非典型自闭症)有关。中国还未实施系统、规范、全国性的自闭症发生率的调查;依据国外典型自闭症发生率为万分之五的统计数据,以中国现有人口总数为基数,估计中国典型的自闭症患者约为50万。

自闭症儿童主要症状与诊断标准

自闭症儿童最常见的症状是在社会交往上存在障碍。自闭症儿童表现出缺乏社会交往的兴趣,忽视他人存在;即便与人交往,也少有与人产生视线上的接触,最常见的是斜视或者回避,甚至不理会他人;在游戏活动中,自闭症儿童只对玩具的某一特殊功能感兴趣,无法参与到同伴的活动中,也难以理解别人的情绪和行为,因此很难与同伴建立关系;自闭症儿童还很少表现出对父母的依恋,即使在遇到痛苦或困难时,多数自闭症儿童也不知道去寻求帮助。语言交流存在着障碍是自闭症儿童的另一个主要症状。多数自闭症儿童的言语发展迟缓,有少部分儿童甚至终身失语,只能依靠手势或图片进行交流。有一定言语能力的自闭症儿童在应用语言进行交流时,表现出答非所问、言语重复、鹦鹉学舌或语调奇怪等。自闭症儿童的主要症状还表现为兴趣异常狭窄,固执地玩某些玩具或某种玩法,不会玩模仿性游戏或假装性游戏(如假扮成西瓜说话等),喜欢固定的生活环境和生活模式并伴随刻板性语言和行为。某些自闭症儿童感觉异常的现象也比较突出,如他们的听觉有很大的选择性,部分儿童对别人的呼唤充耳不闻,但对某些特定声音却非常过敏,这些声音会引起他们紧张、抗拒甚至情绪大发作;有些自闭症儿童喜欢目不转睛地看快速移动、旋转的物体,乐此不疲。

自闭症作为一种严重的发展性障碍,其早期评估和诊断具有重要意义。在诊断自闭症时,世界各国通常使用世界卫生组织《国际疾病分类手册(第十版)》(International Classification of Diseases, 10th Revision,简称ICD-10)和美国精神病学会《精神疾病诊断与统计手册(第四版)》的相关定义和诊断标准。这两个手册主要评估儿童的社会性发展、言语沟通和异常行为。以美国精神病学会的《精神疾病诊断与统计手册(第四版)》为例,自闭症儿童的诊断标准是:第一,在以下三个项目中符合6条,其中在项目Ⅰ中至少符合2条,在项目Ⅱ和项目Ⅲ中至少符合1条。项目Ⅰ,在社会性互动方面存在质的障碍:(1)在多种非语言交流行为(诸如目光对视、面部表情、身体姿势和社交姿势等)方面存在着显著缺损;(2)不能建立适合其年龄水平的同伴关系;(3)缺乏自发寻求与他人共享快乐、兴趣和成就的表现,如不会向他人展示或指向感兴趣的物品;(4)缺乏社会的或情感上的互动,如不会主动参与同伴的游戏活动,喜欢独自活动。项目Ⅱ,在言语沟通上存在的障碍:(1)口头语言发育迟缓或完全缺失,而且不能用其他交流形式如身体姿势和手势来表达自己的意愿;(2)对已发展出适当语言的儿童来说,他们表现出缺乏主动发起或维持与他人对话的能力;(3)言语刻板、重复或古怪;(4)缺乏与其年龄水平相当的、自发性的装扮性游戏或模仿性游戏。项目Ⅲ,在行为、兴趣和活动方面表现出狭窄、重复和刻板:(1)沉湎于一种或多种狭隘、刻板的兴趣,在兴趣的强度或注意集中的程度上表现异常,如他们毫无弹性地执著于特定的、非功能性的日常事务或者仪式;(2)固执地执行某些特别的无意义的常规行为或仪式行为;(3)重复刻板的动作习惯,如拍手、扭手、扭手指以及全身抖动等;(4)持久地沉湎于某些物体的部件。第二,3岁以前,儿童在社会互动、社会沟通时的言语使用以及象征性或想象性游戏方面,至少有一项功能发育迟滞或异常。在中国,自闭症儿童的诊断主要由市级以上的医院负责施测,主要借鉴和采用世界卫生组织和美国精神病学会的诊断标准。一般情况下,轻度、高功能的自闭症儿童主要就读于普通学校,而程度比较严重或伴随其他病症的自闭症儿童在培智学校学习,教师针对他们的特点给予特别指导。

自闭症儿童教育干预

从1943年凯纳发表自闭症的病例报告至今,对自闭症儿童教育的研究已超过半个世纪,探索出一些值得推广和普及的教育干预方式,其中以下几种影响大、效果较突出。

离散单元教学法　美国心理学家洛瓦斯于1960年提出。在现有自闭症儿童教育干预方法中,离散单元教学法(亦称"强化疗法",discrete trials teaching,简称DTT)是应用范围广泛、干预效果较突出的方法之一。它以正强化为原理,通过应用行为塑造法来培养自闭症儿童各项生活所需能力。它由教育者的特定指令、自闭症儿童的相应语言和行为、教育者必要的辅助以及教育者有效的反馈等四个基本环节组成。在对自闭症儿童进行教育干预时,教育者对儿童发出的指令必须简单、清晰、明了,指令发出之后要给予儿童3～5秒的时间进行反应;如果儿童能依据要求进行言语的回答或完成相应动作,教育者立即进行反馈,如物质性奖励和口头的表扬;如果儿童反应不正确,教育者则依据儿童的能力状况给予不同程度的辅导,如眼光指示、手势指点、口头提示以及手把手的指导儿童,教育者对儿童的提示和帮助随着儿童对学习内容的掌握而逐渐减少;如果儿童表现出不良行为,教育者则对其进行适度处罚,如批评或没收物品等。教育者对自闭症儿童进行训练的主要内容有:(1) 训练儿童学会坐好。这是教育干预的第一步,只有自闭症儿童能够接受指令好好坐下,以后的训练才可能进行。(2) 训练儿童与教育者进行目光接触。只有儿童与教育者进行目光接触,他(她)的关注点才会聚焦在教育者的身上,并接受教育者的指令。(3) 训练儿童进行行为模仿。教儿童学会模仿教育者的行为,并在自然环境中通过模仿来学习唱歌,玩游戏活动等。(4) 训练儿童模仿语言。多数自闭症儿童言语能力发展迟缓,有必要通过模仿教学来提高他们的言语能力,以促进他们的社会互动。(5) 训练儿童的表达能力。首先训练儿童通过模仿学会命名物体如"苹果",继而训练他们学会表达词组如"红苹果",而后教他们学会使用句子如"这是红苹果"。

自然情境教学法　美国学者 B. M. 哈特和罗杰斯-沃恩于1978年提出。其核心是将教学融入真实生活中,即在儿童日常生活中以儿童感兴趣的事物或活动为教学内容,教学时间是弹性的、机动的,教育者须"见机行事",以自发性对话的方式进行教学。与传统教学法不同,自然情景教学法(milieu teaching approach,简称 MTA)倡导寓教于乐,强调以儿童的兴趣为中心,注意保持儿童学习的动力与专注力。由于学习内容由儿童自行选择,这些内容对儿童产生强化作用,即儿童获得自然强化。心理学家科格尔将它应用到自闭症儿童的教育干预中,并取得长足进展。在对自闭症儿童进行教育干预时,科格尔等人总结出以下常用方法:(1) 示范法。教育者通过仔细观察发现儿童的兴趣(如儿童正在看苹果),然后依据儿童的兴趣示范一个言语行为(教育者说"说'想吃苹果'"),当儿童能正确模仿教育者的行为(儿童说"吃苹果")时,立即对儿童进行奖励,如若不能,教育者则再次示范该言语行为("吃苹果"),当儿童能说出该言语行为时,就会受到奖励,得到苹果吃。(2) 要求—示范法。要求—示范法与示范法很相似,都强调教育者的示范作用。但后者是教育者直接给予示范,而前者是在进行示范之前,教育者先向儿童提出要求,让儿童试着独立进

行反应,如果儿童不能正确进行反应,这时教育者再给予语言和行为的示范。如教育者为儿童准备好几种玩具,让儿童进行选择;针对儿童选择的某个玩具,教育者向儿童提出问题,如"告诉我怎么玩这个玩具";如果儿童能进行正确反应,将立即受到表扬;如果儿童不能回答或演示,教育者则示范该玩具的玩法,并同时进行语言描述,然后让儿童学习玩玩具的动作和描述动作的语言;当儿童学会之后,教育者又引入新的玩法和新的语言。应用要求—示范法可以帮助儿童提高言语能力、社会交往能力以及游戏能力。(3) 时间延迟法。在生活情景中,教育者通过环境诱导和表情鼓励等方式促使儿童开口说话,表达自己的需要或愿望。如自闭症儿童在玩电动玩具,发现电池没电了,需要换电池。教育者在一旁观察,知道此时儿童的需要,但却不给予帮助;如果儿童能主动地用正确的语言表达自己的需要("我要给汽车换电池"),教育者就立即给予电池进行奖励;如果儿童表达的语言不正确或没有反应,教育者则采用示范法和要求—示范法来训练儿童。时间延迟法强调培养儿童言语表达的主动性。(4) 环境诱导法。它强调通过精心创设的生活环境来激发自闭症儿童进行言语交流,从而促进儿童的言语发展和社会技能的提高。如日常生活环境的安置有利于激发儿童开口说话——儿童想吃苹果,但苹果放在餐柜上,自己无法拿到,儿童只有说话表达自己的需要("我要吃苹果"),教育者才会给予苹果进行奖励;又如在进行游戏活动前,给儿童选择游戏的机会——"你想玩纸牌,还是想玩滚珠子",当儿童说出自己的选择,才让儿童进行游戏活动。应用自然情景教学法可以增强自闭症儿童的学习动力,减少他们的不良行为,如与教育者抵触、对抗等。许多自闭症儿童都伴随着注意力的缺陷,而自然情景教学法是依据儿童的兴趣进行教学,教育者参与到儿童关注的活动中来引导儿童学习语言,因此它有助于补偿自闭症儿童在注意力方面的缺陷,维持儿童的学习兴趣,提高学习效果,使儿童获得更大的成就感。

结构化教学法　美国北卡罗来纳大学自闭症及相关残疾儿童治疗中心的斯科普勒及其同事共同建立了一套专门针对自闭症儿童在语言、交流、视觉和运动等方面存在的缺陷而实施的教学法,即结构化教学法(treatment and education of autistic and communication handicapped children,简称 TEACHC)。依据自闭症儿童对视觉信息反应好而对听觉信息反应差的特点,结构化教学法提倡对自闭症儿童的学习环境、学习内容、学习时间及奖赏进行结构化、视觉化的设计,从而增进自闭症儿童对环境、教育和训练内容的理解和服从。它包括四方面内容:(1) 客观环境的结构化。自闭症儿童往往不善于区分不同的客观环境,故而不能依据环境的不同来调整自己的行为,在教育干预时,应通过系统地使用视觉材料将不同环境(如学习、交往

以及游戏的区域)进行清晰划分,如不同环境的家具要特别布置,游戏区域的玩具及其有关物品要特别摆放等;利用环境之间明确的差异帮助儿童认识不同环境与不同活动之间的关系,了解在不同环境中的规则以及自己该如何行为。随着儿童对不同环境规则的意识和行为能力的提高,教育者再逐渐淡化不同环境之间的视觉差异线索,让儿童慢慢适应在正常(非特别设计)环境中学习和生活。(2)教学活动安排的视觉化。教学活动的变化常常使自闭症儿童难以适应,会引发他们的各种行为问题。为此,用不同的视觉图片将儿童每天不同的活动内容串联起来,制作成包含图片的作息表,呈现给儿童,使他们能明了特定时间的特定活动内容,预知下一个将要进行活动的内容。对活动的了解和期待有助于减少自闭症儿童因变化而引发的不良行为。(3)学习内容的视觉化分解。对学习内容进行任务分解是目前最常采用的一种教学法。针对自闭症儿童,结构化教学法提出将任务分解并以图片的形式呈现给儿童,如为了教自闭症儿童学习穿裤子,可将"穿裤子"这个任务分解成不同的动作步骤,并将每一个动作步骤用图画的形式表现出来,儿童参照图片模仿动作,从而学习"穿裤子"这一行为。(4)活动与奖励选择的视觉化。为使自闭症儿童更愿意参与到教育干预中来,结构化教学法提出让儿童有权选择和安排教学活动,产生一种自己能控制自己活动的意识。在安排教学活动时,某个时间段里的活动可以安排滑旱冰、游泳和跑步三项活动供儿童选择,并在作息表上粘贴代表这三项活动的图片,让儿童从图片中挑选自己想参加的活动;在受到奖励时,儿童也可以挑选代表自己喜好的奖励图片,如樱桃的图片,这样正强化的作用才能达到最大化。结构化教学法的特点是系统性强、结构清晰,适宜规范自闭症儿童的行为,让儿童在不同的时间完成不同的学习内容,避免他们沉湎于那些无意义的刻板动作。

图片交换沟通系统　针对有言语障碍的自闭症儿童,美国学者邦迪及其同事提出应用图片交换沟通系统(The Picture Exchange Communication System,简称 PECS)来进行教育干预。这种教学方式如同结构化教学一样,是利用自闭症儿童视觉能力的优势来组织、安排教学。图片交换沟通系统包括 6 个阶段:训练自闭症儿童学会用图片表达自己的需求;训练他们能够从沟通图册上选取代表实物的图片并送到教育者手中;训练他们从众多图片中找到适当的图片来表达自己的需要;训练他们学会使用图片来表达自己的要求和回答教育者提出的问题;训练他们学会使用图片来描述事物如"我看到了大马";最后训练他们学会使用图片来表达自己的情感。在训练的过程中,还需借助行为改变的原理如强化原理以及行为改变的技术如提示法、渐隐法和链锁法等,从而加快儿童学习的速度和提高儿童学习的效果。研究结果显示通过图片交换沟通系统的训练,自闭症儿童沟通能力得以提高,与此同时,他们的不良行为逐渐减少,一些自闭症儿童的沟通方式也由采用图片进行沟通发展到言语沟通。

感觉统合训练　由美国心理学家 A. J. 艾尔斯依据神经生理学理论而发展出的、适宜于学习障碍儿童和自闭症儿童的治疗方法。他认为,自闭症儿童脑中枢的感觉刺激调节功能发生障碍,即脑干无法将各种感受器接收到的感觉信息进行整合,影响大脑皮层对信息进行认知、判断继而进行适当的行为反应决策,所以他们会表现出异常的感受和行为反应,如不知道冷和热、害怕某些声音或奇怪的待人方式等。应用感觉统合训练(sensory integration training)可以改善和调节自闭症儿童处理感觉信息的能力,从而改善他们对人、对物的异常反应。训练的方式主要是让儿童进行各种游戏和运动,如滑板、秋千、平衡木、蹦床、大油桶或轮胎内滚动等,还有玩黏土、手指画以及对儿童的皮肤摩擦等,以此来促进大脑对输入感觉信息的处理与整合。如家长用刷子先刷孩子的手背、手指等触觉防御性较少的部位,然后渐渐过渡到刷孩子的手心等敏感部位,通过这种方式可以增加自闭症儿童肌肤对刺激的接触,减少他们的触觉防御。法国耳鼻喉科医生布拉德创立的听觉统合训练(auditory integrative training)也是感觉统合训练的一种。它通过让自闭症儿童聆听经过调制的音乐来矫正听觉系统对声音处理失调的现象,从而达到改善情绪和行为问题的目的。

行为矫正　行为改变技术常常应用于矫正自闭症儿童的各种行为问题。自闭症儿童最常表现的是自我刺激行为。每个行为都受到前提事件和行为后果的影响,自闭症儿童的自我刺激行为也如此,因此有必要分析影响自我刺激行为产生的原因、自我刺激行为发生给儿童带来的后果。一般情形下,儿童的不良行为具有以下功能:通过行为获得正强化,如得到喜欢的食物、进行某项活动等;通过行为获得负强化,如逃避、离开厌恶的环境或某个人等;通过行为获得身体感官的满足或减少感官的不适等。如果分析发现自我刺激行为是儿童获得感官满足的一种方式,教育者应该首先采用转移注意力、安排其喜欢的活动、促进其参与别人正在从事的活动等行为管理策略;当这些方法实施无效时,再针对该行为进行处罚,如给予厌恶刺激、限制该行为发生等。

自闭症儿童的教育干预非常强调针对性,要根据儿童的个别差异选择适当的教育干预方法。如对比较严重的自闭症儿童,教育干预的初期要采用结构性强的离散单元教学法;当儿童与教育者形成融洽的关系,并且儿童能听从教育者的指令进行反应等,教育者可逐渐引入自然情景教学法,将对儿童的教育回归到自然生活环境中,并利用儿童的学习兴趣进行教学。在教育干预中,语言训练的内容应该包含功能性语言,教育者应为儿童的重要关系人,如父母、老师或照顾者等。

参考文献

黄伟合. 儿童自闭症及其他发展性障碍的行为干预——家长和专业人员的指导手册[M]. 上海:华东师范大学出版社,2003.

Aarons, M. & Gittens, T. The Handbook of Autism: A Guide for Parents and Professionals[M]. London: Routledge, 1992.

American Psychiatric Association. Diagnostic Criteria from DSM-IV[M]. Washington, D.C.: American Psychiatric Association, 1994.

Baron-Cohen, S. & Bolton, P. Autism: The Facts [M]. New York: Oxford University Press, 1993.

Kanner, L. Autistic Disturbances of Affective Contact [J]. Nervous Child, 1943(2).

(焦　青)

自陈量表(self-report inventory)　一种自我评定的测量问卷。它由一些与所要测量的人格特征有关的陈述句或问题组成,让被试作出是否与自己观点、态度、经验相符合的回答。自陈量表依据的是被试对自己人格和行为特征的自我观察和自我报告。与测量其人格特征的投射法、评定量表和情境测验法等方法相比,自陈量表是人格测量中最常用也是最客观的方法。

人格量表根据编制的方法不同可分为三类,即根据经验效标编制的人格问卷、根据因素分析技术编制的人格问卷和根据人格理论编制的人格问卷。也有的人格问卷在编制时综合这三种方法。

经验效标的人格问卷在编制时一般依据的是经验的证据而不是理论的证据。基本步骤是选择一个或几个效标组(具有某一特质或行为特点的团体)和控制组(不具有某一特质或心理特点的团体),将编好的题目试测于两个组,再选择效标组和控制组做出明显不同反应的项目,编成问卷。著名的经验效标人格问卷有"明尼苏达多相人格量表"(Minnesota Multiple Personality Inventory,简称 MMPI)和"加州心理调查表"(California Psychological Inventory,简称 CPI)。

因素分析的人格问卷在编制时先对大量描述人格的形容词或句子施测于一个有代表性的样本,对测验结果进行因素分析,将有较高相关的项目合并为一个因素,根据这一因素的含义定义这一类项目所测的心理特质。由此发展出若干分量表,使量表内的项目有较高的同质性(相关高),不同量表内的项目相关低或没有相关。著名的因素分析人格问卷有"吉尔福特—齐默尔曼气质调查表"(Guilford - Zimmerman Temperament Survey,简称 GZTS)、"卡特尔16种人格因素问卷"(Cattell's sixteen Personality Factor Questionnaire,简称 16PF)、"艾森克人格问卷"(Eysenk Personality Questionnaire,简称 EPQ)、基于大五人格模型的"NEO 人格问卷修订版"(Revised Neuroticism Extraversion Openness Personality Inventory,简称 NEO - PI - R)等。

根据人格理论编制的问卷是依据有关的人格理论编制的,挑选项目的标准是该项目是否在理论上测量了所要测的特质。投射测验一般是根据人格理论编制的,或多或少与精神分析理论有关。在人格问卷中,有的根据系统的人格理论编制,如"爱德华兹个人偏好量表"(Edwards Personal Preference Schedule,简称 EPPS)和"迈尔斯—布里格斯类型指标"(Myers - Briggs Type Indicator,简称 MBTI),有的部分根据相应的人格理论编制,如"詹金斯活动调查表"(Jenkins Activity Survey,简称 JAS)等。

自陈量表是让被试做自己心理活动和行为的观察者,报告自己的真实情况,因此自陈量表的结果是否准确和客观取决于被试是否能按自己的真实情况回答问题。研究表明,以下几种情况会影响被试对问卷问题回答的客观性:(1)被试存在反应倾向。有时被试在自我报告时会有让别人对自己形成某种特殊印象的企图,这称为反应倾向。如在申请工作、入学等情况下被试有表现得偏好的倾向,而在进行司法精神病学鉴定时罪犯则会有表现偏坏的倾向,以逃避法律惩罚。有时被试会有另外一种反应倾向,即不管问题内容如何,总是以特定的方式回答问题,这种独立于题目内容的反应倾向称反应方式。如默认(默认问题陈述的语气,无论什么问题都以"是"作反应)、折中(在问题上不表明自己的态度)、猜测(猜测测验者赞同何种观点)、极端(喜欢以极端的方式表达自己的态度)等。(2)被试不知道自己的真实情况。受被试教育程度、年龄等影响,有些被试对自己的真实情况并不能作客观认识,如自己对某一问题的态度、对某事物的好恶及自己真正的兴趣等,也就无从真实地回答。(3)被试掌握不准评定的标准。被试对问题赞同或反对程度的强弱要表示在二级到七级(有的多达十一级)的评定量尺上,这一评定要求依据客观的统一标准,如"经常如何","有时如何"等,不同被试对"经常"、"有时"等的理解并不一致,在评定时往往依据的是主观标准。(4)被试对一些问题的回答会受其当时的情绪、动机等不稳定因素的影响,使测验结果不能反映稳定的人格特质。

自陈量表是测量人格的标准化测验,严格按照心理测量学的原理编制。其优点是记分客观、易于实施,解释时有常模为依据,比投射测验更容易进行。人格测验的信度一般低于认知类的测验,编制得好的人格自陈量表也能达到比较高的信度(有的在0.90以上)。对人格测验的效度,长期以来一直受到怀疑,但研究亦发现,质量好的人格量表可以达到一定的效度。

参考文献

戴海崎,张峰,陈雪枫. 心理与教育测量[M]. 广州:暨南大学出版社,2011.

（骆　方）

自学辅导教学法（self-learning and tutoring instruction method）

学生在教师的辅导下进行自学,获得知识、发展思维能力、形成自学习惯的一种教学方法。由中国科学院心理研究所研究员卢仲衡经过数十年的初中数学教学实验研究总结出来。

自学辅导教学法以培养学生的自学能力以及养成良好的自学习惯为目标,自学能力具体包括主动阅读能力、独立思考能力、自练自检能力、自我管理能力、自我控制能力、自觉探求能力、创新思维能力等。

自学辅导教学法的理论基础　(1)学习心理学理论。学生的学习建立在心理学的基础之上,心理学为学生的自学提供有效的保障。因此,自学辅导教学法提出要遵循这些心理学原则:适当步子原则,即按照适当的步子来编写教材和教学内容;即时知道结果原则,即学生练习之后尽快告诉他们练习的答案;铺垫原则,即从旧知识中推导出新知识,使先前的学习为后来的学习做好知识上的铺垫;从展开到压缩的原则,即要求学生在学习时尽量展开,写出详尽的过程,随着学习成熟程度的加深而逐渐过渡到压缩、省略详尽的过程;直接揭露本质特征的原则,即将最常见的错误和正确的特征同时呈现,以供选择,弄懂其中的道理,培养判断能力;多例题多变式原则,即在教材中给学生以足够的例题,供他们从例题中自学,使他们能够通过分析已有解答的例题进行有效的自学,从中发现导致成功的解答问题的策略;按步思维原则,即当学生在解决问题的时候,采用按步思维的方法,向学生提供思考问题的基本规范,使他们能迅速地进入问题的核心;运算根据外化原则,即学生在运算过程中注上根据,使运算根据外化,促进学生对数学定理的理解;可逆性联想原则,即根据数学中的命题都是可逆的特点进行联想,促使学生的思维方式由正向思维向逆向思维发展,从而有效地促进学生思维能力的发展。(2)学生学习类型理论。自学辅导教学法将学生的思维品质细分为四种学习类型,即敏捷而踏实型(快而准)、敏捷而不踏实型(快而不准)、不敏捷而踏实型(慢而准)、不敏捷并不踏实型(慢而不准)。教师要根据以上不同学习类型的学生给予分别指导和辅导,以达到因人施教的目的。(3)班集体教学与个别化教学相结合理论。自学辅导教学法保存了班集体的形式,在刚上课时或在下课前由教师向全班学生进行启发和小结,又采用了个别化的形式,即在课中学生可以集中注意力自学,教师一般不打断学生的思路,只做个别性的辅导,这样就做到了班定步调与自定步调的结合。(4)"学主教从"理论。自学辅导教学法强调在教学过程中教师的着眼点在于学生的学,坚持让学生自学,不打断学生的思维,鼓励学生动手动脑,而教师则多方面地辅导学生,包括启发与小结、辅导与提高、检查与监督、组织与管理等。

自学辅导教学法的程序　自学辅导教学法一般可分为四个程序。(1)领读阶段。花3～5天的时间要求学生基本学会阅读教材,能正确理解词义,并学习概括段意。教师领着学生在课堂上阅读教材内容和例题,做完练习中的习题后领着对答案,改正错误。(2)适应自学阶段。适应自学阶段(大约3个月时间)的目的是使学生适应"启(刚上课时激发学生的学习动机)、读(阅读教材)、练(做练习)、知(核对答案)、结(下课时概括教学内容)"的课堂结构。"启"和"结"的环节约占15分钟,"读、练、知"的环节主要是学生自学,约占30分钟。(3)阅读能力与概括能力形成阶段。这个阶段大约持续半年至一年时间,具体做法与第二个阶段相似。但其重点在于培养学生的独立性,使之学会用自己的语言写读书笔记或心得,对概念、法则、定理或题型进行分类等。(4)自学能力成长与自学习惯形成的阶段。在这一阶段中,学生已具备基本的自学能力,形成一定的自学习惯,对自学辅导形式产生浓厚的兴趣,独立性更强,能正确理解教材内容及其各部分之间的逻辑关系,能准确总结单元内容,使自学能力和迁移能力有较大提高。通过以上四个阶段,学生经过自学辅导教学后的尝试,到高中阶段,就可以利用所形成的自学能力,充分发挥自身的学习潜能。

自学辅导教学法的策略　教学过程中,自学辅导教学法强调运用以下教学策略。(1)启发指导策略。教师启发引入问题,布置自学内容和要求,让学生在教师的指导下通过自学解决问题,以便更好地掌握知识。教师采用的指导形式有点拨、讲解、追究、讲评、总结等。该策略体现于课前拟就的反映教材重点、难点的提纲,课堂上根据不同类型学生的特点,分别引导学生认真阅读教材,深刻理解教材内容,统一做题格式,引导学生积极讨论等。(2)激发思维策略。实施策略包括:有计划地发展学生的独立思考能力;加强语言的训练,培养思维的深刻性;利用问题来培养多种思维方式;加强思维训练,培养思维的敏捷性与灵活性,等等。(3)检查监督策略。不同类型的学生在自学每一步内容时,教师都要通过观察、提问等形式让学生回答,正确的予以肯定,错误的立即纠正。(4)发展学生自我坚持能力策略。在开始阶段,一般由教师教给学生如何自检,在课堂上不断地巡视检查学生的学习进展和自检情况,在课后还要收部分学生的作业来认真检查,每次的小测验都由教师认真批改。在此基础上,学生可以针对教师拟订的自学提纲,从教材中找出答案,写出章节或单元总结,发现和提出自学中的疑难问题,学会做笔记,如加眉注、加上补充的内容等。

自学辅导教学法自1965年开始实验以来,由于强调教学过程中教师的指导和辅导作用,并力求体现学生的主体作用,注重学生的自学实践,效果较为显著,因此,在中国教学改革领域影响很大。它不仅为因材施教找到了一条较为切实可行的途径,而且实现了教材与教法的整体改革。这一研究成果已经迁移到物理、化学、语文等学科教学中,并从初中延伸到高中。

（刘　捷）

自学考试（examination of self-learners）　中国对自学者进行的以学历考试为主的高等教育或中等专业教育国家考试。个人自学、社会助学和国家考试相结合的新型教育形式,中国成人教育体系和现行考试制度的重要组成部分。

具有以下特点:(1)权威性。国家制定统一方针、政策和考试质量标准,统一命题标准、考试时间及规章制度、考籍管理办法等。在各级政府和教育行政部门的领导下,建立从中央到地方的组织完整、运作协调的管理系统,从而保证了国家考试的科学性、严密性和权威性。(2)开放性。不受校舍、师资、教学条件等因素的限制,凡愿意参加自学考试者均可选择专业报考;报考者不受年龄、性别、已有学历、职业、身体条件及居住区域的限制,最大限度地满足自学者参加考试的要求。(3)灵活性。在专业设置方面,凡经济建设和社会发展迫切需要的,只要考试条件许可就可以开考;已开考的专业如不适应社会需要也可停考。在学习方式和年限上,自学应考者以自学为主,也可接受助学辅导;没有学习年限的限制。采取分科考试、学分累计的办法,考试合格一门就获得一门的学分,发给单科合格证书;不合格的课程允许多次复考。按专业考试计划规定考完全部课程并成绩合格以及思想品德符合毕业生要求者发给毕业证书。在学历层次设置上,有中等专业层次、大学专科层次和大学本科层次。在考试类型和安排上,有单科考试、专业证书考试和毕业证书考试;各类考试一般每年举办两次,考试科目2~4门不等,自学应考者可根据自己的情况参加。(4)业余性。参加自学考试的人多数为在职人员,多业余自学。(5)效益性。自学考试主要依托普通高校或中等专业学校,一般不需另设一套教学设备,社会助学也主要挖掘社会现有的智力和设备潜力,国家投入不多即可获得造就人才的较高效益;对于自学应考者来说,自学考试的费用比在普通高校或成人高校就读的费用低廉;自学考试开考专业均是根据社会经济发展需求,在人才预测的基础上确定的,考生一般都专业对口,学以致用,具有较好的社会效益;自学应考者大多在职,大大缩短知识转化的滞后期;自学考试毕业周期不受普通学校学制限制,有利于多出人才、快出人才。

自学考试管理体制实行中央、省(自治区、直辖市)、地(市、直辖市的市辖区)三级管理。在各级政府和教育行政部门的领导下,由各级自学考试指导委员会负责管理全国和地方的自学考试工作,下设各级自学考试办公室,办理同级考委的日常工作。各专业主考工作由省级考委选定的各专业主考学校承担,实行"考试主导、以考促学、教考职责分离"的原则。经费来源主要有两个渠道:纳入教育事业费中列支;收取考生报考费,主要包括报名费,考务费,毕业生审定费,委托、验收和认定学历的考试费用等。

自学考试制度的建立源于中国改革开放和现代化建设。20世纪70年代末,社会急需大批专门人才,当时已有的高等教育形式难以满足社会需求,为改变这一状况,1978年第五届全国人民代表大会第一次全体会议通过的《政府工作报告》提出,要建立适当的考核制度,业余学习的人经过考核证明达到高等学校毕业生同等水平的,应在使用上同等对待。1981年,国务院批转教育部《高等教育自学考试试行办法》,标志着中国高等教育自学考试制度正式建立。首先在北京、天津、上海和辽宁等三市一省进行试点。1983年,成立全国高等教育自学考试指导委员会,此后高等教育自学考试在全国各省、市、自治区全面实施。1988年,国务院正式颁布《高等教育自学考试暂行条例》,以国家最高行政法规的形式确立高等教育自学考试制度。为适应培养不同层次、不同规格的专门人才的需要,1983年,教育部批准辽宁省在沈阳市率先试行中等专业教育自学考试。在试点取得成功的基础上,1985年先后在上海、天津、河北、江苏、浙江、福建、江西、山东、湖北、广东、广西、云南、甘肃等13个省、自治区、直辖市相继实行中等专业教育考试制度。1985年,国家教育委员会印发《关于开展中等专业教育自学考试工作若干问题的通知》,中等专业教育自学考试开始在全国各地普遍实施。为促进自学考试事业健康发展,充分发挥其功能,教育部于1995年印发《关于高等教育自学考试社会助学工作的意见》,加强对社会助学工作的指导和监督。为满足农村自学者的需求,1997年,国家教育委员会和农业部联合制订《关于推进自学考试面向农村工作的意见》,1999年,教育部下发《关于积极推进农村乡镇自学考试服务体系建设的意见》,提出在农村乡镇建立自学考试服务站,并对建立服务体系的原则和职责、队伍建设、各项管理制度以及经费的筹措、设施配备等提出要求。农村乡镇自学考试服务站成为农村、基层考生参加自学考试助学辅导的重要基地,为农村人才的培养和农村的发展作出贡献。至2010年,参加自学考试学历教育累计有近5 579万人(不重复计算)、2.17亿人次,累计报考科次5.09亿,累计培养本专科毕业生982万余人;参加全国统一非学历考试累计5 739万人次,约2 000余万人次获得各类证书。全国共开考796个专业,其中专科层次专业413个,本科层次专业383个。自学考试为社会全体公民提供平等接受高等教育的机会,较好地体现了教育的公平性原则,对促进中国社会主义精神文明建设、保持社会稳定、形成良好的社会风气、提高全民族的科学文化素质方面发挥了积极作用。

（谢国东）

自由教育(liberal education)　亦称"博雅教育"、"文雅教育"。西方教育史上的教育观点或教育理想。源于古希腊。在不同时代有不同内涵。在古希腊产生后,历经中世纪、文艺复兴和18—19世纪等几个发展阶段。一直到20世纪,一些著名教育家,如蒙台梭利、罗素、A. S. 尼尔、赫钦斯等仍坚持自由教育传统,并提出了一些新的见解。

古希腊哲学家论自由教育　苏格拉底生活的时代,雅典社会已由盛转衰。针对当时社会风行的功利主义流弊,苏格拉底主张抛弃一切对自然知识和其他实用知识的学习,认为雅典社会之所以越来越堕落,根源就在于实用知识泛滥,人们的内心世界只存有追名逐利、荣华富贵的念头,忽略了对心灵和精神之善的追求,精神世界贫瘠又使得人们处处感到束缚和不自由,教育就应该劝人为善、劝人归善,使人回归自由世界。这是古希腊时期自由教育的启蒙理论。柏拉图继承并发展了苏格拉底的自由教育理论。他不再排斥所有的实用知识,认为那些有利于城邦保存和发展的自然知识和实用知识,如造船等,都是自由人应该学习的。柏拉图从其教育本质理论出发,提出了闲暇理论。他认为教育的本质就在于帮助人实现灵魂转向、进入至真至善的理念世界,而闲暇对实现人的灵魂转向具有不可忽视的重要意义。闲暇是智慧衍生的必要条件,为生计操劳的人因无暇沉思而不可能产生智慧。而正是智慧才使得人具有通向理念世界的可能。亚里士多德继承苏格拉底和柏拉图的教育理想,明确提出了自由教育的主张。他认为,人的本质特征就在于具有理性丰富的内在潜质。理性需要丰富和发展的根源在于,理性发展的过程就是追求善的过程,其最终所指是人的幸福。理性的丰富不是孤立的个体自动完成的,需要帮助和引导,教育的价值就在于它是引导人们发展和完善其理性的路径和工具。因此教育的根本目标就是引导人们充分发展其作为人的灵性而使之日益实现真正的幸福,即身心全面的发展、解放和自由。亚里士多德所谓的"人"指的是自由人,是与"奴隶"相对应的概念,奴隶是没有受教育权利的。亚里士多德认为,自由人的根本特征不应是经济上和政治上的独立与自由,而应是精神的自由。自由人应该是身心俱得到解放和自由的人。自由教育的实施需要两个基本条件:闲暇和自由学科。闲暇的价值就在于柏拉图的萌生智慧。自由学科主要包括读写算、音乐、体操和哲学。这些学科排除了职业训练的功利性,纯粹是为了发展人的理性和提升人的精神境界,最适合自由人学习,故得名。自由学科是自由教育的基本内容。在教育方法上,亚里士多德主张以学习者自由探讨为主,反对机械记忆和专业化训练。

中世纪时期自由教育内涵的改变　自由教育内涵在中世纪发生了变化。西罗马帝国灭亡后,西欧进入神性时代,神职人员垄断了知识教育,教育本身也渗透了神学性质。

中世纪虽然仍有所谓的七种自由艺术,但教会认为七艺是为进一步学习神学作准备的基础学科。中世纪的七艺渗透着神学的内容,处于神学的从属地位。基督教教育哲学的代表人物奥古斯丁认为,教育的基本目的在于为上帝培养善男信女,并为教会培育优秀教士,教育的本质是人类赎罪的过程。他注重"七种自由艺术",特别是修辞学,认为只有掌握修辞学和雄辩术,人们才能更好地赞美、歌颂上帝,宣扬基督教的信仰,批判各种异端邪说。根据他的基督教教育哲学,自由教育的"自由"成了来世才能兑现的目标,因为只有在上帝之城,人类才能脱离尘世的束缚,实现心灵和身体的解放。从"人是有罪的"这个论断出发,奥古斯丁认为教士要严厉管教学生,让他们反复进行思辨训练和机械记忆,以坚定对上帝的笃信。他反对学习自然学科,认为学习自然学科是对上帝的亵渎。中世纪晚期(11—13世纪),古希腊哲学通过阿拉伯人再度传入欧洲,亚里士多德的大量著作被翻译出版,他的学说为中世纪思想界展开了一个全新的世界。基督教神学家利用他的学说发展了经院哲学。托马斯·阿奎那作为基督教神学和经院哲学的集大成者,把哲学融于神学之中,创立了庞大、系统的神学体系。托马斯·阿奎那开始重视感性知识的地位,提倡对自然科学的学习,尤其是对物理和数学知识的学习,并承认人具有自主、自决的能力,也具有意志自由的倾向,在教学方法上注重启发诱导。他把经院哲学推上高峰,也促成了经院哲学的衰落。总的说来,中世纪的自由教育经过基督教神学家的改造,基本脱离了本初面目,成为基督教会维系统治的工具,也成了压抑人的自然理性和创造性的磐石:自由教育的终极目的不在现世,而在来生;"自由学科"成了封闭心灵、束缚自由的绳索;自由教学被鞭笞、灌输、机械训练所代替。

文艺复兴时期的自由教育观　这一时期的代表人物为弗吉里奥、伊拉斯谟、蒙田、培根。这一时期,众多人文主义学者通过努力,基本修正了中世纪基督教会对自由教育的曲解,重新发现人的价值并力图回到古希腊罗马时期的自由教育。弗吉里奥痛斥基督教会对人性的压抑,提倡人性解放,认为应对青少年实施文雅教育,使其身心得到全面发展。在教育内容上,他特别强调对历史、伦理学和修辞学的学习,尤其是历史,认为历史是"贤明之师"。在教学方法上,他反对中世纪的机械训练和摧残儿童身心的鞭笞、训斥、体罚,认为教师应该尊重学生,按照学生的喜好授业。伊拉斯谟认为教育的根本目标是通过教授经世致用的人文知识来促进社会和国家的建设与发展。教育要重视培养人的三种品质,即虔诚、德行和智慧。为了达到此目标,伊拉斯谟要求将古希腊罗马作家的文学著作和《圣经》作为教学内容。在教学方法上,他赞成弗吉里奥的观点,认为只有在对学生有一定了解的基础上,教学才能更有效果。人文主义者主张将基督教与人文主义统合起来,既坚持对上帝的信仰,又提倡对古典文化的学习和探究。蒙田是人文主义者中最有批判性的一位,也是对中世纪基督教会教育批评得最为彻底的一位。在蒙田看来,人之宝贵全在于其理性,而理性的表现在于对一切事物的怀疑精神,因此教育不能满足于教授知识,更重要的是培养批判意识、判断能力和怀疑一切的勇气。在教育方法上,蒙田主张教师要身体力行,为学生做好榜样;主张温和教育,反对强力和压制。培根是文艺复兴后期的哲学家和科学家。他的重要论断在于强调智育对德育的意义,认为知识是美好德行的基础,有大智才会有大德。文艺复兴时期的自由教育具有以下特点。(1)教育目的有世俗性。人文主义教育家普遍主张入世,认为教育应该为社会和国家培养优良的建设者和接班人,同时没有忽视教育对个人发展的作用,认为离开了教育,个人是无法获得身心和谐发展的。他们也表现出了时代的局限性,同样认为教育不能排除其作为上帝和基督教驯服人性的工具属性。(2)教育内容具有尚古性。这一时期的教育家表现出了强烈的尚古热情,把古典语言和古典著作作为主要教育内容,强调对拉丁语、希腊语和希伯来语的学习。自然科学是早期文艺复兴时期众多人文学者鄙夷的学科,得不到重视。形成于古希腊时期的“七艺”也是教学内容,但主要侧重前“三艺”(文法、修辞、辩证法),原因主要是后四艺带有自然科学的某些因素。这种状况到文艺复兴后期有所改变。例如,培根就强调自然科学知识的价值,将自然科学视为知识的主要内容。在整个文艺复兴时期,神学仍是教育的基本内容,但其统治地位已逐渐淡化。(3)教育方法合乎人性。人文学者们明确表示反对权威主义和体罚,崇尚自由精神,蒙田就认为人都有一个自由的灵魂。他们要求尊重儿童,尊重儿童身心发展的特点,反对禁欲主义,反对强制教育和机械记诵。

18—19世纪的自由教育观　这一时期的代表人物为卢梭、洪堡、赫胥黎。卢梭作为自然主义教育思想的代表,他的“回归自然”主张带有明显的自由主义色彩。卢梭认为,封建制度压抑人的本性,束缚人的自由,处于樊笼之中的人性由于得不到自由伸展而变得畸形,这是以往教育的最大失败。在激烈抨击当时教育状况的同时,他试图重建自由教育的理想。他主张按照儿童身心发展的特征和规律来实施教育;对儿童实行劳动教育和职业教育。这是对传统自由教育的一个补充,预言了现代教育史上关于自由教育内涵的辩论。洪堡发展了古典自由教育观,认为教育的目的是为了提升人的理性,追求纯粹的知识,为科学而科学,不是为了知识的实用价值,强调教学自由,主张给教师研究和学生学习同样的自由空间。在教育内容上,他虽然同人文主义者一样注重希腊罗马的古典人文学科知识,认为古典作品有益于学生理性思维的训练和高尚品格的形成,但不排除而且鼓励学习自然科学;在教学方法上,他鼓励科研探

究的教学方式,认为教师不要满足于传授传统的知识,而要授之以科研创新的东西,让学生根据兴趣去自由探究。赫胥黎认为,自然科学应该与古典人文学科处于同等地位,它们对人类的发展有着各自不可替代的作用。自由教育要体现古典人文学科与现代科学的结合,既反对纯粹功利性,又扶助现代科学进步,因此,人文学科仍然要坚持下去,但还要包容现代自然科学和其他应用科学。总之,这一时期自由教育思想的共同之处有以下几点:(1)在教育目的上,主张培养和发展人的理性,注重理智训练;(2)主张学习古典人文著作,但不排斥现代科学;(3)强调科研的重要性,主张科研自由、教学自由。

20世纪的自由教育观　这一时期的代表人物有蒙台梭利、罗素、A. S. 尼尔和赫钦斯。意大利教育家蒙台梭利从发展的观点出发,认为儿童的发展包含生理和心理两个发展过程,而自由活动是生理和心理发展的客观要求,因此自由是儿童应有的天赋权利。蒙台梭利将“自由”作为其教育体系的最基本原则之一;同时她又强调儿童不是绝对自由的,需要以尊重他人的正当自由为前提。健康的自由精神的培养离不开集体的纪律和儿童的意志力,因此在教育内容上,蒙台梭利特别强调平衡木、攀登架等工具和园艺活动的价值,认为这些工具和活动有利于儿童身心自由发展和意志力的培养。罗素是英国哲学家和教育家。他主张给予儿童更多的自由,让他们自然、健康地成长。罗素反对传统教育中那种压制学生思想的方法,认为压制会让儿童产生厌烦心理,会导致儿童心理失常,毁灭儿童的创造热情。但罗素也反对毫无纪律的绝对自由,反对将自由作为教育的绝对原则。自由在一定限度内有利于儿童心灵的成长和良好品性的养成,为了保证“自由教育”真正施行,教师必须热爱儿童。尼尔也是英国教育家和萨默希尔学校的创办者。尼尔认为,教育的目的不是传授知识,而是培育儿童的自由精神和健全人格,主张新教育就是要一反传统,让儿童根据自己的兴趣爱好作出选择。在萨默希尔学校中,没有训斥、惩罚和说教,教师不是监管者,而是指导者和儿童的求助者,儿童可以自己管理自己。美国教育家赫钦斯是在自由教育的内容上返回传统。赫钦斯坚持自由教育为发展理性而发展理性的古老传统,反对同时期的教育家杜威自由教育实用化的思想,认为世界是一个永恒不变的理智世界,建立在一些永恒不变的固定的原理基础之上。这些固定的原理是可以为人所认识和把握的,但这个认识需要有高度的理性,理性需要培养,所以教育的目的就是要追求人类共同的理性和培养个人的智慧和理智。这些原理包含在西方文明的伟大著作之中,因此教育的主要内容就应该是这些古典著作,文法、逻辑学、修辞学和哲学是尤其重要的。赫钦斯强调自由教育的目的不应该也不可能是把学生想知道的一切知识都教给他们,而是培养他们一种解决问题的意识和素质,就

是把他们培养成为有理性的人。他相信人区别于其他物类就是因为人在本质上是理智的,真正幸福的生活就是理智的生活,于是理性教育就是获得幸福的最好手段。这一争论一直到今天都未能平息。

参考文献

单中惠.西方教育思想史[M].太原:山西人民出版社,1996.

吴式颖,任钟印.外国教育思想通史[M].长沙:湖南教育出版社,2002.

张斌贤,褚宏启,等.西方教育思想史[M].成都:四川教育出版社,1994.

（丁永为）

自主学习(self-regulated learning)　　亦称"自我调节学习"。指学生自己掌控自己的学习。可分为三个方面:一是对自己的学习活动的事先计划和安排;二是对自己实际学习活动的监察、评价、反馈;三是对自己的学习活动进行调节、修正和控制。自主学习具有能动性、反馈性、调节性、迁移性、有效性等特征。在课程论领域,培养学生的自主学习能力被作为一项重要的课程目标;在教学论领域,自主学习被视为一种重要的教学方法;而在学习论领域,自主学习则被看成一种有效的学习方式。

国外使用的与自主学习有关的术语很多,如自我调节学习(self-regulated learning)、主动学习(active learning)、自我教育(self-education)、自我教学(self-instruction)、自我计划的学习(self-planned learning)、自律的学习(autonomous learning)、自我定向的学习(self-directed learning)、自我管理的学习(self-managed learning)、自我监控的学习(self-monitored learning)等。不同研究者对于什么是自主学习,也没有形成统一看法。美国自主学习研究专家、纽约城市大学教授齐默曼1994年指出,不同的研究者之所以在自主学习的界定问题上存在分歧,主要是因为他们的理论立场和视角不同,往往只关注学习的一两个方面。为更准确、直观地把握自主学习的含义,齐默曼提出一个系统的自主学习研究框架(见表1)。他认为,确定学生的学习是不是自主的,应该依据研究框架中的第三列,即任务条件。如果学生在该列表中的六个方面均能自己作出选择或控制,则其学习就是充分自主的;如果学生在这六个方面均不能自己选择或控制,则其学习就无所谓自主。自主学习的动机是内在的或自我激发的,学习的方法是有计划的或经过练习已达到自动化的,学习的时间是定时而有效的;自主学习的学生能够意识到学习的结果,并对学习过程作出自我监控,他们还能够主动营造有利于学习的物质和社会环境。齐默曼进一步指出,在实际的学习情境中,完全自主的学习和完全不自主的学习都较少,多数学习介于这两极之间。因此,与其把学习截然地划分为自主的或不自主的,不如说学习的自主程度,进而分清学生在学习的哪些方面上是自主的,在哪些方面上是不自主的,这样更有利于对学生的学习有针对性地施加教育影响。

表1　自主学习研究框架

科学的问题	心理维度	任务条件	自主的实质	自主过程
1. 为什么学	动机	选择参与	内在的或自我激发的	自我目标、自我效能价值观、归因等
2. 如何学	方法	选择方法	有计划的或自动化的	策略使用、放松等
3. 何时学	时间	控制时限	定时而有效	时间计划和管理
4. 学什么	学习结果	控制学习结果	对学习结果的自我意识	自我监控、自我判断、行为控制、意志等
5. 在哪里学	环境	控制物质环境	对物质环境的敏感和随机应变	选择、组织学习环境
6. 与谁一起学	社会性	控制社会环境	对社会环境的敏感和随机应变	选择榜样、寻求帮助

概括已有的研究,可以从横向和纵向两个角度来理解自主学习。从横向角度是指从学习的各个方面或维度来综合界定自主学习。如果学生本人对学习的各个方面都能自觉地作出选择和控制,其学习就是充分自主的。具体说来,如果学生的学习动机是自我驱动的,学习内容是自己选择的,学习策略是自主调节的,学习时间是自我计划和管理的,学生能够主动营造有利于学习的物质和社会性条件,并能够对学习结果作出自我判断和评价,那么他的学习就是充分自主的。如果学生在学习的上述方面完全依赖他人指导或控制,其学习就是不自主的。从纵向角度是指从学习的整个过程来阐释自主学习的实质。如果学生在学习活动之前自己能够确定学习目标、制订学习计划、做好具体的学习准备,在学习活动中能够对学习进展、学习方法作出自我监控、自我反馈和自我调节,在学习活动后能够对学习结果进行自我检查、自我总结、自我评价和自我补救,那么他的学习就是自主的。如果学生在整个学习过程中完全依赖教师或他人的指导和调控,其学习就不是自主的。

自主学习理论

自主学习的研究历史悠久。在国外,可以追溯到古希腊时期。如柏拉图强调学生学习中的自我反思,亚里士多德强调在读书过程中的自我监控和调节。在中国,自主学习的研究可以追溯到先秦时期。例如,孟子指出:"君子深造之以道,欲其自得之也。自得之,则居之安;居之安,则资之深;资之深,则取之左右逢其原。"(《孟子·离娄下》)但真正对自主学习进行系统的理论研究,主要起始于 20 世纪 60 年代,已形成七个主要的理论派别。

自主学习的操作主义理论   这一理论是斯金纳的操作主义学习理论的延伸和发展。认为,自主学习本质上是一种操作行为,它是基于外部强化或自我强化而作出的一种应答反应。自主学习能力的形成,本质上是个体的学习自我调控反应与邻近的强化物建立联系。外部强化或自我强化所起的作用是引导进一步的反应。因此,可以通过设置一套"刺激—行为—结果—强化"的程序来激发和促进学生的自主学习。

持这一观点的心理学家进一步研究了学生的自主学习过程,认为它主要包含自我监控(self-monitoring)、自我指导(self-instruction)、自我评价(self-evaluation)和自我强化(self-reinforcement)四个子过程。自我监控是指学生针对自己的学习过程进行的一种观察和记录。如记录自己一天内用于学习的时间,摘抄出作业中做错的题目等。自我指导是指学生采取促进学习结果产生的策略性行为,包括制订学习计划、选择适当的学习方法、组织学习环境等,也包括在学习过程中对学习步骤和方法所作的自我提示。自我评价是指把学习行为的某些方面与既定的标准进行比较。如把自己实际做对的题目数与预期能够做对的题目数进行比较,以查看自己实际的学习水平。如果比较的结果不能令自己满意,个体往往会进行自我纠正,调整学习行为或修改学习标准。自我强化是指学生因为自己获得满意的学习结果而对自己作出奖赏,以此维持或促进学习积极性的过程。例如,因为自己已经集中精力学习了一个上午,学生就把中午的时间留给自己看电视。操作主义者同时强调,如果自我施加的奖赏不能改善学习的效果,这种形式的自我强化就应该撤除。

在操作主义者看来,促使个体形成自主学习能力的关键因素是自主学习方式的有效示范与外部的相依强化。因此,在他们的训练项目中,榜样示范、言语辅导和强化是最主要的教学方法。在训练学生自主学习的初期,要给予外部提示和及时强化;随着学生的自主学习反应逐渐增加、自主学习能力的形成,再逐步撤除外部提示和强化,让学生通过自我强化来引导自己的学习。

人本主义自主学习理论   这一理论可以追溯到罗杰斯"以学生为中心"的教学和学习思想。20 世纪 80 年代以后,一些人本主义心理学家系统深入分析了自主学习的内在心理机制,弥补了罗杰斯的自主学习思想的不足。研究者认为,自主学习是个体的自我系统发展的必然结果,自主学习受自我系统的结构和过程的制约。自我系统包含自我概念、自我价值、自我意象等成分。其中,自我概念是影响自主学习最重要的因素,实现或改善自我概念是学生自主学习的重要动机。影响自主学习的自我概念有一般性和领域具体性之分,一般性自我概念是指个体对自己作为自主学习者具备的知识、能力、技能认识,领域具体性自我概念是指个体对自己在某一特定的学习领域内是否有能力控制动机、认知和情感的知觉。影响自主学习的自我过程包括计划、设置目标、选择学习策略、自我监控和自我评价等,这些自我过程的发展水平直接影响自主学习的质量。自主学习一般遵循三个步骤:设置目标;制订计划和选择学习策略;行为执行和评价。要想促进学生的自主学习,教师首先要鼓励学生,消除他们对学习能力的自我怀疑和消极的自我评价;其次要针对学生的自我过程予以指导。

自主学习的信息加工理论   这一理论由以加拿大心理学家温内为代表的一些研究者提出。温内 1995 年认为,自主学习主要依赖一种循环反馈回路。个体获得的信息首先要根据预设的标准进行检测。如果匹配不充分,要对信息进行改变或转换,然后再进行检测。这样反复进行直到信息符合检验的标准。如果达到标准,就以信息输出的形式退出。

自主学习的动机来源于自我信念,包括结果预期、效能评判、归因、诱因或价值观等。这些动机过程与一般的信息一样,经过个体在循环反馈回路中进行加工进而推动和调节个体的学习。认知自我监控在个体的自主学习中起着复杂而又关键的作用,它监控、评价行为结果与目标之间的契合程度,为学习自我调节提供反馈信息。自我监控会占用一部分心理能量,因此在一定程度上影响复杂的认知加工过程。但是,当行为达到高度自动化以后,就可节省出更多的心理能量用于自我监控,使行为与目标更加契合。在自主学习的过程中,策略的运用、控制和监视过程极为重要。通过运用所获得的学习策略,个体对自己学习的控制能力增强。

学习使个体调节自己的信息加工和反应能力不断增强。随着年龄的增长、经验的增加,学生们用于调控信息加工的规则控制系统日趋精确、完善。这样的规则系统构成了自主学习的基础。在自主学习的成分过程中,如自我监控的准确性、自我评价的有效性、学习策略的运用等,存在发展上的差异。采用计算机辅助学习系统,在学生学习新的内容时,通过给予提示线索、反馈、补充性信息,可以帮助学生形成自主学习能力。

自主学习的社会认知理论   这一理论由班杜拉的弟子和继承者提出。他们以个体、行为、环境交互作用论和自我调节理论为基本框架,结合认知心理学的最新研究成果,对自主学习作出了独具特色的解释。例如,齐默曼认为,当学生在元认知、动机和行为三个方面都是一个积极的参与者时,其学习就是自主的。自主学习能力的获得,本质上是外部学习技能内化成自己的学习能力的过程,要先后经历观察、模仿、自我控制和自我调节四个阶段,需要经过长期的教学干预才能收到明显的成效。

社会认知理论者认为,影响自主学习的因素很多,大致可分为内部因素、行为因素和环境因素三类。制约自主学习的内部因素主要包括自我效能感、学习策略、设置的目标、归因和情感等,其中自我效能感和学习策略是影响自主学习的两个关键变量,因为它们直接影响学习动机和学习方法的运用。影响自主学习的行为因素主要包括对学习的自我观察、自我判断和自我反应三个方面,这三个方面能够影响自主学习的质量和进一步学习的方向。影响自主学习的环境因素包括他人提供的学习帮助、学习榜样和学习的物质环境等,环境因素为自主学习提供社会性的和物质性的支持条件。基于对影响自主学习的因素的分析,社会认知理论者提出若干促进学生自主学习的方法,包括增强学生学习的自我效能感,教会学生设置合适的学习目标,开展系统的学习策略教学,指导学生对学习进行自我监控,对学生的学习提供合适的归因反馈,教会学生主动利用学习的社会性和物质性资源等。

自主学习的意志理论　这一理论由德国心理学家库尔1984年和美国心理学家科诺1986年提出。库尔认为,在人们的学习动力系统中,既有动机成分,又有意志成分。动机成分激励着人们去学习,而意志成分控制着人们的学习行为,使学习克服困难、坚持进行。因此,必须对学习中的动机和意志进行区分。科诺也指出,学习中的意志实际上就是内隐和外显的自我控制过程。

自主学习的意志理论认为,学习动机是复杂的,必须从几个水平上进行理解。在最概括的水平上,可以把动机理解成人们内部存在的控制行为的心理力量;从更具体的水平上理解,人们的自主学习动机取决于他们对任务的价值评估和对能否达到既定学习目标的预期。而这些过程,都不同于意志控制过程。在科诺看来,动机过程在决策形成和促进决策方面起中介作用,而意志过程则对决策实施和维护决策起调节作用。因而,当学生感到自己的学习受到干扰或遇到困难时,会决定采用一些意志控制策略。学习的意图来源于动机性因素,但意志对学习的意图具有增强作用,并独立对学习行为进行调控。库尔指出,高度的自我意识是获取和应用意志控制策略的前提,只有个体具有自主学习的愿望,才能积累起丰富的意志控制策略。因此,自我意识在意志过程中起关键作用。

自主学习的意志理论者把意志控制分为内隐的自我控制和外显的自我控制两大类,每类控制又包含一些具体的意志控制策略(见表2)。他们认为,内隐的自我控制是自主学习的关键过程,但学习任务和情境的变化也会增强学生

的意志控制。为此,他们主张通过训练学生的各种意志控制策略来增强他们的自主学习能力。

表2　意志控制类型及其具体策略

内隐的自我控制	外显的自我控制:环境控制
1. 认知控制 　(1)注意控制 　(2)编码控制 　(3)信息加工控制 2. 情绪控制 3. 动机控制 　(1)诱因的增强 　(2)归因 　(3)教学、指导	1. 任务情境的控制 　(1)任务控制 　(2)情境控制 2. 任务情境中的他人控制 　(1)同伴控制 　(2)教师控制

言语自我指导理论　这一理论最早由苏联心理学家维果茨基于20世纪30年代提出。其主要观点:(1)儿童的言语发展要先后经历社会言语、自我中心言语和内部言语三个阶段。儿童从最初接触外界的社会言语,到发展形成自我中心言语和内部言语,是通过内化过程实现的。(2)言语发展水平决定了个体对行为的自我调节能力。随着儿童的言语内化,他们逐渐能够有意识地计划、引导和监控自己的行为。在外部言语阶段,儿童的活动主要由外界的社会成员的言语来指导和控制;在自我中心言语阶段,主要靠他们对自己的出声言语即(自我中心的言语)来调节;而在内部言语阶段,则主要由他们的不出声的内部言语来指导和控制。(3)内部言语是个体进行自我指导的工具。无论是解决困难的任务,克服冲动性行为,制订解决问题的方案,还是管理自己的其他行为,内部言语在其中都起着自我调节作用。

20世纪60年代以后,维果茨基的观点被西方心理学家接纳,并用于解释自主学习。他们认为,自主学习本质上也是一种言语的自我指导过程,是个体利用内部言语主动调节自己学习的过程。自主学习能力的获得,是外部言语内化成自我指导言语的结果,它取决于儿童和成人之间的社会性互动。如果我们把学习的步骤、规则、策略按照言语内化的顺序教给学生,让它们最终转化为学生的内部言语,就能够实现学生对学习的自我指导和调节,培养起他们的自主学习能力。例如,梅钦鲍姆1977年就开发出如下自主学习训练程序:教师在示范学习任务时大声说出学习的规则和步骤(认知示范);教师在学生执行学习任务时大声说出指导语(外部指导);学生执行学习任务时自己大声叙述指导语(自我言语);学生自己执行学习任务时小声叙述指导语(消退的自我指导);学生在执行学习任务时默念指导语(内部言语的自我指导)。结果表明,这种教学程序能够有效地促进学生的自主学习。

自主学习的认知建构主义理论　这一理论基于英国心

理学家 F.C.巴特利特和皮亚杰的图式理论。皮亚杰 1970年认为,学习实际上是在原有图式基础上建构新的认知图式的过程,这一过程发生于主客体之间的相互作用,并非完全受制于环境。儿童具有主动建构图式的能力,通过对同化和顺应过程的自我调节,其认知图式不断地得到发展和完善。认知建构主义理论认为,儿童不仅能够建构关于世界的认知图式,而且能够建构自我图式。自我图式是自我知识的一种动态的、有组织的储存形式,它有情感、效能、时间和价值四个维度,决定着个体的自我调节行为。

美国学者 S.G.帕里斯和 J.P.伯恩斯 1989年则进一步认为,儿童不仅建构自我图式,而且也能够建构自己的学习理论。儿童的学习理论是一种一般性的、包容很广的理论,它包括自我能力理论、努力理论、学习任务理论和学习策略理论四种成分理论。自我能力理论包含多项内容,主要涉及对自己的学习能力的认识、自我负责意识、对预想结果施加控制的信心等。努力理论主要回答两个方面的问题:为什么要努力学习,学习应该付出多大的努力。学习任务理论包含两个方面:设置学习目标和分析任务结构。学习策略理论包含三类信息:陈述性知识,它说明策略是什么;程序性知识,它说明如何使用策略;条件性知识,它说明何时有效地使用策略和为什么使用这些策略。一般说来,如果儿童对学习具有自我负责的意识和较高的能力知觉,知道如何付出努力,能够设置合适的学习目标、有效地分析学习任务,能够独立灵活地使用学习策略,计划和监控自己的学习过程,其学习就达到了自主水平。

认知建构主义认为,儿童自主学习理论的形成,在很大

程度上受到他们的认知发展水平限制。认知发展的水平提高,对于增强他们的自主学习能力具有极为关键的作用。随着学生对能力和努力在学习中所起作用的深入理解,对自己所能施加的学习控制的准确估计,对学习任务性质的把握,对自己所使用的学习策略的监控能力的增强,他们的自主学习水平会明显提高。学生自主学习能力的发展也受课堂教学方法的制约。他们主张采用三种教学方法改善学生的自主学习理论,促进学生的自主学习。(1)直接教学,即直接向学生讲解有关学习的知识、学习策略等,帮助学生建构自己的自主学习理论,补充或矫正学生的不完整的或错误的自主学习理论。(2)采用同伴辅导和学习问题讨论等方法,帮助儿童建构自主学习理论。(3)开展合作学习,让学生在学习的合作中交流学习经验,丰富自己的学习理论。

自主学习的教学指导

综合国内外已有的自主学习过程模型和教学实践成果,可以发现,有利于学生自主学习的教学流程主要包括确定学习目标、激发学习动机、自学教材内容、自学检查、集体讨论、教师讲解、练习巩固、学生小结等环节,具体见“自主学习的教学指导流程图”。

该流程图的主体部分包含三个闭合环路。第一个环路由确定学习目标、激发学习动机、自学教材内容、自学检查、练习巩固、课堂小结等环节构成。它表达的意思是,学生明确学习目标后通过自学就能够达到目标要求。在这种情况下,学习的几个环节主要由学生自己完成,教师只起引导作用。

第二个环路在第一个环路的基础上增加集体讨论的环节。它表达的意思是,学生通过自学尚没有达到目标要求,但是通过集体讨论,解决了自学中的剩余问题。由于讨论主要在学生之间进行,因此在第二个环路中与在第一个环路中一样,教师只对学生的学习起引导作用,学习主要通过学生个人或集体完成,学习的自主权还是主要在学生这一边。

第三个环路在第二个环路的基础上增加教师讲解环节。它表明的情况是,学生通过自学和集体讨论后,仍有一部分学习问题没有解决,这时就需要教师进行讲解,通过讲解帮助学生克服学习困难,完成学习目标。如果通过教师讲解学生仍然不能完成学习任务,教

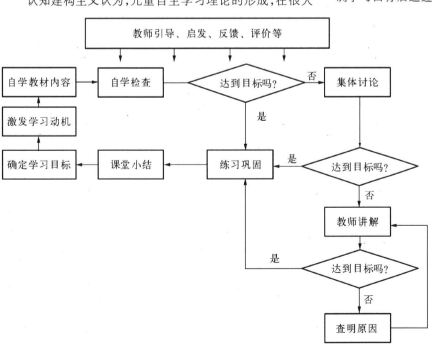

自主学习的教学指导流程图

师就要查明具体原因,重新讲解,必要时甚至可以暂时终止讲解。尽管如此,这一环路包含的多数环节仍然主要依靠学生自己来完成。因此,总的说来,这一教学流程把学生的学置于教学的核心地位,教学过程的诸环节多数由学生自己来完成,教师在这些教学环节中主要起引导、点拨和反馈作用,这样更有利于给学生提供自主学习的机会,体现其学习的主体地位,发展其自主学习能力。

在这一流程图中,各教学环节分别具有自己的要求:(1)确定学习目标。在这一阶段,学生的主要任务是在教师的提示和帮助下明确自己的学习目标,知道自己需要学什么,学习应达到什么标准,以及如何达到这些标准。(2)激发学习动机。在学习目标呈现之后的学习动机激发可以分两种形式:一是激发学生的好奇心,鼓励学生尝试自学,这种形式一般适用于自主学习教学指导的初期;二是对学生的自学行为给予表扬,对他们的成功自学作能力和努力方面的归因反馈,这种动机激发方法已适用于自主学习的教学指导模式。(3)学生自学教材内容。教师给予学生一定的时间,学生根据学习目标和要求系统地学习教材的内容,尽可能把自己能够掌握的内容先行掌握。(4)自学检查。自学检查的目的是检验学生自学的情况,为组织学生讨论和教师的重点讲解做准备。自学检查的关键是及时掌握学生反馈的学习信息,要涉及如下内容:学生的学习目标哪些已经完成,哪些没有完成,练习正确与否?如果学习目标没有达到,有几种表现形式?学生没有达到学习目标的原因?差生的学习情况如何,困难在哪里?(5)组织讨论。引导学生对学习内容、问题进行讨论,力求通过集体讨论,学生自己澄清和解答没有理解的问题,进一步理解掌握学习的内容。(6)教师重点讲解。教师对学生还没有理解或掌握的学习内容进行"精讲"、"细讲",彻底澄清学生的问题,为后面的学习扫清障碍。(7)练习巩固。在这一过程中,教师需要设计变式练习,引导学生通过系统的练习来巩固所学知识。在练习过程中,教师还要视情况给予学生个别指导,尤其是那些有困难的学生。(8)课堂小结。课堂小结可以由学生进行,教师适当给予补充。目的是对当堂所学内容进行概括、归纳,使之系统化,作为一个有机的知识体系纳入学生的认知结构中。

参考文献

庞维国.自主学习——学与教的原理与策略[M].上海:华东师范大学出版社,2003.

Zimmerman, B. J. & Schunk, D. H. Self-Regulated Learning and Academic Achievement: Theory, Research, and Practice [M]. Mahwah, NJ: Lawrence Erlbaum Associates,2001.

（庞维国　陈保华）

宗教改革与教育（Protestant Reformation and education）　欧洲 16 世纪的宗教改革及其对教育产生的重要影响。宗教是西方文化的核心,教育是传播文化的工具,宗教改革直接导致教育变革。宗教改革者和反宗教改革者希望通过教育推进和实现其宗教目标,因此,文艺复兴时期的教育大致可以分为人文主义教育、新教教育、天主教教育(包括从中世纪沿袭下来的以及耶稣会在反宗教改革运动中创办的)三种类型。这三种教育势力既有冲突也有融合,相互间关系错综复杂,对当时及其后教育与社会的发展在本质和程度上产生了各不相同的影响。宗教改革时期的新教教育和天主教教育是欧洲文艺复兴时代与人文主义教育并列的两种教育,均受人文主义教育精神的影响,但比人文主义教育具有更强的宗教性。

宗教改革运动与新教的建立

宗教改革运动产生于 16 世纪初,矛头直指天主教会,实质是企图以一种新的宗教取代原有的旧宗教。文艺复兴为宗教改革做了思想准备。人文主义思想家对天主教会和神职人员腐败、愚昧、虚伪的揭露,对改革教会、改革现实社会的呼吁,对人道精神、批判意识的推崇等,成为宗教改革者对天主教会及其教阶制度、仪式、教义等予以怀疑、批判进而予以否定的重要条件。可以说,宗教改革是文艺复兴运动在宗教领域的继续。宗教改革者并不要求消灭宗教而是主张改良宗教,并不是要废除教会而是要建立新的教会,以取代声名不佳的天主教会。宗教改革者所主张的宗教称为"新教",以区别于"旧教"——天主教,信奉新教者称新教徒,以区别于天主教徒。新教有不同的教派,各派主张不尽相同,但基本观点一致。新教徒反对罗马教徒巧立名目、欺世敛财,反对僧侣们荒淫无耻、贪婪腐化,反对教会仪式的繁文缛节、陋习陈规等。新教徒依然信仰基督教,但反对旧教教义。中世纪罗马教廷的正统教义认为,教会是上帝和信徒之间的中介,教徒必须假手于教会和教士,在教士参与下依天主教教义和教会训诫来理解《圣经》,在教士的支持下履行洗礼、圣餐等仪式,方能赎罪和得救。由于教士掌握着《圣经》的解释权和圣礼的主持权,教会具有无上的权威,教皇成为权威中的权威。新教以个人取代教会在宗教生活中的地位,否认教会的绝对权威,认为教徒与上帝的沟通不必以教会为中介,可通过个人对《圣经》的独力阅读和理解,通过个人对上帝的信仰,获得上帝的恩典,《圣经》才是唯一的权威。这样,信仰就成为个人的事情,任何外在的权威和中介都失去了存在的合理性和必要性。新教实质上是个人主义的,对大一统的教皇统治有强大的消解作用。新教指责和怀疑天主教教义,认为中世纪教会不同于古代教会,许多教义、教规在《圣经》中没有依据,完全是天主教会出于自身需要而杜撰的,要求以原始基督教教义取代中世纪教会教义,以古代教会为楷模革新天主教会。

在宗教改革运动中,受罗马教廷统治的统一的欧洲基督教会分崩离析,欧洲基督教遂分裂为新教和旧教两大营垒。与文艺复兴中的人文主义运动相比,宗教改革运动是一场更广泛、更深刻的社会改革运动,其意义不仅在于宗教改革,而是触及社会生活的各个主要层面。

由于宗教改革,欧洲宗教势力的划分呈现出错综复杂的局面。旧教依然有较强的势力,西班牙、法国、意大利和德国南部尤甚。新教分为不同教派,大的教派有路德派、加尔文派和英国国教派等,此外还有很多小教派。这些教派之间意见不一,存在分歧和斗争,但更大的分歧和斗争来自新教势力与旧教势力之间。这种分歧和斗争在教育领域有充分表现。

路德派新教与教育

宗教改革运动始于德国,其最初推动者是符腾堡大学(一译"威登堡大学")神学教授马丁·路德。

15—16世纪的德国虽然还处于邦国林立、四分五裂的封建割据状态,但工业、农业和商业发展很快,国家繁荣而富庶。罗马教廷与德国教会势力相互勾结,对德国横征暴敛,大量财富流入教会和罗马教廷,德国因之被称为"教皇的奶牛"。教皇的行径激起了一些诸侯、贵族及新兴资产阶级的不满,随着世俗势力的日趋强大,德国大小统治者日益不能容忍教廷对世俗事务的干涉。1517年10月,教皇利奥十世为聚敛钱财,派特使到德国出售"赎罪券",宣称"只要购买赎罪券的钱一敲响钱柜,罪人的灵魂就可以从地狱飞升天堂"。马丁·路德随即提出了抨击教皇出售赎罪券的《九十五条论纲》,认为教徒要使灵魂得救,须依靠自己对上帝真诚的信仰,无须购买赎罪券,赎罪券是一种欺骗,是教廷滥用神圣职权的表现。《九十五条论纲》引起了巨大反响,宗教改革的序幕就此拉开。当时,路德并不想与教皇决裂,只想促进教会进行内部改革,以建立一个"廉洁教会"。直到1520年教廷宣布马丁·路德为异端时,马丁·路德才正式与教廷决裂。随后路德发表一系列著述,全面阐述了他的宗教、政治与教育思想。其宗教与政治主张主要表现在四个方面。第一,主张因信称义。人因真诚的信仰而获新生,使灵魂得救,使一切罪得以赦免,而不是因为斋戒、施舍、朝圣和买赎罪券。这与中世纪教义相对立,直接触动了教会的经济利益。第二,主张众信徒皆教士。人只要是为了信仰,在上帝面前就享有平等的权利和义务。只要大家同意,信徒都可像教士一样主持圣礼。这种平等观念彻底否定了教阶制度和教士的各种特权。第三,提倡新的善功与天职观念。中世纪教会推崇禁欲主义的修道生活,认为

人只有独身禁欲、忍受饥寒才能变得圣洁,马丁·路德则认为修道是逃避尘世的责任,凡凭信仰从事的各种职业和日常生活皆属善功,上帝所能接受的唯一生活方式是每个人完成其在尘世的义务,天职与尽世俗义务是一致的。马丁·路德将世俗生活与宗教生活紧密结合于一体。第四,主张政教分离。教会和世俗政权分管精神生活和世俗生活,互不干涉,各得其所,教会不应干涉世俗事务。这种观念得到世俗政权较为广泛的支持。

马丁·路德的宗教、政治主张与其教育理论有着密切的联系。马丁·路德有关教育的论述主要有《给市长及市政官员的一封信》(1524)和《论送子女入学的责任》(1530)。他重视教育是出于与天主教争夺信徒的现实需要,首要目的是宗教性的,在于使人虔信上帝,使灵魂得救。这与其因信称义、众信徒皆教士之说紧密相关。他同时强调教育的世俗性目的,认为兴办学校不仅益于教会,也利于国家。他甚至指出,即便不考虑灵魂、天堂、地狱等问题,为了培养有德有才的臣民并使国家安全与兴旺,国家也应兴办学校。他要求国家像重视收税和征兵一样重视兴办教育。这与马丁·路德的天职观念、政教分离思想是相通的。马丁·路德不是严格意义上的教育家,但他提出的两个原则对后来的教育影响甚巨:一是教育权由国家而不是由教会掌握;二是由国家推行普及义务教育。马丁·路德早期认为教会是一个独立于国家之外的机构,因而主张教会对国家承担监督之责。后来他改变了主张,认为教会应从属于国家政权,教会人员是国家的臣民,国家政权不仅应管理世俗事务,也应管理精神事务,因此,国家应当掌握教育事业的管理职能,负责开办学校、提供经费、任命教师。这样,教育的管理权就完全归于世俗政权——国家,而不是归于教会。尽管教育目的是双重的,但教育管理权的归属却是唯一的。

按照路德派教义,个人信仰源于个体对《圣经》的独立理解,人人都应读《圣经》。这种平等的观念反映到教育上则意味着受教育权的平等。马丁·路德认为,应使每一个儿童,不分男女贫富,都受到教育,教育应在所有等级的儿童中普及。与普及教育的主张相联系,马丁·路德进而提出义务教育的主张。他认为,对父母而言,使子女受教育是一种对国家和社会应尽的义务,对行政当局而言,使儿童受教育是一种不可推卸的责任,国家应强迫父母把子女送入学校受教育,对不承担义务的父母,应予以惩罚。马丁·路德认为,儿童到了一定年龄就应入校学习:男童每天在校学习两小时,其余时间在家中学习手工技艺和其他劳动技能;女童每天在校学习一小时,其余时间在家中学习家务劳动。初等学校教学内容以宗教为主,《圣经》是主要学习科目,其余还有读、写、算、历史、音乐、体育等科目。在教学方法方面,路德要求废除体罚,满足儿童求知和活动的兴趣,主张直观教学。马丁·路德没有一贯地强调其普及义务教育的

主张。德国农民战争后,马丁·路德的注意力遂转向中等和高等教育,更为注重培养教会和国家领袖。这是一种精英教育,教学内容主要是古典科目。但他的意图是为了更好地理解《圣经》和其他基督教典籍。

马丁·路德的教育思想在一些新教诸侯的支持下,由他的几个追随者付诸实践。其追随者主要有梅兰希顿、斯图谟和布根哈根等人。梅兰希顿既是新教神学家,又是人文主义者和教育活动家,毕生致力于在德国各邦建立新的学校教育体系,在此体系中,国家行使控制权,教育的宗教性目的和世俗性目的兼顾,神学和人文学科并重。他依马丁·路德的主张改革了一些旧大学,如海德堡大学、维滕贝格大学,并积极参与了马登堡大学(1527)、柯尼斯堡大学(1544)、耶拿大学(1558)等的创建工作。在中等教育方面,他在不同时期拟订的一些教育法令和学校改革计划为新教中等教育新体制的确立提供了蓝图,他的主张为德国大部分新教地区所采纳,由此而形成的拉丁文法学校体制一直延续至19世纪初。梅兰希顿还编写了不少教科书,给德国新教中、高等教育的课程以重要影响。梅兰希顿为德意志民族的教育作出了突出贡献,被教育史家誉为“无与伦比的德意志人的伟大导师”。斯图谟在创建和完善新教中学方面成就突出。他曾把三所旧的拉丁中学改造为一所新教性质的中学,强调教育的宗教性目的,教学内容以古典拉丁文、希腊文为主。他受比利时一所人文主义性质的学校——列日文法学校分级制的影响,在改造过的这所古典文科中学中采用了比较严格的分级教学制度,将学生分为十个年级,每级依规定的课程进行教学,最后一级的课程与大学课程相衔接,每年都举行隆重的升学仪式,奖励品学兼优者。由于组织严密,管理有方,这种中等教育模式卓有成效,成为以后三百多年德国和其他一些欧洲国家中等学校的主要模式。与高等教育、中等教育相比,宗教改革时期德国初等教育的发展要缓慢得多。依马丁·路德的新教教义,教育应普及到每一个人,实际上直到1559年,这种初等性质的学校才得到官方认可。德国新教性质初等学校的创建,始于布根哈根。1528年,布根哈根制订了一个学校章程,提出为所有儿童开办良好的初级学校,进行宗教教育并用德语教儿童读写。布根哈根一直致力于在德国北部的城镇和乡村创办这种初级学校。1559年以后,这种学校在新教地区得到较为迅速的发展。在梅兰希顿、斯图谟、布根哈根等人的推动下,马丁·路德关于实施义务教育、国家管理学校以及建立学校新体制的主张,在16、17世纪的德国新教各邦得到了初步实现。路德派新教的主要势力范围是在德国北部,在国外的影响主要及于斯堪的纳维亚诸国,如瑞典、丹麦、挪威等,但路德派新教在教育理论与实践方面的影响远远超出这些国家和地区。17世纪德国教育家拉特克和捷克教育家夸美纽斯的教育思想以及美国17世纪的教育实践都深受路德派新教教育的影响。

加尔文派新教与教育

1534年,法国的加尔文到瑞士宣传新教教义,加尔文派新教运动首先于瑞士,继而在法国、荷兰、英格兰、苏格兰、北美等地广泛开展。

加尔文从少年时代起就热衷于人文学科,后受马丁·路德影响,立志以古代基督教的面貌改造教会。由于在法国受政府和教会的迫害,流亡至瑞士。在瑞士除宣传教义外,加尔文还继续从事《圣经》和路德派教义的研究工作。他于1536年完成的《基督教的基本原理》系统阐述了加尔文派新教教义和改革教会的激进主张。加尔文同马丁·路德一样,也主张因信称义。他只承认《圣经》为唯一权威,认为人只要按《圣经》办事就行了,无须教会指示,也不必向教士忏悔,强调个人在宗教生活中的地位。对教会与世俗政府的关系,加尔文在教权高于政权的原则下把两者统一起来,认为世俗政府和教会这一代表上帝意志的“精神政府”都是依上帝意志建立起来的,服从于世俗政权和服从于教会是一回事。世俗政府的任务在于扶持教会,保护教会不受异端邪说危害。这种政教合一的主张1541年在日内瓦成为现实。加尔文欲使教会民主化,主张地方教会由教民选出的长老和牧师共同治理,全国教会的最高权力机构是由各地教会推选的代表组成的全国教会会议。此外,他还极力宣扬有利于当时资本主义经济发展、有利于培养资本主义精神的新教伦理,如以其命定论为前提,认为个人贫富得失和经济竞争的胜败乃上帝所决定,个人无能为力,但个人可据《圣经》对个人的得失成败持正确的态度,同时强调通过节俭、勤劳等个人努力,可发财致富并求得上帝的恩眷。这样,其命定论宗教信条与经济活动中的自由竞争就协调统一起来了。加尔文的教育主张主要表现在《基督教的基本原理》(1536)、《日内瓦初级学校计划书》(1538)等著述中。他重视教育对个人生活、社会生活和宗教生活的意义,认为:人与生俱来带有“原罪”,若不加以教化,抑恶扬善,必定走向堕落;人信仰热爱上帝之心不是先天所有而是后天养成的,为了信仰,为了能直接阅读《圣经》,须受教;人的知识和能力在社会生活中具有重要价值,但人不像上帝那样全知全能,故应不断追求新知,不断完善自身,这也须受教;为具备一个真正基督徒所具有的勤奋、简朴、效率、责任感等道德品质,人也须受教。加尔文还提出普及免费义务教育的主张,要求国家开办公立学校,实行免费教育,使所有儿童都有机会受到教育,学习基督教教义和日常生活所必需的知识技能。其具有双重目的,首先是为了促进宗教信仰,其次是为了世俗利益。加尔文认为,天国与尘世、永生与今生、教会与国家是相得益彰、并行不悖的,但作为一个神学家和宗教改革家,他更重视宗教信仰的养成。加尔文和马丁·路德都提出了普及教育的主张,与马丁·路德不同的是,加尔文亲自领导了日内瓦城普及免费教育的实践。基于此,美国历史学家班克罗夫特认为,加尔文是普及教育之父,是免费学校创始人。

作为人文主义学者,加尔文重视人文学科的价值。他认为,《圣经》是一切学识的基础,但人文学科有助于充分理解《圣经》。这种看法使他在中等教育方面注意将宗教科目与人文科目的学习结合起来。加尔文还重视法语教学,而且在古典语言教学中注意克服形式主义倾向,没有像斯图谟那样对西塞罗推崇备至。加尔文还注意借鉴他人之长。1538—1541年间,他在斯图谟的学校中教授过神学,1556年又再赴该校访问。加尔文借鉴了斯图谟古典文科中学严密的管理制度——循序渐进的班级、班内10人一个小组的划分、一年一度的升级仪式等,只是将斯图谟的10个年级改为7个年级。1559年他据此模式在日内瓦创办了一系列教育机构,包括法律学校、文科中学等。高等教育方面,加尔文1559年创办日内瓦学院(日内瓦大学的前身),以培养传教士、神学家和教师为目的。由于管理有方,瑞士其他城市和西欧一些国家的许多青年慕名来此求学。日内瓦学院成为荷兰的莱顿大学、英格兰的牛津大学和剑桥大学、苏格兰的爱丁堡大学、美国的哈佛大学以及法国一些著名大学的办学样板。日内瓦学院毕业的传教士被派往法国、荷兰、英格兰、苏格兰、德国等地,大大促进了加尔文派新教的传播。

加尔文不是职业教育家,但其教育思想和实践随着加尔文新教的广泛传播而影响到法国、荷兰、英格兰、苏格兰、美国等地,对西方教育产生了许多职业教育家所无法比拟的影响。

英国国教与教育

英国的宗教改革与德国和瑞士迥然不同,主要不是出于宗教原因,而是由政治和经济原因促成的,是一场自上而下的改革。英国国王亨利八世对德国的宗教改革并不感兴趣,马丁·路德的著作传到英格兰后遭到查禁,亨利八世1521年还亲自著文抵制马丁·路德,并深得教皇赞赏,被教皇封为"信仰维护者"。亨利八世后来之所以与教皇决裂,主要原因在于他想夺取教皇在英国所具有的权力和教会的财产。亨利八世本人的宗教观点,除以自己的权威取代教皇外,全属天主教正统信仰,是一种"没有教皇的天主教"。这样的英国国教既不同于、不能见容于天主教,也不同于、不能见容于其他新教教派。从1531年起,亨利八世开始与教皇分裂。1534年11月,英国议会通过《至尊法案》,宣布亨利八世及其继位人是"英格兰教会在世间唯一最高首脑",否认了教皇干涉英格兰事务的权力,从而彻底与罗马

教廷决裂,国王成为至高权威。亨利八世强迫全国臣民接受《至尊法案》,一些人,包括人文主义者莫尔,因否认国王对教会的至上权威而被处决。亨利八世去世后,英格兰宗教势力分为三派,即否认教皇权威的国教派、想恢复教皇权力的天主教派和想引进大陆宗教改革的新教派(激进派),各派展开了长期的斗争。其间,经过1554年玛丽女王(1553—1558年在位)的天主教复辟,最后由伊丽莎白女王(1558—1603年在位)使议会于1559年通过新的《至尊法案》,才使英国国教会的统治最终确定下来。但英国的加尔文派新教徒对英国国教会及其教规依然不满,主张清洗教会,被称为"清教徒"。1560年以后,清教徒与英国国教会的矛盾日益表面化并因此受到迫害。17世纪中叶,清教徒成功领导了英国资产阶级革命,然而直到英国二次革命后,1689年颁布了《宗教宽容法》,各教派才得以和平相处。

总体而言,英国宗教改革对教育的影响并不大,新教会还在行使与旧教会一样的职责,国家还是像过去一样通过教会来管理学校,管理的主要内容是教师的资格认定和偶尔对教材作出规定。教会对学校教师的言行、宗教信仰予以严格监督,对不遵奉国教的教师予以罚款、免职甚至关进监狱。要取得教师资格,须先获得教会当局颁发的特许状,还必须签署一个书面誓言,内容是效忠君主、遵奉国教。

英国宗教改革后的教育与宗教改革前一样,依然具有强烈的人文主义色彩。除了宗教教育依国教的精神有所改变外,学校教学内容基本上是古典主义的。亨利八世处死人文主义教育家莫尔主要是基于政治原因,莫尔生命的终结并不意味着英国人文主义教育的衰退。亨利八世是人文主义的热情支持者,热心于教育事业,将没收的教产用于学校的重建和创办。这些学校充溢着人文主义精神,重视古典文化的学习。伊丽莎白一世在亨利八世之后进一步促进了英国教育的发展,除规模得到扩大外,人文主义精神也得到新的拓展。1561年卡斯底格朗的《宫廷人物》英译本在英国出版是新人文主义教育精神的重要体现,在宗教改革中兴起的新贵族进一步促进了这一新教育精神的发展。他们重视学习有助于实现个人抱负的学科,如英语、外国语、物理、化学、体育等。在他们的努力下,学校课程开始变得更加有益于世俗生活,教育目标更加注重培养在社会生活中能有所作为的绅士,现实主义精神愈益增强,为17世纪弥尔顿和洛克教育思想的产生奠定了社会基础。英国宗教改革后教育上的另一个重要变化是英语教学加强。社会生活中,英语日益成为日常交往和表达知识的手段。在许多学校中,英语在语言学习中的比重愈益加重,古典语言在课程中的地位逐渐下降。教育家马尔卡斯特说:"我爱罗马,但更爱伦敦。我喜爱意大利,但更喜爱英国。我熟悉拉丁语,但崇拜英语。"他认为:"任何一种语言,在其含义和简洁方面都比不上英语那样能明确地表达思想。英语严谨而含

蓄,丝毫不比希腊语差。在描述美好的事物时也赶得上华丽的拉丁语。"将英语作为一门重要课程,不仅仅是增加一门实用学科的问题,也不仅仅是一个改进古典语言教学方法的问题,它体现的是民族自尊心的增强、民族意识的崛起,是教育与社会生活联系的进一步加强。

英国宗教改革后的教育理论和实践为 17 世纪弥尔顿、洛克和夸美纽斯为代表的唯实主义教育思想的形成奠定了坚实基础,17 世纪的唯实主义教育与英国 16 世纪后期的教育一脉相承。

反宗教改革与天主教教育

在中世纪漫长的发展历程中,天主教会的弊端随时间的推移而加深。对此,教会本身也深感不安,内部一些有识之士力图革除弊端,改革教会行政,但最后都以失败而告终。既然这种内部的自上而下的改革不能实现,那么外部的、自下而上的宗教革命就必然难免了。随着新教势力不断壮大和天主教会危机日益加深,罗马教廷于 16 世纪中叶开始采取措施来遏制宗教改革运动,史称"反宗教改革运动"。这一运动主要采取了四项措施:其一,改组宗教裁判所,加强思想控制,以镇压异端;其二,发展耶稣会,与新教相抗衡;其三,于 1545 年召开特兰托公会议,确认教皇为教会最高权威,宣布一切新教派都是异端,宣布罗马天主教会的教义和仪式全部正确无误并公布禁书目录,下令开办神学院培养神职人员,要求对神职人员的道德表现予以更严格的监督;其四,积极推进海外传教。天主教主张"在欧洲失去的,要在海外补回来",因此向美洲和东方派遣了大量传教士,扩大了天主教在世界各国的影响。随着反宗教改革运动在 16 世纪中叶取得成效,天主教的力量逐渐增强,与新教的冲突和斗争愈益加剧。这种冲突和斗争先是在各国国内激烈进行,随后发展为国际性的。1618—1648 年的三十年战争就是一场大规模的国际性宗教战争。这场战争是天主教势力与新教势力的一次大决战,以德意志为主要战场,丹麦、瑞典、荷兰、英国、法国、瑞士、西班牙、波兰、教廷皆介入其中,给整个西欧尤其是德意志带来了巨大破坏。战争的进程使新、旧教国家都认识到,谁也不可能消灭对方,继续战争只能给对方带来更大危害。最后,参战各方签署了《威斯特伐利亚和约》,确定了"教随国(君)定"原则,规定路德派、加尔文派信徒同天主教徒一样,享有同等权利。三十年战争的结果,结束了中世纪以来一个教皇、一个皇帝主宰欧洲的局面,承认了国际间大小国家平等、信教自由的原则,大体确定了欧洲各国疆界和新、旧教势力范围,新教基本上获得了平等地位,欧洲大陆上的宗教改革运动至此结束,新、旧教之间的大规模冲突随之告终,但教皇提出抗议,反对新、旧教议和,并利用耶稣会以地下活动和外交手腕继续反对新教,竭力全面恢复天主教。

持续不断的宗教冲突给教育带来了巨大破坏,大多数国家都精疲力竭,没有更多精力去关注教育事业的发展。

耶稣会是反宗教改革运动的先锋和中坚,首创者是西班牙人罗耀拉。罗耀拉原是一名贵族军官,在一次战争中受伤而成为跛子,后成为虔诚的天主教徒,1541 年被选为耶稣会第一任会长。耶稣会仿照军队建制组成,纪律森严,要成为该会会士,须经过长期的严格训练,必须宣誓绝财、绝色、绝意并绝对服从上级。他们没有专门的会服和固定的活动场所,尽力向社会各个阶层渗透。耶稣会始终走在反宗教改革运动的前面,为了维护教皇和天主教会的利益,不仅以讲道、传教、兴办教育等手段扩大天主教的影响,而且采取暗杀、放毒、策划政治阴谋等手段维护天主教的政治利益。特兰托公会议、法国胡格诺战争、英国内战、欧洲三十年战争等 16、17 世纪的重大事件中,无一没有它的有力参与。作为一个国际性宗教组织,耶稣会意欲"让世界都服从罗马教廷"。这势必与民族国家的利益发生冲突,加上不择手段干涉各国内政及自身的腐败,耶稣会声名日落。英国于 1580 年和 1688 年两次取缔耶稣会,葡萄牙、法国、西班牙、奥地利、普鲁士于 18 世纪中后期先后将耶稣会逐出国门。在强大的社会压力下,教皇于 1773 年被迫宣布解散耶稣会。1814 年,教皇又恢复了耶稣会,势力尽管不如 17 世纪上半叶那么大,但依然是天主教的一股重要力量,对 19 和 20 世纪的国际社会尤其是欧洲社会发生着重要影响。耶稣会把兴办教育视为实现其宗教和政治目的的重要手段。由于措施得力,耶稣会的教育活动颇有成效,在西方教育史上占有不可忽视的一席之地。耶稣会挽救了由于新教教育的冲击而导致的教育颓势,使天主教教育在 16 世纪中叶到 18 世纪得以东山再起。

人文主义教育家对天主教会及其教育的抨击使天主教教育声名日下,而宗教改革给新教国家和地区的天主教教育带来了灭顶之灾。由于天主教会的教产被没收,天主教会所举办的学校,尤其是中、初等学校因失去财政支持而被迫关闭,新教学校取而代之。在天主教国家和地区,教育虽没有经历大的动荡,但也不可避免地受到人文主义和新教思想的冲击,形式与内容发生了变化。总之,随着新教的扩展,新教教育也随之扩展,天主教教育处于守势。耶稣会的兴起才使天主教教育的守势局面得以改变。

出于培养精英以控制未来的统治阶层的考虑,耶稣会集中全力于中等和高等教育方面,而不重视初等教育。耶稣会学校统称为学院。其中初级部 5～6 年,相当于中等教育和大学预科,学习内容以拉丁语、希腊语、希伯来语、文法、古典文学等人文学科为主,意在为进一步学习奠定基础。高级部即哲学部和神学部,属高等教育。哲学部学习年限一般为三年,内容包括逻辑学、形而上学、心理学、伦理学、数学、物理学、天文学等,这里的自然科学知识以古代经典所涉及的知识为限,并以亚里士多德的著作为准,与近代新科学不是一回事。神学部是最高一级的教育,学习时限为4～5年,学习《圣经》和经院哲学(尤其是托马斯·阿奎那的著作)。从分级和教学内容看,耶稣会教育与当时一些人文主义学校和新教学校的做法相似,并无多少新奇与过人之处。耶稣会学校富有成效主要得益于完备的组织管理、高水平的师资和切实可行的教学方法。

耶稣会学校的组织管理一切以1559年的《耶稣会章程》和1599年的《教学大全》(Ratio Studiorum)这两个纲领性文件为标准和尺度。前者由罗耀拉起草,其中第四章篇幅最长,专门对教育问题如授课时间、顺序、方式等作出规定;后者由耶稣会第五任会长意大利人阿夸维瓦支持制订,试行八年并反复讨论后正式颁行,完全讨论教育问题,以权威的形式对耶稣会学校的教学内容和方法的一切细节予以明确规定。这两个文件还规定了各级教育行政管理人员的职责权限及相互关系,确立了详尽、明确而实用的教育管理规范,不同于一般性教育文件对教育事务宏观笼统的规定,从而使这两个文件成为"教育方法和学校及课堂管理的实用手册"。这些规定具有法律的权威,对学校工作具有普遍指导意义,保证了散布欧洲各地的耶稣会学校组织和管理上的统一、集中和稳定,使得耶稣会学校能够有条不紊、高效率地工作。

耶稣会十分重视师资的培养和训练,主要有三个方面。一是宗教训练,使受训者忠于上帝、教皇和天主教会,成为虔诚的天主教徒。二是知识训练,持续很长时间,学习内容因将来所从事教育的对象的程度不同而有差异。一般而言,耶稣会学校的教师较新教学校和原天主教会学校的教师学识更为广博。三是有关教育和教学方法方面的训练。耶稣会认识到,一个教师仅有热情和知识是不够的,还需要具备一些重要的职业技能和素质,包括不同科目的教学方法、班级管理方法、运用谈话和竞赛等手段调动学生积极性等。这方面的充分训练使每个教师都能较娴熟地掌握教育技巧。

耶稣会学校采用寄宿制和全日制,按学生技能水平分别编入不同班级,教学以班级为单位,采用集体授课方式,使用讲座、讲授、阅读、写作、背诵、辩论、练习、考试、竞赛等方法;学校提倡温和纪律、爱的管理,强调亲密的师生关系,很少使用体罚,即便偶尔使用,也要由校工而不是教师来执行。这些方式方法广泛吸收了当时人文主义教育和新教教育中一些卓有成效的做法,虽无新异之处,但由于综合运用,为耶稣会学校带来了高质量的教学,使其赢得了良好的声誉。

耶稣会教育随耶稣会势力的扩张而扩张,如17世纪法国的中等教育和高等教育几乎都控制在耶稣会手中。耶稣

会教育也有其致命的弱点,那就是不管制度、方法多么完善,组织管理多么周密,师资水平多么高,这些都服从于一个目的——重建教皇和天主教会对欧洲的统治,这一目的是逆历史潮流、与民族国家的兴起相对立的。耶稣会遭到各民族国家的拒斥,它所开办的教育也必定随之受到冷落。富有成效的手段服务于一个违背时代的目的,只会给社会带来更大危害,结果必然为历史所淘汰,这正是耶稣会教育的悲剧所在。

1773年,教皇被迫解散耶稣会并将总会长囚禁,耶稣会学校在欧洲的兴盛遂成为历史陈迹。但它的许多做法依然有影响,学校也并未完全绝迹,还力图适应时代变化作相应调整。1814年,教皇宣布恢复耶稣会。1832年为适应新形势,耶稣会修改了1599年的教育计划,对教学科目作了较大调整,人文学科虽然仍然强调教授拉丁文、希腊文,但更多的时间被用来学习本国语;低年级不再要求必讲拉丁语;历史、地理等知识作为单独学科进行讲授,有关自然科学的基础知识也在这一阶段的教学中出现;哲学和自然科学的教学得到进一步加强;学科扩大,增加了化学、生物学、动物学、矿物学等新学科;物理、数学、天文、心理学等原有学科也增加了新分支和现代科学的内容;不再一切以亚里士多德为准。这种调整表现出耶稣会教育走向近代化的努力,但其维护教皇权威的根本目的并未改变,这使得欧洲各国到了20世纪还对耶稣会办教育存有戒备心理,如20世纪70年代瑞士宪法第51条就明确规定:耶稣会在瑞士领土上不得从事任何文化或教育活动。

新教教育与天主教教育都是宗教教育,尽管人文主义教育也带有一定的宗教性,所有人文主义者都信仰上帝,但新教和天主教还是共同反对人文主义教育中尤其是意大利人文主义教育中的异教因素。宗教改革运动"压制了人文主义运动的种种世俗倾向",反宗教改革运动则想把当时的社会和教育带回宗教性更强的中世纪。新教教育为新教服务,天主教教育为天主教服务,教育在新教和天主教那儿主要是作为一种宗教工具而被运用,渗透于新教教育和天主教教育中的古典人文教育主要是作为一种技术性语言工具而被利用,对个人发展和世俗利益的考虑一直处于次要地位。宗教的迷雾一直笼罩在欧洲上空,渗透于包括教育在内的社会活动的各个层面。但1648年宗教改革结束时,教育已展露出与中世纪不同的新时代的曙光。

持续不断的宗教冲突尤其是宗教战争给欧洲社会带来了极大的破坏,也给教育带来了厄运。教育饱受摧残,长时间难以复苏。这使冲突的参与者认识到,不论是新教势力还是旧教势力,谁都不可能吃掉对方,持续的冲突和战争对哪一方都无益处,世俗政权支持任何一个教派实行宗教划一政策,都会导致社会不稳定,唯一的出路就是走向宗教宽容。宗教宽容承认宗教分歧存在的合理性,违反了宗教统

一原则,实质上是一种政治妥协。在这种妥协中,宗教信仰服从于世俗现实利益的考虑,有利于维持一个社会生存所必须具有的秩序,更重要的是给以后的社会尤其是政治、文化和教育的发展带来了生机。中世纪和宗教改革时代那种由教会统治国家和社会的模式让位于一种对宗教持中立态度的政治模式,政府对宗教持中立态度标志着国家世俗权力的加强,意味着世俗权力与宗教权力分离,预示着政教分离原则的最后胜利。这对教育而言,意味着势必要成为一种民族的教育,一种由国家控制领导权的教育,一种避免宗教争端的世俗性、公共性的教育。宗教冲突的另一后果是世俗性的增强。新教的兴起和众多新教派的建立使人的思想和信仰趋向多元,宗教宽容政策不仅给不同的宗教信仰带来宽容,也预示着为各式各样的世俗思想带来宽容。宽容带来了思想解放,使近代科学和哲学思想兴起,大大改变了人对自然、社会和自己的看法,17世纪后期遂成为科学和哲学发展的盛期,涌现出一些哲学和科学巨人,以至西方人将17世纪称为"天才的世纪"。一般人也由于厌恶宗教争斗而越来越注重今世生活。在这种氛围之中,教育与世俗生活的结合更趋紧密,学校课程也随之发生变化:世俗性知识比重加大,自然科学进入课程之中,总体精神正在发生重大转折。这标志着世俗性的近代教育已从根本上取代了宗教性的中世纪教育,标志着教育正迈向近代化。

参考文献

博伊德,金.西方教育史[M].任宝祥,吴元训,译.北京:人民教育出版社,1985.

吴式颖.外国教育史教程[M].北京:人民教育出版社,1999.

吴式颖,任钟印.外国教育思想通史(第4卷)[M].长沙:湖南教育出版社,2002.

吴元训.中世纪教育文选[M].北京:人民教育出版社,1989.

张斌贤,褚宏启,等.西方教育思想史[M].成都:四川教育出版社,1994.

(褚宏启)

综合实践活动课程(integrated curriculum of practical activity) 基于学生自身生活和社会生活的直接经验,注重对知识技能的综合运用,体现课堂外的社会活动对学生发展价值的实践性课程。形成于中国第八次基础教育课程改革。具有整体性、实践性、开放性、生成性和自主性等特性,与各学科课程具有本质区别,是中国基础教育课程体系的结构性突破。

综合实践活动课程历史沿革 西方与中国的综合实践活动课程相对应的课程包括两类:一是"设计本位学习"(project-based learning,简称PBL),二是"服务学习"(service learning)。

"设计本位学习"作为一种课程与教学取向,源于16世纪末罗马和巴黎的建筑学校或艺术学院。虽有四百多年的历史,但其作为一种公认的课程设计理念和教学思想确立于基础教育领域,仅百年时间,是美国进步教育思潮和欧洲新教育思潮的产物。杜威的"建构性作业"(constructive occupations)或"主动作业"(active occupations)的理念首次系统确立起"设计本位学习"的思想基础。杜威所称"作业",是指"复演社会生活中进行的某种工作或与之平行的活动方式"。这是着眼于儿童经验的发展,对社会生活中的典型职业进行分析、归纳和提炼而获得的各种活动方式,如商业、烹饪、缝纫、纺织、木工、金工等。杜威认为,准备社会生活的唯一方式是参与社会生活,通过主动探究各种精心设计、选择和具有真实社会意义的"作业",学生不仅发展社会理解力和责任感,而且满足经验持续增长的要求和持久的学习兴趣,并发展科学地反省思维或问题解决的能力,以及思考问题的习惯。1896—1904年杜威在其创办的芝加哥大学实验学校成功实验了这种教育理想。"建构性作业"或"主动作业"也是"设计本位学习"的经典形态之一。杜威的学生和同事克伯屈在1918年发表的《设计教学法》一文中首次明确提出"设计教学"的概念,并在1925年出版的《方法的基础:关于教学的非正式谈话》一书中加以发展。克伯屈把"设计"界定为"热情的目的性行为"(hearty purposeful act),包括四个方面,即确定目的、制订计划、实行计划和评定结果。进步主义教育运动之后,"设计本位学习"继续发展。20世纪20年代,"设计教学法"几乎在美国所有小学得以实施。20世纪80年代后,根据时代发展需要,许多国家的课程改革积极吸收"设计本位学习"的核心理念——学习是学习者主动探究生活和学科的过程,在课程框架中设置不同类型的"设计本位学习"的实践形态。

"服务学习"大致经历三个发展阶段。第一阶段为19世纪末至20世纪四五十年代,是服务学习的进步主义与改造主义时代。这一阶段的"服务学习"与"设计本位学习"融为一体,目的指向民主社会所需要的服务精神和探究精神。第二阶段为20世纪60年代末至70年代,是服务学习的人本主义时代。针对教育中理性主义、学术中心主义的膨胀,这一阶段的服务学习旨在培养理智与情感均衡发展的丰满人性,强调学校教育的社会适切性,关注社会不利阶层。第三阶段为20世纪80年代之后,是服务学习的制度化时期。在实践形态上,这一阶段的服务学习既高度综合又日趋多元,包括自19世纪末以来可统称为"经验学习范式"的各种形态,尤其是"设计本位学习";不同地区、不同学校的"服务学习"实践日趋多元。在理论基础上,这一阶段的"服务学习"不仅包括历史上的进步主义、改造主义、人本主义等思潮,且吸收20世纪80年代以后的解放教育学思潮、生态伦理学、全球化思潮等。在政策层面,这一阶段的"服务学习"受到各级教育行政部门的关注,相应的政策、法规日益完善,其实施日益制度化。

20 世纪 90 年代后,世界各国推出旨在适应 21 世纪挑战的课程改革举措,其共同趋势是倡导课程向儿童经验和生活回归,追求课程的综合化。根据世界课程改革整体走势,欧美诸国纷纷倡导设计学习活动和服务学习活动,日本在新课程体系中专设"综合学习时间",给予学生跨学科的、综合性学习的时空。

中国综合实践活动课程的发展大致经历课外活动、活动课程和综合实践活动三种形态的变化。

课外活动的组织形式产生于民国时期。根据 1912—1913 年"壬子癸丑学制"的规定,学校的课程设置改变单一的必修性质,增设专修课和选修课,为课外活动的发展创造了条件。20 世纪 30 年代,课外活动种类繁多,但大多与体育和日常教学科目有关。中华人民共和国成立后,课外活动逐步列入国家教学计划。1953 年 9 月颁布的《小学(四二制)教学计划(草案)》规定,课外活动主要是体育游戏活动、劳作活动和小组学习。1954 年 2 月的《小学(四二制)教学计划(修订草案)》规定了课外活动的目的和原则,提出课外活动的目的是补充课堂教学的不足,以充分发展儿童的个性,各校可根据实际情况自行掌握,不必强求一致,以免流于形式。1955 年颁布的《关于小学课外活动的规定》规定了课外活动的时间、内容与方法。这一时期,很多小学积极探索和开设符合本校的课外活动。20 世纪 80 年代后,中国全面开展教育体制改革,对课外活动的命名、价值与形式亦进行积极探索。以兴趣小组为基本组织形式的课外活动被称为"第二课堂"、"第二渠道",其价值得到充分肯定。这一时期的课外活动内容更齐全,类别更清晰,数量大为增加。但由于缺乏系统的教育理论指导,活动的效果与影响难以控制和把握;活动着眼于技能、技巧和特长的发展,更重视结果,在全面提高学生的创新意识、创新能力和综合素质方面未能发挥应有的作用。

1992 年,在基础教育强调由应试教育向素质教育转轨的时代背景下,国家教育委员会颁布《九年义务教育全日制小学、初级中学课程计划(试行)》,对学校课程结构作重大调整。该课程计划提出,"课程包括学科、活动两部分","活动在实施全面发展教育中同学科相辅相成";并规定了六类活动课程,即"晨会(夕会)、班团队活动、体育锻炼、科技文体活动、社会实践活动和校传统活动"。根据这一要求,中小学开始设置必修课、选修课和活动课,活动课程成为学校课程计划的有机组成部分。但该课程计划是一指令性文件,未明确界定活动课程及其本质特征、实施原则等,亦未颁发活动课程指导纲要,各地各校在实践中遇到很多问题。为加强对活动课程的指导,1996 年国家教育委员会基础教育司颁布《九年义务教育活动课程指导纲要(实验区试行)》,规定活动课程的地位和作用、培养目标、内容和形式、

实施原则、管理和评估等,中小学课程建设由此进入一个新的阶段。很多学校从开发学生潜能、发展学生特长的目的出发,根据学生的需要、个性、特长、兴趣、爱好,在活动课程中开展诸如社会调查、小课题研究等活动。在这些活动中,研究性学习成为主要的学习方式。这一时期的活动课程趋于规范,为综合实践活动课程的发展提供了经验。

2001 年 6 月教育部颁布《基础教育课程改革纲要(试行)》,综合实践活动作为一门独立的课程形态被正式列入课程计划。该纲要提出:"从小学至高中设置综合实践活动并作为必修课程,其内容主要包括:信息技术教育、研究性学习、社区服务与社会实践以及劳动与技术教育。强调学生通过实践,增强探究和创新意识,学习科学研究的方法,发展综合运用知识的能力。增进学校与社会的密切联系,培养学生的社会责任感。在课程的实施过程中,加强信息技术教育,培养学生利用信息技术的意识和能力。了解必要的通用技术和职业分工,形成初步技术能力。"在义务教育阶段,综合实践活动课程从小学三年级开始开设,每周平均 3 课时,占总课时量的 6%～8%。2003 年教育部颁布的《普通高中课程方案(实验)》将信息技术教育和劳动与技术教育从综合实践活动中分离出来,整合到其他领域,同时规定:综合实践活动作为高中课程结构的八个学习领域之一,包括研究性学习活动、社区服务与社会实践三方面内容,共 23 个必修学分,占最低必修学分的 20%,占最低毕业学分的 16%。在《基础教育课程改革纲要(试行)》颁布的同时,教育部组织专家研制综合实践活动的指导纲要。

综合实践活动课程定位　主要体现在其与其他课程类型的关系上。(1)综合实践活动课程与学科课程。作为国家规定的必修课程,综合实践活动课程与学科课程具有等价性与互补性。综合实践活动课程与学科课程的区别在于学习内容和解决的问题。前者的学习内容是生活世界,所解决的问题是学生的心理经验与生活的关系;后者的学习内容是学科知识,所解决的问题是学生的心理经验与学科逻辑的关系。综合实践活动课程的出现不是为取代学科课程,两者并非对立关系,应予以整体关注:将综合实践活动课程作为统整各学科内容的途径,在知识应用和问题解决中提升学科学习的品质;同时把各学科的教学视为支撑综合实践活动课程深入开展的条件,增强综合实践活动课程的探究性。(2)综合实践活动课程与综合课程。综合实践活动课程从学生的现实生活和社会实践中发掘课程资源,运用综合的学科知识多角度思考和解决现实问题,体现对知识的综合运用;综合课程有意识地运用两种或两种以上学科的知识和方法论考察和探究一个中心主题或问题。建基于学习者经验的综合实践活动课程超越学科边界,是综合程度最高、综合面最宽的综合课程,围绕探究的方式展开,是对综合课程开发模式的丰富和发展。(3)综合实践活

动课程与活动课程。活动课程亦称"经验课程"，是以儿童的主体性活动经验为中心组织的课程；综合实践活动课程是以学生的直接经验为特征的课程，两者本质上一脉相承。活动课程在20世纪90年代初被纳入义务教育课程计划，综合实践活动课程是对活动课程的继承、发展与规范，较之活动课程，体现更鲜明的时代特色，更突出学生创新精神和实践能力的培养。综合实践活动课程以专题研究为活动方式，在研究中活动，在活动中研究，拓展了活动课程的价值与功能。(4)综合实践活动课程是国家规定、地方指导和校本开发的课程。它与各学科并列，具有一定独特性：是国家课程计划中规定的必修课程，具有严肃性；无课程标准和教材，充分体现其生成性和适应性，由国家规定课程名和课时，地方统一协调和指导；学校自行开发，课程开发中要求体现学校和学校所在社区的特色。

综合实践活动课程要素　(1)课程目标。综合实践活动课程目标具有体验性目标和表现性目标取向，具体指：保持学生独立的持续探究的兴趣；使学生获得亲身参与研究探索的体验；着力培养学生的问题意识和课题意识，发展提出问题和分析问题的能力；学会分享、尊重与合作；形成学生尊重事实、注重独立思考、勇于克服困难的科学态度和科学精神；倡导学生从社会生活中选择探究主题，增加学生接触社会、考察社会、服务社会的机会，培养学生关注社会的责任心和使命感。(2)课程内容。围绕学生与自然的关系、学生与他人和社会的关系以及学生与自我的关系选择和组织课程内容。综合实践活动的开发与实施以学生为核心，力图实现上述三种关系的均衡与整合，最终指向学生个性的健全发展。具体课程内容因地方、学校的差异和学生的个性差异而异，研究性学习、社区服务与社会实践、信息技术教育、劳动与技术教育是国家为帮助学校更好地落实综合实践活动而特别指定的四个领域，而非综合实践活动的全部内容。四者以融合的形态呈现，研究性学习倡导探究的学习方式，渗透于综合实践活动的全部内容中，是综合实践活动的基础，社区服务与社会实践、信息技术教育、劳动与技术教育是研究性学习探究的重要内容。除指定领域外，综合实践活动还包括大量非指定领域，如班团队活动、校传统活动(科技节、体育节、艺术节)、学生同伴间的交往活动、学生个人或群体的心理健康活动等。指定领域与非指定领域互为补充，共同构成内容丰富、形式多样的综合实践活动。(3)课程组织形式。采用小组合作的方式。由学校规定人数要求，一般由6～10人组成，学生自由组合组成小组，教师根据分组情况进行适当调节。由学生自己推选组长协调课题组的活动。鼓励跨班级、跨年级、跨地区甚至跨国界的合作方式。为使课题组成员各展所长、研究过程有条不紊，课题组进行有效分工，根据各成员承担任务的不同，一个课题组可包括组长、文书、资料管理员、制作统筹

员、信息科技员、公关联络员、报告人/答辩人/表演者等。小组为每个成员提供各种表现机会，如：头脑风暴、建构心智图、讨论、图书馆活动、互联网检索、观看录像；编制问卷、访谈提纲，设计现场活动；访谈，参与现场活动；撰写和编制图表，统计分析，应用电脑；改变观点，作出判断，提出意见，形成假设，得出结论；报告、整理档案袋、布告、辩论、表演、多媒体演示；分享讨论、列表等。(4)课程实施。一般分为四个阶段，各阶段相互交叉、交互推进。阶段一：确定研究主题。综合实践活动课程的主题必须由学生或学生在教师指导下自主提出。教师可通过问卷调查、实地考察、创设情境、捕捉时机等方式引导学生确定研究范围和主题。探究主题必须源于学生的现实生活，对学生自身、家庭、学校及所在社区具有实际意义；必须是可研究的，符合研究的框架要求，如为什么要研究、研究什么、怎样研究以及研究的结果会是什么等。阶段二：制订计划与搜集资料。课题确定后，研究小组着手制订具体、可行、有效的研究计划，明确研究目标，设计资料搜集的方法和工具，并明确分工。各成员承担自己的职责，通过图书馆活动、上网查询、参观访问、实验操作等多种途径广泛搜集资料。阶段三：总结整理。小组成员整理、分析搜集到的资料，不断验证自己对研究主题的假设，最后综述资料的观点，提出自己的认识和见解。阶段四：交流评价。学生通过研究论文、模型作品、主题演讲、小品表演、辩论赛等方式发表研究成果，教师引导学生把分享成果的过程作为学生发现自我、欣赏他人的过程。在成果分享后，教师组织学生通过研讨、写作等方式反思研究历程，综合评价学生的研究活动。(5)课程评价。综合实践活动的课程评价关注不同学生的个体差异，旨在提供改进研究活动的建议。遵循三条评价策略。① 评价"嵌入"课程，即改变以往课程、教学、评价之间的线性关系，谋求课程、教学与评价的一体化；使评价贯穿于选题、计划、总结、交流等各个阶段；评价内容集中于学生在研究活动过程中的情绪情感、参与程度、投入程度等表现。② 倡导多元化评价，听取来自教师、学生、家长、社会机构等多个评价主体的意见和建议，采用档案袋评价、展示性评价、研讨式评价等多种方式或途径收集信息，并坚持有实用性、可行性、正当性与准确性四个评价标准。③ 注重评价的反思性。通过研讨、写作等多种方式培养学生的反思品质，使学生对自己的研究过程进行监控，为自己的研究结果承担责任，以提高学生研究的内在动机和自信心，激发其研究热情。

参考文献

约翰·杜威.民主主义与教育[M].王承绪，译.北京：人民教育出版社.1990.

张华，等.综合实践活动课程研究[M].上海：上海科技教育出版社,2007.

钟启泉,安桂清.研究性学习的理论基础[M].上海:上海教育出版社,2004.

钟启泉,崔允漷,吴刚平.普通高中新课程方案导读[M].上海:华东师范大学出版社,2003.

钟启泉,崔允漷,张华.为了中华民族的复兴,为了每位学生的发展——《基础教育课程改革纲要(试行)》解读[M].上海:华东师范大学出版社,2001.

（安桂清）

综合职业能力（comprehensive vocational competencies）各方面不同职业能力要素的有机整合。职业能力是指个体在某种职业活动或生产劳动中所需要的或应体现出的知识、技能、态度等方式和特征。培养综合职业能力是职业教育的终极目标和核心任务。

外国关于职业能力的理念与实践　20世纪70年代外国提出能力本位这一强调能力培养的教育理念和模式,并运用于职业教育领域,80年代中后期兴盛,成为国际主流思想。澳大利亚学者贡奇将其概括为三种能力观。一是任务本位的行为主义能力观,把能力等同于完成一项任务。加拿大的能力本位教育（competency based education,简称CBE）即以此为指导。二是一般能力导向的整体主义能力观,注重基本的、具有普适性的一般能力,不注重具体工作情景。很多国家提出的"关键能力"（key competency）即以此为指导。三是将一般能力和具体工作情景结合起来的综合(整合)能力观,将一般能力和个体所处的职位和工作角色结合起来。这一观点在英国和澳大利亚较为盛行。各国对职业能力有独特的理解和实践。加拿大的能力本位教育以能力培养为目标,以岗位要求为依据,其特点是:以从业能力为教育的基础、培养目标和评价标准;以职业分析所确定的综合能力作为学习科目;按专项能力从易到难的顺序安排教学计划;以学生原有的职业经验和能力为入学标准。这里能力的含义较窄,主要指技能和行为。关键能力最早由德国提出,指专业能力以外的跨岗位、跨专业、跨职业的能力,是从事任何职业都应具备的能力。德国西门子公司将其概括为五个方面:组织和实施工作任务的能力、交往与合作的能力、运用学习与工作的能力、独立性与责任感、对外界压力的承受能力。英国对关键能力的提法较多,大多称其为核心技能,指一种普通的、可迁移的、对劳动者的未来发展起关键作用的能力。亦形象地称其为"可携带的技能"（portable skills）。可根据重要性分为主要关键技能（main key skills）和广泛关键技能（wider key skills）;还可分为"硬关键能力"（hard key skills）和"软关键能力"（soft key skills）;另外还有"通用性职业能力"（common skills）的提法,指某一行业内通用的职业技能。1979—1999年,英国有多种对关键能力的分类和解释,其内涵演变也是经济社会变化的反映。1999年,英国资格与课程当局确定了职业教育的关键能力有两级六项:交流能力、数字应用能力、信息技术能力、与他人合作的能力、学习与业绩的自我提高能力、问题解决的能力。前三项为主要关键技能,后三项为广泛关键技能。澳大利亚也采用关键能力的说法,认为关键能力是人们从事工作所需具备的一般技能和能力,应用于一般性工作,而非专门职业或岗位。1991年,《芬尼报告》（The Finn Report）将关键能力分为六个要素。1992年,梅耶委员会（Mayer Committee）将其发展为七方面的关键能力:收集、分析和组织信息的能力,交流思想和分享信息的能力,计划和组织活动的能力,与他人及团队合作的能力,应用数学思想和方法的能力,解决问题的能力,使用科学技术的能力。美国劳工部为实施《美国2000年教育战略》,提出未来劳动者应具备五种基本能力:合理利用与支配各类资源的能力、处理人际关系的能力、获取并利用信息的能力、综合与系统分析能力、运用各种技术的能力。还提出应具备三种素质:基本技能(读、写、算、听、说)、思维能力、个人品质(责任感、自信心、社交能力、自我管理等)。日本文部省提出的21世纪教育目标也涉及能力培养:培养宽广胸怀与丰富的创造力;培养自主自律精神;培养在国际事务中能干的日本人。韩国职业教育重视基础通用能力的培养,亦称公共基础能力,是所有职业种类都必须具备的,包括语言听说能力、数理统计电算计算能力、经济经营决策能力、掌握和运用文化地理历史等知识的能力。

中国关于综合职业能力的理论与实践　西方的能力本位思想、三种职业能力观以及关键能力、核心技能等概念于20世纪90年代传入中国并被接受,影响了中国职业教育的观念选择和教学改革。能力本位的思想最先被广泛认同,即把能力培养作为职业教育的中心任务和基本目标,其哲学基础是实用主义哲学,心理学基础是早期的行为主义,特点是强调学习目标的可操作性,重视行业意见,主张学习的个性化。这里的能力主要侧重岗位技能的狭义理解。后有学者提出"人格本位"思想,认为职业教育要培养全面发展的、人格健全的、具有综合能力的人。随着素质教育的开展以及对外国职业教育思想的学习与研究,"综合职业能力"的提法在中国职业教育领域应运而生。其理解有广义和狭义之分。广义的综合职业能力几乎涵盖职业教育的全部内容,包括身心素质、思想品德、职业道德、创业精神和知识、经验、技能等完成职业活动任务所需要的一切能力。2000年,教育部在《关于全面推进素质教育深化中等职业教育教学改革的意见》中提出:树立以全面素质为基础、以能力为本位的新观念,培养与社会主义现代化建设要求相适应,德、智、体、美等方面全面发展,具有综合职业能力,在生产、服务、技术和管理第一线工作的高素质劳动者和中初级专门人才。他们应当具有:科学的世界观、人生观和爱国主义、集体主义、社会主义思想以及良好的职业道德和行为规范;基本的科学文化素养,掌握必需的文化基础知识、专业知识和比较熟练的职业技能;继续学习的能力和适应职业变化的能力;创新精神、实践能力、立业创业能力;健康的身体和心理;基本的欣赏美和创造美的能力。还提出,具有全面素质和综合职业能力的学生应具有良好的思想政治素质、敬业精神和社会责任感,良好的职业道德和行为规范,健康的生理和心理素质,以及人口、资源、环境等可持续发展意识;与社会主义市场经济相适应的创新精神、实践技能和创业能力;掌握良好的文化基础知识;良好的表达、理解能力和终身学习能力;一定的接收和处理信息的能力、经营管理能力、社会交往能力和合作精神。这些要求是广义的综合职业能力的体现。狭义的综合职业能力指职业活动所需的能力。职业能力是能够胜任一定职业任务的主观条件之一,直接影响职业活动效率;是各种职业活动中所需的多角度、多层面能力的整合;是个体多种基本能力在不同职业领域的应用和升华;是个体所具有的能力在特定的生产、技术、管理和服务等职业活动中的具体体现。具有应用性(职业性)、层次性(复合性)、专门性(方向性)、个体性(差异性)、可变性(动态性)等特征。个体必须参与特定的职业活动或模拟的职业情境,通过已有的知识和技能的类化迁移,使相关的一般能力得到特殊的发展和整合,形成较为稳定的综合职业能力。职业能力有多种分类。一种是"三要素说",即把综合职业能力分为知识、技能、态度三方面。知识是能力形成和发展的基础,"必须"和"够用"是职业教育的基本要求;技能是职业能力在职业活动中的外化和具体体现,"能做"和"会做"是其基本要求;态度的倾向性反映个体行为的内在动因,是职业能力形成的驱动力,职业活动的趋向靠职业态度调整。另一种是"两分法",即把综合职业能力分为专业特有能力与跨专业能力。专业特有能力指知识和技能;跨专业能力则涵盖多项能力,如解决问题的能力、与他人和集体相处的能力、负责能力等。二者相互关联、相互依存,共同作用于个体,使个体不断树立新的标准,生成专业能力、方法能力、个性与社会能力。专业能力结合方法能力形成事务能力,事务能力结合个性与社会能力最终构成行为能力。还有一种"三分法",即把综合职业能力分为专业能力、方法能力和社会能力,其中方法能力和社会能力在职业生涯中起关键性作用,被称为关键能力。二分法和三分法在强调专业能力之外都更加关注方法和社会能力。专业能力具有合理的智能结构,是符合某种专业活动要求的一些特殊能力的有机结合,突出针对性和应用性;方法能力具有科学的思维模式,突出方法的合理性和逻辑性;社会能力具有积极的人生态度,突出对社会的适应性和应变性。强调方法能力和社会能力的目的在于增强学习者和劳动者面对复合工种和职业转换的应变能力,这是对传统职业教

育的突破:职业教育不能只培养"技术人",还要培养适应职业需要和个人发展的"职业人",更要培养在社会中自由全面发展的"社会人"。专业能力和关键能力可通过职业分析的方法来确定和细化。专业能力一般较为具体、稳定、明确,而关键能力涉及面广,弹性大,差异大。

培养综合职业能力是职业教育教学设计的起点和教学评价的重点。中国职业教育课程改革中增加了基础性、通用性、综合性、发展性的教学内容,加强德育,整合课程,将综合职业能力培养贯穿教学的全过程。这一改革的代表性成果有两个。一是上海提出的多元整合课程模式,即融合各种课程观的长处:理论教学上取学科课程中新课程之所长,在实践教学上取活动中心之所长,在课程开发上取能力中心之所长,在教学形式上取问题中心之所长,在发展形态上取个性中心思想之所长。以学生综合能力的养成为导向,并使学生具备相当的文化和专业理论知识,提高可持续发展的能力。课程结构具有综合化、模块化、阶段化、个性化等特征,课程内容是知识、技能、态度三要素的多重综合,课程开发包括课程分析、课程设计、课程编制等阶段。二是北京提出的"宽基础、活模块"集群式模块课程模式。以综合职业能力的形成为课程目标的核心,包括课程分析、课程设计、课程实施、课程评价四部分。"宽基础"侧重关键能力的培养,课程含政治文化类、工具类、公关类、职业群专业类;"活模块"侧重专业能力的强化。"宽基础"与"活模块"课程之间相互交融。在教学模式上,突出以学生为中心、以能力为基础、以成果为依据的教学观;实施小班授课、分层教学、环境模拟教学、项目学习、小组学习等。为加强综合职业能力特别是关键能力的培养,各地还探索在各门课程教学中渗透的原则,让学生在做中学,成为学习过程的主角。教学方法因人而异,从更广泛的角度充分发挥教师和学生的积极性、主动性、创造性。一些职业院校探索培养学生综合能力的教学策略体系:以学生为主体,以能力为本位,以专业为基础,以实践为重点,以技能为主线,以课程设计和毕业设计为手段,培养学生的综合职业能力。在教学观念上,由知识客体转为学生主体,由教育专家导向转为企业专家导向,由传统的"教程"转为"学程",由重视专门技能转为重视关键能力和综合职业能力,由强调对一个岗位的适应能力转为强调对职业岗位变换的适应力,从强调培训过程转为强调培训结果;由适应就业转为自主创业。

参考文献

教育部职业教育与成人教育司,教育部职业技术教育中心研究所.职业教育教学与课程改革研究分卷[M].北京:高等教育出版社,2002.

石伟平.比较职业技术教育[M].上海:华东师范大学出版社,2001.

(邢　晖)

综合中学运动（comprehensive school movement）第二次世界大战后欧美各国兴起的针对中等教育弊端，促进教育民主化的一场运动。该运动对亚洲、大洋洲等地区的中等教育结构改革产生了重要影响。

综合中学运动的历史背景

第二次世界大战结束后，世界各国都进入了经济重建与恢复时期，新技术革命的浪潮席卷全球，到60年代，各国的经济都开始了高速发展，工业化国家的产业结构发生了巨大的变化，与之相适应，对人的培养与训练提出了新的要求。原来的中等教育体制中，选择性学校名额有限，现代中学质量低下，这种状况已不能满足经济、技术发展对专业人员的需求。在初等教育走向普及的基础上，先进的工业化国家相继开始普及中等教育，并为了适应社会变革，对中等教育结构进行了各种改革。

1948年12月10日，联合国大会通过并宣布了《世界人权宣言》，其中第26条提出发展教育，促进教育平等。但是在当时许多国家中，教育的不平等是明显的，那些最没有社会地位的人们往往享受不到普遍受教育的权利。在贫穷的社会，他们是最先被剥夺权利的人；而在富裕的社会里，他们是唯一被剥夺权利的人。教育不平等现象首先表现为教育机会的不平等，其原因之一又在于教育机会不充分。在中等教育领域，直到1950年，世界教育的普遍模式是三轨制，学生在受完共同的初等教育之后，进入以下三种不同的平行轨道：（1）为进大学作准备接受学术性教育；（2）接受师范教育培训；（3）接受技术和职业教育。以自动化为特征的工业革命改变了原有的社会结构，给中等教育人才培养规格带来了新的要求。三分制的中等教育结构严重僵化，离校生比例高，接受完全中等教育的人数少，适应不了这种要求。许多教育家和社会学家乐观地认为，通过教育的民主化可以大大地促进社会的民主化，教育的发展和改善可以有助于缩小社会的不平等现象。因此，针对中等教育机会不平等的问题，自20世纪50年代起欧洲各国开始了一场旨在把多轨的中学体制结合起来的综合化运动。

1957年苏联人造卫星上天，世界各国为之震惊。欧洲各国更是感到自身处在激烈的国际科技和军事竞争中，有必要对选择性的中等教育制度进行改革。

20世纪50年代中期开始，原有的划分中等学校的心理学依据受到人们的怀疑。许多学者认识到，智力在很大程度上是环境的产物，不同的教育条件直接影响了学生智商的高低。

各国的综合中学运动

对综合中学的早期探索开始得较早，美国从19世纪中期起就实行了中等教育的单轨制，其中学既是实施普通教育的主阵地，也是进行职业教育的重要场所，在一定程度上就是综合中学。第二次世界大战后，美国大力发展综合中学，欧洲各国相继借鉴美国的经验，实现中等教育结构综合化，综合中学运动兴起。

美国的综合中学运动　1957年开始，美国化学家科南特对美国中学进行了广泛的调查研究并提出了中学教育改革的具体方案。他认为综合中学是集普通教育、学术教育、职业技术教育为一体的中等教育形式，主张改革综合中学的办学目标和学校规模，使综合中学成为美国公立中学的基本模式。他对中学课程提出的建议是：加强数学、自然科学和社会科学等有关普通教育学科的教学；强调职业性的、多样化的选修课程，以充分发展中学生的潜能。他主张无论必修课或选修课，都按学生能力进行分组，学习必修课的同时，至少要学习7门选修课程。这些建议.成为美国20世纪60年代中学教育改革的主要内容。

英国的综合中学运动　英国传统的中学有三种：文法学校、技术中学和现代中学。文法学校是传统的学术性中学，学生来自中上层社会阶层的比例较高，毕业后进大学的比例也很高。技术中学主要培养工业、农业、商业领域所需要的技术人员，因这类学校数目少，它们在英国的社会分层中不起重要作用。现代中学招收的学生绝大多数出身于社会中下层家庭，毕业后大多走向社会就业谋生。

1947年，英国工党提出设立综合中学的主张，即把文法中学和现代中学两类学校合并，或把文法中学、现代中学和技术中学三类学校合并，称为综合中学。但在1965年前，综合中学发展缓慢。1965年，英国教育与科学部发布第十号通令，废除了由地方当局实施的现行考试制度，要求地方当局沿着综合中学的路线，提出改组中学的计划。从此，中等学校的改组就在全国范围内开展起来，综合中学得到很大发展。工党政府在1967年2月制定了《综合中学设置促进法》，以法律的形式规定综合中学必须以更快的速度发展。综合中学是接受所在地区的所有儿童入学，并为具备各种能力的儿童提供多种多样课程的学校。它同时提供为升大学和就业所准备的课程。学生按其自然倾向和能力分别编入A、B、C三组。它的发展，使英国公立中学的结构完全改变。至1977年，综合中学的学生数已占英国中学生总数的80%。

法国的综合中学运动　1959年戴高乐总统颁布教育法令，建立学制四年的普通中学以取代原有的小学补充班，中等教育前两年为观察期，后两年为方向指导阶段。1963年的改革统一了初中的学制，是1959年改革的继续，但仍然存在不同培养目标的三类教学班。1975年颁布《哈比改革法案》，在第一阶段中等教育取消三类不同的教学班，建立统一的初中，完全实施四年制的普通教育，促进了中等教育的进一步民主化与现代化。

德国的综合中学运动　德国的中等教育原来实行三轨制,中等学校分为主要学校、实科学校和高级完全中学。1965 年德国教育审议会成立,下设的教育委员会建议各州设立统一的多种多样的综合制实验学校,这些实验学校或是由一个中级阶段和一个高级阶段组成,或是由若干个中级阶段和一个高级阶段组成。学生通过选学各种各样的科目达到学生能力的多样化。1969 年一些州开始试办综合中学,将传统的普通学校综合在一起,形成一个灵活的、分化的教学单位,从第七学年开始根据学生不同的能力和兴趣随时在各科之间调整,从而更大程度上实现教育机会均等。1970 年,教育委员会又提出《关于教育制度的结构计划》,设想通过教育内容的互相接近使学校的三轨制失去存在的意义,从而逐渐统一合并,使三轨制学校消失。1970 年 6 月,联邦教育科学部部长发表了《联邦政府教育政策报告:1970年》,对现存的中等教育三轨以及从第四学年就开始对学生进行选拔分流的教育制度进行了批判,主张设立综合学校,中等教育第一阶段面向全体学生开辟共同的学习领域,对学生进行科学的基础教育,第二阶段包括与职业教育有关的课程、与普通教育有关的课程两条路线。在各方的努力下,德国的综合中学发展起来。综合中学一般有三种形式:(1) 拼合式综合学校(Additive Gesamtschule)。将主要学校、实科中学和完全中学三种传统的普通学校联合为一个学校中心,共同使用校舍、场地、设备和器材等,有时也互换教师,但保持各自的独立性。(2) 合作式综合学校(Kooperative Gesamtschule)。三类学校原则上仍保持并列状态,分成三个带有不同水平和达到不同毕业资格的训练分支。在第五、第六年级构成的定向阶段里,学生按共同的教学计划上课。根据这一阶段的学习情况,从第七学年起决定分配到三种学校中的某一种。(3) 一体化综合学校。完全取消三类学校的界限,学生没有留级,只是在各科之间进行调整;教学计划设必修科目、选修科目和各种不同的兴趣组。在教学上,综合中学采取能力分班制,包括两种基本的分组形式,一种是学科分组形式,一种是跨学科分组形式,根据学生的一般才能和成绩加以分组。

意大利的综合中学运动　第二次世界大战以后,意大利设立了三种类型的中等教育机构:文科中学、职业学校、补习学校。意大利共和国成立后取消了补习学校,把文科中学的前三年改为中间学校。这使初中阶段明显地分为中间学校和职业学校双轨制学校教育。这两者有明显的差别,实施普通教育的中间学校由国家颁发毕业证书,是升入高等教育预备学校即文科高中的通行证,而持有职业学校毕业证书者不能升入文科高中,更不能升入大学。它体现了教育机会不平等,违反教育民主化的原则。意大利各政党和社会团体积极要求统一初级中等教育。1959 年,意大

利共产党在议会上提出设立义务教育的国立初级中学法案。自 1963 年开始在意大利全国各地普遍设立初级中学,从此初级职业学校不再招生。有的职业学校改为普通初中,这样就把前期中等教育统一起来了。

瑞典的综合中学运动　瑞典与整个欧洲大陆一样保持着双轨制的学校传统,只有上层阶级的子弟才能进古典中学,下层社会的子弟只能在民俗学校接受短期义务教育。1950 年议会制定了教育发展总体战略,取消了双轨制,建立综合学校制度。1962 年议会通过新的教育法,宣布实行九年一贯制的综合学校制度。20 世纪 60 年代以前,瑞典实施高级中等教育的学校有高级中学和职业学校两类。高级中学分普通高中、商业高中和工业高中三种,1960—1963 年,瑞典提出了高级中等教育改革方案,建议把上述三种高级中学结合分成五科的同一类型的三年制高级中学,还建议设立分成社会科学、经济、技术三科的两年制继续学校。1964 年在议会获得通过并于 1966 年正式实施。1968 年议会又通过了一项方案,决定把高级中学、继续学校和职业学校合并成单一类型的综合高中。1971 年起,瑞典正式在全国推行综合高中,实现了普通教育与职业教育的融合。

挪威的综合中学运动　20 世纪 70 年代以前,挪威进行高级中等教育的学校有文科中学、职业学校、商业学校、技术学校等,1974 年议会通过了高级中等教育法,把多轨的高级中学改造成综合高中,给予每个学生平等的教育机会。

日本的综合中学运动　第二次世界大战后,日本实行新制高中"三原则",即综合制、共学制、学区制,通过综合制打破了战前双轨制的中等教育体系,在 1948—1949 年间对全国的高中进行了"综合化"改造,设置普通高中、职业高中和综合高中三种新制高中。综合高中内设普通科和职业科,分别进行普通教育和职业教育。

综合中学运动的影响

综合中学运动的主旨在于加强基础教育,避免过早分化,使中等教育适应儿童多方面发展的需要,并为儿童提供更多选择的机会和可能。它是一场符合时代潮流的进步教育改革运动,与新的科学技术条件下提高劳动者自身素质的客观要求相吻合。综合中学融普及义务教育、普通中等教育和职业教育于一炉,既体现了分化的需要,又考虑综合的要求,于综合中见分化,又在分化中求综合,是比较适应社会发展需要的学校类型。

综合中学是对双轨教育体制的否定,改变了中等教育的不平等状况,为普及中等教育开辟了道路。如英国 1965—1981 年,英国文法中学和现代中学分别减少了 83% 和 89%。至 1979 年,保守党上台前夕,英国综合中学的学

生占全部学生的88%。综合中学已经成为英国中学的主要类型。这反映出中等教育从过去注重尖子教育、英才教育向注重大众化教育转变。

但是，综合中学运动也遇到了许多阻碍因素。地理条件是一个重要的方面。一般来说，人口集中、面积较小、交通方便的国家容易实行。气候地理条件恶劣的地方，家长及子女往往因为必须离家很远去接受教育，因而常常放弃利用为他们提供的教育机会。综合中学运动也遭遇了文化心理因素的影响。许多企业和农业工人不愿意利用为他们的子女提供的教育机会，在法国、德国表现尤为明显。他们担心子女上学后收入方面有损失，而且还担心孩子受"太多"教育后造成两代人之间的鸿沟，孩子会为自己的家庭出身感到羞耻，从而断绝与家庭的来往。也有不少人认为，文法中学是为富人而设的，这种教育不适合企业工人的子女。另外，综合中学运动也受到政治因素的影响，特别是在英国。20世纪50年代前，英国综合中学发展缓慢。50年代中期以后，由于工党的大力提倡，一些地区逐步开展综合中学的改组。保守党和工党几番轮流执政，保守党反对综合中学改组，因此综合中学运动发展缓慢，直到80年代初，综合化改组才基本完成。但是其他类型的中等学校并没有完全消失，选拔性考试也没有彻底废除。

从综合中学运动的发展，可以看到，在西欧，自普及教育运动开始便随之产生的初等、中等教育互不衔接的双轨教育体制已经走向消亡。普及义务教育年限延长后，初中教育在这些国家已经成为基础教育的一部分，初等教育和中等教育的初中阶段已连为一体，综合中学的出现，把初中阶段一度存在的分支型结构统一起来，使这两个阶段的结合更为紧密。

参考文献

顾明远.教育大辞典[M].上海：上海教育出版社，1990—1992.

王桂主.当代外国教育——教育改革的浪潮与趋势[M].北京：人民教育出版社，1995.

赵祥麟.外国现代教育史[M].上海：华东师范大学出版社，1987.

（李　敏）

总务管理（school general affairs management）亦称"总务后勤管理"、"学校经营管理"（school business administration）。学校为保证教育、教学工作的顺利进行，根据国家有关政策法规，在学校现有的人力、物力和财力条件下，针对学校物资、财产等事务实施的管理活动。是学校从事教育教学活动及其他管理活动的必要条件之一，学校管理的重要组成部分。

学校总务管理的原则与要求　学校是对青少年实施教育、教学活动的场所，与其他组织相比，学校总务管理工作有其自身特点和要求，必须把握特定原则。其一，坚持为教育、教学服务，为师生员工服务的原则。教育、教学是学校的中心工作，学校总务管理的首要任务是为教育、教学工作服务，为全体师生创造良好的工作、学习与生活环境。总务工作人员必须了解教育、教学工作规律与要求，合理安排学校的财力和物力，确保学校教育、教学工作顺利进行。具体包括：根据教学需要、青少年身心发展规律及学校条件，科学、及时地配置教学设备并确保其运转良好；按照教学工作周期安排总务工作，主动配合教务部门；为师生提供整洁优美的校园环境；为师生服务，办好集体福利等。总务管理工作本身也应体现教育性，通过创造优美整洁、井然有序的校园环境来净化学生心灵、陶冶学生情操，总务工作人员的言行、总务工作的规章制度亦是学校教育手段的有机组成部分。而通过让学生参与学校总务管理过程，让学生适当从事学校的一些生产性、服务性工作，有助于学生学习劳动技能，培养劳动观点，促进教育与生产劳动的结合。其二，坚持勤俭办学、高效节约的原则。教育经费相对短缺是中国大多数学校长期面对的现实问题，总务管理工作必须合理配置和使用学校的财力和物力，精打细算，提高学校各种资源的使用效益。坚持勤俭办学原则也是学校履行教育职责，培养学生勤俭节约、艰苦奋斗、爱护公物等优良道德品质的需要。其三，坚持系统性、科学性原则。学校总务工作面广量大，作为学校系统中的子系统，总务工作不仅要保障自身系统的正常运转，还要与学校其他子系统及学校大系统协调一致。总务管理必须从学校整体工作出发，统筹安排，加强计划性和预见性。教学设备的购置与维护、学校整体布局、学校安全保卫、校园绿化和美化等总务工作的各个环节，都必须遵循教育工作和管理工作的一般规律与原则，以保证学校总务管理的高效率和高质量，实现总务管理的科学化。提高学校总务工作人员的科学素质和业务技能，运用现代化的管理工具和手段等，是学校总务管理贯彻科学性原则的有效途径。

学校总务管理内容　主要包括学校的财务管理、财产管理、生活管理、环境管理和安全管理。学校财务管理主要指学校的经费管理，它既是学校总务管理的首要任务和主要职责，也是国家财政工作的组成部分。学校财务管理必须严格遵守国家的财经政策和财经纪律，按照国家教育方针和勤俭办学方针，做好学校经费的预算、决算和使用管理工作，建立、健全财务规章制度，充分实行经济民主，通过对学校经费运转过程的计划、组织、控制与监督，充分发挥学校有限的财力，进而提高教育投资的使用效益。学校财产管理主要指对校舍、水、电、教学仪器设备、办公设备、生产设备、运动场馆及其他物资材料的管理。就管理内容而言，主要包括对学校资产的登记、采购、保管、使用、维修、报废等，还包括建立相应的规章制度，明确相关人员职责，力求使学校财产物尽其用,有效地为教学和师生生活服务。在这一过程中,应将对物的管理工作与对人的教育工作相结合,通过加强思想教育和采取一定的奖惩措施,帮助师生员工树立爱护公物的良好风气,保持勤俭节约、艰苦朴素的优良作风。学校生活管理主要指关心师生生活,增进师生健康,为师生生活提供综合服务。内容主要包括食堂餐饮、防寒保暖、防暑降温、宿舍住房、集体福利、卫生保健等。学校环境管理主要指合理规划校园环境建设,科学安排校舍场地,搞好环境卫生,绿化和美化环境,为师生创造一个安静、舒适、优美的校园环境,而整洁的校园环境对学生的思想情操亦具有潜移默化的教育作用,是集体精神面貌的体现。学校安全管理主要指防火防盗,防止各类事故,确保学校的交通安全、劳动安全、集体活动安全、饮食安全、校舍和教学设施安全等。

外国学校的经营管理内容与中国的总务管理基本一致,仅略有不同。例如在美国,学校经营管理工作主要是为教育教学和学生发展提供高质量、高水平的优质服务,协助校长开展预算、控制、采购、分配编制、人事管理、学校运营以及建筑管理等活动。具体分为财政服务、会计核算与报告服务、审计服务以及非教学性服务。财政服务是为学校提供财政资源和数据,并管理学校资产,如固定资产、流动资产、对外风险投资和无形资产等;会计核算及审计是为了确保学校的公共资金得到有效利用;非教学性服务包括保管维护活动、饮食服务、采购与分配、交通及安全等,其中最常见的非教学性服务有交通服务、饮食服务和安全服务等。

学校总务管理机构和人员管理　学校总务管理机构和人员配置根据学校规模、事务多寡和繁杂程度而定,各级各类学校情况差异较大,总务工作的组织管理模式不一。大学由于规模大、事务繁杂,除设置总务处之外,一般还设有财务处、基建处、保卫处等职能部门,在分管校长的领导下分工合作,共同履行学校总务管理职能。规模较大的中小学一般设总务处,下设财务、生产、医务、基建等组(室);规模较小的学校仅设总务事务员。在学校后勤管理改革中,许多大学和部分中小学的总务管理工作逐步社会化,采取市场运作模式,原来由总务部门负责的如学生宿舍管理、餐饮服务、校园保卫等工作,转由学校下属的或具备独立法人资格的服务性企业负责,这些企业亦以完成学校总务管理工作为目标,但与学校之间是一种通过合同明确权利和义务的合作关系,在组织结构和人员配置上不同于传统的学校总务组织管理。

在岗位设置和管理方面,学校总务工作实行岗位责任制,明确各总务岗位的职责和要求,建立相应的绩效评价标准。实行岗位责任制有利于增强总务工作人员的责任感和事业心,优化人员配置,发挥总务工作人员的积极性和主动性,提高学校总务工作的效率和管理水平。建立科学合理的绩效考核与评价制度有利于保障岗位责任制的实施。学校总务工作人员构成复杂,有事业编制人员和企业编制人员、固定职工和临时工、行政管理人员和工勤人员等,工作性质和要求亦不尽相同,学校总务工作人员的考核方式应多样,可针对不同性质的总务工作人员实行分类考核,科学合理地评价学校总务工作人员的工作绩效。

加强学校总务队伍建设要求重视对总务工作人员的岗位技能培训,提高总务工作人员素质。为技术工人创造条件,鼓励参加由政府劳动人事部门组织的技术工人培训和工人等级认证考试,以取得相应的技术工人技术等级任职资格。为非技术工人提供适当的岗位培训,提高其岗位技能。开展总务工作的总结与交流,建立一定的学习培训制度,根据不同岗位和人员特点确定培训目标、培训内容和形式,结合工作实际,着眼于解决实际问题,以业务培训和技能培训为主,以有效提高总务工作人员的工作技能,建立精干高效的总务队伍。

学校总务管理改革　随着中国学校内部管理体制改革的深化,学校总务管理改革不断推进。高校后勤实施社会化管理改革,中小学校总务管理改革探索取得进展。学校总务管理改革主要有三方面。一是实行经济承包制,指在不改变学校总务资产所有权和总务工作人员人事关系的前提下,通过转移总务事务管理权、经营权而实施的改革措施,适用于学校总务管理中可采用定量评价的经营性事务。二是实行半企业化或企业化管理,指学校通过成立服务性企业来承担学校总务管理职能。此类企业隶属于学校,但管理体制上属于相对独立的经济实体,自主经营,自负盈亏。部分企业化程度较高的企业,其运营所需经费均由企业支付,学校按事先约定的比例或所占股份分享经营利润,分担经营风险;实行半企业化管理的企业,其人员费用、设备等仍由学校提供,企业享有较为独立的经营权,实行经济承包制度,收益与利润挂钩。三是实行社会化管理。有两方面含义,一方面指学校通过充分利用社区相关部门和单位提供的优质服务,节约有限的办学资源;另一方面指学校总务部门通过充分挖掘学校现有资源的潜力为社区服务。学校总务管理社会化既是减轻学校办学负担,转变传统总务管理模式的需要,也是学校与社会相互配合,取长补短,整合与优化资源配置的需要。学校总务工作的社会化并非单纯通过购买社会服务来满足学校需要,而是一个重新设计和定位学校总务工作,实现学校总务工作良性发展的过程。

学校总务管理改革需坚持实事求是、积极稳妥的原则,具体改革内容和方式需结合地区和学校实际,因地、因校、因事制宜,妥善处理改革过程中经济效益与社会效益、学校整体改革与总务管理改革、发展与稳定之间的关系。

(姚继军　罗嫣才)

数字·字母

20 世纪末教育改革（educational reforms in the turning of the 20th century）　20 世纪 80 年代兴起并影响 21 世纪教育发展的世界性教育改革浪潮。

20 世纪末教育改革的背景与动因

信息化社会与经济全球化　20 世纪中叶开始的信息技术革命，到 80 年代后形成席卷全球的信息化浪潮，深刻影响世界各国及人类生活的各个方面。信息技术的突飞猛进成为时代的重要特征之一，它推动着新的经济形态和社会形态——知识经济和信息社会的形成和发展。知识经济的兴起对人类社会、经济活动的各个领域以及现有的生产方式、生活方式、思维方式等产生重大影响。科学和技术研究与开发日益成为知识经济的重要基础，信息与通信技术在知识经济的发展中处于中心地位，人的素质和技能成为知识经济实现的先决条件。

20 世纪末世界经济最显著的特征是经济全球化。经济全球化由多种因素促成。一是政治因素。20 世纪 80 年代以来，和平与发展逐渐成为世界的主旋律，国家利益、民族利益至上取代意识形态至上，成为整个国际关系中最重要的部分，各国都把发展经济、加强经济合作放在首要地位。二是经济因素。各国经济接轨的可行性提高，世界经济大发展、大开放、大融合成为当今世界的发展趋势。三是科技因素，尤其是现代通讯、国际信息网络的巨大影响。新的通信技术使大规模资金流动成为可能，发达的国际信息网络使跨国公司在全球范围内生产和销售成为可能。借助信息工具，生产要素能摆脱国界的限制进行自由流动。科学技术的进步是经济全球化的物质基础。世界贸易组织通过对关税和贸易关系的协调和推动，促进世界各国经济贸易发展。

文化国际化　经济全球化为文化国际化奠定基础，全球化的文化市场逐步形成。人们对文化消费的需求越来越丰富和多样化，由此构成一个规模庞大的全球文化市场，它包括文化消费品市场与文化生产要素市场；不仅满足人们的直接文化消费，还同其他产业相融合，提供大量的文化附加值。

20 世纪末，文化传播模式向信息化、数字化、智能化转变，极大改变了人类的生活方式、交流方式和思维方式，使各种人群成为文化传播的主体，也使信息成为普遍的社会资源和社会财富。同时，创新成为文化进步的强大杠杆。建立在高新技术基础上的当代文化，既促进人们生活方式的全球趋同，又引发传统文化的民族化；随着经济全球化的进程，社会经济与东西方文化互动加速。

世界政治经济格局变化　进入 20 世纪 90 年代，全球政治经济格局发生剧烈变化：一是政治上冷战终结，开始形成多极化发展格局，但美国在国际体系中的主导地位更加突出，成为世界上唯一的超级大国。由于美国占绝对优势地位，现实主义成为各国外交核心，维持与美国的关系对各国而言具有重大战略意义。二是 20 世纪末国家政治的中心任务转向经济发展，政治为经济服务成为世界政治的普遍原则。国际政治联盟让位于国家间经贸合作，意识形态之争逐步分离于经济纠纷。三是世界政治法制化、民主化进程加快。

教育本身存在的问题　20 世纪末世界各国教育改革的直接动因是教育本身的问题较严重。主要表现在：（1）学习需求的迅速增长与社会满足能力之间的差距。第二次世界大战结束后，由于人口增长、城市化等因素的影响，教育需求爆炸性增长，社会难以满足所有人的学习需求，那些经济上贫困的、政治上没有发言权的、由于肤色和民族而受歧视的、处于各种不利地位的人群，如女童、妇女和残疾人等，未能接受应有的有质量的教育。（2）日益加深的教育财政困境。政府财政投入严重不足，已成为制约教育发展的突出问题。20 世纪 70 年代中期以来，许多国家的政府教育开支在国民生产总值中所占比例都有所下降。（3）教育与就业的关系难以协调。在许多国家出现"高教育、低就业"现象，尤其是发展中国家，青年失业率高于一般失业率，大批知识分子失业。（4）教育中严重的不平等现象。教育中的不平等现象从学校产生之日起就已存在，第二次世界大战后政治民主化推动教育民主化，不少国家采取措施试图消除教育中的不平等现象，但收效甚微。教育在性别、社会经济、民族、地区等方面的不平等现象依然存在。(5)学生的全面发展与个性充分发展被忽视。僵化的教育体制、陈旧的教育思想及传统的社会偏见使学生无法全面发展及充分发展个性。(6)教育管理效率低下。从19世纪下半叶开始，世界主要国家相继建立公共教育制度，教育管理走向国家化。由于缺乏必要的市场竞争，出现教育体制僵化、管理效率低下、资源浪费等现象。同时，教育失败现象严重。在一些国家的学校中，厌学、逃学、吸毒、自杀、欺侮现象严重，班级纪律混乱，出现"教育荒废"现象。这类现象影响人口素质，增加社会不稳定因素。

20世纪末教育改革的主要措施

普及全民教育运动　1948年12月，联合国大会通过《世界人权宣言》，明确提出人人都有受教育的权利。有关国际组织为此做出不懈努力，但到20世纪80年代末，全球仍有近10亿成年人文盲，有近1亿儿童，其中包括6 000万女童没有机会接受初等教育。为此，联合国教科文组织、联合国儿童基金会、联合国开发计划署和世界银行等国际机构联合发起全民教育行动，决心扭转世界基础教育不利局面，争取在20世纪末大量减少文盲人数，让所有儿童享有接受基础教育的机会，在世界范围实现全民教育。在各国政府的推动下，全民教育运动在全球范围内开展。

1990年，联合国教科文组织、联合国开发计划署、联合国儿童基金会和世界银行在泰国宗迪恩共同主持召开"世界全民教育大会"，通过了《世界全民教育宣言》和《满足基本学习需要的行动纲领》，提出消除性别、民族和地区差别，普及儿童基础教育和成人扫盲教育的目标、措施及具体计划，指出国际社会有义务消除妨碍一些国家实现全民教育目标的障碍，并采取措施解除最贫穷国家的债务负担。《世界全民教育宣言》指出，每一个儿童、青年和成人都应能获得旨在满足其基本学习需要的受教育机会。基本学习需要包括基本的学习手段和基本的学习内容。该文件阐述了全民教育的重要性，认为"教育有助于确保一个更安全、更健康、更繁荣和环境更好的世界，同时有助于社会、经济和文化的进步以及宽容和国际合作"，"健全的基础教育对提高教育水平、增进科技知识与能力，由此促进自力更生的发展至关重要"。提出2000年要实现的六项目标，包括扩大幼儿的看护和发展活动，尤其是针对贫困儿童、处境不利儿童和残疾儿童的看护、发展活动；到2000年，普及初等教育；提高学习成绩；降低成人文盲率；加强新闻宣传等。

全民教育的思想一提出就受到世界各国的重视，成为20世纪末教育改革的一个重要思想原则。全民教育运动得到联合国机构、政府间组织、非政府组织、多边和双边资助

机构财力和物力上的支持，发展中国家的全民教育项目得到国际社会较大支持。特别是拉丁美洲30多个国家在20世纪末加紧本国的基础教育改革，主要是完善教育立法，延长义务教育年限，提高全民受教育水平，增加基础教育投入，调整中等教育结构，合理引进市场机制，保证中小学教育的基本质量。如巴西是全球五大文盲率最高的国家之一，为此巴西制定了《全民教育10年计划(1993—2003年)》和《国民教育的主要方针和原则》，提出为全巴西320万贫困家庭子女的学前教育提供条件，并实施一项为120万贫困地区6～15岁人口提供教育条件的全国计划。

1990年9月的世界儿童问题首脑会议在《儿童生存、保护和发展世界宣言》及实施宣言的行动计划中专门论述了全民教育的目的，认为在目前1亿儿童(其中2/3是女童)未接受任何基础教育的情况下，"基础教育和全民教育的规定是可以为世界儿童发展作出的最为重要的贡献之一"，并提出为实现全民教育目标而必须采取的五项具体措施，包括扩充幼儿早期发展的活动、普及初等教育、减少一半的成人文盲特别是女性文盲、职业培训和为就业准备、通过所有渠道增强知识技能的获得。

1993年10月，联合国教科文组织大会通过将九个文盲率最高、人口最多的国家列为联合国教科文组织特别优先对象的决议，提出九个人口最多的发展中国家交流争取实现全民教育的经验，同时批准召开九个人口大国全民教育高峰会议。1993年12月，该会议在印度首都新德里召开。期间，九国除分别制定各自的全民教育目标外，还通过了九国政府对实现全民教育的决心与承诺——《新德里宣言》。联合国教科文组织给予高度重视，于1995年、1997年和2000年分别召开了三次九国教育部长级会议，为九国教育部长以及高层教育官员提供充分交流机会。在联合国教科文组织的支持下，九国教育部长决定将远距离开放式教育作为合作重点，制定九国远距离教育行动计划，九国间在教师在职培训、职业技术教育和培训、普及初等教育方面开展了一系列活动。九国全民教育的发展加快了世界全民教育的进程。据联合国教科文组织统计，1990—1995年间，九国接受初等教育的儿童增加了3 000万人；几乎都增加了对基础教育的经费投入；成人文盲大量减少。

1994年6月，在西班牙召开世界特殊需要教育大会，通过《萨拉曼卡宣言》，提出"全纳性学校"的新观点，并声明每一个儿童都有受教育的权利，也必须给予机会使其达到一个可接受的水平。儿童的特殊需要教育对全民教育运动提出更深刻的要求。1994年9月，在埃及开罗召开国际人口与发展大会，183个国家的高级官员出席，通过了《国际人口与发展大会行动纲领——人口、发展和教育》，提出到2015年，尽快使所有男女儿童接受初等教育或同等程度的教育。1996年6月，在约旦举行世界性的全民教育磋商会议，将改

进教学过程、提高学习质量列为实施全民教育的核心任务。1998 年下半年,联合国教科文组织、联合国儿童基金会、联合国开发计划署和世界银行通过《2000 年全民教育评估大纲》和《2000 年全民教育评估技术指南》。

随着全民教育运动的展开,基础教育在全球范围内取得长足进步,普及基础教育的目标在世界范围内得到认同。20 世纪 90 年代以来,入学儿童每年增长 1 000 万人。到 90 年代末,发展中国家的净入学率超过 80%,入学增长率已超过人口增长率;学前教育在基础教育中的重要作用逐渐得到广泛承认;扫盲,特别是有关读、写、算等内容的基础扫盲得到重视。存在的问题有:教育质量问题;绝大多数失学儿童生活在发展中国家;成人文盲人数仍居高不下;教师的地位、待遇等几乎没有改善。提高全民基础教育的质量,提高贫困地区、农村和边远地区的弱势群体及少数民族和土著居民的受教育水平是全民教育最艰巨的任务。

构建终身教育体系 终身教育理论于 1965 年由朗格朗提出。1972 年,联合国教科文组织国际发展委员会发表的报告《学会生存——教育世界的今天和明天》将其系统化,建议把终身教育作为教育政策的指导原则。20 世纪 90 年代后,终身教育理论进入新的发展阶段,其突破性进展体现在国际 21 世纪教育委员会 1996 年向联合国教科文组织提交的报告《学习——财富蕴藏其中》中,该报告展望 21 世纪人类发展对教育的需要,阐述了构建学习型社会的必要性,强调必须把终身学习放在社会的中心位置上。终身教育是不断造就人、不断扩展其知识和才能以及不断培养其判断能力和行动能力的过程。报告建议将终身教育建立在四个支柱的基础上:学会认知、学会做事、学会共同生活、学会生存。学会认知即将掌握足够广泛的普通知识与深入研究少数学科结合起来,也即学会学习,以便从终身教育提供的种种机会中受益。学会做事即不仅要掌握专业技能,获得专业资格,而且要获得能够应付许多情况和集体工作的能力,包括实际动手能力、处理人际关系能力、组织管理能力和解决矛盾冲突的能力等。学会共同生活即本着尊重多元性、相互了解的精神,在开展共同项目的过程中,增进对他人的了解和对相互依存问题的认识。学会生存即要更充分地发展自己的人格,不断提高自己的自主性、判断力、记忆力、推理能力、审美能力及体力等,以适应和改造不断发展的环境。报告强调不能再把各种教育和学习看作是互不相关、重复甚至是相互竞争的,而必须努力发挥现代教育环境和阶段的互补性,重新考虑并沟通教育的各个阶段。终身教育的意义不仅在于大力发展职业继续培训,为个人提供更新知识和晋升的可能性,它还在于让每个人在迅速变革的社会中掌握自己的命运,对其生命的各个阶段重新安排。终身教育将成为进一步实现工作与学习交替及积极行使公民权利与义务的有效手段(参见"终身教育")。20 世纪 90

年代,对终身教育的论述更多的是与学习型社会的结合。在学习型社会中,学习和教育是贯穿一生持续不断的过程;各种学习和教育必须互相沟通,以满足不同年龄阶段的人的需要;学习型社会尊重个人发展和人们不同的思维方式(参见"学习型社会")。

20 世纪末,联合国教科文组织召开的许多国际教育会议都强调了终身学习的重要性。1997 年,在德国汉堡举行的第五次国际成人教育大会明确指出,成人教育对终身学习具有重要意义,应把保障全民的终身学习机会作为 21 世纪教育发展的重要目标,并重申终身学习是个人、社会、经济以及文化发展的关键。1998 年,联合国教科文组织在巴黎召开的国际高等教育大会也指出,促进全民终身教育的实施,成为全民终身教育的重要组成部分和推动力量并为此而变革、自我改造,是高等教育的重要使命。大会通过的《21 世纪的高等教育:展望和行动世界宣言》强调高等教育要为人们提供更多的学习机会,为终身教育作贡献。1999 年,联合国教科文组织在韩国汉城(今首尔)召开第二届国际技术和职业教育大会,其主题是"终身学习与培训:通向未来的世界"。认为作为终身教育的重要组成部分,职业技术教育与培训必须为人的职业能力的可持续发展服务;建议各国改进提供终身教育和培训的系统,制定灵活的终身职业技术教育政策,建立教育与培训相衔接的终身教育体系。20 世纪 90 年代以来,经济合作与发展组织也更加积极地倡导终身学习。该组织提出"全民终身学习"的概念,认为这一概念包含所有以改善人的知识、技能与能力为目的的有意义的教育活动。

由于国际上对终身学习概念的理解还存在差异以及各国实际情况不同,各国发展终身学习的政策目标、侧重和优先顺序也不尽相同。有的国家注重加强学习层次的教学环节,有些则重点从宏观上增加中学后教育和成人教育的机会。尽管存在多样化的政策取向,各国终身学习战略依旧有不少共同之处:学习机会多样化与相应的质量保证;扩展文凭制度(包括灵活的学分认定);在政府政策框架中强调私人投资者的责任;分散地提供教育服务;建立新型的教育合作及伙伴关系等。

各国发展终身教育具有以下特点:(1)把发展终身学习纳入国家的社会发展规划与教育改革计划中。把终身教育作为改革整个教育体系的核心概念和基本原则。提出要实现以"学习者为中心"的终身学习社会,提供多样的教育服务,特别是大力发展非正规教育、远程教育。(2)强化终身学习的法制建设。终身教育思想已成为许多国家教育改革的重要指导方针并以立法形式加以明确。通过立法确立终身学习的地位、目标和途径,建立健全推进终身学习的行政管理体制是很多国家的共同特点。(3)扩充学习机会,实行就学机会的开放化和多样化,大力发展弹性学习制度。

终身教育思想提出后，许多国家的教育体系发生重大变化，如成人教育形成体系，规模扩大，与正规教育体系沟通；正规教育体系越来越开放、灵活，高等学校中部分时间制学生越来越多。随着终身学习的发展，在很多国家都出现学校教育与成人教育、普通教育与职业教育、正规教育与非正规教育之间相互沟通和融合的趋势，传统的各类型教育之间的界限也趋于淡化。（4）建立与完善学习成果评价体系。为发展终身学习并使各种学习机会之间相互促进与衔接，很多国家都在探索构建和完善与终身学习体系相适应的新的学习成果评价制度。各国都将改变传统的偏重学历、知识和考试的教育评价制度列为教育改革的重要内容。（5）重视利用现代信息技术发展终身学习。随着信息技术的发展，各国政府越来越重视运用信息技术特别是现代远程教育网络和多媒体技术来发展终身学习。在加大硬件投资与建设力度的同时，积极开发各种学习软件，强化教师培训。（6）健全学习保障机制，加强部门协作，构建新型合作伙伴关系。为保障公民的终身学习权利，很多发达国家都在相关法律中规定了学习费用分担的办法，如国家提供免费或低收费的学习机会，要求雇主承担部分在职成人的部分学习、培训费用；一些国家还建立在职者的带薪教育休假制度等。

促进教育国际化　全球化是当今世界经济发展最重要的趋势，也对教育产生深刻影响。（1）经济全球化促进国际教育产业的发展。人才、信息等资源在世界范围内自由流动，以此实现生产要素和资源在世界范围内的最佳配置，教育资源在世界范围内的相互交流和合作也更频繁、密切，迫使各国的教育资源向全世界开放。发达国家充分利用本国教育资源的优势，尤其是高等教育的优势，大量招收留学生，向外输出教师，形成教育的国际产业。第三世界国家也利用自身的教育资源优势，发展教育产业，向外输出"知识工人"。（2）经济全球化带来人才需求、人才标准的全球化。大量贸易在跨国公司内部或跨国公司之间进行，企业必须在全球范围内招募人才并选派到世界各地，引起人才的全球性流动，并导致人才标准的国际化。从事跨国经营的经理和员工不仅要熟悉国际经济运行的规则，更要了解当地的政治、经济和文化，这是经济全球化趋势下企业开展跨国经营与合作对人才素质的基本要求。（3）经济全球化推动现有科学技术的迅速发展，以电脑、电视和卫星为主体的现代信息网络已把世界联结为一个整体，形成全球性的信息一体化趋势。全球性的信息同步打破国家和地域之间的界限，打破人们观念、文化上的界限，为教育国际化提供条件。因特网使各大学成为全球学术共同体，大学之间的联系越来越密切。

1995年，世界贸易组织正式成立，该组织将世界贸易分为12大类143个服务项目。教育服务属于第5大类，在项目上又分为初等教育服务、中等教育服务、高等教育服务、成人教育服务及其他教育服务5类。根据世界贸易组织《服务贸易总协定》规定，除由各国政府彻底资助的教学活动外，凡收取学费、带有商业性质的教学活动均属教育服务贸易范畴。主要包括：跨境交付、境外消费、商业存在和自然人流动等四种方式。世界贸易组织鼓励成员国开放教育市场，到海外办学；允许外国教育机构在所在国颁发学位证书或资格证书；鼓励成员国之间学历相互承认；支持专业人才流动，减少对本国教育机构的财政补贴等。

教育国际化已成为当今世界教育的显著特征，主要表现在两方面。一是全球性的国际教育交流与合作，包括：人才的全球化流动、竞争、合作；教育机构的跨国设立；全球化网络教育兴起以及国际学分、学位的互认等。二是教育的全球指向，面向世界培养开放性、通用性人才，增设有国际内容的专业和课程；启动适应全球发展趋势的教育观念和教学改革等。各国为加强教育国际化采取的主要措施有：加强宣传，形成对教育国际化的重要性的广泛认识；开设专门课程或在课程中渗透教育国际化内容，加强国际理解教育；重视外语教学；积极开展教育的国际交流与合作。

在教育国际化进程中，高等教育国际化发展最快。表现为学生和教师来源国际化、教学内容及方法现代化、教学科研合作国际化、大学校园虚拟化。为推进高等教育国际化，各国采取多项措施：（1）设立奖学金。一般有政府奖学金、学术团体奖学金、高校奖学金等。（2）为招收更多的留学生，大多数高校都设有国际事务办公室，协助校方招收外国留学生。高校为扩大宣传效果，或委托其他机构到海外开展留学生教育咨询服务，或直接派人到国外举办教育展览，在学校内部则尽量为留学生提供多层次、多形式的学习课程（如学位课程、文凭课程、语言课程等）及满足留学生需求的服务项目。（3）积极进行境外合作办学。办学模式大致分为两类：国内大学与国外大学共同新建一所大学，合作开展教学和科研工作；在境外与外国大学联合培养大学生。后者授课方式可分为两种：一是在境外实施教学的全过程，即所招学生在当地教育机构读完所有课程；二是学生在当地读完两年或大部分课程，最后一年或最后一阶段转入本国大学继续就读。学生读完规定课程并取得合格成绩，便可获得本国大学颁发的学位和资格证书。（4）为保证合作办学的质量，各国纷纷制定合作办学政策并注重对境外办学的评估。

提高教育质量　为了适应知识经济的全面挑战和综合国力的激烈竞争，20世纪末各发达国家都进行了以提高教育质量为中心的教育变革，主要措施有五项。

（1）设置综合化课程，培养学生的综合能力。20世纪80年代以来，世界主要国家为适应时代发展的需要，提高人才培养的质量，开始进行课程与教学的改革。美国进行了一系列标准运动的课程改革。1989 年,制定《中小学数学课程及评价标准》。随后美国联邦教育部委托美国国家科学院制定《国家科学教育标准》,明确规定从幼儿园到高中的学习目标。1994 年,制定《全美社会学科课程标准:追求卓越》。1997 年,制定《科学知识的来源:专业发展》和《改革的蓝图》。美国在"2061 计划"中强调全国设置统一的必修课程和核心课程,以大力提升全美青少年的科学、数学与技术素养为宗旨,力图建立、实施一种与现行课程和教育不同的课程模式与教学。该计划还制定基本标准,要求学生掌握关键性的科学概念和原理;熟悉自然界,认识其多样性和统一性;在解决个人与社会问题时,能运用科学知识和科学思维方法。这一系列文件及计划提出美国 20 世纪 90 年代到 21 世纪中叶基础教育改革的总体构想和发展思路。英国的课程改革主要是提高学生的基础学力,特别重视本国语文和数学的教育,注重培养国民基本能力。英国在《1988 年教育改革法》中明确规定,义务教育阶段全国所有学生必须学习 10 门必修课,在高中阶段把计算机教学指定为必修课。其改革强化国家对课程的控制,建立考试与课程的新型关系,使考试由外在的选拔方式变成内在的检测手段。日本的课程改革大幅削减教学时数,精选教学内容,发展学生的个性,同时设立综合学习课,把有关国际理解、信息、环境、健康等方面的内容横向、综合地进行教学。日本文部省1999 年公布计划,从 2003 年开始实施新方案,规定学校有权设置不超过 20 个学分的校本课程,即"学校设定课程"。新方案还规定"综合学习课"为必修课,包括语文综合课、理科综合 A、理科综合 B 和家庭综合四门,目的是以跨学科的综合学习和学生感兴趣、关注的问题为基础,开展富有创造性的活动。俄罗斯的课程改革借鉴西方的课程体系,包括三方面内容:一是课程行政向多元化转化,扩大地区和学校的课程选择权,不同地区有不同的课程设计和课程标准,形成俄罗斯联邦、地区、学校三级课程管理制度;二是针对过去苏联教学计划统得过死的弊端实行弹性化教学,扩大教学计划可变部分的比例;三是课程编制坚持综合化与微型化相结合,以打破僵化的教学内容,体现课程发展的个性化趋势。

(2) 重视道德与公民教育。许多国家把加强道德与公民教育作为重要目标。日本、美国、英国、新加坡等国政府已拨出相当数量的专款资助道德与公民教育的调查研究。20 世纪六七十年代,美国学校中暴力、吸毒、道德败坏等违法行为和不良行为迅速增长,引起社会的广泛关注。80 年代后,美国重新强调在学校中要强化传统价值观,培养公民应具有的共同品德,如诚实、勇敢、正直、爱国、勤奋和自我修养等,并要求教师注意教学方法,将道德教育融于教学中。1990 年,英国也将公民教育正式列入国家课程之中。1997 年,英国工党政府在其第一份教育白皮书《追求卓越的

学校教育》中作出加强学校公民教育和道德教育的决定。新加坡自独立之日起就非常重视公民与道德教育,特别是东方传统美德教育。从 1992 年开始,新加坡小学各年级均使用新编的《好公民》教材教学,中学也开始根据 1990 年公布的《新公民道德课程的草拟大纲》推行道德与公民教育。由于犯罪率上升、毒品泛滥、性道德败坏、环境破坏加剧等问题在世界各国普遍存在,重视道德与公民教育仍是教育变革的重要内容。

(3) 改进教师选任标准,提高师资质量。各国都认识到提高教育质量的关键是教师。20 世纪末,逐步提高教师选任标准或建立更严格的教师从业标准,增加教师在职培训,提高教师待遇,缩小教师和社会其他行业的收入差距成为许多国家采取的共同措施。美国克林顿政府在改革方案中提出建立全国中小学教学质量审查和认定制度。1998 年,美国全国教学质量标准委员会获得 1 850 万美元的拨款,以进行教学质量认定。日本除实施新任教师进修制度外,还改革教师许可证制度,促进在职教师进修,鼓励社会有识之士从事教育职业。

(4) 建立国家统一考试标准,加强对教育质量的评估。20 世纪 80 年代起,教育评价的重点从人力、物力的投入同毕业生数量的比值转向对教育过程、教育质量进行评价。如美国政府提出建立全国教育质量标准和相应的考试制度。质量标准主要针对一些基础、核心的课程和学科,并在全国范围内进行检测和评估。为检验学生是否达标,还建立新的全国考试机制。

(5) 重视个性教育。从各国教育改革的文件看,教育的个性化主要指学校的特色化、多样化,培养人才的多样化以及充分发展每一个人的个性。

加强教育信息化建设　20 世纪末,信息技术的发展对教育影响巨大。2000 年 4 月,在新加坡召开第二届亚太经济合作组织教育部长会议,会议发表《教育为在 21 世纪创建学习型社会而努力》的联合声明,其中高度概括了信息技术对于教育各个领域的深刻影响及其作用:"信息技术在更好地培养学生适应未来需要、为成年人提供继续教育学习的机会方面拥有巨大潜力。它为各层次教育提供新的、有创意的学习方式,也为远距离学习提供方便。在教育中运用信息技术将是适应以知识为基础的经济发展的关键战略。"各国投入大量资源,将新的信息技术引入教育系统中。信息技术的学习和应用成为学生知识传授、能力和创新精神培养的重要领域。

各国在推进教育信息化和教育手段现代化方面有一些共同特点:(1) 政府制定战略目标并采取实质性措施。克林顿政府 1996 年制定教育技术规划的纲领,提出到 2000 年,全美国的每个教师和每个图书馆都将上信息高速公路,建议国会通过立法使美国从小学到大学都实现"人、机、路、

网"成片连接;鼓励和支持使用新技术对学生进行革新教育的教师,让每个孩子都能在 21 世纪得到网络教育服务。1998 年,英国以立法形式规定,将中小学原有的信息选修课改为必修课,并拟定中学信息技术课评价的九项标准;在政府投入的教育经费中,法定的 6% 必须作为学校专款专用的计算机购置费,以保证英国 20% 的中小学能够连接互联网。法国教育部长于 1998 年宣布,法国制定的三年教育信息化发展方案重点放在对信息教育师资的培训上,旨在发挥现有信息设备的使用效率;到 2000 年使全法国初中学生达到 16 人一台计算机,高中学生 6 人一台计算机的标准。日本文部省和通产省于 1995 年联合推进在基础教育领域有重大影响的"100 所中小学联网"实验,项目要求所有实验学校均利用计算机系统进入互联网。1998 年,日本教育课程审议会发表的题为《关于教育课程基本走向》咨询报告进一步明确了信息教育课程的运作细则。1995 年,韩国公布题为《建立主导世界化、信息化时代的新教育体制》的教育改革方案,认为世界化、信息化时代的到来,意味着世界已从产业文明时代进入一个新的文明时代,在这个时代,国民的学习能力、创造能力是决定性因素。芬兰政府 1995 年拟定信息社会发展战略,把"全体公民掌握和利用信息技术的能力"列为五大方针之一,以使每一个芬兰公民掌握信息社会的基本技能;教育当局规定,从 1995 年开始,受过九年义务教育的学生必须具备使用计算机和上网的技能。(2) 重视教育信息化进程中的资源开发和创新。这方面德国的表现尤为突出。德国的教育信息开发强调全方位的全民开发模式,不仅面向学校而且面向家庭和社会。其重点是发展学生创新和预测教育信息的能力。突尼斯要求全国的科研单位、大中小学和图书馆一律上互联网,实现全国图书馆联网,做到教育信息资源整体开发;成立全国儿童信息中心,各省分中心统领中小学的教育信息资源开发。此外,马来西亚建立"多媒体超级走廊",澳大利亚把培养教育信息技术的应用和开发能力作为十大教改内容之一,都是重视教育信息化进程中的资源开发和创新的体现。(3) 加强对教师的信息技术教育和培训。教师在教育信息化过程中具有重要作用,各国均加强对教师的信息技术教育和培训。新加坡 1997—2002 年的"MIT 总体教育信息化规划"要求到 1999 年,全国教师都要接受信息技术培训,并把它作为师资聘用的重要条件之一。同时规定,在 10% 的小学课程和 40% 的中学课程中,教师必须用计算机授课,以激励教师提高自身的信息技术水平。规划还要求,到 2000 年,全国各类学校 30% 的课程使用计算机授课,全部的学校都要建立学校网。为此,新加坡教育当局拨出专款,为每一位教师补贴购买计算机的费用,保证每位教师配备一台;加大师范教育信息化课程力度和权重,使未来教师在学校学习时就成为信息技术应用的楷模。英国政府在师资培训上投入巨资,

1997 年,政府提供 100 万英镑为中小学教师配备计算机以及连接互联网的中小学课程软件。1998 年,英国实施全国上网学习计划,其重点是为全国教师提供机会,以更新他们的信息通信技术能力。美国联邦教育部 1997 年 2 月发表与克林顿总统的教育行动纲领相呼应的举措说明,要求所有教师都能够掌握计算机。从 1998 年开始,美国投入 510 亿美元,旨在使每一位美国公民都能利用信息技术进行终身学习,为此,美国开始进行中小学教师的教育信息化应用培训。日本首相桥本龙太郎 1997 年 1 月在国会的施政报告指出,要进一步加强师范生和学校现任教师的信息化培训及对学生指导能力的培养,并为此开设"教育信息化方法与技术"课程,决定从 2000 年开始在教师培训阶段设立"信息技术操作"实用课程,该课程列入培训考核范围。

改革教育管理制度　为提高办学效率和教育质量,各国采取各种措施,对教育管理制度进行改革。

教育行政管理均权化。20 世纪 80 年代以来,主要国家出现教育行政管理均权化趋势。实行中央集权制的国家开始扩大地方权力和学校办学的自主权,实行地方分权制的国家在加强中央政府对教育事业的控制,逐步削弱地方政府的权力,出现权力相对集中的趋势。教育行政管理均权化趋势促使中央和地方行政管理权限逐步走向合理分配。

重视教育行政法制化、民主化建设。各国普遍重视健全的教育法律、法规体系,以保障"依法治教、依法治校"的实施,避免人治化、随机性对教育改革与发展的干扰;以敏感、动态的法律、法规研制和修订机制确保教育法律支持系统的有效运作;建立、健全完善的执法监督机制和严明的奖惩制度。在教育管理民主化建设方面,许多国家建立审议制。各国教育行政都设有种类繁多的审议或咨询机构,这些机构常就一般行政层次的教育措施、教育的专业性问题和特定问题接受教育行政机构的咨询,进行深入研究,然后向教育行政机构提出建议,作为其解决教育问题或改革教育的参考。各国设置教育审议咨询机构的现象普遍存在,不仅中央一级设有审议会,各级地方教育行政也设有相应的审议机构。为充分听取各方意见,进行民主决策,审议机构组成人员除行政官员和专家、学者外,也包括教职员工和社会各界人士、专业团体代表等。如法国国民教育高级委员会由教育行政机构、公私立学校、家长与学生联合会、雇主联合会等机构及团体的代表组成;美国的政府间教育审议会的委员包括一般地方官员、教育行政人员、教师代表以及学生家长等。各国的审议会常发表报告书或提出建议,它们是教育行政机构决策前的重要参考,体现民众参与教育决策、决策机构听取民众意见的精神。

加强教育行政地区与国际间的合作。在世界经济一体化的推动下,各国间的政治、文化、教育合作增多。以联合国教科文组织为主体的国际性文化教育机构推动各国教育

科学文化的国际交流与合作,区域性的合作教育组织也逐步建立。人才交流、学者互访、派遣留学生、合作研究项目、国际性会议成为教育行政管理的新内容。国家间学位文凭的相互承认,不同国家大学间课程学分的相互承认,也被各国教育行政管理机构重视。教育行政机构内纷纷设立专门负责国际交流与合作的部门。如日本在文部省大臣官房设立国际处,初等教育与中等教育局设国际教育处,科学技术与学术政策局设立国际交流官。

　　扩大学校的权力。学校传统的管理方式是以外部控制为主的管理模式,学校的管理权利主要掌握在教育行政机关的手中,它们拥有很大的教育政策制定权,以及诸如课程、教学和财务等学校层面的常规管理的权力,这导致管理权限高度集中、管理科层化、官僚化,管理机构异常庞大,对变化的外在形势和要求缺乏应变能力和创新能力。20 世纪六七十年代,课程和教学方法上的种种创新和努力未完全取得预期效果,而 80 年代,现代管理理论及模式在企业和商业组织的成功应用使人们意识到,要改进学校的教育质量,改革必须从教室里的教学层面提升到学校组织层面,变革学校的结构系统和管理风格。英国从 1990 年开始学校管理地方化进程,其核心是下放给中小学更大的财政权、人事权、招生权等,削弱地方教育当局的权力,进一步扩大中小学的权力。美国实行校本管理策略。校本管理的基本含义是教育的主管部门将其权力下放给学校,给予学校更大的权力和自由,使学校能按自己的意愿和具体情况决定资源分配、学校财政预算、课程设置、教科书的选择、人事决策等,从而达到变革学校已有管理体系、优化学校教育资源、提高学校办学质量的目的。校本管理的特点是学校自主和共同决策,即学校成为决策主体同时教师、家长和社区成员共同参与学校各方面事务。20 世纪 90 年代,俄罗斯也对学校体制进行改革,确立学校自治、民主管理内部事务的办学原则,并确立学校的独立办学实体法人地位。法国通过颁布法律来扩大学校在行政、财政和人事方面的自主权,规定校务委员会根据校长的建议投票通过财务预算和决算以及校内规章制度等。

参考文献

　　冯增俊. 当代国际教育发展[M]. 上海:华东师范大学出版社,2002.

　　国家教育发展研究中心. 发达国家教育改革的动向和趋势[M]. 北京:人民教育出版社,1999.

　　李玢. 世界教育改革走向[M]. 北京:中国社会科学出版社,1997.

　　王一兵. 高等教育大众化、国际化、网络化和法人化——国际比较的视角[M]. 昆明:云南大学出版社,2002.

　　吴松,吴芳和. WTO 与中国教育发展[M]. 北京:北京理工大学出版社,2001.

　　　　　　　　　　　　　　　　　　　　　　　　(李　敏)

20 世纪中后期课程改革与发展(curriculum reform and development in the latter half of the 20th century)　　20 世纪中后期,世界基础教育由精英教育向全民教育转变的过程。这一变革对课程提出全民化、个性化、民族化、国际化、多元化、现代化、生活化、信息化的要求,各国对课程目标的确定、课程内容的选择、课程难度的设计、课程资源的安排和课程质量标准的制定等进行了深入研究和实验。

　　课程政策发展　　课程政策变革的核心是课程决策权力分配的变化。在世界范围内,课程决策权力的分配呈均权化发展。一国的课程行政管理体制与其政治体制紧密相关,主要有两种:集权化,强调中央对课程开发的控制,以中国、日本、韩国、泰国、菲律宾等国为代表;分权化,强调地方开发课程的自主权,以美国、英国、澳大利亚等国为代表。两种课程行政管理体制各有利弊。其发展趋势:具集权化传统的国家开始重视地方和学校的课程开发自主权;具分权化传统的国家则转而强调国家对课程开发的干预力度,课程决策权力分配呈均权化态势。课程决策的均权化本质上是教育民主化进程深入的产物,是课程变革的三类主体——国家、地方和学校——达成共识的过程;课程决策的均权化意味着课程变革是全员参与的过程,所有与课程有关的人员都是课程开发与变革的合法参与者;课程决策的均权化还意味着课程的多元统一性,课程既要有反映国家整体意志的统一性,也要反映国内不同区域的局部意志,体现文化多样性。

　　从课程开发主体看,国家课程是政府为保障国民的基础学力和基本素质开发的课程,体现国家意志。地方课程尊重地方差异性。校本课程是以学校为核心,反映学校特色,20 世纪 70 年代施瓦布的"实践性课程理论"即阐发校本课程的基本理念,90 年代盛行。为保持统一性与差异性之间必要的张力,体现课程权力的融合,国家课程、地方课程和校本课程三级课程管理体制应运而生。

　　课程目标发展　　一是课程目标体现全球精神。在世界各国应对全球化的课程策略中,都规定了全球化的课程目标,以培养学生的国际素质,具体包括:全球意识,如相互依赖意识、世界一体意识、和平发展意识、环境保护意识、国际正义意识等;全球知识,如世界地理、世界历史、国际时事、国际语言、国际经贸等;全球技能,如国际理解、国际交往、批判创新、信息处理、对话合作、终身学习等;全球价值观,如关心地球、维护人权、尊重生命、公正和睦;全球行为,如参与一切有利于全球正义事业的行动等。要求课程体系必须追求国际性与民族性的内在统一。教育学生在相互理解、尊重差异的基础上,平等地与各种民族和文化持续而深入地交流,发展交流、分享和合作的能力。二是把促进学生个性发展作为课程的根本目标。从学生与自我的关系、学生与他人和社会的关系、学生与自然的关系视角理解学生的个性发展,规划课程目标。课程必须尊重每一位学生个性发展的完整性、独立性、具体性和特殊性。而学生个性发展亦包含社会性,个性的成长在生活中、在持续的社会交往中进行,课程应创设个性发展的社会情境;个性又是持续终身的完善过程,要构建适应终身学习的课程体系。美国学者诺丁斯在《学会关心:教育的另一种模式》中提出其教育目的观:培养有能力、关心人、爱人也值得人爱的人。帮助学生理解美好生活的真谛,教会学生尊重自己,并且为他人的幸福尽责。在课程中始终渗透关爱伦理,促进学生个性的健康发展,是制定课程目标时应有的基本价值追求。

课程内容发展　表现为两方面。一是信息技术知识成为课程内容。随着科学技术的飞速发展,技术从科学中独立出来,并与科学交互作用,信息技术成为一门独立学科,其目标是促进学习者形成信息素养,包括信息意识情感、信息伦理道德、信息技术方面的基本知识,以及操纵、利用与开发信息的能力。由于信息技术具有开放性、探究性和交互性等,信息技术课程以学习者为中心。英国最早提出将计算机整合于课程,通过计算机辅助教学进行信息技术教育,1994年将信息教育列入国家课程,1995年颁布中小学信息技术的各级水平标准,提出可供选择的要求。日本文部省1998年和1999年先后颁布初中与高中的《学习指导要领》,规定初中开设必修课程"技术—家庭",高中设置必修课程"信息"。信息技术带来的以计算机为媒体的交往亦引起课程教学观念的变化,如20世纪90年代后课程与教学领域逐渐确立的建构主义知识观教学论。二是加强技术和劳动课程。21世纪科学技术飞速发展,科学技术从发明到应用的时间缩短,导致社会产业结构、劳动力结构和资源结构的变化速度加快,专业科技人员逐渐取代单纯的体力劳动者成为劳动力的主导部分。这对劳动者的培养规格提出新的要求,教育应使劳动者成为在技能和生产上尽可能多方面的积极的主体。

课程结构发展　表现为三方面。一是课程种类更新。1998年联合国教科文组织和日本国立教育科学研究所举行"学校课程比较研究国际会议"。根据与会18个国家提交的研究报告,各国设置的课程包括八类:工具类学科,主要包括数学、国语和外语,在许多国家被作为核心课程;社会研究,主要包括历史、地理、公民、经济、政治等,在课程体系中占有重要地位;科学,主要包括物理、化学和生物等,在课程体系中占有很大比重;技术,主要包括计算机、通讯、电子、机械等;人文学科,主要包括伦理或宗教、道德或价值教育、阶层和文化背景,在不同国家存在差异,与一国的意识形态有内在关联,国际理解教育、关爱自然的伦理观为很多国家所倡导;创造和表演艺术,主要包括音乐、舞蹈、戏剧、绘画

等,在课程体系中所占比例加大;体育和健康教育,主要包括体育、健康教育、个人管理、运动和游戏等,在课程体系中的地位较稳定;职业教育,主要包括农业、工业、商业、家政、服务、职前训练等。这八类课程还可从不同维度分为学术性课程与非学术性课程、学科课程与活动课程。20世纪90年代后,为保证课程对学生的适应性和社会适切性,各国高中试图寻求学术性课程与非学术性课程(即职业类、生活类课程)的结合。美国、英国、日本、韩国的普通高中均体现把学术性课程与非学术性课程有机结合的综合化倾向。同时,为培养学生多方面能力,发挥学生个性,各国高中都在探索学科课程与活动课程的结合,体现学生的直接经验或个人知识本身即是课程的课程理念。二是必修课程与选修课程的关系发生变化:分权制国家趋于加强必修课程,以提高学生共同的基础学力,保障基础教育质量;集权制国家趋于加强选修课程,以适应学生个性差异,培养学生的创造力,促进学生个性发展。而无论是分权制国家还是集权制国家,在选修课程设置上日益强化质量意识,加强质量监控,并注意恰当处理选修课程与必修课程的关系,避免随意化。20世纪90年代后,世界各国普通高中课程结构为保证课程基础性、多样性与选择性的统一,均谋求必修课程与选修课程的多样化结合。具体有:真正融合必修课程与选修课程,"必修"中有选择,"选修"中求规范、有质量;在高一阶段主要设置公共必修课程,高二和高三扩大选修范围。三是课程综合化。20世纪90年代后,世界各国和地区推出旨在迎接21世纪挑战的课程改革举措,倡导课程回归儿童经验和生活,追求课程的综合化。综合课程是指有意识地运用两种或两种以上学科的知识观和方法论来考察和探究一个中心主题或问题。欧美诸国倡导"主题探究"活动与"设计学习"活动,日本在新课程体系中专设"综合学习时间",为"综合学习课程"开辟空间,中国台湾把"综合活动"作为新课程的七大学习领域之一。出现课程综合化的原因有五方面:社会发展带来各种普遍性问题,需要多学科的共同努力来解决;个性发展的要求,个性发展的标志是在复杂的情境中作出明智选择和解决问题能力的提高,需要突破传统的以分科为特点的"学科主义"的束缚;知识论的变迁,受各种新的哲学思潮的影响,传统的以普遍性、确定性、价值中立性、客观性为特征的知识观面临挑战,新的知识观认为,知识并非固定不变,而是情境关联的、社会建构的;脑科学研究表明,脑以整合的方式而非分散的方式对知识进行加工,知识越整合越易学习;课程价值观的深层变革。按照中心主题或问题的来源,综合课程分三类,即学科本位综合课程、社会本位综合课程和经验本位综合课程。后两者尤其受重视,各国引入富有时代感的综合主题,如价值教育、国际理解教育、信息技术教育、健康教育、环境教育等,其中价值教育、国际理解教育和环境教育是共同关注的重点。课程综

合化从幼儿园、小学开始,持续到初中和高中。

课程实施研究　20 世纪许多国家的课程变革计划并未真正落实,原因在于教师对课程改革的态度不积极。在反思历史的基础上,20 世纪 80 年代后,有关课程实施的研究逐渐为各国重视,课程实施被视为课程变革的有机构成。教师不仅是国家课程计划的执行者,而且成为课程开发者参与国家课程计划的制订,并在课程实施中对既定课程计划进行再创造。世界各国课程改革实践体现课程实施如下特点:一是课程实施中以教师实施上级提供课程的忠实程度来衡量教师成功的“忠实取向”被“相互适应取向”和“课程创生取向”所取代,即认为课程实施是国家、地方和学校彼此之间相互适应的过程,课程实施过程本质上是教师与学生创造适合自己需求的课程的过程,国家和地方提供的课程是教师与学生选择性的课程资源。二是教师专业发展成为教师职业生涯的有机组成部分。通过为教师提供专业发展机会,帮助其理解课程与教学的变化,是成功的课程变革的基本保证。三是小学和初中阶段的教科书一般由政府资助提供,而补充材料通常由政府和私营机构开发和传播。在课程信息的传播中,信息技术的应用增加,多媒体作用明显。四是政府下达的课程要求的弹性日益增大,以使学校能够充分考虑地方的情况和需要,作出更多决策,用更好的方式实施课程政策。五是解决许多国家课程实施中存在缺乏高质量的课程资源、基础结构和设施不充分、缺乏合格教师等问题。六是许多国家优先强调增强教师和学校从事持续进行校本评定的能力,以使学校能更有效地修订教学计划,监控学生进步,并为公共考试提供内在基础。

课程评价研究　一是把课程评价视为将课程计划或教学结果与预定的课程目标相对照的过程,视预定目标为唯一评价标准的“目标取向的评价”,正被“过程取向的评价”和“主体取向的评价”所取代,后两者分别强调评价者与具体评价情境的交互作用,强调课程评价是评价者与被评价者、教师与学生共同建构意义的过程。质性评价与量化评价相结合被认为是基本的课程评价方略。二是对课程体系本身的评价成为课程变革过程的有机组成部分,许多国家主张运用多种策略对所推行的课程体系进行多角度评价。其中,把本国的课程推向世界,纳入国际组织,与其他国家或国际组织展开合作性评价被认为是有效的课程评价方略。三是对学生的发展评价成为课程评价的有机组成部分,评价学生的方法有定性的和定量的,其结果不仅用于改善课程,也用于改善教学过程。四是实施校本评价,以学校为主体,在学校层面充分发挥学校作为评价主体的作用,通过对学校各方面工作的评价,促进学校的发展。具体方法有档案袋评价、讨论式评价、360 度评价等。五是开展质性课程评价,力图通过自然的调查,全面充分地揭示和描述评价对象的各种特质,以彰显其中的意义,促进理解。质性课程评价是在反思 20 世纪 60 年代前占主导地位的量化评价范式的基础上,随着 70 年代后“课程理解范式”的兴起发展起来的,以追求“实践理性”和“解放理性”为目标。

参考文献

大卫·杰弗里·史密斯. 全球化与后现代教育学[M]. 郭洋生,译. 北京:教育科学出版社,2003.

钟启泉,张华. 世界课程改革趋势研究[M]. 北京:北京师范大学出版社,2001.

（李　丽）

Q 分类技术（Q-sort technique）　指以“Question”首字母命名的方法论为基础的研究技术。斯蒂芬森在《行为研究》(1953)一书中提出。Q 方法论（Q-methodology）与 R 方法论（R-methodology）相对,它是以人为研究单元或对象,研究在一些变量上人与人之间的差异或关系。比如可以在一些项目上评定一个人在教育或训练程序前后的表现,计算两次评定结果之间的相关,以了解他是否产生预期的变化;在心理辅导前后让被试在情绪或态度上对自己进行评定,计算两次评定结果的相关,以了解辅导的效果;还可以在一些项目上让被试对理想自我和现实自我进行评价,以了解两者的差距,作为自尊和心理健康的指标等。R 方法论通过对样本测量数据的分析探讨变量之间的关系,多用于以人为样本,以变量为分析单元或研究对象的问题,如智力与学业成绩、内外向与心理健康等研究变量与变量之间关系的问题,必须以大样本为基础,而用于研究以小样本研究得到的变量之间的关系不可靠。

Q 分类技术则用于个人间相关研究,通过同一个或不同被试在一些项目上的反应,以了解个人在不同时间之间、个人与个人之间的心理和行为的差别或改变,或团体内是否存在不同的类群等。主要适用于对单一被试或少数几个被试,在态度、观念、价值、兴趣、自我概念和情感等有关内容上的个体变化,或小样本类群特征的比较。在心理治疗方面应用 Q 技术的情形较多。

Q 分类技术实施的程序:让被试将一些写有描述自己、他人或事物的陈述句或形容词的卡片(或图片)按照“最符合”到“最不符合”或“最赞成”到“最不赞成”的等级顺序排列,并预先根据正态分布下位于每一等级内的概率决定放置在该等级内的卡片的数量,因此 Q 技术的程序既是评定等级又是分类。实施时必须先让被试明确要求,以保证卡片没有剩余且对卡片分类的结果符合正态分布。分类之后,每张卡片上的内容就得到相应的等级分值,在此基础上再进行统计分析。

Q 分类技术通常要求分类的事物(卡片)在 60～120 个

之间,一般为 100 个。分成的等级数一般为 11 级或 9 级,即将卡片分成 11 或 9 类。分类后各等级内的卡片数量必须保证是正态分布。表 1 中列出当把卡片分成 11 个等级时每一等级对应的分数以及卡片总数不同时卡片数的分布。

表 1　卡片总数不同时 11 个等级对应的卡片数

最赞成										最不赞成	
等级 11	10	9	8	7	6	5	4	3	2	1	
分数 11	10	9	8	7	6	5	4	3	2	1	
卡片数 2	3	4	7	9	10	9	7	4	3	2	(60)
2	3	5	7	9	13	9	7	5	3	2	(65)
2	3	5	8	11	12	11	8	5	3	2	(70)
2	4	6	9	12	14	12	9	6	4	2	(80)
2	4	7	10	13	16	13	10	7	4	2	(90)
2	4	8	14	20	24	20	14	8	4	2	(120)

Q 分类资料的等级排列有两种方法:一是将最赞成的项目(卡片)赋予最高等级(如 11 或 9),将最不赞成的项目赋予最低等级;二是将最不赞成的项目(卡片)赋予最高等级(如 11 或 9),将最赞成的项目赋予最低等级。计算每一等级内的项目分数时也有两种方法:一是直接以项目的等级为项目的分数,二是以最高等级数减去某项目所在的等级,再加上 1,就是该项目的分数。

Q 技术分类资料一般采用相关分析的统计方法处理结果。它主要考察的是同一被试在前后两次分类结果的一致性,或一组被试在项目上分类上的一致性。对同一个被试来说,若两次分类之间一致,即相关很高,说明实施的教育、训练或心理辅导措施作用不大,若两次分类之间相关很低,则说明措施是有效的。

对于一组被试而言,一些在 Q 分类结果上相关较高者可归为一种类型,相关系数较低者可归为另一种类型,这样就能区别态度和兴趣不同的"亚群体"。例如,在一项研究中,计算出 4 名被试的 Q 分类结果间的两两相关系数(见表 2)。可以看出 A、B 两人是一种类型,C、D 两人是另一类型,前两人和后两人的差别明显。

表 2　4 名被试的 Q 分类结果间的相关

被试	A	B	C	D
A		0.92	−0.08	−0.08
B			−0.17	−0.17
C				0.25
D				

Q 分类技术主要有非结构性 Q 分类技术和结构性 Q 分类技术两种。非结构性 Q 技术的特点是用来测量一个含义广泛的特质,使用的分类资料是同质的,被试则按照程度的不同对所分类资料进行分类。使用时,要求在单一维度领域内编制出能表现同一特质但有程度差别的项目,形成项目库,再从项目库中随机选取出用于 Q 分类的项目。为便于筛选,最初的项目数量一般要相当于正式项目数量的 1.5～3 倍,经过试测,确定项目间的距离,使各项目形成一等距的连续体,最后得到用于正式 Q 分类的资料。

结构性 Q 分类技术用于分析多项特质。使用时要有一定的心理学理论为指导,在编写项目时,要依据费希尔的实验设计与方差分析原理,设计、编写、分配各种不同性质和层次的项目。可以用来验证有关行为或心理的理论之正确性。

结构性 Q 分类有单维结构性 Q 分类和双维结构性 Q 分类两种。单维结构性 Q 分类也是在一个维度上对某一变量进行的分类,不过该变量按程度的不同可划分为不同的类别,每一类别之间存在着较显著差异,这一点与非结构性 Q 技术不同。例如,有关儿童发展的研究中,可根据有关的理论设计出分别反映"遗传因素"和"环境因素"两方面内容的项目,然后让被试按照这两类别进行分类。再比如,德国心理学家斯普兰格将人格划分为理论、经济、审美、社会、政治和宗教六种价值类型,这六种类型构成人格的单一层面。进行 Q 分类时,可针对每一人格类型设计项目,然后让被试在按类别对项目进行 Q 分类。再使用方差分析方法对被试 Q 分类的结果进行方差分析。为减少误差,最好使各个类别上的分类项目数相同,以利于平均数和标准差的比较与检验。

双向结构性 Q 分类适用于以两个变量为基础的在两个维度上的分类。如人的态度可在保守—激进这一维度上体现,又可在抽象—具体维度上体现,这样就形成两个维度。在项目编写和对项目分类时,要依据两因素析因设计的原理,体现出这四种类型的组合。在分析研究结果时,可分别计算出平均数和标准差,并进行两因素析因设计方差分析,以检查因素的主效果和交互作用。

Q 分类技术的主要优点:因根据一定理论设计,逻辑性和实用性强,可用于只有单一被试和少数被试的情况,适用性广;Q 技术可用于对被试的重复测量,以研究其心理和行为上的变化;由于 Q 技术与心理学理论特别是人格理论密切相关,可用来验证这些理论;适用于相关分析、因素分析和方差分析等多种统计分析法。

Q 分类技术的缺点:用于分类的项目多,设计起来难度较大;研究的被试样本小,且并非随机取样,因此结论的可推广性差;在统计处理方面,Q 分类资料较难满足相应的统计假设,如项目反应的独立性,分类的等距连续性等;Q 技术的强迫选择与分类方式不仅会限制被试的自由反应,而且会使某些统计量得不到应用。当然,这些限制似乎并不严重,并在一定程度上可得到弥补。如可增加样本容量以增强 Q 分类结果的普遍性,利用其他研究资料以验证结论的正确性等。

参考文献

董奇.心理与教育研究方法[M].广州:广东教育出版社,1992.

（刘红云　骆　方）

STS 课程（science -technology-society curriculum）以研究和揭示科学、技术与社会的相互关系为宗旨的课程。形成于 20 世纪六七十年代。具有多样的形态和开放的内容结构,不同于传统意义上学科形态的科学课程和技术课程,亦非单纯强调社会问题的课程。

STS 课程发展

20 世纪 60 年代在以强调课程的学术性和学科的逻辑体系为特点的理科课程改革中,美国一些大学仍开设"科学与文化"类的课程。60 年代末 70 年代初,英国的纳费尔德基金会(Nuffield Foundation)赞助一个面向 13～16 岁学生的理科课程项目,所设计的课程是一系列应用性的科学技术专题,包括与日常生活材料、人类生物学、环境议题、能源危机等有关的科技实践活动,一定程度上革新了传统的科学教育,表达了科学、技术与社会的关系,但未摆脱学科课程的学术性框架和传统的精英教育观。70 年代初,英国科学教育界开始酝酿科学教育的范式转变,为 14～16 岁学生设计一项综合理科课程 SCISP(Schools Council Integrated Science Project),其较之纳费尔德课程项目,扩大了科学专题范围,增加地球科学、社会科学、心理学等领域的内容,引入诸如环境污染、燃料与食物资源、交通拥挤、疾病等人类面临的社会问题,但课程仍未从根本上打破传统的科学范式,且未为广大教师所接受。70 年代中期,英国科学教育协会从强调科学与社会的关系出发,推出面向 16～18 岁学生的"社会中的科学"(science in society,简称 SIS)课程项目,意在提供科学与技术的宽阔视野,既看到科学技术对社会发展的积极作用,也要看到其局限和负面影响,从而发展学生对科学与技术的道德判断力和决策能力。该课程项目于 1981 年出版相应教材,因其较多地考虑到工业发展和职业发展的价值,得到工业界和企业界的支持,但也受到其他方面的批评。1978 年英国科学委员会启动另一项为同一年龄段学生准备的 STS 课程项目"社会背景中的科学"(Science in a Social Context,简称 SISCON),它由英国的大学和理工学院为促进 STS 教学而开发的专题演变而来,将科学与更广泛的社会因素联系在一起,如与社会学、哲学、经济、政治等相联系,强调科学、技术内容与学习者的周围环境相联系,学生可通过相应的课程材料探索科学、技术对社会的影响,并了解社会背景对发展科学技术的影响。

英国"社会中的科学"(SIS)和"社会背景中的科学"(SISCON)项目的实施,开辟了科学教育的新视野,欧美一些发达国家受此影响,开始研究和开发 STS 课程项目。至 20 世纪 80 年代,由于科技与经济一体化的影响,世界各国加强科学教育改革力度,将科学、技术、社会的和谐发展作为科学教育改革的重要目标,相继推出一批有影响的 STS 课程,如英国的"社会中的科学与技术课程"(Science and technology in society,简称 SATIS),荷兰的"社会中的物理课程"(荷兰语缩写,英文为 Physics Curriculum Development Project,简称 PLON),美国的"社会中的化学课程"(Chemistry in the Community,简称 CHEMCOM)、"大众理解计划的化学教育"(Chemical Education for Public Understanding Programme,简称 CEPUP)、"邦戈计划"(Bongo Program),澳大利亚的"维多利亚教育部'学生必读'"、"维多利亚十二年级毕业证书"等。这些课程与传统科学课程迥异,以 STS 理念为核心,强调科学和技术的社会背景,注重考察社会需要对科学与技术发展的影响。英国的 SATIS 课程 1986 年由英国科学教育协会创始,编写了供 8～14 岁、14～16 岁和 16～19 岁学生使用的教材。SATIS 课程将学生置于真实的世界中,在问题与生活之间建立纽带,强化概念和内容与社会、经济及技术条件之间的联系,面向实际,加强实践环节;美国的 CEPUP 课程提倡开放教学,将化学概念和过程与有关社会问题相联系;"邦戈计划"针对美国学生旷课、酗酒,疏离理科,缺乏读写兴趣和技能等倾向,采取多维的跨学科的教育方式,以文理兼容的主题内容激发学生的求知欲,克服不良习气,增强综合素质。

20 世纪 90 年代后,STS 课程改革影响到整个世界的学校教育改革。1993 年,国际科学教育联合会与联合国教科文组织将 STS 教育的目标与提高公众的科技素养融合,强调与发展科技素养有关的课程改革及评价系统、政策和教师培训制度等。1996 年,美国国家研究委员会推出《国家科学教育标准》,促进了各国以 STS 为核心理念的教育改革。各国在通过 STS 教育促进科学教育改革的过程中,均结合本国经济、社会、科技与文化发展的实际。至 20 世纪末 21 世纪初,STS 课程出现各种形态,并与当代各种科学教育思潮相结合。

STS 课程类型

按课程侧重点划分,STS 课程分为科学主导型、技术主导型和社会主导型三类。科学主导型 STS 课程强调科学的性质与原理方面的内容,如科学认识论、科学和技术的社会学;技术主导型 STS 课程强调与技术相联系的科学概念、技术的社会效果、技术模型的构造或技术过程等;社会主导型

STS 课程关注对社会发展产生重大影响的科学与技术的后果问题,如环境污染、核威胁、战争破坏对生态的影响、克隆技术与人类伦理等。

按教材内容的组织形式划分,STS 课程大致有两类。一是不打破现行科学课程体系,仅将 STS 教育思想和相关问题渗透到现行科学课程的教材框架中,是 STS 课程教材的主要形式。二是打破原有各科学课程体系,在通盘考虑各学科关系的基础上,根据需要均衡融合科学教育内容,重新综合设计课程,一般体现为综合理科。后者代表科学教育改革的方向,但实施较困难。综合性 STS 课程强调科学与技术的统一,强调整体理解科学和技术,同时纳入社会因素,为学生提供理解科学、技术的社会背景的框架。此类课程不强调传统意义的学术性,通常更易提供给具有非学术性发展指向的学生。

按课程属性划分,STS 课程分为四类。(1)实用型 STS 课程。依照传统的科学课程框架,传授有关科学概念的技术及其实践应用,强调科学原理的技术应用、科学技术在生产和生活中的应用,并展现科学技术在社会中的地位与作用。不打破传统科学体系,构建方法相对简单容易,但难以将科学技术真正深入到社会领域,难以深刻揭示科学技术与社会的关系。(2)职业性 STS 课程。通过向学生提供工程、医学等与科学技术密切相关的职业性科目,熟悉和了解未来工作中可能遇到的科学、技术和社会问题。这类课程以其职业性的特点,强化与社会的联系,更清楚地体现科学技术在社会中的地位与作用,但易受职业要求的局限,不易形成关于科学、技术与社会的批判意识。(3)人文性 STS 课程。运用历史的、哲学的和社会分析的方法构建,强调对科学技术发展背景的分析与理解,突出政治、经济、文化对科学技术发展的影响,强调从社会结果和社会价值选择的角度审视科学技术发展。如"科学技术史"、"环境哲学"、"健康和医学的社会学"等课程。一般在大学开设。(4)专题性 STS 课程。以人类发展面临的现实问题为核心构建,如环境问题、人口问题、贫困问题和战争问题等。易呈现自然世界的本来面目,体现科学、技术与社会诸方面的紧密联系,但因问题的复杂性而无法分析透彻,进而会影响学生对科学、技术与社会相互关系的把握。

STS 课程目标

由于对 STS 教育及 STS 课程缺乏统一的认识和标准,不同国家、地区和持不同观点的人从不同视角研究和构建 STS 课程,STS 课程目标、内容和形态呈现多样性。在一些情况下,STS 课程的目标是使学生充分认识科学、技术和社会的相互作用;在另一些情况下,STS 课程的目标是帮助学生把与特定的科学、技术和社会问题有关的价值转化为行动。可围绕 STS 的核心理念和 STS 课程之于传统科学课程的区别,从研究 STS 课程的愿望与动机上来考察 STS 课程目标。1987 年 8 月在德国基尔举行的世界科学和技术教育趋势第四届会议上,提出推进 STS 教育计划的四个目的群,即个人需要、社会问题、学术准备、职业教育意识,为树立 STS 课程目标定下基调。世界各国开发 STS 课程项目一般围绕以下几方面。(1)科学与技术的公众理解。在"科学为大众"精神的指导下,STS 课程强调科学技术与公众关心、个人生活和社会进步相关联,强调科学世界向生活世界回归,训练人们运用科学技术改进生活质量,跟上技术世界日益发展的步伐。(2)发展学生适应未来的能力。为所有具有各种能力倾向和兴趣的学生提供广泛的与科学技术有关的职业意识,致力于发展学生适应未来社会中与科学技术有关的职业的从业能力,帮助学生理解科学技术在未来社会发展中的应用前景。(3)培养学生关于科学与技术发展的道德判断力和决策能力。STS 课程关注科学技术发展的社会价值和社会责任,客观地探讨和理解人类运用科学技术的双重后果,以培养能够负责任地研究与科学技术有关的社会问题的有见识的公民,使科学技术服务于人类社会的可持续发展。(4)为从事学术研究作必要准备。STS 课程亦重视科学内部的逻辑体系,以及发展学生的学术研究水平,为有可能以学术研究为未来职业的学生提供适当的学术准备。

STS 课程内容

STS 教育理念决定 STS 课程内容是一个开放的、动态的结构体系,在科学、技术与社会相互作用的概念框架下,STS 课程内容可以是科学、技术、社会相互关系的任何一个主题领域。每个主题都为学习者探索人与自然的关系和深刻理解科学、技术与社会发展之间的关系提供独特的视域。如每年的"世界环境日"主题是公认的 STS 课程内容主题。除以全球性的重大课题为内容领域外,学习者所处地区和社区面临的问题、学校生活中遇到的问题,都能成为 STS 课程主题的内容领域。英国 1981 年正式出版主要供高三至大学一年级学生使用的 STS 课程教材《社会中的科学》,围绕以下主题编写:健康与医学、人口问题、粮食与农业、能源、矿产资源、现实社会、经济与产业、水土资源、面向未来的社会。教材分 16 个单元:疾病和卫生、人口和健康、医药和看护、食物、农业、能量、矿物资源、工业(人、金钱和经营管理)、工业(组织和义务)、科学的本质、科学和社会发展、展望未来、工程 I(结构设计、照明、工程设计、医药工程、微电子学、机器人等)、工程 II(空中运输、铁道科技、汽车、工程和活动、空中客车、航海、农业等)、工程 III(石油探测、煤矿、煤气和煤气工业、化学和化工、水的供应、废物、工程对农业的贡献、市场的挑战等)、防卫和能量观。英国 STAIS 课程项目实施之初，课程内容的主题大多局限于科学与技术的应用，随着该项目的实施，课程内容主题的范围扩大为三类：即什么是科学、什么是技术、社会如何决定科学技术。就"什么是科学"，有"重新看待伽利略"、"天空中的图景"等专题；就"什么是技术"，有"肾脏移植"、"由波所产生的能量"等专题；就"社会如何决定科学技术"，有"我们应当怎样生活"、"发展中国家的医药"、"切尔诺贝利事故的危险后果"等专题。

美国的"社会中的化学课程"和荷兰"社会中的物理课程"将 STS 理念渗透于学科课程。"社会中的化学课程"由来自与化学有关的工业机构中的人员编写教材，在确保必需的化学基础知识的基础上，聚集社会重要问题，如水的质量、食品安全、垃圾处理和能源问题等。为深刻理解科学、技术与社会的密切联系，发展学生对科学技术的批判能力，教材还设计了一系列的模拟公众辩论活动。荷兰的"社会中的物理课程"包括面向中学低年级的和面向中学高年级的两种，以后者为例，课程采取在每一个学科单元安排适当专题的方式，如在"物质"单元中设计"基础研究的社会和科学背景"专题，在"卫星"单元中设计"卫星的现代应用：通信、气象和天文观察"等专题，使学生了解科学、技术在社会生活中的实际应用。

STS 课程实施

STS 课程的构建方式有四种。一是以传统的科学课程为主体，将 STS 内容引入其中。这种构建方式基本不改变传统科学内容的编排体系和内容的主体地位，在教材内容的构成比例上，STS 主题的内容不超过 10％。在学业评价中，主要考察科学内容，STS 内容作为附属。这种构建方式的目的是增加学生对科学与技术实际用途的了解，明晓科学概念、原理与社会现实问题的联系，提高学习科学的兴趣。由于不必打破传统的学科秩序，一般较容易实施。二是运用 STS 内容来统整一门或多门科学学科。根据 STS 内容的需要选择和组织科学的内容和教材序列。若对科学内容的选择是在一门学科内，则会出现 STS 物理、STS 化学等，如美国的 CHEMCOM。若根据 STS 内容选择多学科的科学内容，由此构建的 STS 教材的一系列内容主题与日常生活或课题具有密切联系，有些是传统科学课程中所没有的。在学业评价上，科学学科的内容约占 70％～80％，STS 内容占 20％～30％。三是以 STS 内容为主题，将传统的科学内容引入其中。将 STS 作为课程构建的焦点，相关学科的科学内容服务于 STS 内容的需要。学业评价中以考察STS 内容为主。如英国的 SATIS 课程。四是课程单纯由

STS 主题构成。以主要的技术性或社会性课题为学习内容，科学内容虽被提及，但仅是为表明技术性或社会性课题与科学存在联系。学业评价考察 STS 内容，基本不考察科学内容。

加拿大学者艾克霍夫和考特兰德于 1987—1988 年对一个七至十二年级 STS 物理课程项目的实施进行调查研究，通过比较不同的实施方式，总结了一种具有示范与推广价值、有助于学生学习 STS 课程的实施模式：先向学生提出一项社会性课题，解决该课题会将学生导向某种技术；再使学生产生学习相关科学内容的需要，并在此基础上深入研究相关技术；最终使学生对该社会性课题获得更深入的理解。他们设计了一种实施模式：社会性内容—技术性内容—科学内容—更高层次的技术性内容—更深层次的社会性内容。加拿大学者艾肯海德阐述此实施模式。(1) 在一个STS 科学单元或一节课开始阶段，学生思考一个社会性课题或日常生活中经常发生的事件，例如醉酒驾驶的法律案件，或居室、学校和企业中的照明问题。(2) 学生开始了解与此相关的技术，例如酒精含量的测定，或建筑设计与商业照明设备等。(3) 这种社会性课题或日常事件以及相关技术，使学生产生对科学知识的认知需要，这些科学知识可以帮助学生理解社会性课题或日常事件以及相关技术的意义。例如，要理解醉酒驾驶的法律案件或酒精含量测定技术，就需要掌握混合物、氧化还原反应、电子移动的概念以及人体生理系统知识；要解决照明资源问题，就需要掌握光度测定、眼球生理学、光的性质以及电磁波知识。(4) 学生掌握相应的科学知识后，可以重新思考原来的技术问题，或学习探索更复杂的技术。(5) 学生重新思考开始阶段提出的社会性课题或日常事件，并对此作出相应的决策。例如，是否应开发一种镇静药或新的酒精含量测定技术，家庭是否应购买某种类型的灯泡。当学生对解决社会性课题或日常事件的科学知识基础有了深层理解，掌握了相关技术，并意识到各种决策选择中所蕴含的社会主导价值时，就会作出深思熟虑的决策。这种 STS 课程实施模式可以确保科学内容按照对学生具有个体意义的方式统整，而不是分门别类和相互孤立的。

STS 课程的教学组织形式有课堂教学、STS 专题活动和社会实践三种。其教学策略由于 STS 课程形态的多样性和内容主题的开放性而比传统的科学课程的教学策略丰富，除课堂讲解外，还包括讨论与交流、问题解决、实验、场景模拟与角色扮演、专题讲座、实地调查、指导科技阅读等。各种教学策略各有所长，如对意见冲突较大的问题，可运用场景模拟与角色扮演的方式进行讨论与交流，促进学生对问题的认识和对他人的理解，并认识到 STS 涉及的问题常常没有唯一正确的答案；问题解决有利于培养学生的创造性实践能力等。这些策略和方法有助于培养和发

展学生的语言表达能力、逻辑推理能力、问题解决和决策能力，以及合作精神、社会责任感、对科学与技术的正确理解等。

参考文献

孙可平.STS 教育论[M].上海：上海教育出版社，2001.

钟启泉.国外课程改革透视[M].西安：陕西人民教育出版社，1993.

STS 教育研究小组.STS 教育的理论和实践[M].杭州：浙江教育出版社，1990.

（马开剑）

χ^2 检验（chi-square test）　利用服从 χ^2 分布的 χ^2 统计量进行统计分析的方法。适用于三种检验：（1）配合度检验，亦称"单因素分类 χ^2 检验"，即同时检验一个因素两项或多项分类的实际观察数与某理论分布数是否相一致的问题或有无显著差异的问题，实际观测次数是指在实验或调查中得到的计数资料，而理论次数是指根据概率原理、某种理论、某种理论次数分布或经验次数分布计算出来的次数。（2）独立性检验，即检验两个或两个以上因素各有多项分类之间是否有关联或是否具有独立性的问题。（3）分析总体分布状态不作任何假设的计数数据。用于计数数据的 χ^2 检验，是根据 1899 年英国统计学家皮尔逊推导的配合适度理论公式，即实际观测次数与某理论次数之差的平方再除以理论次数得到的统计量是一个与 χ^2 分布非常接近的分布。基本公式：

$$\chi^2 = \sum \frac{(f_o - f_e)^2}{f_e}$$

式中，f_o 为实际观测次数，f_e 为理论次数。当 f_e 越大，接近越好。f_o 与 f_e 相差越大，χ^2 值越大，f_o 与 f_e 相差越小，χ^2 值越小，因此它能够用来表示 f_o 与 f_e 的相差程度。常用的有配合度检验和独立性检验。

　　配合度检验（chi-square test for goodness of fit）（1）统计假设。配合度检验的研究假设是实际观测次数与某理论次数之间差异显著，原假设为实际观测次数与理论观测次数之间无差异。用符号表示为 $H_0: f_o = f_e$ 或 $f_o - f_e = 0$，$H_1: f_o \neq f_e$ 或 $f_o - f_e \neq 0$。用基本公式计算 χ^2 值：

$$\chi^2 = \sum \frac{(f_o - f_e)^2}{f_e}$$

然后对于给定显著性水平 α 查 χ^2 分布表，得临界值 χ^2_α，比较与 χ^2 与 χ^2_α，若 $\chi^2 > \chi^2_\alpha$，则拒绝原假设，认为理论次数与观测次数之间差异显著。否则，认为差异不显著。（2）自由度的确定。配合度检验自由度的确定与下列两个因素有关：一是实验或调查中分类的项数；二是计算理论次数时，用观测数目的统计量的个数。自由度的计算一般为资料的分类数减去计算理论次数时所用的理论次数的个数，通常情况下，理论次数的计算要用到"总数"这一统计量，所以配合度检验的自由度一般为分类的项数减去 1。但在对测量数据分布的配合度进行检验时，情况稍有不同，如正态拟合检验要用到总数、平均数和标准差三个统计量，此时自由度为分组数减去 3。（3）理论次数的计算。配合度检验，需要先计算理论次数，这是计算 χ^2 统计量的关键。理论次数的计算一般是按照某种理论，按一定的概率通过样本计算，一般常用到的理论有二项分布、正态分布等，具体应用要根据具体情况来定。

　　配合度检验常用于以下几种情况：（1）检验无差异的假设。这里所说的无差异的假设是指各项分类的实计数之间无差异，即假设各项分类之间机会相等或概率相等，因此这种情况下理论次数的计算完全按照概率相等的条件计算，理论次数＝总数×1/分类项数。（2）检验假设分布的概率。假设某因素各项分类的次数分布为正态，检验实计数与理论上期望的结果之间是否有差异。因为已假定所观察资料服从正态分布，故其理论次数的计算应按正态分布的理论分别计算各项分类的概率，从而计算各项分类的理论次数，具体方法是将总数乘以落入各项分类的概率。若事先假设的理论分布不是正态分布而是其他的理论分布，如二项分布、泊松分布等，其理论概率的计算应按所假定的理论分布分别计算。若事先假设的不是理论分布而是经验分布，则按经验分布计算概率，再用总数乘以各自的概率得到理论次数。最后对于实际观测次数与理论次数间的差异用上面的统计量进行检验。（3）连续变量分布的吻合度检验。对于连续型随机变量，经常需要对其次数分布究竟符合哪种理论分布进行探讨，可以用配合度检验。具体方法如下：首先将测量数据整理成次数分布表，画出大致的次数分布曲线，根据所画的次数分布曲线，选择恰当的理论分布，如正态分布、二项分布、泊松分布等，有时为配合曲线方程，可选择一些直线或曲线的各种函数方程作为理论分布函数；然后根据所选择的理论分布函数方程计算理论次数，将实际分组的次数作为实际观测次数，用 χ^2 基本公式计算统计量的值，然后查表，确定差异是否显著。若差异显著，说明实际次数分布与所选的理论次数分布不吻合，若差异不显著，说明实际次数分布与所选的理论次数分布相吻合。（4）资料用百分数表示的配合度检验。若搜集到的资料已经转化为百分数，配合度检验的方法与上面介绍的方法类似，只需最后将计算的 χ^2 值乘以 $N/100$ 后再查 χ^2 分布表。原因是最初百分数是由原数乘以 $100/N$ 得出的，在结果中再乘以 $N/100$ 才能还原。

　　独立性检验（chi-square test for independence）　一般采

用列联表记录观测数据,故又称"列联表分析",主要用于两个和两个以上因素多项分类的计数资料分析。每一个因素可以分为两个或两个以上的类别,因分类数目的不同,列联表有多种形式,如两个因素各有两类称为 2×2 表或四表格,一个因素有 R 类,另一个因素有 C 类,这种表称为 $R\times C$ 表。因素多于两个以上的称为多维列联表。

独立性检验的一般步骤:(1)统计假设。独立性检验的原假设是两个因素或多因素之间相互独立或无关联,备选假设是二因素或多因素间有关联或差异显著。(2)理论次数的计算。独立性检验的理论次数直接由列联表提供的数据计算出来。若用 $f_i.$ 表示每 i 行的和,用 $f._j$ 表示每 j 列的和,则第 i 行第 j 列的理论次数可以用通式表示为:

$$f_{ij}(e) = \frac{f_i.f._j}{N}$$

式中,N 为总观测次数。(3)自由度的确定。两因素列联表的自由度与两因素各自的分类项目的多少有关,对于 $R\times C$ 的列联表,自由度为 $\mathrm{d}f = (R-1)(C-1)$。(4)独立性的检验方法。它与样本间是否独立、样本容量的大小以及各因素分类项目的多少有关。一般应用于独立性检验的情况较多,通用的公式为 χ^2 检验基本公式:

$$\chi^2 = \sum \frac{(f_o - f_e)^2}{f_e}$$

应用基本公式计算,首先要计算理论次数,可以用简化公式直接计算:

$$\chi^2 = N\left(\sum \frac{f_{ij}(o)}{f_i.f._j} - 1\right)$$

式中,$f_i.$ 表示每 i 行的和,用 $f._j$ 表示每 j 列的和,$f_{ij}(o)$ 表示第 i 行第 j 列的实际观测次数,N 为总观测次数。

对于四表格的独立性检验可以用简化公式,具体方法视样本容量的大小和样本间的关系而定。(1)独立样本四表格的检验。它相等于独立样本比率差异的显著性检验。当各格的理论次数 $f_e \geqslant 5$ 时,可用以下公式计算:

$$\chi^2 = \frac{N(AD-BC)^2}{(A+B)(C+D)(A+C)(B+D)}$$

式中,A、B、C、D 分别为四表格内各格的实际观测次数,$(A+B)$、$(C+D)$、$(A+C)$、$(B+D)$ 为各边缘次数。具体情况见右表。

2×2 列联表

因　素　A			
		分类 1	分类 2
因素 B	分类 1	A	B
	分类 2	C	D

当各格的理论次数 $f_e \geqslant 5$ 时,可用以下公式计算:

$$\chi^2 = \frac{N(AD-BC)^2}{(A+B)(C+D)(A+C)(B+D)}$$

若样本容量属于小样本(四表格中任一格的理论次数小于5),可用校正公式计算:

$$\chi^2 = \frac{N(\mid AD-BC\mid -n/2)^2}{(A+B)(C+D)(A+C)(B+D)}$$

当样本容量太小时,用费希尔精确概率计算法。在期望次数小于 5 时,可用费希尔精确概率计算法代替 χ^2 检验,在边缘次数固定的情况下,观测次数的精确概率分布为超几何分布,若两个变量相互独立,当边缘次数保持不变时,各格内的是计数 A、B、C、D,任何一特定概率 P 值可用以下公式计算:

$$P = \frac{(A+B)!(C+D)!(A+C)!(B+D)!}{A!B!C!D!}$$

然后与显著性水平 α 进行比较,若 $P<\alpha$,则说明超过独立性样本各格实计数的取样范围,可以推论两样本独立的假设不成立。(2)相关样本四表格的检验。两个相关样本差异显著性的检验,用 Z 检验,统计量 $Z = (A-D)/\sqrt{A+D}$,或用 χ^2 检验,统计量为 $\chi^2 = (A-D)^2/(A+D)$,自由度为 1;在小样本时,$\chi^2 = (\mid A-D\mid -1)^2/(A+D)$,式中,$A$、$D$ 为四表格中两次实验或调查中分类项目不同的两个格的实际观测次数。

参考文献

土孝玲. 教育统计学[M]. 上海:华东师范大学出版社,2007.

张厚粲,徐建平. 现代心理与教育统计学[M]. 北京:北京师范大学出版社,2004.

张敏强. 教育与心理统计学[M]. 北京:人民教育出版社,2010.

Gravetter, F. J. & Wallnau, L. B. Essentials of Statistics for the Behavioral Sciences [M]. 5th ed. Montrale, NJ: Thomson, 2004.

Gravetter, F. J. & Wallnau, L. B. 行为科学统计[M]. 王爱民,李悦,等,译. 北京:中国轻工业出版社,2008.

（刘红云　骆　方）

附　录

中外教育大事年表

（公元前—公元 2012 年）

·············· 中国部分 ··············

公元前 28 世纪（公元前 2700 年左右）

　　乐教场所"成均"，可视为中国古代学校的雏形。

前 22 世纪

　　帝舜命契为"司徒"，负责教化。又命夔为"典乐"，教贵族子弟诗歌乐舞，陶冶性情。

　　养老场所"庠"已具有教育功能。

前 22—前 17 世纪

　　夏代已有"庠"、"序"、"校"三种培养贵族子弟的场所，但"校"的教育意义比"庠"和"序"大。

前 17—前 11 世纪

　　商代的学校除"庠"、"序"之外，又增加"学"和"瞽宗"。"学"分"左学"和"右学"，"左学"是小学，"右学"和"瞽宗"属大学性质。

前 11 世纪—前 771 年

　　西周的天子之学有"成均"、"上庠"、"东序"、"瞽宗"、"辟雍"（太学）等，诸侯之学称"泮宫"，地方学校统称"乡学"，有"塾"、"庠"、"序"、"学"等。

　　青铜器铭文中已有"小学"、"大学"的分类。

　　西周教育以"六艺"为基本学科，包括礼、乐、射、御、书、数。

前 660 年（周惠王十七年）

　　卫文公尊教劝学。

前 542 年（周景王三年）

　　郑国子产力排众议，不毁乡校。

前 521 年（周景王二十四年）

　　孔子开始设教闾里，受业者有曾点、颜无繇、秦商、冉耕等。实施"有教无类"，40 年间教授弟子达 3 000 人，身通"六艺"者有 72 人。

前 484 年（周敬王三十六年）

　　孔子率弟子游历各国后返回鲁国，致力于教学和整理编定《诗》、《书》、《礼》、《乐》、《易》、《春秋》等典籍，构成儒家经学的主体教学内容。

前 309 年（周赧王六年）

　　孟子见滕文公，提出"设为庠序学校以教之"的主张及"明人伦"的教育纲领。

前 4 世纪

　　齐国创立稷下学宫，历时约 150 年。

前 3 世纪

　　古代教育专著《学记》成于战国后期，后被收入《礼记》。

前 283—前 265 年

　　齐襄王时，荀子在稷下学宫讲学，曾三次担任祭酒。

前 221 年（秦始皇二十六年）

　　秦统一天下，采取"书同文"，"行同伦"等措施。

前 213 年（秦始皇三十四年）

　　采纳李斯建议，颁布《挟书令》，禁止私学，民间藏书除医药、卜筮、种树之书之外，一律焚毁。民众只准以吏为师，学习法令。次年，坑杀儒生 460 余人。

前 202 年（汉高祖五年）

　　汉兵围鲁，鲁中诸儒讲诵经书，演习礼乐从未间断。

前 191 年（汉惠帝四年）

　　正式废除秦代《挟书令》，儒家经学的私家传授得以恢复和发展。

前 165 年（汉文帝十五年）

　　诏令各诸侯王、公卿、郡守荐举"贤良方正能言极谏者"，由皇帝策问后擢用。选士开始，但尚未形成制度。

前 156—前 141 年

　　汉景帝时，文翁为蜀郡太守，于成都建官学，蜀郡于是教化大行。汉武帝即位后,推广文翁兴学经验,令天下郡国均立官学。

前 140 年(汉武帝建元元年)

董仲舒在应贤良方正之举的三篇对策中主张以教化为大务,提出兴办太学、设立庠序、实施荐举及独尊儒术的文教政策。

前 136 年(建元五年)

设立儒家五经博士,均从官方认定的经学学派中选用,除《诗》经文帝时已立鲁、齐、韩三家外,《易》经立杨何,《尚书》立欧阳氏,《礼》经立后仓,《春秋》立公羊学。

前 134 年(元光元年)

初令郡国举孝廉各 1 人,遂成为汉代常规选士科目,察举制正式确立。

前 124 年(元朔五年)

为博士配备弟子 50 名,并有录取标准、考试内容和选用为官的制度,太学的官方教育自此开始。后太学生人数不断增加,成帝时定为 3 000 名。东汉中达 3 万人之多。

前 51 年(汉宣帝甘露三年)

诏令诸儒于石渠阁讲论五经异同,由皇帝亲自裁断正误。并调整博士官学,《易》立施、孟、梁丘三家,《尚书》增立大、小夏侯,《礼》立大、小戴,《春秋》增立谷梁学(后废),余依旧。元帝时又增立京氏《易》,成帝时《春秋》公羊学分立颜、严二家,遂构成十四家博士经学(称今文经学)。

前 6 年(汉哀帝建平元年)

刘歆提议将《左传》、《毛诗》、《逸礼》、《古文尚书》等古文经学列入博士官学,遭诸家博士反对,后王莽执政时方得列入。王莽垮台后废。

前 2 年(元寿元年)

司隶校尉鲍宣因得罪丞相孔光下狱,太学生千余人集体拦阻孔光论理,并赴皇宫请愿,哀帝遂免鲍宣死罪。是为最早爆发的学潮。

公元 1 年(汉平帝元始元年)

封孔子为褒成宣尼公,开历代尊孔之始。

3 年(元始三年)

建立地方学校体制,郡称"学",县称"校",乡称"庠",村称"序"。学、校各配备经师 1 人,庠、序各配备《孝经》师 1 人。

4 年(元始四年)

立《乐》经博士,增博士员,每经各 5 人。建明堂、辟雍,为学者筑舍万区,设有"会市",供诸生进行交易活动。

11 年(王莽始建国三年)

六经博士之上设祭酒各 1 人,享上卿待遇。

29 年(汉光武帝建武五年)

初起太学于洛阳城外,讲堂长十丈,广三丈。光武帝视察太学,按古制演习礼乐。

59 年(汉明帝永平二年)

明帝视察太学,行养老敬贤之礼。亲自讲说经义,观听者数以万计。

66 年(永平九年)

为外戚樊、郭、阴、马氏子弟开设学校于南宫,称"四姓小侯"学。此时皇室及重臣子孙莫不受业,宫廷侍卫均学习《孝经》章句,匈奴亦派遣子弟前来留学。

72 年(永平十五年)

明帝赴曲阜,祭奠孔子,并御讲堂,令皇太子、诸王说经。

79 年(汉章帝建初四年)

诏令诸儒会集白虎观讲议五经异同,共正经义,由皇帝裁断,正式颁布。后令班固整理编纂,成《白虎通义》一书。

92 年(汉和帝永元四年)

各郡国以 20 万人口每年举送 1 名孝廉为率。不满 20 万人口的郡国两年举送 1 名,不满 10 万人口的郡国三年举送 1 名。

119 年(汉安帝元初六年)

邓太后开设宫邸学,令皇室子孙五岁以上 40 余人及邓氏近亲子孙 30 余人入学,亲自督察、考试。

约 120 年(约永宁元年)

班昭(班固之妹)卒。为古代最早的女教师。和帝曾数召入宫,令皇后诸贵人师事之。马融曾登门求教《汉书》。撰有《女诫》,为最早的女子教材。

131 年(汉顺帝永建六年)

重建太学校舍,有 240 房,1 850 室。允许从试明经科落第人员中补充太学生。

132 年(阳嘉元年)

立孝廉限年课试法,各地荐举的孝廉限 40 岁以上,儒生考所宗经学,文吏考文牍章奏,合格者方可录用。

146 年(汉质帝本初元年)

令朝中自大将军至六百石品级以上官员,一律遣子入太学受业,期满课试,依次授官。

166 年(汉桓帝延熹九年)

李膺等士大夫因反对宦官专权而遭迫害,其亲属、门生、故吏均被禁锢,不得为官。是为"党锢之祸"。延续 20 多年,太学生中不屈者被诛戮放逐殆尽。

175 年(汉灵帝熹平四年)

因经籍文字多有讹谬,许蔡邕书册于碑,使工匠镌刻。183 年(光和六年)刻成,立于太学门外。是为最早的石经。

178 年(光和元年)

设立鸿都门学,专习辞赋、尺牍、书画。学生往往得以破格拔擢,待遇超过儒生。

200 年(汉献帝建安五年)

郑玄卒。毕生遍注群经,为汉代经学集大成的学者。

202 年(建安七年)

曹操实行军屯制,对驻屯将士授田土,给耕牛,配置学师以教后代。

203 年(建安八年)

颁布《修学令》,要求"郡国各修文学,县满五百户置校官,选其乡之俊造而教学之"。

220 年(魏文帝黄初元年)

根据吏部尚书陈群的提议,创立九品中正选士制度。

224 年(黄初五年)

魏立太学于洛阳。创五经课试法,学者两年考通一经,至通五经,随才序用。

227 年(魏明帝太和元年)

尚书卫觊请求置律博士,转相教授各官吏法律诉讼之学。依其所请,于廷尉属下设律博士,这是我国律学设置的开端,打破了经学一统的局面。

230 年(太和四年)

吴立国学以教国子,设都讲祭酒总领学事。此前,蜀已立太学。

259 年(吴景帝永安二年)

按古制置学官,设五经博士,加以宠禄。

272 年(晋武帝泰始八年)

太学生达 7 000 余人,诏令已试经者留之,其余遣还郡国。

273 年(泰始九年)

立书博士,置弟子教习,以钟、胡之书法为体。

276 年(咸宁二年)

于太学之外立国子学,招收五品以上官员子弟。

278 年(咸宁四年)

确定国子学的学官制度,定置国子祭酒、博士各 1 人,助教 15 人,以教国子学生。

284 年(太康五年)

刘毅上书批评九品中正以门第选士,不问才之所宜,造成"上品无寒门,下品无势族"。

311 年(晋怀帝永嘉五年,汉刘聪光兴二年)

刘聪攻陷洛阳,焚毁国子学、太学。

317 年(晋元帝建武元年)

晋室南渡,于建康立太学。

置《周易》王氏(弼)、《尚书》郑氏(玄)、《古文尚书》孔氏(安国)、《毛诗》郑氏、《周官》、《礼记》郑氏、《左传》杜氏(预)、服氏(虔)、《论语》、《孝

经》郑氏博士各 1 人。元帝末,增《仪礼》、《公羊传》博士各 1 人。

前赵刘曜立大学于长安宫东,立小学于未央宫西,有学生 1 500 人。

319 年(太兴二年)

后赵石勒置经学祭酒、律学祭酒、史学祭酒,为专科教学的主持者。

331 年(晋成帝咸和六年)

石勒命郡国立学,各置博士祭酒 2 人、弟子 150 人。

338 年(咸康四年)

蜀李寿继成汉王位,扩充其父所建太学。

342 年(咸康八年)

前燕慕容皝立东庠于龙城旧宫,招收亲贵子弟诵习经典,行乡射之礼。

352 年(晋穆帝永和八年)

东晋征西将军庾亮于武昌立学,置儒林祭酒,教授将领子弟,厚其供给。

357 年(升平元年,前秦苻坚永兴元年)

前秦苻坚广修学校,召郡国学生通一经以上者充之。每月一临太学,考查劝诫。

又诏凡官员学不通一经者,罢遣还民。

375 年(晋孝武帝宁康三年,前秦建元十一年)

苻坚诏令增崇儒教,禁老、庄、图谶之学。又令禁卫将士皆受学。教读音句。后宫选宫官及宫女聪慧者,由博士授经。

385 年(太元十年)

东晋立国子学,以公卿子弟为学生,增造屋舍 155 间,而教学则无章法,耻于士人。

386 年(太元十一年,魏道武帝登国元年)

北魏建都平城,立太学,置五经博士。

394 年(太元十九年,后秦姚兴皇初元年)

后秦立律学于长安,招收郡县散吏以授之。

399 年(晋安帝隆安三年,魏道武帝天兴二年)

北魏增国子、太学生员,共 3 000 人。

南凉利鹿孤置博士祭酒,以教胄子。

400 年(隆安四年,西凉李暠庚子元年)

西凉立泮宫,招高门子弟 500 人。

401 年(隆安五年,魏天兴四年)

北魏改国子学为中书学,立教授、博士。

404 年(元兴三年,魏天赐元年)

北魏仿九品中正制,于州郡各置师,以举有才行之士。

409 年(义熙五年,北燕冯跋太平元年)

北燕于国都昌黎营建太学,置博士郎中,招收官员子弟 13 岁以上者。

426 年（魏太武帝始光三年）

北魏另建太学校舍于城东，令州郡各举有才学者。

438 年（宋文帝元嘉十五年）

宋于京师并立四馆，雷次宗领儒学，何尚之领玄学，何承天领史学，谢元领文学。四馆并立，为后代分科大学之始。

442 年（元嘉十九年）

宋修复孔子故里学官。

443 年（元嘉二十年）

宋立国子学，何承天领国子博士。

446 年（元嘉二十三年）

宋文帝视察国子学，策试诸生凡 59 人。

450 年（元嘉二十七年）

宋与北魏战事起，以军兴为由废国子学。

466 年（魏献文帝天安元年）

北魏始建郡国学校制度，以郡之大小确定博士、助教、学生员额。

470 年（宋明帝泰始六年）

宋因国学废，置总明观（又称东观），设玄、儒、文、史四科，由祭酒总领，征学士以充之。

482 年（齐高帝建元四年）

诏立国学，学生 150 员，因高帝死而废。

485 年（齐武帝永明三年）

诏复立国学，招收公卿子弟至员外郎之后代，凡生员 200 人。

487 年（魏孝文帝太和十一年）

高佑上书，以郡国有学，县、党亦宜有之。乃令县立讲学，党立教学，村立小学。

495 年（太和十九年）

立国子学、太学、四门小学于洛阳。

499 年（齐东昏侯永元元年）

又因"国丧"废学。国子助教曹思文上表，力主"贵贱士庶皆须教，国学太学两存之可也"。诏从，但学仍未立。

505 年（梁武帝天监四年）

立国学，置祭酒 1 人。开五馆，由五经博士各 1 人主持。并立郡国学。

508 年（天监七年）

兴修国子学，招收胄子入学。

521 年（魏孝明帝正光二年）

魏始于国学举行祭孔的释奠典礼。

535 年（东魏孝静帝天平二年）

高欢迁都于邺城，置国子生员 36 人。

539 年（西魏文帝大统五年）

宇文泰于行台置学，取佐吏充学生，令昼治公务，晚就讲习，先六经，后子史。

541 年（梁武帝大同七年）

设士林馆，是一个讲学与研究合一的机构。

550 年（北齐文宣帝天保元年）

诏郡国修立学校。将五十二碑洛阳石经移置学馆。后立国子寺，辖国子学、太学、四门学。

560 年（陈文帝天嘉元年）

始置学官，延揽生徒，多为梁之遗儒。

566 年（北周武帝天和元年）

诏贵胄子弟入学，于师行束脩之礼。又立路门学，生员 72 人。

581 年（隋文帝开皇元年）

隋文帝视察国子学，广征山东文学之士至长安。

开皇中，国子寺不再隶属太常，设祭酒 1 人主持。

591 年（开皇十一年）

罢九品中正制，改行荐举。

约 595 年（约开皇十五年）

颜之推卒。撰有《颜氏家训》，为后世家训之始。

601 年（仁寿元年）

以生徒过滥为由，国子学只留学生 70 人，太学、四门学及各州县学并废。

607 年（隋炀帝大业三年）

改国子寺为国子监，复设国子学、太学及地方学校。太学定员 500 人。

置进士科，试策取士，科举制度自此始。

日本派小野妹子使隋，始派留学生及学问僧来华进修。

618 年（唐高祖武德元年）

置国子学、太学和四门学，合 300 余人。皇族子孙及功臣子弟于秘书省别立小学。

高祖即位，令诸州贡秀才、进士、俊士、明经诸科之士，由学馆者称生徒，由州郡者称乡贡，制举则由天子下诏实施，以待非常之才。

619 年（武德二年）

令国子学立周公、孔子庙，以周公为先圣，孔子为先师，四时祭祀。

621 年（武德四年）

于门下省置修文馆，后改称弘文馆。

624 年(武德七年)

令州县及乡均立学,学生通一经以上者,造册报官。

唐高祖李渊亲临国子学观释奠礼,颁布《兴学敕》。

627 年(唐太宗贞观元年)

诏停周公为先圣,立孔子庙堂于国学,以孔子为先圣,颜回为先师。

628 年(贞观二年)

置书学、算学,隶属国子学。弘文馆置讲经博士,兼学书法。

631 年(贞观五年)

设国子监,辖六学:国子学、太学、四门学、律学、书学、算学。共 2 210 人。后学生不断增加,高丽、新罗、百济、高昌、吐蕃诸国亦遣子弟入国学,学生达 8 000 余人。

因经籍传播日久,文字多讹谬,诏中书侍郎颜师古改定五经,颁于天下。

640 年(贞观十四年)

太宗视察国子监。命国子祭酒孔颖达等撰《五经正义》180 卷,令学者习之。是为首次由官方统一颁定的经学教材。

651 年(唐高宗永徽二年)

停止秀才科选士。

653 年(永徽四年)

《五经正义》修订毕,每年明经科依此考试。

太尉长孙无忌上《律疏》,颁行天下,作为律学教材和明法科考试依据。

656 年(显庆元年)

命李淳风等注释《孙子算经》、《五曹算经》等十部算经。

太子请于崇贤馆置学士并生徒,后改称崇文馆。

658 年(显庆三年)

废书学、算学、律学。

662 年(龙朔二年)

敕学生在学九年,并定束脩及考试制度。

置东都国子监。

复置律、书、算学官。

663 年(龙朔三年)

诏以书学隶属兰台,算学隶属秘阁,律学隶属详刑寺。

669 年(总章二年)

定铨选法,以身、言、书、判取士。

674 年(上元元年)

武则天请令王公以下均习《老子》。每岁进士、明经科加试《老子》。

678 年(仪凤三年)

敕《道德经》、《孝经》并为上经,贡举人并须兼通。

689 年(武则天载初元年)

二月,亲策贡士于洛阳殿前,开科举殿试之始。

693 年(长寿二年)

令贡举人习武则天所撰《臣轨》,停通《道德经》。

702 年(长安二年)

始设武举。令诸州教习武艺,每年依照进士、明经之例举贡。

705 年(唐中宗神龙元年)

令贡举人停习《臣轨》,依旧习《老子》。

始定进士科试三场。

716 年(唐玄宗开元四年)

开元初,日本遣使来朝,请儒士教授经典。阿倍仲麻吕(汉名晁衡)学于太学。

719 年(开元七年)

御注《老子》成,令天下家家藏其书,科举减《论语》、《尚书》策,加试《老子》。

722 年(开元十年)

御注《孝经》成,颁于天下。

731 年(开元十九年)

赐予吐蕃《毛诗》、《礼记》、《春秋》等经典。

733 年(开元二十一年)

令州郡学贡通经聪悟者,入四门学为俊士,科考不第而愿入学者亦准。

凡民间所立私学,允许寄托于州县学授业。

737 年(开元二十五年)

设崇玄学,置玄学博士,习《老子》、《庄子》、《文子》、《列子》。科举设道举科,每岁依明经举。

738 年(开元二十六年)

令天下州县,每乡之内,各置一学。

739 年(开元二十七年)

封孔子为文宣王,弟子亦各有封号。

741 年(开元二十九年)

始于诸州设崇玄馆,置道学生徒。玄宗亲试道举科举人。

742 年(天宝元年)

除崇玄学生外,天下应举人停试《道德经》,以《尔雅》取代。

744 年(天宝三载)

诏今后各家藏《孝经》一本,乡学之中备加传授,州县官长督促考课。

750 年(天宝九载)

置广文馆于国子监,以教生徒习进士业者。后雨坏校舍,遂废。

753 年(天宝十二载)

诏举人须补国学及郡县学生,不得直接充乡贡。

756 年(唐肃宗至德元载)

安禄山攻陷长安。废止国子监及各馆生廪膳。

758 年(乾元元年)

诏州县学生放归营农,待平乱后再行复学。

诏乡贡仍依以往常式进行。

763 年(唐代宗广德元年)

敕州郡察举孝廉,经试经、对策录用,停明经、进士科。后改为两者并举。

779 年(大历十四年)

诸州府学博士改称文学,品秩同参军,位在参军上。

785 年(唐德宗贞元元年)

诏应举人停试《尔雅》,仍试《道德经》。

786 年(贞元二年)

敕各类举人中,有能习《开元礼》者,可等同一经应试。有能习法律者亦可替代部分试题。

802 年(贞元十八年)

韩愈作《师说》,提出教师的基本任务是"传道、授业、解惑",批评当时"耻于相师"的风气。

807 年(唐宪宗元和二年)

削减国子监诸馆学生定额,西都总计 550 员。东都总计 100 员。

明经科罢试口义。

813 年(元和八年)

柳宗元作《答韦中立论师道书》,主张去拜师之名,取为师之实。

819 年(元和十四年)

国子祭酒郑余庆提议文吏捐出月俸百分之一,用以修葺各地学校。

833 年(唐文宗大和七年)

敕于国子监讲堂两廊,立九经并《孝经》、《论语》、《尔雅》石壁。

再减长安国学生至 414 员。

837 年(开成二年)

石经成,亦称《开成石经》、《唐石经》,共刻 12 种经书。另附九经字样等,有碑石 114 块,共有经文 650 252 字。

863 年(唐懿宗咸通四年)

皮日休上书,始请立《孟子》为明经学科。未果。

咸通中,国子祭酒刘允章建议群臣捐"光学钱"用以办学:宰相 5 万,节度使 4 万,刺史 1 万。诏从。

890 年(唐昭宗大顺元年)

国子祭酒孔纬以孔子庙毁于兵火,请从内外文臣官俸中抽取千分之十,助修国学。

907 年(后梁太祖开平元年)

契丹置上京国子监,又设国子学,置博士、助教。

909 年(开平三年)

迁都洛阳,仍从天下现任官月俸中扣取千分之十五,国子监生交纳束脩、光学钱,用以营修孔庙。

920 年(辽太祖神册五年)

制契丹大字,结束契丹无文字的历史。

928 年(后唐明宗天成三年)

判国子祭酒崔协奏准国子监置学生 200 员,诸道州府各置官学。

932 年(长兴三年)

敕令依西京石经文字雕版印书,是为最早的官方刊印儒经之举。

938 年(后晋高祖天福三年)

南唐于其国都江宁立太学,后又建各地学校。

942 年(天福七年)

南唐庐山国学建于白鹿洞,置学田以供学者读书肄业。

953 年(后周太祖广顺三年)

国子监雕印九经完成,广颁天下。

955 年(后周世宗显德二年)

以天福晋利禅院旧址营建国子监。

962 年(宋太祖建隆三年)

国子监始聚生徒讲学。

诏举人不得称考官为师门,一律为天子门生。

970 年(开宝三年)

诏现任官应进士举,须别立考场,称"锁厅试"。

诏礼部将遗逸之士及数举不第之耆儒,以"特奏名"考试,赐予出身。

973 年(开宝六年)

太祖亲御讲武殿,钦定及第进士。此后殿试成为常式。

975 年(开宝八年)

及第进士榜首正式称"状元"。

国子监定员 70 人,多有系籍而久不至者,请以在京进士诸科考生补监生之缺,从之。

976 年(宋太宗太平兴国元年)

南唐庐山国学改为白鹿洞书院。

潭州太守朱洞创创岳麓书院。

高丽始遣金兴成等留学国子监。

980 年(太平兴国五年)

　　白鹿洞书院洞主明起将学田入官,获蔡州褒信县主簿之职,然书院由此渐废。

983 年(太平兴国八年,辽圣宗统和元年)

　　太宗言"进士须通经义","止习浮浅文章,殊非务本之道"。又令诸州禁止还俗僧道赴举。

　　令译经院选童子 50 人入院学习梵学、梵字。

988 年(宋端拱元年,辽圣宗统和六年)

　　进士榜出后讼议蜂起,太宗遂亲自复试。

　　辽始于南京诏开贡举,试以诗赋、经义、律令。辽科举仅对汉人,契丹人不得应举。

989 年(辽统和七年)

　　宋进士 17 人挈家归辽,考其优者补国学学官,其余授县簿、卫。

990 年(宋淳化元年)

　　将国子监印本九经赐予各路,开地方学校使用统一版本教材之举。

995 年(辽统和十三年)

　　南京太学生员渐多,特赐水砲庄一区,以居学者。

996 年(宋至道二年)

　　赐太室书院匾额及印本九经。

　　李士真于衡阳建石鼓书院。

999 年(宋真宗咸平二年)

　　潭州知州李允则拓建岳麓书院。

1001 年(咸平四年)

　　国子祭酒邢昺奉诏主持校定九经疏义完成。

　　从潭州之请,将监本经籍赐潭州岳麓书院。诏凡州县学校及聚徒讲诵之所,并赐九经。

1007 年(景德四年)

　　定试进士条例,取中者列五等,一、二等称"及第",三等称"出身",四、五等称"同出身"。

1009 年(大中祥符二年)

　　应天府民曹诚出资建学,聚书讲习,诏赐额"应天府书院"。

1010 年(大中祥符三年)

　　诏南宫、北宅大将军以下诸子 10 岁以上者须入学,每日讲授经书,至午后乃罢。

1011 年(大中祥符四年)

　　永康军始立乡校,为地方官学兴办之始。

1015 年(大中祥符八年)

　　诏进士六举、诸科九举以上者,虽不合格,许特奏名。

　　拜岳麓书院山长周武为国子学主簿,仍令还归教授,并赐书院匾额。

1017 年(天禧元年)

　　臣僚言国子监定价甚低,请增定。真宗不许,言"此固非为利,正欲文籍流布耳!"

1022 年(乾兴元年)

　　赐兖州学田十顷以供学粮,州郡学给田始于此。

　　命藩辅均得立学,其他州不得仿照。此后陆续批准一些州立学。

1029 年(宋仁宗天圣七年)

　　因与西夏用兵,复置武举,阅其骑射,又试之以策。

1034 年(景祐元年)

　　许京兆府立小学,赐九经,给田五顷。

1035 年(景祐二年)

　　定明经科试法。各问大义十条,两经通八、三经通六、五经通五为合格。

　　范仲淹奏请立苏州郡学,聘胡瑗主讲,苏学遂为诸郡楷模。

　　重修太室书院成,赐额为"嵩阳书院"。

　　以应天府书院为府学,给学田十顷。

1036 年(景祐三年,辽兴宗重熙五年)

　　辽兴宗亲试进士于廷。

1038 年(宋宝元元年)

　　西夏元昊称帝,创西夏文字(蕃文),译儒经。次年建"蕃学"于国都兴庆府。

1039 年(宝元二年)

　　滕宗谅请立湖州郡学,聘胡瑗主持,创设分斋教学制度。

1040 年(康定元年)

　　赐国子监学田五十顷。

1042 年(庆历二年)

　　定国子监生在学须满 500 日,方准"取解"(获考科举资格)。后改为 300 日。

1043 年(庆历三年)

　　始置武学于武成王庙,设教授。后并入国子监,愿习兵书者,许于本监听读。

　　范仲淹上疏《答手诏条陈十事》,要求兴学育才,改革科举,得仁宗皇帝赞赏,次年开始兴学运动,称"庆历兴学"。

1044 年(庆历四年)

　　仁宗下兴学诏,正式令天下州县均立学。

　　改革科考制度,试士先策论,后诗赋。

　　将锡庆院及朝集院西庑之地拨归国子监,以建太学讲堂斋舍。

　　诏取胡瑗苏湖教学法行于太学。

　　立四门学,以招收庶民子弟。

　　程颢、程颐就学于周敦颐。

1045 年(庆历五年)

范仲淹去职,科举遂恢复旧制。

诏今后州县学不得招收非本籍士人入学。地方官若以缮修校舍为名,行聚敛之实者按劾之。

自庆历以后,刘敞、欧阳修、司马光、王安石、程颐、苏轼等冲破汉代以来墨守训诂的传统,重在探讨经典义理,经学学风为之一变。

1053 年(皇祐五年)

有鉴于殿试落第举人张元投奔西夏,为患于宋,此后殿试只排次第,概不黜落。

皇祐末,以胡瑗为国子监讲书,专管太学。胡瑗教导有方,徒众日增,学生多至容纳不下。

1055 年(辽道宗清宁元年)

诏设学养士,置博士、助教各 1 员,教授五经传疏。时辽之五京均立学,建孔子庙。

1058 年(宋嘉祐三年)

太学生定员由 200 人增至 600 人。

王安石向仁宗上万言书,提出"教之、养之、取之、任之"的造就人才之道。

1063 年(嘉祐八年)

仁宗朝共计 13 举,进士 4 570 人。其中一甲 39 人,后官未升至公卿者,仅 5 人。

1066 年(宋英宗治平三年)

确定科举三年一贡。礼部进士,以 300 名为额。

1068 年(宋神宗熙宁元年)

国子监生以 900 人为额。

诏太学增置外舍生 100 员,无廪膳待遇。

朝臣议改革科举。王安石主张取士皆本于学校,司马光强调德行为先,程颢建议恢复古乡举里选之制,苏轼则认为以维持旧制为妥。

1071 年(熙宁四年)

王安石强调"一道德则必修学校,欲修学校,则贡举法不可以不变"。于是罢诗赋及明经诸科,以经义、论、策试进士。士人各治一经,唯停《春秋》经,《论语》《孟子》为必修。

立太学"三舍法",学生分外舍、内舍、上舍,依考试成绩及平时学行逐次升舍,上舍生可直接授官或减免科考程序。

诏诸路置学官,州给田四十顷以养士,并置小学教授。

1072 年(熙宁五年)

复置武学于武成王庙,生员百人。

首次由朝廷向京东、京西、河东、河北、陕西五路派遣学官。

封孟子为邹国公,官方尊孟自此始。

张载回原籍眉县横渠镇讲学著述,撰有《正蒙》。

1073 年(熙宁六年)

设律学于朝集院,习律令、断案,用太学规程管理。科举设新科明法,进士须加试律令。

诏诸路学官由朝廷选差,统管本地学务,地方当局不得随意干预。

1075 年(熙宁八年)

王安石奉诏主持撰成《三经新义》,颁于学官,科举以此取士。

诏各州教授须试经义五道,合格者方予委任,不称职者由国子监报请朝廷撤换。

河州立蕃学,教酋长子弟,朝廷赐田给钱,拨予取解名额。

1076 年(熙宁九年)

始于太医局置医学,学生 300 人,设方脉科、针科、疡科以教。

1077 年(熙宁十年)

始立宗子课试法。

1079 年(元丰二年)

制定《国子监敕式令》并《太学令》,凡 143 条。

诏定太学外舍 2 000 人,内舍 300 人,上舍 100 人。分为 80 斋,每斋 30 人。

1080 年(元丰三年)

国子监经费由每年 2.3 万缗增至 4.4 万缗,外舍生亦供廪食。

1082 年(元丰五年)

程颐请于洛阳伊川如皋镇办学,是为伊川书院。

1083 年(元丰六年)

定国子监掌国子学、太学、武学、律学、算学五学之政。

1086 年(宋哲宗元祐元年)

神宗朝新政多被推翻。诏程颐等修订太学条例,取士兼用经义、诗赋,复《春秋》博士。

立十科举士法,以广录德行才智之士。

程颐建言学校"改试为课",不定高下,以绝奔竞之争。遭否决。

1089 年(元祐四年)

分经义、诗赋两科取士,治经义者须治两经。罢明法科。此后士人多习诗赋,元祐末,太学生 3 100 余人,不习诗赋者仅 82 人。

1094 年(绍圣元年)

哲宗亲政,复用神宗之法。进士罢习诗赋,仍以经义取士,罢十科取士法。

国子司业龚原请以王安石《字说》《洪范传》等书雕版印发学者。

1096 年(绍圣三年)

科举依旧专治一经。

蔡京上新修《太学敕令式》。

1099 年(元符二年)

诏诸州已设教授者,依太学"三舍法"考选生徒,州学生可经考试按舍升入太学。

置律学博士。

1101 年(西夏崇宗贞观元年)

西夏立国学,招收贵族官僚子弟。

1102 年(宋徽宗崇宁元年)

诏天下兴学。县学生考选升州学,州学生每三年贡太学,分三等补舍。

颁布蔡京等制定的《州县学敕令格式》,普遍推行"三舍法"。

增太学上舍生至 200 人,内舍生至 600 人,外舍生至 3 000 人。

于京城南门外建辟雍,安置和教养外舍生,又称外学。

1103 年(崇宁二年)

置医学。

诏国子监印书赐各州县学。

1104 年(崇宁三年)

置书学、画学和算学,均依太学"三舍法"取士。

定县学生员额,大县 50 人,中县 40 人,小县 30 人。

各州学生依太学例,于休假日赴武学习射。

1105 年(崇宁四年)

立武学法。

置诸路提举学事司,始建地方教育行政机构。

诏大比之年,可参用科举法取士,以恤贫且老者。

1106 年(崇宁五年)

罢诸州武学,立武士贡举法。

罢书学、画学、算学、医学,后又恢复,改隶国子监。

1107 年(大观元年)

诏行八行取士之法:孝、弟、忠、和、睦、姻、任、恤,令诸州学将八行刻石为记。

颁《国子监算学敕令格式》。

始置开封府学。

令诸路学官委中书门下选差,于是地方学官始由朝廷任命。

1110 年(大观四年)

诏医学隶太医局,算学隶太史局,书学隶翰林书艺局,画学隶翰林画图局,其学官并罢。

行内外学官选试法。

1118 年(重和元年)

诏许学道家之学者入州县学教养,习《黄帝内经》《道德经》《庄子》《列子》,兼通儒经《周易》《孟子》。

诏太学、辟雍各置道学四经博士两员。准诸州添置道学博士。

1120 年(宣和二年)

罢医学、算学。

以儒道合而为一,不必别置道学,遂罢。

1121 年(宣和三年)

罢州县学"三舍法",各地均以科举取士。

罢宗学、辟雍。

罢诸路提举学事司。

1123 年(金太宗天会元年)

金代始开科举士。

1125 年(宋宣和七年,金天会三年)

太学生陈东等集会上书,请诛蔡京等六奸臣。

金始议兴庠序,行选士。

1127 年(宋高宗建炎元年,天会五年)

金军攻克汴京,取太学生博通经术者 30 余人及博士、学正、学录 10 人北还。

宋高宗于扬州行选士考试。

金太宗诏南北各因其平素所习之业,考试取士。辽人试词赋,中原人试经义。

1129 年(建炎三年)

科举恢复诗赋与经义考试并行。

置四十三州教授。

建炎中,衍圣公孔端友南迁衢州,命以州学为孔庙。于是孔氏有南北二脉。

洪皓出使金朝被拘,15 年间以桦叶为纸,写成四书,金人多抄诵。

1133 年(绍兴三年)

诏于临时驻跸处学府置国子监,以随驾学生 36 人为监生,立博士 2 员教学。

1139 年(绍兴九年,金熙宗天眷二年)

复淮南学官。次年又复四川诸州学官。

金试举人于燕京,遂定科举之制,分州县试、南北府试和燕京会试三级。

1142 年(绍兴十二年)

礼部请以临安府学增修为太学,养士暂以 300 人为额。从之。

诏诸州修学宫。

1143 年(绍兴十三年)

诏以钱塘县西岳飞故宅修为国子监、太学,建十二斋,高宗书写六经,刻石于太学。

淮州县学生及诸路举人委保赴国子监补试入学。

科举定制试三场:首场经义,二场诗赋,三场论策。

1144 年(绍兴十四年,西夏仁宗人庆元年)

建宗学于临安,隶宗正寺,置大学生 50 人,小学生 40 人。

西夏于各州县设小学,养士额共 3 000 人,又于宫内设宗学。

1145 年(绍兴十五年,西夏人庆二年)

定太学养士 700 人:上舍生 30 人,内舍生百人,外舍生 570 人。凡升上舍者直赴殿试。

科举分经义、词赋两科。

西夏建太学,尊孔子为文宣帝。

1146 年(绍兴十六年)

增太学生额至千人。

建武学,置弟子百员。

命诸路漕臣兼任提举学事官。

绍兴中,复置医学,学生兼试经义。

1150 年(金海陵王天德二年)

科举行殿试。并南北选为一。

1151 年(绍兴二十一年,天德三年)

令各地提举学事官查办势家侵占赡学田案,将寺庙绝产拨以赡学。

金始置国子监,有词赋、经义生百人,小学生百人。

1156 年(绍兴二十六年,正隆元年)

定武学生以百员为额,行"三舍法"。

诏诸州教授不许兼他职,令提学切实遵守。

金确定三年一行科举之制。

1157 年(绍兴二十七年)

诏国学及科举试士,兼经义诗赋。

1161 年(绍兴三十一年)

经义、诗赋依旧分为两科取士。

1164 年(宋孝宗隆兴二年)

禁止太学生伏阙上书干政。

1165 年(乾道元年)

修复岳麓书院,张栻主持教学。

1166 年(金世宗大定六年)

始置太学,养士 160 人,后增至 400 人。

1171 年(大定十一年)

设女真进士科,免县、府两试,直赴会试。

1173 年(大定十三年)

始置女真国子学,有策论生、小学生各百人。诸路置女真府学。

1174 年(宋淳熙元年)

女童林幼玉报考童子科,试经书 43 件,并通,诏特封孺人。

1175 年(淳熙二年)

朱熹、陆九渊会于鹅湖寺,进行学术辩论。

朱熹、吕祖谦合作编成《近思录》。

1176 年(大定十六年)

置府学,凡 17 处,共千人。

定太学招生由礼部主持,州府招生由提举学校官主持。

1177 年(淳熙四年)

孝宗视察太学、武学,后置武学国子员,招收武将亲属及文臣亲属愿入

学者。

朱熹完成《论语集注》、《孟子集注》。

1180 年(淳熙七年)

朱熹任知南康军,修复白鹿洞书院,订立学规《白鹿洞书院揭示》。

1181 年(淳熙八年)

朱熹邀请陆九渊赴白鹿洞书院讲学,录其讲义刻于石。

1183 年(淳熙十年,大定二十三年)

陈贾请禁伪学,盖指朱熹之学。

朱熹修武夷精舍,广收门徒。

金世宗令译五经,"正欲女真人知仁义道德所在耳"。

1187 年(淳熙十四年)

陆九渊登贵溪应天山讲学,创象山书院。

朱熹、刘子澄编撰《小学》。

1188 年(大定二十八年)

复经义科。

建女真太学,以宿儒高才者充教授。

1189 年(大定二十九年)

置节镇、防御州学 60 处,各设教授 1 人。

复设经童科,取 13 岁以下能通二大经或三小经者。

朱熹完成《大学章句》、《中庸章句》。

1190 年(宋光宗绍熙元年,金章宗明昌元年)

朱熹《四书章句集注》刊成。

金修曲阜孔子庙学。

金定科举之制,分府试、会试两场,除儒经外,还于《荀子》、《扬子》、《老子》内出题。

1194 年(绍熙五年)

朱熹知潭州,修复岳麓书院。

1197 年(庆元三年)

诏禁伪学(即朱熹学派)之党入仕。

1199 年(宋宁宗庆元五年,金章宗承安四年)

宋诏诸路州学置武士斋。

金建太学校舍于京城之南。为屋七十五区。

1201 年(金章宗泰和元年)

更定赡学养士法,为生员配给定额官田,以岁收为学粮。

科举考场实行搜检之制。

1202 年(宋嘉泰二年,金泰和二年)

宋停伪学之禁。

金会试分南北选,定诸科取人之数。

1212 年(嘉定五年)

以朱熹《论语集注》、《孟子集注》为学校教材。

1216 年(嘉定九年)

新宗学建成,将原官学并入,立教养之规。

1217 年(金宣宗兴定元年)

蒙古军攻占燕京,金迁都于汴,尚书省请罢州府学生廪给,不许。

1220 年(嘉定十三年)

追加周敦颐、程颢、程颐、张载等理学家谥号。

1227 年(宋理宗宝庆三年)

追封朱熹太师、信国公。

1233 年(蒙古窝阔台汗五年)

敕修孔子庙,以孔元楷袭封衍圣公。

1234 年(窝阔台汗六年)

以冯光宇为国子学总教,教侍臣子弟 18 人。

1236 年(窝阔台汗八年)

南伐,获大批图书及赵复等学者,于燕京建太极书院,为北方建书院之始。

整修曲阜孔庙。

1237 年(嘉熙元年)

因考生众多,于礼部及临安转运司两试院外,增建绍兴、吉安两试院。

建内小学以教宗子 10 岁以下者。

1243 年(淳祐三年)

诏遭兵祸之淮南诸州士人,分隶镇江、建康、江州应试。

1246 年(淳祐六年)

赐诸学匾额及诸生束帛。

敕建湘西书院。州学生积分高者,可递升湘西、岳麓书院生。

1254 年(宝祐二年)

定发解给历之法,准考士人均凭官印证书赴礼部应试。

1261 年(元世祖中统二年)

诏立诸路提举学校官。

命皇太子赴太学拜谒孔子。诏宣圣庙及所在书院,地方官按时祭奠。

立孔、颜、孟三氏学。

遣使往诸路设立医学。

1269 年(至元六年)

立诸路蒙古字学,颁行学规。

1271 年(至元八年)

立京师蒙古国子学,以许衡为国子祭酒,并令蒙古子弟好学者兼习算学。

1276 年(至元十三年)

攻占临安,收三学生百余人遣送燕京。

敕诸路儒户通文学者免除徭役。

大都路置提举学校所。

1282 年(至元十九年)

令云南诸路均建学。初张立道为巡行使,首建孔庙、学舍。

1284 年(至元二十一年)

诏议行科举,未果。

1286 年(至元二十三年)

令江南禁卖学田之产入官,复给本学以便教养,遂制止元初侵占学田之风。

令各地立社学,择通晓经书者为学师,农隙使子弟入学。

1287 年(至元二十四年)

始设国子监,隶集贤院。

立国子学于大都,定编制,明教养之规。学生一切所需由官方供给。

设江南各路儒学提举司,统辖路、府、州、县学祭祀钱粮之事。

1289 年(至元二十六年)

置回回国子学。

1291 年(至元二十八年)

始置诸路阴阳学,按儒学、医学之例,设教授训诲之。

诏令江南诸路学及各县学内设立小学,选老成之士教之。或自愿招师,或自受家学于父兄者,听从其便。

1295 年(元成宗元贞元年)

增置蒙古学政,由肃政廉访司领之。

命诸路拨地给蒙古学生员,供其廪给。各地立赡学田、贡士庄,以供庙学书院春秋祭祀。

1300 年(大德四年)

国学及州县学所举生员,优者从翰林考试,以充学官。

1303 年(大德七年)

京师孔子庙建成。

1304 年(大德八年)

增国子生员,遴选近臣子孙充之,许蒙古人、色目人、汉人三年各贡 1 人。

分教国子生于上都。

1305 年(大德九年)

由太医院定各地医学考试之法。

1308 年(元武宗至大元年)

国子监于京师孔子庙西落成,迁大都路学所置西周石鼓于国子监,增国子生为 300 员。

1313 年(元仁宗皇庆二年)

诏自翌年起复开科举,每三岁一试。订立考试程式,朱熹《四书章句集注》
　　成为主要用书。
建崇文阁于国子监,以宋代理学家周、程、张、朱等从祀孔庙。

1315 年(延祐二年)

首次取进士,蒙古人、色目人与汉人、南人各为一榜。
更定国子生贡试积分法,生员按积分以次升斋,违戾规矩则罚黜。

1320 年(延祐七年)

罢回回国子监。

1324 年(元泰定帝泰定元年)

令中书省对落第举人依条件分授府学教授、州学学正、书院山长之职。

1326 年(泰定三年)

改国子生积分法为贡举法,防范稍加严密。

1334 年(元惠宗元统二年)

诏内外兴举学校,凡国子监积分、赡学钱粮、儒人免役,悉复旧制。

1335 年(至元元年)

诏罢科举。
敕以所在儒学、贡士庄田租供宿卫粮用。

1337 年(至元三年)

禁汉人、南人习蒙古、色目文字。

1342 年(至正二年)

复科举,仅取进士 70 余人。

1345 年(至正五年)

程端礼卒。撰有《程氏家塾读书分年日程》。

1349 年(至正九年)

令皇太子入端本堂肄业,习汉人文字《经训要义》。

1358 年(至正十八年)

朱元璋称吴公,于宁越府重开郡学。

1365 年(至正二十五年)

吴置国子学,以故集庆路学为之。国子学为中央最高学府。

1368 年(明太祖洪武元年)

以太牢祀孔子于国学,遣使赴曲阜致祭。晓谕天下:"期大明教化,以
　　行先圣之道。"
以孔希学袭封衍圣公,立孔、颜、孟三氏教授。立洙泗、尼山二书院,各
　　设山长 1 人。
令品官子弟及民间俊秀通文艺者充国子学生,择府州县学诸生入国
　　子学。
定文武官取士之法。

1369 年(洪武二年)

颁布兴学令,诏天下州县均立学。府设教授,州设学正,县设教谕,俱设
　　训导副之。生员名额、师生廪膳各有定数。

1370 年(洪武三年)

明代首开科举乡试,试以经义、论、策,经义有固定程式,俗称八股文。
高丽遣金涛等四人来学,自是日本、琉球、暹罗诸国均有官生入国子监
　　读书。云南、四川各土司遣子弟入监者甚众。

1371 年(洪武四年)

会试天下举人,太祖亲策于廷,取中 120 人。安南、高丽、占城之士准赴
　　京师会试,不拘名额。
以天下初定,令各省连举三年,此后三年一举,逢子、卯、午、酉年八月乡
　　试,次年二月会试。

1372 年(洪武五年)

令罢孟子祀,经儒臣力争后复,令删编《孟子节文》。
创立监生"历事"制度。

1373 年(洪武六年)

诏暂罢科举,命各地察举贤才。

1375 年(洪武八年)

诏天下乡里均立社学,延聘师儒,以教子弟,兼读《御制大诰》及本朝
　　律令。

1382 年(洪武十五年)

恢复科举。三年一试,遂为定制。
颁禁令八项于天下学校,镌刻为卧碑,置于明伦堂。
于鸡鸣寺南新建成国子监,分六堂以容诸生。
命各地凡田租入官者悉归于学,师生廪膳由月米六斗增至一石。

1383 年(洪武十六年)

增定国子监规八条。
奏定府州县学岁贡生员 1 人,为国子监生。

1384 年(洪武十七年)

重订科举取士程式,确定考生条件,及写"四书"、"五经"义所主用之书。
立医学教官,府设正科,州设典科,县设训科。
立阴阳学教官,府设正术,州设典术,县设训术。
辽东设都司儒学。

1387 年(洪武二十年)

派国子监生丈量天下土地,编制鱼鳞图册。
礼部请立武学,设武举,未允。

1390 年(洪武二十三年)

始置大宁等卫所儒学,以教武将子弟。

1391 年(洪武二十四年)

定制学校士子服饰衣冠。
分别派国子监生行监察御史事,稽查官府案卷,清查户部黄册。

1392 年(洪武二十五年)

令国子监生略习算术。

儒学生员兼习射与书算,后废。

定岁贡额,府学一年 2 人,州学二年 3 人,县学仍一年 1 人。

1393 年(洪武二十六年)

置中都国子监,官秩与在京同。

定学官考课法,以其学生科举及第人数多少为衡量标准。

1394 年(洪武二十七年)

遣国子监生分行天下,督吏民修水利。

以诽谤师长罪,杀监生赵麟,在国子监内立杆悬首示众。

1395 年(洪武二十八年)

诏诸土司均立儒学。

1397 年(洪武三十年)

因考官多录南士而发丁丑科会试案。此后遂有南北榜之分。

重建国子监孔子庙成。

1398 年(洪武三十一年)

诏各地学官改授旁郡州县,始有回避之制。

1399 年(明惠帝建文元年)

始置京卫武学教授。

1403 年(明成祖永乐元年)

始设北京国子监。

1407 年(永乐五年)

选国子监生年少者 38 人,习四夷文字及译书。

1415 年(永乐十三年)

明成祖令翰林学士胡广等编纂《五经大全》《四书大全》和《性理大全》,作为钦定的学校教科书。

1420 年(永乐十八年)

京师国子监改为南京国子监,北京国子监改为京师国子监。

1422 年(永乐二十年)

国子监官生、民生及在监进修举人计 9 972 人。

1425 年(明仁宗洪熙元年)

定各省乡试取士额。会试取百人,分南北卷,按六比四取士。

1426 年(明宣宗宣德元年)

增广府州县学生员,名额与原正式生员相等,于是有廪膳生员与增广生员之分。

立内书堂,教宦官识字读书。

1429 年(宣德四年)

令两京国子监生 50 岁以上,学无成效且有疾病者还乡为民。

奏准儒学生员兼习书算,由地方考试。

1431 年(宣德六年)

许四川松潘等地州县土司辖处遍设社学。

1435 年(宣德十年)

诏天下卫所均立学。

1436 年(明英宗正统元年)

始置各地提调学校官,专司教养、选士之事。

命访求南宋衍圣公孔端友及周敦颐、二程、司马光、朱熹后裔,免除徭役,聪颖者送当地儒学读书。

社学与府、州、县等儒学衔接起来。

1438 年(正统三年)

废监生历事制,均由原籍科举出身。

1439 年(正统四年)

因需赈济水灾,许士人纳粟为国子监生,遂创捐纳钱物可获监生资格之制。

1440 年(正统五年)

设两京武学。

增会试中额为 150 人,乡试中额亦酌量增加。

1444 年(正统九年)

北京国子监新校舍建成。

1445 年(正统十年)

始命天下学校考录附学生员。

1451 年(明代宗景泰二年)

始准会试落第举人考取学校教官。

1452 年(景泰三年)

命从现任教官年三十以上、五十以下者中选聘考官,遂成定例。

授颜子、孟子后裔世袭翰林院五经博士,后增朱熹等理学家后裔。

1453 年(景泰四年)

许府州县学生员纳粟、纳马入国子监。

1463 年(明英宗天顺七年)

会试试院失火,考官锁门禁出,焚死举子 90 余人。国子监丞阎禹锡请均赐予进士出身,反遭诋毁,下狱。

1464 年(天顺八年)

立武科举法,对策二道,教场试弓马。

1465 年(明宪宗成化元年)

修复白鹿洞书院,胡居仁掌其教事。

1467 年(成化三年)

诏提学官亲巡各学,督率教官,化导诸生,令置簿考验。

成化初,嘉兴知府杨继宗大兴社学,民间子弟 8 岁不入学者,罚其父兄。

1469 年(成化五年)

复定国子监生拨历法,改以入监年月先后为以坐监时间长短为次取拨。

修复岳麓书院。

1474 年(成化十年)

诏新袭侯伯及驸马都尉年少者入国子监读书。

1475 年(成化十一年)

定以后会试取士,率取 300 名。

1481 年(成化十七年)

诏凡土司官嫡子,许入附近儒学,食廪读书。

1487 年(成化二十三年)

创行八股取士科举制度。

1492 年(明孝宗弘治五年)

停纳粟入监例。

命选医家子弟,推堪任教师者教之,试其通晓者收充医士。

1504 年(弘治十七年)

重建阙里孔子庙成。

于岁贡常例外,始行选贡法补充监生。

令各州县设立社学,民间子弟 15 岁以下者送入读书。

1505 年(弘治十八年)

王守仁在北京做官,开始讲学活动。

1508 年(明武宗正德三年)

王守仁谪职贵州龙场,建龙冈书院,次年又应聘贵阳书院,始论知行合一之学。

1518 年(正德十三年)

王守仁巡抚南赣,告属县立社学,作《训蒙大意示教读刘伯颂等》。

1519 年(正德十四年)

定宗学教习之制。

1521 年(正德十六年)

王守仁归里,四方学者踵至求教,于是有致良知之学。因朝臣诋毁湛若水倡邪学,令毁其书院。

1525 年(明世宗嘉靖四年)

王守仁为书院诸生订立讲会制度。

1530 年(嘉靖九年)

改称孔子为"至圣先师",去王号。四配称复圣颜子、宗圣曾子、述圣子思子、亚圣孟子。

1531 年(嘉靖十年)

令沙汰天下州县学生员,经臣下力争乃止。时监生在监习业者不及 400 人。

1537 年(嘉靖十六年)

诏禁各处私创书院。

1538 年(嘉靖十七年)

诏续毁各地书院。

1553 年(嘉靖三十二年)

南京国子监祭酒姜宝请复积分法,又请令公侯伯子弟及举人尽入监肄业,从之。时南北国学皆空虚。

1558 年(嘉靖三十七年)

国子监革助教 2 人及掌馔。

1567 年(明穆宗隆庆元年)

应天府乡试落第者阻道申诉,惩办为首者。

1570 年(隆庆四年)

国子监再革博士 1 人,学正 1 人。

1574 年(明神宗万历二年)

命工部重建北京贡院。

1579 年(万历七年)

诏从张居正之请,禁毁天下书院,房没收,充公廨。

1581 年(万历九年)

罗马天主教传教士利玛窦抵广州。在华 20 余年,撰《万国舆图》《西国纪法》等书,徐光启、李之藻等从其学。

李贽辞官,在湖北黄安开馆讲学,公开招收女学生。

1582 年(万历十年)

令府州县学均设武举生员,提学官一体考取。

张居正请查革书院,然亦不能尽撤。

1586 年(万历十四年)

南京户部给事中王嗣美言近年考试贿请风行,取中者多为富室。

1594 年(万历二十二年)

天主教耶稣会在澳门圣保禄教堂设立学院,培养传教的神职人员。至 1835 年,圣保禄学院连同教堂毁于火灾。

1595 年(万历二十三年)

定宗室科举入仕条例。

1604 年(万历三十二年)

顾宪成于无锡建成东林书院,大会四方之士,订立《东林会约》。

1622 年(明熹宗天启二年)

会试始开宗子科。

邹元标、冯从吾于北京建首善书院。

1623 年(天启三年)

传教士艾儒略撰成《西学凡》,介绍欧洲学校育才之法。

1624 年(天启四年)

首善书院被禁毁。

1625 年(天启五年)

毁东林及关中、江东、徽州诸书院,颁"党人榜"加以迫害。

1627 年(后金太宗皇太极天聪元年)

敕诸贝勒府及满、蒙、汉生员,俱令考试分别优劣,已入满洲、蒙古家为奴者,皆拨出,听候录用。

1629 年(明思宗崇祯二年,后金天聪三年)

国子监复行积分法,以岁满积分为率。

徐光启上《修历大纲》,选畴人子弟习西方历法。

后金伐明,选所获儒生俊秀者入文馆。

1631 年(崇祯四年,天聪五年)

明始举行武举殿试。

后金谕诸贝勒大臣子弟 8 岁以上、15 岁以下者俱令读书。

1633 年(崇祯六年)

谕申严学校之制,以纠教术之废、士风不正。

1634 年(天聪八年)

始开科举,考取通满洲、蒙古、汉书文义者 16 人为举人。

1637 年(崇祯十年)

令天下府州县学均设武学生员。

鲁世任知郑州,建天中书院,集士人肄业其中,于是书院复兴。

1641 年(崇祯十四年)

重建太学成。

1644 年(清世祖顺治元年)

清室进驻北京,修葺国子监、文庙,置监官,立规程,选八旗子弟与贡监生肄业其中。

驻京八旗各建学舍,习满、汉书并骑射,是为八旗官学之始。

1645 年(顺治二年)

立宗学。

命满洲子弟就学者每十日一赴国子监考试,五日一演射。

定八旗及府州县学岁贡生员入国子监之制。

定科举乡会试日期,考试内容,八旗、顺天府及各省乡试解额,考官阅卷之例及考场规则。

敕封孔子为大成至圣文宣先师,摄政王多尔衮亲赴孔庙行礼。

1646 年(顺治三年)

在京会试,取中进士 400 人。

奏定汉监生积分法。

1650 年(顺治七年)

定学道考选部属制。初,各总督辖区并设督学道,直隶、江南、江北则以督学御史领之。

改明南京国子监为江宁府学,兼领苏淞学政。

1651 年(顺治八年)

诏肄业监生每月给米三斗。

定八旗满洲、蒙古、汉军生员开科乡试。

1652 年(顺治九年)

世祖视察国子监,谒孔庙行礼,御彝伦堂主持讲经,勉励诸生。此后历代行以为常。

颁卧碑文八条于各地儒学明伦堂,严行遵守。

令提学官常行巡视考查、督率师生。

又令每乡置社学一所。士人不许别创书院。

会试分南、北、中卷录取。

1653 年(顺治十年)

奏准,生员犯小事由教官责惩,犯大事须申报学政黜革后,官府方能拘捕治罪。

1654 年(顺治十一年)

定商籍生员名额及所属相应府学,以避免在外经商的子弟与本地生童挤占名额。

1657 年(顺治十四年)

顺天府丁酉乡试舞弊案,考官李振邺等 7 人正法,受处分者百余人,考生于次年重新考试。同时处理江南、河南等地乡试舞弊案。

监生分南北卷考试。

准许修复衡阳石鼓书院。

停八旗翻译乡试。

1659 年(顺治十六年)

从贵州苗民中考选生员,另立名额。

谕严禁士子结社订盟、与官府往来及包揽词讼、干预公务等。

颁《孝经衍义》于学校,科举考试增《孝经》命题。

朱之瑜(舜水)去日本,居日传播文教 20 余年。

1663 年(清圣祖康熙二年)

停考八股文体,以策论表判取士。

恢复八旗翻译乡试。

康熙初,国子监并行拨历法。

1664 年(康熙三年)

府州县卫武生,由儒学教官兼辖,学政考试。

1666 年(康熙五年)

乡试仍取副榜贡生入国子监肄业。

郑成功于台南建成孔子庙,设国学。

1667 年(康熙六年)

八旗满洲、蒙古、汉军仍准参加科举,与汉人同场一例考试。

黄宗羲恢复其师刘宗周在越中创办的证人书院,次年又在鄞县办讲经会。

1668 年(康熙七年)

科举复初制,仍用八股文。

1669 年(康熙八年)

帝视察太学,颁敕谕刊挂彝伦堂。

1670 年(康熙九年)

于八旗官学生内各选 10 名,交钦天监分科学习天文学。

更定取进童生额数,府学及大州县学 20 名,中州县学 15 名,小州县学七八名。

下令各直省设置社学、社师。

1671 年(康熙十年)

令学政于考取一二等生员内遴选文行兼优者贡太学。

1672 年(康熙十一年)

颁《圣谕》十二条,为地方教化之纲。

1673 年(康熙十二年)

恢复地方学校岁、科两考之制。

令盛京八旗子弟通习汉文者与民生一体考试。

1675 年(康熙十四年)

王夫之隐居湘西石船山下,潜心著述和教授生徒。

1676 年(康熙十五年)

暂停八旗考试,以纠偏向读书、有误武备训练之弊。

1679 年(康熙十八年)

开博学宏词科,取中一等 20 人,二等 30 人。

吏部制定《剔除学臣考试十弊》之规。

1683 年(康熙二十二年)

议准各省学租及米,量给廪生贫士,以为补助。

1685 年(康熙二十四年)

诏立景山官学,于内府三旗选幼童 360 人,习满、汉书。

改建台湾孔庙为台湾府学,定乡试额。

1687 年(康熙二十六年)

御书"学达胜天"额,赐白鹿洞、岳麓、华阳等书院。

1688 年(康熙二十七年)

琉球国遣子弟四人随贡使来朝,命礼部送国子监读书。四年后学成归国。后陆续有多批学生来学,国子监为此设琉球学馆。

1690 年(康熙二十九年)

题准奉天八旗诸生,能骑射者方准送乡试。

1691 年(康熙三十年)

于盛京八旗左右两翼各设官学两所,每学 20 人。

1693 年(康熙三十二年)

增八旗乡、会试中式之额。

1695 年(康熙三十四年)

于黑龙江将军所辖官兵内,两翼各设学一处,称墨尔根城学。

西藏地方当局在拉萨药王山创办藏医学校,名叫"奇丽智慧林"。学校有培养、考核、奖励和颁发证书制度,还制造教具进行教学。

1696 年(康熙三十五年)

颜元在直隶肥乡主持漳南书院,分六斋,立课程,推广实学。

1698 年(康熙三十七年)

命祭酒、司业力行考课法。

1702 年(康熙四十一年)

诏定科举官、民分卷之法,以防官绅子弟多占中额。

颁御制《训饬士子文》,刻石太学,并发各地儒学。

定义学、小学之制,府县按月支给廪饩。

京师崇文门外设立义学,御赐"广育群材"匾额。

1705 年(康熙四十四年)

国子监修成,御书"彝伦堂"匾额。

乙酉科顺天乡试案,正、副主考官均革职。

议准贵州各地设立义学,教土司子弟及其族属,苗民子弟愿入学者亦许。

1706 年(康熙四十五年)

定童生考试出题例,正试作"四书"文两篇,复试作"四书"文一篇、《小学》论一篇。

1710 年(康熙四十九年)

定武生武童考试出题例,《论语》、《孟子》题两道,兵法题一道,论两篇。

1711 年(康熙五十年)

辛卯科江南乡试案,正主考革职,副主考等 3 人处斩。

1712 年(康熙五十一年)

疑新进士有代考中式者,帝亲复试于畅春园,黜落 5 人,会试复试自此始。

1713 年(康熙五十二年)

设算学馆于畅春园之蒙养斋,选八旗世家子弟学习算法。

颁《朱子全书》于国子监。

1720 年(康熙五十九年)

议准广西土司属处各设义学一所,子弟学成者,许就近州县附考取进。

1723 年(清世宗雍正元年)

谕《孝经》当与五经并重,乡会试两场以《孝经》为论题。

定州县设立社学、义学例,凡大乡镇各置社学,教年十二以上、二十以下有志学文者,改生祠、书院为义学。

定八旗满洲翻译科举之制。

建绥远官学,于土默特两旗各设学堂一处。

1724 年(雍正二年)

颁《圣谕广训》并御制序文于各地学官,生童须一体背诵。

立宗学,左右两翼各一,分习满、汉文。

增国子监乡试中额。

1725 年(雍正三年)

始设管理(国子)监事大臣,由大学士、尚书、侍郎内特派。首任管理监事大臣为康亲王与果郡王。

于八旗官学增设算学,定管学、教习、学生待遇及课程等制度。

1727 年(雍正五年)

定拔贡十二年一举,府学 2 名,县学 1 名。

命各省学政甄别衰老教官退休归籍,以本年会试落第举人补任。

1728 年(雍正六年)

八旗官学由两旗共立一所增为每旗各立一所。其子弟 10 岁以上、20 岁以下均入学肄业。

设咸安宫官学,选内府三旗幼童及八旗俊秀者教之。

许府学生员家居百里外者,由州县学代行平时考课。

俄罗斯遣官生来学,于旧会同馆设学,隶国子监。此后更番受业不绝。

1729 年(雍正七年)

八旗置觉罗学各一,子弟 8 岁以上、18 岁以下入学,规制略同宗学。

八旗每参领下设义学一所,12 岁以上子弟均准入学。

1730 年(雍正八年)

准祭酒孙嘉淦之奏,国子监建南学,使居在监肄业者。仿宋儒胡瑗分斋教学法,严选六堂之长,内班生各 30 名。

发国子监膏火银 6 000 两,岁以为常。

按满洲翻译考试例,设蒙古翻译考试,在理藩院补用。

1733 年(雍正十一年)

命省城设立书院,各赐银千两为营建之资。

1734 年(雍正十二年)

重申诸生月课季考不到之例,托故三次不到者传训,无故终年不到者详察斥革。

严申生童借事罢考之禁,违者取消考试资格。

下旨戒饬学政督察不力、考试不公、徇情受贿等弊。

1736 年(清高宗乾隆元年)

谕各地加强对书院的管理,慎选院长,严立学规。

方苞奉诏选录明清诸大家时文 41 卷,成《钦定四书文》,颁为程式。

设盛京宗学、觉罗学。

荐举博学宏词科,取一等 5 人,二等 10 人。

1737 年(乾隆二年)

禁各学教官率生员迎送官司之习。

1738 年(乾隆三年)

专设算学,隶国子监。八旗官学停算法教学。

令国子监选少壮正途贡生字画端楷者,送武英殿备校录。

1740 年(乾隆五年)

颁太学《训饬士子文》。

1741 年(乾隆六年)

谕各省访察教官衰老庸劣者,咨部罢黜。

谕严行考场搜检,以防怀挟倩代。

1743 年(乾隆八年)

复定岁科两试,复试增以《小学》命题作论一篇。

定贡监生考试各誊录之制。

1744 年(乾隆九年)

高宗视察贡院,周览号舍。

查出考场北闱怀挟者 40 余人,见势不妙事先退缩者近 4 000 人,交白卷、劣卷者又数百人。治学政、祭酒滥送之过,减各省中额十分之一。

1745 年(乾隆十年)

三月会试,四月二十六日殿试,五月一日传胪,著为定例。

颁《训饬士子文》同圣祖《圣谕广训》、世宗《朋党论》予天下学官,于每月朔、望日一体宣读。

1746 年(乾隆十一年)

定考取满洲教习之例,满、汉文兼优方准充补。

1750 年(乾隆十五年)

京师金台书院建立,实为顺天府学的修业之处。

1751 年(乾隆十六年)

赐南巡所至江南钟山书院、苏州紫阳书院、杭州敷文书院武英殿新刊十三经、二十二史一部,以示正学。

令各地甄别澄汰昏耄恋栈之教官。

辛未会试,考生曹咏祖与同考官蔡时田串通舞弊审实,2 人处斩,主考官等一并严加议处。

1752 年(乾隆十七年)

于八旗两翼各建世职官学 2 所。

1754 年(乾隆十九年)

停翻译会试之例。

下谕斥责满洲渐染汉人习气,尚浮文漫辞,失朴诚之素。

1758 年(乾隆二十三年)

裁撤八旗各义学。

改定岁科两试之例,岁试"四书"、"五经"文各一,科试"四书"文、策各一,均增律诗一首。

1761 年(乾隆二十六年)

定义学归学政考核之例。

1765 年(乾隆三十年)

各省书院山长改称院长,6 年任满,量予叙迁。

1766 年(乾隆三十一年)

严申送岁贡生入监肄业之例,不得滥送年力衰迈者。

议准八旗官学生肄业以 10 年为限,考职未成者回本旗另差。

1769 年(乾隆三十四年)

议准乌鲁木齐设立学额,令陕甘学政封题送驻扎大臣严行考试。

1770 年(乾隆三十五年)

娼优隶卒子孙虽经出继,亦不准报考。

1773 年(乾隆三十八年)

重申八旗生员不能骑射者,俱着停其考试,著为例。

1774 年(乾隆三十九年)

许宗亲子弟延师在家肄业,仍须照例月考。

1777 年(乾隆四十二年)

复定满洲翻译乡会试之制。

定乡会试论题仍用《孝经》。

1782 年(乾隆四十七年)

戴震南游浙江,主讲于金华书院。

1783 年(乾隆四十八年)

诏于国子监营建辟雍,次年落成。

1785 年(乾隆五十年)

高宗赴孔庙释奠,临辟雍讲学,观听者 3 000 余人。改称"视学"为"临雍"。

1789 年(乾隆五十四年)

谕顺天乡试未中诸生 80 岁以上者,并 70 岁以上中副榜者,俱加恩赏给举人,准予一体会试。

1790 年(乾隆五十五年)

谕会试未中举子 80 岁以上者赏给翰林院检讨衔,70 岁以上者赏给国子监学正衔。

1791 年(乾隆五十六年)

命以蒋衡所书十三经刊石,立于太学六堂,计碑 189 块。

1793 年(乾隆五十八年)

复令各省严行查禁坊间刻本经书,解京销毁。

1799 年(清仁宗嘉庆四年)

令宗室应考者与生监一体乡试。

1800 年(嘉庆五年)

谕各省驻防旗人子弟,不得因应考而荒废骑射本业。

浙江巡抚阮元立诂经精舍,选高才生,课以经史及小学、天文、地理、算法。

1803 年(嘉庆八年)

重申教官降为杂职人员者不准应试。

1808 年(嘉庆十三年)

议准整顿八旗学校,除咸安宫官学外,教习概令住学,学生酌立课程。

1812 年(嘉庆十七年)

定八旗官学教习专用贡生,宗学、觉罗学、景山官学汉教习专用举人,咸安宫官学教习兼用进士、举人。

御史奏各省学校月课久不举行,有师生之名而无训诲之实。谕学政切实整顿。

1816 年(嘉庆二十一年)

定圆明园官学、健锐营官学、外火器营官学教习名额及选用法。

1817 年(嘉庆二十二年)

谕各省学政讲明《朱子全书》,以端士习。

1820 年(嘉庆二十五年)

准各旗于房产钱项下,自行酌办义学,毋庸另立章程。

1822 年(清宣宗道光二年)

谕各地不得将才具平庸、年力就衰官员改充教职。

谕督抚认真稽查所属书院,精选学士住院训课。

1824 年(道光四年)

颁御制《养正书屋全集》于国子监。

两广总督阮元于广州建学海堂。

1825 年(道光五年)

谕严禁生监聚讼抗粮。

拨盐政节省工食银给敷文、崇文、紫阳三书院,用于生童膏火、奖赏。

1828 年(道光八年)

因满洲、蒙古应试之人日少,谕八旗人等务必精研学业,勉图进取。

设热河蒙古官学,定员 20 名。

1834 年(道光十四年)

议准省会书院院长由学政会同督抚举报,各府县院长由地方官会同教官、缙绅举报,不得由上司推荐,亦不得虚设。

建呼兰官学。

1835 年(道光十五年)

令各地整饬学校,以励人才。

1837 年(道光十七年)

再令各地切实整顿儒学、书院,务使学无虚旷,士有师承。

1838 年(道光十八年)

都统中福奏请乌鲁木齐设书院,以地处边陲,不准。

1839 年(道光十九年)

禁内外臣僚竞认师生,以防结党营私。

命以《圣谕广训》之义撰四言韵义一篇,使民间童年诵习,涵育熏陶。

1840 年(道光二十年)

林则徐将英书《世界地理大全》译成《四洲志》。

1841 年(道光二十一年)

两广总督祁贡上疏,提议以制器通算等实用知识列入科试。

1842 年(道光二十二年)

11 月 马礼逊学堂自澳门迁香港。

12 月 魏源编成《海国图志》。

1843 年(道光二十三年)

英国传教士在上海设立墨海书馆。

1844 年(道光二十四年)

英国传教士在宁波创办女塾。

1845 年(道光二十五年)

美国长老会在宁波创办崇信义塾和美华书馆。

1846 年(道光二十六年)

王筠著《文字蒙求》重刻问世。

1847 年(道光二十七年)

1 月 马礼逊学堂学生容闳、黄胜、黄宽三人随美国传教士、校长布朗赴美学习。

是年 龙启瑞著《家塾评程》问世。

魏源著《海国图志》重刻问世。

1848 年(道光二十八年)

3 月 美国传教士在福州创办主日学校。

1849 年(道光二十九年)

6 月 法国天主教耶稣会在上海创办圣依纳爵公学。

1850 年(道光三十年)

4 月 美国圣公会传教士在上海创办裨文女塾。

是年 美国美以美会传教士在福州创办女塾。

王筠撰《教童子法》。

1851 年(清文宗咸丰元年)

8 月 咸丰帝颁行《圣谕广训》。

是年 美国圣公会传教士在上海创办文纪女塾。

1852 年(咸丰二年)

洪秀全等编撰《三字经》,颁行《幼学诗》。

英国圣公会传教士在上海创设英华书馆。

1853 年(咸丰三年)

太平天国设育才馆、育才书院;设删书衙。

美国公理会传教士创办福州格致书院。

天主教耶稣会在上海设立明德学校。

1854 年(咸丰四年)

1 月 太平天国在天京开科取士。

是年 洪秀全颁行《御制千字诏》为儿童课本。

1856 年(咸丰六年)

7 月 清政府颁行满汉合璧《五经新语》,令八旗子弟诵习。

1859 年(咸丰九年)

10 月 太平天国在天京举行天试。

是年 太平天国发布洪仁玕著《资政新篇》。

武训开始行乞兴学,在山东柳林开办义塾。

1860 年(咸丰十年)

美国公理会传教士卫三畏提议,利用中国赔款创办美华书院。

美国长老会教士在上海创办男塾,次年办女塾。

1861 年(咸丰十一年)

9 月 太平天国刊行洪仁玕著《军次实录》。

11 月 冯桂芬著《校邠庐抗议》,提出在上海、广州设同文馆。

是年 上海徐家汇法国天主堂创设震旦博物院。

1862 年(清穆宗同治元年)

6 月 京师同文馆正式开学。

1863 年(同治二年)

3 月 上海同文馆开馆。

1864 年(同治三年)

6 月 广州同文馆成立。

是年 美国传教士在山东登州设立蒙养学堂。

美国传教士在北京创设育英学堂、贝满女学堂。

左宗棠在福州设立正谊书院。

1865 年(同治四年)

5 月 同治帝再次申谕各省宣讲《圣谕广训》。

9 月 李鸿章奏准在上海建立江南制造局。

是年 上海龙门书院创建。

1866 年(同治五年)

3 月 京师同文馆派学生 3 人随总税务司、英国人赫德赴欧考察。

6 月 左宗棠奏请在福州马尾创设福建船政学堂。

12 月 奕诉奏请扩大同文馆规模,另设天文算学馆。

是年 曾国藩谒孔庙、孟庙,提倡读经。

1867 年(同治六年)

1 月　福建船政学堂开学。

4 月　崇厚在天津设立机器制造局。

12 月　福建船厂成立马尾绘事院。

是年　法国传教士在上海创办经言学校。

　　　上海江南制造局设翻译馆,翻译格致、化学、制造等西方科学书籍。

1868 年(同治七年)

9 月　美国传教士林乐知在上海创办《教会新报》,后改名《万国公报》。

是年　容闳向江苏巡抚上说帖:政府宜选派颖秀青年出洋留学。

　　　美国公理会在河北通州创办潞河书院。

1869 年(同治八年)

江宁、苏州、武昌设立官书局。

张之洞在武昌创建经心书院。

1870 年(同治九年)

容闳上书曾国藩,建议派遣幼童赴美留学。

1871 年(同治十年)

9 月　曾国藩、李鸿章奏陈《挑选幼童前赴泰西肄业章程》。

是年　容闳在上海设立留美学生预备学堂。

　　　美国圣公会在武昌设立文华书院。

　　　美国监理会在苏州设立存养书院。

　　　京师同文馆增设德文馆,设立医学、生理学讲座。

1872 年(同治十一年)

8 月　陈兰彬、容闳率首批官费留学生詹天佑等 30 人赴美。

1873 年(同治十二年)

6 月　黄平甫率第二批 30 名官费留学生赴美。另有广东学生 7 人自费同往。

是年　德国传教士花之安在华出版《德国学校论略》。

1874 年(同治十三年)

9 月　第三批 30 名官费留学生赴美。

10 月　徐寿、傅兰雅在上海筹建格致书院。

12 月　李鸿章上《筹议海防折》,建议变通科举考试,开洋务进取科。

是年　张之洞在成都创建尊经书院。

　　　瞽叟通文馆建立,为中国第一所盲校,后改名启明瞽目馆。

1875 年(清德宗光绪元年)

5 月　上海清心书馆创刊《小孩月报》。

1876 年(光绪二年)

2 月　《格致汇编》月刊在上海创刊。

4 月　福州创设福州电报学堂,为中国最早的通讯技术学校。

6 月　格致书院在上海开学。

1877 年(光绪三年)

3 月　福建船政学堂学生刘步蟾、严复、萨镇冰等 28 人赴英、法等国学习。

5 月　首次在华基督教传教士全国大会在上海举行,狄考文发表讲话《基督教会与教育的关系》,成立学校教科书委员会(亦称“益智书会”)。

1878 年(光绪四年)

正蒙书院(后改名梅溪学堂)在上海创建。

1879 年(光绪五年)

9 月　上海圣约翰书院开学。

是年　薛福成著《筹洋刍议》。

　　　浙江宁波创办辨志精舍。

1880 年(光绪六年)

10 月　天津电报学堂设立。

是年　江南制造局翻译馆至本年已刊译算学测量、汽机、化学、物理、天文、博物、医学、工艺、水陆兵法等书 98 部,235 本。

　　　天津水师学堂设立,为中国最早的海军学校。

1881 年(光绪七年)

6 月　清政府着手撤回留美学生。

是年　天津水师学堂开学。

1882 年(光绪八年)

上海电报学堂设立。

张之洞在太原创办令德堂。

1885 年(光绪十一年)

2 月　天津武备学堂开学,为中国最早的新式陆军学校。

1886 年(光绪十二年)

4 月　33 名学生由香港出发赴欧留学。

1887 年(光绪十三年)

4 月　巡抚刘铭传在台湾设立西学堂。

5 月　光绪帝批准《出洋游历人员章程》。

8 月　张之洞奏请创办广东水陆师学堂。

是年　美国传教士在山东登州(今蓬莱等市、县)为聋哑儿童设立启瘖学馆,是为中国第一所聋人学校。1898 年迁至烟台,改名烟台启瘖学校。

1888 年(光绪十四年)

7 月　张之洞创办广雅书院并开学。

是年　戊子乡试,首次试以算学题目,西学与中学同考。

　　　武训在山东堂邑柳林镇创办崇贤义塾。

　　　美国美以美会在北京设立汇文书院。

　　　美国传教士在南京创办汇文书院。

1889 年(光绪十五年)

11 月　张之洞奏准在广东水陆师学堂内添设矿学、化学、电学、植物学、公法学等 5 所西艺学堂。

1890 年(光绪十六年)

6 月 张之洞在武昌设立两湖书院。

12 月 江南水师学堂在南京开学。

是年 基督教学校教科书委员会改组为中华教育会(一译"中国教育会")。

1891 年(光绪十七年)

6 月 康有为在万木草堂讲学,著《长兴学记》。

是年 美国传教士在广州为盲童设立明心学堂。

美国基督会在南京创设基督书院。

1892 年(光绪十八年)

3 月 美国传教士在上海创办中西学塾并开学。

是年 美国美以美会在福州创办义塾。

1893 年(光绪十九年)

11 月 张之洞在武昌设湖北自强学堂。

是年 郑观应著成《盛世危言》。

1894 年(光绪二十年)

8 月 谭嗣同著文提出变科举、兴学校主张。

是年 何启、胡礼垣撰文提出"宏学校以育真才"。

1895 年(光绪二十一年)

5 月 康有为联合在京应试 18 省举人"公车上书",后筹组强学会。

8 月 康有为创办《万国公报》,由汪大燮、梁启超任主编。

11 月 北京强学会正式成立。

是年 盛宣怀创办天津中西学堂(亦称"北洋西学学堂"),翌年改名北洋大学堂,为中国最早的工科大学。

严复发表《论世变之亟》、《救亡决论》等文。

1896 年(光绪二十二年)

6 月 清政府始派 13 人赴日留学。

李端棻上《奏请推广学校折》,建议广开学堂。

7 月 礼部通报各省变通书院章程。

8 月 梁启超创办《时务报》。

1897 年(光绪二十三年)

2 月 夏瑞芳等人在上海创设商务印书馆。

5 月 中西书院在杭州创办。

10 月 谭嗣同、熊希龄等人在长沙创办时务学堂。

12 月 陕西在泾阳创办实学书院。

是年 南洋公学出版《蒙学课本》、《笔算教科书》等。

儿童启蒙读物《蒙学报》在上海出版。

盛宣怀奏设南洋公学,在上海正式开办,内设师范院,为中国师范教育之始。

杭州知府林启奏设杭州蚕学馆,翌年开学。

1898 年(光绪二十四年)

5 月 上海经正女学开学,为中国第一所女学堂。

6 月 康有为上书请废八股,改用策论。

光绪帝谕自下科始废除八股考试,改试策论。

7 月 光绪帝将《劝学篇》颁行全国;光绪帝准设京师大学堂,谕大小书院一律改为学堂,下诏遍令省府县乡兴学,并变通科举章程。

9 月 慈禧垂帘听政,下令:设学堂听民自便,科举考试悉照旧制。

11 月 京师大学堂开学。

12 月 京师大学堂师范斋设立。

是年 严复译《天演论》出版。

梁启超上书请变通科举。

康有为等在北京组织保国会,并在粤东会馆集会,拟定 20 条保国会章程,以"讲求保国、保种、保教之事"为宗旨。

1899 年(光绪二十五年)

杭州创办养正书塾。

桂林创办体用学堂。

苏州创办崇辨蒙学。

1900 年(光绪二十六年)

8 月 义和团运动兴起,慈禧下令停办京师大学堂。

是年 陈子褒著文《论训蒙宜用浅白读本》,并编辑白话教科书。

《劝学篇》在纽约出版全文,改名为《中国唯一的希望》。

1901 年(光绪二十七年)

3 月 东吴大学在苏州开学。

5 月 罗振玉、王国维创办中国近代最早的教育专业杂志《教育世界》,在上海发刊。

6 月 清政府谕翰林院讲求实学。

8 月 清政府推行"新政":自明年始,乡会试及岁科试策论,不准用八股程式,并停止武生童考试及武科乡会试。

9 月 清政府下兴学诏,令各省建立武备学堂,选派学生出洋留学。

10 月 为学堂编译教科书之江鄂书局在江宁创设。

12 月 礼部等奏定《学堂选举鼓励章程》。

是年 《蒙学课本》、《天文歌略》等多种童蒙书籍出版。

康有为始著《大同书》(一名《人类公理》),1913 年在《不忍》杂志发表两卷。全书十卷,1935 年刊行。

《教育世界》发表王国维译著《教育学》,并节译西方教育名著。

1902 年(光绪二十八年)

1 月 京师大学堂恢复。京师同文馆并入。12 月,师范馆建立,是为中国高等师范教育之肇始。

日本人嘉纳治五郎在东京为中国留日学生创办弘(宏)文书院,并开学。

2 月 清政府令各省设立农务、工艺学堂。

4 月 蔡元培等在上海发起成立中国教育会。

8 月 《钦定学堂章程》(亦称"壬寅学制")颁布。

10 月 京师大学堂举行招生考试。12 月开学。

12 月 清政府批准《派遣出洋游学办法章程》。

河南、山西、贵州、陕西、江西等省奏设大学堂。

武昌、保定、成都、福州等地创办师范学堂。

蔡元培等在上海创办爱国女学。

1903 年(光绪二十九年)

2 月　三江师范学堂在南京创办。

3 月　震旦学院在上海开学。

4 月　张謇创办的南通师范学堂开学。

　　　京师大学堂师范馆、仕学馆学生 200 余人"鸣钟上堂",声讨沙俄侵略。

6 月　湖南民立第一女学在长沙开学。

8 月　王国维发表《论教育之宗旨》。

11 月　清政府令各省于省城设立农务学堂。

是年　湖北幼稚园创办,为中国近代第一所公立幼稚园。

　　　官话字母义塾、工业专门学堂在北京成立。

1904 年(光绪三十年)

1 月　《奏定学堂章程》(亦称"癸卯学制")颁布。

　　　《奏定优级师范学堂章程》颁布。

　　　清政府改管学大臣为总理学务大臣。

9 月　清政府拟订《陆军学堂办法》。

10 月　上海川沙杨斯盛捐资兴办的上海广明小学开学。

　　　严修、张伯苓等在天津创办敬业中学堂。

是年　江苏师范学堂、直隶高等工业学堂、私立上海女子蚕桑学堂、上海公共租界华童公学、上海务本女塾附设幼稚舍、中国体操学校等创办。

1905 年(光绪三十一年)

6 月　上海成立私塾改良会。

7 月　清政府谕:出洋学生金帮平等 13 人给予进士、举人出身,赏给官职。

8 月　孙家鼐、伍廷芳奏请设立京师法律学堂。

9 月　袁世凯、张之洞等奏请立停科举,推广学堂。清政府诏准自丙午(1906 年)科始,所有乡会试、岁科考一律停止,于乡城各处遍设蒙小学堂,宣告科举制度的废除。

　　　徐锡麟等在浙江绍兴创办大通学校,后改为大通师范学堂,该校设有体育专修科。

11 月　清政府通咨各省设立法政学堂。

　　　京师学务处咨行各省学堂增设品行科。

12 月　清政府设立学部。

　　　中国留日学生 8 000 余人,为抗议日本文部省颁布《清国留学生取缔规则》举行罢课,2 000 余人回国。陈天华投海自杀。

　　　学部通咨各省筹办劝学公所。

是年　留日学生在上海创办中国公学。

1906 年(光绪三十二年)

1 月　学部通咨各省设立专收贫寒子弟、不取学费、不拘年岁之半日学堂。

3 月　学部奉谕公布,以"忠君、尊孔、尚公、尚武、尚实"为教育宗旨。

4 月　清政府裁撤学政,各省改设提学使司提学使一员,统辖全省地方学务。

5 月　学部奏定《考试游学毕业生期限片》,规定自本年始每年八月(农历)举行考验游学毕业生一次。

7 月　学部通咨各省举办实业学堂。

　　　学部首次审定初等小学暂用书目。

　　　学部奏定《各省教育会章程》。

　　　学部设立编译图书局。

10 月　学部奏派罗振玉等 4 人为查学委员,分赴河南等省考察学务。清政府赐游学毕业生颜惠庆等 32 人进士、举人出身。翌年,赐出身者 36 人。

11 月　学部通咨京外各学堂征收学费。

12 月　慈禧批准祭孔由中祀升为大祀。

　　　四川创办藏文学堂。

　　　学部通行各省改定年假、暑假:正月十六至夏至后六日为第一学期,处暑前五日至农历十二月二十五日为第二学期。

是年　张謇等创办中国图书公司,出版教科书。

　　　英国伦敦会创办北京协和医学校。

1907 年(光绪三十三年)

1 月　学部奏定《修改各学堂考试章程》。

2 月　学部奏设京师法政学堂。

3 月　学部奏定《学堂收费章程》。

　　　学部奏兴女学,拟定《女子师范学堂章程》和《女子小学堂章程》。

　　　学部奏定《师范学堂毕业奖励章程》和《师范学堂毕业效力义务章程》。

4 月　袁希涛在江苏宝山(今属上海市)设立通俗教育社。

5 月　上海同济医院附设同济德文医学堂开学。

　　　为归侨子弟设立的暨南学堂在南京成立。

6 月　江苏举行留学生考试,首批官费女学生胡彬夏等 3 人留美。

7 月　徐锡麟被杀,"血战大通学堂"事件。

12 月　慈禧太后下诏整顿士风,严申学堂禁令,不准学生干政。

　　　学部通行各省禁止中小学堂学生吸食烟草。

是年　浙江省成立教育总会,江西、奉天成立教育会。

　　　河南创设体育专科学堂。

　　　颁布《贵胄游学章程》。

1908 年(光绪三十四年)

2 月　中国体操学堂、女子体操学堂在上海创办。

5 月　美国会参、众两院联合议决,"免除"美所得庚子赔款的大部分,从 1909 年至 1940 年,逐年按月"退还"中国,用作设立留学预备学校及选派学生赴美留学之用。此后,英、法、比、荷四国相继仿行。

7 月　学部奏准在京师设立女子师范学堂,并咨各省于省城、府城设立。

11 月　学部通行《各学堂修业文凭条例》。

是年　浙江省首次招考留欧美学生,录取翁文灏等 20 人。

　　　端方奏办两江法政学堂、南洋高等商业学堂、南洋方言学堂、江南农工实业学堂。

　　　美国南北浸礼会差会在上海创办浸会大学。美国教会在北京创办燕京女子大学。

1909 年(溥仪宣统元年)

2 月　《教育杂志》创刊。

5 月　学部通咨各省,划一高等学校外国语科。

　　　学部奏准试行将中学堂课程分为文科、实科。

7 月　外务部、学部会奏《派遣学生赴美谨拟办法折》,在京师设立游美学务处,设置游美肄业馆于清华园(1911 年改称清华学堂）。

9 月 外务部、学部首次在京招考留美学生,录取梅贻琦等 47 人。

云南陆军讲武堂成立。

11 月 学部奏准各省高等专门学堂毕业生经毕业考试后,一律由部调京复试,中学堂毕业生由提学使调省复试。

12 月 学部奏定《视学官章程》,始设视学官。

学部奏定《检定小学教员章程》、《优待小学教员章程》。

美国圣公会在武昌设立文华大学。

是年 商务印书馆出版中小学和师范教科书及参考书数十种。

1910 年(宣统二年)

1 月 学部奏准《简易识字学塾章程》。

学部奏定《京师及各省图书馆通行章程》。

2 月 资政院奏准筹设速记学堂。

学部奏准《增订各学堂管理通则》。

3 月 美国教会在成都创办的华西大学开学。

5 月 学部奏报第一次教育统计表,1907 年度各省学校 37 888 所,学生 1 024 988 人。

7 月 学部颁布《改良私塾章程》。

10 月 第一次全国运动会在南京举行。

12 月 资政院会奏议决《地方学务章程》。

学部通饬各省中小学堂一律添设官话课。

1911 年(宣统三年)

4 月 清华学堂开学。

全国教育联合会在上海举行。

7 月 中央教育议事机构——中央教育会在北京开会。

8 月 中国教育会在北京成立。

9 月 学部奏准停止各学堂毕业实官奖励,定进士、举人、贡生、生员等毕业名称。

1912 年

1 月 临时大总统孙中山在南京建立中华民国临时政府,任命蔡元培为教育总长。教育部成立。

教育部通电各省筹办社会教育。

陆费逵等人在上海创办中华书局。

中华书局创办《中华教育界》。

南京临时政府教育部公布《普通教育暂行办法》,规定学堂改称学校,堂长通称校长,初小可男女同校,废止小学读经,废止旧时奖励出身,中学文实不分科。

2 月 袁世凯在北京就任临时总统,任命各部部长,蔡元培仍任教育总长。

南京临时政府颁发地方官制,裁撤各县劝学所,在县公署设第三科,统管教育事业。

蔡元培在《教育杂志》发表《新教育意见》。

5 月 京师大学堂更名为北京大学。蔡元培参加开学典礼并发表演说。

7 月 北洋政府教育部在北京召开临时教育会议。

9 月 北洋政府教育部公布民国教育宗旨:"注重道德教育,以实利教育、军国民教育辅之,更以美感教育完成其道德。"

北洋政府教育部公布《学校系统令》,亦称"壬子学制",连同本年、次年陆续颁布的各种学校令,称"壬子癸丑学制"。

北洋政府教育部公布《学校管理规程》、《教育会规程》、《审定教科用图书规程》、《学校征收学费规程》等。

北洋政府教育部公布《小学校令》、《中学校令》、《师范教育令》。

北洋政府教育部通电各省,规定公历 10 月 7 日为孔子诞辰日,全国各校届时均举行纪念会。

袁世凯发布《尊崇伦常文》。

10 月 孔教会在上海成立。

北洋政府教育部颁布《大学令》、《专门学校令》。

11 月 香港大学开学。

12 月 北洋政府教育部训令全国各校注重军国民教育。

北洋政府教育部公布《师范学校规程》、《中学校令施行规则》。

是年 李石曾、吴玉章、吴稚晖在北京组织留法俭学会。

北洋政府教育部公布《读音统一会章程》。

1913 年

1 月 北洋政府教育部颁布《大学规程》、《私立大学规程》和《视学规程》。

陈嘉庚在福建同安县创办集美小学。

2 月 北洋政府教育部公布《高等师范学校规程》、《蒙藏学校章程》。

读音统一会成立,议决《国音推行方法》。

北洋政府教育部通电各省教育司长迅速筹设保姆养成所。

3 月 北洋政府教育部公布中学校、师范学校、高等师范学校《课程标准》。

4 月 中华民国学生会在北京成立。

6 月 袁世凯发布《注重德育整饬学风令》、《尊孔祀孔令》。

8 月 范源濂在《中华教育界》发表《论义务教育当规定于宪法》。

北洋政府教育部颁布《实业学校令》和《实业学校规程》。

北洋政府教育部通令各县设立小学教员讲习所。

北洋政府教育部发布训令:学生不得投身政党。

港英当局颁布《1913 年教育条例》。

9 月 北洋政府教育部通电各省,定旧历 8 月 27 日孔子生日为圣节,各校放假一日,在校行礼。

10 月 黄炎培在《教育杂志》发表《学校教育采用实用主义之商榷》。

12 月 北洋政府教育部发布整顿私立大学布告。

1914 年

2 月 北洋政府教育部颁布《侨民子弟回国就学规程》。

北洋政府教育部发布筹办普及教育训令,规定初等小学为义务教育。同时颁布《半日学校规程》。

4 月 袁世凯发布《维持学校令》,整饬学风。

5 月 北洋政府教育部批准北京私立民国大学、私立中华大学、私立明德大学、私立中国公学四校立案。

改各省民政长为巡按使,教育司裁撤,改设科。

6 月 北洋政府教育部通饬京内外各学校、各书坊:修身及国文教科书采取经训,务以孔子之言为指归。

中国留美学生在美国发起组织"中国科学社",主旨为"传播科学知识,促进实业发展"。社址设在美国绿色佳城。

7 月 《学生杂志》在上海创刊。

9 月 袁世凯发布《祭孔告令》,规定每年 9 月 28 日中央与各地方一律举行祀孔典礼。

12 月 北洋政府教育部拟定《整理教育方案草案》。

是年　中华全国童子军协会在上海成立。

教育出版物介绍赫尔巴特、裴斯泰洛齐、蒙台梭利、福禄贝尔等外国教育家学说。

1915 年

1 月　袁世凯制定《特定教育纲要》，分总纲、教育要言、教科书、建设、学位奖励五项。

袁世凯颁定《教育要旨》："爱国、尚武、崇实、法孔孟、重自治、戒贪争、戒躁进。"

4 月　北洋政府教育部颁布《义务教育施行程序》。

4—5 月　全国教育会联合会在天津召开首次会议，通过将义务教育列入宪法、各省设教育厅、改革学制系统、改三学期为两学期等提案，报教育部。

6 月　李石曾等在法国巴黎发起组织勤工俭学会。

7 月　北洋政府教育部公布《国民学校令》、《高等小学校令》，初等小学校改称国民学校。

8 月　北洋政府教育部召开全国师范学校校长会议。

北洋政府教育部决定恢复前教育议事机构：中央教育总会，各省教育会，各县劝学所。

9 月　北洋政府教育部设立通俗教育研究会。

陈独秀主编《青年杂志》（二卷改名《新青年》），在上海创刊。10 月，陈在该刊发表《今日之教育方针》。

10 月　留美学生组织的科学社成立。翌年，改名中国科学社。

11 月　北洋政府教育部颁布《预备学校令》。

12 月　北洋政府教育部颁布《劝学所规程》和《学务委员会规程》。

是年　心理测验法传入中国。

1916 年

3 月　北洋政府教育部通知各省酌办露天学校。

全国专门以上学校成绩展览会在北京举行。

蔡元培、吴玉章等在巴黎发起组织华法教育会。4 月初，华工学校开课，华法教育会成立。

4 月　北洋政府教育部咨复各省筹议扩充师范。

9 月　北洋政府教育部通知各省区：撤销袁世凯颁布的《特定教育纲要》。

北洋政府教育部通令各省女学不准剪发、缠足等五条惩戒规则。

10 月　北洋政府修正《国民学校令》、《高等小学校令》，删去"读经"及有关内容。

全国教育会联合会在北京举行第二次大会，议决注意平民教育等议案。

北洋政府教育部公布《选派留学外国学生规程》。

蔡元培、黎锦熙等发起成立国语研究会，主张"言文一致"，"国语统一"。

11 月　北洋政府教育部召开教育行政会议，通过改一学年为两学期，仍从春季始业等咨询案多项。

1917 年

1 月　蔡元培在国立高等学校校务讨论会上提出改革大学议案。

蔡元培发表就任北京大学校长演说。

3 月　北洋政府教育部规定：中学自第三学年起，得设第二部，志愿于毕业后从事职业者入该部，加习农业、工业、商业。

4 月　毛泽东以笔名发表《体育之研究》。

5 月　中华职业教育社在上海成立。

北京留法俭学会预备学校开学。

6 月　北洋政府教育部公布改订《大学学制办法》，修业年限订为预科 2 年，本科 4 年。

9 月　北洋政府颁布《教育厅暂行条例》，规定各省设立教育厅，直隶于教育部，并任命各省教育厅长。

北洋政府教育部公布《修正大学令》。

10 月　全国教育会联合会在杭州举行第三次会议，提出划定大学区、推行注音字母等议案。

北京大学议决采用选科制度。

中华职业教育社创办《教育与职业》。

11 月　毛泽东等创办湖南一师工人夜校。

1918 年

3 月　北洋政府教育部公布《学术审定会条例》。其后，聘张一麔等 20 人为会员。

4 月　毛泽东和蔡和森发起的新民学会在长沙成立。

北洋政府教育部颁布《省视学规程》和《县视学规程》。

5 月　留日学生千余人罢学回国，北京学生两千余人往总统府请愿，要求废止《中日共同防敌军事协定》。

8 月　北洋政府教育部决定每年选派各大学、高等专门学校男女教授若干名赴欧美各国留学，本年选派刘复等 7 人，从上海乘船赴美，是为中国教授留学之始。

9 月　中华职业教育社在上海创办的中华职业学校开学。

10 月　全国教育会联合会在上海举行第四次大会，议决推广体育计划等议案和推广职业教育意见书等。

北洋政府教育部核准《北京大学校长学长正教授派赴外国考察规程》。

北洋政府教育部召开全国中等学校校长会议，议决确定中学教育宗旨等案。

11 月　北京学生集会庆祝第一次世界大战协约国胜利。蔡元培发表《黑暗与光明的消长》、李大钊发表《庶民的胜利》演说。

北洋政府教育部公布读音统一会议制定的注音字母表，共 39 个字母。1920 年加"ㄜ"字母，并改定字母次序。

12 月　中华新教育共进社成立。

李大钊、陈独秀主编《每周评论》，在北京创刊。

北洋政府教育部公布《国语统一筹备会规程》。随即指定袁希涛等 32 人为会员，翌年 4 月，筹备会正式成立。

北洋政府教育部公布《全国专门以上学校联合会章程》。

北洋政府教育部公布《教育调查会规程》。其后，聘范源濂等 19 人、另部员 9 人组成教育调查会，翌年 3 月正式成立。

1919 年

1 月　陈独秀在《新青年》发表文章，拥护"德先生"（即民主）和"赛先生"（即科学）。

2 月　《新教育》杂志在上海创刊。4 月，出版"杜威专号"。

3 月　北洋政府教育部颁布《女子高等师范学校规程》。

首批留法勤工俭学学生林蔚等 89 人启程，同年，陈毅、李富春、李维汉、聂荣臻、蔡畅、向警予等分批赴法。

陶行知在《时报》著文介绍美教育家杜威的学说。

北洋政府教育部公布《全国教育计划书》。

4 月 北洋政府教育部通令各省推广体育。

北京女子师范学校改为高师,定名为北京女子高等师范学校,为中国近代女子教育的最高学府。

5 月 4 日,北京高等学校学生 3 000 多人,冲破北洋政府阻挠,涌集天安门,发表宣言,举行爱国示威游行,五四运动爆发。

美国教育家杜威来华讲学。1921 年 7 月回国。

6 月 中华民国学生联合会成立。

7 月 少年中国学会在北京成立。

《湘江评论》创刊。

9 月 天津学界成立觉悟社。

10 月 《平民教育》创刊。

全国教育会联合会在太原举行第五次大会,议决废止"教育宗旨",宣布"教育本义"等议案。

11 月 北京高等师范学校废除学监制,成立学生自治会。

12 月 北京工读互助团成立。

是年 日本驻台湾总督颁布《台湾教育令》。

1920 年

1 月 北洋政府教育部训令各省区:全国各国民学校,自秋季起,先将一、二年级的国文改为语体文(白话文)。修正《国民学校令》,将"国文"改为"国语"。

北京高等师范学校创办教育研究科。

2 月 北洋政府教育部咨各省区:将《新式标点符号》转发各校采用。

北京大学收王兰等三女士入校旁听。

3 月 北洋政府教育部颁布《教员许可状规程》。

李大钊在北京大学组织马克思学说研究会。

4 月 北洋政府教育部设立实施义务教育研究会。

北洋政府教育部订定分期筹办义务教育年限,以 8 年为全国一律普及之期。

7 月 毛泽东在长沙创办文化书社。

8 月 留法勤工俭学学生会在法国成立。

《杜威五大讲演》出版,两年印行十几次。

9 月 中国社会主义青年团在上海创办外国语学社。

10 月 南京高等师范学校在江宁县沙洲围乡创办乡村农业学校。

英国教育家罗素来华讲学。

10—11 月 全国教育会联合会在上海举行第六届年会,议决促进男女同学、教育经费独立等议案。

12 月 北洋政府教育部发出布告:依照国务会议议决,所得税七成拨作教育经费。

北洋政府教育部颁布《国音字典》。

陈独秀出任广东军政府教育行政委员会委员长。

是年 赵世炎、周恩来等分批赴法勤工俭学。至年末,在法勤工俭学学生达 1 500 余人。

澳门中华教育会成立。

1921 年

1 月 北京长辛店劳动补习学校开学。

3 月 北京国立专门以上八校教职员向北洋政府索薪,相继罢教、辞职。

4 月 恽代英在《中华教育界》发表《教育改造与社会改造》。

7 月 北洋政府教育部训令各省区:速设女子中等学校。

北洋政府教育部训令推广蒙养院。

8 月 中华心理学会在南京成立。

毛泽东等在长沙创办湖南自修大学。

9 月 美国教育家、哥伦比亚大学教育院教务主任及教育史教授孟禄博士应实际教育调查社之聘来华,调查中国实际教育。

10—11 月 全国教育会联合会在广州举行第七届年会,议决《学制系统草案》等议案。

12 月 中华教育改进社在北京成立。

是年 交通大学、厦门大学、东南大学、里昂中法大学成立。

1922 年

1 月 江西安源煤矿创办工人夜校。

2 月 全国教育独立运动会在北京成立。

3 月 非基督教学生同盟在上海成立。北京非宗教大同盟成立。

晏阳初在长沙开办多所平民学校。

蔡元培在《新教育》发表《教育独立议》。

4 月 世界基督教学生同盟第十一届大会在北京举行。

《小朋友》杂志创刊。

5 月 中国社会主义青年团第一次全国代表大会在广州举行,通过《关于教育运动的决议案》。

9 月 北洋政府教育部召开学制会议,议决《学校系统改革案》。

10 月 上海吴淞中学试验道尔顿制。

全国教育会联合会在济南举行第八届年会,议决新学制课程等议案。

上海大学创办。

11 月 北洋政府颁布《学校系统改革案》(亦称"壬戌学制"或"新学制"),即"六三三"学制,沿用至 1949 年。

12 月 北洋政府大总统令公布《教育基金委员会条例》,派熊希龄等为委员。

是年 杜威著《民主主义与教育》(一译《民本主义与教育》)、斯宾塞著《教育论》中文译本出版。

1923 年

1 月 教育部设蒙藏教育委员会。

2 月 北京师生组织游行并筹款援助京汉铁路工人大罢工。

杨贤江在《教育杂志》发表《教育者与政治》。

4 月 中华教育改进社完成全国各类教育调查统计工作。翌年出版《中国教育统计概览》。

5 月 北洋政府教育部颁布《实施新学制中小学校进行办法》。

范寿康著《教育哲学大纲》出版。

6 月 蔡元培等出席在旧金山举行的万国教育会议。

8 月 中华平民教育促进总会在北京成立。

10—11 月 全国教育会联合会在昆明举行第九届会议,议决推行平民教育等议案。

是年 陈鹤琴在南京创办鼓楼幼稚园。

1924 年

2 月 北洋政府教育部公布《国立大学校条例》。

6 月 黄埔军校开学。

北洋政府教育部通令各省:取缔私塾,增设学校。

7 月 中华民国大学联合会成立。

中华全国体育联合会成立。

农民运动讲习所在广州开学。

9 月　中华文化教育基金董事会成立,专司处理美国退回庚子赔款事宜。

北京、上海增设私立大学 21 所。

10 月　全国教育会联合会在开封举行第十届年会,议决取缔外国人在中国办理教育事业等议案。

11 月　中华平民教育促进会总会,在保定所属 20 县进行乡村平民教育实验。

是年　奉天省、广州、开封、长沙等地开展收回教育权运动。

1925 年

1 月　全国教育会联合会庚款委员会成立。

北洋政府教育部划定全国教育区域,大学教育分 7 区,高等师范教育分 6 区;小学区每省分 8 或 10 区,每区应设小学 120 所。

2 月　《中华教育界》出刊"收回教育权运动号"。

4 月　全国私立大学联合会在北京成立。

5 月　上海大学生 2 000 余人,声援工人罢工,号召收回租界,学生被枪杀,酿成惨案。"五卅"反帝爱国运动爆发。

7 月　蔡元培等出席在苏格兰举行的世界教育联合会会议。

9 月　广东国民政府召集收回教育权会议。

10 月　全国教育会联合会第十一届会议在长沙举行,议决催促各省实行教育经费独立等议案。

11 月　中国劳动者中山大学在莫斯科成立。

北洋政府教育部颁布《外国人捐资设立学校请求认可办法》。

北洋政府颁布修正学校系统改革案,中学改为初级四年、高级两年。

是年　北京女子师范大学学生反对教育总长章士钊、驱逐校长杨荫榆斗争取得胜利。

1926 年

3 月　广东国民政府教育行政委员会在广州成立。

"三一八"惨案中,北京女子师范大学学生刘和珍等被杀害。其后各地不断发生军阀残害学生事件。

7 月　广东国民政府在广州召开中央教育行政大会。

10 月　广东国民政府教育行政委员会公布《私立学校规程》、《私立学校校董会设立规程》。

11 月　国语统一筹备会公布《国语罗马字拼音法式》。

是年　江苏省通令禁止各校男女同学,特重读经与国文。奉天省、山东省严令小学读经。直隶省训令自小学以上,一律添加读经、讲经。

教育经费无着,学校难以维持。京师、浙江、湖南、山东、河南、江西和东三省教职员向政府索讨积欠。安徽各校校长因积欠过久,全体总辞。京师国立八校校长联名辞职。

1927 年

1 月　广州私立岭南大学由国人收回办理。随后,沪江、圣约翰、震旦、东吴法科等教会大学相继由国人自办。

3 月　美国教育家克伯屈来华演讲。

陶行知等创办试验乡村师范学校,在南京晓庄开学。

《幼稚教育》创刊。

6 月　中国国民党中央执行委员会政治会议通过蔡元培等的提议,组

建中华民国大学院,为全国最高学术教育行政机构。

南京国民政府教育行政委员会通过《大学规程》,公布《大学教员资格条例》。

南京国民政府公布《大学区组织条例》。翌年 1 月作修正。

7 月　南京国民政府公布《中华民国大学院组织法》。翌年 1 月作修正。

北京军政府大元帅张作霖令整理学校。

江苏省遵令裁撤教育厅,试办大学区制;随后浙江、北平亦试办大学区制。

8 月　北京军政府大元帅张作霖令京师国立九校归并为国立京师大学。

南京国民政府教育行政委员会公布《教育会规程》。

9 月　北京军政府教育部令所辖中学以上各校:国文一课不准再用白话文体。

10 月　中华民国大学院在南京成立。

11 月　国立第三中山大学校长函浙江大学区,规定各小学一律不得再用古文教科书。

中央研究院筹备委员会及各专门委员会召开成立大会。

12 月　中华民国大学院公布《教科图书审查条例》、《私立大学及专门学校立案条例》、《私立中等学校及小学校立案条例》、《图书馆条例》。

1928 年

2 月　中华民国大学院公布《私立学校条例》、《私立学校校董会条例》、《教育会条例》、《小学暂行条例》、《华侨学校立案条例》,3 月公布《中学暂行条例》。

中华民国大学院通令废止春秋祀孔旧典。

3 月　日本在台湾设立台北帝国大学。

5 月　中华民国大学院在南京举行第一次全国教育会议,议决废止"党化教育",改称"三民主义"教育。宣言提出:中华民国的教育宗旨,就是"三民主义"的教育。

6 月　南京国民政府决定改组北京国立九校为中华大学,后又改称北平大学。

7 月　南京国民政府公布《高级中学以上学校军事教育方案》。

中华民国大学院发布《师范教育制度》。

中华民国大学院通令推广幼稚教育。

中华民国大学院通令提倡语体文,小学不准采用文言教科书。

8 月　中华民国大学院公布《中华民国学校系统草案》。

南京国民政府决定清华学校改为国立清华大学。

9 月　南京国民政府通过《中华民国教育宗旨》。

10 月　南京国民政府令:大学院改为教育部。

11 月　南京国民政府公布《国立中央研究院组织法》。

是年　《中国教育辞典》由中华书局出版。

1929 年

1 月　国民政府教育部公布《民众学校办法大纲》。

国民政府公布《捐资兴学褒奖条例》。

国民政府教育部训令:选派留学生应注重理工二科。

2 月　国民政府教育部公布《督学规程》、《学生制服规程》。

4 月　国民政府公布《国民体育法》。

国民政府教育部公布《取缔宗教团体私立各学校办法》。

国民政府通令公布《中华民国教育宗旨及其实施方针》。

5月 国民政府教育部公布《学校卫生实施方案》、《领事经理华侨教育行政规程》。

7月 国民政府教育部通令各省市：中小学设置训育人员。

中华儿童教育社在杭州成立。

国民政府教育部公布《待遇蒙藏学生章程》。

国民政府颁布《大学组织法》、《专科学校组织法》。

8月 国民政府教育部公布《大学规程》、《华侨学校立案规程》、《专科学校规程》、《私立学校规程》及幼稚园、小学、中学课程暂行标准。

中国童子军司令部成立。

1930 年

1月 国民政府教育部训令各省市积极推广民众学校。

国民政府教育部通令：厉行国语教育，禁止小学采用文言教科书。

国民政府训令转发《学生自治会组织大纲》、《学生团体组织原则》。

《中学生》杂志在上海创刊。

2月 李浩吾(杨贤江)所著《新教育大纲》出版。

4月 国民政府教育部在南京举行第二次全国教育会议。

7月 国民政府公布《修正县组织法》，规定县政府设教育局。

《教育大辞书》由商务印书馆出版。

12月 蒋介石于兼理教育部长当日发布《整顿学风令》，并以行政院长令发表《告诫全国学生书》。

1931 年

1月 国民政府教育部公布《华侨中小学规程》。

国民政府公布《教育会法》。

4月 国民政府教育部发布通令：限制设立普通中学，扩充职业学校。

5月 国民政府行政院公布《地方教育经费保障办法》。

6月 国民政府公布国民会议通过之《中华民国训政时期约法》。第五章为"国民教育"，共 12 条。

邰爽秋、程其保等创议定 6 月 6 日为教师节，是日南京、上海教育界人士首次举行庆祝仪式。

国民政府行政院训令教育部执行《确定教育设施趋向案》。

国民政府教育部公布《省市督学规程》。

国立北平图书馆举行落成典礼。

7月 国民政府教育部又发出通令：为提倡道德，各校悬挂"忠孝仁爱信义和平"蓝底白字匾额。

8月 国民政府教育部通令各省市，明定 4 月 4 日为儿童节。

国民政府教育部颁布《教育部督学规程》。

国民政府教育部颁布《各省市普设农医工三种专科学校实施方案》。

9月 国民党中央执行委员会通过《三民主义教育实施原则》。

国民政府教育部令国立中央大学开办蒙藏班。

国民政府教育部颁布《华侨教育基金募集办法》。

国际联盟教育考察团来华。

10月 国民政府教育部转发《学生义勇军教育纲要》，后又公布《学生义勇军训练办法》、《高中以上学校加紧军事训练方案》。

11月 第一次全国苏维埃代表大会在江西瑞金举行。大会通过的《中华苏维埃共和国宪法大纲》第十二条对苏维埃政权的教育作出规定。瞿秋白当选为中华苏维埃共和国临时中央政府教

育人民委员。

12月 各省市到南京请愿学生与南京学生一起举行示威游行，要求国民政府对日宣战。

1932 年

1月 国民政府教育部公布《施行学分制划一办法》。

2月 国民政府教育部、实业部公布《劳工教育实施办法大纲》。

3月 伪满洲国国务总理郑孝胥令各学校课程暂用"四书"、《孝经》，以崇礼教。

5月 国民政府教育部对中小学毕业会考作出规定，颁布《中小学毕业会考暂行规定》。

6月 国民政府教育部颁布《第一期实施义务教育办法大纲》、《短期义务教育实施办法》。

7月 国民政府教育部在南京举行国立专科以上学校校长会议。

国民政府行政院长、教育部长联合颁布《整顿教育令》。

8月 中国共产主义青年团中央发布《关于苏区少先队的决议》。

国民政府教育部在南京举行第一次全国体育会议。

国民政府蒙藏教育委员会在南京成立。

9月 陶行知在上海郊区大场创办山海工学团。

国民政府教育部公布国民体育实施方案。

10—11月 国民政府教育部公布《幼稚园课程标准》、《小学课程标准》以及初、高中各科课程标准。

11月 国民政府教育部颁布《中等学校教职员服务及待遇办法大纲》。

12月 国民政府公布《师范学校法》、《职业学校法》、《小学法》、《中学法》。

国际联盟教育考察团报告书《中国教育之改进》由国立编译馆翻译出版。

1933 年

1月 中国教育学会在上海成立。

2月 国民政府教育部公布小学公民训练标准。

3月 马克思共产主义大学(中共中央党校)在江西瑞金成立。

国民政府教育部公布《小学规程》、《中学规程》、《师范学校规程》、《职业学校规程》。

上海各大学教职员联合会成立。

4月 中华苏维埃共和国临时中央政府教育人民委员部发布《目前的教育任务》训令。

5月 国民政府教育部通令各大学：限制招收文法科学生。

6月 国民政府教育部颁布《国外留学规程》、《侨民教育实施纲要》。

8月 中华苏维埃共和国临时中央政府决定创办苏维埃大学。

9月 张闻天在中央苏区《斗争》杂志发表《论苏维埃政权的文化教育政策》。

国民政府教育部颁布《职业补习学校规程》。

10月 中华苏维埃共和国中央文化教育建设大会在瑞金举行，通过目前教育工作任务、消灭文盲、《苏维埃学校建设决议案》。

国民政府教育部颁布《各省市县推行职业教育程序》。

12月 国民政府教育部公布《中学学生毕业会考规程》。

1934 年

1月 毛泽东在第二次全国苏维埃代表大会上作报告，提出苏维埃文化教育的总方针。

2月　中华苏维埃共和国临时中央政府人民委员会发布《小学校制度暂行条例》、《小学教员优待条例》。

陶行知主编的《生活教育》创刊。

4月　沈泽民苏维埃大学在江西瑞金开学。

中华苏维埃共和国临时中央政府教育人民委员部公布《教育行政纲要》、《高级师范学校简章》、《小学管理法大纲》、《小学课程教则大纲》、《夜学校及半日学校办法》等文件。

5月　《第一次中国教育年鉴》出版。

6月　国民政府教育部颁布《民众学校规程》。

8月　国民政府教育部公布高级中学及初级中学公民课程标准。

蒋介石训令推行《特种教育计划及纲要》。

9月　国民政府教育部发布训令：限制宗教团体设立学校。

11月　中国童子军总会成立。

是年　梁漱溟发表《乡农学校的办法及其意义》等文章。

1935年

4月　国民政府公布《学位授予法》。

5月　国民政府公布《中央研究院评议会会议条例》。

国民政府行政院通过《实施义务教育暂行办法大纲》。

6月　国民政府教育部公布《修正中学规程》、《修正职业学校规程》。

7月　国民政府教育部公布《一年制短期小学暂行规程》及课程标准。

国民政府教育部公布《全国义务教育委员会组织规程》。8月该委员会成立。

8月　国民政府教育部公布第一批简体字表，共324个简体汉字。

9月　国民政府教育部公布《促进注音国字推行办法》。

11月　国民政府教育部公布《市县划分小学区办法》。

12月　北平爆发"一二·九"学生爱国运动。各地学生声援。

1936年

1月　国民政府行政院发布训令：严加整饬全国校风。

2月　国民政府教育部公布修正初高中、小学教学科目及时数。

国民政府教育部核准各大学及独立学院设立研究所名单。

3月　国民政府教育部颁布《职业学校与建设机关协作大纲》。

4月　国民政府教育部颁布《中等学校特种教育纲要》。

5月　国民政府公布《中华民国宪法草案》，列有"教育"章，共8条。

国民政府教育部公布《各级学校设置免费及公费学额规程》。

国民政府教育部订定提高各级学校师资办法。

国民政府教育部拟定《社会教育工作纲领》。

7月　国民政府教育部颁布中学师范教育改革要点。

国民政府教育部成立教科用书编辑委员会。

国民政府教育部颁布《修正小学课程标准》。

8月　国民政府教育部颁布《各省市实施教育电影办法》。

9月　国民政府教育部颁布《实施失学民众补习教育办法大纲》、《训练义务教育师资办法》。

12月　国民政府教育部颁布《小学教员检定规程》。

1937年

1月　中国人民抗日军事政治大学在延安成立。

5月　伪满颁布新学制。

伪满创办建国大学，以招收日本人为主，兼收少量中国人。

伪满创办王道书院，成立"王道书院维持会"。

6月　国民政府教育部颁布实施二部制、实施巡回教学和改良私塾三

个"办法"。

国民政府行政院核准《各省市清理教育款产办法》。

7月　国民政府教育部颁布《学生制服规程》、《学龄儿童强迫入学暂行办法》、《中等以上学校学生暑期农村服务工作纲要》。

8月　国民政府教育部颁布《各级学校处理校务临时办法》。

毛泽东在所著《抗日救国十大纲领》中提出抗日教育政策。

9月　国民政府教育部令留日学生一律回国，并颁布《留日返国学生救济办法》。

国民政府教育部颁布《高中以上学校学生战时后方服务组织与训练办法大纲》。

11月　陕北公学在延安开学。

国民政府行政院通过《平津冀察绥教育救济办法》。

平津等地高等学校迁往内地，成立长沙临时大学、西安临时大学。

是年　日机轰炸南开、暨南、复旦、同济、中央、中山等大学，20多所大学被毁，多所大学被迫迁校。

1938年

2月　国民政府教育部颁布战区各级学校学生、教职员及社会教育机关工作人员"登记办法"。

国民政府教育部颁布《国立中学课程纲要》、《国立中学暂行规程》。

3月　国民政府教育部颁布《战区中小学学生自修暂行办法》及《战区各级学校学生转学及借读办法》。

陕甘宁边区政府教育厅发布《抗战时期小学应该注意的几个工作》。

国民政府教育部颁布《中等以上学校导师制纲要》。

4月　国立长沙临时大学、西安临时大学改名国立西南联合大学、西北联合大学。

鲁迅艺术文学院在延安成立。

国民政府行政院公布《中央建教合作委员会章程》。

国民党临时全国代表大会制定《战时各级教育实施方案纲要》。国民政府教育部据此制定实施方案。

5月　马列学院在延安成立。

6月　国民政府行政院公布教育部、财政部会商拟定的《限制留学暂行办法》。

7月　国民政府教育部公布《师范学院规程》。

陕甘宁边区政府教育厅公布《陕甘宁边区小学法》。

9月　国民政府教育部召开第一次大学课程会议。

国民政府教育部通令各校一律以"忠孝、仁爱、信义、和平"为共同校训。

11月　中共六届六中全会作出《实行国防教育政策，使教育为民族自卫战争服务》的决议。

中共中央决定成立中央干部教育部。

12月　国民政府教育部决定国立中学增设职业科。

是年　武汉大学等39所高等学校迁校。

1939年

3月　国民政府教育部在重庆召开第三次全国教育会议。

陕甘宁边区政府教育厅发布《关于消灭文盲及实行办法的通令》。

4月　国民政府教育部颁布《民众教育馆规程》。

5 月 延安青年集会纪念五四运动二十周年及首届中国青年节,毛泽东作《青年运动的方向》的讲演。

国民政府教育部颁布《各级学校兼办社会教育暂行工作标准》及考核办法。

国民政府教育部训令规定,每年8月27日孔子诞辰为教师节。废止"六六"教师节。

6 月 国民政府教育部颁布《私人讲学机关设立办法》。

国民政府教育部颁布《抗战教育注意事项》。

7 月 华北联合大学在延安成立,迁阜平建校。

中国女子大学在延安开学。农业学校在延安成立。

陶行知在重庆创办育才学校。

9 月 国民政府公布《县各级组织纲要》,施行"新县制",县级教育行政机构由局改科;乡(镇)长、保长、国民学校校长、壮丁队长均由一人兼任;废止教育经费独立的规定。

国民政府教育部颁布《训育纲要》。

10 月 国民政府教育部颁布《幼稚园规程》。

12 月 毛泽东为中共中央撰写《大量吸收知识分子》的决定。

1940 年

1 月 中共中央发出《关于干部学习的指示》。3月,再发《关于在职干部教育的指示》。

毛泽东在延安《中国文化》杂志创刊号发表《新民主主义论》。

2 月 国民政府教育部颁布《发扬固有文化办法》。

新文字运动委员会在延安成立。

3 月 国民政府教育部在重庆召开第一次国民教育会议,公布《国民教育实施纲领》。

中共中央书记处发出《关于开展抗日民主地区的国民教育的指示》。

国民政府行政院公布《教育部学术审议委员会章程》。

4 月 国民政府教育部颁布《教员服务奖励规则》。

5 月 国民政府教育部颁布《小学教员待遇规程》。

国民政府教育部颁布《各级学校实施农业生产办法大纲》。

7 月 国民政府教育部颁布《师范学院辅导中等教育办法》。

8 月 国民政府教育部颁布《大学及独立学院教员资格审查暂行规程》及《教员聘任待遇暂行办法》。

9 月 国民政府行政院明令暂缓实施国民教育。

国民政府教育部决定推行家庭教育,并在四川白沙、北碚设实验区。

自然科学院在延安成立。

10 月 国民政府教育部在重庆召开全国国民体育会议。

中华平民教育促进会主办的私立中国乡村建设育才院在四川巴县成立。

陈鹤琴在江西泰和县创办了江西省立实验幼稚师范学校。

11 月 中共中央宣传部发出《关于各抗日根据地内小学教育的指示》。

12 月 陕甘宁边区政府颁布《陕甘宁边区实施义务教育暂行办法》。

1941 年

1 月 陈鹤琴创办《活教育》月刊。

5 月 毛泽东在延安干部会议上作《改造我们的学习》的报告。

国民政府教育部颁布《各省市小学教员假期训练实施办法》。

6 月 国民政府教育部呈准行政院颁行《部聘教授办法》。

国民政府教育部颁布《教育部视导规程》。

8 月 国立社会教育学院在四川成立。

国民政府农林部、经济部、教育部颁布《公私营工厂矿场农场推行职业补习教育并利用设备供给职业学校学生实习办法纲要》。

9 月 延安大学开学。

国民政府教育部颁布《政府机关委托大学教授从事研究办法大纲》。

10 月 中共中央北方局发出致各抗日根据地各级党委的公开信,号召开展冬学运动。

国民政府教育部训令规定民众教育馆四项工作。

12 月 中共中央公布《关于延安干部学校的决定》。

陕甘宁边区政府教育厅发出《关于提高小学质量的指示》。

1942 年

1 月 陕甘宁边区成立新教育学会。

2 月 中共中央通过《关于在职干部教育的决定》。

3 月 国民政府教育部训令:每年3月举行推进师范教育运动周。

4 月 国民政府教育部在重庆举行女子教育会议。

5 月 国民政府教育部颁布《县市立中等学校设置办法》。

国民政府教育部呈准规定9月9日为体育节。

8 月 国民政府教育部颁布《修正师范学院规程》。

陕甘宁边区政府教育厅颁布《暂行中学规程(草案)》。

9 月 国民政府教育部令中小学加授兵役课程。

10 月 国民政府教育部颁布《小学课程修订标准》及各科课程标准。

1943 年

1 月 国民政府教育部颁布《高中毕业生服务办法》。

4 月 国民政府教育部颁布《各省市县学田拨充学校校产实施办法》。

晋察冀边区行政委员会公布《晋察冀边区小学教师服务暂行规程》。

6 月 国民政府教育部颁布《电化教育巡回工作队组织通则》。

7 月 国民政府教育部颁布《补习学校规程》。

国民政府教育部颁布《教育部派遣国外留学公费生管理办法》。

国民政府教育部规定星期日为各级学校德育日。

9 月 国民政府教育部颁布《扩大科学化运动工作要项》。

11 月 国民政府教育部颁布《国外留学自费派遣办法》。

国民政府教育部颁布《学生自治会规则》。

12 月 国民政府教育部颁布《学生志愿服役办法》。

国民政府教育部颁布《各级学校办理社会教育办法》。

1944 年

1 月 国民政府教育部在重庆召开边疆教育会议。

国民政府行政院公布《小学教员检定办法》。

国民政府教育部颁布《学龄儿童及失学民众强迫入学办法》。7月,国民政府公布《强迫入学条例》。

2 月 晋察冀边区行政委员会发出通知:在冬学运动的基础上建立民校。

3 月 国民政府公布《国民学校法》。

国民政府教育部举办扩大国语运动周活动。

国民政府教育部颁布《专科以上学校实施劳动服务办法》。

4 月 陕甘宁边区政府发出指示信:提倡人民自办小学,实行"民办公助"。

6 月　国民政府公布《学校教职员退休条例》、《学校教职员抚恤条例》。

国民政府教育部颁布《边疆学生待遇办法》。

9 月　国民政府教育部颁布《专科以上学校中等学校训育标准》。

10 月　晋察冀边区行政委员会发布《关于开展冬学运动的指示》。

陕甘宁边区文教代表大会在延安举行。

国民政府公布《补习学校法》。

毛泽东在陕甘宁边区文教工作者会议上作题为《文化工作中的统一战线》的讲演。

国民政府公布《教育会法》。

11 月　国民政府教育部颁布《全国各县市普及教育文化事业实施办法》、《普及全国图书教育办法》。

12 月　国民政府教育部颁布《国外留学办法》、《电化教育实施要点》。

1945 年

1 月　国民政府教育部颁布《普及失学民众识字教育计划大纲》。

4 月　毛泽东在《论联合政府》中提出新民主主义文化教育的具体纲领。

8 月　国民政府教育部发布《教育播音办法》、《推行家庭教育办法》。

国民政府教育部电颁《战区各省市教育复员紧急办理事项》。

9 月　国民政府教育部在重庆举行全国教育善后复员会议。

10 月　国民政府教育部颁布《设立临时大学补习班办法》。

台湾光复后,国民政府教育部设台湾区教育复员辅导委员会,任命特派员办理辅导接收教育事宜。

台湾省行政长官公署在台北成立。公署设教育处为掌理全省教育行政及学术文化之行政机构。

11 月　台湾省行政长官公署颁布《教育接收办法》,接收省内学校及其他教育机构。台北帝国大学接收后就原址设台湾大学。

国民政府派胡适等 5 人赴伦敦参加联合国教育会议,并签订联合国教育科学文化组织约章。

12 月　军警特务闯入西南联大、云南大学等校,镇压学生运动,酿成"一二·一"惨案。

国民政府教育部颁布《收复区专科以上学校教职员甄审办法》、《毕业生甄审办法》、《肄业生学业处理办法》,以及《收复区各县市国民学校教员登记甄审训练办法》。

国民政府行政院令将战地失学失业青年招致训练委员会与教育部战区教育指导委员会合并,改组为青年复学就业辅导委员会。

晋察冀边区行政委员会冀中行署发布《关于新解放区教育工作的指示》。

1946 年

1 月　国民政府教育部颁布《国民学校教员任用待遇保障进修办法》。

台湾省行政长官公署教育处:废除日本殖民统治时期之一、二、三号课程表,试行新课程表,增加国语、历史、公民教学时数。

陕甘宁边区政府教育厅在延安举行中等教育会议。

国民政府教育部严令取缔敌伪教科用书,一律采用国定本教科书。

2 月　国民政府教育部颁布《收复区专科以上学校处理办法》、《中等以上学校战时服役学生复员及转学办法》。

国民政府教育部在重庆召开中等以上学校迁校会议。4 月,公布迁校办法。

3 月　国民政府教育部颁布《补习学校规则》。

4 月　国民政府教育部颁布《国立大学及独立学院附设先修班办法》。

5 月　晋察冀边区行政委员会发出《目前边区教育工作的指示》。

6 月　国民政府教育部颁布《战后各省市五年制师范教育实施方案》。

7 月　国民政府教育部在南京举行高等教育讨论会。

9 月　东北行政委员会发布《关于改造学校教育与开展冬学运动的指示》。

11 月　国民政府教育部颁布《国民学校教员检定办法》。

联合国教育科学文化组织在巴黎举行第一届大会,中国代表团朱家骅等 6 人参加。

12 月　陕甘宁边区政府发布《战时教育方案》。

1947 年

1 月　国民政府公布《中华民国宪法》。在"基本国策"章中列"教育文化"节,共 10 条。

国民政府教育部指令东北区教育复员辅导委员会,将伪满 34 所专科以上学校分别列入大学和专科学校。

4 月　国民政府教育部颁布《华侨学生优待办法》、《外国留学生优待办法》、《修正职业学校规程》、《修正师范学校规程》。

国民政府教育部颁布《国外留学规程》。

国民政府教育部通令:切实推行小学二部制。

5 月　南京、天津、上海等地发生"五二○"惨案。

7 月　国民政府教育部颁布《国立中等以上学校及省立专科以上学校学生公费给予办法》及《国立中等以上学校及省立专科以上学校学生奖学金办法》。

国民政府国防部规定:本月起,大中学毕业生受军训。

12 月　国民政府教育部发布《学生自治会规则》。

是年　台湾省台北市开始实施九年义务教育。

1948 年

1 月　国民政府颁布《大学法》、《专科学校法》。

中共中央东北局发布《关于知识分子的决定》。

2 月　东北行政委员会发布《关于中等教育的指示》。

国民政府教育部颁布《推进中等职业学校计划》。

国民政府教育部召开大学文、理、法、师范四学院课程会议。

4 月　国民政府教育部颁布《学校教职员退休条例》、《学校教职员抚恤条例》。

5 月　国民政府行政院发布《地方国民教育经费整理及增筹办法》。

6 月　中共中央发布《关于保护和改革新收复区学校教育的方针给中原局宣传部的指示》。

7 月　中共中央宣传部发布《关于处理新收复区大中学校的方针给东北局宣传部的指示》。

陕甘宁边区政府发出指示:恢复老区国民教育工作和中等教育工作。

8 月　华北人民政府教育部召开中等教育会议。

华北大学成立。

9 月　国民政府教育部颁布《小学课程标准》。

10 月　东北行政委员会发布《关于教育工作的指示》。

新华社发表社论《恢复和发展中等教育是当前的重大政治任务》。

1949 年

1 月 中共中央颁布《关于建立中国新民主主义青年团的决议》和团章草案。

华北、东北解放区第一届学生代表大会分别在石家庄、沈阳举行。

中共旅大区委、旅大行政公署提出开展识字运动,两年内基本消灭文盲。

2 月 中共中央东北局、东北行政委员会发布指示:加强工人群众中的政治文化教育工作。

华北人民政府委员会通过 1949 年华北文化教育建设计划。

3 月 中华全国学生代表大会在北平举行。

4 月 中国新民主主义青年团首次代表大会在北平召开,中国新民主主义青年团成立。

毛泽东、朱德发布《中国人民解放军布告》,其中规定:保护一切公私学校、文教机构。

华北人民政府教育部教科书编审委员会成立。

5 月 全国青年代表大会在北平召开,中华全国青年联合会成立。

华北人民政府在北平召开华北小学教育会议。其后,发布有关规程、办法和指示。

平津各大学开始进行校务改革。

6 月 华北人民政府设立华北高等教育委员会。

7 月 陕甘宁边区政府发布《关于新区目前国民教育改革的指示》。

8 月 中共中央东北局、东北行政委员会决定整顿高等教育。

9 月 中国人民政治协商会议第一届全体会议通过《中国人民政治协商会议共同纲领》,其中第五章为"文化教育政策",共 8 条。

10 月 中国新民主主义青年团决定建立中国少年儿童队。

中华人民共和国中央人民政府委员会任命郭沫若为政务院文化教育委员会主任,马叙伦为教育部部长。

11 月 中央人民政府教育部成立。

教育部在北京召开华北区及京、津 19 所高等院校负责人会议,讨论高等教育改造方针。

12 月 教育部发出《关于开展 1949 年冬学工作的指示》。

政务院文化教育委员会成立办理留学生回国事务委员会。

政务院决定成立中国人民大学。教育部发布《关于中国人民大学实施计划的决定》。

教育部在北京召开第一次全国教育工作会议。

是年 中国人民解放军各地军事管制委员会妥善接收原国民党统治区的各级学校和文教机构,进行初步调整、改革。

东北地区开展学习苏联教育经验活动。

1950 年

1 月 政务院规定:省设文教厅或处,直辖市设教育局,县设教育科或局。

2 月 中国新民主主义青年团中央委员会在北京召开第一次学校工作会议。

4 月 教育部与北京市文教局联合创办的北京实验工农速成中学开学。

教育部通告:废除"四四"儿童节,规定 6 月 1 日为儿童节。

5 月 《人民教育》杂志创刊,毛泽东题词:"恢复和发展人民教育是当前重要任务之一。"

钱俊瑞在《人民教育》著文阐述教育建设方针。

6 月 教育部在北京召开第一次全国高等教育工作会议。

毛泽东在中共七届三中全会讲话中提出,要有步骤地、谨慎地进行旧有学校教育事业和旧有社会文化事业的改革工作,争取一切爱国的知识分子为人民服务。

政务院成立高等学校毕业生工作分配委员会。

毛泽东致信马叙伦,强调健康第一、学习第二。

台湾教育主管部门颁布"教育实施纲要"。

上半年 教育部、高等学校聘请苏联专家担任顾问或教师。

7 月 徐特立在《人民教育》撰文论述爱祖国、爱人民、爱劳动、爱科学、爱护公物五项国民公德。

政务院发出指示:救济失业教师与处理学生失学问题。

教育部、出版总署统一中小学教科书版本和供应工作。

8 月 中华全国总工会、教育部在北京召开中国教育工会第一次全国代表大会。

政务院批准高等学校进行课程改革。

教育部颁布《高等学校暂行规程》、《专科学校暂行规程》。

政务院颁布《关于高等学校领导关系的决定》。

9 月 教育部选定北京育才小学等六校,进行小学五年一贯制实验。

中华人民共和国首次派出 25 名留学生,赴波、捷、罗、匈、保五国留学。

教育部、中华全国总工会在北京召开第一次全国工农教育会议。

10 月 中国人民大学开学。

教育部接办私立辅仁大学。

11 月 首批来华 35 名留学生入清华大学。

政务院公布《培养少数民族干部试行方案》。

全国教育工会、全国学联号召教育工作者和学生参加抗美援朝保家卫国爱国运动。

12 月 中央军委、政务院决定,招收青年学生、青年工人入各种军事干部学校。

人民教育出版社成立。

政务院第六十五次会议通过《关于处理接受美国津贴的文化教育救济机关及宗教团体的方针的决定》。

是年 中央美术学院、中央戏剧学院、中央音乐学院在北京成立。

凯洛夫主编的《教育学》中译本出版。

1951 年

1 月 全国职工业余教育委员会成立。

3 月 教育部在北京召开第一次全国中等教育会议。

5 月 教育部、全国教育工会决定,废除"六六"教师节,以"五一"国际劳动节为教师节。

毛泽东为《人民日报》撰写社论,批判电影《武训传》和"武训精神"。教育界开展批判运动。

6 月 中央民族学院开学。

教育部在北京召开第一次全国中等技术教育会议。

7 月 教育部发布《各级教育行政部门管理外侨子女学校暂行办法》。

8 月 政务院发布决定:改善各级学校学生健康状况。

首批派往苏联的 375 名留学生启程。

教育部在北京召开第一次全国初等教育会议和第一次全国师范教育会议。

9 月 教育部在北京召开第一次全国民族教育会议。

北京、天津 20 所高等学校教师开展改造思想、改革高等教育学习运动。

北京大学、清华大学等校学生 800 人,分赴西北、中南、西南参加土地改革运动。

10 月　政务院发布《关于改革学制的决定》。

11 月　教育部在北京召开全国工农速成中学工作会议。

1952 年

3 月　教育部发布《幼儿园暂行规程(草案)》、《小学暂行规程(草案)》、《中学暂行规程(草案)》。

4 月　政务院决定在各级教育行政部门中增设民族教育行政机构和专职人员。

5 月　教育部发出通知:推广祁建华速成识字法。

6 月　中华全国体育总会成立。

　　　教育部公布汉字常用字表,共 1 500 个汉字。

　　　教育部规定全国高等学校实施全国统一招生。

上半年　各级学校进行反对资产阶级思想腐蚀教育和揭发批判资产阶级教育思想运动。

7 月　教育部决定短期培养大量初等及中等教育师资。

　　　政务院发出通知,决定在全国高、中等学校学生中实行人民助学金制。

9 月　教育部决定由政府接办全国私立中小学。

　　　全国高等及中等学校学生由公费制改为人民助学金制。

　　　北京华侨学生中等补习学校开学。

10 月　政务院发布决定:加强革命残疾军人学校正规教育。

　　　高等学校试行政治工作制度,设立政治辅导处。

　　　《小学教师》杂志创刊。

11 月　教育部组织高等学校翻译、出版苏联高等学校各科教材。

　　　高等教育部、扫除文盲工作委员会成立。

　　　教育部发出指示:全国小学从一年级新生起,普遍推行五年一贯制。

　　　教育部发出指示:整顿和发展民办小学。

下半年　全国高等院校进行院系调整和专业设置工作,重点培养工业建设人才和师资。接收外资津贴学校。

1953 年

1 月　政务院文教委员会在北京召开大行政区文教委员会主任会议。

2 月　扫除文盲工作委员会在北京召开第一次全国扫除文盲工作会议。

4 月　教育部通知各省市教育厅、局设立体育科或体育专职视导人员。

　　　全国开始中等专业学校调整、整顿工作。

5 月　《高等教育通讯》创刊。

　　　毛泽东主持召开中共中央政治局会议,讨论教育工作。

6 月　毛泽东接见青年团二大代表,要求青年"身体好,学习好,工作好"。

　　　教育部在北京召开第二次全国教育工作会议。

8 月　中国少年儿童队改名中国少年先锋队。

　　　政务院批准《长期收容处理华侨学生工作方针与方案》。

9 月　教育部决定停止推行小学五年一贯制,恢复"四二"制。

　　　教育部在北京召开全国高等师范教育会议。

　　　中共中央批准发布教育部党组、高等教育部党组、扫盲工作委员会党组的三个报告。

　　　台湾颁布"社会教育法"。

11 月　中央人民政府决定派遣中国语文教师出国教学。

　　　扫盲工作委员会发布《关于扫盲标准、毕业考试等暂行办法的通知》。

12 月　中共中央发布指示:加强干部文化教育工作。

　　　政务院颁布《关于整顿和改进小学教育的指示》。

是年　全国私立学校全部改为公办。

1954 年

1 月　教育部在北京召开全国中学教育会议。

3 月　政务院文教委员会在北京召开全国文教工作会议。

4 月　高等教育部总结推广中国人民大学学习苏联进行教学改革的经验。

　　　政务院公布《各人民民主国家来华留学生暂行管理办法》。

　　　青年团中央发出指示:组织不能升学的高小和初中毕业生参加或准备参加劳动生产。

5 月　高等教育出版社成立。

　　　国家体委、教育部、高等教育部等 6 单位发出指示:在全国中等以上学校推行"准备劳动与保卫祖国"体育制度(即"劳卫制")。

　　　中共中央转发教育部党组《关于解决高小和初中毕业生学习与从事生产劳动问题的请示报告》。

6 月　政务院发布指示:改进和发展中学教育。

　　　教育部、高等教育部、卫生部、国家体委发布《开展学校保健工作的联合指示》。

7 月　教育部、扫盲工作委员会通知:城市的业余文化教育工作采取"政府领导、群众办学"方针。

8 月　教育部、扫盲工作委员会在北京召开第一次全国农民业余文化教育会议。

　　　国家体委、教育部等 5 个单位决定,在全国小学中推行少年广播体操。

　　　中共中央批转中共北京市委《关于提高中小学教育质量的决定》。

9 月　一届全国人大一次会议通过《中华人民共和国宪法》,其中第九十四条和九十五条对教育作出规定。

　　　政务院发布决定:改进中等专业教育。

10 月　高等教育部确定中国人民大学、北京大学、清华大学、哈尔滨工业大学、北京农业大学、北京医学院 6 校为全国重点高等学校。

　　　高等学校文科师生参加批判俞平伯《红楼梦》研究、胡适派唯心论的运动。

　　　国务院第二办公室成立,撤销文教委员会。

11 月　高等教育部发布《中等专业学校章程》。

　　　扫盲工作委员会并入教育部。

12 月　高等学校开始实行由高等教育部或有关业务部委、省市地方政府领导三种管理办法。

是年　高等学校开始执行统一的教学计划和教学大纲。

1955 年

1 月　国务院发布《关于厂矿、企业自办中、小学和幼儿园的规定》。

2 月　教育界开展全面发展教育的讨论。

　　　教育部发布《小学生守则》。

5 月　教育部发布《中学生守则》。

5—6月 国务院第二办公室在北京召开全国文化教育工作会议。

6月 中国科学院学部委员会正式成立。

7月 教育部指示各地有效解决中小学生课业负担过重问题。

全国第一所工读学校北京市工读学校开学。

高等教育部决定接受工业部门委托,选送参加156项工程的在职老干部入高等学校干部训练班学习。

一届全国人大二次会议通过《中华人民共和国发展国民经济的第一个五年计划(1953—1957)》,第八、九章列出各级各类教育事业发展计划。

全国各级各类学校改行以货币工资为标准的工资制度。

《中华人民共和国兵役法》第八章对高中以上学生的军事训练作出规定。

台湾省立师范学院改为台湾省立师范大学。

8月 高等教育部发布《全国高等学校一般学生人民助学金实施办法》。

9月 教育部在北京创办教育行政学院。

首批派往苏联的33名高等学校进修教师启程。

全国高等学校进行提升讲师、副教授工作。

教育部、财政部通知各地调整统一中小学征收杂费标准。

高等教育部等有关部门着手进行学位学衔制起草工作。

北京、天津创办广播函授学校。

台湾行政主管部门颁布《发展初级中学教育方案》,规定"省办高中、县办初中"原则。

10月 教育部、中国文字改革委员会在北京召开全国文字改革会议。

中共中央决定取消各地干部子女学校。

中国中小学教师代表团赴苏联访问考察。

11月 中共中央转发教育部党组《关于实用主义教育思想在中国教育中的影响和批判实用主义教育思想的初步计划》。

北京部分高等学校和中等学校进行军训试点。

12月 教育部、高等教育部、全国总工会在北京召开全国职工业余教育会议。

是年 高等院校再次进行布局调整,加强内地高等学校建设。

1956年

1月 周恩来在中共中央召开的会议上作《关于知识分子问题的报告》。

各级各类学校教科书开始使用简化汉字。

2月 国务院发布指示:推广普通话。

中共中央决定在10所工业大学开办领导干部特别班。

3月 高等教育部、中国科学院在南京大学等高等院校建立一批科研机构。

中共中央、国务院发布《关于扫除文盲的决定》。

全国扫除文盲协会成立。

4月 国务院决定动员在职人员、待业青年报考高等院校。

国务院批准在省、自治区、直辖市逐步设立专门管理高等教育的行政机构。

5月 《教师报》创刊。

高等教育部在北京召开全国中等专业教育工作会议。

高等教育部发布试行《中华人民共和国高等学校章程草案》。

6月 高等教育部发布《高等学校科学研究奖励暂行办法(草案)》。

教育部在北京召开第二次全国民族教育会议。

7月 教育部选派27名初中、师范教师和教育行政干部赴西藏帮助

建立中学。

8月 全国教育工会在北京召开第二次全国代表大会。

9月 中共八大报告提出:文教事业在整个社会主义建设事业中占有重要地位,要进行全面规划。

10月 国务院科学规划委员会领导制定的《全国自然科学和社会科学12年规划》完成。

下半年 全国中小学提升一批特级教师。

1957年

2月 毛泽东提出:"我们的教育方针,应该使受教育者在德育、智育、体育几方面都得到发展,成为有社会主义觉悟的有文化的劳动者。"

教育部就指导中小学毕业生升学和就业问题发出通知。

毛泽东与七省市教育厅局长座谈中小学教育改革与发展问题。

4月 一些城市的初高中毕业生响应号召,下乡参加农业生产劳动。

5月 中国新民主主义青年团改名为中国共产主义青年团。

6月 教育部发出通知:提倡群众办学,允许私人办学。

全国各级教育行政部门和各级各类学校开始反右派斗争,一批干部、教职工和大学生被错划为右派分子。

8月 国务院发布《华侨捐资兴办学校办法》。

中共中央抽调一批中高级干部到大中学校工作。

10月 各地高等学校学生开展红专问题辩论。

11月 毛泽东在莫斯科会见中国留学生。

1958年

1月 教育部要求各地中小学和师范学校编写、讲授乡土教材。

2月 高等教育部、教育部合并为教育部。

一届全国人大五次会议通过《关于汉语拼音方案的决议》。

4月 各地出现创办民办农村农业中学和城市职业中学热潮。

各级各类学校开展"拔白旗、插红旗"等"兴无灭资"运动。

中共中央在北京召开教育工作会议。

中央各部委领导的187所高等学校和大部分中等技术学校下放归地方管理。

5月 刘少奇在中共中央政治局会议上提出试行半工半读教育制度。

天津国棉一厂创办半工半读学校。

7月 高等学校实行学校单独或联合招生。

陆定一在《红旗》杂志著文,阐述教育必须与生产劳动相结合。

8月 江西共产主义劳动大学总校及30所分校开学。

中共中央、国务院发布《关于教育事业管理权力下放问题的规定》。

毛泽东视察天津大学和南开大学。

9月 毛泽东视察武汉大学。

《中共中央、国务院关于教育工作的指示》发布。

各地开始进行缩短中小学学制的改革试验。

《毛泽东论教育工作》、《马克思主义经典作家论教育》出版。

11—12月 教育部、共青团中央在北京举办教育与生产劳动相结合展览会。

是年 各级各类学校掀起教育事业"大跃进"和"教育大革命"运动。

高小以上学校师生员工投入"大炼钢铁"等运动。

1959年

1月 中共中央在北京召开教育工作会议。

3 月   国务院第二办公室在北京召开全国工矿企业职工教育工作
会议。

4 月   劳动部在上海召开全国技工学校工作会议。
国家科委、外交部、教育部在北京召开留学生工作会议。

5 月   中共中央发布教育工作的 10 个文件。
国务院发布《关于全日制学校的教学、劳动和生活安排的规
定》。
中共中央、国务院发出《关于试验改革学制的决定》。

上半年   国务院主管工业、农业、交通、商业的部委先后召开教育工作
会议。

10 月   教育部在北京召开农村扫盲、业余教育工作会议。

11 月   国家科委、教育部、中国科学院在北京召开高等学校科学研究
工作(自然科学)会议。

1960 年

1 月   国务院业余教育委员会成立。

3 月   国务院发布《关于高等学校教师职务名称及其确定与提升办法
的暂行规定》、《关于评定和提升全日制中小学教师工资级别
的暂行规定》。
北京电视大学开学。

4 月   陆定一提出全日制中小学教学改革原则。
三届全国人大二次会议通过《一九五六年到一九六七年全国农
业发展纲要》。其中提出:12 年内基本扫除青壮年文盲。
中共中央在全国推广山西省万荣县注音识字经验。

5 月   中共中央、国务院发布指示:保证学生、教师身体健康和劳逸
结合。
中共中央宣传部在北京召开省市文教书记会议。

6 月   全国文教群英会在北京召开。
教育部在北京举办普通教育教学展览会和高等教育展览会。

上半年   全国中等以上学校参加全民技术革新和技术革命运动。

7 月   全国教育系统苏联专家撤离。

9 月   各地进行中小学学制改革试验。
华侨大学开学。

10 月   中央教育科学研究所成立。

11 月   中共中央文教小组在北京召开全国文教工作会议。

1961 年

1 月   教育部在北京召开全国重点高等学校工作会议。

2 月   中共中央书记处讨论高、中等学校的教材问题。其后,高等学
校和中等专业学校理工农医各科教材领导小组成立,主持教
材编写修订工作。

4 月   中共中央宣传部会同教育部、文化部召开会议,部署全国高等
学校文科和艺术院校教材编写工作。
人民教育出版社编辑出版中小学十年制教材。

7 月   教育部在北京召开全国高等学校及中等学校调整工作会议。
毛泽东写信支持江西共产主义劳动大学的办学方向。

9 月   中共中央批准试行《教育部直属高等学校暂行工作条例(草
案)》(即“高校六十条”)。

10 月   教育部在北京召开全国师范教育会议。

1962 年

1 月   中共中央转发《共青团在学校中的思想政治工作纲要(试行

草案)》。

3 月   教育部决定在全国重点高等院校培养骨干教师。

4 月   教育部在北京召开全国教育会议。

7 月   教育部、共青团中央为在“教育大革命”中受批判和处分的高等
学校学生甄别平反。
中共中央批准《外国留学生工作试行条例(草案)》和《外国实习
生工作试行案例(草案)》。

8 月   教育部指定一些办得好的城市中学招收少量优秀农村学生。
全日制十二年制中小学统一教材开始由人民教育出版社
出版。

10 月   教育部在北京召开教育事业计划会议。

12 月   教育部要求各地集中力量办好若干所中小学。

是年   教育系统进行各级各类学校调整和精减教职工工作。

1963 年

1 月   教育部在北京召开高等学校研究生工作会议。
香港立法局发表《政府关于中小学改制的政策声明》。

2 月   财政部、教育部发出《关于教育事业财务管理若干问题的
规定》。

3 月   中共中央发布《全日制小学暂行工作条例(草案)》(即“小学四十
条”)和《全日制中学暂行工作条例(草案)》(即“中学五十条”)。
各级各类学校开展学习雷锋活动。

5 月   教育部通知试行修订的《中学生守则(草案)》和《小学生守则
(草案)》。
各级学校开始通过访贫问苦、社会调查,对学生进行阶级教育。
教育部发出指示:加强中小学体育卫生工作。

6 月   中共中央、国务院发布《关于加强高等学校统一领导、分级管理
的决定(试行草案)》。

7 月   教育部发出通知:坚持中小学教学改革试验工作。
教育部决定试行对少数特别优秀的高等学校毕业生提前选拔、
单独分配办法。

8 月   教育部发出通知:检查、处理私人举办的函授和文化补习学校。

9 月   北京、上海等地开办从小学三年级开始的外国语学校。全日制
中小学增加开设英语班级的比例。

10 月   高等学校文科学生参加农村社会主义教育运动。
中共中央发布指示:加强少年儿童校外教育和整顿中小学教师
队伍。
各地开展对“母爱教育”的讨论和批判。
香港中文大学成立。

12 月   国务院决定:教育部分为高等教育部和教育部。次年 3 月开始
分开办公。

1964 年

1 月   教育部在北京召开教育厅局长会议。

2 月   中央学制问题研究小组成立。
毛泽东在北京召开教育工作座谈会,发表“春节谈话”。

3 月   教育部提出从学制、课程、教学方法和考试制度四方面进行教
学改革。
国家科委、教育部向有关高等学校下发《1963—1972 年科学技
术发展规划研究任务书》。

4 月   技工学校的综合管理工作由劳动部划归教育部主管。

5 月   中共中央、国务院批转教育部临时党组《关于克服中小学学生

负担过重现象和提高教学质量的报告》。

批准在高校设立 40 多个外国问题研究机构。

6 月 北京钢铁学院、东北石油学院试办产业工人班。

高级中学、中等师范学校、中等专业学校采用《毛泽东著作选读（乙种本）》为政治课代用教材。

高等学校设立研究外国问题机构和加强充实国际政治院系。

教育界开始批判苏联凯洛夫主编的《教育学》。

7 月 中央学制问题研究小组草拟《学制改革初步方案》。

刘少奇视察各地，提出继续试行两种教育制度和两种劳动制度。

8 月 部分高等学校学生暑假期间到部队当兵。

国务院批转教育部、国家体委、卫生部《关于中小学生的健康状况和改进学校体育卫生工作的报告》。

9 月 一些省市和中央部委成立专管半工（农）半读教育的机构。

10 月 清华大学、南京工学院试办两年制预科班。

11 月 中共中央宣传部在北京大学进行社会主义教育运动试点。

是年 各地兴办耕读小学、简易小学和半工（农）半读中等学校。

1965 年

1 月 教育部、国家编制委员会为中等学校配备 1.4 万名专职政治课教师。

2 月 中共中央、国务院决定组织高等学校理工科师生参加社会主义教育运动。

3 月 教育部在北京召开全国农村半农半读教育会议。

4 月 香港发布《教育政策白皮书》。

上半年 高等教育部根据国家建设方针，调整高等学校布局。

7 月 毛泽东写信给陆定一，强调要减轻学生课业负担。

9 月 《人民日报》发表社论《教学工作要贯彻少而精的原则》。

10 月 教育部在北京召开全国城市半工半读教育会议。

11 月 高等教育部举办直属高等学校科技成果展览会。

《人民教育》发表大庆教育专辑，教育界开展学大庆活动。

12 月 高等教育部在北京召开全国半工（农）半读高等教育会议。

1966 年

1 月 中共中央转发教育部党组《关于减轻学生负担保证学生健康问题的报告》。

3 月 中共中央成立以刘少奇为组长的教育领导小组。

4 月 中共高等教育部委员会作出部署，在批判《海瑞罢官》基础上深入开展学术批判。

5 月 中共中央转发毛泽东的"五七指示"。

中共中央政治局扩大会议通过《中国共产党中央委员会通知》（即"五一六通知"）。

北京清华大学附中等学校学生纷纷成立"红卫兵"等群众组织。

6 月 《人民日报》发表北京大学的"第一张大字报"。中共中央派出工作组，领导北京大学的"文化大革命"。

中共中央、国务院发布《关于改革高等学校招生考试办法的通知》。

教育部通知研究生招生工作暂停。高等教育部通知推迟选拔、派遣留学生工作。

7 月 高等教育部通知推迟接受来华留学生工作。

高等教育部、教育部合并为教育部。

中共中央决定，撤销派驻学校的工作组。大中学校"放假闹

革命"。

8 月 中共中央八届十一中全会通过《中共中央关于无产阶级文化大革命的决定》（简称"十六条"）。

毛泽东在天安门首次接见来京大串连的各地红卫兵。

9 月 教育部及各级教育行政部门业务工作被迫停顿。

12 月 中共中央决定委托中国人民解放军对大中学生进行短期军政训练。

1967 年

1 月 教育部、外交部通知，在国外的留学生除科技进修生有特殊需要的，一律回国参加"文化大革命"运动。

2 月 中共中央发布小学、中学进行"文化大革命"的两个文件。

3 月 各地大中小学校军训全面展开。进行以班级为基础的大联合，成立"三结合"革命委员会。

中共中央发布《关于大专院校当前无产阶级文化大革命的规定（草案）》。

全国部分中小学开始复课。

5 月 中共中央、国务院、中央军委、中央"文革"小组发布《关于半工半读学校复课闹革命和毕业生分配问题的通知》。

6 月 中共中央决定，进行大专院校 1966 年毕业生及 1965 年待分配毕业生的分配工作。

7 月 《人民日报》发表文章《打倒修正主义教育路线总后台》。

8 月 台湾颁布"九年义务教育实施纲要"。

10 月 中共中央、国务院、中央军委、中央"文革"小组发布《关于大、中、小学校复课闹革命的通知》。

11 月 《人民日报》发表上海同济大学、北京林学院、北京师范大学的三个"教育革命"初步方案。

12 月 中共中央、国务院、中央军委、中央"文革"小组印发《毛泽东论教育革命》一书。

中共中央、中央"文革"小组批转北京香厂路小学的材料，以"红小兵"取代少先队。

1968 年

4 月 中共中央、国务院、中央军委、中央"文革"小组决定对大中小学所有学龄已到毕业期限的学生及时做好分配工作。

6 月 中共中央、国务院、中央军委、中央"文革"小组决定：大专院校毕业生一般都必须先当普通工人、农民，分配一部分毕业生到解放军农场锻炼。

7 月 毛泽东批示：理工科大学要走上海机床厂从工人中培养技术人员的道路（即"七二一指示"）。

中共中央、国务院、中央军委、中央"文革"小组决定对教育部实行军事管制。

8 月 中共中央、国务院、中央军委、中央"文革"小组决定派工人宣传队进驻学校，把大中城市的大中小学校逐步管起来，领导"斗批改"。

各地农村陆续向中小学派驻毛泽东思想宣传队，成立贫下中农管理学校委员会（组）。

9 月 《红旗》杂志发表理工科大学和医学院搞教育革命的两篇调查报告，并传达毛泽东关于由工农兵给知识分子以再教育的指示。

上海机床厂创办"七二一"工人大学，各地相继仿办。

10 月 《人民日报》发表毛泽东关于干部下放劳动的指示。高等学校

和中央、地方教育行政部门随即开办"五七"干校,下放干部。

11 月　《人民日报》开辟"关于公办小学下放到大队来办"的专栏讨论。各地大批农村公办小学改为民办。

12 月　《人民日报》发起"城市的小学及中学应如何办?"的讨论。一些大中城市将小学改由街道办事处管理。

《人民日报》发表毛泽东关于"知识青年到农村去,接受贫下中农再教育"的指示。全国城镇出现知识青年上山下乡高潮。

下半年　各地教育行政机构陆续恢复。

是年　台湾全面普及九年义务教育。

1969 年

1 月　中共中央、中央文革小组批转清华大学工人、解放军宣传队《关于坚决贯彻执行对知识分子"再教育"、"给出路"政策的报告》。

4 月　中共九大报告号召:把上层建筑包括教育、文艺、新闻、卫生等各个文化领域的革命进行到底。

首都工人毛泽东思想宣传队进驻教育部,会同军事管制小组领导斗批改。

10 月　中共中央发出《关于高等学校下放问题的通知》。

一批高等学校和大批中等专业学校裁并。一些设在大中城市的高等学校外迁。

是年　上海、北京发行试用自编的中小学暂用教材。

1970 年

6 月　中共中央批转《北京大学、清华大学关于试点招生的请示报告》,开始招收工农兵学员。

中共中央通知,1969—1971 年大专院校应届毕业生开始分配工作。

7 月　《红旗》杂志发表《为创办社会主义理工科大学而奋斗》。

国务院科教组成立,主管原教育部和国家科委的工作。

9 月　《光明日报》发表调查报告,介绍工农兵讲师团。

10 月　台湾教育主管部门颁布《特殊教育推行办法》。

12 月　中共中央通知,大中城市学校在寒暑假期间分批分期进行野营拉练。

是年　国务院批准恢复一批高等学校。

一些农村兴办各种形式的县、社办"五七学校"、"五七大学"。

1971 年

1 月　国家计委、国务院科教组提出高等学校调整方案。

4 月　国务院在北京召开全国教育工作会议。

8 月　中共中央批转《全国教育工作会议纪要》,其中"两个估计"全盘否定"文革"前 17 年的教育工作。

10 月　联合国教科文组织执行局通过恢复中华人民共和国合法权利的决议。

1972 年

2 月　中华人民共和国恢复了在联合国教科文组织中的活动。

5 月　国务院科教组在北京召开综合大学和外语院校教育革命座谈会。

8 月　国务院科教组决定新建人民教育出版社。

台湾修正并颁布"大学法"。

10 月　各地广播电台相继举办业余外语广播讲座。

国务院科教组在北京召开教材工作会议。

中华人民共和国首次派代表团出席联合国教科文组织大会。

11 月　国务院科教组指示北京师范大学等校分工开展外国教育研究工作。

是年　恢复向英、法派出留学生,共 36 人。

一些工矿企业加强对青年职工进行技术培训,逐步恢复职工业余教育。

1973 年

1 月　国务院科教组机关刊物《教育革命通讯》创刊。

4 月　国务院科教组提出高等学校招生要重视文化考查。

6 月　国务院科教组在北京召开文科教育革命座谈会。

7 月　国务院批转国家计委、国务院科教组《关于中等专业学校、技工学校办学的几个问题的意见》。

八省、自治区中小学蒙文教材协作组成立。

国务院批准恢复接受外国留学生。

8 月　《人民日报》转载《辽宁日报》发表的《一份发人深省的答卷》及按语,并再加按语,否定高等学校招生进行文化考查。

9 月　国务院科教组在北京召开教育战线批判孔子座谈会。

10 月　国务院科教组在北京召开理工科院校教育革命座谈会。

清华大学军宣队发动批判"右倾复辟回潮"运动,许多高等学校纷纷仿效。

11 月　国务院科教组在全国推行朝阳农学院经验。

12 月　《人民日报》转载《北京日报》的《一个小学生的来信和日记摘抄》及按语,并再加按语,在全国掀起"破师道尊严"、"反复辟"、"反回潮"运动。

国务院科教组在北京召开九省市中小学教育革命座谈会。

是年　一些高等学校陆续举办各种半年、一年制短训班。

1974 年

1 月　河南省唐河县发生马振扶公社中学事件。

5 月　复旦大学等校为上山下乡知识青年试办函授教育。

6 月　六省市和国家机关选派大中学教师和干部 389 人支援西藏教育事业。

全国各地加强驻校工人宣传队和贫下中农管理学校委员会工作。

8 月　《人民日报》发表《为哪条教育路线唱赞歌?》,批判湘剧《园丁之歌》。

国务院科教组、外交部发布试行《出国留学生管理制度(草案)》和《出国留学生守则(草案)》。

国务院科教组在北京召开中小学批林批孔汇报会。

一批高等学校文科对法家著作进行注释。

9 月　国务院科教组、财政部发布《关于开门办学的通知》。

11 月　国务院科教组发出通知,按反映"文化大革命"成果和"批林批孔"要求,检查修订现行教材。

台湾颁布"私立学校法"。

12 月　国务院科教组等三个单位在辽宁召开学习朝阳农学院教育革命经验现场会。

1975 年

1 月　四届全国人大一次会议通过《中华人民共和国宪法》,其中第十二条、二十七条对教育作出规定。

国务院科教组撤销,恢复教育部。

4 月 国务院批转教育部《关于边疆和少数民族地区普及小学五年教育问题的请示报告》。

5—10 月 教育部长周荣鑫按照周恩来、邓小平等的指示,着手教育整顿工作,扭转混乱局面。

7 月 教育部、第一机械工业部在上海召开全国七二一工人大学教育革命经验交流会。

8 月 教育部、卫生部发布《关于进一步加强中小学卫生教育的几点意见》。

是年 香港教育工作者联会成立。

1976 年

2 月 《人民日报》以《无产阶段文化大革命的继续和深入》为题,发表关于清华大学"教育大辩论"的情况报道。在此前后,北京、上海、辽宁等地的学校相继开展"教育大辩论",推动"反击右倾翻案风"运动。

7 月 教育部决定,高等学校招生、分配实行"社来社去、厂来厂去、哪来哪去"原则。

10 月 教育界与全国人民一起举行集会、游行,庆祝粉碎"四人帮"反党集团的胜利,声讨其罪行。

是年 台湾修正并颁布"职业学校法"、"专科学校法"和"补习教育法"。

1977 年

5 月 邓小平与教育部负责人谈尊重知识,尊重人才。

8 月 邓小平主持召开科学和教育工作座谈会。

教育部开始从美、英、法、日、德等国引进大中小学校教材。

9 月 教育部组织人员编写中小学各科教材。

邓小平与刘西尧谈教育战线的拨乱反正问题。

10 月 国务院批转教育部《关于 1977 年高等学校招生工作的意见》,从此恢复高等学校招生统一考试的制度。

11 月 教育部大批判组发表文章《教育战线的一场大论战——批判"四人帮"炮制的两个估计》。

进驻学校的工宣队全部撤离。

12 月 教育部、中央广播事业局开办英语、数学、电学技术电视教育讲座。

是年 香港考试局成立。

1978 年

1 月 教育部确定部办重点中小学 20 所。各地相继确定一批重点中小学。

各地按教育部要求进行中小学教师队伍整顿工作,大批公办教师归队。

教育部发布《全日制十年制中小学教学计划试行草案》。

2 月 教育部确定第一批全国重点院校 88 所。

3 月 五届全国人大一次会议通过《中华人民共和国宪法》,其中第十三条、第五十一条对教育作出规定。

国务院批准教育部恢复和提升高等学校教师职务。

中共中央、国务院在北京召开全国科学大会。

中国科技大学开办少年班。

4 月 教育部在北京召开全国教育工作会议。邓小平发表重要讲话。

5 月 教育部、全国科协举办部分省市中学生数学竞赛。

6 月 教育部在南京召开高等学校改变领导体制交接工作会议。

上半年各地中学和一些小学,按学生文化程度分快班(提高班)、中班(普通班)、慢班(基础班)。

7 月 国务院批准教育部、侨办《关于接收华侨、港澳学生回国和到内地升学的意见》。

教育部在北京召开研究生培养工作会议。

国务院批准重建中央教育科学研究所。

8 月 国务院批转教育部《关于退还占用校舍的请示报告》。

各地撤销学校中的"红卫兵"组织。

国务院批准教育部筹建中央电化教育馆和中央教育电影制片厂。

教育部发出通知,决定从 9 月 1 日起在全国中小学执行《小学生守则》和《中学生守则》,以后又相继发布《高等学校学生守则(试行草案)》、《中等专业学校学生守则(试行草案)》和《中等师范学校学生守则(试行草案)》,成为新时期各级各类学校学生行为准则。

9 月 教育部通知试行修订的《全日制中学暂行工作条例(试行草案)》、《全日制小学暂行工作条例(试行草案)》。

大、中、小学开始使用新编教材。

10 月 教育部通知试行修订的《全国重点高等学校暂行工作条例(试行草案)》。

中国科学院研究生院在北京成立。

共青团十届一中全会决议:恢复中国少年先锋队名称,撤销"红小兵"组织。

11 月 国务院发布《关于扫除文盲的指示》。

12 月 教育部、国家计委发布试行《关于评选特级教师的暂行规定》。

是年 高等学校在完成国家招生计划后,1977 级招收走读生,1978 级设立大学分校,扩大招收新生。

港英当局实施九年免费强迫教育。

1979 年

2 月 中国联合国教科文组织全国委员会正式成立。

教育部、外交部、财政部发布《关于加强外国教材引进工作的规定和暂行办法》。

中央广播电视大学开学。

3 月 中共中央决定,撤销 1971 年批转的《全国教育工作会议纪要》。

教育部、中国社会科学院在北京召开第一次全国教育科学规划会议。

4 月 中国教育学会成立。

《教育研究》杂志创刊。

5 月 全国大中学校学生会组织陆续恢复。

7 月 教育部等 5 个单位在北京召开全国托幼工作会议。

8 月 教育部重新颁布《小学生守则》、《中学生守则》两个试行草案,1981 年 9 月正式执行。

中共中央批转中央宣传部等八单位《关于提请全党重视解决青少年违法犯罪问题的报告》。

9 月 教育部在郑州召开全国职工教育会议。

10 月 教育部和国家体委联合颁布《中小学体育工作暂行规定》和《高等学校体育工作暂行规定(试行草案)》。

教育部、财政部等五个单位决定:边境 136 个县(旗)、市的中小学民办教工,分两批全部转为公办教师。

11 月 中共中央推广湖南省桃江县发展农村教育事业经验。

中国教育工会在北京召开全国教育工会工作会议。

台湾颁布"师范教育法"。

1980 年

1 月　教育部在北京召开全国教育工作会议。

2 月　五届全国人大常委会第十三次会议通过《中华人民共和国学位条例》。1981 年 1 月 1 日起施行。

3 月　共青团中央在南京召开共青团学校工作会议。

4 月　中共中央转发《西藏工作座谈会纪要》,其中规定文教工作若干政策。

　　　全国职工教育管理委员会成立。

　　　教育部在北京召开全国中等专业教育工作会议。

6 月　教育部在北京召开第四次全国师范教育工作会议。

　　　教育部决定在全国重点高等学校试办少数民族班。

8 月　高等学校、中等专业学校举办两年制干部专修科。

9 月　国务院批转教育部《关于大力发展高等学校函授教育和夜大学的意见》。

10 月　国务院批转教育部、国家劳动总局《关于中等教育结构改革的报告》。

　　　国务院批准实施《外国文教专家工作试行条例》。

　　　国务院批转教育部、国家民委《关于加强民族教育工作的意见》。

　　　教育部在北京召开首次全国工读学校座谈会。

12 月　教育部在北京召开全国教育工作座谈会。

　　　中共中央、国务院发布《关于普及小学教育若干问题的决定》。

　　　邓小平在中央工作会议上提出加强各级学校的政治思想教育。

　　　中共中央组织部、教育部决定加强高等学校领导班子建设与管理。

是年　中央有关部委分别召开教育工作会议,研究办好本系统院校教育。

　　　创办于 1790 年的澳门航海学校恢复办学。

1981 年

1 月　国务院批准建立高等教育自学考试制度,在京、津、沪试点。

　　　国务院批转教育部、外交部等七个单位《关于自费出国留学的请示》和《关于自费出国留学的暂行规定》。

2 月　中共中央、国务院发布《关于加强职工教育工作的决定》。

　　　国家民委、教育部在北京召开第三次全国民族教育工作会议。

3 月　教育部、外交部、财政部对纳入政府间交流计划来华的外国学者进入高等学校从事科学研究工作作出规定。

　　　国务院批转教育《关于抓紧解决中小学危房倒塌不断发生重大伤亡事故问题的请示报告》。

4 月　教育部决定逐步改中学学制为六年制,5 年完成过渡。

　　　教育部在北京召开全国学校体育、卫生工作会议。

5 月　国务院发布《中华人民共和国学位条例暂行实施办法》。

7 月　教育部委托北京师范大学等 6 所高等师范院校举办高校管理干部培训班。

　　　中央农业广播学校开学。

8 月　教育部在北京召开全国学校思想政治教育工作会议。

9 月　香港教育署印发《学校德育指引》。

11 月　台湾颁布"幼稚教育法"。

1982 年

1 月　全国职工教育管理委员会、教育部等五单位发出通知:切实搞好青壮年职工文化、技术补课工作。

　　　中共中央通知:检查知识分子工作,落实党的知识分子政策。

2 月　共青团中央、教育部在北京召开第一次全国"三好"学生、优秀学生、优秀学生会干部和先进集体代表会议。

3 月　教育部通知试行高等学校和中等专业学校两个《学生守则(试行草案)》。

　　　国务院批转教育部、外交部、公安部《关于安排外国进修生和研究学者有关问题的指示》。

5 月　台湾修正并颁布《强迫入学条例》,规定强迫入学的年龄为 6～15 岁。

8 月　教育部等四个单位在北京召开第一次全国中小学勤工俭学工作会议。

9 月　中共十二大报告中提出,确立教育在整个社会主义现代化建设中的战略地位。

12 月　五届全国人大五次会议通过《中华人民共和国宪法》,其中第十九、二三、二十四条及第四十六至四十九条对教育作出规定。

1983 年

2 月　国务院批转教育部等四个单位制定的《全国中小学勤工俭学暂行工作条例》。

3 月　邓小平视察上海、江苏,就发展高等教育提出意见。

4 月　国务院批转教育部、国家计委《关于加速发展高等教育的报告》。

5 月　中共中央、国务院发布《关于加强和改革农村学校教育若干问题的通知》。

　　　全国高等教育自学考试指导委员会成立。

　　　教育部在武汉召开全国高等教育工作会议。

　　　教育部、劳动人事部、财政部、国家计划委员会发布《关于改革城市中等教育结构发展职业技术教育的意见》。

　　　教育部批准各地高等学校设立 110 个自然科学研究机构。

　　　首批 18 位博士研究生获得博士学位。

　　　中国高等教育学会成立。

6 月　教育部批准恢复高等教育出版社。

7 月　《中国教育报》正式创刊。

　　　教育部、财政部发布《普通高等学校本、专科学生人民奖学金试行办法》。

　　　教育部在北京召开全国普通教育工作会议。

8 月　中共中央、国务院发布《关于引进国外智力以利四化建设的决定》。

9 月　邓小平为北京景山学校题词:"教育要面向现代化,面向世界,面向未来。"

　　　全国教育科学规划领导小组成立。

12 月　教育部发布《关于全日制普通中学全面贯彻党的教育方针,纠正片面升学率倾向的十项规定(试行草案)》。

是年　台湾空中大学试播,1986 年正式成立。

1984 年

2 月　全国高等教育自学考试首批毕业生 133 人,获大学专科毕业证书。

教育部发出通知：在教育战线开展清除精神污染工作。

6 月　中宣部、教育部、共青团中央、全国教育工会在北京召开全国高
等学校思想政治工作会议。

教育部、劳动人事部在上海召开高等学校管理体制改革讨
论会。

教育部、财政部、国家计委发布《高等学校接受委托培养学生的
试行办法》。

7 月　共青团、教育部在北京召开中国少年先锋队队员和辅导员全国
代表大会。

中国教育学会在北京召开第一次全国教育学术讨论会。

8 月　北京大学等 22 所高等院校试办研究生院。

9 月　中国教育国际交流协会成立。

《中国教育年鉴(1949—1981 年)》出版。

10 月　教育部、全国教育工会发布《中小学教师职业道德要求(试行
草案)》。

12 月　国务院发布《关于筹措农村办学经费的通知》。

教育部、国家计委决定在北京等三市筹建西藏学校，在上海等
16 个城市举办西藏班。

国务院发布《关于自费留学的暂行规定》。

台湾颁布"特殊教育法"。

1985 年

1 月　教育部、解放军三总部发出通知：在高等学校、高级中学进行军
训试点工作。

六届全国人大常委会第九次会议决定：9 月 10 日为教师节。

3 月　教育部决定，建立教育系统科学技术进步奖励制度。

教育部、全国教育工会发布《高等学校教职工代表大会暂行工
作条例》。

4 月　教育部决定北京大学等 7 校联合招收华侨、港澳台学生。

5 月　中共中央、国务院召开全国教育工作会议。

《中共中央关于教育体制改革的决定》发布。

6 月　教育部在北京召开全国中小学思想政治教育工作会议。

国家教育委员会成立，李鹏任主任。教育部撤销。

7 月　西藏大学成立。

国务院批准国家科委、国家教委、中国科学院试行博士后研究
制度，试办博士后科研流动站。

8 月　中共中央发布《关于改革学校思想品德和政治理论课程教学的
通知》。

中共中央和国务院直属机关派出讲师团，协助地方培训中小学
师资。

《中国大百科全书·教育》出版。

10 月　高等学校 336 项科研成果获首次国家科技进步奖。

11 月　国家教委在北京召开全国中小学师资工作会议。

1986 年

1 月　国家教委发布《高等学校接受国内访问学者的试行办法》。

2 月　国家教委、财政部决定成人高等学校实行全国统一招生。

教育部、广播电影电视部等 9 个单位在北京召开卫星电视教育
工作会议。

国务院发布《高等教育管理职责暂行规定》。

3 月　国家教委通知，已普及初中教育的地方取消初中招生考试。

4 月　六届全国人大四次会议通过《中华人民共和国义务教育法》，7

月 1 日起施行。

国务院发布《征收教育费附加的暂行规定》，7 月 1 日起施行。
1990 年 6 月 7 日修改。

7 月　国家教委、国家计委、国家经委、劳动人事部在北京召开全国职
业技术教育工作会议。

国务院批准改革高等学校人民助学金制度，试行奖学金和贷学
金制度。

8 月　国家教委在上海召开全国工读教育工作会议。

9 月　国务院办公厅转发国家教委等 5 个部门联合制定的《关于实施
〈义务教育法〉若干问题的意见》。

国家教委决定，对不具备国家规定学历的中小学教师试行考核
合格证书制度。

国家教委成立中小学教材审定委员会，实行编审分开，一纲
多本。

10 月　国家教委、共青团中央、全国妇联在黑龙江省召开第一次全国
少年儿童校外教育工作会议。

11 月　劳动人事部、国家教委发布《技工学校工作条例》。

国务院批准恢复和重建教育督导制度，建立全国县以上各级教
育督导机构。

12 月　国务院批准安排 20 万专项劳动指标，从民办教师中选招公办
教师。

国务院批转国家教委《关于出国留学人员工作的若干暂行
规定》。

国务院发布《普通高等学校设置暂行条例》。

1987 年

2 月　国家教委和河北省政府联合在河北涿州市召开农村教育改革
实验区工作会议，标志着我国农村教育改革实验工作启动。

3 月　国家教委决定试行高等学校校长任期制。

5 月　中共中央《关于改进和加强高等学校思想政治工作的决定》
发布。

6 月　国家教委、财政部发布《关于农村基础教育管理体制改革若干
问题的意见》。

国务院批转《国家教育委员会关于改革和发展成人教育的
决定》。

国家教委、国家计委、财政部联合发出《高等学校培养第二学士
学位生的试行办法》。

7 月　国家教委发布《关于社会力量办学的若干暂行规定》。

8 月　国家教委、公安部通知：国内外组织和个人不得擅自在中国招
收自费出国留学人员。

10 月　国家教委在北京召开全国幼儿教育工作会议。

中共十三大报告中提出，要把经济建设转到依靠科技进步和提
高劳动者素质轨道上来。

11 月　国家教委、国务院西藏经济工作咨询小组转发《关于内地对口
支援西藏教育实施计划》。

国家教委在湖南长沙市召开 11 个城市办学方向研讨会，从此
启动城市教育综合改革工作。

12 月　国家教委等 5 个单位决定开展大学后继续教育。

国家教委在北京召开全国电化教育工作会议。

国家教委评定，王力著《古代汉语》等 261 种教材获全国优秀教
材奖。

是年　一些部委高等院校和地方高等院校开展横向联合办学。

1988 年

1 月　国家教委在北京召开全国高等教育工作会议。

2 月　国务院发布《扫除文盲工作条例》,1993 年 8 月 1 日修正。

《中国高等教育》(社会科学理论版)创刊。

3 月　国务院发布《高等教育自学考试暂行条例》。

4 月　教育部决定普通高等学校在完成国家招生计划后可招收自费生。

国家教委、全国妇联要求重视女童入学问题。

香港科技大学成立。

5 月　国家教委对全日制中学纠正片面追求升学率和减轻小学生课业负担作出规定。

国家教委发布《广播电视大学暂行规定》。

6 月　国家教委在北京召开全国中小学德育工作会议。

8 月　国家教委发布试行《小学生日常行为规范》、《中学生日常行为规范》。

国家教委在河北南宫市召开全国实施"燎原计划"工作会议。

9 月　国家教委发布《义务教育全日制小学、初级中学教学计划(试行草案)》和 24 个学科的教学大纲(初审稿)。

国家教委对招收和培养外国来华留学研究生作出规定。

10 月　国家教委发布《社会力量办学教学管理暂行规定》。

11 月　国家教委、民政部、中国残疾人联合会在北京召开全国特殊教育工作会议。

12 月　《中共中央关于改革和加强中小学德育工作的通知》发布。

1989 年

1 月　国务院批转国家教委、财政部等 4 个单位《关于进一步发展中小学勤工俭学若干问题的意见》、《关于高等学校开展社会服务有关问题的意见》。

3 月　中国青少年发展基金会成立。

国务院批转国家教委关于实行高等学校招生和毕业生分配制度改革的报告。

国家教委决定对近年新设置的近 200 所不合格普通高等学校进行充实整顿。

4 月　国家教委决定组织沈阳等 6 个城市学习联邦德国"双元制"职业技术教育模式经验,开展试点工作,并制订方案。

5 月　国家教委在全国建立 100 个农村教育改革实验区。

国务院办公厅发布《关于发展特殊教育的若干意见》。

6 月　国家教委、国家体委、卫生部等 5 个单位决定,实施全国学生体质、健康状况监测。

国家教委发布《幼儿园工作规程(试行)》。

7 月　国家教委在北京召开全国高等学校工作会议。

国家教委发布《关于试行普通高中毕业会考制度的意见》和《关于改革普通高等学校招生考试及录取新生办法的意见》。

《国家教委政报》创刊。

8 月　农业部等 5 个单位决定实行农科教结合,共同促进农村、林区人才开发与科技进步。

国家教委直属高等学校工作咨询委员会成立。

9 月　全国 15 个大中城市开展城市教育综合改革实验。

国家教委发布《幼儿园管理条例》。

国家教委决定在全国 102 个企业进行教育综合改革实验。

10 月　邓小平为中国少先队建队 40 周年题词:"培养有理想、有道德、有文化、有纪律的无产阶级革命事业接班人。"

国家教委在长沙召开全国燎原计划与农村教育改革实验县工作会议。

中国青少年发展基金会决定,实施"希望工程——百万爱心行动",救助贫困失学少年。

国家教委中学校长培训中心在华东师范大学成立。

11 月　国家教委发布《高等学校学生行为准则(试行)》。

联合国教科文组织在北京召开面向 21 世纪教育国际研讨会。

12 月　国家教委、财政部在济南召开全国筹措教育经费、改善办学条件现场会。

国家教委在北京举办首届全国大学生课外科技活动成果展览及技术交流会。

1990 年

1 月　国家体委、国家教委在全国各级各类学校推行《国家体育锻炼标准实施办法》。

全国普通高等学校 433 项优秀教学成果获奖。

国家教委发布《普通高等学校学生管理规定》。

2 月　国家教委发出《关于进一步做好高等学校毕业生思想政治教育工作的通知》。

台湾教育主管部门颁布《社会教育工作纲要》。

3 月　国家教委、国家体委发布实施《学校体育工作条例》。

七届全国人大三次会议通过《中华人民共和国香港特别行政区基本法》,其中第一百三十六和一百三十七条对教育作出规定。

国家教委、解放军总政治部发出《军队院校从地方招收高中毕业生工作的若干规定》。

国家教委发出《关于部分普通高等学校 1990 年暂停招生的通知》。

4 月　中组部、中宣部、国家教委党组在北京召开首次高等学校党的建设工作会议。

林业部、国家教委发出《关于林业部部分直属普通高等学校 1990 年招生试行单独录取的通知》。

国家教委办公厅发出《关于认真解决民办教师工资拖欠问题的通知》。

5 月　国家教委发布《教育系统内部审计工作规定》。

国家教委发出《关于国家教委直属高等学校监察工作若干问题的意见(试行)》。

国家教委办公厅发出《关于成立〈中国教育年鉴〉编委会的通知》。

全国第一所希望小学在安徽金寨县诞生,救助 500 名失学儿童重返校园。

6 月　国家教委、卫生部发布实施《学校卫生工作条例》。

《国家教委关于农村中小学参加扫盲工作的通知》发布。

国务院发布《国务院关于修改〈征收教育费附加的暂行规定〉的决定》。

国家教委发布《对外汉语教师资格审定办法》。

7 月　国家教委发布《全国农村教育综合改革实验区工作指导纲要(试行)》。

国家教委、人事部、国家计委、公安部、商业部发布《普通高等学校招收自费生暂行规定》。

国家教委发出《关于认真进行普通高校本科专业清理工作和上报 1991 年普通高校部分本科专业暂停招生方案的通知》。

8月 《教育大辞典》分卷本开始由上海教育出版社出版。

国家教委办公厅发出《关于对职业高级中学开展评估,认定"省级重点职业高级中学"的通知》。

国家教委发布《省级重点职业高级中学的标准》。

国家教委发出《关于在普通高中实行毕业会考制度的意见》。

国家教委发出通知,暂停函授、夜大学审批、备案工作。

国家教委发出《关于施行〈中华人民共和国国旗法〉严格中小学升降国旗制度的通知》。

国家教委办公厅发出《关于提请注意以德育工作业绩为主要依据评选一批中小学特级教师的通知》。

9月 国家教委发出《关于出国留学生回国学习有关问题的通知》。

国家教委发布《高等学校校园秩序管理若干规定》。

国家教委发出《关于落实世界银行贷款职业技术教育项目效益指标的意见》。

国家教委发出《关于严禁体罚、变相体罚学生和防止中小学教师中少数坏人奸污女学生的通知》。

10月 国务院学位委员审核批准《授予博士、硕士学位和培养研究生的学科、专业目录》。

国家教委发出《大学生体育合格标准实施办法》。

国家教委发出《关于改革高考科目设置的通知》。

国家教委办公厅发出《关于加强义务教育阶段中小学生写字教学的通知》。

国家教委发布《普通高等学校教育评估暂行规定》。

11月 国家教委发出《关于教育系统纠正行业不正之风的通知》。

国家教委发布《国家教育委员会机关保密工作细则》。

国务院学位委员会、国家教委发出《关于施行〈授予博士、硕士学位和培养研究生的学科、专业目录〉的通知》。

12月 国家教委发布《海外考试考务管理规则》。

国家教委、财政部、国家计委、农业部在北京召开全国集资办学表彰大会。

国家教委、国家科委在北京召开全国高等学校科学技术会议。

国家语委、国家教委发出《关于小学普及普通话的通知》。在小学推广普通话,到2000年,使普通话成为校园语言。

国家教委发布《中等师范学校德育大纲(试行)》和《中等师范学校学生行为规范(试行)》。

国家教委发出《普通高等学校举办非学历教育管理暂行规定》。

1991年

1月 国家教委在北京召开全国职业技术教育工作会议。

国家教委发出《关于加强普通高等专科教育工作的意见》。

国家教委在全国开展治理教育系统"三乱"(乱收费,乱编印复习资料,乱办班发文凭)工作。

国家教委发出《关于认定首批省级重点职业高级中学的通知》,公布了首批206所省级重点职业高级中学的名单。

国家教委发出《关于高考改革有关问题的通知》。

2月 林业部、国家教委联合发布《林业部直属普通高等学校招收有实践经验人员的暂行办法》。

国家教委发出《关于做好高考科目设置改革试点工作的通知》。

国家教委发布《小学生日常行为规范》和《中学生日常行为规范》,从1991年春新学期开学后在全国中小学普遍施行。

国家教委发出《关于高等学校重点学科建设与管理的意见》。

3月 江泽民提出要对大中小学生(甚至幼儿园孩子)由浅入深、坚持

不懈地进行中国近代史、现代史及国情教育。

国家教委发出《普通高等学校工程专科教育的培养目标和毕业生的基本要求(试行)》和《普通高等学校制订工程专科专业教学计划的原则规定(试行)》。

国家教委办公厅发布《普通中等专业学校办学水平评估指标体系》(试行)。

中国政府签署《儿童生存、保护和发展世界宣言》和《执行90年代儿童生存、保护和发展世界宣言行动计划》。

国家教委发出通知,试办七年制高等中医教育。

国务院学位委员会发布《国务院学位委员会关于授予具有研究生毕业同等学力的在职人员硕士、博士学位暂行规定》及其实施细则。

4月 国家教委发布《教育督导暂行规定》。

全国关心下一代工作委员会成立。

国务院发布《禁止使用童工规定》。

国家教委发出《关于清理整顿普通高等学校分校(分院、教学点)的通知》。

5月 国家教委在北京召开全国教育督导工作会议。

国家教委发布《关于坚决制止中小学乱收费的规定》。

国家教委发布《中学生体育合格标准实施办法》。

6月 国家教委发布《关于大力发展乡(镇)、村农民文化技术学校的意见》。

国家教委在全国开设中等教育自学考试。

国家教委办公厅发出《关于中小学国情教育课外阅读读物的通知》。

国家教委发出《关于改进和加强学前班管理的意见》。

国家教委办公厅发出《关于加强幼儿园安全工作的通知》。

国家教委发布《全国中小学校长任职条件和岗位要求(试行)》。

7月 国家教委发出《关于实施〈现行普通高中教学计划的调整意见〉和普通高中毕业会考制度的意见》。

财政部、国家教委联合发出《关于对教育补助专款实行项目管理的通知》。

国家体委与国家教委联合发出《体育运动学校办学暂行规定》、《体育运动学校学生学籍管理办法》和《三年制中等体育专业教学计划》。

9月 七届全国人大常委会第二十一次会议通过《中华人民共和国未成年人保护法》,1992年1月1日起施行。

澳门东亚大学改名澳门大学。

10月 《国务院关于大力发展职业技术教育的决定》颁布。

1992年

1月 国家教委发布《全国教育事业十年规划和"八五"计划要点》。

国家教委办公厅印发《关于深化城市综合改革若干问题的意见》、《全国城市教育综合改革实验工作指导纲要》。

2月 国务院发布《九十年代中国儿童发展规划纲要》。

国家教委发布《全国中小学勤工俭学"八五"期间发展计划要点》。

国家教委发布《教育审计工作"八五"计划要点》。

3月 国家教委发布施行《中华人民共和国义务教育法实施细则》。

国家民委、国家教委在北京召开第四次全国民族教育工作会议。

4月 国家教委、国家科委决定加强高等学校科技成果推广应用

工作。

5 月　中宣部、国家教委在福建三明市召开全国中小学德育工作
　　　会议。

　　　国务院生产办、国家教委、中科院决定在全国组织实施"产学研
　　　联合开发工程"。

6 月　中共中央、国务院发布《关于加快发展第三产业的决定》，将教
　　　育事业列为对国民经济发展具有全局性、先导性影响的基础
　　　行业，加快发展第三产业的重点。

8 月　国家教委发布《九年义务教育全日制小学、初级中学课程计划
　　　（试行）》和 24 个学科教学大纲。

　　　国家教委在北京召开全国成人高等教育工作会议。

　　　国家教委发出《关于国家教委直属高校深化改革、扩大办学自
　　　主权的若干意见》，提出加大高校改革力度，激活办学机制。

9 月　国家教委发布实施《中国汉语水平考试（HSK）办法》。

　　　国务院办公厅转发国家教委等 3 个单位《关于"八五"期间解决
　　　城市中小学教职工住房问题的意见》。

　　　中共十四大报告中提出，各级政府要增加教育投入；改变国家
　　　包办教育的做法。

10 月　国家教委对全国 143 个少数民族贫困县实施教育扶贫。

　　　　国家教委规定扫除青壮年文盲单位考核标准和个人脱盲考试
　　　　内容。

　　　　国家教委发布施行《教师和教育工作者奖励暂行办法》。

11 月　国家教委在北京召开全国普通高等教育工作会议。

是年　全国妇联实施帮助贫困地区女童接受初等义务教育的"春蕾
　　　计划"。

1993 年

1 月　国务院批转国家教委《关于加快改革和积极发展普通高等教育
　　　的意见》。

　　　国务院办公厅转发国家教委《关于进一步改革和发展成人高等
　　　教育的意见》。

2 月　中共中央、国务院发布《中国教育改革和发展纲要》。

3 月　联合国教科文组织、国家教委在河南郑州市召开中国全民教育
　　　国家级大会。

　　　国家教委发布《普及九年义务教育评估验收办法》和《县级扫除
　　　青壮年文盲单位检查评估办法》。

　　　国务院委托国家教委在北京召开教育支援西藏工作会议。

　　　八届全国人大一次会议通过《中华人民共和国澳门特别行政区
　　　基本法》，其中第一百二十一、一百二十二条对教育作出
　　　规定。

　　　国家教委发出通知，颁布《小学德育纲要》。

　　　国家教委发出《关于深化普通高等学校招生计划改革和加强宏
　　　观管理的意见》。

5 月　国家教委中小学教材审定委员会举行会议，审定供 1994 年秋
　　　季使用的九年义务教育教材。

　　　国家教委发出《关于进一步加强普通高等学校招生监察工作的
　　　意见》。

7 月　国家教委发布《关于重点建设一批高等学校和重点学科点的若
　　　干意见》，决定实施"211 工程"。

　　　国家教委、财政部决定资助高等学校特困生。

8 月　《国务院关于修改〈扫除文盲工作条例〉的决定》发布。

　　　国家教委发布《民办高等学校设置暂行规定》。

10 月　北京市在全国率先实现"两基"（基本普及九年义务教育和基本
　　　　扫除青壮年文盲）。

　　　　八届全国人大四次会议通过《中华人民共和国教师法》，1994 年
　　　　1 月 1 日起施行。

11 月　《国务院关于贯彻实施〈中华人民共和国教师法〉若干问题的通
　　　　知》发布。

　　　　国家教委国防科学技术委员会在北京成立。

　　　　全国普通中等专业教育改革与发展会议在湖南株洲市举行。

12 月　国家教委发出《关于批准普通高等学校举办本科函授教育的
　　　　通知》。

1994 年

1 月　国家教委在北京召开 1994 年全国教育工作电话会议。

　　　国家教委、农业部、林业部联合在杭州召开全国普通高等农林
　　　教育工作会议。

　　　台湾颁布"师资培育法"，各大学院校均可培育师资。

2 月　国家教委颁布《国家级重点职业高级中学标准》。

　　　人民教育出版社统一编写和出版残疾儿童九年义务教育教材。

3 月　国家教委、人事部发出《关于进一步做好授予高等学校教授、副
　　　教授任职资格评审权工作的通知》。

　　　国家教委发出《关于加强和改进高等学校人文社会科学研究工
　　　作的若干意见》。

　　　国家教委发布《中学生日常行为规范》。

　　　国家教委在南京召开首次全国教育纪检监察工作会议。

　　　国务院发布《教学成果奖励条例》。

4 月　国家教育督导团成立。

　　　四川大学和成都科技大学合并创办四川联合大学的成立大会
　　　在成都举行。

　　　国家教委办公厅颁布《普通高等学校招生全国统一考试建立标
　　　准分数制度实施方案》。

　　　国家教委印发《关于改革和发展成人中等专业教育的意见》。

5 月　国家教委发出《关于成立全国中小学体育教学改革指导小组的
　　　通知》。

　　　普通高等学校为贫困学生设立勤工助学基金。

　　　上海工业大学、上海科技大学、上海大学、上海科技高等专科学
　　　校合并组建为新的上海大学，并举行成立大会。

6 月　中共中央、国务院在北京召开全国教育工作会议。

　　　国家教委在北京召开 90 年代基本普及九年义务教育和基本扫
　　　除青壮年文盲督导工作会议。

7 月　《国务院关于〈中国教育改革和发展纲要〉的实施意见》发布。

　　　国家教委印发《实行新工时制对全日制小学、初级中学课程（教
　　　学）计划进行调整的意见》和《实行新工时制对高中教学计划
　　　进行调整的意见》。

　　　国家教委召开主任办公会议，讨论并原则通过《中华人民共和
　　　国教师法实施细则》（草案）。

　　　中国学位与研究生教育学会在北京成立。

　　　全国第一家专门从事学位与研究生教育评估工作的事业性机
　　　构——高等学校与科研院所学位与研究生教育评估所，在北
　　　京理工大学成立。

8 月　中共中央发布《爱国主义教育实施纲要》。

　　　国务院发布《残疾人教育条例》。

　　　《中共中央关于进一步加强和改进学校德育工作若干意见》

发布。

台湾成立教育改革审议委员会,该委员会定期发布咨议报告书,提出对台湾教育改革的建议。

9月　国家教委发出《关于在九十年代基本普及义务教育和基本扫除青壮年文盲的实施意见》。

国家教委办公厅印发《国家教育督导团若干工作制度(试行)》。

37所高等学校实行收费制度。

国家教委发布《普及义务教育评估验收暂行办法》。

10月　国家教委宣布:北京、天津、上海全面普及九年义务教育和扫除青壮年文盲。

国家语委、国家教委、广播电视部决定开展普通话水平测试工作。

11月　国家教委决定整顿奥林匹克学校,控制考试,改变中小学"应试教育"模式。

12月　卫生部、国家教委联合颁布《托儿所、幼儿园卫生保健管理办法》。

1995年

1月　"全国高校毕业生就业市场(上海市场)"诞生。

国家教委批准建立49个国家文科基础学科人才培养和科学研究基地学科点。

国家教委发布《中外合作办学暂行规定》。

2月　国家教委发布《中学德育大纲》。

国家教委、新闻出版署联合发布《普通中小学教材出版发行管理规定》。

3月　八届全国人大三次会议通过《中华人民共和国教育法》,9月1日起施行。

国家教委发布《全国外语水平考试管理规则》。

4月　国家教委发布《关于开办外籍人员子女学校的暂行管理办法》。

国家教委设立"国家教委留学基金会管理委员会",改革现行国家公派留学生办法。

5月　《中共中央、国务院关于加速科学技术进步的决定》发布,首次明确提出科教兴国战略。

全国科学技术大会召开。

国家教委发布《中小学教材编写、审查和选用的规定》。

国家教委发布《关于普通中等专业教育(不含中师)教育改革与发展的意见》。

6月　国家教委成立高等职业教育协调组。

国家教委印发《关于深入推进农村教育综合改革的意见》。

国家教委、共青团中央、全国妇联等七单位联合颁布《少年儿童校外教育机构工作规程》。

7月　《国务院办公厅转发国家教委关于深化高等教育体制改革若干意见的通知》发布。

国家教委、国家统计局联合印发《国家教育经费执行情况监测制度(试行)》。

8月　国家教委发布《关于实施〈中华人民共和国教育法〉若干问题的意见》和《关于实施〈中华人民共和国教师法〉若干问题的意见》。

《中华人民共和国体育法》颁布。

台湾颁布"教师法"。

9月　国家教委宣布有1 050个县级行政区基本扫除青壮年文盲。

国家教委决定,从1995年秋季开始在10个省、自治区和计划单列市的广播电视大学进行招收高等专科"注册视听生"试点。

国家教委印发《关于开展小学教师基本功训练的意见》。

国家教委、财政部启动"国家贫困地区义务教育工程"。

10月　国家教委发布《关于贯彻〈中共中央、国务院关于加速科学技术进步的决定〉的若干意见》。

11月　国家教委发布试行《中国普通高等学校德育大纲》。

国务院批准《"211工程"总体建设规划》,由国家计委、国家教委、财政部负责实施。

12月　国务院发布《教师资格条例》。

国家教委发出《关于开展建设示范性职业大学工作的通知》。

1996年

1月　国家教委发布《中华人民共和国普通高等学校联合招收华侨、港澳地区及台湾省学生简章》。

国家教委发布《学前班工作评估指导要点》。

中国青少年发展基金会在北京设立"中国大学生跨世纪发展基金·济困助学金"。

2月　国家教委审批认定国家级重点职业高中296所。

国家教委在温州召开全国扫盲工作会议。

3月　国家教委发出《关于加强社会力量办学管理工作的通知》。

国家教委发布《幼儿园工作规程》和《小学管理规程》。

中共中央发布《中共普通高等学校基层组织工作条例》。

国家教委、全国扫盲工作部际协调小组设立国家级"中华扫盲奖"。

4月　国家教委发布《城镇流动人口中适龄儿童、少年就学办法(试行)》。

国家教委发布《全国教育事业"九五"计划和2010年发展规划》。

中国青少年发展基金会在北京召开全国希望工程工作会议。

国家教委公布《小学工作规程》。

5月　国家教委、中残联发布《残疾儿童少年义务教育"九五"实施方案》。

国家教委发布《中外合作举办教育考试暂行管理办法》。

八届全国人大常委会第十九次会议通过《中华人民共和国职业教育法》,9月1日起施行。

6月　高等学校"教学研究与高等人才培养中心"成立大会在北京大学举行。

国家教委在北京召开全国职业教育工作会议。

国家教委公布《幼儿园工作规程》。

7月　国家教委办公厅发出《关于进一步加强对教育经费审计监督的意见》。

国家教委办公厅发出《关于进一步加强贫困地区、民族地区女童教育工作的十条意见》。

9月　国家教委在北京召开全国师范教育工作会议。

10月　国家教委在北京召开全国高等教育自学考试工作会议。

中共十四届六中全会通过《关于加强社会主义精神文明建设若干重要问题的决议》。

11月　台湾施行修订后的小学、中学课程标准。

12月　国家教委发布《中小学计算机教育五年发展纲要(1996年—2000年)》。

台湾教育改革审议委员会发布《教育改革总咨议报告书》,提出5个改革方向、8个改革重点和52项建议。

1997 年

1 月　国家教委办公厅发布《自学考试改革与发展规划(1996—2000)》。

国家教委发布《关于积极推进"高等教育面向 21 世纪教学内容和课程体系改革计划"实施工作的若干意见》。

国家教委高等学校中国语言文学、历史学学科教学指导委员会在京成立。

国家教委发布《关于规范当前义务教育阶段办学行为的若干原则意见》。

2 月　台湾成立"教育改革推动小组",制定近程(1～2 年)、中程(3～6 年)、长程(7 年以上)教育改革方案。

3 月　国家教委发布《普通高等学校毕业生就业工作暂行规定》。

国家教委等四部委联合制定《农村教育集资管理办法》。

4 月　国家教委发出通知:实施跨世纪优秀人才培养计划(人文社会科学)。

国家教委印发《普通中小学校督导评估工作指导纲要(修订稿)》,并发出通知要求在 1998 年前在全国范围内全面推行对中小学进行督导评估制度。

建设部、国家计委、国家教委批准并发布《农村普通中小学建设标准》,并于 6 月 1 日起试行。

台湾成立"中小学九年一贯课程发展专案小组",着手订立课程纲要。

6 月　国务院学位委员会和国家教委联合发出通知,正式颁布实施修订后的《授予博士、硕士学位和培养研究生的学科专业目录》。

7 月　中国政府恢复对香港行使主权。

国务院发布《社会力量办学条例》,10 月 1 日起施行。

国家教委发布《教育电视台站管理规程》和《中小学校电化教育规程》。

8 月　国家汉语水平考试(HSK)委员会在北京成立。

9 月　国务院办公厅发出通知:解决民办教师问题。

中共十五大报告中提出,要切实把教育摆在优先发展的战略地位。

10 月　国家教委在长沙召开全国城市教育综合改革会议。

经国务院学位委员会和中央军委批准,军队学位委员会正式成立,第一届委员会由 25 人组成。

12 月　国家教委首次颁发国家级教学成果奖。

国家教委在武汉召开全国学校体育卫生国防教育工作会议。

国家教委发出通知:实行全国中小学校长持证上岗制度。

是年　香港教育统筹科改为教育统筹局。

1998 年

1 月　国家教委发布《教师和教育工作者奖励规定》。

2 月　国家教委发布《关于推进素质教育调整中小学教育教学内容、加强教学管理的意见》。

国家教委发布《面向 21 世纪深化职业教育改革的原则意见》。

国家教委发布《关于加快中西部地区职业教育改革与发展的意见》。

国家教委办公厅发布《普通高等学校人文社会科学研究成果奖励办法》。

3 月　国家教委、公安部发布《流动儿童少年就学暂行办法》。

国家教委发布《教育行政处罚暂行实施办法》。

九届全国人大一次会议决定:国家教育委员会更名为教育部。

国务院国家科技教育领导小组成立。

国家教委办公厅发布《全国幼儿园园长岗位培训教材培训班纪要》。

台湾教育主管部门发布报告《迈向学习社会——推展终身教育,建立学习社会》,将各级学校正规教育纳入全民终身学习系统。

4 月　教育部发布《关于贫困地区普及初等义务教育评估验收工作的意见》。

教育部发布《关于 1998 年普通高等学校招收少数民族预科生的通知》。

5 月　江泽民在北京大学百年庆典上发表讲话,强调大学是科教兴国的强大生力军,要建设若干所世界一流大学。

财政部、教育部发布《关于高等学校新旧会计制度衔接问题的通知》。

台湾通过《教育改革行动方案》,推行 12 项教育改革重点工作。

6 月　国务院办公厅转发《教育部关于义务教育阶段办学体制改革试验工作若干意见》。

中宣部、中组部、教育部党组发布《普通高等学校党建工作基本标准》。

7 月　国务院办公厅转发《教育部关于调整撤并部门所属学校管理体制实施意见》。是年,国务院原机械工业部等 9 个撤并部门所属 165 所高校管理体制调整完成。

8 月　教育部发布《关于认真做好"两基"验收后巩固提高工作的若干意见》。

九届全国人大常委会第四次会议通过《中华人民共和国高等教育法》,1999 年 1 月 1 日起施行。

9 月　原浙江大学、杭州大学、浙江农业大学、浙江医科大学合并组成新浙江大学。

10 月　中共中央、国务院决定:自本年起,中央本级财政支出中教育经费所占比例,连续 5 年每年提高一个百分点。

教育部发布《关于搞好灾区教育恢复重建工作的若干意见》。

教育部在北京成立高等学校文化素质教育指导委员会。

12 月　全国高等学校教学研究会在北京成立。

是年　香港特别行政区开始推行"母语教学",大多数官立中学改用中文教学。

香港高校首次在内地招生。

1999 年

1 月　国务院批转教育部《面向 21 世纪教育振兴行动计划》。

2 月　国家体育总局、教育部发布《少年儿童体育学校管理办法》。

教育部、国务院港澳办发布《关于开展内地与香港教育交流若干问题的意见》。

4 月　教育部发布《关于初中毕业、升学考试改革的指导意见》。

教育部发布《高等学校知识产权保护管理规定》。

教育部、国务院台办、国务院港澳办、公安部联合发布《关于普通高等学校招收和培养香港特别行政区、澳门地区及台湾省学生的暂行规定》。

5 月　教育部发布《关于实施〈中华人民共和国高等教育法〉若干问题的意见》。

6 月　全国教育工作会议在北京召开,《中共中央国务院关于深化教育改革全面推进素质教育的决定》发布。

7月　教育部、外交部、公安部发布《自费出国留学中介服务管理规定实施细则》。

国务院学位办批准 30 所中外合作办学项目可授予国外或香港地区学位。

《中共中央、国务院关于加强技术创新发展高科技实现产业化的决定》发布。

教育部发布《关于贯彻落实全面推进素质教育决定进一步加快中初等学校校办产业发展的若干意见》。

8月　国家助学贷款试点工作在北京等八城市启动。教育部与中国工商银行制定《国家助学贷款管理操作规程（试行）》。

10月　教育部批准设置 45 所高等学校，其中职业技术学院 34 所。

人事部、教育部等单位发出通知：决定 2 年内将全国 25 万合格民办教师全部转为公办教师。

11月　教育部发布《关于加强教育督导与评估工作的意见》。

教育部在北京召开全国研究生培养工作会议。

12月　全民教育 2000 年监测评估项目评估组宣布：90 年代中国政府基本实现 1990 年世界全民教育大会上普及义务教育的承诺。

教育部在北京召开全国教育法制工作会议。

教育部党组发布《关于高等学校学习贯彻〈中共中央关于加强和改进思想政治工作的若干意见〉的通知》。

是年　高等学校扩大招生工作完成。普通高等学校本专科招生 159.68 万人，比上年增加 51.32 万人，增长 47.4%。

普及九年义务教育的人口覆盖率达到 80%，9 个省市已按要求实现"普九"。

西藏自治区实现县县有中学、乡乡有小学，适龄儿童入学率达到 83.4%。

2000 年

1月　教育部发出《关于在小学减轻学生过重负担的紧急通知》。

教育部在北京召开全国高等学校技术创新大会。

北京、上海、安徽等地部分高等学校实行春季招生。

国务院办公厅转发教育部等六部门《关于进一步加快高等学校后勤社会化改革的意见》。

教育部发布《关于贯彻落实〈中共中央、国务院关于加强技术创新，发展高科技，实现产业化的决定〉的若干意见》。

2月　江泽民发表《关于教育问题的谈话》。

《人民日报》发表评论员文章《全社会都要关心支持教育事业》。

教育部发出通知：进一步加强和改进教育工作。

4月　中共中央办公厅、国务院办公厅发出《关于推动东西部地区学校对口支援工作的通知》。

教育部采取 10 项举措，支持西部大开发。

教育部决定改革普通高中毕业会考制度。

教育部修改高中课程计划，印发语文等 7 门学科教学大纲。必修课增设"综合实践活动"和"信息技术"。

6月　教育部、国家计委、财政部联合发布《关于 2000 年高等学校招生收费工作若干意见的通知》。

国务院、中央军委发布《关于建立依托普通高等教育培养军队干部制度的决定》。

中共中央办公厅、国务院办公厅发布《关于加强青少年学生活动场所建设和管理的通知》。

7月　国家民族事务委员会、教育部联合发布《关于加快少数民族和民族地区职业教育改革和发展的意见》。

广东、吉林、山东、江苏、浙江五省高等学校入学考试实行"3＋X"科目设置。

8月　国务院办公厅转发中国人民银行、教育部、财政部《关于助学贷款管理的补充意见》。

中国人民银行发布《助学贷款管理办法》。

9月　香港教育统筹委员会发布报告书《终身学习，全人发展——香港教育制度改革建议》，提出一系列教育改革建议。

10月　《中共中央关于制定国民经济和社会发展第十个五年计划的建议》中提出：继续实施科教兴国战略。大力开发人才资源，加快发展教育事业。

九届全国人大常委会第十八次会议通过《中华人民共和国国家通用语言文字法》，2001 年 1 月 1 日起施行。

教育部颁布《〈教师资格条例〉实施办法》。

12月　全国高等学校中共党员领导干部进行"三讲"（讲学习、讲政治、讲正气）教育。

教育部在武汉召开全国高等学校后勤社会化改革工作会议。

中共中央办公厅、国务院办公厅发布《关于适应新形势进一步加强和改进中小学德育工作的意见》。

是年　铁道部等 49 个部门 258 所高等学校管理体制改革完成。至此，全国有 612 所高等学校合并组建为 250 所。国务院部委管理的 400 余所高等学校多数改为由中央和地方共建、以地方管理为主；一些需由国家管理的学校由行业主管部门划归教育部管理。

至年末，《中国教育改革和发展纲要》提出的到 2000 年基本普及九年义务教育和基本扫除青壮年文盲的"两基"目标初步实现。

2001 年

1月　教育部发布《中等职业教育国家规划教材申报、立项及管理意见》。

2月　中国和荷兰共同签署《中华人民共和国教育部长和荷兰王国教育文化科学部长关于教育合作的会谈纪要》。

3月　科技部、教育部、中科院、工程院、国家自然科学基金委发布《关于加强基础研究工作的若干意见》。

5月　《教育部关于首次认定教师资格工作若干问题的意见》发布。

人事部、教育部、科技部、公安部、财政部印发《关于鼓励海外留学人员以多种形式为国服务的若干意见》。

《国务院关于基础教育改革与发展的决定》颁布。

6月　教育部发布《2000 年全国教育事业发展统计公报》。

科技部、教育部印发《国家大学科技园"十五"发展规划纲要》。

教育部发布《基础教育课程改革纲要（试行）》。

7月　教育部发布《中等职业学校设置标准（试行）》。

教育部发布《幼儿园教育指导纲要（试行）》。

香港课程发展议会发表报告书《学会学习——课程发展路向》，提出中小学课程改革方案。

8月　教育部发布《教师资格证书管理规定（试行）》。

教育部办公厅发布《关于在职业学校进行学分制试点工作的意见》。

9月　教育部办公厅发布《全国教育科学"十五"规划要点》和《全国教育科学"十五"规划课题指南》。

教育部、财政部、国务院扶贫开发领导小组办公室发出《关于落实和完善中小学贫困学生助学金制度的通知》。

10 月　教育部发布《全国教育系统法制宣传教育第四个五年规划》。
　　　　民政部、教育部发布《教育类民办非企业单位登记办法》(试行)。
　　　　卫生部办公厅、教育部办公厅发布《中等医学教育结构调整的指导意见》。

11 月　国家计委、财政部、教育部发出《关于坚决落实贫困地区农村义务教育阶段试行"一费制"收费制度的通知》。
　　　　教育部发布《义务教育课程设置实验方案》。

12 月　教育部、国家计委发出《关于批准有关高等学校试办示范性软件学院的通知》。
　　　　文化部、教育部发布《中等艺术学校设置标准(试行)》。
　　　　教育部发布《第一批异形词整理表》和《GB130001 字符集汉字折笔规范》。

2002 年

1 月　教育部发布《关于成立教育部学科发展与专业设置专家委员会的通知》。

3 月　教育部发布《关于推进教师教育信息化建设的意见》。

5 月　中共中央办公厅、国务院办公厅发布《2002—2005 年全国人才队伍建设规划纲要》。
　　　人事部、教育部等七部门发布《新世纪百千万人才工程实施方案》。

6 月　台湾颁布"终身学习法",推行带薪学习制度。

8 月　全国军事硕士专业学位教育指导委员会在北京成立。

9 月　以研究大学文化理论与实际问题,推进大学文化建设为宗旨的大学文化研究与发展中心在北京成立。

10 月　教育部、国家民委发布《关于学习贯彻〈国务院关于深化改革加快发展民族教育的决定〉和第五次全国民族教育工作会议精神的通知》。
　　　　教育部、司法部、中央综治办、共青团中央发布《关于加强青少年学生法制教育工作的若干意见》。
　　　　教育部、公安部、国家工商行政管理总局发布《关于进一步规范自费出国留学中介活动秩序的通知》。

11 月　教育部办公厅发布《关于做好内地高校援藏研究生招生工作的通知》。
　　　　《教育部关于进一步加强农村成人教育的若干意见》发布。
　　　　劳动和社会保障部、教育部、人事部发布《关于进一步推动职业学校实施职业资格证书制度的意见》。

12 月　教育部、国家经贸委、劳动保障部发布《关于进一步发挥行业、企业在职业教育和培训中作用的意见》。
　　　　九届全国人大常务委员会第三十一次会议通过并公布《中华人民共和国民办教育促进法》,自 2003 年 9 月 1 日起施行。

2003 年

1 月　职业教育中的第一个会议团体——全国高职高专校长联席会议在上海第二工业大学成立。
　　　香港特别行政区政府实行"局署合并",将教育署与教育统筹局合并为新的教育统筹局,并将教育委员会并入教育统筹委员会。
　　　台湾颁布"中小学九年一贯课程纲要"。

2 月　教育部发布并开始施行《高等学校境外办学暂行管理办法》。

3 月　国务院发布《中华人民共和国中外合作办学条例》,自 2003 年 9 月 1 日起施行。
　　　教育部决定北京大学等 34 所高校试行自主确定研究生复试分数线,是为全国硕士研究生招生改革的一项重要举措。

11 月　由联合国教科文组织、中央广播电视大学、上海远程集团联合主办,以"创新与合作——为远程教育的明天共同行动"为主题的"2003 世界开放大学校长会议"在上海开幕。

2004 年

2 月　教育部决定从 2004 年秋季起,在广东、山东、宁夏、海南四省(区)开始普通高中新课程实验。

5 月　教育部部长发布《国家教育考试违规处理办法》。

6 月　教育部发布《中华人民共和国中外合作办学条例实施办法》,自 2004 年 7 月 1 日起施行。

8 月　台湾教育主管部门修订并发布《公立大学校院务基金管理及监督办法》,落实公教分离。

9 月　联合国教科文组织全球大学创新联盟亚太中心年会在杭州开幕。

10 月　财政部、教育部印发《"985 工程"专项资金管理办法》。
　　　　教育部办公厅发布《关于"大学生志愿服务西部计划"志愿者报考硕士研究生享受优惠政策的通知》。

11 月　高等教育国际论坛在珠海开幕,论坛的主题是"特色·个性·人才强国战略"。
　　　　教育部发布《高等学校中长期科学和技术发展规划纲要》。

2005 年

1 月　教育部、文化部发布《关于在农村中小学实施全国文化信息资源共享工程的通知》。

4 月　教育部发布《普通高等学校少数民族预科班、民族班招生工作管理规定》、《普通高等学校招收非西藏生源定向西藏就业学生工作管理规定》、《普通高等学校招收内地西藏班、新疆高中班学生工作管理规定》。

8 月　财政部、教育部发布《国家助学奖学金管理办法》。
　　　教育部发布《关于落实保证中小学生每天体育活动时间的意见》。

11 月　《中国全民教育国家报告》发布。
　　　　高等教育国际论坛在上海开幕。
　　　　联合国教科文组织第五届全民教育高层会议在北京举行。

是年　台湾首次实施教师资格检定考试。

2006 年

1 月　中国国家留学基金管理委员会与 53 所高校校长签署合作开展"共同接收和培养外国优秀青年来华留学项目协议"。

2 月　加拿大首家孔子学院成立。
　　　中国国家教育督导团首次发布《国家教育督导报告 2005》。
　　　教育部、外交部、公安部、国务院侨务办公室发布《内地(祖国大陆)普通高等学校联合招收华侨、港澳台地区学生简章》。
　　　台湾修正并颁布《教育人员任用条例》。

3 月　中国教育发展基金会成立大会在北京举行。

4 月　教育部决定认可台湾高校学历。

6 月　十届全国人大常委会第二十二次会议通过修订后的《中华人民共和国义务教育法》。
　　　教育部发布《中小学幼儿园安全管理办法》,自 2006 年 9 月 1 日起施行。

7 月　教育部发布《国家督学聘任管理办法(暂行)》。

8 月　教育部、国家语委发布《汉字应用水平等级及测试大纲》。

9 月　教育部、国家外国专家局发布《高等学校学科创新引智基地管理办法》。

12 月　科技部、教育部发布《国家大学科技园"十一五"发展规划纲要》。

国务院审议通过《国家教育事业发展"十一五"规划纲要》。

十届全国人大常委会第二十五次会议表决通过修订后的《中华人民共和国未成年人保护法》。

澳门特别行政区通过《非高等教育制度纲要法》,规定从 2008—2009 学年起统一学制。

2007 年

1 月　中央财政将斥资 25 亿元实施"高等学校本科教学质量与教学改革工程"。

2 月　中东部地区实施义务教育经费保障机制改革。

国务院转发教育部《中小学公共安全教育指导纲要》。

教育部制定《民办高等学校办学管理若干规定》,采取七项举措引导民办高校健康发展。

4 月　孔子学院总部成立,成为全球孔子学院的最高管理机构。

教育部、国家体育总局、共青团中央在全国范围内全面启动亿万学生"阳光体育运动"。

5 月　国务院批转教育部《国家教育事业发展"十一五"规划纲要》,要求坚持教育优先发展。

国务院常务会议讨论并原则通过《教育部直属师范大学师范生免费教育实施办法(试行)》和《关于建立健全普通本科高校、高等职业学校和中等职业学校家庭经济困难学生资助政策体系的意见》。

《国务院关于建立健全普通本科高校、高等职业学校和中等职业学校家庭经济困难学生资助政策体系的意见》发布,进一步建立健全我国家庭经济困难学生资助政策体系。

7 月　教育部直属 6 所师范大学招收免费师范生 1 万余人,重点加强农村中小学师资队伍建设。

香港教育统筹局改名教育局。

11 月　农村中小学现代远程教育工程全部完成,工程覆盖中西部 36 万所农村中小学。

12 月　试点开展生源地助学贷款的五个省市江苏、重庆、陕西、甘肃、湖北共 443 个县全部实现了生源地助学贷款。

第二届孔子学院大会在北京举行。

是年　澳门特别行政区政府颁布教育发展基金制度,成立教育发展基金,用于支持和推动在非高等教育领域展开各类具有发展性的教育计划和活动。

澳门特别行政区将免费教育延伸至幼稚园三年至高中各个年级,正式进入 15 年免费教育阶段。

2008 年

2 月　由中国国家汉语国际推广领导小组办公厅与英国伦敦南岸大学合作建设的伦敦中医孔子学院正式成立,这是世界上第一所中医孔子学院。

4 月　教育部正式实施《独立学院设置与管理办法》。

苏州及其所辖五市七区通过江苏省教育现代化专家组评估,标志着苏州在全国率先实现教育基本现代化。

5 月　"高考移民诉讼第一案"开庭审理。

全国及省内一批高校出台在 2008 年本科招生录取工作中针对地震灾区高考生的录取照顾政策和关爱计划。

6 月　"联合国教科文组织国际农村教育研究与培训中心"迁址揭牌仪式暨研讨会在北京师范大学举行。

教育部在官方网站上公布新修订的《中小学教师职业道德规范(征求意见稿)》,首次加入"保护学生安全"一条。

教育部在北京召开高中新课程实验省份联席会议。

7 月　国务院常务会议研究决定从 2008 年秋季学期开始,在全国范围内全部免除城市义务教育阶段学生学杂费。

9 月　国家发展和改革委员会等七部委下发《关于开展全国教育收费专项检查的通知》,部署全国第六次教育收费专项检查工作。

12 月　教育部正式公布新制定的《中小学健康教育指导纲要》,指出今后中小学每学期都将安排 6～7 课时的健康教育课。

教育部办公厅、国家民委办公厅联合发布《学校民族团结教育指导纲要(试行)》。

2009 年

1 月　教育部首次将"化解高校债务风险"列入年度工作要点。

2 月　教育部公布《教育部关于做好义务教育学校教师绩效考核工作的指导意见》,在绩效考核基础上向义务教育学校教师发放绩效工资。

教育部就《国家中长期教育改革和发展规划纲要(2010—2020年)》中社会关注度高、影响教育改革发展全局的 20 个大问题公开征求意见。

教育部发布《关于 2009 年新设置高等学校和筹建到期正式设立高等学校的公示》。

3 月　教育部有关部门在促进大学生就业方面采取一系列重要的措施,其中两项分别是增招专业硕士生和实施教师"特岗计划"。

4 月　教育部、四川省政府与成都市政府共同签署共建统筹城乡教育综合改革试验区合作协议,这是教育部首次与副省级城市共建教育综合改革试验区。

教育部在山东济南召开加强中小学管理规范办学行为交流会。教育部出台七项措施规范中小学办学行为。

7 月　教育部决定:参加台湾大学入学考试学科能力测验,且考试成绩达到台湾一流大学录取标准(顶标级)的台湾考生,可直接向大陆高校申请就读,经学校面试达到录取标准即可入学。

教育部、国家民委发文表示,我国将把民族团结教育纳入小学阶段考查和中、高考及中职毕业考试范围,试题分值不低于政治科目分数的 15%。

10 月　中国 9 所首批"985 工程"高校北京大学、清华大学、浙江大学、哈尔滨工业大学、复旦大学、上海交通大学、南京大学、中国科技大学、西安交通大学在内的 9 所学校(英文简称 C9)共同签订《一流大学人才培养合作与交流协议书》,共同培养拔尖人才,至此,建起中国首个名校联盟。

上海交通大学、中国科学技术大学、西安交通大学、南京大学和清华大学 5 所高校招生部门联合宣布,将在 2010 年自主选拔录取考生中开展合作。

财政部、教育部发布《中央级普通高校捐赠收入财政配比资金管理暂行办法》。

11 月　根据《教育部办公厅关于成立教育部学风建设协调小组的通知》,为有效遏制学术不端行为,教育部决定成立学风建设协调小组。

北京大学推出"中学校长实名推荐制"。

12 月　中央教育科学研究所高教研究中心完成《中国高等学校绩效评价报告》,首次对教育部直属的 72 所高校进行绩效评价。

四川大学 2010 年自主招生方案公布,将对"奇才"、"偏才"、"怪才"进行"校长推荐"。

是年　香港实施"三三四"高中教学改革,即将原"六三二二三"学制改为"六三三四"学制。

2010 年

4 月　中央财政划拨 5.5 亿元实施"国培计划",教师队伍建设,尤其是农村教师队伍建设得到进一步加强。

5 月　全国人才工作会议在北京举行。

7 月　国务院公布《国家中长期教育改革和发展规划纲要(2010—2020 年)》。

全国首家"开放大学"——上海开放大学挂牌成立,构筑了市民终身学习的枢纽,搭建了各类教育资源间的立交桥。

全国教育工作会议在北京举行。

国务院办公厅发布《关于开展国家教育体制改革试点的通知》,标志着国家教育体制改革试点工作启动。

11 月　教育部发布《教育部关于治理义务教育阶段择校乱收费问题的指导意见》,首次明确各地须 5 年内清理义务教育择校费。

以北京大学、清华大学、同济大学分别牵头的三大高校联盟先后扩容成员,公布 2011 年自主招生"联考"选拔方案。

教育部等五部门规范和调整全国部分高考的加分项目。

《国务院关于当前发展学前教育的若干意见》出台,以多种形式扩大学前教育资源。

12 月　国务院召开全国学前教育工作电视电话会议,部署近 3 年学前教育工作。

全国惠及农民工子女的教育政策频频出台,教育公平理念愈加彰显。

2011 年

1 月　教育部颁布《实施卓越工程师教育培养计划的若干意见》。

2 月　国务院农村综合改革工作小组、财政部、教育部、农业部发布《关于进一步做好清理化解农村义务教育债务工作有关问题的通知》。

教育部发布《3—6 岁儿童学习与发展指南》和《幼儿园工作规程》。

5 月　教育部办公厅、财政部办公厅发布《关于做好 2011 年"中小学教师国家级培训计划"实施工作的通知》。

共青团中央、教育部、财政部、人力资源和社会保障部公布《2011 年大学生志愿服务西部计划实施方案》。

6 月　教育部颁布《全国教育人才发展中长期规划(2010—2020 年)》。

7 月　21 世纪第一次全国教育工作会议召开。

8 月　教育部发布《切实保证中小学生每天一小时校园体育活动的规定》的通知。

国务院公布《中国儿童发展纲要(2010—2020 年)》。

9 月　教育部、卫生部发布《农村寄宿制学校生活卫生设施建设与管理规范》。

教育部、财政部决定从 2011 年起,实施"幼儿教师国家级培训计划"。

11 月　教育部颁布《高等学校哲学社会科学"走出去"计划》。

教育部、财政部关于发布《高等学校哲学社会科学繁荣计划(2011—2020 年)》。

教育部颁布《中等职业教育改革创新行动计划(2010—2012 年)》。

是年　台湾宣布启动十二年义务教育,计划于 2014 年正式实施。

2012 年

1 月　教育部发布实施《特殊教育学校建设标准》。

教育部发布《高等学校教师职业道德规范》。

2 月　教育部发布《学前教育督导评估暂行办法》。

教育部、新闻出版总署、国家发展和改革委员会、国务院纠风办等四部门发布《关于加强中小学教辅材料使用管理工作的通知》。

教育部发布学校突发公共卫生事件防控工作预警。

教育部召开全国农村义务教育学生营养改善计划工作部署视频会议。

教育部发布《治理义务教育阶段择校乱收费的八条措施》。

教育部启动实施新的"长江学者奖励计划"。

澳门特别行政区通过《非高等教育私立学校教学人员制度框架》。

4 月　国务院颁布《校车安全管理条例》。

5 月　教育部发布修订后的《国家教育考试违规处理办法》。

教育部等 15 个部门发布《农村义务教育学生营养改善计划实施细则》等 5 个配套文件。

教育部、卫生部决定共同实施"卓越医生教育培养计划",提出关于实施卓越医生教育培养计划的意见。

8 月　由华东师范大学和美国纽约大学联合创办的上海纽约大学正式成立。

是年　澳门特别行政区政府在财政年度施政报告中发布《澳门非高等教育发展十年规划(2011—2020 年)》,该规划以提高教育品质为核心任务。

⋯⋯⋯⋯⋯ 外国部分 ⋯⋯⋯⋯⋯

前 4000—前 3000 年

居住在幼发拉底河和底格里斯河流域南部的苏美尔人建立一系列城市国家,并发明楔形文字。

约前 3000 年

古埃及创造象形文字。

前 2500—前 1700 年

印度河流域形成哈拉巴文化,包括象形文字和雕刻艺术。

约前 2500 年

古埃及建立宫廷学校。

约前 2000 年

在两河流域的巴比伦国,论述教育问题的泥板书《恩奇曼西和吉尔尼沙的争执》、《学生》、《文士和他的不肖之子》问世。

文士学校出现。

约前 1580—前 1085 年

古埃及建立研究和传授天文、数学、测量学等知识的海立欧普立斯大寺,也称日神大寺。

寺庙学校形成。

约前 1500—前 1000 年

古印度形成用古梵语书写的宗教与文学典籍《吠陀》诸经。

前 1304—前 1237 年

古埃及的底比斯城建立设有图书馆、学校、宝物库的卡纳克大寺。

约前 11—前 2 世纪

《法典大全》编订。

约前 1000 年—前 6 世纪

犹太教产生于巴勒斯坦的“先知运动”。公元前 6 世纪,犹太人建立神权政体,以犹太教为国教。

约前 9 世纪

相传古希腊盲诗人荷马根据流传于民间已有数百年的故事创作《伊利亚特》与《奥德赛》,合称“荷马史诗”。

莱库古斯为斯巴达立法,其中有关于教育制度的规定。

前 800 年

古希腊斯巴达出现国家教育场所。

约前 8—前 4 世纪

印度出现研究《吠陀》经义、教导青年的古儒。由古儒设立的经义学校称“古儒学校”,亦称“阿什仑”(Ashram)。

前 8 世纪

东方古国腓尼基的字母传入希腊,经改造后成为希腊字母。这是以后欧亚多种文字的始祖。

印度佛教寺院教育形成。

印度婆罗门教高等教育兴起。

前 8 世纪上半叶

古希腊赫西俄德著《工作与时日》,以教育他的弟弟。其中有丰富的教育思想。这是西方最早有文字记载的教育著作。

前 776 年

第一届古代奥林匹克运动会在古希腊举行。

前 7 世纪中叶

古波斯琐罗亚斯德创立的琐罗亚斯德教(亦称祆教、拜火教、马兹达教、阿维斯塔教),认为世上善恶两种势力长期斗争,最后善神必将战胜恶神,劝人们弃恶从善。这是波斯在有文字以前对群众进行道德说

教的主要依据。

前 7 世纪

亚述的尼尼微等城设有内藏约 3 万份泥板书的图书馆。

印度塔克撒西拉大学创建。

约前 7 世纪

古印度形成婆罗门教,推动经义学校的发展。

前 6 世纪

古印度乔答摩·悉达多创佛教。

希伯来学校兴起。

雅典教育制度形成。

前 594 年

雅典梭伦制定教育法规,规定父母的教育责任。

前 586 年

犹太人被掳往巴比伦。由于远离耶路撒冷圣殿,他们建立犹太会堂,作为公共聚会处。

前 6 世纪中叶

古希腊荷马史诗《伊利亚特》和《奥德赛》从口头传说转为用文字记载。

这两部书反映了古希腊人的一些教育情况。

前 5 世纪

希腊体操学校兴起。

罗马初等学校形成。

前 538 年

犹太人返回巴勒斯坦,仍建会堂。它成为文士译释《旧约圣经》的场所。

儿童也在会堂就学。

前 527 年

雅典图书馆落成。

约前 525 年

古希腊毕达哥拉斯到意大利南部的克罗顿,建立伦理—政治学园,开展政治活动,传播灵魂不死和轮回转世等神秘的宗教观点,并进行谐音学、数学和天文学研究。

前 450 年

古罗马《十二铜表法》颁布。

前 445 年

古希腊普罗泰戈拉在雅典讲学,他是第一个到达雅典的智者。之后,高尔吉亚、安提丰、希庇亚斯等智者相继到雅典讲学,形成“智者运动”。

智者的讨论涉及一些教育理论问题,智者创立的文法、修辞、雄辩术合称“三艺”,以后成为学校中的正式学科。

约前 429 年

古希腊苏格拉底开始从事社会教育活动,是雅典人中的第一个教师。

其弟子又分赴各地聚徒讲学,形成许多学派,以柏拉图、色诺芬最为著名。

前 423 年

古希腊旧喜剧诗人阿里斯多芬著《云》,反映古希腊当时的教育情况。

前 404 年

古希腊伊索克拉底开办雄辩术学校。因三十僭主作乱,一度迁出雅典,后废。

前 399 年

古希腊苏格拉底被处死刑,罪名是所谓的"传播异端邪说,毒害青年"。

前 4 世纪上半叶

古希腊色诺芬著《回忆苏格拉底》,记载苏格拉底的教育思想。

约前 4 世纪

犹太人编成《希伯来圣经》,其中包含教育思想。
古罗马出现小学。

前 385—前 375 年

古希腊柏拉图著《理想国》。

前 392 年

古希腊伊索克拉底在雅典创办修辞学校。是为古希腊最早的有固定校园和修业年限的学校。

前 390 年

古希腊伊索克拉底著《反辩者》。

前 387 年

古希腊柏拉图创办学园,亦称"柏拉图学园"、"希腊学园",将"四艺"(算术、几何、天文、音乐)作为高级学习科目。

前 356—前 347 年

古希腊柏拉图著《法律篇》。

前 342 年

古希腊亚里士多德应马其顿国王腓力二世邀请,任其王子亚历山大的教师。亚历山大即后来建立地跨欧、亚、非三洲大帝国的亚历山大大帝。

前 335 年

古希腊亚里士多德设吕克昂学园。

前 330 年

古希腊亚里士多德著《政治学》。

前 311 年

古希腊伊壁鸠鲁创办哲学学校。

前 308 年

古希腊斯多葛派学校创办。

前 3 世纪

古印度摩揭陀国孔雀王朝的阿育王定佛教为国教。后佛教寺院逐渐成为佛学研究和传播的中心。
古罗马出现希腊文法学校(一说在公元前 2 世纪)。
古埃及亚历山大城教育兴盛。

前 280 年

古埃及亚历山大城建成希腊化时期著名的亚历山大里亚大学。

约前 300 年

欧几里得几何学建立。

前 240 年

古希腊作品《奥德赛》被译成拉丁文。

约前 200 年

古希腊雅典城的哲学学校与伊索克拉底的修辞学校合并,成为雅典大学。

前 2 世纪

古印度出现详细规定经义学校师生关系的教育法规。
希伯来人在犹太会堂的基础上建立会堂学校,同时出现私立的拉比学校。
古罗马出现希腊文法学校和希腊修辞学校。

前 150 年

古罗马第一所私立图书馆建立。

前 100 年

古罗马出现第一所教授希腊文和拉丁文的拉丁文法学校。

前 1 世纪早期

古罗马建立拉丁修辞学校。
罗马帝国时期教育政策形成。

前 56 年

古罗马恺撒征服高卢后强制推行希腊—罗马教育。

前 55 年

古罗马西塞罗著《论雄辩家》。

前 39 年

古罗马第一所公立图书馆建立。

公元 14 年

古罗马建立第一所公立希腊医学学校。

28 年

古罗马国家图书馆成立。

1 世纪上半叶

西班牙成为古罗马帝国版图中文学和高等教育的中心之一。该地区学者辈出。

古罗马教育家昆体良的老师帕利门在罗马开办文法学校,学生多达200 人。

1 世纪中叶

古罗马政治家、哲学家塞涅卡著《论智者不惑》《道德书简》。

1 世纪 70 年代初

古罗马帝国皇帝韦斯帕芗创办第一所由国库支付薪金的公立拉丁语雄辩术学校和一所希腊语雄辩术学校。昆体良主持拉丁语雄辩术学校20 年,声誉卓著。

96 年

古罗马昆体良著《雄辩术原理》,专门论述教育问题。

约 98 年

古罗马的希腊数学家希罗在亚历山大城创办机械和测量学校。是为西方最早的综合性技术学校。

1 世纪末 2 世纪初

古罗马普鲁塔克著《希腊罗马名人传》和《道德论丛》。

约 102—106 年

古罗马塔西佗著《演说家对话录》,谈论教育问题。

1 世纪末—2 世纪下半叶

《新约圣经》成书。

约 2 世纪

古罗马出现初级教义学校。

138 年

古罗马皇帝哈德良建立雅典娜学院。是为古罗马第一所类似大学的教育机构。

约 179 年

古罗马创办第一所高级教义学校。

3 世纪

波斯萨桑王朝将琐罗亚斯德教(亦称祆教、拜火教、马兹达教、阿维斯塔教)定为国教,其主要经典是公元前 4 世纪成书的《阿维斯陀》,以"发展人的善思、善言和善行"为教育目标。其宗教典籍《丁卡》中亦包含教育内容。

313 年

古罗马皇帝君士坦丁大帝颁布《米兰敕令》,规定停止对基督教徒的迫害。基督教在罗马国成为合法的宗教。

321 年

君士坦丁大帝扩大教师特权。

325 年

基督教被宣布为罗马帝国国教,君士坦丁大帝主持尼西亚宗教会议,通过《尼西亚信经》,并确定主教制。

361 年

古罗马皇帝尤里安(亦称朱里安,背教者)颁布教师证书,禁止基督教徒教学。

376 年

古罗马皇帝(管理东部地区)瓦林斯下令各省省会支付教师薪金并建立薪金表。

381 年

古罗马在君士坦丁堡举行公教会议,要求"在一切城市与乡村设立免费教育儿童的学校"。

392 年

古罗马皇帝狄奥多西再次确定基督教为国教。

4—5 世纪

君士坦丁堡主教约翰·克里索斯托著《论自负和父母培养孩子的正确道路》。

拜占廷教会教育兴起。

唱诗学校形成。

395—401 年

早期基督教哲学家、拉丁教父奥古斯丁著《忏悔录》。

5 世纪

拜占廷出现隐修院学校。

古印度创办佛教最高学府那烂陀寺。

约 403 年

早期基督教《圣经》学家、拉丁教父杰罗姆著《致莱塔的信——论女子教育》。

约 413—426 年

古罗马奥古斯丁著《上帝之城》。

425 年

拜占廷创办君士坦丁堡高级学校(一译"君士坦丁堡大学")。

6 世纪

拜占廷成立君士坦丁堡大主教学校。

古罗马卡西奥多鲁斯著《神学及世俗学导论》,将智者派提出的"三艺"和柏拉图提出的"四艺"合称为"七艺",并对七种学科作了简要说明。

伊斯兰国家学校制度形成。

529 年

拜占廷皇帝查士丁尼一世下令关闭雅典大学。

第二次韦松公教会议召开,决定开办教会学校。

529 年(或 530 年)

中世纪早期意大利教士本尼狄克(一译"本笃")在卡西诺山古代阿波罗神庙遗址上建立修道院,并制定《本笃会修道院教规》。

529—565 年

拜占廷完成《查士丁尼法典》的编撰,并确定其为拜占廷法律学校的主要教材。

598 年

坎特伯雷主教学校创办。这是中世纪英格兰的第一所教会学校。

7 世纪初

穆罕默德创传伊斯兰教。

7 世纪

君士坦丁堡两次颁发关于学校教育的通谕。

伊斯兰宫廷教育兴起。

日本设置典药寮、阴阳寮、雅尔寮等专业教育机构。

604 年

日本圣德太子颁布《十七条宪法》。

607 年

日本圣德太子向中国派遣留学生。

610—632 年

穆罕默德在传教过程中口授《古兰经》。

645 年

日本孝德天皇设太学。

671 年

日本天智天皇设大学寮。

7 世纪下半叶

阿拉伯帝国在各地设置清真寺时附设以诵习《古兰经》为主,同时教授语法、书法、诗歌、算术知识的昆它布。

701 年

日本颁布《大宝律令》,规定京城设"大学寮",地方设"国学"。

715—741 年

法兰克王国宰相查理·马特在宫廷中设立以王室和贵族子弟为教育对象的学校。

716 年

日本派遣大批留学生入唐朝求学。

741 年

日本在各地建国分寺。

744 年

英格兰传教士卜尼法斯在德意志境内创建富尔达修道院学校。

8 世纪中叶

英格兰北部约克郡的主教学校(创建于公元 8 世纪初)获得较大发展。学校图书馆藏有当时最重要的拉丁文著作和拉丁文教本。

757 年

日本设置劝学田,供学生免费入学且供给膳宿。

768 年

法兰克王国国王查理曼即位,开始进行教育改革,设立宫廷学校和教会学校。

781 年

日本设置府学田。

782 年

法兰克王国国王查理曼聘请英格兰学者阿尔琴改进宫廷学校。

日本和气广世创立经文院。

782—796 年

英格兰阿尔琴出任法兰克王国教育大臣。

799 年

日本太宰府内设置明法博士。

8 世纪末 9 世纪初

阿尔琴在法兰克帝国境内的图尔创建圣马丁修道院学校。

9 世纪上半叶

阿拉伯帝国阿拔斯王朝哈里发马蒙在巴格达附近创办"智慧宫"(亦称"智慧大学")。

805 年

日本菅原清公等设立文章院。

日本设置纪传博士。

821 年

日本藤原冬嗣创立劝学院,授文章博士。

827 年

日本僧人空海建立综艺种智院。

848 年

日本创立学馆院。

849—899 年

英格兰西南部的威塞克斯国王阿尔弗雷德执政,大兴文明教化政策,如奖励兴办学校,鼓励儿童和青年入学接受教育;开设宫廷学校,教育皇子与贵族子弟;主持或参与翻译拉丁文著作;下令编纂法典和《盎格鲁-撒克逊编年史》等。

881 年
日本在原行平设立奖学院。

9 世纪末—10 世纪初
基辅罗斯公国采用拜占廷传教士美多德和西里尔创造的斯拉夫字母。

10 世纪
西班牙伊斯兰教国家(白衣大食)哈里发创办科尔多瓦大学。

972 年
埃及法蒂玛国(绿衣大食)在开罗建资哈尔清真寺,988 年正式改称"爱资哈尔大学"。

988 年
基辅罗斯大公弗拉基米尔·斯维雅托斯拉维奇将从拜占廷传入的东派基督教定为国教,同年开始修建教堂和学校。

中世纪
城市学校兴盛。
行会教育兴起。

11 世纪初
埃及法蒂玛国(绿衣大食)国王哈基姆在开罗创办赖·勒·仪勒姆大学。

11 世纪
印度伊斯兰教教育形成。

约 1051 年
基辅罗斯公国设立培养本国神职人员的佩切尔斯克修道院。

1065—1067 年
阿拉伯塞尔柱帝国宰相尼扎姆·穆尔克在巴格达创办尼采米亚大学,传播逊尼派宗教思想。

1082 年
波斯昂苏尔·玛阿里著《卡布斯教诲录》。该书被称为"伊斯兰文明的百科全书",书中有丰富的教育思想。

1088 年
意大利博洛尼亚大学建立。

11 世纪末—12 世纪初
基辅罗斯大公弗拉基米尔·莫诺马赫的《训蒙篇》问世。
伊斯兰教神学家、哲学家安萨里的著作《学问初步》、《宗教学科的复兴》、《正规则》、《我的儿童》问世。

1108 年
法国阿伯拉尔在圣布留克创设新式学校,亲自讲授通俗的神学和哲学常识,曾著《是与非》。

12 世纪中叶
意大利萨莱诺医学校发展为大学,1231 年得到国王正式认可。

1150 年
在巴黎原圣母院、大主教教堂圣维克托修道院学校、圣热纳维埃夫修道院学校的基础上,巴黎大学创建,1180 年得到法王路易七世认可。

1168 年
英国牛津大学创立。

约 1171 年
绿衣大食的萨拉丁在耶路撒冷创办萨拉哈亚学校。

12 世纪末
朱子学传入日本。

1198 年
罗马教皇赛勒斯坦三世赐予巴黎大学诸多特权。

1199 年
日本开始兴起武士教育和寺院教育。

1209 年
英国剑桥大学创立。

1215 年
罗马教皇特使库尔松为巴黎大学制定第一个章程。

1218 年
莱昂国王阿方索九世发布建立萨拉曼卡大学的诏令。

1224 年
意大利那不勒斯大学创办。

1229 年
法国巴黎大学师生罢课,撤离首都,分散到外省,时间长达两年之久。
法国图卢兹大学建立。

1232 年
日本编定《御成败式目》。

1257 年
法国神学家索邦在巴黎创办索邦神学院,很快发展为巴黎大学的核心。

1258 年
英国制定《牛津条例》。

1263 年
英国巴利奥尔学院创立。

1264 年
英国默顿学院开始实行牛津学院制。

1276 年

日本建成金泽文库。

1290 年

葡萄牙里斯本大学创立。

葡萄牙第一所大学科英布拉大学成立。

1293 年

西班牙国王桑丘四世下令在阿尔卡拉·德·埃尔纳雷斯建立综合学校,此为马德里大学前身。

13 世纪

泰文字创始。

意大利托马斯·阿奎那创托马斯主义宗教哲学,著《神学大全》。

13—14 世纪

蒙师教学成为莫斯科公国常用的教学组织形式。

1303 年

意大利罗马大学成立。

1304—1305 年

意大利但丁著《论俗语》。

1308—1321 年

意大利但丁著《神曲》。

约 1309—1313 年

意大利但丁著《帝制论》。

1321 年

意大利佛罗伦萨大学创办,14 世纪后期成为人文主义思潮传播中心。

1324 年

英国英格兰卡麦尔僧徒制定章程,以各区收入的 1/10 为教育经费。

1345 年

意大利彼特拉克发现西塞罗作品《致友人书》。

1348 年

捷克布拉格大学成立。

1348—1353 年

意大利薄伽丘著《十日谈》。

1364 年

日本出版《论语》。

波兰皮雅斯特王朝的卡齐米日三世向教皇乌尔班五世提出建立克拉科夫大学的申请,获得批准后于 1364 年 5 月发布建校诏书,克拉科夫大学成立。1370 年卡齐米日三世卒,学校陷于停顿。1400 年重建,改称雅盖沃大学。

1365 年

奥地利维也纳大学创办。

1376 年

尼德兰代文特的 G.格鲁特创建平民生活兄弟会。

1380—1381 年

英国威克里夫将《圣经》译成英文。

1382 年

英国温切斯特公学成立。

1386 年

德国海德堡大学成立。

1396 年

拜占廷学者克里索罗拉到意大利传播古希腊文化。

1404 年

意大利人文主义学者弗吉里奥(亦译“韦杰里乌斯”)著《论绅士教育与自由学科》(一说著于 1392 年,亦译《论绅士风度与通才教育》)。

1409 年

德国莱比锡大学成立。

1410 年

德国莱比锡大学拟定文学学位课程。

1416 年

意大利波吉鄂发现昆体良手稿《雄辩术原理》。

1423 年

意大利教育家维多里诺在孟都亚创办一所宫廷学校,取名“快乐之家”。

1423—1426 年

意大利布鲁尼所著《论学习与文学》问世。

1425 年

比利时鲁汶大学成立,初创时设文理学院、宗教法和罗马法学院、医学院。

1429 年

意大利格里诺创办费拉拉宫廷学校。

1431—1438 年

意大利帕尔梅利写作《论公民生活》。

1439 年

日本上杉宪实支持禅僧快元振兴足利学校。

1440 年

英格兰国王亨利六世创办伊顿公学。

1444 年

意大利美第奇图书馆开放。

1450 年

意大利西尔维乌斯撰写《论自由教育》。

约 1450 年

梵蒂冈图书馆建立。

西班牙巴塞罗那大学成立。

1459 年

意大利格里诺所著《古典著作教学与阅读的顺序和方法》问世。

1477 年

瑞典第一所国立大学乌普萨拉大学成立。

1479 年

丹麦第一所大学哥本哈根大学建成。

1480 年

西班牙成立宗教裁判所。

1496 年

比利时列日文法学校成立。

15 世纪下半叶

西塞罗主义出现。

15 世纪末

俄国库里岑编著《论识字》。

1501 年

德国温斐林在巴塞尔办女子学校。

德国温斐林著《告德国人书》。

1509 年

尼德兰伊拉斯谟所著《愚人颂》问世。

英国科利特创办圣保罗学校。

1511 年

尼德兰伊拉斯谟所著《论正确的教育方法》问世。

尼德兰伊拉斯谟所著《论词语的丰富性》问世。

1512 年

意大利卡斯底格朗著作《宫廷人物》问世。

英国里利所著《里利文法》问世。

1513 年

意大利马基雅弗利著作《君主论》问世。

1516 年

法国比代向弗朗索瓦一世呈递《论王侯的教育》。

尼德兰伊拉斯谟写就《基督教徒王子的教育》。

英国莫尔所著《关于最完美的国家制度和乌托邦新岛的既有益又有趣的金书》（即《乌托邦》）问世。

1517 年

德国宗教改革家马丁·路德发表《九十五条论纲》。

1518 年

德国梅兰希顿所著《改进青年人的学习》问世。

1519 年

德国马丁·路德参加莱比锡辩论。

西班牙维夫斯出版《反对伪辩证法》。

1520 年

德国马丁·路德发表宗教改革三大论著。

16 世纪 20 年代

英王亨利八世确定国家在大学中的地位。

16 世纪 20 年代末

路德派教会条例和学校条例开始制定。

16 世纪 20—30 年代

德国布根哈根于德国北部建立民众学校。

16 世纪 20—50 年代

梅兰希顿创建和改革德国大学。

1522 年

西班牙罗耀拉所著《精神训练》问世。

1522—1534 年

德国马丁·路德翻译《圣经》。

1523 年

瑞士慈温利发表《少年的基督教教育》。

西班牙维夫斯著《论女孩教育的正确方法》（亦称《论基督教妇女的教育》）。

基督教圣方济各会在墨西哥的特斯科科创办拉丁美洲的第一所学校。

1524 年

德国马丁·路德发表《给市长及市政官员的一封信》。

德国马格德堡建立城市学校。

1528 年

德国梅兰希顿制定《萨克森拉丁文法学校计划》。

尼德兰伊拉斯谟所著《西塞罗主义》问世。

1528—1529 年

德国马丁·路德编著《教义问答集》。

1529 年

尼德兰伊拉斯谟所著《论童蒙的自由教育》问世。

1530 年

德国马丁·路德发表《论送子女上学的责任》。

法国创办法兰西学院,初名皇家读书院。

尼德兰伊拉斯谟著《男孩的礼貌教育》。

1531 年

西班牙维夫斯所著《知识论》问世。

英国 T. 埃利奥特所著《行政官之书》问世。

1532—1564 年

法国拉伯雷的教育讽刺小说《巨人传》(一译《卡冈都亚和庞大固埃》)出版,共 5 卷。

1533 年

意大利萨多莱托出版《少年教育指南》。

1534 年

法国创办居也纳学院。

英国《至尊法案》颁布。

1535 年

厄瓜多尔创立第一所学校——初级实验学校。

1536 年

官方批准的《圣经》英译本问世。

法国加尔文所著《基督教的基本原理》问世。

瑞士创立洛桑大学。

1537 年

法国加尔文著《教义问答》。

1538 年

德国斯图谟所著《创办古典文科教育学校之正确方法》问世。

德国斯图谟创办斯特拉斯堡文科中学。

法国加尔文等人起草《日内瓦初级学校计划书》。

西班牙维夫斯著《论灵魂与心灵》。

多米尼加的圣多明各城建成拉丁美洲第一所神学院。

1540 年

耶稣会正式成立。

1541 年

法国加尔文所著《基督教教规》问世。

英国重建坎特伯雷主教学校。

1543 年

第一本芬兰语教科书问世。

1544 年

德国建立柯尼斯堡大学。

1545 年

特兰托会议召开。

1547 年

拉丁美洲创立第一所师范学校。

1551 年

秘鲁创立圣马克斯大学。

墨西哥创立皇家教廷大学。

1555 年

特勒肖创办科森察学园。

16 世纪中叶

耶稣会学院兴办。

1558 年

德国建立耶拿大学。

1559 年

德国威登堡公国颁布强迫教育法。

法国加尔文创办日内瓦学院(日内瓦大学前身)。

1560 年

法国拉谟斯提出大学改革方案。

1561 年

法国耶稣会开办克莱蒙学院,后更名为路易大帝中学。

1563 年

英国颁布《技工法》。

1570 年

英国阿谢姆所著《论教师》出版。

1571 年

耶稣会第一个教师培训机构成立。

1572 年

菲律宾第一批中学建立。

英国吉尔伯特发表《伊丽莎白女王学院》。

1574 年

莫斯科公国出现用西里尔字母印刷的斯拉夫《识字课本》。

1575 年

尼德兰莱顿大学成立。

1580 年

德国萨克森公国颁布强迫教育令(一说 1588 年)。

哥伦比亚创立圣托马斯大学。

16 世纪下半叶

加尔文派新教教育的传播。

1580—1588 年

法国蒙田先后发表《散文集》,共 3 卷。

1581 年

英国马尔卡斯特著《培养儿童阅读技能和锻炼身体的教育》。

1582 年

英国马尔卡斯特所著《初等教育基础》问世。

1586 年

厄瓜多尔创立圣路易斯神学院。

1592 年

尼德兰伊拉斯谟著《幼儿教育论》。

1593 年

日本用木版活字出版《孝经》。

1597 年

英国培根的《论说文集》出版。

1598 年

法国颁布《南特敕令》。

新西班牙第一部初等教育法颁布。

1599 年

日本德川家康出版《孔子家语》、《大学》、《中庸》。

日本林罗山开讲朱子学。

耶稣会颁布《教学大全》,为耶稣会关于学校教学组织、教材及教法的统
一规章。

16 世纪

诺夫哥罗德和莫斯科相继出现《治家格言》。

16 世纪—17 世纪上半叶

莫斯科流行手抄的“文字蒙求”。

16—17 世纪

法国胡格诺派推行初等教育。

16 世纪末—18 世纪

德国建立骑士学院。

1601 年

日本德川家康在伏见建立学校。

英国伊丽莎白《济贫法》颁布,其中涉及贫民的技能教育,为以后北美殖
民地许多类似立法的样本。

1602 年

日本创立富士见亭文库。

意大利康帕内拉撰成《太阳城》。

1605 年

英国培根所著《学术的进步》出版。

1607 年

印尼东印度公司安汶学校开办。

英国克莱兰发表《年轻贵族的教育》。

1611 年

法国圣乐会致力于发展中等教育。

英国官方批准的《圣经》英译本出版。

1612 年

德国拉特克向议会递呈教育改革意见书。

英国布林斯利所著《文法学校》问世。

1613 年

阿根廷创立第一所大学——科尔多瓦大学。

1614 年

西班牙贝里尔创办耶稣基督教圣乐会学校。

1615 年

日本德川家康制定法令,提出“若不学则不明古今之道”。

基辅创办主显派兄弟会学校。

1617 年

德国在科特创设一所六年级学校。

德国拉特克所著《新方法》问世。

1618 年

尼德兰多特宗教会议通过一项基督教教育方案,要求家庭、学校及教会
共同对儿童进行基督教教育。

1619 年

魏玛公国颁布强迫教育令,规定 6～12 岁儿童均需到学校读书,开创以
政府名义颁布义务教育规定的先河。

安德里亚所著《基督城》问世。

1620 年

英国培根所著《新工具论》出版。

1624 年

芬兰高等教育制度创建。

玻利维亚创立王室教皇大学。

1628 年

日本《大学启蒙》出版。

1628—1630 年

捷克夸美纽斯撰成《母育学校》。此书为历史上第一部幼儿教育著作，1632 年出版。

1630 年

日本幕府颁令，严禁欧洲书籍入境。

日本林罗山设立家塾。

1631 年

日本成立昌平坂学问所。

法国巴黎设文学研究所。

捷克夸美纽斯所著《语言学入门》问世。

基辅大主教莫吉拉创办基辅佩切尔斯克修道院附设的神学校。

1632 年

捷克夸美纽斯完成近代教育理论奠基之作《大教学论》。

尼德兰阿姆斯特丹大学成立。

基辅主显派兄弟会学校与基辅佩切尔斯克修道院附设的神学校合并为基辅莫吉拉学院。1694 年改名基辅学院，是俄国第一所高等学校。

1633 年

北美殖民地的第一所小学在波士顿建立。

1634 年

日本中江藤树开办书院。

1635 年

法国法兰西语言研究院成立。

北美殖民地的第一所拉丁文法学校在波士顿建立。

1636 年

北美殖民地建立哈佛学院。这是美国历史上的第一所高等学校，后发展为哈佛大学。

1637 年

法国笛卡儿用法文写成《论正确指导理性和在科学中寻求真理的方法》。

法国詹森派在巴黎附近的玻特·诺亚尔修道院开办学校，推行初等教育。

捷克夸美纽斯著《泛智论提要》。

1639 年

捷克夸美纽斯修改《泛智论提要》，撰成《泛智的先声》（一译《泛智学导论》）。

1640 年

尼德兰荣誉校长制颁行。

1642 年

德国哥达公国公爵埃尔内斯特颁布《学校规程》。

北美殖民地马萨诸塞通过 1642 年学校法。

1643 年

尼德兰推行学位授予仪式。

北美南部殖民地学徒令颁布。

1644 年

捷克夸美纽斯开始撰写七卷本《人类改进通论》（一译《关于改进人类事务的总建议》）。

英国弥尔顿发表《致国会意见书》。

英国弥尔顿所著《论教育》问世。

北美殖民地马萨诸塞规定儿童必须受强迫教育。

1645 年

英国伦敦和剑桥的小型非正式团体举行第一次讨论科学课题的会议，在此基础上于 1660 年倡议成立一个以"促进有关自然和所有实用工艺知识发展"为宗旨的学会，即后来的皇家学会。

1646 年

苏格兰议会通过《苏格兰学校法》，规定在缺乏学校及教师的教区创办学校，任命教师。

1647 年

日本长崎设明伦堂。

北美殖民地马萨诸塞颁布《祛魔法案》（亦称《老骗子撒旦法》）。

1648 年

英国威廉·配第发表《关于促进学问的某些特殊部分的建议》。

17 世纪中下叶

莫斯科创办几所希腊—拉丁语学校，培养外交人员、翻译、教师和职员。

17 世纪下半叶

莫斯科流行《儿童公民守则》手抄本。

1650 年

捷克夸美纽斯接受匈牙利利特兰萨尼亚公国雷科克齐伯爵的邀请，到沙罗斯—帕特克地区创办一所泛智学校，进行为期四年的教育实验。

英国霍布斯著《人性论》。

英国杜里发表《儿童规则》。

1652 年

日本伊藤仁斋设古义堂。

1653 年

德国骑士学院建立。

1656 年

日本闲谷学校开办。

日本会津藩开设日新馆。

1657 年

法国帕斯卡发表《儿童规则》。

捷克夸美纽斯将《大教学论》列为《教育论著全集》的首卷首篇公开发表。

1658 年

捷克夸美纽斯所著《世界图解》出版。这是历史上第一部看图识字课本。

1660 年

英国皇家学会创立，1662 年获皇家特许状。

英国胡尔所著《旧教学艺术的新发现》出版。

1662 年

日本伊藤仁斋设古义堂私塾。

英国颁布《英国统一法案》。

1665 年

英国一批不愿意宣誓效忠国教会的教师按照弥尔顿的建议，创办弥尔顿式新学园。

1666 年

法国皇家科学院成立。

法国德米阿神父在里昂兴办小学校，进行贫民教育。

1667 年

日本池田光政设习字所。

16 世纪 70 年代

智利第一批初等学校建立。

1670 年

尼加拉瓜建立圣拉蒙神学院。

1671 年

法国创设建筑学院。

1672 年

法国德米亚神父在里昂创办历史上第一所教师培训学校，开近代师范教育的先声。

1674 年

法国尼可莱著《一个王子的教育》。

1675 年

索邦神学院禁止宣讲笛卡儿哲学。

1676 年

危地马拉创办圣卡洛斯大学。

1679 年

法国拉萨尔在兰姆为贫民子弟开设免费学校。

1681 年

法国芬乃隆写成《女子教育论》。

1683 年

北美殖民地宾夕法尼亚颁布教育法令。

1684 年

法国拉萨尔创建天主教教育团体"基督教学校兄弟会"。该团体还开办了初等学校教师讲习所。

1685 年

基督教学校兄弟会在法国雷姆设立师范学校。

法王路易十四取消《南特敕令》，恢复对新教的迫害，迫使新教徒的子女进天主教的学校。

1686 年

法国圣西尔女子学校创办。

1687 年

英国牛顿出版科学名著《自然哲学的数学原理》。

莫斯科创办斯拉夫—希腊—拉丁语学院。

1688 年

英国笛福发表《计划论》。

1689 年

《宗教宽容法》颁布。

1690 年

英国洛克发表《人类理解论》，批判知识起源上的天赋观念论，提出并论证"白板"说。

1692 年

法国蒙台纳改革圣·西尔女子学校。

1693 年

英国洛克著《教育漫话》，论述绅士教育理论。

北美殖民地马萨诸塞授权城镇征收学校税。

1694 年

德国创办哈勒大学。

1697 年

德国设立哈勒师资养成所。

法国贝洛在收集、整理民间童话的基础上，编成《鹅妈妈的故事》，包括"小红帽"、"睡美人"、"灰姑娘"等名篇。

英国洛克为英国贸易及殖民地委员会拟定《贫穷儿童劳动计划》。

1698 年

俄国彼得一世开始从事政治、经济、军事及文教改革。

17 世纪

墨西哥索尔·胡安娜倡导开展妇女教育运动。

17—18 世纪

慈善学校产生。

法国胡格诺派推行初等教育。

18 世纪初

德国虔信派创办实科中学。

法国文学进入大学。

1700 年

德国柏林科学院成立。

美国创办拉丁文法学校。

1701 年

俄国开办莫斯科数学与航海学校。这是欧洲创办最早的实科学校之一。

俄国在莫斯科开办炮兵学校、外国语学校。

美国耶鲁学院建立,为耶鲁大学的前身。

1702 年

德国虔信派弗兰克创办哈勒学园。

1703 年

俄国马格尼茨基编写教学参考书《算术即数的科学》。

1706 年

英国洛克的《理解能力指导散论》问世。

1707 年

俄国在莫斯科开办外科医学校。

1708 年

德国席姆勒在哈勒创办数学、力学和经济学实科学校。

1710 年

日本贝原益轩的《和俗童子训》问世。

1714 年

俄国沙皇彼得一世令全国各地开办计算学校。

1715 年

俄国莫斯科数学与航海学校的航海班迁至彼得堡,组建彼得堡海军学院。

印度创立慈善学校。

1717 年

弗里德里希·威廉一世颁布《普鲁士义务教育令》。

日本允许士庶农商听讲于学问所。

日本建立平野含翠堂。

1720 年

法国创办炮兵学校,开始军事工程教育。

法国《基督教学校指南》首次出版。

1721 年

俄国在乌拉尔建立了该国第一所采矿工业学校。

委内瑞拉创立加拉斯皇家和主教大学。

1723 年

日本幕府奖励国学。

日本菅野彦兵卫在深川设立乡校。

1724 年

德国第一所高等专科学校建立。

1725 年

日本中井甃庵建怀德堂。

俄国创建彼得堡科学院,附设大学、文科中学各一所。

1727 年

美国科学知识座谈会成立。

1728 年

古巴创建哈瓦那大学。

1729 年

日本石田梅岩创立心学。

1730 年

德国产生进修学校。

1731 年

俄国在彼得堡开办第一所陆军贵胄士官学校。

1737 年

德国普鲁士王国颁布《一般学校令》。

德国格廷根大学成立。

1738 年

智利创办圣费利佩大学。

1740 年

英国休谟著《人性论》。

1743 年

美国哲学会成立。

1747 年

德国 J.J. 黑克尔建立经济学、数学实科学校。

法国创办路桥学校。

1748 年

俄国科学家罗蒙诺索夫所著《修辞学》出版。

法国创设梅齐埃尔工兵学校。

1749 年

法国第戎学院征文，卢梭以《论科学和艺术是否有助于敦风化俗》获首奖。

法国孔狄亚克《论人类知识的起源》发表。

美国《宾夕法尼亚青年教育的建议》发表。

1751 年

法国狄德罗主编的《百科全书》首卷面世。

法国皇家军事学校创办。

富兰克林创建美国第一所文实学校。

1752 年

俄国将彼得堡海军学院改名为海军士官学校。

1755 年

俄国罗蒙诺索夫倡议创办莫斯科大学，附设文科中学两所。

1757 年

俄国罗蒙诺索夫所著《俄语文法》出版。

俄国创办彼得堡艺术研究院。它是俄国最早的高等艺术学校。

1758 年

俄国罗蒙诺索夫拟定《科学院附属文科中学规程》。

法国爱尔维修第一部代表作《论精神》问世。

1759 年

法国卢梭著成《新爱洛绮丝》。

殖民地巴西进行庞巴尔世俗教育。

1762 年

法国卢梭发表《社会契约论》和《爱弥儿》。

1763 年

德国弗里德里希二世颁布《普通学校规程》。

德国制定普鲁士学校法。

法国拉夏洛泰发表《论国民教育》。

1764 年

日本成立幕府医学馆。

俄国别茨科伊提出的《男女青少年教育的基本制度》报告被批准。

俄国在彼得堡创办该国第一所中等妇女教育机构——斯莫尔尼贵族女子学院。

1766 年

法国巴黎大学文学院开始设置教师会考。

法国巴黎建立皇家免费制图学校。

1767 年

法国第一所农业学校创办。

墨西哥世俗学校创建。

1768 年

德国汉堡建立第一所商业学校。

德国巴泽多发表《关于学校和学科对公共幸福的影响：敬告慈善家和富人书》。

1769 年

法国比丰开办技术学校。

法国第一所幼儿学校创办。

厄瓜多尔创办第一所国立大学。

1770 年

德国巴泽多著《教育方法论》。

1771 年

俄国莫斯科大学教师合著的《准备入大学者的学习方法》出版。

法国巴黎创建世界上第一所聋童学校。

1772 年

法国爱尔维修的教育著作《论人的理智能力和教育》在荷兰海牙出版。

法国孔狄亚克著《人类知识起源论》。

法国卢梭应邀撰写《关于波兰政府的筹议》。

1773 年

日本鹿儿岛设造士馆。

波兰国家教育委员会建立。

俄国创办彼得堡矿业学校。这是俄国第一所高等专科学校。

1774 年

日本第一部译自外文的解剖学书籍《解体新书》翻译出版。

奥地利女王玛丽亚·特利莎颁布《学校法》，设立贫民学校和中心学校。

德国巴泽多提出"泛爱教育"主张，并在安哈尔特—德绍创办"泛爱学校"。

德国巴泽多发表《初级读本》。

瑞士裴斯泰洛齐开办新庄孤儿院。

1775 年

法国狄德罗为俄国女皇叶卡捷琳娜二世制定《俄国大学计划》。

法国杜尔哥主张开设道德与公民教育课。

1776 年

德国康德在柯尼斯堡大学开设教育学讲座。

法国莱佩著《利用手势方法教聋哑人》。

英国亚当·斯密所著《国富论》出版。

1777 年

科隆公国在科隆市成立马克斯学院，1786 年改为大学，1798 年后关闭。

　1818 年普鲁士政府下令在波恩重建，1828 年改称波恩大学。

1779 年

德国第一个教育学教席设立。

俄国莫斯科大学附设俄国第一所师范学堂,为文科中学培养师资。

1780 年

德国莱辛著《论人类的教育》。

英国雷克斯创办星期日学校,亦称"主日学校"。

1781 年

孟加拉总督黑斯廷斯创办加尔各答学院,开创印度现代高等教育之
先河。

印度创立耶稣学院。

印度加尔各答马德拉沙创办。

德国康德著《纯粹理性批判》。

1781—1787 年

瑞士裴斯泰洛齐写作《林哈德与葛笃德》。

1782 年

俄国杨柯维奇编写《俄罗斯帝国国民学校一、二年级教师指南》。

俄国彼得堡中心国民学校开办。

1783 年

德国实科教育呼声高涨。

法国巴黎矿业学校成立。

英国雷克斯著文为星期日学校正式命名,并论述办学宗旨,促进其
推广。

1783—1784 年

俄国杨柯维奇为俄国国民学校编写《算术指南》。

1784 年

法国第一所盲人学校建立。

1785 年

印度创办英语学校。

波兰皮拉莫维奇著《人民的道德科学》。

英国"星期日学校协会"成立。

1785—1789 年

俄国诺维柯夫创办俄国第一份儿童杂志《有益心智的儿童读物》。

1786 年

俄国女皇叶卡捷琳娜二世颁布《国民学校章程》,俄国国民教育制度据
此建立。

1787 年

印度推行导生制。

波兰皮拉莫维奇所著《教师的职责》问世。

德国第一位女哲学博士通过论文答辩。

普鲁士在中央设置教育局,管理全国教育事务,后在教育大臣策特利茨
主持下,建立高级学校委员会,负责管理中等学校和高等学校。

加拿大各省陆续建立皇家教育委员会。

1788 年

德国康德的《实践理性批判》出版。

普鲁士文科中学实行毕业考试制度。

1789 年

丹麦最高学校委员会成立。

法国米拉博制定《公共教育法》。

18 世纪下半叶

俄国莫斯科大学成立"印刷社"。

18 世纪下半叶

法国康德在柯尼斯堡大学开设教育学课。

18 世纪末

法国建立工业学校。

1790 年

日本宽政异学之禁。

德国康德著《判断力批判》。

俄国拉季舍夫著《从彼得堡到莫斯科旅行记》,其中含教育思想。

1791 年

日本医学馆成为官学。

日本服部善藏在麦町建立私塾。

印度创办梵语学院。

法国塔列朗提出国民教育法案,后称《塔列朗法案》。

法国君主立宪派提出"创立一种公共教育制度,凡是有关人生各种知识
的教育都不应收费",首次提出公共教育制度和免费教育的规定。

英国人 A. 贝尔在印度首创"马德拉斯制",并于 1797 年出版《教育实
验》,介绍这一方法,即后来的导生制。

美国宪法第十修正案通过。

1792 年

印度贝拿勒斯驻扎官创办贝拿勒斯梵语学院。

法国孔多塞提出《国民教育组织计划纲要》(亦称《孔多塞报告》)。

1793 年

日本成立和学讲习所。

法国颁布《公共教育法》。

法国提出《雷佩尔提教育法案》、《拉瓦锡教育法案》。

法国旧制时期的所有大学和学院关闭。

法国国民公会决定将始建于 1638 年的皇家花园改建成自然历史博
物馆。

法国国家宪法首次确认公民享有受教育权利。

法国《罗姆教育法案》通过。

1794 年

法国中央公共工程中心学校成立,次年改为"综合理工学校",即巴黎理
工学校。

法国国民公会决定建立国立工艺博物馆。

法国第一所聋哑学校建立。

法国《拉卡纳尔小学教育法》颁布。

普鲁士颁布《普鲁士民法》,规定把学校作为国家机关。

1794—1795 年

德国席勒著《美育书简》。

法国国民公会颁布法令,创办"中心学校"、理工学校、师范学校等。

1795 年

法国巴黎师范学校创办。

法国国民公会颁布法令,开办国立东方语言文化学院。

法国《多努教育法》颁布。

美国第一所州立大学北卡罗来纳州立大学建立。

1796 年

德国歌德著《警句》。

1797 年

日本林罗山的家塾收归国有。

1798 年

德国康德著《实践观点的人类学》。

德国谢林所著《论世界灵魂》出版。

瑞士裴斯泰洛齐开办斯坦兹孤儿院。

英国兰卡斯特在伦敦开办学校,挑选年长学生担任导生,后创立导生制。

英国马尔萨斯著《人口原理》。

1799 年

德国施赖尔玛赫著《宗教论》。

瑞士裴斯泰洛齐创办布格多夫学院,包括小学、中学寄宿班和师范训练班。

19 世纪

功利主义教育学说产生。

德国赫尔巴特教育学复兴。

19 世纪初

印度提出"渗透说"。

英国空想社会主义者欧文教育思想形成。

英国工人讲习所产生。

19 世纪末

德国兴起精神科学教育学思潮。

德国兴起改革教育学运动。

1800 年

东印度公司在加尔各答开办福特·威廉学院,旨在为行政部门培养公务员。

法国首次举办夏令营。

英国欧文在苏格兰新拉纳克设幼儿学校。

美国杰斐逊委托杜邦撰写《美国的国民教育》。

美国国会图书馆建立。

1801 年

法国拿破仑与教会达成《教务专约》。

瑞士裴斯泰洛齐所著《葛笃德如何教育她的子女》问世。

1802 年

德国赫尔巴特著《裴斯泰洛齐直观教学 ABC》。

俄国设立国民教育部。

法国颁布《国民教育总法》。

法国国立中学创办。

法国市立中学开办。

法国圣西尔军事学校建立。

英国颁布《学徒健康与道德法》。

英国兰卡斯特的《教育改良》一书出版,介绍其导生制计划,引起广泛关注。

美国西点军校建立。

1803 年

德国康德所著《论教育》出版。

1804 年

俄国政府颁布《大学附属学校章程》,建立堂区学校、县立学校、文科中学和大学四级学制。

俄国创办喀山大学。

1805 年

瑞士裴斯泰洛齐创办的布格多夫学院迁往伊弗东,改名伊弗东学院。

1806 年

德国赫尔巴特所著《普通教育学》出版。

法国颁布《关于创办帝国大学以及这个教育团体全体成员的专门职责的法令》,设立帝国大学。

1807—1808 年

德国费希特向德意志国民发表 14 次演说。

1807 年

德国解散中央学校管理委员会。

英国惠特布雷德向国会提出《教区学校法案》。

1808 年

德国在内务部设宗教与教育司。

德国洪堡派 17 名教师去瑞士向裴斯泰洛齐学习。

法国颁布《有关帝国大学组织的政令》,随后颁布《帝国大学令》,全法国划分为 29 个学区。

法国设立大学第一级学位。

1809 年

意大利成立以穆拉特为首的委员会,负责拟订全国教育计划。

1809—1810 年

德国洪堡任内务部宗教与教育司司长,开始以新人文主义思想为指导,进行教育改革。

1810 年

德国制定中等教育计划。

德国颁布《中学教师检定规程》。

德国洪堡创办的柏林大学成立。

德国赫尔巴特创办柯尼斯堡大学教育研究所,并附设实验学校。

1811 年

俄国开办皇村高等法政学校(简称皇村学校)。

澳大利亚引进贝尔-兰卡斯特制。

1813 年

印度发生东—西方教育之争。

英国议会通过东印度公司《特许状法》,允许举办印地语学校。

1813—1821 年

英国欧文著《新社会观》。

1814 年

印度颁布《1814 年教育急件》。

德国正式建立市民学校。

英国成立不列颠及海外学校协会。

哥斯达黎加大学创办。

1815 年

德国颁布《卡尔斯巴德决议》。

法国世俗民众教育机构"基础教育协会"成立。

1816 年

马来西亚槟城义学创办。

德国赫尔巴特著《心理学教科书》。

德国福禄贝尔创立凯尔豪学校。

俄国在彼得堡设立中央师范学院。

法国基佐著《法兰西公共教育的历史和现状》。

法国《初等教育组织法》颁布。

英国欧文在新拉纳克创立性格形成学院。

巴西创办皇家科学艺术学院。

1817 年

印度学者罗伊建立印度学院。

德国将内务部宗教与教育司改为精神事务与教育部。

法国朱利安《比较教育的研究计划和初步意见》问世。

1818—1819 年

瑞士裴斯泰洛齐所著《致格瑞夫斯的信》问世。

1819 年

马来西亚五福书院创办。

俄国创办彼得堡大学。

美国最高法院裁决达特茅斯学院案。

美国弗吉尼亚大学建立。

1820 年

埃尔芬斯通建立浦那印度教学院。

波多黎各公立教育开端。

美国公立学校运动兴起。

澳大利亚引进国民教育制度。

1821 年

法国《教会管理学校法》公布。

法国国立义献学校成立。

阿根廷创办布宜诺斯艾利斯大学。

阿根廷里瓦达维亚进行教育改革。

美国第一所公立中学在波士顿成立。

1822 年

墨西哥兰卡斯特教育协会成立,兰卡斯特学校兴起。

1823 年

孟加拉总督令设公共教育总会。

印度公共教育总会成立。

印度罗伊上书总督。

加拿大麦吉尔大学成立。

美国第一所私立师范学校建立。

1824 年

日本建立石和教谕所。

法国宗教事务和教育部成立。

普鲁士政府明令要对教师和学生进行监督。

1825 年

埃及总督创办第一所军事学校和参谋学校。

法国巴黎开办第一所幼儿园。

澳大利亚创办悉尼文法学校。

澳大利亚引进英国贝尔-兰卡斯特制。

1826 年

德国福禄贝尔著《人的教育》。

德国慕尼黑大学成立。

瑞士裴斯泰洛齐著《天鹅之歌》。

美国第一所保育学校建立。

1827 年

德国出版《莱茵河教育杂志》。

瑞士费林别尔格为中产阶级子弟开办"实践学校"。

英国皇家特许在加拿大安大略省会创办多伦多大学。

美国马萨诸塞州通过第一部州立中学法。

1828 年

俄国政府颁布《大学所属文科中学和初等学校章程》,加强学制的等级性及古典语文学科和宗教教学。

俄国罗巴切夫斯基著《教育的重要课题》。

法国中央政府首次设立公共教育部。

法国限制教会特权法律颁布。

英国建立伦敦大学学院,1836 年与国王学院联合成立伦敦大学。

英国 T. 阿诺德开始进行公学改革。

美国《耶鲁报告书》发表。

1829 年

南非在开普敦建立第一所大学南非学院。

法国巴黎中央工艺学校成立。

法国皇家中学开设现代外语课。

法国《大学公报》创刊。

法国布拉耶发明六点盲文体系。

19 世纪 30 年代

英国公学复兴,公学传统形成。

英国殖民部发表关于西印度群岛教育的指示。

1830 年

俄国创办莫斯科高等技术学校,系莫斯科鲍曼高等技术学校的前身。

1831 年

爱尔兰教育制度建立。

德国赫尔巴特著《关于心理学应用于教育学的几封信》。

法国库森发表德国教育考察报告《关于普鲁士公共教育状况的报告》。

英国坎伯雷特建立国王学院。

1832 年

德国第斯多惠建立教育学会。

1833 年

俄国国民教育部确定把东正教、君主专制和民族性三原则贯彻到学校中。

俄国奥博多夫斯基、古格里和古里耶夫创办《教育学杂志》。

法国颁布《基佐法》。

英国颁布《教育补助金法》,这是英国教育趋向国家化的转折点。

墨西哥进行独立初年的教育改革。

1834 年

印度成立哈多格委员会。

法国颁布《学业证书条例》。

英国《议会教育委员会报告》发表。

美国宾夕法尼亚州颁布免费学校法。

1835 年

麦考莱向印度总督委员会递交《印度教育纪要》。

印度加尔各答医学院建立。

印度马德拉斯卫生学校建立,1851 年升格为医学院。

印度本廷克决议公布。

德国赫尔巴特所著《教育学讲授纲要》出版。

德国第斯多惠所著《德国教师培养指南》出版。

德国贝涅克著《教育和教授学》。

英国梅欧兄妹成立幼儿学校协会。

英属西印度群岛初建公共教育制度。

1836 年

法国颁布开办成人补习班的法令。

英国伦敦大学学院与国王学院合并,成立伦敦大学。

1837 年

德国福禄贝尔在勃兰根堡创办一所幼儿教育机构"儿童活动学校",1840 年改名为"幼儿园"。

德国发生"格廷根七教授事件"。

法国塞甘创设智力落后儿童训练学校。

美国马萨诸塞州教育委员会成立。

1838 年

日本设立水户弘道馆。

1839 年

印度提出"奥克兰备忘录"。

俄国奥多耶夫斯基拟定《儿童保育院章程》。

英国成立枢密院教育委员会。

英国设立皇家督学团。

美国第一所州立师范学校建立。

1840 年

俄国别林斯基在《祖国纪事》杂志发表《泛论儿童教育并论儿童书籍》。

英国颁布《改进文法学校条件,增进文法学校津贴的法令》。

英国凯-沙图华兹创办巴特西师范学院。

1841 年

萨尔瓦多大学创办。

1842 年

墨西哥师范学校创建。

1843 年

德国斯托伊创办耶拿大学教育研究所。

德国施特昌姆佩尔著《康德、费希特与赫尔巴特的教育学》。

美国贺拉斯·曼发表《第七年度报告》。

智利大学创建。

1844 年

丹麦建立第一所民众高等学校。

德国福禄贝尔著《慈母曲及唱歌游戏集》。

意大利创办第一所培养幼儿教师的师范学校。

1845 年

日本成立京都学习院。

德国马克思著《关于费尔巴哈的提纲》。

俄国莫斯科识字协会成立。

法国巴黎师范学校升格为巴黎高等师范学校。

加拿大赖尔森发表《关于加拿大公共初等教育制度的报告》。

1846 年

匈牙利科苏特在布达佩斯开办三年制工业学校。

英国枢密院教育委员会发布文件,决定增加教师薪金。

英国枢密院教育委员会开展导生问题的调查。

加拿大联合省议会通过《公立学校法》。

美国史密森学会在华盛顿建立,为唯一由美国政府资助的半官方性质的博物馆机构。

1847 年

德国马克思、恩格斯提出"普遍的免费的国民教育"。

恩格斯著《共产主义原理》。

英国议会专门委员会发表关于威尔士教育状况的调查报告。

1847—1848 年

德国马克思、恩格斯合著《共产党宣言》。

1848 年

日本藤井三郎提倡英吉利学。

日本村上英俊提倡法兰西学。

波兰埃斯特科夫斯基在波兹南组织教育协会。

德国万德尔号召建立德国教师协会。

德国 23 名议员提出教育提案。

法国科学艺术普及协会成立。

法国卡诺创办行政学校。

法国公共教育最高委员会设立。

意大利通过教育法规,规定各级教育行政的领导权,加强对各级教育机构的管理。

加拿大渥太华大学建立,始称拜通学院,1866 年改此名。

1849 年

贝休恩建立印度加尔各答女子学校。

德国弗里德里希·威廉四世对师范学校教师发表讲话。

英国欧文所著《新道德世界》出版。

19 世纪 50 年代

英国城市学院兴起。

1850 年

丹麦第一所自由学校(私立学校)创立。

法国基内发表《民族的教育》。

法国颁布《法卢法案》。

澳大利亚第一所大学悉尼大学创办。

1851 年

法国学徒合同制建立。

普鲁士禁止幼儿园。

英国第一批由师范学校培养的新教师毕业。

南澳大利亚教育法通过。

1852 年

泰国第一所男子学校创办。

英国成立工艺署,促进学校中的科学和工艺教学。1853 年改为科学工艺署。

英国关于牛津和剑桥大学的调查报告发表。

维多利亚女王签署特许状,在加拿大建立拉瓦尔大学。

海地确立免费义务教育原则。

美国马萨诸塞州通过美国第一部普及义务教育法。

南澳大利亚开创世俗教育。

1853 年

美国奥斯威戈州立师范学校采用裴斯泰洛齐的理论和方法培养教师,奥斯威戈运动由此兴起。

澳大利亚墨尔本大学创办。

1854 年

日本开设幕府直辖学校讲武所。

印度《伍德教育文告》发表。

德国普鲁士宗教事务与国民教育部颁布《教育法》。

俄国设立玛丽亚皇后管理部。

法国回收教会对教育的控制权。

美国第一所黑人高等教育机构阿什曼学院在宾夕法尼亚的林肯市建立,1866 年改名林肯大学。

1855 年

马来西亚拜利巴斯小学由马来人创办。

德国斯托伊著《家庭教育学》。

俄国乌申斯基任加特契纳孤儿院教员和学监。

美国第一所私立幼儿园建立。

美国 H. 巴纳德主编的《美国教育杂志》创刊。该杂志办到 1882 年。

澳大利亚新南威士州发起世俗教育运动。

1856 年

日本成立最初的西学机构"蕃书调所"。

泰国女子工艺学校创立。

德国齐勒尔著《普通教育学概论》。

俄国皮洛戈夫在《海洋集》杂志上发表《人生问题》,对 19 世纪 60 年代俄国国民教育运动的勃兴起推动作用。

法国福尔图尔著《教育改革》。

英国将枢密院教育委员会改组为枢密院教育局。

1857 年

印度创办现代大学的法令通过。

印度加尔各答大学、孟加拉大学和马德拉斯大学创立。

俄国《教育杂志》创刊,1861 年改名《教育》。

俄国赫尔岑与奥加寥夫在伦敦创办《钟声报》,揭露俄国沙皇专制制度,抨击沙皇政府的文教政策。

俄国杜勃罗留波夫发表《论威信在教育中的意义》。

俄国乌申斯基发表《论教育书籍的益处》、《学校的三个要素》、《论公共教育的民族性》。

法国里昂中央工商学校创办。

芬兰第一所用芬兰语教学的中学创立。

格林纳达颁布《1857 年教育法》。

美国全国教师联合会成立。

1857—1858 年

俄国斯托尤宁著《18 世纪俄国教育思想的发展》。

德国第斯多惠著《教育的理想和可能性》。

1858 年

日本福泽谕吉创办兰学塾,1868 年改为庆应义塾。

俄国杜勃罗留波夫发表《热列布佐夫先生杜撰的俄国文明》。

英国成立纽卡斯尔委员会,调查初等教育状况。

1859 年

德国颁布法令,分别设立九年制、八年制和六年制实科中学。

德国梅泽堡发布对新教师的指令。

俄国乌申斯基任斯莫尔尼贵族女子学院学监,对该校的教学和生活制度进行改革。

俄国斯托尤宁著《俄罗斯妇女教育》。

俄国托尔斯泰在自己的庄园为农民子弟创办免费学校。

意大利撒丁王国教育部长卡萨蒂颁布《卡萨蒂教育法》。

英国斯宾塞撰写《什么知识最有价值》。

美国第一所幼儿园由 M. M. 舒尔茨在威斯康星州创办。

美国密歇根大学首次授予两名文科学生以硕士学位,标志着美国现代硕士学位制度的建立。

1860 年

丹麦推行农业教育模式改革。

俄罗斯教育学会成立。

俄国国民教育部颁布《女子学校章程》。

俄国车尔尼雪夫斯基著《七月的君主国》。

俄国乌申斯基著《劳动的心理和教育意义》。

俄国斯托尤宁著《关于我们的文科中学的思考》。

俄国托尔斯泰在自己的庄园为农民子弟创办免费学校。

芬兰颁行《初等教育大纲》。

智利颁布《教育组织法》。

1861 年

日本幕府设医学所。

德国福禄贝尔著《幼儿园教育学》。

俄国车尔尼雪夫斯基的著作《怎么办》出版。

俄国乌申斯基提出《师范学校章程草案》,编写《儿童世界》初版序言。

俄国保尔森创办教育杂志《教师》。

英国设立皇家公学调查委员会(即"克拉伦敦委员会")。

英国斯宾塞《教育论》出版。

英国《纽卡斯尔报告》发表。

美国麻省理工学院建立。

1861—1862 年

俄国托尔斯泰编辑和出版《亚斯纳亚·波良纳》杂志。

1862 年

日本向荷兰派遣留学生。

德国施米特的四卷本《教育学史》出版。

俄国建立莫斯科图书馆。

法国规定每所小学建一间图书馆。

美国国会通过第一个《莫里尔法》。

澳大利亚维多利亚实施《共同学校法案》。

1863 年

菲律宾颁布《1863 年教育令》。

日本在长崎设济美馆,教授五国文字。

俄国国民教育部通过赋予高等学校较多自治权的《大学章程》。

法国迪律依提出发展中等职业技术教育。

1864 年

俄国沙皇政府批准《地方自治机构条例》,授权地方自治局在省长监督下管理地方的经济和文教事务。

俄国国民教育部通过《初等国民学校章程》、《文科中学和中等预备学校章程》。

俄国乌申斯基编写俄语课本《祖国语言》。

英国成立唐顿委员会。

1865 年

德国齐勒尔的《教育性教学原理的基础》出版,使赫尔巴特及其教育思想得到传播。

俄国创办彼得罗夫斯克—拉祖莫夫农林学院。

美国成立全国学校督学协会,后改名美国学校管理者协会。

1866 年

德国马克思发表《临时中央委员会就若干问题给代表的指示》,提出综合技术教育学。

澳大利亚新南威尔士州颁布并实行《公立学校法》。

1867 年

《资本论》第一卷出版。

法国《迪律依教育法》颁布。

英国颁布《英属北美法案》,涉及教育管理问题。

美国皮博迪捐款 200 万美元,设立皮博迪教育基金会,推动南部初等教育的发展。

美国设立联邦教育部。

墨西哥胡亚雷斯进行教育改革,宣布宗教与教育分离,建立世俗教育系统。

1868 年

日本明治政府发布《御誓文》,提出"求知识于世界"。

德国齐勒尔与斯托伊共同创建科学教育学学会,传播赫尔巴特的教育思想。

俄国乌申斯基所著《人是教育的对象》第一卷出版。

法国开办高等研究实践学校,以推动大学开展科学研究。

法国明令设"母育学校",将慈善事业转变为国民教育事业。

英国颁布《公学法》。

英国《唐顿报告》发表。

英国奎克著《教育改革者》。

墨西哥立法,规定初等教育为义务教育,成为拉丁美洲第一个为义务教育立法的国家。

1869 年

日本制定《府县施政顺序》。

日本明治政府开办"大学校"。

德国职业义务教育制度初步形成。

俄国乌申斯基的著作《人是教育的对象》第二卷出版。

法国巴黎高等商业学校创建。

英国赫胥黎发表《科学教育》、《论自由教育》。

哥斯达黎加制定初等义务教育法。

墨西哥颁布《联邦区公共教育组织法》。

新西兰第一所大学奥塔戈大学成立。

1870 年

日本制定《大学规则》和《中小学规则》。

新加坡发表《殖民地教育状况报告书》。

俄国颁布《师范学堂章程》。

法国费里发表《论教育平等》的演说。

英国颁布《福斯特教育法》(亦称《初等教育法》),标志着英国初等教育制度初步形成。

美国全国教育协会成立。

委内瑞拉颁布第一个教育法令。

1871 年

日本设置文部省。

俄国沙皇政府颁行新的《文科中学和中学预备学校章程》。

俄国沃多沃佐娃著《从初有意识到学龄期间儿童智慧和道德的发展》。

法国巴黎公社教育委员会成立,瓦扬出任教育代表。

法国巴黎政治科学学院成立。

英国《德文郡报告》发表。

巴西进行实证主义教育改革。

1872 年

日本颁布《学制》。

日本设立东京师范学校。

新加坡设立教育局。

德国颁布《学校视察法》,对学校实行国家监督。

德国颁布《普通教育法》,规定 6~14 岁的八年初等教育为强迫义务教育。

俄国创办莫斯科高等女子学堂。此为莫斯科列宁师范学院的前身。

俄国彼得堡福禄贝尔协会创办福禄贝尔师范学院。

俄国颁布《实科学校章程》。

俄国托尔斯泰编写的《识字课本》出版。

美国 C. W. 埃利奥特开始在哈佛大学推行选修制。

澳大利亚昆士兰通过取消学费、实行免费教育的议案。

1872—1876 年

日本福泽谕吉著《劝学篇》。

1873 年

日本增补《学制》。

泰国第一所英语专科学校创建。

埃及建立第一所女子学校索优菲亚女子学校。

南非建立好望角大学。

德国颁布关于国民学校天主教宗教课的决定。

英国正式发起大学推广运动。

英国 J. H. 纽曼所著《大学的理想》出版。

美国建立第一所公立幼儿园。

危地马拉实行巴里奥斯总统的教育政策。

1874 年

日本制定《小学教员任免规则》。

俄国托尔斯泰著《论国民教育》。

俄国颁布《初等国民学校规程》。

瑞典开始实施全民义务教育。

英国利物浦学校委员会创建第一个教生中心。

美国密歇根州最高法院裁决"卡拉马祖案"。

美国"肖托夸运动"发端。

1875 年

日本设立东京女子师范学校。

日本森有礼等设立商法讲习所。

德国马克思著《哥达纲领批判》。

俄国托尔斯泰编写的《阅读课本》出版。

法国允许开办私立大学。

美国帕克在马萨诸塞州试行昆西教学法。

1876—1878 年

德国恩格斯著《反杜林论》。

1876 年

日本设立第一所幼儿园。

德国第一次教师大会召开。

德国赫尔巴特所著《普通教育学讲演》出版。

英国颁布《桑登法》,规定家长有义务让子女接受足够的教育。

加拿大蒙特利尔大学成立。

美国约翰斯·霍普金斯大学成立,并设立世界上第一个研究生院。

1877 年

日本创设东京大学。

俄国卡普捷列夫所著《教育心理学》出版。

意大利颁布教育法规《卡本诺法》。

乌拉圭颁布《普通教育法》。

1878 年

第一届国际聋教育大会举行。

德国柏林洪堡学院建立。

法国首次制定幼儿学校和小学建设的法令。

法国卡米尔·塞提出开办女子中等教育法案。

1879 年

日本颁布《教育令》。

德国冯特在莱比锡大学建立世界上第一个心理学实验室。

德国柏林工业学院建立。

法国教育博物馆建立。

法国各省开办一所女子师范学校。

法国教育部长费里改组中央和地方教育行政管理机构。

1880 年

日本颁布《改正教育令》。

法国开办学徒手工学校。

英国《阿伯戴尔报告》发表。

西印度群岛颁布《1880 年初等教育组织法》。

澳大利亚新南威尔士通过公共教育法令。

1881 年

日本创立私立明治法律学校。

日本颁布《小学校教则纲领》。

法国巴黎女子高等学校创办。

法国颁布第一个《费里法》,公共学校实行免费教育。

英国成立皇家技术教育委员会。

英国《塞缪尔森报告》发表。

1882 年

日本大隈重信创立东京专科学校。

日本文部卿发表《小学修身书编纂方法大意》。

德国修订高级中学教学计划。

德国普莱尔的《儿童心理学》出版,标志着科学儿童心理学的诞生。

法国颁布第二个《费里法》,国家实行世俗和义务教育。

法国凯里玛主持编辑《幼儿教育》杂志。

美国企业家斯赖特捐款 100 万美元,设立斯赖特基金会。

1883 年

日本实行教科书由文部省批准的制度。

日本制定《府县立师范学校通则》。

德国恩格斯著《自然辩证法》。

法国法语协会建立。

法国孔佩雷的《教育学史》出版。

美国霍尔在约翰斯·霍普金斯大学建立美国第一个心理学实验室。

墨西哥创办里萨巴模范学校。

澳大利亚墨尔本大学接受第一位女大学生。

新西兰创建教育学会。

1884 年

日本制定《商业学校通则》。

日本再次修订《教育令》,废除町村学务委员会,规定由村长管理地方教育事务。

泰国官立平民学校创办。

俄国颁布《堂区学校章程》。

阿根廷颁布《世俗教育法》(亦称《普通教育法》)。

多米尼加共和国制定第一部《教育法》。

1885 年

日本实行内阁制,森有礼任文部大臣。

日本文部省设立视学部。

法国重新授予学院法人资格。

1886 年

日本颁布《学校令》,其中包括《帝国大学令》、《师范学校令》、《中学校令》、《小学校令》四个法令。

日本制定《教学用图书检查条例》,实行国家检定教科书制度。

德国莱因在耶拿大学举办学习赫尔巴特教育思想的教育学研究班。至 1911 年,有近 2 000 名来自世界各地的学生接受该研究班的培训,对赫尔巴特教育思想的传播起到了推动作用。

法国颁布《戈勃莱法案》。

英国《克劳斯报告》发表。

1887 年

日本颁布《陆军大学校条例》和《学位令》。

德国第一所职业学校在慕尼黑建立。

法国居友著《教育与遗传》。

法国《幼儿学校组织法》颁布。

英国成立全国技术教育促进协会。

1887—1892 年

俄国保尔森著《识字教学法的历史和理论资料》(1～2 卷)。

1888 年

法国巴斯德学院成立。

澳大利亚霍基斯伯里农业学院建立。

1889 年

日本颁布法令,禁止教师加入政党。

法国初等学校教师成为国家公职人员。

英国雷迪创办阿伯茨霍尔姆学校。

英国颁布《技术教育法》。

筹建于 1887 年的美国纽约教师培训学院获试办许可证,1892 年改名纽约师范学院,1898 年并入哥伦比亚大学,是为哥伦比亚大学师范学院。

墨西哥召开第一次全国教育大会。

智利创办教育学院。

1890 年

朝鲜发布《实业学校令》。

日本颁布《教育敕语》。

德国莱因著《教育学概论》。

德国召开学校工作会议。

德国弗里德里希·威廉二世发布敕令,吸收学校工作会议的意见,确认中等教育阶段三种高级中学(文科中学、文实中学、高级实科中学)享有平等权利。

美国国会通过《第二次莫里尔法》。

1891 年

日本帝国大学开除教授久米邦武。

日本颁布《小学教则大纲》。

德国公布劳工法,规定雇主应送 14～18 岁学徒入补习学校学习,否则受罚。

加拿大 10 个省的教育部联合筹建加拿大教育协会。

1892 年

德国召开第九次全国教师大会,提出关于改革德国学制结构的意见,主张提高国民学校师资培养水平。

德国公布《文科中学教学规则》。

巴西颁布第一部《教育法》。

美国成立赫尔巴特俱乐部,1895年改名全国赫尔巴特教育科学研究学会。

美国全国教育协会成立以 C. W. 埃利奥特为首的"十人委员会"。

美国心理学会成立。

1893 年

英国巴德利创办贝达尔斯学校。

英国赫胥黎著作《科学与教育》出版。

澳大利亚昆士兰大学建立。

1894 年

朝鲜进行"甲午更张",开始建立近代学制。

日本颁布《实业教育费国库补助法》。

德国召开全国教师大会,对教育政策和教育改革提出意见。

美国帕克著《关于教育学的谈话》。

1895 年

朝鲜国王颁布《教育诏书》,同年发表《汉城师范学校官制》,基本形成近代学校教育制度。

德国莱因著《教育学辞典》。

德国创立曼海姆制。

俄国列宁发表《我们的大臣们在想些什么》,揭露沙皇政府教育政策的反动性。

俄国列斯哈弗特完成《儿童的家庭教育及其意义》的撰写。

法国比纳倡导发行法国第一本心理学杂志《心理学导报》。

英国皇家中等教育委员会提出有关改革中等教育制度的报告,即《布赖斯报告》。

美国发表"十五人委员会报告"。

1896 年

日本成立帝国教育会。

日本设置高等教育会议。

日本颁布《国家补助金法》,即《市町村立小学校教员教龄津贴国库补助法案》。

德国女生第一次通过文科中学会考。

德国职业义务教育制度初步形成。

俄国列斯哈弗特开办高级女子体育工作人员讲习所。

法国颁布《国立大学组织法》。

法国重新组建现代大学。

意大利颁布师范教育法规《根图科法》。

美国制定《教师职业伦理准则》。

美国杜威在芝加哥大学建立实验学校,通称"杜威学校"。

美国联邦最高法院裁定确立"隔离但平等"原则,1954年又裁定此原则违法。

1897 年

日本创办京都帝国大学。

泰国推行留学制度。

德国林德著《人格教育学》。

俄国列宁发表《民粹主义空洞计划的典型》,批评民粹派的教育观点。

俄国卡普捷列夫发表《俄罗斯新教育学:它的主要思想、流派与活动家》。

美国杜威发表《我的教育信条》。

1898 年

日本谷本富著作《将来的教育学》发表。

德国教育部长对女子文科中学提出意见。

德国利茨创办乡村教育之家。

法国成立国家中等教育调查委员会,研究中等学校学科设置及培养目标问题。

美国召开南方教育会议。

1899 年

日本颁布《教育基金特别会计法》、《实业学校令》、《私立学校令》、《高等女学校令》和《图书馆令》。

日本颁布《幼稚园保育及设备规程》。

日本建立职业中专。

奥地利弗洛伊德《梦的解析》出版。

法国里博委员会的研究报告发表。

法国德莫林创办罗歇斯学校。

瑞士费里埃在日内瓦发起成立了"国际新学校局"。

英国将教育署改为由议会直接管理的教育局。

英国南非公司颁布津巴布韦殖民地第一部教育法令《1899年教育法令》。

美国"十三人委员会"提出《关于学院入学条件的报告》。

美国杜威著《学校与社会》。

美国伊利诺伊州议会通过世界上第一部关于未成年人保护的法律《少年法庭法》。

1900 年

日本颁布《感化法》、《教员免许令》。

德国文实中学毕业生获得大学入学资格。

德国柏尔格曼著《社会的教育学》。

德国学校工作会议召开,进一步解决教育改革中的问题。

荷兰现代教育制度始建。

瑞典爱伦·凯的《儿童的世纪》出版。

美国大学联合会成立。

美国大学入学考试委员会成立。

美国克伯屈倡导设计教学法。

匈牙利特殊教育师范学院创立。

1901 年

菲律宾公共教育部设立。

日本私立女子大学成立。

印度泰戈尔创办桑地尼克丹实验小学。

印度召开西姆拉教育会议。

德国允许女子入文科中学。

德国确立实科中学与文科中学地位同等。

俄国列斯哈弗特著《学龄儿童体育指南》。

英国戴维森著《教育史》。

1902 年

国际商业教育协会成立。

日本发生教科书疑案事件。

日本广岛高等师范学校成立。

印度成立大学委员会。

德国女子入大学得到允许。

德国颁布《师范预备教育机构和师范学校教学计划》。

德国凯兴斯泰纳在慕尼黑建立进修学校。

德国召开艺术教育大会。

法国中学开始实行分科教学。

英国颁布《巴尔福教育法》。

英国《通过想象进行教育》发表。

美国全国赫尔巴特教育科学研究学会改名为全国教育科学研究会。1910 年又改名为全国教育研究会。

美国第一所公立初级学院成立。

美国杜威著《儿童与课程》。

1903 年

日本公布《专科学校令》。

丹麦颁布《中等教育法》。

德国纳托尔普著《一般教育学纲要》。

俄国设立彼得堡女子师范学校。此为列宁格勒赫尔岑师范学院的前身。

俄国社会民主工党在第二次代表大会通过的党纲中提出无产阶级的教育要求。

波多黎各大学创办。

美国桑代克所著《教育心理学》出版,1913 年又扩充为三卷本重新出版。

澳大利亚发布《佩里报告》。

1904 年

日本吉田熊次著《社会教育学讲义》。

日本颁布《告小学教员》。

印度颁布《大学法》、《政府教育政策决议》。

德国创建森林学校。

意大利颁布《俄兰多教育法》。

英国颁布《中学条例》。

1905 年

马来西亚颁布《学校注册条例》。

泰国教师协会成立。

新加坡成立第一所高等学校——海峡殖民地及马来联邦国立医科学校,1912 年改名为爱德华七世医学院。

印度兰格浦尔县建立第一所民族学校。

德国拉伊与梅伊曼合办《实验教育学》杂志。

全俄教师联合会成立。

法国比纳和 T. 西蒙发表《诊断异常儿童智力的新方法》,介绍了他们编制的智力测量量表,并把智力测验的方法直接应用于学校。

法国《政教分离法》颁布。

英国发表《公立初等学校教师手册》。

阿根廷颁布《扫盲法》。

美国开始合作教育。

美国孟禄所著《教育史教科书》出版。

美国设立卡内基促进教学基金会。

1906 年

孟加拉兴起民族教育运动。

印度成立民族教育委员会。

印度推行义务初等教育。

印度成立促进技术教育协会。

德国社会民主党发表关于国民教育的原则。

德国出现建立世俗学校的呼声。

德国社会民主党发表关于国民教育的原则的文章。

德国莱因的《系统教育学》(2 卷)问世。

德国通过《国民教育法》。

捷克卡德涅尔著《实验教育学问题》。

1907 年

日本将义务教育年限延长到 6 年。

日本公布《师范学校规程》。

日本创立东京帝国大学。

比利时德克罗利创办“德克罗利学校”,推行新教育制度。

德国梅伊曼所著《实验教育学入门讲义》出版。

英国发表关于中学免费学额的规定。

美国 M. P. 约翰逊开始将亚拉巴马州费尔霍普城的公立学校改造为有机教育学校,进行进步主义教育实验。

1908 年

日本颁布《戊申诏书》。

埃及大学创办。

比利时德克罗利所著《论个性心理学与实验心理学》问世。

德国女子学校实行改革。

德国凯兴斯泰纳提出劳动学校理论。

德国公布《关于中等女子学校与女青年继续教育机构的一般决定》。

德国拉伊的《实验教育学》出版。

俄国基辅福禄贝尔协会创办福禄贝尔女子师范学院。

俄国成立私立莫斯科沙尼亚夫斯基大学。

英国首创童子军。

美国创立葛雷制学校。

1909 年

德国建立免费教育同盟,主张教育改革。

俄国托尔斯泰发表《论教育》。

法国教育部颁布《特殊教育组织令》。

澳大利亚昆士兰大学建立。

1910 年

印度通过戈卡莱议案。

德国盖希布创办欧登瓦德学校。

德国弗尔斯特著《国家公民的教育》。

德国教育改革同盟成立。

德国颁布《关于中间学校新章程的决定》。

俄国卡普捷列夫主编的《家庭教育与教学百科全书》完成。

俄国卡普捷列夫所著《俄罗斯教育史》出版。

美国孟禄开始编撰《教育百科全书》,1913 年完成。

美国成立全国性的男性青少年组织——童子军。

1911 年

日本侵略军在韩国强行公布《朝鲜教育令》,推行殖民教育。

波兰科尔察克在华沙创办"孤儿之家",对流浪儿童和难以教育的儿童
　　进行教育工作。

德国拉伊所著《行动学校》出版。

德国甘斯贝格著《民主教育学》。

德国凯兴斯泰纳发表《劳作学校要义》和《国家公民学校教育的概念》。

德国利岑曼著《十九世纪的德国教育学家》。

俄国沙茨基在卡卢加州建立"朝气蓬勃的生活工学团"。

葡萄牙开始实施义务教育。

普鲁士制定幼儿园教师考试规则,提倡幼儿园教育。

普鲁士实行聋哑儿童义务教育。

意大利颁布教育法规《克里达洛法》。

英国教育局咨询委员会发表关于中学考试的报告。

加拿大大学与学院协会成立。

1912 年

德国凯兴斯泰纳所著《性格与性格教育》出版。

俄国文特策尔撰成其代表作《创造性个性的伦理学和教育学》。

法国技术师范学校成立。

瑞典爱伦·凯著《妇女运动》。

英国 J. 亚当斯著《教育理论的演进》(一译《教育哲学史》)。

美国麦卡锡撰写了《威斯康星观念》,首次使用"威斯康星观念"概念。

美国女子童子军成立。

新西兰梅西大学建立。

1913 年

泰国颁行国家教育制度。

印度发表《教育政策决议》。

列宁撰写《论国民教育部的政策问题》一文,由布尔什维克党团代表在
　　第四届国家杜马会议上宣读。

俄国瓦赫捷罗夫所著《新教育学原理》出版。

意大利蒙台梭利所著《教育人类学》出版。

美国洛克菲勒基金会成立。

1914 年

德国菲舍尔发表《描述性教育学》,描述性教育学思潮兴起。

德国出版《狄尔泰全集》。

德国梅伊曼著《精神论教育学》。

德国 L. W. 斯特恩著《早期儿童心理学》。

俄国波尔塔瓦师范专科学校建立。此为波尔塔瓦师范学院的前身。

意大利蒙台梭利出版《蒙台梭利手册》。

美国通过《史密斯—列弗法》。

1915 年

日本京都帝国大学公开选举总长。

印度甘地创立真理学院。

俄国沙茨基所著《充满生气的生活》出版。

美国杜威所著《明日之学校》出版。

美国大学教授联合会成立。

澳大利亚南澳大利亚州通过《教育巩固法案》。

1916 年

泰国朱拉隆功大学创立。

印度女子大学成立。

印度贝拿勒斯印度教大学创建。

南非学院升格为开普敦大学。

英国罗素所著《社会改造原理》出版。

美国推孟开始开展智力测验。

美国预备役军官训练队成立。

美国教育研究学会成立。

美国教师联合会成立。

美国杜威所著《民主主义与教育》出版。

1917 年

日本创建临时教育会议。

日本公民教育调查委员会设立。

印度颁布第一个地方初等教育法《孟买初等教育法》。

印度加尔各答大学委员会成立。

德国颁布《中学教员培养规程》。

德国费尔斯特尔著《教育与自我教育》。

德国宪法规定 14～18 岁青少年均受强迫补习教育。

德国制定中学教师考试规则。

苏俄组成人民委员会,卢那察尔斯基任教育人民委员。

苏俄成立国家教育委员会。

苏俄成立教育人民委员部。

卢那察尔斯基发表《教育人民委员会关于国民教育的宣言》。

苏俄人民委员会通过《关于将教育和教养事业从宗教部门移交给教育
　　人民委员部管理的决定》。

克鲁普斯卡娅的主要著作《国民教育和民主主义》出版,该书撰写于
　　1915 年。

瓦赫捷罗夫所著《全民的学校教育与校外教育》问世。

全俄国际主义者教师联合会成立。

俄共(布)第一次国民教育会议召开。

意大利蒙台梭利所著《高级蒙台梭利法》出版。

英国发表《刘易斯报告》。

美国通过《史密斯—休士法》。

1918 年

日本重颁《大学令》。

日本公布《市町村义务教育费国库负担法》。

泰国颁布《暹罗民立学校法》。

德国发表《教育部致教师的信》。

德国废除对教会学校的监督。

苏俄发布由列宁签署的《关于教会同国家分离、学校同教会分离的
　　命令》。

苏俄教育人民委员部发布《关于一律实行男女合校制的决定》。

苏俄人民委员会通过《关于把各部门的教学和教育机构移交给教育人
　　民委员部管理的法令》,颁布《关于俄罗斯苏维埃联邦社会主义共和
　　国国民教育事业组织章程》。

全俄国际主义者教师联合会第一次代表大会召开,列宁发表讲话。

全俄教育工作第一次代表大会召开,审议并一致同意国家教育委员会
　　拟订的《统一劳动学校规程》草案。

苏俄人民委员会通过《关于俄罗斯苏维埃联邦社会主义共和国高等学

校招生条例的法令》。

全俄苏维埃中央执行委员会主席斯维尔德洛夫和副教育人民委员波克
　罗夫斯基签署《俄罗斯苏维埃联邦社会主义共和国统一劳动学校
　规程》。

苏俄国家教育委员会主席卢那察尔斯基签署《统一劳动学校基本原则》
　(亦称《统一劳动学校宣言》)。

苏俄建立共产主义青年团,1926 年 3 月改名苏联列宁共产主义青年
　团。

苏俄创办工厂艺徒学校。

全俄中央执行委员会作出《关于解散教师联合会的决定》。

英国颁布《费舍教育法》。

阿根廷进行大学改革运动。

美国克伯屈所著《设计教学法》出版。

美国"中等教育改组委员会"提出中等教育七大基本原则。

美国密西西比州通过《义务教育法》。

1919 年

日本颁布《小学校令实施规则》。

西非学生联盟建立。

德国斯普朗格所著《文化与教育》出版。

德国诺尔著《教育与政治论文集》。

德国科恩著《教育的精神》。

德国颁布《魏玛宪法》,规定实行统一学校制度。

德国创建瓦尔多夫学校。

法国颁布《阿斯蒂埃法案》,发展职业技术教育。

列宁签署《关于在苏俄居民中扫除文盲的法令》。

苏俄教育人民委员部颁布《关于组织大学附设工人系的决定》。

俄共(布)在第八次党代表大会通过的党纲中提出社会主义时期的国民
　教育纲领。

全俄共产主义学生第一次代表大会在莫斯科举行。

全俄国际主义者教师联合会第二次代表大会召开,列宁号召建立一个
　把广大教师包括在内的教师工会。

全俄教育工作者和社会主义文化工作者第一次代表大会在莫斯科
　举行。

全俄教育工作者和社会主义文化工作者工会成立,国际主义者教师联
　合会停止活动。

苏俄莫斯科商学院首创工人系。

苏俄沙茨基创建第一国民教育实验站。

苏联布隆斯基所著《劳动学校》出版。

英国创立大学拨款委员会。

英国亚当森著《简明教育史》。

英国 A.P. 牛顿著《英帝国大学与教育制度》。

美国创立文纳特卡制。

美国进步教育协会成立。

美国杜威在日本东京帝国大学讲演。

1920 年

印度中央教育咨询委员会成立。

印度兴起"非暴力不合作"运动。

德国召开全德学校工作会议。

德国魏玛共和国教育改革开始。

德国魏玛共和国颁布《基础学校法》。

德国颁布《关于基础学校和撤销预备学校的法令》。

德国教育部颁布《学生自我管理的决定和方针》。

列宁为无产阶级文化协会第一次代表大会拟定《论无产阶级文化》的决
　议草案,批判无产阶级文化派的观点与活动。

列宁在苏俄共产主义青年团第三次代表大会上发表演讲《青年团的
　任务》。

列宁发表《论综合技术教育——对娜捷斯卡·康斯坦丁诺夫娜的提纲
　的评述》。

全俄扫除文盲非常委员会成立。

苏俄人民委员会颁布《关于工人系的法令》。

苏联马卡连柯创办高尔基工学团。

俄共(布)中央召开全俄国民教育第一次党的会议。

英国沛西·能发表《教育原理》。

巴西第一所大学建立。

加拿大教师联合会成立。

美国试行道尔顿制。

美国卡伯莱的《教育史读本》出版。

智利颁布《小学义务教育法》。

1921 年

日本公布《职业学校规程》。

日本新教育学派诞生。

泰国"学生人头税"设立。

泰国颁布《初等教育法》。

印度甘地创立印度穆斯林民族大学。

印度桑地尼克丹实验小学易名为桑地尼克丹国际大学。

奥地利心理学家 A.阿德勒在维也纳建立第一个儿童指导所。

德国制定基础学校教学计划。

德国建立学生服务社。

经瑞士费里埃倡导,新教育联谊会在法国加雷市成立。

芬兰颁行《义务教育法》。

芬兰大学生全国联合会创建。

苏俄设立教育人民委员部国家学术委员会教育科学组。

苏俄在莫斯科开办东方劳动者共产主义大学,并在塔什干、巴库和伊尔
　库茨克设分校。

苏俄人民委员会决定建立红色教授学院。

英国博伊德著《西方教育史》。

墨西哥建立公共教育部。

1922 年

印度创办德里大学。

德国建立师范学院。

德国制定《国民学校高年级学校教学计划》。

德国国民学校开设劳作课。

法国涂尔干所著《教育与社会学》问世。

苏俄建立少年先锋队。

苏联教育理论杂志《走向新学校之路》创刊。

1923 年

日本公布《盲学校与聋哑学校令》。

日本发布《关于振兴国民精神的诏书》。

德国里歇特进行教育改革。

法国贝拉尔提出中等教育改革议案。

普鲁士颁布大学新法规。

普鲁士内务部发表关于《高级中学调整特别是实行德意志中学与上层学校》的备忘录。

瑞士皮亚杰著《儿童语言与思维》。

列宁的《日记摘录》发表,要求改善教师工作条件,提高教师地位。

列宁的《论合作制》发表,论述文化革命问题。

苏俄教育人民委员部开始推行综合教学大纲。

苏联开始建立青年农民学校,1930年改称集体农庄青年学校。

苏联创建克鲁普斯卡娅共产主义教育学院。

意大利实施金泰尔改革。

意大利米兰大学成立。

英国全国学生联合会成立。

墨西哥创立文化讲习团。

新西兰大学教师协会成立。

1924 年

德国佩特森发表《一般教育学》,提出教育事实研究思想。

德国制定中学艺术教育方针。

德国教育部制定高级中学新章程。

1925 年

日本发布《在学校中配备陆军现役军官令》。

日本小樽商业高校学生拒绝参加军事训练。

印度大学联合会成立。

非洲发表白皮书《英属热带非洲的教育政策》。

德国梅塞尔著《教育学史》。

德国林德著《以语言陶冶为基础的精神陶冶》。

德国公布《关于中间学校的决定》。

法国建立学徒税制度。

法国建立小学阶段的统一学校。

法国涂尔干《道德教育论》发表。

苏联斯大林号召无产阶级大学生掌握科学知识。

苏联开始建立七年制工厂学校。

苏联将莫斯科图书馆改名为国立列宁图书馆。

苏联布隆斯基所著《教育心理学原理》出版。

苏联阿尔台克全苏列宁少先队夏令营建立。

英国关于公立初等学校师资培训的报告发表。

1926 年

国际教师协会联合会成立。

日本文部省发出通知,禁止学生研究社会科学。

日本公布《幼稚园令》。

日本公布《青年训练所令》。

德国利特著《教育学之可能性与界限》。

德国建立师范学院。

苏联斯大林提出,为实行工业化,必须造就大批工业建设干部。

英国发表《哈多报告》。

英国罗素所著《论教育:特别是幼儿教育》出版。

1927 年

日本文部省设立调查部。

苏联马卡连柯创建捷尔任斯基公社。

苏联舒里金在《走向新学校之路》第9期发表《过渡时期的教育学》,宣扬学校消亡论。

苏联举行儿童学第一次代表大会。

巴西创办维索萨大学。

古巴建立大学指导委员会。

1928 年

日本全国社会主义者学生联盟组成。

新加坡成立莱佛士学院,1929年正式开学。

法国创立职业指导研究所。

斯大林在苏联共青团第八次代表大会上发表讲话,号召苏联青年向科学进军。

联共(布)中央全会通过《关于改进培养新专家的工作的决定》。

意大利公共教育部部长与墨索里尼合作制定《意大利初等教育法》,促使学校教育法西斯化。

哥伦比亚建立国民教育部。

1929 年

国际教育局在日内瓦成立。

国际蒙台梭利教学法学会成立。

日本小原国芳创设玉川学园。

印度发表《哈多格报告》。

法国创设母育学校。

苏俄教育人民委员部颁布《综合设计教学大纲》。

苏联平克维奇的《苏联教育学原理》出版。

苏联成立马克思主义者教育家学会。

意大利成立控制各级各类学校体育军事教育的法西斯组织。

英国劳阿武德著《英国教育传统》。

英国怀特海所著《教育的目的》出版。

美国联邦教育局改称联邦教育总署。

1929—1934 年

苏联维果茨基撰写《儿童心理发展问题》专著。

1930 年

《国际教育评论》创刊。

日本创立新兴教育研究所。

日本铃木治朗制定《铃木—比纳量表》。

比利时德克罗利出版《情绪的发展》。

德国总理发表关于青年教育的讲话。

《苏联中央执行委员会和苏联人民委员会关于普及初等义务教育的决定》发布。

第一次全俄综合技术教育代表大会在莫斯科召开。

澳大利亚教育研究理事会成立。

1931 年

国际童年教育联合会成立。

日本文部省设置学生思想调查委员会。

俄罗斯联邦教育人民委员部部务会议决定建立高级共产主义教育学院。

苏联开始对青少年实行被称为"劳动与卫国制"的统一体育制度。

英国《教育署咨询委员会关于"小学"的报告》发表。

巴西颁布《高等和中等教育组织法》。

玻利维亚瓦里萨塔农村师范学校创立。

美国通过全国教育协会纲领。

尼日利亚教师工会联合委员会成立。

1932 年

第一届国际教育大会召开。

日本设立大日本学术振兴会。

日本设置国民精神文化研究所。

波兰实施教育改革,确立了第二次世界大战前波兰的国民教育制度。

德国克里克著《国民政治教育》。

德国佩特森著《教育学》。

法国公共教育部改为国民教育部。

捷克斯沃博达在布拉格创办捷克第一所幼儿园。

瑞士皮亚杰所著《儿童的道德判断》英文版出版。

联共(布)中央通过《关于中小学教学大纲和教学制度的决定》。

苏联中央执行委员会通过《关于高等学校和中等技术学校教学大纲和教学制度的决定》。

1933 年

第二届国际教育大会召开。

日本发生京都帝国大学泷川事件。

日本《教育》杂志创刊。

波兰布拉霍夫斯基著《教育心理学的效验》。

捷克赫卢普所著《教育学》出版。

联共(布)中央通过《关于中小学教科书的决定》。

苏联马卡连柯在《苏维埃文学》杂志第 3 期上发表《教育诗》第一部。

瓦加斯的《巴西教育政策》发布。

1934 年

日本文部省成立思想局。

日本北方日语教育者联盟成立。

德国教育被纳入侵略战争的轨道。

纳粹德国制定教育方针。

纳粹德国发表关于设立国家科学、教育和国民教育部的公告。

纳粹德国规定乡村学年制度。

法国工程师职衔委员会成立。

苏联人民委员会和联共(布)中央通过《关于苏联中小学结构的决定》。

苏联维果茨基所著《思维与言语》出版。

墨西哥卡德纳斯领导"社会主义教育"运动。

新西兰教育研究委员会成立。

1935 年

国际宗教教育研究中心成立。

日本公布《青年学校令》。

日本《生活学校》杂志创刊。

日本文部省设置实业教育振兴委员会。

印度发生甘地—哈多格之争。

德国诺尔著《德国的教育运动及其理论》。

纳粹德国规定 18～25 岁青年义务劳动制度。

纳粹德国公布《大学教师法》。

纳粹德国建立犹太人学校。

德国原有大学学生组织被解散,纳粹"伙伴会"成立。

瑞士皮亚杰著《儿童知觉的发生》。

巴拿马大学创办。

美国国家青年署成立。

秘鲁建立教育部。

1936 年

日本文部省提出义务教育延长 2 年的改革方案。

法国义务教育年限延长 1 年。

苏联人民委员会和联共(布)中央通过《关于授予教师个人称号和任用中小学教师、校长程序的决定》。

联共(布)中央通过《关于教育人民委员部系统中的儿童学曲解的决定》。

意大利蒙台梭利出版《童年的秘密》。

英国曼赫姆著《人类与文化》。

美国福特基金会成立。

美国实施"午餐计划"。

墨西哥工人大学创办。

澳大利亚新南威尔士州颁布《公共教学与大学(修正)法》。

1937 年

日本文部省刊印《国体主义》。

日本城户幡太郎等组成教育科学研究会。

日本教育审议会建立。

日本内阁会议通过《国民精神总动员实施纲要》。

印度第一届"全印民族教育大会"召开。

印度发表《艾伯特—伍德职业教育报告》。

印度甘地提出"基础教育"思想。

纳粹德国建立希特勒学校。

纳粹德国规定学校教学要目。

《苏联人民委员会关于学位和学衔的决定》通过。

苏联《苏维埃教育学》杂志创刊。

苏联《教师报》创刊。

苏联马卡连柯的《父母必读》出版。

英国雷曼特著《幼儿教育史》。

澳大利亚大学学生全国联合会成立。

1938 年

国际远程教育协会成立。

日本荒木贞夫任文部大臣。

日本军部设立"青年学校"。

日本文部省发布《实施集体劳动作业运动的通知》。

印度实施"瓦尔达方案"。

纳粹德国进行教育改革。

纳粹德国颁布《义务教育法》。

纳粹德国颁布新教学计划。

纳粹德国公布学校制定新规定。

苏联马卡连柯的《塔上旗》出版。

英国《史宾斯报告》发表。

要素主义者促进美国教育委员会成立,并发表《要素主义者促进美国教育的纲领》。

美国教育政策委员会成立。

美国杜威所著《经验与教育》出版。

澳大利亚开始改革考试制度。

澳大利亚新课程大纲颁布。

澳大利亚学前教育协会建立。

1939 年

日本教育科学研究会成立。

法国国家科学研究中心成立。

法国全国广播电视教学中心建立。

法国职业培训中心创办。

芬兰颁行《职业教育经费法令》。

苏联人民委员会通过第一个全面规定研究生工作要求的条例。

苏联《高等学校通报》创刊。

苏联凯洛夫主编的《教育学》第一版问世。

意大利教育部长鲍特推行教育改革。

智利大学创办。

1940 年

菲律宾颁布《1940 年教育法》。

日本发布《学校免费供餐奖励规程》。

泰国实施成人教育。

法国维希政府扶持私立学校。

苏联始设"功勋教师"荣誉称号。

墨西哥学院建立。

1941 年

日本实施《国民学校令》。

日本文部省教育局编成《臣民之道》教材。

1942 年

国际大学教授和讲师协会成立。

日本设置国民炼成所。

日本制定《大东亚建设时期的文教政策》。

苏联人民委员会通过《关于安置无父母儿童的决议》。

巴西建立全国工业学徒培训局。

1943 年

日本创立大日本育英会。

法国马里坦所著《教育在十字路口》出版。

苏联创办苏沃洛夫陆军学校、纳希莫夫海军学校。

苏联人民委员会作出成立苏俄教育科学院的决定,次年正式建立,波将金为第一任院长。

俄罗斯联邦人民委员会通过《学生守则》。

英国发表《诺伍德报告》。

英国《教育重建》白皮书发表。

澳大利亚新南威尔士州建立教师证书制度。

1944 年

日本公布《决战非常措施纲要》、《学生劳动法》。

印度公布《印度战后教育发展》报告。

法国成立教育改革委员会。

苏联人民委员会通过《青年工人学校条例》、《农村青年夜校条例》和《关于改进学校教学工作质量的措施的决定》。

英国颁布《巴特勒教育法》,公布《傅雷明报告书》。

英国《麦克奈尔报告》发表。

英国兴起现代缺陷儿童教育制度。

英国发展继续教育。

英国登特著《英国教育的变化》。

美国通过《退伍军人重新适应法》。

厄瓜多尔进行第一次扫盲运动。

1945 年

在联合国的支持下,44 国的代表在英国伦敦举行会议,制定并通过了教育、科学及文化组织章程,次年正式成立联合国教育、科学及文化组织,总部设在法国巴黎。

日本公布《战时教育令》。

日本颁布《教育决战措施纲要》。

日本设置民间教育情报局。

联合国军总司令部发表关于日本教育的四大指令。

泰国推行教师公务员制度。

印度召开全印民族教育工作者会议。

印度成立全印技术教育委员会。

德国苏占区进行教育重建。

德国苏战区建立德国国民教育中央管理机构。

德国苏占区大学设立教育系。

战后联邦德国进行教育重建。

俄罗斯联邦人民委员会颁布《关于普通学校视导条例》。

俄罗斯联邦教育科学院举办首届教育经验交流会。

法国国立行政学校成立。

法国中等教育实行免费制度。

法国国立和市立中学的小学班被取消。

法国学徒师范学校建立。

法国发表建立"新班制"的通知。

法国国际教学法研究中心建立。

苏联将俄罗斯联邦教育科学院图书馆命名为乌申斯基图书馆,1970 年改为国立乌申斯基教育图书馆。

英国发表关于技术教育的《沛西报告》。

英国教育部成立。

美国《哈佛红皮书》发表。

墨西哥建立全国扫盲委员会。

危地马拉发布关于实行初等义务教育的规定。

1946 年

第九届国际教育大会召开。

国际学生联合会成立。

世界教师联合会成立。

联合国国际儿童紧急基金会成立,1953 年更名为联合国儿童基金会。

世界青年协会伦敦代表大会决议改名为"世界民主青年联盟"。

韩国颁布《汉城大学设置令》,确定"自由和民主教育"的方向。

韩国开始实行美国的单轨型"六三三四"学制和"六六四"学制,抛弃日本殖民时期的双轨学制。

日本设立教育家委员会。

日本发表《新教育方针》。

日本设立镰仓大学校。

德国苏占区颁布《关于德国学校民主化的法律》、《实施农村学校改革的方针》。

德国苏占区大学设立工农预科。

联邦德国第一次教育学大会在柏林召开。

法国国民教育高级委员会设立。

法国重建师范学校。

法国将教育问题载入新宪法。

俄罗斯联邦教育人民委员部改组为教育部。

苏联成立高等教育部。

苏联《国民教育》杂志创刊。

英国发表《巴洛报告》。

美国通过《乔治—巴登法》、《富布赖特法》。

美国成立高等教育委员会。

美国联邦教育总署建立"青年生活适应教育委员会"。

美国杜威所著《人的问题》出版。

美国教育使节团第一次访日。

澳大利亚国立大学创立。

1947 年

国际职工教育协会联合会成立。

日本颁布《教育基本法》、《学校教育法》。

日本教师联合会(即日教组)成立。

日本大学基准协会成立。

日本公布《大学函授教育设置基准》。

盟国管制委员会颁布《德国教育民主化的基本原则》。

德国巴伐利亚州文化部提出《教育远景计划》。

德国第二次教育学大会在莱比锡召开。

法国提出《郎之万—瓦龙计划》。

罗马尼亚颁布《国民教育改革法》。

全苏传播政治和科学知识协会成立。

苏联麦丁斯基所著《世界教育史》出版。

苏联冈察洛夫所著《教育学原理》问世。

英国工党提出设立综合中学的主张。

哥伦比亚建立"人民文化行动"机构。

美国杜鲁门总统指定的高等教育委员会提交《民主社会中的高等教育》报告。

美国教育测验服务中心成立。

1948 年

联合国大会通过《世界人权宣言》。

世界儿童早期教育组织建立。

韩国公布《教育区设置令》和《公立学校财政经理法令》,使教育地方自治制法制化。

日本111所学校罢课。

日本制定《高中设置基准》。

日本实施九年制义务教育。

日本大学设置审议会成立。

印度实施社会教育计划。

印度教育研究所成立。

德国苏占区建立少先队,建立企业职业学校。

德国英占区发布高校改革蓝皮书。

德国盟国占领区建立柏林自由大学与萨尔布吕肯大学。

德国教师大会在莱比锡召开。

德国第三次教育学大会在莱比锡召开。

德国发表关于马尔堡高级会议决议。

德国制定《柏林教育法》。

德国各州教育部长作出改革教育的决议。

瑞士费里埃著《新年级》。

法国大学预科设立。

苏联苏霍姆林斯基担任帕夫雷什中学校长。

苏联加里宁所著《论共产主义教育》出版。

苏联组织讨论麦丁斯基的《世界教育史》。

苏联凯洛夫主编的《教育学》第二版面世。

英国威尔士成立联合教育委员会。

英国诺丁汉大学建立。

英国柯蒂斯著《大英帝国的教育历史》。

美洲国家教育、科学和文化理事会建立。

中美洲及巴拿马建成发展教育系统网。

美国开始实施GRE考试。

美国通过《信息和教育交流法》。

美国高等法院对麦克勒姆一案作出裁决,指出在公立学校中进行宗教教学违法。

委内瑞拉颁布《国民教育组织法》。

1949 年

国际儿童和妇女体育运动协会成立。

联合国教科文组织第一次国际成人教育会议召开。

国际儿童村组织设立。

《国际社会科学杂志》创刊。

韩国颁布《教育法》,规定实行初等免费义务教育。

日本国民教育研究所成立。

日本颁布《国立学校设置法》、《短期大学设置标准》、《文部省设置法》、《社会教育法》、《教育公务员特例法》。

新加坡制定并颁布"十年教育计划",决定普及六年免费义务教育。

印度大学教育委员会成立。

德国第四次教育学大会在莱比锡召开。

德国文化教育部长会议发布关于教育自治的决议。

联邦德国颁布《德意志联邦共和国基本法》。

联邦德国各州文化教育部长常务会议建立。

联邦德国巴伐利亚州制定免费教育制度。

民主德国"德国中央教育科学研究所"在柏林成立。

民主德国制定宪法。

法国颁布《学徒中心地位法》。

法国全国行业工人合理化培训联合会成立。

苏联对凯洛夫主编的《教育学》第二版展开讨论。

苏联格鲁兹节夫的《教育过程中对思维的培养问题》出版。

意大利蒙台梭利的教育著作《人的形成》出版。

英国大学副校长和学院院长委员会成立。

英国全国教师训练和供给咨询委员会成立,负责制定教师培训计划及培训政策。

拉丁美洲大学联合会成立。

巴西创办高等军事学院。

美国R.W.泰勒所著《课程与教学的基本原理》出版。

20 世纪中叶

英国青年服务工作制度建立。

1950 年

国际大学协会建立。

国际社会科学情报与文献委员会成立。

日本日教组发表教育白皮书。

日本文部省发表《日本教育改革的进展》。

新加坡颁布《五年补充教育计划》。

联邦德国文化教育部长会议公布关于政治教育原则的决定。

联邦德国重建大学生服务社。

联邦德国大学生联盟和联邦德国大学校长会议对高教改革发表意见。

联邦德国重建对外学术交流处。

法国中等教育教学能力证书设立。

苏联开展对冈察洛夫《教育学原理》的批评。

苏联《苏维埃教育学》杂志发起有关"教育本质"问题的讨论。

美国最高法院裁决麦考鲁姆对教育委员会一案。

美国国家科学基金会成立。

美国教育使节团第二次访日并提交报告书。

1951 年

国际学校联合会成立。

国际心理科学联合会成立。

国际教育和职业指导联合会成立。

国际艺术教育学会成立。

马来西亚发表《巴恩斯报告》。

日本公布《儿童宪章》、《产业教育振兴法》、《博物馆法》。

日本日教组发表《教师伦理纲要》。

日本政令修改咨询委员会发表《有关教育制度改革的报告》。

印度通过《大学(标准管理)议案》。

印度理工学院创办。

法国《马利法》颁布。

法国《巴朗热法》颁布。

法国阿兰《教育漫谈》发表。

联邦德国提出与生产发展相适应的劳动种类和学校种类配合模式。

联邦德国提出关于私立学校的协议。

民主德国新教学计划生效。

拉丁美洲成人教育及功能性扫盲地区中心成立。

多米尼加共和国颁布《教育基本法》。

加拿大大学教师协会成立。

1952 年

联合国教科文组织教育研究所在联邦德国的汉堡建立。

世界教育工作者组织联合会创建。

马来西亚通过《1952 年教育法》。

《马来西亚教育政策特别委员会报告书》发表。

《马来西亚华校董教及马华公会代表联席会议宣言》发表。

日本制定《中央教育审议会令》,颁布《义务教育费国库负担法》。

日本经济联合会发表《新教育制度再研讨展望》。

日本教育科学研究会成立。

日本日教组发表《日本文教政策的基本大纲》。

印度设置多目的学校。

联邦德国文化教育部长制定《关于完中教师资格考试的决定》。

联邦德国召开高等学校改革工作会议。

法国地区教育中心建立。

苏联斯大林在《苏联社会主义经济问题》一书中指出实行普遍的义务综合技术教育的必要性。

美国杜威发表《〈教育资源的使用〉一书引言》。

1953 年

联合国国际儿童紧急基金会更名为联合国儿童基金会。

国际教学委员会成立。

国际师范教育学会成立。

国际与世界大学发展联合会成立。

世界教育研究协会成立。

世界教师会议在维也纳召开。

韩国制定《教育公务员法》。

日本文部省发表《我国教育现状》白皮书。

日本颁布《理科教育振兴法》、《青年学级振兴法》。

日本颁布《学校教育法施行令》。

新加坡南洋大学建立。

印度大学拨款委员会成立。

联邦德国建立教育委员会。

联邦德国布莱特纳著《教育史》。

联邦德国制定《民众大学法》。

法国"自然班"首次出现。

英国普通教育证书联合考试委员会成立。

拉丁美洲大学联盟成立。

美国斯金纳所著《科学与人类行为》出版。

1954 年

《世界教育宪章》发表。

韩国实施"义务教育六年计划"。

韩国发布《教育课程与课时分配标准》。

马来西亚华校教师会总会推选主席。

日本经济联合会发表《当前教育制度改革和展望》。

日本公布《偏远地区教育振兴法》。

法国高级技术员班开设。

苏联部长会议作出决议,自 1954—1955 年度起在莫斯科等城市实行男女合校制。

英国《早期离校报告》发表。

英国登特著《英国教育的发展》。

美国通过《合作研究法》。

美国最高法院裁决在公立学校中种族隔离违宪。

美国马斯洛所著《动机与人格》出版。

墨西哥大学城建立。

危地马拉颁布《国家扫盲法》。

1955 年

创刊于 1930 年的《国际教育评论》改由联合国教科文组织教育研究所主办。

韩国公布《国民学校教育大观和时间配备基准令》。

日本民主党发表《令人担忧的教科书问题》。

印度召开梵语教授大会。

印度建立农业大学。

联邦德国发表关于基础学校的构想。

联邦德国发布《联邦共和国各州统一教育制度的协定》（即《杜塞尔多夫协定》）。

法国全国大学与学校事务中心建立。

法国马里坦《新托马斯主义的教育观》发表。

英国发表《安德伍德报告》。

英国埃克塞特大学成立。

巴西建立教育研究中心。

玻利维亚颁布《教育法》。

美国进步教育协会解散。

1956 年

国际教育与职业情报协会成立。

国际阅读协会成立。

比较教育和国际教育协会成立。

东南亚高等学校联合会成立。

马来西亚发表《拉扎克报告》。

日本经济联合会发表《为适应新时代要求技术教育对策的意见》。

日本公布《幼儿园设置基准》、《大学设置基准》。

日本矢内原忠雄等发表《关于文教政策倾向的声明》。

日本公布《日本学士院法》。

日本公布《地方教育行政组织经营法》。

新加坡发表《立法议会 1956 年各党派华语教育报告书》。

新加坡开始实施"双语教育政策"。

新加坡设立教育部。

印度颁布《大学拨款委员会法》。

印度发表基础教育评估委员会递交报告。

印度三年制学位课程评估委员会成立。

联邦德国第五次教育学大会在莱比锡召开。

法国召开首次科学研究与科学教育讨论会。

苏联开始推行寄宿制学校。

苏联凯洛夫主编的《教育学》第三版面世。

苏联康斯坦丁诺夫、麦丁斯基、沙巴耶娃编著的《教育史》教科书第一版面世。

苏联苏霍姆林斯基所著《培养学生的集体主义精神》出版。

英国发表技术教育白皮书。

英国全国家长教师协会联盟成立。

拉丁美洲教育通讯协会成立。

阿根廷颁布《教师法》。

美国国家科学基金会资助麻省理工学院物理科学研究会编写中学"新物理"，1957 年苏联卫星上天后，又编写中学"新数学"、"新社会科学"等。

美国全国实施学校志愿者计划。

1957 年

马来西亚颁布《新教育法令》。

马来西亚统一考试委员会成立。

马来西亚教师训练局成立。

日本经济联合会发表《振兴科学技术教育的意见》。

日本文部省发表《科学技术者扩充培养计划》。

日本发生学校白皮书运动。

印度召开第一届大学副校长大会。

印度界定基础教育概念。

波兰苏霍多尔斯基所著《唯物主义教育理论求索》出版，阐述马克思和恩格斯的教育观点。

联邦德国文化教育部长会议提出《关于学前教育的建议》。

联邦德国 3 万名大学生罢课，抗议助学金不足。

苏俄教育科学院编辑出版《克鲁普斯卡娅教育文集》（11 卷集），1963 年出齐。

苏联颁布《普通中等学校毕业生参加工农业生产的决议》。

匈牙利捷塔曼蒂出任匈牙利科学院教育科学委员会主席。

英国莱斯特大学成立。

拉丁美洲社会科学院成立。

哥伦比亚建立全国学徒工培训局。

美国《进步教育》杂志停刊。

1958 年

韩国制定《教育税法》。

韩国制定并实施"职业技术教育五年计划"。

日本中央教育审议会发表《关于师资培养制度的改善方略》。

日本公布《学校保健法》、《义务教育学校设施费国库负担法》。

日本文部省发表《中小学道德教育实施纲要》。

日本文部省发表《学习指导纲要》。

新加坡理工学院成立。

印度公布《科学政策决议》。

印度创办中央英语学院。

印度科学研究所在班加罗尔成立。

丹麦废除基础教育双轨制。

联邦德国制定《教师培养法》。

民主德国实行强迫综合技术教育。

南斯拉夫通过《学校教育基本法》。

苏联最高苏维埃主席团通过《关于加强学校同生活的联系和进一步发展苏联国民教育制度的法律》。

苏联颁布并实施《1958 年教育法》。

苏联学校开始设置苏联宪法课。

美国通过《国防教育法》。

美国国家科学院召集部分科学家、学者和教育专家在伍兹霍尔召开会议，讨论改进中小学科学教育。

1959 年

《儿童权利宣言》发表。

世界大学协会创立。

日本公布《学校安全法》。

泰国国家教育委员会成立。

印度开始实施"卡拉奇计划"。

印度全国妇女教育委员会成立。

南非通过《大学教育扩大法案》，以教育立法形式确立了高等教育种族隔离和种族歧视政策。

法国颁布《贝尔敦法令》、《国家与私立学校关系法》（亦称《德勃雷法》）。

法国提出社会培训计划。

法国技术教育教学能力证书设置。

联邦德国教育委员会颁布《改组和统一公立普通学校教育的总纲计划》。

民主德国发表《关于教育事业的社会主义发展法》。

民主德国实行十年制普通教育综合技术中学教学计划。

苏联建立国家职业技术教育委员会。

苏联创办新西伯利亚大学。

苏联开始推行学前教育的新措施。

苏联颁布《八年制学校条例》。

英国《克劳瑟报告》发表。

拉丁美洲加勒比海地区教育部长会议在利马召开。

巴西颁布《职业教育法》。

美国成立高等学校测验处。

美国科南特发表《今日美国中学》。

20世纪50年代

苏联出版《马卡连柯教育文集》七卷本,中译本名为《马卡连柯全集》。

20世纪60年代

印度技术都来培训学院成立。

民主德国进行中学改革。

经验教育学思潮在联邦德国取得主要地位。

英国高等教育双重制形成。

英国设立第三级学院。

英国开放学校运动兴起。

20世纪60年代起

印度建立和发展高等开放教育。

1960年

联合国教科文组织大会通过《取缔教育歧视公约》和《反对教育歧视建议》。

国际大学成人教育会议召开。

国际家长合作学前学校建立。

韩国汉城大学师范学院附设"教育行政研修班",设置各种在职研修课程。

韩国文教部组织各学科教育课程修改委员会。

马来西亚发表《达立报告书》。

日本经济审议会发表《按照国民收入倍增计划制定长期教育计划的报告》。

日本关西经济联合会发出《关于改革大学制度》的建议。

日本经济联合会要求创立专科大学。

日本经济同友会提出产业与学校提携合作的要求。

新加坡设立成人教育局。

印度在北方邦建立第一所农业大学。

法国颁布《关于创办农业初中和农业高中的法律》、《关于设立省方向指导委员会的法令》、《农业教育和农业职业培训法》。

法国市立普通中学教学能力证书设立。

联邦德国教育委员会批评《总纲计划》。

联邦德国科学审议会作出《关于扩建和新建学术性高等学校和专科性高等学校的决议》。

联邦德国制定"不来梅计划"。

联邦德国教育委员会主张发展成人教育。

苏联颁布《学前教育机构暂行条例》。

苏联创办卢蒙巴各国人民友谊大学。

苏联建立俄罗斯联邦教育协会。

苏共中央和苏联部长会议通过关于建立长日制学校的决议。

苏联凯洛夫主编的《教育辞典》(两卷本)出版。

英国发表关于青年工作的《阿尔比马尔报告》。

英国发表《贝洛报告》。

阿根廷建立全国私立学校服务中心。

巴西制定农村援助服务计划。

古巴开展扫盲运动。

古巴建立卡米洛·西恩富戈斯学校城。

美国布鲁纳的《教育过程》出版。

1961年

联合国教科文组织曼谷办事处建立。

经济合作与发展组织建立。

韩国公布《教育公务员研修机构设置令》。

马来西亚颁布《教育修正令》。

日本颁布《高等专门学校设置基准》。

日本经济联合会、经济团体联合会提出关于确立和推进划时代振兴技术教育政策的要求。

日本实施全国统一学历考试。

新加坡发表《职业与技术教育报告书》。

新加坡建立分流制。

印度全国教育研究与培训委员会成立。

非洲教育部长会议在亚的斯亚贝巴召开。

埃及成立高教部。

欧洲比较教育学会联合会成立。

联邦德国提出《斯图加特建议》。

苏联颁布《高等学校条例》和《中等专业学校条例》。

苏联颁布《高等学校校务委员会条例》和《高等学校系务委员会条例》。

苏联苏霍姆林斯基的《学生的精神世界》出版。

英国发表《扩大技术教育机会》白皮书。

英国全国大学招生委员会成立。

英国联合王国管理教育委员会成立。

英国苏塞克斯大学成立。

巴拿马特殊康复学校创立。

巴西颁布《国家教育方针与基础法》。

巴西推行基础教育运动。

古巴颁布《教育国有化法》。

古巴建立革命教育学校。

美国和平队建立。

美国通过《富布赖特—海斯法》。

秘鲁成立全国学徒及工业劳动管理局。

新西兰创办大学拨款委员会。

新西兰颁布《1961年大学法案》。

1962年

联合国教科文组织提出《关于技术职业和教育的建议》。

第一届亚洲教育部长会议在东京召开。

韩国制定并公布《幼儿园设施基准法》。

韩国原师范学校升格为两年制教育大学,原培养中学教师的两年制师范大学改为四年制师范大学。

马来西亚大学创建。

日本池田首相设立"培养人恳谈会"，发表"人的培养政策"演说。

日本文部省发表《日本的成长和教育》白皮书。

日本成立"大学自治会"。

日本兴起高中全体入学运动。

泰国组织联合高考。

新加坡大学成立。

印度发表《情感一体化委员会报告》。

印度全国教育规划与培训委员会成立。

赞比亚联合民族独立党发表《教育宣言》。

奥地利颁布《学校法》。

法国索菲亚国际科学城创建。

联邦德国第六次教育学大会在柏林召开。

联邦德国贝克尔发表《数量与质量是教育政策的基本问题》。

联邦德国弗兰克的《教育的控制论基础》出版。

联邦德国科学审议会提出关于高校结构的建议。

瑞典建立义务教育新体制。

苏联赞科夫的实验教学体系引起讨论。

意大利议会颁布《设立义务教育的国立初级中学法案》。

英国发表企业培训白皮书。

英国基尔大学成立。

拉丁美洲加勒比海地区教育部长会议在圣地亚哥召开。

美洲高等院校协会成立。

巴西建立联邦教育委员会。

古巴颁布《大学改革法》。

美国通过《教育电视播放设施法》。

美国颁布《人力开发与训练法》。

美国最高法院对"恩格尔—瓦伊塔尔"一案作出裁决，宣判在学校中开设《圣经》阅读课和组织祈祷违反宪法。

1963 年

联合国教科文组织国际教育规划研究所在巴黎成立。

发展中国家教育研究中心建立。

东南亚教育部长组织成立。

韩国开始第二次课程改革。

韩国制定并颁布《地方教育交付税法》、《私立学校法》、《产业教育振兴法》。

马来西亚教育与计划研究处成立。

日本教育国民会议成立。

日本教师会成立。

日本经济审议会提出《在经济发展中人的能力开发课题与对策》，强调能力开发教育。

日本能力开发研究所成立。

日本粉碎国家统治教科书案推进会成立。

新加坡发表《教育调查委员会报告书》。

新加坡设立艺安工艺学院。

印度创办国立州和地区教育学院。

印度制定贷学金计划。

法国颁布《富歇教育改革法令》，开办市立中等教育学校。

法国国立成人教育研究所成立。

联邦德国发表关于教育与经济发展的意见。

联邦德国埃丁发表《教育规划》与《教育经济学》。

荷兰颁布《中等教育法》。

苏联全苏"知识"协会成立。

苏联成立职业技术教育研究所。

苏联赞科夫的《论小学教学》出版。

英国定 1963 年为教育改革运动年。

英国开始重新组织和扩充中等教育、继续教育和高等教育。

英国创办广播大学。1971 年改名为英国开放大学。

英国创办卡斯尔、东英吉利、约克 3 所大学。

英国全国进修学院成立。

英国发表《罗宾斯报告》、《纽森报告》。

厄瓜多尔制定关于成人教育并入全国教育系统的规定。

哥伦比亚确立教育贷款制度。

美国通过《职业教育法》和《高等学校设施法》。

美国克尔所著《大学的功用》出版。

美国 T. W. 舒尔茨所著《教育的经济价值》出版。

1964—1966 年

印度教育委员会提交《教育与国家发展》报告。

1964—1979 年

英国发生公学革命。

1964 年

国际大学校长协会成立。

国际高等教育研究学会建立。

《比较教育》杂志创刊。

亚洲南太平洋成人教育局创建。

马来西亚技术与职业教育处成立。

日本文部省发表《振兴特殊教育方针》。

日本通过《国民教育会馆法》。

印度科里塔委员会成立。

法国中小学展开"新数学运动"。

联邦德国皮希特发表《德国教育的灾难》。

联邦德国通过《联邦共和国各州统一教育制度的修正协定》（即《汉堡协定》）。

苏共中央和苏联部长会议通过《关于改变兼施生产教学的劳动综合技术普通中学的学习年限的决议》。

苏联科学院主席团和俄罗斯联邦教育科学院主席团成立确定中学每门科目的内容和性质的各科委员会和协调各科委员会的总委员会，准备进行教学内容的革新工作。

英国议会通过《工业培训法》。

英国成立教育和科学部、全国学位授予委员会、学校课程和考试委员会。

英国埃塞克斯大学成立。

美国通过《民权法》。

美国实施"大学工读计划"。

新西兰颁布《1964 年教育法案》。

1965 年

联合国教科文组织召开德黑兰世界扫盲教育部长会议。

联合国教科文组织通过"终身教育"提案。

双亲教育国际联盟建立。

第三届亚洲教育部长会议通过"亚洲教育发展计划"。

日本中央教育审议会发表《所期待的人的形象》。

新加坡组织课程考察委员会。

新加坡初级学院创办。

印度中央学院组织成立。

印度公布大学教育标准报告。

《欧洲教育杂志》创刊。

联邦德国达伦多夫发表《受教育是公民的权利》。

联邦德国试行综合中学。

联邦德国教育委员会解散,教育审议会建立。

民主德国制定《统一社会主义教育制度法》。

法国设技术高中毕业会考文凭,与普通高中毕业会考文凭并列。

荷兰教育基金会成立。

英国发布第十号通知《中等教育的组织》。

英国议会通过《教师报酬法》。

英国发表《琼斯报告》、《威弗报告》。

英国成立坎特伯雷肯特大学、沃里克大学。

中美洲大学创办。

加拿大成立安大略教育研究所。

美国通过《初等与中等教育法》、《高等教育法》。

美国教育科学院成立。

1966 年

联合国教科文组织和国际劳工组织共同提出《关于教师地位的建议》。

联合国教科文组织决定将每年的 9 月 8 日定为"国际扫盲日"。

第十四届联合国教科文组织大会通过《国际文化合作原则宣言》。

联合国开发计划署建立。

马来西亚全国课程(教材)中央委员会成立。

日本中央教育审议会发表咨询报告《理想的日本人》和《扩充与完善后期中等教育》。

印度科里塔委员会发表《教育与国家的发展》。

印度制定《二十年高等教育综合发展规划》。

印度推行重点大学制度。

印度实行中等教育职业化。

印度实施自我就业教育。

联邦德国黑森州发表《高校法》。

联邦德国在柏林开设第一所综合中学,并掀起办学高潮。

联邦德国各州签订协定,成立"德国教育咨询委员会"。

法国创办两年制大学技术学院。

法国大学本科开始分阶段组织教学。

苏共中央和苏联部长会议决定建立苏联教育部,通过《关于进一步改进中等普通教育学校工作的措施的决议》。

英国发表《斯旺报告》。

英国发表《关于多科技术学院和其他学院的计划》白皮书。

英国的 7 所高级技术学院发展为大学。

拉丁美洲加勒比海地区教育部长会议在布宜诺斯艾利斯召开。

加拿大国际教育局成立。

美国发表《科尔曼报告》。

美国教育资料信息中心建立。

智利教育研究、实验和培训中心建立。

1967 年

世界知识产权组织成立。

大学入学国际考试制设立。

国际教育成绩评价协会成立。

国际英语教师协会成立。

世界教育危机国际会议即威廉斯堡会议召开。

韩国颁布《职业训练法》。

马来西亚全国教科书管理局成立。

马来西亚全国学校体育课学会成立。

印度学院委员会的报告发表。

第一届欧洲教育部长会议召开。

联邦德国罗宾逊发表《教育改革就是课程修订》。

联邦德国科学审议会发表对实行大学招生定额制的建议。

联邦德国大学校长会议通过《关于学术性高等学校实行招生限制的决议》。

法国波尔多、冈城和巴黎三所大学开设教育科学系。

苏联普通中学开始设选修课。

苏联开始设立加深学习某些科目的特科学校(或班)。

苏联开始设立"苏联优秀教育工作者"奖励称号。

苏联《国民教育》杂志连载苏霍姆林斯基的《共产主义教育探讨》并引起争论。

俄罗斯联邦教育科学院扩建为苏联教育科学院。

英国发表《普洛登报告》,终止 11 岁考试制度。

英国全国教育技术委员会成立。

《美洲国家总统宣言》发布。

巴西制订《罗敦计划》。

巴西政府颁布第 5379 号扫盲法令,即《青少年与成人实用读写能力训练及终身教育法》。

厄瓜多尔进行初等教育和中等教育改革。

加拿大教育部长理事会成立。

美国通过《教育职业发展法》。

1968 年

国际成人扫盲方法研究所建立。

国际环境教育理事会成立。

经济合作与发展组织创办教育研究与革新中心。

韩国修改并颁布《义务教育财政交付金法》,制定《地方教育财政交付金法》。

韩国公布《国民教育宪章》。

韩国文教部发表《7·15 教育宣言》,决定从 1969 年新学年开始实行初中升学免试制和学区学群制。此举被称为"7·15 升学革命"。

韩国建立专门培养职业训练教师的"国立中央职业训练学院"。

日本经济同友会发表《大学的基本问题》。

日本大学进行民主化斗争。

印度颁布《国家教育政策》。

印度提出三种语言方案。

印度统一实行"十二三"学制。

联邦德国各州州长会议讨论通过《联邦共和国各州统一专科学校的协定》。

联邦德国爆发大学生运动。

联邦德国文化教育部长会议作出关于开设性教育课的决定。

联邦德国文化教育部长会议作出关于改革高校的原则决定。

民主德国《学位条例》颁布。

法国警察封闭巴黎大学,"五月风暴"爆发。

法国颁布《高等教育方向指导法》,规定大学"自治"、"参与"、"多学科"的办学原则,大规模的高等教育改革开始。

法国国家高等教育与科学研究委员会成立。

芬兰颁布《中小学教育制度改革法令》。

瑞士颁布《联邦资助大学法》。

苏联赞科夫所著《教学论与生活》出版。

苏联凯洛夫主编的《教育百科全书》(四卷)出齐。

苏联颁布《各级教师进修学院条例》。

西班牙马德里自治大学成立。

意大利罗马俱乐部创建。

英国建立中间学校。

英国发表《丹顿报告》、《公学委员会报告》。

巴西颁布《大学改革法》,开始高等教育改革。

巴西建立全国教育基金会。

巴西教育家弗莱雷的《被压迫者教育学》问世。

美国通过《双语教育法》。

1969 年

日内瓦国际教育局并入联合国教科文组织。

国际比较教育协会改名为"比较教育和国际教育协会"。

国际教育工作者争取世界和平协会成立。

共同未来组织建立。

亚洲学生联合会成立。

马来西亚理科大学成立。

日本文部省强行制定《大学经营管理临时措施法》。

日本文部省发表《关于高级中学的政治教养和政治活动》的通告。

日本中央教育审议会提出《学生在校地位》报告。

日本经济联合会发表《经济与教育的关系:产业界基本认识及意见》、《产业界对教育基本问题的见解》以及《关于当前大学问题的基本见解》。

日本经济同友会发表《为了实现高级福利社会的高等教育制度》。

日本理科教育和产业教育审议会建议加强信息处理教育。

印度贾瓦哈拉尔·尼赫鲁大学创办。

联邦德国教育审议会提出建立综合中学的实验学校的构想。

联邦德国发表《职业教育法》。

联邦德国全国教育科学部设立。

联邦德国教育审议会提出《关于改进学徒培训的建议》。

联邦德国文化教育部长提出《关于主体中学的建议》。

联邦德国社会民主党发表《民主教育体制的模式》。

联邦德国建立专科高中。

法国中小学进一步改革考试和评分制度。

法国职业学习证书设立。

法国进行小学课程改革。

法国师范学校进行改革。

挪威颁布《基础学校法》。

苏联建立区、市、民族区教学法研究室制度。

苏联小学实行三年制。

苏联教育学出版社成立。

苏联高等学校设立预科。

苏联教科书编写国家奖金设立。

苏联苏霍姆林斯基的《帕夫雷什中学》、《把整个心灵献给孩子》出版。

意大利大学取消入学考试。

英国开放大学获得皇家特许状,1971 年正式开学。

美国备择学校创立。

美国有效教育学校运动兴起。

秘鲁颁布《大学改革法》。

墨西哥开始师范教育学制改革。

委内瑞拉发布关于全国普通教育系统中建立成人教育机构的命令。

20 世纪 50—60 年代

德国经验教育学思潮取得主要地位。

1970 年

是年为国际教育年。

第一届世界比较教育大会在加拿大召开。

世界比较教育学会联合会成立。

国际教育发展理事会成立。

经济合作与发展组织设置教育委员会。

韩国文教部组织"教育课程审议会",开始第三次课程改革。

马来西亚国民大学成立。

日本中央教育审议会发表《关于初等、中等教育改革的基本构想》报告。

日本"杉本判决书"发表。

埃及开罗地区在联合国开发计划署师资培训项目的资助下创办第一所技术师资培训学校——库巴技术师资培训学校。

联邦德国发表《联邦政府教育政策报告:1970 年》。

联邦德国成立联邦与州教育计划委员会。

联邦德国教育审议会颁布《教育结构计划》。

联邦德国第七次教育学大会在柏林召开。

联邦德国在卡塞尔建立综合高等学校。

联邦德国文化教育部长提出关于统一教师培养的决定。

民主德国教育科学院建立。

法国教育部全国教育研究与情报研究所成立。

法国大学开始设置应用学科文凭。

法国职业资格研究中心成立。

法国朗格朗的《终身教育引论》问世。

苏联部长会议颁布《中等普通学校章程》。

苏联设立"普及教育基金"。

苏联赞科夫所著《和教师的谈话》出版。

苏联苏霍姆林斯基所著《公民的诞生》出版。

英国议会通过《1970 年缺陷儿童教育法》。

英国发表《哈斯尔格雷夫报告》,讨论技术教育问题。

巴西成立扫盲运动基金会。

洪都拉斯颁布《教育基本法》。

加拿大议会创立国际发展研究中心。

美国开始实施生计教育。

美国制定卡内基高等院校分类标准。

1971 年

联合国教科文组织亚洲及太平洋经济社会委员会成立。

经济合作与发展组织发表有关日本教育政策的报告。

世界课程与教学理事会建立。

马来西亚通过《大学和大学学院法》。

日本文部省颁布经第三次修订的中小学《学习指导要领》。

联邦德国教育与科学工会提出关于综合中学的意见。

联邦德国开始综合高中实验研究。

联邦德国文化教育部长会议第二次提出关于成人教育的建议。

联邦德国布列钦卡提出元教育学思想，引起教育学的大讨论。

法国颁布《继续职业教育法》、《技术教育方向法》。

法国颁布《关于成立大学校长联席会议的法令》、《关于成立全国高等教育和科研委员会的法令》。

法国信息与方向指导中心建立。

苏共第二十四次代表大会提出向普及十年制义务教育过渡的任务。

巴西颁布《补充教育法》、《初等教育和中等教育改革法》。

萨尔瓦多颁布《教育总法规》。

1972 年

联合国人类环境会议在斯德哥尔摩召开。

联合国教科文组织国际教育发展委员会《学会生存——教育世界的今天与明天》出版。

世界双语教育协作中心创建。

国际工程教育学会成立。

日本经济审议会、人的开发研究委员会提出关于终身教育的报告。

日本经济调查协议会发表《新的经济社会里人的培养》。

日本文部省决定大幅度提高国立学校的学杂费。

日本颁布《冲绳回归文部省法令适用特别措施令》。

印度教育部制定《教育技术计划》。

印度发表《学前儿童发展报告》。

埃及设立教师节。

欧洲高等教育中心创建。

联邦德国文化教育部长会议提出关于特殊教育制度的建议。

联邦德国开始执行大学定额制。

法国发表《关于初等教育教师终身教育基本方针的宣言》。

苏联公布《中小学标准守则》。

苏共中央和苏联部长会议通过《关于进一步改进全国高等教育的措施的决议》。

苏联高等和中等专业教育部设立高等学校委员会、综合大学委员会。

苏联公布《综合大学委员会条例》。

苏联建立高等学校校长委员会。

苏联巴班斯基的《教学过程最优化——预防学生成绩不良的观点》出版。

英国议会通过《1972 年地方政府法》，改革地方政府对教育的管理。

英国发表《詹姆斯报告》、关于地方政府管理教育的《贝恩斯报告》、关于特殊教育的《弗农报告》以及关于优先支持贫困学校的《哈尔西报告》。

英国发表《教育：一个扩展的规划》白皮书，提出重新组织师范教育。

英国成立人力训练和就业委员会。

美国国家教育研究所成立。

美国通过《教育法修正案》第九条。

美国发表《总统学校财政委员会报告》。

1973 年

国际大学基金会创立。

国际艺术教育中心建立。

国际成人教育联合会成立。

国际科学教育协会理事会成立。

国际学院与大学协会成立。

亚洲教育开发中心成立。

韩国实行"实验大学"改革方案。

日本颁布《筑波大学法》。

印度成立全国师范教育委员会。

联邦德国黑森州制定教学大纲。

联邦德国文化教育部长提出《关于高中（职业学校）教师培养与考试的协议》。

联邦德国教育计划委员会提出《综合教育计划》。

法语国家比较教育协会成立。

法国颁布《关于高等教育国家文凭的法令》。

法国成立全国终身教育发展署。

法国教育部关于加强和改革中等教育的方向指导工作的报告发表。

苏联第八届最高苏维埃第六次会议通过《苏联和各加盟共和国国民教育立法纲要》。

苏联颁布《中等专业学校标准内部规章》。

苏联公布《高等学校专利部门标准条例》。

英国议会通过《就业和培训法》。

英国发表关于成人教育的《罗素报告》。

英国特殊教育委员会成立。

英国开始实施全国电脑辅助学习开发规划。

墨西哥颁布《联邦教育法》。

1974 年

联合国教科文组织提出《关于教育促进国际理解、合作与和平及教育与人权和基本自由相联系的建议》。

韩国产学合作财团基金会成立。

韩国颁布《关于实施〈国家技术资格法〉的细则》和《职业培训特殊措施法》。

日本日教组发表《谋求日本的教育改革》。

印度颁布《国家儿童政策》。

印度妇女地位委员会提出《走向平等》报告。

联邦德国文化教育部长会议签订《关于实行定向阶段的协议》。

苏联颁布《高等学校入学考试委员会章程》、《普通学校教师评定程序条例》、《高等学校学生生产实习条例》、《高等学校国家考试委员会条例》、《高等学校大学生科学研究工作条例》。

苏联发布提高综合大学在高等教育系统中作用的命令。

苏联完成中学各科教学计划、教学大纲的修订工作，自 1964 年起，10 年间共编写 103 种新教科书。

英国商业教育委员会成立。

英国独立学校联合委员会成立。

哥伦比亚建立学前教育中心。

美国教育统计中心建立。

美国颁布《生计教育法》。

美国《卡内基委员会论高等教育》出版。

智利成立教育工作者商议会。

1975 年

第三十五届国际教育大会召开，会议通过了《国际教育标准分类法》。

联合国大学正式创建于日本东京。

贝尔格莱德国际环境教育会议召开。

国际老龄大学协会成立。

世界天才儿童理事会创立。

国际教育评价协会成立。

国际哲学教师协会成立。

《教育评价研究》杂志创刊。

日本教育会成立。

日本颁布《短期大学设置基准》。

日本通过《私立学校振兴促进法》。

新加坡设剑桥普通教育证书高级考试。

欧洲职业训练发展中心建立。

波兰实施初等教育改革计划。

丹麦实行九年制义务教育。

法国议会通过《法国学校体制现代化建议》(亦称《哈比改革法案》)。

苏联颁布《校际教学生产联合体标准条例》、《最高学位评定委员会条例》、《学位学衔授予条例》。

苏联基本实现普及完全中等教育的任务。

苏联教学论专家斯卡特金和达尼洛夫合著《中学教学论》。

苏联赞科夫的《教学与发展》出版。

英国发表《布洛克报告》,讨论阅读教学问题。

英国成立全国男女教师联合会、继续和高等教育教师联合会以及大学教师培训协调委员会。

拉丁美洲加勒比海地区教育部长会议在安提瓜召开。

美国通过《教育所有残疾儿童法令》。

美国兴起"回到基础"运动。

墨西哥颁布《成人教育法》。

1976 年

联合国教科文组织大会通过第一个"中程计划(1977—1982)"。

联合国教科文组织大会通过《关于发展成人教育的建议》。

欧洲共同体正式设立"联合学习计划",并决定建立共同的教育信息网络。

韩国制定并颁布《职业训练促进基本法》。

日本颁布《专修学校设置基准》。

联邦德国颁布《高等学校总纲法》。

法国国家教育研究所成立。

挪威颁布第一部《成人教育法》。

苏联颁布《高等学校预科条例》。

苏联推行普通高校高年级学生劳动休息夏令营制。

英国颁布《1976 年教育法》。

巴西实施高等教育贷款计划。

1977 年

第一部《国际高等教育百科全书》出版。

国际教育情报网建立。

日本国立妇女教育馆开馆。

日本教育工会发表《1977 年日本的教育》白皮书。

泰国新《国民教育大纲》颁行。

印度十年学校课程检查委员会成立。

印度公布《十年学校课程检查委员会报告》。

印度发表全国高级中等教育检查委员会报告。

印度发表《成人教育的政策声明》。

法国颁布关于初中和高中纪律问题的法令。

葡萄牙开始设立学前教育班。

瑞士推行教育行政管理体制改革。

苏联巴班斯基的《教学过程最优化——一般教学论问题》出版。

苏联基辅苏维埃学校出版社出版《苏霍姆林斯基著作选集》(5 卷)。

苏共中央和苏联部长会议通过《关于进一步完善普通学校学生的教学和教育并使他们做好从事劳动的准备的决议》。

苏联普通学校学生开始免费使用教科书。

英国发表《学校教育》绿皮书。

英国发表关于学校董事会问题的《泰勒报告》和关于苏格兰学校课程问题的《芒恩报告》。

英国成立成人和继续教育咨询委员会。

英国女性校长协会与英国校长协会合并,成立英国中学校长协会,后于 2006 年改名为学校与学院领导者协会。

牙买加颁布《教育发展五年计划(1978—1983)》。

1978 年

印度提出《高等教育发展政策框架》。

联邦德国政府发布《关于联邦制教育的结构问题的报告》。

民主德国在中学实行强迫国防教育。

法国大学国务秘书处升格为大学部。

苏联颁布《关于提高高等学校科研工作效率的决议》。

苏联高等和中等专业教育部设立科研工作总管理处和科学技术委员会。

苏联颁布《普通中学的挂钩企业(组织)条例》。

英国发表《沃诺克报告》、《奥克恩报告》、《沃德尔报告》。

英国开始实施统一职业准备计划。

英国发表《学校董事会的组成》白皮书。

墨西哥实施《印第安人西班牙语化计划》。

墨西哥制定《高等教育协调法》。

墨西哥实施小学课程一体化改革。

津巴布韦非洲民族联盟在莫桑比克举办"教育为解放研讨会"。

1979 年

国际大学协会成立。

马来西亚发表《国家教育政策研究实施报告书》。

马来西亚教育研究院设立。

日本日教组织发表《对日本大学的现状和改革的建议》。

日本关西经济同友会发表《向教育改革进言——21 世纪的选择》。

日本实施养护学校义务制。

日本经济同友会发表《向多样化的挑战》的教育改革建议。

日本首相府设置"青少年自杀问题恳谈会"。

新加坡发表《吴庆瑞教育报告书》、《王鼎昌道德教育报告书》。

新加坡改革分流制度。

新加坡设立技能发展基金。

印度人民党政府拟定《国家教育政策(草案)》。

联邦德国文化教育部长作出《关于统一完全中学毕业考试的决定》。

联邦德国制定并颁布《汉堡学校法》。

民主德国颁布《中小学章程》。

苏联颁布《关于进一步发展高等学校和提高专家培养质量的命令》、《高等学校科研工作条例》、《重点高等学校科研部条例》、《高等学校专业科研实验室标准条例》。

苏联莫斯科教育学出版社开始出版《苏霍姆林斯基教育文选》(3 卷),1981 年出齐。

意大利建立全国教育委员会。

英国发表《基欧汉报告》。

英国埃德蒙·J.金著《别国的学校和我们的学校》。

拉丁美洲加勒比海地区教育部长会议在墨西哥召开。

美国联邦教育部成立。

墨西哥国立师范大学创办。

20世纪70年代

韩国实行高中均衡化政策改革,实行联合考查与抽签分配制。

联邦德国兴起批判性教育学思潮。

苏联出现"教学科研生产综合体"。

1980年

由联合国教科文组织国际教育局出版的《国际教育年鉴》(1968年停刊)复刊。

韩国发表《教育正常化和消除过热的课外补习方案》。

日本通产省教育问题特别小组提出《关于日本教育的一点建议》。

日本通过关于每班40名学生和高中增配教师的《定员法》。

新加坡大学和南洋大学合并成立新加坡国立大学。

新加坡课程发展署成立。

欧洲教育信息网正式建立。

联邦德国公布《青少年劳动保护法》。

苏联颁布《职业技术学校条例》、《高等学校图书馆标准条例》。

苏联颁布《高等学校及科研机关研究生部条例》。

英国教育与科学部制定微电子学校教育计划,将微机引入学校教育。

英国发表《教育中的特别需要》。

英国提出和实施"雷佛休姆研究规划",旨在向高等院校和决策机构提供20世纪80年代主要战略抉择的意见。

美洲洲际高等教育组织成立。

巴西建立全国电视教育网。

哥伦比亚推行大学改革。

澳大利亚颁布《澳大利亚学校的核心课程》。

1981年

国际成人教育所建立。

韩国文教部公布由韩国教育开发院公布的课程改革大纲。

韩国公布《职业训练基本法》。

韩国废止大学入学考查制,实行"高中成绩"和"国家学力考查成绩"综合制,以选拔高考生。

日本文部省社会教育审议会发表《青少年德育与社会教育》。

日本自民党发表《关于提高师资质量的建议》和《推进道德教育的建议》。

日本中央教育审议会向文部大臣作《关于终身教育咨询报告》。

联邦德国颁布《职业教育促进法》。

法国教育部与高等教育部合并为国民教育部。

法国《提高青年职业水平和社会地位》的报告发表。

荷兰颁布《初等教育法》。

苏联高等和中等专业教育部批准《中等专业学校1981年招生章程》、《高等学校1981年招生章程》、《苏联高等学校教研室条例》、《全国高等学校优秀科学著作竞赛条例》。

苏联高等和中等专业教育部发布《关于提高讲课水平和加强讲课在专家培养中的作用的指示信》、《关于高等学校教授、教学人员、科研人员和教学辅助人员劳动报酬制度的指示信》和《关于进一步改进不脱产培养具有高等和中等专业文化程度的专家工作的命令》。

苏联开办五日教学周制的普通学校预备班。

英国发表《培训新试点》白皮书。

阿根廷试行预备技术教育制。

墨西哥实施《全国扫盲计划》。

委内瑞拉颁布《教育组织法》。

1982年

韩国制定并公布《幼儿教育振兴综合计划》和《幼儿教育振兴法》。

韩国成立"大学教育协议会"。

韩国创立"韩国职业训练管理公团"。

韩国制定《社会教育法》。

日本发生删除"侵略"二字的教科书事件。

日本经济审议会发表《与高龄化相适应的福利社会的形成》,提出终身教育与国际化教育。

日本自民党设立学校暴力对策委员会,发行学生指导手册,要求制止校内暴力。

日本文部省初次召开推进丰富精神世界措施的会议,成立培养丰富精神世界政策措施委员会。

日本经济同友会发表《行政改革——对今后文教政策的期望》。

日本私立大学联盟发表《高等教育经费的应有状况和私学财政》。

新加坡开设儒家伦理课程。

联邦德国北威州允许建立私立大学。

法国暑期大学恢复。

法国学区国民教育工作人员培训工作组建立。

苏联颁布《学生一般技能技巧发展大纲》、《普通学校工作评定标准》,公布《在学职工优待办法条例》。

苏联巴班斯基的《教学过程最优化——方法基础》出版。

英国成立全国公立高等教育咨询委员会,并就多科技术学院、高等教育机构的人权、管理、经费等方面问题作出计划。

英国进行"16岁考试制"改革。

《拉丁美洲与加勒比海地区教育合作计划》制定。

哥伦比亚确立开放和全面教育方针。

巴西制定《优先对19~28岁成人实施教育的计划》。

美国通过《职业训练合作法》。

1983年

日本首相中曾根康弘发表《教育改革的七个设想》。

日本日教组发表《现代日本的教育改革》。

日本经济同友会发表《从终身教育观点来看企业内部教育的新方向》。

日本文部省就推进产学研合作研究体制发出通知。

日本文部省发出贯彻道德教育的通知。

日本中央教育审议会提交《关于教科书的应有状态》咨询报告。

日本经济联合会发表《关于近年来校内暴力问题》的报告。

新加坡实施基本技能培训教育计划。

新加坡决定把英语作为所有学生的第一语言。

印度颁布《新科学技术政策》。

印度全国教师委员会建立。

联邦德国下萨克森州实施"新技术与学校"改革计划。

法国发表《21世纪高中及其教育》的专题报告。

法国发表《为了民主的初中》的研究报告。

苏联颁布《职业技术学校毕业生分配条例》,发布《开设家庭生活伦理学和心理学课的决定》。

苏联学校开展生态教育与保护自然活动。

苏联学校首次开设卫生与性教育课。

英国发表师资质量白皮书。

英国发表"雷佛休姆研究规划"的结论性报告《多层次中显优——高等教育新战略探讨》。

法国颁布关于分权放权改革的第 83-663 号法。

美国发表报告《国家处在危险中：教育改革势在必行》、《中学：关于美国中等教育的报告》、《为 21 世纪而教育美国人》。

1984 年

韩国公布《韩国教员大学设置令》，成立韩国教员大学。

日本通过《临时教育审议会设置法》。

日本临时教育审议会成立，举行第一届大会。

日本关西经济联合会发表《对教育改革的建议》。

印度开展学校计算机扫盲与学习项目。

法国颁布新的《职业继续教育法》。

法国颁布《高等教育法》。

法国通过新的《博士学位条例》。

法国国家委员会成立，全面评价高等学校办学情况。

苏共中央和苏联最高苏维埃通过《苏联普通学校和职业学校改革的基本方针》。

英国发表就业培训白皮书。

美国发表《赫拉斯的折中方案：美国中学的困境》报告。

1985 年

第四届世界成人教育大会在法国巴黎召开，发表"学习的权利"宣言。

世界舞蹈教师大会召开。

韩国设置教育改革审议会。

日本经济调查协议会发表教育改革建议。

日本通产省提出人才开发和利用的建议。

日本临时教育审议会发表《关于教育改革的第一次咨询报告》。

日本日教组教育改革研究委员会发表第一次报告《国民所追求的教育改革》。

日本大学入学考试改革协议会成立。

日本文部省给予专修学校毕业生大学入学资格。

日本发表《教育用软件的开发方针》的报告。

印度政府发表《教育的挑战——政策透视》。

印度开展全国性教育大讨论。

印度发表全国教育委员会报告。

印度人力资源开发部成立。

第一次西非法语国家教育部长会议在塞内加尔达喀尔召开。

联邦德国修正《高等学校总纲法》。

联邦德国联邦与州教育规划与研究促进委员会提交《关于教育模式试验的报告》。

法国舍维内芒的小学改革开始实施。

法国颁布《技术和职业教育法》、《非集中化法》。

法国开始实施"全民信息计划"。

法国提交《对未来教育的建议》的研究报告。

法国成立全国公立的科学、文化、职业高等学校评估委员会。

法国小学实施新教学大纲。

法国设职业高中毕业会考文凭，等同于普通高中毕业会考文凭和技术高中毕业会考文凭。

瑞典胡森等主持编撰的十卷本《国际教育百科全书》出版。

英国发表《20 世纪 90 年代英国高等教育发展》绿皮书、《提高学校教育质量》白皮书。

美国库姆斯所著《世界教育危机：80 年代的观点》出版。

1986 年

世界银行发表报告《为发展中国家的教育提供资金》。

韩国教育开发院再次修订教育课程。

马来西亚博爱辅导中心成立。

日本临时教育审议会发表《关于教育改革的第二次咨询报告》。

日本成立计算机教育开发中心。

日本劳动省发表《促进系统地面向 21 世纪的终身就职能力的开发》。

日本教育长协议会公布《关于教育改革的调查》。

日本文部省发表职业学科重组样板方案。

日本文部省推进中等教育改革调查研究协力者会议提出《关于学分制高中应有的基本状态》的报告。

日本发生《新编日本史》教科书事件。

新加坡教育研究协会成立。

印度政府公布《国家教育政策》，并制定国家教育政策行动计划。

印度实施"黑板行动"计划。

印度开展"功能性扫盲运动"。

印度重申"学位与职位分离"。

印度推行自治学院。

第二次西非法语国家教育部长会议在科特迪瓦的亚穆索克洛召开。

联邦德国修正《职业教育促进法》。

联邦德国《实科学校》杂志发表课程发展总结文章。

法国颁布《关于职业高中设置职业会考证书的法令》和《关于改革小学教师招聘和培养制度的法令》。

法国教育—经济联合委员会成立。

法国政府批准《德瓦凯高等教育改革法案》，之后法国大规模学生运动爆发，反对该法案，迫使法国政府撤销该法案。

法国开始实施初中改革。

法国设立新博士学位。

苏联高等和中等职业教育部发布《高校标准内部规章》。

苏联《教师报》刊登雷先科娃、沙塔洛夫等长期从事教育实验的教师的文章《合作教育学》。

苏联《教师报》发表巴班斯基等 8 位院士的文章《科学和实践的联盟》，对《合作教育学》的基本观点提出批评意见。

美国卡内基教育与经济论坛发表《国家为培养 21 世纪的教师作准备》。

美国霍姆斯小组发表《明天的教师》报告。

1987 年

第四十一届国际教育大会召开。

韩国制定《教员资格研修班标准教育课程》。

日本临时教育审议会发表《关于教育改革的第三次咨询报告》和《关于教育改革的第四次咨询报告》(终结报告)。

日本政府批准并发布《教育改革推进大纲》。

日本文部省提出新任教师进修试行要点方案。

新加坡实施"通过中学教育改善劳工素质计划"。

新加坡推行"思考课程"。

新加坡实施"教改劳质计划"。

印度人力资源开发部修订《教育技术计划》。

印度推行高等教育质量鉴定制度,确定最低学习水平。

印度实施拉加斯坦邦地方教育工作者项目。

印度实施办学基本条件计划。

第三次西非法语国家教育部长会议在津巴布韦维多利亚瀑布召开。

法国颁布新的《学徒法》。

法国颁布《国民教育远景规划》。

苏联颁布《苏联高等和中等专业教育改革的基本方针》。

英国发表《高等教育:应付新的挑战》白皮书。

英国建立全国性的职业资格标准体系"国家职业资格"。

澳大利亚发表《澳大利亚高等教育面临的挑战》。

1988 年

世界银行发表报告《撒哈拉以南非洲教育:调整、复兴和扩充的政策》。

韩国制定"十大教育改革"方案,将"六三三四"学制改为"幼五三四"学制。

马来西亚全国大专生就业协调中心设立。

日本颁布新改定的《教育职员许可法》。

日本文部省发表《终身学习基础配备的课题》以及《确保信息技术人员的培训》等中期报告。

日本文部省设立终身学习局。

日本文部省成立振兴终身学习恳谈会。

日本文部省发表《我国文教政策重点——终身学习的新发展》、《教育国际化》白皮书和《推进教育改革——现状和课题》。

新加坡编制《好公民》教材。

新加坡实施科学研究计划。

印度提出初等和中等教育全国课程框架。

印度提出最低学习水准。

印度建立全国扫盲使团。

法国颁布《艺术教育法》。

法国教育部成为国务部,居政府各部之首。

苏共中央通过《关于中等和高等学校改革的进程及党在实施改革中的任务的决议》,要求建立"连续教育体系"。

苏联最高苏维埃决定建立苏联国家国民教育委员会。

苏联召开全苏教育工作者代表大会。

英国颁布《1988 年教育改革法》,提出全国统一的课程计划。

加拿大颁布《加拿大多元文化法案》,规定各地方政府必须保障不同文化的公民有平等的受教育权。

美国教育部长 W.J.本内特发表《关于美国教育改革的报告》,提出"择校自由"和"公校私营"政策。

1989 年

第四十四届联合国大会通过《儿童权利公约》。

日本首相府公布关于终身教育的舆论调查。

日本实施新任教师研修制度。

日本中小学全面贯彻新的《学习指导要领》。

新加坡实施社区服务计划。

新加坡制定"公基金教育计划"。

印度提出"为妇女公平的妇女集体教育"。

印度实施安德拉邦初等教育项目。

印度全民扫盲运动展开。

民主德国改教育部为教育与科学部。

法国颁布《教育方针法》,改革各级教育。

法国颁布新的《国民教育总督学法令》。

法国颁布《教育方向指导法》。

荷兰颁布《高等教育和研究法》。

苏联公布《普通学校暂行(标准)条例》、《高等学校暂行(标准)条例》。

苏联公布《学前教育机构章程(草案)》。

苏联出版《巴班斯基教育著作选》。

美国公布《2061 计划:面向全体美国人的科学》,旨在使所有美国人都拥有科学素养。

美国召开教育"高峰会议",确定 2000 年实现的教育目标。

墨西哥颁布《1989—1994 年教育现代化纲要》。

20 世纪 80 年代

苏联《马卡连柯教育文集》(8 卷本)出版。

1990 年

是年为国际扫盲年。

第四十二届国际教育大会召开。

世界全民教育大会在泰国宗迪恩召开,通过《世界全民教育宣言》和《满足基本学习需要的行动纲领》。

韩国制定 1990—1994 年短期计划和 1995 年后长期计划。

韩国第五次修订《产业教育振兴法》。

韩国调整教育结构。

韩国制定自学学位制度。

马来西亚颁布《新教育法令纲要》。

日本公布《振兴幼儿园教育 10 年计划》。

日本修订中小学《指导记录卡》。

日本学校不适应者对策研究协办者会议提交审议报告。

日本颁布《终身学习振兴法》。

泰国推行普及九年义务教育计划。

新加坡教育部组建教育考查委员会。

新加坡公布《新公民道德课程的草拟大纲》。

新加坡颁行《新的起点》计划。

新加坡提交《奠定稳固基石》小学教育报告书。

欧盟发起"TEMPUS 计划",以促进巴尔干地区国家以及东欧和中亚地区高等教育发展改革。

丹麦政府颁布《公开教育法》。

德国统一,联邦政府要求民主德国的各类学校逐渐向联邦德国的学校建制靠拢。

法国教学大纲全国委员会成立,并依据教育方针改革高中教育。

法国初中后两年开设技术班。

法国中小学教师职前培训制度改革实施。

法国公布"大学 2000 年"发展规划。

苏联制定并公布新的《国民教育立法纲要》。

意大利通过《教育改革法》。

美国通过《国家教师法》。

美国总统 G. H. W. 布什签署《国家环境教育法》。

美国通过《残疾人教育法》。

1991 年

联合国教科文组织和葡萄牙教育部联合举办"保证小学教育全部成功的重大战略国际研讨会"。

联合国教科文组织颁发国际扫盲奖。

韩国实行"大学评价认定制",评价分为"大学综合评价"和"学科评价"。

韩国制定《关于地方教育自治的法律》、《提高教员地位特别法》。

马来西亚国家培训委员会成立。

马来西亚推行小学新评价制度。

马来西亚发表《职业培训报告》。

日本修改高中教学大纲,即《学习指导要领》。

日本颁布大学教师资格的新标准。

新加坡实行"六四"新学制。

新加坡发表《教育考试委员会报告书》和《共同价值观》白皮书。

印度实施比哈尔邦教育项目。

法国初等教育三阶段改革开始实施。

法国制定大学生社会计划。

德国根据两德统一协定在新建东部各州进行教育改革。

德国科学审议会提出关于新州师范教育的建议。

英国发表《高等教育:新的框架》白皮书。

英国发起校办"课余俱乐部"运动。

美国总统 G. H. W. 布什签署纲领性教育文件《美国 2000 年教育战略》。

1992 年

联合国发表《21 世纪议程》,提出环境教育任务。

第四十三届国际教育大会召开。

韩国教学课程研究委员会制定"初、中、高等学校教学课程改革试行方案"。

印度提出《作为基本权利的受教育者之全国研讨会报告》。

埃及公布《穆巴拉克与教育:未来的视角》报告书。

法国开始实施高中毕业会考制度改革。

俄罗斯颁布《俄罗斯联邦教育法》,该法为苏联解体后俄罗斯首部教育基本法。

英国《继续教育与高等教育法》问世。

英国 1992 年《(学校)教育法》颁布。

英国政府推行"技术学校首创"计划。

美国通过《终身学习法》。

1993 年

联合国教科文组织成立国际 21 世纪教育委员会,并在巴黎召开专家咨询会议。

联合国教科文组织在巴黎召开教育如何为经济发展服务国际讨论会。

联合国教科文组织报告世界文盲率首次下降。

联合国教科文组织亚太地区办事处召开亚洲地区复式教学研讨会。

"九个人口大国全民教育首脑会议"在印度新德里召开,通过了《新德里宣言》,九国对在 2000 年前普及基础教育、大量扫除文盲和减少男女之间受教育差距作出承诺。

巴基斯坦制定并发布十年(1993—2002 年)教育计划。

韩国教育部正式公布新的大学招生制度,决定从 1994 年开始实行。

新加坡成立天才教育研究组。

以色列实施"TP"计划,即"学前儿童家庭指导计划"。

印度《普那亚委员会报告》提交。

印度《第一学位教育的职业化》报告发表。

印度发表《印度全民教育》报告书。

印度制定县初等教育计划。

欧共体委员会提出提高欧洲高等教育质量的研究报告,建议建立欧共体成员国高等教育质量评估管理体系。

德国艾伯特基金会召开 21 世纪教育讨论会。

俄罗斯国民教育机构推行雇员契约制。

西班牙延长义务教育年限到 16 岁。

英国《1993 年教育法》颁布。

英国政府提出《关于发展科学与技术》白皮书。

英国试行国家通用教育与职业训练证书制度。

英国颁布高校教学与科研评估标准,并对 40 所高校进行质量评估。

英国推行全国统考教育改革新方案。

英国颁布《道德教育大纲》。

阿根廷通过《联邦教育法》,首次对阿根廷教育体系进行整体性改革。

加拿大实施"联邦学习战略"计划,加强对教育的宏观调控。

美国颁布新的中小学理科教学统一标准。

美国实施联邦直接为学生贷款计划。

美国众议院通过"青年教育与培训拨款计划"。

美国拟定"全国学徒计划",将高中教育延长 1 年,用以加强职业技术教育。

美国科学促进协会提出"为所有美国人提供科学教育"的综合教育计划。

美国劳工部发表《2000 年的美国,要求学校做什么》报告。

美国发表《信息技术与教育工作者》报告。

澳大利亚政府制定"教育出口计划"。

澳大利亚议会通过《高等教育法》。

澳大利亚组成高等教育质量评定委员会。

1994 年

联合国儿童基金会出版《国家的社会进步》,介绍"教育成绩的差距"。

联合国教科文组织召开世界特殊教育大会,通过《萨拉曼卡宣言》和《特殊需要教育行动纲领》,明确提出推行全纳教育。

第四十四届国际教育大会召开。

世界银行发表《高等教育:经验教训》报告。

世界银行发表《高等教育中妇女的进步、限制和前景》报告,指出发展中国家妇女入学率低。

韩国教育部公布教育改革方案。

韩国试行大学综合评价制。

韩国实行教师资格有效期制度。

马来西亚实施"人才均等分配"政策。

马来西亚颁布《2000 年主要教育目标》。

马来西亚推行全日制上课计划。

马来西亚实行"资深教师"晋升制。

日本大学审议会公布《关于大学经营的灵活圆满化》审议报告。

日本大学改革审议会提出《关于改善教员任用方法》的咨询报告。

日本经济同友会发表《谋求大众化时代新的大学形象的建议》。

印度尼西亚、马来西亚与德国开展"双元制"职教合作。

印度发表《印度教育发展:1993—1994》报告。

印度建立第一所私立学校。

南非非洲人国民大会提出消除种族隔离后的教育改革计划。

南非实行合约制的新教育拨款制度。

南非实施中小学课程修改计划。

欧盟提出"达·芬奇计划",旨在促进欧盟成员国之间的职业技术教育项目。

德国发表《德国至 2010 年职业人才需求研究》报告。

德国教育科学部与研究技术部合并,成立联邦教育科学研究技术部。

德国投资 17 亿马克,建设波恩科技园区。

法国新设国家专业技术文凭。

英国根据《1993 年教育法》组建师资培训署。

英国企业联盟发表《确保 21 世纪英国高等教育的发展》报告。

英格兰发表《高中教育:为所有人提供机会》的政策性文件,计划将职教与普教统一起来。

美国通过《2000 年教育目标法》。

美国改革高校质量评估体系。

美国制定奖学金制度,补助低收入家庭的大学生。

美国举行第一次大学入学中文考试。

美国发表《提高学生写作能力需做大量工作》的调查报告。

美国全国州长协会发表《能力分组和分轨:当前的问题和忧虑》报告。

美国提出全国历史、地理、公民学和科学教育教学标准。

美国形成全国统一的教师资格证书制度。

美国数学会提出有关数学教育的政策声明。

墨西哥实施大学生专业质量统考制度。

澳大利亚成立国家职业技术培训委员会,推进职业技术教育的发展。

新西兰确定国家证书工程。

1995 年

世界银行发表《教育的优先发展与战略》。

联合国教科文组织亚太地区办事处教育革新为发展服务中心与泰国教科文全委会在曼谷召开"为新的亚洲师资发展建立伙伴关系"国际研讨会。

巴基斯坦提出针对女童教育的社会行动方案和女童初等教育计划。

韩国提出《5·31 教育改革方案》。

老挝公布《1991—1996 年国家发展计划中的教育目标和 2000 年教育战略目标》。

马来西亚重组教育部。

日本提出《面向 21 世纪的日本教育》咨询文。

日本制定《科学技术基本法案》。

日本专修学校新设"专门士"学位。

新加坡推行课外活动政策。

以色列和约旦创办约旦—以色列科技与环境研究学院。

印度开展科学"大篷车"活动,向农村儿童普及科学知识。

非洲妇女教育者论坛在南非开普敦召开妇女教育会议。

欧共体在波恩召开"第三阶段教育的多元化——欧共体教育新发展"专题会议。

欧盟发表《教与学:迈向学习社会》白皮书,将 1996 年定为"欧洲终身学习年"。

欧盟提出综合性的"苏格拉底计划",分两阶段推行。

丹麦制定信息技术战略计划书,提出计算机教学对教育具有重要作用。

俄罗斯联邦发布第 942 号政府令,确定高、中等职业教育机构学生培养的定向合同制。

俄罗斯创办残疾儿童医疗和教育中心。

法国进行大学预科班改革。

法国首次开播教育电视频道。

芬兰推行大学水平教育计划。

荷兰提出建立一个由市场控制的分权化的教育体制。

荷兰颁布《成人及职业教育法案》。

荷兰建立全国大学科学服务网络。

捷克颁布新的《高等教育法》。

罗马尼亚提出全国职业教育与培训发展计划。

匈牙利实施国家高校大学生缴纳学费制度。

英国发表《竞争力:帮助企业取胜》白皮书,提出加强中小学基础学科的教育政策新措施。

英国教育与就业部发表《国家教学大纲指南》。

英国制定全国课程考试标准。

英国发表《关于 21 世纪英国高等教育发展》蓝皮书。

英国通过《禁止歧视残疾人法案》,确保残疾人入学的权利。

加拿大进行旨在提高学校质量的省级地方改革。

加拿大调整师范教育计划。

美国举办"教、学与应用信息技术圆桌会议"。

美国发表《明日师范教育》报告书。

美国发表《达到标准:数学水平进步报道》研究报告。

美国联邦政府提出大学数字化图书馆计划。

墨西哥制定《基础教育现代化协议纲要》。

新西兰实施"家长为第一位教师"工程。

新西兰建立国家资格证书制度。

1996 年

联合国教科文组织发布《教育——财富蕴藏其中》和《1996 年世界科学报告》。

联合国教科文组织提出世界扫盲研究报告。

第四十五届国际教育大会召开。

世界职业教育组织在华盛顿讨论制定国际职业培训标准问题。

经济合作与发展组织成员国教育部长发表未来教育结构体系公报。

韩国教育部公布"高等教育部门对外开放计划"。

韩国实施学生《综合生活记录簿》,取消大学入学考试制度。

马来西亚颁布《私立高等院校法》。

日本经济团体联合会发表《对培养创造性人才的建议》报告。

日本产学恳谈会发表《为培养大学理工科领域创造型人才的报告》。

日本国立教育会馆提出设立国立信息提供中心的建议。

日本"欺侮弱小同学对策紧急会议"提出总结报告。

日本新进党提出教育改革方案。

日本第十五届中央教育审议会提出咨询报告。

印度制定计划,严控外国大学在印招生办学。

南非高等教育委员会建议创设统一大学体制。

丹麦教育科学研究院发表初等教育质量调查报告。

法国教育部长提出大学改革思路。

法国大学开始收学费。

法国发表《为了学校》教改报告。

斯洛伐克通过《高等教育法修正案》。

英国发起"校企连接项目"。

英国推行中小学目标设置计划。

英国教育与就业部发表《道德教育建议书》。

美国未来与教育全国委员会发表《什么是最重要的:为美国未来的教育》。

美国公布《国家科学教育标准》。

美国新泽西州开办家长科学教育大学。

美国环境保护署设立全国环境教育奖励基金。

美国总统克林顿宣布"学费抵税计划"。

美国联邦教育部发表《国家的优秀者：促进美国的超常者个案研究》。

美国西部 18 州筹建虚拟大学。

美国大学组建图书馆联合体。

澳大利亚推行全国教师在职培训计划。

1997 年

联合国教科文组织发布修订后的《国际教育标准分类法》。

第五届国际成人教育大会在德国汉堡召开，会上发表《汉堡成人教育宣言》，呼吁大学承担起终身教育的使命。

世界银行向泰国提供科学和工程技术本科教育贷款 1.43 亿美元。

环太平洋地区国家的 21 所研究型大学成立环太平洋大学联盟。

韩国制定《虚拟大学法》，开办虚拟大学。

日本教育课程审议会就小学三年级开始进行英语教育达成一致意见。

日本文部大臣小杉隆发表《教育改革计划》报告。

日本文部省制定涉及教育各个领域的《教育改革计划》。

日本国会审议通过文部省制定的《关于大学教员任期的法律》。

印度大学拨款委员会将发展基金(共 1 亿美元)的 1/3 资助额直接与高校的表现挂钩。

印度接受欧盟、英国、荷兰等组织和国家的 4.5 亿美元捐赠，发展基础教育。

印度议会通过一项严格执行义务教育的法案，以强化普及义务教育。

新西兰对高校财政资助制度实行重大改革，实行"购买制"。

东欧诸国实施"在阅读和写作中培养学生评论性思维能力"的教学改革。

欧洲 230 位大学领导人在意大利巴勒莫会议上达成共识：大学需要加强与企业界的合作。

欧洲 29 国在葡萄牙里斯本召开政府间会议，致力于建立一个除欧盟组织外的欧洲高等教育空间。此为"博洛尼亚进程"的发端。

波兰制定严格学校考试制度的新方案。

德国多党达成协议，提出全面改革高等教育的改革法。

德国联邦教育及科研部与各州达成一项关于联邦高等教育法的协议。

法国改革高等教育，将大学三学期制改为两学期制。

法国新政府决定将 1998 年高等教育经费预算增加 3.05％。

挪威政府为使儿童获得在未来世界生存的能力，实行"97 教育改革"，延长义务教育年限。

希腊普通高校和高等技术学校重新划分各系和学院的学科领域。

希腊修订宪法，允许在 2000 年前创办私立大学。

希腊政府出台教育改革措施，改革大学入学兑试制度，以学生在高中阶段的综合学业成绩作为能否升入大学的依据。

英国 3 所大学联合制定十年发展规划，创建全英最大的科学园区。

英国大学校长委员会正式宣布，从 1998 新学年起，英国大学实行向学生收费制度。

英国公布第三次国际数学科学成绩调查分析报告。

英国教育与就业部首次公布全英格兰 1.45 万所小学和 119 个地方教育局的排名。

巴西政府宣布提供 5 亿美元经费，扩大贫困家庭儿童助学计划。

加拿大政府宣布提供巨额奖学金，资助贫困学生完成中学后教育。

加拿大政府为改善高校科研条件，增强国家高科技领域的竞争力，宣布建立"加拿大创新基金会"。

美国富布赖特项目未来指导委员会发表《富布赖特项目五十年》报告，建议扩大与发展中国家的交流计划，提高该项目的灵活性。

美国 62 所重要的研究型大学开始提供网上课程。

1998 年

国际援助机构开始把教育援助重点转向发展中国家的高等教育。

联合国教科文组织在巴黎举行的国际高等教育大会上通过《21 世纪的高等教育：展望和行动世界宣言》。

世界比较教育年会在南非举行，讨论种族平等、男女受教育权利平等等焦点问题。

第二届亚欧首脑会议决定在吉隆坡马来亚大学成立亚欧中心。

韩国针对金融危机，采取加强继续教育，开设开放大学的措施。

日本大学审议会颁布《世纪之交日本高等教育的改革计划》，呼吁日本高等教育进行全方位改革。

印度大学拨款委员会投资发展女子大学。

印度尼西亚首次表示允许外国大学到国内办学和使用英语授课。

法、英、德、意四国教育部长签署声明，推进欧洲高等教育一体化。

欧洲各界代表会议通过欧洲大学未来发展的《帕雷尔莫宣言》。

波兰国会通过为高校学生提供低息贷款的法案。

波兰开设更注重职业实际训练的新型职业学校。

丹麦教育部计划将 6～7 年的大学课程缩短为 4 年。

丹麦实施增加教学难度以适应科技发展的教育改革计划。

德国政府修改涉外留学生的法律条款，放宽留学生的生活、学习政策。

法国和意大利两国合作培养博士生，相互承认博士学位资格。

法国制订一项为期 3 年的多媒体教学发展计划。

挪威开始实行十年制义务教育。

意大利全面改革基础教育课程计划，包括增加实验的教学时间，加强艺术、语言方面的教学。

英国首相 T. 布莱尔在《统合英国——关于社区复兴的国家战略》报告中将学校置于振兴社区的中心地位。

英国政府公布《学习时代》绿皮书，提出关于复兴英国成人教育的计划。

加拿大政府向有财政困难的大学生提供 40 亿加元的助学拨款。

美国国会通过《高等教育法》修正案，规定延长该法实施年限，下调学生贷款利率，扩大助学金的规模。

1999 年

联合国教科文组织在汉城召开第二届国际技术和职业教育大会。

韩国启动"21 世纪智慧韩国计划"。

韩国通过《终身教育法》。

韩国允许大学从 2002 年起以合同形式雇聘教职工。

韩国经过两年的实验，拟在 2000 年实行"学分银行制"。

马来西亚教育部将原计划公派出国留学生人数的 80％改为进入国内地方大学就读。

日本文部省规定从 2001 年起，允许非日语学校的中学毕业生参加日本公立学校的考试。

以色列大学首次将博士学位授予巴勒斯坦控制区的巴勒斯坦居民。

印度政府决定在全国建立 18 万所非正式学校，实现全国 3 亿儿童都能接受基础教育的目标。

南非教育部采取措施，将全国 76 所教育学院精简到 20 所，以改善和提高师范教育的质量。

欧盟正式启动"博洛尼亚进程"，推进欧洲高等教育一体化。

爱尔兰政府成立教育技术投资基金会，投入 4.5 亿美元，加强高等教育研究与开发。

保加利亚启动将现有大学 5 年获得本科学士学位的体制改为 4 年大学学习后获得第一学位，再学习 1 年获硕士学位的计划。

比利时法语区议会正式通过关于高等专科院校教师身份地位的法令。

德国将对五到十年级学生的数学、语文、自然科学和外语等科目进行水平测试。

俄罗斯召开最高学位评定委员会全体会议,通过"学位授予新章程草案"。

法国教育部提出为期3年的使包括幼儿园、中小学、大学在内的所有学校全部计算机化的计划。

芬兰颁布《芬兰高中教育法》。

匈牙利议会通过将全国大学和学院合并为25所的法案。

意大利将义务教育年限延长为10年。

英国提出题为《从选拔精英到扩大招生》的高等教育研究报告。

美国克林顿政府2000年财政预算方案对学生的资助总投入达521亿美元,但对大学生的联邦资助有限,引起大学业内人士的不满。

美国佛罗里达州议会批准全美第一个全州性的教育券实施计划。

美国国际教育市场的份额从10年前的40%下降到现在的32%。

澳大利亚发表《关于21世纪学校教育国家目标的阿德莱德宣言》。

2000年

联合国教科文组织在达喀尔召开的世界全民教育论坛通过《全民教育行动纲领》。

世界银行主席沃尔芬森指出,援助第三世界高等教育的发展并非奢侈而是必需。

第二届亚太经合组织教育部长会议在新加坡召开,23个国家签署发表《教育为在21世纪创建学习型社会而努力》的声明。

韩国有关立法机构规定,对中小学学生实行校外辅导是合法的。这一决定结束了长达20年之久的关于禁止对中小学学生进行课外辅导的禁令。

《日本的21世纪展望》对日本高等教育提出三个建议:高等教育制度化、进行更多地英语读写和更多地对教学和科研进行评估。

日本大学审议会通过关于向文部省提出建立承认外国网上大学学分制度的议案。

日本大学审议会向文部大臣提交关于大学教授、副教授任职条件应重视研究能力向教学能力方面倾斜的审议报告。

日本建立首家利用互联网进行教学的四年制三维立体虚拟大学。

日本科学技术厅和文部省就建立大学专项基金讲座事宜达成共识,决定从2001年起实行这一新制度。

日本外务省计划从2001年起实行留学生贷学金制度。

日本文部省规定,小学、初中和高中骨干教师若申请继续深造,可停薪留职攻读教育专业硕士研究生课程,也可以去外国留学,提高英语水平。

日本文部省制定国立大学专利收入分配的新方法,以促进产学合作,加强基础研究和新技术开发。

日本邮政省将与文部省合作,编写适应新形式学校教育要求的电子教材。

日本政府新千年计划提出,到2005年,中小学计算机的配备达到每个教室2台。

以色列教育部宣布,允许一些有学习能力的高中生无须经过大学入学考试,选修大学课程。

欧盟各国教育部长在卢森堡召开会议,决定将2001年定为"欧洲语言年",旨在促进欧洲各国的外语学习和文化交流。

欧盟决定出资370万马克,建立远距离教育网络,以推动计算机在远距离教育中的运用。

欧盟发表《欧盟学校教育质量报告——16项质量指标》。

毗邻印度洋的19个国家的高校及政府代表召开会议,建立一个新的学术和学生交流国际网络——印度洋地区大学交流计划。

德国各州文教部长召开联席会议,决定同意各州高校入学资格和教育结构多样化。

德国大学校长联合会第一百九十届全体会议举行,将"TestDaF"作为测试外国留学生,尤其是中国和东欧学生德语水平的标准考试。

俄罗斯发布《俄罗斯联邦教育发展纲要》。

意大利自20世纪60年代以来实行的高中毕业生不经过考试就进入大学的"自由入学"将被取消,并实行"3+2"学制。

英国政府宣布为8所大学成立的"企业中心"提供总价值为4 000万美元的基金。

英国实行基础学位计划,将高等教育阶段的学位制度拓展到高等职业教育领域。

美国政府采取"学校安全和学生健康项目"措施,以防止校园暴力事件。

美国总统克林顿向国会提交2001年财政预算,提出拓宽免税范围,以帮助中等收入家庭支付学费。

澳大利亚的莫那什大学获准在南非开办分校。这是澳大利亚政府把高等教育推向全球的举措之一。

澳大利亚联邦和州政府通过一项关于建立全国高校质量评定机构的议案。

2001年

联合国教科文组织和欧洲理事会在里加联合开发"跨境教育提供的良好实践惯例"。

第四十六届国际教育大会召开。

日本文部省和科学技术厅合并成立文部科学省。

日本出台《21世纪教育新生计划》。

日本政府提出国立大学"大学结构改革方针"和"远山计划"。

马来西亚政府实施"失业大学生再培训计划"。

泰国政府制订《2002—2016年泰国教育计划》。

泰国教育部颁布新的《全国教育纲要》和《第八个全国教育发展规划》。

印度发动普及基础教育计划。

印度出台《全民教育运动》法案。

南非政府成立高等教育质量管理委员会。

南非发表《国家高等教育规划》。

欧盟委员会发表白皮书《欧洲青年的新动力》,强调非正规学习与教育的重要性。

欧盟教育委员会通过《教育与培训体系未来具体发展目标》的规划报告。

白俄罗斯总统颁令批准成立"高等学校校长委员会"。

德国联邦政府颁布《教师论坛建议书》。

德国各州文化教育部长联席会议达成协议:所有师范生在学科知识方面(师范教育阶段1),必须达到相当于硕士程度;在师范职业能力方面(师范教育阶段2),必须有18个月以上的集中见习、实习期。

俄罗斯发布《2010年前俄罗斯教育现代化构想》。

法国国民教育部提出逐步实行学分制替代传统学制的改革措施。

芬兰颁布《基础教育国家总体目标和课程学时分配法令》。

瑞典实行新的师范教育体制,精简师范学位。

英国将教育部更名为"教育与技能部"。

英国政府发布《教与学:专业发展战略》。

英国实施在职教师早期专业化发展计划。

英国政府颁布《特殊教育需要和残疾人法案》。

英国政府启动高等教育创新基金。

美国全国大专院校事务官组织与普华永道公司联合发布公告,倡议各高校建立起院校范围内的风险管理制度。

美国教育部颁布《2001—2005 年战略规划》。

美国确立"早期阅读首要计划"。

美国签署《早期学习机会法案》。

美国成立教师认证组织——"美国优质教师证书委员会"。

美国教师教育认可委员会正式发布《专业发展学校标准》。

澳大利亚教育、培训与青年事务部制定名为"提高澳大利亚人的能力"的创新计划。

澳大利亚大学教学委员会推出"学生学习评估",将其作为教学质量评估的重要形式。

2002 年

联合国可持续发展世界首脑会议在南非约翰内斯堡召开,重申教育发展的目标,决定将 2005—2014 年确定为世界可持续发展教育十年。

联合国儿童基金会在全世界庆祝第 100 个国际妇女节之际,呼吁世界关注全球 5.15 亿女童的受教育状况。

日本文部科学省公布对 99 所国立大学和 2 所国立短期大学重组、合并的研究情况的调查报告。

印度宪法修正案规定印度实施免费和强制的初等教育。

印度总理呼吁教育部门采取措施,允许私营企业和个人参与教育事业。

南非教育部出台《改革与重建——高等教育新蓝图》,推行高校合并。

"U21 大学联盟计划"与汤姆森学习出版集团联合开办一所全球范围的网上大学。

欧盟理事会在西班牙巴塞罗那召开会议,批准欧盟委员会提交的《教育和培训 2010 工作计划》。

31 个欧洲国家签署《哥本哈根宣言》。

德国修订《高等教育结构法》,改变传统的学位二级制,把学士、硕士学位专业列为高校常规专业设置,并计划在 2010 年完成学位制度的改革。

芬兰政府颁布《普通高级中学教育国家总体目标和课程学时分配法令》。

英国颁布《2002 年教育法》。

英国教育与技能部发表《时间标准:改革学校劳动力》。

英国政府要求国立大学的毕业生缴纳 2% 的个人收入所得税,以偿付他们接受高等教育的费用。

美国总统 G. W. 布什正式签署《不让一个孩子掉队法》。

美国总统 G. W. 布什发表题为《良好的开端,聪明地成长》的宣言。

美国教育部发布《美国 2002—2007 年教育战略规划》。

美国总统 G. W. 布什宣布重返联合国教科文组织的决定。

美国国会颁布《技术、教育和版权协调法案》。

澳大利亚教育、科学与培训部发布《一种值得关注的道德——对初任教师的有效计划》。

澳大利亚工商委员会与澳大利亚商会联合发布的《未来技能报告》。

2003 年

联合国教科文组织举办"国际学生评量方案"竞赛。

联合国开始实行"扫盲十年教育计划"。

经济合作与发展组织首先在国际学生评价项目(PISA)中试验大规模、跨国家的学生"解决问题能力"测试。

韩国教育与人力资源部出台《对私立大学的内外部监察方案》。

日本高等教育的《国立大学法人法》正式生效。

日本制定并颁布《环境教育法》。

日本中央教育审议会发表《关于推进初等、中等教育改革的方针》。

日本政府发布《培养"能使用英语的日本人"行动计划》,开始对本国的英语教育进行全面的改革。

日本中央教育审议会提出面向 21 世纪教育战略规划的纲领性文件《关于适应新时代的教育基本法与教育基本计划的构想》。

印度出台《国家儿童宪章》。

依据《博洛尼亚宣言》,欧洲推行新的高等教学学位制度,实现欧洲大一统的教育体系。

欧盟教育部长理事会批准"欧盟教育和培训合作战略框架",即"教育和培训 2020 计划",提出欧盟教育和培训下一个十年的战略发展目标。

欧盟教育质量基准体系设计并开始执行,为欧盟各成员国不同的基础教育质量体系之间架设了合作的桥梁。

德国大学免费教育终结,新的教育法规规定:大学生在第十四学期后必须缴纳每学期 1 000 马克左右的学费。

德国联邦政府提出《2010 年议程》,该议程中提出多项有关教育改革和发展的重大举措。

德国各州文化教育部长会议颁布首部全联邦性教育标准——《数学教育标准》。

德国联邦教育及科研部推出"未来教育和关怀"工程计划。

德国联邦政府与各邦签订《教育与指导的未来投资计划》。

俄罗斯出台《俄罗斯师范教育现代化纲要》。

英国发表题为《高等教育的未来》的白皮书。

英国教育与技能部发表教育绿皮书《每个儿童都重要:为儿童而变革》。

美国联邦政府颁布《入学准备法》,以促进学前教育与小学的整合。

美国教师联合会教育政策委员会重新修订美国基础教育课程标准——《建立强有力的标准》。

澳大利亚首次颁布《国家教师专业标准》,用于指导全国的教师专业发展工作。

澳大利亚发表《我们的大学——支撑澳大利亚的未来》,提出高等教育改革计划。

澳大利亚出台《21 世纪国家教育目标》。

2004 年

第四十七届国际教育大会召开。

韩国教育与人力资源部公布"大学整并计划"。

韩国出台"新大学区域创新"工程,这是韩国教育与人力资源部加强产学联盟的重大举措。

韩国教育与人力资源部推出"留学韩国工程"。

日本建立新型的法学教育机构"法科大学院"。

日本中央教育审议会发表《关于幼儿教育、保育一体化的综合机构》的咨询报告。

日本教育相关法律规定日本所有的大学都必须进行外部评价,建立高等教育认证评价制度。

日本中央教育审议会提交《高等教育未来展望》报告书,构想 2015—2020 年间日本高等教育的状态,并为实现其目标提出具体措施。

印度政府启动 KGBV 项目,关注"表列"(即官方认可的)种姓和部落的女童和其他处于社会边缘的少数民族女童。

欧盟正式执行高等教育交流项目"伊拉斯谟计划"。

欧洲委员会召开会议通过一项关于《建立终身教育整体行动计划》的

建议。

德国各州文化教育部长会议颁布全联邦性的《教师教育标准》。

德国联邦教育及科研部推出"精英大学"计划。

德国开始实施"年轻教授制度"。

德国联邦政府颁布《托幼机构拓展法案》。

德国各州联合制定《幼儿园教育条例》。

德国颁布《联邦职业教育保障法》。

俄罗斯修订《俄罗斯联邦教育法》。

俄罗斯颁布《基础教学计划》、《国家教育标准》。

俄罗斯联邦政府批准《俄罗斯联邦教育系统的优先发展方向》。

俄罗斯教育部和科学部两部合一,成立俄罗斯教育与科学部。

法国的教育改革报告《为了全体学生的成功》提出一个"必不可少的共同基础"的概念。

法国自秋季起有 1/3 的地区实行新的"三五八"学制,即大学本科 3 年、硕士 5 年和博士 8 年,法国教育部要求到 2005 年完成学制统一。

英国出台《儿童法》。

英国出台《家长的选择,儿童最好的开端:儿童保育十年战略》。

英国下议院通过《高等教育法》。

美国总统 G. W. 布什签署颁布《残疾人教育改进法》。

美国政府提交一份题为《新一轮美国创新》的文件,其中专门提及要为美国工人提供联邦岗位培训。

澳大利亚教育、科学与培训部制定《海外学生教育服务法》。

澳大利亚启动"四年价值观教育计划",该计划从 2004 年开始,到 2008 年结束。

2005 年

联合国开启"教育十年"活动。

联合国教科文组织正式批准设立国际"孔子教育奖"。

联合国教科文组织发布《2005 年全民教育全球监测报告》。

韩国修订"与国外大学开展课程合作法",允许国内大学在国际学术交流上拥有更大的自治权。

韩国教育与人力资源部制定《建立新的职业教育培训体制的相关法律法规案》,开始大规模职业教育体制改革。

日本中央教育审议会发布终审报告——《开创新时代的义务教育》。

日本出台"职业教育综合计划"。

印度出台《国家儿童行动计划》。

印度政府正式出台《普及中等教育》政策报告。

印度颁布《国家课程框架》。

德国联邦和州政府共同签署《精英倡议》,精英大学建设正式启动。

德国开始实施国家教育标准,各邦必须通过联邦指定的统一标准,以提升学生学校学业成绩。

德国建立"德国学程认可基金会",建立师资培训的学程认可制度。

德国联邦政府决定进行《高等学校入学许可改革》。

德国将《职业教育法》与《职业教育促进法》合并,经修订后颁布并实施新的《职业教育法》。

俄罗斯颁布《俄罗斯联邦 2006—2010 年教育专项计划》。

俄罗斯联邦政府通过《俄罗斯联邦 2006—2010 年教育发展目标大纲》。

法国制定《学校未来的导向与纲要法》,确立未来 10～15 年教育发展的新体制。

英国政府颁发《14～19 岁教育与技能白皮书》。

英国教育与技能部发表报告《为了全体学生:更高的标准、更好的学校》。

美国发布《全球竞争力与国家需要:100 万人留学》的报告。

美国国会提出《儿童保育法》。

美国参议员恩赛和李伯曼在参议院联合提出《2005 年国家创新法案》。

美国国家科学院发布报告《站在正在聚集的风暴之上》。

美国教育部正式颁布《美国国家教育技术计划——迈向美国教育的黄金时代:因特网、法律和当代学生变革展望》。

澳大利亚制定《澳大利亚土著民族高等教育 2006—2008 年战略计划》。

澳大利亚发布《澳大利亚大学从业准则与指南》。

2006 年

第六十一届联合国大会通过《残疾人权利公约》,并宣布 2008 年为"国际语言年"。

韩国启动第二轮"21 世纪智慧韩国计划"。

日本文部科学省公布最新的《幼儿教育振兴行动计划》。

日本正式开设"幼小衔接推动班"。

日本参议院通过《教育基本法》修正案。

德国开始推行"卓越大学计划"。

德国联邦政府和各州政府达成《2020 年高等教育发展协定》。

德国联邦教育及科研部推出《临时科研工作合同新法》,次年即生效。

德国联邦政府推出《德国高科技战略》,整体规划各方科研和创新资源。

德国大学校长联席会议第二百零六次全体大会提出《对高等学校中教师教育发展的建议书》。

俄罗斯通过《俄罗斯联邦 2015 年前科学与创新发展战略》。

俄罗斯联邦政府开始实施"国家优先教育工程项目"。

俄罗斯联邦教育发展国家委员会发布《教育的创新发展是提高俄罗斯竞争力的基础》报告。

法国人民运动联盟公布《教育协定》。

法国政府出台《让所有孩子都成功》的教育计划。

法国出台规定,教育部可以与逃学学生的家长签订"家长责任协议"。

法国建立"高等教育与研究集群"体系,以结束大学活动,特别是科研活动分裂的局面。

英国出台《儿童保育法》。

英国首相 T. 布莱尔发起第二轮的国际教育行动计划,以稳固英国在国际教育中的领导地位。

阿根廷颁布《国民教育法》,规定阿根廷实行十三年制义务教育。

美国国家科学院、国家工程院及两院下属的医学研究所发表联合报告——《迎接风暴:振兴美国经济,创造就业机会,建设美好未来》。

美国发布报告《领导力的检验:开创美国高等教育的未来》。

美国国会参众两院通过《2006 年卡尔·珀金斯生涯和技术教育改进法》。

美国总统 G. W. 布什正式签署《美国竞争力计划——在创新中领导世界》。

美国政府推出"国家安全语言计划",首次将语言学习提升到国家安全战略策略的高度。

美国国务院正式启动"社区学院峰会优先项目"。

美国通过《国家教育创新法》。

2007 年

联合国难民署和联合国儿童基金会联合呼吁国际社会捐款,帮助伊拉克失学儿童重返校园。

联合国教科文组织制定 2008—2013 年"语言多元化"的联合战略。

联合国教科文组织发布《2007 年全民教育全球监测报告》。

第四届世界环境教育大会在印度艾哈迈达巴德召开,主题为"面向可持续未来的环境教育——合作推进可持续发展教育十年"。

经济合作与发展组织策划并实施"教师教学国际调查项目"。

世界银行发表报告《高等教育国际交换的趋势:对于发展中国家的启示和选择》。

韩国开始试行校长公选制度。

日本政府及文部科学省修订《教育基本法》《学校教育法》和《学习指导要领》。

日本推出"世界 COE 计划"。

新加坡再度修订社会科学大纲。

印尼教育部把汉语作为第二外语纳入国民教育系列。

南非政府宣布将在未来 3 年内投入 97 亿兰特,将学前教育规模扩大到目前的 4 倍。

欧盟开始实行"2007—2013 年终身教育整体行动计划"。

德国联邦教育及科研部职业教育创新小组公布职教改革十大指导方针。

俄罗斯出台《科学技术优先发展方向纲要》。

俄罗斯联邦政府通过《关于向学士＋硕士的高校培养新体制过渡》的法案。

法国将发展教育作为新政府的优先目标之一,把加强职业技术教育纳入到教育发展和改革总目标当中。

法国国民议会通过《大学自由与责任法》。

英国师资培训署颁布《英格兰教师专业标准修正案(草案)》。

英国提出未来十年英国教育远景规划《儿童计划:构建更美好的未来》。

英国儿童、学校与家庭部宣布为中学投入 1 370 万英镑的资金,用以扩展"社会情感学习项目"。

英国将教育与技能部分为两个独立的部门:儿童、学校与家庭部,创新、大学与技能部。

英国资格和课程委员会公布新的国家课程。

美国总统 G. W. 布什签署《降低大学学费和扩大入学机会法案》。

美国国会众议院通过《美国竞争法》。

美国研究生院理事会发布《研究生教育:美国竞争力和创新力的支柱》。

美国学校行政管理者协会修订美国学校行政管理者伦理规范。

2008 年

联合国发布《2008 年全民教育全球监测报告》。

第四十八届国际教育大会召开,会议的主题为"全纳教育:未来教育之路"。

韩国教育科技部推出为期 5 年的《教育福利促进计划》。

韩国政府重点资助 150 所农村和渔村的公立高中。

韩国推出新的提高大学质量的方案——"世界水平研究型大学建设计划"。

韩国首尔首次通过居民直接选举方式进行"教育监"选举。

日本公布新修订的《学习指导要领》,重新增加国语、算数(数学)等基础科目的课时和教学内容。

日本颁布中长期教育规划《教育振兴基本计划》。

日本政府设立加速高等教育国际化进程支援项目。

日本政府设立产学合作培养实践型人才项目,在大学等机构通过产学合作共同开发新的教育项目。

日本发布《关于幼儿园、初中、高中及特殊学校的学习指导概念的改善》的报告。

越南开始实施"友好学校,活力学生"计划。

越南召开全国高等教育教学质量和管理质量大会。

肯尼亚在全国推行免费中等教育。

欧盟宣布将在 2010 年推出由欧洲权威机构制定的世界大学排行榜。

欧盟通过关于加强欧盟职业教育与培训合作的《波尔多公报》。

欧盟通过《关于建立欧洲终身学习资格框架的建议》。

德国开始试行国家资格框架。

俄罗斯发布《2020 年前的俄罗斯教育——服务于知识经济的教育模式》报告。

俄罗斯发布《展望未来——未来教育的主要特征》报告,确定在竞争基础上建设 40~50 所联邦级研究型大学。

法国国民教育部召开关于实施改革和提高职业教育价值的会议。

挪威向联合国教科文组织提供资金资助全民教育。

瑞典教育部出台义务教育和高中教育新的等级评定标准的立法草案,增加评价等级。

西班牙"科学与创新部"实施旨在促进西班牙大学制度现代化的"2015 年大学战略计划"。

英国"儿童、学校与家庭部"公布教育改革报告书《14~19 岁教育改革:下一步计划》。

英国开始实施旨在增加高等教育捐赠的"匹配资助计划"。

英国"创新、大学与技能部"公布《创新的国度——开启全民的才智》。

英国政府宣布拨款 17.5 亿英镑用于改造英格兰的数百所小学。

美国修订《高等教育机会法》。

美国州际学校领导者资格认证协会发表《教育领导政策标准》。

澳大利亚政府正式启动新的全国统一课程改革。

2009 年

日本加大对大学教育和尖端科技研究的支持力度,投入 705 亿日元支持大学教育,并投入 2 000 多亿日元重点支持与诺贝尔奖项关联的基础研究和尖端领域研究。

新加坡教育部推出新的"教育协作人员计划"。

越南修订和增补《教育法》。

欧盟委员会发表题为《欧洲国家级学生测试:目标、组织和结果的运用》的报告。

欧洲博洛尼亚进程第六次部长级峰会在比利时鲁汶大学召开,发表主题为"未来十年欧洲高等教育区优先发展领域"的《鲁汶公报》。

欧盟委员会发布《欧洲创造与革新宣言》。

欧盟教育部长理事会审议《关于更新欧洲教育与培训合作战略框架的政策文件》。

德国联邦政府和各州政府首脑"教育峰会"达成一致:加强对教育与研究的投入。

法国总统萨科齐宣布扩大内需的方案,政府将加大对教育投资的力度,总计将有 190 亿欧元的经费用于高校。

英国将创新、大学与技能部与商务、企业与改革部合并,成立"商务、创新与技能部"。

英国教育、儿童服务与技能办公室建立"2009 年未来教育与技术一般督导框架",并重新修订《学校督导框架》。

英国儿童、学校与家庭部发表《你的孩子,你的学校,我们的未来:构建21 世纪的学校体系》教育白皮书。

英国科学与创新部宣布设立英国创新奖。

美国总统奥巴马签署《美国复苏与再投资法》。

美国在西弗吉尼亚州开启"倾听与学习之行：开展关于教育改革的谈话"。

美国总统奥巴马发起"教育创新运动"。

美国教育部启动"迈向巅峰教育计划"新政策。

美国参议院通过早期学习计划基金。

美国总统奥巴马签署新的《军人权利法》。

澳大利亚将高等教育纳入基础设施建设振兴计划。

2010 年

日本众议院通过《高中教育免费化法案》。

日本大阪府决定将义务教育阶段的教师人事权下放于府内北部 5 市町。

欧洲地区 47 国高等教育部长会议通过《关于欧洲高等教育区的布达佩斯—维也纳宣言》，启动"欧洲高等教育区"。

欧盟开发新的全球大学排名体系。

比利时法语区政府宣布新设环境教育网站，推动环境教育。

德国萨克森州举办高中生"大学试读日"活动。

德国柏林州与贝塔斯曼基金会合作开展"新生代动起来"计划。

俄罗斯联邦政府工作会议决定将高等院校目前为期 3 年的研究生学制延长为 4 年，并同意就此修改相关法律。

俄罗斯撤销俄罗斯联邦科学和创新署、俄罗斯联邦教育署。

俄罗斯定 2010 年为"国家教师年"。

俄罗斯正式启动"我们的新学校"国家教育工程。

俄罗斯新闻社与高等经济大学发布俄罗斯高校排名。

英国儿童、学校与家庭部更名为教育部。

英国发布题为"确保未来的高等教育持续发展"的《布朗报告》。

英国发布高等教育发展报告《更高目标》。

英国教育部发布联合政府上任以来首份学校教育白皮书——《教学的重要性》。

英格兰高等教育基金委员会公布经费削减方案。

美国教育部发布《改革蓝图》。

美国总统奥巴马签署《2010 年医疗与教育和解法》。

美国总统奥巴马推出学校整改方案，计划整顿毕业率较低、教学质量欠佳的学校。

美国 17 个州成立非营利机构"美国大学毕业联盟"。

澳大利亚联邦政府实施《教师及学校领导者的数字战略》。

2011 年

联合国教科文组织国际教育局参与在挪威斯塔万格大学举行的研讨会，推进"欧洲全纳教师能力测试"。

联合国教科文组织修订并通过《国际教育标准分类法》。

印度大学联合会主席普拉卡什称，未来两年内，所有大学将取消学分制度，任何学生都可以无障碍地学习各种学科。

奥地利联邦科学与研究部拟定新高等教育改革计划。

俄罗斯、乌克兰和哈萨克斯坦三国的 5 所工科大学将在高校教学实践中首次试运行联合网络考试系统。

俄罗斯在莫斯科举办首届欧洲教师创新论坛。

俄罗斯规定除国家规定的必考科目之外，民族语和民族文学考试也将纳入国家统一考试之列。

俄罗斯联邦政府成立专门的国家统一考试委员会。

英国政府发布《创新的力量》，指出英国总的研发投入强度仍然低于很多发达国家，要加强高等教育。

英国集中各领域专家与学者组成课程改革小组，着手修订课程大纲。

美国联邦教育部宣布，微软公司将接手教师招募运动。

美国总统奥巴马计划大幅增加对"佩尔助学金"的拨款，以资助那些需要帮助的大学生，同时为中小学教育改革提供资助。

澳大利亚联邦学校教育部长加勒特发布了澳大利亚学龄学生关怀框架《我的时间，我们的地点》。

澳大利亚联邦政府高等教育、技能、工作与工作场所关系部部长埃文斯宣布设立"学徒大使计划"，旨在给予更多青年人作为学徒参加实习的机会。

2012 年

联合国儿童基金会发布《2012 年世界儿童状况报告：城市化进程中的儿童》。

世界银行批准《支持教育部门二期项目》，通过提供"特别投资贷款"的方式，帮助尼加拉瓜发展初等教育。

经济合作与发展组织发布题为《强壮的起点Ⅲ——幼儿教育与养护质量工具箱》的报告，关注幼儿教育质量问题。

经济合作与发展组织发布题为《为 21 世纪培育教师并提升学校领导力：来自世界的经验》的报告。

日本东京推出高中改革十年计划。

日本大阪市宣布从 2014 年起废除高中学区制。

欧盟委员会发布题为《2012 年欧洲重要教育数据》的报告。

俄罗斯莫斯科市教育局出台新法令允许学生择校。

俄罗斯新西伯利亚州斥资 10 亿卢布提供幼儿园学额。

俄罗斯成立社会人文教育发展委员会。

法国公布法国学校语言教学的新政策《掌握语言——了解世界》，同时发布英语学习的新工具——"自学英语"平台。

美国卓越教育联盟发布题为《数字化学习的必要性：科技和教学如何面对当今教育的挑战》的报告。

美国总统奥巴马在国情咨文中将教育作为构建美国蓝图的四个核心要素之一。

美国加州州长计划取消"过渡性幼儿园"，引发各界抗议。

美国 10 个州获取学校改革不受《不让一个孩子掉队法》束缚的绿灯通行证。

澳大利亚联邦政府开始实施"授权地方学校计划"。

外国人名译名对照表

说　明

一、本对照表收录本书条目释文中涉及的主要外国人名。

二、本对照表包括中文外文对照和外文中文对照两张表。中文外文对照表按中文译名的汉语拼音字母顺序排列；外文中文对照表中的人名按拉丁字母和俄文字母分列两部分，均按外文字母顺序排列。

三、本对照表分三栏。中文外文对照表的第一、第二栏分别为中文译名和外文名，外文中文对照表的第一、第二栏分别为外文名和中文译名。第三栏均为人物的生卒年。

四、外文名一般以人名的姓列前，名列后，以逗号相隔。

五、中文译名一般只列姓的部分。有姓氏译名相同者，再列出名的外文缩写以示区别，姓列前，名列后，以逗号相隔。中国人习惯对其姓与名并称的，本对照表列出中文译名全称。在中文外文对照表中列为"亚当·斯密，Adam Smith"；在外文中文对照表中一般既设与中文译名对应的"名·姓"形式，又设"姓，名"形式，如"亚当·斯密"，既设"Adam Smith"，亦设"Smith，Adam"。

六、生卒年一栏中的"/"表示有两说。

七、本书条目释文中涉及的人物较多，编者已尽可能作多方查考，但由于掌握资料有限，本对照表中部分人物的名、生卒年等信息暂阙如。

·············· 中文外文对照 ··············

A

阿伯拉尔	Abélard, Pierre	1079—1142
阿博特	Abbott, Max Gardner	
阿卜杜·拉赫曼三世	Abd al-Rahman Ⅲ	891—961
阿彻	Archer, Margaret	1943—
阿德尔曼	Adelman, Irma Glicman	1930—
阿德拉德	Adelard of Bath	1080—1152
阿德勒，A.	Adler, Alfred	1870—1937
阿德勒，M. J.	Adler, Mortimer Jerome	1902—2001
阿德勒，P. S.	Adler, Paul S.	
阿多尔诺	Adorno, Theodor Wiesengrund	1903—1969

阿恩海姆	Arnheim, Rudolf	1904—2007
阿恩特	Arndt, Ernst Moritz	1769—1860
阿尔巴-拉姆莱兹	Alba-Ramírez, Alfonso	
阿尔贝蒂	Alberti, Leon Battista	1404—1472
阿尔杜塞	Althusser, Louis Pierre	1918—1990
阿尔弗雷德	Alfred the Great	849—901
阿尔吉纳	Algina, James	
阿尔蒙德	Almond, Russell G.	
阿尔琴	Alcuin of York	730/740—804
阿尔特巴赫	Altbach, Philip G.	1941—
阿尔温	Alwin, Duane F.	
阿尔修勒	Alschuler, Rose Haas	1887—1979
阿方索九世	Alfonso Ⅸ	1171—1230

阿基劳斯	Archelaus	前 5 世纪
阿基米德	Archimedes	约前 287—前 212
阿吉里斯	Argyris, Chris	1923—
阿卡狄乌斯	Arcadius	377/378—408
阿克	Acker, Sandra	
阿克罗波利特斯	Acropolites, George	1217—1282
阿肯巴赫	Achenbach, Thomas M.	
阿夸维瓦	Acquaviva, Claudio	1543—1615
阿莱格尔	Allègre, Claude	1937—
阿兰	Alain	1868—1951
阿里斯托芬	Aristophanes	约前 446—前 388
阿里耶斯	Ariès, Philippe	1914—1984
阿林	Alleine, Joseph	1634—1668
阿龙	Aaron, Henry J.	
阿鲁瓦利亚	Ahluwalia, Montek Singh	1943—
阿伦特	Arendt, Johanna Hannah	1906—1975
阿罗	Arrow, Kenneth Joseph	1921—
阿罗诺维茨	Aronowitz, Stanley	1933—
阿马比尔	Amabile, Teresa M.	
阿马布克	al-Mabuk, Radhi H.	
阿马蒂亚·森	Amartya Sen	1933—
阿曼	Amman, Johann Konrad	1669—1724
阿蒙霍特普四世	Amenhotep IV	? —前 1362
阿姆斯	Ames, Carole	
阿姆斯特朗	Armstrong, Steven J.	1954—2012
阿那克西曼德	Anaximander	约前 610—前 546
阿纳斯塔西	Anastasi, Anne	1908—2001
阿内特	Arnett, Jeffrey Jensen	
阿诺德, M.	Arnold, Matthew	1822—1888
阿诺德, T.	Arnold, Thomas	1795—1842
阿诺尔德	Arnold, Rolf	
阿诺尔特	Arnoldt, Daniel Heinrich	1706—1775
阿诺夫	Arnove, Robert F.	
阿普尔	Apple, Michael W.	1942—
阿普里洛夫	Априлов, Васил Евстатиев	1789—1847
阿普斯	Apps, Jerold W.	
阿萨纳戈拉斯	Athenagoras	133—190
阿瑟	Arthur, John	
阿施	Asch, Solomon Eliot	1907—1996
阿什比	Ashby, Eric	1904—1992
阿斯蒂埃	Astier, Placide	1856—1918

阿斯克尔-威廉斯	Askell-Williams, Helen	
阿斯莫	Asmal, Kader	1934—2011
阿索尔	Assor, Avi	
阿塔纳修斯	Athanasius of Alexandria	约 295—373
阿特金森, J. W.	Atkinson, John William	1923—2003
阿特金森, R. C.	Atkinson, Richard Chatham	1929—2012
阿韦森	Arvesen, Olaus	1830—1917
阿西莫格鲁	Acemoğlu, Kamer Daron	1967—
阿谢姆	Ascham, Roger	1515—1568
阿耶	Ahier, John	
阿于伊	Haüy, Valentin	1745—1822
阿育王	Aśoka	前 304—前 238/前 232
埃贝尔	Ebel, Robert L.	1910—1982
埃博克	Eboch, Sidney C.	
埃布尔森	Abelson, Robert Paul	1928—2005
埃德蒙·J. 金	Edmund James King	1914—2002
埃德蒙兹	Edmonds, Ronald	1935—1983
埃德森	Edson, C. H.	
埃尔-布什拉	El-Bushra, Judy	
埃尔芬斯通	Elphinstone, Mountstuart	1779—1859
埃尔金德	Elkind, David	1931—
埃尔曼	Eyermann, Therese S.	
埃尔莫尔	Elmore, Richard F.	
埃尔斯沃思	Ellsworth, Elizabeth	
埃夫里尔	Averill, Lawrence Augustus	
埃弗哈特	Everhart, Robert B.	
埃弗斯	Evers, Colin William	
埃格尔斯顿	Eggleston, John	1926—2001
埃金	Ekine, B. D.	
埃克斯坦	Eckstein, Max A.	
埃里克森	Erikson, Erik	1902—1994
埃利	Ely, Richard Theodore	1854—1943
埃利奥特, C. W.	Eliot, Charles William	1834—1926
埃利奥特, J.	Elliott, John	
埃利奥特, T.	Elyot, Thomas	1490—1546
埃利斯, A.	Ellis, Albert	1913—2007
埃利斯, R. J.	Ellis, Richard J.	
埃伦岑	Ahrentzen, Sherry Boland	
埃曼	Ehman, Lee H.	
埃齐奥尼	Etzioni, Amitai	1929—
埃若伯什巴尼	Arabsheibani, Reza Gholamreza	

埃斯蒂斯	Estes, William Kaye	1919—2011
埃斯塔布莱	Establet, Roger	1938—
埃斯特科夫斯基	Estkowski, Ewaryst	1820—1856
埃文斯, H. C.	Evans, Hon Chris	
埃文斯, M. G.	Evans, Martin G.	
艾碧	Abbey, Beverly	
艾宾浩斯	Ebbinghaus, Hermann	1850—1909
艾伯特	Eberth, E.	
艾德	Eder, Rebecca A.	
艾尔斯, A. J.	Ayres, Anna Jean	1920—1989
艾尔斯, L. P.	Ayres, Leonard Porter	1879—1946
艾加德	Agard, W.	
艾金	Aikin, Wilford Merton	1882—1965
艾克霍夫	Eijkelhof, Harrie M. C.	
艾肯	Aiken, Mike	
艾肯海德	Aikenhead, G. S.	
艾莉	Allee, Verna	1949—
艾利康宁	Эльконин, Даниил Борисович	1904—1984
艾略特	Eliot, Thomas Stearns	1888—1965
艾儒略	Alenio, Giulio	1582—1649
艾萨克斯	Isaacs, Susan Sutherland	1885—1948
艾森伯格	Eisenberg, Nancy	
艾森哈特	Eisenhart, Luther Pfahler	1876—1965
艾森豪威尔	Eisenhower, Dwight David	1890—1969
艾森克	Eysenck, Hans Jürgen	1916—1997
艾森施塔特	Eisenstadt, Mark	
艾斯纳	Eisner, Elliot E.	
艾特金	Aitkin, Murray A.	
艾雪黎	Assley, B. J.	
艾耶尔	Ayer, Alfred Jules	1910—1989
艾约瑟	Edkins, Joseph	1823—1905
爱德华二世	Edward II	1284—1327
爱德华七世	Edward VII	1841—1910
爱德华三世	Edward III	1312—1377
爱德华一世	Edward I	1239—1307
爱德华兹, A. L.	Edwards, Allen L.	1914—1994
爱德华兹, G. C.	Edwards, George C.	
爱德华兹, R. C.	Edwards, Richard C.	
爱尔德赛	Aldersey, Mary Ann	1797—1868
爱尔维修	Helvétius, Claude Adrien	1715—1771
爱留根纳	Eriugena, Johannes Scotus	815—877

爱伦·凯	Ellen Key	1849—1926
爱默生	Emerson, Ralph Waldo	1803—1882
爱泼斯坦	Epstein, Erwin H.	
爱因斯坦	Einstein, Albert	1879—1955
安布罗斯	Ambrose	约339—397
安德里亚	Andreae, Johannes Valentinus	1586—1654
安德鲁斯	Andrews, John	
安德森, C. A.	Anderson, Charles Arnold	1907—1990
安德森, G. L.	Anderson, Gary L.	
安德森, J. C.	Anderson, James C.	
安德森, J. E.	Anderson, James E.	
安德森, J. R.	Anderson, John Robert	1947—
安德森, L. W.	Anderson, Lorin W.	
安德森, M.	Anderson, Marian	1897—1993
安德森, R. H.	Anderson, Robert H.	1939—
安德伍德	Underwood, Bill	
安东尼	Antony of Egypt, Saint	约251—356
安东尼, M.	Antony, Mark	前82—前30
安敦尼努斯·庇乌斯	Antoninus Pius	86—161
安戈夫	Angoff, William Herbert	1919—1993
安娜里诺	Annarino	
安妮·罗	Anne Roe	1904—1991
安萨里	Ghazali, al-	1058—1111
安塞伦	Anselmus	1033—1109
安斯沃思	Ainsworth, Mary Dinsmore Salter	1913—1999
安提丰	Antiphon	约前480—前411
安条克四世	Antiochus IV	前215—前164
安涌	Anyon, Jean	
奥巴马	Obama, Barack Hussein	1961—
奥贝兰	Oberlin, Jean-Frédéric	1740—1826
奥博多夫斯基	Ободовский, Александр Григорьевич	1796—1852
奥登	Odden, Allan R.	
奥多耶夫斯基	Одоевский, Владимир Федорович	1804—1869
奥恩斯坦	Ornstein, Allan C.	
奥尔波特, F. H.	Allport, Floyd Henry	1890—1971
奥尔波特, G. W.	Allport, Gordon Willard	1897—1967
奥尔德弗	Alderfer, Clayton Paul	1940—

奥尔德曼	Alderman, Harold	1948—
奥尔夫	Orff, Carl	1895—1982
奥尔森, J. P.	Olsen, John P.	1939—
奥尔森, M. L.	Olson, Mancur Lloyd	1932—1998
奥弗林	Overing, Robert L.	
奥古斯丁	Augustine of Hippo	354—430
奥凯	Aoki, Ted T.	
奥凯斯	Oakes, Jeannie	
奥康纳	O'Connor, Daniel John	1914—2012
奥朗多弗	Ollendorff, Heinrich Gottfried	1803—1865
奥利金	Origen	185/186—254/255
奥利瓦	Oliva, Peter F.	
奥罗修斯	Orosius, Paulus	375—约418
奥萨利文	O'Sullivan, Julia T.	
奥斯本	Osborn, Alex Faickney	1888—1966
奥斯古德	Osgood, Charles Egerton	1916—1991
奥斯特罗戈尔斯基	Острогорский, Алексей Николаевич	1840—1917
奥斯特罗姆	Ostrom, Elinor	1933—2012
奥斯汀, G. A.	Austin, George A.	
奥斯汀, J. L.	Austin, John Langshaw	1911—1960
奥苏伯尔	Ausubel, David Paul	1918—2008
奥托	Otto	1815—1867
奥托, H. A.	Otto, H. A.	
奥维尤斯	Olweus, Dan	

B

巴班斯基	Бабанский, Юрий Константинович	1927—1987
巴得什	Bardach, Eugene	
巴德	Bader, Reinhard	
巴德利, A. D.	Baddeley, Alan David	1934—
巴德利, J. H.	Badley, John Haden	1865—1967
巴杜里	Bhaduri, Amit	
巴顿, J. R.	Patton, James R.	
巴顿, L.	Barton, Len	
巴恩-科恩	Baron-Cohen, Simon	1958—
巴恩斯	Barnes, E.	
巴尔	Barr, Robert	
巴尔特斯	Baltes, Paul B.	1939—2006
巴尔希雅	bar Hiyya, Abraham	约1065—约1136
巴甫洛夫	Павлов, Иван Петрович	1849—1936
巴格莱	Bagley, William Chandler	1874—1946

巴格曼	Bargmann, Rolf Edwin	1921—
巴赫金	Бахтин, Михаил Михайлович	1895—1975
巴克曼	Bachman, L. F.	
巴克纳	Buchner, A.	
巴克斯顿	Buxton, W.	
巴拉萨尔沙士	Paracelsus	1493—1541
巴兰坦	Ballantine, Jeanne H.	
巴勒克拉夫	Barrachlogh, Geoffrey	1908—1984
巴里奥斯	Barrios, Justo Rufino	1835—1885
巴里特	Barritt, L.	
巴利巴	Balibar, R.	
巴伦	Barron, F.	
巴纳德, C. I.	Barnard, Chester Irving	1886—1961
巴纳德, H.	Barnard, Henry	1811—1900
巴纳特	Barat, C.	
巴尼特	Barnett, Richard R.	
巴斯	Bass, Bernard M.	1925—2007
巴斯卡姆	Bascom, John	1827—1911
巴特	Bart, C.	
巴特勒, J. D.	Butler, J. D.	
巴特勒, R. A.	Butler, Richard Austen	1902—1982
巴特利特, F. C.	Bartlett, Frederic Charles	1886—1969
巴特利特, M. S.	Bartlett, Maurice Stevenson	1910—2002
巴泽多	Basedow, Johann Bernhard	1724—1790
班杜拉	Bandura, Albert	1925—
班克罗夫特	Bancroft, George	1800—1891
班克斯	Banks, James Albert	
班托科	Bantock, Geoffrey Herman	
邦迪	Bondy, A. S.	
包桑葵	Bosanquet, Bernard	1848—1923
保尔森	Паульсон, Иосиф Иванович	1825—1898
保罗	Paul	约10—62/67
鲍德里奇	Baldridge, J. Victor	
鲍恩, H. R.	Bowen, Howard Rothmann	1908—1989
鲍恩, J.	Bowen, James	
鲍尔, G. H.	Bower, Gordon Howard	1932—
鲍尔, S. J.	Ball, Stephen J.	
鲍尔比	Bowlby, Edward John Mostyn	1907—1990
鲍尔生	Paulsen, Friedrich	1846—1908
鲍尔斯	Bowles, Samuel	1939—
鲍尔斯菲尔德	Bauersfeld, Heinrich Karl	
鲍格尔夫	Baugulf	

鲍曼,M. J.	Bowman, Mary Jean	1908—2002
鲍曼,S. E.	Bowman, Sylvia E.	1914—1989
鲍曼,Z.	Bauman, Zygmunt	1925—
鲍姆加特纳	Baumgartner, Frank R.	
鲍姆琳德	Baumrind, Diana Blumberg	1927—
鲍斯菲尔德	Bousfield, W. A.	
贝茨,E.	Bates, Elizabeth	1947—2003
贝茨,R. J.	Bates, Richard J.	1941—
贝茨,T.	Bates, Tony	
贝多芬	Beethoven, Ludwig van	1770—1827
贝恩	Benne, Kenneth Dean	1908—1992
贝尔,A.	Bell, Andrew	1753—1832
贝尔,A. G.	Bell, Alexander Graham	1847—1922
贝尔,B. D.	Bell, B. D.	
贝尔,D.	Bell, Daniel	1919—2011
贝尔,H.	Berr, Henri	1863—1954
贝尔德	Baird, John Logie	1888—1946
贝尔敦	Berthoin, Jean	1895—1979
贝尔蒙特	Belmont, John M.	
贝尔纳	Bernal, John Desmond	1901—1971
贝尔思	Belth, M.	
贝尔斯	Bales, Robert Freed	
贝格尔,E. G.	Begle, Edward Griffith	1914—1978
贝格尔,P. L.	Berger, Peter Ludwig	1929—
贝格拉	Berglar, Peter	1919—1989
贝克,A. T.	Beck, Aaron Temkin	1921—
贝克,H. J.	Baker, Harry J.	1889—1981
贝克,K. W.	Baker, Kenneth Wilfred	1934—
贝克,U.	Beck, Ulrich	1944—
贝克,W. C.	Becker, Wesley C.	
贝克尔	Becker, Gary Stanley	1930—
贝克莱	Berkeley, George	1685—1753
贝勒斯	Bellers, John	1654—1725
贝雷迪	Bereday, George Z. F.	1920—1983
贝雷特	Bereiter, Carl	
贝磊	Bray, Mark	
贝里,D. C.	Berry, D. C.	
贝里,F. S.	Berry, Frances Stokes	
贝里,W. D.	Berry, William D.	
贝利,J.	Perry, John	1850—1920
贝利,N.	Bayley, Nancy	1899—1994
贝利,R. W.	Bailey, Robert W.	
贝利兹	Berlitz, Maximilian Delphinius	1852—1921
贝林	Bailyn, Bernard	1922—
贝罗	Berlo, David Kenneth	1929—

贝洛	Bello, Andrés	1781—1865
贝姆	Bem, Sandra Ruth Lipsitz	1944—
贝涅克	Beneke, Friedrich Eduard	1798—1854
贝努里	Bernoulli, Jacob	1654—1705
贝斯多	Basedow, Morbus	
贝斯特	Bestor, Arthur Eugene, Jr.	1908—1994
贝休恩	Bethune, John Elliot Drinkwater	1801—1851
贝叶斯	Bayes, Thomas	1701—1761
本内特,G. K.	Bennett, George K.	
本内特,W. J.	Bennett, William John	1943—
本尼狄克	Benedict of Nursia	480—547
本尼迪克特	Benedict, Ruth Fulton	1887—1948
本森,C. S.	Benson, Charles Scott	1922—1994
本森,D. F.	Benson, David Frank	1928—1996
本特勒	Bentler, Peter M.	
本·耶胡达	Ben-Yehuda, Eliezer	1858—1922
比伯曼	Beberman, Max	1925—
比彻姆	Beauchamp, George A.	
比代	Budé, Guillaume	1467—1540
比德	Bede	约673—735
比德韦尔	Bidwell, Charles E.	
比尔	Bill, R.	
比尔斯	Beers, Clifford Whittingham	1876—1943
比格勒	Bigler, Erin D.	
比洛	Bülow, Bertha von Marenholtz-	1810—1893
比纳	Binet, Alfred	1857—1911
彼得	Peter, Deacon of Pisa	
彼得森,M. W.	Peterson, Marvin W.	
彼得森,P. E.	Peterson, Paul E.	
彼得斯,B. G.	Peters, B. Guy	
彼得斯,O.	Peters, Otto	1926—
彼得斯,R. S.	Peters, Richard Stanley	1919—2011
彼得一世	Пётр I	1672—1725
彼尔斯	Peers, Robert	1888—1972
彼特拉克	Petrarca, Francesco	1304—1374
毕达哥拉斯	Pythagoras	约前570—约前495
毕利干	Billequin, Anatole Adrien	1837—1894
毕斯利	Beasley	
庇古	Pigou, Arthur Cecil	1877—1959
庇隆	Perón, Juan Domingo	1895—1974
边沁,G.	Bentham, George	1800—1884
边沁,J.	Bentham, Jeremy	1748—1832
彪勒	Bühler, Charlotte Bertha	1893—1974

别茨科伊	Бецкой, Иван Иванович	1704—1795
别林斯基	Белинский, Виссарион Григорьевич	1811—1848
宾尼	Burney, Edmund	
波波夫	Попов, Александр Степанович	1859—1906
波茨	Portes, Alejandro	
波尔	Pole, Thomas	1753—1829
波伏娃	Beauvoir, Simone de	1908—1986
波吉鄂	Poggio Bracciolini, Gian Francesco	1380—1459
波将金	Потёмкин, Владимир Петрович	1874—1946
波克罗夫斯基	Покровский, Михаил Николаевич	1868—1931
波兰尼	Polanyi, Michael	1891—1976
波利斯	Borys, Bryan	
波利亚	Pólya, George	1887—1985
波林	Boring, Edwin Garrigues	1886—1968
波琳	Bolin, F.	
波卢斯	Polus	前 5 世纪
波伦	Bollen, Kenneth A.	
波洛茨基	Полоцкий, Симеон	1629—1680
波曼	Berman, Paul	
波帕姆	Popham, W. James	
波普, J. A.	Popp, Jerome A.	
波普, W.	Popp, W.	
波普尔	Popper, Karl Raimund	1902—1994
波普诺	Popenoe, David	1932—
波萨瓦茨	Posavac, Emil J.	1939—
波斯纳, G. J.	Posner, George J.	
波斯纳, M. I.	Posner, Michael I.	1936—
波斯特	Post, T. A.	
波斯特勒斯威特	Postlethwait, Samuel N.	1918—
波特, L. W.	Porter, Lyman W.	
波特, N.	Porter, Noah	1811—1900
波维尔	Powell, O. H.	
波伊尔	Boyer, Ernest Leroy	1928—1995
波伊修斯	Boethius	480—524/525
玻尔	Bohr, Niels Henrik David	1885—1962
玻意耳	Boyle, Robert	1627—1691
伯布斯	Burbules, Nicholas C.	
伯达尔	Berdahl, Robert	
伯恩, E.	Berne, Eric	1910—1970
伯恩, R.	Berne, Robert	
伯恩鲍姆, A.	Birnbaum, Alan	1923—1976

伯恩鲍姆, M.	Birnbaum, Max	
伯恩斯, E. M.	Burns, Edward McNall	1897—1972
伯恩斯, J. M.	Burns, James MacGregor	1918—
伯恩斯, J. P.	Byrnes, James P.	
伯恩斯, R. W.	Burns, R. W.	
伯恩斯坦, B.	Bernstein, Basil	1924—2000
伯恩斯坦, P.	Bernstein, P.	
伯恩斯坦, R. J.	Bernstein, Richard J.	1932—
伯尔曼	Berman, Harold J.	1918—2007
伯格森	Bergson, Abram	1914—2003
伯根	Bergen, Doris	
伯杰	Berger, M. I.	
伯科威茨	Berkowitz, Leonard	1926—
伯克, F. L.	Burk, Frederic L.	1862—1924
伯克, L. E.	Berk, Laura E.	
伯莱布鲁克	Braybrooke, David	
伯里克利	Pericles	前 490—前 429
伯奇	Birge, Edward Asahel	1851—1950
伯特	Burt, Cyril Lodowic	1883—1971
伯特威尼克	Botwinick, Jack	1923—2006
泊松	Poisson, Siméon Denis	1781—1840
柏格森	Bergson, Henri-Louis	1859—1941
柏基洛	Pöggeler, Franz	1926—2009
柏拉图	Plato	前 427—前 347
柏林纳	Berliner, David C.	
博比特	Bobbit, John Franklin	1876—1956
博德	Bode, Boyd H.	1873—1953
博德洛	Baudelot, Christian	1938—
博德特	Bodet, Jaime Torres	1902—1974
博尔诺夫	Bollnow, Otto Friedrich	1903—1991
博尔斯特德	Bolstad, Cheryl A.	
博尔特伍德	Boultwood, Myrtle E. A.	
博加德斯	Bogardus, Emory Stephen	1882—1973
博克, D. C.	Bok, Derek Curtis	1930—
博克, R. D.	Bock, R. Darrell	
博克斯	Box, George Edward Pelham	1919—
博姆	Bohm, David Joseph	1917—1992
博内特, D. G.	Bonett, Douglas G.	
博内特, J. P.	Bonet, Juan Pablo	1573—1633
博思	Borth	
博斯	Bose, Raj Chandra	1901—1987
博斯克	Bosker	
博特	Baath, John A.	
博特金	Botkin, James W.	
博特里	Bottery, M.	
博伊德	Boyd, William	1874—1962

博伊斯	Boece, Hector	约1465—约 1536
薄伽丘	Boccaccio, Giovanni	1313—1375
卜钦翰-楚	Buckingham-Shum, Simon	
布贝尔	Buber, Martin	1878—1965
布丹	Bodin, Jean	1530—1596
布迪厄	Bourdieu, Pierre	1930—2002
布东	Boudon, Raymond	1934—
布恩	Boone, Richard Gause	1849—1923
布尔	Boole, George	1815—1864
布根哈根	Bugenhagen, Johannes	1485—1558
布坎南	Buchanan, James McGill	1919—2013
布拉德	Berard, G.	
布拉霍夫斯基	Błachowski, Stefan	1889—1962
布拉克特	Brackett, Anna Callender	1836—1911
布拉梅尔德	Brameld, Theodore	1904—1987
布拉什	Brache, A. P.	
布拉耶	Braille, Louis	1809—1852
布莱尔, J.	Blair, James	1656—1743
布莱尔, T.	Blair, Tony	1953—
布莱克	Blake, Robert R.	1918—2004
布莱克莱吉	Blackledge, David A.	
布莱米德	Blemmydes, Nicephorus	1197—约1269
布莱特纳	Breitner	
布赖特	Bright, John	1811—1889
布兰查德	Blanchard	
布兰斯福德	Bransford, John D.	
布朗, A. L.	Brown, Ann Leslie	1943—1999
布朗, F. G.	Brown, Frederick Gramm	
布朗, J. S.	Brown, J. Stanley	
布朗, J. S.	Brown, John Seely	
布朗, J. W.	Brown, James Wilson	
布朗, K. B.	Brown, Karen B.	
布朗, L.	Brown, Les	1914—
布朗, P. K.	Brown, P. K.	
布朗, R. W.	Brown, Roger William	1925—1997
布朗, S.	Brown, Sarah	
布朗, S. R.	Brown, Samuel Robbins	1810—1880
布朗, W.	Brown, William	1881—1952
布朗芬布伦纳	Bronfenbrenner, Urie	1917—2005
布朗宁	Browning, Oscar	1837—1923
布劳·	Blau, Peter Michael	1918—2002
布劳迪	Broudy, Harry Samuel	1905—1998
布劳格	Blaug, Mark	1927—2011
布勒默	Bullemer, Peter	
布雷德福	Bradford, Leland P.	1905—1981

布雷夫曼	Braverman	
布里格斯, K. C.	Briggs, Katharine Cook	1875—1968
布里格斯, L. J.	Briggs, Leslie J.	
布里汉姆	Brigham, M. C.	
布里奇斯	Bridges, Katharine M. Banham	
布里力特	Bullivant, Brain M.	
布利文	Bliven, Bruce Ormsby	1889—1977
布列钦卡	Brezinka, Wolfgang	1928—
布林, M. P.	Breen, Michael P.	
布林, S.	Brin, Sergey	
布林斯利	Brinsley, John	1587—1665
布龙菲尔德	Bloomfield, L.	
布隆斯基	Блонский, Павел Петрович	1884—1941
布卢姆	Bloom, Benjamin Samuel	1913—1999
布鲁巴克	Brubacher, John Seiler	1898—1988
布鲁厄姆	Brougham, Henry	1778—1868
布鲁恩	Bruun, Christoffer	1839—1920
布鲁尔	Brewer, Garry D.	
布鲁克菲尔德	Brookfield, Stephen D.	
布鲁克沃	Brookover, Wilbur Bone	1911—2003
布鲁默	Blumer, Herbert George	1900—1987
布鲁纳	Bruner, Jerome Seymour	1915—
布鲁尼	Bruni, Leonardo	1370—1444
布鲁斯	Bruess, Brian	
布伦纳	Brunner, Edmund de Schweinitz	1889—1973
布伦南	Brennan, Robert L.	
布伦塔诺	Brentano, Franz Clemens Honoratus Hermann	1838—1917
布罗德本特	Broadbent, Donald Eric	1926—1993
布罗尔	Burrell, Gibson	
布罗菲	Brophy, Jere Edward	1940—2009
布罗格登	Brogden, W. J.	
布罗姆利	Bromley, Dennis Basil	
布洛	Blow, Susan Elizabeth	1843—1916
布洛克, A. L. C.	Bullock, Alan Louis Charles	1914—2004
布洛克, J. H.	Block, Jeanne Humphrey	1923—1981
布什, G. H. W.	Bush, George Herbert Walker	1924—
布什, G. W.	Bush, George Walker	1946—
布什, T.	Bush, Tony	
布泽曼	Busemann, A.	

C

蔡尔兹	Childs, Gayle	

蔡斯,R. S.	Zais,Robert S.	1917—2012
蔡斯,W. G.	Chase,William Gary	1940—1983
查德威克	Chadwick,James	1891—1974
查尔斯	Charles,Carol M.	
查理·马特	Charles Martel	688—741
查理(秃头)	Charles Ⅱ le Chauve	823—877
查理二世	Charles Ⅱ	1630—1685
查理曼	Charlemagne	约742—814
查理十世	Charles Ⅹ	1757—1836
查普曼	Chapman,William P.	
查士丁尼一世	Justinian Ⅰ	483—565
查斯丁	Justin Martyr	100—165
车尔尼雪夫斯基	Чернышевский,Николай Гаврилович	1828—1889
车里霍尔姆斯	Cherryholmes,Cleo H.	
陈千科	Зинченко,Пётр Иванович	1903—1969
楚普洛夫	Чупров,Александр Александрович	1874—1926
慈温利	Zwingli,Ulrich	1484—1531

D

达布林	Dublin,Louis Israel	1882—1969
达顿	Dutton,Samuel Trail	
达尔科	Darcos,Xavier	1947—
达尔文	Darwin,Charles Robert	1809—1882
达·芬奇	da Vinci,Leonardo	1452—1519
达赫蒂	Doherty,Henry	1870—1939
达肯沃尔德	Darkenwald,Gordon G.	
达兰贝尔	d'Alembert,Jean-Baptiste le Rond	1717—1783
达伦巴赫	Dallenbach,Karl M.	1887—1971
达伦多夫	Dahrendorf,Ralf G.	1929—2009
达玛宁	Damarin,S. K.	
达尼洛夫	Данилов,Михаил Александрович	1889—1973
达韦吉亚	Daveggia,T. C.	
大流士一世	Darius Ⅰ	前550—前486
戴尔	Dale,Edgar	1900—1985
戴高乐	de Gaulle,Charles André Joseph Marie	1890—1970
戴蒙	Damon,William	
戴斯	Das,Jagannath Prasad	1931—
戴维	Dave,Ravindra H.	1929—
戴维斯,A.	Davis,Andrew	

戴维斯,D.	Davis,Kingsley	
戴维斯,K. E.	Davis,Keith E.	
戴辛格	Dessinger,Joan C.	
戴伊	Dye,Thomas R.	
丹尼尔	Daniel,John S.	
丹尼尔斯	Daniels,LeRoi B.	
丹尼佛	Denifle,Heinrich	
丹尼森	Denison,Edward Fulton	1915—1992
丹特里	Dantley,Michael E.	
但丁	Dante Alighieri	1265—1321
道	Dow,Earle Wilbur	1868—1946
道尔顿	Dolton,Peter	
道格拉斯	Douglas,Paul Howard	1892—1976
道奇	Dodge,Kenneth A.	
道森	Dawson,Richard E.	
德尔图良	Tertullian	约160—225/230
德弗勒尔	DeFleur,Melvin L.	
德弗里斯	DeVries,Hugo	1848—1935
德格鲁特,A. D.	DeGroot,Adrianus Dingeman	1914—2006
德格鲁特,E. V.	DeGroot,Elisabeth V.	
德贡	Decomps,Bernard	
德怀特,H. E.	Dwight,Henry Edwin	1797—1832
德怀特,T.	Dwight,Timothy	1752—1817
德加谟	DeGarmo,Charles	1849—1934
德科克	DeCock,Christian	
德科特	DeCorte,Erik	
德克罗利	Decroly,Jean-Ovide	1871—1932
德拉蒙特	Delamont,S.	
德拉沃斯	Della Vos,Victor	
德里本	Dreeben,Robert	
德里达	Derrida,Jacques	1930—2004
德里斯科尔	Driscoll,Marcy P.	
德鲁克	Drucker,Peter Ferdinand	1909—2005
德罗比施	Drobisch,Moritz Wilhelm	1802—1896
德罗尔	Dror,Yehezhel	
德洛	Thélot,Claude	
德洛尔	Delors,Jacques Lucien Jean	1925—
德米阿什克维奇	Demiashkevich,Michael John	1891—1938
德米亚	Demia	
德谟克利特	Democritus	前460—前370
德·摩根	De Morgan,Augustus	1806—1871

德莫林	Demolins, Edmond	1852—1907
德姆波	Dembo, Myron H.	
德姆塞茨	Demsetz, Harold	1930—
德诺	Deno, E.	
德佩雷提	de Peretti, André	1916—
德瓦盖	Devaquet	
德韦克	Dweck, Carol S.	1946—
德维格楠	Duignan	
德维特	DeWit, A. M.	
德沃金	Dworkin, Ronald Myles	1931—2013
德西	Deci, Edward L.	
邓恩,J.	Dunn, Judy	
邓恩,W. N.	Dunn, William N.	
邓克尔,H. B.	Dunkel, Harold Baker	1912—
邓克尔,K.	Duncker, Karl	1903—1940
邓肯,D. B.	Duncan, David B.	
邓肯,G. J.	Duncan, Greg J.	
邓肯,O. D.	Duncan, Otis Dudley	1921—2004
邓肯姆	Duncum, Paul	
邓斯特	Dunster, Henry	1640—1723
邓玉函	Terrenz, Jean	1576—1630
狄奥东尼	Dieudonné	1966—
狄奥多尔夫	Theodulf, Bishop of Orléans	760—821
狄奥多西一世	Theodosius Ⅰ	347—395
狄德罗	Diderot, Denis	1713—1784
狄尔泰	Dilthey, Wilhelm	1833—1911
狄考文	Calvin Wilson Mateer	1836—1908
迪奥斯科里德斯	Dioscorides, Pedanius	40—90
迪贝洛	DiBello, L. V.	
迪尔博恩	Dearborn, W. F.	
迪尔登	Dearden, R. F.	
迪金斯	Diggins, J. P.	
迪克	Dick, Walter	
迪斯	Deese, J.	
迪维尔热	Duverger, M.	
笛卡儿	Descartes, René	1596—1650
笛福	Defoe, Daniel	1660—1731
第尔塞	d'Irsay, Stephen	1894—1934
第斯多惠	Diesterweg, Friedrich Adolf Wilhelm	1790—1866
蒂伯莱克	Timberlake, William	
蒂尔顿	Tilton, J. W.	
蒂尔尼	Tierney, Michael	1894—1975
蒂克纳	Ticknor, George	1791—1871
蒂拉克	Tilak, Jandhyala B. G.	

丁韪良	Martin, William Alexander Parsons	1827—1916
杜邦	Du Pont, Pierre Samuel de Nemours	1739—1817
杜宾	Dubin, R.	
杜勃罗留波夫	Добролюбов, Николай Александрович	1836—1861
杜德克	Dudek, S. Z.	
杜尔哥	Turgot, Anne-Robert-Jacques	1727—1781
杜甘	Dogan, Mattei	
杜里	Dury, John	1596—1680
杜里-柏拉	Dubar-Bellat, M.	
杜鲁门	Truman, Harry S.	1884—1972
杜普伊	Dupuit, Jules	1804—1866
杜特	Dufty, David	
杜威	Dewey, John	1859—1952
多伯拉尔	Dobbelaere, Karel	1933—
多德森	Dodson, John Dillingham	
多恩布什	Dornbusch, Sanford M.	
多尔,R. P.	Dore, Ronald Philip	1925—
多尔,W. E.	Doll, William E.	
多拉德	Dollard, John	1900—1980
多兰斯	Dorans, Neil J.	
多林格	Doeringer, Peter B.	
多马	Domar, Evsey David	
多米尼克	Dominick, Joseph	
多伊尔,D. P.	Doyle, Denis P.	
多伊尔,W.	Doyle, Walter	
多兹	Doddls, E. R.	

E

额伯连	Obeln, M. J.	
厄雷克松	Erickson, Donald	
厄姆森	Umson, J. O.	
厄斯金	Erskine, John	1880—1968
厄威克	Urwick, Lyndall Fownes	1891—1983
厄休	Usher, Robin	1944—
恩布雷特逊	Embretson, Susan E.	
恩格尔曼	Engelmann, S.	
恩格斯	Engels, Friedrich	1820—1895
恩赖特	Enright, Robert D.	
恩赛	Ensign, John Eric	1958—
恩斯特一世	Ernst Ⅰ	1601—1675
恩索尔	Ensor, Beatrice	1885—1974

| 恩特威斯尔 | Entwistle, Noel James | |

F

法贝斯	Fabes	
法格林达	Fagerlind, Ingemar	
法拉比	Farabi, al-	872—950
法拉第	Faraday, Michael	1791—1867
法兰	Farran, D. C.	
法雷尔, E.	Farrell, Elizabeth	1870—1932
法雷尔, J.	Farrell, Joseph	
法约尔	Fayol, Henry	1841—1925
范埃克	Van Ek, Jan Ate	
范伯格	Feinberg, Walter	1937—
范德斯特雷腾	Vanderstraeten, R.	
范迪	Verduin, J. R.	
范迪尼	Fantini, M. D.	
范蒂姆	Van Tiem, Darlene M.	
范佛	Pfeffer, Jeffrey	
范富格特	Van Vught, Frans	1950—
范海斯	Van Hise, Charles Richard	1857—1918
范霍恩	Van Horn, Carl E.	
范麦瑞波尔	Van Merriënboer, Jeroen J. G.	
范梅南	Van Manen, Max	
范斯维腾	Van Swieten, Gerard	1700—1772
范文登	Van Winden, Gerrit	
梵布雷达	Van Breda, Herman Leo	1911—1974
菲茨杰拉德	Fitzgerald	
菲德勒	Fiedler, Fred Edward	1922—
菲根斯	Feagans, L.	
菲利普斯, B. N.	Phillips, Beeman N.	
菲利普斯, J. J.	Phillips, J. J.	
菲舍尔	Fischer, Aloys	1880—1937
腓力二世	Philip Ⅱ	1527—1598
腓力二世	Philip Ⅱ of Macedon	前 382—前 336
斐洛	Philo of Alexandria	约前 20—约后 40
费彻尔	Fischer, G.	
费茨	Fitts, Paul Morris	1912—1965
费德勒	Fidler, Roger	
费恩	Fein, L. J.	
费尔巴哈	Feuerbach, Ludwig Andreas	1804—1872
费尔德曼	Feldman, David Henry	
费尔克拉夫	Fairclough, Norman	
费尔斯通	Firestone, Shulamith	1945—2012
费弗尔	Febvre, Lucien	1878—1956
费里	Ferry, Jules François Camille	1832—1893
费里埃	Ferrière, Adolphe	1879—1960
费林别尔格	Fellenberg, Philipp Emanuel von	1771—1844
费尼克斯	Phenix, P. H.	
费什巴赫	Feshbach, Norma Deitch	1926—
费斯克	Fiske, John	1842—1901
费斯廷格	Festinger, Leon	1919—1989
费希尔	Fisher, Ronald Aylmer	1890—1962
费希纳	Fechner, Gustav Theodor	1801—1887
费希特	Fichte, Johann Gottlieb	1762—1814
费雪	Fisher, Irving	1867—1947
费耶尔阿本德	Feyerabend, Paul Karl	1924—1994
芬恩	Finn, J. D.	
芬克	Fink, Eugen	1905—1975
芬乃隆	Fénelon, François	1651—1715
芬什姆	Fensham, P. J.	
冯·诺依曼	Von Neumann, John	1903—1957
冯特	Wundt, Wilhelm Maximilian	1832—1920
佛朗哥	Franco y Bahamonde, Francisco	1892—1975
佛瑞斯特	Forester, J.	
佛无德	Verwoerd, Hendrick Frensch	1901—1966
弗尔斯特	Foerster, Friedrich Wilhelm	1869—1966
弗吉里奥	Vergerio, Pietro Paolo	1349—1420
弗拉保罗	Frappaolo, Carl	
弗拉德	Flude, Michael	
弗拉纳根	Flanagan, John Clemans	1906—1996
弗拉维尔	Flavell, John H.	1928—
弗莱彻	Fletcher, John M.	
弗莱恩	Flynn	
弗莱克斯纳	Flexner, Abraham	1866—1959
弗莱雷	Freire, Paulo	1921—1997
弗莱希泰姆	Flechtheim, Ossip Kurt	1909—1998
弗兰德斯	Flanders, Ned A.	
弗兰克, A. G.	Frank, Andre Gunder	1929—2005
弗兰克, A. H.	Francke, August Hermann	1663—1727
弗兰克, L. K.	Frank, Lawrence Kelso	1890—1968
弗兰克斯	Franks, Jeffery J.	
弗朗	Furlong, V.	
弗朗迪西	Frondizi, Arturo	1908—1995

弗朗索瓦一世	François Ⅰ	1494—1547
弗劳尔	Flower, L. S.	
弗勒里	Fleury, Claude	1646—1723
弗雷德里克	Frederick, George W.	
弗雷姆	Frame, Cynthia L.	
弗雷泽, B. J.	Fraser, B. J.	
弗雷泽, D. M.	Fraser, D. M.	
弗雷泽, S. C.	Fraser, S. C.	
弗里德里希二世	Friedrich Ⅱ	1712—1786
弗里德里希·威廉二世	Friedrich Wilhelm Ⅱ	1744—1797
弗里德里希·威廉三世	Friedrich Wilhelm Ⅲ	1770—1840
弗里德里希·威廉四世	Friedrich Wilhelm Ⅳ	1795—1861
弗里德里希·威廉一世	Friedrich Wilhelm Ⅰ	1688—1740
弗里德里希一世	Friedrich Ⅰ	1657—1713
弗里德曼, M.	Friedman, Meyer	1910—2001
弗里德曼, M.	Friedman, Milton	1912—2006
弗里克	Frick, Theodore W.	
弗里奇	Frensch, P. A.	
弗里斯	Fries, C. C.	
弗利德纳	Fliedner, Theodor	1800—1864
弗鲁姆	Vroom, Victor H.	1932—
弗伦克尔	Fraenkel, Jack	
弗罗霍克	Frohock, Fred M.	
弗罗姆	Fromm, Erich Seligmann	1900—1980
弗洛尔	Flor, Christian	1792—1875
弗洛伊德	Freud, Sigmund	1856—1939
弗农	Vernon, Philip Ewart	1905—1987
弗沙	Versa, Alonso	
伏尔泰	Voltaire	1694—1778
福伯斯	Faubus, Orval Eugene	1910—1994
福多	Fodor, Jerry Alan	1935—
福恩斯坦	Feuerstein, R.	
福尔惠尔	Folwell, William Watts	1833—1929
福尔库瓦	Fourcroy, Antoine François	1755—1809
福尔图尔	Fortoul, Hippolyte	1811—1856
福开森	Ferguson, John Calvin	1866—1945
福恺尔	Vokelt	
福柯	Foucault, Michel	1926—1984
福勒	Fowler, Frances C.	
福利特	Follett, Mary Parker	

福禄贝尔	Fröbel, Friedrich Wilhelm August	1782—1852
福尼斯	Forness, Steven R.	
福沙伊, A. W.	Foshay, A. W.	
福沙伊, W. R.	Foshay, W. R.	
福斯特, P. J.	Forster, Philip J.	1927—2008
福斯特, W. E.	Forster, William Edward	1818—1886
福斯特, W. P.	Foster, William Patrick	1919—2010
傅兰雅	Fryer, John	1839—1928
傅雷明	Fleming, David Pinkerton	1877—1944
傅立叶	Fourier, François Marie Charles	1772—1837
富布赖特	Fulbright, James William	1905—1995
富尔	Faure, Edgar	1908—1988
富尔先科	Фурсенко, Андрей Александрович	1949—
富兰	Fullan, M.	
富兰克林	Franklin, Benjamin	1706—1790
富勒	Fuller, Bruce	
富尼克斯	Phoenix	
富歇	Fouchet, Christian	1913—

G

盖茨, A. I.	Gates, Arthur Irving	1890—1972
盖茨, B.	Gates, Bill	1955—
盖茨尔斯	Getzels, Jacob Warren	1912—2001
盖伦	Galen	129—200/216
盖奇	Gage, N. L.	
盖维茨	Geiwitz, James	1938—
盖希布	Geheeb, Paul	1870—1961
盖伊	Gay, L. R.	
盖伊斯基	Gayeski, Diane M.	
甘地	Gandhi, Mohandas Karamchand	1869—1948
甘斯贝格	Gansberg, Friedrich	1871—1950
甘特	Gantt, Henry Laurence	
甘为霖	Campbell, William	1841—1921
冈察洛夫	Гончаров, Николай Кириллович	1902—1979
高尔	Gall	
高尔顿	Galton, Francis	1822—1911
高尔基	Горький, Максим	1868—1936
高尔吉亚	Gorgias	约前483—前375
高塞特	Gosset, William Sealy	1876—1937

高斯	Gauss, Johann Carl Friedrich	1777—1855
高一志	Vagnoni, Alfonso	1566—1640
戈德达得	Goddard, R. D.	
戈德曼	Goldman, R. T.	
戈德斯坦	Goldstein, Harvey	1939—
戈德温	Godwin, William	1756—1836
戈登,D.	Gordon, David	
戈登,D. M.	Gordon, David M.	1944—1996
戈登,D. R.	Godden, Duncan R.	
戈登,E. E.	Gordon, Edwin E.	
戈登,M. M.	Gordon, Milton M.	1918—
戈尔	Gore, Albert	
戈尔巴乔夫	Горбачёв, Михаил Сергеевич	1931—
戈尔德施密特	Goldschmidt, Peter	
戈尔丁	Goldin, Kenneth D.	1940—1994
戈尔曼	Goleman, Daniel Jay	1946—
戈夫曼	Goffman, Erving	1922—1982
戈莱	Goulet, Robert	
戈林科夫	Golinkoff	
戈梅斯	Gomes, Jean	
哥白尼	Copernicus, Nicolaus	1473—1543
哥德尔	Gödel, Kurt	1906—1978
哥拉斯	Glass, Hiram Bentley	1906—2005
哥伦布	Columbus, Christopher	1451—1506
歌德	Goethe, Johann Wolfgang von	1749—1832
格宾	Gerbing, David W.	
格根	Gergen, Kenneth J.	1935—
格拉博夫斯基	Grabowski, Barbara L.	
格拉诺夫斯基	Грановский, Тимофей Николаевич	1813—1855
格拉弗斯	Graves	
格拉伏特	Craft, Mauricc	
格拉胡	Gallahue	
格拉斯	Glass, Gene V.	1940—
格拉斯菲尔德	Glasersfeld, E. von	
格拉索恩	Glatthorn, A. A.	
格拉泽	Glaser, Robert	1921—2012
格兰布斯	Grambs, J. D.	
格兰特	Grant, Carl A.	
格朗伦	Gronlund, Norman E.	
格雷	Gray, Susan W.	
格雷布内尔	Graebner, Fritz	1877—1934
格雷德莱	Gredler, Margaret E.	
格雷格	Gregg, Russell T.	
格里尔,C.	Greer, Colin	
格里尔,W. D.	Greer, W. Dwaine	

格里菲斯	Griffith, Coleman Roberts	1893—1966
格里芬	Griffin, David Ray	1939—
格里格瑞考	Grigorenko, Elena L.	
格里诺	Guarino da Verona	1374—1460
格列高利九世	Gregory Ⅸ	约1148—1241
格列高利一世	Gregory Ⅰ	约540—604
格林,A.	Green, Andy	1954—
格林,F. P.	Green, Francis P.	
格林,M.	Greene, Maxine	1917—
格林,T. F.	Green, Thomas F.	
格林,T. H.	Green, Thomas Hill	1836—1882
格林保尔	Grimbald	
格林菲德	Greenfield, Thomas B.	1930—1992
格林菲尔德	Greenfield, Patricia Marks	
格林菲斯	Griffiths, Daniel E.	
格林诺	Greeno, James	
格林斯坦	Greenstein, Fred I.	
格龙维	Grundtvig, Nikolaj Frederik Severin	1783—1872
格鲁梅特	Grumet, Madeleine R.	1940—
格鲁特,G.	Groote, Gerhard	1340—1384
格鲁特,W.	Groot, Wim	
格鲁兹节夫	Груздев, Павел Никодимович	1889—1953
格罗泊	Gropper, G. L.	
格罗斯曼	Grossman, P. L.	
格瑞斯	Grace	
格塞尔	Gesell, Arnold Lucius	1880—1961
格斯里	Guthrie, Edwin Ray	1886—1959
格特曼	Guttman, Louis	1916—1987
葛哈尔	Ghaill, Macan	
葛兰西	Gramsci, Antonio	1891—1937
葛洛克	Clarke, Edward	
贡齐	Gonczi, Andrew	
贡扎加	Gonzaga, Gianfrancesco	1446—1496
古安	Gouin, François	
古巴	Guba, Egon G.	
古德	Good, C. V.	
古德莱德	Goodlad, John I.	1920—
古德曼	Goodman, Paul	1911—1972
古德纳芙	Goodenough, Florence Laura	1886—1959
古德诺,F. J.	Goodnow, Frank Johnson	1859—1939
古德诺,J. J.	Goodnow, Jacqueline Jarrett	1924—
古德塞尔	Goodsell, C. T.	
古德森,I. F.	Goodson, Ivor F.	
古德森,L. A.	Goodson, Ludwika A.	

古格里	Гугель, Егор Осипович	1804—1841
古莱	Goulet, Denis	1931—2006
古勒	Gooler, D. D.	
古里耶夫	Гурьев, Петр Семёнович	1807—1884
古利克	Gulick, Luther	1892—1993
古洛	Gullo	
古斯凯	Guskey, T. R.	
古斯塔夫森	Gustafson, K. L.	
古兹穆茨	Gutsmuths, Johann Christoph Friedrich	1759—1839
谷登堡	Gutenberg, Johannes	1398—1468
顾拜旦	Coubertin, Pierre de	1863—1937
瓜达尼奥利	Guadagnoli	
郭士立	Gützlaff, Karl Friedrich August	1803—1851

H

哈巴安德	Happer, Andrew Patton	
哈贝马斯	Habermas, Jürgen	1929—
哈比森	Harbison, Frederick H.	
哈博德	Hubbard, Gardiner Greene	1822—1897
哈茨霍恩	Hartshorne, Hugh	
哈德良	Hadrian	76—138
哈迪	Hardie, Charles Dunn	1911—2002
哈丁, L. W.	Harding, Lowry W.	
哈丁, S. G.	Harding, Sandra G.	1935—
哈尔平	Halpin, Andrew Williams	
哈尔西	Halsey, Albert Henry	1923—
哈佛	Harvard, John	1607—1638
哈格顿	Houghton, Vincent	
哈格里夫斯	Hargreaves, David	1939—
哈格特	Haggett, Peter	
哈根	Hagen, Elizabeth P.	1915—
哈基姆	Hakim bi-Amr Allah, al-	985—1021
哈康二世	Haakon II	1147—1162
哈康七世	Haakon VII	1872—1957
哈拉科维茨	Harackiewitz, J.	
哈拉克	Hallak, Jacques	
哈里	Harry, K.	
哈里斯, D. B.	Harris, Dale B.	1914—2007
哈里斯, J. R.	Harris, Judith Rich	1938—
哈里斯, R. S.	Harris, Robert S.	
哈里斯, W. T.	Harris, William Torrey	1835—1909
哈利南	Hallinan, M. T.	
哈利斯	Harless, Joe H.	? —2012

哈林顿	Harrington, D. M.	
哈伦·赖世德	Harun al-Rashid	约 764—809
哈罗	Harrow, Anita J.	
哈罗德	Harrod, Henry Roy Forbes	1900—1978
哈洛	Harlow, Harry Frederick	1905—1981
哈曼	Hamann, Johann Georg	1730—1788
哈明	Harmin, Merrill	
哈默	Hammer, Rhonda	
哈姆斯利	Hammersley, M.	
哈努谢克	Hanushek, Eric A.	
哈珀	Harper, William Rainey	1856—1906
哈奇生	Hutcheson, Francis	1694—1747
哈桑	Hassan, Ihab	
哈森福斯	Hasenfus, N.	
哈特, B. M.	Hart, B. M.	
哈特, J. J.	Hart, J. J.	
哈特, S.	Harter, Susan	
哈特尔	Hartle, Terry W.	
哈特格	Hartog, J.	
哈特利	Hartley, David	1705—1757
哈特利布	Hartlib, Samuel	1600—1670
哈特维克	Hattwick, La Berta Weiss	1909—
哈吐普	Hartup, W. W.	
哈维	Harvey, William	1578—1657
哈维格斯特	Havighurst, Robert James	1900—1991
哈文森	Halverson, Charles F.	
哈耶克	Hayek, Friedrich August von	1899—1992
哈卓克	Hartsock, Nancy	1943—
海	Hay, Dale	
海德	Heider, Fritz	1896—1988
海德格尔	Heidegger, Martin	1889—1976
海登	Haydon, Graham	
海尔	Haire	
海佳	Hega, Gunther M.	
海林杰	Hallinger, Philip	
海伦·凯勒	Helen Keller	1880—1968
海曼	Hyman, Herbert	
海姆菲尔	Hemphill	
海姆斯	Hymes, H. D.	
海尼克	Heinicke, Samuel	1727—1790
海斯	Hayes, J. R.	
海特	Highet, G.	
海威特	Hewett, Frank M.	
韩礼德	Halliday, Michael Alexander Kirkwood	1925—

汉布尔顿	Hambleton, R. K.	
汉密尔顿, D.	Hamilton, David	
汉密尔顿, E.	Hamilton, Edith	1873—1961
汉谟拉比	Hammurabi	约前 1792—前 1750
汉塞尔曼	Hanselman, Heinrich	
汉森, A. J.	Hansen, A. J.	
汉森, E. M.	Hanson, E. Mark	
汉森, W. L.	Hansen, W. Lee	
汉梢特	Hansot	
汉斯	Hans, Nicholas	1888—1969
豪, F. C.	Howe, Frederic Clemson	1867—1940
豪, S. G.	Howe, Samuel Gridley	1801—1876
豪斯, C.	Howes, Carollee	
豪斯, E. R.	House, Ernest R.	
豪斯, R. J.	House, Robert J.	1932—2011
豪泽	Hauser, Robert Mason	
合信	Hobson, Benjamin	1816—1873
荷马	Homer	约前 9 世纪—前 8 世纪
贺恩	Hurn, J.	
贺金逊	Hodgkinson, H. L.	
贺拉斯·曼	Horace Mann	1796—1859
赫伯森	Herbertson, A. J.	
赫布	Hebb, Donald Olding	1904—1985
赫茨伯格	Herzberg, Frederick	
赫德, P. D.	Hurd, Paul DeHart	1905—2001
赫德, R.	Hart, Robert	1835—1911
赫德里克森	Hedrickson, Gordon	
赫德森, J. A.	Hudson, J. A.	
赫德森, J. W.	Hudson, J. W.	
赫恩斯坦	Herrnstein, Richard J.	1930—1994
赫尔	Hull, Clark Leonard	1884—1952
赫尔巴特	Herbart, Johann Friedrich	1776—1841
赫尔岑	Герцен, Александр Иванович	1812—1870
赫尔德	Herder, Johann Gottfried von	1744—1803
赫尔菲什	Hullfish, H. Gordon	
赫尔佐克	Herzog, Roman	1934—
赫根汉	Hergenhahn, B. R.	
赫克	Heck, Ronald H.	
赫拉克利特	Heraclitus	约前 544—约前 483
赫卢普	Chlup, O.	1875—1965
赫洛克	Hurlock, E. B.	
赫梅尔	Hummel, Charles	

赫奇洪	Hirschhorn, Larry	
赫钦斯	Hutchins, Robert Maynard	1899—1977
赫塞克	Husek, T. R.	
赫舍尔	Heschel, Abraham Joshua	1907—1972
赫斯	Hess, Robert D.	
赫斯顿	Huston, A. C.	
赫斯特, P. H.	Hirst, Paul H.	1947—2003
赫斯特, S. K.	Hester, S. K.	
赫特	Hurt, H. T.	
赫西	Hersey	
赫希	Hirsch, Paul M.	
赫胥黎	Huxley, Thomas Henry	1825—1895
黑尔	Hare, R. M.	
黑格尔	Hegel, Georg Wilhelm Friedrich	1770—1831
黑克尔, H.	Heckel, Hans	
黑克尔, J. J.	Hecker, Johann Julius	1707—1768
黑模	Hammill, Donald D.	
黑斯廷斯	Hastings, Warren	1732—1818
黑特尔	Haertel, G. D.	
亨格福德, H. R.	Hungerford, H. R.	
亨格福德, T.	Hungerford, T.	
亨利, F.	Herri, F.	
亨利, J.	Henry, J.	
亨利, N.	Henley, Nicolas	
亨利八世	Henry Ⅷ	1491—1547
亨利六世	Henry Ⅵ	1165—1197
亨利三世	Henry Ⅲ	1551—1589
亨蒙	Henmon, Vivian Allen Charles	1877—
亨内克	Hennecke, Frank	
亨特, B. D.	Hunt, Barry Dennis	1937—
亨特, J. E.	Hunter, John E.	1939—2002
亨特, W. S.	Hunter, Walter Samuel	1889—1954
洪堡	Humboldt, Alexander von	1769—1859
侯奈因·伊本·易司哈格	Hunayn ibn Ishaq	808—873
胡安·卡洛斯	Juan Carlos	1938—
胡贝尔	Huber, Victor Aimé	1800—1869
胡别尔曼	Huberman, A.	
胡尔	Hoole, Charles	1610—1667
胡夫	Khufu	?—约前 2566
胡弗兰德	Hufeland, Christoph Wilhelm Friedrich	1762—1836
胡克	Hooke, Robert	1635—1703

胡塞尔	Husserl, Edmund	1859—1938
胡森	Husén, Torsten	1916—2009
胡亚雷斯	Juárez, Benito	1806—1872
花拉子密	Khwarizmi, al-	约783—约850
花之安	Ernst Faber	1839—1899
华莱特	Valette, R. M.	
华生	Watson, John Broadus	1878—1958
华盛顿	Washington, George	1732—1799
华虚朋	Washburne, Carleton Wolsey	1889—1968
怀尔德斯平	Wilderspin, Samuel	
怀特, A. D.	White, Andrew D.	
怀特, J. P.	White, John P.	
怀特, L. D.	White, Leonard Dupee	1891—1958
怀特, P.	White, Patricia	
怀特, P. A.	White, Paula A.	
怀特, W. F.	Whyte, William Foote	1914—2000
怀特海, A. N.	Whitehead, Alfred North	1861—1947
怀特海, J.	Whitehead, Jack	
怀廷	Whiting, Beatrice Blyth	1914—2003
惠蒂	Whitty, Geoff	
惠更斯	Huygens, Christiaan	1629—1695
惠勒	Wheeler, Daryl Kenneth	
惠特布雷德	Whitbread, Samuel	1764—1815
惠特尼	Whitney, Donald Ransom	1915—2001
霍本	Hoban, Charles Francis	
霍布豪斯	Hobhouse, Leonard Trelawny	1864—1929
霍布斯	Hobbes, Thomas	1588—1679
霍布斯鲍姆	Hobsbawm, Eric John Ernest	1917—2012
霍恩, H. H.	Horne, Herman Harrell	1874—1946
霍恩, J. L.	Horn, John L.	1928—2006
霍尔, A. D.	Hall, Arthur David	1925—2006
霍尔, G. S.	Hall, Granville Stanley	1844—1924
霍尔, R. H.	Hall, Richard H.	
霍尔, S. R.	Hall, Samuel Read	1795—1877
霍尔巴赫	Holbach, Paul Heinrich Dietrich von	1723—1789
霍尔茨曼	Holtzman, W. H.	
霍尔德	Hoard, William Dempster	1836—1918
霍尔姆霍茨	Helmholtz, Hermann Ludwig Ferdinand von	1821—1894
霍尔姆斯	Holmes, Brian	1920—1993
霍尔斯	Halls, Wilfred Douglas	1918—2011

霍尔特	Holt, John Caldwell	1923—1985
霍夫兰	Hovland, Carl Iver	1912—1961
霍夫曼, M. L.	Hoffman, Martin L.	
霍夫曼, S. D.	Hoffman, Saul D.	
霍夫斯塔特	Hofstadter, Richard	1916—1970
霍弗	Hofer, Barbara K.	
霍格	Hogg, Quintin	1845—1903
霍根	Hogan, J. C.	
霍基特	Hockett, C. F.	
霍加特	Hogart, Richard	
霍克海默	Horkheimer, Max	1895—1973
霍克斯	Hawkes, Herbert Edwin	1872—1943
霍莱斯特	Hollister, C. Warren	1930—1997
霍兰德, J. L.	Holland, John Lewis	1919—2008
霍兰德, P. W.	Holland, Paul W.	
霍利	Hawley, C. L.	
霍洛斯托娃	Холостова, Евдокия Ивановна	1946—
霍姆伯格	Holmberg, Börje	1924—
霍诺留	Honorius	384—423
霍珀	Hopper, Earl	
霍奇金森	Hodgkinson, Christopher	
霍奇斯	Hodges, Walter L.	
霍伊	Hoy, Wayne K.	

J

基德	Kidd, R.	
基尔帕特里克	Kilpatrick, J.	
基根	Kegan, Robert	1946—
基更	Keegan, Desmond	
基列耶夫斯基	Киреевский, Иван Васильевич	1806—1856
基尼	Gini, Corrado	1884—1965
基普斯	Keeps, E. J.	
基佐	Guizot, François Pierre Guillaume	1787—1874
吉伯	Gibb	
吉布森, J. J.	Gibson, James Jerome	1904—1979
吉布森, S.	Gibson, Sherri	
吉布斯	Gibbs, Josiah Willard	1839—1903
吉登斯	Giddens, Anthony	1938—
吉尔伯特, G. N.	Gilbert, G. Nigel	
吉尔伯特, T. F.	Gilbert, Thomas F.	1927—1995

吉尔福特	Guilford, Joy Paul	1897—1987
吉尔曼	Gilman, Daniel Coit	1831—1908
吉克	Gick, Mary L.	
吉利根	Gilligan, Carol	1936—
吉鲁	Giroux, Henry	1943—
吉塞利	Ghiselli, Edwin Ernest	1907—1980
吉赛克	Giesecke, Hermann	1932—
吉西略夫	Киселёв, Андрей Петрович	1852—1940
加达默尔	Gadamer, Hans-Georg	1900—2002
加德纳	Gardner, Howard Earl	1943—
加尔文	Calvin, John	1509—1564
加菲尔德	Garfield, James Abram	1831—1881
加拉赫	Gallagher, James J.	
加劳德特	Gallaudet, Reverend Thomas Hopkins	1787—1851
加勒特	Garrett, Peter Robert	1953—
加里多	Garrido, José L. G.	
加里宁	Калинин, Михаил Иванович	1875—1946
加里培林	Гальперин, Пётр Яковлевич	1902—1988
加里森	Garrison, D. Randy	
加利翁	Carrion, Manuel Ramírez de	
加列戈斯·纳瓦	Gallegos Nava, Ramón	
加涅	Gagné, Robert Mills	1916— 2002
加塞特	Gasset, José Ortegay	
加泰勒	Glatala, E. S.	
加维	Garvey, C.	
伽利略	Galileo Galilei	1564—1642
伽赞	Gaza	
嘉斯特德	Sjaastad, Larry	1934—2012
贾德	Judd, Charles Hubbard	1873—1946
贾尔斯	Giles, Harry H.	1901—
贾维斯	Jarvis, Peter	
简·奥斯汀	Jane Austen	1777—1811
杰埃格	Jaeger, G.	
杰布	Jebb, John	
杰恩克	Jenck	
杰斐逊	Jefferson, Thomas	1743—1826
杰弗里	Jeffrey	
杰哈塔	Jahoda, Marie	1907—2001
杰克林	Jacklin, Carol Nagy	1939—2011
杰克曼	Jackman, Ernest	
杰克逊	Jackson, Philip W.	
杰罗姆	Jerome	约 347—420
杰姆逊	Jameson, F.	

捷塔曼蒂	Tettamanti, Bèla	1884—1959
金, A.	King, Alexander	1909—2007
金, D. H.	Kim, Daniel H.	
金, L.	King, L.	
金, R.	King, Ronald	
金德里德	Kindred, Leslie Withrow	
金蒂斯	Gintis, Herbert	1940—
金顿	Kingdon, John Wells	1940—
金尼阁	Trigault, Nicolau	1577—1628
金斯伯格	Ginsburg, L.	
金兹伯格	Ginzberg, Eli	1911—2002
津巴多	Zimbardo, Philip George	1933—
居格那乌斯	Gygnaeus, Uno	1810—1888
居鲁士大帝	Cyrus the Great	前 599—前 529
君士坦丁大帝	Constantine the Great	272—337

K

卡巴尼斯	Cabanis, Pierre Jean George	1757—1808
卡伯莱	Cubberley, Ellwood Patterson	1868—1941
卡伯特森	Culbertson, Jack A.	
卡布特	Caput, C.	
卡茨, D.	Katz, Daniel	1903—1998
卡茨, K.	Katz, Eliakim	
卡茨, M. B.	Katz, Michael B.	
卡德纳斯	Cardenas, Lázaro	1895—1970
卡德涅尔	Kádner, Otakar	1870—1936
卡德威尔	Caldwell, Brian J.	
卡顿	Cutton, D. M.	
卡恩	Kahn, Herman	1922—1983
卡尔, D.	Carr, David	
卡尔, W.	Carr, Wilfred	
卡尔丹诺	Cardano, Gerolamo	1501—1576
卡尔金斯	Calkins, Mary Whiton	1863—1930
卡尔纳普	Carnap, Rudolf	1891—1970
卡尔-桑德斯	Carr-Saunders, Alexander Morris	1886—1966
卡尔十四世	Karl XIV	1763—1844
卡根	Kagan	
卡拉贝尔	Karabel, Jerome	1950—
卡拉汉	Callaghan, James	1912—2005
卡莱尔	Carlyle, Thomas	1795—1881
卡雷拉	Carrera, José Miguel Verdugo	1785—1821

卡里内斯	Cariness, John E.	
卡里亚	Kariya, Takehiko	
卡利克勒	Callicles	
卡伦	Carron, A. V.	
卡罗尔	Carroll, John Bissell	1916—2003
卡洛斯三世	Carlos Ⅲ	1716—1788
卡米利	Camilli, G.	
卡米洛夫-史密斯	Karmiloff-Smith, Annette	
卡明斯	Cummins, J.	
卡姆佩	Campe, Joachim Heinrich	1746—1818
卡纳尔	Canale, M.	
卡内基	Carnegie, Andrew	1835—1919
卡诺	Carnot, Lazare Hippolyte	1801—1888
卡诺依	Carnoy, Martin	1938—
卡佩拉	Capella	
卡普捷列夫	Каптерев, Пётр Фёдорович	1849—1922
卡齐米日三世	Casimir Ⅲ	1310—1370
卡瑞尔	Karier, Clarence J.	
卡斯	Cass, David	1937—2008
卡斯底格朗	Castiglione, Baldassare	1478—1529
卡斯塔涅蒂	Castagnetti, Carolina	
卡斯特	Kast, Fremont E.	
卡斯特尔	Kaestle	
卡特, J.	Carter, Jimmy	1924—
卡特, J. G.	Carter, James Gordon	1795—1849
卡特尔, J. M.	Cattell, James Mckeen	1860—1944
卡特尔, R. B.	Cattell, Raymond Bernard	1905—1998
卡瓦斯	Khawas, Elaine El	
卡瓦佐斯	Cavazos, Lauro Fred	1927—
卡文迪什	Cavendish, Henry	1731—1810
卡西奥多鲁斯	Cassiodorus, Flavins Magnus Aurelus	约490—约585
卡西克	Cusick, P.	
卡赞科	Kazienko, Louis W.	
卡扎特	Gazda, George .M.	
喀戎	Chiron	
凯茨	Cates, Camille	
凯迪	Keddie, Nell	
凯恩	Kane, M. T.	
凯恩斯	Keynes, John Maynard	1883—1946
凯尔	Kerr, John F.	
凯尔德	Caird, J. K.	
凯尔曼	Kelman, Herbert C.	
凯格勒	Koegel, Robert L.	
凯克	Kiker, B. F.	

凯勒, A.	Keller, A.	
凯勒, C.	Keller, Chas	
凯勒, F. S.	Keller, Fred Simmons	1899—1996
凯勒, J. M.	Keller, John M.	
凯里	Carey, Raymond G.	
凯利, A.	Kelly, A.	
凯利, G. A.	Kelly, George Alexander	1905—1967
凯利, G. P.	Kelly, Gail Paradise	1940—1991
凯利, H. H.	Kelley, Harold Harding	1921—2003
凯利, M.	Kelly, M.	
凯洛夫	Каиров, Иван Андреевич	1893—1978
凯米斯	Kemmis, S.	
凯纳	Kanner, L.	
凯普勒	Caplow, Theodore	
凯-沙图华兹	Kay-Shuttleworth, James Phillips	1804—1877
凯斯	Case, Robbie	1944—2000
凯兴斯泰纳	Kerschensteiner, Georg Michael	1854—1932
凯依	Kaye, Anthony	
恺撒	Caesar, Gaius Julius	前102／前100—前44
堪坡	Kanpo, Barry	
坎贝尔, D. T.	Campbell, Donald Thomas	1916—1996
坎贝尔, R. F.	Campbell, Roald Fay	1905—1988
坎贝尔, T.	Campbell, Thomas	1777—1844
坎德尔	Kandel, Isaac Leon	1881—1965
坎德林	Candlin, Christopher N.	
坎培奥	Campion, Mick	
康茨	Counts, George Sylvester	1889—1974
康德	Kant, Immanuel	1724—1804
康拉德, H. S.	Conrad, Herbert Spencer	1904—
康拉德, J.	Conrad, Joseph	1857—1924
康林	Conring, Hermann	1606—1681
康纳斯	Conners, D.	
康奈尔, R.	Connell, R.	
康奈尔, W. F.	Connell, William Fraster	1916—2001
康奈利	Connelly, F. Michael	
康帕内拉	Campanella, Tommaso	1568—1639
康斯坦丁	Constantine, Jill	
康斯坦丁诺夫	Константинов, Николай Александрович	1894—1958
考夫卡	Koffka, Kurt	1886—1941
考夫曼	Kaufman, R. A.	
苛勒	Köhler, Wolfgang	1887—1967
柯班	Cobban, Allan B.	

柯达伊	Kodály Zoltán	1882—1967
柯蒂斯	Curtis, Stanley James	
柯克	Kirk, Samuel A.	1904—1996
柯克帕特里克	Kirkpatrick, Edwin Asbury	1862—1937
柯里	Currie, Jan	
柯瑟	Kishore, Nawal	
科布,C. W.	Cobb, Charles Wiggins	1875—1949
科布,S.	Cobb, Stanwood	1881—1982
科恩,A.	Cohen, A.	
科恩,E.	Cohn, Elchanan	1941—
科恩,M. D.	Cohen, Michael D.	1945—
科恩,Y. A.	Cohen, Y. A.	
科尔	Cole	
科尔伯恩	Colburn, Warren	1793—1883
科尔伯格	Kohlberg, Lawrence	1927—1987
科尔布	Kolb, David A.	1939—
科尔察克	Korczak, Janusz	1878/1879—1942
科尔曼	Coleman, James Samuel	1926—1995
科尔诺	Corno, Lyn	
科尔施	Korsch, Karl	1886—1961
科尔索	Corso, L. F.	
科根,M	Kogan, Maurice	1930—2007
科根,M. L.	Cogan, M. L.	
科克伦	Cochran, W. G.	
科克斯	Cox, G. M.	
科拉科夫斯基	Kolakowski, Donald	
科利	Kohli, Wendy R.	
科利尔	Collier, John	1884—1968
科利特	Colet, John	1467—1519
科林默斯	Creemers, Bert P. M.	
科林斯,A. M.	Collins, Allan M.	
科林斯,H. W.	Collins, Harold W.	
科林斯,P. H.	Collins, Patricia Hill	1948—
科林斯,R.	Collins, Randall	1941—
科林伍德	Collingwood, R. G.	
科马洛夫	Комаров, Василий Ефимович	
科南特	Conant, James Bryant	1893—1978
科尼什	Cornish, Edward	
科珀	Copper, David	
科普尔斯顿	Copleston, Edward	1776—1849
科斯	Coase, Ronald Harry	1910—
科斯坦扬	Костанян, Сергей Лаврентьевич	
科苏特	Kossuth, Lajos	1802—1894

科特	Kotter, John Paul	1947—
科特兰德	Kortland, Koos	
科廷格	Koedinger, Kenneth R.	1962—
科维	Covey, Stephen R.	
科温顿	Covington, Martin V.	
科佐	Kozol, Jonathan	1936—
克伯屈	Kilpatrick, William Heard	1871—1965
克尔	Kerr, Clark	1911—2003
克尔凯郭尔	Kierkegaard, Søren Aabye	1813—1855
克尔克霍夫	Kerckhoff, Alan C.	
克拉茨基	Klatzky, Roberta	
克拉尔	Klahr, David	1939—
克拉夫基	Klafki, Wolfgang	1927—
克拉克,B. R.	Clark, Burton R.	1921—2009
克拉克,C. R.	Clarke, Charles Rodway	1950—
克拉克,D. L.	Clark, David L.	
克拉克,R. E.	Clark, Richard E.	
克拉克,T. A.	Clark, Thomas A.	1944—
克拉伦敦	Clarendon, 4th Earl of	1800—1870
克拉米什	Kramsch, Claire	
克拉帕雷德	Claparède, Édouard	1873—1940
克拉普	Krapp, Andreas	
克拉普罗特	Klaproth, Martin Heinrich	1743—1817
克拉斯沃尔	Krathwohl, David R.	
克拉维尔斯	Clavius, Christopher	1538—1612
克莱丁宁	Clandinin, D. Jean	
克莱尔	Clerc, Louis Laurent Marie	1785—1869
克莱兰	Cleland, James	
克莱门	Kremen, Irwin	1925—
克莱门特	Clement, John J.	
克莱普	Clap, Thomas	1703—1767
克莱斯特	Kleist, Bernd Heinrich Wilhelm von	1777—1811
克莱因,C. F.	Klein, Christian Felix	1849—1925
克莱因,F.	Klein, Friedrich	1908—1974
克劳德	Crowder, Norman Allison	1921—1998
克劳瑟	Crowther, Geoffrey	1907—1972
克劳斯,D. J.	Klaus, David Joseph	
克劳斯,R. A.	Klaus, Rupert A.	
克雷芒	Clement of Alexandria	150—215
克雷明	Cremin, Lawrence Arthur	1925—1990
克雷奇	Krech, David	1909—1977
克里底亚	Critias	约前 460—前 403
克里尔曼斯	Cleeremans, Axel	
克里克,E.	Krieck, Ernst	1882—1947

克里克,J. E.	Crick,J. E.	
克里克,N. R.	Crick,Nicki R.	
克里斯曼	Chrisman,Oscar	
克里索罗拉斯	Chrysoloras,Manuel	1355—1415
克利夫顿	Clifton,Rodney A.	
克利夫特	Clift, Philip S.	
克林伯格	Klingberg,Frank L.	
克林顿	Clinton,Bill	1946—
克龙巴赫	Cronbach,Lee Joseph	1916—2001
克鲁恩	Clune,William H.	
克鲁格曼	Krugman,Paul Robin	1953—
克鲁捷茨基	Крутецкий, Вадим Андреевич	1917—1991
克鲁普斯卡娅	Крупская,Надежда Константиновна	1869—1939
克鲁斯卡尔	Kruskal,William Henry	1919—2005
克鲁亚克	Kerouac,Jack	1922—1969
克罗夫特	Croft,Don B.	
克罗齐	Croce,Benedetto	1866—1952
克罗斯兰	Crosland,Charles Anthony Raven	1918—1977
克洛尔	Klohr,Paul R.	1918—2008
克洛普弗	Klopfer,Leopold E.	
克努特	Canute the Great	995—1035
克瑞斯特	Crystal	
肯德尔	Kendall,Maurice George	1907—1983
肯德里克	Kendrick,Carol	
肯尼迪,D.	Kennedy,Donald	1931—
肯尼迪,J. F.	Kennedy,John Fitzgerald	1917—1963
肯尼迪,R. F.	Kennedy,Robert Francis	1925—1968
肯普	Kemp,Jerrold E.	
孔德	Comte,Auguste	1798—1857
孔狄亚克	Condillac,Étienne Bonnot de	1715—1780
孔多塞	Condorcet,Nicolas de	1743—1794
孔佩雷	Compayré,Jules-Gabriel	1843—1913
库班	Cuban,Larry	
库德	Kuder,Gordon F.	
库恩	Kuhn,Thomas Samuel	1922—1996
库尔	Kuhl,J.	
库尔茨	Kurz,Johann Nepomuk	1783—1865
库克	Cooke,Morris Llewellyn	1872—1960
库里岑	Курицын,Фёдор Васильевич	1504—
库利	Cooley,Charles Horton	1864—1929
库利克	Kulick,Edward M.	
库姆斯,A. W.	Combs,A. W.	
库姆斯,F. S.	Cooms,Fred S.	

库姆斯,J. R.	Coombs,Jerrold R.	
库姆斯,P. H.	Coombs,Philip Hall	1915—2006
库珀,A. A.	Cooper,Anthony Ashley	1621—1683
库珀, B.	Cooper,Barry	
库珀, G.	Cooper,Graham	
库珀, J.	Cooper,J.	
库普曼	Koopman,George Robert	1895—?
库普曼斯	Koopmans,Tjalling Charles	1910—1985
库森	Cousin,Victor	1792—1867
库斯	Koos,Leonard V.	1881—1976
库兹涅茨	Kuznets,Simon Smith	1901—1985
夸美纽斯	Comenius,John Amos	1592—1670
蒯因	Quine,Willard Van Orman	1908—2000
奎德	Quade,Edward Schaumberg	1909—1988
奎克	Quick,Robert Hebert	1831—1891
奎利恩	Quillian,M. Ross	1931—
奎利西	Quilici,Jill L.	
奎伊	Quay,Herbert C.	
魁奈	Quesnay,François	1694—1774
昆体良	Quintilian	35—96
昆西	Quincy,Josiah	1772—1864

L

拉鲍维-维夫	Labouvie-Vief,Gisela	
拉宾诺维茨	Rabinowitz,Francine F.	
拉伯雷	Rabelais,François	约 1494—1553
拉采尔	Ratzel,Friedrich	1844—1904
拉德克-亚罗	Radke-Yarrow, Marian	
拉法兰	Raffarin,Jean-Pierre	1948—
拉斐	Raffe,D.	
拉斐尔	Raphael	1483—1520
拉夫勒特	La Follette,Robert Marion	1855—1925
拉季舍夫	Радищев,Александр Николаевич	1749—1802
拉康	Lacan,Jacques	1901—1981
拉科姆斯基	Lakomski,Gabriele	
拉鲁	Lareau	
拉马德兰	La Madelaine,Louis Philipon de	1734—1818
拉美特利	La Mettrie,Julien Offray de	1709—1751
拉美西斯二世	Ramesses Ⅱ	前 1314—前 1237
拉谟斯	Ramus,Petrus	1515—1572
拉姆伯格	Rumberger,Russell W.	
拉姆齐	Ramsey,Frank Plumpton	1903—1930

拉萨尔	La Salle,Jean-Baptiste de	1651—1719
拉瑟	Lather,Patti	
拉森	Larson,Reed	
拉施	Rasch,Georg	1901—1980
拉什	Lash,Scott	
拉什达尔	Rashdall,Hastings	1858—1924
拉什顿	Rushton,Jean Philippe	1943—2012
拉斯	Raths,Louis Edward	
拉斯基	Lasky,Ronald C.	
拉斯韦尔	Lasswell,Harold Dwight	1902—1978
拉特克	Ratke,Wolfgang	1571—1635
拉瓦锡	Lavoisier,Antoine	1743—1794
拉维奇	Ravitch,Diane Silvers	1938—
拉夏洛泰	La Chalotais,Louis-René de Caradeuc de	1701—1785
拉伊	Lay,Wilhelm August	1862—1926
拉泽逊	Lazerson,Marvin	
拉扎勒斯	Lazarus,Richard S.	1922—2002
拉兹兰	Razran,G.	
莱昂	León, Pedro Ponce de	1520—1584
莱奥纳尔多	Leonardo of Pisa	1170—1250
莱宾斯坦	Leibenstein,Harvey	1922—1994
莱布尼茨	Leibniz,Gottfried Wilhelm	1646—1716
莱佛士	Raffles,Thomas Stamford Bingley	1781—1826
莱夫	Lave,Jean	
莱库古斯	Lycurgus of Sparta	前 820—约前 730
莱佩	l'Épée, Charles-Michel de	1712—1789
莱珀	Lepper,Mark R.	1944—
莱斯曼	Reissman,L.	
莱特	Rait,Robert Sangster	1874—1936
莱维茨基	Lewicki,Paul	
莱维纳斯	Levinas,Emmanuel	1906—1995
莱维-斯特劳斯	Lévi-Strauss,Claude	1908—2009
莱文,B.	Levin,Benjamin	
莱文,H. M.	Levin,Henry M.	
莱文,R. F.	Levine,Rayna F.	
莱西	Lacey,Colin	
莱希维因	Reichwein,Adolf	1898—1944
莱辛	Lessing,Gotthold Ephraim	1729—1781
莱亚德	Layard,Richard	1934—
莱伊	Rae,Douglas Whiting	1939—
莱因	Rein,Wilhelm	1847—1929
赖丁	Riding,Richard J.	
赖尔	Ryle,Gilbert	1900—1976

赖克	Reich,Michael	
赖默	Reimer,Everett W.	? —1998
赖斯	Rice,Joseph Mayer	1857—1934
赖特,B. D.	Wright,Benjamin Drake	1926—
赖特,E. O.	Wright,Erik Olin	1947—
赖特,I.	Wright,Ian	
赖特,S. G.	Wright,Sewall Green	1889—1988
赖希	Reich,Wilhelm	1897—1957
赖欣巴赫	Reichenbach,Hans	1891—1953
赖因	Rein,Martin	
兰本达	Lansdown,Brenda	1904—1990
兰伯特	Lambert,Linda	
兰茨	Lantz,O.	
兰达	Landa,Lev N.	
兰德斯	Landers,D.	
兰丁	Landin,D.	
兰格,A. F.	Lange,Alexis Frederick	1862—1924
兰格,G.	Lange,Garrett	
兰格斯伯兹	Lagerspetz,K. M.	
兰格威尔德	Langeveld,Martinus Jan	1905—1989
兰卡斯特	Lancaster,Joseph	1778—1838
兰克	Ranke,Leopold von	1795—1886
兰普雷茨	Lamprecht, Karl Gottfried	1856—1915
兰氏	Lance, G. N.	
兰斯当	Lansdowne,3rd Marquess of	1780—1863
郎之万	Langevin,Paul	1872—1946
朗	Lang,Jack Mathieu Émile	1939—
朗德格雷贝	Landgrebe,Ludwig	1902—1991
朗福德	Longford,N. T.	
朗格朗	Lengrand,Paul	1910—2003
朗格塔尔	Lamgethal,H.	
朗克利	Runkle,John	
朗沃斯	Longworth,Norman	
劳顿,D.	Lawton,Denis	1931—
劳顿,S. C.	Lawton, Sallie C.	
劳顿布希	Raudenbush,Stephen W.	
劳莱	Lawley,D. N.	
劳勒	Lawler,Edward	
劳里	Laurie,Simon Somerville	1829—1909
劳伦兹	Lorenz,Konrad Zacharias	1903—1989
劳默尔	Raumer,Karl Otto von	1783—1865
劳耐尔	Rauner,Felix	
劳普	Raup,Robert Bruce	
劳瑞拉特	Laurillard,Diana	
劳森,J.	Lawson,J.	
劳森,M. L.	Lawson,M. L.	

劳韦里斯	Lauwerys, Joseph	1902—1981
勒让德	Legendre, A. M.	
勒斯顿	Lersten, K. C.	
勒温	Lewin, Kurt	1890—1947
雷伯	Reber, Arthur S.	
雷迪	Reddie, Cecil	1858—1932
雷丁	Radin, Mary Jane	
雷恩, C.	Wren, Christopher	1632—1723
雷恩, G.	Rehn, G.	
雷克斯	Raikes, Robert	1735—1811
雷蒙	Raymond of Toledo	？—1152
雷姆森	Remesen, I.	
雷纳, M. K.	Raina, M. K.	
雷纳, S.	Rayner, S.	
雷佩尔提	Lepeletier, Louis-Michel	1760—1793
雷斯托夫	Restorff, Hedwig von	1906—1962
黎成魁	Le Thanh Khoi	
黎塞留	Richelieu, Armand-Jean du Plessis	1585—1642
黎玉范	Morales, Juan Bautista de	1597—1664
李璧谐	Lepissier, E. L.	
李伯曼	Lieberman	
李嘉图	Ricardo, David	1772—1823
李凯尔特	Rickert, Heinrich	1863—1936
李普茨	Lippitz, W.	
李普曼	Lipman, Mathew	1922—2010
李普西特	Lipset, S. M.	
李斯特	List, Georg Friedrich	1789—1846
李特尔	Ritter, Carl	1779—1859
李提摩太	Richard, Timothy	1845—1919
李锡尼	Licinius	263—325
李约瑟	Needham, Joseph	1900—1995
里查迪逊	Richardson, Ken	
里德, H.	Read, Herbert	1893—1968
里德, L. A.	Reid, L. A.	
里德, S. K.	Reed, Stephen K.	
里德, W. G.	Reeder, W. G.	
里格尔	Riegel, Klaus F.	1925—1977
里格斯	Riggs, Fred W.	1917—2008
里根	Reagan, Ronald Wilson	1911—2004
里考纳	Lickona, T.	
里科弗	Rickover, Hyman George	1900—1986
里利	Lily, William	约1468—1522
里帕	Lippa, Richard A.	
里齐	Richey, R. C.	
里塞	Reiser, Robert A.	
里斯	Rees, Hedley	
里斯曼	Riessman, F.	
里斯特	Rist, R.	
里瓦达维亚	Rivadavia, Bernardino	1780—1845
理查二世	Richard Ⅱ	1367—1400
理查森	Richardson, M. W.	
理查兹, D. D.	Richards, D. D.	
理查兹, M. H.	Richards, Maryse Heather	1956—
理卡兹	Rickards, Tudor	
理雅各	Legge, James	1815—1897
利	Leigh, Robert R.	
利奥	Leo	
利奥十三世	Leo ⅩⅢ	1810—1903
利奥十世	Leo Ⅹ	1475—1521
利奥塔	Lyotard, Jean-François	1924—1998
利茨	Lietz, Hermann	1868—1919
利尔内德	Learned, W. S.	
利法姆	Lipham, James M.	
利弗	Leve, L. D.	
利弗斯莱	Liversley, W. John	
利科	Ricoeur, Paul	1913—2005
利克特	Likert, Rensis	1903—1981
利玛窦	Matteo Ricci	1552—1610
利奇	Leach, Arthur Francis	1851—1915
利思伍德	Leithwood, K. A.	
利特	Litt, Theodor	1880—1962
利托尔诺	Letourneau, Charles	
利维	Levie, W. H.	
利文斯通	Livingstone, Richard Winn	1880—1960
连素	Lindsell, R. E.	
列昂节夫	Леонтьев, Алексей Николаевич	1903—1979
列宁	Ленин, Владимир Ильич	1870—1924
列斯哈弗特	Лесгафт, Пётр Францевич	1837—1909
林	Linn, Robert L.	
林达尔	Lindahl, Erik Robert	1891—1960
林德	Linde, Enrst	1864—1943
林德布洛姆	Lindblom, Charles Edward	
林德曼	Linderman, Edward	
林德赛	Lindzey, Gardner	1920—2008
林顿	Linton, Ralph	1893—1953
林恩	Linn, John Phillip	
林格伦	Lindgren, Henry Clay	1914—2005
林克	Rink, Friedrich Theodor	1770—1811
林肯	Lincoln, Abraham	1809—1865
林乐知	Allen, Young John	1836—1907

林纳克	Linacre, Thomas	约 1460—1524
林奇,J.	Lynch, James	约 1623—1713
林奇,K.	Lynch, Kathleen	
林奇,L. M.	Lynch, Lisa M.	
林斯托恩	Linstone	
刘易斯,A. J.	Lewis, Arthur James	1919—2006
刘易斯,A.	Lewis, A.	
刘易斯,M.	Lewis, M.	
刘易斯,O.	Lewis, O.	
刘易斯,R.	Lewis, Ramon	
龙华民	Longobardi, Nicolas	1559—1654
隆特利	Rowntree, Derek	
卢格	Lugo, James O.	
卢卡奇	Lukács György	1885—1971
卢卡斯,A. M.	Lucas, A. M.	
卢卡斯,J. F.	Lukas, Janice F.	
卢卡斯,R. E.	Lucas, Robert Emerson, Jr.	1937—
卢克曼	Luckmann, T.	
卢龙	Rulon, Phillip Justin	1900—1968
卢曼	Luhmann, N.	
卢那察尔斯基	Луначарский, Анатолий Васильевич	1875—1933
卢钦斯	Luchins, Abraham S.	1914—2005
卢瑟福	Rutherford, Ernest	1871—1937
卢梭	Rousseau, Jean Jacques	1712—1778
卢文格	Loevinger, Jane	1918—2008
鲁宾	Rubin, Kenneth H.	
鲁宾逊,F. G.	Robinson, Floyd Grant	1931—
鲁宾逊,G. M.	Robinson, George M.	
鲁宾逊,J. H.	Robinson, James Harvey	1863—1936
鲁勃尼可夫	Рыбников, Николай Александрович	1880—1961
鲁德纳	Rudner, Lawrence M.	
鲁迪	Rudy, Willis	
鲁格,H. A.	Ruger, Henry Alford	1872—1947
鲁格,H. O.	Rugg, Harold Ordway	1886—1960
鲁科夫	Ruhkopf, F. E.	
鲁利亚	Лурия, Александр Романович	1902—1977
鲁梅尔哈特	Rumelhart, David Everett	1942—2011
鲁姆勃尔	Rumble, Greville	
鲁姆勒	Rummler, G. A.	
鲁索斯	Roussos, L. A.	
陆登庭	Rudenstine, Neil Leon	1935—
路德维希	Ludwig, Emil	1881—1948
路易十八	Louis ⅩⅧ	1755—1824

路易十三	Louis ⅩⅢ	1601—1643
路易十四	Louis ⅩⅣ	1638—1715
路易十五	Louis ⅩⅤ	1710—1794
律约格	Rüegg, Walter	
伦科	Runco, M. A.	
伦克尔	Renkl, A.	
伦农	Lennon	
伦祖利	Renzulli, Joseph	1936—
罗巴克	Roebuck, John Arthur	1802—1879
罗巴切夫斯基	Лобачевский, Николай Иванович	1792—1856
罗宾斯	Robbins	
罗宾逊	Robinson, Viviane	
罗登	Rotten, Elisabeth Friederike	1882—1964
罗蒂	Rorty, R.	
罗恩菲德	Lowenfeld, Viktor	1903—1960
罗尔	Rohr, John	1934—2011
罗尔斯	Rawls, John	1921—2002
罗果夫	Rogoff, B.	
罗杰斯	Rogers, Carl Ransom	1902—1987
罗杰斯-沃恩	Rogers-Warren, A. K.	
罗考	Rochow, Friedrich Eberhard von	1734—1805
罗兰	Rowland, Henry Augustus	1856—1943
罗兰夫人	Roland de la Platière, Jean-Marie de	1754—1793
罗洛·梅	Rollo May	1909—1994
罗蒙诺索夫	Ломоносов, Михаил Васильевич	1711—1765
罗米斯佐斯基	Romiszowski, Alexander Joseph	
罗默,J. E.	Roemer, John E.	1945—
罗默,P. M.	Romer, Paul M.	1955—
罗塞洛	Rossello, P.	
罗塞特	Rossett, A.	
罗森鲍姆	Rosenbaum, James E.	
罗森伯格	Rosenberg, Marc J.	
罗森浩兹	Rosenholtz, S. J.	
罗森克兰茨	Rosenkranz, Johann Karl Friedrich	1805—1879
罗森曼	Rosenman, Ray H.	1920—
罗森斯托克	Rosenstock, Eagen	
罗森塔尔	Rosenthal, Robert	1933—
罗森夏因	Rosenshine, Barak	
罗施	Rosch, Eleanor	
罗斯,E. A.	Ross, Edward Alsworth	1866—1951

罗斯,L. D.	Ross,Lee D.	
罗斯,W. D.	Ross,William David	1877—1971
罗斯福	Roosevelt,Theodore	1858—1919
罗斯科普夫	Rothkopf,Ernst Zacharias	1925—2012
罗斯纳	Ressner,Lutz	
罗斯托	Rostow,Walt Whitman	1916—2003
罗素	Russell,Bertrand Arthur William	1872—1970
罗索夫斯基	Rosovsky,Henry	1927—
罗特	Rotter,Julian B.	1916—
罗特利斯伯格	Roethlisberger,Fritz Jules	1898—1974
罗万	Rowan,Brain	
罗威	Lowi,Theodore	
罗夏	Rorschach,Hermann	1844—1922
罗耀拉	Loyola,Ignacio de	1491—1556
罗伊	Roy,Ram Mohun	1772—1833
罗伊思	Royce,Josiah	1855—1916
罗兹	Rhodes,H. T.	
洛	Lowe,R.	
洛德	Lord,Frederic Mather	1912—2000
洛蒂	Lortie,D. C.	
洛厄尔	Lowell,Abbott Lawrence	1861—1932
洛赫纳	Lochner,Rudolf	
洛克	Locke,John	1632—1704
洛克菲勒	Rockefeller,Nelson Aldrich	1908—1979
洛色林	Roscellinus	约1050—约1112
洛特霍尔兹	Lothholz,Gustav Emil	1821—?
洛特卡	Lotka,Alfred James	1880—1949
洛瓦斯	Lovaas,O. Ivar	1927—2010
洛扎诺夫	Lozanov,G.	

M

马布尔	Marble,Albert Prescott	1836—1906
马丁,C. L.	Martin,Carol Lynn	
马丁,J. R.	Martin,Jane Roland	
马丁达尔	Martindale,C.	
马丁·路德	Martin Luther	1483—1546
马丁·路德·金	Martin Luther King,Jr.	1929—1968
马尔卡斯特	Mulcaster,Richard	1530—1611
马尔科夫	Марков,Андрей Андреевич	1856—1922
马尔库塞	Marcuse,Herbert	1898—1979
马尔萨斯	Malthus,Thomas Robert	1766—1834
马尔赛文	Maarseveen,Henk Van	

马格尼茨基	Магницкий,Леонтий Филиппович	1669—1739
马赫	Mach,Ernst	1838—1916
马赫穆托夫	Махмутов,Мирза Исмаилович	1926—2008
马基雅弗利	Machiavelli,Niccolò	1469—1527
马吉尔	Magill,R. A.	
马杰	Mager,R. F.	
马卡连柯	Макаренко,Антон Семёнович	1888—1939
马可·波罗	Marco Polo	约1254—1324
马可尼	Marconi,Guglielmo	1874—1937
马克思	Marx,Karl	1818—1883
马克斯威尔	Maxwell,Joseph	
马克西米连一世	Maximilian Ⅰ	1459—1519
马拉古兹	Malaguzzi,Loris	1920—1994
马兰	Manland,Sydney P.	
马勒,F.	Mahler,Fred	
马勒,J. B.	Maller,Julius B.	
马礼逊	Morrison,Robert	1782—1834
马里斯	Marris,Robert Lapthorn	1924—2012
马利坦	Maritain,Jacques	1882—1973
马林诺夫斯基	Malinowski,Bronisław Kasper	1884—1942
马茂德	Mahmud,Sayyid Fayyaz	
马努依连柯	Мануиленко,З. В.	
马奇	March,James Gardner	1928—
马恰德	Marquardt,Michael J.	
马丘什金	Матюшкин,Алексей Михайлович	
马塞尔	Marcel,Gabriel	1889—1973
马什	Marsh,H. W.	
马氏	Mahalanobis,P. C.	
马思兰	Masland,Andrew	
马斯格雷夫	Musgrave,Richard Abel	1910—2007
马斯勒	Maslach,Christina	
马斯洛	Maslow,Abraham Harold	1908—1970
马滕斯	Martens,Rainer	1942—
马西洛	Marsiglio da Padova	1275—1342
马歇尔,A.	Marshall,Alfred	1842—1924
马歇尔,F. R.	Marshall,Freddie Ray	1928—
马歇尔,T. H.	Marshall,Thomas Humphrey	1893—1981
马修斯,G. B.	Matthews,Gareth B.	1929—2011
马修斯,M. R.	Matthews,Michael R.	

马兹曼尼安	Mazmanian, Daniel A.	
马祖芮克	Mazurek, Kas	
马佐拉	Mazzola, Ugo	1863—1899
玛格尔顿	Muggleton, D.	
玛丽	Mary I	1516—1558
玛丽亚·特利莎	Maria Theresa	1717—1780
玛奎斯	Marquis, Clement	
迈尔斯, C. C.	Miles, Catherine Cox	1890—1984
迈尔斯, D. G.	Myers, David G.	1942—
迈尔斯, I. B.	Myers, Isabel Briggs	1897—1980
迈尔斯, R. E.	Miles, Raymond E.	
迈尔斯, W. R.	Miles, Walter Richard	1885—1978
迈克雷	Macrae, Ducan, Jr.	
迈纳	Miner, J.	
迈纳斯	Meiners, Christoph	
迈耶	Meyer, John W.	1935—
迈耶斯	Myers, L. J.	
麦丁斯基	Медынский, Евгений Николаевич	1885—1957
麦独孤	McDougall, William	1871—1938
麦格雷戈	McGregor, Douglas Murray	1906—1964
麦金尼	McKinney, James D.	
麦金农	MacKinnon, David Peter	
麦卡拉	McCullagh, P.	
麦卡锡	McCarthy, Charles	1873—1921
麦凯	Mackay, D. I.	
麦考莱	Macaulay, Thomas Babington	1800—1859
麦柯尔	McCall, W. A.	
麦可比	Maccoby, Eleanor Emmons	1917—
麦克安德鲁	McAndrew	
麦克道内尔	McDonnell, Lorraine M.	
麦克尔罗伊	McElroy, Mark W.	
麦克菲尔	Mcphail, Peter	
麦克基	McGee, Reece J.	
麦克劳克林, J. P.	McLaughlin, John P.	
麦克劳克林, M.	McLaughlin, Mibrey	
麦克拉里	McCrary, J. W.	
麦克拉伦	McLaren, Peter	1948—
麦克莱兰	McClelland, David C.	1917—1998
麦克莱伦	Mclellan, H.	
麦克米伦	Macmillan, Maurice Harold	1894—1986
麦克墨里, F. M.	McMurry, Frank Morton	1862—1936
麦克墨里, C. A.	McMurry, Charles Alexander	1857—1927
麦克纳	McKenna	
麦克纳特	McNight	
麦克尼	McNee	
麦克尼恩	Mclean, J. E.	
麦克尼尔, D.	McNeill, David	1933—
麦克尼尔, J. D.	McNeil, John D.	
麦克尼芙	McNiff, J.	
麦克奇	McGeoch, J. A.	
麦克唐纳	MacDonald, James B.	
麦克韦尼	MacWhinney, Brian James	1945—
麦克西	Maxcy, S. J.	
麦蒙尼德	Maimonides, Moses	1135—1204
麦塔	Mehta, Madhava Mal	
麦兹格	Metzger, W.	
曼德拉	Mandela, Nelson	1918—
曼德勒	Mandler, George	1924—
曼恩	Mann, J.	
曼格尔斯多夫	Mangelsdorf, Karl Ehregott Andreas	1748—1802
曼海姆	Mannheim, Karl	1893—1947
曼苏尔	Mansur, al-	714—775
芒克曼	Monkman, Karen	
梅	May, Mark Arthur	1891—
梅奥	Mayo, George Elton	1880—1949
梅尔	Meier	
梅尔特格	Meltger	
梅兰希顿	Melanchthon, Philipp	1497—1560
梅雷迪斯	Meredith, James Howard	1933—
梅里厄	Meirieu, P.	
梅里尔	Merrill, M. David	
梅里亚姆, C. E.	Merriam, Charles Edward	1874—1953
梅里亚姆, S. B.	Merriam, Sharan B.	
梅理士	Mills, Charles Rogers	1829—1895
梅罗维茨	Meyrowitz, Joshua	
梅洛庞蒂	Merleau-Ponty, Maurice	1908—1961
梅耐德	Mills, Annetta Eugenia Thompson	1853—1929
梅钦鲍姆	Meichenbaum, Donald H.	1940—
梅钦斯卡娅	Менчинская, Наталья Александровна	1905—1984
梅夏	Masia, B.	
梅耶	Mayer, Richard E.	

梅耶斯	Myers,Charles A.	
梅叶	Meslier,Jean	1664—1729
梅伊曼	Meumann,Ernst	1862—1915
美多德	Methodius	约826—885
美叶尔	Maier,Tony	
门多萨	Mendoza,Antonio de	1495—1552
蒙克利	Moncriff,Edward T. R.	
蒙台纳	Maintenon,Françoise d'Aubigné	1635—1719
蒙台梭利	Montessori,Maria	1870—1952
蒙田	Montaigne,Michel Eyquem de	1533—1592
孟德尔	Mendel,Gregor Johann	1822—1884
孟德斯鸠	Montesquieu,Charles-Louis de Secondat	1689—1755
孟禄	Monroe,Paul	1869—1947
弥尔顿	Milton,John	1608—1674
米达尔	Myrdal,Gunnar	1898—1987
米德,G. H.	Mead,George Herbert	1863—1931
米德,M.	Mead,Margaret	1901—1978
米登多夫	Middendorf, Johann Wilhelm	1793—1853
米登多普	Middendorp,Jakob	约1537—1611
米尔克森	Milkesen,Bank	
米海尔八世	Michael Ⅷ	1223—1282
米克洛斯	Miklos	
米拉博	Mirabeau,Honoré Gabriel Riqueti de	1749—1791
米勒,F. J.	Mellor,F. J.	
米勒,J. P.	Miller,John P.	
米勒,N.	Miller,Nathen	
米勒,P. W.	Miller,P. W.	
米勒,R.	Miller,Ron	
米利特,J. D.	Millett,John David	1912—1993
米利特,K.	Millett,Kate	1934—
米怜	Milne,William Charles	1815—1863
米奇利	Midgley,C.	
米切尔	Mitchell,Juliet	1940—
米斯	Meece,J. L.	
米斯科尔	Miskel,C. G.	
米斯莱维	Mislevy,Robert J.	
米特尔曼	Mittelman,W.	
米歇尔	Mischel,Walter	1930—
米歇里斯	Michaelis,John David	
米亚拉雷	Mialaret,Gaston	1918—
密妥士	Meadows,John Armstrong Taylor	

闵斯特伯格	Münsterberg,Hugo	
闵希豪生	Münchhausen,Gerlach Adolf von	1688—1770
明茨伯格	Mintzberg,Henry	
明瑟	Mincer,Jacob	1922—2006
缪克斯	Meux,Milten	
摩根,C. D.	Morgan,Christiana Drummond	1897—1967
摩根,G.	Morgan,Gareth	1943—
摩根,L. H.	Morgan,L. H.	
摩根,R. L.	Morgan,R. L.	
摩西	Moses	
莫蒂莫尔	Mortimore,Peter	
莫尔	More,Thomas	1478—1535
莫尔霍夫	Morhof,Daniel Georg	1639—1691
莫尔曼	Moehlman,Arthur Bernard	1889—1952
莫苟德	Magoda,Baxter	
莫吉拉	Могила, Пётр Симеонович	1596—1647
莫兰	Morin,Edgar	
莫勒	Mowrer,Orval Hobart	1907—1982
莫雷诺	Moreno,Jacob Levy	1889—1974
莫雷斯	Morais,Ana Marie	
莫蕾	Morley,L.	
莫里尔	Morrill,Justin Smith	1810—1898
莫里森,E.	Morison,E.	
莫里森,H.	Morrison,H.	
莫里斯,C. D.	Morris,C. Donald	
莫里斯,C. T.	Morris,Cynthia Taft	
莫里斯,C. W.	Morris, Charles William	1901—1979
莫里斯,G. S.	Morris, George Sylvester	1840—1889
莫里斯,V. C.	Morris,Van Cleve	
莫利	Moely,B. E.	
莫伦豪尔	Mollenhauer,Klaus	
莫鲁斯	Maurus,Rabanus	约780—856
莫罗	Morrow,R. A.	
莫内	Monnet,Jean	1888—1979
莫诺马赫	Мономах, Владимир Всеволодович	1053—1125
莫诺里	Monory	
莫斯	Mauss,Marcel	1872—1950
莫斯顿	Mosston,Muska	1925—
莫斯利	Moseley,James L.	
莫扎列夫斯基	Модзалевский,Лев Николаевич	1837—1896
墨菲	Murphy,Gardner	1895—1979
默	Moe,Terry M.	

默顿	Merton, Robert King	1910—2003
默克罗比	Mcrobbie, Angela	
默里	Murray, Henry Alexander	1893—1988
穆阿维叶	Muawiyah	600—680
穆巴拉克	Mubarak, Muhammad Hosni El Sayed	1928—
穆德莉	Moodley, Kogila	
穆顿	Mouton, Jane Srygley	1930—1987
穆尔, B.	Moore, Bert	
穆尔, G. E.	Moore, George Edward	1873—1958
穆尔, M. G.	Moore, Michael G.	
穆尔, W. E.	Moore, Wilbert E.	1914—1987
穆尔, W. L.	Moore, William L.	
穆罕默德	Mohammed	约570—632
穆罕默德·阿里	Muhammad Ali	1769—1849
穆莱克	Mulaik, Stanley	1935—
穆勒, J.	Mill, James	1773—1836
穆勒, J. S.	Mill, John Stuart	1806—1873
穆勒, W.	Muller, W.	
穆威廉	William Hill Murray	1843—1911
穆西曼	Moshman, David	

N

拿破仑三世	Napoléon Ⅲ	1808—1873
拿破仑一世	Napoléon Ⅰ	1769—1821
那格尔	Nagel, Stuart S.	
纳尔逊	Nelson, Thomas O.	1943—2005
纳赛尔	Nasser, Gamal Abdel	1918—1970
纳斯	Nurss, Joanne R.	
纳托尔	Nuttall, Desmond L.	
纳托尔普	Natorp, Paul Gerhard	1854—1924
纳乌莫夫	Наумов, Борис Николаевич	1927—1988
奈德	Neidt, Charles O.	
奈尔	Nair, K. R.	
奈勒	Kneller, George F.	1908—1963
奈瑟	Neisser, Ulric	1928—2012
奈什	Naish	
奈斯比特	Naisbitt, John	1929—
奈特	Knight, Frank Hyneman	1885—1972
南怀仁	Verbiest, Ferdinand	1623—1688
南姆伯格	Namberg, Margarete	
尼采	Nietzsche, Friedrich Wilhelm	1844—1900
尼尔, A. S.	Neill, Alexander Sutherland	1883—1972
尼尔, M.	Neil, M.	

尼尔耶	Nirje, Bengt	
尼夫斯	Neves	
尼古拉一世	Николай Ⅰ	1796—1855
尼赫鲁	Nehru, Jawaharlal	1889—1964
尼科	Necho	
尼科尔斯	Nicholls, J. G.	
尼科利	Niccoli, Niccolò	1363—1437
尼克松	Nixon, Richard Milhous	1913—1994
尼迈尔	Niemeyer, August Hermann	1754—1828
尼珀	Nippe, Søren	
尼普科夫	Nipkow, Paul	
尼塞塔斯	Nicetas	
尼森	Nissen, Mary Jo	
尼斯比特	Nisbet, John Donald	
尼沃	Neave, Guy	
尼扎姆·穆尔克	Nizam al-Mulk	1018—1092
涅恰耶夫	Нечаев, Александр Петрович	1870—1948
牛顿	Newton, Isaac	1642—1727
纽厄尔	Newell, Alan	1927—1992
纽卡斯尔	Newcastle, 5th Duke of	1811—1864
纽隆	Newlon, Jesse	
纽马克	Neumark, David	
纽曼, F.	Newmann, Fred	
纽曼, J. H.	Newman, John Henry	1801—1890
纽曼, O.	Neumann, O.	
纽曼, S. B.	Neuman, Susan B.	
努南	Nunan, D.	
努斯鲍姆	Nussbaum, Nancy	
诺丁斯	Noddings, Nel	1929—
诺尔	Nohl, Herman	1879—1960
诺尔斯	Knowles, Malcolm Shepherd	1913—1997
诺尔特	Nolte, M. Chester	
诺克	Knirk, Frederick G.	
诺克斯, A. B.	Knox, Alan B.	
诺克斯, J.	Knox, John	1505—1572
诺克斯, S.	Knox, Samuel	
诺克斯, V.	Knox, Vicesimus	1752—1821
诺勒斯	Knowles, Asa Smallidge	1909—1990
诺曼	Norman, Donald Arthur	1935—
诺齐克	Nozick, Robert	1938—2002
诺斯	North, Douglass Cecil	1920—
诺韦-科利尔	Rovee-Collier, C.	
诺维科夫	Новиков, Николай Иванович	1744—1818
诺维克	Novick, M. R.	

诺亚	Noah, Harold J.	1925—

O

欧几里得	Euclid	约前 330—前 275
欧拉	Euler, Leonhard	1707—1783
欧里庇得斯	Euripides、	前 485/前 480—前 406
欧文	Owen, Robert	1771—1858
欧文斯	Owens, Robert G.	

P

帕波塞克	Papousek, H.	
帕丁生	Pattison	
帕顿	Patton, Carl V.	
帕尔梅利	Palmieri, Matteo di Marco	1406—1475
帕尔默	Palmer, Harold Edward	1877—1949
帕金	Parkin, Frank	
帕卡德	Packard, Alpheus Spring	1839—1905
帕科米乌	Pachomius the Great	292—348
帕克	Parker, Francis Wayland	1837—1902
帕克赫斯特	Parkhurst, Helen	1887—1973
帕克斯	Parks, Rosa Louise McCauley	1913—2005
帕拉	Parrot, André	1901—1980
帕勒特	Parlett, Malcolm	
帕累托	Pareto, Vilfredo Federico	1848—1923
帕里斯, S. G.	Paris, Scott G.	
帕里斯, C.	Paris, C.	
帕林卡沙	Palincasar, A.	
帕罗兹	Paroz, Jules	1824—1906
帕内斯	Parnes, S. J.	
帕森斯, F.	Parsons, Frank	1854—1908
帕森斯, T.	Parsons, Talcott	1902—1979
帕斯·埃斯登索罗	Paz Estenssoro, Victor	1907—2001
帕斯	Paas, Fred G. W. C.	
帕斯卡	Pascal, Blaise	1623—1662
帕斯隆	Passeron, Jean-Claude	1930—
帕特里奇	Partridge, Alden	1785—1854
帕滕, J. V.	Patten, J. Van	
帕滕, M. B.	Parten, M. B.	
派得乐	Pedler, Mike	
派纳	Pinar, William F.	

潘恩	Paine, Thomas	1737—1809
潘杰帕克森	Panchapakesan, Nargis	
潘塔莱奥尼	Pantaleoni, Maffeo	1857—1924
庞迪我	Pantoja, Didace de	1571—1618
培尔	Bayle, Pierre	1647—1706
培根	Bacon, Francis	1561—1626
裴斯泰洛齐	Pestalozzi, Johann Heinrich	1746—1827
沛西	Percy, Eustace	1887—1958
沛西·能	Percy Nunn, Thomas	1870—1944
佩德森	Paterson	
佩恩, E. G.	Payne, E. G.	
佩恩, J.	Payne, Joseph	1808—1876
佩恩, J. S.	Payne, James Spriggs	1822—1896
佩恩, W. H.	Payne, William Harold	1836—1907
佩克	Peck, R. F.	
佩拉	Pella, M. O.	
佩拉顿	Perraton, Hilary	
佩里	Perry, William G.	
佩鲁	Perroux, François	1903—1987
佩纳	Perner, J.	
佩奇	Pescher, J. L.	
佩切伊	Peccei, Aurelio	1908—1984
佩维沃	Paivio, Allan Urho	1925—
彭卡韦尔	Pencavel, John H.	
蓬	Poon, L. W.	
皮埃尔	Pereire, Jacob Rodrigue	1715—1780
皮奥里	Piore, Michael Joseph	1940—
皮博迪	Peabody, Elizabeth Palmer	1804—1894
皮尔森	Pearson, Frances	
皮尔士	Peirce, Charles Sanders	1839—1914
皮尔斯	Pierce, Sarah H.	
皮尔逊	Pearson, Karl	1858—1936
皮科	Pico della Mirandola, Giovanni	1463—1494
皮洛戈夫	Пирогов, Николай Иванович	1810—1881
皮内尔	Pinel, Philippe	1745—1836
皮佩	Pipp, S.	
皮斯科	Pischke, Jörn-Steffen	
皮特曼	Pitman, Isaac	1813—1897
皮亚杰	Piaget, Jean	1896—1980
平特里奇	Pintrich, Paul R.	1953—2003
普京	Путин, Владимир Владимирович	1952—
普拉尔	Prahl, Hans-Werner	1944—
普拉马特	Pramat, R. S.	
普莱顿	Plethon	

普莱尔	Preyer, William T.	1842—1897
普雷马克	Premack, David	1925—
普雷斯利	Pressley, M.	
普雷托利乌斯	Praetorius, Rosalie	
普雷维什	Prebisch, Raúl	1901—1986
普雷西	Pressey, Sidney Leavitt	1888—1979
普里查德	Prichard, H. A.	
普利高津	Prigogine, Ilya	1917—2003
普利门德	Plegmund	?—914/923
普列汉诺夫	Плеханов, Георгий Валентинович	1856—1918
普鲁塔克	Plutarchos	约46—118
普鲁伊特	Prewitt, Kenneth	
普罗狄克	Prodicus	约前465—约前395
普罗斯特	Prost, Antoine	
普罗塔库斯	Protarchus	
普罗泰戈拉	Protagoras	前481/前485—前411
普洛登	Plowden, Bridget Horatia	1910—2000
普契内	Puchner, L.	
普瑞斯曼	Pressman, J.	
普塞洛斯	Psellus, Michael	1018—1078
普特	Pütter, Johann Stephan	1725—1807
普特南	Putnam, Robert D.	
普韦尼利	Povinelli, Daniel J.	

Q

齐德曼	Ziderman, Adrian	
齐基	Zieky, M. J.	
齐勒尔	Ziller, Tuiskon	1817—1882
齐默尔曼	Zimmerman, Wayne S.	
齐普罗	Cipro, Miroslav	
齐泽克	Cižek, Franz	1865—1946
奇弗	Cheever, John	
奇马	Cheema	
恰尔迪尼	Cialdini, Robert B.	1945—
钱伯林	Chamberlin, Dean	
钱德勒	Chandler, M.	
钱默特	Chamot, A. U.	
乔答摩·悉达多	Gautama Siddhartha	约前624/前564—前544/前484
乔丹	Jordan, David Starr	1851—1931
乔利	Chorley, Richard	

乔姆斯基	Chomsky, Avram Noam	1928—
乔纳森	Jonassen, David H.	1947—2012
乔伊斯	Joyce, Bruce	
乔治	George, Anne	
乔治三世	George Ⅲ	1738—1820
切林	Cherlin, D.	
琼斯, A.	Jones, Aaron	
琼斯, B. D.	Jones, Bryan D.	
琼斯, C. O.	Jones, Charles O.	1931—
琼斯, E. E.	Jones, Edward Ellsworth	1928—1993
琼斯, G. A.	Jones, Glen A.	
琼斯, H. E.	Jones, Harold Ellis	1894—1960
琼斯, N.	Jones, N.	
琼斯, R. G.	Jones, Ronald G.	
琼斯, T. J.	Jones, Thomas Jesse	1873—1950
丘伯	Chubb, John E.	
屈赖恩	Tryon, R. C.	

R

让丹	Zanten, Agnès Henriot-Van	
日意格	Prosper Marie Giquel	1835—1886
荣格	Jung, Carl Gustav	1875—1961
芮诺	Reynolds, Maynard C.	
瑞安	Ryan, R. M.	
瑞安斯	Ryans, D. G.	
瑞德	Reder, Lynne M.	
瑞格鲁斯	Reigeluth, Charles M.	
瑞普雷	Ripley	
若奥三世	João Ⅲ	1502—1557
若斯潘	Jospin, Lionel	1937—

S

撒切尔夫人	Thatcher, Margaret Hilda	1925—
萨巴蒂尔	Sabatier, Paul A.	
萨达特	Sadat, Anwar	1918—1981
萨德勒	Sadler, Michael Ernest	1861—1943
萨顿	Sarton, George	1884—1956
萨顿-史密斯	Sutton-Smith, Brian	1924—
萨多弗尼克	Sadovnik, Alan R.	
萨多莱托	Sadoleto, Jacopo	1477—1547
萨尔塞多	Salcedo, Juan José de Vertiz y	1719—1799
萨尔士曼	Salzmann, Christian Gotthilf	1744—1811
萨凡奇	Savage, T. V.	

萨费尔	Saphier	
萨弗	Saffo, Paul	
萨哈, A.	Shah, Anup	
萨哈, L. J.	Saha, Lawrence J.	
萨亨	Sahn, David Ezra	
萨卡罗普洛斯	Psacharopoulos, George	1937—
萨科齐	Sarkozy, Nicolas	1955—
萨赖姆	Salam	
萨兰基克	Salancik, Gerald R.	
萨林斯	Sahlins, Marshall David	
萨米恩托	Sarmiento, Domingo Faustino	1811—1888
萨缪尔森	Samuelson, Paul Anthony	1915—2009
萨莫诺夫	Sameroff, A.	
萨帕	Super, Donald E.	
萨皮尔	Sapir, Edward	1884—1939
萨奇曼	Suchman, Richard	
萨乔万尼	Sergiovanni, Thomas J.	
萨斯内特	Sasnettt, M.	
萨特	Sartre, Jean Paul	1905—1980
萨瓦里	Savary, Alain	1918—1988
萨瓦斯	Savas, E. S.	
萨维尼	Savigny, Friedrich Karl von	1779—1861
萨伊	Say, Jean Baptiste	1767—1832
塞尔曼	Selman, Robert L.	
塞尔兹尼克	Selznik, Philip	1919—2010
塞甘	Séguin, Édouard	1812—1880
塞克斯	Saxe, G. B.	
塞勒	Saylor, J. Galen	1902—?
塞林克	Selinker, L.	
塞缪尔	Samuel, Y.	
塞尼亚得	Xeniades	
塞涅卡	Seneca, Lucius Annaeus	约前 4—后 65
塞申斯	Sessions, John G.	
塞韦尔	Sewell, William H.	1909—2001
塞韦林	Severin, W.	
塞维斯	Service, E. R.	
塞耶	Thayer, Doroth T.	
赛克斯	Sykes, Bryan	1947—
赛克希纳	Saxena, Anurag	
赛勒斯坦三世	Celestine Ⅲ	1106—1198
赛里	Shale, Doug	
赛特斯泰思	Settersten, Rick	
桑	Sand, G.	
桑代克, E. L.	Thorndike, Edward Lee	1874—1949
桑代克, R. L.	Thorndike, Robert L.	1910—1990

桑塔格	Sontag, E.	
桑坦德尔	Santander, Francisco de Paula	1792—1840
色诺芬	Xenophen	约前 431—前 354
瑟罗	Thurow, Lester Carl	1938—
瑟斯顿	Thurstone, Louis Leon	1887—1955
沙巴	Saba, Farhad	
沙茨基	Шацкий, Станислав Теофилович	1878—1934
沙恩	Schein, Edgar H.	1928—
沙勒	Schale	
沙库罗夫	Шакуров, Рафаил Хайруллович	1930—
沙利文, A.	Sullivan, Ann	
沙利文, E. A.	Sullivan, Edward A.	
沙梅斯	Shames, George H.	
沙维奇	Sawicki, David S.	
沙伊	Schaie, K. Warner	
莎士比亚	Shakespeare, William	1564—1616
山迈	Shammi	
尚茨	Shantz, C. U.	
舍恩	Schon, D.	
舍尔斯基	Schelsky, Heramut	1912—1984
舍勒	Scheler, Max	1874—1928
申克, D. H.	Schunk, Dale H.	
申克, R. C.	Schank, Roger C.	1946—
圣吉	Senge, Peter Michael	1947—
圣西门	Saint-Simon, Claude Henri de Rouvroy de	1760—1825
施丹汉	Sydenham, Thomas	1624—1689
施蒂费尔	Stiefel, Leanna	
施拉姆	Schramm, Wilbur Lang	1907—1987
施莱尔马赫	Schleiermacher, Friedrich Daniel Ernst	1768—1834
施莱格尔	Schlegel, Friedrich von	1775—1817
施莱内尔	Schreiner, Peter	
施罗德, G.	Schröder, Gerhard	1944—
施罗德, W. H.	Schroeder, William H.	
施米德	Schmid, Karl Adolf	
施米特	Schmidt, Karl	1819—1864
施密特, F. L.	Schmidt, Frank L.	
施密特, R. A.	Schmidt, Richard A.	
施密特, W.	Schmidt, Wilhelm	1868—1954
施樗克	Schmuck, R.	
施纳曼	Scheuneman, Janice Dowd	1940—2006

施奈德,F. W.	Schneider,Frank W.	
施奈德,H.	Schneider,Herman	
施奈德,J. C. F.	Schneider,Johann Christian Frredrich	1786—1853
施内曼	Shneidman,E. S.	
施瑞尔	Schriewer,Jürgen	
施泰格尔	Steiger,N. F. von	
施泰因	Stein,Lorenz von	1815—1890
施滕策尔	Stenzel,A.	
施瓦布	Schwab,Joseph J.	1910—1988
施瓦茨	Schwartz,Aba	
施瓦兹	Schwarz,Friedrich Heinrich Christian	1776—1857
施韦伯	Schwebel,A.	
施沃森	Shavelson,R. J.	
石里克	Schlick,Moritz	1882—1936
史宾斯	Spens,Will	
史蒂文森,C. L.	Stevenson,Charles Leslie	1908—1979
史蒂文森,H. W.	Stevenson,Harold William	1925—2005
史蒂文斯	Stevens,Stanley Smith	1906—1973
史莱汶	Slavin	
史密斯,B. O.	Smith,B. Othanel	
史密斯,C.	Smith,C.	
史密斯,D. E.	Smith,Dorothy Edith	1926—
史密斯,D. G.	Smith,David Geoffrey	1946—
史密斯,E. R.	Smith,Eugens R.	
史密斯,J.	Smyth,John	
史密斯,J. H.	Smith,Joshua H.	
史密斯,K. C.	Smith,Kewin C.	
史密斯,K. L. R.	Smith,K. L. R.	
史密斯,M. L.	Smith,M. L.	
史密斯,N. D.	Smith,Nicholas David	
史密斯,P. K.	Smith,P. K.	
史密斯,P. L.	Smith,P. L.	
史密斯,S. H.	Smith,Samuel H.	
史密斯,T. B.	Smith,Thomas B.	
史密斯,W.	Smith,W.	
叔本华	Schopenhauer,Arthur	1788—1860
舒伯特,F. P.	Schubert,Franz Peter	1797—1828
舒伯特,W. H.	Schubert,W. H.	
舒茨	Schütz,Alfred	1899—1959
舒尔茨,M. M.	Schurz,Margarethe Meyer	1833—1876
舒尔茨,T. W.	Schultz,Theodore William	1902—1998
舒尔曼	Shulman,L. S.	
舒尔特	Schulte,R. W.	
舒格曼	Sugarman,B.	
舒里金	Шульгин,Виктор Николаевич	1894—1965
舒曼	Schuman,Robert	1886—1963
司马罗	Schmalso	
斯宾格勒	Spengler,Oswald	1880—1936
斯宾克	Spink	
斯宾诺莎	Spinoza,Baruch de	1632—1677
斯宾塞	Spencer,Herbert	1820—1903
斯波代克	Spodek,Bernard	
斯达	Starr,Paul	
斯大林	Сталин,Иосиф Виссарионович	1879—1953
斯蒂芬森	Stephenson,William	
斯蒂格利茨	Stiglitz,Joseph Eugene	1943—
斯杜佛	Stouffer	
斯金纳	Skinner,Burrhus Frederic	1904—1990
斯卡尔	Scarr,Sandra Wood	1936—
斯卡特金	Скаткин,Михаил Николаевич	1900—1991
斯科普勒	Schopler,E.	
斯科特,M.	Scot,Michael	1175—1232
斯科特,W. R.	Scott,William Richard	1932—
斯克里文	Scriven,M.	
斯库勒	Schooler,Lael	
斯奎尔	Squire,L. R.	
斯拉夫特	Slaughter,Sheila	
斯拉特瑞	Slattery,Patrick	
斯赖特	Slater,John F.	
斯利特	Sleeter,Christine E.	
斯迈尔斯	Smiles,Samuel	1812—1904
斯梅塔娜	Smetana,Judith	
斯米兰斯基	Smilansky	
斯纳德克	Snedecor,G. W.	
斯奈德,B. R.	Snyder,Benson R.	
斯奈德,J.	Snyder,J.	
斯奈德,R. A.	Snyder,R. A.	
斯奈登	Snedden,David Samuel	1868—1951
斯诺,C. P.	Snow,Charles Percy	1905—1980
斯诺,R. E.	Snow,Richard E.	
斯潘塞	Spencer,Melinda G.	
斯佩克	Speck,M.	
斯佩里	Sperry,Roger Wolcott	1913—1994
斯彭斯,A. M.	Spence,Andrew Michael	1943—
斯彭斯,K. W.	Spence,Kenneth Wartenbe	1907—1967

斯皮策	Spitzer, D. R.	
斯皮尔丁	Spaulding, Frank	
斯皮尔曼	Spearman, Charles Edward	1863—1945
斯皮格伯格	Spiegelberg, Herbert	1904—1990
斯皮罗	Spiro, Rand J.	
斯普朗格	Spranger, Eduard	1882—1963
斯普林	Spring, J.	
斯奇勒辛格	Schlesinger, A. M.	
斯切润斯	Scheerens	
斯塔德勒	Stadler, M. A.	
斯塔夫里阿诺斯	Stavrianos, Leften Stavros	1913—2004
斯塔弗尔比姆	Stufflebeam, Daniel L.	
斯塔克	Stake, R. E.	
斯塔雷特	Starrat, R.	
斯泰默	Steimer, W.	
斯坦奎斯特	Stenquist, John Langdon	
斯坦利, J. C.	Stanley, Julian Cecil	1918—2005
斯坦利, W. M.	Stanley, William W.	
斯陶布	Staub, Ervin	
斯特恩, G. G.	Stern, George G.	
斯特恩, L. W.	Stern, Louis William	1871—1938
斯特恩斯	Stearns, Robert L.	
斯特拉托	Strato of Lampsacus	约前335—约前269
斯特拉耶	Strayer, George Drayton	
斯特朗, A. L.	Strong, Anna Louise	1885—1970
斯特朗, E. K.	Strong, Edward Kellog	1884—1963
斯特朗, W.	Strong, William	
斯特鲁克	Stayrook, N. G.	
斯特鲁米林	Струмилин, Станислав Густавович	1877—1974
斯特鲁普	Stroup, Herbert Hewitt	1916—2011
斯特罗姆奎斯特	Stromquist, Nelly P.	
斯腾伯格	Sternberg, Robert Jeffrey	1949—
斯腾豪斯	Stenhouse, Lawrence	1926—1982
斯汀菲尔德	Stringfield	
斯通, C. W.	Stone, C. W.	
斯通, L.	Stone, Lawrence	
斯图尔德	Steward, Julian	1902—1972
斯图谟	Sturm, Johannes	1507—1589
斯图亚特	Stuart, James	1843—1913
斯托	Stowe, Calvin Ellis	1802—1886
斯托达德	Stoddard, George Dinsmore	1897—1981
斯托尔	Storr, Richard James	1915—2011
斯托格迪尔	Stogdill	
斯托基	Stokey, E.	
斯托洛维奇	Stolovitch, H. D.	
斯托特	Stout, W. F.	
斯托伊	Stoy, Karl Volkmar	1815—1885
斯托尤宁	Стоюнин, Владимир Яковлевич	1826—1888
斯瓦米纳坦	Swaminathan, H.	
斯旺森, G.	Swanson, Guy	
斯旺森, J.	Swanson, Judy	
斯威夫特	Swift, M. S.	
斯威勒	Sweller, John	
斯威特兰	Sweetland	
斯威汀	Sweeting, Anthony	
斯维尔德洛夫	Свердлов, Яков Михайлович	1885—1919
斯温	Swain, M.	
斯温森	Swainson	
斯沃博达	Svoboda, Jan Vlastimír	1803—1844
斯沃兹	Schwartz, Steven	
苏格拉底	Socrates	前469—前399
苏霍多尔斯基	Suchodolski, Bogdan	1907—1992
苏霍姆林斯基	Сухомлинский, Василий Александрович	1918—1970
苏克雷	Sucre, Antonio José de	1795—1830
苏珊	Susan, C. P.	
苏扎罗	Suzallo, H.	
梭伦	Solon	约前638—约前559
所罗门	Solomon, D.	
索邦	Sorbon, Robert de	1201—1274
索贝尔	Sobel	
索尔·胡安娜	Sor Juana	1648/1651—1695
索尔蒂斯	Soltis, Jonas F.	
索尔蒙	Solomon, L. C.	
索科洛夫	Соколов, Михайлович Василиевич	1894—1962
索科洛娃	Соколова, Мария Александровна	
索利	Solley, W. H.	
索利斯	Thouless, Robert Henry	1894—1984
索伦	Solon, G.	
索伦森	Sorensen, W.	
索罗	Thoreau, Henry	1817—1862
索罗金	Sorokin, Pitirim A.	1889—1968

索洛	Solow, Robert Merton	1924—
索普	Thorpe, Mary	
索思沃思	Southworth	
索维托夫	Советов, Сергей Евгеньевич	
琐罗亚斯德	Zoroaster	约前 628—前 551

T

塔埃尔	Thaer, A. D.	
塔巴	Taba, Hilda	
塔尔文,	Tulving, Endel	1927—
塔克, L. R.	Tucker, L. R.	
塔克, M.	Tucker, Mar	
塔列朗	Talleyrand, Charles-Maurice de	1754—1838
塔洛克	Tullock, Gordon	1922—
塔潘	Tappan, Henry Philip	1805—1881
塔提安	Tatian	约 120—175
塔朱里	Tagiuri, R.	
泰尔	Theil, Henri	1924—2000
泰勒, B.	Taylor, Brook	1685—1731
泰勒, H.	Taylor, Hobart, Jr.	1920—1981
泰勒, J.	Taylor, John	1753—1824
泰勒, R. W.	Tyler, Ralph W.	1902—1994
泰勒, S. E.	Taylor, Shelley E.	
泰勒斯	Thales	约前 624—约 前 547
泰利	Thery, A. F.	
泰罗	Taylor, Frederick Winslow	1856—1915
泰特	Tight, M.	
泰亚克	Tyack, David B.	
泰泽	Theise	
坦纳, D.	Tanner, D.	
坦纳, L. N.	Tanner, L. N.	
坦纳, R. T.	Tanner, R. T.	
汤姆森	Thomson, Godfrey Hilton	1881—1955
汤普森, L.	Thompson, L.	
汤普森, M.	Thompson, Michael	
汤普森, R. A.	Thompson, Ross A.	
汤普森, S. K.	Thompson, Spencer K.	
汤普森, W. R.	Thompson, W. R.	
汤普森, E. P.	Thompson, Edward Palmer	1924—1993
汤若望	Bell, Johann Adam Schall von	1592—1666
汤因比	Toynbee, Arnold Joseph	1889—1975
唐顿	Downton, James Victor	1938—

唐纳德	Donald, J.	
唐纳利	Donnelly	
特拉奥内	Traone, E.	
特拉弗斯	Travers, R. M. W.	
特拉普	Trapp, Ernst Christian	1745—1818
特拉西	Tracy, Destutt de	1754—1836
特赖希勒	Treichler, D. G.	
特雷舍韦	Trethewey, Alan Robert	
特里尔	Turiel, Elliot	
特里姆	Trim, J. L. M.	
特鲁曼	Truman, David	
特鲁斯迪	Trusty, Francis	
特罗	Trow, Martin	
特纳, D. S.	Turner, D. S.	
特纳, F. J.	Turner, Frederick Jackson	1861—1932
特纳, G.	Turner, G.	
特纳, J. B.	Turner, Jonathan Baldwin	1805—1899
特纳, R. H.	Turner, Ralph Herbert	1919—
特温	Thwing, Charles F.	
滕尼斯	Tönnies, Ferdinand	1855—1936
提奥弗拉斯特	Theophrastus	约前 371—约 前 287
廷伯根	Tinbergen, Jan	1903—1994
廷代尔	Tyndale, William	1484—1536
图尔	Toole, T.	
图特摩斯二世	Thutmose II	?—前 1479
图特摩斯三世	Thutmose III	?—前 1425
图特摩斯一世	Thutmose I	?—前 1492
涂尔干	Durkheim, David Émile	1858—1917
屠能	Thünen, Johann Heinrich von	1783—1850
推孟	Terman, Lewis Madison	1877—1956
推士	Tuiss, H.	
托达罗	Todaro, Michael P.	
托尔曼	Tolman, Edward Chace	1886—1959
托尔斯泰	Толстой, Лев Николаевич	1828—1910
托夫勒	Toffler, Alvin	1928—
托兰斯	Torrance, Ellis Paul	1915—2003
托勒密	Ptolemy	约 90—168
托勒密一世	Ptolemy I	约前 367—前 283
托里	Torrey, Henry Augustus Pearson	1837—1902
托里拆利	Torricelli, Evangelista	1608—1647
托马斯, A.	Thomas, Alexander	1939—
托马斯, R. M.	Thomas, R. Murray	

托马斯·阿奎那	Thomas Aquinas	1225—1274
托马西乌斯	Thomasius,Christian	1655—1728
托尼,R. H.	Tawney,Richard Henry	1880—1962
托尼,J.	Torney,Judith	
托瑞斯	Torres,C. A.	
托斯卡内利	Toscanelli, Paolo dal Pozzo	1397—1482

W

瓦茨	Watts	
瓦根舍因	Wagenschein,Martin	1896—1988
瓦赫捷罗夫	Вахтеров,Василий Порфирьевич	1853—1924
瓦加斯	Vargas,Getúlio Dornelles	1883—1954
瓦兰斯	Vallance,E.	
瓦利斯	Vallés,Francisco	1524—1592
瓦林斯	Valens	328—378
瓦龙	Wallon,Henri	1879—1962
瓦伦特	Valente,William D.	
瓦萨	Vasa,Gustav	1496—1560
瓦斯塔	Vasta	
瓦特曼	Wartman	
瓦托夫斯基	Wartofsky,Marx W.	1928—1997
瓦扬	Vaillant, Édouard Marie	1840—1915
威多森	Widdowson,Henry G.	1935—
威尔德	Wild, John Daniel	1902—
威尔顿	Welton,James	
威尔豪斯基	Wielhorski,Michał	1787—1856
威尔金斯,D. A.	Wilkins,D. A.	
威尔金斯,J.	Wilkins,John	1614—1672
威尔科克森	Wilcoxon,Frank	1892—1965
威尔逊,B. R.	Wilson,Bryan Ronald	1926—2004
威尔逊,H. C.	Wilson, H. Clyde	1926—2010
威尔逊,J. H.	Wilson,James Harold	1916—1995
威尔逊,J. Q.	Wilson,James Q.	
威尔逊,W.	Wilson,Woodrow	
威格	Wiig,Elisabeth H.	
威克里夫	Wycliffe,John	约 1320—1384
威克曼	Wickman,E. K.	
威克塞尔	Wicksell,Johan Gustaf Knut	1851—1926
威利斯,G.	Willis,George	
威利斯,P.	Willis,Paul	1945—
威廉	William,W.	
威廉二世	Wilhelm II	1859—1941
威廉·配第	William Petty	1623—1687
威廉三世	William III	1650—1702

威廉斯,F. E.	Williams,F. E.	
威廉斯,N.	Williams,N.	
威廉斯,R.	Williams,Roy	
威廉斯,R. H.	Williams,Raymond Henry	1921—1988
威廉斯,W.	Williams,Whiting	
威廉一世	Wilhelm I	1797—1888
威廉一世	William I the Conqueror	1027/1028—1087
威林厄姆	Willingham,D. B.	
威洛厄	Willower,Donald J.	1927—2000
威佩奇	Wippich,W.	
威斯勒	Wissler,Clark	1870—1947
威斯利	Wesley,Edgar Bruce	1891—1980
威特金	Witkin,Herman A.	1916—1979
威特默	Witmer,L.	
韦伯,E. H.	Weber,Ernst Heinrich	1795—1878
韦伯,M.	Weber,Max	1864—1920
韦伯斯特	Webster,Noah,Jr.	1758—1843
韦布	Webb,Rodman	1941—
韦德,J. T.	Wade,John T.	
韦德,S.	Wade,S.	
韦尔	Weil,M.	
韦尔曼	Wellman, Henry	
韦尔斯	Wells,Herbert George	1866—1946
韦弗	Weaver,Warren	1894—1978
韦杰	Wager,W. W.	
韦卡特	Weikart,David P.	1931—2003
韦克	Weick,Karl	
韦克斯勒,D.	Wechsler,David	1896—1981
韦克斯勒,P.	Wexler,Philip	
韦兰	Wayland,Francis	1796—1865
韦利塞	Velicer	
韦默	Wimmer,Roger	
韦斯巴芗	Vespasian	9—79
韦斯布劳德	Weisbrod,Burton	
韦斯曼	Wesman,A.	
韦斯特	West,M.	
韦斯特伯里	Westbury,I.	
韦特海默	Wertheimer,Max	1880—1943
维奥拉斯	Violas, Paul C.	
维布伦	Veblen,Thorstein Bunde	1857—1929
维达尔·白兰士	Vidal de la Blache, Paul	1845—1918
维多里诺	Vittorino da Feltre	1378—1446
维多利亚	Victoria,Alexandrina	1819—1901
维尔达夫斯基	Wildavsky,Aaron	1930—1993

维尔胡斯特	Verhulst, Pierre François	1804—1849
维尔曼	Willmann, Otto	1839—1920
维尔斯	Wells, A. S.	
维尔斯马	Wiersma, W.	
维夫斯	Vives, Juan Luis	1492—1540
维格	Verger, Jacques	1943—
维果茨基	Выготский, Лев Семёнович	1896—1934
维吉尔	Virgil	前 70—前 19
维柯	Vico, Giovanni Battista	1668—1744
维里维尔	Viriville, Auguste Vallet de	1815—1868
维纳, B.	Wciner, Bernard	1935—
维纳, M. J.	Wiener, Martin Joel	1941—
维尼奥尔斯	Vignoles, Anna	
维特根斯坦	Wittgenstein, Ludwig Josef Johann	1889—1951
维特罗克	Wittrock, Merlin C.	1931—2007
维亚尔	Vial, Jean	
维泽, J. E.	Vaizey, John Ernest	1929—1984
维泽, L. V.	Wiese, Leopold von	
伟烈亚力	Wylie, Alexander	1815—1887
魏德迈	Wedemeyer, Charles A.	1911—1999
魏地拉	Videla, Jorge Rafael	1925—
魏格尔	Weigl, Egon	
魏斯曼	Weismann, Friedrich Leopold August	1834—1914
魏因贝格	Wainberg, Richard A.	
温德	Wenden, A.	
温斐林	Wimpheling, Jacob	1450—1528
温哥斯基	Wingersky, M. S.	
温格	Wenger, Étienne Charles	1952—
温内	Winne, S. H.	
温奇	Winch, Christopher	
温特	Winter	
温特勒	Winteler, Adolf	
温泽尔	Winzer, Margret	
文德尔班	Windelband, Wilhelm	1848—1915
翁加尼亚	Ongania, Juan Carlos	1914—1995
沃德, J. H.	Ward, Joe H. , Jr.	1926—2011
沃德, L. F.	Ward, Lester Frank	1841—1913
沃多沃索夫	Водовозов, Василий Иванович	1825—1886
沃多沃佐娃	Водовозова, Елизавета Николаевна	1844—1923
沃尔德	Wald, Abraham	1902—1950
沃尔夫, C.	Wolff, Christian	1679—1754
沃尔夫, J.	Wolf, Jim	

沃尔弗里士	Werfrith, Bishop of Worcester	
沃尔福克	Woolfolk, Anita E.	
沃尔科特	Wolcott, Harry F.	
沃尔克	Volcker, Paul Adolph	1927—
沃尔佩	Volpe, Galvano Della	1895—1968
沃尔普	Wolpe, Joseph	1915—1997
沃尔森	Walson, Thomas	1874—1956
沃尔什	Walsh, J. R.	
沃尔特斯, R. H.	Walters, Richard H.	1918—1967
沃尔特斯, R.	Walters, Raymond	
沃尔乌尔弗	Werwulf	
沃尔泽	Walzer, Michael	1935—
沃夫	Whorf, Benjamin Lee	1897—1941
沃克, D.	Walker, Deborah	
沃克, S.	Walker, Stephen	
沃克, W. E.	Walker, W. E.	
沃勒	Waller, Willard Walter	1899—1945
沃勒斯坦	Wallerstein, Immanuel Maurice	1930—
沃利斯	Wallis, Wilson Allen	1912—1998
沃纳	Werner, Heinz	1890—1964
沃森, F.	Watson, Foster	1860—1929
沃森, G.	Watson, Goodwin	
沃森斯塔	Vossensteyn, Hans	
沃斯	Voss, J. E.	
沃斯通克拉夫特	Wollstonecraft, Mary	1759—1797
沃特	Wirt, William Albert	1874—1938
沃特金斯, J.	Watkins, Jeff	
沃特金斯, P.	Watkins, Peter	
沃特金斯, S. H.	Watkins, S. H.	
乌尔班五世	Urban V	1310—1370
乌尔比安	Ulpian	约 170—228
乌尔里希	Ulrich, Edward Oscar	1857—1944
乌尔曼	Ulman	
乌利希	Ulich, Robert	1890—1977
乌申斯基	Ушинский, Константин Дмитриевич	1824—1871
乌索娃	Усова, А. П.	
屋大维	Octavian	前 63—后 14
伍德	Wood, R. L.	
伍德霍尔	Woodhall, M.	
伍德科克	Woodcock	

伍德罗	Woodrow, H.	
伍德沃德,C. M.	Woodward, Calvin Milton	1837—1915
伍德沃德,H.	Woodward, Hezekiah	1590—1675
伍德沃思	Woodworth, Robert Sessions	1869—1962
伍利	Woolley, Helen Thompson	1874—1947
伍兹	Woods, Peter	

X

西恩富戈斯	Cienfuegos Gorriarán, Camilo	1932—1959
西尔弗,H.	Silver, H.	
西尔弗,L. C.	Silver, L. C.	
西尔斯,B. B.	Seels, Barbara B.	
西尔斯,D.	Sears, D.	
西尔斯,J. B.	Sears, J. B.	
西尔斯,R. R.	Sears, Robert Richardson	1908—1989
西尔维斯特	Sylvester, James Joseph	1814—1897
西尔维乌斯	Aeneas Silvius Bartholomeus	1405—1464
西格勒	Siegler, Robert S.	
西卡尔	Sicard, Roch-Ambroise Cucurron	1742—1822
西科雷尔	Cicourel, Aaron V.	
西克斯	Hicks, N. L.	
西里尔	Cyril	827—869
西利耶斯特廖姆	Siljestrom, P. A.	
西伦	Thelen, Herbert A.	1913—2008
西罗特尼克	Sirotnik, Kenneth A.	
西蒙,B.	Simon, Brain	1915—2002
西蒙,H. A.	Simon, Herbert Alexander	1916—2001
西蒙,S. B.	Simon, Sidney B.	
西蒙,T.	Simon, Théodore	1872—1961
西蒙兹	Symonds, P. M.	
西缅	Simeon	390—459
西摩	Seymour, W. D.	
西塞罗	Cicero, Marcus Tullius	前106—前43
西沃特	Stewart, A. David	
西肖尔	Seashore, Carl Emil	1866—1949
希庇亚斯	Hippias	约前560—前490
希波克拉底	Hippocrates	约前460—约前377
希尔	Hill, David	

希尔伯特	Hilbert, David	1862—1943
希尔顿	Schelten, Andreas	
希尔加德	Hilgard, Ernest Ropiequet	1904—2001
希菲林那斯	Xiphilinus, John	1010—约1080
希费利	Schiefele, Ulrich	
希夫林	Shiffrin, Richard M.	
希根海格	Hilgenheger, Norbert	
希克斯	Hicks, John Richard	1904—1989
希勒	Hiller, Jack H.	
希勒尔	Hillel	约前110—后10
希林	Shilling, Chris	
希罗多德	Herodotus	约前484—前425
希思	Heath, Edward	1916—2005
希塔	Shetach, Simeon ben	前120—前40
希特勒	Hitler, Adolf	1889—1945
席勒	Schiller, Johann Christoph Friedrich von	1759—1805
席姆勒	Zemmler, Christoph	1669—1740
夏伦伯格	Schallenberger, M.	
夏普	Sharp, R.	
香农	Shannon, Claude Elwood	1916—2001
肖伯纳	Huebner, Dwayne	
肖尔斯	Shores, J. Harlan	
谢尔登	Sheldon, Edward Austin	1823—1897
谢尔曼	Sherman, M.	
谢弗,C. E.	Schaefer, Charles E.	
谢弗,J. P.	Shaver, James P.	
谢弗勒	Scheffler, Israel	1923—
谢里夫	Sherif, Muzafer	1906—1988
谢林	Schelling, Friedrich Wilhelm Joseph von	1775—1854
谢苗诺夫	Семёнов, Дмитрий Дмитриевич	1834—1902
谢泼德	Shepard, L. A.	
谢耶	Selye, Hans Hugo Bruno	1907—1982
谢伊	Shea, J. B.	
辛格	Singh, Amrik	
辛格利	Singley, Mark K.	
辛克莱儿	Sinclair, R. L.	
辛纳	Shiner, Larry	
辛普森,C.	Simpson, C.	
辛普森,E. J.	Simpson, Elizabeth Jane	
辛普森,O.	Simpson, Ormond	
欣茨曼	Hintzman, Douglas L.	

熊彼特	Schumpeter,Joseph Alois	1883—1950
熊三拔	Ursis,Sabatino de	1575—1620
休伯尔	Hubel,David Hunter	1926—
休谟	Hume,David	1711—1776
休斯曼	Huesmann,Rowell	
修昔底德	Thucydides	约前460—前400
许尔	Schuell,Hildred	1906—1970
轩尼诗	Hennessy,John Pope	1834—1891
薛定谔	Schrödinger,Erwin	1887—1961

Y

雅恩	Jahn,Friedrich Ludwig	1778—1852
雅各布森	Jacobson,Lenore F.	
雅科托	Jacotot,Jean-Joseph	1770—1840
雅克-达尔克罗斯	Jaques-Dalcroze,Émile	1865—1950
雅库布·伊本·基利斯	Yaqub ibn Killis	930—991
雅罗斯拉夫	Ярослав Владимирович	约978—1054
雅斯贝尔斯	Jaspers,Karl Theodor	1883—1969
亚当森	Adamson,John William	1857—1947
亚当斯,C. K.	Adams,Charles Kendall	1835—1909
亚当斯,H. B.	Adams,Henry Brooks	1840—1905
亚当斯,J.	Adams,John	1857—1934
亚当斯,J. A.	Adams,Jack A.	1922—2010
亚当斯,J. S.	Adams,John Stacey	1925—
亚当斯,R. S.	Adams,Raymond S.	
亚当·斯密	Adam Smith	1723—1790
亚里士多德	Aristotle	前384—前322
亚历山大,L. G.	Alexander,L. G.	
亚历山大,W. M.	Alexander,William Marvin	1912—1996
亚历山大大帝	Alexander the Great	前356—前323
亚历山大二世	Александр II	1818—1881
亚历山大一世	Александр I	1777—1825
亚鲁奇	Yarouch	
亚那哥恩	Iannaccone,Laurence	
亚诺维茨	Yanowitz,B. A.	
亚述巴尼拔	Ashurbanipal	前685—前627
扬,I. M.	Young,Iris Marion	1949—2006
扬,M. F. D.	Young,Michael F. D.	

杨柯维奇	Янкович,Фёдор Иванович	1741—1814
耶茨	Yates,Frank	1902—1994
耶方斯	Jevons,W. S.	
耶克斯利	Yeaxlee,Basil Alfred	1883—1967
叶卡捷琳娜二世	Екатерина II	1729—1796
叶克斯	Yerkes,Robert Mearns	1876—1956
叶利钦	Ельцин,Борис Николаевич	1931—2007
叶斯伯森	Jesperson,Jen Otto Harry	1860—1943
叶苏夫	Yesufu,T. M.	
叶芝	Yeats,William Butler	1865—1939
伊本·阿拉比	Ibn al-Arabi	1165—1240
伊本·巴图塔	Ibn Batuta	1304—约1378
伊本·赫勒敦	Ibn Khaldoun	1332—1406
伊本·鲁世德	Ibn Rushd	1126—1198
伊本·西那	Ibn Sina	980—1037
伊本·珠伯尔	Ibn Jubair	1145—1217
伊壁鸠鲁	Epicurus	前341—前270
伊尔斯	Eells,Walter C.	
伊拉斯谟	Erasmus,Desiderius Roterodamus	1466—1536
伊里奇	Illich,Ivan	1926—2002
伊丽莎白一世	Елизавета I	1709—1762
伊利	Ely,Donid P.	
伊皮法纽斯	Epiphanes	
伊斯顿	Easton,David	1917—
伊索克拉底	Isocrates	前436—前338
伊塔尔	Itard,Jean Marc Gaspard	1774—1838
伊西多尔	Isidore of Seville	560—636
伊扎德	Izard,Carroll Ellis	1924—
英格利西	English,Willam Hayden	1826—1878
英海尔德	Inhelder,Bärbel	1913—1997
英克尔斯	Inkeles,Alex	
英诺森三世	Innocent III	1160—1216
尤敦	Youden,William John	1900—1971
尤金二世	Eugene II	？—827
尤里安	Julian the Apostate	332—363
尤斯里·贾玛尔	Yousry El Gamal	
尤斯塔修斯	Eustathius of Thessalonica	1115—1195/1196
约翰·保罗二世	John Paul II	1920—2005
约翰·克里索斯托	John Chrysostom	347—407

约翰森, L.	Johansen, Leif	1930—1982
约翰森, W. L.	Johannsen, Wilhelm Ludvig	1857—1927
约翰斯·霍普 金斯	Johns Hopkins	1795—1873
约翰斯通	Johnstone, Donald Bruce	1941—
约翰逊, B.	Johnson, Bill	
约翰逊, L. B.	Johnson, Lyndon Baines	1908—1973
约翰逊, M. M.	Johnson, Miriam M.	
约翰逊, M. P.	Johnson, Marietta Pierce	1864—1938
约奇	Yauch, W.	
约瑟夫	Joseph, Keith Sinjohn	1918—1994
约瑟夫斯	Josephus, Titus Flavius	37—100

Z

| 赞科夫 | Занков, Леонид
Владимирович | 1901—1977 |
| 泽 | Zay, Jean | 1904—1944 |

泽尔尼克	Zelniker	
泽克豪泽	Zeckhauser, Richard	
扎恩-瓦克斯勒	Zahn-Waxler, Carolyn	
扎卡赖亚斯	Zacharias, Jerrold Reinach	1905—1986
詹金斯	Jenkins, James J.	1923—
詹克斯	Jencks, Christopher Sandy	1936—
詹姆士六世	James Ⅵ	1566—1625
詹姆斯, E. J.	James, Edmund Janes	1855—1925
詹姆斯, W.	James, William	1842—1910
詹森	Jensen, Arthur Robert	1923—2012
张伯伦	Chamberlin, Thomas Chrowder	1843—1928
哲费尔	Zey-Ferrell, Mary	
甄克斯	Jenks, Edward	1861—1939
芝诺	Zeno of Citium	前334—前 262
朱利安	Jullien, Marc-Antoine	1775—1848
朱沃特	Zumwalt, K.	

·········· **外文中文对照** ··········

拉丁字母类

A

Aaron, Henry J.	阿龙	
Abbey, Beverly	艾碧	
Abbott, Max Gardner	阿博特	
Abd al-Rahman Ⅲ	阿卜杜·拉赫 曼三世	891—961
Abélard, Pierre	阿伯拉尔	1079—1142
Abelson, Robert Paul	埃布尔森	1928—2005
Acemoğlu, Kamer Daron	阿西莫格鲁	1967—
Achenbach, Thomas M.	阿肯巴赫	
Acker, Sandra	阿克	
Acquaviva, Claudio	阿夸维瓦	1543—1615
Acropolites, George	阿克罗波利特 斯	1217—1282
Adam Smith	亚当·斯密	1723—1790
Adams, Charles Kendall	亚当斯, C. K.	1835—1909
Adams, Henry Brooks	亚当斯, H. B.	1840—1905

Adams, John	亚当斯, J.	1857—1934
Adams, Jack A.	亚当斯, J. A.	1922—2010
Adams, John Stacey	亚当斯, J. S.	1925—
Adams, Raymond S.	亚当斯, R. S.	
Adamson, John William	亚当森	1857—1947
Adelard of Bath	阿德拉德	1080—1152
Adelman, Irma Glicman	阿德尔曼	1930—
Adler, Alfred	阿德勒, A.	1870—1937
Adler, Mortimer Jerome	阿德勒, M. J.	1902—2001
Adler, Paul S.	阿德勒, P. S.	
Adorno, Theodor Wiesengrund	阿多尔诺	1903—1969
Aeneas Silvius Bartholomeus	西尔维乌斯	1405—1464
Agard, W.	艾加德	
Ahier, John	阿耶	
Ahluwalia, Montek Singh	阿鲁瓦利亚	1943—
Ahrentzen, Sherry Boland	埃伦岑	

Aiken, Mike	艾肯	
Aikenhead, G. S.	艾肯海德	
Aikin, Wilford Merton	艾金	1882—1965
Ainsworth, Mary Dinsmore Salter	安斯沃思	1913—1999
Aitkin, Murray A.	艾特金	
Alain	阿兰	1868—1951
Alba-Ramírez, Alfonso	阿尔巴-拉姆莱兹	
Alberti, Leon Battista	阿尔贝蒂	1404—1472
Alcuin of York	阿尔琴	730/740—804
Alderfer, Clayton Paul	奥尔德弗	1940—
Alderman, Harold	奥尔德曼	1948—
Aldersey, Mary Ann	爱尔德赛	1797—1868
Alenio, Giulio	艾儒略	1582—1649
Alexander, L. G.	亚历山大，L. G.	
Alexander the Great	亚历山大大帝	前356—前323
Alexander, William Marvin	亚历山大，W. M.	1912—1996
Alfonso IX	阿方索九世	1171—1230
Alfred the Great	阿尔弗雷德	849—901
Algina, James	阿尔吉纳	
Ali, Muhammad	穆罕默德·阿里	1769—1849
Allee, Verna	艾莉	1949—
Allègre, Claude	阿莱格尔	1937—
Alleine, Joseph	阿林	1634—1668
Allen, Young John	林乐知	1836—1907
Allport, Floyd Henry	奥尔波特，F. H.	1890—1971
Allport, Gordon Willard	奥尔波特，G. W.	1897—1967
al-Mabuk, Radhi H.	阿马布克	
Almond, Russell G.	阿尔蒙德	
al-Mulk, Nizam	尼扎姆·穆尔克	1018—1092
Alschuler, Rose Haas	阿尔修勒	1887—1979
Altbach, Philip G.	阿尔特巴赫	1941—
Althusser, Louis Pierre	阿尔杜塞	1918—1990
Alwin, Duane F.	阿尔温	
Amabile, Teresa M.	阿马比尔	
Amartya Sen	阿马蒂亚·森	1933—
Ambrose	安布罗斯	约339—397
Amenhotep IV	阿蒙霍特普四世	?—前1362
Ames, Carole	阿姆斯	
Amman, Johann Konrad	阿曼	1669—1724
Anastasi, Anne	阿纳斯塔西	1908—2001
Anaximander	阿那克西曼德	约前610—前546
Anderson, Charles Arnold	安德森，C. A.	1907—1990
Anderson, Gary L.	安德森，G. L.	
Anderson, James C.	安德森，J. C.	
Anderson, James E.	安德森，J. E.	
Anderson, John Robert	安德森，J. R.	1947—
Anderson, Lorin W.	安德森，L. W.	
Anderson, Marian	安德森，M.	1897—1993
Anderson, Robert H.	安德森，R. H.	1939—
Andreae, Johannes Valentinus	安德里亚	1586—1654
Andrews, John	安德鲁斯	
Angoff, William Herbert	安戈夫	1919—1993
Annarino	安娜里诺	
Anne Roe	安妮·罗	1904—1991
Anselmus	安塞伦	1033—1109
Antiochus IV	安条克四世	前215—前164
Antiphon	安提丰	约前480—前411
Antoninus Pius	安敦尼努斯·庇乌斯	86—161
Antony, Mark	安东尼，M.	前82—前30
Antony of Egypt, Saint	安东尼	约251—356
Anyon, Jean	安涌	
Aoki, Ted T.	奥凯	
Apple, Michael W.	阿普尔	1942—
Apps, Jerold W.	阿普斯	
Aquinas, Thomas	托马斯·阿奎那	1225—1274
Arabsheibani, Reza Gholamreza	埃若伯什巴尼	
Arcadius	阿卡狄乌斯	377/378—408
Archelaus	阿基劳斯	前5世纪
Archer, Margaret	阿彻	1943—
Archimedes	阿基米德	约前287—前212
Arendt, Johanna Hannah	阿伦特	1906—1975
Argyris, Chris	阿吉里斯	1923—
Ariès, Philippe	阿里耶斯	1914—1984
Aristophanes	阿里斯托芬	约前446—前388
Aristotle	亚里士多德	前384—前322

Armstrong, Steven J.	阿姆斯特朗	1954—2012
Arndt, Ernst Moritz	阿恩特	1769—1860
Arnett, Jeffrey Jensen	阿内特	
Arnheim, Rudolf	阿恩海姆	1904—2007
Arnold, Matthew	阿诺德, M.	1822—1888
Arnold, Rolf	阿诺尔德	
Arnold, Thomas	阿诺德, T.	1795—1842
Arnoldt, Daniel Heinrich	阿诺尔特	1706—1775
Arnove, Robert F.	阿诺夫	
Aronowitz, Stanley	阿罗诺维茨	1933—
Arrow, Kenneth Joseph	阿罗	1921—
Arthur, John	阿瑟	
Arvesen, Olaus	阿韦森	1830—1917
Asch, Solomon Eliot	阿施	1907—1996
Ascham, Roger	阿谢姆	1515—1568
Ashby, Eric	阿什比	1904—1992
Ashurbanipal	亚述巴尼拔	前 685—前 627
Askell-Williams, Helen	阿斯克尔-威廉斯	
Asmal, Kader	阿斯莫	1934—2011
Aśoka	阿育王	前 304—前 238/前 232
Assley, B. J.	艾雪黎	
Assor, Avi	阿索尔	
Astier, Placide	阿斯蒂埃	1856—1918
Athanasius of Alexandria	阿塔纳修斯	约 295—373
Athenagoras	阿萨纳戈拉斯	133—190
Atkinson, John William	阿特金森, J. W.	1923—2003
Atkinson, Richard Chatham	阿特金森, R. C.	1929—2012
Augustine of Hippo	奥古斯丁	354—430
Austen, Jane	简·奥斯汀	1777—1811
Austin, George A.	奥斯汀, G. A.	
Austin, John Langshaw	奥斯汀, J. L.	1911—1960
Ausubel, David Paul	奥苏伯尔	1918—2008
Averill, Lawrence Augustus	埃夫里尔	
Ayer, Alfred Jules	艾耶尔	1910—1989
Ayres, Anna Jean	艾尔斯, A. J.	1920—1989
Ayres, Leonard Porter	艾尔斯, L. P.	1879—1946

B

Baath, John A.	博特	
Bachman, L. F.	巴克曼	

Bacon, Francis	培根	1561—1626
Baddeley, Alan David	巴德利, A. D.	1934—
Bader, Reinhard	巴德	
Badley, John Haden	巴德利, J. H.	1865—1967
Bagley, William Chandler	巴格莱	1874—1946
Bailey, Robert W.	贝利, R. W.	
Bailyn, Bernard	贝林	1922—
Baird, John Logie	贝尔德	1888—1946
Baker, Harry J.	贝克, H. J.	1889—1981
Baker, Kenneth Wilfred	贝克, K. W.	1934—
Baldridge, J. Victor	鲍德里奇	
Bales, Robert Freed	贝尔斯	
Balibar, R.	巴利巴	
Ball, Stephen J.	鲍尔, S. J.	
Ballantine, Jeanne H.	巴兰坦	
Baltes, Paul B.	巴尔特斯	1939—2006
Bancroft, George	班克罗夫特	1800—1891
Bandura, Albert	班杜拉	1925—
Banks, James Albert	班克斯	
Bantock, Geoffrey Herman	班托科	
Barat, C.	巴纳特	
Bardach, Eugene	巴得什	
Bargmann, Rolf Edwin	巴格曼	1921—
bar Hiyya, Abraham	巴尔希雅	约 1065—约 1136
Barnard, Chester Irving	巴纳德, C. I.	1886—1961
Barnard, Henry	巴纳德, H.	1811—1900
Barnes, E.	巴恩斯	
Barnett, Richard R.	巴尼特	
Baron-Cohen, Simon	巴恩-科恩	1958—
Barr, Robert	巴尔	
Barrachlogh, Geoffrey	巴勒克拉夫	1908—1984
Barrios, Justo Rufino	巴里奥斯	1835—1885
Barritt, L.	巴里特	
Barron, F.	巴伦	
Bart, C.	巴特	
Bartlett, Frederic Charles	巴特利特, F. C.	1886—1969
Bartlett, Maurice Stevenson	巴特利特, M. S.	1910—2002
Barton, Len	巴顿, L.	
Bascom, John	巴斯卡姆	1827—1911
Basedow, Johann Bernhard	巴泽多	1724—1790
Basedow, Morbus	贝斯多	
Bass, Bernard M.	巴斯	1925—2007
Bates, Elizabeth	贝茨, E.	1947—2003

Bates, Richard J.	贝茨, R. J.	1941—
Bates, Tony	贝茨, T.	
Baudelot, Christian	博德洛	1938—
Bauersfeld, Heinrich Karl	鲍尔斯菲尔德	
Baugulf	鲍格尔夫	
Bauman, Zygmunt	鲍曼, Z.	1925—
Baumgartner, Frank R.	鲍姆加特纳	
Baumrind, Diana Blumberg	鲍姆琳德	1927—
Bayes, Thomas	贝叶斯	1701—1761
Bayle, Pierre	培尔	1647—1706
Bayley, Nancy	贝利, N.	1899—1994
Beasley	毕斯利	
Beauchamp, George A.	比彻姆	
Beauvoir, Simone de	波伏娃	1908—1986
Beberman, Max	比伯曼	1925—
Beck, Aaron Temkin	贝克, A. T.	1921—
Beck, Ulrich	贝克, U.	1944—
Becker, Gary Stanley	贝克尔	1930—
Becker, Wesley C.	贝克, W. C.	
Bede	比德	约 673—735
Beers, Clifford Whittingham	比尔斯	1876—1943
Beethoven, Ludwig van	贝多芬	1770—1827
Begle, Edward Griffith	贝格尔, E. G.	1914—1978
Bell, Alexander Graham	贝尔, A. G.	1847—1922
Bell, Andrew	贝尔, A.	1753—1832
Bell, B. D.	贝尔, B. D.	
Bell, Daniel	贝尔, D.	1919—2011
Bell, Johann Adam Schall von	汤若望	1592—1666
Bellers, John	贝勒斯	1654—1725
Bello, Andrés	贝洛	1781—1865
Belmont, John M.	贝尔蒙特	
Belth, M.	贝尔思	
Bem, Sandra Ruth Lipsitz	贝姆	1944—
Benedict of Nursia	本尼狄克	480—547
Benedict, Ruth Fulton	本尼迪克特	1887—1948
Beneke, Friedrich Eduard	贝涅克	1798—1854
Benne, Kenneth Dean	贝恩	1908—1992
Bennett, George K.	本内特, G. K.	
Bennett, William John	本内特, W. J.	1943—
Benson, Charles Scott	本森, C. S.	1922—1994
Benson, David Frank	本森, D. F.	1928—1996
Bentham, George	边沁, G.	1800—1884
Bentham, Jeremy	边沁, J.	1748—1832
Bentler, Peter M.	本特勒	
Ben-Yehuda, Eliezer	本·耶胡达	1858—1922

Berard, G.	布拉德	
Berdahl, Robert	伯达尔	
Bereday, George Z. F.	贝雷迪	1920—1983
Bereiter, Carl	贝雷特	
Bergen, Doris	伯根	
Berger, M. I.	伯杰	
Berger, Peter Ludwig	贝格尔, P. L.	1929—
Berglar, Peter	贝格拉	1919—1989
Bergson, Abram	伯格森	1914—2003
Bergson, Henri-Louis	柏格森	1859—1941
Berk, Laura E.	伯克, L. E.	
Berkeley, George	贝克莱	1685—1753
Berkowitz, Leonard	伯科威茨	1926—
Berliner, David C.	柏林纳	
Berlitz, Maximilian Delphinius	贝利兹	1852—1921
Berlo, David Kenneth	贝罗	1929—
Berman, Harold J.	伯尔曼	1918—2007
Berman, Paul	波曼	
Bernal, John Desmond	贝尔纳	1901—1971
Berne, Eric	伯恩, E.	1910—1970
Berne, Robert	伯恩, R.	
Bernoulli, Jacob	贝努里	1654—1705
Bernstein, Basil	伯恩斯坦, B.	1924—2000
Bernstein, P.	伯恩斯坦, P.	
Bernstein, Richard J.	伯恩斯坦, R. J.	1932—
Berr, Henri	贝尔, H.	1863—1954
Berry, D. C.	贝里, D. C.	
Berry, Frances Stokes	贝里, F. S.	
Berry, William D.	贝里, W. D.	
Berthoin, Jean	贝尔敦	1895—1979
Bestor, Arthur Eugene, Jr.	贝斯特	1908—1994
Bethune, John Elliot Drinkwater	贝休恩	1801—1851
Bhaduri, Amit	巴杜里	
Bidwell, Charles E.	比德韦尔	
Bigler, Erin D.	比格勒	
Bill, R.	比尔	
Billequin, Anatole Adrien	毕利干	1837—1894
Binet, Alfred	比纳	1857—1911
Birge, Edward Asahel	伯奇	1851—1950
Birnbaum, Alan	伯恩鲍姆, A.	1923—1976
Birnbaum, Max	伯恩鲍姆, M.	
Blache, Paul Vidal de la	维达尔·白兰士	1845—1918
Błachowski, Stefan	布拉霍夫斯基	1889—1962

Blackledge, David A.	布莱克莱吉	
Blair, James	布莱尔, J.	1656—1743
Blair, Tony	布莱尔, T.	1953—
Blake, Robert R.	布莱克	1918—2004
Blanchard	布兰查德	
Blau, Peter Michael	布劳	1918—2002
Blaug, Mark	布劳格	1927—2011
Blemmydes, Nicephorus	布莱米德	1197—约1269
Bliven, Bruce Ormsby	布利文	1889—1977
Block, Jeanne Humphrey	布洛克, J. H.	1923—1981
Bloom, Benjamin Samuel	布卢姆	1913—1999
Bloomfield, L.	布龙菲尔德	
Blow, Susan Elizabeth	布洛	1843—1916
Blumer, Herbert George	布鲁默	1900—1987
Bobbit, John Franklin	博比特	1876—1956
Boccaccio, Giovanni	薄伽丘	1313—1375
Bock, R. Darrell	博克, R. D.	
Bode, Boyd H.	博德	1873—1953
Bodet, Jaime Torres	博德特	1902—1974
Bodin, Jean	布丹	1530—1596
Boece, Hector	博伊斯	约1465—约1536
Boethius	波伊修斯	480—524/525
Bogardus, Emory Stephen	博加德斯	1882—1973
Bohm, David Joseph	博姆	1917—1992
Bohr, Niels Henrik David	玻尔	1885—1962
Bok, Derek Curtis	博克, D. C.	1930—
Bolin, F.	波琳	
Bollen, Kenneth A.	波伦	
Bollnow, Otto Friedrich	博尔诺夫	1903—1991
Bolstad, Cheryl A.	博尔斯特德	
Bondy, A. S.	邦迪	
Bonet, Juan Pablo	博内特, J. P.	1573—1633
Bonett, Douglas G.	博内特, D. G.	
Boole, George	布尔	1815—1864
Boone, Richard Gause	布恩	1849—1923
Boring, Edwin Garrigues	波林	1886—1968
Borth	博思	
Borys, Bryan	波利斯	
Bosanquet, Bernard	包桑葵	1848—1923
Bose, Raj Chandra	博斯	1901—1987
Bosker	博斯克	
Botkin, James W.	博特金	
Bottery, M.	博特里	
Botwinick, Jack	伯特威尼克	1923—2006
Boudon, Raymond	布东	1934—
Boultwood, Myrtle E. A.	博尔特伍德	
Bourdieu, Pierre	布迪厄	1930—2002
Bousfield, W. A.	鲍斯菲尔德	
Bowen, Howard Rothmann	鲍恩, H. R.	1908—1989
Bowen, James	鲍恩, J.	
Bower, Gordon Howard	鲍尔, G. H.	1932—
Bowlby, Edward John Mostyn	鲍尔比	1907—1990
Bowles, Samuel	鲍尔斯	1939—
Bowman, Mary Jean	鲍曼, M. J.	1908—2002
Bowman, Sylvia E.	鲍曼, S. E.	1914—1989
Box, George Edward Pelham	博克斯	1919—
Boyd, William	博伊德	1874—1962
Boyer, Ernest Leroy	波伊尔	1928—1995
Boyle, Robert	玻意耳	1627—1691
Brache, A. P.	布拉什	
Brackett, Anna Callender	布拉克特	1836—1911
Bradford, Leland P.	布雷德福	1905—1981
Braille, Louis	布拉耶	1809—1852
Brameld, Theodore	布拉梅尔德	1904—1987
Bransford, John D.	布兰斯福德	
Braverman	布雷夫曼	
Bray, Mark	贝磊	
Braybrooke, David	伯莱布鲁克	
Breen, Michael P.	布林, M. P.	
Breitner	布莱特纳	
Brennan, Robert L.	布伦南	
Brentano, Franz Clemens Honoratus Hermann	布伦塔诺	1838—1917
Brewer, Garry D.	布鲁尔	
Brezinka, Wolfgang	布列钦卡	1928—
Bridges, Katharine M. Banham	布里奇斯	
Briggs, Katharine Cook	布里格斯, K. C.	1875—1968
Briggs, Leslie J.	布里格斯, L. J.	
Brigham, M. C.	布里汉姆	
Bright, John	布赖特	1811—1889
Brin, Sergey	布林, S.	
Brinsley, John	布林斯利	1587—1665
Broadbent, Donald Eric	布罗德本特	1926—1993
Brogden, W. J.	布罗格登	
Bromley, Dennis Basil	布罗姆利	
Bronfenbrenner, Urie	布朗芬布伦纳	1917—2005
Brookfield, Stephen D.	布鲁克菲尔德	
Brookover, Wilbur Bone	布鲁克沃	1911—2003
Brophy, Jere Edward	布罗菲	1940—2009

Broudy, Harry Samuel	布劳迪	1905—1998
Brougham, Henry	布鲁厄姆	1778—1868
Brown, Ann Leslie	布朗,A. L.	1943—1999
Brown, Frederick Gramm	布朗,F. G.	
Brown, J. Stanley	布朗,J. S.	
Brown, James Wilson	布朗,J. W.	
Brown, John Seely	布朗,J. S.	
Brown, Karen B.	布朗,K. B.	
Brown, Les	布朗,L.	1914—
Brown, P. K.	布朗,P. K.	
Brown, Roger William	布朗,R. W.	1925—1997
Brown, Samuel Robbins	布朗,S. R.	1810—1880
Brown, Sarah	布朗,S.	
Brown, William	布朗,W.	1881—1952
Browning, Oscar	布朗宁	1837—1923
Brubacher, John Seiler	布鲁巴克	1898—1988
Bruess, Brian	布鲁斯	
Bruner, Jerome Seymour	布鲁纳	1915—
Bruni, Leonardo	布鲁尼	1370—1444
Brunner, Edmund de Schweinitz	布伦纳	1889—1973
Bruun, Christoffer	布鲁恩	1839—1920
Buber, Martin	布贝尔	1878—1965
Buchanan, James McGill	布坎南	1919—2013
Buchner, A.	巴克纳	
Buckingham-Shum, Simon	卜钦翰-楚	
Budé, Guillaume	比代	1467—1540
Bugenhagen, Johannes	布根哈根	1485—1558
Bühler, Charlotte Bertha	彪勒	1893—1974
Bullemer, Peter	布勒默	
Bullivant, Brain M.	布里万特	
Bullock, Alan Louis Charles	布洛克,A. L. C.	1914—2004
Bülow, Bertha von Marenholtz-	比洛	1810—1893
Burbules, Nicholas C.	伯布斯	
Burk, Frederic L.	伯克,F. L.	1862—1924
Burney, Edmund	宾尼	
Burns, Edward McNall	伯恩斯,E. M.	1897—1972
Burns, James MacGregor	伯恩斯,J. M.	1918—
Burns, R. W.	伯恩斯,R. W.	
Burrell, Gibson	布罗尔	
Burt, Cyril Lodowic	伯特	1883—1971
Busemann, A.	布泽曼	
Bush, George Herbert Walker	布什,G. H. W.	1924—
Bush, George Walker	布什,G. W.	1946—

Bush, Tony	布什,T.	
Butler, J. D.	巴特勒,J. D.	
Butler, Richard Austen	巴特勒,R. A.	1902—1982
Buxton, W.	巴克斯顿	
Byrnes, James P.	伯恩斯,J. P.	

C

Cabanis, Pierre Jean George	卡巴尼斯	1757—1808
Caesar, Gaius Julius	恺撒	前102/前100—前44
Caird, J. K.	凯尔德	
Caldwell, Brian J.	卡德威尔	
Calkins, Mary Whiton	卡尔金斯	1863—1930
Callaghan, James	卡拉汉	1912—2005
Callicles	卡利克勒	
Calvin, John	加尔文	1509—1564
Calvin Wilson Mateer	狄考文	1836—1908
Camilli, G.	卡米利	
Campanella, Tommaso	康帕内拉	1568—1639
Campbell, Donald Thomas	坎贝尔,D. T.	1916—1996
Campbell, Roald Fay	坎贝尔,R. F.	1905—1988
Campbell, Thomas	坎贝尔,T.	1777—1844
Campbell, William	甘为霖	1841—1921
Campe, Joachim Heinrich	卡姆佩	1746—1818
Campion, Mick	坎培奥	
Canale, M.	卡纳尔	
Candlin, Christopher N.	坎德林	
Canute the Great	克努特	995—1035
Capella	卡佩拉	
Caplow, Theodore	凯普勒	
Caput, C.	卡布特	
Cardano, Gerolamo	卡尔丹诺	1501—1576
Cardenas, Lázaro	卡德纳斯	1895—1970
Carey, Raymond G.	凯里	
Cariness, John E.	卡里内斯	
Carlos Ⅲ	卡洛斯三世	1716—1788
Carlos, Juan	胡安·卡洛斯	1938—
Carlyle, Thomas	卡莱尔	1795—1881
Carnap, Rudolf	卡尔纳普	1891—1970
Carnegie, Andrew	卡内基	1835—1919
Carnot, Lazare Hippolyte	卡诺	1801—1888
Carnoy, Martin	卡诺依	1938—
Carr, David	卡尔,D.	
Carr, Wilfred	卡尔,W.	
Carrera, José Miguel Verdugo	卡雷拉	1785—1821

Carrion,Manuel Ramírez de	加利翁	
Carroll,John Bissell	卡罗尔	1916—2003
Carron,A. V.	卡伦	
Carr-Saunders,Alexander Morris	卡尔-桑德斯	1886—1966
Carter,James Gordon	卡特,J. G.	1795—1849
Carter,Jimmy	卡特,J.	1924—
Case,Robbie	凯斯	1944—2000
Casimir Ⅲ	卡齐米日三世	1310—1370
Cass,David	卡斯	1937—2008
Cassiodorus,Flavins Magnus Aurelus	卡西奥多鲁斯	约490—约585
Castagnetti,Carolina	卡斯塔涅蒂	
Castiglione,Baldassare	卡斯底格朗	1478—1529
Cates,Camille	凯茨	
Cattell,James Mckeen	卡特尔,J. M.	1860—1944
Cattell,Raymond Bernard	卡特尔,R. B.	1905—1998
Cavazos,Lauro Fred	卡瓦佐斯	1927—
Cavendish,Henry	卡文迪什	1731—1810
Celestine Ⅲ	赛勒斯坦三世	1106—1198
Chadwick,James	查德威克	1891—1974
Chamberlin,Dean	钱伯林	
Chamberlin,Thomas Chrowder	张伯伦	1843—1928
Chamot,A. U.	钱默特	
Chandler,M.	钱德勒	
Chapman,William P.	查普曼	
Charlemagne	查理曼	约742—814
Charles Ⅱ	查理二世	1630—1685
Charles Ⅱ le Chauve	查理(秃头)	823—877
Charles Ⅹ	查理十世	1757—1836
Charles,Carol M.	查尔斯	
Charles Martel	查理·马特	688—741
Chase,William Gary	蔡斯,W. G.	1940—1983
Cheema	奇马	
Cheever,John	奇弗	
Cherlin,D.	切林	
Cherryholmes,Cleo H.	车里霍尔姆斯	
Childs,Gayle	蔡尔兹	
Chiron	喀戎	
Chlup,O.	赫卢普	1875—1965
Chomsky,Avram Noam	乔姆斯基	1928—
Chorley,Richard	乔利	
Chrisman,Oscar	克里斯曼	
Chrysoloras,Manuel	克里索罗拉斯	1355—1415
Chrysostom,John	约翰·克里索斯托	347—407
Chubb,John E.	丘伯	
Cialdini,Robert B.	恰尔迪尼	1945—
Cicero,Marcus Tullius	西塞罗	前106—前43
Cicourel,Aaron V.	西科雷尔	
Cienfuegos Gorriarán,Camilo	西恩富戈斯	1932—1959
Cipro,Miroslav	齐普罗	
Cižek,Franz	齐泽克	1865—1946
Clandinin,D. Jean	克莱丁宁	
Clap,Thomas	克莱普	1703—1767
Claparède,Édouard	克拉帕雷德	1873—1940
Clarendon,4th Earl of	克拉伦敦	1800—1870
Clark,Burton R.	克拉克,B. R.	1921—2009
Clark,David L.	克拉克,D. L.	
Clark,Richard E.	克拉克,R. E.	
Clark,Thomas A.	克拉克,T. A.	1944—
Clarke,Charles Rodway	克拉克,C. R.	1950—
Clarke,Edward	葛洛克	
Clavius,Christopher	克拉维尔斯	1538—1612
Cleeremans,Axel	克里尔曼斯	
Cleland,James	克莱兰	
Clement,John J.	克莱门特	
Clement of Alexandria	克雷芒	150—215
Clerc,Louis Laurent Marie	克莱尔	1785—1869
Clift,Philip S.	克利夫特	
Clifton,Rodney A.	克利夫顿	
Clinton,Bill	克林顿	1946—
Clune,William H.	克鲁恩	
Coase,Ronald Harry	科斯	1910—
Cobb,Charles Wiggins	科布,C. W.	1875—1949
Cobb,Stanwood	科布,S.	1881—1982
Cobban,Allan B.	柯班	
Cochran,W. G.	科克伦	
Cogan,M. L.	科根,M. L.	
Cohen,A.	科恩,A.	
Cohen,Michael D.	科恩,M. D.	1945—
Cohen,Y. A.	科恩,Y. A.	
Cohn,Elchanan	科恩,E.	1941—
Colburn,Warren	科尔伯恩	1793—1883
Cole	科尔	
Coleman,James Samuel	科尔曼	1926—1995
Colet,John	科利特	1467—1519
Collier,John	科利尔	1884—1968
Collingwood,R. G.	科林伍德	
Collins,Allan M.	科林斯,Λ. M.	
Collins,Harold W.	科林斯,H. W.	

Collins, Patricia Hill	科林斯,P. H.	1948—
Collins, Randall	科林斯,R.	1941—
Columbus, Christopher	哥伦布	1451—1506
Combs, A. W.	库姆斯,A. W.	
Comenius, John Amos	夸美纽斯	1592—1670
Compayré, Jules-Gabriel	孔佩雷	1843—1913
Comte, Auguste	孔德	1798—1857
Conant, James Bryant	科南特	1893—1978
Condillac, Étienne Bonnot de	孔狄亚克	1715—1780
Condorcet, Nicolas de	孔多塞	1743—1794
Connell, R.	康奈尔,R.	
Connell, William Fraster	康奈尔,W. F.	1916—2001
Connelly, F. Michael	康奈利	
Conners, D.	康纳斯	
Conrad, Herbert Spencer	康拉德,H. S.	1904—
Conrad, Joseph	康拉德,J.	1857—1924
Conring, Hermann	康林	1606—1681
Constantine, Jill	康斯坦丁	
Constantine the Great	君士坦丁大帝	272—337
Cooke, Morris Llewellyn	库克	1872—1960
Cooley, Charles Horton	库利	1864—1929
Coombs, Jerrold R.	库姆斯,J. R.	
Coombs, Philip Hall	库姆斯,P. H.	1915—2006
Cooms, Fred S.	库姆斯,F. S.	
Cooper, Anthony Ashley	库珀,A. A.	1621—1683
Cooper, Barry	库珀, B.	
Cooper, Graham	库珀, G.	
Cooper, J.	库珀, J.	
Copernicus, Nicolaus	哥白尼	1473—1543
Copleston, Edward	科普尔斯顿	1776—1849
Copper, David	科珀	
Cornish, Edward	科尼什	
Corno, Lyn	科尔诺	
Corso, L. F.	科尔索	
Coubertin, Pierre de	顾拜旦	1863—1937
Counts, George Sylvester	康茨	1889—1974
Cousin, Victor	库森	1792—1867
Covey, Stephen R.	科维	
Covington, Martin V.	科温顿	
Cox, G. M.	科克斯	
Craft, Maurice	格拉伏特	
Creemers, Bert P. M.	科林默斯	
Cremin, Lawrence Arthur	克雷明	1925—1990
Crick, J. E.	克里克,J. E.	
Crick, Nicki R.	克里克,N. R.	
Critias	克里底亚	约前 460—前 403

Croce, Benedetto	克罗齐	1866—1952
Croft, Don B.	克罗夫特	
Cronbach, Lee Joseph	克龙巴赫	1916—2001
Crosland, Charles Anthony Raven	克罗斯兰	1918—1977
Crowder, Norman Allison	克劳德	1921—1998
Crowther, Geoffrey	克劳瑟	1907—1972
Crystal	克瑞斯特	
Cuban, Larry	库班	
Cubberley, Ellwood Patterson	卡伯莱	1868—1941
Culbertson, Jack A.	卡伯特森	
Cummins, J.	卡明斯	
Currie, Jan	柯里	
Curtis, Stanley James	柯蒂斯	
Cusick, P.	卡西克	
Cutton, D. M.	卡顿	
Cygnaeus, Uno	居格那乌斯	1810—1888
Cyril	西里尔	827—869
Cyrus the Great	居鲁士大帝	前 599—前 529

D

Dahrendorf, Ralf G.	达伦多夫	1929—2009
Dale, Edgar	戴尔	1900—1985
d'Alembert, Jean-Baptiste le Rond	达兰贝尔	1717—1783
Dallenbach, Karl M.	达伦巴赫	1887—1971
Damarin, S. K.	达玛宁	
Damon, William	戴蒙	
Daniel, John S.	丹尼尔	
Daniels, LeRoi B.	丹尼尔斯	
Dante Alighieri	但丁	1265—1321
Dantley, Michael E.	丹特里	
Darcos, Xavier	达尔科	1947—
Darius I	大流士一世	前 550—前 486
Darkenwald, Gordon G.	达肯沃尔德	
Darwin, Charles Robert	达尔文	1809—1882
Das, Jagannath Prasad	戴斯	1931—
Dave, Ravindra H.	戴维	1929—
Daveggia, T. C.	达韦吉亚	
Da Vinci, Leonardo	达·芬奇	1452—1519
Davis, Andrew	戴维斯,A.	
Davis, Keith E.	戴维斯,K. E.	
Davis, Kingsley	戴维斯,D.	
Dawson, Richard E.	道森	

Dearborn, W. F.	迪尔博恩	
Dearden, R. F.	迪尔登	
Deci, Edward L.	德西	
DeCock, Christian	德科克	
Decomps, Bernard	德贡	
DeCorte, Erik	德科特	
Decroly, Jean-Ovide	德克罗利	1871—1932
Deese, J.	迪斯	
DeFleur, Melvin L.	德弗勒尔	
Defoe, Daniel	笛福	1660—1731
DeGarmo, Charles	德加谟	1849—1934
de Gaulle, Charles André Joseph Marie	戴高乐	1890—1970
DeGroot, Adrianus Dingeman	德格鲁特, A. D.	1914—2006
DeGroot, Elisabeth V.	德格鲁特, E. V.	
Delamont, S.	德拉蒙特	
Della Vos, Victor	德拉沃斯	
Delors, Jacques Lucien Jean	德洛尔	1925—
Dembo, Myron H.	德姆波	
Demia	德米亚	
Demiashkevich, Michael John	德米阿什克维奇	1891—1938
Democritus	德谟克利特	前460—前370
Demolins, Edmond	德莫林	1852—1907
De Morgan, Augustus	德·摩根	1806—1871
Demsetz, Harold	德姆塞茨	1930—
Denifle, Heinrich	丹尼佛	
Denison, Edward Fulton	丹尼森	1915—1992
Deno, E.	德诺	
de Peretti, André	德佩雷提	1916—
Derrida, Jacques	德里达	1930—2004
Descartes, René	笛卡儿	1596—1650
Dessinger, Joan C.	戴辛格	
Devaquet	德瓦盖	
DeVries, Hugo	德弗里斯	1848—1935
Dewey, John	杜威	1859—1952
DeWit, A. M.	德维特	
DiBello, L. V.	迪贝洛	
Dick, Walter	迪克	
Diderot, Denis	狄德罗	1713—1784
Diesterweg, Friedrich Adolf Wilhelm	第斯多惠	1790—1866
Dieudonné	狄奥东尼	1966—

Diggins, J. P.	迪金斯	
Dilthey, Wilhelm	狄尔泰	1833—1911
Dioscorides, Pedanius	迪奥斯科里德斯	40—90
d'Irsay, Stephen	第尔塞	1894—1934
Dobbelaere, Karel	多伯拉尔	1933—
Doddls, E. R.	多兹	
Dodge, Kenneth A.	道奇	
Dodson, John Dillingham	多德森	
Doeringer, Peter B.	多林格	
Dogan, Mattei	杜甘	
Doherty, Henry	达赫蒂	1870—1939
Doll, William E.	多尔, W. E.	
Dollard, John	多拉德	1900—1980
Dolton, Peter	道尔顿	
Domar, Evsey David	多马	
Dominick, Joseph	多米尼克	
Donald, J.	唐纳德	
Donnelly	唐纳利	
Dorans, Neil J.	多兰斯	
Dore, Ronald Philip	多尔, R. P.	1925—
Dornbusch, Sanford M.	多恩布什	
Douglas, Paul Howard	道格拉斯	1892—1976
Dow, Earle Wilbur	道	1868—1946
Downton, James Victor	唐顿	1938—
Doyle, Walter	多伊尔, W.	
Doyle, Denis P.	多伊尔, D. P.	
Dreeben, Robert	德里本	
Driscoll, Marcy P.	德里斯科尔	
Drobisch, Moritz Wilhelm	德罗比施	1802—1896
Dror, Yehezhel	德罗尔	
Drucker, Peter Ferdinand	德鲁克	1909—2005
Dubar-Bellat, M.	杜里-柏拉	
Dubin, R.	杜宾	
Dublin, Louis Israel	达布林	1882—1969
Dudek, S. Z.	杜德克	
Dufty, David	杜特	
Duignan	德维格楠	
Duncan, David B.	邓肯, D. B.	
Duncan, Greg J.	邓肯, G. J.	
Duncan, Otis Dudley	邓肯, O. D.	1921—2004
Duncker, Karl	邓克尔, K.	1903—1940
Duncum, Paul	邓肯姆	
Dunkel, Harold Baker	邓克尔, H. B.	1912—
Dunn, Judy	邓恩, J.	
Dunn, William N.	邓恩, W. N.	

Dunster, Henry	邓斯特	1640—1723
Du Pont, Pierre Samuel de Nemours	杜邦	1739—1817
Dupuit, Jules	杜普伊	1804—1866
Durkheim, David Émile	涂尔干	1858—1917
Dury, John	杜里	1596—1680
Dutton, Samuel Trail	达顿	
Duverger, M.	迪维尔热	
Dweck, Carol S.	德韦克	1946—
Dwight, Henry Edwin	德怀特, H. E.	1797—1832
Dwight, Timothy	德怀特, T.	1752—1817
Dworkin, Ronald Myles	德沃金	1931—2013
Dye, Thomas R.	戴伊	

E

Easton, David	伊斯顿	1917—
Ebbinghaus, Hermann	艾宾浩斯	1850—1909
Ebel, Robert L.	埃贝尔	1910—1982
Eberth, E.	艾伯特	
Eboch, Sidney C.	埃博克	
Eckstein, Max A.	埃克斯坦	
Eder, Rebecca A.	艾德	
Edkins, Joseph	艾约瑟	1823—1905
Edmonds, Ronald	埃德蒙兹	1935—1983
Edmund James King	埃德蒙·J. 金	1914—2002
Edson, C. H.	埃德森	
Edward Ⅰ	爱德华一世	1239—1307
Edward Ⅱ	爱德华二世	1284—1327
Edward Ⅲ	爱德华三世	1312—1377
Edward Ⅶ	爱德华七世	1841—1910
Edwards, Allen L.	爱德华兹, A. L.	1914—1994
Edwards, George C.	爱德华兹, G. C.	
Edwards, Richard C.	爱德华兹, R. C.	
Eells, Walter C.	伊尔斯	
Eggleston, John	埃格尔斯顿	1926—2001
Ehman, Lee H.	埃曼	
Eijkelhof, Harrie M. C.	艾克霍夫	
Einstein, Albert	爱因斯坦	1879—1955
Eisenberg, Nancy	艾森伯格	
Eisenhart, Luther Pfahler	艾森哈特	1876—1965
Eisenhower, Dwight David	艾森豪威尔	1890—1969
Eisenstadt, Mark	艾森施塔特	

Eisner, Elliot E.	艾斯纳	
Ekine, B. D.	埃金	
El-Bushra, Judy	埃尔-布什拉	
Eliot, Charles William	埃利奥特, C. W.	1834—1926
Eliot, Thomas Stearns	艾略特	1888—1965
Elkind, David	埃尔金德	1931—
Ellen Key	爱伦·凯	1849—1926
Elliott, John	埃利奥特, J.	
Ellis, Albert	埃利斯, A.	1913—2007
Ellis, Richard J.	埃利斯, R. J.	
Ellsworth, Elizabeth	埃尔斯沃思	
Elmore, Richard F.	埃尔莫尔	
Elphinstone, Mountstuart	埃尔芬斯通	1779—1859
Ely, Donid P.	伊利	
Ely, Richard Theodore	埃利	1854—1943
Elyot, Thomas	埃利奥特, T.	1490—1546
Embretson, Susan E.	恩布雷特逊	
Emerson, Ralph Waldo	爱默生	1803—1882
Engelmann, S.	恩格尔曼	
Engels, Friedrich	恩格斯	1820—1895
English, Willam Hayden	英格利西	1826—1878
Enright, Robert D.	恩赖特	
Ensign, John Eric	恩赛	1958—
Ensor, Beatrice	恩索尔	1885—1974
Entwistle, Noel James	恩特威斯尔	
Epicurus	伊壁鸠鲁	前341—前270
Epiphanes	伊皮法纽斯	
Epstein, Erwin H.	爱泼斯坦	
Erasmus, Desiderius Roterodamus	伊拉斯谟	1466—1536
Erickson, Donald	厄雷克松	
Erikson, Erik	埃里克森	1902—1994
Eriugena, Johannes Scotus	爱留根纳	815—877
Ernst Ⅰ	恩斯特一世	1601—1675
Ernst Faber	花之安	1839—1899
Erskine, John	厄斯金	1880—1968
Establet, Roger	埃斯塔布莱	1938—
Estes, William Kaye	埃斯蒂斯	1919—2011
Estkowski, Ewaryst	埃斯特科夫斯基	1820—1856
Etzioni, Amitai	埃齐奥尼	1929—
Euclid	欧几里得	约前330—前275
Eugene Ⅱ	尤金二世	? —827
Euler, Leonhard	欧拉	1707—1783
Euripides	欧里庇得斯	前485/前480—前406

Eustathius of Thessalonica	尤斯塔修斯	1115—1195/1196
Evans, Hon Chris	埃文斯, H. C.	
Evans, Martin G.	埃文斯, M. G.	
Everhart, Robert B.	埃弗哈特	
Evers, Colin William	埃弗斯	
Eyermann, Therese S.	埃尔曼	
Eysenck, Hans Jürgen	艾森克	1916—1997

F

Faber, Ernst	花之安	1839—1899
Fabes	法贝斯	
Fagerlind, Ingemar	法格林达	
Fairclough, Norman	费尔克拉夫	
Fantini, M. D.	范迪尼	
Farabi, al-	法拉比	872—950
Faraday, Michael	法拉第	1791—1867
Farran, D. C.	法兰	
Farrell, Elizabeth	法雷尔, E.	1870—1932
Farrell, Joseph	法雷尔, J.	
Faubus, Orval Eugene	福伯斯	1910—1994
Faure, Edgar	富尔	1908—1988
Fayol, Henry	法约尔	1841—1925
Feagans, L.	菲根斯	
Febvre, Lucien	费弗尔	1878—1956
Fechner, Gustav Theodor	费希纳	1801—1887
Fein, L. J.	费恩	
Feinberg, Walter	范伯格	1937—
Feldman, David Henry	费尔德曼	
Fellenberg, Philipp Emanuel von	费林别尔格	1771—1844
Fénelon, François	芬乃隆	1651—1715
Fensham, P. J.	芬什姆	
Ferguson, John Calvin	福开森	1866—1945
Ferrière, Adolphe	费里埃	1879—1960
Ferry, Jules François Camille	费里	1832—1893
Feshbach, Norma Deitch	费什巴赫	1926—
Festinger, Leon	费斯廷格	1919—1989
Feuerbach, Ludwig Andreas	费尔巴哈	1804—1872
Feuerstein, R.	福恩斯坦	
Feyerabend, Paul Karl	费耶尔阿本德	1924—1994
Fichte, Johann Gottlieb	费希特	1762—1814
Fidler, Roger	费德勒	
Fiedler, Fred Edward	菲德勒	1922—
Fink, Eugen	芬克	1905—1975
Finn, J. D.	芬恩	
Firestone, Shulamith	费尔斯通	1945—2012
Fischer, Aloys	菲舍尔	1880—1937
Fischer, G.	费彻尔	
Fisher, Irving	费雪	1867—1947
Fisher, Ronald Aylmer	费希尔	1890—1962
Fiske, John	费斯克	1842—1901
Fitts, Paul Morris	费茨	1912—1965
Fitzgerald	菲茨杰拉德	
Flanagan, John Clemans	弗拉纳根	1906—1996
Flanders, Ned A.	弗兰德斯	
Flavell, John H.	弗拉维尔	1928—
Flechtheim, Ossip Kurt	弗莱希泰姆	1909—1998
Fleming, David Pinkerton	傅雷明	1877—1944
Fletcher, John M.	弗莱彻	
Fleury, Claude	弗勒里	1646—1723
Flexner, Abraham	弗莱克斯纳	1866—1959
Fliedner, Theodor	弗利德纳	1800—1864
Flor, Christian	弗洛尔	1792—1875
Flower, L. S.	弗劳尔	
Flude, Michael	弗拉德	
Flynn	弗莱恩	
Fodor, Jerry Alan	福多	1935—
Foerster, Friedrich Wilhelm	弗尔斯特	1869—1966
Follett, Mary Parker	福利特	
Folwell, William Watts	福尔惠尔	1833—1929
Forester, J.	佛瑞斯特	
Forness, Steven R.	福尼斯	
Forster, Philip J.	福斯特, P. J.	1927—2008
Forster, William Edward	福斯特, W. E.	1818—1886
Fortoul, Hippolyte	福尔图尔	1811—1856
Foshay, A. W.	福沙伊, A. W.	
Foshay, W. R.	福沙伊, W. R.	
Foster, William Patrick	福斯特, W. P.	1919—2010
Foucault, Michel	福柯	1926—1984
Fouchet, Christian	富歇	1913—
Fourcroy, Antoine François	福尔库瓦	1755—1809
Fourier, François Marie Charles	傅立叶	1772—1837
Fowler, Frances C.	福勒	
Fraenkel, Jack	弗伦克尔	
Frame, Cynthia L.	弗雷姆	
Francke, August Hermann	弗兰克, A. H.	1663—1727
François Ⅰ	弗朗索瓦一世	1494—1547
Franco y Bahamonde, Francisco	佛朗哥	1892—1975

Frank, André Gunder	弗兰克,A. G.	1929—2005
Frank, Lawrence Kelso	弗兰克,L. K.	1890—1968
Franklin, Benjamin	富兰克林	1706—1790
Franks, Jeffery J.	弗兰克斯	
Frappaolo, Carl	弗拉保罗	
Fraser, B. J.	弗雷泽,B. J.	
Fraser, D. M.	弗雷泽,D. M.	
Fraser, S. C.	弗雷泽,S. C.	
Frederick, George W.	弗雷德里克	
Freire, Paulo	弗莱雷	1921—1997
Frensch, P. A.	弗里奇	
Freud, Sigmund	弗洛伊德	1856—1939
Frick, Theodore W.	弗里克	
Friedman, Meyer	弗里德曼,M.	1910—2001
Friedman, Milton	弗里德曼,M.	1912—2006
Friedrich Ⅰ	弗里德里希一世	1657—1713
Friedrich Ⅱ	弗里德里希二世	1712—1786
Friedrich Wilhelm Ⅰ	弗里德里希·威廉一世	1688—1740
Friedrich Wilhelm Ⅱ	弗里德里希·威廉二世	1744—1797
Friedrich Wilhelm Ⅲ	弗里德里希·威廉三世	1770—1840
Friedrich Wilhelm Ⅳ	弗里德里希·威廉四世	1795—1861
Fries, C. C.	弗里斯	
Fröbel, Friedrich Wilhelm August	福禄贝尔	1782—1852
Frohock, Fred M.	弗罗霍克	
Fromm, Erich Seligmann	弗罗姆	1900—1980
Frondizi, Arturo	弗朗迪西	1908—1995
Fryer, John	傅兰雅	1839—1928
Fulbright, James William	富布赖特	1905—1995
Fullan, M.	富兰	
Fuller, Bruce	富勒	
Furlong, V.	弗朗	

G

Gadamer, Hans-Georg	加达默尔	1900—2002
Gage, N. L.	盖奇	
Gagné, Robert Mills	加涅	1916— 2002
Galen	盖伦	129—200/216
Galileo Galilei	伽利略	1564—1642

Gall	高尔	
Gallagher, James J.	加拉赫	
Gallahue	格拉胡	
Gallaudet, Reverend Thomas Hopkins	加劳德特	1787—1851
Gallegos Nava, Ramón	加列戈斯·纳瓦	
Galton, Francis	高尔顿	1822—1911
Gandhi, Mohandas Karamchand	甘地	1869—1948
Gansberg, Friedrich	甘斯贝格	1871—1950
Gantt, Henry Laurence	甘特	
Gardner, Howard Earl	加德纳	1943—
Garfield, James Abram	加菲尔德	1831—1881
Garrett, Peter Robert	加勒特	1953—
Garrido, José L. G.	加里多	
Garrison, D. Randy	加里森	
Garvey, C.	加维	
Gasset, José Ortegay	加塞特	
Gates, Arthur Irving	盖茨,A. I.	1890—1972
Gates, Bill	盖茨,B.	1955—
Gauss, Johann Carl Friedrich	高斯	1777—1855
Gautama Siddhartha	乔答摩·悉达多	约前 624/前 564—前 544/前 484
Gay, L. R.	盖伊	
Gayeski, Diane M.	盖伊斯基	
Gaza	伽赞	
Gazda, George M.	卡扎特	
Geheeb, Paul	盖希布	1870—1961
Geiwitz, James	盖维茨	1938—
George Ⅲ	乔治三世	1738—1820
George, Anne	乔治	
Gerbing, David W.	格宾	
Gergen, Kenneth J.	格根	1935—
Gesell, Arnold Lucius	格塞尔	1880—1961
Getzels, Jacob Warren	盖茨尔斯	1912—2001
Ghaill, Macan	葛哈尔	
Ghazali, al-	安萨里	1058—1111
Ghiselli, Edwin Ernest	吉塞利	1907—1980
Gibb	吉伯	
Gibbs, Josiah Willard	吉布斯	1839—1903
Gibson, James Jerome	吉布森,J. J.	1904—1979
Gibson, Sherri	吉布森,S.	
Gick, Mary L.	吉克	
Giddens, Anthony	吉登斯	1938—

Giesecke, Hermann	吉赛克	1932—
Gilbert, G. Nigel	吉尔伯特，G. N.	
Gilbert, Thomas F.	吉尔伯特，T. F.	1927—1995
Giles, Harry H.	贾尔斯	1901—
Gilligan, Carol	吉利根	1936—
Gilman, Daniel Coit	吉尔曼	1831—1908
Gini, Corrado	基尼	1884—1965
Ginsburg, L.	金斯伯格	
Gintis, Herbert	金蒂斯	1940—
Ginzberg, Eli	金兹伯格	1911—2002
Giquel, Prosper Marie	日意格	1835—1886
Giroux, Henry	吉鲁	1943—
Glaser, Robert	格拉泽	1921—2012
Glasersfeld, E. von	格拉斯菲尔德	
Glass, Gene V.	格拉斯	1940—
Glass, Hiram Bentley	哥拉斯	1906—2005
Glatala, E. S.	加泰勒	
Glatthorn, A. A.	格拉索恩	
Goddard, R. D.	戈德达得	
Godden, Duncan R.	戈登，D. R.	
Gödel, Kurt	哥德尔	1906—1978
Godwin, William	戈德温	1756—1836
Goethe, Johann Wolfgang von	歌德	1749—1832
Goffman, Erving	戈夫曼	1922—1982
Goldin, Kenneth D.	戈尔丁	1940—1994
Goldman, R. T.	戈德曼	
Goldschmidt, Peter	戈尔德施密特	
Goldstein, Harvey	戈德斯坦	1939—
Goleman, Daniel Jay	戈尔曼	1946—
Golinkoff	戈林科夫	
Gomes, Jean	戈梅斯	
Gonczi, Andrew	贡齐	
Gonzaga, Gianfrancesco	贡扎加	1446—1496
Good, C. V.	古德	
Goodenough, Florence Laura	古德纳芙	1886—1959
Goodlad, John I.	古德莱德	1920—
Goodman, Paul	古德曼	1911—1972
Goodnow, Frank Johnson	古德诺，F. J.	1859—1939
Goodnow, Jacqueline Jarrett	古德诺，J. J.	1924—
Goodsell, C. T.	古德塞尔	
Goodson, Ivor F.	古德森，I. F.	
Goodson, Ludwika A.	古德森，L. A.	
Gooler, D. D.	古勒	

Gordon, David	戈登，D.	
Gordon, David M.	戈登，D. M.	1944—1996
Gordon, Edwin E.	戈登，E. E.	
Gordon, Milton M.	戈登，M. M.	1918—
Gore, Albert	戈尔	
Gorgias	高尔吉亚	约前 483—前 375
Gosset, William Sealy	高塞特	1876—1937
Gouin, François	古安	
Goulet, Denis	古莱	1931—2006
Goulet, Robert	戈莱	
Grabowski, Barbara L.	格拉博夫斯基	
Grace	格瑞斯	
Graebner, Fritz	格雷布内尔	1877—1934
Grambs, J. D.	格兰布斯	
Gramsci, Antonio	葛兰西	1891—1937
Grant, Carl A.	格兰特	
Graves	格拉弗斯	
Gray, Susan W.	格雷	
Gredler, Margaret E.	格雷德莱	
Green, Andy	格林，A.	1954—
Green, Francis P.	格林，F. P.	
Green, Thomas F.	格林，T. F.	
Green, Thomas Hill	格林，T. H.	1836—1882
Greene, Maxine	格林，M.	1917—
Greenfield, Patricia Marks	格林菲尔德	
Greenfield, Thomas B.	格林菲德	1930—1992
Greeno, James	格林诺	
Greenstein, Fred I.	格林斯坦	
Greer, Colin	格里尔，C.	
Greer, W. Dwaine	格里尔，W. D.	
Gregg, Russell T.	格雷格	
Gregory Ⅰ	格列高利一世	约 540—604
Gregory Ⅸ	格列高利九世	约 1148—1241
Griffin, David Ray	格里芬	1939—
Griffith, Coleman Roberts	格里菲斯	1893—1966
Griffiths, Daniel E.	格林菲斯	
Grigorenko, Elena L.	格里格瑞考	
Grimbald	格林保尔	
Gronlund, Norman E.	格朗伦	
Groot, Wim	格鲁特，W.	
Groote, Gerhard	格鲁特，G.	1340—1384
Gropper, G. L.	格罗泊	
Grossman, P. L.	格罗斯曼	
Grumet, Madeleine R.	格鲁梅特	1940—
Grundtvig, Nikolaj Frederik Severin	格龙维	1783—1872

Guadagnoli	瓜达尼奥利	
Guarino da Verona	格里诺	1374—1460
Guba, Egon G.	古巴	
Guilford, Joy Paul	吉尔福特	1897—1987
Guizot, François Pierre Guillaume	基佐	1787—1874
Gulick, Luther	古利克	1892—1993
Gullo	古洛	
Guskey, T. R.	古斯凯	
Gustafson, K. L.	古斯塔夫森	
Gutenberg, Johannes	谷登堡	1398—1468
Guthrie, Edwin Ray	格斯里	1886—1959
Gutsmuths, Johann Christoph Friedrich	古兹穆茨	1759—1839
Guttman, Louis	格特曼	1916—1987
Gützlaff, Karl Friedrich August	郭士立	1803—1851

H

Haakon Ⅱ	哈康二世	1147—1162
Haakon Ⅶ	哈康七世	1872—1957
Habermas, Jürgen	哈贝马斯	1929—
Hadrian	哈德良	76—138
Haertel, G. D.	黑特尔	
Hagen, Elizabeth P.	哈根	1915—
Haggett, Peter	哈格特	
Haire	海尔	
Hakim bi-Amr Allah, al-	哈基姆	985—1021
Hall, Arthur David	霍尔, A. D.	1925—2006
Hall, Granville Stanley	霍尔, G. S.	1844—1924
Hall, Richard H.	霍尔, R. H.	
Hall, Samuel Read	霍尔, S. R.	1795—1877
Hallak, Jacques	哈拉克	
Halliday, Michael Alexander Kirkwood	韩礼德	1925—
Hallinan, M. T.	哈利南	
Hallinger, Philip	海林杰	
Halls, Wilfred Douglas	霍尔斯	1918—2011
Halpin, Andrew Williams	哈尔平	
Halsey, Albert Henry	哈尔西	1923—
Halverson, Charles F.	哈文森	
Hamann, Johann Georg	哈曼	1730—1788
Hambleton, R. K.	汉布尔顿	
Hamilton, David	汉密尔顿, D.	
Hamilton, Edith	汉密尔顿, E.	1873—1961

Hammer, Rhonda	哈默	
Hammersley, M.	哈姆斯利	
Hammill, Donald D.	黑模	
Hammurabi	汉谟拉比	约前 1792—前 1750
Hans, Nicholas	汉斯	1888—1969
Hanselman, Heinrich	汉塞尔曼	
Hansen, A. J.	汉森, A. J.	
Hansen, W. Lee	汉森, W. L.	
Hanson, E. Mark	汉森, E. M.	
Hansot	汉梢特	
Hanushek, Eric A.	哈努谢克	
Happer, Andrew Patton	哈巴安德	
Harackiewitz, J.	哈拉科维茨	
Harbison, Frederick H.	哈比森	
Hardie, Charles Dunn	哈迪	1911—2002
Harding, Lowry W.	哈丁, L. W.	
Harding, Sandra G.	哈丁, S. G.	1935—
Hare, R. M.	黑尔	
Hargreaves, David	哈格里夫斯	1939—
Harless, Joe H.	哈利斯	?—2012
Harlow, Harry Frederick	哈洛	1905—1981
Harmin, Merrill	哈明	
Harper, William Rainey	哈珀	1856—1906
Harrington, D. M.	哈林顿	
Harris, Dale B.	哈里斯, D. B.	1914—2007
Harris, Robert S.	哈里斯, R. S.	
Harris, Judith Rich	哈里斯, J. R.	1938—
Harris, William Torrey	哈里斯, W. T.	1835—1909
Harrod, Henry Roy Forbes	哈罗德	1900—1978
Harrow, Anita J.	哈罗	
Harry, K.	哈里	
Hart, B. M.	哈特, B. M.	
Hart, J. J.	哈特, J. J.	
Hart, Robert	赫德, R.	1835—1911
Harter, Susan	哈特, S.	
Hartle, Terry W.	哈特尔	
Hartley, David	哈特利	1705—1757
Hartlib, Samuel	哈特利布	1600—1670
Hartog, J.	哈特格	
Hartshorne, Hugh	哈茨霍恩	
Hartsock, Nancy	哈卓克	1943—
Hartup, W. W.	哈吐普	
Harun al-Rashid	哈伦·赖世德	约 764—809
Harvard, John	哈佛	1607—1638
Harvey, William	哈维	1578—1657

Hasenfus, N.	哈森福斯	
Hassan, Ihab	哈桑	
Hastings, Warren	黑斯廷斯	1732—1818
Hattwick, La Berta Weiss	哈特维克	1909—
Hauser, Robert Mason	豪泽	
Haüy, Valentin	阿于伊	1745—1822
Havighurst, Robert James	哈维格斯特	1900—1991
Hawkes, Herbert Edwin	霍克斯	1872—1943
Hawley, C. L.	霍利	
Hay, Dale	海	
Haydon, Graham	海登	
Hayek, Friedrich August von	哈耶克	1899—1992
Hayes, J. R.	海斯	
Heath, Edward	希思	1916—2005
Hebb, Donald Olding	赫布	1904—1985
Heck, Ronald H.	赫克	
Heckel, Hans	黑克尔,H.	
Hecker, Johann Julius	黑克尔,J. J.	1707—1768
Hedrickson, Gordon	赫德里克森	
Hega, Gunther M.	海佳	
Hegel, Georg Wilhelm Friedrich	黑格尔	1770—1831
Heidegger, Martin	海德格尔	1889—1976
Heider, Fritz	海德	1896—1988
Heinicke, Samuel	海尼克	1727—1790
Helen Keller	海伦·凯勒	1880—1968
Helmholtz, Hermann Ludwig Ferdinand von	霍尔姆霍茨	1821—1894
Helvétius, Claude Adrien	爱尔维修	1715—1771
Hemphill	海姆菲尔	
Henley, Nicolas	亨利,N.	
Henmon, Vivian Allen Charles	亨蒙	1877—
Hennecke, Frank	亨内克	
Hennessy, John Pope	轩尼诗	1834—1891
Henry Ⅲ	亨利三世	1551—1589
Henry Ⅵ	亨利六世	1165—1197
Henry, J.	亨利,J.	
Henry Ⅷ	亨利八世	1491—1547
Heraclitus	赫拉克利特	约前 544—约前 483
Herbart, Johann Friedrich	赫尔巴特	1776—1841
Herbertson, A. J.	赫伯森	
Herder, Johann Gottfried von	赫尔德	1744—1803
Hergenhahn, B. R.	赫根汉	

Herodotus	希罗多德	约前 484—前 425
Herri, F.	亨利,F.	
Herrnstein, Richard J.	赫恩斯坦	1930—1994
Hersey	赫西	
Herzberg, Frederick	赫茨伯格	
Herzog, Roman	赫尔佐克	1934—
Heschel, Abraham Joshua	赫舍尔	1907—1972
Hess, Robert D.	赫斯	
Hester, S. K.	赫斯特,S. K.	
Hewett, Frank M.	海威特	
Hicks, John Richard	希克斯	1904—1989
Hicks, N. L.	西克斯	
Highet, G.	海特	
Hilbert, David	希尔伯特	1862—1943
Hilgard, Ernest Ropiequet	希尔加德	1904—2001
Hilgenheger, Norbert	希根海格	
Hill, David	希尔	
Hillel	希勒尔	约前 110—后 10
Hiller, Jack H.	希勒	
Hintzman, Douglas L.	欣茨曼	
Hippias	希庇亚斯	约前 560—前 490
Hippocrates	希波克拉底	约前 460—约前 377
Hirsch, Paul M.	赫希	
Hirschhorn, Larry	赫奇洪	
Hirst, Paul H.	赫斯特,P. H.	1947—2003
Hitler, Adolf	希特勒	1889—1945
Hoard, William Dempster	霍尔德	1836—1918
Hoban, Charles Francis	霍本	
Hobbes, Thomas	霍布斯	1588—1679
Hobhouse, Leonard Trelawny	霍布豪斯	1864—1929
Hobsbawm, Eric John Ernest	霍布斯鲍姆	1917—2012
Hobson, Benjamin	合信	1816—1873
Hockett, C. F.	霍基特	
Hodges, Walter L.	霍奇斯	
Hodgkinson, Christopher	霍奇金森	
Hodgkinson, H. L.	贺金逊	
Hofer, Barbara K.	霍弗	
Hoffman, Martin L.	霍夫曼,M. L.	
Hoffman, Saul D.	霍夫曼,S. D.	
Hofstadter, Richard	霍夫斯塔特	1916—1970

Hogan, J. C.	霍根	
Hogart, Richard	霍加特	
Hogg, Quintin	霍格	1845—1903
Holbach, Paul Heinrich Dietrich von	霍尔巴赫	1723—1789
Holland, John Lewis	霍兰德, J. L.	1919—2008
Holland, Paul W.	霍兰德, P. W.	
Hollister, C. Warren	霍莱斯特	1930—1997
Holmberg, Börje	霍姆伯格	1924—
Holmes, Brian	霍尔姆斯	1920—1993
Holt, John Caldwell	霍尔特	1923—1985
Holtzman, W. H.	霍尔茨曼	
Homer	荷马	约前9世纪—前8世纪
Honorius	霍诺留	384—423
Hooke, Robert	胡克	1635—1703
Hoole, Charles	胡尔	1610—1667
Hopkins, Johns	约翰斯·霍普金斯	1795—1873
Hopper, Earl	霍珀	
Horace Mann	贺拉斯·曼	1796—1859
Horkheimer, Max	霍克海默	1895—1973
Horn, John L.	霍恩, J. L.	1928—2006
Horne, Herman Harrell	霍恩, H. H.	1874—1946
Houghton, Vincent	哈格顿	
House, Ernest R.	豪斯, E. R.	
House, Robert J.	豪斯, R. J.	1932—2011
Hovland, Carl Iver	霍夫兰	1912—1961
Howe, Frederic Clemson	豪, F. C.	1867—1940
Howe, Samuel Gridley	豪, S. G.	1801—1876
Howes, Carollee	豪斯, C.	
Hoy, Wayne K.	霍伊	
Hubbard, Gardiner Greene	哈博德	1822—1897
Hubel, David Hunter	休伯尔	1926—
Huber, Victor Aimé	胡贝尔	1800—1869
Huberman, A.	胡别尔曼	
Hudson, J. A.	赫德森, J. A.	
Hudson, J. W.	赫德森, J. W.	
Huebner, Dwayne	肖伯纳	
Huesmann, Rowell	休斯曼	
Hufeland, Christoph Wilhelm Friedrich	胡弗兰德	1762—1836
Hull, Clark Leonard	赫尔	1884—1952
Hullfish, H. Gordon	赫尔菲什	
Humboldt, Alexander von	洪堡	1769—1859
Hume, David	休谟	1711—1776
Hummel, Charles	赫梅尔	
Hunayn ibn Ishaq	侯奈因·伊本·易司哈格	808—873
Hungerford, H. R.	亨格福德, H. R.	
Hungerford, T.	亨格福德, T.	
Hunt, Barry Dennis	亨特, B. D.	1937—
Hunter, John E.	亨特, J. E.	1939—2002
Hunter, Walter Samuel	亨特, W. S.	1889—1954
Hurd, Paul DeHart	赫德, P. D.	1905—2001
Hurlock, E. B.	赫洛克	
Hurn, J.	贺恩	
Hurt, H. T.	赫特	
Husek, T. R.	赫塞克	
Husén, Torsten	胡森	1916—2009
Husserl, Edmund	胡塞尔	1859—1938
Huston, A. C.	赫斯顿	
Hutcheson, Francis	哈奇生	1694—1747
Hutchins, Robert Maynard	赫钦斯	1899—1977
Huxley, Thomas Henry	赫胥黎	1825—1895
Huygens, Christiaan	惠更斯	1629—1695
Hyman, Herbert	海曼	
Hymes, H. D.	海姆斯	

I

Iannaccone, Laurence	亚那哥恩	
Ibn al-Arabi	伊本·阿拉比	1165—1240
Ibn Batuta	伊本·巴图塔	1304—约1378
Ibn Jubair	伊本·珠伯尔	1145—1217
Ibn Khaldoun	伊本·赫勒敦	1332—1406
Ibn Rushd	伊本·鲁世德	1126—1198
Ibn Sina	伊本·西那	980—1037
Illich, Ivan	伊里奇	1926—2002
Inhelder, Bärbel	英海尔德	1913—1997
Inkeles, Alex	英克尔斯	
Innocent III	英诺森三世	1160—1216
Isaacs, Susan Sutherland	艾萨克斯	1885—1948
Isidore of Seville	伊西多尔	560—636
Isocrates	伊索克拉底	前436—前338
Itard, Jean Marc Gaspard	伊塔尔	1774—1838
Izard, Carroll Ellis	伊扎德	1924—

J

Jacklin, Carol Nagy	杰克林	1939—2011

Jackman, Ernest	杰克曼	
Jackson, Philip W.	杰克逊	
Jacobson, Lenore F.	雅各布森	
Jacotot, Jean-Joseph	雅科托	1770—1840
Jaeger, G.	杰埃格	
Jahn, Friedrich Ludwig	雅恩	1778—1852
Jahoda, Marie	杰哈塔	1907—2001
James Ⅵ	詹姆士六世	1566—1625
James, Edmund Janes	詹姆斯, E. J.	1855—1925
James, William	詹姆斯, W.	1842—1910
Jameson, F.	杰姆逊	
Jane Austen	简·奥斯汀	1777—1811
Jaques-Dalcroze, Émile	雅克-达尔克罗斯	1865—1950
Jarvis, Peter	贾维斯	
Jaspers, Karl Theodor	雅斯贝尔斯	1883—1969
Jebb, John	杰布	
Jefferson, Thomas	杰斐逊	1743—1826
Jeffrey	杰弗里	
Jenck	杰恩克	
Jencks, Christopher Sandy	詹克斯	1936—
Jenkins, James J.	詹金斯	1923—
Jenks, Edward	甄克斯	1861—1939
Jensen, Arthur Robert	詹森	1923—2012
Jerome	杰罗姆	约347—420
Jesperson, Jen Otto Harry	叶斯伯森	1860—1943
Jevons, W. S.	耶方斯	
João Ⅲ	若奥三世	1502—1557
John Chrysostom	约翰·克里索斯托	347—407
John Paul Ⅱ	约翰·保罗二世	1920—2005
Johannsen, Wilhelm Ludwig	约翰森, W. L.	1857—1927
Johansen, Leif	约翰森, L.	1930—1982
Johns Hopkins	约翰斯·霍普金斯	1795—1873
Johnson, Bill	约翰逊, B.	
Johnson, Lyndon Baines	约翰逊, L. B.	1908—1973
Johnson, Marietta Pierce	约翰逊, M. P.	1864—1938
Johnson, Miriam M.	约翰逊, M. M.	
Johnstone, Donald Bruce	约翰斯通	1941—
Jonassen, David H.	乔纳森	1947—2012
Jones, Aaron	琼斯, A.	
Jones, Bryan D.	琼斯, B. D.	
Jones, Charles O.	琼斯, C. O.	1931—
Jones, Edward Ellsworth	琼斯, E. E.	1928—1993
Jones, Glen A.	琼斯, G. A.	
Jones, Harold Ellis	琼斯, H. E.	1894—1960
Jones, N.	琼斯, N.	
Jones, Ronald G.	琼斯, R. G.	
Jones, Thomas Jesse	琼斯, T. J.	1873—1950
Jordan, David Starr	乔丹	1851—1931
Joseph, Keith Sinjohn	约瑟夫	1918—1994
Josephus, Titus Flavius	约瑟夫斯	37—100
Jospin, Lionel	若斯潘	1937—
Joyce, Bruce	乔伊斯	
Juana, Sor	索尔·胡安娜	1648/1651—1695
Juan Carlos	胡安·卡洛斯	1938—
Juárez, Benito	胡亚雷斯	1806—1872
Judd, Charles Hubbard	贾德	1873—1946
Julian the Apostate	尤里安	332—363
Jullien, Marc-Antoine	朱利安	1775—1848
Jung, Carl Gustav	荣格	1875—1961
Justin Martyr	查斯丁	100—165
Justinian Ⅰ	查士丁尼一世	483—565

K

Kádner, Otakar	卡德涅尔	1870—1936
Kaestle	卡斯特尔	
Kagan	卡根	
Kahn, Herman	卡恩	1922—1983
Kandel, Isaac Leon	坎德尔	1881—1965
Kane, M. T.	凯恩	
Kanner, L.	凯纳	
Kanpo, Barry	堪坡	
Kant, Immanuel	康德	1724—1804
Karabel, Jerome	卡拉贝尔	1950—
Karier, Clarence J.	卡瑞尔	
Kariya, Takehiko	卡里亚	
Karl ⅩⅣ	卡尔十四世	1763—1844
Karmiloff-Smith, Annette	卡米洛夫-史密斯	
Kast, Fremont E.	卡斯特	
Katz, Daniel	卡茨, D.	1903—1998
Katz, Eliakim	卡茨, K.	
Katz, Michael B.	卡茨, M. B.	
Kaufman, R. A.	考夫曼	
Kaye, Anthony	凯依	
Kay-Shuttleworth, James Phillips	凯-沙图华兹	1804—1877

Kazienko, Louis W.	卡赞科	
Keddie, Nell	凯迪	
Keegan, Desmond	基更	
Keeps, E. J.	基普斯	
Kegan, Robert	基根	1946—
Keller, A.	凯勒, A.	
Keller, Chas	凯勒, C.	
Keller, Fred Simmons	凯勒, F. S.	1899—1996
Keller, Helen	海伦·凯勒	1880—1968
Keller, John M.	凯勒, J. M.	
Kelly, A.	凯利, A.	
Kelly, Gail Paradise	凯利, G. P.	1940—1991
Kelly, George Alexander	凯利, G. A.	1905—1967
Kelley, Harold Harding	凯利, H. H.	1921—2003
Kelly, M.	凯利, M.	
Kelman, Herbert C.	凯尔曼	
Kemmis, S.	凯米斯	
Kemp, Jerrold E.	肯普	
Kendall, Maurice George	肯德尔	1907—1983
Kendrick, Carol	肯德里克	
Kennedy, Donald	肯尼迪, D.	1931—
Kennedy, John Fitzgerald	肯尼迪, J. F.	1917—1963
Kennedy, Robert Francis	肯尼迪, R. F.	1925—1968
Kerckhoff, Alan C.	克尔克霍夫	
Kerouac, Jack	克鲁亚克	1922—1969
Kerr, Clark	克尔	1911—2003
Kerr, John F.	凯尔	
Kerschensteiner, Georg Michael	凯兴斯泰纳	1854—1932
Keynes, John Maynard	凯恩斯	1883—1946
Khawas, Elaine El	卡瓦斯	
Khufu	胡夫	? —约前2566
Khwarizmi, al-	花拉子密	约783—约 850
Kidd, R.	基德	
Kierkegaard, Søren Aabye	克尔凯郭尔	1813—1855
Kiker, B. F.	凯克	
Killis, Yaqub ibn	雅库布·伊本·基利斯	930—991
Kilpatrick, J.	基尔帕特里克	
Kilpatrick, William Heard	克伯屈	1871—1965
Kim, Daniel H.	金, D. H.	
Kindred, Leslie Withrow	金德里德	
King, Alexander	金, A.	1909—2007
King, Edmund James	埃德蒙·J. 金	1914—2002
King, L.	金, L.	
King, Ronald	金, R.	
Kingdon, John Wells	金顿	1940—
Kirk, Samuel A.	柯克	1904—1996
Kirkpatrick, Edwin Asbury	柯克帕特里克	1862—1937
Kishore, Nawal	柯瑟	
Klafki, Wolfgang	克拉夫基	1927—
Klahr, David	克拉尔	1939—
Klaproth, Martin Heinrich	克拉普罗特	1743—1817
Klatzky, Roberta	克拉茨基	
Klaus, David Joseph	克劳斯, D. J.	
Klaus, Rupert A.	克劳斯, R. A.	
Klein, Christian Felix	克莱因, C. F.	1849—1925
Klein, Friedrich	克莱因, F.	1908—1974
Kleist, Bernd Heinrich Wilhelm von	克莱斯特	1777—1811
Klingberg, Frank L.	克林伯格	
Klohr, Paul R.	克洛尔	1918—2008
Klopfer, Leopold E.	克洛普弗	
Kneller, George F.	奈勒	1908—1963
Knight, Frank Hyneman	奈特	1885—1972
Knirk, Frederick G.	诺克	
Knowles, Asa Smallidge	诺勒斯	1909—1990
Knowles, Malcolm Shepherd	诺尔斯	1913—1997
Knox, Alan B.	诺克斯, A. B.	
Knox, John	诺克斯, J.	1505—1572
Knox, Samuel	诺克斯, S.	
Knox, Vicesimus	诺克斯, V.	1752—1821
Kodály Zoltán	柯达伊	1882—1967
Koedinger, Kenneth R.	科廷格	1962—
Koegel, Robert L.	凯格勒	
Koffka, Kurt	考夫卡	1886—1941
Kogan, Maurice	科根, M	1930—2007
Kohlberg, Lawrence	科尔伯格	1927—1987
Köhler, Wolfgang	苛勒	1887—1967
Kohli, Wendy R.	科利	
Kolakowski, Donald	科拉科夫斯基	
Kolb, David A.	科尔布	1939—
Koopman, George Robert	库普曼	1895—?
Koopmans, Tjalling Charles	库普曼斯	1910—1985
Koos, Leonard V.	库斯	1881—1976
Korczak, Janusz	科尔察克	1878/1879— 1942
Korsch, Karl	科尔施	1886—1961
Kortland, Koos	科特兰德	
Kossuth, Lajos	科苏特	1802—1894

Kotter,John Paul	科特	1947—
Kozol,Jonathan	科佐	1936—
Kramsch,Claire	克拉米什	
Krapp,Andreas	克拉普	
Krathwohl,David R.	克拉斯沃尔	
Krech,David	克雷奇	1909—1977
Kremen,Irwin	克莱门	1925—
Krieck,Ernst	克里克,E.	1882—1947
Krugman,Paul Robin	克鲁格曼	1953—
Kruskal,William Henry	克鲁斯卡尔	1919—2005
Kuder,Gordon F.	库德	
Kuhl,J.	库尔	
Kuhn,Thomas Samuel	库恩	1922—1996
Kulick,Edward M.	库利克	
Kurz,Johann Nepomuk	库尔茨	1783—1865
Kuznets,Simon Smith	库兹涅茨	1901—1985

L

Labouvie-Vief,Gisela	拉鲍维-维夫	
Lacan,Jacques	拉康	1901—1981
Lacey,Colin	莱西	
La Chalotais,Louis-René de Caradeuc de	拉夏洛泰	1701—1785
La Follette,Robert Marion	拉夫勒特	1855—1925
Lagerspetz,K. M.	兰格斯伯兹	
Lakomski,Gabriele	拉科姆斯基	
La Madelaine,Louis Philipon de	拉马德兰	1734—1818
Lambert,Linda	兰伯特	
La Mettrie,Julien Offray de	拉美特利	1709—1751
Lamgethal,H.	朗格塔尔	
Lamprecht,Karl Gottfried	兰普雷茨	1856—1915
Lance,G. N.	兰氏	
Lancaster,Joseph	兰卡斯特	1778—1838
Landa,Lev N.	兰达	
Landers,D.	兰德斯	
Landgrebe,Ludwig	朗德格雷贝	1902—1991
Landin,D.	兰丁	
Lang,Jack Mathieu Émile	朗	1939—
Lange,Alexis Frederick	兰格,A. F.	1862—1924
Lange,Garrett	兰格,G.	
Langeveld,Martinus Jan	兰格威尔德	1905—1989
Langevin,Paul	郎之万	1872—1946
Lansdown,Brenda	兰本达	1904—1990
Lansdowne,3rd Marquess of	兰斯当	1780—1863

Lantz,O.	兰茨	
Lareau	拉鲁	
Larson,Reed	拉森	
La Salle,Jean-Baptiste de	拉萨尔	1651—1719
Lash,Scott	拉什	
Lasky,Ronald C.	拉斯基	
Lasswell,Harold Dwight	拉斯韦尔	1902—1978
Lather,Patti	拉瑟	
Laurie,Simon Somerville	劳里	1829—1909
Laurillard,Diana	劳瑞拉特	
Lauwerys,Joseph	劳韦里斯	1902—1981
Lave,Jean	莱夫	
Lavoisier,Antoine	拉瓦锡	1743—1794
Lawler,Edward	劳勒	
Lawley,D. N.	劳莱	
Lawson,J.	劳森,J.	
Lawson,M. L.	劳森,M. L.	
Lawton,Denis	劳顿,D.	1931—
Lawton,Sallie C.	劳顿,S. C.	
Lay,Wilhelm August	拉伊	1862—1926
Layard,Richard	莱亚德	1934—
Lazarus,Richard S.	拉扎勒斯	1922—2002
Lazerson,Marvin	拉泽逊	
Leach,Arthur Francis	利奇	1851—1915
Learned,W. S.	利尔内德	
Legendre,A. M.	勒让德	
Legge,James	理雅各	1815—1897
Leibenstein,Harvey	莱宾斯坦	1922—1994
Leibniz,Gottfried Wilhelm	莱布尼茨	1646—1716
Leigh,Robert R.	利	
Leithwood,K. A.	利思伍德	
Lengrand,Paul	朗格朗	1910—2003
Lennon	伦农	
Leo	利奥	
Leo X	利奥十世	1475—1521
Leo XIII	利奥十三世	1810—1903
León,Pedro Ponce de	莱昂	1520—1584
Leonardo of Pisa	莱奥纳尔多	1170—1250
l'Épée,Charles-Michel de	莱佩	1712—1789
Lepeletier,Louis-Michel	雷佩尔提	1760—1793
Lepissier,E. L.	李璧谐	
Lepper,Mark R.	莱珀	1944—
Lersten,K. C.	勒斯顿	
Lessing,Gotthold Ephraim	莱辛	1729—1781
Le Thanh Khoi	黎成魁	
Letourneau,Charles	利托尔诺	

Leve, L. D.	利弗	
Levie, W. H.	利维	
Levin, Benjamin	莱文, B.	
Levin, Henry M.	莱文, H. M.	
Levinas, Emmanuel	莱维纳斯	1906—1995
Levine, Rayna F.	莱文, R. F.	
Lévi-Strauss, Claude	莱维-斯特劳斯	1908—2009
Lewicki, Paul	莱维茨基	
Lewin, Kurt	勒温	1890—1947
Lewis, A.	刘易斯, A.	
Lewis, Arthur James	刘易斯, A. J.	1919—2006
Lewis, M.	刘易斯, M.	
Lewis, O.	刘易斯, O.	
Lewis, Ramon	刘易斯, R.	
Licinius	李锡尼	263—325
Lickona, T.	里考纳	
Lieberman	李伯曼	
Lietz, Hermann	利茨	1868—1919
Likert, Rensis	利克特	1903—1981
Lily, William	里利	约1468—1522
Linacre, Thomas	林纳克	约1460—1524
Lincoln, Abraham	林肯	1809—1865
Lindahl, Erik Robert	林达尔	1891—1960
Lindblom, Charles Edward	林德布洛姆	
Linde, Enrst	林德	1864—1943
Linderman, Edward	林德曼	
Lindgren, Henry Clay	林格伦	1914—2005
Lindsell, R. E.	连素	
Lindzey, Gardner	林德赛	1920—2008
Linn, John Phillip	林恩	
Linn, Robert L.	林	
Linstone	林斯托恩	
Linton, Ralph	林顿	1893—1953
Lipham, James M.	利法姆	
Lipman, Mathew	李普曼	1922—2010
Lippa, Richard A.	里帕	
Lippitz, W.	李普茨	
Lipset, S. M.	李普西特	
List, Georg Friedrich	李斯特	1789—1846
Litt, Theodor	利特	1880—1962
Liversley, W. John	利弗斯莱	
Livingstone, Richard Winn	利文斯通	1880—1960
Lochner, Rudolf	洛赫纳	
Locke, John	洛克	1632—1704
Loevinger, Jane	卢文格	1918—2008
Longford, N. T.	朗福德	

Longobardi, Nicolas	龙华民	1559—1654
Longworth, Norman	朗沃斯	
Lord, Frederic Mather	洛德	1912—2000
Lorenz, Konrad Zacharias	劳伦兹	1903—1989
Lortie, D. C.	洛蒂	
Lothholz, Gustav Emil	洛特霍尔兹	1821—?
Lotka, Alfred James	洛特卡	1880—1949
Louis XIII	路易十三	1601—1643
Louis XIV	路易十四	1638—1715
Louis XV	路易十五	1710—1794
Louis XVIII	路易十八	1755—1824
Lovaas, O. Ivar	洛瓦斯	1927—2010
Lowe, R.	洛	
Lowell, Abbott Lawrence	洛厄尔	1861—1932
Lowenfeld, Viktor	罗恩菲德	1903—1960
Lowi, Theodore	罗威	
Loyola, Ignacio de	罗耀拉	1491—1556
Lozanov, G.	洛扎诺夫	
Lucas, A. M.	卢卡斯, A. M.	
Lucas, Robert Emerson, Jr.	卢卡斯, R. E.	1937—
Luchins, Abraham S.	卢钦斯	1914—2005
Luckmann, T.	卢克曼	
Ludwig, Emil	路德维希	1881—1948
Lugo, James O.	卢格	
Luhmann, N.	卢曼	
Lukács György	卢卡奇	1885—1971
Lukas, Janice F.	卢卡斯, J. F.	
Luther, Martin	马丁·路德	1483—1546
Lycurgus of Sparta	莱库古斯	前820—约前730
Lynch, James	林奇, J.	约1623—1713
Lynch, Kathleen	林奇, K.	
Lynch, Lisa M.	林奇, L. M.	
Lyotard, Jean-François	利奥塔	1924—1998

M

Maarseveen, Henk Van	马尔赛文	
Macaulay, Thomas Babington	麦考莱	1800—1859
Maccoby, Eleanor Emmons	麦可比	1917—
MacDonald, James B.	麦克唐纳	
Mach, Ernst	马赫	1838—1916
Machiavelli, Niccolò	马基雅弗利	1469—1527
Mackay, D. I.	麦凯	
MacKinnon, David Peter	麦金农	

Macmillan, Maurice Harold	麦克米伦	1894—1986
Macrae, Ducan, Jr.	迈克雷	
MacWhinney, Brian James	麦克韦尼	1945—
Mager, R. F.	马杰	
Magill, R. A.	马吉尔	
Magoda, Baxter	莫苟德	
Mahalanobis, P. C.	马氏	
Mahler, Fred	马勒, F.	
Mahmud, Sayyid Fayyaz	马茂德	
Maier, Tony	美叶尔	
Maimonides, Moses	麦蒙尼德	1135—1204
Maintenon, Françoise d'Aubigné	蒙台纳	1635—1719
Malaguzzi, Loris	马拉古兹	1920—1994
Malinowski, Bronisław Kasper	马林诺夫斯基	1884—1942
Maller, Julius B.	马勒, J. B.	
Malthus, Thomas Robert	马尔萨斯	1766—1834
Mandela, Nelson	曼德拉	1918—
Mandler, George	曼德勒	1924—
Mangelsdorf, Karl Ehregott Andreas	曼格尔斯多夫	1748—1802
Manland, Sydney P.	马兰	
Mann, Horace	贺拉斯·曼	1796—1859
Mann, J.	曼恩	
Mannheim, Karl	曼海姆	1893—1947
Mansur, al-	曼苏尔	714—775
Marble, Albert Prescott	马布尔	1836—1906
Marcel, Gabriel	马塞尔	1889—1973
March, James Gardner	马奇	1928—
Marconi, Guglielmo	马可尼	1874—1937
Marco Polo	马可·波罗	约 1254—1324
Marcuse, Herbert	马尔库塞	1898—1979
Maria Theresa	玛丽亚·特利莎	1717—1780
Maritain, Jacques	马利坦	1882—1973
Marquardt, Michael J.	马恰德	
Marquis, Clement	玛奎斯	
Marris, Robert Lapthorn	马里斯	1924—2012
Marsh, H. W.	马什	
Marshall, Alfred	马歇尔, A.	1842—1924
Marshall, Freddie Ray	马歇尔, F. R.	1928—
Marshall, Thomas Humphrey	马歇尔, T. H.	1893—1981
Marsiglio da Padova	马西洛	1275—1342
Martel, Charles	查理·马特	688—741
Martens, Rainer	马滕斯	1942—
Martin, Carol Lynn	马丁, C. L.	
Martindale, C.	马丁达尔	
Martin, Jane Roland	马丁, J. R.	
Martin Luther	马丁·路德	1483—1546
Martin Luther King, Jr.	马丁·路德·金	1929—1968
Martin, William Alexander Parsons	丁韪良	1827—1916
Marx, Karl	马克思	1818—1883
Mary Ⅰ	玛丽	1516—1558
Masia, B.	梅夏	
Maslach, Christina	马斯勒	
Masland, Andrew	马思兰	
Maslow, Abraham Harold	马斯洛	1908—1970
Matteo Ricci	利玛窦	1552—1610
Matthews, Gareth B.	马修斯, G. B.	1929—2011
Matthews, Michael R.	马修斯, M. R.	
Maurus, Rabanus	莫鲁斯	约 780—856
Mauss, Marcel	莫斯	1872—1950
Maxcy, S. J.	麦克西	
Maximilian Ⅰ	马克西米连一世	1459—1519
Maxwell, Joseph	马克斯威尔	
May, Mark Arthur	梅	1891—
May, Rollo	罗洛·梅	1909—1994
Mayer, Richard E.	梅耶	
Mayo, George Elton	梅奥	1880—1949
Mazmanian, Daniel A.	马兹曼尼安	
Mazurek, Kas	马祖芮克	
Mazzola, Ugo	马佐拉	1863—1899
McAndrew	麦克安德鲁	
McCall, W. A.	麦柯尔	
McCarthy, Charles	麦卡锡	1873—1921
McClelland, David C.	麦克莱兰	1917—1998
McCrary, J. W.	麦克拉里	
McCullagh, P.	麦卡拉	
McDonnell, Lorraine M.	麦克道内尔	
McDougall, William	麦独孤	1871—1938
McElroy, Mark W.	麦克尔罗伊	
McGee, Reece J.	麦克基	
McGeoch, J. A.	麦克奇	
McGregor, Douglas Murray	麦格雷戈	1906—1964
McKenna	麦克纳	
McKinney, James D.	麦金尼	
McLaren, Peter	麦克拉伦	1948—

McLaughlin,John P.	麦克劳克林,J. P.	
McLaughlin,Mibrey	麦克劳克林,M.	
Mclean,J. E.	麦克尼恩	
Mclellan,H.	麦克莱伦	
McMurry,Charles Alexander	麦克墨里,C. A.	1857—1927
McMurry,Frank Morton	麦克墨里,F. M.	1862—1936
McNee	麦克尼	
McNeil,John D.	麦克尼尔,J. D.	
McNeill, David	麦克尼尔,D.	1933—
McNiff,J.	麦克尼芙	
McNight	麦克纳特	
Mcphail,Peter	麦克菲尔	
Mcrobbie,Angela	默克罗比	
Mead,George Herbert	米德,G. H.	1863—1931
Mead,Margaret	米德,M.	1901—1978
Meadows,John Armstrong Taylor	密妥士	
Meece,J. L.	米斯	
Mehta,Madhava Mal	麦塔	
Meichenbaum,Donald H.	梅钦鲍姆	1940—
Meier	梅尔	
Meiners,Christoph	迈纳斯	
Meirieu,P.	梅里厄	
Melanchthon,Philipp	梅兰希顿	1497—1560
Mellor,F. J.	米勒,F. J.	
Meltger	梅尔特格	
Mendel,Gregor Johann	孟德尔	1822—1884
Mendoza,Antonio de	门多萨	1495—1552
Meredith,James Howard	梅雷迪斯	1933—
Merleau-Ponty,Maurice	梅洛庞蒂	1908—1961
Merriam,Charles Edward	梅里亚姆,C. E.	1874—1953
Merriam,Sharan B.	梅里亚姆,S. B.	
Merrill,M. David	梅里尔	
Merton,Robert King	默顿	1910—2003
Meslier,Jean	梅叶	1664—1729
Methodius	美多德	约826—885
Metzger,W.	麦兹格	
Meumann,Ernst	梅伊曼	1862—1915
Meux,Milten	缪克斯	
Meyer,John W.	迈耶	1935—
Meyrowitz,Joshua	梅罗维茨	
Mialaret,Gaston	米亚拉雷	1918—
Michael Ⅷ	米海尔八世	1223—1282
Michaelis,John David	米歇里斯	
Middendorf,Johann Wilhelm	米登多夫	1793—1853
Middendorp, Jakob	米登多普	约1537—1611
Midgley,C.	米奇利	
Miklos	米克洛斯	
Miles,Catherine Cox	迈尔斯,C. C.	1890—1984
Miles,Raymond E.	迈尔斯,R. E.	
Miles,Walter Richard	迈尔斯,W. R.	1885—1978
Milkesen,Bank	米尔克森	
Mill,James	穆勒,J.	1773—1836
Mill,John Stuart	穆勒,J. S.	1806—1873
Miller,John P.	米勒,J. P.	
Miller,Nathen	米勒,N.	
Miller,P. W.	米勒,P. W.	
Miller, Ron	米勒,R.	
Millett,John David	米利特,J. D.	1912—1993
Millett,Kate	米利特,K.	1934—
Mills,Annetta Eugenia Thompson	梅耐德	1853—1929
Mills,Charles Rogers	梅理士	1829—1895
Milne,William Charles	米怜	1815—1863
Milton,John	弥尔顿	1608—1674
Mincer,Jacob	明瑟	1922—2006
Miner,J.	迈纳	
Mintzberg,Henry	明茨伯格	
Mirabeau,Honoré Gabriel Riqueti de	米拉博	1749—1791
Mischel,Walter	米歇尔	1930—
Miskel,C. G.	米斯科尔	
Mislevy,Robert J.	米斯莱维	
Mitchell,Juliet	米切尔	1940—
Mittelman,W.	米特尔曼	
Moe,Terry M.	默	
Moehlman,Arthur Bernard	莫尔曼	1889—1952
Moely,B. E.	莫利	
Mohammed	穆罕默德	约570—632
Mollenhauer,Klaus	莫伦豪尔	
Moncriff,Edward T. R.	蒙克利	
Monkman,Karen	芒克曼	
Monnet,Jean	莫内	1888—1979
Monory	莫诺里	
Monroe,Paul	孟禄	1869—1947
Montaigne,Michel Eyquem de	蒙田	1533—1592

Montesquieu, Charles-Louis de Secondat	孟德斯鸠	1689—1755
Montessori, Maria	蒙台梭利	1870—1952
Moodley, Kogila	穆德莉	
Moore, Bert	穆尔, B.	
Moore, George Edward	穆尔, G. E.	1873—1958
Moore, Michael G.	穆尔, M. G.	
Moore, Wilbert E.	穆尔, W. E.	1914—1987
Moore, William L.	穆尔, W. L.	
Morais, Ana Marie	莫雷斯	
Morales, Juan Bautista de	黎玉范	1597—1664
More, Thomas	莫尔	1478—1535
Moreno, Jacob Levy	莫雷诺	1889—1974
Morgan, Christiana Drummond	摩根, C. D.	1897—1967
Morgan, Gareth	摩根, G.	1943—
Morgan, L. H.	摩根, L. H.	
Morgan, R. L.	摩根, R. L.	
Morhof, Daniel Georg	莫尔霍夫	1639—1691
Morin, Edgar	莫兰	
Morison, E.	莫里森, E.	
Morley, L.	莫蕾	
Morrill, Justin Smith	莫里尔	1810—1898
Morris, C. Donald	莫里斯, C. D.	
Morris, Charles William	莫里斯, C. W.	1901—1979
Morris, Cynthia Taft	莫里斯, C. T.	
Morris, George Sylvester	莫里斯, G. S.	1840—1889
Morris, Van Cleve	莫里斯, V. C.	
Morrison, H.	莫里森, H.	
Morrison, Robert	马礼逊	1782—1834
Morrow, R. A.	莫罗	
Mortimore, Peter	莫蒂莫尔	
Moseley, James L.	莫斯利	
Moses	摩西	
Moshman, David	穆西曼	
Mosston, Muska	莫斯顿	1925—
Mouton, Jane Srygley	穆顿	1930—1987
Mowrer, Orval Hobart	莫勒	1907—1982
Muawiyah	穆阿维叶	600—680
Mubarak, Muhammad Hosni El Sayed	穆巴拉克	1928—
Muggleton, D.	玛格尔顿	
Muhammad Ali	穆罕默德·阿里	1769—1849
Mulaik, Stanley	穆莱克	1935—
Mulcaster, Richard	马尔卡斯特	1530—1611

Mulk, Nizam al-	尼扎姆·穆尔克	1018—1092
Muller, W.	穆勒, W.	
Münchhausen, Gerlach Adolf von	闵希豪生	1688—1770
Münsterberg, Hugo	闵斯特伯格	1863—1916
Murphy, Gardner	墨菲	1895—1979
Murray, Henry Alexander	默里	1893—1988
Murray, William Hill	穆威廉	1843—1911
Musgrave, Richard Abel	马斯格雷夫	1910—2007
Myers, Charles A.	梅耶斯	
Myers, David G.	迈尔斯, D. G.	1942—
Myers, Isabel Briggs	迈尔斯, I. B.	1897—1980
Myers, L. J.	迈耶斯	
Myrdal, Gunnar	米达尔	1898—1987

N

Nagel, Stuart S.	那格尔	
Nair, K. R.	奈尔	
Naisbitt, John	奈斯比特	1929—
Naish	奈什	
Namberg, Margarete	南姆伯格	
Napoléon I	拿破仑一世	1769—1821
Napoléon III	拿破仑三世	1808—1873
Nasser, Gamal Abdel	纳赛尔	1918—1970
Natorp, Paul Gerhard	纳托尔普	1854—1924
Neave, Guy	尼沃	
Necho	尼科	
Needham, Joseph	李约瑟	1900—1995
Nehru, Jawaharlal	尼赫鲁	1889—1964
Neidt, Charles O.	奈德	
Neil, M.	尼尔, M.	
Neill, Alexander Sutherland	尼尔, A. S.	1883—1972
Neisser, Ulric	奈瑟	1928—2012
Nelson, Thomas O.	纳尔逊	1943—2005
Neuman, Susan B.	纽曼, S. B.	
Neumann, O.	纽曼, O.	
Neumark, David	纽马克	
Neves	尼夫斯	
Newcastle, 5th Duke of	纽卡斯尔	1811—1864
Newell, Alan	纽厄尔	1927—1992
Newlon, Jesse	纽隆	
Newman, John Henry	纽曼, J. H.	1801—1890
Newmann, Fred	纽曼, F.	
Newton, Isaac	牛顿	1642—1727

Niccoli, Niccolò	尼科利	1363—1437
Nicetas	尼塞塔斯	
Nicholls, J. G.	尼科尔斯	
Niemeyer, August Hermann	尼迈尔	1754—1828
Nietzsche, Friedrich Wilhelm	尼采	1844—1900
Nipkow, Paul	尼普科夫	
Nippe, Søren	尼珀	
Nirje, Bengt	尼尔耶	
Nisbet, John Donald	尼斯比特	
Nissen, Mary Jo	尼森	
Nixon, Richard Milhous	尼克松	1913—1994
Nizam al-Mulk	尼扎姆·穆尔克	1018—1092
Noah, Harold J.	诺亚	1925—
Noddings, Nel	诺丁斯	1929—
Nohl, Herman	诺尔	1879—1960
Nolte, M. Chester	诺尔特	
Norman, Donald Arthur	诺曼	1935—
North, Douglass Cecil	诺斯	1920—
Novick, M. R.	诺维克	
Nozick, Robert	诺齐克	1938—2002
Nunan, D.	努南	
Nurss, Joanne R.	纳斯	
Nussbaum, Nancy	努斯鲍姆	
Nuttall, Desmond L.	纳托尔	

O

Oakes, Jeannie	奥凯斯	
Obama, Barack Hussein	奥巴马	1961—
Obeln, M. J.	额伯连	
Oberlin, Jean-Frédéric	奥贝兰	1740—1826
O'Connor, Daniel John	奥康纳	1914—2012
Octavian	屋大维	前 63—后 14
Odden, Allan R.	奥登	
Oliva, Peter F.	奥利瓦	
Ollendorff, Heinrich Gottfried	奥朗多弗	1803—1865
Olsen, John P.	奥尔森,J. P.	1939—
Olson, Mancur Lloyd	奥尔森,M. L.	1932—1998
Olweus, Dan	奥维尤斯	
Ongania, Juan Carlos	翁加尼亚	1914—1995
Orff, Carl	奥尔夫	1895—1982
Origen	奥利金	185/186—254/255
Ornstein, Allan C.	奥恩斯坦	

Orosius, Paulus	奥罗修斯	375—约 418
Osborn, Alex Faickney	奥斯本	1888—1966
Osgood, Charles Egerton	奥斯古德	1916—1991
Ostrom, Elinor	奥斯特罗姆	1933—2012
O'Sullivan, Julia T.	奥萨利文	
Otto	奥托	1815—1867
Otto, H. A.	奥托,H. A.	
Overing, Robert L.	奥弗林	
Owen, Robert	欧文	1771—1858
Owens, Robert G.	欧文斯	

P

Paas, Fred G. W. C.	帕斯	
Pachomius the Great	帕科米乌	292—348
Packard, Alpheus Spring	帕卡德	1839—1905
Paine, Thomas	潘恩	1737—1809
Paivio, Allan Urho	佩维沃	1925—
Palincasar, A.	帕林卡沙	
Palmer, Harold Edward	帕尔默	1877—1949
Palmieri, Matteo di Marco	帕尔梅利	1406—1475
Panchapakesan, Nargis	潘杰帕克森	
Pantaleoni, Maffeo	潘塔莱奥尼	1857—1924
Pantoja, Didace de	庞迪我	1571—1618
Papousek, H.	帕波塞克	
Paracelsus	巴拉萨尔沙士	1493—1541
Pareto, Vilfredo Federico	帕累托	1848—1923
Paris, C.	帕里斯,C.	
Paris, Scott G.	帕里斯,S. G.	
Parker, Francis Wayland	帕克	1837—1902
Parkhurst, Helen	帕克赫斯特	1887—1973
Parkin, Frank	帕金	
Parks, Rosa Louise McCauley	帕克斯	1913—2005
Parlett, Malcolm	帕勒特	
Parnes, S. J.	帕内斯	
Paroz, Jules	帕罗兹	1824—1906
Parrot, André	帕拉	1901—1980
Parsons, Frank	帕森斯,F.	1854—1908
Parsons, Talcott	帕森斯,T.	1902—1979
Parten, M. B.	帕滕,M. B.	
Partridge, Alden	帕特里奇	1785—1854
Pascal, Blaise	帕斯卡	1623—1662
Passeron, Jean-Claude	帕斯隆	1930—
Paterson	佩德森	
Patten, J. Van	帕滕,J. V.	

Pattison	帕丁生	
Patton, Carl V.	帕顿	
Patton, James R.	巴顿, J. R.	
Paul	保罗	约 10—62/67
Paulsen, Friedrich	鲍尔生	1846—1908
Payne, E. G.	佩恩, E. G.	
Payne, Joseph	佩恩, J.	1808—1876
Payne, James Spriggs	佩恩, J. S.	1822—1896
Payne, William Harold	佩恩, W. H.	1836—1907
Paz Estenssoro, Victor	帕斯·埃斯登索罗	1907—2001
Peabody, Elizabeth Palmer	皮博迪	1804—1894
Pearson, Frances	皮尔森	
Pearson, Karl	皮尔逊	1858—1936
Peccei, Aurelio	佩切伊	1908—1984
Peck, R. F.	佩克	
Pedler, Mike	派得乐	
Peers, Robert	彼尔斯	1888—1972
Peirce, Charles Sanders	皮尔士	1839—1914
Pella, M. O.	佩拉	
Pencavel, John H.	彭卡韦尔	
Percy, Eustace	沛西	1887—1958
Percy Nunn, Thomas	沛西·能	1870—1944
Pereire, Jacob Rodrigue	皮埃尔	1715—1780
Pericles	伯里克利	前 490—前 429
Perner, J.	佩纳	
Perón, Juan Domingo	庇隆	1895—1974
Perraton, Hilary	佩拉顿	
Perroux, François	佩鲁	1903—1987
Perry, John	贝利, J.	1850—1920
Perry, William G.	佩里	
Pescher, J. L.	佩奇	
Pestalozzi, Johann Heinrich	裴斯泰洛齐	1746—1827
Peter, Deacon of Pisa	彼得	
Peters, B. Guy	彼得斯, B. G.	
Peters, Otto	彼得斯, O.	1926—
Peters, Richard Stanley	彼得斯, R. S.	1919—2011
Peterson, Marvin W.	彼得森, M. W.	
Peterson, Paul E.	彼得森, P. E.	
Petrarca, Francesco	彼特拉克	1304—1374
Petty, William	威廉·配第	1623—1687
Pfeffer, Jeffrey	范佛	
Phenix, P. H.	费尼克斯	
Philip II	腓力二世	1527—1598
Philip II of Macedon	腓力二世	前 382—前 336
Phillips, Beeman N.	菲利普斯, B. N.	
Phillips, J. J.	菲利普斯, J. J.	
Philo of Alexandria	斐洛	约前 20—约后 40
Phoenix	富尼克斯	
Piaget, Jean	皮亚杰	1896—1980
Pico della Mirandola, Giovanni	皮科	1463—1494
Pierce, Sarah H.	皮尔斯	
Pigou, Arthur Cecil	庇古	1877—1959
Pinar, William F.	派纳	
Pinel, Philippe	皮内尔	1745—1836
Pintrich, Paul R.	平特里奇	1953—2003
Piore, Michael Joseph	皮奥里	1940—
Pipp, S.	皮佩	
Pischke, Jörn-Steffen	皮斯科	
Pitman, Isaac	皮特曼	1813—1897
Plato	柏拉图	前 427—前 347
Plegmund	普利门德	? —914/923
Plethon	普莱顿	
Plowden, Bridget Horatia	普洛登	1910—2000
Plutarchos	普鲁塔克	约 46—118
Pöggeler, Franz	柏基洛	1926—2009
Poggio Bracciolini, Gian Francesco	波吉鄂	1380—1459
Poisson, Siméon Denis	泊松	1781—1840
Polanyi, Michael	波兰尼	1891—1976
Pole, Thomas	波尔	1753—1829
Polus	波卢斯	前 5 世纪
Pólya, George	波利亚	1887—1985
Poon, L. W.	蓬	
Popenoe, David	波普诺	1932—
Popham, W. James	波帕姆	
Popp, Jerome A.	波普, J. A.	
Popp, W.	波普, W.	
Popper, Karl Raimund	波普尔	1902—1994
Porter, Lyman W.	波特, L. W.	
Porter, Noah	波特, N.	1811—1900
Portes, Alejandro	波茨	
Posavac, Emil J.	波萨瓦茨	1939—
Posner, George J.	波斯纳, G. J.	
Posner, Michael I.	波斯纳, M. I.	1936—
Post, T. A.	波斯特	
Postlethwait, Samuel N.	波斯特勒斯威特	1918—
Povinelli, Daniel J.	普韦尼利	

Powell, O. H.	波维尔	
Praetorius, Rosalie	普雷托利乌斯	
Prahl, Hans-Werner	普拉尔	1944—
Pramat, R. S.	普拉马特	
Prebisch, Raúl	普雷维什	1901—1986
Premack, David	普雷马克	1925—
Pressey, Sidney Leavitt	普雷西	1888—1979
Pressley, M.	普雷斯利	
Pressman, J.	普瑞斯曼	
Prewitt, Kenneth	普鲁伊特	
Preyer, William T.	普莱尔	1842—1897
Prichard, H. A.	普里查德	
Prigogine, Ilya	普利高津	1917—2003
Prodicus	普罗狄克	约前 465—约前 395
Prosper Marie Giquel	日意格	1835—1886
Prost, Antoine	普罗斯特	
Protagoras	普罗泰戈拉	前 481/前 485—前 411
Protarchus	普罗塔库斯	
Psacharopoulos, George	萨卡罗普洛斯	1937—
Psellus, Michael	普塞洛斯	1018—1078
Ptolemy	托勒密	约 90—168
Ptolemy Ⅰ	托勒密一世	约前 367—前 283
Puchner, L.	普契内	
Putnam, Robert D.	普特南	
Pütter, Johann Stephan	普特	1725—1807
Pythagoras	毕达哥拉斯	约前 570—约前 495

Q

Quade, Edward Schaumberg	奎德	1909—1988
Quay, Herbert C.	奎伊	
Quesnay, François	魁奈	1694—1774
Quick, Robert Hebert	奎克	1831—1891
Quilici, Jill L.	奎利西	
Quillian, M. Ross	奎利恩	1931—
Quincy, Josiah	昆西	1772—1864
Quine, Willard Van Orman	蒯因	1908—2000
Quintilian	昆体良	35—96

R

| Rabelais, François | 拉伯雷 | 约 1494—1553 |

Rabinowitz, Francine F.	拉宾诺维茨	
Radin, Mary Jane	雷丁	
Radke-Yarrow, Marian	拉德克-亚罗	
Rae, Douglas Whiting	莱伊	1939—
Raffarin, Jean-Pierre	拉法兰	1948—
Raffe, D.	拉斐	
Raffles, Thomas Stamford Bingley	莱佛士	1781—1826
Raikes, Robert	雷克斯	1735—1811
Raina, M. K.	雷纳, M. K.	
Rait, Robert Sangster	莱特	1874—1936
Ramesses Ⅱ	拉美西斯二世	前 1314—前 1237
Ramsey, Frank Plumpton	拉姆齐	1903—1930
Ramus, Petrus	拉漠斯	1515—1572
Ranke, Leopold von	兰克	1795—1886
Raphael	拉斐尔	1483—1520
Rasch, Georg	拉施	1901—1980
Rashdall, Hastings	拉什达尔	1858—1924
Raths, Louis Edward	拉斯	
Ratke, Wolfgang	拉特克	1571—1635
Ratzel, Friedrich	拉采尔	1844—1904
Raudenbush, Stephen W.	劳顿布希	
Raumer, Karl Otto von	劳默尔	1783—1865
Rauner, Felix	劳耐尔	
Raup, Robert Bruce	劳普	
Ravitch, Diane Silvers	拉维奇	1938—
Rawls, John	罗尔斯	1921—2002
Raymond of Toledo	雷蒙	? —1152
Rayner, S.	雷纳, S.	
Razran, G.	拉兹兰	
Read, Herbert	里德, H.	1893—1968
Reagan, Ronald Wilson	里根	1911—2004
Reber, Arthur S.	雷伯	
Reddie, Cecil	雷迪	1858—1932
Reder, Lynne M.	瑞德	
Reed, Stephen K.	里德, S. K.	
Reeder, W. G.	里德, W. G.	
Rees, Hedley	里斯	
Rehn, G.	雷恩, G.	
Reich, Michael	赖克	
Reich, Wilhelm	赖希	1897—1957
Reichenbach, Hans	赖欣巴赫	1891—1953
Reichwein, Adolf	莱希维因	1898—1944
Reid, L. A.	里德, L. A.	
Reigeluth, Charles M.	瑞格鲁斯	

Reimer, Everett W.	赖默	？—1998
Rein, Martin	赖因	
Rein, Wilhelm	莱因	1847—1929
Reiser, Robert A.	里塞	
Reissman, L.	莱斯曼	
Remesen, I.	雷姆森	
Renkl, A.	伦克尔	
Renzulli, Joseph	伦祖利	1936—
Ressner, Lutz	罗斯纳	
Restorff, Hedwig von	雷斯托夫	1906—1962
Reynolds, Maynard C.	芮诺	
Rhodes, H. T.	罗兹	
Ricardo, David	李嘉图	1772—1823
Rice, Joseph Mayer	赖斯	1857—1934
Richard Ⅱ	理查二世	1367—1400
Richard, Timothy	李提摩太	1845—1919
Richards, D. D.	理查兹, D. D.	
Richards, Maryse Heather	理查兹, M. H.	1956—
Richardson, Ken	里查迪逊	
Richardson, M. W.	理查森	
Richelieu, Armand-Jean du Plessis	黎塞留	1585—1642
Richey, R. C.	里齐	
Rickards, Tudor	理卡兹	
Rickert, Heinrich	李凯尔特	1863—1936
Rickover, Hyman George	里科弗	1900—1986
Ricoeur, Paul	利科	1913—2005
Riding, Richard J.	赖丁	
Riegel, Klaus F.	里格尔	1925—1977
Riessman, F.	里斯曼	
Riggs, Fred W.	里格斯	1917—2008
Rink, Friedrich Theodor	林克	1770—1811
Ripley	瑞普雷	
Rist, R.	里斯特	
Ritter, Carl	李特尔	1779—1859
Rivadavia, Bernardino	里瓦达维亚	1780—1845
Robbins	罗宾斯	
Robinson, Floyd Grant	鲁宾逊, F. G.	1931—
Robinson, George M.	鲁宾逊, G. M.	
Robinson, James Harvey	鲁宾逊, J. H.	1863—1936
Robinson, Viviane	罗宾逊	
Rochow, Friedrich Eberhard von	罗考	1734—1805
Rockefeller, Nelson Aldrich	洛克菲勒	1908—1979
Roe, Anne	安妮·罗	1904—1991
Roebuck, John Arthur	罗巴克	1802—1879

Roemer, John E.	罗默, J. E.	1945—
Roethlisberger, Fritz Jules	罗特利斯伯格	1898—1974
Rogers, Carl Ransom	罗杰斯	1902—1987
Rogers-Warren, A. K.	罗杰斯-沃恩	
Rogoff, B.	罗果夫	
Rohr, John	罗尔	1934—2011
Roland de la Platière, Jean-Marie de	罗兰夫人	1754—1793
Rollo May	罗洛·梅	1909—1994
Romer, Paul M.	罗默, P. M.	1955—
Romiszowski, Alexander Joseph	罗米斯佐斯基	
Roosevelt, Theodore	罗斯福	1858—1919
Rorschach, Hermann	罗夏	1844—1922
Rorty, R.	罗蒂	
Roscellinus	洛色林	约 1050—约 1112
Rosch, Eleanor	罗施	
Rosenbaum, James E.	罗森鲍姆	
Rosenberg, Marc J.	罗森伯格	
Rosenholtz, S. J.	罗森浩兹	
Rosenkranz, Johann Karl Friedrich	罗森克兰茨	1805—1879
Rosenman, Ray H.	罗森曼	1920—
Rosenshine, Barak	罗森夏因	
Rosenstock, Eagen	罗森斯托克	
Rosenthal, Robert	罗森塔尔	1933—
Rosovsky, Henry	罗索夫斯基	1927—
Ross, Edward Alsworth	罗斯, E. A.	1866—1951
Ross, Lee D.	罗斯, L. D.	
Ross, William David	罗斯, W. D.	1877—1971
Rossello, P.	罗塞洛	
Rossett, A.	罗塞特	
Rostow, Walt Whitman	罗斯托	1916—2003
Rothkopf, Ernst Zacharias	罗斯科普夫	1925—2012
Rotten, Elisabeth Friederike	罗登	1882—1964
Rotter, Julian B.	罗特	1916—
Rousseau, Jean Jacques	卢梭	1712—1778
Roussos, L. A.	鲁索斯	
Rovee-Collier, C.	诺韦-科利尔	
Rowan, Brain	罗万	
Rowland, Henry Augustus	罗兰	1856—1943
Rowntree, Derek	隆特利	
Roy, Ram Mohun	罗伊	1772—1833
Royce, Josiah	罗伊思	1855—1916
Rubin, Kenneth H.	鲁宾	

Rudenstine, Neil Leon	陆登庭	1935—
Rudner, Lawrence M.	鲁德纳	
Rudy, Willis	鲁迪	
Rüegg, Walter	律约格	
Ruger, Henry Alford	鲁格,H. A.	1872—1947
Rugg, Harold Ordway	鲁格,H. O.	1886—1960
Ruhkopf, F. E.	鲁科夫	
Rulon, Phillip Justin	卢龙	1900—1968
Rumberger, Russell W.	拉姆伯格	
Rumble, Greville	鲁姆勃尔	
Rumelhart, David Everett	鲁梅尔哈特	1942　2011
Rummler, G. A.	鲁姆勒	
Runco, M. A.	伦科	
Runkle, John	朗克利	
Rushton, Jean Philippe	拉什顿	1943—2012
Russell, Bertrand Arthur William	罗素	1872—1970
Rutherford, Ernest	卢瑟福	1871—1937
Ryan, R. M.	瑞安	
Ryans, D. G.	瑞安斯	
Ryle, Gilbert	赖尔	1900—1976

S

Saba, Farhad	沙巴	
Sabatier, Paul A.	萨巴蒂尔	
Sadat, Anwar	萨达特	1918—1981
Sadler, Michael Ernest	萨德勒	1861—1943
Sadoleto, Jacopo	萨多莱托	1477—1547
Sadovnik, Alan R.	萨多弗尼克	
Saffo, Paul	萨弗	
Saha, Lawrence J.	萨哈,L. J.	
Sahlins, Marshall David	萨林斯	
Sahn, David Ezra	萨亨	
Saint-Simon, Claude Henri de Rouvroy de	圣西门	1760—1825
Salam	萨赖姆	
Salancik, Gerald R.	萨兰基克	
Salcedo, Juan José de Vertiz y	萨尔塞多	1719—1799
Salzmann, Christian Gotthilf	萨尔士曼	1744—1811
Sameroff, A.	萨莫诺夫	
Samuel, Y.	塞缪尔	
Samuelson, Paul Anthony	萨缪尔森	1915—2009
Sand, G.	桑	
Santander, Francisco de Paula	桑坦德尔	1792—1840

Saphier	萨费尔	
Sapir, Edward	萨皮尔	1884—1939
Sarkozy, Nicolas	萨科齐	1955—
Sarmiento, Domingo Faustino	萨米恩托	1811—1888
Sarton, George	萨顿	1884—1956
Sartre, Jean Paul	萨特	1905—1980
Sasnettt, M.	萨斯内特	
Savage, T. V.	萨凡奇	
Savary, Alain	萨瓦里	1918—1988
Savas, E. S.	萨瓦斯	
Savigny, Friedrich Karl von	萨维尼	1779—1861
Sawicki, David S.	沙维奇	
Saxe, G. B.	塞克斯	
Saxena, Anurag	赛克希纳	
Say, Jean Baptiste	萨伊	1767—1832
Saylor, J. Galen	塞勒	1902—?
Scarr, Sandra Wood	斯卡尔	1936—
Schaefer, Charles E.	谢弗,C. E.	
Schaie, K. Warner	沙伊	
Schale	沙勒	
Schallenberger, M.	夏伦伯格	
Schank, Roger C.	申克,R. C.	1946—
Scheerens	斯切润斯	
Scheffler, Israel	谢弗勒	1923—
Schein, Edgar H.	沙恩	1928—
Scheler, Max	舍勒	1874—1928
Schelling, Friedrich Wilhelm Joseph von	谢林	1775—1854
Schelsky, Heramut	舍尔斯基	1912—1984
Schelten, Andreas	希尔顿	
Scheuneman, Janice Dowd	施纳曼	1940—2006
Schiefele, Ulrich	希费利	
Schiller, Johann Christoph Friedrich von	席勒	1759—1805
Schlegel, Friedrich von	施莱格尔	1775—1817
Schleiermacher, Friedrich Daniel Ernst	施莱尔马赫	1768—1834
Schlesinger, A. M.	斯奇勒辛格	
Schlick, Moritz	石里克	1882—1936
Schmalso	司马罗	
Schmid, Karl Adolf	施米德	
Schmidt, Frank L.	施密特,F. L.	
Schmidt, Karl	施米特	1819—1864
Schmidt, Richard A.	施密特,R. A.	
Schmidt, Wilhelm	施密特,W.	1868—1954

Schmuck, R.	施穆克	
Schneider, Frank W.	施奈德, F. W.	
Schneider, Herman	施奈德, H.	
Schneider, Johann Christian Frredrich	施奈德, J. C. F.	1786—1853
Schon, D.	舍恩	
Schooler, Lael	斯库勒	
Schopenhauer, Arthur	叔本华	1788—1860
Schopler, E.	斯科普勒	
Schramm, Wilbur Lang	施拉姆	1907—1987
Schreiner, Peter	施莱内尔	
Schriewer, Jürgen	施瑞尔	
Schröder, Gerhard	施罗德, G.	1944—
Schroeder, William H.	施罗德, W. H.	
Schrödinger, Erwin	薛定谔	1887—1961
Schubert, Franz Peter	舒伯特, F. P.	1797—1828
Schubert, W. H.	舒伯特, W. H.	
Schuell, Hildred	许尔	1906—1970
Schulte, R. W.	舒尔特	
Schultz, Theodore William	舒尔茨, T. W.	1902—1998
Schuman, Robert	舒曼	1886—1963
Schumpeter, Joseph Alois	熊彼特	1883—1950
Schunk, Dale H.	申克, D. H.	
Schurz, Margarethe Meyer	舒尔茨, M. M.	1833—1876
Schütz, Alfred	舒茨	1899—1959
Schwab, Joseph J.	施瓦布	1910—1988
Schwartz, Aba	施瓦茨	
Schwartz, Steven	斯沃兹	
Schwarz, Friedrich Heinrich Christian	施瓦兹	1776—1857
Schwebel, A.	施韦伯	
Scot, Michael	斯科特, M.	1175—1232
Scott, William Richard	斯科特, W. R.	1932—
Scriven, M.	斯克里文	
Sears, D.	西尔斯, D.	
Sears, J. B.	西尔斯, J. B.	
Sears, Robert Richardson	西尔斯, R. R.	1908—1989
Seashore, Carl Emil	西肖尔	1866—1949
Seels, Barbara B.	西尔斯, B. B.	
Séguin, Édouard	塞甘	1812—1880
Selinker, L.	塞林克	
Selman, Robert L.	塞尔曼	
Selye, Hans Hugo Bruno	谢耶	1907—1982
Selznik, Philip	塞尔兹尼克	1919—2010
Seneca, Lucius Annaeus	塞涅卡	约前4—后65
Senge, Peter Michael	圣吉	1947—
Sergiovanni, Thomas J.	萨乔万尼	
Service, E. R.	塞维斯	
Sessions, John G.	塞申斯	
Settersten, Rick	赛特斯泰思	
Severin, W.	塞韦林	
Sewell, William H.	塞韦尔	1909—2001
Seymour, W. D.	西摩	
Shah, Anup	萨哈, A.	
Shakespeare, William	莎士比亚	1564—1616
Shale, Doug	赛里	
Shames, George H.	沙梅斯	
Shammi	山迈	
Shannon, Claude Elwood	香农	1916—2001
Shantz, C. U.	尚茨	
Sharp, R.	夏普	
Shavelson, R. J.	施沃森	
Shaver, James P.	谢弗, J. P.	
Shea, J. B.	谢伊	
Sheldon, Edward Austin	谢尔登	1823—1897
Shepard, L. A.	谢泼德	
Sherif, Muzafer	谢里夫	1906—1988
Sherman, M.	谢尔曼	
Shetach, Simeon ben	希塔	前120—前40
Shiffrin, Richard M.	希夫林	
Shilling, Chris	希林	
Shiner, Larry	辛纳	
Shneidman, E. S.	施内曼	
Shores, J. Harlan	肖尔斯	
Shulman, L. S.	舒尔曼	
Sicard, Roch-Ambroise Cucurron	西卡尔	1742—1822
Siegler, Robert S.	西格勒	
Siljestrom, P. A.	西利耶斯特廖姆	
Silver, H.	西尔弗, H.	
Silver, L. C.	西尔弗, L. C.	
Simeon	西缅	390—459
Simon, Brain	西蒙, B.	1915—2002
Simon, Herbert Alexander	西蒙, H. A.	1916—2001
Simon, Sidney B.	西蒙, S. B.	
Simon, Théodore	西蒙, T.	1872—1961
Simpson, C.	辛普森, C.	
Simpson, Elizabeth Jane	辛普森, E. J.	
Simpson, Ormond	辛普森, O.	
Sinclair, R. L.	辛克莱儿	
Singh, Amrik	辛格	
Singley, Mark K.	辛格利	

Sirotnik, Kenneth A.	西罗特尼克	
Sjaastad, Larry	嘉斯特德	1934—2012
Skinner, Burrhus Frederic	斯金纳	1904—1990
Slater, John F.	斯赖特	
Slattery, Patrick	斯拉特瑞	
Slaughter, Sheila	斯拉夫特	
Slavin	史莱汶	
Sleeter, Christine E.	斯利特	
Smetana, Judith	斯梅塔娜	
Smilansky	斯米兰斯基	
Smiles, Samuel	斯迈尔斯	1812—1904
Smith, Adam	亚当·斯密	1723—1790
Smith, B. Othanel	史密斯, B. O.	
Smith, C.	史密斯, C.	
Smith, David Geoffrey	史密斯, D. G.	1946—
Smith, Dorothy Edith	史密斯, D. E.	1926—
Smith, Eugens R.	史密斯, E. R.	
Smith, Joshua H.	史密斯, J. H.	
Smith, K. L. R.	史密斯, K. L. R.	
Smith, Kewin C.	史密斯, K. C.	
Smith, M. L.	史密斯, M. L.	
Smith, Nicholas David	史密斯, N. D.	
Smith, P. K.	史密斯, P. K.	
Smith, P. L.	史密斯, P. L.	
Smith, Samuel H.	史密斯, S. H.	
Smith, Thomas B.	史密斯, T. B.	
Smith, W.	史密斯, W.	
Smyth, John	史密斯, J.	
Snedden, David Samuel	斯奈登	1868—1951
Snedecor, G. W.	斯纳德克	
Snow, Charles Percy	斯诺, C. P.	1905—1980
Snow, Richard E.	斯诺, R. E.	
Snyder, Benson R.	斯奈德, B. R.	
Snyder, J.	斯奈德, J.	
Snyder, R. A.	斯奈德, R. A.	
Sobel	索贝尔	
Socrates	苏格拉底	前 469—前 399
Solley, W. H.	索利	
Solomon, D.	所罗门	
Solomon, L. C.	索尔蒙	
Solon	梭伦	约前 638—约 前 559
Solon, G.	索伦	
Solow, Robert Merton	索洛	1924—
Soltis, Jonas F.	索尔蒂斯	

Sontag, E.	桑塔格	
Sorbon, Robert de	索邦	1201—1274
Sorensen, W.	索伦森	
Sor Juana	索尔·胡安娜	1648/1651— 1695
Sorokin, Pitirim A.	索罗金	1889—1968
Southworth	索思沃思	
Spaulding, Frank	斯皮尔丁	
Spearman, Charles Edward	斯皮尔曼	1863—1945
Speck, M.	斯佩克	
Spence, Andrew Michael	斯彭斯, A. M.	1943—
Spence, Kenneth Wartenbe	斯彭斯, K. W.	1907—1967
Spencer, Herbert	斯宾塞	1820—1903
Spencer, Melinda G.	斯潘塞	
Spengler, Oswald	斯宾格勒	1880—1936
Spens, Will	史宾斯	
Sperry, Roger Wolcott	斯佩里	1913—1994
Spiegelberg, Herbert	斯皮格伯格	1904—1990
Spink	斯宾克	
Spinoza, Baruch de	斯宾诺莎	1632—1677
Spiro, Rand J.	斯皮罗	
Spitzer, D. R.	斯皮策	
Spodek, Bernard	斯波代克	
Spranger, Eduard	斯普朗格	1882—1963
Spring, J.	斯普林	
Squire, L. R.	斯奎尔	
Stadler, M. A.	斯塔德勒	
Stake, R. E.	斯塔克	
Stanley, Julian Cecil	斯坦利, J. C.	1918—2005
Stanley, William W.	斯坦利, W. M.	
Starr, Paul	斯达	
Starrat, R.	斯塔雷特	
Staub, Ervin	斯陶布	
Stavrianos, Leften Stavros	斯塔夫里阿诺 斯	1913—2004
Stayrook, N. G.	斯特鲁克	
Stearns, Robert L.	斯特恩斯	
Steiger, N. F. von	施泰格尔	
Steimer, W.	斯泰默	
Stein, Lorenz von	施泰因	1815—1890
Stenhouse, Lawrence	斯腾豪斯	1926—1982
Stenquist, John Langdon	斯坦奎斯特	
Stenzel, A.	施滕策尔	
Stephenson, William	斯蒂芬森	
Stern, George G.	斯特恩, G. G.	
Stern, Louis William	斯特恩, L. W.	1871—1938

Sternberg, Robert Jeffrey	斯腾伯格	1949—
Stevens, Stanley Smith	史蒂文斯	1906—1973
Stevenson, Charles Leslie	史蒂文森, C. L.	1908—1979
Stevenson, Harold William	史蒂文森, H. W.	1925—2005
Steward, Julian	斯图尔德	1902—1972
Stewart, A. David	西沃特	
Stiefel, Leanna	施蒂费尔	
Stiglitz, Joseph Eugene	斯蒂格利茨	1943—
Stoddard, George Dinsmore	斯托达德	1897—1981
Stogdill	斯托格迪尔	
Stokey, E.	斯托基	
Stolovitch, H. D.	斯托洛维奇	
Stone, C. W.	斯通, C. W.	
Stone, Lawrence	斯通, L.	
Storr, Richard James	斯托尔	1915—2011
Stouffer	斯杜佛	
Stout, W. F.	斯托特	
Stowe, Calvin Ellis	斯托	1802—1886
Stoy, Karl Volkmar	斯托伊	1815—1885
Strato of Lampsacus	斯特拉托	约前 335—约前 269
Strayer, George Drayton	斯特拉耶	
Stringfield	斯汀菲尔德	
Stromquist, Nelly P.	斯特罗姆奎斯特	
Strong, Anna Louise	斯特朗, A. L.	1885—1970
Strong, Edward Kellog	斯特朗, E. K.	1884—1963
Strong, William	斯特朗, W.	
Stroup, Herbert Hewitt	斯特鲁普	1916—2011
Stuart, James	斯图亚特	1843—1913
Stufflebeam, Daniel L.	斯塔弗尔比姆	
Sturm, Johannes	斯图谟	1507—1589
Suchman, Richard	萨奇曼	
Suchodolski, Bogdan	苏霍多尔斯基	1907—1992
Sucre, Antonio José de	苏克雷	1795—1830
Sugarman, B.	舒格曼	
Sullivan, Ann	沙利文, A.	
Sullivan, Edward A.	沙利文, E. A.	
Super, Donald E.	萨帕	
Susan, C. P.	苏珊	
Sutton-Smith, Brian	萨顿-史密斯	1924—
Suzallo, H.	苏扎罗	
Svoboda, Jan Vlastimír	斯沃博达	1803—1844
Swain, M.	斯温	

Swainson	斯温森	
Swaminathan, H.	斯瓦米纳坦	
Swanson, Guy	斯旺森, G.	
Swanson, Judy	斯旺森, J.	
Sweeting, Anthony	斯威汀	
Sweetland	斯威特兰	
Sweller, John	斯威勒	
Swift, M. S.	斯威夫特	
Sydenham, Thomas	施丹汉	1624—1689
Sykes, Bryan	赛克斯	1947—
Sylvester, James Joseph	西尔维斯特	1814—1897
Symonds, P. M.	西蒙兹	

T

Taba, Hilda	塔巴	
Tagiuri, R.	塔朱里	
Talleyrand, Charles-Maurice de	塔列朗	1754—1838
Tanner, D.	坦纳, D.	
Tanner, L. N.	坦纳, L. N.	
Tanner, R. T.	坦纳, R. T.	
Tappan, Henry Philip	塔潘	1805—1881
Tatian	塔提安	约 120—175
Tawney, Richard Henry	托尼, R. H.	1880—1962
Taylor, Brook	泰勒, B.	1685—1731
Taylor, Frederick Winslow	泰罗	1856—1915
Taylor, Hobart, Jr.	泰勒, H.	1920—1981
Taylor, John	泰勒, J.	1753—1824
Taylor, Shelley E.	泰勒, S. E.	
Terman, Lewis Madison	推孟	1877—1956
Terrenz, Jean	邓玉函	1576—1630
Tertullian	德尔图良	约 160—225/230
Tettamanti, Bèla	捷塔曼蒂	1884—1959
Thaer, A. D.	塔埃尔	
Thales	泰勒斯	约前 624—约前 547
Thatcher, Margaret Hilda	撒切尔夫人	1925—
Thayer, Doroth T.	塞耶	
Theil, Henri	泰尔	1924—2000
Theise	泰泽	
Thelen, Herbert A.	西伦	1913—2008
Thélot, Claude	德洛	
Theodosius I	狄奥多西一世	347—395
Theodulf, Bishop of Orléans	狄奥多尔夫	760—821

Theophrastus	提奥弗拉斯特	约前 371—约前 287
Theresa, Maria	玛丽亚·特利莎	1717—1780
Thery, A. F.	泰利	
Thomas, Alexander	托马斯,A.	1939—
Thomas Aquinas	托马斯·阿奎那	1225—1274
Thomas, R. Murray	托马斯,R. M.	
Thomasius, Christian	托马西乌斯	1655—1728
Thompson, Edward Palmer	汤普森,E. P.	1924—1993
Thompson, L.	汤普森,L.	
Thompson, Michael	汤普森,M.	
Thompson, Ross A.	汤普森,R. A.	
Thompson, Spencer K.	汤普森,S. K.	
Thompson, W. R.	汤普森,W. R.	
Thomson, Godfrey Hilton	汤姆森	1881—1955
Thoreau, Henry	索罗	1817—1862
Thorndike, Edward Lee	桑代克,E. L.	1874—1949
Thorndike, Robert L.	桑代克,R. L.	1910—1990
Thorpe, Mary	索普	
Thouless, Robert Henry	索利斯	1894—1984
Thucydides	修昔底德	约前 460—前 400
Thünen, Johann Heinrich von	屠能	1783—1850
Thurow, Lester Carl	瑟罗	1938—
Thurstone, Louis Leon	瑟斯顿	1887—1955
Thutmose I	图特摩斯一世	? —前 1492
Thutmose II	图特摩斯二世	? —前 1479
Thutmose III	图特摩斯三世	? —前 1425
Thwing, Charles F.	特温	
Ticknor, George	蒂克纳	1791—1871
Tierney, Michael	蒂尔尼	1894—1975
Tight, M.	泰特	
Tilak, Jandhyala B. G.	蒂拉克	
Tilton, J. W.	蒂尔顿	
Timberlake, William	蒂伯莱克	
Tinbergen, Jan	廷伯根	1903—1994
Todaro, Michael P.	托达罗	
Toffler, Alvin	托夫勒	1928—
Tolman, Edward Chace	托尔曼	1886—1959
Tönnies, Ferdinand	滕尼斯	1855—1936
Toole, T.	图尔	
Torney, Judith	托尼,J.	
Torrance, Ellis Paul	托兰斯	1915—2003

Torres, C. A.	托瑞斯	
Torrey, Henry Augustus Pearson	托里	1837—1902
Torricelli, Evangelista	托里拆利	1608—1647
Toscanelli, Paolo dal Pozzo	托斯卡内利	1397—1482
Toynbee, Arnold Joseph	汤因比	1889—1975
Tracy, Destutt de	特拉西	1754—1836
Traone, E.	特拉奥内	
Trapp, Ernst Christian	特拉普	1745—1818
Travers, R. M. W.	特拉弗斯	
Treichler, D. G.	特赖希勒	
Trethewey, Alan Robert	特雷舍韦	
Trigault, Nicolau	金尼阁	1577—1628
Trim, J. L. M.	特里姆	
Trow, Martin	特罗	
Truman, David	特鲁曼	
Truman, Harry S.	杜鲁门	1884—1972
Trusty, Francis	特鲁斯迪	
Tryon, R. C.	屈赖恩	
Tucker, L. R.	塔克,L. R.	
Tucker, Mar	塔克,M.	
Tuiss, H.	推士	
Tullock, Gordon	塔洛克	1922—
Tulving, Endel	塔尔文	1927—
Turgot, Anne-Robert-Jacques	杜尔哥	1727—1781
Turiel, Elliot	特里尔	
Turner, D. S.	特纳,D. S.	
Turner, Frederick Jackson	特纳,F. J.	1861—1932
Turner, G.	特纳,G.	
Turner, Jonathan Baldwin	特纳,J. B.	1805—1899
Turner, Ralph Herbert	特纳,R. H.	1919—
Tyack, David B.	泰亚克	
Tyler, Ralph W.	泰勒,R. W.	1902—1994
Tyndale, William	廷代尔	1484—1536

U

Ulich, Robert	乌利希	1890—1977
Ulman	乌尔曼	
Ulpian	乌尔比安	约 170—228
Ulrich, Edward Oscar	乌尔里希	1857—1944
Umson, J. O.	厄姆森	
Underwood, Bill	安德伍德	
Urban V	乌尔班五世	1310—1370
Ursis, Sabatino de	熊三拔	1575—1620

| Urwick, Lyndall Fownes | 厄威克 | 1891—1983 |
| Usher, Robin | 厄休 | 1944— |

V

Vagnoni, Alfonso	高一志	1566—1640
Vaillant, Édouard Marie	瓦扬	1840—1915
Vaizey, John Ernest	维泽, J. E.	1929—1984
Valens	瓦林斯	328—378
Valette, R. M.	华莱特	
Valente, William D.	瓦伦特	
Vallance, E.	瓦兰斯	
Vallés, Francisco	瓦利斯	1524—1592
Van Breda, Herman Leo	梵布雷达	1911—1974
Vanderstraeten, R.	范德斯特雷腾	
Van Ek, Jan Ate	范埃克	
Van Hise, Charles Richard	范海斯	1857—1918
Van Horn, Carl E.	范霍恩	
Van Manen, Max	范梅南	
Van Merriënboer, Jeroen J. G.	范麦瑞波尔	
Van Swieten, Gerard	范斯维腾	1700—1772
Van Tiem, Darlene M.	范蒂姆	
Van Vught, Frans	范富格特	1950—
Van Winden, Gerrit	范文登	
Vargas, Getúlio Dornelles	瓦加斯	1883—1954
Vasa, Gustav	瓦萨	1496—1560
Vasta	瓦斯塔	
Veblen, Thorstein Bunde	维布伦	1857—1929
Velicer	韦利塞	
Verbiest, Ferdinand	南怀仁	1623—1688
Verduin, J. R.	范迪	
Verger, Jacques	维格	1943—
Vergerio, Pietro Paolo	弗吉里奥	1349—1420
Verhulst, Pierre François	维尔胡斯特	1804—1849
Vernon, Philip Ewart	弗农	1905—1987
Versa, Alonso	弗沙	
Verwoerd, Hendrick Frensch	佛无德	1901—1966
Vespasian	韦斯巴芗	9—79
Vial, Jean	维亚尔	
Vico, Giovanni Battista	维柯	1668—1744
Victoria, Alexandrina	维多利亚	1819—1901
Vidal de la Blache, Paul	维达尔·白兰士	1845—1918
Videla, Jorge Rafael	魏地拉	1925—

Vignoles, Anna	维尼奥尔斯	
Violas, Paul C.	维奥拉斯	
Virgil	维吉尔	前70—前19
Viriville, Auguste Vallet de	维里维尔	1815—1868
Vittorino da Feltre	维多里诺	1378—1446
Vives, Juan Luis	维夫斯	1492—1540
Vokelt	福恺尔	
Volcker, Paul Adolph	沃尔克	1927—
Volpe, Galvano Della	沃尔佩	1895—1968
Voltaire	伏尔泰	1694—1778
Von Neumann, John	冯·诺依曼	1903—1957
Voss, J. E.	沃斯	
Vossensteyn, Hans	沃森斯塔	
Vroom, Victor H.	弗鲁姆	1932—

W

Wade, John T.	韦德, J. T.	
Wade, S.	韦德, S.	
Wagenschein, Martin	瓦根舍因	1896—1988
Wager, W. W.	韦杰	
Wainberg, Richard A.	魏因贝格	
Wald, Abraham	沃尔德	1902—1950
Walker, Deborah	沃克, D.	
Walker, Stephen	沃克, S.	
Walker, W. E.	沃克, W. E.	
Waller, Willard Walter	沃勒	1899—1945
Wallerstein, Immanuel Maurice	沃勒斯坦	1930—
Wallis, Wilson Allen	沃利斯	1912—1998
Wallon, Henri	瓦龙	1879—1962
Walsh, J. R.	沃尔什	
Walson, Thomas	沃尔森	1874—1956
Walters, Raymond	沃尔特斯, R.	
Walters, Richard H.	沃尔特斯, R. H.	1918—1967
Walzer, Michael	沃尔泽	1935—
Ward, Joe H., Jr.	沃德, J. H.	1926—2011
Ward, Lester Frank	沃德, L. F.	1841—1913
Wartman	瓦特曼	
Wartofsky, Marx W.	瓦托夫斯基	1928—1997
Washburne, Carleton Wolsey	华虚朋	1889—1968
Washington, George	华盛顿	1732—1799
Watkins, Jeff	沃特金斯, J.	
Watkins, Peter	沃特金斯, P.	

Watkins, S. H.	沃特金斯, S. H.	
Watson, Foster	沃森, F.	1860—1929
Watson, Goodwin	沃森, G.	
Watson, John Broadus	华生	1878—1958
Watts	瓦茨	
Wayland, Francis	韦兰	1796—1865
Weaver, Warren	韦弗	1894—1978
Webb, Rodman	韦布	1941—
Weber, Ernst Heinrich	韦伯, E. H.	1795—1878
Weber, Max	韦伯, M.	1864—1920
Webster, Noah, Jr.	韦伯斯特	1758—1843
Wechsler, David	韦克斯勒, D.	1896—1981
Wedemeyer, Charles A.	魏德迈	1911—1999
Weick, Karl	韦克	
Weigl, Egon	魏格尔	
Weikart, David P.	韦卡特	1931—2003
Weil, M.	韦尔	
Weiner, Bernard	维纳, B.	1935—
Weisbrod, Burton	韦斯布劳德	
Weismann, Friedrich Leopold August	魏斯曼	1834—1914
Wellman, Henry	韦尔曼	
Wells, A. S.	维尔斯	
Wells, Herbert George	韦尔斯	1866—1946
Welton, James	威尔顿	
Wenden, A.	温德	
Wenger, Étienne Charles	温格	1952—
Werfrith, Bishop of Worcester	沃尔弗里士	
Werner, Heinz	沃纳	1890—1964
Wertheimer, Max	韦特海默	1880—1943
Werwulf	沃尔乌尔弗	
Wesley, Edgar Bruce	威斯利	1891—1980
Wesman, A.	韦斯曼	
West, M.	韦斯特	
Westbury, I.	韦斯特伯里	
Wexler, Philip	韦克斯勒, P.	
Wheeler, Daryl Kenneth	惠勒	
Whitbread, Samuel	惠特布雷德	1764—1815
White, Andrew D.	怀特, A. D.	
White, John P.	怀特, J. P.	
White, Leonard Dupee	怀特, L. D.	1891—1958
White, Patricia	怀特, P.	
White, Paula A.	怀特, P. A.	
Whitehead, Alfred North	怀特海, A. N.	1861—1947
Whitehead, Jack	怀特海, J.	
Whiting, Beatrice Blyth	怀廷	1914—2003
Whitney, Donald Ransom	惠特尼	1915—2001
Whitty, Geoff	惠蒂	
Whorf, Benjamin Lee	沃夫	1897—1941
Whyte, William Foote	怀特, W. F.	1914—2000
Wickman, E. K.	威克曼	
Wicksell, Johan Gustaf Knut	威克塞尔	1851—1926
Widdowson, Henry G.	威多森	1935—
Wielhorski, Michał	威尔豪斯基	1787—1856
Wiener, Martin Joel	维纳, M. J.	1941—
Wiersma, W.	维尔斯马	
Wiese, Leopold von	维泽, L. V.	
Wiig, Elisabeth H.	威格	
Wilcoxon, Frank	威尔科克森	1892—1965
Wild, John Daniel	威尔德	1902—
Wildavsky, Aaron	维尔达夫斯基	1930—1993
Wilderspin, Samuel	怀尔德斯平	
Wilhelm Ⅰ	威廉一世	1797—1888
Wilhelm Ⅱ	威廉二世	1859—1941
Wilkins, D. A.	威尔金斯, D. A.	
Wilkins, John	威尔金斯, J.	1614—1672
William Ⅰ the Conqueror	威廉一世	1027/1028—1087
William Ⅲ	威廉三世	1650—1702
William, W.	威廉	
William Hill Murray	穆威廉	1843—1911
William Petty	威廉·配第	1623—1687
Williams, F. E.	威廉斯, F. E.	
Williams, N.	威廉斯, N.	
Williams, Roy	威廉斯, R.	
Williams, Raymond Henry	威廉斯, R. H.	1921—1988
Williams, Whiting	威廉斯, W.	
Willingham, D. B.	威林厄姆	
Willis, George	威利斯, G.	
Willis, Paul	威利斯, P.	1945—
Willmann, Otto	维尔曼	1839—1920
Willower, Donald J.	威洛厄	1927—2000
Wilson, Bryan Ronald	威尔逊, B. R.	1926—2004
Wilson, H. Clyde	威尔逊, H. C.	1926—2010
Wilson, James Harold	威尔逊, J. H.	1916—1995
Wilson, James Q.	威尔逊, J. Q.	
Wilson, Woodrow	威尔逊, W.	
Wimmer, Roger	韦默	
Wimpheling, Jacob	温斐林	1450—1528
Winch, Christopher	温奇	
Windelband, Wilhelm	文德尔班	1848—1915

Wingersky, M. S.	温哥斯基	
Winne, S. H.	温内	
Winteler, Adolf	温特勒	
Winter	温特	
Winzer, Margret	温泽尔	
Wippich, W.	威佩奇	
Wirt, William Albert	沃特	1874—1938
Wissler, Clark	威斯勒	1870—1947
Witkin, Herman A.	威特金	1916—1979
Witmer, L.	威特默	
Wittgenstein, Ludwig Josef Johann	维特根斯坦	1889—1951
Wittrock, Merlin C.	维特罗克	1931—2007
Wolcott, Harry F.	沃尔科特	
Wolf, Jim	沃尔夫, J.	
Wolff, Christian	沃尔夫, C.	1679—1754
Wollstonecraft, Mary	沃斯通克拉夫特	1759—1797
Wolpe, Joseph	沃尔普	1915—1997
Wood, R. L.	伍德	
Woodcock	伍德科克	
Woodhall, M.	伍德霍尔	
Woodrow, H.	伍德罗	
Woods, Peter	伍兹	
Woodward, Calvin Milton	伍德沃德, C. M.	1837—1915
Woodward, Hezekiah	伍德沃德, H.	1590—1675
Woodworth, Robert Sessions	伍德沃思	1869—1962
Woolfolk, Anita E.	沃尔福克	
Woolley, Helen Thompson	伍利	1874—1947
Wren, Christopher	雷恩, C.	1632—1723
Wright, Benjamin Drake	赖特, B. D.	1926—
Wright, Erik Olin	赖特, E. O.	1947—
Wright, Ian	赖特, I.	
Wright, Sewall Green	赖特, S. G.	1889—1988
Wundt, Wilhelm Maximilian	冯特	1832—1920
Wycliffe, John	威克里夫	约 1320—1384
Wylie, Alexander	伟烈亚力	1815—1887

X

Xeniades	塞尼亚得	
Xenophen	色诺芬	约前 431—前 354

Xiphilinus, John	希菲林那斯	1010—约 1080

Y

Yanowitz, B. A.	亚诺维茨	
Yaqub ibn Killis	雅库布·伊本·基利斯	930—991
Yarouch	亚鲁奇	
Yates, Frank	耶茨	1902—1994
Yauch, W.	约奇	
Yeats, William Butler	叶芝	1865—1939
Yeaxlee, Basil Alfred	耶克斯利	1883—1967
Yerkes, Robert Mearns	叶克斯	1876—1956
Yesufu, T. M.	叶苏夫	
Youden, William John	尤敦	1900—1971
Young, Iris Marion	扬, I. M.	1949—2006
Young, Michael F. D.	扬, M. F. D.	
Yousry El Gamal	尤斯里·贾玛尔	

Z

Zacharias, Jerrold Reinach	扎卡赖亚斯	1905—1986
Zahn-Waxler, Carolyn	扎恩-瓦克斯勒	
Zais, Robert S.	蔡斯, R. S.	1917—2012
Zanten, Agnès Henriot-Van	让丹	
Zay, Jean	泽	1904—1944
Zeckhauser, Richard	泽克豪泽	
Zelniker	泽尔尼克	
Zemmler, Christoph	席姆勒	1669—1740
Zeno of Citium	芝诺	前 334—前 262
Zey-Ferrell, Mary	哲费尔	
Ziderman, Adrian	齐德曼	
Zieky, M. J.	齐基	
Ziller, Tuiskon	齐勒尔	1817—1882
Zimbardo, Philip George	津巴多	1933—
Zimmerman, Wayne S.	齐默尔曼	
Zoroaster	琐罗亚斯德	约前 628—前 551
Zumwalt, K.	朱沃特	
Zwingli, Ulrich	慈温利	1484—1531

俄 文 字 母

А

Александр Ⅰ	亚历山大一世	1777—1825
Александр Ⅱ	亚历山大二世	1818—1881
Априлов, Васил Евстатиев	阿普里洛夫	1789—1847

Б

Бабанский, Юрий Константинович	巴班斯基	1927—1987
Бахтин, Михаил Михайлович	巴赫金	1895—1975
Белинский, Виссарион Григорьевич	别林斯基	1811—1848
Бецкой, Иван Иванович	别茨科伊	1704—1795
Блонский, Павел Петрович	布隆斯基	1884—1941

В

Вахтеров, Василий Порфирьевич	瓦赫捷罗夫	1853—1924
Водовозов, Василий Иванович	沃多沃索夫	1825—1886
Водовозова, Елизавета Николаевна	沃多沃佐娃	1844—1923
Выготский, Лев Семёнович	维果茨基	1896—1934

Г

Гальперин, Пётр Яковлевич	加里培林	1902—1988
Герцен, Александр Иванович	赫尔岑	1812—1870
Гончаров, Николай Кириллович	冈察洛夫	1902—1979
Горбачёв, Михаил Сергеевич	戈尔巴乔夫	1931—
Горький, Максим	高尔基	1868—1936
Грановский, Тимофей Николаевич	格拉诺夫斯基	1813—1855
Груздев, Павел Никодимович	格鲁兹节夫	1889—1953
Гугель, Егор Осипович	古格里	1804—1841
Гурьев, Петр Семёнович	古里耶夫	1807—1884

Д

| Данилов, Михаил Александрович | 达尼洛夫 | 1889—1973 |
| Добролюбов, Николай Александрович | 杜勃罗留波夫 | 1836—1861 |

Е

Екатерина Ⅱ	叶卡捷琳娜二世	1729—1796
Елизавета Ⅰ	伊丽莎白一世	1709—1762
Ельцин, Борис Николаевич	叶利钦	1931—2007

З

| Занков, Леонид Владимирович | 赞科夫 | 1901—1977 |
| Зинченко, Пётр Иванович | 陈千科 | 1903—1969 |

К

Каиров, Иван Андреевич	凯洛夫	1893—1978
Калинин, Михаил Иванович	加里宁	1875—1946
Каптерев, Пётр Фёдорович	卡普捷列夫	1849—1922
Киреевский, Иван Васильевич	基列耶夫斯基	1806—1856
Киселёв, Андрей Петрович	吉西略夫	1852—1940
Комаров, Василий Ефимович	科马罗夫	
Константинов, Николай Александрович	康斯坦丁诺夫	1894—1958
Костанян, Сергей Лаврентьевич	科斯坦扬	
Крупская, Надежда Константиновна	克鲁普斯卡娅	1869—1939
Крутецкий, Вадим Андреевич	克鲁捷茨基	1917—1991
Курицын, Фёдор Васильевич	库里岑	1504—

Л

Ленин, Владимир Ильич	列宁	1870—1924
Леонтьев, Алексей Николаевич	列昂节夫	1903—1979
Лесгафт, Пётр Францевич	列斯哈弗特	1837—1909

Лобачевский, Николай Иванович	罗巴切夫斯基	1792—1856
Ломоносов, Михаил Васильевич	罗蒙诺索夫	1711—1765
Луначарский, Анатолий Васильевич	卢那察尔斯基	1875—1933
Лурия, Александр Романович	鲁利亚	1902—1977

M

Магницкий, Леонтий Филиппович	马格尼茨基	1669—1739
Макаренко, Антон Семёнович	马卡连柯	1888—1939
Мануиленко, З. В.	马努依连柯	
Марков, Андрей Андреевич	马尔科夫	1856—1922
Матюшкин, Алексей Михайлович	马丘什金	
Махмутов, Мирза Исмаилович	马赫穆托夫	1926—2008
Медынский, Евгений Николаевич	麦丁斯基	1885—1957
Менчинская, Наталья Александровна	梅钦斯卡娅	1905—1984
Могила, Пётр Симеонович	莫吉拉	1596—1647
Модзалевский, Лев Николаевич	莫扎列夫斯基	1837—1896
Мономах, Владимир Всеволодович	莫诺马赫	1053—1125

H

Наумов, Борис Николаевич	纳乌莫夫	1927—1988
Нечаев, Александр Петрович	涅恰耶夫	1870—1948
Николай I	尼古拉一世	1796—1855
Новиков, Николай Иванович	诺维科夫	1744—1818

O

Ободовский, Александр Григорьевич	奥博多夫斯基	1796—1852
Одоевский, Владимир Федорович	奥多耶夫斯基	1804—1869
Острогорский, Алексей Николаевич	奥斯特罗戈尔斯基	1840—1917

П

Павлов, Иван Петрович	巴甫洛夫	1849—1936
Паульсон, Иосиф Иванович	保尔森	1825—1898
Пётр I	彼得一世	1672—1725
Пирогов, Николай Иванович	皮洛戈夫	1810—1881
Плеханов, Георгий Валентинович	普列汉诺夫	1856—1918
Покровский, Михаил Николаевич	波克罗夫斯基	1868—1931
Полоцкий, Симеон	波洛茨基	1629—1680
Попов, Александр Степанович	波波夫	1859—1906
Потёмкин, Владимир Петрович	波将金	1874—1946
Путин, Владимир Владимирович	普京	1952—

P

Радищев, Александр Николаевич	拉季舍夫	1749—1802
Рыбников, Николай Александрович	鲁勃尼可夫	1880—1961

C

Свердлов, Яков Михайлович	斯维尔德洛夫	1885—1919
Семёнов, Дмитрий Дмитриевич	谢苗诺夫	1834—1902
Скаткин, Михаил Николаевич	斯卡特金	1900—1991
Советов, Сергей Евгеньевич	索维托夫	
Соколов, Михаилович Василиевич	索科洛夫	1894—1962
Соколова, Мария Александровна	索科洛娃	
Сталин, Иосиф Виссарионович	斯大林	1879—1953
Стоюнин, Владимир Яковлевич	斯托尤宁	1826—1888
Струмилин, Станислав Густавович	斯特鲁米林	1877—1974
Сухомлинский, Василий Александрович	苏霍姆林斯基	1918—1970

Т

Толстой，Лев Николаевич　托尔斯泰　1828—1910

У

Усова，А. П.　乌索娃

Ушинский，Константин
Дмитриевич　乌申斯基　1824—1871

Ф

Фурсенко，Андрей
Александрович　富尔先科　1949—

Х

Холостова，Евдокия
Ивановна　霍洛斯托娃　1946—

Ч

Чернышевский，Николай
Гаврилович　车尔尼雪夫斯
基　1828 —1889

Чупров，Александр
Александрович　楚普洛夫　1874—1926

Ш

Шакуров，Рафаил
Хайруллович　沙库罗夫　1930—

Шацкий，Станислав
Теофилович　沙茨基　1878—1934

Шульгин，Виктор
Николаевич　舒里金　1894—1965

Э

Эльконин，Даниил
Борисович　艾利康宁　1904—1984

Я

Янкович，Фёдор Иванович　杨柯维奇　1741—1814

Ярослав Владимирович　雅罗斯拉夫　约 978—1054

索　引

条目笔画索引

说　明

一、本索引按条目标题首个汉字的笔画数排序,笔画少的在前,笔画多的在后。首字相同的看第二个字,依此类推。

二、笔画数相同的字,按起笔笔形横(—)、竖(丨)、撇(丿)、点(、)、折(一)的顺序排列。第一笔相同的看第二笔,依此类推。

三、以阿拉伯数字和外文字母开头的条目标题,依次排在汉字条目标题的后面。

五 画

六　画

七 画

九　画

条目外文索引

············· **拉丁字母类** ·············

············ 俄文字母 ············

内 容 索 引

C

D

J

M

N

O

S

T

数字·字母

图书在版编目(CIP)数据

中国教育大百科全书/顾明远主编.
—上海：上海教育出版社，2012.12 (2017.5重印)
ISBN 978-7-5444-4567-2

Ⅰ.①中… Ⅱ.①顾… Ⅲ.①教育－中国－百科全书
Ⅳ.①G4-61

中国版本图书馆CIP数据核字(2012)第300123号·

中国教育大百科全书（全四卷）
顾明远 主编

出　　版　上海世纪出版股份有限公司
　　　　　上 海 教 育 出 版 社
官　　网　www.seph.com.cn
易文网 www.ewen.co
地　　址　上海永福路123号
邮　　编　200031
发　　行　上海世纪出版股份有限公司发行中心
印　　刷　上海中华印刷有限公司
开　　本　889×1194 1/16 印张 186.25 插页 24
版　　次　2012年12月第1版
印　　次　2017年5月第3次印刷
书　　号　ISBN 978-7-5444-4567-2/G·3613
定　　价　1200.00元(特精，附索引检索光盘一张)